གོམ་ཞེང་ཆེན་པོས་འགྱུར་འགྱིང་ཕྱོགས་སུ་བསྐྱོད།

——— བོད་ཀྱི་དབུལ་སྒྲོལ་འགག་སྒྲོལ་གྱི་དངོས་བྲིས།

«བོད་ལྗོངས་ཉིན་རེའི་ཚགས་པར་» བོད་ཡིག་རྩོམ་སྒྲིག་པུའུ་ནས་བསྒྲིགས།

གཙོ་སྒྲིག་པ། ཚེ་རིང་ཆོས་འཕེལ།

XZCB བོད་ལྗོངས་མི་དམངས་དཔེ་སྐྲུན་ཁང་།

图书在版编目（CIP）数据

跨步奔小康：西藏脱贫攻坚纪实 ：藏文 / 西藏日报社藏编部著 .
-- 拉萨：西藏人民出版社，2021.6
ISBN 978-7-223-06803-1

Ⅰ . ①跨… Ⅱ . ①藏… ①扶贫 – 案例 – 西藏 – 藏文 Ⅳ . ① F127.75

中国版本图书馆 CIP 数据核字（2021）第 081760 号

跨步奔小康
—新西藏脱贫攻坚纪实

编　　著	《西藏日报》藏编部
主　　编	次仁曲培
责任编辑	索朗卓玛
封面设计	格桑罗布
出　　版	西藏人民出版社（拉萨市林廓北路 20 号）
印　　刷	拉萨市明鑫印刷有限公司
开　　本	787 × 960　1/16
印　　张	36.75
字　　数	330 千
版　　次	2021 年 7 月第 1 版
印　　次	2021 年 7 月第 1 次印刷
印　　数	01–3,000
书　　号	ISBN 978-7-223-06803-1
定　　价	92.00 元

དཀར་ཆག

བསམ་བློ་འགྱུར་ལྡོག་བཏང་ནས་དབུལ་ཕོངས་མེད་པར་བཟོས་པ།

——ཐོན་ལས་དབུལ་སྐྱོར་གྱི་པ་སྣམ་གྱི་དཔེ་དབྱིབས།

ད་ཕན་ལོ་ཤས་རིང་། པ་སྣམ་རྫོང་གིས་དབུལ་སྐྱོར་གསར་སྤེལ་སྐོར་གྱི་སྤྱི་ཁྱབ་རྩའུ་རེ་ཞི་ཅིན་ཕིང་གི་གསུང་བཤད་གལ་ཆེན་མཛུབ་ཁྲིད་དུ་བྱ་རྒྱ་མཐའ་འཁྱོངས་བྱེད་པ་དང་དབུལ་སྒྲོལ་འགག་སྒྲོལ་བྱ་རྒྱ་དེ་དོན་ཆེན་ཨང་དང་པོ་དང་དམངས་འཚོའི་འདུ་འགོད་དང་པོར་བཙི་རྒྱ་མཐའ་འཁྱོངས་ཀྱིས་ཐོན་ལས་དབུལ་སྒྲོལ་ལ་དམ་བཟུང་བྱས་ཏེ་མང་ཚོགས་ཀྱི་བསམ་བློ་དང་འདུ་ཤེས་ཟབ་ཏུ་གཏོང་བའི་ཐད་བྱ་ཐབས་དངོས་སྤྱོད་པ་དང་ངར་ཤུགས་དངོས་བཏོན་ནས་དབུལ་སྐྱོར་ངོ་མ་བྱེད་པ་དང་། དབུལ་པོ་ངོ་མར་དབུལ་སྐྱོར་བྱེད་པ། དབུལ་སྒྲོལ་ངོ་མ་ཐུབ་པ་བཅས་བྱས་ཏེ་མི་དམངས་ཀྱི་བདེ་རྩ་ཆེ་ རུ་ཏན་ཏིག་བཏང་བ་རེད།

ཚན་རྩལ་གྱིས་ཁྲིད་སྟོན་བྱ་རྒྱ་མཐའ་འཁྱོངས་ཀྱིས་ཐོན་ལས་ཀྱི་གསོན་ཤུགས་དམག་བསྐྱེད་པ།

ལའོ་ཀྲང་གི་མིང་ངོ་མར་ཀྲང་ཅེས་མིང་ཟེར་བ་དང་ཁོང་ནི་ཐྲོད་ཁང་ཆེ་མོའི་སྟོ་ཚལ་འདེབས་འཛུགས་རིགས་གཅིག་མཁས་ཅན་ཞིག་ཡིན་ཞིང་། པ་སྣམ་དུ་ལའོ་ཀྲང་སྐོར་གླེང་སྐབས་རྒྱུས་མངའ་མེད་མཁན་ཏ་ལམ་མེད།

ལའོ་ཀྲང་གིས་ལོ་ལྟར་སྲོ་ཚལ་གྱི་ས་བོན་གསར་པ་སྐྱེད་སྲིང་བྱེད་པ་དང་ས་བོན་གསར་པ་དེ་དག་ཚོད་འདེབས་དང་རག་འདེམས་བྱས་རྗེས་མྱུ་གུ་གསོས་ནས་སླར་ཡང་མང་ཚོགས་ལ་ཁྱབ་གདལ་གཏོང་གི་ཡོད་ཅེས་བཤད།

པ་སྣམ་རྫོང་གིས་ཚན་རྩལ་གྱིས་ཁྲིད་སྟོན་བྱ་རྒྱུ་མཐའ་འཁྱོངས་བྱས་ཏེ་ཐོན་ལས་འཕེལ་རྒྱས་ཐད་ཀྱི་ཚན་རྩལ་གྱི་རྨང་གཞིའི་རང་བཞིན་གྱི་འགན་ལེན་ནུས་པ་འདོན་སྤེལ་གང་ལེགས་བྱས་ནས་ཚན་རྩལ་ཞིང་དར་དང་ལས་དར་གྱི་འཐབ་རྩུས་ལག་བསྟར་ཡག་པོ་བྱས་པ་རེད།

པ་སྣམ་རྫོང་ཞུད་ཀྱི་ རྭཙ་ཅི་ཁྲིན་ཧའོ་ཡིས་ད་ཕན་ལོ་ཤས་རིང་པ་སྣམ་གྱིས་སྔ་རྗེས་སུ་ལྤོངས་ཕྱི་ནང་གི་ཞིང་འབྲོག་ཚན་རྩལ་རིགས་གཅིག་མཁས་ཅན་འབོར་ཆེན་ཞིག་གདན་དྲངས་ནས་ཞིང་འབྲོག་ལས་ཐོན་ལས་འཕེལ་རྒྱས་ལ་མཇུབ་ཁྲིད་བྱས་པ་དང་འབྲེལ་བོད་ལྤོངས་ཞིང་འབྲོག་ཚན་རིག་ཁང་སྲོ་ཚལ་ཞིབ་འཇུག་སུའོ་དང་། ཉིང་ཁ་ཞིང་འབྲོག་ཚན་རིག་ཁང་། རྒྱལ་ཁབ་འདྲེ་ཚེར་མའི་ལས་གྲྭ་ལག་རྩལ་ཞིབ་འཇུག་ལྟེ་གནས་སོགས་ཚན་ཞིབ་སྒྲིག་གཞི་དང་འཐབ་རྩུས་མཉམ་ལས་གྲོས་མཐུན་བཞག་ནས་ཚན་རྩལ་ཞིང་དར་ལ་སྐྱུལ་འདེད་བཏང་ཡོད་ཅེས་ངོ་སྤྲོད་བྱས་པ་རེད།

པ་སྣམ་རྫོང་ནོར་ཁྱུང་གྲོང་རྡལ་ཁང་གསར་གྲོང་ཚོའི་ལོ53ལ་སླེབས་པའི་ཧྲང་གྲི་ཕུའུ་རྭཙ་ཅི་མིག་དམར་ཚེ་རིང་ལ་སྤྱི་བོ་ཤེས་ཀ་ལགས་ཞེས་བརྗོད་ཀྱི་ཡོད།

ངར་འདེབས་དགོས་པ་ནས་ངས་འདེབས་ཀྱི་ཡིན་ཞེས་པའི་བར་དང་འདེབས་འདོད་མེད་པ་ནས་འཚང་ཁ་ཤིག་ཤིག་ངང་འདེབས་པའི་བར། འདེབས་མི་ཤེས་པ་ནས་ཁྱིམ་ཚང་ཀུན་གྱིས་འདེབས་ཤེས་པའི་བར་མིག་དམར་ཚེ་རིང་ལ་སྒྱུར་ཚོར་ཧ་ཅང་ཆེན་པོ་ཡོད་ཅིང་། ཧྲང་དང་སྲིད་གཞུང་གིས་ལའོ་ཀྲང་ལྟ་བུའི་རིགས་གཅིག་མཁས་ཅན་བཏང་བ་དང་ཚང་མས་ཤིང་ཏོག་དང་སྲོ་ཚལ་བཏབ་པ་ལས་ཕན་འབྲས་ཆེན་པོ་ཡོད་

པ་ཤེས་རྗེས་བསམ་བློའི་འདུ་ཤེས་ལ་གནམ་ས་བླ་འོག་ལྟ་བུའི་འགྱུར་ལྡོག་བྱུང་ནས་དབུལ་པོ་ནས་ཕྱུག་པོར་འགྱུར་བའི་འཕྲོར་འབྲིང་ལམ་བུ་འབྱེད་འགོ་ཚུགས་ཡོད་ཅེས་བཤད།

མང་ཚོགས་ཞུགས་རྒྱ་མཐའ་འཁྱོངས་བྱས་ཏེ་མི་སེར་ལ་སྐྱུར་བཙོས་ཀྱི་ཁེ་བཟང་མཉམ་སྤྱོད་ཐུབ་པ་བྱས་པ།

ཐོན་ལས་གླིང་ཡོད་སྐབས་ངེད་བཟའ་ཚོ་གཉིས་ཀྱིས་ཁྱིམ་གྱི་སྒོ་ཁར་ཡོང་འབབ་གསོག་ཐུབ་པ་མ་ཟད་ས་ཞིང་བརྒྱུད་བཤུག་བྱས་ནས་ཡོང་འབབ་གསོག་ཐུབ་ཀྱི་འདུག་ཅེས་པ་སྣམ་རྫོང་དགའ་སྡོང་གྲོང་རྣལ་མ་དབྱེར་གྲོང་ཚོའི་བླ་བ་ཕུར་ཆོས་དགའ་ཚོར་ཆེན་པོས་བཤད།

བླ་བ་ཕུར་ཆོས་བཤད་པ་དེ་ནི་མུའུ་ཁྲི་ཡི་འདྲེ་ཚེར་མའི་སྡོང་བཙུད་ལྟ་སྐོར་ཐོན་ལས་གླིང་དེ་དག་ཡིན་ཞིང་། དེ་སྔ་ཁོང་དང་བཟའ་ཟླས་སླ་པ་རྒྱག་ནས་ཡོང་འབབ་གསོག་པ་དང་ས་ཞིང་བརྒྱུད་བཤུག་བྱས་པ་བརྒྱུད་ལོ་ལྟར་ད་དུང་ཁེ་སྤོགས་བགོ་རྒྱུ་ཡོད། མིག་སྔའི་བར་ཐོན་ལས་གླིང་དེས་ས་ཞིང་མུའུ་11568བརྒྱུད་བཤུག་བྱས་པ་དེ་དག་ཞིང་འབྲོག་པ་དུད་ཚང་596དང་མི་3420དང་འབྲེལ་བ་ཡོད་པར་བརྒྱུད་བཤུག་དངུལ་སྒོར་ཁྲི་193དང་ཐོན་ལས་ཁེ་སྤོགས་སྒོར་ཁྲི་60སྤྲད་པ་རེད།

མང་ཚོགས་ཞུགས་རྒྱུ་དེ་ཐོན་ལས་དབུལ་སྐྱོར་གྱི་སྒྱུལ་ཤུགས་དང་པོ་ཡིན་པར་བརྟེན། པ་སྣམ་རྫོང་གིས་ཐོན་ལས་དབུལ་སྐྱོར་ཁྲིད་མི་དམངས་ལྟེ་བར་བྱེད་པའི་བསམ་བློ་བརྟན་པོ་བཙུགས་ཏེ་དམངས་ཕན་དམངས་ཕྱུག་དེ་ཐོན་ལས་འཕེལ་རྒྱས་ཀྱི་རྩ་བའི་དམིགས་ཡུལ་དུ་བཟུང་ནས་ཐོན་ལས་འཕེལ་རྒྱས་ཀྱི་ཁེ་ཕན་འབྲེལ་མཐུད་ལམ་སྲོལ་བཙུགས་པ་རེད།

པ་སྣམ་རྫོང་ཨུད་ཀྱི་ཧྲུའུ་ཅི་གཞོན་པ་དང་རྫོང་དཔོན་འཕྲིན་ལས་རྣམ་རྒྱལ་གྱིས་ངེད་ཚོས་དབང་ཆ་གཏན་འཁེལ་དང་། སྟོབས་ཤུགས་སྤྲོད་པ། ས་ཞིང་ཕན་སྒྱུར་བཅས་བྱ་རྒྱ་སྟོན་ཕྱོགས་སུ་བྱས་ནས་གྲོང་གསེབ་སྒྱུར་བཅོས་ཟབ་ཏུ་ཤུགས་ཆེན་བཏང་བ་དང་འབྲེལ། ས་ཞིང་མ་རྐང་ནང་ཞུགས་པ་དང་། གཏའ་འཛོག་དངུལ་བུན། བརྒྱུད་བཤུག་གཉེར་སྐྱོང་སོགས་བྱེད་ཐབས་སྣ་མང་སྤྱད་དེ་ས་ཞིང་དང་། རྩྭ་ར། ནགས་སའི་ཐོན་ཁུངས་བཅས་བེད་གཏང་ལེགས་སྤྱད་ནས་ཞིང་འབྲོག་མང་ཚོགས་ཀྱིས་ཐོན་ལས་འཕེལ་རྒྱས་ཁྲིད་སྒྱུར་བཅོས་ཀྱི་ཁེ་ཕན་མཉམ་སྤྱོད་བྱེད་པར་སྐུལ་འདེད་བཏང་ཡོད་ཅེས་ངོ་སྤྲོད་བྱས་པ་རེད།

གསར་འབྱེད་གསར་གཏོད་མཐའ་འཁྱོངས་ཀྱིས་དབུལ་སྐྱོར་ལམ་བུ་གསར་པའི་ཐོག་བསྐྱོད་པ།

པ་སྣམ་དུ་སྐྱོད་སྐབས། འདྲེན་བྱེད་དུ་འཕེལ་རྒྱས་ཀྱི་རྣམ་པ་དང་། གོང་འཕེལ་གྱི་གསོན་ཤུགས། རྣམ་པ་གསར་རྐྱང་བཅས་མངོན་པ་དང་སྲོལ་རྒྱུན་དང་དེང་རབས་ཀྱི་རྣམ་པས་སྤྱུག་པའི་གྲོང་རྡལ་ཞིག་ཉོགས་པའི་ཉི་གཞོན་ལྟར་སྐྱེ་སྟོབས་ཀྱི་དཔལ་འབར་བཞིན་དུ་འཕེལ་རྒྱས་འགྲོ་བཞིན་ཡོད།

ལོ་33ལ་སླེབས་པའི་དགའ་སྟོང་གྲོང་རྡལ་མ་དབྱེར་གྲོང་ཚོའི་གྲོང་མི་བསྟན་འཛིན་ཚོས་དར་གྱི་རྨི་ལམ་དུ་འང་འཁོར་སྐྱོང་མེད་པ་ཞིག་ནི། ཐག་རིང་དུ་འགྲོ་མི་དགོས་པར་རང་ཁྱིམ་གྱི་སྒོ་རྩ་ནས་ཟླ་རེར་སྒྲ་ཆ་སྒོར་6000ལྷག་ཙམ་ལེན་རྒྱུ་ཡོད་པ་དེ་རེད།

འགྱུར་ལྡོག་དེ་ལྟ་བུ་ནི་བོད་ལྗོངས་ཇོ་རི་ཧྭ་ལུའི་སྣོད་བཅུད་ཞིང་ལས་ཚན་རྩལ་ཚད་ཡོད་ཀྱང་སི་དགའ་སྟོང་དུ་བཙུགས་པ་ལས་བྱུང་བ་དང་། ཀྱང་སི་དེའི་རྒྱུན་ལས་

སྤྱི་ཁྱབ་ཅིང་ལི་གཞོན་པ་ཁྲིན་ཀེ་མིང་གིས་རྣམ་གྲངས་འགོར་རྒྱུག་བྱས་པ་ནས་བཟུང་མི་33ལ་ཡུན་རིང་ལས་ཞུགས་བརྟན་པོ་བྱུང་བ་དང་། ས་ཆ་དེ་གའི་ཞིང་འབྲོག་པ་མི་ཐེངས་5000ལྷག་ཙམ་ཐད་ཀར་ལས་ཞུགས་ཐུབ་རྒྱུར་སྐུལ་ཁྲིད་བྱས་ཏེ་ས་ཆ་དེ་གའི་ཞིང་འབྲོག་པ་མང་ཚོགས་ལ་འབབ་འཕར་སྒོར་ཁྲི་1060བྱུང་ནས་ཞིང་འབྲོག་པ་དུད་ཚང་1600ལྷག་ཙམ་ལ་ཕན་པ་ཐོབ་ཡོད་ཅེས་ངོ་སྤྲོད་བྱས་པ་རེད།

པ་སྣམ་རྫོང་གིས་ས་མཐོའི་ཁྱད་ལྡན་དེང་རབས་ཞིང་འབྲོག་ཐོན་ལས་སྟོབས་ཆེའི་རྫོང་སྐྲུན་པའི་དམིགས་ཚད་གཞིར་བཟུང་། ཐོན་ལས་སྟོབས་ཆེར་དང་རྒྱ་ཆེར་གཏོང་རྒྱུར་གཞོལ་ནས་མང་ཚོགས་ལ་འབབ་འཕར་ཕྱུག་འགྱུར་ཡོང་བའི་ཐབས་ལམ་རྒྱུན་ཆད་མེད་པར་རྒྱ་ཆེར་བཏང་ཡོད།

མུའུ་ཁྲི་ཡི་སྐྱེ་ལྡན་ཤིང་ཏོག་དང་སྔོ་ཚལ་ཐོན་ལས་ཐད་ཀ་རྟེན་གཅིག་དང་། ལྟེ་བ་གཅིག ལྟེ་གནས་གཉིས། ཡུག་ཁུལ་དྲུག་གི་རྟེན་གཞི་26བཅས་ཀྱི་ས་བཀོད་བཀོད་པ་ཆགས་པ་དང་། 2020ལོར་སྔོན་དཔག་བྱས་ན་སྤྱིག་བཀོད་སྔོ་ཚལ་གྱི་རྒྱ་ཁྱོན་བསྡོམས་མུའུ་ཁྲི་1དང་ཐོན་འབབ་ཏུན་ཁྲི་10ཟིན་ནས་མི་7000ལས་ཞུགས་བརྟན་པོ་ཐུབ་པ་དང་། དུད་ཚང་དབུལ་པོ་2387འབབ་འཕར་དབུལ་སྒྲོལ་ཡོང་རྒྱུར་སྐུལ་ཁྲིད་བྱ་རྒྱུ་དང་།

མུའུ་ཁྲི་ཡི་སྐྱེ་ལྡན་ནས་ཀྱི་ཐོན་ལས་ལ་ལྟེ་བ་གཅིག་དང་། ཁུལ་གཉིས། རྟེན་གཞི་གཉིས། གླིང་གཅིག་བཅས་ཀྱི་ཐོན་ལས་འཆར་འགོད་ཀྱི་བཀོད་པ་ཆགས་ཏེ་ནས་འདེབས་འཛུགས་རྒྱ་ཁྱོན་མུའུ་ཁྲི་9དང་ཕྱིར་ཚོང་དངུལ་འབོར་སྒོར་ཁྲི་5400ཟིན་ཏེ་ནས་འདེབས་འཛུགས་དུད་ཚང་3000ཙམ་ལ་སྐུལ་ཁྲིད་ནུས་ལྡན་ཐུབ་སྟེ་འདེབས་འཛུགས་དུད་ཚང་གི་མི་རེར་ཆ་སྙོམས་ཡོང་འབབ་སྒོར་1000ཙམ་འཕར་རྒྱུ་ཡིན་པ།

མུའུ་ཁྲི་ཡི་སྐྱེ་ལྡན་འདྲེ་ཚེར་མའི་ཐོན་ལས་རྣམ་གྲངས་ཁྱོན་ཡོངས་ནས་བསྐྱུན་རྗེས་མི་1000ནས་2000བར་ཡུན་རིང་ལས་ཀར་ཞུགས་ཆོག་པ་དང་། དུས་ཚིགས་རང་བཞིན་

གྱི་སྐབས་འཕྲལ་ལས་མི་མི་ཐེངས་ཁྲི་37.5བཀོལ་སྤྱོད་བྱས་ཏེ་རྣམ་གྲངས་ཁུལ་ནང་གི་ལས་ཞུགས་འདུན་པ་ཡོད་པ་དང་། ངལ་རྩོལ་ནུས་ཤུགས་ངེས་ཅན་ལྡན་པའི་ཡིག་ཚགས་དང་གྲྭ་བཟོས་པའི་དུད་ཚང་དབུལ་པོ་ཚང་མར་ལས་ཞུགས་མངོན་འགྱུར་ཐུབ་ནས་རྣམ་གྲངས་ཁུལ་ནང་གི་ཞིང་འབྲོག་དུད་ཚང་ཚང་མར་ཆ་སྙོམས་ཡོང་འབབ་སྒོར་6700འཕར་རྒྱུ་ཡིན་པ།

ཤུའུ་ཁྲི་ཡི་གཟན་རྩྭ་དང་གཞི་ཁྱོན་ཅན་གྱི་གསོ་སྐྱེལ་ཐོན་ལས་ཀྱིས་འདེབས་འཛུགས་དང་། གསོ་སྐྱེལ། ལས་སྒྱུར་བཅས་གཞི་གཅིག་ཅན་གྱི་འཕེལ་རྒྱས་གཏོང་རྒྱུ་ཁ་ཕྱོགས་སུ་བྱས་ཤིང་། མིག་སྔར་རྫོང་ཡོངས་ཀྱིས་ཅོན་ཧྭན་བཞོན་མ་མགོ་གྲངས་ཁྲི་3.2གསོ་སྐྱེལ་བྱས་པ་དང་། འབྲོག་ལས་སྣེ་འཛིན་ཁེ་ལས་2དང་། ཚད་ལྡན་ཅན་གྱི་དཀར་ཆུའི་ཐོན་རྫས་ལས་སྒྱུར་ཁེ་ལས་1 གསོ་སྐྱེལ་མཉམ་ལས་ཁང་26 གསོ་སྐྱེལ་དུད་ཆེན་96བཅས་སྐྱིད་སྡིང་བྱས་པར་ཁྱོན་མང་ཚོགས་དུད་ཚང་1296གཉེར་སྐྱོང་མ་ལག་གསར་པའི་ནང་ཞུགས་ཏེ་འབྲོག་ལས་ཀྱི་ཡོང་འབབ་སྒོར་དུང་ཕྱུར་1.79ཟིན་རྒྱུ་ཡིན་པ་བཅས་རེད།

བོད་ཤར་རྒྱུད་དུ་དཔལ་འབྱོར་འགག་འབྱོར་གྱི་རྒྱལ་ཁ་ཕུ་ཐག་གཅོད་པའི་སྤྲོ་སེམས་ཀྱིས་ཁེངས་པ།

——ཆབ་མདོ་གྲོང་ཁྱེར་གྱི་དཔལ་འབྱོར་གྱི་འཐབ་ས་དང་པོར་ལྟ་ཞིབ་བྱས་པའི་སྐོར།

བོད་ཤར་རྒྱུད་དུ་རི་བོ་གཅིག་ལ་གཅིག་ཏུ་འབྲེལ་ཞིང་རི་སྤྲང་ཡོངས་ལ་ཁ་བའི་གོས་བཟང་བསྣུབས། ཆབ་མདོ་གྲོང་ཁྱེར་གྱི་བྲག་ཆུའི་ཤར་ངོགས་སུ་མདའ་རོ་གྲོང་ཚོ་ནས་ཡིན་པའི་འཛམ་དབྱངས་ལྷ་མོ་དང་ཁོ་མོའི་ལས་རོགས་གཉིས་རྩམ་པ་ལས་སྔོན་བཟོ་གྲྭར་ལས་ལ་བྲེལ་བཞིན་མཆིས།

གསར་འགོད་པས་ཉེ་ཆར་ཚྭངས་འཁོར་ལ་བསྟུད་དེ་རྒྱལ་ལམ་317བརྒྱུད་ནས་ཁ་ཏུབ་ཆུས་ཏུ་བཞི་ཤང་མདའ་རོ་གྲོང་ཚོར་བསྐྱོད། དེ་ནི་རི་སྙེད་ནས་སྤྱོས་པའི་ས་མ་འབྲོག་གི་གྲོང་ཚོ་ཞིག་རེད། དེ་སྔོན་འཚོ་བ་གནམ་ཆུ་སྒྲུག་ནས་འཕྱིད་ཐབས་བྱེད་དགོས་ཤིང་། སློག་མེད་ལ་གྲོང་ཚོ་དེ་ཡོངས་ཀྱི་དུད་ཚང་100ཚང་མ་སྤྱི་ལེ་གཅིག་ཆོད་པའི་སར་ཆུ་ལེན་པར་འགྲོ་དགོས་པ་དང་ཕྱུགས་ལ་ཐོན་སྐབས་ཀྱང་ཧ་བཙོན་འགྲོ་དགོས་པར་བརྗེན། དེ་ནི་ཤང་དེ་ཡོངས་ཀྱི་གྲོང་ཚོ་དཔལ་ཤོས་ཤིག་ཡིན་ཞེས་འཛམ་དབྱངས་ལྷ་མོས་བཤད།

ཡུལ་གཞན་དུ་གནས་སྤོས་དཔལ་སྐྱོར་བྱས་རྗེས་ང་ཚོས་ཁུལ་དེའི་ལེགས་ཆ་སྤྱད་ནས་ཕྱུག་འགྱུར་འཛོན་ཐང་ཅན་གྱི་སྡེ་ཁྲིད་འོག་རྩམ་པ་ལས་སྔོན་བཟོ་གྲྭ་དང་། ཞིང་འབྲོག་པའི་ཨར་ལས་ཏུ་ཁག་རྫོ་གཤགས་བཟོ་གྲྭ་ཞིང་འབྲོག་པའི་སྐྱིལ་འདྲེན་ཏུ་ཁག་

སོགས་གྲོང་ཚོའི་མཉམ་སྡེབ་ཀྱི་དཔལ་འབྱོར་དངོས་ཚན་གཉེར་ཡོད། 2017ལོར་གྲོང་ཚོ་དེ་ཡོངས་ཀྱི་དཔལ་འབྱོར་ཡོང་འབབ་བསྡོམས་འབོར་སྒོར་ཁྲི་512དང་མི་རེའི་ཆ་སྙོམས་ཡོང་འབབ་སྒོར་ཁྲི་1.1ཟིན་པའི་ནང་དངུལ་སྐར་ཡོང་འབབ་སྒོར་8000ཙམ་ཟིན་ཡོད་ཅེས་གྲོང་ཚོ་ཨུ་ལྷན་གྱི་ཀྲུའུ་རེན་ཚེ་བརྟན་བཀྲ་ཤིས་ཀྱིས་བཤད།

འཕྲིད་རྒྱུག་རི་ཁུལ་དུ་གནས་པ་དང་ཆ་སྙོམས་ས་བབ་མཐོ་ཚད་སྨི་3500ཡན་ཟིན་པའི་ཆབ་མདོ་གྲོང་ཁྱེར་ནི་ཛ་རྟའི་ཚོང་ལམ་གྱི་དངོས་ཟོག་བརྫུ་འགྲེམས་ལྟེ་གནས་ཤིག་ཡིན་ཞིང་། ས་ཁྱོན་སྤྱི་ལེ་ངོས་གྲུ་ཁྲི་10.8ཟིན་པ་དང་ཁྱོན་མི་འབོར་ཁྲི་78ཡོད། དེ་ཁུལ་ནི་ས་ཁོད་མི་སྙོམས་པ་དང་། ས་རྒྱུ་ཉམས་ཞན། འཚོ་གནས་ཀྱི་ཆ་རྐྱེན་ཞན་པ་བཅས་ཡིན་སྟབས་བོད་ཀྱི་དབུལ་པོར་འགྱུར་ཚད་མཐོ་ཤོས་དང་། དབུལ་སྐྱོར་མ་གནས་མཐོ་ཤོས་བཟུང་བ། དབུལ་པོ་དབུལ་ནག་ཡིན་པ། དབུལ་སྒྲོལ་དཀའ་ཚོགས་ཆེ་ཤོས་བཅས་ཀྱི་ས་ཁོངས་ཞིག་རེད།

རྒྱལ་ཡོངས་དང་མཉམ་དུ་ཕྱོགས་ཡོངས་ནས་འབྱོར་འབྲིང་སྤྱི་ཚོགས་སྐྲུན་ཐུབ་ཆེད། ཆབ་མདོ་གྲོང་ཁྱེར་གྱིས་དབུལ་སྒྲོལ་འགག་སྒྲོལ་ལས་དོན་ཐད་ནུས་ཤུགས་ཆེན་པོ་བཏོན་ཡོད། ལོ་ལྔ་ཚན་བཅུ་གསུམ་པའི་རིང་། གྲོང་ཁྱེར་ཡོངས་ཀྱིས་དུད་ཚང་ཁྲི་2ཡི་མི་འབོར་དབུལ་པོ་ཁྲི་10.3ཡུལ་གཞན་དུ་གནས་སྤོས་དབུལ་སྐྱོར་བྱེད་རྩིས་ཡོད་པ་དང་དུད་ཚང་ཁྲི་1.2ཡི་མི་ཁྲི་5.7སྤོད་ཁང་གསར་པར་སྤོས་ཡོད། 2016ལོ་ཚུན་དུ། རིམ་བཙིས་བྱས་ན་ཡུལ་གཞན་དུ་གནས་སྤོའི་མ་དངུལ་སྒོར་དུང་ཕྱུར་62དོན་འཐྱོལ་དང་ཡུལ་ཕྱོགས་གཅིག་གི་ས་ཆུས་ཡུལ་ཕྱོགས་གཅིག་གི་མི་གསོ་མི་ཐུབ་པའི་གནད་དོན་ཐག་གཅོད་བྱས་ཡོད།

དེ་དང་ཆབས་ཅིག་ཆབ་མདོ་གྲོང་ཁྱེར་གྱིས་ད་དུང་ཤིན་ཏུ་དབུལ་བའི་ས་ཁུལ་དང་མི་འབོར་དབུལ་པོར་དམིགས་ཏེ་གང་བྱུང་ཆུ་འདྲེན་ནས་གནད་སྨིན་ཆུ་འདྲེན་དུ་ཁ་ལོ

བསྒྱུར་བ་དང་ཡུལ་བབ་དང་བསྟུན་ནས་ཞིགས་ལྡན་ཐོན་ཁུངས་གསར་སྤེལ་དང་། ཁྱད་ལྡན་སྐྱོ་ཕྱུགས་ཐོན་རྫས་ལས་སྒོན། ཚོང་དོན་འགྲོ་རྒྱུག་ལས་རིགས་སོགས་དུད་ཚང་དབུལ་པོར་འབབ་འཕར་སྐྲུལ་ཁྲིད་ཀྱི་ནུས་པ་མངོན་གསལ་དོད་པོ་ལྡན་པའི་ཁྱད་ལྡན་ཐོན་ལས་འཕེལ་རྒྱས་མགྱོགས་པོ་བཏང་བ་མ་ཟད། རང་དོས་འཕེལ་རྒྱས་ཀྱི་འཇོན་ཐང་ཡང་རིམ་བཞིན་ཆེ་རུ་བཏང་ཡོད།

ལྷོ་གོས་འཛོམས་པའི་དབུལ་སྐྱོར་དེ་འཕེལ་རྒྱས་རྣམ་པའི་དབུལ་སྐྱོར་ལ་བསྒྱུར་ཆེད། ཆབ་མདོ་གྲོང་ཁྱེར་གྱིས་ཞིང་འབྲོག་ཁུལ་གྱི་དཔལ་འབྱོར་འཕེལ་རྒྱས་གཏོང་བའི་སྐུལ་ནུས་གསར་པ་སྨུ་མཐུད་སྐྱེད་སྤྲིང་བྱས་ཡོད། གོ་འཛོ་རྫོང་ལ་དམིགས་བསལ་ཡོད་པའི་ངག་དབང་ལུག་ནི་ཤ་ཤེད་རྒྱས་ལ་རྩོ་བཙུད་ཆེ་མོད། འོན་ཀྱང་དུས་ཡུན་རིང་པོའི་ནང་རགས་ལས་རྣམ་པའི་ཕྱུགས་འཚོ་སྟངས་ལས་དེའི་གྲངས་ཚད་ཉུང་དུ་འགྲོ་ཡི་ཡོད། ཉེ་བའི་ལོ་ཤས་རིང་། གོ་འཛོ་དང་སླར་ཁམས་སོགས་རྫོང་གིས་ཀུང་སི་དང་། རྟེན་གཞི། དུད་ཚང་དབུལ་པོ་སོགས་ཟུང་འབྲེལ་གྱི་བྱེད་ཐབས་སྤྱད་དེ་རྒྱུད་པ་ཞིགས་བཅོས་དང་གསོ་སྐྱེལ་རྒྱ་ཆེར་བཏང་བ་བརྒྱུད། མིག་སྔར་གོ་འཛོ་རྫོང་ཁོ་ནར་ཆེད་ལས་ཀྱི་གསོ་ཚགས་གྲོང་ཚོ་19དང་ཆེད་ལས་ཀྱི་མཉམ་ལས་ཁང་4ཡོད་པ་དེས་དུད་ཚང་6000ལྷག་ཙམ་གྱི་མང་ཚོགས་ལ་འབབ་འཕར་ཕྱུག་འགྱུར་ཡོང་བའི་སྣེ་ཁྲིད་ཐུབ་ཡོད།

2016ལོ་ཚུན་དུ། ཆབ་མདོ་གྲོང་ཁྱེར་གྱིས་ཁྱོན་དབུལ་པོ་མི་གྲངས་ཁྲི་7.2ཉུང་དུ་བཏང་བ་དང་། དབུལ་པོར་གྱུར་ཚད་བརྒྱ་ཆ་24.9ནས་བརྒྱ་ཆ་17.3བར་ཆག་པ། གྲོང་ཚོ་དབུལ་པོ་490དབུལ་སྒྲོལ་བཅས་བྱུང་ཡོད། འདི་ལོའི་ཟླ་9པར་རི་བོ་ཆེ་དང་སྟེང་ཆེན་རྫོང་གཉིས་པོ་རྒྱལ་སྲིད་སྤྱི་ཁྱབ་ཁང་དབུལ་སྐྱོར་གཞུང་དོན་ཁང་གི་ཆེད་དོན་ཚོད་སྐོར་ཞིབ་བཤེར་གྱི་ཚད་ལོན་པ་དང་རྫོང་དབུལ་པོ་ནས་ཕྱིར་འཐེན་བྱེད་པའི་ཆ་རྐྱེན་འཛོམས་ཡོད། 2018ལོར་ཆབ་མདོ་གྲོང་ཁྱེར་གྱིས་མི་དབུལ་པོ་ཁྲི་4.1ཉུང་དུ་གཏོང་བ་དང་གྲོང་

ཚོ་དབུལ་པོ་209དབུལ་སྒྲོལ་ཐུབ་པ་བྱེད་རྩིས་ཡོད་ཅེས་ཆབ་མདོ་གྲོང་ཁྱེར་གྱི་འགོ་ཁྲིད་གཙོ་བོས་དེ་ལྟར་ངོ་སྤྲོད་བྱས།

སྨུ་རྫིང་རྫོང་གིས་བློ་རིག་དབུལ་སྐྱོར་གྱི་གྲངས་གཞི་ཆེ་མོའི་ངོ་དམ་ལས་སྟེགས་བཙུགས་པ།

དབུལ་སྐྱོར་ལ་གྲངས་གཞི་ཡོད་པས་དབུལ་སྒྲོལ་བྱེད་མགྱོགས་སུ་ཕྱིན་པ།

2018ལོའི་ལོ་མཇུག་བར་སྨུ་རྫིང་རྫོང་གིས་ལོ་གསུམ་རིང་རིམ་སྤེལ་བྱས་ན་དུད་ཚང་494ཡི་མི་1635དབུལ་སྒྲོལ་བྱས་པ་དང་། མི་འབོར་དབུལ་པོའི་28བར་ཉུང་དུ་བཏང་བ། དབུལ་པོ་ཐོན་ཚད་བརྒྱ་ཆ་0.37བར་ཆག་ཐབས་བྱས་པས་དབུལ་ཞྭ་འབུད་པའི་ཚད་དུ་སླེབས་ཡོད།

འདི་ག་ཚགས་པར་ཁང་དུ་སྨུ་རྫིང་ནས་གློག་འཕྲིན་འཕྲོར་གསལ། ཀྲུང་གོ་དང་། རྒྱ་གར། ནེ་པ་ལ་བཅས་རྒྱལ་ཁབ་གསུམ་གྱི་སྤྱིལ་མཚམས་སུ་གནས་པའི་སྨུ་རྫིང་རྫོང་དུ་སྐྱོད་སྐབས་དེ་གའི་མཛེས་སྡུག་ལྡན་པའི་རང་བྱུང་དང་སྤྱི་ཚོགས་ཀྱི་རིག་གནས་སྣང་ཚུལ་སྣ་ཚོགས་ཀྱི་མཛེས་ལྗོངས་ལ་མི་རྣམས་ཀྱི་ཡིད་ཀྱི་བརྟན་པ་ཅིག་ཅར་དུ་འཕྲོག་སྲིད། ཉེ་བའི་ལོ་ཤས་རིང་ལྗོངས་ཡོངས་ཀྱི་དབུལ་སྒྲོལ་འགག་སྒྲོལ་གྱི་ལས་དོན་ཤུགས་ཆེན་སྤེལ་བ་དང་ཆབས་ཅིག་ཤིན་ཏུ་དབུལ་བའི་རྫོང་དེའི་ཕྱོགས་གང་ས་ནས་དགྱེར་མཚོ་རྒྱས་པ་བཞིན་གྱི་གསོན་ཤུགས་མངོན་པ་དང་། བློ་རིག་དབུལ་སྐྱོར་གྱི་གྲངས་གཞི་ཆེ་མོའི་ངོ་དམ་ལས་སྟེགས་སྤྱོད་པས་སྔར་ཡང་སྨུ་རྫིང་རྫོང་གི་གནད་སྨིན་དབུལ་སྐྱོར་དང་གནད་སྨིན་དབུལ་སྒྲོལ་ལས་དོན་ལ་སྒྲུལ་ཤུགས་བསྣན་ཡོད་པ་རེད།

དབུལ་སྒྲོལ་འགག་སྒྲོལ་གྱི་ལས་དོན་མཐའ་མཇུག་ཏུ་སླེབས་སྐབས་འགྲན་སློང་ཡང་དེ་བས་ཆེ་རུ་འགྲོ་བ་དང་དཀའ་ཚེགས་ཀྱང་ཆེ་རུ་འགྲོ་ཡི་ཡོད་སྟབས་དབུལ་པོ་ངོ་མ་

དབུལ་སྒྲོལ་དང་དངོས་འབྲེལ་དབུལ་སྒྲོལ་ཐུབ་པར་ངེས་པར་དུ་ཆོད་སེམས་བརྟན་པོ་དང་ཚན་རིག་དང་མཐུན་པའི་བྱེད་ཐབས་ཡོད་དགོས་ཞེས་སྤུ་རྫིང་རྫོང་ཨུད་ཀྱི་རྒྱུན་ཨུ་ཏྲིལ་བསྒྲགས་པུའི་པུའུ་ཀྲང་བཀྲ་ཤིས་ཚེ་རིང་གིས་གསར་འགོད་པར་བཤད་པ་དང་། ཁོང་གིས་ཆ་འཕྲིན་ཅན་གྱི་བྱེད་སྟངས་ལ་བརྟེན་ནས་དབུལ་སྐྱོར་ཁྲབ་ཁོངས་ཀྱི་ཆ་འཕྲིན་བསྡོམས་རྩིས་དང་། མཉམ་སྒྲུབ་མཉམ་སྤྱོད། འགྲུལ་རྣམ་གསར་བརྗེ། རྗེས་སྙེགས་ལྟ་ཞིབ་ཚད་ལེན། དཔྱང་ཁག་དོ་དམ། བཀོད་འདོམས་བཀོད་གཏོང་། གྲུབ་འབྲས་དཔྱད་ཞིབ་སོགས་ཀྱི་འཁྲབ་སྟོན་སྣ་ཚོགས་ལ་ཁ་གཏད་གཙོག་ཆེད། 2018ལོའི་ཟླ་5པར་སྤུ་རྫིང་རྫོང་གིས་མ་དཔུལ་སྐོར་ཁྲི་158བཏང་ནས་བློ་སྐྱོར་གྱི་གྲངས་གཞི་ཆེ་མོའི་དོ་དམ་ལས་སྟེགས་བསྐྲུན་ཡོད་ཅེས་བཤད།

སྤུ་རྫིང་རྫོང་གི་དབུལ་སྒྲོལ་འགག་སྒྲོལ་བཀོད་འདོམས་པུའུ་ཙུ་སྐྱོད་སྐབས་གློག་རྡུལ་གྱི་བརྙན་ཤེལ་ཏ་ཅང་ཆེན་པོ་ཞིག་གྱང་ངོས་སུ་བཀལ་བ་དང་དབུལ་སྐྱོར་གྱི་ཆ་འཕྲིན་ཁག་རེ་རེ་བཞིན་མངོན་གྱི་འདུག བཀྲ་ཤིས་ཚེ་རིང་གིས་དབུལ་སྒྲོལ་འགག་སྒྲོལ་བཀོད་འདོམས་པུའུ་ཙུ་བློ་སྐྱོར་གྱི་གྲངས་གཞི་ཆེ་མོའི་དོ་དམ་ལས་སྟེགས་ཀྱི་ནང་དོན་རེ་རེ་བཞིན་བརྙན་ཤེལ་ཆེན་པོའི་ཐོག་མངོན་གྱི་ཡོད། དབུལ་སྐྱོར་གྱི་འཐབ་ཕྱོགས་དང་པོར་དབུལ་སྐྱོར་གྱི་ཆེད་བསྐོས་ལས་བྱེད་པས་དབུལ་སྐྱོར་གྱི་ཆ་འཕྲིན་གསར་ཤོས་ལས་སྟེགས་ཐོག་བསྐྱུར་ཆོག་ལ། ལས་སྟེགས་ཀྱི་འབྲེལ་ཡོད་ཆ་འཕྲིན་མགྱོགས་མྱུར་ངང་འཚོལ་བཤེར་དང་ལྟ་ཀློག་གྱང་བྱེད་ཆོག ལས་སྟེགས་དེ་ཡོད་པས་རྫོང་ཡོངས་ཀྱི་དུད་ཚང་དབུལ་པོའི་གནས་ཚུལ་དང་དབུལ་སྒྲོལ་འགག་སྒྲོལ་གྱི་འཕེལ་རིམ་ཚང་མ་ཤེས་རྟོགས་ཐུབ་ཀྱི་ཡོད། ལས་སྟེགས་དེ་ཡོད་ན་གནད་སྨིན་དབུལ་སྒྲོལ་གྱི་གྲངས་གཞི་ཆེ་མོའི་མཛོད་ཆགས་ཏེ་དུད་ཚང་དབུལ་པོ་དང་། དབུལ་སྐྱོར་གྱི་འཐབ་ཕྱོགས་དང་པོའི་མི་སྣ། ཏང་སྲིད་ཀྱི་ཐབས་ཇུས་འགོད་མཁན་བཅས་ལ་ཆ་འཕྲིན་གྱི་མྱུར་བགྲོད་གཞུང་ལམ་ཞིག་བཙུགས་

པ་དང་མཚུངས་ཞེས་བཤད།

སྤྱིན་པ་བསོད་ནམས་ནི་གཞི་རིམ་གྱི་དབུལ་སྐྱོར་ཆེད་བསྐོས་ལས་བྱེད་པ་ཞིག་ཡིན་པ་དང་། གློ་སྐྱོར་གྱི་གྲོངས་གཞི་ཆེ་མོའི་དོ་དམ་ལས་སྡེགས་ཀྱི་སྐབས་བདེའི་རང་བཞིན་སྐོར་གླེང་སྐབས། ཁོང་གིས་དེ་སྔོན་དུད་ཚང་དབུལ་པོའི་གྲོངས་གཞི་འཚོལ་བའམ་ཡང་ན་བཟོ་བཅོས་རྒྱག་སྐབས་དུས་ཚོད་མང་པོ་སྤྱད་དེ་ཤོག་ངོས་ཀྱི་ཡིག་ཆ་འཚོལ་དགོས་ཀྱི་ཡོད། འོན་ཀྱང་ད་ཆ་སློག་ཀླད་ཀྱི་ཕབ་གཞོང་མནན་ཙམ་བྱས་ཆོ་རང་ཉིད་ལ་མཁོ་བའི་ཡིག་ཆ་རྣམས་འཚོལ་བཤེར་ཐུབ་པས་ཧ་ཅང་སྟབས་བདེ་པོ་འདུག་ཅེས་བཤད་པ་རེད།

ཞིབ་རྟོགས་བྱུང་བར་གཞིགས་ན། 2018ལོའི་ལོ་མཇུག་བར་སྤུ་ཧྲེང་རྫོང་གིས་ལོ་གསུམ་རིང་རིམ་སྤེལ་བྱས་ན་དུད་ཚང་494ཡི་མི་གྲངས་1635དབུལ་སྒྲོལ་ཐུབ་བྱས་པ་དང་། མི་འབོར་དབུལ་པོ་28བར་ཤུང་དུ་བཏང་བ། དབུལ་པོ་ཐོན་ཚད་བརྒྱ་ཆ་0.37བར་ཆག་ཐབས་བྱས་པས་དབུལ་ཞྭ་འབུད་པའི་ཚད་དུ་སླེབས་ཡོད།

སྣང་རྫོང་གིས་མང་ཚོགས་དབུལ་པོའི་ནང་གནས་སྐྱུལ་ཤུགས་ཆེ་རུ་བཏང་བ།

དབུལ་སྒྲོལ་གྱི་འཛོན་ཐང་ང་ལ་ཡོད།

ལོ་གསུམ་རིང་སྣང་རྫོང་གིས་དྲོད་ཁང་ཆེ་མོའི་ནང་སྔོ་ཚལ་འདེབས་འཛུགས་དང་། འཛུགས་སྐྲུན་གྱི་རྨང་གཞིའི་སྒྲིག་ཆས་བཀོལ་སྤྱོད། ཡུལ་སྐོར་ལས་རིགས་ཀྱི་ཞབས་ཞུ། ས་རྐོ་འཕྲུལ་འཁོར་བཀོལ་སྤྱོད་སོགས་ཀྱི་ཆེད་ལས་རྩལ་ནུས་ཀྱི་གསོ་སྦྱོང་དུས་ཐེངས་29བྱས་པར་ཁྲིད་མི་ཐེངས་1371གསོ་སྦྱོང་ལ་ཞུགས་པའི་ནང་དུད་ཚང་དབུལ་པོའི་མི་ཐེངས་1081ཞུགས་པ་དང་མ་དངུལ་སྒོར་ཁྲི་136.67བཏང་བས་མི་གྲངས་1331ལས་ཞུགས་གཞན་སྒྱུར་ཐུབ་ཡོད།

སྣང་རྫོང་གིས་དབུལ་སྐྱོར་དང་། རིག་སྐྱོར། བློ་སྐྱོར་བཅས་ཟུང་འབྲེལ་བྱས་ནས་དབུལ་སྒྲོལ་འགག་སྒྲོལ་ལ་རྒྱལ་ཁ་ཕུ་ཐག་གཅོད་པ་ལེན་རྒྱུ་མཐའ་འཁྱོངས་བྱེད་པར་སྟོན་ལ་མང་ཚོགས་ཀྱི་བསམ་བློ་དབུལ་པོ་ལས་སྒྲོལ་བ་བྱས་ཏེ《དབུལ་སྐྱོར་དང་རིག་སྐྱོར་བློ་སྐྱོར་ཕན་ཚུན་ཟུང་དུ་འབྲེལ་བའི་ལག་བསྟར་རྟུས་གཞི》བཟོས་ནས་ས་ཁུལ་དབུལ་པོ་དང་མང་ཚོགས་དབུལ་པོའི་ནང་གནས་ཀྱི་སྐྱུལ་ཤུགས་ཆེ་རུ་བཏང་བས་དངོས་དངོས་རྗེན་རྗེན་གྱི་ཕན་འབྲས་ཐོན་ཡོད།

དབུལ་སྐྱོར་བྱེད་པར་སྟོན་ལ་བློ་སྐྱོར་བྱས་ནས་དབུལ་སྒྲོལ་གྱི་ཁོར་ཡུག་བཟང་པོ་ཞིག་ཏུར་ཐག་སྐྲུན་ཡོད་ཅིང་། སྣང་རྫོང་གིས་མང་ཚོགས་ཀྱི་བསམ་བློ་དབུལ་པོ་སེལ་རྒྱུའི་ལས་དོན་དེ་གནས་བབ་ཨང་དང་པོར་བཞག་ནས་དབུལ་སྒྲོལ་འགག་སྒྲོལ་གྱི་སྐད་

 སྒྲ་ཡག་པོ་དང་དྲང་ནུས་དྲིལ་བསྒྲགས་རྒྱ་ཁྱབ་བྱེད་པ་དང་། དབུལ་སྐྱོར་ཕྱུག་འགྱུར་གྱིས་འཁོར་འབྲིང་ཕྱོགས་སུ་བསྐྱོད་པར་ཕོར་ཡུག་ཡག་པོ་ཞིག་ཏུར་ཐག་བཏོད་པ། རིག་གནས་ཚུ་ཚད་མཐོར་གཏོང་གི་འདུ་འགོད་རྒྱ་ཁྱབ་ངང་ལག་ལེན་བསྟར་བ། མང་ཚོགས་ཀྱི་བསམ་བློའི་ངོས་འཛིན་དང་ཁྲིམ་རའི་དཔལ་འབྱོར་འཕེལ་རྒྱས་ཕན་ཚུན་འཚམ་རྒྱུར་སྐུལ་མ་ཏུར་ཐག་གཏོང་བ་བཅས་ཀྱི་སྒོ་ནས་བསམ་བློའི་དབུལ་སྐྱོར་ལས་དོན་གསར་གཏོད་དང་དེར་སྐུལ་སྤེལ་བཏང་ཡོད། ས་ཁུལ་དབུལ་པོའི་མང་ཚོགས་ལ་ཚད་གཞི་མི་འདྲ་བའི་སྨུག་བརྟེན་སློང་གསུམ་གྱི་བསམ་བློ་གནས་པའི་གནས་ཚུལ་ལ་དམིགས་ཏེ་དངོས་པོའི་དབུལ་སྐྱོར་དང་བསམ་བློའི་དབུལ་སྐྱོར་ཕྱོགས་གཉིས་དམ་འཛིན་བྱེད་པའི་བསམ་བློ་མཐའ་འཁྱོངས་བྱས་ཡོད།

སྣང་རྫོང་གིས་རིག་གནས་དང་ཚན་རྩལ་ཤེས་བྱ་སློབ་སྦྱོང་བྱ་རྒྱུ་རྒྱུན་རྣམ་ཅན་དང་ལམ་ལུགས་ཅན་དུ་འགྱུར་རྒྱུར་སྐུལ་མ་གཏོང་ཆེད་དབུལ་སྐྱོར་གྱི་མཚན་མོའི་སློབ་གྲྭ་དང་རིག་གནས་ཤེས་བྱའི་སློབ་ཚན། ཚན་རྩལ་ཤེས་བྱའི་དྲི་བ་དྲིས་ལན་སོགས་ཀྱི་བྱ་ཐབས་བརྒྱུད་མང་ཚོགས་ཀྱི་ཚན་རིག་རིག་གནས་ཤེས་བྱའི་ཚུ་ཚད་དང་དེ་བཞིན་བྱ་དངོས་གསར་པ་དང་ལེན་བྱེད་པའི་ནུས་པ་དང་ཚུ་ཚད་ཟམ་མི་ཆད་པར་གོང་མཐོར་བཏང་བས་མང་ཚོགས་ཀྱི་རིག་ནུས་དང་འཛོན་ཐང་དེ་ཁྲིམ་རའི་དཔལ་འབྱོར་འཕེལ་རྒྱས་ཀྱི་གོམ་སྟབས་དང་རིམ་པས་གཅིག་མཚུངས་ཡོང་བ་བྱས་ཡོད།

བློ་སྐྱོར་བྱས་པ་མ་ཟད་རིག་སྐྱོར་ཡང་བྱས་ནས་གསོ་སྦྱོང་བྱ་ཡུལ་གཏན་འཁེལ་གནད་སྨིན་ཡོང་བ་བྱས་ཤིང་། སྣང་རྫོང་གིས་གནད་འཕིགས་ཀྱི་འདུ་ཤེས་གྲོང་གསེབ་ཀྱི་མང་ཚོགས་དང་ལྷག་པར་དུ་མང་ཚོགས་དབུལ་པོའི་གསོ་སྦྱོང་ལས་དོན་ནང་ཁྱབ་པ་བྱས་ནས་སྟོན་མའི་ཚུ་ཆེན་ཞིང་ཁར་ཁེབས་གཏོང་གི་གསོ་སྦྱོང་ཆེན་པོ་ནས་གནད་འཕིགས་རྣམ་པའི་གསོ་སྦྱོང་ཚུང་ཁྲུས་ལ་བསྒྱུར་བ་དང་། བཀོད་སྒྲིག་རྣམ་པའི་གསོ་

སྐྱོང་དེ་གདམ་ག་རྣམ་པའི་གསོ་སྐྱོང་ལ་བསྒྱུར་བ། གསོ་སྐྱོང་གི་ནང་དོན་གནད་སྨིན་འདེམས་རྒྱུ་མངོན་གསལ་དོད་པོ་ཡོང་བ་བྱས་ཡོད། སྣང་རྫོང་གིས་གསོ་སྐྱོང་བྱ་ཡུལ་ཡག་པོ་འདེམས་ནས་སྣེ་ཁྲིད་ཀྱི་ནུས་པ་ཆེ་བ་དང་སྣེ་ཁྲིད་ཀྱི་མི་གྲངས་མང་བའི་ཕྱུག་འགྱུར་སྣེ་ཁྲིད་པ་གསོ་སྐྱོང་གཙོ་གནད་དུ་བྱས་ནས་གྲོང་ཚོ་དབུལ་པོའི་གྲོང་ཚོ་རིམ་པའི་རྩ་འཛུགས་ཀྱི་འགན་འཁུར་བ་དང་། ཏང་ཡོན་གྱི་ལས་གཏོད་ཕྱུག་འགྱུར་འཛིན་ཐང་ཅན། སློབ་ཆེན་ཐོན་པའི་གྲོང་དཔོན། ཞིང་པའི་ཆེད་ལས་མཉམ་ལས་ཁང་གི་འགན་འཁུར་བ། ཕ་ཡུལ་དུ་ཕྱིར་ལོག་ལས་གཏོད་བྱེད་མཁན་སློབ་ཆེན་སློབ་མ། ཁྱིམ་འཛིན་བུད་མེད་སོགས་གསོ་སྐྱོང་ཁོངས་སུ་བཙུག་པ། གསོ་སྐྱོང་དང་ལེན་བྱེད་མཁན་མང་ཚོགས་གཙོ་བོར་བྱ་རྒྱུ་མཐའ་འཁྱོངས། གྲོང་ཚོ་དང་། ཐོན་ལས། ཞིང་དུད། ཞིང་ལས། ལོ་ཏོག་དང་ཕྱུགས་རིགས་བཅས་དང་བསྟུན་ནས་གསོ་སྐྱོང་བྱ་ཡུལ་གནད་འཁེལ་དང་། གསོ་སྐྱོང་རྟུས་གཞི་ཡང་དག་གསོ་སྐྱོང་བྱ་ཐབས་འཕྱུགས་མེད་བཅས་ཡོང་བ་བྱས་ཡོད།

ལོ་གསུམ་རིང་སྣང་རྫོང་གིས་དྲོད་ཁང་ཆེ་མོར་སྤོ་ཚལ་འདེབས་འཛུགས་དང་། འཛུགས་སྐྲུན་གྱི་རྨང་གཞིའི་སྒྲིག་ཆས་བཀོལ་སྤྱོད། ཡུལ་སྐོར་ལས་རིགས་ཀྱི་ཞབས་ཞུ། རྐོ་འདྲུའི་འཕྲུལ་འཁོར་བཀོལ་སྤྱོད་སོགས་ཀྱི་ཆེད་ལས་རྩལ་ནུས་ཀྱི་གསོ་སྐྱོང་དུས་ཐེངས་29བྱས་པར་ཁྱོན་མི་ཐེངས་1371ཞུགས་པ་དང་དེའི་ནང་དུད་ཚང་དབུལ་པོའི་མི་ཐེངས་1081ཞུགས་པ་དང་མ་དངུལ་སྒོར་ཁྲི་136.67བཏང་བས་མི་གྲངས་1331ལས་ཞུགས་གཞན་སྒྱུར་ཐུབ་ཡོད། གཞན་ཡང་ཁེ་ལས་ཀྱི་ཁ་གཏད་རོགས་སྐྱོར་མ་དངུལ་སྒོར་ཁྲི་54.53དོན་འཁྱོལ་བྱས་ནས་མི་ཐེངས་137ལས་ཞུགས་གཞན་སྒྱུར་ཐུབ་པ་དང་མང་ཚོགས་དབུལ་པོ་མི་ཐེངས་394ལ་ཕན་པ་ཐོབ་པས་དཀའ་སྤྱད་ཀྱི་ལག་གཉིས་ལ་བརྟེན་ནས་དབུལ་སྒྲོལ་ཕྱུག་འགྱུར་ཡོང་བའི་མང་ཚོགས་ཀྱི་རང་རྟོགས་བསམ་པ་ཆེ་རུ་ཕྱིན་ཡོད།

གློ་སྐྱོར་དང་རིག་སྐྱོར་གལ་ཆེ་མཉམ་དུ་འཛིན་ནས་དབུལ་སྒྲོལ་ཕྱུག་འགྱུར་ཡོང་བར་ནུས་ཤུགས་ཡོད་རྒྱུས་རམ་འདེགས་བྱས་ཡོད་ཅིང་། སྣང་རྫོང་གིས་ཀྱང་དབྱང་དང་ས་གནས་ཀྱི་ཞིང་ཕན་ཞིང་སྐྱོར་གྱི་སྲིད་ཇུས་དང་བྱ་ཐབས་ཁག་དོན་འཁྱོལ་ནན་པོ་བྱས་ནས་རྩལ་ནུས་གསོ་སྐྱོང་དང་ཕྱུག་འགྱུར་སྐྱེ་ཁྲིད་ཟུང་འབྲེལ་བྱས་ཏེ་གསོ་སྐྱོང་ནང་ཞུགས་ནས་ཕན་འབྲས་ལེགས་པོ་བྱུང་བའི་ཏང་ཡོན་དང་། འདེབས་འཛུགས་དུད་ཆེན། ཕྱུག་འགྱུར་འཛིན་ཐང་ཅན་བཅས་སྟོན་ལ་འཕེལ་རྒྱས་ཡོང་བར་གཙོ་གནད་དུ་རྒྱབ་སྐྱོར་བྱས་པ། མ་དངུལ་ལ་བརྟེན་ནས་རྒྱབ་སྐྱོར་བྱ་ཐབས་གསར་གཏོད་བྱས་ཡོད་ཅིང་། སྐྱེ་ཁྲིད་ཀྱི་ནུས་པ་ཆེ་བ་དང་འཕེལ་རྒྱས་ཀྱི་མདུན་ལམ་ལེགས་པའི་ལས་གཏོད་རྣམ་གྲངས་ལ་རྒྱབ་སྐྱོར་བྱེད་ཤུགས་གཙོ་གནད་དུ་ཆེ་རུ་བཏང་ནས་ཆ་རྐྱེན་དང་འཚམ་པའི་ཕྱུག་འགྱུར་སྐྱེ་ཁྲིད་པར་སྟོན་ལ་ཁེ་ལས་ཀྱི་དངུལ་བུན(འགྲོ་ལུགས་གཉེར་བཞིན་པ་ཚུད)སྒོར་ཁྲི་3840བཏང་བ་དང་། དབུལ་སྐྱོར་གྱི་གྲངས་ཉུང་དངུལ་བུན་ཁག་243བཏང་བར་མ་དངུལ་སྒོར་ཁྲི་1299ཟིན་པ། གྲོང་གསེབ་ཀྱི་ཕྱུག་འགྱུར་སྐྱེ་ཁྲིད་པས་གྲོང་ཚོའི་མཉམ་སྡེབ་དཔལ་འབྱོར་དངོས་ཚན་ཁྲོན་ཡོངས་ལ་ཁྱབ་རྒྱུའི་སྐྱེ་ཁྲིད་བྱས་པ། ཁེ་ཕན་མཉམ་འབྲེལ་གྱི་ལམ་སྲོལ་གསར་གཏོད་བྱས་ཡོད་ཅིང་། གྲོང་གསེབ་ཀྱི་རྒྱ་ཆེའི་ཕྱུག་འགྱུར་སྐྱེ་ཁྲིད་པས་གྲོང་ཚོ་དབུལ་པོར་ཐོན་ལས་རྣམ་གྲངས་གཉེར་རྒྱུའི་སྐྱེ་ཁྲིད་དེ་མི་འབོར་དབུལ་པོ་ལས་ཞུགས་བརྟན་པོ་ཏུར་ཐག་ཡོང་བ་བྱས་པ་དང་དུས་མཚུངས། ལས་ཞུགས་གཞན་སྒྱུར་དང་ལག་རྩལ་མ་རྐང་ནང་ཞུགས་པ་སོགས་ཀྱི་བྱ་ཐབས་སྣ་ཚོགས་ལ་བརྟེན་ནས་ཁེ་ཕན་དང་འབྲེལ་བ་དམ་ཟབ་ཡོད་པའི་མཉམ་འབྲེལ་ལམ་སྲོལ་བཙུགས་ཏེ་མང་ཚོགས་དབུལ་པོར་ལས་ཞུགས་ཀྱི་ལས་གནས་160མཁོ་འདོན་བྱས་པས་གསོ་སྐྱོང་གི་གྲུབ་འབྲས་གཞན་སྒྱུར་ནུས་ལྡན་ཐུབ་ཡོད་པ་རེད།

ཡོང་འབབ་ལོ་ལྟར་འཕར། འཚོ་བ་ཉིན་བཞིན་སྐྱིད།

——ཁྲིང་གོན་ཆུས་གཙ་དཀོན་གསར་སྡེ་ཁུལ་གྱིས་མཉམ་སྡེབ་དཔལ་འབྱོར་འཕེལ་རྒྱས་བཏང་བའི་སྐོར་གྱི་ཟུར་བྲིས།

ན་ཞིང་སྡེ་ཁུལ་གྱི་མཉམ་སྡེབ་དཔལ་འབྱོར་བགོ་འགྲེམས་སྤྱི་ལོ་ལས་ལྷབ་གཅིག་འཕར་བ།

སྡེ་ཁུལ་གྱི་གྲོང་མི་མི་རེར་བགོ་འགྲེམས་སྒོར་10000རག་པ།

གཙ་དཀོན་གསར་སྡེ་ཁུལ་གྱི་རྒྱ་ཁྱོན་ལ་སྤྱི་ངོས་གྲུ་ཁྲི་56ཟིན་པ་དང་གཤམ་འོག་ཏུ་སྲིད་འཛིན་ཚོགས་ཆུང་14ཡོད། མིག་སྔར་ཁོངས་གཏོགས་ཁུལ་དུ་གྲོང་མི་དང་། རྒྱུན་སྡོད་མི་འབོར། ཕྱོགས་མི་བཅས་དུད་ཚང་1040ལྷག་ཙམ་ཡོད་པའི་ནང་། ཕྱོགས་མི་དང་དེ་བཞིན་རྒྱུན་སྡོད་མི་འབོར་གྱིས་ཁོངས་གཏོགས་ཁུལ་གྱི་མི་འབོར་ཡོངས་ཀྱི་བརྒྱ་ཆ་80ཙམ་བཟུང་ཡོད། ཁོངས་གཏོགས་ཁུལ་དུ་སྡོད་པའི་ཁྱིམ་དུད་མང་བ་དང་མི་ཚོགས་མང་བའི་རྐྱེན་གྱིས་སྤྱི་ཚོགས་ཀྱི་བདེ་འཇགས་དོ་དམ་ཇི་ལྟར་གསར་གཏོད་དང་གྲོང་མིའི་འཚོ་བའི་ཆུ་ཚད་ཇི་ལྟར་མཐོ་རུ་གཏོང་བ་ནི་དུས་དང་རྣམ་པ་ཀུན་ཏུ་གཙ་དཀོན་གསར་སྡེ་ཁུལ་གྱི་དོ་དམ་དང་ཞབས་ཞུའི་ཆུ་ཚད་ལ་ཚོད་བགམ་བྱེད་པའི་གཞི་རུ་གྱུར།

མཉམ་སྡེབ་དཔལ་འབྱོར་རྒྱུན་ཆད་མེད་པར་སྟོབས་ཆེར་གཏོང་བ་ནི་གྲོང་ཚོའི(གྲོང་ལྷན་)ཏང་རྩ་འཛུགས་ཀྱིས་དམངས་འཚོར་ཞབས་འདེགས་ཞུ་བ་དང་། མི་སེམས་གཅིག་ཏུ་བསྒྲིལ་བ། ཞི་མཐུན་ལ་སྐྱུལ་འདེད་གཏོང་བ་བཅས་གང་ལེགས་བྱས་ནས་གྲོང་ཚོའི(གྲོང་ལྷན་)གཞི་རིམ་རྩ་འཛུགས་འཛུགས་སྐྱོང་གི་སྤྱི་ཡོངས་ཀྱི་ཆུ་ཚད་ཁྱོན་

ཡོངས་ནས་མཐོ་རུ་གཏོང་བའི་འགན་ལེན་གལ་ཆེན་ཞིག་རེད། ཉེ་བའི་ལོ་ཤས་རིང་། ཁྲིང་ཀོན་ཆུས་ཀྱིས་དོན་དངོས་ལ་གཞི་བཙུགས་པ་དང་། ཐབས་མང་མཉམ་སྤྱོད་ཀྱིས་སྡེ་ཁུལ་མཉམ་སྡེབ་ཀྱི་རང་བཙན་ནུས་པ་རྒྱུན་ཆད་མེད་པར་ཆེ་རུ་བཏང་ནས་སྡེ་ཁུལ་གྱི་མཉམ་སྡེབ་དཔལ་འབྱོར་འཕེལ་རྒྱས་ལ་སྐུལ་འདེད་གཏོང་ཆེད་འགན་ལེན་གང་ལེགས་བྱས་ཡོད་པ་རེད།

ཀཱ་རྫ་དགོན་གསར་སྡེ་ཁུལ་གྲོང་ལྡན་གྱི་ལས་དོན་མི་སྣས་ངོ་སྤྲོད་བྱས་པར་གཞིགས་ན། གྲོང་ལྡན་གྱི་ལས་སྦྱོད་མཐོ་རུ་གཏོང་བ་དང་ཡོངས་བསྒྲགས་བྱེད་ཚད་མཐོ་རུ་བཏང་སྟེ་མང་ཚོགས་ཀྱི་ལྟ་སྐུལ་རང་རྟོགས་ངང་དང་ལེན་བྱ་ཆེད། སྡེ་ཁུལ་གྲོང་ལྡན་གྱིས་ཐོག་མཐའ་བར་གསུམ་དུ་གྲོང་ལྡན་ལས་དོན་གྱི་ཡོངས་བསྒྲགས་ལམ་ལུགས་མཐའ་འཁྱོངས་བྱས་ཏེ་སྡེ་ཁུལ་གྱི་གནད་དོན་ཚབས་ཆེན་དང་། སྤྱི་པའི་ཐོགས་གཏོང་ཁང་པའི་སྟོད་མི་དང་། འགྲོ་གྲོན་བེད་སྤྱོད་ཚུལ། མ་མཐའི་འཚོ་བའི་འགན་ལེན་དུད་ཚང་། ཁང་སྒྱ་ཁེ་བའི་སྟོད་ཁང་དང་ཁང་སྒྱ་ཁེ་བའི་སྟོད་ཁང་གི་ཁ་གསབ་སོགས་ཀྱི་གནས་ཚུལ་དུས་ཐོག་ཏུ་ཡོངས་བསྒྲགས་བྱས་པ་དང་ཆབས་ཅིག སྡེ་ཁུལ་ཁོངས་གཏོགས་ཀྱི་མཉམ་སྡེབ་དཔལ་འབྱོར་གྱི་གན་རྒྱར་ལེགས་སྒྲིག་བྱས་པ་དང་། གན་རྒྱའི་ནང་དོན་ཚད་ལྡན་བཟོས་ཤིང་། མིང་རྟགས་འགོད་པའི་དུས་ཚོད་བསྐྱར་བ་དང་བོགས་དཔུལ་མཐོ་རུ་བཏང་བ་རེད། ད་ཉིང་སྡེ་ཁུལ་གྱི་མཉམ་སྡེབ་དཔལ་འབྱོར་བགོ་འགྲེམ་སྔ་ལོ་ལས་ལྷག་གཅིག་འཕར་ནས་སྡེ་ཁུལ་གྱི་གྲོང་མི་མི་རེར་བགོ་འགྲེམས་སྒོར་10000རག་པ་རེད།

ཉེ་བའི་ལོ་ཤས་རིང་། གྲོང་ཁྱེར་གྱི་དཔལ་འབྱོར་འཕེལ་རྒྱས་མྱུར་དུ་སོང་བ་དང་བསྟུན་ནས་ཕྱི་ནས་འོང་བའི་མི་དེ་བས་མང་བས་སྡེ་ཁུལ་དུ་ལས་གཏོད་ལས་ཞུགས་བྱ་རྒྱུའི་གདམ་ག་བྱས་པས། ཕྱི་ནས་འོང་བའི་ཕྱོགས་མིར་ཇི་ལྟར་དོ་དམ་བྱ་རྒྱུ་ནི་སྡེ་ཁུལ་གྱི་རྙོག་དྲ་ཚ་ཤོས་ཀྱི་ལས་ཀར་གྱུར། ང་ཚོའི་སྡེ་ཁུལ་གྱིས་ཞབས་ཞུ་དང་དོ་དམ་མཉམ་

སྒྲིད་དང་། དོ་དམ་མ་བྱས་སྟོན་དུ་ཞབས་ཞུ་བྱེད་པའི་ལས་ཀའི་བྱེད་ཕྱོགས་བཟོས་ནས་ཕྱི་ནས་འོང་བའི་མིར་གཉེན་ཉེ་ལྟ་བུའི་ཞབས་ཞུ་དང་དོ་དམ་གྱི་ལས་ཀའི་བྱ་ཐབས་དར་སྤེལ་བཏང་ཐོག ཕྱི་ནས་འོང་བའི་མི་ཚང་མར་རྒྱུན་སྡོད་གྲོང་མི་ལྟར་དུ་ལྟ་སྐྱངས་གཅིག་མཚུངས་བཟུང་བ་དང་། སྡེ་ཁུལ་ལས་དོན་པས་རྒྱུན་དུ་ཕོངས་གཏོགས་ཁུལ་གྱི་ཕྱི་ནས་འོང་བའི་མིའི་ཁྱིམ་དུ་བསྐྱོད་དེ་ཕོང་ཚོའི་འཚོ་བའི་དཀའ་ངལ་སེལ་རོགས་བྱེད་ཀྱིན་ཡོད། སླད་ཕྱིན་ང་ཚོས་མུ་མཐུད་དུ་ཕྱི་ནས་འོང་བའི་མིར་རོགས་སྐྱོར་བྱེད་ཤུགས་ཆེ་རུ་བཏང་ནས་ཕོང་ཚོ་སྡེ་ཁུལ་གྱི་རོགས་སྐྱོར་བྱ་ཡུལ་དུ་འཇུག་རྒྱུ་ཡིན་ཞེས་གཙོ་དགོན་གསར་སྡེ་ཁུལ་ཏང་སྤྱི་ཁྲབ་ཀྱི་ཧྥུའི་ཧྲུའུ་ཅི་ཞུར་བུ་ཚེ་རིང་གིས་ངོ་སྤྲོད་བྱས།

སྣང་རྫོང་དུང་དཀར་གྲོང་རྡལ་ཉལ་གྲོང་ཚོས་སྲུར་པན་ལ་བརྟེན་ནས་ཕྱུག་པོའི་ལམ་དུ་བསྐྱོད་པ།

ཧྲོད་ཁང་ཆེ་མོའི་ནང་བཏབ་པའི་སྲུར་པན་ལོ་གཅིག་ལ་ཐེངས་གསུམ་བསྡུ་ཆོག་པ་དང་། སྤོན་དཔག་བྱས་ན་ཧྲོད་ཁང་ཆེ་མོ་རེ་ནས་ཐེངས་དང་པོར་སྲུར་པན་རྒྱ་མ་1000ཡས་མས་བསྡུ་ཐུབ་པ་དང་རྒྱ་མ་རེར་སྒོར་20བྱས་ནས་བཙོངས་ན་འགྲིག ཐེངས་གཉིས་པ་དང་གསུམ་པར་སྲུར་པན་རྒྱ་མ་500ཡས་མས་བསྡུ་ཆོག་པ་དང་རྒྱ་མ་རེར་སྒོར་6བྱས་ནས་བཙོངས་ན་འགྲིག་ཅེས་དུང་དཀར་གྲོང་རྡལ་ཉལ་གྲོང་ཚོའི་ཏང་གྲི་ཧྲུའུ་ཧྲུའུ་ཅི་སྐལ་བཟང་གིས་གསར་འགོད་པར་གྲོང་ཚོའི་སྡོ་ཚལ་ཧྲོད་ཁང་ཆེ་མོའི་ཡོང་འབབ་སྐོར་གླེང་བ་དང་ཁོང་གིས་ད་དུང་སྡོ་ཚལ་གཞན་དག་ལོ་རེར་ཐེངས་རེ་བསྡུ་ཆོག་པ་དང་ཧྲོད་ཁང་ཆེ་མོ་རེ་ལས་སྡོ་ཚལ་གཞན་དག་བཙོངས་པར་སྤོན་དཔག་བྱས་ན་སྒོར་800རག་གི་རེད་ཅེས་བརྗོད།

སྣང་རྫོང་སླང་མདུན་སྲུར་པན་ཆེད་ལས་མཉམ་ལས་ཁང་2010ལོར་བཙུགས་ཤིང་། ཀུང་སི་དང་། རྟེན་གཞི། ཞིང་དུད་བཅས་ཟུང་འབྲེལ་གྱི་ཐབས་ལ་བརྟེན་པ་དང་གཙོ་བོ་སྲུར་ཕྱེ་དང་། དམར་འདུར། སྨར་སྨུམ་སོགས་བཟོ་ཡི་ཡོད། གནད་སྨིན་དབུལ་སྐྱོར་དང་གནད་སྨིན་དབུལ་སྒྲོལ་གྱི་ལས་དོན་སྤེལ་ཚུན་མང་ཚོགས་ཀྱི་འབབ་འཕར་ཐབས་ལམ་ཡངས་སུ་གཏོང་ཆེད། 2016ལོར་སྣང་རྫོང་དབུལ་སྐྱོར་གཞུང་ལས་ཁང་གིས་སྒོར་ཁྲི་275བཏང་སྟེ་དུང་དཀར་གྲོང་རྡལ་ཉལ་གྲོང་ཚོར་ཕན་འབྲས་ཆེ་ཞིང་ནུས་རྒྱུ་གྲོན་ཆུང་གི་ཧྲོད་ཁང་ཆེ་མོ་60ཙམ་བརྒྱབ་ནས་ཉལ་གྲོང་ཚོའི་ཡིག་ཚགས་དང་གླ་བཟོས་པའི་དུད་

ཚང་དབུལ་པོར་གཉེར་སྐྱོང་བྱ་རྒྱུར་སྤྲད་ཡོད།

མིག་སྔར་དུང་དཀར་གྲོང་རྡལ་ཞལ་གྲོང་ཚོའི་དྲོད་ཁང་ཆེ་མོའི་ནང་སྦུར་པན་འདེབས་ཁྱོན་བརྒྱ་ཆ་80ཡན་ཟིན་པ་དང་། དེ་ཕྱིངས་སུ་ཧོང་ཀྱ་དང་ཨོ་སྲུན་སོགས་སྡོ་ཚལ་བཏབ་ཡོད།

གླང་མདུན་སྦུར་པན་ཆེད་ལས་མཉམ་ལས་ཁང་གིས་ཡོང་འབབ་མང་དུ་བཏང་བ་དང་དུས་མཚུངས་དུད་ཚང་དབུལ་པོ་10ལ་ཆ་སྒྲིག་རོགས་སྐྱོར་བྱས་པ་དང་། དུང་དཀར་གྲོང་རྡལ་གྱི་མང་ཚོགས་12ལས་ཞུགས་ཐུབ་པར་སྐུལ་ཁྲིད་བྱས་པར་མི་རེར་ལོ་རེར་ཡོང་འབབ་སྒོར་ཁྲི་2ལྷག་ཙམ་ཡོང་གི་ཡོད། ད་ཚོས་དྲོད་ཁང་ཆེ་མོའི་ནང་ཧོང་ཀྱ་དང་ཨོ་སྲུན་སོགས་སྡོ་ཚལ་འདེབས་འཛུགས་བྱས་ཏེ་དུད་ཚང་དབུལ་པོའི་དངུལ་སྣར་ཡོང་འབབ་མང་དུ་གཏོང་རོགས་བྱས་པ་མ་ཟད། དུས་ཐོག་ཏུ་ཚལ་གོང་མཐོ་བ་དང་ཉོ་ས་དཀོན་པའི་ཉེ་འཁོར་གྲོང་མིའི་དཀའ་གནད་བསལ་ཡོད་ཅེས་མཉམ་ལས་ཁང་གི་ལས་འཛིན་དཔོན་དང་ཁྲིམས་ཚན་འཐུས་ཚབ་གཅིག་ཞོགས་ཕུན་ཚོགས་རྒྱལ་པོས་དགའ་ཚོར་ཆེན་པོས་དེ་ལྟར་བརྗོད།

སྒྲུག་བརྟེན་མི་བྱེད་པར་ལག་རྩལ་སྦྱངས་ཏེ་འཛོན་ཐང་ཆེ་རུ་བཏང་བ།

——མིག་ཆུང་གིས་དབུལ་སྐྱོལ་ཞུ་ཡིག་ཕུལ་བའི་རྒྱབ་ལྗོངས་ཀྱི་གནམ་རྒྱུད།

ཉེ་ཆར། དམིགས་བསལ་གྱི་ཞུ་ཡིག་ཅིག་རྒྱལ་རྩེ་རྫོང་གི་ལས་བྱེད་པ་དང་མང་ཚོགས་ཀྱི་སྐད་འཕྲིན་ནང་བརྒྱུད་བསྒྱུར་བྱེད་བཞིན་ཡོད། དེ་ནི་དབུལ་གྲོལ་གྱི་ཞུ་ཡིག་ཅིག་ཡིན་པ་དང་ཞུ་ཡིག་འབུལ་མཁན་ནི་རྒྱལ་རྩེ་རྫོང་ཟླུང་སྟོད་ཤང་ཚུ་སྣེ་གྲོང་ཚོའི་ཡིག་ཚགས་དང་གྲྭ་བཟོས་པའི་དུད་ཚང་དབུལ་པོ་མིག་ཆུང་ཡིན་པ་རེད།

མིག་ཆུང་ད་ལོ་ལོ་44ལ་སླེབས་པ་དང་ཁྱིམ་དུ་བཟའ་ཟླ་དང་སློབ་ཆུང་འགྲིམ་བཞིན་པའི་བུ་མོ་བཅས་ནང་མི་3ཡོད། ཡིན་ནའང་ཚོ་ཞིང་རྒྱ་ཁྱོན་མུའུ7.44ལས་མེད་པས་ས་གནས་དེར་ས་རྒྱ་ཆུང་ལ་ངལ་ནུས་ཞན་པའི་ཁྱིམ་ཚང་གི་ཁོངས་སུ་གཏོགས་ཀྱི་ཡོད།

2016ལོ་ཟླ་2ཚེས་27ཉིན་ག་བྱེད་འདི་བྱེད་མེད་པའི་མིག་ཆུང་གིས་གྲོང་ཚོ་ཞུ་ལྷན་ལ་ཡིག་ཚགས་དང་གྲྭ་བཟོས་པའི་དུད་ཚང་དབུལ་པོའི་ཞུ་ཡིག་ཅིག་ཕུལ་བ་དང་། ལོ་དེའི་ཟླ་6ཚེས་18ཉིན་མིག་ཆུང་གི་ཁྱིམ་ཡིག་ཚགས་དང་གྲྭ་བཟོས་པའི་དུད་ཚང་དབུལ་པོར་གཏན་འཁེལ་བྱས་པ་རེད།

2017ལོའི་ཟླ་6པར། ཚུ་སྣེ་གྲོང་ཚོར་བཅའ་སྡོད་ལས་དོན་རུ་ཁག་གིས་གྲོང་ཚོ་ཡོངས་ཀྱི་ཏང་ཡོན་དང་ལས་བྱེད་པ་དང་། ཕྱུག་འགྱུར་འཛོན་ཐང་ཅན། ཡིག་ཚགས་དང་གྲྭ་བཟོས་པའི་དུད་ཚང་དབུལ་པོ་བཅས་སྒྲིག་འཛུགས་བྱས་ཏེ་ལག་གཉིས་ལ་བརྟེན་ནས་དབུལ་སྐྱོལ་ཕྱུག་འགྱུར་བྱེད། ཁྱིམ་ཚང་ཁྲི་ལ་ལག་རྩལ་གསོ་སྦྱོང་བྱེད་ཅེས་པའི་ཆེད་དོན་

གློག་འགྲིལ་སྐྱུལ་སློང་ཚོགས་འདུ་འཚོགས་པ་རེད།

གློག་འགྲིལ་ཚོགས་འདུ་གྲོལ་རྗེས། མིག་ཆུང་གིས་རང་འགུལ་དང་གྲོང་སྡོད་ལས་དོན་རུ་ཁག་བཙལ་ནས་ལག་རྩལ་སློབ་སྦྱོང་ལ་བརྟེན་ནས་དབུལ་སྒྲོལ་བྱ་རྒྱུའི་བསམ་ཚུལ་བརྗོད། གྲོང་སྡོད་ལས་དོན་རུ་ཁག་གིས་མིག་ཆུང་གི་གནས་ཚུལ་དངོས་ལ་གཞིགས་ཏེ་ལོ་སྨད་དུ་རྫོང་གིས་སྒྲིག་འཛུགས་བྱས་པའི་ཚ་ལའི་ལག་རྩལ་གསོ་སྦྱོང་འཛིན་གྲྭའི་ནང་ཁོང་ཞུགས་རྒྱུའི་རེ་ཞུ་བྱེད་རོགས་བྱས།

དུས་ཡུན་ཉིན་45རིང་གི་ཚ་ལའི་ལག་རྩལ་གསོ་སྦྱོང་བྱས་པར་ཕན་འབྲས་ཡག་པོ་ཐོན་པ་དང་། ཁོང་གིས་སྣོ་རྩེ་གཅིག་སྒྲིམ་གྱིས་ཉན་པ་དང་ཚོགས་ཐུན་གཅིག་ཀྱང་བློས་གཏོང་མ་བྱས་པར་མཐར་ཕྱུལ་བྱུང་གི་གྲུབ་འབྲས་ཐོག་ནས་སློབ་ཐོན་བྱུང་བ་མ་ཟད། ཚ་ལ་བཟོ་པའི་རིམ་པ་ལྔ་པའི་ལས་རིགས་ཐོབ་ཐང་ལག་ཁྱེར་ཡང་རག་པ་རེད།

2018ལོའི་ཟླ་2པར། གྲོང་སྡོད་ལས་དོན་རུ་ཁག་གི་སྐུལ་ལྕག་དང་རྒྱབ་སྐྱོར་འོག མིག་ཆུང་གིས་རྒྱལ་རྩེ་རྫོང་རྒྱལ་སྲུང་ལམ་དུ་ཚ་ལ་རྒྱག་ས་ཞིག་བཙུགས་ཤིང་། དེ་རྗེས་མིག་ཆུང་ཁྱིམ་གྱི་ཡོང་འབབ་ཉིན་རེ་བཞིན་མང་དུ་སོང་ནས་དེ་སྔོན་གྱི་ཡོང་འབབ་ཐྲན་ཙམ་ནས་ད་ལྟའི་ཟླ་རེར་ཡོང་འབབ་སྒོར་4500ལྷག་ཙམ་བར་འཕར་ཡོད་པ་རེད། དེ་དང་ཆབས་ཅིག་གྲོང་ཚོའི་ནང་གི་དུད་ཚང་དབུལ་པོའི་མི་འགའ་ཞིག་ཚ་ལ་རྒྱག་སར་བཅུག་ནས་ཁོང་ཚོའི་ལས་ཞུགས་གནད་དོན་ཐག་གཅོད་ཀྱང་བྱས་པ་རེད།

2018ལོའི་ཟླ་5ཚེས་8ཉིན། མིག་ཆུང་གིས་གྲོང་ཚོ་ཞུ་ལྷན་དང་གྲོང་སྡོད་ལས་དོན་རུ་ཁག་ལ་དམིགས་བསལ་གྱི་ཞུ་ཡིག་སྟེ། རང་འགུལ་དང་དབུལ་སྒྲོལ་ཞུ་ཡིག་ཕུལ་བ་རེད།

དབུལ་སྒྲོལ་ཞུ་ཡིག་རང་འགུལ་དང་བསྐྱལ་བའི་སྐོར་གླེང་སྐབས། མིག་ཆུང་གིས་ཡིག་ཚགས་དང་གླ་བཟོས་པའི་དུད་ཚང་དབུལ་པོ་ཡིན་ཕྱིན་ཏང་དང་སྲིད་གཞུང་གི་རོགས་རམ་དེ་བས་མང་བ་ཐོབ་པ་ངས་གསལ་པོ་ཤེས་ཀྱི་ཡོད། གུང་ཁྲན་ཏང་ཡོན་ཞིག

གི་ངོས་ནས་བརྗོད་ན། དབུལ་ཞྭ་འབུད་རྒྱུ་ནི་གཟི་བརྗིད་ལྡན་པའི་བྱ་བ་ཞིག་རེད་བསམ་གྱི་འདུག ངས་ངེས་པར་དུ་ཏང་དང་རྒྱལ་ཁབ་ཀྱི་སྲིད་ཇུས་བཟང་པོར་བརྟེན་ནས་རང་འགུལ་ངང་དབུལ་སྒྲོལ་དང་རང་འགུལ་ངང་ཕྱུག་འགྱུར་གྱིས་ཏང་དང་རྒྱལ་ཁབ་ཀྱི་ཀ་ཏང་པ་ནས་གཏན་ནས་འཐེན་གྱི་མིན་ཞེས་བརྗོད།

འདི་ལོ་མིག་ཆུང་གིས་རང་ཉིད་ཀྱི་ཚ་ལ་རྒྱག་སའི་གཞི་ཁྱོན་ཆེ་རུ་བཏང་སྐེ་ཚ་ལའི་ལག་རྩལ་གྲོང་ཚོའི་དུད་ཚང་དབུལ་པོར་བསླབ་ནས་དུད་ཚང་དབུལ་པོ་དེ་བས་མང་བ་སྣེ་ཁྲིད་ཀྱིས་དབུལ་སྒྲོལ་ཕྱུག་འགྱུར་ཐུབ་པ་བྱེད་རྩིས་ཡོད་པ་རེད།

རོང་སྨད་གྲོང་རྡལ་གྱིས་གནད་སྨིན་རྟུས་བསྐར་བྱས་པས་མང་ཚོགས་ཚོའི་འཚོ་བ་བདེ་སྐྱིད་ལྡན།

——རོང་སྨད་གྲོང་རྡལ་དེ་ཆབ་མདོ་གྲོང་ཁྱེར་སྨར་ཁམས་རྫོང་ཁོངས་ཀྱི་རྒྱལ་ལམ་318རྒྱུད་དུ་ཡོད་ཅིང་། གྲོང་ཚོ་དེ་མཛེས་སྡུག་ལྡན་ལ་མི་རྣམས་ལས་ལ་བརྩོན།

ད་ཕན་པོ་ཤས་རིང་། རོང་སྨད་གྲོང་རྡལ་ཏང་ཨུད་དང་སྲིད་གཞུང་གིས་དབུལ་སྒྲོལ་འགག་སྒྲོལ་གྱི་འབྲེལ་ཡོད་སྲིད་ཇུས་ཀྱི་གླང་བྱ་གཞིར་བཟུང་། གནད་སྨིན་དྲུག་དང་ཁག་གཅིག་རེ་ལྟ་ཡི་བྱེད་ཐབས་གནད་སྨིན་ལག་བསྟར་བྱས་ནས་གྲོང་ཚོ་དང་། དུད་ཚང་། མང་ཚོགས་བཅས་ཀྱི་གནས་ཚུལ་དང་བསྟུན་ནས་སྲིད་ཇུས་ལག་བསྟར་བྱས་ཏེ་དབུལ་སྐྱོར་གནད་འཁེལ་ངང་ལག་བསྟར་བྱས་པར་བརྟེན་དབུལ་སྒྲོལ་འགག་སྒྲོལ་ལ་ཕན་འབྲས་མངོན་གསལ་དོད་པོ་ཐོན་ཡོད།

དབུལ་སྒྲོལ་འགག་སྒྲོལ་གྱི་ལས་དོན་སྤེལ་ཚུན། རོང་སྨད་གྲོང་རྡལ་དུ་སྟག་རས་གྲོང་ཚོའི་ནགས་ཁྲོད་ཐོན་ཁུངས་འཚོལ་བསྡུ་ཆེད་ལས་མཉམ་ལས་ཁང་བཙུགས་པ་དང་གྲུ་ཁ་གྲོང་ཚོ་དང་། རོང་སྨད་གྲོང་ཚོ། ལ་འོག་གྲོང་ཚོ་བཅས་ལ་སྦྲག་སྦྲག་དང་ཞིང་སྐྱིད་འཕྲུལ་ཆས་ཉམས་བཟོ་ཁང་བཙུགས་པ་མ་ཟད། སྟག་རས་གྲོང་ཚོ་དང་ལ་འོག་གྲོང་ཚོར་དམངས་ཕན་ཞབས་ཞུའི་སྒོ་རྩིས་ཚོང་ཁང་བཙུགས་པ་དང་རོང་སྨད་གྲོང་ཚོའི་ཡུལ་སྐོར་སྐྱོད་བཅུད་ཆུ་ཚན་གླིང་ཁའི་རྣམ་གྲངས་དང་དེ་བཞིན་ཡུལ་སྐོར་ཆུ་སྟོན་ས་ཚོགས་རྣམ་གྲངས་བཞི་བཙུགས་ཡོད། བོད་བྱ་དང་ཁ་ཐུབ་བོད་ཕག་གསོ་ཚགས་རྣམ་གྲངས་གནད་སྨིན་ལག་བསྟར་ལ་རིམ་རྩིས་བྱས་ན་མ་དངུལ་སྐོར་ཁྲི་600ཙམ་བཏང་བ་དང་གྲོང་ཚོའི་

མཉམ་སྡེབ་ཀྱི་ལོའི་ཡོང་འབབ་སྒོར་ཁྲི་20ཙམ་ཟིན་པ་མ་ཟད། རིམ་རྩིས་བྱས་ན་ཡིག་ཚགས་དང་གྲྭ་བཟོས་པའི་དུད་ཚང་དབུལ་པོ་200ཙམ་ལ་རོགས་རམ་ཐུབ་སྟེ་དུད་ཚང་རེར་ཆ་སྙོམས་ཡོང་འབབ་སྒོར་3000ཙམ་བྱུང་ཡོད།

རོང་སྨད་གྲོང་ཚོའི་གནད་སྨིན་དབུལ་སྐྱོར་གྱི་ཡུལ་སྐོར་ཆུ་སྟོན་ས་ཚིགས་ཀྱི་འབྲེལ་ཡོད་འགན་འཁུར་བས། རྣམ་གྲངས་དེ་ནི་སྨར་ཁམས་རྫོང་ཡུལ་སྐོར་ཅུས་དང་རོང་སྨད་གྲོང་རྫལ་ཏང་ཨུད་དང་སྲིད་གཞུང་གིས་མཉམ་དུ་མ་དངུལ་བཏང་ནས་བསྐྲུན་པ་ཞིག་རེད། རོང་སྨད་གྲོང་ཚོའི་ཆེད་ལས་མཉམ་ལས་ཁང་གི་གཉེར་སྐྱོང་ལ་མཚོན་ན་བྱུང་བའི་ཁེ་བཟང་བསྡུར་ཚད་ལྟར་གྲོང་ཚོའི་མཉམ་སྡེབ་ལ་སྤྲོད་དགོས་པ་དང་ཐོབ་ཆ་རྣམས་གྲོང་ཚོའི་ཡིག་ཚགས་དང་གྲྭ་བཟོས་པའི་དུད་ཚང་དབུལ་པོར་བགོ་ཡི་ཡོད།

2016ལོའི་ཟླ་5པ་ནས་ད་བར་གྲོང་ཚོའི་ཡིག་ཚགས་དང་གྲྭ་བཟོས་པའི་དུད་ཚང་དབུལ་པོ་50ལ་རིམ་བརྩིས་བྱས་ན་ཐོབ་ཆ་སྒོར་ཁྲི་6བགོས་ཡོད།

རོང་སྨད་གྲོང་རྫལ་གྱིས་ཡུལ་གཞན་དུ་གནས་སྤོས་དབུལ་སྐྱོར་གྱི་ལས་དོན་ཧུར་ཐག་སྤེལ་ཞིང་། ད་ཆ་དུད་ཚང་དབུལ་པོ་241ཡུལ་གཞན་དུ་གནས་སྤོས་དབུལ་སྐྱོར་བྱས་པའི་རྫོང་གྲོང་གི་བཀོད་སྒྲིག་གནས་སུ་དུད་ཚང་170དང་གྲུ་ཁ་གྲོང་ཚོར་དུད་ཚང་71བཀོད་སྒྲིག་བྱས་པར་བརྟེན་མང་ཚོགས་ཀྱི་ཐོན་སྐྱེད་འཚོ་བ་མངོན་གསལ་དོད་པོས་ལེགས་སུ་ཕྱིན་ཏེ་ཡུལ་ཕྱོགས་གཅིག་གི་ས་ཆུས་ཡུལ་ཕྱོགས་དེའི་མི་གསོ་མི་ཐུབ་པའི་གནད་དོན་ཐག་གཅོད་ཏན་ཏིག་ཐུབ་ཡོད།

རོང་སྨད་གྲོང་རྫལ་གྲུ་ཁ་གྲོང་ཚོའི་བཀོད་སྒྲིག་བྱ་ཡུལ་དུ་སྔོད་མཁན་ནོར་བུ་སྨོན་ལམ་ལ་ད་ཆ་རྒྱ་ཁྱོན་སྨི་ངོས་གྲུ་140ཡོད་པའི་ཉལ་ཁང་གསུམ་དང་ཚོམས་ཆེན་གཅིག་གི་ཁང་པ་གཙང་སྦྲ་དང་དཀར་ཆ་ལྡན་པ་ཞིག་ཡོད། དེ་སྔ་ང་གྲུ་ཁ་གྲོང་ཚོའི་མདོ་པ་ཚོགས་ཆུང་དུ་སྡོད་ཀྱི་ཡོད། དེ་གར་འགྲིམ་འགྲུལ་སྟབས་བདེ་མེད་པ་དང་ཆ་རྐྱེན་སྐྱོ་བའི་

ལུང་ཁུག་གྲོང་ཚོ་གཅིག་རེད། ན་ནིང་ལོ་མཇུག་ཏུ་ཡུལ་གཞན་དུ་གནས་སྤོས་དབུལ་སྐྱོར་བྱས་པ་བརྒྱད་ད་ཆ་སྡོད་ཁང་གསར་པར་སྤོས་ནས་བདེ་སྐྱིད་ལྡན་པའི་འཚོ་བ་སྐྱེལ་བཞིན་ཡོད་ཅེས་བརྗོད་བྱུང་།

གྲུ་ཁ་ཟམ་ཆེན་གྱི་ཤར་ངོས་སུ་སྨག་སྨག་དང་ཞིང་སྤྱོད་འཕྲུལ་ཆས་ཉམས་བཟོ་ཁང་ཞིག་ཡོད་པ་དེ་རོང་སྨད་གྲོང་ཚོའི་ཏང་ཞུད་དང་སྲིད་གཞུང་གིས་ཁྲོན་སྐོར་ཁྲི་7བཏང་ནས་བསྐྲུན་པའི་མྱུར་འགྲུབ་རྣམ་གྲངས་ཤིག་རེད། 2018ལོར་གཡང་ཟླ་གྲུ་ཁ་གྲོང་ཚོའི་མདོ་པ་ཚོགས་ཆུང་ནས་གྲུ་ཁའི་བཀོད་སྒྲིག་བྱེ་ཡུལ་དུ་སྤོས་ཏེ་ཚོང་ཁང་དེ་འགན་གཙང་བླངས་རྗེས་སྨག་སྨག་དང་ཞིང་སྤྱོད་འཕྲུལ་ཆས་ཉམས་བཟོ་བྱེད་ས་བཙུགས། ཟླ་རེར་ཡོང་འབབ་སྒོར་4000ལྷག་ཙམ་ཡོད་པ་དེ་དུས་རྒྱུན་ལས་ཀ་ཙག་ཅིག་བྱས་པ་ལས་མང་བ་ཡོད་ལ་འཚོ་བའང་བརྟན་པོ་འདུག ཁོང་གིས་དཀའ་སྤྱད་ངལ་རྩོལ་ལ་བརྟེན་ནས་དབུལ་ཞྭ་འབུད་རྒྱུའི་སེམས་ཤུགས་ཡོད་ཅེས་བཤད།

དབུལ་སྐྱོར་སྲིད་ཇུས་ལག་བསྟར་བྱས་པ་དང་ཆབས་ཅིག་རོང་སྨད་གྲོང་རྡལ་གྱིས་གཙོ་གནད་ཐོག་དབུལ་སྐྱོར་དེ་བློ་སྐྱོར་དང་རིག་སྐྱོར་དང་ཟུང་འབྲེལ་བྱས་ཤིང་། དབུལ་སྒྲོལ་འགག་སྒྲོལ་གྱི་ལས་དོན་སྤེལ་ཚུན་རོང་སྨད་གྲོང་རྡལ་གྱིས་བོད་ཕྱི་དང་ཁ་ཐུབ་བོད་ཕག་གསོ་ཚགས་དུད་ཚང་ལ་དོན་འཁྱོལ་བྱས་ཁར་མང་ཚོགས་དབུལ་པོའི་རང་མོས་ལ་གཞིགས་ནས་གྲོང་རྡལ་ཡོངས་ལ་བྱི་ཕྲུག་2865སྤྲད་པར་གསོན་ཚད་བརྒྱ་ཆ་65.8ཟིན་པ་དང་ཁ་ཐུབ་ཕག་ཕྲུག་མགོ་གྲངས་435སྤྲད་པར་གསོན་ཚད་བརྒྱ་ཆ་83.4ཟིན་ཡོད།

བྱམས་པ་གཡང་འཛོམས་ནི་རོང་སྨད་གྲོང་ཚོའི་ཡིག་ཚགས་དང་གྲྭ་བཟོས་པའི་དུད་ཚང་དབུལ་པོ་ཞིག་རེད། 2018ལོའི་ཟླ་བ་བཅུ་གཅིག་པར་ཁོང་ལ་བྱི་ཕྲུག་20རག་པ་དང་བྱི་དེ་གསོ་སྐྱངས་སྦྱངས་ཁར་བྱི་དེ་13བསད་ནས་བཙོངས་པ་དང་བྱི་དེའི་སྒོ་ང་ཡང་ཕྲིན་པོ་ཡོད་པ་རེད། ངས་ད་དུང་བྱི་ཕྲུག་གསོས་ནས་གསོ་ཚགས་ཀྱི་གཞི་ཁྲོན་ཆེ་རུ་

གཏོང་རྩིས་ཡོད། རྒྱལ་ལམ་318རྒྱུད་ཀྱི་ས་ཁམས་ཞིགས་ཆ་སྤྱོད་དེ་ཕར་འགྲོ་ཚུར་འོང་བྱེད་མཁན་ཡུལ་སྐོར་བར་སྐོ་ང་བཙོངས་ནས་ཡོང་འབབ་འཕར་བ་བྱ་རྒྱུ་ཡིན་ཞེས་ཡིད་ཆེས་ཀྱིས་ཁིངས་བཞིན་བརྗོད་ཀྱི་འདུག

འབྲོག་ར་བཞག་ནས་ཁྲིམ་ར་འཁྲིམས། དབུལ་སྒྲོལ་ཕྱུག་འགྱུར་འཛིག་རྟེན་ཡངས།

——སྔོན་རོང་རྫོང་འཕྲིན་རྒྱ་ངལ་ནུས་ཀུང་སིས་ངལ་ནུས་མི་ཐེངས་2111ལྷག་ཙམ་ཕྱིར་གཏོང་བྱས་པར་ཡོང་འབབ་སྒོར་ཁྲི་3377.6ཟིན་ནས་མི་རེར་ཆ་སྙོམས་སྒོར་ཁྲི་1.6བྱུང་བ།

ཉེ་བའི་ལོ་ཤས་རིང་། སྔོན་རོང་རྫོང་གིས་དབུལ་སྐྱོར་དང་རིག་སྐྱོར་བློ་སྐྱོར་ཟུང་དུ་འབྲེལ་ནས་མང་ཚོགས་ཀྱི་ནང་གནས་སྙུལ་ཤུགས་འདོན་རྒྱུར་སྐུལ་ལྕག་བཏང་བས། ལས་བརྩོན་ཕྱུག་འགྱུར་དང་རང་འགུལ་ཆེ་བའི་ཕུལ་བྱུང་དཔེ་མཚོན་མང་པོ་ཐོན་པ་ཁོང་ཚོས་རང་ཉིད་ཀྱི་ལས་ལ་བརྩོན་པའི་ལག་གཉིས་ལ་བརྟེན་ནས་དབུལ་སྒྲོལ་ཕྱུག་འགྱུར་གྱི་འགྲོ་ལམ་ཡངས་མོར་བསྐྱོད། སྔོན་རོང་རྫོང་འཕྲིན་རྒྱ་ངལ་ནུས་ཀུང་སི་ཡང་དབུལ་སྐྱོར་དང་རིག་སྐྱོར་བློ་སྐྱོར་ཟུང་དུ་འབྲེལ་བའི་དཔེ་མཚོན་གསོན་ཉམས་ལྡན་པ་ཞིག་རེད།

ཐོག་མར་འཕྲིན་རྒྱར་འབྲོག་པའི་ཨར་སྐྱུན་རྭ་ཁག་འཛུགས་སྐབས། ཉི་མ་ཤང་གི་ངལ་ནུས་གཞོན་དར་གྱི་སྡེ་ཁྲིད་ནས་ས་གནས་དེ་གའི་ཨར་སྐྱུན་ཁུལ་དུ་ཡོང་འབབ་གསོག་པར་བསྐྱོད་པ་ལས་འཕྲིན་རྒྱ་ངལ་ནུས་ཀུང་སི་ཐོག་མར་གྲུབ། སྔོན་རོང་གི་རྫོང་དང་ཤང་རིམ་གཉིས་ཏང་ཨུད་དང་སྲིད་གཞུང་གིས་ཤེས་རྟོགས་ཐེངས་མང་བྱས་པ་བརྒྱུད། འཕྲིན་རྒྱའི་ངལ་ནུས་ཕྱིར་གཏོང་གི་དབུལ་སྒྲོལ་ཕྱུག་འགྱུར་རྣམ་པར་བྱེད་འཐུས་རང་བཞིན་དང་རྒྱུན་སྲིང་རང་བཞིན་ཆེན་པོ་ལྡན་ཡོད་པས། དུད་ཚང་དབུལ་པོ་མང་པོ་ཞིག་འབབ་འཕར་ཕྱུག་འགྱུར་ཡོང་རྒྱུར་སྐུལ་འདེད་གཏོང་ཐུབ་པ་ཤེས་རྟོགས་

བྱུང་། མ་གཞི་ངལ་རྩལ་ཕྱིར་གཏོང་གི་འཕོར་རྒྱ་དང་གཉེར་སྐྱོང་རྒྱ་ཁྱོན་ཤར་ཞིག་ལས་མེད་ཀྱང་གལ་སྲིད་རྩ་འཛུགས་དེ་རྒྱ་ཆེ་རུ་བཏང་ནས། གཞི་ཁྱོན་རྗེ་ཆེ་དང་ཁྱབ་རྒྱ་རྗེ་ཆེར་བཏང་ཆོག སྣན་རོང་རྫོང་རྩིལ་པའི་དཔལ་འབྱོར་འཕེལ་རྒྱས་ལ་རོགས་འདེད་ཀྱི་ནུས་པ་ཆེན་པོ་ཐོན་རྒྱུ་རེད། དེར་བརྟེན་རྫོང་ཡུད་དང་རྫོང་སྲིད་གཞུང་གིས་ཚད་མཐོའི་མཐོང་ཆེན་བྱས་ཏེ་སྐྱིད་སྲིང་རུར་ཐག་བྱས་པ་དང་སྦྲགས། 2017ལོའི་ཟླ་4ཚེས་10ཉིན་སྣན་རོང་རྫོང་འཕྲིན་རྒྱ་ངལ་རྩལ་ཀུང་སི་བཙུགས་པ་དང་། གཞུང་ལམ་སྐྱེལ་འདྲེན་དང་། ངལ་རྩལ་ཕྱིར་གཏོང་། ཚ་ལ་རྒྱུག་པ་སོགས་ཚུད་པའི་གཉེར་སྐྱོང་གཞི་ཁྱོན་ལྡན་ཡོད་པས། རྫོང་ཡོངས་ཀྱི་ངལ་རྩལ་ལྷག་མར་སྤྱི་འདོམས་ཀྱིས་ལས་ཞུགས་ཕྱོགས་སྒྱུར་བྱེད་པའི་ལས་དོན་བརྒྱུད་ལྡོངས་ཡོངས་ཀྱི་ངལ་རྩལ་ཕྱིར་གཏོང་ཀུང་སི་དང་པོ་དེ་ཆགས་རེ་བྱས།

ཀུང་སི་བཙུགས་ཟིན་ཡང་མིག་མདུན་གྱི་དཀའ་ངལ་ཆེ་ཤོས་ནི་ལས་མིའི་ངལ་རྩོལ་རྩལ་ནུས་གནད་དོན་ཡིན་ཞིང་། ངལ་རྩལ་ཕྱིར་གཏོང་གི་ སྤུས་ཚད་མཐོ་རུ་གཏོང་བ་དང་མང་ཚོགས་ཀྱི་རྩལ་ནུས་བྱང་ཚད་མཐོ་རུ་གཏོང་ཕྱིར། འཕྲིན་རྒྱ་ངལ་རྩལ་ཀུང་སིས་སྣན་རོང་རྫོང་ལས་ཞུགས་ཕྱོགས་སྒྱུར་སེ་ཚན་གྱི་གོང་འོག་སྦྲེལ་མཐུད་དང་ཕན་ཚུན་སྤེལ་རེས་བྱས་པའི་འོག རྣམ་པ་སྣ་ཚོགས་པའི་གསོ་སྐྱོང་ཐེངས་མང་བྱས་ཏེ་འགྲོག་པ་མང་ཚོགས་ཀྱིས་ལག་རྩལ་སྣ་གཅིག་དང་ལག་ཤེས་སྣ་གཅིག་ཕོང་དུ་ཏན་ཏིག་ཚུད་ཐུབ་པ་བྱས་ནས། མང་ཚོགས་ཀྱིས་དངོས་འབྲེལ་རྩལ་ནུས་དང་ལག་ཤེས་ལ་བརྟེན་ནས་ཡོང་འབབ་གསོག་ཐུབ་པར་བྱས། འཕྲིན་རྒྱའི་ངལ་རྩལ་ཀུང་སིར་དམངས་ཡོངས་ཀྱིས་རྩལ་ནུས་སྦྱོང་བའི་རྣམ་པ་ཚ་ཚ་འུར་འུར་ཞིག་མངོན་ལ། འགྲོག་པ་མང་ཚོགས་ཁྲིད་ལག་གཉིས་དང་རྩལ་ནུས་ལ་བརྟེན་ནས་དཔལ་འབྱོར་ཕྱུག་འགྱུར་གྱི་བསམ་བློ་བཙུགས་ཡོད།

རྩལ་ནུས་ལྡན་པ་དེ་སྤྱད་ནས་ལས་ཞུགས་རྗེ་ལྟར་བྱེད་དགོས་མིན་དེ་ཡང་གནད་དོན་གལ་ཆེན་ཞིག་རེད། འོན་ཀྱང་རྫོང་ཡུད་དང་རྫོང་སྲིད་གཞུང་གི་ཤུགས་ཆེའི་རོགས་

སྐྱེར་དང་སྐྲུལ་སྤེལ་འོག གནད་དོན་དེ་དེ་ཨུར་བསལ་ཐུབ་ནས་ཆ་རྐྱེན་གཅིག་མཚུངས་འོག་ས་གནས་དེ་གའི་ལས་མི་སྟོན་ལ་སྤྱོད་པའི་(ལྷག་པར་དུ་དུད་ཚང་དབུལ་པོ་ཡིན་པ)སྲིད་ཇུས་གཞིར་བཟུང་། ངལ་ནུས་ཕྱིར་གཏོང་གི་གཞི་ཁྲོན་ཆེ་རུ་སོང་ནས་ངལ་ནུས་ཀྱི་ཡོང་འབབ་ཐད་ཀར་འཕར་ཡོད།

2018ལོར་འཕྲིན་རྒྱ་ངལ་ནུས་ཀུང་སིས་ངལ་ནུས་མི་ཐེངས་2111ཕྱིར་གཏོང་བྱས་པར་ཡོང་འབབ་སྒོར་ཁྲི་3377.6ཟིན་ནས་མི་རེར་ཆ་སྙོམས་སྒོར་ཁྲི་1.6བྱུང་ཡོད།

ཨར་སྐྲུན་བྱེད་རིང་འཕྲིན་རྒྱ་ངལ་ནུས་ཀུང་སིས་ཕྱོགས་གཅིག་ནས་མི་སྤྱོད་ཚན་པ་དང་འབྲེལ་གཏུག་བྱས་ནས། ངལ་ནུས་གན་རྒྱ་འཛུགས་ཚུལ་དང་། ལས་རྣམ་འགན་བཙོལ་ཉོ་ཚུལ། གླ་ཕོགས་སྤྲོད་ཚུལ་སོགས་ལ་གྲོས་མོལ་བརྟག་དཔྱད་བྱས་ཏེ། འགྲོག་པ་ལས་མིའི་ཁྲིམས་མཐུན་ཁེ་དབང་ལ་འགན་སྲུང་བྱས་ཡོད།

འཕྲིན་རྒྱ་ངལ་ནུས་ཀུང་སི་བཙུགས་ནས་འཁོར་རྒྱུག་བྱས་ཚུན་དུ་སྲ་ཞིང་བརྟན་པའི་མང་ཚོགས་ཕྱུག་འགྱུར་གྱི་མཁར་རྫོང་ཞིག་བསྐྲུན་རྒྱུར་གཞོལ་ཞིང་། རིམ་ཁག་ཏང་ཨུད་དང་སྲིད་གཞུང་དང་འབྲེལ་ཡོད་ཚན་པའི་མཐུབ་སྟོན་དང་རོགས་རམ་འོག ལས་སྤྲོལ་ཁག་འཐུས་སྐོ་ཚང་པོ་འཛུགས་པ་དང་། ཕྱུག་འགྱུར་གྱི་ལམ་བུ་དེ་བས་མང་བ་བཙལ་འཚོལ། ལག་རྩལ་འཛིན་ཐང་ཅན་དེ་བས་མང་བ་གསོ་སྐྱོང་བཅས་བྱས་ཐོག དུད་ཚང་དབུལ་པོ་དེ་བས་མང་བ་ངལ་ནུས་ཕྱིར་གཏོང་གི་ཚོགས་པ་དེའི་ནང་ཞུགས་རྒྱུའི་འཐོད་སྐུལ་བྱས་ནས་དབུལ་སྒྲོལ་འབབ་འཕར་བྱུང་ཡོད།

འཕྲིན་རྒྱ་ཀུང་སིས་བརྒྱུད་སྒྱོང་བའི་འདས་པའི་ལམ་བུར་ཕྱིར་མིག་བལྟས་ཆེ། གཞན་རྟེན་རྣམ་པའི་དབུལ་སྐྱེར་དེ་ཕུགས་འཕེར་གྱི་འཆར་གཞི་ཞིག་མིན་པར། རང་རྟེན་རྣམ་པའི་དབུལ་སྐྱེར་དེ་དབུལ་སྒྲོལ་གྱི་ལམ་ཉག་ཅིག་དེ་ཡིན་པ་ཤེས་ཐུབ། འཕྲིན་རྒྱ་ངལ་ནུས་ཀུང་སིའི་དབུལ་སྐྱེར་དང་རིག་སྐྱེར་བློ་སྐྱེར་ཟུང་དུ་འབྲེལ་བའི་དོན་དངོས་

ལས་ཕན་འབྲས་བཟང་པོ་ཐོན་ཞིང་། དྲིལ་བསྡོམས་དང་སློབ་གསོ་ཐེངས་མང་བརྒྱབ་པ་བརྒྱུད་རྒྱ་ཆེའི་མི་འབོར་དབུལ་པོའི་ཁྲོད་ལས་བཙོན་ཕྱུག་འགྱུར་གྱི་བསམ་བློ་བཙུགས་པ་དང་། ཕྱུག་འགྱུར་སྣེ་ཁྲིད་པའི་བརྒྱུད་རོགས་ཁྲིད་གསུམ་གྱི་ནུས་པ་འདོན་སྤེལ་བྱས་ཡོད་པས། མི་འབོར་དབུལ་པོའི་དབུལ་སྒྲོལ་གྱི་བློ་སྟོབས་འཕེལ་བར་བྱས་ཡོད། བློ་སྐྱོར་གྱི་རྨང་གཞིའི་ཐོག་གསོ་སྦྱོང་དང་ཁྲིད་སྟོན་རབ་དང་རིམ་པ་བྱས་པ་བརྒྱུད་མང་ཚོགས་ཀྱིས་ལག་རྩལ་སྣ་གཅིག་ཁོང་དུ་ཆུད་པ་དང་། ལག་ཤེས་ལ་བརྟེན་ནས་ཡོང་འབབ་བསགས་ཏེ་རིག་སྐྱོར་ཐུབ་པའི་དམིགས་ཡུལ་མངོན་འགྱུར་བྱུང་ཡོད།

བོད་ཀྱི་མཐའ་མཚམས་གྲོང་སྡེ་བྲུ་ཕ་གྲོང་ཚོའི་འཚོ་བ་གསར་པ།

ཤིན་ཧྭ་གསར་འགྱུར་ཁང་གི་གསར་འགོད་པ། ཀྲོའུ་ཅིན་རྟེའེ།

ད་ཆ་དུས་ཡུན་སྐར་མ་ཉི་ཤུའི་ཐོག་གྲོང་རྡལ་དུ་འཁྱོར་བ་དང་ཆུ་ཚོད་གཅིག་དང་ཕྱེད་ཀའི་རྗེས་རྫོང་གྲོང་དུ་འཁྱོར་བས། ནན་གོན་ནད་བརྟེན་པ་དང་ཕྱིས་པ་སློབ་གྲྭར་སྐྱོད་པར་ཧ་ཅང་སྟབས་བདེ་པོ་འདུག སྲིད་གཞུང་གིས་ང་ཚོར་ཕ་ཡུལ་གསར་པའི་རྒྱང་གཞི་ཡག་པོ་གཏིང་རྟོགས་ཐུབ་ཐེན་པས་རྗེས་སོར་རང་ཉིད་ཀྱི་འབད་བརྩོན་ལ་བརྟེན་རྒྱུ་རེད་ཅེས་རྒྱ་ཆེ་བའི་ཁང་པ་གསར་པའི་ནང་བག་ཕེབས་ངང་འཚོ་བའི་ལོ་43ལ་སོན་པའི་ལྷ་ཕྲུག་གིས་སེམས་འགུལ་ཐེབས་བཞིན་དུ་བཤད།

ལྷ་ཕྲུག་འཚོ་སྡོད་བྱེད་སའི་བྲུ་ཕ་གྲོང་ཚོ་དེ་ཉིང་ཁྲི་གྲོང་ཁྱེར་རྫ་ཡུལ་རྫོང་རྫ་ཡུལ་རོང་སྨད་གྲོང་རྡལ་དུ་གནས་པ་དང་། ཀྲུང་གོ་དང་རྒྱ་གར་གྱི་མཐའ་མཚམས་སུ་ཡོད། གྲོང་ཚོ་དེ་ལོ་བཞིའི་གོང་དུ་ད་ཆའི་བྲུ་ཕ་གྲོང་ཚོ་གནས་ས་ནས་ཐད་ཀའི་བར་ཐག་སྤྱི་ལེ150སའི་ཚ་བ་རོང་ཤང་གི་གྲོང་ཚོ་ཞིག་ཡིན་པ་དེ་རྒྱལ་མོ་རྔུལ་ཆུའི་རོང་སའི་རི་སྐེད་དུ་ཆགས་པ་དང་། རི་ཉིལ་བ་སོགས་ས་གཤིས་གནོད་འཚེ་ཐོན་མང་བ་གང་ཞིག་ཆུ་དང་གློག་མེད་པ་དང་མི་ཕྱུགས་མཉམ་དུ་སྡོད་དགོས་པས། གྲོང་མིའི་འཚོ་བ་དཀའ་ཚེགས་ཆེ་ལ་སྟབས་བདེ་པོ་མེད།

སྐབས་དེ་དུས་ཡུན་ནན་གོང་ཧྲུན་རྫོང་གྲོང་དང་བར་ཐག་ཅུང་ཉེ་ཡང་ཉིན་བཞི་འགོར་བ་དང་རྫ་ཡུལ་རྫོང་གྲོང་བར་དུ་ཉིན་དགུ་འགོར་གྱི་ཡོད་པས། ན་ཚ་ཆུང་ཙག་ཐོག་སྐབས་སྟུག་ཙུས་རྒྱག་རྒྱུ་དང་། ནད་ཆེན་ཐོག་སྐབས་གཞན་ལ་སྨན་ཏོ་རྒྱུ་མངགས

དགོས། ཞུ་ཐུག་ཐབས་ཟད་སྐབས་སུ་དྲིལ་བསྒྲགས་ནས་ཐག་ཤུད་སློད་དེ་ནད་བཅོས་པར་འགྲོ་དགོས་ཞེས་ལོ་54ལ་སོན་པའི་བུ་ཕ་གྲོང་ཚོའི་ཀྲི་ཤུའི་རྒྱའུ་ཅི་ཨ་ཏིག་གིས་གསར་འགོད་པར་བཤད།

2015ལོར་སྲིད་གཞུང་གི་རོགས་རམ་འོག་བུ་ཕ་གྲོང་ཚོ་དང་ཉེ་འཁོར་གྱི་གྲོང་ཚོ་5ཡི་གྲོང་མི་དུད་ཚང་63མཉམ་དུ་ད་ཆའི་གནས་ཡུལ་དུ་སྤོས་ནས་བློ་སྐྱིལ་བཏང་སྟེ་བུ་ཕ་གྲོང་ཚོ་གསར་པ་བཙུགས། གྲལ་སྒྲིག་ལ་སྲ་ཞིང་བརྟན་པའི་ཁང་གསར་དང་། ཆུ་དང་གློག་མཁོ་འདོན་གྱི་མ་ལག སྐབས་བདེ་ལ་ཁོད་སྙོམས་པའི་གཞུང་ལམ། ས་ཁོད་སྙོམས་ཟིན་པའི་ས་ཞིང་སོགས་ལྟོ་ཕད་ཁུར་ནས་སྡོད་ཆོག་ཆོག་ཡིན་པས། ཕ་ཡུལ་ནས་ཁ་འབྲལ་མ་ཕོད་པའི་རྒན་རྒོན་མང་པོ་ཞིག་གིས་དེ་གར་དེ་སྔོན་ལས་ལྷག་ཀྱིས་སྐྱིད་པ་འདུག་ཅེས་མྱོང་ཚོར་ཟབ་མོས་བཤད།

ལྷ་ཕྲུག་ཁྲིམ་ནས་བྱང་གི་སྨི་50སར་བུ་ཕ་གྲོང་ཚོའི་བུ་བཅོལ་ཁང་སྐྲུན་བཞིན་ཡོད། གསར་འགོད་པས་རྒྱལ་སྒོ་ནས་ཡར་ལྟ་སྐབས་ཆོན་ཁྲ་ཅན་གྱི་འཁྱིག་གདན་འདིང་བཞིན་ཡོད་པ་དང་། ཤུད་སྐས་དང་འདེགས་འབེབས་རྩེད་ཤིང་སོགས་ཁང་ཕྱིའི་རོལ་རྩེད་སྒྲིག་བཀོད་སྒྲིག་སྦྱོར་བྱེད་ཆོག་ཆོག་རེད་འདུག བུ་ཕ་གྲོང་ཚོའི་གྲོང་སྡོད་ལས་དོན་ཁྲུ་ཁག་གི་ཁྲུ་དཔོན་ལི་ཅེས་གསར་འགོད་པར། བུ་བཅོལ་ཁང་པོ་འདིའི་ནང་བེད་སྤྱོད་གཏོང་འགོ་ཚུགས་རྒྱུ་ཡིན་པས། སྐབས་དེ་དུས་བུ་ཕ་གྲོང་ཚོ་དང་དེ་མིན་ཉེ་འཁོར་གྱི་གྲོང་ཚོའི་ནར་སོན་བྱིས་པ་བུ་བཅོལ་ཁང་དུ་བསྡུ་རྒྱུ་རེད་ཅེས་བཤད།

སྒོ་ཐུབ་པ་དང་གཞིས་ཆགས་ཐུབ་པ་དགོས་པ་མ་ཟད། ད་དུང་ཕྱུག་འགྱུར་ཐུབ་པ་དགོས་ཤིང་། བུ་ཕ་གྲོང་ཚོར་སི་ཁྲོན་བུའུ་ཅང་ནས་ཁམ་བུ་སྨི་ཧོའུ་ཐའོ་ཡི་སྡོང་ཕྲུག་དང་ཆེད་ལས་དོ་དམ་ཚོགས་པ་གདན་འདྲེན་ཞུས་ཏེ། ས་རྒྱ་མུའུ་370ལྷག་གི་ཁམ་བུ་སྨི་ཧོའུ་ཐའོ་གླིང་ཁ་དེ་2016ལོ་ནས་དངོས་སུ་འདེབས་འགོ་ཚུགས་ཟིན། ལོ་གསུམ་རིང་འབྲས་བུ་

འདོགས་པ་དང་ལོ་ལྔའི་རྗེས་ཐོན་ལེགས་ཡོང་ཟེར་བ་ལྟར་ཁམ་བུ་སྒྲི་ཏོའུ་ཐའོ་ལྗུམ་རར་འདི་ལོ་ནས་བཟུང་ཁེ་བཟང་ཡོང་རྒྱུ་ཡིན་པས། སྔོན་རྩིས་བྱས་ན། ཐོན་ལེགས་ཡོང་དུས་སུ་ལོར་ཐོན་འབབ་ཏུན་370ཟིན་བཟོ་ཡོད།

ཡི་ཅེས་གསར་འགོད་པར། ཁམ་བུའི་ལྗུམ་རར་ལས་ཀ་བྱེད་མཁན་གྲོང་མི་མི་རེར་ཉིན་རེར་ཡོང་འབབ་སྒོར་150ནས་180བར་ཡོད་པ་མ་ཟད། ད་དུང་ལས་ཀ་བྱེད་ཞོར་ཁམ་བུ་སྒྲི་ཏོའུ་ཐའོ་འདེབས་སྐྲངས་ཀྱི་ཆེད་ལས་ཤེས་བྱ་སྦྱོང་ཐུབ། འདི་ལོ་ནས་བཟུང་། བུ་ཕ་གྲོང་ཚོའི་གྲོང་མི་མི་རེར་ལོ་རེར་ཁམ་བུ་སྒྲི་ཏོའུ་ཐའོ་མུའུ་རེ་ནས་བགོ་འགྲེམས་སྒོར་400རེ་ཡོང་རྒྱུ་ཡོད་པ་མ་ཟད། ད་དུང་ལོ་རེ་བཞིན་འཕར་རྒྱུ་རེད། ལོ་རེར་ས་ཞིང་ནང་བཤུགབཏང་བ་ལས་མུའུ་རེ་ནས་ཡོང་འབབ་སྒོར་800ཡོང་བ་བརྩིས་ན། ཁམ་བུ་སྒྲི་ཏོའུ་ཐའོ་ལྗུམ་ར་དེ་གྲོང་མི་ཚོའི་ཡོང་འབབ་འབྱུང་ཁུངས་གལ་ཆེན་དུ་འགྱུར་བཞིན་ཡོད་ཅེས་ཟེར།

འདི་ནི་བུ་ཕ་གྲོང་ཚོའི་ཡུལ་ལྟོངས་ཡིན་པ།

ཏྲ་སྤྲེལ་ལ་བརྟེན་ནས་ཞིང་འབྲོག་ཐོན་ཟོག་ཕྱིར་ཚོང་བྱེད་པ།

ཉེ་བའི་ལོ་ཤས་རིང་། བོད་ལྗོངས་ལྷོ་ཁ་གྲོང་ཁྱེར་རྒྱ་མཚོ་རྫོང་དུ་བོད་སྐྱོར་ལས་དོན་ཏུ་ཁག་གི་རོགས་རམ་འོག་གྲོང་གསེབ་ཀྱི་ཏྲ་ཐོག་ཚོང་དོན་འཕེལ་རྒྱས་བཏང་སྟེ་ཏྲ་སྤྲེལ་+ལ་བརྟེན་ནས་ས་ཆ་དེ་གའི་ཞིང་འབྲོག་ཐོན་ཟོག་ཁྲོམ་རར་ཕྱིར་ཚོང་བྱས་ནས་ཞིང་འབྲོག་པར་འབབ་འཕར་ཕྱུག་འགྱུར་ཡོང་རྒྱུར་གནད་སློན་སྐུལ་འདེད་གཏོང་བཞིན་ཡོད།

རྒྱ་མཚོ་རྫོང་རྒྱ་ཐང་གྲོང་ཚོར་ཧྲུའུ་པེ་ཞིང་ཆེན་དབྱི་ཁྲང་གྲོང་ཁྱེར་གྱི་བོད་སྐྱོར་ལས་དོན་ཏུ་ཁག་ཁག་བཞི་པའི་ཏུ་དཔོན་ཞང་ཙུན་(གཡས)གྱིས་གྲོང་ཚོའི་ཏྲ་ཐོག་ཚོང་པ་བཟང་དགའ་དང་ཐོན་རྫས་ཕྱིར་ཚོང་བྱས་ཚུལ་སྐྱིལ་རེས་བྱེད་བཞིན་པ།

མཐའ་མཚམས་ས་ཁུལ་གྱི་འགྲོ་འབྲིང་གྲོང་ཚོ་མཛེས་སྡུག་ལྡན་པ་ཞིག་ཏུ་བསྐྲུན་པ།

གསར་འགོད་པར་རང་སྐྱོང་ལྗོངས་ཀྱི་མཐའ་མཚམས་ས་ཁུལ་གྱི་འབྱོར་འབྲིང་གྲོང་ཚོ་འཛུགས་སྐྲུན་ལས་དོན་བཀོད་འདོམས་ཚུའུ་ནས་ཤེས་རྟོགས་བྱུང་གསལ། 2019ལོའི་ལྗོངས་ཡོངས་ཀྱི་མཐའ་མཚམས་ས་ཁུལ་གྱི་འབྱོར་འབྲིང་གྲོང་ཚོ་འཛུགས་སྐྲུན་གྱི་ཁག་དང་པོའི་གྲོང་ཚོ་395བསྐྲུན་རྩིས་ཡོད་པ་དེ་མཐའ་མཚམས་ཀྱི་མང་ཚོགས་དུད་ཚང་40801དང་མི་གྲངས་ཁྲི་15ཙམ་དང་འབྲེལ་བ་ཡོད་པར་མ་དངུལ་བསྡོམས་འབོར་སྒོར་དུང་ཕྱུར་135.25གཏོང་རྒྱུའི་འཆར་གཞི་ཡོད་པ་རེད། ཟླ་བཞི་པའི་ཟླ་མཇུག་བར་གྲོང་ཚོའི་འཆར་འགོད་ཡོངས་རྫོགས་ལ་ཞིབ་བཤེར་བྱས་ཟིན་ནས་གྲོང་ཚོ་330སྐྲུན་འགོ་ཚུགས་པའི་ནང་ནས་གྲོང་ཚོ་4བསྐྲུན་ཟིན་པ་རེད།

མཐའ་མཚམས་དར་རྒྱས་དང་མཐའ་མཚམས་ཀྱི་མང་ཚོགས་ཕྱུག་པོ་ཆགས་ན་མཐའ་མཚམས་སྲུང་སྐྱོང་བརྟན་པོ་ཐུབ། ཨེ་ཤེ་ཡ་ལྷོ་མར་ཕྱོགས་པའི་རང་རྒྱལ་གྱི་སྒོ་དབྱེའི་བགྲོད་ལམ་གལ་ཆེན་གྱི་གཙོ་ཆེའི་དྲ་ཚུགས་ཡིན་པའི་ངོས་ནས་ཉེ་བའི་ལོ་ཤས་རིང་རང་ལྗོངས་ཀྱིས་མཐའ་མཚམས་ས་ཁུལ་གྱི་འབྱོར་འབྲིང་གྲོང་ཚོ་འཛུགས་སྐྲུན་ཤུགས་ཆེན་བྱས་ཡོད། 2017ལོ་ཟླ་7པར་རང་སྐྱོང་ལྗོངས་མི་དམངས་སྲིད་གཞུང་གིས《བོད་རང་སྐྱོང་ལྗོངས་ཀྱི་མཐའ་མཚམས་ས་ཁུལ་གྱི་འབྱོར་འབྲིང་གྲོང་ཚོ་འཛུགས་སྐྲུན་གྱི་འཆར་འགོད(2017ལོ་ནས་2020ལོ་བར་)》བཀྲམ་ནས་ལྗོངས་ཡོངས་ཀྱི་མཐའ་མཚམས་ཀྱི་འཐབ་ས་དང་པོ་དང་གཉིས་པའི་སྲིད་འཛིན་གྲོང་ཚོ་628(དེའི་ནང་འཐབ་ས་དང་པོའི་གྲོང་

ཚོ་427དང་འཐབ་ས་གཉིས་པའི་གྲོང་ཚོ་201དང་དེ་བཞིན་རྫ་ཡུལ་ཞིང་ར)ལ་འགྱོར་འབྲིང་གྲོང་ཚོ་བསྐྱུན་རྒྱུ་གཏན་འཁེལ་བྱས་ཤིང་མཐའ་མཚམས་ཀྱི་མང་ཚོགས་དུད་ཚང་ཁྲི་6.2དང་མི་གྲངས་ཁྲི་24.2དང་འབྲེལ་བ་ཡོད་པ་མ་ཟད། འཛུགས་སྐྲུན་གྱི་ནང་དོན་གཙོ་བོ་ནི་སྡོད་ཁང་ལེགས་བཅོས་དང་། རྨང་གཞིའི་སྒྲིག་བཀོད། སྤྱི་པའི་ཞབས་ཞུའི་སྒྲིག་བཀོད། ཐོན་ལས་འཛུགས་སྐྲུང་། སྡོད་བཅུད་དང་སྡོད་མལ་ཁོར་ཡུག་འཛུགས་སྐྲུན་སོགས་ཚུད་ཡོད་པ་རེད།

འདི་ལོ་ཤར་ཚུན། རང་ལྗོངས་ཀྱིས་མཐའ་མཚམས་ས་ཁུལ་གྱི་འགྱོར་འབྲིང་གྲོང་ཚོའི་རྨང་གཞིའི་སྒྲིག་བཀོད་དང་སྤྱི་པའི་ཞབས་ཞུའི་སྒྲིག་བཀོད་སོགས་འཛུགས་སྐྲུན་བྱེད་ཤུགས་ཆེ་རུ་བཏང་ཞིང་། མིག་སྔར། གྲོང་ཚོའི་ནང་གཞུང་ལམ་སྤྱི་ལེ་48དང་། ཆུ་དྭངས་བསིང་འབྱེད་ས(ཆུ་གསོག་རྫིང་བུ)32 བཙོག་ཆུ་ཕྱིར་འབུད་མདོང་ལམ་སྤྱི་ལེ་101 ཆུ་རགས་སྤྱི་ལེ་4 ཆུ་ཡུར་སྤྱི་ལེ་3བཅས་བསྐྲུན་འགོ་ཚུགས་པ་མ་ཟད། གྲོང་ཚོའི་ནང་ཉི་ནུས་ལམ་སྒྲོན་1675བསྐར་བ་དང་འཕྲིན་གཏོང་གི་སྐུད་ལམ་སྤྱི་ལེ་40འཁྲིད་པ་དང་སྦྲེལ་ཚུགས་47བཙུགས་ཡོད། གྲོང་ཚོ་རིམ་པའི་བྱེད་སྒོ་སྤྱེལ་ཡུལ་སྨི་ངོས་གྲུ་ཁྲི་4.63དང་། གྲོང་ཚོ་རིམ་པའི་བྱེད་སྒོ་སྤྱེལ་སའི་ཐང་ཆེན་སྨི་ངོས་གྲུ་ཁྲི་3.84 བུ་བཙོལ་ཁང་སྨི་ངོས་གྲུ་ཁྲི་0.72བཅས་བསྐྲུན་འགོ་ཚུགས་པ། འདེབས་འཛུགས་ལས་རིགས་མུའུ་ཁྲི་0.43དང་། ཞིང་ཕྱུགས་ཐོན་རྫས་ལས་སྣོན་ས་ཚོགས་1 ཡུལ་སྐོར་ལས་རིགས་2 ཚོང་དོན་འཕོར་རྒྱུག་ལས་རིགས་1བཅས་འཕེལ་རྒྱས་བཏང་བ་དང་དུས་མཚུངས་ཤིང་འཛུགས་ནགས་བཟོ་མུའུ་438བྱས་པ་དང་གད་སྙིགས་གཙང་སེལ་ས་ཚོགས་17བསྐྲུན་ཡོད་པ་རེད།

རང་སྐྱོང་ལྗོངས་ཀྱི་མཐའ་མཚམས་ས་ཁུལ་གྱི་འགྱོར་འབྲིང་གྲོང་ཚོ་འཛུགས་སྐྲུན་ལས་དོན་བཀོད་འདོམས་པུའི་བསྡོམས་རྩིས་གྲངས་གཞིར་གཞིགས་ན། མིག་སྔའི་བར། ལྗོངས་ཡོངས་སུ་མཐའ་མཚམས་ས་ཁུལ་གྱི་འགྱོར་འབྲིང་གྲོང་ཚོ་624དང་རྫ་ཡུལ་

ཞིང་ར་སྐྲུན་རྩིས་ཡོད་པ་དང་། མཐའ་མཚམས་ཀྱི་མང་ཚོགས་དུད་ཚང་61598དང་མི་གྲངས་ཁྲི་24ཙམ་དང་འབྲེལ་བ་ཡོད་པ་དང་། མ་དངུལ་བསྡོམས་འབོར་སྒོར་དུང་ཕྱུར་212.14ཟིན་ཡོད། མིག་སྔའི་བར་གྲོང་ཚོ་559བསྐྲུན་འགོ་ཚུགས་པའི་ནང་གྲོང་ཚོ་60བསྐྲུན་ཟིན་པ་དང་གྲོང་ཚོ་65ལས་འགོ་འཛུགས་རྒྱུ་ཡིན་པ། མ་དངུལ་བསྡོམས་འབོར་སྒོར་དུང་ཕྱུར་212.14གཏོང་རྩིས་ཡོད་པའི་ནང་ནས་མིག་སྔའི་བར་མ་དངུལ་སྒོར་དུང་ཕྱུར་72.96བཏང་ཟིན་པ་དེས་མ་འཇོག་བསྡོམས་འབོར་གྱི་བརྒྱ་ཆ་34བཟུང་ཡོད་པ་རེད།

འདི་ལོ་མ་དངུལ་བསྡོམས་འབོར་སྒོར་དུང་ཕྱུར་135.25བཏང་ནས་ཁག་དང་པོའི་གྲོང་ཚོ་395བསྐྲུན་རྩིས་ཡོད་པ།

འདི་ནི་ལྷོ་ཁ་གྲོང་ཁྱེར་མཚོ་སྣ་རྫོང་ཁོངས་མཐའ་མཚམས་ཀྱི་འགྱུར་འབྱིང་དཔེ་སྟོན་གྲོང་ཚོ་མག་མག་གྲོང་ཚོ་ཡིན་པ།

ཨ་མ་ཀྲན་མོ་བརྒྱ་ཧོག་གི་དབུལ་སྒྲོལ་མན་ངག

བརྒྱ་ཧོག་གི་བུ་མོ་ཀྲན་པ་ཚེ་རིང་གཡང་འཛོམས་གཞུང་ཞབས་པའི་ཡིག་རྒྱུགས་འཕྲོད་པ་དང་། བུ་གཉིས་པ་ངག་དབང་བཀྲ་ཤིས་ཀྱིས་ཀྱང་གོ་ཞིང་ལས་དཔལ་ཁང་གི་ལས་མི་བསྡུ་བའི་ཡིག་རྒྱུགས་དང་ངོ་འཕྲོད་རྒྱུགས་ལེན་གཉིས་ཀ་བདེ་བླག་ངང་ཡོན་ཞིང་། བུ་ཆུང་བ་ངག་དབང་དགྲ་འདུལ་ད་ཆ་སི་ཁྲོན་གློག་ཤུགས་ལས་རིགས་ལག་རྩལ་སློབ་གླིང་འགྲིམ་བཞིན་ཡོད། ཕྲུ་གུ་རྣམས་ཀྱིས་སློབ་གསོ་དང་ལེན་བྱས་ནས་ལས་ཀར་ཞུགས་ཟིན་པས། སྐར་ཁམས་རྫོང་སྐར་ཐོག་གྲོང་རྡལ་སྐར་ཐོག་གྲོང་ཚོ་ནས་ཡིན་པའི་ཨ་མ་ཀྲན་མོ་ཁོང་དེ་སྔའི་ཡིག་ཚགས་དང་གླུ་བཟོས་པའི་དུད་ཚང་དབུལ་པོ་མ་ཡིན་པར། ཀུན་གྱིས་ཡིད་སྨོན་བྱེད་པའི་བདེ་སྐྱིད་འཚོ་བར་རོལ་བཞིན་མཆིས།

འོན་ཀྱང་། ལོ་དགུའི་གོང་དུ་བརྒྱ་ཧོག་མི་གཅིག་གིས་ཁྱིམ་ཚང་ཧྲིལ་པོ་བསྐྱངས་ཤིང་། སྐབས་དེ་དུས་བཟའ་ཟླ་ནད་ཀྱིས་མནར་ནས་ཚེ་ལས་འདས་པ་དང་། ཤུལ་དུ་བརྒྱ་ཧོག་དང་ལོ་ན་བགྲེས་པའི་མ་ཀྲན་དང་ལོ་ན་ཕྲ་བའི་ཕྲུ་གུ་གསུམ་ལུས། མ་ཀྲན་མོ་ངག་དབང་ཆོས་མཚོར་གྲུམ་བུའི་ནད་ཚབས་ཆེན་ཕོག་ནས། རྒྱུན་དུ་ནད་བསྙེན་པ་དང་སྨན་ཟ་དགོས་པས། ཨུ་གེའི་སྐད་ལ་ཟླ་ལྷག་གི་དཔེ་ལྟར་ཁྱིམ་གྱི་འཁོས་ཀ་ཧེ་ཞན་དུ་གྱུར།

འཚོ་བའི་ཁུར་པོ་ལྕི་མོས་དབུགས་ཀྱང་རྟབ་གཏོང་དགའ་བའི་སྐབས་སུ་བརྒྱ་ཧོག་གིས་ཡིད་ཐང་ཆད་ནས་མ་བསྡད་པར། ཉིན་མོར་རྫོང་གྲོང་གི་མངགས་སྐྱེལ་ཁང་གཉིས་ལ་གླ་པར་འགྲོ་བ་དང་། དགོང་མོར་ཁྱིམ་དུ་ལོག་རྗེས་འོ་མ་འཛོ་བ་དང་དཀྲོགས་པ་

སོགས་ནང་ལས་ཙག་ཙིག་བྱེད་བཞིན་ནང་མི་རྐན་གཞོན་རྣམས་ལ་ལྷ་སྐྱོང་བྱས་ནས་ཐོ་རེངས་ཆུ་ཚོད་གཉིས་པ་གསུམ་པའི་བར་འགྱངས་ཤིང་། དགོང་མོར་ཆུ་ཚོད་5ཡང་གཉིད་ཉལ་ཁོམ་མེད་པར་ལས་ལ་བརྩོན་ཏེ། འཚོ་བའི་ཁུར་བུ་ལྷི་མོ་རང་ཉིད་ཀྱི་ཉག་ཕྲ་བའི་ཕྲག་པར་འདེགས་པར་བྱས།

ཡིག་ཇོ་མི་ཚོད་པས་ཁོ་མོས་ཙ་ལག་སྐྱིལ་ས་ནོར་བའི་གནས་ཚུལ་རྟག་ཏུ་ཐོན་ནས་ཁ་རྟུང་ཐེངས་མང་གཟེད་སྐྱོང་ཡོད། རང་ཉིད་ཀྱིས་དཀའ་སྡུག་ཅུང་ཙམ་སྐྱོང་དགོས་བྱུང་ཡང་སྣང་དག་མི་འདུག འོན་ཀྱང་རིག་གནས་མེད་པའི་དབང་གིས་ངའི་ཕྲུ་གུ་རྣམས་ཀྱང་ང་རང་དང་འདྲ་བར་རྗེས་མ་སྡུག་པོ་སྐྱོང་དགོས་འཁེལ་ཡོང་སྙམ་པའི་སེམས་ཁྲལ་ཆེན་པོ་ལངས་ཀྱི་འདུག་ཅེས་བརྒྱ་ཧོག་གིས་བཤད་པ་དང་། དུས་དེ་ནས་བཟུང་ཁོ་མོས་ཕྲུ་གུ་རྣམས་སློབ་སྦྱོང་ཡག་པོ་བྱེད་དུ་བཅུག་ནས་སློབ་ཆེན་འགྲིམ་དུ་འཇུག་རྒྱུའི་སེམས་ཐག་གཅང་བཅད་བྱས།

དབུལ་སྒྲོལ་འགག་སྒྲོལ་ལས་དོན་སྤེལ་འགོ་ཚུགས་པ་ནས་བཟུང་། ཏང་གི་སྲིད་ཇུས་བཟང་པོའི་འོག་བརྒྱ་ཧོག་ནང་མི་རྣམས་ཀྱིས་དབུལ་སྐྱོར་དམངས་ཕན་གྱི་སྲིད་ཇུས་ལོངས་སུ་སྤྱོད་ཐུབ་ཅིང་། ཕྲུ་གུ་གསུམ་པོ་སློབ་གྲྭར་འགྲིམ་རྒྱུར་ཡང་འགན་སྲུང་ཡོད་པར་གྱུར།

སློབ་གྲྭ་འགྲིམ་སྐབས་ཨ་མས་རྟག་ཏུ་ང་ཚོར་བཀའ་དྲིན་དྲན་པ་དང་། ཕན་པ་གང་ནས་བྱུང་བ་དང་དྲིན་ལན་སུ་ལ་འཇལ་དགོས་མིན་སྐོར་ཡང་ཡང་བརྗོད་པ་མ་ཟད། ངེས་པར་དུ་སློབ་སྦྱོང་ཡག་པོ་བྱས་ནས། སླད་ཕྱིན་སྦྱངས་པའི་ཤེས་བྱར་བརྟེན་ནས་མེས་རྒྱལ་དང་སྤྱི་ཚོགས་ལ་དྲིན་ལན་འཇལ་དགོས་པའི་སློབ་གསོ་རྒྱུག་གི་ཡོད་ཅེས་ཚེ་རིང་གཡང་འཛོམས་ཀྱིས་དགོད་འཚེར་འཚེར་ངང་གསར་འགོད་པར་བཤད།

ཕྲུ་གུ་ནི་ང་ཚོའི་རེ་བ་ཡིན་པ་དང་། ཕྲུ་གུ་རྣམས་པར་སློབ་གསོ་དང་ལེན་བྱེད་དུ་

བཙུག་ནས་ལག་རྩལ་སྔ་གཅིག་ཤེས་ན། དུད་ཚང་གཅིག་དབུལ་སྐྱོར་ཐུབ་པའི་རེ་བ་ཡོད་ཅེས་པ་དེ་ནི་ཨ་མ་རྒན་མོ་བརྒྱ་ཧོག་གིས་རྟག་ཏུ་ཞོད་པའི་དབུལ་སྐྱོར་མན་ངག་རེད།

སྙན་རོང་རྫོང་རྫ་དམར་སྔ་མང་གཉེར་སྐྱོང་མཉམ་ལས་ཁང་གིས་འབྲོག་ཁྲུལ་གྱི་ཐོན་ཟོག་ཡག་པོ་ལྷ་སར་དབོར་འདྲེན་བྱས་པ།

—— མང་ཚོགས་477ཐག་ཉེ་ས་དང་སྐབས་བདེ་སར་ལས་ཞུགས་བྱ་རྒྱུར་སྐུལ་ཁྲིད་བྱས་ནས་འབབ་འཕར་སྒོར་ཁྲི་694བྱུང་བ།

དབུལ་སྒྲོལ་འགག་སྒྲོལ་གྱི་ལས་དོན་སྤེལ་འགོ་ཚུགས་པ་ནས་བཟུང་། སྙན་རོང་རྫོང་སེ་ཆེན་ཤང་རྫ་དམར་སྔ་མང་གཉེར་སྐྱོང་མཉམ་ལས་ཁང་གིས་ནུས་ཤུགས་ཡོད་རྒྱུས་ཤང་རེར་མཉམ་ལས་ཁང་རེ་+ཡུག་ཁྲུལ་མཉམ་ལས་ཁང་+གྲོང་ཚོ་རེར་མཉམ་ལས་ཁང་རེ་+འབྲོག་ར་བཅས་ཀྱི་འཕེལ་རྒྱས་ཀྱི་དཔེ་དབྱིབས་བཏོད་ནས་ཐོན་ལས་འཁོར་འཁྱིལ་སྒྱུར་སྲིད་དང་། རིན་ཐང་འཁོར་འཁྱིལ་མཐོར་གཏོང་། ཁེ་ཕན་འཁོར་འཁྱིལ་འཕྲུས་སྒོ་ཚང་དུ་གཏོང་བ་བཅས་བྱས་ཏེ་ཐོན་ལས་དང་པོ་དང་། གཉིས་པ། གསུམ་པ་བཅས་མཉམ་འདྲེས་འཕེལ་རྒྱས་གཏོང་རྒྱུར་སྐུལ་འདེད་བཏང་ཐོག་རིམ་བཞིན་གཞི་ཁྱོན་ཅན་དང་། ཆེད་ལས་ཅན། ལེགས་བསྒྱུར་ཞིབ་གཉེར་ཅན་བཅས་ཀྱི་འཕེལ་རྒྱས་ལམ་བུར་བསྐྱོད་པ་རེད།

དཔེ་དབྱིབས་གསར་གཏོད་དང་གཞི་ཁྱོན་རྒྱ་ཆེར་བཏང་ནས་ཐོན་ལས་འཁོར་འཁྱིལ་སྒྱུར་སྲིད་བྱས་ཤིང་། སྙན་རོང་རྫོང་ཨུད་དང་རྫོང་སྲིད་གཞུང་གི་སྐུལ་འདེད་ཧུར་ཐག་འོག་སེ་ཆེན་ཤང་གིས་ཡུལ་བབ་དང་བསྟུན་པ་དང་རང་སྟོབས་རང་སྤེལ་བྱས་ཏེ་འབྲི་གཡག་མགོ་གྲངས་167དང་། ལུག་མགོ་གྲངས་117 དངུལ་དམར་སྒོར་ཁྲི་11ཙམ་གྲབས་གསོག་བྱས་ཏེ་སྙན་རོང་རྫོང་སེ་ཆེན་ཤང་རྫ་དམར་སྔ་མང་གཉེར་སྐྱོང་མཉམ་

ལས་ཁང་དངོས་སུ་བཙུགས་པ་དང་། ཤང་རེར་མཉམ་ལས་ཁང་རེ་ཡི་ལས་འགོ་འཛུགས་པའི་མ་དངུལ་སྒོར་ཁྲི་300སྤྱད་ནས་བཞིན་མ་166ཉོས་ཏེ་ཡིག་ཚགས་དང་གྲུ་བཟོས་པའི་དུད་ཚང་དབུལ་པོའི་ཁྱིམ་དུ་གསོ་ཉར་བྱས་ཏེ་མང་ཚོགས་ལ་འབབ་འཕར་ཡོང་རྒྱུར་སྐུལ་ཁྲིད་བྱས་ཡོད། གསེར་མཆོག་དང་། ཐེ་ནག སུང་རྒྱལ་སོགས་ཀྱི་ཡུག་ཁུལ་དང་གྲོང་ཚོ་མཉམ་འབྲེལ་གྱི་མཉམ་ལས་ཁང་5བཙུགས་ནས་སྒོར་ཁྲི་328བཏང་སྟེ་བེའུ་སྐྱེ་རྒྱུའི་བཞིན་མ་545ཉོས་ནས་ཡུག་ཁུལ་དང་གྲོང་ཚོ་མཉམ་འབྲེལ་གྱི་མཉམ་ལས་ཁང་གི་ཕྱུགས་ཟོག་འབྱུང་ཁུངས་སུ་གྱུར་བ་རེད།

ཕྱུས་རྟགས་བརྟོད་པ་དང་ཁྲིམ་ར་རྒྱ་ཆེར་བཏང་སྟེ་རིན་ཐང་འཕོར་འབྲེལ་གོང་མཐོར་བཏང་ཞིང་། མཉམ་ལས་ཁང་དེས་སྒོར་ཁྲི་110ལྷག་ཙམ་བཏང་ནས་གྲང་ཉར་དཔོར་འཛིན་ཆྭངས་འཕོར་དང་། པུ་ཏི་དུག་སེལ་ཡོ་བྱད། འོ་སློལ་ཆས། འཁྲུགས་སྐམ། འགྲེམས་སྒྲོམ། ཐུམ་སྒྲིལ་འཕྲུལ་འཕོར་སོགས་ཀྱི་སྒྲིག་ཆས་ཉོས་ཏེ་ལས་སྟོན་ཐོན་སྐྱེད་ལས་རིམ་དང་། དེ་བཞིན་ཕྱིར་ཚོང་ཐད་དོ་དམ་ཚོད་འཛིན་ནན་པོ་བྱས་ནས་ཐོན་རྫས་ཀྱི་ཕྱུས་ཚད་ཚད་གཞི་ལོན་པའི་འགན་ལེན་བྱས་ཐོག་ས་བབ་མཐོ་ཚད་སྨི་4500ཡན་གྱི་འབྲིའི་འོ་མ་སོས་པ་དང་། ཞོ། མར། ཕྱུར་ར་སོགས་མི་རིགས་ཀྱི་ཁྱད་ཆོས་ལྡན་པའི་ཕྱུས་རྟགས་དངོས་སུ་བརྟོད་པ་རེད། དུས་མཚུངས་སུ། ཁྲིམ་ར་རྒྱ་ཆེར་ཏུར་ཐག་བཏང་ནས་ལྷ་ས་གྲོང་ཁྱེར་དུ་འཕྲོག་ཟོག་ཕྱིར་ཚོང་ཁང་བཙུགས་ཏེ་ཐོན་རྫས་ཀྱི་ཚོང་ལམ་རྒྱ་ཆེར་བཏང་བ་དང་། 2019ལོར་ལས་འགོ་བཙུགས་པ་ནས་བཟུང་ཁེ་སྤོགས་ཁྲི་27ལྷག་ཙམ་བྱུང་ཡོད་པ་དང་། རྫོང་གྲོང་གི་ཕྱིར་ཚོང་ཁང་དང་། ཤང་གི་དབུལ་སྐྱོར་ཛ་ཁང་། གྱོན་ཆས་བཟོ་ཁང་སོགས་བཙུགས་ཏེ་མཉམ་ལས་ཁང་སྣ་མང་ཅན་དུ་འཕེལ་རྒྱས་གཏོང་རྒྱུར་སྐུལ་འདེད་བཏང་ཐོག་མང་ཚོགས་དབུལ་པོ་12ཀྱི་ལས་ཞུགས་ཀྱི་གནད་དོན་ཐག་གཅོད་བྱས་པ་རེད།

ལམ་ལུགས་འཕྲུལ་སྒོ་ཚང་པོ་འཛུགས་པ་དང་དོ་དམ་ཚད་ལྡན་དུ་བཏང་སྟེ་ཁེ་ཕན་ཀྱི་འབྲེལ་ཐག་འཕྲུལ་སྒོ་ཚང་དུ་བཏང་ཞིང་། མཉམ་ལས་ཁང་དེས《ཇོ་དམར་སྔ་མང་གཉེར་སྐྱོང་མཉམ་ལས་མཉམ་འབྲེལ་ཁང་གི་སྒྲིལ་ཡིག》བཟོས་ཏེ་དེང་རབས་ཅན་གྱི་ལས་ཞུགས་ཞིབ་བཤེར་ལམ་ལུགས་དང་ཉིན་རེའི་ལས་ཀ་ཡག་པོ་སྒྲུབ་མིན་གྱི་སྐོར་འགོད་ལམ་ལུགས་ལག་བསྟར་བྱས་ནས་ལས་དོན་མི་སྣའི་ཕུར་བརྩོན་རང་བཞིན་སྐུལ་སློང་གང་ལེགས་བྱས་ཡོད་པ་དང་།《ཉིན་རེའི་ལས་ཀའི་ལས་འགན་གྲྭ་ཡི་ལམ་ལུགས་》དང《སྒྲིག་འགལ་དོན་ཚན་གྱི་སྐོར་འཛིན་གཞིའི་ལམ་ལུགས་》ཀྱི་ལས་ཀའི་བྱ་ཐབས་སྤྱད་དེ་ལས་དོན་ཁག་སྒྲུབ་མཁན་ཡོད་པ་དང་དོ་དམ་བྱེད་མཁན་ཡོད་པའི་འགན་སྲུང་བྱས་ཐོག་མཉམ་ལས་ཁང་སྐྱོན་བྲལ་དང་ཚད་ལྡན་དང་འཕེལ་རྒྱས་འགྲོ་རྒྱུའི་འགན་ལེན་བྱས་ཡོད་པ་རེད། དེ་དང་དུས་མཚུངས་བགོ་བཤའི་ལམ་ལུགས་རྒྱུན་ཆད་མེད་པར་འཕྲུལ་སྒོ་ཚང་དུ་བཏང་ནས་མ་རྐང་འཛུགས་པ་དང་། ལས་ཞུགས། ཐོན་ཟོག་ཉོ་སྒྲུབ་སོགས་ཀྱི་གྲོས་མཐུན་བཞག་སྟེ་མང་ཚོགས་དབུལ་པོར་ཐོན་སྐྱེད་གཉེར་སྐྱོང་དང་། སླ་ཆ། ཁེ་སྤོགས་བགོ་བ་སོགས་ཀྱི་ཁེ་ཕན་ཐོབ་ཡོད། ད་ཐེང་གི་ལོ་མཇུག་བར་འབབ་འཕར་སྒོར་ཁྲི་40ལྷག་ཙམ་བྱུང་བ་དང་དམིགས་བསལ་དཀའ་ངལ་ཡོད་པའི་དུད་ཚང་19ལ་ཁེ་སྤོགས་སྒོར་ཁྲི་3.8རག་པ་དང་མང་ཚོགས་477ཐག་ཉེ་ས་དང་སྐབས་བདེ་སར་ལས་ཞུགས་བྱ་རྒྱུར་སྐུལ་ཁྲིད་བྱས་ནས་ཡོང་འབབ་སྒོར་ཁྲི་694ལྷག་ཙམ་བྱུང་བ་རེད།

སྐྱོད་བཅུད་ཡུལ་སྐོར་ལ་བརྟེན་ནས་ཡོང་འབབ་བསགས་ཏེ་ལྟུང་མདོག་འཕེལ་རྒྱས་ཀྱི་ལམ་བུར་བསྐྱོད་པ།

——ཏང་གི་ཚོགས་ཆེན་བཅོ་བརྒྱད་པ་འཚོགས་ཚུན་ལྗོངས་ཡོངས་ཀྱི་སྐྱོད་བཅུད་ཞིས་དཔལ་འཛུགས་སྐྱོང་གི་སྒྲིལ་སྒྲིང་།

སྨི་བོ་རྫོང་རྒྱ་ཤར་རྒྱ་གྲོང་ཚོས་རྒྱལ་ལམ་318ལམ་བརྒྱུད་ཀྱི་འགྲིམ་འགྲུལ་ལེགས་ཆར་བརྟེན་ནས་གྲོང་གསེབ་ཀྱི་ཡུལ་སྐོར་འཕེལ་རྒྱས་ཤུགས་ཆེན་གཏོང་བ་དང་། རྒྱལ་ལམ་གྱི་འགྲམ་དུ་ཁྱིམ་ཚང་མགྲོན་ཁང་བསྐྲུན་ནས་ས་གནས་དེ་གའི་མང་ཚོགས་ལ་འབབ་འཕར་ཕྱུག་འགྱུར་ཡོང་རྒྱུར་སྐུལ་འདེད་བཏང་ཡོད། 2018ལོར་རྒྱ་གྲོང་ཚོའི་ཁྱིམ་ཚང་མགྲོན་ཁང་གིས་ཡུལ་སྐོར་བ་མི་ཐེངས་ཁྲི་4ལྷག་ཙམ་ལ་སྣེ་ལེན་ཞུས་པ་དང་། ས་གནས་དེ་གའི་མང་ཚོགས་ཀྱིས་ཡུལ་སྐོར་ཞབས་ཞུ་དང་། འགྲུལ་སྐྱེལ། ཡུལ་སྐོར་ཐོན་རྫས་ཕྱིར་ཚོང་སོགས་བྱས་པ་བརྒྱུད་ཡོང་འབབ་སྒོར་ཁྲི་410ལྷག་ཙམ་བྱུང་།

འདི་གར་འཚོ་བ་ཧ་ཅང་ཡག་པོ་འདུག ཡུལ་ལྗོངས་མཛེས་པའི་ཁར་ཡོང་འབབ་ཀྱང་མང་པོ་ཡོང་གི་འདུག་ཅེས་ལྷོ་ཁ་གྲོང་ཁྱེར་མཚོ་སྣ་རྫོང་སློད་ཤར་གི་ལྷ་མོས་དགའ་ཚོར་ཆེན་པོས་དེ་ལྟར་བརྗོད། ཉེ་བའི་ལོ་ཤས་རིང་། སློད་ཤར་གི་ཡུལ་སྐོར་ལས་རིགས་རིམ་བཞིན་དར་རྒྱས་ཕྱིན་པ་དང་བསྟུན་ནས་ལྷ་མོས་ཨ་ནེའི་སྐྱུལ་ལྟག་འོག་སློད་ཤར་དུ་ཡོང་སྐྱེ་ཨ་ནེའི་ཁང་པའི་ནང་ཟ་ཁང་ཆུང་ཆུང་ཞིག་བཙུགས་པ་རེད།

རང་ལྗོངས་ཀྱི་སྐྱོད་བཅུད་ཞིས་དཔལ་འཛུགས་སྐྱོང་བྱེད་ཤུགས་རྒྱུན་ཆད་མེད་པར་ཆེ་རུ་སོང་བར་བརྟེན་ནས་ལྗོངས་ཡོངས་སུ་ལྷ་མོ་ལྟ་བུའི་ཡུལ་སྐོར་ལ་བརྟེན་ནས་

ཡོང་འབབ་བྱུང་བའི་ཞིང་འབྲོག་མང་ཚོགས་ཇེ་མང་དུ་འགྲོ་བཞིན་ཡོད། བསྡོམས་རྩིས་བརྒྱབ་པར་གཞིགས་ན། ན་ནིང་ལྷོ་ཁ་ལོངས་ཀྱི་གྲོང་གསེབ་ཏུ་ཡུལ་སྐོར་སྣེ་ལེན་ཞུ་ཚད་མི་ཐེངས་ཁྲི་935ཟིན་ནས་གྲོང་གསེབ་ཀྱི་ཡུལ་སྐོར་ཡོང་འབབ་སྒོར་དུང་ཕྱུར་12བྱུང་ཡོད། སྔོ་ཞིང་དྭངས་བའི་རི་ཆུ་གསེར་རི་དངུལ་རིར་དངོས་སུ་གྱུར་པ་རེད།

རྒྱལ་ཁབ་ཀྱི་སྡོད་བཅུད་བདེ་འཛུགས་སྲུང་ཡོལ་སྟར་བས་བརྟན་པོ་འཛུགས་པ།

ཉིན་དེ་དག་རེད། ལོ་30ལྷག་ཙམ་ལ་སླེབས་པའི་བུ་ཚོ་རིང་བྲེལ་བརྩོན་ཆེན་པོ་བྱེད་ཅིང་། ཁོང་ནི་ལྷ་ས་གྲོང་ཁྱེར་མལ་གྲོ་གུང་དཀར་རྫོང་རྩ་ཞོལ་ཤང་གི་ནགས་སྲུང་བ་ཞིག་ཡིན་པ་དང་། ཉིན་ལྟར་གྱི་ལས་འགན་ནི་ནགས་ཚལ་ལ་སྐོར་གཟིགས་བྱ་རྒྱུ་དེ་ཡིན་པའི་ཁར། ཉེ་ཆར་ད་དུང་ཤང་གི་མང་ཚོགས་སྒྲིག་འཛུགས་བྱས་ཏེ་ལྗང་མ་འཛུགས་པ་དང་ཆུ་རྒྱག་པ་སོགས་བྱས་ཡོད། ནགས་ཚལ་ལ་སྲུང་སྐྱོང་བྱས་པ་ནི་ང་ཚོའི་ཁྱིམ་གཞིས་ལ་སྲུང་སྐྱོང་བྱས་པ་ཞིག་ཡིན་པས་སྲིད་གཞུང་གིས་ད་དུང་ང་ཚོར་ཁ་གསབ་དངུལ་སྤྲད་སྟབས་ངས་རང་ནུས་ཡོད་རྒུས་རང་ཉིད་ཀྱི་ལས་ཀ་ཡག་པོ་སྒྲུབ་རྒྱུ་ཡིན་ཞེས་བུ་ཚོ་རིང་གིས་བརྗོད།

ལྷོ་ཁ་ལོངས་སུ་བུ་ཚོ་རིང་གི་ལས་གནས་ལྟར་གྱི་སྡོད་བཅུད་ལས་གནས་ཁྲི་60ལྷག་ཙམ་ཡོད་པ་དང་ལྷོ་ཁ་ལོངས་ཀྱི་སྤྱི་ལེ་ངོས་གྲུ་ཁྲི་120ལྷག་ཙམ་ཡོད་པའི་རི་ཀླུང་སྲུང་སྐྱོང་བྱེད་བཞིན་ཡོད། རྒྱལ་སྲིད་སྤྱི་ཁྱབ་ཁང་གིས་ཆོག་མཆན་གནང་བའི《བོད་ཀྱི་སྡོད་བཅུད་བདེ་འཛུགས་སྲུང་ཡོལ་སྲུང་སྐྱོང་དང་འཛུགས་སྐྱོང་གི་འཆར་གཞི》ལག་བསྟར་གཏིང་ཟབ་བྱས་པ་བརྒྱུད་རང་ལྷོ་ཁ་ཀྱིས་རིམ་རྩིས་ལྟར་ན་མ་དངུལ་སྒོར་དུང་ཕྱུར་107དོན་འཁྱོལ་བྱས་ནས་ཕྱུགས་བཀག་རྩྭ་གསོ་དང་། འདམ་ར་སྲུང་སྐྱོང་། ནགས་ཚལ་སྲུང་སྐྱོང་མ་ལག་འཛུགས་སྐྲུན་སོགས་ཀྱི་རིགས་ཆེན་པོ་3ཀྱི་གཙོ་གནད་སྡོད་བཅུད་སྲུང་སྐྱོང་དང་འཛུགས་སྐྲུན་ལས་གྲྭ་10ལག་བསྟར་བྱས་པ། གཙོ་གནད་སྡོད་བཅུད་ནུས་ཁུལ་

ཕྱོགས་སྐྱར་གསོ་སྤྲོད་དང་། ནགས་ཚལ་སྲུང་སྐྱོབ་ལས་འཆར་གྱི་གཙོ་བོ། རྩྭ་ཐང་སྲུང་སྐྱོབ་སྲིད་ཇུས་ཁག་ཅིག འདམ་རའི་སྲུང་སྐྱོབ་ལས་འཆར་ཁག་ཅིག་སོགས་སྲུང་སྐྱོབ་ཁ་གསབ་ལམ་ལུགས་བཙུགས་ནས་རིམ་པ་ལྟར་ན་རིགས་ཁག་གི་སྲུང་སྐྱོབ་ཁ་གསབ་མ་དངུལ་སྒོར་དུང་ཕྱུར་316ཀྱི་འགྲོ་སོང་ཡོད། དུས་མཚུངས་རྒྱུན་ཁམས་ཆེ་མོ་དང་། ཆུ། ས་རྒྱུ་བཅས་ཀྱི་སྣུམ་བཙོག་འགོག་བཅོས་བྱ་སྤྱོད་འཆར་གཞི་ཕྱོགས་ཡོངས་ནས་དོན་འཁྱོལ་བྱས་ནས་ཁྱབ་ཆུའི་ཆུ་འགོ་སྲུང་སྐྱོང་ལ་ཤུགས་སྣོན་བརྒྱབ་པ་དང་། གྲོང་རྡལ་གྱི་ཁོར་ཡུག་གི་རྨང་གཞིའི་སྒྲིག་བཀོད་འཛུགས་སྐྲུན་མགྱོགས་སུ་བཏང་བ། གྲོང་གསེབ་ཀྱི་སྡོད་མལ་ཁོར་ཡུག་ཕྱོགས་བསྡུས་བཅོས་སྒྲིག་ལག་བསྟར་སོགས་བྱས་ཏེ་རྒྱལ་ཁབ་ཀྱི་སྲུང་སྐྱོབ་ས་ཁུལ་གསར་འཛུགས་ཀྱི་ལས་འགན་ལེགས་གྲུབ་ཡོང་བ་བྱེད་པ་ཡིན།

མཛེས་སྡུག་ལྡན་པའི་བོད་ལྗོངས་དང་སྲུང་སྐྱོབ་ཞིང་དཔལ་འཛུགས་སྐྲུན་ལ་སྐུལ་འདེད་ཤུགས་ཆེན་གཏོང་ཆེད། རང་ལྗོངས་ཀྱིས་མཛེས་སྡུག་ལྡན་པའི་བོད་ལྗོངས་འཛུགས་སྐྲུན་གྱི་དམིགས་ཚད་ལ་དམ་པོར་དམིགས་ནས་སྲུང་སྐྱོབ་གྲོང་ཚོ་དང་། སྲུང་སྐྱོབ་ཤང་གྲོང་། སྲུང་སྐྱོབ་རྫོང་། སྲུང་སྐྱོབ་གྲོང་ཁྱེར(ས་ཁུལ)སོགས་ཀྱི་མཛེས་སྡུག་ལྡན་པའི་བོད་ལྗོངས་ཀྱི་ལས་གྲྭ་གཙོ་བོ་འཛུགས་སྐྲུན་ལས་འགོ་ཕྱོགས་ཡོངས་ནས་བཙུགས་པ་རེད།

ཉེ་བའི་ལོ་ཤས་རིང་། ལྷ་ས་གྲོང་ཁྱེར་གྱིས་རྒྱལ་ཁབ་ཀྱི་ཁོར་ཡུག་སྲུང་སྐྱོང་དཔེ་སྟོན་གྲོང་ཁྱེར་གྱི་དཔྱད་ཞིབ་ཞིབ་བཤེར་ཚོད་ལེན་ཐུབ་པ་དང་། ལྷོ་ཁ་དང་། ཉིང་ཁྲི། གཞིས་རྩེ་བཅས་གྲོང་ཁྱེར་རྒྱལ་ཁབ་ཀྱི་སྲུང་སྐྱོབ་ཞིང་དཔལ་གྱི་སྟོན་སྐྱོད་དཔེ་སྟོན་ཁུལ་དུ་བཙུག་པ་དང་། རང་སྐྱོང་ལྗོངས་རིམ་པའི་སྲུང་སྐྱོབ་གྲོང་ཚོ་2373དང་། སྲུང་སྐྱོབ་ཤང་གྲོང་213 སྲུང་སྐྱོབ་རྫོང་17བཅས་ལ་མིང་བཏགས་པ་རེད། ཉིང་ཁྲི་གྲོང་ཁྱེར་དང་། བྲག་ཡིབ་ཆུས། གྲོ་མོ་རྫོང་བཅས་རྒྱལ་ཁབ་རིམ་པའི་སྲུང་སྐྱོབ་ཞིང་དཔལ་གྱི་དཔེ་སྟོན་

གྲོང་ཁྱེར་དང་རྫོང་བཏོད་པ་རེད།

ལོ་10ལྷག་ཙམ་གྱི་སྟོད་བཅུད་འཛུགས་སྐྱོང་གི་ལས་དོན་བརྒྱུད། རང་ལྗོངས་ཀྱི་ཞིང་འབྲོག་ཁུལ་གྱི་ཁོར་ཡུག་ཕྱོགས་བསྡུས་བཅོས་སྒྲིག་ལ་ཕན་འབྲས་རགས་ཙམ་ཐོན་པ་དང་། སྟོད་བཅུད་ཁོར་ཡུག་སྲུང་སྐྱོང་བྱེད་ཤུགས་མངོན་གསལ་དོད་པོས་ཆེ་རུ་ཕྱིན་པ། སྤྱི་ཚོགས་ཀྱི་ལས་རིགས་ཁག་གི་སྟོད་བཅུད་ཤེས་དཔལ་འདུ་ཤེས་རིམ་བཞིན་བཙུགས་ནས་མཛེས་སྡུག་ལྡན་པའི་བོད་ལྗོངས་ཕྱོགས་ཡོངས་ནས་སྐྱུན་ཆེད་རྨང་གཞི་བརྟན་པོ་བཏིང་ཡོད་པ་རེད།

བོད་ལྗོངས་ནི་ཡར་བཞིན་འཛམ་གླིང་གི་ཁོར་ཡུག་སྲུས་ཚད་ཡག་ཤོས་ཀྱི་ས་ཁུལ་གྲས་ཤིག་ཡིན་པ།

ཉེ་བའི་ལོ་ཤས་རིང་། རང་ལྗོངས་ཀྱིས་ཁོར་ཡུག་དང་འཕེལ་རྒྱས་ཕྱོགས་བསྡུས་ཀྱི་ཐབས་ཇུས་མཐའ་འཁྱོངས་བྱས་ཏེ་སྟོད་བཅུད་སྔོན་ལ་འཛོག་པ་དང་སྲུང་སྐྱོང་ཨང་དང་པོར་འཛོག་རྒྱུ་མཐའ་འཁྱོངས་བྱས་ཐོག་རིམ་ཁག་སྡེ་ཚན་ཁག་གིས་གསར་སྤེལ་འཛུགས་སྐྲུན་གྱི་བྱེད་སྒོར་ཚོད་འཛིན་ནན་པོ་བྱས་ནས་གཏིར་ཐོན་ཐོན་ཁུངས་གསར་སྤེལ་གྱི་རང་སྐྱོང་ལྗོངས་སྲིད་གཞུང་གི་སྨྱུག་གཅིག་མའི་ཞིབ་མཆན་འགོད་པ་དང་ཁོར་ཡུག་སྲུང་སྐྱོང་གི་སྤྱ་སེ་གཅིག་གིས་ཁྲུ་སློག་པའི་ལམ་ལུགས་ལག་བསྟར་བྱས་ནས་ཕྱོགས་ཡོངས་ནས་བྱེ་གསེར་གཏེར་ཁ་སྔོག་འདོན་བཀག་འགོག་བྱས་པ་དང་། སྟོད་བཅུད་སྲུང་སྐྱོང་སྔོན་འགྲོའི་འོག་གོ་རིམ་ལྡན་པའི་ངང་ཆུ་གློག་ཐོན་ཁུངས་གསར་སྤེལ་བྱས་པ་དང་། གསོ་གནད་ཐོན་ཁུངས་གསར་སྤེལ་དང་གསོ་གནད་རྨང་གཞིའི་སྒྲིག་བཀོད་འཛུགས་སྐྲུན་གྱི་སྟོད་བཅུད་ལྟ་འདོམས་ནན་པོ་བྱས་ཏེ་གསར་སྤེལ་འཛུགས་སྐྲུན་བྱས་པ་ལས་སྟོད་བཅུད་ཁོར་ཡུག་ལ་ཤུགས་རྐྱེན་ཐེབས་ཚད་ཆུང་དུ་བཏང་སྟེ་དོན་དངོས་ཐོག་ནས་སྲུང་སྐྱོང་བྱེད་རིང་འཕེལ་

རྒྱས་དང་། འཕེལ་རྒྱས་གཏོང་རིང་སྲུང་སྐྱོང་ཐུབ་པ་དང་དཔལ་འབྱོར་འཛུགས་སྐྲུན་དང་སྐྱོད་བཅུད་ཤེས་དཔལ་འཛུགས་སྐྲུན་གཉིས་ཀ་འབྲུམ་ཤོར་མི་འགྲོ་བ་བྱས་པ་རེད།

ཀྲུང་གོ་ཚན་རིག་ཁང་དང་འབྲེལ་ཡོད་སྡེ་ཚན་གྱི་ལྟ་ཞིབ་ཚད་ལེན་གྱི་ཚོད་སྐོར་ལས་མངོན་གསལ། བོད་ལྗོངས་ས་མཐོའི་རིགས་ཁག་གི་སྐྱོད་བཅུད་མ་ལག་གྲུབ་ཆ་སྤྱི་ཡོངས་ནས་བརྟན་པོ་ཡོད་པ་དང་། སྐྱོད་བཅུད་ནུས་ཚད་བརྟན་ཐོག་ལེགས་པོ་ཡོད་ཅིང་། ཆུ་དང་། རླུང་ཁམས། འཛེར་སྣ། ས་རྒྱུ། འཁྱེད་འཕྲོ། དེ་བཞིན་སྐྱོད་བཅུད་ཁོར་ཡུག་གི་ནུས་ཚད་ཚང་མ་ཡག་པོ་ཡོད་པ་དང་། གྲོང་རྡལ་གཙོ་བོའི་ཁོར་ཡུག་གི་མཁའ་རླུང་ལེགས་ཚད་བརྒྱ་ཆ་95ཡན་ཟིན་ཡོད། ཡར་ཀླུང་གཙང་པོ་དང་། རྒྱལ་མོ་རྔུལ་ཆུ། ཡར་འབྲོག་གཡུ་མཚོ་སོགས་ཀྱི་གཙང་པོ་དང་། ཆུ། མཚོ་བཅས་གཙོ་བོའི་ཆུའི་ནུས་ཚད་རིམ་པ་དང་པོ་དང་དང་པོའི་རིགས་ཀྱི་ཆུ་ཁོངས་ཚད་གཞིར་རྒྱུན་འཁྱོངས་ཐུབ་ནས་འཐུང་ཆུའི་ཆུ་འགོའི་ཆུ་ནུས་ཡག་ཏུ་ཕྱིན་ནས་དྲི་ངན་མཐོང་རྒྱུ་མེད། ལྗོངས་ཡོངས་ཀྱི་ནགས་ཚལ་དང་། རྩྭ་ར། འདམ་ར། འབྲུག་རོམ། གངས་རི། བདག་ཏུ་མ་བཟུང་བའི་སྲོག་ཆགས་དང་རྩི་ཤིང་སོགས་ལ་སྲུང་སྐྱོང་ནུས་ལྡན་ཐུབ་ཡོད་པ་དང་ས་ཁོངས་མང་ཆེ་བ་སྔར་བཞིན་གདོད་མའི་རྣམ་པར་གནས་ཡོད། བོད་ལྗོངས་ནི་སྔར་བཞིན་འཛམ་གླིང་གི་ཁོར་ཡུག་ནུས་ཚད་ཡག་ཤོས་ཀྱི་ས་ཁུལ་གྱི་གྲས་ཤིག་རེད།

གནའ་གྲོང་གི་ཉེ་འདབས་ནས་སྣན་འཛེབས་ལྡན་པའི་འབྲོག་སྐྱ་ཁྲགས།

——ལྷ་ས་གྲོང་ཁྱེར་ཁྲིང་ཀོན་ཆུས་ཀྱིས་ས་མཐོའི་འོ་མའི་ཕ་ཡུལ་གཏོད་པའི་མཐོང་ཐོས།

ལྷ་ས་གྲོང་ཁྱེར་ཁྲིང་ཀོན་ཆུས་ཚད་གཞི་མཐོ་བའི་བཞོན་མ་གསོ་ཚགས་ལྟེ་གནས་སུ་འོ་མ་སོས་པ་ཐད་འཚོང་རླངས་འཁོར་རེ་རེ་གསོ་ཚགས་ལྟེ་གནས་ནས་གཅིག་རྗེས་གཉིས་མཐུད་དང་ཐོན། ཆུ་ཚོད་ཕྱེད་ཀ་ཡང་མ་འགོར་བར་བདེ་འཇགས་ལྡན་ལ་སྲུས་ཀ་ལེགས་པའི་ས་མཐོའི་འོ་མ་འོ་རྒྱུང་གྲོང་ཁུལ་གྱི་དམངས་ཕན་སྡོ་ཚལ་ཐད་འཚོང་ཁང་དང་ཐད་འཚོང་ས་ཚོགས་ཁག་ཏུ་བསྐྱལ་བ་རེད།

ལྷ་ས་གྲོང་ཁྱེར་ཁྲིང་ཀོན་ཆུས་ཚད་གཞི་མཐོ་བའི་བཞོན་མ་གསོ་ཚགས་ལྟེ་གནས་ཁྲིང་ཀོན་ཆུས་ཚལ་གུང་ཐང་ཁྲོམ་གཞུང་དོན་གཅོད་ཁྲུའུ་དཔལ་སྡིངས་གྲོང་ཚོ་ཀྱི་ལུང་ཤུར་གྱི་ཀྲེ་ཀྲའོ་ཐོན་ལས་གླིང་དུ་ཡོད་པ་དང་། 2015ལོའི་ཟླ་ལྔ་པར་འཛུགས་སྐྲུན་ཟིན་ནས་ཐོན་སྐྱེད་བྱེད་འགོ་ཚུགས་པ་རེད། ཁོར་ཡུག་ལ་ཤུགས་རྐྱེན་ཐེབས་ཚད་ཆུང་ངེས་ཡིན་པའི་རྒྱལ་ཡོངས་ཀྱི་ཐོན་སྐྱེད་བཟོ་རྩལ་གྱི་སྒྲུབ་རིམ་དང་། སྔོ་ཟུབ་ས་ཁུལ་གྱི་བཞོན་མ་གསོ་ཚགས་ར་བའི་སྒྲིག་ཆས་སྔོན་ཐོན་ཚ་ངེས། བོད་ཀྱི་གཞི་ཁྱོན་ཆེ་ངེས་བཅས་ཡིན་པའི་ཁྲིང་ཀོན་ཆུས་ཚད་གཞི་མཐོ་བའི་བཞོན་མ་གསོ་ཚགས་ལྟེ་གནས་ནི་བཀྲག་མདངས་འཚེར་བའི་མིང་བྱང་དུ་གྱུར་ཡོད།

འདི་ནི་ལྷ་ས་གྲོང་ཁྱེར་ཁྲིང་ཀོན་ཆུས་ཀྱིས་ནུས་ཤུགས་ཡོད་རྒྱུས་དཀར་ཆུའི་ལས་

རིགས་ཀྱི་ཐོན་ལས་སྤྲེལ་ཐག་བཏོད་པའི་བསྡུས་རིས་ཤིག་རེད། ཁྱད་ལྡན་ཐོན་ལས་འཕེལ་རྒྱས་བཏང་བས་མང་ཚོགས་ཀྱི་ལས་ཞུགས་ཐབས་ལམ་རྒྱ་ཆེར་ཕྱིན་པ་དང་ཕྱུགས་མང་པོར་ཁེ་ཕན་ཐོབ་པ་མ་ཟད། མང་ཚོགས་དབུལ་པོས་འཕེལ་རྒྱས་ཀྱི་ཁེ་སྤོགས་ཀྱང་ལོངས་སྤྱོད་ཐུབ་ཡོད་པ་རེད།

ཐོན་ལས་དབུལ་སྐྱོར་ནི་ཆེས་ཐད་ཀར་དང་ཆེས་ནུས་ལྡན་གྱི་བྱེད་ཐབས་ཤིག་ཡིན་ལ། ས་ཁུལ་དབུལ་པོའི་རང་རྐྱེན་འཛོན་ཐང་ཆེ་རུ་བཏང་ནས་མང་ཚོགས་རང་ས་རང་ཡུལ་ནས་ཁ་བྲལ་མི་དགོས་པར་ལས་ཞུགས་ཐུབ་པའི་ཕུགས་ཀྱི་རྩ་བ་གཞི་ཞིག་ཀྱང་རེད། ལྷ་ས་གྲོང་ཁྱེར་ཁྲིད་ཀོན་ཆུས་ཀྱིས་ཐོན་ལས་དབུལ་སྐྱོར་སྐོར་གྱི་སྤྱི་ཁྱབ་ཧྲུའུ་ཅི་ཞི་ཅིན་ཕིང་གི་མཇུབ་སྟོན་གལ་ཆེན་ལག་བསྟར་དོན་འཁྱོལ་ནན་ཏན་བྱས་ནས་ས་གཙང་བདེ་ཐང་ཐོན་ལས་དཔལ་འབྱོར་འཕེལ་རྒྱས་གཏོང་བའི་ཀ་རྟེན་ཐོན་ལས་དང་མང་ཚོགས་འབབ་འཕར་ཕྱུག་འགྱུར་གྱི་དམངས་འཚོའི་འདུ་འགོད་དུ་བརྩིས་ནས་མིག་སྔའི་ཐོན་ཁུངས་ཀྱི་ལེགས་ཆར་གཞི་ཚུགས་པ་དང་གནད་སྨིན་རྩུས་འདོན་གྱིས་ས་མཐོའི་ངོ་མའི་གྲོང་ཁྱེར་གཏོད་པའི་དམིགས་ཚད་ལ་དམིགས་ནས་གཟན་རྫ་འདེབས་འཛུགས་དང་། བཞོན་མ་གསོ་ཚགས། དཀར་ཆུའི་ཐོན་རྫས་ལས་སྣོན་ཕྱིར་ཚོང་བཅས་ཀྱི་ཐོན་ལས་འཕོར་འབྲེལ་ཞིག་ཆགས་ཡོད་པ་རེད།

ཐོན་ཁུངས་ཀྱི་ལེགས་ཆར་བརྟེན་ནས་ས་གཙང་ངོ་ལས་བཏོད་པ།

རང་སྐྱོང་ལྗོངས་ཏང་ཨུད་ཀྱི་ཧྲུའུ་ཅི་ཝུའུ་དབྱིང་ཅེས་ཁྱད་ལྡན་ལེགས་ཆའི་ཐོན་ལས་འཕེལ་རྒྱས་གཏོང་བར་གནད་སྨིན་ཐད་ཤུགས་རྒྱག་པ་དང་། རང་ངོས་ཀྱི་ཐོན་ཁུངས་ལེགས་ཆ་དང་། ཐོན་ལས་ཀྱི་རྨང་གཞི། ཁྲིམ་རའི་དགོས་མཁོ་བཅས་ལ་གཞི་ཚུགས་ནས། མི་རིང་བར་མང་ཚོགས་ལ་འབབ་འཕར་དང་དབུལ་སྐྱོལ་འགག་སྒྲོལ་ལ་ནུས་པ་ཐོན་

པའི་མྱུར་འགྲུབ་ཀྱི་དམངས་ཕྱུག་ཐོན་ལས་དང་ཡུན་རིང་དཔལ་འབྱོར་འཕེལ་རྒྱས་ལ་འདེགས་སྐྱོར་ནུས་པ་ལྡན་པའི་འཐབ་རྩལ་ཐོན་ལས་ལ་སྤྱི་འདོམས་རྩལ་འགོད་ཡག་པོ་བྱས་ཏེ་ཡུལ་བབ་དང་བསྟུན་ནས་ཚན་རིག་དང་མཐུན་ལ་ལུགས་དང་མཐུན་པ་དང་རྒྱུན་མཐུད་ཐུབ་པའི་ཐོན་ལས་འཆར་འགོད་ཅིག་ཞིབ་བཟོ་བྱེད་པ་དང་། ཐོན་ལས་ཀྱི་འཕོར་འབྲེལ་སྟུར་སྲིང་དང་ཐུར་སྟོན་རིན་ཐང་མཐོ་རུ་བཏང་ནས་དཔལ་འབྱོར་ཐུས་ཚད་མཐོ་པོའི་འཕེལ་རྒྱས་དང་ལྡང་མདོག་འཕེལ་རྒྱས་ལ་སྐྱུལ་འདེད་བཏང་སྟེ་ཐོན་ལས་ཀྱི་འདེགས་སྐྱོར་ནུས་པ་ཆེ་རུ་གཏོང་བ། གྲོང་ཁྱེར་དང་གྲོང་རྡལ་དུ་ལས་ཞུགས་དང་། ཐག་ཉེ་ས་དང་སྐབས་བདེ་ས་དང་། རང་ས་རང་ཡུལ་ནས་ཁ་མི་འབྲལ་བ། སྐྱུབ་ཐུབ་པ་དང་སྐྱུབ་ཤེས་པ་བཅས་ཀྱི་འབྲེལ་བ་ཐག་གཅོད་ཡག་པོ་བྱས་ཏེ་མང་ཚོགས་དབུལ་པོ་རང་ས་རང་ཡུལ་ནས་ཁ་འབྲལ་མི་དགོས་པར་ཐོན་ལས་འཕེལ་རྒྱས་ལ་ཞུགས་དགོས་པའི་ནན་བཤད་ཡང་ཡང་གནང་བ་རེད།

ཁྱད་ལྡན་ཐོན་ལས་འཕེལ་རྒྱས་གཏོང་བར་སྲིད་གཞུང་གི་ཁྲིད་སྟོན་ཧུར་ཐག་དང་སྒེ་འདྲེན་ཁེ་ལས་ཀྱི་སྐྱུལ་ཁྲིད་དང་ཁ་འབྲལ་ཐབས་མེད། ས་བབ་ཀྱི་ལེགས་ཆ་བཟང་པོ་ལྡན་པའི་ལྷ་ས་གྲོང་ཁྱེར་ཁྲིད་གཏོང་ཆུས་ཀྱིས་ལས་དོན་ཇི་འདྲ་སྤེལ་དམ་ཟེར་ན། ཕྱུར་བ་དང་རིགས་པས་ཁུངས་སྐྱེལ་ཡང་ཡང་བྱས་པ་བརྒྱུད། ཁྱད་ལྡན་འདེབས་གསོ་དང་། སྟོད་བཅུད་སྒྲོ་གསེང་། ཡུལ་སྐོར་སྒྲོ་འཆམ་བཅས་ཚུད་པའི་གྲོང་འདབས་ཀྱི་ས་གཙང་བདེ་ཐང་ཐོན་ལས་ཁྲིད་གཏོང་ཆུས་ཀྱི་ཁྱད་ལྡན་ཐོན་ལས་འཕེལ་རྒྱས་ཀྱི་འཆར་གཞིའི་ནང་བཙུག་ཡོད།

བོད་ལ་འཛམ་གླིང་གི་དག་ཞིང་མཐའ་མ་ཞེས་གྲགས་པ་དང་། རྩྭ་ཐང་གི་རྒྱ་ཁྱོན་གྱིས་རྒྱལ་ཡོངས་རྩྭ་ཐང་གི་རྒྱ་ཁྱོན་བསྡོམས་འབོར་གྱི་དྲུག་ཆ་གཅིག་བཟུང་བ་དང་། དེ་ནི་རང་རྒྱལ་གྱི་འབྲོག་ར་ཆེ་གྲས་ལྔའི་གྲས་ཤིག་ཡིན་པས་དཀར་ཆུའི་ཐོན་ལས་འཕེལ་

རྒྱས་གཏོང་བར་ཁྱད་དུ་འཕགས་པའི་ཐོན་ཁུངས་ལྡན་ཡོད། ཁྲིང་གོན་ཆུས་ལྷ་ས་གྲོང་ཁྱེར་གྱི་གྲོང་འདབས་སུ་གནས་པས་ས་བབ་ལེགས་ལ་འཁྲིམ་འགྲུལ་སྟབས་བདེ་བས། སྔར་ནས་བཟུང་ཡུལ་དེའི་མང་ཚོགས་ཚོར་བཞིན་མ་གསོ་ཚགས་བྱས་ནས་འོ་མ་འཚོང་བའི་སྲོལ་རྒྱུན་ཡོད། རྒྱལ་ཁབ་ཀྱིས་དཀར་ཆུའི་ཐོན་ལས་དར་རྒྱས་གཏོང་བའི་ཤར་ཀླུང་དང་འགྲོགས་ནས་ལྷ་ས་གྲོང་ཁྱེར་གྱིས་དུད་ཚང་ཁྲིའི་ར་བ་བརྒྱ་དང་ལྟེ་གནས་ཟུང་འབྲེལ་བྱེད་པའི་འདུ་འགོད་ལ་བརྟེན་ཏེ་ཁྲིང་གོན་ཆུས་ཀྱིས་འཛམ་གླིང་གི་ས་བབ་མཐོ་ཤོས་དང་། རྒྱལ་ཡོངས་ཀྱི་ཐོན་སྐྱེད་བཟོ་རྩལ་གྱི་སྦྲུབ་རིམ་ཁོར་ཡུག་ལ་གནོད་ཆུང་ཤོས། སྡོ་ནུབ་ས་ཁུལ་གྱི་བཞིན་མ་གསོ་ཚགས་ར་བའི་སྒྲིག་ཆས་སྔོན་ཐོན་ཚ་ཤོས། བོད་ཀྱི་གཞི་ཁྱོན་ཆེ་ཤོས་བཅས་ཀྱི་ངེས་གནས་གཞིར་བཟུང་གནད་སྨིན་རྟུས་འདོན་གྱིས་དེང་རབས་ཅན་གྱི་སྣོད་བཅུད་འཁྲོག་ར་དང་ས་གཙང་དཀར་ཆུའི་ཐོན་ལས་ཀྱི་མཉམ་འདུས་ཐབས་རྟུས་ཤིག་བཏོད་ཡོད།

དུས་ཐུང་ལོ་ཤས་རིང་ས་མཐོའི་དཀར་ཆུའི་ཐོན་ལས་ཀྱི་སྣེ་འདྲེན་ཁེ་ལས་ཆར་རྫེས་མྱུ་གུ་ཐོན་པ་བཞིན་སྟོབས་ཆེར་ཕྱིན་པ་དང་ས་མཐོའི་དཀར་ཆུའི་གྲོང་ཁྱེར་གྱི་བརྗིད་ཉམས་ཆེ་ཞིང་ཡིད་དབང་འཕྲོག་པའི་འཆར་འགོད་ཅིག་ལྷ་སའི་སྐྱིད་ཆུའི་ངོགས་སུ་འཕེལ་རྒྱས་བྱུང་ཡོད།

ཚན་རྩལ་གསར་གཏོད་ལ་སྐུལ་འདེད་བཏང་ནས་འཛམ་གླིང་གི་དཀར་ཆུ་སྤུས་དག་ཤོས་ཐོན་སྐྱེད་བྱེད་པ།

དེང་རབས་ཅན་གྱི་སྣོད་བཅུད་འཁྲོག་རར་ཚན་རྩལ་གྱི་སྣེ་ཁྲིད་དང་འདེགས་སྐྱོར་དང་ཁ་བྲལ་ཐབས་མེད། ཁྲིང་གོན་ཆུས་ཀྱི་ས་གཙང་དཀར་ཆུའི་ཐོན་ལས་ཐོན་སྐྱེད་བྱེད་འགོ་ཚུགས་པ་ནས་ཚད་གཞི་མཐོ་བའི་འཆར་འགོད་དང་། སྤུས་ཚད་མཐོ་བའི་འགོ་

འཛུགས་ས། ཚད་གཞི་མཐོ་བའི་འཛུགས་སྐྲུན་བཅས་བར་འཕེལ་རྒྱས་ཕྱིན་ཏེ་ད་ཆ་སྒྲོན་བྲལ་འཕེལ་རྒྱས་ཀྱི་དམིགས་ཚད་གལ་ཆེན་ཞིག་ཏུ་གྱུར་ཡོད། རྒྱལ་ཁབ་ཞིང་ལས་ཕྱུས་ཁྲིང་གོན་ཆུས་ཀྱི་ཚད་གཞི་མཐོ་བའི་བཞོན་མ་གསོ་ཚགས་ལྟེ་གནས་དེ་རྒྱལ་ཁབ་རིམ་པའི་ཚད་ལྡན་ཅན་གྱི་བཞོན་མ་གསོ་ཚགས་དཔེ་སྟོན་རྟེན་གཞིར་གཏན་འཁེལ་བྱས་པ་མ་ཟད། བཞོན་མའི་ཐོན་ལས་ལག་རྩལ་ཁོངས་གཏོགས་ཀྱི་ཚན་རིག་མཁས་ཅན་དང་གྲུང་པོ་ཞིང་ལས་སློབ་ཆེན་སྒྲོག་ཆགས་ཚན་རྩལ་སློབ་གླིང་གི་དགེ་རྒན་ཆེ་མོ་བ་ལི་ཧྲེང་ཡིས་སྣེ་ཁྲིད་པའི་རིགས་གཅིག་མཁས་ཅན་ཚོགས་པ་བོད་དུ་མངགས་ཏེ་ལྷ་ས་ས་གཙང་འོ་ལས་ཐོན་ལས་ཡོན་རམས་པ་དང་དེ་བཞིན་དགེ་རྒན་ཆེ་མོ་བའི་ལས་དོན་ས་ཚོགས་དང་རྒྱལ་ཁབ་བཞོན་མ་ཐོན་སྐྱེད་མ་ལག་ལྷ་ས་ཕྱོགས་བསྡུས་ཚོད་ལྟའི་ས་ཚིགས་བཙུགས་ནས་བཞོན་མ་གསོ་ཚགས་དང་རྒྱུད་སྤེལ་ཐད་ཕྱོགས་མང་པོའི་ཚན་རྩལ་འདེགས་སྐྱོར་བྱས་ཡོད།

བོད་ལྗོངས་ས་གཙང་དཀར་ཆུའི་ཐོན་ལས་ཚད་ཡོད་ཀུང་སི་ནི་ཀྲུང་དབྱང་ཁེ་ལས་ཀྱིས་བོད་དུ་རོགས་སྐྱོར་བྱས་པའི་ཚབ་མཚོན་རང་བཞིན་གྱི་རྣམ་གྲངས་གྲས་ཤིག་ཡིན་པ་དང་། འཆར་འགོད་ཐད་ཀྲུང་གོ་འབྲུ་རིགས་དང་ཟ་སྣུམ་ཚོགས་པས་རྒྱབ་སྐྱོར་ཆེན་པོ་བྱས་ཡོད། ཀྲུང་གོ་འབྲུ་རིགས་དང་ཟ་སྣུམ་ཚོགས་པའི་ཁོངས་སུ་གཏོགས་པའི་མོང་ཉིའུ་ཚོགས་པས་ཆེད་ལས་མི་སྣ་མངགས་པ་དང་། རྒྱལ་སྤྱིའི་ཐོན་སྐྱེད་བཟོ་རྩལ་དང་ཐོན་སྐྱེད་སྐྱུབ་རིམ་རྩེ་གྲ་ནང་འདྲེན་བྱས་ཏེ་ཁོར་ཡུག་སྲུང་སྐྱོང་དང་སྔན་ཞུང་གི་འདུ་ཤེས་ཐོན་ལས་གླིང་དུ་མཉམ་འདྲེས་བྱས་ཡོད། མོང་ཉིའུ་ཡི་ཉམས་མྱོང་དཔྱད་གཞིར་གང་ལེགས་བཟུང་བ་དང་ས་མཐོའི་གནམ་གཤིས་དང་ཟུང་འབྲེལ་བྱས་པའི་རྨང་གཞིའི་ཐོག་རྨང་གཞི་འཛུགས་སྐྲུན་དང་། བཟོ་རྩལ་ཐད་མ་དངུལ་གཏོང་བ། ཞིར་གཏོགས་སྲིག་ཆས་བཅས་ཕྱོགས་གསུམ་ཐད་ཚན་རྩལ་གསར་གཏོད་ཁག་44བྱས་ཡོད། ཐོན་སྐྱེད་བཟོ་རྩལ་

སྔོན་ཐོན་ཡིན་པ་མ་ཟད། ཐ་ན་སོང་ཉིའུ་ཚོགས་པའི་བཟོ་རྩལ་གྱི་ཐོན་སྐྱེད་སྒྲུབ་རིམ་ལས་ཡག་པ་ཡོད། ཀུང་སིས་ད་དུང་མ་དངུལ་སྒོར་ཁྲི་600ལྷག་ཙམ་བཏང་སྟེ་ཚོད་ལྟ་ཁང་བཙུགས་ནས་དཀར་ཆུའི་ཐོན་རྫས་ཀྱི་དཔེ་མཚོན་ཐོན་རྫས་ལ་ཚན་རིག་དང་མཐུན་པའི་སྒོ་ནས་དབྱེ་ཞིབ་དང་ཚད་ལེན་ཚོད་ལྟ་བྱས་ཡོད།

བཞོན་མ་རྒྱུད་སྤེལ་ལྟེ་གནས་ཀྱིས་ཁ་ན་ཏའི་ཤན་སྒྲ་ཧྲི་ཀུང་སིའི་མཚན་འཛིན་ཁམས་དཀར་འབྲུག་གཏོང་ལག་རྩལ་ནང་འདྲེན་བྱས་ནས་རང་ཉིད་ཀྱི་ལེགས་ཆ་ལྡན་པའི་འོ་མ་མང་བའི་བཞོན་མའི་ཕྲུ་ཚོགས་དང་རྒྱུད་འཛིན་གྱི་གཞི་རྒྱུ་གཙང་མ་ཟུང་གཞིར་བྱས་ནས། ས་བབ་མཐོ་ཚད་སྨི་3600ཡན་གྱི་ས་མཐོའི་ཁུལ་དུ་འོ་མ་མང་བའི་བཞོན་མ་གསོ་ཚགས་བྱས་པ་དེ་ནི་འཛམ་གླིང་གི་དང་པོ་རེད། མིག་སྔའི་བར་རྒྱུད་སྤེལ་ལྟེ་གནས་སུ་བེའུ་མགོ་གྲངས་300ལྷག་ཙམ་སྐྱེས་པ་རེད།

ཐོན་སྐྱེད་སྒྲིག་ཆས་རྩེ་གྲ་དང་། བཟོ་རྩལ་གྱི་ཐོན་སྐྱེད་སྒྲུབ་རིམ་རྩེ་གྲ ད་དམ་མ་ལག་རྩེ་གྲ ལས་རིགས་ཀྱི་ཚད་གཞི་རྩེ་གྲ ཐོན་རྫས་ཀྱི་སྤུས་ཚད་རྩེ་གྲ་བཅས་ལས་ཐོན་སྐྱེད་བྱས་པའི་འོ་མ་ནི་རྩེ་གྲ་ཡིན་པ་སྨོས་མེད་རེད། རང་སྐྱོང་ལྗོངས་ཕྱོགས་རིགས་སྣ་པའི་ལྟ་ཞིབ་སོའོ་ཡིས་དུས་བཀག་ལྟར་ཞིབ་དཔྱད་ཚད་ལེན་བྱས་པའི་གྲུབ་འབྲས་ལས་མངོན་གསལ། གསོ་ཚགས་ལྟེ་གནས་ཀྱིས་ཐོན་སྐྱེད་བྱས་པའི་འོ་མར་ཞག་ཚི་འདུས་ཚད་ཆ་སྙོམས་བརྒྱ་ཆ་3.7ཡན་ཟིན་པ་དང་སྤྲི་དཀར་འདུས་ཚད་ཆ་སྙོམས་བརྒྱ་ཆ་3.1ཡན་སོགས་ཟིན་པས་སྤུས་ཚད་འཛམ་གླིང་གི་ནང་ཤོས་ཀྱི་ཡོ་རོབ་མནའ་འབྲེལ་གྱི་ཚད་གཞི་ལས་ལེགས་པ་ཡོད། དྭངས་གཙང་གི་མཁའ་རླུང་དང་། སྤུས་ལེགས་ཀྱི་ས་རྒྱུ། དྭངས་གཙང་གི་འཐུང་ཆུ། སྤུས་ལེགས་ཀྱི་རྩྭ་ར། འཚོ་བཅུད་ལྡན་པའི་འོ་མ་བཅས་ཡོད་པས་ས་གཙང་དཀར་ཆུའི་ཐོན་ལས་ཀུང་སིར་འཛམ་གླིང་གི་འོ་མ་སྤུས་དག་ཤོས་ཀྱི་མིང་བྱུང་རག་ཡོད།

ཐོན་ལས་འཁོར་འབྲེལ་སྐྱར་སྤེལ་བྱས་པས་མང་ཚོགས་ཀྱི་འབབ་འཕར་ལ་སྐུལ་ཁྲིད་

ཐུབ་པ།

ས་གཙང་དཀར་ཆུའི་ཐོན་ལས་ཐོན་སྐྱེད་ཀྱི་སྒྲུབ་རིམ་ཧྲིལ་པོར་གཟན་རྫ་གཟན་ཆག་དང་། བཞིན་མ་གསོ་ཚགས། དཀར་ཆུའི་ཐོན་རྫས་ལས་སྣོན། ཐོན་རྫས་ཕྱིར་ཚོང་སོགས་ཀྱི་ཁྱབ་ཁོངས་ཚུད་ཡོད། བོད་ལྗོངས་ས་གཙང་དཀར་ཆུའི་ཐོན་ལས་ཚད་ཡོད་ཀུང་སིས་མགོ་འདོན་བྱས་པའི་ཕན་འབྲས་དཔེ་ཞིབ་རེའུ་མིག་ལས། ས་གཙང་དཀར་ཆུའི་ཐོན་ལས་ཀྱིས་སྔ་རྗེས་སུ་ཁྲིང་གོན་ཆུས་ཀྱི་མང་ཚོགས་ཚོས་བཞིན་མ་མགོ་གྲངས་7000གསོ་ཚགས་བྱེད་པར་སྐྱལ་ཁྲིད་བྱས་པ་དང་། སྐེ་མོ་རྫོང་དང་། སྟོད་ལུང་བདེ་ཆེན་ཆུས། སྟག་རྩེ་ཆུས། མལ་གྲོ་གུང་དཀར་རྫོང་། ཆུ་ཤུར་རྫོང་བཅས་དབར་བཞིན་མ་ཁྲི་6ལྷག་ཙམ་གྱི་འོ་མ་ཉོ་བའི་གྲོས་མཐུན་ལ་མིང་རྟགས་བཀོད་ཡོད། ཀུང་སིའི་ཐོན་ལས་ཧྲིལ་པོས་ཉེ་འཁོར་རྫོང་དང་ཆུས་ཀྱིས་གཟན་རྫ་སྤྱུས་ལེགས་འདེབས་པ་དང་འོ་ཁུངས་མགོ་འདོན་སོགས་ཐོན་ལས་འཕེལ་རྒྱས་ལ་སྐྱལ་ཁྲིད་ཐུབ་པ་དང་ཆབས་ཅིག ཞིང་འབྲོག་པའི་དབུལ་སྒྲོལ་འགག་སྒྲོལ་དང་འབབ་འཕར་ཕྱུག་འགྱུར་གྱི་ཐབས་ལམ་རྒྱ་ཆེར་ཕྱིན་ཡོད།

ལོ་43ལ་སླེབས་པའི་ཕུར་སྒྲོལ་ནི་ཚད་གཞི་མཐོ་བའི་བཞིན་མ་གསོ་ཚགས་ལྟེ་གནས་ཀྱི་ཁ་ཕྱོགས་སྒྱུར་བ་རྣམ་པའི་འོ་བཞོའི་འཕྲུལ་ཆས་བཀོལ་སྤྱོད་བྱེད་མཁན་ཞིག་རེད། དེ་གར་ཁོང་གིས་ལས་ཀ་ལོ་4བྱས་པ་དང་། ཐྭ་རེར་སྒྲ་ཕོགས་སྐོར་4000ལྷག་ཙམ་ཡོད་པ། ཐྭ་རེར་གཏན་འཁེལ་གྱི་ངལ་གསོའི་ཉིན་མོ་ཡོད་པ་ཕུད་ད་དུང་ལོ་ལྟར་ངལ་གསོ་ཉིན་15རྒྱུག་ཆོག་གི་ཡོད། ཁོང་དེ་སྔ་འབྲོག་ར་ཞིག་ཏུ་འོ་མ་བཞོ་མཁན་ཡིན་པ་དང་ཁྱིམ་དུ་ཕྱུགས་རིགས་མགོ་གྲངས་9ལས་མེད་པས། འཚོ་བ་འཕྱོལ་ཙམ་ལས་མེད་པ་རེད།

ཕུར་སྒྲོལ་གྱིས་དེ་སྔ་མི་ཐབས་ལ་བརྟེན་ནས་འོ་མ་བཞོ་དགོས་སྐབས་ཉིན་གཅིག་ལ་བཞིན་མ་བཞི་བཅུ་ལྔ་བཅུ་ཙམ་ལས་བཞོ་ཐུབ་ཀྱི་མེད། ད་ཆ་ངས་ཉིན་ལྟར་སྔ་དགོང་བཞིན་མ་600ལྷག་ཙམ་གྱི་འོ་མ་བཞོ་ཐུབ་ཀྱི་འདུག་ལ་སྐར་མ་20ཙམ་ལ་བཞིན་མ་50ཙམ་

གྱི་འོ་མ་བཞོ་ཐུབ་ཀྱི་འདུག་པས་མགྱོགས་ལ་གཙང་བ་ཞིག་འདུག ལས་ཀ་སྐབས་བདེ་ཊ་ཕྱིན་ལ་ཡོང་འབབ་ཀྱང་མང་དུ་ཕྱིན་སོང་ཞེས་དགའ་སྤྲོའི་ངང་བཤད། ཕུར་སྒྲོལ་གྱིས་ལས་ཀ་དེར་བློ་ཡིད་ཏ་ཙང་ཆེམ་པོ་བྱེད་ཀྱི་ཡོད། བཟའ་ཟླ་དགའ་པ་སྟོད་བཙུད་འགྲོག་རར་ལས་ཀར་ཡོད་པ་དང་བུ་རྒན་པ་གསོ་ཚགས་ལྟེ་གནས་ཀྱི་ལྟོ་ཆས་སྟེར་མཁན་ཚོགས་ཆུང་གི་ཙྭའུ་གྲང་རེད། 2017ལོར་ཁོ་ཚོས་སྒོར་ཁྲི་40ལྷག་ཙམ་བཏང་ནས་ཐོག་སོ་ཉིས་ལྡན་གྱི་སྡོད་ཁང་བསྐྲུན་ཡོད། ལས་ཀ་བརྟན་པོ་ཡོད་པ་མ་ཟད། ཁྱིམ་དུ་ཕྱུགས་རིགས་གསོ་མི་དགོས་སྐབས་བློ་གཅིག་སེམས་གཅིག་གིས་ལས་ཀ་བྱས་ཆེ་ཡོང་འབབ་བརྟན་པོ་འདུག་ཅེས་བཤད།

ལོ་20ལྷག་ཙམ་ལ་སླེབས་པའི་ཕུར་བུ་བཀྲ་ཤིས་ནི་ཚད་གཞི་མཐོ་བའི་བཞོན་མ་གསོ་ཚགས་ལྟེ་གནས་ཀྱི་ཕྱུགས་རིགས་སྨན་པའི་ཚོགས་ཆུང་གི་ཙྭའུ་གྲང་རེད། དེ་གོང་ཁོང་གི་གྲོང་ཚོའི་ཕྱུགས་རིགས་སྨན་པ་བྱས་པར་ཟླ་རེར་སྒྲ་ཐོགས་སྒོར་1000ཡང་ཟིན་གྱི་མེད། ལོ་གཉིས་ཀྱི་གོང་ཁོང་གསོ་ཚགས་ལྟེ་གནས་དེར་སླེབས་པ་དང་རིགས་གཅིག་མཁས་ཅན་ཚོགས་ཆུང་གི་གསོ་སྐྱོང་འོག་ལག་རྩལ་དང་ཉམས་མྱོང་ཚང་མ་ལེགས་སུ་ཕྱིན་ཏེ་ཟླ་རེར་ཡོང་འབབ་སྒོར་5000ཡོད།

ཁྲིང་ཀོན་ཆུས་ཀྱིས་ས་མཐོའི་དཀར་ཆུའི་གྲོང་ཁྱེར་གྱི་གཟིགས་སྐྱོང་སྲིད་ཇུས་དང་ཐུན་མོང་མ་ཡིན་པའི་ཐོན་ཁུངས་བརྟོད་དེ་ནང་སའི་ཁ་ལས་མང་པོ་བོད་དུ་མ་འཛོག་ལས་དར་བྱེད་པར་ཡོང་བའི་ཡིད་དབང་བཀུག་པ་དང་བོད་ལྗོངས་ནོར་བུ་བཟའ་བཅའ་ཚད་ཡོད་ཀུང་སི་ནི་དེའི་ཁྲོད་ཀྱི་གཅིག་རེད། རྩེར་སོན་སྤུས་རྟགས་ཀྱི་འབྲིའི་འོ་མའི་འཕྲུགས་པ་བྱི་རིལ་ཐོན་རྫས་གཙོ་བོར་གཉེར་མཁན་ཁེ་ལས་དེས་2018ལོའི་ཟླ་7པར་དངོས་སུ་ཐོན་སྐྱེད་བྱེད་འགོ་བཙུགས་པ་དང་ལོར་ཐོན་ཚད་ཏུན་400ཟིན་གྱི་ཡོད་པ་དང་ལོར་ཐོན་རྫས་རིན་ཐང་སྒོར་དུང་ཕྱུར་ཟིན་གྱི་ཡོད། ཀུང་སི་དེས་ཁེ་ལས་+འགྲོག་

ར་+འགྲོག་པ་ཡི་རྣམ་པར་བརྟེན་ནས་ཀྱི་ཀྱའི་ཐོན་ལས་གླིང་དུ་ཞིང་འབྲོག་ལས་དང་། བཟའ་བཅའ་ལས་སྟོན་བཟོ་ལས། རིག་གནས་ཡུལ་སྐོར་ལས་རིགས་བཅས་གཞི་གཅིག་ཅན་གྱི་རྣམ་གྲངས་སྐྲུན་རྩིས་ཡོད་པ་དེས་ཞིང་འབྲོག་མང་ཚོགས་དེ་བས་མང་བའི་འབབ་འཕར་ཕྱུག་འགྱུར་ལ་ཁྲིད་སྟོན་ཐུབ་སྲིད།

འདི་ནི་ལྷ་ས་གྲོང་ཁྱེར་ཁྲིང་གོན་རྫུས་ཀྱི་ཚད་གཞི་མཐོ་བའི་དེང་རབས་ཅན་གྱི་བཞོན་མ་གསོ་ཚགས་ལྟེ་གནས་ཡིན་པ་དང་བ་ཕྱུགས་ཁྲ་ཁྲ་མང་དག་ཅིག་ཉེ་མ་བསྲོ་བཞིན་པ།

བྱང་ཆུབ་ཤིང་ལོར་བཞེངས་པའི་ཐང་ག

——བྱང་ཆུབ་ཤིང་ལོའི་ཐང་ག་ནས་བོད་ཀྱི་རིག་གནས་ཐོན་ལས་ལ་བལྟ་བ།

བྱང་ཆུབ་ཤིང་ལོས་ཐང་ག་བཞེངས་པས་ལས་དབང་ལ་འགྱུར་ལྡོག་ཕྱིན་ཞིང་། རིག་གནས་ཀྱིས་དེར་ཚོ་སྲོག་གསར་པ་ཞིག་སྦྱིན་པ་སྟེ་བྱང་ཆུབ་ཤིང་ལོའི་ཐང་ག་བཞེངས་ནས་སྲོལ་རྒྱུན་གྱི་རིག་གནས་དང་དེང་རབས་ཀྱི་གསར་གཏོད་གཉིས་ཟུང་འབྲེལ་དམ་ཟབ་བྱུས་ཡོད།

གཞིས་རྩེའི་ཡུལ་སྐོར་དྲུག་རྟེན་དངོས་རྫས་ཞིབ་འཇུག་གསར་སྤེལ་ལྟེ་གནས་དང་ཇོ་མོ་གླང་མའི་སྙིང་རྗེ་མོ་ལགས་བུད་མེད་ལས་གཏོད་རྟེན་གཞིར་གསར་འགོད་པས་ལོ་མའི་སྙིང་ངོ་མཚར་ཆེ་བའི་ཐང་ག་བཞེངས་པའི་བྱང་ཆུབ་ཤིང་ལོའི་ཐང་གའི་རྣམ་པ་ངོ་མ་མཐོང་བྱུང་།

བྱང་ཆུབ་ཤིང་ནི་ཚ་ཁུལ་གྱི་རྩི་ཤིང་ཞིག་ཡིན་ལ། སངས་རྒྱས་སངས་རྒྱས་སའི་སྡོང་པོ་ཞིག་ཀྱང་རེད། དག་རྒྱུན་ལྟར་ན་ནང་བསྟན་གསར་གཏོད་པ་སྟོན་པ་ཤཱཀྱ་ཐུ་བས་བྱང་ཆུབ་ཤིང་འོག་ཏུ་དཀྱིལ་དཀྲུང་དུ་བཞུགས་ནས་སྒོམ་སྒྲུབ་གནང་མྫོང་ཡོད། དེས་ན་བོད་རྒྱུད་ནང་བསྟན་ལ་ལོ་རྒྱུས་ཀྱི་འབྱུང་ཁུངས་ཟབ་མོ་ཞིག་ལྡན་ཡོད། ཐང་ག་ནི་བོད་ཀྱི་རིག་གནས་ཁྱད་ཐུན་མིན་ཁྱད་ཆོས་ལྡན་པའི་རི་མོའི་སྒྱུ་རྩལ་གྱི་རྣམ་པ་ཞིག་ཡིན་པ་དེར་ཀྱང་གོའི་མི་རིགས་རི་མོའི་སྒྱུ་རྩལ་གྱི་དངོས་རྫས་རྩ་ཆེན་གྱི་མཚན་སྙན་ཐོབ་པ་དང་། བོད་རིགས་ཀྱི་ཤེས་བྱ་ཀུན་བཏུས་ཆེ་མོ་ཞེས་བརྗོད་ཀྱི་ཡོད་ལ། དེ་ནི་ཀྲུང་ཧྭ་མི་རིགས་ཀྱི་དམངས་ཁྲོད་སྒྱུ་རྩལ་ཁྲོད་ཀྱི་རྩ་ཤིན་ཏུ་ཆེ་བའི་མངོན་མིན་རིག་གནས་ཤུལ་བཞག་ཅིག་ཀྱང་རེད།

གཞིས་རྩེ་གྲོང་ཁྱེར་གྱི་བོད་ཀྱི་ལྷ་ཁང་མི་རིགས་ལག་ཤེས་བཟོ་ལས་ཐོན་རྫས་ཚད་

ཡོད་འགན་འཁྲི་ཀུང་སིའི་ཁུང་རྫི་གྲང་ཕུར་བུས། བོད་ཀྱི་རིག་གནས་རྒྱ་ཆེ་ཞིང་གཏིང་ཟབ་པ་དང་བཀོལ་སྤྱོད་ཐུབ་པའི་གཞི་རྒྱུ་སྣ་མང་ཕུན་སུམ་ཚོགས་པོ་ཡོད། རང་ལྗོངས་ཀྱི་རིག་གནས་ཐོན་ལས་མགྱོགས་མྱུར་འཕེལ་རྒྱས་ཕྱིན་པ་དང་བསྟུན་ནས་ཡུལ་སྐོར་ཚོང་ཟོག་འདྲ་མིན་སྣ་ཚོགས་གཅིག་རྗེས་གཉིས་མཐུད་ངང་ཐོན་ཡོད། འོན་ཀྱང་དེའི་ཁྲོད་ནས་འབུར་དུ་ཐོན་པ་དང་འབྲེལ་མང་ཚོགས་ཚོས་དགའ་པོ་བྱེད་པ་ནི་ཏ་ཅང་དཀའ་ལས་ཁག་པོ་ཞིག་རེད། བྱང་ཆུབ་ཤིང་ལོའི་ཐོག་ཐང་ག་བཞེངས་རྒྱུ་དེ་ནི་ང་ཚོའི་བསམ་པར་གདམ་ག་ཡག་ཤོས་ཤིག་རེད་སྙམ་གྱི་འདུག་ཅེས་བཤད།

འོན་ཀྱང་འདབ་གཤོག་ལྟར་སྲབ་པའི་ལོ་མའི་སྟེང་ཐང་ག་བཞེངས་རྒྱུ་ནི་ལས་སླ་པོ་ཞིག་གཏན་ནས་མིན། ཐོག་མར་བྱང་ཆུབ་ཤིང་ལོའི་ཐང་ག་ཞིག་འཚོལ་བསྡུ་དང་ལས་སྒོན་བྱེད་པ་ནས་ཁྲིམ་རའི་ཐོག་བཀོན་པའི་བར་ལས་རིམ་མང་པོ་ཞིག་བརྒྱུད་དགོས་སྐབས་དུས་ཡུན་ཟླ་3ཙམ་འགོར་གྱི་ཡོད།

ཕུར་བུས་ངོ་སྤྲོད་བྱས་པར་གཞིགས་ན། གཅིག་ནས་ནེ་པ་ལ་ནས་བྱང་ཆུང་ཤིང་ལོ་འཚོལ་བསྡུ་བྱས་ཏེ་བོད་དུ་ནང་འདྲེན་བྱེད་པར་ཉིན་7ཙམ་འགོར་གྱི་ཡོད་པ་དང་། གཉིས་ནས་ཤིང་ལོ་ཚུ་གྲང་མོའི་ནང་ཡུན་རིང་སྦང་སྟེ་ལོ་མའི་ནང་ཉིང་མེད་པ་བཟོས་ནས་བྱང་ཆུབ་སེང་རས་བཟོ་བར་ཉིན་10ལྷག་ཙམ་འགོར་གྱི་ཡོད། གསུམ་ནས་ཤིང་ལོ་མནན་པ་དང་སྨན་ཆུའི་ནང་སྦང་སྟེ་བྱང་ཆུབ་སེང་རས་ལ་ཐུམ་སྐྱོ་སྦྱུར་ནས་བཟོ་ལྟ་ཞིག་ཆགས་པར་བྱེད་པར་སླར་ཡང་ཉིན་10འགོར་གྱི་ཡོད།

བཞི་ནས་བཟོ་སྦྱུས་དག་པའི་བྱང་ཆུབ་སེང་རས་བདམས་ནས་འབྲི་བར་ཉུང་མཐར་ཡང་ཉིན་21འགོར་གྱི་ཡོད། ལྔ་ནས་ཕྱེད་ཙམ་གྲུབ་པའི་བྱང་ཆུབ་ཤིང་ལོའི་ཐང་ག་གོང་ཀྲོའུ་རུ་དབོར་ནས་མཛེས་རྒྱན་སྦྲས་པ་དང་ཐུམ་སྒྲིལ་བརྒྱབ་རྗེས་སླར་ཡང་བོད་དུ་འདྲེན་པར་ཟླ་བ་གཅིག་ཙམ་འགོར་གྱི་ཡོད།

ཕུར་བུས་བཟོ་རྩལ་གྱི་བརྒྱུད་རིམ་ཁྲོད་རི་མོ་འབྲི་བ་ནི་དཀའ་ལས་ཁག་ཤོས་རེད།

ཐོག་མའི་དུས་སུ་རི་མོའི་ཚོས་གཞི་སྐྱོམས་པོ་མི་ཆགས་པ་དང་ལོ་མའི་རྩ་རིས་ཀྱི་མཐུད་ས་ཡག་པོ་ཡོང་གི་མེད། ཚོད་ལྟ་ཐེངས་མང་བྱས་པ་བརྒྱུད་ང་ཚོར་གཞི་ནས་ཐབས་ལམ་ཤིག་རྙེད་དེ་ངོ་མཚར་ཆེ་བའི་བྱང་ཆུབ་ཤིང་ལོའི་ཐང་ག་ཞིག་བཞེངས་ཐུབ་བྱུང་ཞེས་བཤད།

བློ་རྩེ་གཅིག་སྒྲིམ་གྱིས་མཛེས་རྒྱན་སྤྲས་པ་བརྒྱུད་བྱང་ཆུབ་ཤིང་ལོ་ཆུང་ཆུང་དེར་བརྟེད་ཉམས་ཀྱིས་རྒྱན་ཞིང་། ད་ཆ་ཕུར་བུས་བྱང་ཆུབ་ཤིང་ལོའི་ཐང་གའི་རིག་གནས་ཀྱི་ཉིང་བཅུད་ལ་གཏོར་བཤིག་མི་ཐོག་པའི་སྔོན་འགྲོའི་ཆ་རྐྱེན་འོག་དེ་བས་ཚན་རིག་དང་མཐུན་པ་དང་ཕན་ནུས་ཆེ་བའི་བཟོ་རྩལ་བརྒྱུད་རིམ་ཞིག་འཚོལ་ཞིབ་ཐུབ་པས་ཐང་ག་བཞེངས་པའི་དུས་ཚོད་ཐུང་དུ་སོང་ལ་བྱང་ཆུབ་ཤིང་ལོའི་ཐང་གའི་ཁྲིམ་རའི་འགྲན་རྩོད་ནུས་པའང་ཆེ་རུ་ཕྱིན་ཡོད་ཅེས་བརྗོད།

ནེ་པ་ལ་ནས་བོད་བར་དང་། བོད་ནས་གོང་ཀྲུའུ་བར་སོགས་བྱང་ཆུབ་ཤིང་ལོ་ཆུང་ཆུང་དེ་མི་རིགས་ཀྱི་རིག་གནས་དང་དེང་རབས་བཟོ་རྩལ་ལ་གང་ལེགས་སྦྱོད་ཐུབ་པས། དེའི་རིན་གོང་འཕྲལ་དུ་འཕར་ནས་བོད་རྒྱུད་གཅིག་ལམ་གཅིག་དང་མཉམ་འདྲིས་ཐུབ་པའི་རིག་གནས་བཟང་རྟགས་ཞིག་ལ་གྱུར་ཡོད།

ཕུར་བུར་རིག་གནས་ཐོན་ལས་ཀྱི་ཕན་པ་ཐོབ་ཅིང་། ཁེ་ལས་གཉེར་སྐྱོང་ཡག་པོ་བྱས་རྗེས་ཁོང་གིས་ཡུལ་མི་དང་སྤྱི་ཚོགས་ལ་དྲིན་ལན་འཇལ་བའི་བསམ་བློ་ཞིག་འཁོར་ཏེ་ཀུང་སི+མཉམ་ལས་ཁང་+ལག་ཤེས་སྨྱུ་རྩལ་པ་+ཞིང་དུད་བཅས་ཀྱི་རྣམ་པར་བརྟེན་ནས་དམངས་ཁྲོད་དུ་ལུས་པའི་ལག་ཤེས་སྨྱུ་རྩལ་བ་གཅིག་སྡུད་སྒྲིག་འཛུགས་བྱས་ཏེ་གསོ་སྐྱོང་བྱས་ནས་ཞིང་ཞོར་དུས་ཚིགས་ལ་ལག་ཤེས་བཟོ་རྩལ་ཐོན་རྫས་བཟོས་པ་དང་། ཡིག་ཚགས་དང་གླ་བཟོས་པའི་དུད་ཚང་དབུལ་པོ་88ཀྱི་ལས་ཞུགས་གནད་དོན་ཐག་གཅོད་བྱས་པ་མ་ཟད། ཞིང་འབྲོག་པའི་ལག་ཤེས་སྨྱུ་རྩལ་བ་ཁག་གཅིག་གི་འབབ་འཕར་ཕྱུག་འགྱུར་ལ་སྐུལ་ཁྲིད་ཀྱང་བྱས་ཡོད།

ཤེས་རྟོགས་བྱུང་བར་གཞིགས་ན། ཉེ་བའི་ལོ་ཤས་རིང་བོད་ཀྱིས་རིག་གནས་ཐོན་

ཁྱུངས་སྲུང་སྐྱོང་དང་གསར་སྤེལ་ལ་གཞིས་བཙུགས་ཏེ་སྤེལ་རྒྱུན་རིག་གནས་ཁྲིད་གསར་གཏོད་ཀྱིས་ཕྱུག་པའི་དར་བཟོའི་གཞི་རྒྱུ་མཉམ་འདྲེས་ཀྱིས་རིག་གནས་ཐོན་ལས་ལ་ཡག་ཐོག་ཡག་བརྩེགས་ཀྱི་རྣམ་པ་ཞིག་མངོན་ཡོད། 2018ལོའི་ལོ་མཇུག་བར་དུ་ལྗོངས་ཡོངས་སུ་རིགས་མི་འདྲ་བའི་རིག་གནས་ཁེ་ལས་6000ལྷག་ཙམ་དང་ལས་ཞུགས་མི་སྣ་ཁྲི་5ལྷག་ཙམ་ཡོད་པ་མ་ཟད། རིག་གནས་ཐོན་ལས་དཔེ་སྟོན་གླིང（རྟེན་གཞི）234ཡོད་པ་རེད། ལྗོངས་ཡོངས་ཀྱི་རིག་གནས་ཐོན་ལས་ཀྱི་ཐོན་རྫས་རིན་ཐང་2013ལོའི་སྒོར་དུང་ཕྱུར་24.24ནས་2018ལོའི་སྒོར་དུང་ཕྱུར་46བར་འཕར་ནས་ལོ་5བསྡུད་མར་ཆ་སྙོམས་འཕར་ཚད་བརྒྱ་ཆ་15ཡན་རྒྱུན་འཁྱོངས་ཐུབ་ཡོད་ལ། རིག་གནས་ཐོན་ལས་ཀྱིས་བོད་ཀྱི་དཔལ་འབྱོར་འཕེལ་རྒྱས་ལ་ཤུགས་སྐྱེས་འབྱུལ་ཚད་ཉིན་རེ་བཞིན་མངོན་གསལ་དོད་དུ་འགྲོ་བཞིན་ཡོད།

འདི་ནི་གཞིས་རྩེའི་ཡུལ་སྐོར་དྲུན་རྟེན་དངོས་རྫས་ཞིབ་འཇུག་གསར་སྤེལ་ལྟེ་གནས་དང་ཛོ་མོ་སླང་མའི་སྤྲིང་རྫེ་མོ་ལགས་བྱུད་མེད་ལས་གཏོད་རྟེན་གཞིར་ལས་དོན་མི་སྣས་སྤོས་ཆག་རྒྱག་བཞིན་ཡོད་པ།

འཛམ་གླིང་ཡང་རྩེའི་དབུལ་སྒྲོལ་ལམ་བུ།

——2016ལོར་ཟླ་༥ཚེས་དབུལ་ཞུ་སྟོན་ཚོད་ནས་ཕུད་པ།

2017ལོར་ཟླ་(ཚེས)25ལ་རྒྱལ་སྲིད་སྲི་ཁྲབ་ཁང་དབུལ་སྒྲོལ་ཞུ་ཕུད་ལྷ་སྐུལ་མཇུབ་ཁྲིད་ཚོགས་ཆུང་དང་ཚོད་སྐོར་ཚོགས་ཆུང་གི་ཚོད་སྐོར་དཔྱད་ཞིབ་བྱས་པ།

2018ལོར་ཟླ་(ཚེས)25ཟླ་(ཚེས)དབུལ་པོའི་གནས་ལས་བསྒྲོལ་བ་བཅས་རེད།

བོད་ནི་ཀྲུང་དབྱང་གིས་གཏན་ལ་འཁེལ་བའི་རྒྱལ་ཡོངས་ཀྱི་ཞིང་ཆེན་དང་རང་སྐྱོང་ལྗོངས་རིམ་པའི་གཅིག་སྟུད་ཡུག་སྤྲེལ་གྱི་དམིགས་བསལ་དཀའ་ངལ་ཡོད་པའི་ས་ཁུལ་དང་སྤྱི་ཡོངས་རང་བཞིན་གྱི་ཤིན་ཏུ་དབུལ་བའི་ས་ཁུལ་འབའ་ཞིག་དེ་ཡིན་པས་དབུལ་པོའི་གཞི་ཁྱོན་ཆེ་བ་དང་། དབུལ་པོའི་ཚད་གཞི་ཟབ་པ། དབུལ་སྒྲོལ་མ་གནས་མཐོ་བ། དཀའ་ཚེགས་ཆེ་བ། ལས་འགན་ལྗི་བ་བཅས་ཀྱི་ཁྱད་ཆོས་ལྡན་ཡོད།

ཏང་གི་སྐབས་བཅོ་བརྒྱད་པའི་ཀྲུང་ཡུ་ཚང་འཛོམས་གྲོས་ཚོགས་ཐེངས་ལྔ་པ་དང་ཀྲུང་དབྱང་གི་དབུལ་སྐྱོར་གསར་སྤེལ་ལས་དོན་ཚོགས་འདུའི་ཐོག་དབུལ་ཕོངས་ལ་ཁ་གཏད་གཙོག་པའི་དུང་བརྡ་གྲགས་ཤིང་། ལོ་3རིང་བོད་ཀྱི་ཟླ་(ཚེས)55དབུལ་པོའི་གནས་ལས་བསྒྲོལ་བ་རེད། འདི་ནི་གནད་སྨིན་དབུལ་སྐྱོར་ལས་དོན་སྤེལ་ཚུན། བོད་ཀྱི་དབུལ་སྒྲོལ་འགག་སྒྲོལ་ལ་ཐོབ་པའི་གྲུབ་འབྲས་གལ་ཆེན་ཞིག་ཡིན།

དམིགས་སར་དོན་འཁྱོལ་གྱིས་བརྟག་དཔྱད་མཐིལ་རྟོགས་བྱས་པ།

བག་གྲོ་ཆེ་བ་ནི་ལྷུན་རྩེ་རྫོང་གི་གྲགས་ཅན་མི་སྣ་ཞིག་ཡིན། ཉེ་བའི་ལོ་ཤས་རིང་ས

གནས་སྲིད་གཞུང་གི་རོགས་རམ་འོག་བག་གྲོ་ཆེ་བས་སྔ་རྗེས་སུ་རྩ་སྐོར་གྲོང་ཚོའི་ཞིང་འབྲོག་པའི་ཨར་སྐྱུན་ཉ་ཁག་བཙུགས་པ་དང་། རྩ་སྐོར་གྲོང་ཚོའི་དྲོད་ཁང་དང་ལྷུན་རྩེ་རྫོང་གི་འོ་ཁུངས་རྟེན་གཞི་འགན་གཙང་བླངས་པ། ལྷུན་རྩེ་གཙང་པོའི་མགྲོན་ཁང་དོ་དམ་ཚད་ཡོད་ཀུང་སི་བཙུགས་ནས་ཕྱུག་འགྱུར་གྱི་ལམ་བུར་བསྐྱོད་ཡོད། རང་ཉིད་འཕེལ་རྒྱས་དང་ཕྱུག་འགྱུར་བྱུང་བ་དང་ཆབས་ཅིག་བག་གྲོ་ཆེ་བས་ད་དུང་ཞིང་འབྲོག་མང་ཚོགས་622ཀྱི་ལས་ཞུགས་གནད་དོན་ཐག་གཅོད་བྱས་པ་དང་དེའི་ནང་ཡིག་ཚགས་དང་གླ་བཟོས་པའི་དུད་ཚང་དབུལ་པོ་མི་གྲངས་135ཡོད་པ་རེད།

འཛོན་ཐང་ཅན་གྱིས་སྐལ་ཁྲིད་དང་ཐོན་ལས་ལ་བརྟེན་ནས་དབུལ་སྐྱོལ་ནི་བོད་ཀྱིས་གནད་སྨིན་དབུལ་སྐྱོལ་འགག་སྐྱོལ་གྱི་བྱེད་ཐབས་མང་པོ་ལག་བསྟར་བྱེད་པའི་ཁྲིད་ཀྱི་གྲས་ཤིག་ཡིན།

བོད་ཀྱི་དབུལ་སྐྱོལ་འགག་སྐྱོལ་གྱི་དམག་འཐབ་ལ་རྒྱལ་ཁ་ལེན་པ་དང་། ལྗོངས་ཡོངས་ཀྱི་རྫོང་དང་ཆུས་དབུལ་པོ་74ཚང་མ་དབུལ་ཞྭ་ཕུད་པ་དང་མི་འབོར་དབུལ་པོ་ཚང་མ་དབུལ་པོ་ལས་བསྐྱོལ་བའི་ཁར་ས་ཁོངས་རང་བཞིན་གྱི་སྤྱི་ཡོངས་དབུལ་ཕོངས་ཐག་གཅོད་བྱེད་ཆེད། རང་སྐྱོང་ལྗོངས་ཏང་ཨུད་དང་སྲིད་གཞུང་གིས་ཚད་མཐོའི་མཐོང་ཆེན་བྱས་ནས་གནད་སྨིན་དབུལ་སྐྱོལ་འགག་སྐྱོལ་ལས་དོན་གྱི་འགོ་ཁྲིད་ལ་རྒྱུན་ཆད་མེད་པར་ཤུགས་སྣོན་བརྒྱབ་ཡོད། རང་སྐྱོང་ལྗོངས་ཀྱི་འགོ་ཁྲིད་གཙོ་བོས་དབུལ་སྐྱོར་གསར་སྤེལ་འགོ་ཁྲིད་ཚོགས་ཆུང་གི་ཙུའུ་ཀྲང་བྱས་པ་དང་། རང་སྐྱོང་ལྗོངས་ཀྱི་རྒྱུན་ལས་ཀྲུའུ་ཞི་གཞོན་པས་སྤྱི་ཁྱབ་བཀོད་འདོམས་པ་བྱེད་པ་དང་། མི་དམངས་འཐུས་ཚོགས་རྒྱུན་ལས་ཨུ་ལྷན་གྱི་ཀྲུའུ་རིན་གཞོན་པ་དང་རང་སྐྱོང་ལྗོངས་ཀྱི་ཀྲུའུ་ཞི་གཞོན་པས་སྤྱི་ཁྱབ་བཀོད་འདོམས་པ་གཞོན་པ་བྱེད་པ། རང་སྐྱོང་ལྗོངས་འཕེལ་སྒྱུར་ཨུ་ལྷན་དང་དབུལ་སྐྱོར་གཞུང་དོན་ཁང་སོགས་སྡེ་ཚན་65ཡི་འགན་འཁུར་བས་ཁོངས་མི་བྱེད་པའི་དབུལ་སྐྱོལ་

འགག་སྒྲོལ་བཀོད་འདོམས་ཕྲུའུ་བཙུགས་པ་རེད། བཀོད་འདོམས་ཕྲུའུ་ཡི་གཤམ་དུ་གཞུང་དོན་ཁང་དང་། སྲིད་ཇུས་འགན་ལེན། འཆར་འགོད་འཆར་གཞི། ཐོན་ལས་དཔལ་སྐྱོར། ཡུལ་གཞན་དུ་གནས་སྤོས་སོགས་ཆེད་དོན་ལས་དོན་ཚོགས་ཆུང་10བཙུགས་ཡོད་པ་རེད།

ཚན་རིག་དང་མཐུན་པའི་འཆར་འགོད་ཀྱིས་སྡོད་ཁང་གསར་པར་སྤོས་པ།

ན་ཉིང་ཚེ་རིང་རྡོ་རྗེ་སྡོད་ཁང་གསར་པར་སྤོས་པ་དང་ཁང་པ་གསར་པ་དེ་ལྷ་ས་གྲོང་ཁྱེར་ཆུ་ཤུར་རྫོང་དུས་བཞི་བཀྲ་ཤིས་གྲོང་ཚོར་གནས་ཤིང་དེ་ནི་ཐོག་སོ་གཉིས་ལྡན་གྱི་བོད་ལུགས་སྡོད་ཁང་ཡིན་པས་དཀར་ཆ་དོད་ལ་རྒྱ་ཆེ་བ་དང་ཉལ་ཁང་དང་ཚོམས་ཆེན་སོགས་བསྡོམས་ན་རྒྱ་ཁྱོན་ལ་སྨི་ངོས་གྲུ་140ལྷག་ཙམ་ཡོད་པའི་ཁར་ཁང་པའི་ནང་ད་དུང་བོད་བཟོའི་ཁྱིམ་ཆས་ཀྱང་བསྒྲིགས་ཡོད་པ་རེད།

ཚེ་རིང་རྡོ་རྗེའི་ཕ་ཡུལ་ནི་ཆབ་མདོ་གྲོང་ཁྱེར་གོ་འཇོ་རྫོང་བྱང་གསུམ་ཤང་ནས་ཡིན་ཞིང་དེ་ནི་འཕྲེད་རྒྱུག་རི་བོ་དང་འབྲི་ཆུའི་ནུབ་རྒྱུད་དུ་གནས་པ་དང་ཆ་སྙོམས་ས་བབ་མཐོ་ཚད་སྨི་4000ཡན་ཡིན་པ་རེད།

ང་ཚོའི་ཕ་ཡུལ་ལ་ས་ངན་ཞེས་བརྗོད་པ་དང་། ཆུ་བོ་གཤམ་འོག་ཏུ་རྒྱུག་པ་དང་། མི་རིའི་ལྗིབས་སུ་སྡོད་པ། ས་ཞིང་རི་སྐེད་དུ་འདེབས་པ། སྒོ་ཕྱུགས་བྲག་ཏུ་འཚོ་བ་བཅས་ཡིན་པས་ལོ་གཅིག་རིང་དཀའ་ལས་ག་ཚོད་བརྒྱབ་ཀྱང་འབྲས་བུ་ནི་ཏ་ཙང་ཉུང་ཉུང་ཡིན། ཏང་ཞུང་དང་སྲིད་གཞུང་གིས་ང་ཚོ་ཐག་རིང་ལུང་ཁུག་དབུལ་པོ་ནས་ས་ཆ་སྐྱིད་པོ་དེ་འདྲ་ཞིག་ལ་སྤོ་རུ་བཅུག་པས་སེམས་གཏིང་ནས་ཐུགས་རྗེ་ཆེ་ཞུ་རྒྱུ་ཡིན་ཞེས་ཚེ་རིང་རྡོ་རྗེས་བཤད། ཁང་པ་གསར་པར་སྤོས་རྗེས་ཁོ་པས་ཟ་ཁང་ཞིག་བཙུགས་ནས་ཉིན་རེར་ཆ་སྙོམས་ཡོང་འབབ་སྒོར་700ཙམ་བྱུང་སྟེ་ཁྱིམ་གྱི་སྒོ་རྩ་ནས་ལས་ཞུགས་ཐུབ་ཡོད། ཁོ་པའི་ཨ་མའི་གཟུགས་པོ་ཡག་པོ་མེད་སྐབས། དེ་སྔོན་རྒྱུན་དུ་ཨ་མ་ཁྲིད་དེ་སྤྱི་ལེ་140སར་

ཡོད་པའི་ཇོང་གྲོང་དུ་ནད་བལྟ་བར་འགྲོ་དགོས་ཀྱི་ཡོད། ད་ཆ་སྨན་ཁང་རང་ཁྲིམ་དང་བར་ཐག་སྤྱི་ལི་10ཙམ་ལས་མེད།

ཉེ་བའི་ལོ་ཤས་རིང་། རང་སྐྱོང་ལྗོངས་ཏང་ཨུད་དང་སྲིད་གཞུང་གིས་གནད་སྨིན་དབུལ་སྐྱོར་དང་གནད་སྨིན་དབུལ་སྒྲོལ་སྐོར་གྱི་སྤྱི་ཁྱབ་རྟུའུ་ཅི་ཞི་ཅིན་ཕིང་གི་མཇུབ་སྟོན་གལ་ཆེན་གྱི་དགོངས་པ་ལག་བསྟར་དོན་འཁྱོལ་གྱིས་གནད་སྨིན་དྲུག་དང་། ཁག་གཅིག་རེ་ལྟ་སེམས་ཁྲལ་མེད་པ་གཉིས་དང་འགན་ལེན་གསུམ་བཅས་ཀྱི་སླད་དུ་དང་དམིགས་ཚད་ལ་དམ་པོར་གཞིགས་པ་དང་། མི་དམངས་ལྟེ་བར་འཛིན་པའི་འཕེལ་རྒྱས་ཀྱི་བསམ་བློ་བརྟན་པོ་འཛུགས་པ། བོད་ཀྱི་དབུལ་སྒྲོལ་འགག་སྒྲོལ་གྱི་དུས་བབ་ལ་དབྱེ་ཞིབ་གཏིང་ཟབ་བྱེད་པ། འཆར་གཞི་ཞིབ་ཚགས་འགོད་པ། ཁ་གཏད་གཙོད་ཐབས་ལ་ཞིབ་འཇུག་བྱེད་པ། འབྲེལ་བ་ཆ་བཅུ་གསུམ་ཐག་གཅོག་ཡང་དག་བྱེད་པའི་སླད་དུ་འདོན་པ་བཅས་བྱས་ཏེ་ལྗོངས་ཡོངས་ཀྱི་མི་རིགས་ཁག་གི་མི་དམངས་མཉམ་དུ་ལག་པ་འགྲུལ་ནས་སེམས་ཁྲལ་མེད་པ་གསུམ་དང་། ཡོད་པ་གསུམ། འགན་ལེན་གསུམ་བཅས་ཀྱི་དམིགས་ཚད་མངོན་འགྱུར་ཡོང་རྒྱུར་འབོད་སྐུལ་བྱས་ཡོད།

ཤེས་རྟོགས་བྱུང་བར་གཞིགས་ན། མང་ཚོགས་ཀྱི་འདོད་བློར་བརྟེ་འཛོག་གང་ལེགས་བྱེད་པའི་རྨང་གཞིའི་ཐོག་བོད་ཀྱིས་ཚད་གཞི་ནན་དུ་གཏོང་བ་དང་། འཆར་འགོད་ལུགས་མཐུན་བྱེད་པ། ཚན་རིག་དང་མཐུན་པའི་ངང་ས་ཆ་འདེམས་པ། ལེ་ལག་འཛུགས་སྐྲུན་བཅས་བྱས་པར་རིམ་རྩིས་བྱས་ན་སྒོར་དུང་ཕྱུར་150.9བཏང་ནས་ཡུལ་གཞན་དུ་གནས་སྤོས་དབུལ་སྐྱོར་བཀོད་སྒྲིག་ས་ཚིགས་905བསྐྲུན་པ་དེའི་ནང་མི་ཁྲི་21.8སྤོས་ཡོད། ལོ་གསུམ་ལྷག་ཙམ་རིང་། གངས་ལྗོངས་ས་མཐོའི་རྒྱ་ཆེའི་ཞིང་འབྲོག་མང་ཚོགས་ཀྱི་འཚོ་སྡོད་ཀྱི་ཆ་རྐྱེན་ཕྱོགས་ཡོངས་ནས་ལེགས་སུ་ཕྱིན་ཡོད་པ་རེད།

དབུལ་སྐྱོར་དང་བློ་སྐྱོར་གྱིས་དབུལ་པོར་འབྱུང་རྒྱ་འཇོལ་བ།

ལོ་གཉིས་གོང་། ལོ་43ལ་སླེབས་པའི་ཡེ་ཤེས་ཚོས་སྒྲོན་གྱིས་གྲོང་ཚོའི་ཨུ་ལྷན་ལ་དབུལ་སྐྲོལ་རེ་ཞུའི་ཡི་གེ་ཕུལ་ཡོད།

ཡེ་ཤེས་ཚོས་སྒྲོན་ནི་ལྷོ་ཁ་གྲོང་ཁྱེར་ཆུ་གསུམ་རྫོང་ཤག་ལྷོ་གྲོང་ཚོའི་མི་ཡིན་པ་དང་ལོ་གསུམ་གོང་ནི་ཁོང་གི་མི་ཚེའི་ཁྲིད་དཀའ་སྡུག་ཆེ་ཤོས་ཀྱི་དུས་ཡིན། བཟའ་ཟླར་རྒྱུ་སྐྲན་ཕོག་པ་དང་བུ་མོ་སློབ་ཆེན་ལ་རྒྱུགས་འཛུལ་མ་ཐག་ཡིན་པ་དེའི་ཐོག་ཕ་རྒན་པོ་ཡུན་རིང་སྨན་ཟས་ནས་སྡོད་དགོས་པས་འཚོ་བའི་ཁུར་པོ་ཚང་མ་ཡེ་ཤེས་ཚོས་སྒྲོན་གཅིག་པུའི་ཕྲག་ཐོག་ཏུ་བབས།

ཤག་ལྷོ་གྲོང་ཚོའི་ཨུ་ལྷན་གཉིས་ཚན་ཁག་གིས་ཡེ་ཤེས་ཚོས་སྒྲོན་ཁྱིམ་གྱི་གནས་ཚུལ་ཤེས་རྟེས་སྲིད་ཇུས་ལྟར་ཁོ་མོའི་ཁྱིམ་ཡིག་ཚགས་དང་གྲ་བཟོས་པའི་དུད་ཚང་དབུལ་པོའི་གྲས་སུ་བཅུག་པས་རྒྱལ་ཁབ་ཀྱི་རོགས་སྐྱོར་སྲིད་ཇུས་ཁག་ལས་ཡེ་ཤེས་ཚོས་སྒྲོན་ཁྱིམ་ལ་ཕན་པ་ཐོགས་པ་སྟེ། ཕ་མར་རྒན་གསོའི་དངུལ་རག་པ་དང་། བུ་མོའི་སློབ་རིན་ཡོངས་ཆག་ཡང་བཏང་བ། བཟའ་ཟླར་ནད་ཆེན་རོགས་སྐྱོར་མ་དངུལ་རག་པ་བཅས་རེད།

དེ་རྗེས་དམངས་ཕན་སྲིད་ཇུས་ཀྱི་རོགས་སྐྱོར་འོག་ཡེ་ཤེས་ཚོས་སྒྲོན་གྱིས་སྐྱེལ་འདྲེན་ཧྲང་ལག་འཁོར་ཆུང་ཆུང་ཞིག་ཉོས་ཏེ་ཞོགས་སྔ་ལངས་དང་དགོང་ཕྱི་ཉལ་གྱིས་ཞིང་ལས་བྲེལ་བའི་དུས་འབྲུ་རིགས་དབོར་འདྲེན་དང་ཞིང་དལ་དུས་སུ་སྐྱེལ་འདྲེན་གྱི་ལས་ལ་གཞོལ་བས། ཁྱིམ་ཚང་གི་འཚོ་བའི་འཁོས་ཀ་ལེགས་སུ་ཕྱིན་ཡོད། 2017ལོའི་ལོ་མཇུག་ཏུ་ཁོ་མོས་དངོས་སུ་གྲོང་ཚོའི་ཨུ་ལྷན་ལ་དབུལ་སྐྲོལ་རེ་ཞུ་ཡི་གེ་ཕུལ་ཡོད།

ད་ཕན་ལོ་ཤས་རིང་། བོད་ཀྱི་དབུལ་སྐྲོལ་འགག་སྒྲོལ་ལས་དོན་ལ་ཐག་གཅོད་རང་བཞིན་གྱི་འཕེལ་རིམ་བྱུང་ཡོད། 2016ལོ་ནས་2017ལོའི་བར་ཁྲོན་མི་འབོར་དབུལ་པོ་ཁྲི་

29.7ཉུང་དུ་སོང་བ་དང་། གྲོང་ཚོ་དབུལ་པོ་2713དབུལ་སྒྲོལ་ཐུབ་པ། རྫོང་དབུལ་པོ་30ཡི་དབུལ་ཞྭ་ཕུད་པ་བཅས་བྱུང་ནས་དབུལ་པོ་ཐོན་ཚད་2015ལོའི་ལོ་མཇུག་གི་བརྒྱ་ཆ་25.2ནས་2017ལོའི་ལོ་མཇུག་གི་བརྒྱ་ཆ་7.9བར་ཆག་ཡོད། མང་ཚོགས་དབུལ་པོའི་མི་རེའི་ཆ་སྙོམས་བགོལ་སྤྱོད་ཆོག་པའི་ཡོང་འབབ་བརྒྱ་ཆ་16གི་འཕར་ཚད་རྒྱུན་འཁྱོངས་ཐུབ་ནས་མི་འབོར་དབུལ་པོ་ལོ་རྒྱུས་ཐོག་གི་ཆག་མང་ཤོས་དང་ལོ་གཉིས་བསྟུད་མར་ཀུང་དབྱང་གིས་དབུལ་སྐྱོར་གསར་སྤེལ་ལས་དོན་གྱི་གྲུབ་འབྲས་དཔྱད་ཞིབ་ཀྱི་ཕྱོགས་བསྡུས་གདེང་འཇོག་ཡག་པའི་ཞིང་ཆེན་དང་རང་སྐྱོང་ལྗོངས་ཀྱི་ཁྲས་སུ་གཏན་འཁེལ་བྱས་ཡོད།

འདི་ནི་ གྲོ་མོའི་ཉ་གསོ་ཚགས་རྟེན་གཞིའི་ཞིང་པས་ཉ་ཕྲུག་གསོ་བཞིན་པ།

ཞིང་ལས་མཉམ་ལས་ཁང་གི་རྣམ་པའི་ཐོག་ནས་གཉེར་སྐྱོང་བྱས་པའི་གྲོ་མོའི་ཉ་གསོ་ཚགས་རྟེན་གཞིས་ས་གནས་དེ་གའི་མི་2300ལྷག་ཙམ་ལ་འབབ་འཕར་ཡོང་རྒྱུར་སྐུལ་ཁྲིད་བྱས་པ་རེད།

རྩྭ་ཆུ་འཛོམས་ཤིང་ནོར་ལུག་ཁ་ཤེད་རྒྱས། འགྲོག་པའི་འཚོ་བར་གནམ་སའི་འགྱུར་ལྡོག་བྱུང་།

——ནག་ཆུས་ཤང་རི་ལ་མཉམ་ལས་ཁང་རི་དང་གྲོང་ཚོ་རི་ལ་མཉམ་ལས་ཁང་རེ་བཙུགས་ཏེ་དབུལ་སྒྲོལ་ལ་སྐུལ་འདེད་བཏང་བའི་སྐོར་བཀོད་པ།

འདི་གར་ས་བབ་མཐོ་ཚད་སྨི་4460ཟིན་གྱི་ཡོད། ན་ནིང་ངས་བཏབ་པའི་རྩྭ་རིང་ཤོས་སྨི་གཉིས་ཙམ་སྐྱེས་འདུག ཉིན་ཤས་རིང་། ང་ཚོས་ས་སྨྱིག་ལུད་རྒྱག་གི་ལས་འགན་ལེགས་སྒྲུབ་བྱས་ཏེ་ཟླ་6པའི་ཟླ་འགོར་རྩྭ་འདེབས་རྒྱུའི་གྲ་སྒྲིག་བྱེད་ཀྱི་ཡོད་ཅེས་ནག་ཆུ་གྲོང་ཁྱེར་གསེར་རྙེད་ཆུས་ལྷོ་མ་གྲོང་རྡལ་གེ་དམར་གྲོང་ཚོའི་གྲོང་མི་བཀྲ་དབྱང་གིས་ལས་ཀ་ཚར་རྗེས་ཡངས་ཤིང་ཁོད་སྙོམས་པའི་རྩྭ་ར་བལྟ་བཞིན་དུ་བཤད། ཁོང་གིས་ད་ཆ་ང་ལ་ཟླ་རེར་སྒྲ་ཆ་ལེན་རྒྱུ་ཡོད་པ་མ་ཟད། ལོ་མཇུག་ཏུ་ད་དུང་རྩྭ་ར་དང་ཕྱུགས་རིགས་དཀར་སེ་དབུལ་སྐྱོར་འབྲོག་ལས་ཐོན་ལས་དཔེ་སྟོན་རྟེན་གཞི་ནས་ཐང་དངུལ་ཡང་ལེན་རྒྱུ་ཡོད་པས་ཡོང་འབབ་བརྟན་པོ་འདུག་ཅེས་བཤད།

དཀར་སེ་དབུལ་སྐྱོར་འབྲོག་ལས་ཐོན་ལས་དཔེ་སྟོན་རྟེན་གཞི་ནི་ཉེ་བའི་ལོ་ཤས་རིང་གསེར་རྙེད་ཆུས་ཀྱིས་ཐོན་ལས་འཕེལ་རྒྱས་བཏང་བ་བརྒྱུད། མང་ཚོགས་ཕྱུག་འགྱུར་ཡོང་རྒྱུར་སྣེ་ཁྲིད་བྱས་པའི་མཉམ་ལས་ཁང་མང་པོའི་གྲས་ཤིག་རེད། མཉམ་ལས་ཁང་དེ་བཙུགས་ཚུན་དབུལ་སྐྱོར་འབྲོག་ལས་ཐོན་ལས་དཔེ་སྟོན་རྟེན་གཞི་སྣེ་འཛིན་དུ་བྱེད་པ་དང་ཤང་དང་གྲོང་རྡལ་ཁག་གི་མཉམ་ལས་ཁང་ཆུང་གྲས་རྩུར་ཐག་ཞུགས་པའི་མཉམ་འབྲེལ་ཁང་གི་འཕོར་སྐྱོད་བྱེད་སྟངས་ཤིག་འཚོལ་ཞིབ་བྱས་ནས་མཐའ་འཁོར་གྱི་འབྲོག་

པ་མང་ཚོགས་འབབ་འཕར་ཕྱུག་འགྱུར་ཡོང་བར་སྐུལ་འདེད་བཏང་ཡོད།

རྟེན་གཞི་འདིའི་སྤྱི་ཁྱབ་ཅིང་ལི་གཞོན་པ་བློ་ཆོས་གསར་འགོད་པར་རྟེན་གཞིས་མི་ཐབས་ལ་བརྟེན་ནས་རྩྭ་ཚོད་འདེབས་བྱས་པས་ན་ཞིང་རྟེན་གཞིའི་གཟན་རྩྭའི་དགོས་མཁོ་བསྐངས་པའི་རྨང་གཞིའི་ཐོག་ད་དུང་རྩྭ་སྐམ་པོ་རྒྱ་མ་ཁྲི་75བཙོངས་པར་ཁེ་སྤོགས་སྒོར་ཁྲི་བརྒྱ་ཙམ་བྱུང་ཞེས་བརྗོད་པ་དང་། ཁོང་གིས་ང་ཚོས་དཀར་ཆུའི་རྟེན་གཞི་འཛུགས་སྐྲུན་དང་གཞན་རྟེན་ཕྱུགས་གསོའི་རྣམ་གྲངས་ལ་བརྟེན་ནས་དཀར་ཆུའི་ཐོན་རྫས་ལས་སྒྲོན་གཏིང་ཟབ་བྱེད་པར་དམིགས་ཏེ་གྲོང་ཚོ་རིམ་པའི་དཔལ་འབྱོར་མཉམ་ལས་རྩ་འཛུགས་དང་། དུད་ཚང་དབུལ་པོ། མང་ཚོགས་དཀྱུས་མ་བཅས་འོ་མ་མཁོ་འདོན་བྱེད་མཁན་དུ་བཙུག་པས་འབྲི་གཡག་གསོ་ཚགས་དང་། ལྷད་མེད་དཀར་ཆུ་ཐོན་སྐྱེད། དཀར་ཆུའི་ཐོན་རྫས་ལས་སྒྲོན། ཁྲིན་ཚོང་བཅས་གཞི་གཅིག་ཏུ་འདུས་པའི་ཐོན་ལས་ཀྱི་སྒྲིལ་ཐག་ཅིག་ཆགས་ཡོད། མིག་སྔར་གྲོང་ཚོ་རེ་ལ་མཉམ་ལས་ཁང་རེའི་དཀར་ཆུའི་རྟེན་གཞིས་མཐའ་འཁོར་གྱི་དུད་ཚང་དབུལ་པོ་800ལྷག་ཙམ་རྟེན་གཞིར་འོ་མ་མཁོ་འདོན་བྱེད་རྒྱུར་སྣེ་ཁྲིད་བྱས་པ་དང་མང་ཚོགས་དབུལ་པོ་670ལྷག་ཙམ་ལ་ལས་ཞུགས་འབབ་འཕར་ཐུབ་ཡོད་ཅེས་བརྗོད།

ཉེ་བའི་ལོ་ཤས་རིང་། ནག་ཆུ་གྲོང་ཁྱེར་གྱིས་དཔལ་འབྱོར་གྱི་རྨང་གཞི་ཞན་པ་དང་། ཐོན་ལས་ཀྱི་གྲུབ་ཆ་སྣ་གཅིག་ཡིན་པ། ཁྲིམ་ར་དང་ཐབས་ལམ་ཆུང་བ། རང་བྱུང་གནོད་འཚེ་འགོག་པའི་ནུས་པ་མི་འདང་བ་སོགས་ཀྱི་གནད་དོན་ལ་དམིགས་ཏེ་འབྲོག་ལས་ཐོན་ཁུངས་ཀྱི་ལེགས་ཆར་གཞི་ཚུགས་ནས་ཡུན་རིང་འཕེལ་རྒྱས་དང་དུས་ཐུང་དབུལ་སྒྲོལ་གྱི་འབྲེལ་བ་ཐག་གཅོད་ཡག་པོ་དང་། སྣེ་གཉིས་ལ་དམ་འཛིན་གྱིས་དབུས་ལ་སྐུལ་འདེད་གཏོང་བའི་འབྲོག་ལས་འཕེལ་རྒྱས་ཀྱི་བྱེད་ཐབས་ལག་བསྟར། སྨུའུ་ཁྲི་དང་ཕྱུགས་རིགས་སྟོང་གི་འདུ་འགོད་ལག་བསྟར་བཅས་བྱས་ཏེ་འབྲོག་ལས་ལྟེ་བའི་ཐོན་ལས་ལ་བརྩིས་ནས

ནུས་ཤུགས་ཡོད་རྒྱུས་སྐྱལ་འདེད་གཏོང་བ་དང་། གཟན་རྩྭ་འདེབས་འཛུགས་རྒྱ་ཆེར་བཏང་སྟེ་འབྲི་གཡག་དང་ནོར་ལུག་སྔོམ་གསོའི་གནད་དོན་ཐག་གཅོད་ཚད་བརྒྱལ་བྱེད་སར་བྱས་པས་གྲོང་ཁྱེར་ནས་རྫོང་བར་དང་། རྫོང་ནས་ཤང་བར། ཤང་ནས་གྲོང་ཚོ་བར། གྲོང་ཚོ་ནས་དུད་ཚང་བར་བཅས་ཀྱི་འབྲེག་ལས་གསར་སྤེལ་གྱི་བཀོད་པ་ཆེན་པོ་ཞིག་ཆགས་ནས་དབུལ་སྐྱོར་གྱི་ཕན་འབྲས་ཆེ་རུ་ཕྱིན་ཡོད།

སྔུའུ་ཁྲི་དང་ཕྱུགས་རིགས་སྟོང་གི་འདུ་འགོད་ནི་རྫོང་རིམ་པའི་ཆ་རྐྱེན་འཛོམས་པའི་འདེབས་འཛུགས་ས་ཁུལ་དུ་སྔུའུ་ཁྲི་གཅིག་ལས་མི་ཉུང་བའི་མི་ཐབས་ལ་བརྟེན་ནས་རྩྭ་བཏབ་སྟེ་འབྲི་གཡག་མགོ་གྲངས་1000ངམ་ཡང་ན་ལུག་5000ནུས་ཤུགས་ཡོད་རྒྱུས་གསོ་ཚགས་བྱེད་པར་ཟེར་བ་དང་། སྡེ་གཉིས་ལ་དམ་འཛིན་གྱིས་དབུས་ལ་སྐྱལ་འདེད་གཏོང་བའི་ནང་གི་སྡེ་གཅིག་ནི་གཙོ་བོ་ཤང(གྲོང་རྫལ)དང་། གྲོང་ཚོ(གྲོང་ལྡན)གྱི་ཤང་རེ་ལ་མཉམ་ལས་ཁང་རེ་དང་གྲོང་ཚོ་རེ་ལ་མཉམ་ལས་ཁང་རེ་ཁྲབ་གདལ་བཏང་སྟེ་ཤང་དང་གྲོང་ཚོ་རིམ་པ་གཉིས་ཀྱི་མཉམ་ལས་ཁང་བཙུགས་ནས་མ་དངུལ་དང་། ཤེས་ལྡན་མི་སྣ། ལག་རྩལ་སོགས་ལ་རྒྱབ་སྐྱོར་བྱེད་པ་དང་། བསྡུ་སྒྲིལ་བསྐྱར་སྒྲིག་དང་། ཁྱད་ལྡན་སྐྱིད་སྡིང་། ཕྱུགས་མང་འཕེལ་རྒྱས་སོགས་ཀྱི་བྱེད་ཐབས་བརྒྱུད་རྒྱལ་ཁབ་རིམ་པ་དང་། རང་སྐྱོང་ལྗོངས་རིམ་པའི་དཔེ་སྟོན་ཁང་ཁག་གཅིག་གཏོད་རྒྱུ་དེ་རེད། ཞིང་འབྲོག་པས་རང་ཉིད་ཀྱི་འབྲོག་ར་དང་། ཕྱུགས་རིགས། ངལ་ནུས་སོགས་མ་རྐང་ལ་ཞུགས་ཏེ་ཐོན་ཁུངས་རྐང་དབང་ལ་འགྱུར་བ་དང་། མ་དངུལ་རྐང་དངུལ་ལ་འགྱུར་བ། འབྲོག་པ་མ་རྐང་འཛོག་མཁན་ལ་འགྱུར་ཐབས་བྱས་ཡོད། རྫོང(རུས)གིས་འབྲོག་ལས་གསར་སྤེལ་ཀུང་སི་བཙུགས་ཏེ་ཤང་དང་གྲོང་རྫལ་དང་། གྲོང་ཚོ་རིམ་པའི་འབྲོག་ལས་མཉམ་ལས་རྩ་འཛུགས་སྒྱི་འདོམས་ཀྱིས་སྔུའུ་ཁྲི་དང་ཕྱུགས་རིགས་སྟོང་གི་རྣམ་གྲངས་ལག་བསྟར་བྱས་ཡོད། སྡེ་གཞན་ཞིག་ལ་དམ་འཛིན་བྱེད་པའི་ཐད་ནག་ཆུ་གྲོང་ཁྱེར་གྱིས་སྡེ་འདྲེན་

ཁེ་ལས་བཏོད་དེ་རྒྱུད་བཟང་ཧྲག་སྒྲུག་དང་། ལས་སྟོན་ཐོན་སྐྱེད། སྤུས་རྟགས་གཏོད་པ་སོགས་ཀྱི་གནད་དོན་ཐག་གཅོད་བྱས་པ་དང་། མཐར་དབུས་ལ་སྐྱུལ་འདེད་ཐུབ་ནས་སྡེ་འདྲེན་ཁེ་ལས+རྫོང་འགྲོག་ལས་ཀུང་སི+མཉམ་ལས་རྩ་འཛུགས+དུད་ཚང་དབུལ་པོ་ཡི་ཁེ་ཕན་མཉམ་འབྲེལ་ལམ་སྲོལ་ཆགས་ནས་འགྲོག་ལས་ཐོན་ལས་རྒྱུན་མཐུད་འཕེལ་རྒྱས་བྱུང་ཡོད།

ཉེ་བའི་ལོ་ཤས་རིང་གི་གྲོང་ཚོའི་འཕོ་འགྱུར་སྐོར་གླེང་སྐབས། རྟ་སྨད་གྲོང་ཚོའི་འགྲོག་པའི་དཔལ་འབྱོར་མཉམ་ལས་ཁང་གི་ཅིང་ལི་ཚེ་རིང་དབང་པོས་གྲོང་ཚོ་རེ་ལ་མཉམ་ལས་ཁང་རེ་མགྱོགས་མྱུར་འཕེལ་རྒྱས་ཕྱིན་ནས་གྲོང་མི་ཚོ་མཉམ་ལས་ཁང་ལ་ཞུགས་པའི་ཧུར་བརྩོན་རང་བཞིན་ཆེ་རུ་ཕྱིན་ཏེ་ཧུར་ཐག་ཞུགས་པས་ཚང་མ་ཕྱུག་པོར་གྱུར་ཡོད་ཅེས་སྤོབས་པ་ཆེན་པོས་བརྗོད།

རྟ་སྨད་གྲོང་ཚོ་ནི་སྦྲ་ཆེན་རྫོང་གི་ལྷོ་ནུབ་རྒྱུད་ཀྱི་ཨར་ཤོག་ཤང་དུ་གནས་པའི་འགྲོག་ལས་གྲོང་ཚོ་དབུལ་པོའི་གྲས་ཤིག་རེད། 2012ལོར་རྟ་སྨད་གྲོང་ཚོས་འགྲོག་པའི་དཔལ་འབྱོར་མཉམ་ལས་ཁང་བཙུགས་ཏེ་ཀྲོན་ཆས་དང་ཡུལ་ཟྫོག་ཐོན་རྫས་ལས་སྟོན་བྱས་པ་རེད། 2015ལོར་བོད་པ་ཚང་ཞེས་པའི་ཚོང་རྟགས་ཐོ་འགོད་བྱས་ཏེ་རྟ་སྨྱུང་བདུག་སྤོས་དྲི་ཞིམ་དང་། གསང་སྦྱོར་སྲུར་པན། སྦྲ་ཆེན་གྱི་སྲོལ་རྒྱུན་བོད་ཆས། བོད་ལུགས་ལྷོ་ཕད་སོགས་ཁྱད་ལྡན་ཐོན་རྫས་གསར་སྤེལ་བྱས་ཏེ་ཐོན་རྫས་ཆ་སྒྲིག་བྱས་ནས་ཁྲོམ་རར་བཏོན་ཡོད། 2018ལོར་མཉམ་ལས་ཁང་ལ་ཡོང་འབབ་སྒོར་ཁྲི་90བྱུང་བ་དང་ཁེ་སྤོགས་སྒོར་ཁྲི་60ལྷག་ཙམ་བྱུང་ཡོད།

ས་རྒྱ་ཆེ་ཞིང་མི་གྲངས་ཉུང་བའི་ནག་ཆུ་ནི་སྲོལ་རྒྱུན་གྱི་འགྲོག་ལས་ཁུལ་ཞིག་ཡིན་ཞིང་། མང་ཚོགས་ནི་ཕྱུགས་འཚོའི་ལས་ལ་གཞོལ་མཁས་པ་ཤ་སྟག་རེད། འོན་ཀྱང་ཕྱིར་སླ་པར་སྐྱོད་པའི་ཐད་ཧུར་བརྩོན་རང་བཞིན་དང་འགྲན་སྟོད་འཛིན་ཐང་ཞན་པོ་ཡོད།

དབུལ་སྒྲོལ་འགག་སྒྲོལ་གྱི་འཐུར་མིག་དང་ཞན་ཆར་དམིགས་ཏེ་ནག་ཆུ་གྲོང་ཁྱེར་གྱིས་སྣ་མང་དབུལ་སྐྱོར་དང་ནང་ངོས་ཀྱི་རང་བརྟེན་དབུལ་སྒྲོལ་མཉམ་འགྲུལ་ལམ་སྲོལ་བཙུགས་པ་དང་འཕྲུལ་སྒོ་ཚང་དུ་བཏང་སྟེ་འདེབས་འཛུགས་གསོ་ཚགས་ལས་རིགས་དང་། དེ་བཞིན་ལས་སྟོན་དང་མི་རིགས་ལག་ཤེས་བཟོ་ལས་སོགས་རང་ས་རང་ཡུལ་ནས་ཁ་མི་འབྲལ་བའི་ཐོན་ལས་འཕེལ་རྒྱས་ཤུགས་ཆེན་བཏང་ནས་དགོས་མཁོར་གཞིགས་ཏེ་གསོ་སྐྱོང་དང་། ལས་གནས་ལ་གཞིགས་ཏེ་གསོ་སྐྱོང་། ཐོན་ལས་ལ་གཞིགས་ཏེ་གསོ་སྐྱོང་བཅས་ཀྱི་རྩ་དོན་གཞིར་བཟུང་ཤང་རེ་ལ་མཉམ་ལས་ཁང་རེ་དང་། གྲོང་ཚོ་རེ་ལ་མཉམ་ལས་ཁང་རེ་དེ་བཞིན་རྨང་གཞིའི་འཛུགས་སྐྲུན་རྣམ་གྲངས་ཀྱི་མི་སྣ་བཀོལ་སྤྱོད་ཀྱི་གླར་བྱར་བརྟེན་ནས་ལས་གནས་གནད་སློབ་ཡོང་བར་བྱས་ཏེ་ལས་ཞུགས་གཞན་སྒྱུར་བྱས་ཡོད།

ནག་ཆུ་གྲོང་ཁྱེར་དབུལ་སྐྱོར་གཞུང་ལས་ཁང་གི་ཀྲུའུ་རེན་ཕྲུའུ་ཁྲུན་ཁུའི་ཡིས་ངོ་སྤྲོད་བྱས་དོན་ནག་ཆུ་གྲོང་ཁྱེར་གྱིས་ངལ་རྩོལ་ལ་དཀའ་ཞེན་དང་། ཤེས་དཔལ་ལ་སྣང་ཆེན། སྲོལ་གསར་འཛུགས་པ། བློ་སྐྱོར་དང་རིག་སྐྱོར། ཆོས་ལུགས་ཀྱི་ཕན་མེད་ཤུགས་རྐྱེན་ཆུང་དུ་གཏོང་བ་སོགས་སྣང་ཆེན་བཞི་དང་དགའ་ཞེན་བཞིའི་མང་ཚོགས་ཀྱི་སློབ་གསོ་ལག་ལེན་བྱེད་སྐོར་བཙུགས་སྟེ་མང་ཚོགས་ལ་སྨྱུག་རྟེན་མི་བྱེད་པར་ལས་བརྩོན་ཕྱུག་འགྱུར་ཐུབ་པར་སློབ་གསོ་ཁྲིད་སྟོན་བྱས་ཡོད། ན་ནིང་ནག་ཆུ་གྲོང་ཁྱེར་གྱིས་ཡིག་ཚགས་དང་གྲྭ་བཟོས་པའི་དུད་ཚང་དབུལ་པོའི་མི་གྲངས་38638ལས་ཞུགས་གཞན་སྒྱུར་ཐུབ་པ་དང་ལས་ཞུགས་འབབ་འཕར་སྒོར་དུང་ཕྱུར་4.63བྱུང་ཡོད། འདི་ལོ་ནག་ཆུ་གྲོང་ཁྱེར་གྱིས་ཁྱད་ལྡན་དཔལ་འབྱོར་གྱི་རྨང་གཞི་སྟར་བས་བརྟན་དུ་བཏང་སྟེ་ཐོན་ལས་དབུལ་སྐྱོར་དང་། ལས་ཞུགས་གཞན་སྒྱུར། ཡུལ་གཞན་དུ་གནས་སྤོས་དབུལ་སྐྱོར་སོགས་བྱེད་ཤུགས་ཆེ་རུ་བཏང་ནས་དབུལ་པོ་39216ཙམ་དུ་ཕྱིན་པ་དང་། གྲོང་ཚོ (གྲོང་ལྡན) དབུལ་པོ་

369དབུལ་སྒྲོལ་ཐུབ་པ། གསེར་རྩེད་རྫོང་སོགས་རྫོང（ཆུས）5དབུལ་ཞྭ་ཕུད་པ། དབུལ་པོ་དབུལ་རྒྱུད་གཞི་རྩའི་ཆ་ནས་མི་ལྷག་པ་བཅས་ཀྱི་དཀའ་ཚོགས་ཆེ་བའི་ལས་འགན་མངོན་འགྱུར་བྱུང་ཡོད།

འདི་ནི་ནག་ཆུ་གྲོང་ཁྱེར་གསེར་རྩེད་ཆུས་དཀར་སྡེ་དབུལ་སྐྱོར་འཕྲོག་ལས་ཐོན་ལས་དཔེ་སྟོན་རྟེན་གཞིའི་བཟོ་པས་རྩྭ་འདེབས་ཀྱི་གྲ་སྒྲིག་བྱེད་བཞིན་པ།

ས་མཐོའི་འབྲི་གཡག་ཐོན་ལས་འཕེལ་རྒྱས་ཀྱི་ལམ་གཏོད་མཁན།

——ལྷ་ས་གྲོང་ཁྱེར་འདམ་གཞུང་རྫོང་གིས་ས་མཐོའི་དེང་རབས་འབྲི་གཡག་ཐོན་ལས་ཀྱི་ལམ་བུ་འཚོལ་ཞིབ་བྱས་པའི་སྐོར་གྱི་དངོས་བྲིས།

འབྲོག་ལས་ཐོན་ལས་ཅན་རྒྱུན་ཆད་མེད་པར་འཕེལ་རྒྱས་སོང་བ་དང་བསྟུན་ནས་འདམ་གཞུང་རྫོང་གི་སྲོལ་རྒྱུན་འབྲོག་ལས་ཐོན་སྐྱེད་ཀྱི་ཚན་རྩལ་འདུས་ཚད་དམའ་བ་དང་། རྩ་ཕྱུགས་དབར་གྱི་འགལ་ཟླ་མངོན་གསལ་དོད་པ། འབྲོག་པ་མང་ཚོགས་ལ་སྲོལ་རྒྱུན་འདུ་ཤེས་ཀྱི་ཚོད་འཛིན་ཕོག་ནས་ཚོང་སྒྱུར་འདུ་ཤེས་ཞན་པ་སོགས་ཀྱི་གནད་དོན་ཉིན་བཞིན་མངོན་གསལ་དོད་དུ་འགྲོ་བཞིན་ཡོད།

2017ལོའི་ཟླ་གཉིས་པར་རང་སྐྱོང་ལྗོངས་ཏང་ཨུད་ཀྱི་རྟའུ་ཅེ་ལྷའུ་དབྱིང་ཅེས་འདམ་གཞུང་རྫོང་དུ་བརྟག་ཞིབ་གནང་སྐབས། ཞིང་འབྲོག་ལས་ཐོན་ལས་ཅན་གྱི་རྣམ་གྲངས་ཤིག་ཡག་པོ་ཡོད་མེད་ལ་ལྟ་སྐབས་གཞི་ཁྲོན་པོ་ནར་ལྟ་རྒྱུ་མེད་པར་ད་དུང་རྣམ་གྲངས་ཀྱི་སྐྱུལ་ཁྲིད་ནུས་པ་ཆེ་ཆུང་དང་མང་ཚོགས་ལ་འབབ་འཕར་བྱུང་མིན་ལ་ལྟ་དགོས། གཞི་ཁྲོན་འོས་འཚམ་གྱི་གཉེར་སྐྱོང་འཕེལ་རྒྱས་གཏོང་རྒྱུ་དང་ཁྱིམ་ཚང་གི་འགན་གཙང་གཉེར་སྐྱོང་དབར་གྱི་འབྲེལ་བ་ཐག་གཅོད་ཡག་པོ་བྱས་ཏེ་དོན་དངོས་དང་ཟུང་འབྲེལ་དང་། ཚན་རིག་དང་མཐུན་པའི་ངང་འཆར་འགོད། དལ་མགྱོགས་དབྱེ་བ་གསལ་པོ་འབྱེད་པ། གཙོ་གནད་ལ་སྐུལ་འདེད་གཏོང་བ་བཅས་བྱས་ཏེ་ཞིང་འབྲོག་ལས་ཀྱི་ཐོན་སྐྱེད་གཉེར་སྐྱོང་བྱེད་སྟངས་གསར་གཏོད་བྱེད་པ་དང་། ཞིང་འབྲོག་ལས་ཐོན་ལས་ཅན་

གྱི་སྣེ་འདྲེན་ཁེ་ལས་སྐྱེད་སྲིད་བྱས་ནས་སྟོབས་ཆེར་གཏོང་བ། ས་མཐོའི་ཁྱད་ལྡན་ཞིང་འབྲོག་ལས་རྒྱ་སྟོབས་ཆེ་རུ་གཏོང་བ་བཅས་བྱེད་དགོས་ཞེས་གསུངས་སོང་།

ཧྲུའུ་ཅི་ཝུའུ་དབྱིང་ཅིའི་བློ་ཁོག་ཆེན་པོས་འཚོལ་ཞིབ་དང་ཚོད་ལྟའི་ས་ཚིགས་ལ་དམ་འཛིན་ཡག་པོ་བྱས་ཏེ་ཉམས་མྱོང་བཟང་པོ་དང་བྱ་ཐབས་ཡག་པོ་དེ་བས་མང་བ་ལྗོངས་ཡོངས་སུ་ཁྱབ་གདལ་བཏང་ནས་འབྲོག་ལས་ལེགས་ལ་མྱུར་བའི་སྒོ་ནས་འཕེལ་རྒྱས་འགྲོ་རྒྱུར་སྐུལ་འདེད་གཏོང་དགོས་པའི་མཇུབ་སྟོན་གྱི་བླང་བྱ་གཞིར་བཟུང་། འདམ་གཞུང་རྫོང་གིས་ཞིང་འབྲོག་ལས་ཀྱི་མཁོ་སྤྲོད་ཕྱོགས་ཀྱི་གྲུབ་ཆའི་རང་བཞིན་གྱི་སྒྱུར་བཅོས་ལ་སྐུལ་འདེད་གཏིང་ཟབ་བཏང་སྟེ་འབྲི་གཡག་ཐོན་ལས་འཕེལ་རྒྱས་གཏོང་རྒྱུ་རྨང་གཞིར་འཛིན་པ་དང་།

ཁྱིམ་ཚང་འབྲོག་ར་འཁོར་རྒྱུག་ལས་སྟེགས་སུ་བྱེད་པ། ཐོབ་ཐང་ལག་ཁྱེར་ཡོད་པའི་ཚགས་ཤ་སྲུས་རྟགས་སུ་བྱེད་པའི་ཐོན་ལས་འཁོར་སྐྱོལ་གཞི་རྟེན་དུ་བྱས་ཏེ་ཕན་འབྲས་ཆེ་བའི་གསོ་ཚགས་རྒྱུགས་གསོའི་ལག་རྩལ་འཚོལ་ཞིབ་ཧུར་ཐག་བྱས་པས། རྩྭ་རའི་སྟོད་བཅུད་རྒྱུན་མཐུད་ལེགས་སྒྱུར་དང་མང་ཚོགས་རྒྱུན་མཐུད་འབབ་འཕར་གྱི་སྤྱིའི་དམིགས་ཚད་མངོན་འགྱུར་བྱུང་བ་དང་ལྷ་ས་དང་ཐ་ན་ལྗོངས་ཡོངས་ཀྱི་འབྲི་གཡག་ཐོན་ལས་འཕེལ་རྒྱས་ཀྱི་སྟོན་ཁྲིད་པར་གྱུར་ཡོད།

ཕན་འབྲས་ཡག་པོ་ཡོད་མེད་ལས་བྱེད་པ་དང་མང་ཚོགས་ཀྱིས་ཤེས་ཐུབ། ས་གཙང་འབྲོག་ར་དང་ཁྱིམ་ཚང་འབྲོག་ར་བརྟོད་དེ་སྲོལ་རྒྱུན་གསོ་ཚགས་བྱེད་སྟངས་ཀྱི་ཆིངས་སྒྲོག་ལས་འགྲོལ་བ།

ཟླ་བདུན་པར་འདམ་གཞུང་སྤོ་ལྷུང་གཡུ་ཡི་ཞིང་ཁམས་ལྟར་སྣང་ཞིང་། འདམ་གཞུང་རྫོང་གི་རྫོང་དཔོན་གཞོན་པ་རྡོ་རྗེ་ཕུན་ཚོགས་དང་ཀོ་ཁྱིམ་གྲོང་ཚོའི་ཏང་ཡུད་ཀྱི་ཧྲུའུ་ཅི་དར་བཟང་སྐར་ཡང་གྲོང་མི་ཀུན་དགའ་ཕུན་ཚོགས་ཀྱི་ཁྱིམ་དུ་སླེབས། ཁྱིམ་

འཛིན་མས་ཇ་བསྡུབས་མ་བཟོས་པ་དང་མི་ཁ་ཤས་ཐབ་ཀྱི་འགྲམ་དུ་བསྐོར་ནས་བསྡད་དེ་གླེང་མོལ་བྱེད་འགོ་ཚུགས།

དེ་སྔོན་ང་ཚོའི་ཁྱིམ་དུ་འབྲི་གཡག་མགོ་གྲངས་90ཡོད། ད་ཆ་ས་གཙང་ཀོ་ཁྱིམ་འབྲོག་རའི་མ་རྐང་ལ་འབྲི་གཡག་མགོ་གྲངས་26ཞུགས་པ་དང་། རང་ཉིད་ཀྱིས་འབྲི་གཡག་མགོ་གྲངས་31གསོ་ཚགས་བྱེད་ཕུད། དེ་བྱིངས་འབྲི་གཡག་ཐམས་ཅད་བཙོངས་ནས་ཚད་བརྒྱལ་དུད་ཚང་གི་ཞྭ་མོ་ཕུད་པ་ཡིན་ཞེས་ཀུན་དགའ་ཕུན་ཚོགས་ཀྱིས་མཇུབ་རྩིས་རྒྱག་གིན་དུ་བཤད། ད་ལྟ་མ་རྐང་བཞག་ནས་རྐང་བདག་ཏུ་གྱུར་པས་ཡོང་འབབ་མི་ཉུང་བ་ཞིག་འདུག གཞན་ཡང་ད་དུང་ས་གཙང་འབྲོག་རར་མ་རྐང་བཞག་པའི་འབྲི་གཡག་ལ་གཡོག་བྱེད་བྱས་ནས་ལོ་གཅིག་ལ་ཡོང་འབབ་སྒོར་ཁྲི་4ཙམ་འདུག དེ་སྔ་ཁྲོམ་རའི་དཔལ་འབྱོར་ཟེར་བ་རྩ་བ་ནས་ཤེས་ཀྱི་མེད་པས། ཀུན་དགའ་ཕུན་ཚོགས་ཁྱིམ་གྱི་ལོ་རེའི་འབྲི་གཡག་བཤས་གཏོང་ཚད་མགོ་གྲངས་9ལས་མེད་ལ་ཡོང་འབབ་ཀྱང་སྒོར་ཁྲི་5ཙམ་ལས་མེད།

ཉེ་བའི་ལོ་ནང་འདམ་གཞུང་རྫོང་གིས་སྒོར་ཁྲི་2408.38བཏང་ནས་ས་གཙང་འབྲོག་ར་འཛུགས་སྐྲུན་རྣམ་གྲངས་ལ་སྐྱེལ་འདེད་བཏང་བ་རེད། དུས་འགོར་ཚོད་ལྟའི་འཛུགས་སྐྲུན་བྱས་པའི་རྨང་གཞིའི་ཐོག་རྫོང་ས་གཙང་འབྲོག་ར་ཀུང་སིས་ལོ་རེར་མཁྲུ་རེར་སྒོར་2ཀྱི་ཚད་གཞི་ལྟར་ཀོ་ཁྱིམ་གྲོང་ཚོའི་རྩྭ་ར་མུའུ་ཁྲི་13ལྷག་ཙམ་ནང་བཤུག་བྱས། འབྲོག་དུད་ཀྱིས་སྔོད་བཅུད་སྲུང་སྐྱོང་སྔོན་འགྲོའི་ཆ་རྐྱེན་དུ་བཟུང་སྟེ་རྩྭ་ཕྱུགས་དོ་སྙོམས་ཀྱི་ཚད་གཞིའི་ནང་གི་མགོ་ཕྱུགས་གསོན་པོར་ལྡིད་ཚད་འཇལ་རྗེས། རྒྱ་མ་རེར་སྒོར་20ཡི་རིན་གོང་ལྟར་མ་རྐང་བཞག་ནས་བགོ་འགྲེམས་དང་ཁེ་བཟང་ལེན་གྱི་ཡོད། ཚད་ལས་བརྒྱལ་བའི་རིགས་ལ་ཀུང་སིས་ཐེངས་གཅིག་ལ་གཙང་ཉོ་བྱས་ཡོད། དེ་ལས་བཅིངས་འགྲོལ་ཐོབ་པའི་ངལ་ནུས་དག་ཀུང་སིས་དགོས་མཁོ་གཞིར་བཟུང་འབྲོག་པའི་འདུན་པ

དང་མགོ་ཕྱུགས་ཀྱི་གསོ་ཚོགས་ཉམས་མྱོང་དང་ཟུང་འབྲེལ་གྱིས་ངལ་ལས་གྲོས་མཐུན་བཞག་ནས་ལྟོས་བཅས་ཀྱི་སླ་ཆ་སྤྲོད་ཀྱི་ཡོད། དེ་མིན་གྱི་ངལ་ནུས་ལྷག་མ་རྣམས་ལ་ཐོན་ལས་གཉིས་པ་དང་གསུམ་པར་ཞུགས་ནས་ཁྱིམ་ཚང་གི་དཔལ་འབྱོར་ཡོང་འབབ་མང་དུ་གཏོང་བའི་སྐུལ་མ་བཏང་ཡོད།

ས་གཙང་འགྲོག་རས་གསོ་ཚོགས་བྱས་པའི་ལོ་6གཡས་གཡོན་གྱི་འབྲི་གཡག་ནས་རྒྱ་མ་500ཡན་ཟིན་པའི་རིགས་བཤས་གཏོང་གི་ཡོད། དེ་ཡང་སྤྲོལ་རྒྱུན་གྱི་གསོ་ཚོགས་དུས་ཡུན་ལས་ལོ་གཉིས་ཐུང་དུ་སོང་བ་དང་བཤས་གཏོང་ལྗིད་ཚད་རྒྱ་མ་100ལྷག་ཙམ་འཕར་ཡོད། ང་ཚོས་ཚོད་རྩིས་བརྒྱབ་པ་བརྒྱུད་འབྲི་གཡག་གཅིག་གི་གསོ་ཚོགས་མ་གནས་སྒོར་7000ཙམ་ཡིན་ཞིང་། ཞིབ་ཚགས་གཏུབ་པ་དང་དུས་ཚིགས་ལྟོག་ནས་ཁྲིམ་རར་འཚོང་བ་སོགས་ཀྱི་བྱ་ཐབས་བརྒྱུད་འབྲི་གཡག་གཅིག་ལ་རིན་གོང་སྒོར་ཁྲི་1ཡན་རག་པ་དང་ཁེ་ཕན་ཐོབ་ཚད་སྒོར་3000ཟིན་གྱི་ཡོད། གཞི་ཁྱོན་ཅན་གྱི་གསོ་ཚོགས་བྱས་ནས་སྟོད་བཙུད་དོ་སྙོམས་ལ་སྲུང་སྐྱོང་ནུས་ལྡན་ཐུབ་སྟེ། རྫོང་ཡོངས་2020ལོར་རྩྭ་ཕྱུགས་དོ་སྙོམས་ཡོང་བའི་དམིགས་ཚད་མངོན་འགྱུར་ཐུབ་རེ་ཡོད་ལ། མི་སེར་ལ་འབབ་འཕར་དང་ཁེ་ལས་ལ་འབབ་འཕར་གྱི་གཉིས་ཁེ་ཡོང་རེའང་ཡོད་ཅེས་ཆེ་རིང་བཟང་པོས་བཤད་བྱུང་།

ཚོགས་ཆུང་ཡོངས་ལ་སྐུལ་འདེད་དང་། དུད་ཚང་གཉིས་ཀྱིས་མཉམ་གཉེར། དུད་ཚང་ཀྱང་པས་གཉེར་སྐྱོང་བཅས་ཀྱི་བྱེད་སྟངས་གཞིར་བཟུང་། རྫོང་ཡོངས་ཀྱིས་ཁྱིམ་ཚང་འགྲོག་ར་18བཙུགས། 2018ལོར་ཁྱིམ་ཚང་འགྲོག་ར་18ཀྱི་ལག་ཡོད་མགོ་གྲངས་4707ཟིན་པ་དང་། རྒྱགས་གསོ་བྱས་ནས་བཤས་གཏོང་ཚད་མགོ་གྲངས་960ཟིན་པ། ཁྱོན་བསྡོམས་འབབ་འཕར་སྒོར་ཁྲི་194.7ལྷག་ཙམ་བྱུང་ཡོད་ཅེས་འདམ་གཞུང་རྫོང་ཞིང་ལས་གྲོང་གསེབ་ཙུས་ཀྱི་ཙུས་ཀྲང་གཞོན་པ་སྤྱིན་པ་མཚམས་གཙོད་ཀྱིས་ངོ་སྤྲོད་བྱས།

ཚན་རྩལ་ལ་གཏོང་ཆ་མང་དུ་བཏང་ནས་ཞིང་འབྲོག་པ་དཔེ་གསར་སྐྱེད་སྲིང་བྱས་པ། སློབ་གྲྭ་ཆེ་མོ་བ་དང་ས་གནས་དེ་གའི་མང་ཚོགས་ལས་ཞུགས་དང་ངལ་རྩོལ་ལག་མ་གཞན་སྤྱར་བྱས་པ།

ལོ་49ལ་སླེབས་པའི་ཀོ་ཁྲིམ་གྲོང་ཚོའི་གྲོང་མི་ཕུན་ཚོགས་ཚེ་རིང་གི་ཕ་མེས་ཡང་མེས་ཚང་མ་འབྲོག་པ་ཡིན་པས། དེ་སྔོན་སྐྱུས་སྤྱོས་ཀྱི་འཚོ་བ་སྐྱེལ་གྱི་ཡོད། ས་སྐྱེས་རྗེ་སྐྱེས་ཀྱི་འབྲོག་པ་ཞིག་ས་གཙང་འབྲོག་རའི་ལས་མིར་གྱུར་ནས་ཟླ་རེར་ཡོང་འབབ་བརྟན་པོ་ཡོད་པ་བསམ་བློའི་ཡུལ་ལའང་འཁོར་མྱོང་མེད་ཅེས་ངོ་གདོང་ནག་ཅིང་གྲུང་ཤ་དོད་པའི་ཕུན་ཚོགས་ཚེ་རིང་གིས་དགའ་ཚོར་ཆེན་པོས་བཤད་བྱུང་།

ས་གཙང་ཀོ་ཁྲིམ་འབྲོག་རར་མ་ཞུགས་གོང་། ཕུན་ཚོགས་ཚེ་རིང་གི་ཁྲིམ་དུ་འབྲི་གཡག་མགོ་གྲངས་90ཡོད་པ་དང་། ལོ་ལྟར་གཏན་འཛུགས་ཀྱི་དུས་ཚོགས་སུ་བཤས་10ལས་གཏོང་གི་མེད། ཕྱུགས་རང་ཉིད་ཀྱིས་འཚོ་སྐབས། འབྲི་གཡག་གི་རྒྱུད་འཕེལ་དང་ཕྱིར་ཚོང་གི་གནད་དོན་ལ་སེམས་ཁྲལ་ཆེན་པོ་འདུག ད་ཆ་སེམས་ཁྲལ་དེ་དག་བྱེད་དགོས་མི་འདུག ངས་རང་ཁྲིམ་གྱི་འབྲི་གཡག་འབྲོག་རར་བསྐྱལ་ནས་མ་རྐང་བཞག་པ་ཡིན་ལ། ད་དུང་དེའི་ལས་མི་ཞིག་ཀྱང་བྱས་པ་ཡིན། ད་ཆ་ཕུན་ཚོགས་ཚེ་རིང་གི་ལས་ཀ་ནི་བ་ཚང་ཨང་4པར་ངོ་དམ་བྱེད་རྒྱུ་དེ་རེད།

ས་གཙང་ཀོ་ཁྲིམ་འབྲོག་རར་བ་ཚང་4ཡོད་པ་དེར་ས་གནས་དེ་གའི་མང་ཚོགས་13གྱིས་ལས་ཀ་བྱེད་ཀྱི་ཡོད། དེའི་ནང་སློབ་ཆེན་ཐོན་པའི་སློབ་མ་3དང་མང་ཚོགས་དབུལ་པོ་6ཡོད། བ་ཚང་རེར་ངོ་དམ་པ་དང་། ལྟ་སྐྱུལ་བ། ཕྱུགས་རིགས་སྨན་པ་བཅས་ཀྱང་ཡོད། བ་ཚང་རེར་འབྲི་གཡག་60གསོང་བ་དང་འབྲི་གཡག་དེ་དག་བ་ཚང་དེར་གསོ་ཚགས་ཞིབ་ཚགས་བྱས་ནས་ཆ་སྙོམས་ཉིན་རེར་རྒྱ་མ་4རྒྱགས་སུ་འགྲོ་ཡི་ཡོད། ཟླ་གསུམ་དུས་ཐུང་རྒྱགས་གསོ་བརྒྱབ་ནས་རྒྱ་མ་500བར་ལོན་རྗེས་གཞི་ནས་བཤས་གཏོང་གི་ཡོད།

དུས་ཐུང་རྒྱུགས་གསོ་རྒྱག་སྟངས་ལས་འབྲི་གཡག་གི་གཞི་ཁྱོན་ཅན་གསོ་ཚགས་མངོན་འགྱུར་དང་ཚགས་ཤའི་མགོ་སྐྱོད་ནུས་པ་ཆེ་རུ་འགྲོ་བ་མ་ཟད། ད་དུང་རང་བྱུང་རྩྭ་རར་ཕྱུགས་འཚོ་ཚད་ཙུང་དུ་གཏོང་བ་དང་རྩྭ་ཕྱུགས་དོ་སྙོམས་ལ་ཕན་པ་ཡང་ཡོད་ཅེས་འབྲོག་ར་དེའི་འགན་འཁུར་བ་ངག་དབང་རྡོ་རྗེས་བཤད།

བོད་ལྗོངས་དཔྱི་ཁོ་ཞིང་ལས་གསར་སྤེལ་ཚད་ཡོད་ཀུང་སིས་རྣམ་གྲངས་ལག་ལེན་བསྟར་རིང་། ལྡེ་མིག་རྩིས་སྤྲོད་ཀྱི་འདུ་འགོད་ལག་བསྟར་བྱས་ཏེ་ས་གནས་དེ་གའི་ལག་རྩལ་པ་གཉིས་གསོ་སྐྱོང་བྱས། ལྷག་པ་ཚེ་རིང་སློབ་ཆེན་ཐོན་རྗེས་2018ལོའི་ལོ་འགོར་ས་གཙང་ཀོ་ཁྱིམ་འབྲོག་རར་ལས་ཀར་འཛུལ་བ་དང་ད་ཆ་གཟན་རྩྭ་རིག་ནུས་འདེབས་འཛུགས་ཀྱི་ལག་རྩལ་རིམ་བཞིན་ཁོང་དུ་ཆུད་ཡོད། ས་ཆ་འདི་ནས་ངས་ཚན་རིག་དང་མཐུན་པའི་འབྲི་གཡག་གསོ་ཚགས་ཀྱི་ལག་རྩལ་མང་པོ་ཤེས་བྱུང་ལ། སྲོལ་རྒྱུན་གྱི་གསོ་ཚགས་དང་དེང་རབས་གསོ་ཚགས་དབར་གྱི་མངོན་གསལ་དོད་པའི་ཧེ་བག་ཀྱང་ཚོར་བྱུང་ཞེས་ལྷག་པ་ཚེ་རིང་གིས་བཤད།

འབྲི་གཡག་ལ་ཐོབ་ཐང་ལག་ཁྱེར་ཡོད་པ་དང་། དྲ་ཐོག་དང་དྲ་ཕྱིའི་ཁྲིན་ཚོང་ཟུང་འབྲེལ་བྱས་ཏེ་ཚོང་ལམ་ཡངས་སུ་བཏང་བས། ཁྲོམ་རའི་མདུན་ལམ་ཐར་ལམ་ཆེ་རུ་ཕྱིན་པ།

ལྷ་ས་གྲོང་ཁྱེར་གྱི་འབྲོག་ལས་རྐྱང་པའི་རྫོང་འབའ་ཞིག་འདམ་གཞུང་རྫོང་གི་སྲོལ་རྒྱུན་གྱི་འབྲི་གཡག་ཁ་ཐོར་གསོ་ཚགས་བྱེད་སྟངས་སྟབས་བདེ་ལ་རགས་ལས་ཡིན་པ་དང་དེའི་ཐོག་འབྲོག་པས་བཤས་གཏོང་མི་ཕོད་པ་དང་ཕྱིར་ཚོང་བྱེད་མི་ཕོད་པའི་ཁར། ཕྱིར་ཚོང་ཐབས་ལམ་དཀོན་པས་ད་བར་གཞི་ཁྱོན་ཅན་དང་གཅིག་སྡུད་ཅན་གྱི་གསོ་ཚགས་མངོན་འགྱུར་ཐུབ་མེད།

2015ལོར་འདམ་གཞུང་རྫོང་གིས་རྫོང་ཁོངས་ཀྱི་དངོས་ཡོད་ལ་གཞིགས་ནས་འདམ་

གཞུང་ཇོང་ས་གཙང་ལྷད་མེད་ཐོན་ལས་མ་འཛོག་གསར་སྤེལ་ཚད་ཡོད་ཀུང་སི་བཙུགས་ཏེ་ཐོབ་ཐང་ལག་ཁྱེར་ཡོད་པའི་ཚགས་ཤའི་ཁྱད་ལྡན་སྤུས་རྟགས་བཏོད་པ་དང་འབྲེལ་འདམ་གཞུང་འབྲི་གཡག་ས་གཤིས་མཚོན་རྟགས་ཀྱི་ཐོན་རྫས་སྤུང་སྒྲིང་དང་ས་གཤིས་མཚོན་རྟགས་ཀྱི་ཚོང་རྟགས་སྤུང་སྒྲིང་ཐོ་འགོད་བྱས་ནས་འདམ་གཞུང་གི་ཐོབ་ཐང་ལག་ཁྱེར་ཡོད་པའི་ཚགས་ཤའིSCདཔང་བདེན་ར་སྦྲོད་བྱས་པ་རེད།

2018ལོར་འདམ་གཞུང་ཇོང་གིས་ཐོབ་ཐང་ལག་ཁྱེར་ཡོད་པའི་ཚགས་ཤའི་བཟའ་བཅའ་ཅག་ཅིག་ཁྲི་3.5ལྷག་བཙོངས་ནས་ལོའི་ཕྱིར་ཚོང་ཡོང་འབབ་སྒོར་ཁྲི་1300ལྷག་ཟིན་པ་དང་། པེ་ཅིང་གྲོང་ཤར་ཁུལ་དཔལ་སྐྱོར་ལས་དོན་ས་ཚིགས་དང་འདམ་གཞུང་ཇོང་གི་ཐོབ་ཐང་ལག་ཁྱེར་ཡོད་པའི་ཚགས་ཤའི་བཟའ་བཅའ་ཅག་ཅིག་གི་མཁོ་སྤྲོད་གན་རྒྱ་བཞག་ནས་སྔོན་རྩིས་བྱས་ན་དཔལ་འབྱོར་ཕན་འབྲས་སྒོར་ཁྲི་300ལྷག་རག་རེ་ཡོད་པ། གྲུང་གོ་ཉེའུ་རེན་སྒྲོ་སྙིད་ཁང་དང་དུས་ཡུན་ལོ་གསུམ་གྱི་སྒོར་དུང་ཕྱུར་1གྱི་ཕྱིར་ཚོང་གན་རྒྱ་བཞག་པ་དང་། ཧོན་ཆིའུ་ཕུའུ་ཧྲེའུ་དང་གནད་སྨིན་དཔལ་སྐྱོར་གྱི་འཐབ་རྩུས་མཉམ་ལས་གན་རྒྱ་བཞག་ནས་ཕྱིར་ཚོང་ལས་སྣེགས་སུ་བཏོན་མ་ཐག་ཚགས་ཤ་ཀྲུན་300ཡི་མངགས་ཐོ་རག་པ་ཡོད། མིག་སྔར་འདམ་གཞུང་ཇོང་གི་ཐོབ་ཐང་ལག་ཁྱེར་ཡོད་པའི་ཚགས་ཤའི་ཐོན་རྫས་པེ་ཅིང་དང་། ཏྲང་ཏའེ། ཅང་སུའུ་སོགས་ས་ཆའི་རིམ་པ་མཐོ་བའི་ཁྲོམ་རར་ཕྱིར་ཚོང་བྱེད་ཀྱི་ཡོད་པ་རེད།

འདི་ནི་འདམ་གཞུང་ས་གཙང་གི་ཁྱིམ་འཁྱོག་ར་ཡིན་པ།

ཡུས་ཀྲུང་གི་སྙིང་སྟོབས་ལ་བརྟེན་ནས་འགག་སྒྲོལ་དམག་འཐབ་ལ་རྒྱལ་ཁ་མཐའ་གཅིག་ཏུ་ལྷངས།

——ལོ་སྟོད་ཀྱི་རང་ལྗོངས་ཀྱི་ཤིན་ཏུ་དབུལ་བའི་ས་ཁུལ་གྱི་དབུལ་སྒྲོལ་འགག་སྒྲོལ་སྐོར་གྱི་སྒྲིལ་སྒྲིག།

2019ལོ་ནི་དབུལ་སྒྲོལ་འགག་སྒྲོལ་གྱི་དམག་འཐབ་ལ་རྒྱལ་ཁ་ལེན་པའི་འགག་རྩའི་ལོ་ཞིག་རེད། འདི་ལོ་རྗེས། ལྗོངས་ཡོངས་ཀྱིས་སྤྱི་ཁྱབ་ཧྲུའུ་ཅི་ཞི་ཅིན་ཕིང་གི་དབུལ་སྐྱོར་གསར་སྤེལ་གྱི་རྣམ་བཤད་གལ་ཆེན་ཕྱོགས་ཡོངས་ནས་ལག་བསྟར་དང་། སེམས་ཁྲལ་མེད་པ་གཉིས་དང་འགན་ལེན་གསུམ་གྱི་མངོན་གསལ་དོད་པའི་གནད་དོན་ཐག་གཅོད་བྱེད་པའི་བཞུགས་མོལ་ཚོགས་འདུའི་ཐོག་སྤྱི་ཁྱབ་ཧྲུའུ་ཅིས་གནང་བའི་གསུང་བཤད་གལ་ཆེན་གྱི་དགོངས་དོན་ལག་བསྟར་གཏིང་ཟབ། ཁུལ་གསུམ་དང་ཀྲོའུ་གསུམ་གྱི་དབུལ་སྒྲོལ་འགག་སྒྲོལ་གྱི་བཞུགས་མོལ་ཚོགས་འདུ་དང་ཤིན་ཏུ་དབུལ་བའི་ས་ཁུལ་གྱི་དབུལ་སྒྲོལ་འགག་སྒྲོལ་གྱི་བཞུགས་མོལ་ཚོགས་འདུའི་དགོངས་དོན་ལག་བསྟར་དོན་འཁྱོལ། 《བོད་རང་སྐྱོང་ལྗོངས་ཀྱི་ཤིན་ཏུ་དབུལ་བའི་ས་ཁུལ་གྱི་དབུལ་སྒྲོལ་འགག་སྒྲོལ་གྱི་ལག་བསྟར་ཇུས་གཞི（2018ལོ་ནས་2020ལོ་བར）》（གཤམ་དུ《ལག་བསྟར་ཇུས་གཞི་》ཞེས་བསྡུས་ཀྱི）ནང་གཏན་འཁེལ་བྱས་པའི་ལས་འགན་ཁག་དང་ཞིབ་ཕྲའི་བྱེད་ཐབས་དམིགས་ཚད་དུ་བྱེད་པ། གསར་འཕར་གསུམ་དོན་འཁྱོལ་ནན་པོ་བཅས་བྱས་ཏེ་དེ་བས་དཀའ་ངལ་ཆེ་བ་དང་འཐུས་སྣོན་ཅན་དེ་བས་མང་བའི་ཕྱོགས་སུ་མདུན་སྐྱོད་བྱས་ཡོད།

མཐོ་སར་བརྟེན་ནས་ཕྱུགས་ཡོངས་བཀོད་སྒྲིག་ལ་སྐུལ་འདེད་བཏང་སྟེ་རྩེ་རིམ་བྱས་འགོད་འཐུས་སྒོ་ཚང་དུ་བཏང་བ།

འདི་ལོ་ཚུན་དུ་ལྷོངས་ཡོངས་ཀྱི་ཤིན་ཏུ་དབུལ་བའི་ས་ཁུལ་གྱི་དབུལ་སྒྲོལ་འགག་སྒྲོལ་གྱི་དམིགས་ཚད་དེ་བས་གཅིག་སྒྱུར་དང་མ་དངུལ་གཏོང་ཚད་རྒྱུན་ཆད་མེད་པར་མང་དུ་ཕྱིན་ནས་ཆབ་མདོ་དང་། གཞིས་རྩེ། ནག་ཆུ་བཅས་འཐབ་ས་གཙོ་བོ་གསུམ་དང་ཤིན་ཏུ་དབུལ་བའི་རྫོང་དང་ཆུས་ལ་མ་དངུལ་སྐོར་དུང་ཕྱུར་120.5བཀོད་སྒྲིག་བྱས་པ་དང་ལྷོངས་དང་གྲུང་དབྱང་ཐད་གཏོགས་སྡེ་ཚན་གྱི་གྲོང་སྡོད་ལས་དོན་རུ་ཁག་581ཚང་མ་དཀའ་ཚོགས་ཆེ་བའི་གྲོང་ཚོ་དབུལ་པོར་བཏང་ནས་མཉམ་སྡེབ་དཔལ་འབྱོར2302དང་མཉམ་ལས་རུ་འཛུགས་2452གཉེར་རོགས་བྱས་པ་རེད།

དབུལ་སྒྲོལ་འགག་སྒྲོལ་གྱི་དམག་འཐབ་ལ་རྒྱལ་ཁ་ལེན་པ་དང་། 2020ལོར་ལྷོངས་ཡོངས་ཀྱི་རྫོང་དང་ཆུས་དབུལ་པོ་74ཚང་མའི་དབུལ་ཞྭ་འབུད་པ། མི་འབོར་དབུལ་པོ་ཚང་མ་དབུལ་སྒྲོལ་ཐུབ་པ། ས་ཁོངས་རང་བཞིན་གྱི་དབུལ་པོ་ཚང་མ་དབུལ་སྒྲོལ་ཐུབ་པ་བཅས་བྱ་ཆེད། རང་སྐྱོང་ལྗོངས་ཏང་ཨུད་དང་སྲིད་གཞུང་གིས་ཚད་མཐོའི་མཐོང་ཆེན་བྱས་ཏེ། གནད་སྨིན་དྲུག་དང་། ཁག་གཅིག་རེ་ལྟ། སེམས་ཁྲལ་མེད་པ་གཉིས་དང་འགན་ལེན་གསུམ་བཅས་ཀྱི་ླན་བྱ་དང་དམིགས་ཚད་ལ་དམ་པོར་དམིགས་ཏེ་མི་དམངས་ལྟེ་བར་འཛིན་པའི་འཕེལ་རྒྱས་ཀྱི་བསམ་བློ་བརྟན་པོར་བཙུགས་པ་དང་མཐོ་སར་བརྟེན་ནས་སྐུལ་འདེད་གཏོང་རྒྱུ་མཐའ་འཁྱོངས་བྱས་ཏེ་གནད་སྨིན་དབུལ་སྒྲོལ་འགག་སྒྲོལ་ལས་དོན་གྱི་འགོ་ཁྲིད་ལ་རྒྱུན་ཆད་མེད་པར་ཤུགས་སྣོན་བརྒྱབ་ཡོད།

ལོ་སྟོད་དུ་རང་སྐྱོང་ལྗོངས་ཀྱི་ཞིང་ཆེན་རིམ་པའི་འགོ་ཁྲིད་སྤྱི་རྗེས་སུ་ཆབ་མདོ་དང་། གཞིས་རྩེ། ནག་ཆུ་སོགས་ཤིན་ཏུ་དབུལ་བའི་ས་ཁུལ་དུ་བསྐྱོད་ནས་མང་ཚོགས

དབུལ་པོའི་སེམས་ཁྲལ་མེད་པ་གཉིས་དང་འགན་ལེན་གསུམ་གྱི་གནད་དོན་ལ་བརྟག་ཞིབ་གཏིང་ཟབ་བྱས་པ་དང་འབྲེལ་རང་དངོས་ཀྱི་བརྟག་ཞིབ་གྲུབ་འབྲས་ཕྱོགས་བསྡུས་དང་དབྱེ་ཞིབ་བྱས་པའི་རྨང་གཞིའི་ཐོག་སེམས་ཁྲལ་མེད་པ་གཉིས་དང་འགན་ལེན་གསུམ་གྱི་མངོན་གསལ་དོད་པའི་གནད་དོན་ཕྱོགས་ཡོངས་ནས་ཐག་གཅོད་བྱེད་པའི་སྤྱི་ཡོངས་ཀྱི་བརྟག་ཞིབ་སྙན་ཞུ་གྲུབ་པ་དང་ལྷག་པའི་གནད་དོན་གསེད་དཀྲོལ་ཞིབ་ཚགས་བྱས་པ་མ་ཟད། གྲོང་ཚོ་དང་དུད་ཚང་དུ་བསྐྱོད་དེ་ཐག་གཅོད་ཀྱི་ཇུས་གཞི་གནད་འཕིགས་དང་བཟོས་ཡོད། ཟམ་མི་ཆད་པར་ཐོན་པའི་གནས་ཚུལ་གསར་པ་དང་། གནད་དོན་གསར་པ། བླང་བྱ་གསར་པ་བཅས་ལ་གཞིགས་ནས། རང་ལྗོངས་ཀྱིས་དབུལ་སྐྱོལ་འགག་སྐྱོལ་གྱི་དམིགས་ཚད་དང་གནད་དོན་གྱི་ཕྱོགས་སྟོན་མཐའ་འཁྱོངས་བྱས་ནས་རྩེ་རིམ་ཇུས་འགོད་སྟར་བས་འཐུས་སྐོ་ཚང་དུ་བཏང་བ་དང་སྲིད་ཇུས་བྱེད་ཐབས་ཁག་བཀོན་ཏེ་ཀ་བཞི་གདུང་བརྒྱད་ཀྱི་དབུལ་སྐྱོལ་འགག་སྐྱོལ་གྱི་སྲིད་ཇུས་མ་ལག་འཛུགས་པ་དང་འཐུས་སྐོ་ཚང་དུ་བཏང་ཡོད།

རྨང་གཞི་འདིང་བ་དང་ཞན་ཆ་གསབ་སྟེ་སེམས་ཁྲལ་མེད་པ་གཉིས་དང་འགན་ལེན་གསུམ་གྱི་མངོན་གསལ་དོད་པའི་གནད་དོན་ཐག་གཅོད་བྱས་པ།

ཐོན་ལས་འཕེལ་རྒྱས་གཏོང་བ་ནི་མི་འབོར་དབུལ་པོ་དབུལ་སྐྱོལ་ཐུབ་པའི་རྩ་བའི་ཇུས་གཞི་ཡིན། ད་ཕན་ལོ་ཤས་རིང་། ལྗོངས་ཡོངས་ཀྱི་དབུལ་སྐྱོལ་འགག་སྐྱོལ་གྱི་ལས་དོན་ཁྲིད་ལེགས་ཆ་འདོན་སྤེལ་དང་ཞན་ཆ་གསབ་པའི་འབྲེལ་བ་དང་། གྲོང་ཁྱེར་དང་གྲོང་རྡལ་དུ་ལས་ཞུགས་དང་། ཐག་ཉེ་ས་དང་སྐབས་བདེ་སར་ལས་ཞུགས། རང་ས་རང་ཡུལ་ནས་མི་འབྲལ་བ། སློབ་ཤེས་པ་དང་སློབ་ཐུབ་པ་བཅས་ཀྱི་འབྲེལ་བ་ཐག་གཅོད་ཡང་དག་བྱ་རྒྱུར་དམིགས་ནས་ཐོན་ཁུངས་ཀྱི་ལེགས་ཆ་དང་དགེ་མཚན་ཆེ་རིགས་ལ

གཞིགས་པ། ཡུལ་བབ་དང་བསྟུན་ནས་ཁྱད་ལྡན་ཐོན་ལས་འཕེལ་རྒྱས་གཏོང་བ། ཞིང་ལས་འཚམ་སར་ཞིང་ལས། འབྲོག་ལས་འཚམ་སར་འབྲོག་ལས། ནགས་ལས་འཚམ་སར་ནགས་ལས། ཚོང་ལས་འཚམ་སར་ཚོང་ལས། ཡུལ་སྐོར་ལས་རིགས་འཚམ་སར་ཡུལ་སྐོར་ལས་རིགས་གཉེར་བ་བཅས་བྱས་ཏེ་མང་ཚོགས་དབུལ་པོ་རང་ས་རང་ཡུལ་ནས་མི་བྲལ་བར་ཐོན་ལས་འཕེལ་རྒྱས་ནང་ཞུགས་ཏེ་འབབ་འཕར་ཕྱུག་འགྱུར་ཡོང་བ་བྱས་ཡོད།

རང་ལྗོངས་ཀྱིས་ཐོན་ལས་དབུལ་སྐྱོར་དེ་དབུལ་སྒྲོལ་བརྟན་པོ་དང་རྒྱུན་མཐུད་འབབ་འཕར་གྱི་དམ་འཛིན་བྱ་གཞིར་བཟུང་ནས། ཐོན་ཁུངས་ལེགས་ཆར་གཞིགས་པ་དང་འཕེལ་རྒྱས་ཀྱི་བྱེད་ཐབས་གསར་གཏོད་དང་། ཁྱད་ལྡན་དབུལ་སྐྱོར་ཐོན་ལས་མགྱོགས་མྱུར་འཕེལ་རྒྱས་འགྲོ་རྒྱུར་སྐུལ་འདེད་གཏོང་བ། ནས་དང་འབྲི་གཡག་སོགས་ཀྱི་ཐོན་ལས་གཙོ་གནད་ཐོག་བཏོད་པ། ཞིང་འབྲོག་ཐོན་ཟས་ལས་སྣོན་ལས་རིགས་འཕེལ་རྒྱས་ཤུགས་ཆེན་གཏོང་བ། ཐོན་ལས་ཀྱི་ནུས་པ་ཆེ་རུ་གཏོང་བ། གྲོང་གསེབ་ཀྱི་ཡུལ་སྐོར་དང་ཚོང་དོན་འཕོར་རྒྱུག་སོགས་ཐོན་ལས་གསར་པ་དང་ལས་རྣམ་གསར་པར་སྐུལ་འདེད་གཏོང་བ་བཅས་བྱས་ཏེ་ཐོན་ལས་དང་པོ་དང་། གཉིས་པ། གསུམ་པ་བཅས་མཉམ་འདྲེས་འཕེལ་རྒྱས་ལ་སྐུལ་འདེད་བཏང་ཡོད། ཟླ་དྲུག་པའི་ཟླ་མཇུག་བར། ལྗོངས་ཡོངས་སུ་རིམ་རྩིས་བྱས་ན། ཐོན་ལས་དབུལ་སྐྱོར་རྣམ་གྲངས་2481ལས་འགོ་བཙུགས་པ་དེས་འཆར་འགོད་རྣམ་གྲངས་བསྡོམས་འབོར་གྱི་བརྒྱ་ཆ་82བཟུང་ཡོད། རིམ་རྩིས་བྱས་ན། མ་དངུལ་སྒོར་དུང་ཕྱུར་336.52དམིགས་སར་འཇོར་བ་དང་མ་དངུལ་སྒོར་དུང་ཕྱུར་275.94བཏང་ཁར། ལྗོངས་ཡོངས་སུ་རིམ་རྩིས་བྱས་ན། ཐོན་ལས་ལ་བརྟེན་ནས་དབུལ་པོ་ཁྲི་22.09དབུལ་སྒྲོལ་བྱུང་ཡོད།

སློབ་གསོ་དང་དབུལ་སྐྱོར་འཕེལ་རྒྱས་ཀྱི་རྣམ་པ་བཟང་བ། འོས་འགན་སློབ་གསོའི་ཐད་སློབ་ཕོར་ཚོད་འཛིན་དང་སློབ་ཞུགས་འགན་ལེན་གྱི་ལས་དོན་དང་སློབ་གསོའི་

དཔལ་སྐྱོར་སྲིད་ཇུས་དོན་འཁྱོལ་ལ་དམ་འཛིན་ཏན་ཏིག་བྱས་ཏེ་ལས་རིགས་སློབ་གསོའི་དཔལ་སྐྱོར་ཆེད་དོན་སློབ་བསྡུའི་འཆར་གཞི་སྒྲུབ་ལག་བསྟར་བྱས་ཡོད།

བདེ་ཐང་དཔལ་སྐྱོར་གྱི་ཕན་འབྲས་མངོན་གསལ་དོད་པ། སྔོན་ལ་ནད་ལྷ་བ་དང་རྗེས་སུ་སྨན་རིན་རྩིས་རྒྱག་དང་ཁག་གཅིག་རེ་གསུམ་གྱི་ལམ་ལུགས་ཕྱོགས་ཡོངས་ནས་དོན་འཁྱོལ་དང་དམིགས་བསལ་དཀའ་ངལ་ཡོད་པའི་རོགས་སྐྱོབ་ཚད་གཞི་སྟེང་བས་མཐོ་རུ་བཏང་སྟེ་ཞིང་འབྲོག་ཁུལ་གྱི་མི་རེའི་ཆ་སྙོམས་སྨན་བཅོས་ཁ་གསབ་སྙོར་555བར་མཐོ་རུ་བཏང་ཡོད།

ལས་ཞུགས་གསོ་སྐྱོང་ཏན་ཏིག་བྱས་པ། རང་ལྗོངས་ཀྱིས་ཁེ་ལས+མི་འབོར་དཔལ་པོ་དང་། ཁེ་ལས+མི་འབོར་དཔལ་པོ+གསོ་སྐྱོང་སྒྲིག་གཞི་སོགས་མངགས་ཐོ་དང་ཁ་ཕྱོགས་གཏན་འཁེལ་གྱི་གསོ་སྐྱོང་བྱེད་ཐབས་སྤྱད་དེ། གསོ་སྐྱོང་བྱས་ནས་ལས་ཞུགས་ཐུབ་ཚད་མང་དུ་བཏང་ཡོད། ཟླ་དྲུག་པའི་ཟླ་མཇུག་བར། ཐོན་ལས་དང་། རྣམ་གྲངས། ཁེ་ལས་བཅས་ཀྱིས་ལས་མི་བསྡུ་བའི་ཐབས་ལམ་བརྒྱུད། རིམ་རྩིས་བྱས་ན་མི་26101ལས་ཞུགས་གཞན་སྒྱུར་བྱས་ཡོད།

རྨང་གཞིའི་ཞན་ཆ་སྟེང་བས་གསབ་པ། ས་ཁུལ་དཔལ་པོའི་མང་ཚོགས་ལ་འཕྲུང་ཆུ་དཀོན་པ་དང་། ཕྱིར་སྐྱོད་དཀའ་བ། གློག་དཀོན་པ་སོགས་སེམས་ཁྲལ་གཉིས་དང་འགན་ལེན་གསུམ་གྱི་མངོན་གསལ་དོད་པའི་གནད་དོན་ལ་དམིགས་ནས་ཆུ་དང་། གློག ལམ། འཕྲིན་གཏོང་། དྲ་རྒྱ་བཅས་དང་སློབ་གསོ་དང་། ཚན་རྩལ། རིག་གནས། འཕྲོད་བསྟེན། འགན་བཅོལ་བཅས་མཐོར་གཏོང་བཅུ་ཡི་འདུ་འགོད་ཕྱོགས་ཡོངས་ནས་ལག་བསྟར་བྱས་ཡོད། མིག་སྔའི་བར་ལྗོངས་ཡོངས་ཀྱི་གྲོང་ཚོ་200ལྷག་ཙམ་ལ་གྲོང་གསེབ་ཀྱི་འཕྲུང་ཆུའི་བདེ་འཇགས་ཀྱི་རྨང་གཞི་སྲ་བརྟན་དང་ སྤུས་ཚད་མཐོར་གཏོང་འདུ་འགོད་ལག་བསྟར་བྱས་པར་བརྟེན། མི་འབོར་དཔལ་པོ་ཁྲི་1.8ཀྱི་འཕྲུང་ཆུའི་བདེ་འཇགས་ཀྱི་གནད་དོན་

མངོན་གསལ་དོད་པོས་ལེགས་སུ་ཕྱིན་ཡོད། རིམ་རྩིས་བྱས་ན། ཡིག་ཚགས་དང་གླུ་བཟོས་པའི་མང་ཚོགས་དབུལ་པོ་8900ལྷག་ཙམ་གྱི་ཉེན་ཡོད་ཁང་པ་བརྟན་དུ་བཏང་བ་དང་སྒྱུར་བཀོད་བྱས་ཡོད།

གློ་སྐྱོར＋རིག་སྐྱོར་ལས་མང་ཚོགས་དབུལ་པོའི་ནང་གནས་གསོན་ཤུགས་འཕེལ་བ།

འདི་ལོའི་ལོ་སྟོད་དུ་ནག་ཆུ་གྲོང་ཁྱེར་སོག་རྫོང་གིས་རྫོང་ཡོངས་ཀྱི་མང་ཚོགས་དབུལ་པོའི་སྡུག་བརྟེན་སློང་གསུམ་གྱི་བསམ་བློ་དང་སྒོ་འགྲམ་དུ་ཉེ་མ་སློས་ནས་གཞན་གྱིས་འབྱོར་འབྲིང་སྐྱེལ་རྒྱུ་སྡུག་ནས་སྡོད་པའི་བསམ་བློར་འགྱུར་ལྡོག་གཏོང་རྒྱུར་སྟར་བས་སློབ་གསོ་ཁྲིད་སྟོན་བྱས་ཏེ། མང་ཚོགས་ཀྱི་དབུལ་སྒྲོལ་ཕྱུག་འགྱུར་གྱི་ནང་གནས་གསོན་ཤུགས་རྒྱུན་ཆད་མེད་པར་འཕེལ་བར་བྱས་ཡོད། བསམ་བློའི་དབུལ་སྐྱོར་དང་དངོས་པོའི་དབུལ་སྐྱོར་མཉམ་དུ་སྤེལ་རྒྱུར་སྐུལ་འདེད་བཏང་སྟེ་བྱེད་ཐབས་སྣ་མང་གི་བློ་སྐྱོར་རིག་སྐྱོར་འཛིན་གྲྭ་གཉེར་ནས། རྒྱ་ཆེའི་དུད་ཚང་དབུལ་པོར་ཏང་དང་རྒྱལ་ཁབ་ཀྱི་དབུལ་སྐྱོར་སྲིད་ཇུས་དྲིལ་བསྒྲགས་གཏིང་ཟབ་བྱས་ཏེ། མང་ཚོགས་དབུལ་པོས་རང་འགུལ་ངང་དབུལ་སྒྲོལ་བྱ་རྒྱུར་སྐུལ་མ་བཏང་ཡོད། དཀའ་ལས་རྒྱག་དགོས་བྱུང་ཡང་། དབུལ་པོའི་གནས་ལ་ཐར་རྒྱུའི་འདུ་ཤེས་བརྟན་པོ་བཙུགས་ཏེ་དབུལ་སྒྲོལ་ཐད་གཞན་སྐུལ་ནས་རང་འགུལ་གྱི་བྱ་སྤྱོད་ལ་འགྱུར་བ་བྱས་ཡོད།

ལྷོ་ཁ་གྲོང་ཁྱེར་ཆུ་གསུམ་རྫོང་དབུལ་སྒྲོལ་འགག་སྒྲོལ་དྲིལ་བསྒྲགས་སློབ་གསོ་དག་ཐེར་ཚོགས་ཆུང་གི་དབུལ་སྐྱོར་སློབ་ཁང་ཆེ་མོའི་སྒྲོག་འགྲེལ་ཙ་ཁག་གིས་དབུལ་སྒྲོལ་བརྒྱུད་རིམ་ནང་ལྷག་པའི་གནད་དོན་ལ་དམིགས་ནས། མང་ཚོགས་ཀྱི་དགོས་གཞིར་ལན་བརྒྱབ་ནས་མང་ཚོགས་ཚང་མས་སྲིད་ཇུས་ཤེས་པ་དང་། མང་ཚོགས་ཚང་མས་ཤེས་བྱ་ཤེས་པ། གནད་དོན་ཚང་མ་རྟོགས་ཐུབ་པ་བཅས་བྱས་ཏེ་དབུལ་སྐྱོར་གྱི་ཤེས་བྱ་དྲིལ་

བསྒྲགས་ཁ་གསལ་བྱས་པར་བརྟེན་སྲིད་ཇུས་སྒྲིག་འགྲེལ་མི་སེམས་ལ་ཟུག་ཡོད།

ཆུ་གསུམ་རྫོང་དབུལ་སྒྲོལ་འགག་སྒྲོལ་དྲིལ་བསྒྲགས་སློབ་གསོ་དག་ཐེར་ཚོགས་ཆུང་གིས་རྫོང་ཡོངས་ཀྱི་ཤང་དང་གྲོང་རྡལ་5ལ་བྱེད་ཐབས་སྣ་མང་སྤྱད་དེ་དབུལ་སྒྲོལ་འགག་སྒྲོལ་སྲིད་ཇུས་དྲིལ་བསྒྲགས་སློབ་གསོའི་བྱེད་སྒོ་མུ་མཐུད་སྤེལ་ཏེ། དབུལ་སྒྲོལ་འགག་སྒྲོལ་གྱི་སྲིད་ཇུས་གྲོང་ཚོ་དང་། ཚོགས་ཆུང་། མང་ཚོགས་བཅས་ལ་དྲིལ་བསྒྲགས་བྱས་ནས། དམངས་ཕན་སྲིད་ཇུས་དེ་བས་མང་བ་ཁྱིམ་ཚང་ཀུན་གྱིས་ཤེས་ཐུབ་པ་དང་དབུལ་སྒྲོལ་འགག་སྒྲོལ་ལ་སྐུལ་ལྕག་ཐུབ་ཆེད། རྫོང་ཡོངས་སུ་གོང་འོག་ཚང་མས་མཉམ་དུ་དབུལ་སྒྲོལ་འགག་སྒྲོལ་ལས་དོན་ལ་དོ་ཁུར་དང་། རྒྱབ་སྐྱོར། ཞུགས་པ་བཅས་ཀྱི་རྣམ་པ་ཟབ་མོ་བཏོད་ཡོད།

ལྷོང་ཡོངས་ཀྱི་རིམ་པ་ཁག་དང་སྡེ་ཚན་ཁག་གི་མང་ཚོགས་དབུལ་པོའི་སེམས་ཤུགས་འཕེལ་བ་དང་། སྤུལ་ཤུགས་ལ་སྐུལ་འདེད། འདུ་ཤེས་སྒྱུར་བ། རང་ཉིད་ལ་བརྟེན་ནས་དབུལ་སྒྲོལ། ཁུར་མཉམ་ལེན་དང་དོན་སྤྱི་སྒྲུབ། ཐབས་མང་མཉམ་སྦྱོད། ཕྱོགས་མང་མཉམ་འགྲུལ་བཅས་ཀྱི་སྒོ་ནས་བློ་སྐྱོར་དང་རིག་སྐྱོར་ལས་དོན་ལ་སྐུལ་འདེད་བཏང་བར་བརྟེན། མང་ཚོགས་ཚོའི་དབུལ་སྒྲོལ་གྱི་ཡིད་ཆེས་བརྟན་དུ་ཕྱིན་པ་མ་ཟད། དབུལ་སྒྲོལ་གྱི་སེམས་ཤུགས་འཕེལ་བ་དང་དབུལ་སྒྲོལ་གྱི་ནུས་པ་ཡང་ཆེ་རུ་ཕྱིན་ཡོད།

སྒྲིག་འགྲེལ་ཧུར་ཐག་བྱས། དབུལ་སྒྲོལ་མགྱོགས་པོ་བྱུང་།

——རང་ལྗོངས་ཀྱིས་སྲིད་ཇུས་དྲིལ་བསྒྲགས་ལ་ཤུགས་སྣོན་བརྒྱབ་ནས་དབུལ་སྒྲོལ་འགག་སྒྲོལ་ལ་རམ་འདེགས་བྱས་པ།

དབུལ་སྐྱོར་སྲིད་ཇུས་དྲིལ་བསྒྲགས་ཡག་པོ་དང་གསལ་འགྲེལ་གཏིང་ཟབ་བྱས་ནས་མང་ཚོགས་ཀྱི་སེམས་སུ་དངོས་འབྲེལ་ཟུག་པར་བྱས་ཆོ། གཞི་ནས་དབུལ་སྐྱོར་སྲིད་ཇུས་ཀྱི་ཁེ་ཕན་མཉམ་སྤྱོད་གང་ལེགས་བྱུང་ནས་མང་ཚོགས་ལ་ཕན་པ་གང་ལེགས་ཐོབ་རྒྱུ་རེད། འདི་ལོ་ཚུན་དུ་རང་ལྗོངས་ཀྱིས་དབུལ་སྐྱོར་སྲིད་ཇུས་དྲིལ་བསྒྲགས་ལས་དོན་ལ་སྐུལ་འདེད་ཧུར་ཐག་གཏོང་བ་དང་། གོ་བདེ་ལ་རྟོགས་སླ་བའི་སྐད་ཆ་དང་མང་ཚོགས་ལྷ་འདོད་ལ་ཉན་སྤྲོ་བའི་བྱེད་ཐབས་སྤྱོད་པ། ཏང་ཀྲུང་དབྱང་དང་རང་སྐྱོང་ལྗོངས་ཀྱི་དབུལ་སྒྲོལ་འགག་སྒྲོལ་གྱི་སྲིད་ཇུས་དང་བཞེད་དོན་གཞི་རིམ་མང་ཚོགས་ཀྱི་སེམས་སུ་ཟུག་པར་བྱེད་པ་བཅས་ཀྱི་ཐོག་ནས་དབུལ་སྐྱོར་སྲིད་ཇུས་དྲིལ་བསྒྲགས་ལས་དོན་ཁྱུག་ཆ་གཅིག་ཀྱང་མ་ལུས་པར་ཁྱོན་ཡོངས་ལ་ཁྱབ་པར་བྱས་ཡོད།

འབྲེལ་འདྲིས་ཆེ་བའི་དྲིལ་བསྒྲགས།

དབུལ་སྐྱོར་ལས་དོན་དེ་དུད་ཁྱིམ་ཁྲི་སྟོང་མང་པོ་དང་འབྲེལ་བ་ཡོད་པ་དང་ཐབས་དང་ཇུས་ཚང་མ་རང་ལྗོངས་ཀྱི་མང་ཚོགས་ཀྱི་བདེ་རྩ་དང་འབྲེལ་བ་ཡོད། དབུལ་སྐྱོར་ལས་དོན་སྤེལ་བའི་བརྒྱུད་སྤྱོད་ཡོ་ཆས་ལྟ་བུ་ཞིག་ཡིན་པའི་དབུལ་སྐྱོར་གྱི་ཡིག་ཆ་ཁག་ལས་མང་ཚོགས་དང་འབྲེལ་གཏུག་བྱེད་པའི་ཐད་ནུས་པ་གལ་ཆེན་ཐོན་མོད། འོན་ཀྱང་

དབྱུལ་སྐྱོར་ལས་དོན་ལ་མཇུབ་ཁྲིད་བྱེད་པའི་ཡིག་ཆ་འགའ་ཞིག་ལ་མང་ཚོགས་ཀྱིས་དོན་མི་རྟོགས་པ་དང་ཕྱི་རྩུལ་ཅན་སོགས་ཀྱི་གནད་དོན་ཡོད་པས་ལས་ཀའི་ནུས་པ་ཕྱེད་ཙམ་ལས་མི་ཐོན་པ་དང་མང་ཚོགས་མགོ་འཐོམ་གྱི་ཡོད། དེས་ན་དབྱུལ་སྐྱོར་སྲིད་ཇུས་སྒྲོག་འགྲེལ་པ་རྣམས་ལོ་ཙཱ་བ་ཡག་ཤོས་སུ་གྱུར་ཞིང་། ཡིག་ཆ་དང་རིགས་པའི་གཞུང་ལུགས་དག་ཡི་གེ་ཙམ་ཞིག་དང་གནས་ལུགས་ཙམ་ཞིག་མ་ཡིན་པར་དེ་བས་མང་ཚོགས་དང་འབྲེལ་བ་ཆེ་ལ་གོ་བདེ་རྟོགས་སླ་ཤ་སྟག་ཏུ་གྱུར་ཡོད།

རང་ལྗོངས་ཀྱི་གྲོང་ཁྱེར་དང་། ས་ཁུལ། གྲོང་ཚོ་ཁག་གི་ཞུ་ལྷན་གཉིས་ཀྱི་ཚན་ཁག་དང་། རྟའུ་ཅི་དང་པོ། གྲོང་སྡོད་ལས་དོན་ཚ་ཁག ཕྱུག་འགྱུར་སྣེ་ཁྲིད་པ་སོགས་ལས་གྲུབ་པའི་དབྱུལ་སྐྱོར་སྲིད་ཇུས་དྲིལ་བསྒྲགས་དཔུང་ཁག་གིས་ཞིང་ནང་དང་། ལྷུ་ཁ། མང་ཚོགས་ཀྱི་ཁྱིམ་བཅས་སུ་སྒྲོག་འགྲེལ་བྱེད་པར་བསྐྱོད་ཅིང་། ཐོག་མར་གྲོང་མི་འགའ་ཞིག་གིས་སྒྲོག་འགྲེལ་པ་རང་ཁྱིམ་དུ་ཡོང་བ་མཐོང་སྐབས་སེམས་ནང་མི་བདེ་བ་ཞིག་བྱུང་ནས་ཁོང་ཚོ་དང་སྤྲེལ་རེས་འབྲེལ་གཏུག་དེ་ཙམ་བྱེད་འདོད་བྱེད་ཀྱི་མེད། ཨ་ཅག་ལགས་གཟུགས་པོ་བདེ་པོ་ཡིན་ནམ། ཁྱེད་ཀྱིས་ང་ཚོའི་གྲོང་ཚོར་དུད་ཚང་དབྱུལ་པོ་ག་ཚོད་ཡོད་མེད་ཤེས་སམ། ཁྱེད་དབྱུལ་སྐྱོར་སྲིད་ཇུས་འདི་དག་ལ་རྒྱུས་མངའ་ཡོད་དམ་ལ་སོགས་སྒྲོག་འགྲེལ་པ་ཚོས་ཐབས་ཤེས་གང་ཡོད་ཀྱིས་གྲོང་མི་ཚོ་དང་འདྲིས་གང་ཐུབ་བྱས་པ་ལས་ཁོ་ཚོའི་སེམས་ཀྱི་མདུད་པ་གཞི་ནས་གྲོལ་ཏེ་སྒྲོག་འགྲེལ་པ་ཚོ་དང་སྤྲེལ་རེས་ལྷུག་པོ་བྱུང་།

གསོན་ཤུགས་ཀྱིས་ཕྱུག་པའི་བྱེད་ཐབས།

སྒྲོག་འགྲེལ་བ་ཚོས་ངག་འཇམ་ལ་དང་རྒྱུད་རིང་པོས་སྒྲོལ་འགྲེལ་བྱས་པ་ལས་དབྱུལ་སྐྱོར་སྲིད་ཇུས་ཁྱིམ་ཚང་ཀུན་གྱིས་ཤེས་ཤིང་མི་སེམས་སུ་ཟུག་པ་དང་། དབྱུལ་

སྒྲོལ་ཕྱུག་འགྱུར་བྱེད་འདོད་པའི་རང་ལྗོངས་ཀྱི་མང་ཚོགས་དབུལ་པོའི་ནང་སྐྱེས་སྒྲུལ་ཤུགས་འཕེལ་བ། མི་རིགས་ཁག་གི་མང་ཚོགས་ལ་ཏང་གི་བཀའ་དྲིན་ཚོར་བ་དང་། ཏང་གི་བཀའ་ལ་ཉན་པ། ཏང་གི་རྗེས་སུ་འབྲང་བ་བཅས་བྱེད་པར་ཁྲིད་སྟོན་ཐུབ་ནས་དབུལ་སྒྲོལ་འགག་སྒྲོལ་དམག་འཐབ་ལ་རྒྱལ་ཁ་ལེན་པ་དང་ཕྱོགས་ཡོངས་ནས་འབྱོར་འབྲིང་སྤྱི་ཚོགས་སྐྲུན་པར་སྟོབས་ཤུགས་སྐྱེས་སུ་ཕུལ་ཡོད།

ས་ཆ་དངོས་སུ་རང་ལྗོངས་ཀྱི་སྒྲིག་འགྲེལ་བས་གཞི་རིམ་མང་ཚོགས་ལ་དབུལ་སྐྱོར་སྲིད་ཇུས་བརྒྱུད་བསྒྲགས་དང་གསལ་འགྲེལ་བྱས་པ་དང་། དྲ་ཐོག་ཏུ་རང་ལྗོངས་ཀྱི་གསར་འགྱུར་སྨྱན་སྦྱོར་གྱིས་ལྗོངས་ཡོངས་ཀྱི་ཁྱབ་ཁོངས་སུ་དྲིལ་བསྒྲགས་བྱས་ཏེ་དབུལ་སྒྲོལ་འགག་སྒྲོལ་ལ་སེམས་ཁུར་དང་རྒྱབ་སྐྱོར་བྱེད་རིང་སྤྱི་ཚོགས་ཡོངས་ཞུགས་པའི་རྣམ་པ་ཟབ་མོ་ཞིག་བཏོད་ཡོད།

འདི་ལོ་ཚུན་དུ་རང་ལྗོངས་ཀྱི་གཙོ་རྒྱུན་སྨྱན་སྦྱོར་གྱིས《དབུལ་སྒྲོལ་འགག་སྒྲོལ་གྱི་དམག་འཐབ་ཀྱི་རྒྱལ་ཁ་ཕུ་ཐག་གཅོད་པ་》དང་།《གནད་སྨིན་དབུལ་སྒྲོལ་འགག་སྒྲོལ་གྱི་དམག་འཐབ་ཡག་པོ་རྒྱག་པ།》《དབུལ་སྒྲོལ་འགག་སྒྲོལ་གྱི་འཛོམ་བརྡ་གཏོང་བ་》སོགས་ཆེད་སྒྲིག་ལེ་ཚན་བཏོད་པ་དང་། མཐུན་སྒྲིལ་བརྟན་ལྷིང་གི་ངར་ཤུགས་དང་དྲང་ངོས་ཀྱི་དྲིལ་བསྒྲགས་མཐའ་འཁྱོངས་བྱས་པ་རེད། རིམ་རྩིས་བྱས་ན་དབུལ་སྒྲོལ་འགག་སྒྲོལ་གྱི་གསར་འགྱུར་རྩོམ་ཡིག་6300ལྷག་ཙམ་གཏོང་སྤེལ་བྱས་ནས་རྣམ་པ་བཟང་པོ་བཏོད་པ་དང་། མི་སེམས་གཅིག་ཏུ་སྒྲིལ་བ། འཕེལ་རྒྱས་ལ་སྐུལ་འདེད་གཏོང་བ་བཅས་ཀྱི་ནུས་པ་གལ་ཆེན་འདོན་སྤེལ་བྱས་ཡོད།

རང་ལྗོངས་ཀྱི་བྱེད་ཐབས་སྣ་ཚོགས་དང་གསོན་ཉམས་ལྡན་པའི་དྲིལ་བསྒྲགས་ལས་མང་ཚོགས་རྣམས་ལ་ཉན་ཐུབ་པ་དང་། ལྟ་ཐུབ་པ། བསམ་ཐུབ་པ། དང་ལེན་ཐུབ་པ། མྱོང་ཚོར་ཡོད་པ། བསམ་གཞིག་བྱ་གཞི་ཡོད་པ། བྱ་སྤྱོད་ཡོད་པ་བཅས་བྱུང་བ་དང་། མི་

རིགས་ཁག་གི་མང་ཚོགས་ཀྱིས་ཕན་པ་གང་ནས་བྱུང་བ་དང་ཕན་པ་སུ་ལ་འདོགས་པ་ཞེས་རྟོགས་བྱུང་བ། དབུལ་སྐྱོལ་ཕྱུག་འགྱུར་གྱི་ནང་སྙིས་སྒྲུལ་ཤུགས་མངོན་གསལ་དོད་པོས་ཆེ་ཏུ་སོང་བ། རང་འགུལ་ངང་དབུལ་སྐྱོལ་བྱེད་པའི་ཚོད་སེམས་སྟར་བས་ཆེ་ཏུ་སོང་ཡོད།

གཉིང་ཤུགས་འཕེལ་བའི་ཕན་འབྲས།

ལྷོངས་ཡོངས་ཀྱི་རིམ་ཁག་སྡེ་ཚན་ཁག་གིས་རིགས་པའི་གཞུང་ལུགས་སློབ་སྦྱོང་ལྟེ་བའི་ཚོགས་ཆུང་གི་སློབ་སྦྱོང་གཙོ་བོར་བཟུང་སྟེ། མཉམ་སྡེབ་སློབ་སྦྱོང་དང་མི་སྣེར་སློབ་སྦྱོང་། ཆེད་དོན་ཟུར་ཁྲིད་དང་སྦྱེལ་རེས་བགྲོ་གླེང་ཟུང་འབྲེལ་སོགས་ཀྱི་ཐབས་ཤེས་སྤྱད་ནས་སྤྱི་ཁྲབ་ཧུའུ་ཅི་ཞི་ཅིན་ཕིང་གི་དབུལ་སྐྱོར་ལས་དོན་སྐོར་གྱི་རྣམ་བཤད་གལ་ཆེན་དང་། དེ་བཞིན་སྐབས་རིམ་བྱུང་གི་དབུལ་སྐྱོར་ལས་དོན་བཞུགས་མོལ་ཚོགས་འདུའི་ཐོག་གི་གསུང་བཤད་གལ་ཆེན་གྱི་དགོངས་དོན་བརྒྱུད་རིམ་ལྡན་པའི་ངང་སློབ་སྦྱོང་བྱས་པ་དང་། དབུལ་སྐྱོལ་འགག་སྐྱོལ་དམག་འཐབ་ཀྱི་རྒྱལ་ཁ་ལེན་པའི་དོན་སྙིང་གལ་ཆེན་ལ་གོ་བ་གཏིང་ཟབ་བླངས་པ། བསམ་བློ་དང་བྱ་སྤྱོད་དབུལ་སྐྱོལ་འགག་སྐྱོལ་དམག་འཐབ་ཀྱི་རྒྱལ་ཁ་ཕུ་ཐག་གཅོད་པའི་ཐོག་གཅིག་གྱུར་ཏན་ཏིག་ཡོང་བར་བྱས་ཡོད།

རང་ལྗོངས་ཀྱིས《བོད་རང་སྐྱོང་ལྗོངས་ཀྱི་དབུལ་སྐྱོལ་འགག་སྐྱོལ་སྲིད་ཇུས་དྲིལ་བསྒྲགས་ལག་དེབ་》རྩོམ་སྒྲིག་པར་སྐྲུན་བྱས་པ་མ་ཟད། ལྗོངས་ཡོངས་ཀྱི་རྫོང་ཁྲུའུ་རིམ་པ་ཡན་གྱི་འགོ་ཁྲིད་ལས་བྱེད་པར་དབུལ་སྐྱོལ་འགག་སྐྱོལ་སྲིད་ཇུས་ཀྱི་ཚོད་རྒྱུགས་བཏང་བ་ལས་ཡིག་རྒྱུགས་འཕྲོས་ཚད་བརྒྱ་ཆ93.4ཟིན་ཡོད། ལྗོངས་ཡོངས་ཀྱི་རིམ་ཁག་སྡེ་ཚན་ཁག་གིས་རིགས་པའི་གཞུང་ལུགས་སློབ་སྦྱོང་ལྟེ་བའི་ཚོགས་ཆུང་གི་སློབ་སྦྱོང་ཚོགས་འདུ་དང་ཆེད་དོན་སློབ་སྦྱོང་ཚོགས་འདུ་ཐེངས་ཁྲི་ལ་ཉེ་བ་འཚོགས་ཤིང་། འབྲེལ་ཡོད་རིགས་

གཅིག་མཁས་ཅན་དང་མཁས་དབང་གདན་དྲངས་ནས་ཆེད་དོན་འཆད་ཁྲིད་ཐེངས་བརྒྱ་ལྷག་ཙམ་བྱས་ཡོད། མངའ་རིས་ས་ཁུལ་གྱིས་ངའི་དབུལ་སྒྲོལ་འགག་སྒྲོལ་གྱི་གཏམ་རྒྱུད་གཏམ་བཤད་འགྲན་བསྡུར་དང་དབུལ་སྒྲོལ་འགག་སྒྲོལ་སྲིད་ཇུས་ཀྱི་རིགས་པའི་གཞུང་ལུགས་ཤེས་བྱའི་འགྲན་བསྡུར་བྱེད་སྒོ་སྤེལ་བར་ལས་བྱེད་པ་དང་མང་ཚོགས་མི་ཐེངས་5000ལྷག་ཙམ་ཞུགས་ཡོད། སློབ་སྦྱོང་བྱས་པ་ལས་ལྡོངས་ཡོངས་ཀྱི་རྒྱ་ཆེའི་ཏང་ཡོན་དང་ལས་བྱེད་པ་ཚོའི་འགན་འཁྲི་གསལ་དུ་སོང་བ་དང་། སྲིད་ཇུས་གསལ་པོ་རྟོགས་པ། བསམ་ཕྱོགས་གསེད་བཀྲོལ། ཚོད་སེམས་བརྟན་དུ་སོང་ནས་མང་ཚོགས་ཀྱི་སྣེ་ཁྲིད་དེ་དབུལ་སྒྲོལ་ཕྱུག་འགྱུར་བྱེད་པའི་གདིང་ཤུགས་འཕེལ་ཡོད།

ཡར་ཆེན་རྒྱག་པའི་སྙིང་རུས་ལ་བརྟེན་ནས་དམངས་ཕྱུག་གི་བྱ་བ་ལེགས་པར་བསྒྲུབས།

——ཉིང་ཁྲི་གྲོང་ཁྱེར་གྱིས་དབུལ་སྒྲོལ་འགག་སྒྲོལ་གྱི་དམག་འཐབ་ལ་རྒྱལ་ཁ་མཐའ་གཅིག་ཏུ་ལེན་པའི་སྐོར་གྱི་སྙིལ་སྙིང་།

དབུལ་སྒྲོལ་འགག་སྒྲོལ་གྱི་དམག་འཐབ་ལ་རྒྱལ་ཁ་མཐའ་གཅིག་ཏུ་ལེན་པའི་དུང་སྒྲ་བསྒྲགས་ཚུན། ཉིང་ཁྲི་གྲོང་ཁྱེར་གྱིས་ཞི་ཅིན་ཕིང་གི་དུས་རབས་གསར་པའི་ཀྲུང་གོའི་ཁྱད་ཆོས་ལྡན་པའི་སྤྱི་ཚོགས་རིང་ལུགས་ཀྱི་དགོངས་པ་མཛུབ་ཁྲིད་དུ་བྱས་ནས་དབུལ་སྒྲོལ་གྱི་སྲུས་ཚད་མཐོ་རུ་གཏོང་རྒྱུ་ཨང་དང་པོར་འཛུག་པ་དང་། འགག་སྒྲོལ་གྱི་འགན་འཁྲི་ནན་དུ་གཏོང་བ། འགག་སྒྲོལ་གྱི་བྱ་ཐབས་ལ་ཤུགས་སྣོན་རྒྱག་པ། ནུས་ཤུགས་ཡོད་རྒུས་ཞན་ཆ་གསབ་པ། གྲོང་ཁྱེར་ཡོངས་ཀྱི་དབུལ་སྒྲོལ་འགག་སྒྲོལ་ལས་དོན་ལ་སྐུལ་འདེད་ཏན་ཏིག་གཏོང་བ་བཅས་བྱས་ནས་དབུལ་སྒྲོལ་འགག་སྒྲོལ་གྱི་ལས་དོན་ཚང་མ་ལྷོངས་ཡོངས་ཀྱི་སྔོན་དུ་སློེལ་ཡོད། 2018ལོར། ཉིང་ཁྲི་གྲོང་ཁྱེར་གྱིས་དུད་ཚང་དབུལ་པོ་1696གི་མི་གྲངས་5967ཉུང་དུ་བཏང་ནས་དབུལ་པོ་ཐོན་ཚད་བརྒྱ་ཆ0.33བར་ཆག་པ་དང་། གྲོང་ཚོ་དབུལ་པོ་129ཕྱིར་འཐེན་བྱས་ཡོད། སྨན་གླིང་དང་། ཀོང་པོ་རྒྱ་མདའ། སྤོ་བོ་བཅས་རྫོང་གསུམ་དུས་བཀག་ལྟར་དབུལ་ཞྭ་ཕུད་པ་དང་། མེ་ཏོག་རྫོང་དང་། ཛ་ཡུལ་རྫོང་། སྣང་རྫོང་བཅས་དབུལ་ཞྭ་ཕུད་པའི་ཚད་གཞིར་སླེབས་ཡོད། དབུལ་སྒྲོལ་འགག་སྒྲོལ་གྱི་འཆར་གཞི་ཡག་པོ་ཞིག་བོད་ཀྱི་སྟོ་ལྷོང་མཛེས་ལྗོངས་ཁུལ་དུ་རིམ་གྱིས་ལག་ལེན་བསྟར་ཏེ་ཕྱོགས་ཡོངས་ནས་འཚོར་འབྱིང་སྤྱི་ཚོགས་སྐྲུན་པའི་ཕུགས་འདུན་ས་གཞི་འདིར་

མངོན་འགྱུར་ཡོང་བཞིན་མཆིས།

དབུལ་སྒྲོལ་འགག་སྒྲོལ་བྱེད་པར་ཐོན་ལས་སྟོན་ལ་འཕེལ་རྒྱས་གཏོང་དགོས།

ངས་ཕག་གསོ་ར་བ་གཉེར་སྐྱོང་བྱས་པར་གནོན་ཤུགས་ཆེ་ཙམ་འདུག དེས་ང་ཚོའི་ཁྱིམ་ཚང་ཚུད་པའི་ཡུལ་མི་དུད་ཚང་19ཡི་འཚོ་བར་ཤུགས་རྐྱེན་ཐེབས་ཀྱི་ཡོད། ཡིན་ནའང་། ང་ལ་ཁོ་ཚོའི་སྣེ་ཁྲིད་དེ་དབུལ་སྒྲོལ་ཕྱུག་འགྱུར་ཐུབ་པའི་གདེང་ཚོད་ཡོད་ཅེས་ཨ་ཕང་གིས་ཕག་གསོ་ར་བར་མཇུབ་མོ་འཛུགས་བཞིན་བརྗོད། ཕྱུག་འགྱུར་སྣེ་ཁྲིད་པ་ཞིག་གི་ངོས་ནས་ཨ་ཕང་ནི་ཛ་ཡུལ་རྫོང་སྤྱི་གཏོང་གྲོང་ཚོའི་གྲོང་ཚོ་ཨུ་ལྷན་གྱི་ཀྲུའུ་རེན་ཡིན་ཞིང་། ཁོང་གིས་མཉམ་ལས་ཁང་+དུད་ཚང་དབུལ་པོ་ཡི་བྱ་ཐབས་སྒྱུད་དེ་དུད་ཚང་དབུལ་པོའི་མི་ངལ་རྩོལ་བྱེད་པར་བླུས་པ་མ་ཟད། ད་དུང་དུད་ཚང་དབུལ་པོའི་མི་ལ་ཕག་གསོའི་ལག་རྩལ་བསླབས་པས་དུད་ཚང་དབུལ་པོར་མ་རྐང་ལྟར་ཁེ་ཕྱོགས་བགོ་བཤའ་ཐོབ་ཡོད། བསྡོམས་རྩིས་ལ་གཞིགས་ན། ཕག་གསོ་རབས་སྤྱི་གཏོང་གྲོང་ཚོའི་དུད་ཚང་དབུལ་པོར་ཆ་སྙོམས་ལོ་རེར་འབབ་འཕར་སྒོར་5000ཡོང་བ་དང་། ལོ་རེར་གྲོང་ཚོའི་མཉམ་སྡེབ་ཀྱི་ཁ་གསབ་སྒོར་3000ཡོད་པ་དང་ཆབས་ཅིག གྲོང་ཚོ་ཡོངས་ཀྱི་རྒྱུན་མཐུད་འབབ་འཕར་ལ་སྐུལ་ཁྲིད་ཐུབ་ཡོད།

ཉེ་ལམ་ལོ་ཤས་རིང་། ཉིང་ཁྲི་གྲོང་ཁྱེར་གྱིས་ཐོག་མཐའ་བར་གསུམ་དུ་ཐོན་ལས་དབུལ་སྐྱོར་དབུལ་སྒྲོལ་འགག་སྒྲོལ་གྱི་གྲུབ་འབྲས་བརྟན་དུ་གཏོང་བའི་དམ་འཛིན་བྱ་གཞི་གལ་ཆེན་ཞིག་ལ་བརྩིས་ནས་གྲོང་ཁྱེར་ཡོངས་ཀྱི་རྒྱུད་གཅིག་དང་རྟེན་གཞི་བཞིའི་ཐོན་ལས་འཕེལ་རྒྱས་ཀྱི་བཀོད་ཇུས་གཞིར་བཟུང་། རྣམ་གྲངས་ལག་བསྟར་བྱེད་པོ་ཡག་པོ་འདེམས་པ་དང་། སྣེ་འདྲེན་ཁེ་ལས་དང་། གྲོང་ཚོའི་མཉམ་སྡེབ། མཉམ་ལས་ཁང་། ཕྱུག་འགྱུར་འཛིན་ཐང་ཅན་བཅས་གསོ་སྐྱོང་ལ་རོགས་སྐྱོར། མང་ཚོགས་དབུལ་པོ་ཐག་ཉེ་ས་དང་སྟབས་བདེ་སར་ལས་ཞུགས་ཐུབ་པར་སྐུལ་ཁྲིད་པར་བཅས་བྱས་པས4+1གི་ཐོན་

ལས་དབུལ་སྐྱོར་གྱི་བྱ་ཐབས་གསར་པ་རིམ་བཞིན་ཆགས་ཡོད།

སྲིད་ཇུས་དམངས་ཕན་གྱི་བྱ་ཐབས་ལ་བརྟེན་ནས་དབུལ་སྐྱོར་ལ་ཕན་འབྲས་ཐོན་པའི་འགན་ལེན་བྱས་པ།

སྐབས་ལེགས་པ་ཞིག་ལ་སྲིད་གཞུང་གིས་ང་ཚོ་འགན་བཅོལ་ལ་བླུགས་བྱུང་། དེ་ལྟར་མིན་ཚེ། ང་སྔར་ཡང་དབུལ་པོ་ཆགས་སྲིད་ཅེས་ཉིང་ཁྲི་གྲོང་ཁྱེར་སྨན་གླིང་རྫོང་ཨོ་རོང་གྲོང་རྡལ་ཤན་གྲོང་ཚོའི་ཡུལ་མི་ཉི་མ་སྒྲོལ་མས་སེམས་འགུལ་ཆེན་པོ་ཐེབས་བཞིན་བརྗོད། ཁྱོ་བོར་འཁྲིམ་འགྲུལ་ཆག་སྒོ་བྱུང་བས་ཉི་མ་སྒྲོལ་མའི་ཁྱིམ་གྱིས་སྨན་རིན་མང་པོ་གཏོང་དགོས་བྱུང་ཡོད། སྐབས་ལེགས་པར་རྫོང་གིས་ཁོང་ཚོའི་ཁྱིམ་ལ་དབུལ་པོ་བསྐྱར་ལོག་སྔོན་འགོག་གི་འགན་བཅོལ་ཉོས་ཡོད་པས་ཁོང་ཁྱིམ་གྱི་དཀའ་གནད་བསལ་ཡོད། 《དབུལ་སྒྲོལ་ལ་སྐྱུལ་ལྕུག་དང་དབུལ་པོ་བསྐྱར་ལོག་སྔོན་འགོག་གི་འགན་བཅོལ་ཉོ་རྒྱུའི་སྐོར་གྱི་བོད་རང་སྐྱོང་ལྗོངས་ཀྱི་ཇུས་གཞི་》གཞིར་བཟུང་། སྨན་གླིང་རྫོང་གིས་རྫོང་ཡོངས་ཀྱི་ཡིག་ཚགས་དང་གྲྭ་བཟོས་པའི་མི་འབོར་དབུལ་པོ་2040ལ་དབུལ་པོ་བསྐྱར་ལོག་སྔོན་འགོག་གི་འགན་བཅོལ་ཉོས་པར་དངུལ་སྒོར་204000ཟིན་ནས་དུད་ཚང་དབུལ་པོའི་དབུལ་སྒྲོལ་ལ་འགན་ལེན་ནུས་ལྡན་བྱས་ཡོད།

ཉེ་ལམ་ལོ་ཤས་རིང་། ཉིང་ཁྲི་གྲོང་ཁྱེར་གྱིས་དམངས་ཕན་སྲིད་ཇུས་དོན་འཁྱོལ་བྱེད་ཤུགས་སུ་མཐུད་ཆེ་རུ་བཏང་ནས་མང་ཚོགས་དབུལ་པོར་རོགས་སྐྱོར་བྱེད་དགོས་རིགས་ལ་རོགས་སྐྱོར་དང་། དབུལ་སྐྱོར་ནང་འཛོག་དགོས་རིགས་དབུལ་སྐྱོར་དུ་འཛོག་པ། འགན་བཅོལ་བྱེད་དགོས་རིགས་ལ་འགན་བཅོལ་བཅས་བྱས་ཡོད།

ཉིང་ཁྲི་གྲོང་ཁྱེར་གྱིས་སྡོད་བཅུད་ལས་གནས་གསབ་རེས་ཀྱི་སྲིད་ཇུས་དོན་འཁྱོལ་ཏུར་ཐག་བྱས་ནས་རང་སྐྱོང་ལྗོངས་ཀྱི་མི་དང་། ལས་གནས། འགན་འཁྲི། སླ་ཆ་བཅས་

གཏན་འཁེལ་གྱི་འབྲེལ་ཡོད་བླང་བྱ་གཞིར་བཟུང་། ཉིང་ཁྲི་གྲོང་ཁྱེར་གྱིས་མི་རེར་ལོ་ལྟར་སྒོར་3500སྤྲོད་པའི་ཚད་གཞིར་གཞིགས་ནས་དངུལ་གྲངས་བཞིན་སྤྲོད་བཅུད་ལས་གནས་མ་དངུལ་སྤྲད་པ་དང་། སློབ་གསོའི་དབུལ་སྐྱོར་སྲིད་ཇུས་དོན་འཁྱོལ་བྱས་ནས་ཞིན་ཏུ་དབུལ་པོའི་ཇོང་གི་སློབ་གསོའི་རྒྱང་གཞིའི་སྒྲིག་བཀོད་འཛུགས་སྐྲུན་ལ་སྐུལ་འདེད་མགྱོགས་མྱུར་གཏོང་བ་དང་། ཡིག་ཚགས་དང་གཟྷ་བཟོས་པའི་སློབ་གྲྭར་འགྲོ་མུས་ཀྱི་སློབ་གྲྭ་ཆེ་མོ་བ་དབུལ་པོའི་ཆ་འཕྲིན་ཞིབ་བསྡུར་བྱེད་པ། དུས་ཐོག་དང་འདང་ངེས་ཀྱི་སྒོ་ནས་མཐོ་སློབ་ཀྱིས་ལོ་དེའི་མཐོ་སློབ་སློབ་ཐོན་སློབ་མ་བསྡུ་བའི་སྐབས་ལྟག་བྱ་དགའི་དངུལ་སྤྲད་ཡོད། དེ་དང་ཆབས་ཅིག སྤྱི་ཚོགས་འགན་སྲུང་གི་སྲིད་ཇུས་དོན་འཁྱོལ་བྱས་ནས་མ་མཐའི་འཚོ་བ་འགན་ལེན་ཐ་སྙོང་གི་ནུས་པ་འདོན་སྤེལ་བྱས་ནས་གྲོང་གསེབ་ཀྱི་མ་མཐའི་འཚོ་བ་འགན་ལེན་གྱི་ཚད་གཞི་ལོ་རེར་སྒོར་3840བར་མཐོ་རུ་བཏང་བས་མ་མཐའི་འཚོ་བའི་ཚད་གཞི་དང་དབུལ་སྐྱོར་གྱི་ཚད་གཞི་གཉིས་ཀ་གཅིག་སྒྲིལ་ཐུབ་ཡོད།

བོར་ཡུག་སྤོད་མལ་བསྐྲུན་ནས་བདེ་སྐྱིད་ཀྱི་སྟོན་གྲངས་མཐོ་རུ་བཏང་བ།

སྨུ་བོ་ཇོང་སྲིད་གཞུང་གནས་ཡུལ་དང་བར་ཐག་སྤྱི་ལེ་24ཙམ་ཆོད་པའི་སྨད་པ་གྲོང་ཚོའི་ཡུལ་ལྗོངས་ལྟ་ན་སྡུག་པ་ཞིག་ཡོད་པས། ཡུལ་སྐོར་བ་མང་པོ་དེ་གར་འགྲོ་བའི་ཡིད་དབང་འཕྲོགས་ཡོད། དེ་ཁུལ་གྱི་ཡུལ་མི་ཚོས་ཡུལ་སྐོར་གྱི་ཐོན་ཁུངས་ལ་བརྟེན་ནས་ཡོང་འབབ་མང་པོ་གསོག་ཐུབ་ཡོད་ལ། བདེ་སྐྱིད་ཀྱི་སྟོན་གྲངས་ཀྱང་མཐོ་རུ་ཤུགས་ཆེན་ཕྱིན་ཡོད།

དེ་སྔ་ང་རང་གི་བསམ་པར་ང་ཚོའི་གྲོང་ཚོ་ཐག་རིང་ལུང་ཁུག་ཏུ་གནས་པས་ཡུལ་སྐོར་ལ་ཡོང་ཁུངས་ཡོད་ཀྱི་མ་རེད་བསམས་བྱུང་། ད་ལྟ་ཡུལ་མི་ཚོས་ཡུལ་སྐོར་ལ་བརྟེན་ནས་ཡོང་འབབ་མང་པོ་གསོག་ཐུབ་པ་མ་ཟད། ད་དུང་འཚོ་བའི་སྤུས་ཚད་ཀྱང་མཐོ་རུ

ཕྱིན་སོང་། ད་ཆ་ཡུལ་མིའི་ཁྱིམ་ལ་འཛོན་ཆས་གང་དགོས་ཡོད་ལ། ཁྱིམ་ཚང་ཁ་ཤས་ལ་ད་དུང་རླངས་འཁོར་ཀྱང་ཡོད་ཅེས་སྐད་པ་གྲོང་ཚོའི་ཧྲང་གྲི་ཕུའུ་རྦུའུ་ཅི་བསོད་ནམས་ཡོན་ཏན་གྱིས་ངོ་སྤྲོད་བྱས་བྱུང་།

ཡུལ་སྐོར་ལ་བརྟེན་ནས་ཡོང་འབབ་གསོག་པར་སྟོན་ལ་སྣོད་བཅུད་སྲུང་སྐྱོང་ཡག་པོ་བྱེད་པ་ནི་སྟོན་འགྲོའི་ཆ་རྐྱེན་ཡིན་ཞིང་། ཉེ་ལམ་ལོ་ཤས་རིང་། རིམ་ཅིས་ལྟར་ན། ཉིང་ཁྲི་གྲོང་ཁྱེར་གྱིས་ཤིང་འཛུགས་ནགས་བཟོ་མུའུ་ཁྲི་36དང་བྱེ་བཅོས་མུའུ་ཁྲི་45བྱས་པ་དང་། ཤིང་ནགས་མུའུ་ཁྲི་18བཏབ་པ། དཔལ་འབྱོར་ཤིང་སོན་སོན་བཟང་རྟེན་གཞི་མུའུ་ཁྲི་1ལྷག་ཙམ་བསྐྲུན་པ། སྣོད་བཅུད་བདེ་འཇགས་སྲུང་ཡོལ་འཛུགས་སྐྲུན་རྣམ་གྲངས་ཁག་70ལེགས་སྒྲུབ་བྱས་པ། རྒྱལ་ཁབ་ཀྱི་མ་དངུལ་སྒོར་དུང་ཕྱུར་2.6དོན་འབྱོལ་བྱས་ནས་རིམ་ཅིས་ལྟར་ན་སྣོད་བཅུད་ཁོར་ཡུག་སྲུང་སྐྱོང་མ་དངུལ་སྒོར་དུང་ཕྱུར་9.95བཏང་ཡོད།

ཉིང་ཁྲི་གྲོང་ཁྱེར་གྱིས་སྔར་རྒྱུན་བཞིན་ཕྱུགས་ལ་གཞི་ཚུགས་པ་དང་མིག་སྔར་དམིགས་ནས། ལོ་ལྟར་ལས་དོན་དངོས་ཁག་གཅིག་ཡག་པོ་སྒྲུབ་པ་དང་དོན་ཆེན་འགའ་ཞིག་སྒྲུབ་ཀྱི་ཡོད། ད་ཆ་མི་སེར་ལ་དངོས་གནས་དྲང་གནས་ཀྱི་བདེ་སྐྱིད་ཚོར་སེམས་བྱུང་ནས་ཁོ་ཚོའི་འཚོ་བ་དེ་བས་བདེ་སྐྱིད་ལྡན་ལ་རེ་བས་ཁེངས་པ་ཞིག་བྱུང་ཡོད་པ་རེད།

འདི་ནི་ཉིང་ཁྲི་གྲོང་ཁྱེར་རྫ་ཡུལ་རྫོང་སྨྱི་གཏོང་གྲོང་ཚོའི་ཧེང་པ་བའི་བུད་མེད་གཉིས་ཀྱི་གྲོང་ཚོའི་སྐྱིལ་ཁམ་འདེབས་འཛུགས་རྟེན་གཞིར་ལས་ཀ་བྱེད་བཞིན་པ།

རྒྱ་ཚུ་ལེགས་པས་འབྲི་གཡག་ཁ་རྗེད་རྒྱས། འགྲོག་པའི་འཚོ་བ་ཉིན་བཞིན་བདེ་སྐྱིད་ལྡན།

——ལྷ་རི་རྫོང་དང་ཚང་གྲོང་ཚོའི་སྤྱང་གཡག་གསོ་ཚགས་རྟེན་གཞིའི་སྐོར་བཀོད་པ།

2017ལོར་ཁྲོན་ཡོང་འབབ་སྒོར་ཁྲི་22ཙམ་ཐོན་པ་དང་ཐོབ་ཆ་སྒོར་ཁྲི་4་བགོས་པ་དང་ཁེ་བཟང་སྒོར་ཁྲི་5བྱུང་ཡོད། 2018ལོར་ཁྲོན་ཡོང་འབབ་སྒོར་ཁྲི་31ཙམ་ཐོན་པ་དང་ཐོབ་ཆ་སྒོར་ཁྲི་6.7བགོས་པ་དང་ཁེ་བཟང་སྒོར་ཁྲི་11བྱུང་ཡོད། གྲུབ་འབྲས་དེ་དག་ནི་ད་ཕན་ལོ་ཤས་རིང་ནག་ཆུ་གྲོང་ཁྱེར་ལྷ་རི་རྫོང་རྫ་འབི་ཤང་དང་ཚང་གྲོང་ཚོའི་སྤྱང་གཡག་གསོ་ཚགས་རྟེན་གཞིའི་འཕེལ་རྒྱས་ལ་ཐོབ་པའི་དཀའ་བ་སྐྱོ་འོས་པའི་གྲུབ་འབྲས་ཤིག་རེད།

འོན་ཀྱང་ལོ་གསུམ་གྱི་གོང་དུ་དང་ཚང་གྲོང་ཚོ་ནི་རྫ་འབི་ཤང་གི་ཤིན་ཏུ་དབུལ་བའི་གྲོང་ཚོའི་གྲས་ཡིན་ཞིང་། དུད་ཚང་38དང་མི་གྲངས་251ནང་དུད་ཚང་དབུལ་པོ་20དང་མི་གྲངས་140ཡོད་པས་དབུལ་པོའི་དུད་ཚང་གིས་བརྒྱ་ཆ55.78བཟུང་ཡོད།

དུས་ཡུན་རིང་པོའི་ནང་རྫ་འབི་ཤང་གི་མང་ཚོགས་རྣམས་སྲོལ་རྒྱུན་འབྲོག་ལས་ལ་བརྟེན་ནས་འཚོ་བ་སྐྱེལ་གྱི་ཡོད། ཁྱིམ་ཚང་ལ་འབྲི་གཡག་བདུན་ཡོད་ཀྱང་ངལ་རྩོལ་ནུས་ཤུགས་གཅིག་གཏོང་བ་དང་འབྲི་གཡག་བདུན་ཅུ་ཡོད་ཀྱང་ངལ་རྩོལ་ནུས་ཤུགས་གཅིག་གཏོང་བས་ངལ་རྩོལ་ནུས་ཤུགས་གཏོང་བའི་ནུས་པ་ཆ་སྙོམས་མེད། མིག་སྔར་གལ་འགངས་ཆེ་ཤོས་ནི་ངལ་རྩོལ་ནུས་ཤུགས་ལ་བཅིངས་འགྲོལ་གཏོང་རྒྱུ་དེ་ཡིན་

ཞིས་ལོ་ཁ་ཤས་གོང་ཛ་འབི་ཤང་ཏང་ཞུད་ཀྱི་ཧྲུའུ་ཅི་སྐབས་བཟང་དོན་གྲུབ་ཀྱིས་རྩིས་ཤིག་བརྒྱབ་རྗེས་དེ་ལྟར་བརྗོད།

ཞིབ་འཇུག་བྱས་པ་བརྒྱུད། ཛ་འབི་ཤང་གི་དོན་དངོས་དང་ཟུང་འབྲེལ་བྱས་ཏེ་མི་འབོར་གཅིག་སྡུད་ཆེ་བ་དང་དཔལ་འབྱོར་གྱི་སྟོབས་ཤུགས་ཞན་པའི་གྲོང་ཚོ་དང་པོ་དང་གཉིས་པ་དཔལ་འབྱོར་འཕེལ་རྒྱས་ཡུག་ཁུལ་གཏོད་པ་དང་། སྣོད་བཅུད་བཟང་བ་དང་རིག་གནས་ཀྱི་རྨང་གཞི་ལེགས་པའི་གྲོང་ཚོ་གསུམ་པ་དང་བཞི་པ། སྣོད་བཅུད་རིག་གནས་གསར་སྤེལ་ཡུག་ཁུལ། རྩྭ་ཁ་ལེགས་པ་དང་ས་ཁོངས་རྒྱ་ཁྱོན་ཆེ་བའི་གྲོང་ཚོ་ལྔ་པ་དང་། དྲུག་པ། བདུན་པ་བཅས་འཁྲོག་ལས་གསར་སྤེལ་ཁུལ་བཅས་ལ་གཏན་འཁེལ་བྱས་པ་མ་ཟད། བསམ་ཕྱོགས་གཞིར་བཟུང་རྩྭ་ཆུ་བཟང་བའི་གྲོང་ཚོ་ལྔ་པ་སྟེ་ངང་ཚང་གྲོང་ཚོར་ཕྱུས་ཚད་མཐོ་བའི་འཁྲོག་ལས་འཕེལ་རྒྱས་གཏོང་རྒྱུའི་ཐག་བཅད།

2017ལོའི་ལོ་འགོར། ལྷ་རི་རྫོང་ཞུད་དང་རྫོང་སྲིད་གཞུང་གི་མཐུན་སྦྱོར་འོག ཛ་འབི་ཤང་གིས་དངུལ་སྒོར་ཁྲི་280གྲབས་གསོག་བྱས་ཏེ་རྨང་གཞིའི་འཛུགས་སྐྲུན་ཐད་སྤྱད་ཅིང་། 2017ལོ་ཟླ་9ཚེས་15ཉིན་ནི་ངང་ཚང་གྲོང་ཚོའི་ལོ་རྒྱུས་ཐོག་གི་ཉིན་མོ་གལ་ཆེན་ཡིན་ཞིང་། ཉིན་དེར་རྒྱ་ཁྱོན་སྨི་ངོས་གྲུ་2000ཟིན་པའི་ལྷས་ར་དང་། གཟན་ཁང་། དུག་སེལ་ཁང་པ། ཞོར་ལས་ཐོན་རྫས་ལས་སྣོན་སོགས་གཞི་གཅིག་ཅན་གྱི་མྱང་གཡག་གསོ་ཚགས་རྟེན་གཞི་སྐྲུན་འགོ་ཚུགས་པས་གྲོང་ཚོ་ཡོངས་བདེ་སྐྱིད་དཔལ་ལ་རོལ།

རྟེན་གཞི་བསྐྲུན་པ་དེས་གྲོང་མི་རྣམས་ཕྱུག་པོ་ཆགས་རྒྱུའི་རེ་བ་ཡོད་ཅེས་ཟླ་རྒྱན་གྱིས་བཤད། ཁོང་གིས་ངང་ཚང་གྲོང་ཚོའི་ཏང་གྲི་ཤུའུ་ཧྲུའུ་ཅི་བྱས་ནས་ལོ་18འགྲོ་བ་དང་ད་ཆ་ཛ་འབི་ཤང་གི་ལས་བྱེད་པ་དང་། ངང་ཚང་གྲོང་སྡོད་ལས་དོན་ཊུ་ཁག་གི་ཊུ་དཔོན། མྱང་གཡག་གསོ་ཚགས་རྟེན་གཞིའི་འགན་འཁུར་བ་བཅས་རེད། ཀྲི་ཤུའུ་ཧྲུའུ་ཅི་བགྲེས་སོང་དེས་ངང་ཚང་གྲོང་ཚོ་དེ་རི་ཐླུང་མཛེས་ཀྱང་དབུལ་པོའི་རྣམ་པའི་དངོས་

ཡོད་གནས་ཚུལ་དང་རྩུས་གཞི་མེད་ལ་མ་རྩ་དེ་བས་མེད་པའི་དཀའ་གནད་དུ་གྱུར་བའི་རྣམ་པ་ནི་ཁོང་གིས་གསལ་པོར་ངེས་ཀྱི་ཡོད།

ད་ཆ་རྩུས་གཞི་ཡོད་ལ་མ་རྩ་ཡང་འདང་ངེས་ཡོད་པས་ཐོན་སྐྱེད་ལས་སྟོན་སྒྲིག་ཆས་ཚང་མ་སྒྲིག་སྦྱོར་ཟིན་ཏེ། ཁག་དང་པོའི་མྱུང་གཡག་མགོ་གྲངས་40རྟེན་གཞིར་གསོ་ཚགས་བྱེད་འགོ་ཚུགས་པ་དང་ལྷ་རི་ཊོང་འཁྲོག་ལས་འཕེལ་རྒྱས་ཀུང་སིས་གསོ་སྐྱོང་བྱས་པའི་ལས་མི་15 (དེའི་ནང་དུད་ཚང་དབུལ་པོ་མི་ལྔ་ཡོད་པ) རྟེན་གཞིར་འཁྱེར་ཡོད། གཞན་ཡང་རྟེན་གཞིས་མི་ཚང་མ་ཞུགས་པའི་རྩ་དོན་ལ་གཞིགས་ནས་གྲོང་ཚོ་ཡོངས་ལ་རིས་སྒྲིར་ལས་གནས་ལམ་ལུགས་ལག་བསྟར་བྱས་ཏེ། དུད་ཚང་བཞི་ཡིས་རིས་སྒྲིར་བྱས་ཏེ་ཕྱུགས་འཚོ་བ་དང་སླ་ཆ་ཉིན་གྲངས་བཞིན་བརྩིས་རྒྱག་པ་མ་ཟད། དུད་ཚང་དབུལ་པོར་སྟོན་ལ་བསམ་བློ་གཏོང་གི་ཡོད།

ཉིན་ལྟར་ཞོགས་པ། རྟེན་གཞིའི་ལས་མི་ཚོས་འབྲི་གཡག་འཁྲོག་ར་ནས་འདེད་དེ། དང་ཚང་གྲོང་ཚོའི་རྩ་ཐང་ཐོག་འཚོ་བ་དང་སྤུས་ལེགས་ཀྱི་གཟན་རྩ་སྟེར་ནས་ཕྱུགས་རིགས་བདེ་ཐང་ཡོང་བ་བྱེད་ཀྱི་ཡོད། དགོང་མོ། འབྲི་གཡག་རྟོད་དང་བརླན་བཤེར་སློམས་པའི་ལྷས་རར་བཅུག་ནས་འབྲི་གཡག་ཤེད་མ་མི་ཆག་པ་བྱེད་ཀྱི་ཡོད།

འབྲི་གཡག་གསོ་ཚགས་བྱེད་པ་ཕུད། རྟེན་གཞིར་ད་དུང་ཕྱུ་ར་དང་། ལྕྭ་ལྕྭ། ཞོ། ཤ། མར་སོགས་ཐོན་རྫས་ལས་སྟོན་འཕོར་ཁང་བཙུགས་ཡོད། གསོ་སྐྱོང་བྱས་པའི་ལས་མི་ཚོས་བྱང་ཆུབ་པོས་སྒྲིག་ཆས་བཀོལ་སྤྱོད་བྱེད་པ་དང་འཁྲིས་སུ་ཡོད་པའི་ལས་མི་གཞན་ཚོས་ཐོན་རྫས་ཐུམ་སྒྲིལ་བྱེད་ཀྱི་འདུག

བྲིན་ཚོང་གི་གཞི་ཁྱོན་ཆེ་རུ་གཏོང་བ་དང་སྤུས་རྟགས་ཀྱི་ཕན་འབྲས་ཆེ་རུ་གཏོང་ཆེད། རྫ་འབི་ཤང་གི་ཤང་ཀྲང་གཞོན་པ་ཞིང་འཁྲོག་ཕྱོགས་བསྐྱུས་ཞབས་ཞུའི་ལྟེ་གནས་ཀྱི་སློབ་སྟོན་པ་བསྟན་འཛིན་ཟླ་བའི་རོགས་རམ་འོག2018ལོའི་ཟླ་4པར། ཕྱུ་ར་དང་ཤ་

སྐམ་པོས་གཙོས་པའི་ངང་ཚང་འཁྲོག་ར་ཞེས་པའི་ཚོང་རྟགས་གྲུབ་འབྲས་ཐོབ་པའི་ངང་ཐོ་བཀོད་བྱས་པ་དང་ད་ཆ་ཁྲིམ་རའི་མདུན་ལམ་ཆེན་པོ་ཡོད་པ་རེད།

ཐོན་ལས་འཕེལ་རྒྱས་ཕྱིན་རྗེས། གྲོང་ཚོའི་ཡིག་ཚགས་དང་གྲྭ་བཟོས་པའི་དུད་ཚང་དབུལ་པོར་ཕན་པ་ཆེན་པོ་ཐོབ་ཅིང་། ལོ་53ལ་སླེབས་པའི་དགྲ་ལྷ་དངོས་གྲུབ་ནི་ཐོན་ལས་འཕེལ་རྒྱས་ནང་ཕན་པ་ཐོབ་མཁན་གྱི་གྲས་ཤིག་རེད། ཁྲིམ་དུ་ཕྲུ་གུ་མང་བ་དང་། ངལ་རྩོལ་ནུས་ཤུགས་ཉུང་བས་ལོ་རེའི་མི་རེའི་ཆ་སྙོམས་ཡོང་འབབ་སྒོར་2700ལས་ཟིན་གྱི་མེད། 2017ལོར་དགྲ་ལྷ་དངོས་གྲུབ་ཀྱིས་མྱུང་གཡག་གསོ་ཚགས་རྟེན་གཞིར་ལས་ཀ་བྱས་རྗེས། ཟླ་རེར་གླ་ཆ་སྒོར་1000ཡོད་པ་དང་2018ལོའི་ལོ་མཇུག་ཏུ་ཐོབ་ཆ་སྒོར་2000ལེན་རྒྱུ་ཡོད། ཕྱིས་སུ་རྒྱལ་ཁབ་ཀྱི་སྲིད་ཇུས་ཁག་གི་ཁ་གསབ་དངུལ་རག་པས། སྔོན་ལ་འབྲི་གཡག་མགོ་གྲངས་བཅུ་གྲངས་ཉོས་པ་དང་ད་ཆ་འབྲི་གཡག་མགོ་གྲངས་90ཡོད། ན་ནིང་ལོ་མཇུག་ཏུ་ཁོང་རྟེན་གཞིར་ལས་ཀ་བྱས་པ་བརྒྱད་ལོ་གཅིག་ལ་ཡོང་འབབ་སྒོར་ཁྲི་1.4བྱུང་ཡོད་ལ། ནར་སོན་པའི་ཕྲུ་གུ་གསུམ་གྱིས་ཕྱིར་ལས་ཀ་བྱས་པར་ལོར་ཡོང་འབབ་སྒོར་ཁྲི་8ལྷག་ཙམ་བྱུང་ཡོད། འཕྲོག་ཟོག་བཙོངས་པའི་ཡོང་འབབ་བསྡུན་ན་ཁོང་གི་ནང་མི་བཅུ་གཉིས་ཀྱི་ལོ་རེའི་ཆ་སྙོམས་ཡོང་འབབ་སྒོར་9000ཙམ་ཟིན་ཡོད་པ་རེད།

འདི་ལོའི་ལོ་འགོར་དགྲ་ལྷ་དངོས་གྲུབ་ཀྱིས་རང་འགུལ་ངང་དབུལ་སྒྲོལ་གྱི་ཞུ་ཡིག་ཕུལ་ནས་དེ་བས་མཛེས་སྡུག་ལྡན་པའི་བདེ་སྐྱིད་འཚོ་བའི་ཕྱོགས་སུ་སྐྱོད་བཞིན་ཡོད།

ཐོན་ལས་ལ་གསོན་ཤུགས་རྒྱས་པ་དང་། འབབ་འཕར་སྒྱུལ་ཤུགས་ལྡན་པ།

——མངའ་རིས་ས་ཁུལ་གྱི་དབུལ་སྒྲོལ་འགག་སྒྲོལ་སྐོར་གྱི་སྒྲིལ་སྒྲིང་། (1)

ཏང་དང་སྲིད་གཞུང་གི་འགྱུར་མེད་སྟོབས་ལྡན་གྱི་འགོ་ཁྲིད་དང་མི་རིགས་ཁག་གི་ལས་བྱེད་པ་དང་མང་ཚོགས་ཚོའི་ཐུན་མོང་འབད་བརྩོན་འོག་ད་ཆ་མངའ་རིས་ས་ཁུལ་མང་ཚོགས་ཀྱི་དབུལ་སྒྲོལ་ཕྱུག་འགྱུར་གྱི་སྒྱུལ་ཤུགས་ཟམ་མི་ཆད་པར་ཆེ་རུ་ཕྱིན་ནས་འཚོ་བ་ཉིན་བཞིན་བདེ་སྐྱིད་ལྡན།

དཔེ་སྟོན་གྱི་སྣེ་ཁྲིད་ལས་རང་ངོས་འཕེལ་རྒྱས་ཀྱི་ནུས་པ་ཆེ་རུ་ཕྱིན།

ཚེ་རིང་དར་པོ་ནི་རུ་ཐོག་རྫོང་རི་གསུམ་ཤང་སྤེ་རུབ་གྲོང་ཚོའི་གྲོང་མི་ཡིན་པ་དང་ལྷན་སྐྱེས་སྟོད་སྨྱུར་ནད་ཕོག་ཡོད། འོན་ཀྱང་གཟུགས་ཆུང་བའི་སྐྱེས་པ་དེ་ནི་སྤེ་རུབ་གྲོང་ཚོའི་ཕྱུག་འགྱུར་གྱི་གྲགས་ཅན་མི་སྣ་ཞིག་རེད།

འདི་ལོ་ཚེ་རིང་དར་པོས་སྤེ་རུབ་གྲོང་ཚོའི་སོ་ཕག་བཟོ་གྲྭར་སྒོར་ཁྲི་40ལྷག་ཙམ་བཏང་ནས་རང་འགུལ་ཅན་གྱི་སོ་ཕག་འཕྲུལ་ཆས་ཉོས་པ་རེད།

སྤེ་རུབ་གྲོང་ཚོའི་སོ་ཕག་བཟོ་གྲྭར་བསྐྱོད་སྐབས་ལ་ལ་ཨར་འདམ་བཟོ་བ་དང་། ལ་ལ་སྲིག་མ་དགོར་བ། ལ་ལས་འཕྲུལ་ཆས་གཏོང་བ་སོགས་བྲེལ་འཚུབ་ཀྱི་རྣམ་པས་ཁེངས་ཤིང་། སྤེ་རུབ་གྲོང་ཚོའི་ལོ་41ལ་སླེབས་པའི་གངས་མཚོ་ལྷ་མོ་སོ་ཕག་བཟོ་གྲྭར་ལས་ཀ་བྱས་ན་ལོ་4འགྲོ་ཡི་ཡོད། ད་ཆ་ཁོང་ལས་སྐྱོ་བྱང་ཆུབ་ཅིང་། ཁོང་གིས་ཉིན་རེར་གླ་ཆ་སྒོར་

200ཡོད་པ་དང་ལས་ཀ་དཀའ་ལས་དེ་ཙམ་མི་འདུག་ལ། ལོ་མཇུག་ལ་ད་དུང་བྱ་དགའི་དངུལ་སྤྲོད་ཀྱི་འདུག ང་ལ་རིག་གནས་མེད་ཙང་ལས་ཀ་དེ་འཚམ་པོ་འདུག་ཅེས་ཁོང་གིས་གད་མོ་དགོད་བཞིན་དུ་བརྗོད།

གསར་དུ་ཉོས་པའི་རང་འགུལ་ཅན་གྱི་ནུས་མང་འཕྲུལ་ཆས་དེས་སྐར་ཆ་18རེར་སོ་ཕག་20བཟོ་ཐུབ་ཀྱི་ཡོད། སོ་ཕག་རེར་ཆ་སྙོམས་སྒོར་1.5ཐེབ་པ་དང་འཕྲུལ་ཆས་ཀྱིས་ཉིན་གཅིག་ལ་སོ་ཕག་ཁྲི་2.2བཟོ་ཐུབ་པས་སྒོར་ཁྲི་3.3ལྷག་ཙམ་རག་གི་ཡོད། ང་ཚོའི་སོ་ཕག་ཇོང་ཡོངས་སུ་འཚོང་གི་ཡོད་ལ། ཐེན་ཁ་རྒྱག་པོ་འདུག་ཅེས་ཚེ་རིང་དར་པོས་གད་མོ་དགོད་བཞིན་བརྗོད། ཚེ་རིང་དར་པོས་རྩིས་ཤིག་རྒྱག་སྐབས། སྡེ་ཚབ་གྲོང་ཚོའི་སྡེག་མ་བཟོ་གྲྭའི་ཕན་འབྲས་ཟམ་མི་ཆད་པར་ལེགས་སུ་འགྲོ་བས། ཡོང་འབབ་ཀྱང་2014ལོའི་སྒོར་ཁྲི་120ནས་2018ལོར་སྒོར་ཁྲི་500བར་འཕར་ཡོད། སྡེ་ཚབ་གྲོང་ཚོའི་སྡེག་མ་བཟོ་གྲྭ་དང་སོ་ཕག་བཟོ་གྲྭར་མང་ཚོགས་20བསྡུས་པའི་ནང་དུད་ཚང་དབུལ་པོ་8ཡོད་པ་དང་། མི་རེར་ལོ་རེར་གླ་ཆ་སྒོར་ཁྲི་2ལྷག་ཙམ་སྤྲོད་ཀྱི་ཡོད་པ་རེད།

ད་ཕན་ལོ་ཤས་རིང་མངའ་རིས་ས་ཁུལ་གྱིས་མང་ཚོགས་དབུལ་པོའི་སེམས་ཁྲལ་མེད་པ་གཉིས་དང་འགག་ལེན་གསུམ་གྱི་དམིགས་ཚད་བརྟན་པོའི་ངང་མངོན་འགྱུར་ཡོང་བར་དམིགས་ནས། ཐོན་ཁུངས་ཀྱི་ལེགས་ཆ་དང་། ཐོན་ལས་ཀྱི་རྨང་གཞི། ཁྲིམ་རའི་དགོས་མཁོ། མང་ཚོགས་ཀྱི་འདུན་པ་སོགས་ཕྱོགས་ཁག་གི་རྒྱུ་རྐྱེན་དང་ཟུང་འབྲེལ་གང་ལེགས་བྱས་ཏེ་དམངས་ཕྱུག་ཐོན་ལས་ཟམ་མི་ཆད་པར་སྐྱེད་སྲིང་བྱས་ཤིང་། ལོ་ལྔ་ཚན་བཅུ་གསུམ་པའི་རིང་སྡེ་ཚབ་གྲོང་ཚོའི་སོ་ཕག་བཟོ་གྲྭ་དང་འདྲ་བའི་དབུལ་སྐྱོར་རྣམ་གྲངས་མངའ་རིས་ས་ཁུལ་གྱིས་88འཆར་འགོད་ལག་བསྟར་བྱས་པ་དང་ཁྱོན་ལ་དངུལ་སྒོར་དུང་ཕྱུར་14.69བཏང་ཡོད། ལོ་གསུམ་རིང་ཁྱོན་མ་དངུལ་སྒོར་དུང་ཕྱུར་10.73བཏང་བའི་ཐོན་ལས་གནད་སྨིན་དབུལ་སྐྱོར་རྣམ་གྲངས་59ལས་འགོ་ཚུགས་པ་དང་ཐོན་ལས་

88གྲུབ་ཟིན་ནས་ཡིག་ཚགས་དང་གྲུ་བཟོས་པའི་མི་འབོར་དབུལ་པོ་14854ལ་ཕན་པ་ཐོབ་ཡོད།

མཉམ་དུ་ལག་གཏང་སྤེལ་ནས་འབབ་འཕར་ཕྱུག་འགྱུར་ཡོང་བར་བྱས།

ད་ཕན་པོ་ཤས་རིང་མངའ་རིས་ས་ཁུལ་གྱིས་དེང་རབས་ཅན་གྱི་ལག་རྩལ་ནང་འདྲེན་བྱས་ནས་གཞི་ཁྱོན་ཅན་གྱི་ཞིང་ལས་འཕེལ་རྒྱས་བཏང་སྟེ་གྲོང་ཚོར་ཀྱི་རིགས་དང་སྡོ་ཚལ་བཏབ་པར་བརྟེན་ས་གནས་མང་ཚོགས་ཀྱི་སྡོ་ཚལ་གྱི་དགོས་མཁོ་བསྐངས་པ་མ་ཟད། དབུལ་ཁུག་ཀྱང་ཕྱིད་ཏིག་ཏིག་ཏུ་གྱུར་ཡོད།

སྐར་རྫོང་སྡོད་བཅུད་ཞིང་ལས་ཐོན་ལས་གླིང་ཁུལ་དེ་སེང་གེ་ཁ་འབབ་གྲོང་རྡལ་དུ་ཡོད་པ་དང་གླིང་ཁུལ་དེར་ས་ཁྱོན་མུའུ་730ཡོད་པ་དེ་ནི་སྡོ་ཚལ་དང་མེ་ཏོག་སྔོ་ཕྱུགས་དང་ཁྱིམ་བྱ་གསོ་ཚགས་བཅས་གཞི་གཅིག་ཅན་གྱི་དེང་རབས་ཅན་གྱི་སྡོད་བཅུད་ཞིང་ལས་ཐོན་ལས་གླིང་ཞིག་རེད། གླིང་ཁུལ་གྱི་འགན་འཁུར་བས་གླིང་ཁུལ་དུ་ཀུང་སི་+མཉམ་ལས་ཁང་+ཞིང་འབྲོག་པ་བཅས་མཉམ་ལས་བྱེད་ཐབས་ལག་བསྟར་དང་ཁེ་ལས་ཀྱིས་མ་དངུལ་དང་ལག་རྩལ་རྒྱབ་སྐྱོར་བྱེད་ཀྱི་ཡོད། མཉམ་ལས་ཁང་གིས་ཞིང་འབྲོག་པའི་ངལ་རྩོལ་ཉེན་གྲངས་ལ་གཞིགས་ནས་ཐོབ་ཆ་བགོ་བ་མ་ཟད། ས་གནས་ཀྱི་དུད་ཚང་དབུལ་པོར་ལས་ཀའི་གོ་སྐབས་མཁོ་འདོན་བྱས་ཏེ་ཁོང་ཚོ་དབུལ་སྒྲོལ་ཕྱུག་འགྱུར་ཡོང་བ་བྱས་ཡོད། གླིང་ཁུལ་དུ་ད་དུང་ལས་ཞུགས་ལས་གནས་200མང་དུ་བཏང་ནས་མང་ཚོགས་དབུལ་པོའི་ལས་ཞུགས་གནད་དོན་ཐག་གཅོད་བྱས་ནས་ས་གནས་མང་ཚོགས་རྣམས་སྡོད་བཅུད་ལ་བརྟེན་ནས་འཚོ་བ་སྐྱེལ་ཐུབ་ཡོད་ཅེས་བཤད།

ཡུལ་གཞན་དུ་གནས་སྤོས་དབུལ་སྐྱོར་རྣམ་གྲངས་སྟེ་ཁམས་བདེ་ཁུལ་ཆུང་གསར་པའི་གླིང་ཁུལ་དུ་ལས་སྟེ་མི་80ཙམ་ཡོད་ཅིང་། འཛམ་དབྱངས་ནི་ཁམས་བདེ་ཁུལ་ཆུང་

གི་གྲོང་མི་ཡིན། ཁོང་གིས་སླིང་ཁུལ་དུ་ལས་ཀ་བྱས་ནས་ལོ་གཉིས་ཙམ་སོང་བས་ད་ཆ་ཤེས་ཀྱ་ལག་རྩལ་ཁོང་དུ་བརྟན་པོ་ཆུད་ཡོད། ང་ལ་ཉིན་རེར་སྒྲ་ཆ་སྒོར་200ཡོད་པ་དང་ལས་ཀ་བརྟན་ལ་ཁྱིམ་ཚང་དང་ཡང་ཐག་ཉེ་བས་ཐད་དེ་བློ་ཡིད་ཚིམ་སོང་ཞེས་བཤད།

ཁྱད་ལྡན་ཡུལ་སྐོར་གྱིས་དམངས་ཕྱུག་གི་བདེ་ལམ་བཏིང་།

ད་ཕན་ལོ་ཤས་རིང་། ཉིན་བཞིན་འཕེལ་རྒྱས་འགྲོ་བའི་ཡུལ་སྐོར་ལས་རིགས་ཁྲིད་མང་ཚོགས་མི་ཉུང་བ་ཞིག་སྲོལ་རྒྱུན་གྱི་ཕྱུགས་འཚོའི་ལས་ནས་ཏེ་ཡུལ་སྐོར་ལས་ལ་ཞུགས་བཞིན་ཡོད། སྤྲུ་རྫིང་རྫོང་བར་ག་ཤར་གངས་ས་གྲོང་ཚོའི་འབྲི་གཡག་སྐྱིལ་འདྲེན་ཡུལ་སྐོར་ཞབས་ཞུ་ལྟེ་གནས་ཀྱིས་དུས་རབས་གོང་མའི་ལོ་རབས་བརྒྱད་ཅུའི་དུས་འགོར་གངས་ས་གྲོང་ཚོའི་མང་ཚོགས་ལ་འབྲི་གཡག་དང་རྟ་ལ་བརྟེན་ནས་ཡུལ་སྐོར་བར་ཞབས་འདེགས་ཞུ་བའི་ཚོགས་པ་ཆུང་ཆུང་ཞིག་བཙུགས་ཤིང་། 1996ལོར་གྲོང་ལྡན་གྱིས་བློ་ཐག་བཅད་པ་བརྒྱུད། མཉམ་སྡེབ་དཔལ་འབྱོར་རྩ་འཛུགས་ཀྱི་རྣམ་པའི་ཐོག་ནས་གངས་ས་གྲོང་ཚོའི་འབྲི་གཡག་སྐྱིལ་འདྲེན་རུ་ཁག་བཙུགས་པ་དང་གྲོང་ཚོ་ཡོངས་ཀྱི་དུད་ཚང་88མ་ཀང་ནང་ཞུགས་པ་དང་དངུལ་བུན་སྒོར་ཁྲི་88གཡར་ནས་རྟ་ཉོ་བ་དང་སྤོད་ཁང་ཉམས་གསོ་བྱས་ཤིང་། 2010ལོར་སྤྲུ་རྫིང་རྫོང་མི་དམངས་སྲིད་གཞུང་གི་ཆོག་མཆན་ཐོབ་པ་བརྒྱུད། ཞིང་འབྲོག་པའི་ཆེད་ལས་མཉམ་ལས་རྩ་འཛུགས་ཀྱི་ངོ་བོ་ལྡན་པའི་སྐྱིལ་འདྲེན་ཞབས་ཞུའི་རུ་ཁག་བཙུགས་པ་རེད། 2017ལོར་ས་ཁུལ་དམངས་སྲིད་ཇུས་ཀྱི་དངོས་སུ་ཆོག་མཆན་ཐོབ་རྗེས་མཉམ་སྡེབ་དཔལ་འབྱོར་མཉམ་ལས་ཀྱི་ངོ་བོ་ལྡན་པའི་གངས་ས་འབྲི་གཡག་སྐྱིལ་འདྲེན་ཡུལ་སྐོར་ཞབས་ཞུ་ལྟེ་གནས་བཙུགས་པ་རེད།

2019ལོའི་ཟླ་བརྒྱད་པའི་ཟླ་མཇུག་བར། གངས་ས་གྲོང་ཚོའི་འབྲི་གཡག་སྐྱིལ་འདྲེན་ཡུལ་སྐོར་ཞབས་ཞུ་ལྟེ་གནས་སུ་དུད་ཚང་327ཡི་མི་1133དང་། འབྲི་གཡག་2266 རྟ་

1133བཅས་ཡོད་ལ། ཡུལ་སྐོར་ཞབས་ཞུ་ཁྱབ་ཚད་བརྒྱ་ཆ99ཟིན་པ་དང་ཡུལ་སྐོར་ཞབས་ཞུའི་ཡོང་འབབ་སྒོར་ཁྲི་890ལྷག་ཙམ་ལས་བརྒལ་ཏེ་མི་རེར་ཆ་སྙོམས་ཡོང་འབབ་སྒོར་8500བྱུང་ཡོད། ངལ་ནུས་ཕྱིར་གཏོང་མི་ཐེངས་6000བྱས་པ་དང་ཞིང་འབྲོག་མང་ཚོགས་1125སྐྱེ་ཁྲིད་ཀྱིས་ཉེ་འཁོར་ཞོང་དང་གྲོང་ཚོར་ངལ་རྩོལ་ནུས་ཤུགས་མི་ཐེངས་1000ཙམ་མགོ་འདོན་བྱས་ཡོད། མང་ཚོགས་དབུལ་པོའི་དུད་ཚང་76ཡི་མི་198ཡུལ་སྐོར་ཞབས་ཞུའི་ཐོན་ལས་ལ་ཞུགས་པ་དང་ཆ་སྙོམས་མི་རེར་ཡོང་འབབ་སྒོར་8500བྱུང་ཡོད།

2018ལོར་མངའ་རིས་ས་ཁུལ་གྱིས་རྒྱལ་ཁབ་ཕྱི་ནང་གི་ཡུལ་སྐོར་བ་མི་ཐེངས་ཁྲི་87.08ལ་སྐྱེ་ལེན་ཞུས་པ་དང་ཡུལ་སྐོར་ཡོང་འབབ་སྒོར་དུང་ཕྱུར་10.42བྱུང་ཡོད་ལ་ཞིང་འབྲོག་མང་ཚོགས་ཐད་ཀ་དང་བར་བརྒྱུད་ཐོག་ནས་ཡུལ་སྐོར་ལས་རིགས་ནང་ཞུགས་ཚད་ཁྲི་1.26ཟིན་ནས་ཡོང་འབབ་སྒོར་དུང་ཕྱུར་1.13བྱུང་ཡོད།

འདི་ནི་གངས་ས་གྲོང་ཚོའི་ཁལ་གཡག་སྐྱེལ་འདྲེན་ལས་དོན་མི་སྣས་ཡུལ་སྐོར་བའི་ཇོག་ཁྲིས་དཔོར་བཞིན་པ།

བདེ་སྡོད་ལས་བརྩོན་བདེ་སྐྱིད་འཚོ་བ་སྐྱིད། ཕ་ཡུལ་མཛེས་ལ་ཕྱུག་པོའི་ལམ་དུ་བཟང་།

——མངའ་རིས་ས་ཁུལ་གྱི་དབུལ་སྒྲོལ་འགག་སྒྲོལ་གྱི་ཕྱོགས་བསྡུས་སྒྲིལ་སྒྲིག། (2)

2016ལོ་ནས་བཟུང་མངའ་རིས་ས་ཁུལ་གྱིས་དབུལ་སྒྲོལ་འགག་སྒྲོལ་ལས་དོན་ཁྲིད་ལྟེ་བའི་གྲོང་ཚོ་དང་། གྲོང་ཁྱེར་དང་གྲོང་རྡལ་ཆུང་དུ། རྒྱལ་ཁབ་དང་ཞིང་ཆེན་ལམ་བུ། ཡུལ་སྐོར་མཛེས་ལྗོངས་ཁུལ་གྱི་ལམ་རྒྱུད། ཐོན་ལས་གླིང་དང་རྫོང་གྲོང་གི་ས་ཁོངས་རིགས་དྲུག་བཅས་ལ་དམ་པོར་བརྟེན་པ་དེ་ཐོན་ལས་འཕེལ་རྒྱས་དང་། སྡོད་བཅུད་འཛུགས་སྐྲུན། གནོད་འཚེ་འགོག་པ་བཅས་ཀྱི་བླང་བྱ་དང་མཐུན་ཡོད་ལ་བཀོད་སྒྲིག་བྱ་ཡུལ་མང་ཚོགས་ཀྱི་ཐོན་སྐྱེད་དང་འཚོ་བའི་དགོས་མཁོ་བསྐངས་པའི་སྟོན་འགྲོའི་ཆ་རྐྱེན་འོག་ཚན་རིག་དང་མཐུན་པའི་ངང་བཀོད་སྒྲིག་བྱ་ཡུལ་30བཀོད་སྒྲིག་བྱས་པ་དང་ཁྲོན་མ་དངུལ་སྒོར་དུང་ཕྱུར་9.7བཏང་སྟེ་དུད་ཚང་2089ཡི་མི་7786ཡུལ་གཞན་དུ་གནས་སྤོས་དབུལ་སྐྱོར་བྱས་ཡོད། 2018ལོའི་ལོ་མཇུག་བར་ཡུལ་གཞན་དུ་གནས་སྤོས་དབུལ་སྐྱོར་ལ་ཁྲོན་མ་དངུལ་སྒོར་དུང་ཕྱུར་8.97བཏང་བ་དང་བཀོད་སྒྲིག་བྱ་ཡུལ་30ཚང་མའི་འཛུགས་སྐྲུན་ལེགས་གྲུབ་ཟིན་པ་རེད།

བདེ་སྡོད་ལས་གྲྭ་དེ་ས་ཕག་གི་སྡོད་ཁང་ནས་མི་ཏོག་ལྡུམ་ར་ལྟར་གྱི་སྡོད་ཁང་གསར་པར་གྱུར་པ།

གསར་འགོད་པ་དང་བཅས་པ་ཚྭ་ངས་ལ་འཁོར་བཏང་ནས་རུ་ཐོག་རྫོང་ལྕགས་སྣང་

གྲོང་ཚོར་ཡོང་སྐབས་མདའ་གཡབ་དམར་པོ་དང་གཞུང་དཀར་པོའི་བོད་བཟོའི་སྡོད་ཁང་སྟར་པ་རེ་རེ་རྩ་ཐང་ཐོག་གནས་པ་དང་དུད་ཚང་མི་རེ་ངོ་རེའི་ཐོག་ཁར་སྐར་ལྔའི་དར་དམར་བཙུགས་པ་མ་ཟད། ཁོད་སྙོམས་པའི་ཨར་འདམ་ལམ་ཕྱོགས་བཞི་མཚམས་བརྒྱུད་ལ་ཁྱབ་པ་དང་སྡོད་ཁང་རྒྱབ་མདུན་དུ་རྩ་རྩི་ཤིང་མང་པོ་བཏབ་ཡོད་པས། གྲོང་མི་ཁག་གཅིག་གིས་སྤྲང་ལ་ཆུ་གཏོང་བ་དང་ཁག་གཅིག་གིས་ལུས་རྩལ་ཐང་དུ་ལུས་རྩལ་རྩེ་བཞིན་ཡོད་པ་མཐོང་བྱུང་།

ལྷུགས་སྐྱང་གྲོང་ཚོའི་གྲོང་ཚོ་ཨུ་ལྷན་གྱི་ཀྲུའུ་རིན་དམ་ཚོས་བཟང་པོས་དེ་སྔོན་གྲོང་ཚོར་ཚང་མ་ས་ཕག་སྡོད་ཁང་དང་ས་རྫོའི་ལམ་ཡིན་པས་རླུང་ལངས་ཚེ་བྱེ་རྡུལ་གྱིས་ཁེངས་ཀྱི་ཡོད། གནམ་དྭངས་རྗེས་ལུས་པོར་ཐལ་བ་དང་ཆར་དུས་སུ་འདམ་པས་ཁེངས། ད་ཆ་སྡོད་ཁང་གསར་པ་མེ་ཏོག་ལྟུམ་ར་ལྟར་ཡིན་པས་ཉང་དང་སྲིད་གཞུང་ལ་དངོས་གནས་ཐུགས་རྗེ་ཆེ་ཞུ་ཡི་ཡིན་ཞེས་ཕྱིར་དྲན་བྱེད་བཞིན་དུ་བཤད།

ད་ཆ་དམ་ཚོས་བཟང་པོས་རང་གི་བུ་ཚོ་དང་མཉམ་དུ་མཐའ་མཚམས་ཡག་པོ་སྲུང་བ་དང་གྲོང་ཚོའི་མང་ཚོགས་ཡོངས་ཀྱི་སྐྱེ་ཁྲིད་དེ་དབུལ་སྒྲོལ་ཕྱུག་འགྱུར་དང་འཁོར་འཕྲིན་ཕྱོགས་སུ་སྐྱོད་པར་དེ་བས་སྣང་ཆེན་བྱེད་ཀྱི་ཡོད། ཁོ་ཚོའི་གྲོང་ཚོའི་ཨུ་ལྷན་གཉིས་ཚན་ཁག་གི་ཁོངས་མིའི་སྐྱེ་ཁྲིད་དང་གྲོང་མི་ཡོངས་ཀྱི་ཐུན་མོང་འབད་བརྩོན་འོག མཐའ་མཚམས་འཁོར་འཕྲིན་གྲོང་ཚོ་འཛུགས་སྐྲུན་གོ་སྐབས་སུ་བྱས་ནས། གྲོང་ཚོར་ད་དུང་མཉམ་སྤེལ་དཔལ་འབྱོར་འཕེལ་རྒྱས་བཏང་སྟེ་ནྲངས་འཁོར་འབྲུ་ས་དང་། བྱེ་རྫོ་ར་བ། སྡོང་ཕྲུག་རྟེན་གཞི། ཞིང་འབྲོག་པའི་ཨར་ལས་ཏུ་ཁག་སོགས་དཔལ་འབྱོར་མཉམ་ལས་རྩ་འཛུགས་4བཙུགས་པ་མ་ཟད། མང་ཚོགས་ཀྱིས་སྐྱེལ་འདྲེན་དང་འདོན་འཇུག་འཕྲུལ་འཁོར་ཆེ་ཆུང་སྣ་ཚོགས་200ལྷག་ཙམ་ཉོས་ཡོད། 2018ལོར་ལྷུགས་སྐྱང་གྲོང་ཚོར་ཡོང་འབབ་སྒོར་ཁྲི་100བྱུང་ནས་གྲོང་ཚོ་ཡོངས་ཀྱི་མི་རེའི་ཆ་སྙོམས་ཡོང་འབབ་

སྒོར་ཁྲི་1ལྷག་ཙམ་ཟིན་ཏེ་གྲོང་ཚོ་ཡོངས་དབུལ་སྒྲོལ་ཐུབ་ཡོད།

ཉེ་བའི་ལོ་ཤས་རིང་། མངའ་རིས་ས་ཁུལ་གྱིས་ཡུལ་གཞན་དུ་གནས་སྤོས་དབུལ་སྐྱོར་ལས་དོན་དབུལ་སྒྲོལ་འགག་སྒྲོལ་གྱི་དམག་འཐབ་ལ་རྒྱལ་ཁ་ལེན་པའི་དམ་འཛིན་བྱ་གཞི་གལ་ཆེན་ཞིག་ཏུ་མཐའ་འཁྱོངས་རྩེ་བ་དང་ཡུལ་གཞན་དུ་གནས་སྤོས་དབུལ་སྐྱོར་དང་རྗེས་མཐུད་ཀྱི་རོགས་སྐྱོར་གྱི་ལས་དོན་ལ་སྐུལ་འདེད་ཏན་ཏིག་བཏང་ཡོད། ཉེ་བའི་ལོ་གསུམ་རིང་། ས་ཁུལ་ཡོངས་ཀྱིས་རིམ་རྩིས་བྱས་ན། མི་འབོར་དབུལ་པོ་དུད་ཚང་4418ཀྱི་མི་གྲངས་16212ཉུང་དུ་ཕྱིན་པ་དང་མི་འབོར་དབུལ་པོ་2015ལོའི་ལོ་མཇུག་གི་དུད་ཚང་6285ཡི་མི་གྲངས་22948ནས་2018ལོའི་ལོ་མཇུག་བར་དུད་ཚང་1867གྱི་མི་གྲངས་6736བར་ཉུང་དུ་ཕྱིན་ཡོད། དབུལ་པོ་ཐོན་ཚད་བརྒྱ་ཆ28.3ནས་བརྒྱ་ཆ8.3བར་ཆག་ཡོད། མི་འབོར་དབུལ་པོ་གཏན་འཁེལ་ལུས་ཚད་བརྒྱ་ཆ2མན་བར་ཚོད་འཛིན་བྱས་པ་དང་མི་འབོར་དབུལ་པོ་གཏན་འཁེལ་ནོར་ཚད་བརྒྱ་ཆ2མན་བར་ཚོད་འཛིན་བྱས་ནས་མང་ཚོགས་བློ་ཡིད་ཚིམ་ཚད་བརྒྱ་ཆ97ཡན་ཟིན་གྱི་ཡོད། 2018ལོར་གྲོང་གསེབ་ཀྱི་གྲོང་མི་མི་རེའི་ཆ་སྙོམས་བཀོལ་སྤྱོད་ཆོག་པའི་ཡོང་འབབ་སྒོར་10868ཟིན་པ་དེ་2015ལོ་དང་བསྡུར་ན། སྒོར་2965འཕར་བ་དང་ལོ་རེར་ཆ་སྙོམས་འཕར་ཚད་བརྒྱ་ཆ11.2ཟིན་གྱི་ཡོད། དེའི་ནང་ཡིག་ཚགས་དང་གྲཱ་བཟོས་པའི་མི་འབོར་དབུལ་པོའི་མི་རེའི་ཆ་སྙོམས་བཀོལ་སྤྱོད་ཆོག་པའི་ཡོང་འབབ་འཕར་ཚད་བརྒྱ་ཆ16ཡན་རྒྱུན་འཁྱོངས་ཐུབ་ཡོད། གྲོང་ཚོ (གྲོང་ལྷན) 85གྲོང་ཚོ་དབུལ་པོའི་གྲས་ནས་དོན་པ་དང་རྫོང་དབུལ་པོ་4ཡི་དབུལ་ཞྭ་ཕུད་དེ་དབུལ་སྒྲོལ་འགག་སྒྲོལ་གྱི་ཕན་འབྲས་མངོན་གསལ་དོད་པོ་ཐོན་ཡོད།

ལས་ལ་བརྩོན་ནས་ཆར་ཆུ་སྐྱུག་པའི་སྣང་ཚུལ་མེད་པར་བཟོས་པ།

སེང་གེ་ཁ་འབབ་ཀྱི་འགྲམ་དང་བྱ་རྒོད་ལའི་གཤམ་དུ་གྲོང་རྡལ་གསར་པ་ཞིག་བདེ་

སྐྱིད་ལྡན་པའི་འཚོ་བ་སྐྱེལ་འགོ་ཚུགས་བཞིན་ཡོད།

སེང་གེ་ཁ་འབབ་གྲོང་རྫལ་ཁམས་བདེ་ཁྱུལ་གསར་2པའི་སྟར་པ་33ཀྱི་སྒོ་རྟགས་3པའི་ལོ་51ལ་སླེབས་པའི་ཆོས་དར་རང་ཁྱིམ་གྱི་ཚོམས་ཆེན་དུ་ཇ་བསྲུབས་མ་ཚ་སོབ་སོབ་ཅིག་འཐུང་བཞིན་ཡོད།

ལོ་ཤས་གོང་རང་ཉིད་ཀྱིས་ད་ལྟའི་འཚོ་བ་འདི་འདྲ་སྐྱེལ་ཐུབ་པ་ཆོས་དར་གྱི་རྨི་ལམ་ལའང་གཏོང་སྙིང་མེད། 2016ལོའི་གོང་ཆོས་དར་ནང་ཚང་སྒེར་རྩེ་རྫོང་འོ་མ་ཤང་ཧ་རབ་གྲོང་ཚོའི་གྲོང་མི་ཞིག་ཡིན་པ་དང་ཕྱུགས་འཚོས་ནས་འཚོ་བ་སྐྱེལ་གྱི་ཡོད། ཁོང་གི་བཟའ་ཟླ་མཚམས་གཙོད་སྒྲོལ་མར་མཁལ་མའི་ནད་ཐོག་ནས་ལོ་20ལྷག་ཙམ་འགྲོ་ཡི་ཡོད། འབྲོག་ར་ནས་རྫོང་སྨན་ཁང་དུ་ནད་ལྟ་བར་སྐྱོད་སྐབས། ཕྱི་ལེ་100ལྷག་ཙམ་འགྲོ་དགོས་ཀྱི་ཡོད། 2012ལོར་ངའི་ཁྱིམ་གྱི་ལུག་གིས་དུག་རྩྭ་བཟས་ཏེ་ལུག་80ལྷག་ཙམ་ཤི་སོང་བས། གྱོང་གུན་སྒོར་ཁྲི་10ལྷག་ཙམ་ཐོག་བྱུང་། སྐབས་དེ་དུས་གནམ་བརྡིབས་པ་ལྟ་བུའི་སྡུག་བསྔལ་བྱུང་ཞེས་གནས་སྤོས་མ་བྱས་གོང་གི་འཚོ་བ་ཕྱིར་དྲན་བྱེད་སྐབས། ཆོས་དར་གྱིས་ད་དུང་སེམས་སྡུག་བྱེད་བཞིན་བཤད།

ཁམས་བདེ་ཁྱུལ་གསར་གཅིག་སྡུད་བཀོད་སྒྲིག་བྱ་ཡུལ་གྱི་འཛུགས་སྐྲུན་རྣམ་གྲངས་ནི་མངའ་རིས་ས་ཁྱུལ་གྱི་ཡུལ་གཞན་དུ་གནས་སྤོས་དབུལ་སྐྱོར་བྱ་ཡུལ་གྱི་དཔེ་མཚོན་ལས་གྲྭ་དང་ལས་གྲྭ་རྩེར་སོན་ཞིག་ཡིན་ཞིང་། མི་རེར་ཆ་སྙོམས་སྨི་ངོས་གྲུ་25ལས་མ་འགལ་བའི་ཚད་གཞིར་བརྟེན་ནས་གནས་སྤོས་བཀོད་སྒྲིག་ཁང་པ་994བརྒྱབ་སྟེ་མི་400ལྷག་ཙམ་བཀོད་སྒྲིག་བྱེད་རྩིས་ཡོད་པ་རེད།

2016ལོའི་ཟླ་9པར་ཆོས་དར་གྱི་ཁྱིམ་ཁམས་བདེ་ཁྱུལ་གསར་གྱི་ཁང་པ་གསར་པར་སྤོས་ནས་འཚོ་བ་གསར་པ་སྐྱེལ་འགོ་ཚུགས། བུ་ཀུན་པ་སྤེན་པ་བཀྲ་ཤིས་བྱིས་པའི་ཕན་བདེ་ཁང་དུ་ལས་ཀ་བྱེད་བཞིན་ཡོད་པ་དང་ཟླ་རེར་གླ་ཆ་སྒོར་5000ཡས་མས་ཡོད།

ཆོས་དར་གྱིས་གསོ་སྐྱོང་ལ་ཞུགས་རྗེས་ཁམས་བདེ་ཁྱུལ་གསར་དུ་སྤོས་ནས་བདེ་སྐྱིད་བ་ཞིག་བྱས། བུ་གཞོན་པ་ལྷག་པ་ནོར་བུ་ནི་ཐོག་སྐྱེལ་རླངས་འཁོར་གྱི་ཁ་ལོ་བ་ཞིག་ཡིན་ཞིང་། མཚམས་གཅོད་སློལ་མ་སླན་ཁང་དུ་འགྲོ་སྐབས་ཀྱང་སྐབས་བདེ་པོ་ཆགས་པས། འཚོ་བ་སྐྱིད་པོ་ཞིག་སྐྱེལ་བཞིན་ཡོད་པས་ཆོས་དར་གྱི་ངོ་གདོང་ལས་དགའ་བའི་འཛུམ་མདངས་འཕྱུར།

ཁམས་བདེ་ཁྱུལ་གསར་དུ་གནས་སྤོས་རྗེས་མང་ཚོགས་དབུལ་པོ་མང་པོ་ཞིག་སྔོན་མའི་ཐོན་འབབ་ཉུང་བ་དང་རགས་ལས་རྗེས་ལུས་ཀྱི་སྲོལ་རྒྱུན་གྱི་ཞིང་འབྲོག་ལས་ཐོན་སྐྱེད་བྱེད་སྟངས་དང་འཚོ་བ་སྐྱེལ་སྟངས་མཇུག་འགྲིལ་ནས་གྲོང་ཁྱེར་དུ་གནས་སྤོས་ཡོད། མི་རབས་ནས་མི་རབས་ཞོགས་སྔ་ལངས་དང་དགོང་ཕྱི་ཉལ་གྱིས་ཆར་ལྐུང་ལ་མ་འཇེམས་པར་ཏུ་བ་སྐྱུས་སྤྱིའི་འཚོ་བ་རྒྱུན་འཛིན་བྱས་པ་ཕུད། ད་དུང་ལས་ཞུགས་ཏུར་ཐག་གམ་ཡང་ན་རང་བརྟེན་ལས་གཏོད་བྱས་ཏེ་མི་ཚེའི་སྒོ་མོ་གསར་རྐྱང་ཞིག་ཕྱེ་བ་དང་ཕྱུག་འགྱུར་གྱི་ཐབས་ལམ་གཞན་ཞིག་རྙེད་ཡོད།

ཁྲིམ་ཚང་འཆམ་ཞིང་ལས་ཀ་བརྟན་པས་འཚོ་བ་བདེ་ཞིང་སྐྱིད་པ།

འདི་ལོའི་ཟླ་9ཚེས་29ཉིན། སྨར་རྫོང་བཀྲ་ཤིས་སྨང་ཤང་འདེམ་འཛོག་གྲོང་ཚོའི་ཚོགས་ཆུང་དང་པོའི་དུད་ཚང་25ཡི་གྲོང་མི་རྣམས་མ་དངུལ་སྒོར་ཁྲི་1891.76བཏང་བའི་མཐའ་མཚམས་འགྱུར་འབྲིང་གྲོང་ཚོར་སྤོ་རྗེས་སུ་སྤོས། གསར་དུ་བསྐྲུན་པའི་མཐའ་མཚམས་འགྱུར་འབྲིང་གྲོང་ཚོའི་སྡོད་ཁང་གི་ཚད་གཞི་མི་རེར་ཆ་སྙོམས་སྨི་ངོས་གྲུ་30ཡིན་པ་དང་ཡུལ་དེའི་ཞིང་འབྲོག་མང་ཚོགས་ཀྱི་འཚོ་བའི་ཆ་རྐྱེན་ལེགས་སུ་ཕྱིན་ཡོད། དེ་ནི་འདེམ་འཛོག་གྲོང་ཚོའི་མཐའ་སྲུང་མང་ཚོགས་ཀྱི་སྡོད་ཁང་རབས་ལྔ་པ་ཡིན་ཞིང་། ཁང་པ་རྙིང་པ་དང་ཁང་པ་གསར་པ་ནི་མེས་རྒྱལ་མཐའ་མཚམས་ཀྱི་འཕོ་འགྱུར་

ཆེན་པོ་མཆོན་པའི་བསྡུས་ཤིག་དང་འདྲ་བར་དུས་རབས་ཀྱི་འཕོ་འགྱུར་རྗོད་བཞིན་མཆིས།

འདི་ནི་མངའ་རིས་ས་ཁུལ་གྱི་ཡུལ་གཞན་དུ་གནས་སྤོས་དབུལ་སྐྱོར་ལས་གྲྭའི་བསྡུས་རིས་ཤིག་རེད།

ཉེ་བའི་ལོ་ཤས་རིང་། དབུལ་སྒྲོལ་འགག་སྒྲོལ་གྱི་དམག་འཐབ་ཡག་པོ་བརྒྱབ་ནས་རྒྱལ་ཁ་ལེན་ཆེད། མངའ་རིས་ས་ཁུལ་གྱིས་མཐའ་མཚམས་འཇོར་འབྲིང་གྲོང་ཚོ་37ནས་འགོ་ཚུགས་པ་དང་། དུད་ཚང་2000ལྷག་ཙམ་ཡུལ་གཞན་དུ་གནས་སྤོས་དབུལ་སྐྱོར་ཐུབ་པ་དང་མི་7000ལྷག་ཙམ་ཚང་མ་གནས་སྤོ་ཐུབ་པ་ལས། སྨར་དང་། ཏུ་ཐོག་རྫ་མདའ། སྤུ་ཧྲེང་བཅས་རྫོང་4ཡིས་དབུལ་ཞྭ་བདེ་བླག་ངང་ཕུད་པ་དང་། འདི་ལོ་དགའ་སྐྱིད་དང་། སྒེར་རྩེ། མཚོ་ཆེན་བཅས་རྫོང་3ཡང་དབུལ་སྒྲོལ་ཞྭ་འཕུད་རེ་ཡོད།

མངའ་རིས་ས་ཁུལ་དུ་ནད་གསོ་དང་སླབ་བཅོས་འགན་བཅོལ་ཁྱོན་ཡོངས་ལ་ཁྱབ་པ་དང་། འགན་བཅོལ་མི་འདྲ་བར་ཞུགས་མཁན་མི་ཐེངས་ཁྲི་21.8ཟིན་པ། གཅིག་སྡུད་བསྐྱེན་བཀུར་བྱ་ཡུལ་དུ་སྡོད་འདོད་ཡོད་པའི་འགན་ལེན་ལྡིའི་ནད་གྲོན་དང་དྭ་ཕྲུག་གསོ་ཉར་བྱེད་ཚད་བརྒྱ་ཆ100ཟིན་ཡོད།

2018ལོར་མངའ་རིས་ས་ཁུལ་གྱི་མང་ཚོགས་ཀྱི་བདེ་འཇགས་ཚོར་སེམས་བརྒྱ་ཆ98.45ཟིན་པ་དང་བློ་ཡིད་ཆོམ་ཚད་བརྒྱ་ཆ99.22ཟིན་ཡོད། མི་དམངས་མང་ཚོགས་ཀྱི་བདེ་འཇགས་ཚོར་སེམས་དང་བློ་ཡིད་ཆོམ་ཚད་ཆེ་ཏུ་ཤུགས་ཆེན་ཕྱིན་པ་དང་མངའ་རིས་ཀྱི་མི་རིགས་ཁག་གི་མང་ཚོགས་ཀྱི་བདེ་སྐྱིད་ཚོར་སེམས་དང་ཐོབ་ཚོར་ཟམ་མི་ཆད་པར་ཟབ་ཏུ་ཕྱིན་ཡོད།

འདི་ནི་མངའ་རིས་ས་ཁུལ་གྱི་ཡུལ་གཞན་དུ་གནས་སྤོས་དབུལ་སྐྱོར་བྱ་ཡུལ་ཁམས་བདེ་ཁུལ་གསར་ཡིན་པ།

སྣང་རྫོང་ལོ་ལྗུང་གྲོང་ཚོའི་དུད་ཚང་དབུལ་པོར་འབབ་འཕར་ཡོང་བའི་ཐབས་ལམ་བཟང་བ།

ཟླ་བརྒྱད་པའི་ཚོགས་པར་ཐ་ཐིའུ་ཡི་གསུང་སྐད་སྙན་མོས་གཡུ་ལྷར་སྤོ་བའི་ལོ་ལྗུང་གྲོང་ཚོ་མལ་ལས་བསླངས། དེང་སྐབས་ལོ་ལྗུང་གྲོང་ཚོའི་གྲོང་མི་དངོས་གྲུབ་ཀྱིས་རང་གི་འདོན་འཇུག་འཕྲུལ་འཁོར་ཆུང་གྲུས་དེ་བཏང་ནས་གྲོང་ཚོའི་རིག་གནས་ཁང་གི་འཛུགས་སྐྲུན་ལས་ཡུལ་དུ་ཉིན་གང་གི་ལས་ལ་བྲེལ་འགོ་བཙམས།

ལོ་36ལ་སླེབས་པའི་དངོས་གྲུབ་ཀྱི་ཁྱིམ་ལ་མི་4ཡོད་པ་དང་། བུ་གཉིས་ས་གནས་དེ་གར་སློབ་ཆུང་འགྲིམ་བཞིན་ཡོད། བཟའ་ཟླའི་གཟུགས་པོ་ཐང་པོ་མེད་པས་ནང་ལས་ཁོ་ན་ལས་བྱེད་མི་ཐུབ་སྐབས་ཁྱིམ་གྱི་ཡོང་འབབ་གསོག་རྒྱུའི་ལས་འགན་ཚང་མ་ཁོང་གི་ཐུག་ཐོག་ཏུ་བབས་ཡོད།

2016ལོར་དབུལ་སྐྱོར་འགག་སྒྲོལ་གྱི་དམག་འཐབ་ལོ་ལྗུང་གྲོང་ཚོར་ཚ་ཚ་ཙུར་ཙུར་ངང་རྒྱུག་འགོ་ཚུགས། ལག་རྩལ་དང་མ་དངུལ་དཀོན་པ་དང་། རང་ངོས་འཕེལ་རྒྱས་ཀྱི་སྒུལ་ཤུགས་མི་འདང་བས་དངོས་གྲུབ་གྲོང་ཚོའི་ཡིག་ཚགས་དང་ཐོ་བཀོད་ཟིན་པའི་དུད་ཚང་དབུལ་པོར་གཏན་འཁེལ་བྱས་ཡོད། ཏང་ཡོན་ཡིན་པའི་ཁོང་ལ་ཚོར་བ་སྣ་ཚོགས་བྱུང་ཞིང་། ཁོང་ལ་དབུལ་སྐྱོར་སྲིད་ཇུས་ཀྱི་རྒྱབ་སྐྱོར་དགོས་ངེས་གཏན་རེད། འོན་ཀྱང་མིག་སྔར་འཚོ་བ་དཀའ་ངལ་ཤིན་ཏུ་ཆེ་བས་ཁོང་ལ་གནོད་འགྱོད་ཆེན་པོ་བྱུང་ཡོད། དེར་བརྟེན་རང་གི་བྱ་སྤྱོད་དངོས་ལ་བརྟེན་ནས་དབུལ་པོའི་གནས་ལས་སྒྲོལ་རྒྱུ་དེ་དངོས་གྲུབ་ཀྱི་ཁ་ཚ་དགོས་གཏུགས་ཀྱི་བསམ་འདུན་ལ་གྱུར་ཡོད།

སྣང་རྫོང་མི་སྤྱི་ཚུས་ཀྱིས་སྒྲིག་འཛུགས་བྱས་པའི་ཡིག་ཚགས་དང་བཀྲ་བཟོས་པའི་དུད་ཚང་གི་མང་ཚོགས་དབུལ་པོའི་ལས་ཞུགས་རྩལ་ནུས་གསོ་སྦྱོང་ཁྲིད་དངོས་གྲུབ་ཀྱིས་མིང་ཐོ་བཀོད་དེ་གྲོང་མི་གཞན་འགའ་དང་མཉམ་དུ་ལྷ་སར་གཉེར་བའི་ཏྲོ་འདུའི་འཕྲུལ་འཁོར་གཏོང་རྩལ་སྦྱོང་བར་བསྐྱོད།

མི་ལ་བརྩོན་འགྲུས་ཡོད་ཙུར་ན་མི་འགྲུབ་བྱ་བ་ཅི་ཡང་མེད་ཅེས་པ་ལྟར། འོས་ཐོབ་ལག་ཁྱེར་བདེ་ བླག་ངང་རག་རྗེས་དངོས་གྲུབ་ཀྱིས་ཐབས་ལམ་སྣ་ཚོགས་བརྒྱུད་ནས་ལས་ཡུལ་ཐོག་གླ་པར་བསྐྱོད་ཡོད།

2017ལོར་དངོས་གྲུབ་ཀྱིས་དངུལ་རྩའི་དབུལ་སྐྱོར་གྱི་གྲངས་འབུང་དངུལ་བུན་ནས་སྒོར་ཁྲི་5གཡར་ཏེ་འབེབས་འཇུག་འཕྲུལ་འཁོར་ཆུང་གྲུས་ཤིག་ཉོས་པ་རེད། དེ་རྗེས་གྲོང་ཚོའི་གྲོང་གསེབ་ཀྱི་འཐུང་ཆུའི་བདེ་འཛུགས་འདྲུ་འགོད་དང་། ཆུ་རགས་ཉམས་གསོ། གྲོང་ཚོའི་རིག་གནས་ཁང་ཚད་ལྡན་ཅན་འཛུགས་སྐྲུང་སོགས་ཨར་སྐྲུན་ལས་ཡུལ་ཚང་མར་ཁོང་གི་ཐྲིལ་འཚུབ་ཀྱི་གཟུགས་བརྙན་མཐོང་རྒྱུ་ཡོད་པ་དང་། དེས་ཁོང་ལ་ལོ་ལྟར་འབུང་མཐར་ཡང་འབབ་འཕར་སྒོར་ཁྲི་1ཡོང་གི་ཡོད།

ད་ཆ་ཏན་ཏན་ཏིག་ཏིག་དང་དཀའ་སྤྱད་བཟོད་བསྲན་གྱི་སྙིང་སྟོབས་ལ་བརྟེན་ནས་དངོས་གྲུབ་ཁྱིམ་གྱི་འཚོ་བར་འགྱུར་ལྡོག་ཆེན་པོ་བྱུང་བ་དང་ན་ནིང་ཁྱིམ་ཚང་གི་ཡོང་འབབ་སྒོར་ཁྲི་5ལྷག་ཙམ་ཟིན་ཡོད་པ་རེད། ད་ཆ་ཏང་གི་སྲིད་ཇུས་བཟང་པོ་ཡོད་པས་དཀའ་སྡུག་བཟོད་བསྲན་ཐུབ་ཆེ་འབྱུང་འགྱུར་གྱི་འཚོ་བ་ཉིན་རེ་ལས་མ་འདས་པར་ཡག་ཏུ་འགྲོ་སྲིད་ཅེས་དངོས་གྲུབ་ཀྱིས་བཤད།

དངོས་གྲུབ་དང་འདྲ་བའི་ལོ་ལུང་གྲོང་ཚོའི་གྲོང་མི་མིག་དམར་ཚེ་རིང་ལ་འགྱུར་ལྡོག་དེ་ལས་ལྷག་པ་བྱུང་ཡོད།

མིག་དམར་ཚེ་རིང་གི་ཁྱིམ་ལ་ནང་མི་4ཡོད་པ་དང་། ཕ་མ་གཉིས་གཟུགས་པོ་ཡག་

པོ་མེད་པའི་ཁར་རང་གི་ལག་རྩལ་མི་འདང་བ་དང་རང་ངོས་འཕེལ་རྒྱས་ཀྱི་སྨྲུལ་ཤུགས་མི་འདང་བས་2016ལོར་ཡིག་ཚགས་དང་ཀྲ་བཟོས་པའི་དུད་ཚང་དབུལ་པོའི་ནང་བཙུག་ཡོད།

ངའི་ཁྱིམ་ཚང་དུད་ཚང་དབུལ་པོར་གཏན་འཁེལ་བྱེད་སྐབས། གཅེན་མོ་རྣམ་རྒྱལ་མཚོ་མོ་འབྲིང་རིམ་ཆེད་ཚན་ཐོན་ཙམ་ཡིན་པ་དང་། ད་དུང་ལས་ཞུགས་ཐུབ་མེད། ང་རང་སློབ་འབྲིང་ཐོན་རྗེས་སློབ་མཚམས་བཞག་ནས་ནང་ལ་བསྡད་པས་ཁྱིམ་གྱི་འཚོ་བ་དེ་ཙམ་ཡག་པོ་མེད་ཅེས་འདས་དོན་སྐོར་གླེང་སྐབས་མིག་དམར་ཚེ་རིང་ལ་སེམས་སྡུག་ཏ་ཅང་ཆེན་པོ་བྱུང་ཡོད།

དབུལ་ཐོངས་ཡིན་པར་ཡིད་སྨུག་ནས་མ་བསྡད་པར་ངེས་པར་དུ་དབུལ་སྒྲོལ་ཐུབ་པ་བྱེད་དགོས་པའི་བསམ་བློ་འཆང་བཞིན། མིག་དམར་ཚེ་རིང་གིས་ས་གནས་དེ་གར་མི་སྤྱི་སྡེ་ཚན་གྱིས་སྒྲིག་འཛུགས་བྱས་པའི་རྐོ་འདྲུའི་འཕྲུལ་འཁོར་གཏོང་རྩལ་གྱི་གསོ་སྦྱོང་ལ་མིང་ཐོ་འགོད་ནས་རྐོ་འདྲུའི་འཕྲུལ་འཁོར་གཏོང་ཚག་པའི་ལག་ཁྱེར་བདེ་ཐག་དང་རག་སྟེ་ལག་རྩལ་སྣེ་གཅིག་ཁོང་དུ་ཆུད་ཡོད།

བྱས་པ་ཆུད་མི་ཟ་བ་ནི་འཇིག་རྟེན་གྱི་ཆོས་ཉིད་ཡིན་ཞེས་པ་ལྟར་མིག་དམར་ཚེ་རིང་གིས་དེ་ལྟར་ཤེད་ཀྱི་ཡོད་ལ་དེ་ལྟར་ཡང་བསྒྲུབས་ཀྱི་ཡོད།

འདི་ལོ་མིག་དམར་ཚེ་རིང་གིས་ས་ཞིང་བཅོས་སྒྲིག་རྣམ་གྲངས་ཀྱི་གོ་སྐབས་བཟང་པོ་དམ་བཟུང་བྱས་ཏེ་རི་སྟེང་དུ་དབྱར་རྩྭ་དགུན་འབུ་སྔོག་འཐུའི་དུས་ཚོད་བློས་བཏང་ནས་སེམས་ནུས་ཡོད་རྒུ་སྒང་གཞིའི་སྒྲིག་བཀོད་འཛུགས་སྐྲུན་རྣམ་གྲངས་ལ་བཞག་སྟེ་ཟླ་4རིང་ལས་ཀ་ཧུར་ཐག་བྱས་པས་ཟླ་རེར་སྒྲ་ཆ་སྒོར་9000ལེན་རྒྱུ་ཡོད་པ་ཕུད། ད་དུང་རྐོ་འདྲུའི་འཕྲུལ་འཁོར་གྱི་ངོགས་གཏོང་དངུལ་ཡང་ལེན་རྒྱུ་བྱུང་ཡོད།

ད་ཆ་མིག་དམར་ཚེ་རིང་ཁྱིམ་གྱི་འཚོ་བར་འགྱུར་ལྡོག་ཆེན་པོ་བྱུང་ཡོད། གཅེན་མོ་

རྣམ་རྒྱལ་མཚོ་མོས་རང་གི་འབད་བརྩོན་ལ་བརྟེན་ནས་ལྷོ་ཁ་གྲོང་ཁྱེར་སྨན་རྩིས་ཁང་དུ་ལས་ཀར་འགྲོ་ཐུབ་པ་དང་། ཁོང་གི་ཕ་མ་གཉིས་ལ་ལོ་ལྟར་དབུལ་སྒྲོལ་སྲིད་ཇུས་ཀྱི་ལས་གནས་ཀྱི་ཁ་གསབ་ལེན་རྒྱུ་ཡོད་པས་མིག་དམར་ཚེ་རིང་ལའང་མི་ཚེའི་འགྱུར་ལྡོག་ཆེན་པོ་བྱུང་ནས་དབུལ་སྒྲོལ་ཐུབ་པ་མ་ཟད་དགའ་རོགས་ཀྱང་རག་ཡོད།

ལོ་ལུང་གྲོང་ཚོར་དབུལ་སྒྲོལ་ལམ་བུའི་ཐོག་སྐྱོད་མཁན་གྱི་གཟུགས་བརྙན་རེ་རེ་དང་ཡོང་འབབ་བྱུང་བའི་བདེ་སྐྱིད་ཀྱི་འཛུམ་མདངས་རེ་རེས་དབུལ་སྒྲོལ་ལམ་བུའི་ཐོག་གི་དཀའ་ཚེགས་དང་ཕན་འབྲས་མངོན་བཞིན་ཡོད་པས། དབུལ་སྐྱོར་བྱེད་པར་སྟོན་ལ་རིག་སྐྱོར་བྱེད་དགོས་ལ་བློ་སྐྱོར་ཡང་དེ་བས་བྱེད་དགོས།

སླེ་མོའི་ལག་ཤེས་པ་བགྲེས་སོང་གིས་ཕྱུག་འགྱུར་གྱི་འགྲོ་ལམ་གསར་པ་བཏོད་པ།

སླེ་མོ་ནི་བོད་ཀྱི་ལྷ་ས་གྲོང་ཁྱེར་གྱི་རིག་གནས་རྫོང་གྲགས་ཅན་ཞིག་ཡིན། ཡུལ་དེ་ནི་བོད་ཡིག་གསར་བཟོ་མཛད་མཁན་ཐོན་མི་སམ་བྷོ་ཊའི་འཁྲུངས་ཡུལ་ཡིན་ལ་སླེ་མོའི་ སྤུས་རྟགས་གསུམ་དུ་བརྩི་བའི་སྤྱོས་དང་། ཤོག་བུ། ཕུ་གསུམ་ཤིང་བཀོས་བཅས་ལས་ཐག་ཉེ་རིང་གང་སར་རྫོང་དེ་སྐད་གྲགས་ཆེད་ཡོད། ད་ཆ་ལོ་ངོ་སྟོང་ཕྲག་རིང་མ་ཉམས་པའི་ རིག་གནས་ཀྱི་ཤུལ་བཞག་དེ་དག་ལ་བརྟེན་ནས་ཡུལ་དེ་གར་དབུལ་སྒྲོལ་ཕྱུག་འགྱུར་གྱི་ མཐུན་རྐྱེན་གྲུབ་ཡོད་པ་རེད།

གསར་འགོད་པ་ཚོ་ལེགས་བོད་ཤོག་ཞིང་འཁྲོག་པའི་ཆེད་ལས་མཉམ་ལས་ཁང་ དུ་བསྐྱོད་པའི་ཚེ། རྒྱལ་ཁབ་རིམ་པའི་མངོན་མིན་རིག་གནས་ཤུལ་བཞག་བོད་ཤོག་བཟོ་ རྩལ་གྱི་ཚབ་མཚོན་བརྒྱུད་འཛིན་པ་ཚེ་རིང་རྡོ་རྗེའི་བུ་ཀུན་པ་སྐལ་བཟང་བསྟན་འཛིན་ གྱིས་བོད་ཤོག་གི་རྒྱུ་ཆ་ར་མ་རེ་ལྕུག་དཔེ་གསེས་རྒྱག་བཞིན་འདུག དུག་ཤེད་ངེས་ཅན་ ཡོད་པའི་རྩི་ཤིང་དེ་ལས་བོད་ཤོག་ལ་ལོ་ངོ་སྟོང་ཕྲག་སོང་ཡང་མི་རུལ་བའི་མཚན་སྙན་ ཡོད་པ་རེད།

འོན་ཀྱང་སྐབས་ཤིག་རིང་སླེ་མོ་རྫོང་གི་བོད་ཤོག་བཟོ་རྩལ་གྱི་རྒྱུན་ཆད་ལ་ཉེ་བར་ གྱུར། དུས་རབས་20པའི་ལོ་རབས་80པའི་ནང་རྒྱལ་ཁབ་ཀྱིས་སྲོལ་རྒྱུན་རིག་གནས་ལ་ སྲུང་སྐྱོང་བྱེད་ཤུགས་ཆེ་རུ་བཏང་བར་བརྟེན་ནས་གནའ་བོའི་བཟོ་རྩལ་དེ་སླར་གསོ་ གོང་འཕེལ་ཐུབ་པ་བྱུང་།

ལོ་44ལ་སླེབས་པའི་སྐལ་བཟང་བསྟན་འཛིན་གྱིས། ཐོག་མའི་དུས་སུ་ཇོང་གིས་སྦྲིག་འཛུགས་བྱས་ཏེ་མཉམ་ལས་ཁང་བཙུགས་ནས་ང་ཚོར་བཟོ་གྲྭ་བསྐྲུན་པ་དང་། རྒྱུ་ཆའི་རྩི་ཤིང་འདེབས་པའི་མ་དངུལ་མགོ་འདོན། དེ་ནས་ཨ་ཕ་ལ་རྒྱལ་ཁབ་རིམ་པའི་མངོན་མིན་རིག་གནས་ཤུལ་བཞག་གི་རྒྱུན་འཛིན་པའི་མཚན་སྙན་ཐོབ་པའི་ལོ་ངོ་བཅུ་ཕྲག་རིང་། ཤོག་བུ་བཟོ་རྩལ་ལ་རིམ་ཁག་སྲིད་གཞུང་གི་སེམས་ཁུར་དང་རྒྱབ་སྐྱོར་ཐོབ་པ་དང་དགུང་ལོ་བགྲེས་པའི་ཨ་ཕའི་འབད་བརྩོན་ལ་བརྟེན་ནས་འཕེལ་རྒྱས་ཀྱི་བསྐལ་པ་བཟང་པོ་ཤར་སོང་ཞེས་བཤད།

བོད་རང་སྐྱོང་ལྗོངས་རིག་གནས་ཐིང་གི་གྲངས་གཞི་ལས་མངོན་པ་ལྟར་ན། 2018ལོའི་ལོ་མཇུག་བར་ཀྲུང་དབྱང་ནོར་སྲིད་ནས་རིམ་རྩིས་བྱས་ན་མ་དངུལ་སྒོར་དུང་ཕྱུར་1.8ལྷག་བཏང་སྟེ། རྒྱལ་ཁབ་རིམ་པའི་བོད་ཀྱི་མངོན་མིན་རིག་གནས་ཤུལ་བཞག་དང་ཚབ་མཚོན་གྱི་རྒྱལ་ཁབ་རིམ་པའི་རྒྱུན་འཛིན་པའི་སྲུང་སྐྱོང་དང་ཐེབས་འགོད་སོགས་ཀྱི་ལས་དོན་ལ་སྤྱད་ཡོད། 2015ལོ་ནས་བཟུང་བོད་རང་སྐྱོང་ལྗོངས་ནོར་སྲིད་ནས་མངོན་མིན་རིག་གནས་ཤུལ་བཞག་གི་སྲུང་སྐྱོང་མ་དངུལ་ལོ་རེར་སྒོར་ཁྲི་1000ནས་སྒོར་ཁྲི་1200བར་མང་དུ་བཏང་བ་རེད།

ད་ཆར་ཚོ་ལེགས་བོད་ཤོག་ཞིང་འཁྲིག་པ་ཆེད་ལས་མཉམ་ལས་ཁང་གི་ཐོན་ཟོག་སྣ་ཁ་7ཡོད་པ་དང་། ལོ་ལྟར་ཤོག་བུ་ཁྲི་2ལྷག་བཟོས་ནས་བཙོངས་ནའང་དགོས་མཁོ་སྐོང་ཐུབ་ཀྱི་མེད་པར་བྲིན་ཁ་རྒྱུག་པོ་ཡོད་པ་རེད།

ཉེ་བའི་ལོ་ཤས་རིང་། སྣེ་མོ་ཇོང་གིས་སྒྱོལ་རྒྱུན་བཟོ་རྩལ་ཕུལ་བྱུང་དར་སྤེལ་ཤུགས་ཆེན་བཏང་ནས་རིག་གནས་དཔལ་སྐྱོར་ལས་དོན་ལ་གྲུབ་འབྲས་གཟེངས་སུ་ཐོན་པ་ བླངས་ཡོད། མིག་སྔར་སྣེ་མོ་ཇོང་ལ་ཁྱོན་བསྡོམས་མངོན་མིན་རིག་གནས་ཤུལ་བཞག་གི་ཚབ་མཚོན་རང་བཞིན་གྱི་རྣམ་གྲངས་10དང་། མངོན་མིན་རིག་གནས་ཤུལ་བཞག་གི་

རྒྱུན་འཛིན་པ་25 མངོན་མིན་རིག་གནས་ཤུལ་བཞག་རྣམ་གྲངས་ཀྱི་འབྲེལ་ཡོད་མཉམ་ལས་ཁང་88བཅས་ཡོད་ཅིང་། མི་1765ལ་ལས་གནས་མགོ་འདོན་བྱས་ཡོད། དེའི་ནང་ནས་མི་525ཡིས་གཟིམ་སྤྱོས་བཟོ་ཡི་ཡོད་པ་དང་ལོ་རེར་ཏུན་50བཟོས་ཏེ་ཐོན་རྫས་རིན་ཐང་སྒོར་ཁྲི་5700ཟིན་གྱི་ཡོད་པ་རེད།

རྒྱལ་ཁབ་རིམ་པའི་མངོན་མིན་རིག་གནས་ཤུལ་བཞག་གི་གཟིམ་སྤྱོས་བཟོ་ཚལ་གྱི་ཚབ་མཚོན་རྒྱུན་འཛིན་པ་བསྟན་འཛིན་ཆོས་གྲགས་ཀྱིས་2010ལོར་བཙུགས་པའི་སློ་མོ་གནའ་ནོར་ཚོང་དོན་ཚད་ཡོད་ཀུང་སིའི་གཟིམ་སྤྱོས་བཟོ་གྲྭ་ནི་མིག་སྔར་ཡུལ་དེ་གའི་སྐྱིད་གཉེར་གཟིམ་སྤྱོས་བཟོ་གྲྭ་གཞི་ཁྱོན་ཆེ་ཤོས་ཤིག་རེད།

2018ལོའི་ཟླ་10པར་སློ་མོ་རྫོང་དབུལ་སྒྲོལ་ཐུབ་པ་རེད། དབུལ་སྒྲོལ་གྲུབ་འབྲས་སྲ་བརྟན་དུ་གཏོང་ཆེད་2019ལོའི་ཟླ་3པར་པེ་ཅིང་གི་བོད་སྐྱོར་མ་དངུལ་དང་རྒྱལ་ཁབ་ཐོན་ལས་དབུལ་སྐྱོར་མ་དངུལ་གྱི་རྒྱབ་སྐྱོར་ལ་བརྟེན་ནས་མ་དངུལ་སྒོར་ཁྲི་4500བཏང་ནས་བཙུགས་པའི་སློ་མོའི་གཟིམ་སྤྱོས་ཐོན་ལས་གླིང་དངོས་སུ་གཉེར་བ་རེད།

མིག་སྔར། བོད་ཀྱི་རྫོང་55དབུལ་སྒྲོལ་བྱུང་ཡོད་ལ་སྔོན་དཔག་ལྟར་ན་ད་ལོའི་ལོ་མཇུག་ཏུ་དེ་འཁོར་གྱི་རྫོང་19དབུལ་སྒྲོལ་ཐུབ་ངེས་རེད།

ཇོ་མོ་གླང་མའི་འདབས་སུ་བཞད་པའི་དབུལ་སྒྲོལ་ཐོན་ལས་མེ་ཏོག

——དིང་རི་རྫོང་གིས་ཞིང་འབྲོག་པའི་མཉམ་ལས་ཁང་འཕེལ་རྒྱས་གཏོང་བའི་སྐོར་བཀོད་པ།

གསར་འགོད་པ། ཆོས་བཟང་། བཀྲ་ཤིས་དཔལ་ལྡན། ལྷུང་བུ་ཚུང་། བཀྲ་ཤིས་དོན་གྲུབ།

བརྗིད་ཆགས་ཇོ་མོ་གླང་མས་སྤྲིན་གྱི་ལ་ཐོད་བཅིངས། གནས་མཆོག་ཤེལ་དཀར་དིང་རིར་དགུར་གྱི་དཔལ་ཡོན་བཞད། སྤང་ཆར་ཟིལ་མས་ཡང་ཡང་བརླན་པའི་དུས་ཚིགས་འདིར་ས་གཞི་ཡོངས་སྔོ་ལྗང་གོས་ཀྱིས་བརྒྱུབས་ཤིང་། འཛིན་མའི་བཞིན་རས་སྐྱུམ་ཞིག་རབ་ཏུ་དོད་པས་མི་སེམས་ལ་དགའ་བ་དཔག་མེད་དུ་སྟེར་བཞིན་ཡོད་ལ། བོད་ཀྱི་ལྷོ་ནུབ་རྒྱུད་དུ་ཆགས་ཤིང་། ལ་སྟོད་ལྷོ་བྱང་གཉིས་ལས་ལྷོ་མར་གྲགས་པའི་དིང་རི་རྫོང་གི་ས་ཆ་གང་སར་དབུལ་སྒྲོལ་ཕྱུག་འགྱུར་གྱི་ཚ་རླབས་འཕྱུར་བ་མ་ཟད། འཕེལ་རྒྱས་ཀྱི་གསོན་ཤུགས་རབ་ཏུ་རྒྱས་བཞིན་མཆིས།

སྲོལ་རྒྱུན་གྱི་ཞིང་ལས་ཐོན་སྐྱེད་ཆེ་མོའི་ཁུལ་དུ་གྲགས་པའི་གཞིས་རྩེར་ཐོན་ཁུངས་ཕུན་སུམ་ཚོགས་པའི་ཁར། ཆུ་བེད་ཀྱི་ཆ་རྐྱེན་ཧ་ཅང་འཛོམས་པོ་ཡོད་སྟབས། ཞིང་ལས་ཐོན་འབབ་ལྗོངས་ཡོངས་ཀྱི་མདུན་གྲལ་དུ་སླེབས་ཀྱི་ཡོད། ཉེ་བའི་ལོའི་ནང་། གཞིས་རྩེ་གྲོང་ཁྱེར་གྱིས་ཐོན་ལས་ལ་བརྟེན་ནས་དབུལ་སྒྲོལ་ཡོང་བའི་འདུ་འགོད་ལག་ལེན་ཤུགས་ཆེན་བསྟར་བས། གཞིས་རྩེའི་ས་ཕྱོགས་གང་སར་ཐོན་ལས་འདྲ་མིན་གྱི་མཉམ་ལས་ཁང་བཙུགས་ཏེ། ཐོན་ལས་ལ་བརྟེན་ནས་དབུལ་སྒྲོལ་ཕྱུག་འགྱུར་ལམ་དུ་ཆས་བཞིན་

མཆིས། གསར་འགོད་པ་དིང་རི་རྫོང་དུ་སླེབས་སྐབས། གནས་དེའི་མང་ཚོགས་རྣམས་ཚ་ཚ་འུར་འུར་དང་གྲོང་ཚོའི་མཉམ་ལས་ཁང་འཛུགས་པར་བྲེལ་བཞིན་འདུག་པས། ཆེད་མངགས་རྫོང་དེའི་ཤར་ཁ་ཤས་སུ་བསྐྱོད་ནས་ཞིང་འབྲོག་པའི་མཉམ་ལས་ཁང་འཕེལ་རྒྱས་གཏོང་ཚུལ་སྐོར་ལ་བཅར་འདྲི་ཞུས་པ་ཡིན།

ཞིང་འབྲོག་པའི་མཉམ་ལས་ཁང་ནི་ཞིང་འབྲོག་ཁུལ་གྱི་དཔལ་འབྱོར་གྱི་གྲུབ་ཆ་གཙོ་བོ་ཞིག་ཡིན་སྟབས། ཞིང་འབྲོག་མང་ཚོགས་ཀྱི་ཡོང་འབབ་འཕར་བར་དོན་སྙིང་གལ་ཆེན་ལྡན་ཡོད་ཅེས་གྲམ་མཚོ་ཤང་ཏང་ཨུད་ཀྱི་ཧྲུའུ་ཅི་ཡང་ལི་ཙུན་གྱིས་བརྗོད།

2019ལོའི་ཟླ་4ཚེས་22ཉིན། གཞིས་རྩེ་གྲོང་ཁྱེར་གྱིས་གྲོང་ཁྱེར་དེ་ཡོངས་སུ་ཞིང་འབྲོག་པའི་མཉམ་ལས་ཁང་འཛུགས་དགོས་པའི་སྐུལ་སློང་བྱས་པ་དང་། རང་སྐྱོང་ལྗོངས་ཀྱི་ཀྲུའུ་ཞི་གཞོན་པ་གཞིས་རྩེ་གྲོང་ཨུད་ཀྱི་ཧྲུའུ་ཅི་ཀྲང་ཡན་ཆིང་གིས་ཞིང་འབྲོག་པའི་མཉམ་ལས་ཁང་ནི་ཞིང་འབྲོག་ཁུལ་གྱི་ཐོན་སྐྱེད་ནུས་ཤུགས་ལ་བཅིངས་འགྲོལ་དང་འཕེལ་རྒྱལ་གཏོང་བའི་ཐབས་ཤེས་ཤིག་དང་། གཞི་རིམ་འཛུགས་སྐྱོང་འཐུས་སྒོ་ཚང་དུ་གཏོང་བའི་ཐབས་ལམ་གལ་ཆེན། དབུལ་སྒྲོལ་འགག་སྒྲོལ་ལ་རྒྱལ་ཁ་ཐུ་ཐག་གཅོད་པ་དང་། ཞིང་འབྲོག་པའི་ཡོང་འབབ་མང་དུ་གཏོང་བའི་དམ་འཛིན་བྱ་གཞི་གལ་ཆེན། དེ་བཞིན་ཕྱོགས་ཡོངས་ནས་གྲོང་གསེབ་དར་རྒྱས་གཏོང་བའི་གཞི་རྟེན་གལ་ཆེན་རེད་ཅེས་ནན་བཤད་གནང་བ་ལྟར། ཞིང་འབྲོག་པའི་མཉམ་ལས་ཁང་འཕེལ་རྒྱས་བཏང་ནས་དབུལ་སྒྲོལ་ཕྱུག་འགྱུར་ཡོང་བ་བྱ་རྒྱུ་དེ་ནི་ཚང་མས་རེ་འབོད་དང་ཡིད་ཆེས་ཆེན་པོ་བྱེད་པའི་བྱ་བ་ཞིག་ཡིན་པས། དིང་རི་རྫོང་གི་ཤང(གྲོང་རྡལ)ཚང་མར་ཞིང་འབྲོག་པའི་མཉམ་ལས་ཁང་བཙུགས་ཏེ་གང་སར་དཀའ་སྡུད་འབད་བརྩོན་གྱི་ལག་ཐུང་ལ་བརྟེན་ནས་ཕྱུག་འགྱུར་ལམ་དུ་སྐྱོད་བཞིན་པའི་རྣམ་པ་མཐོང་རྒྱུ་འདུག

གྲམ་མཚོ་ཤང་ནི་དིང་རི་རྫོང་གི་ཤར་རྒྱུད་དུ་གནས་ཤིང་། དིང་རི་རྫོང་གྲོང་དང་

བར་ཐག་སྤྱི་ལེ་52ཡོད་པ་དང་ས་བབ་མཐོ་ཚད་སྨི་4210ཟིན་གྱི་ཡོད། ང་ཚོའི་ཡུལ་གྱི་ས་ཞིང་སྤྱིར་ན་བྱེ་ས་ཡིན་ལ། གནམ་གཤིས་སྐམ་ཤས་ཙུང་ཆེ་བས་ཞོག་ཁོག་དང་། ནས། སྔོང་ཕྲུག་སོགས་སྐྱེ་འཚར་ལ་ཏ་ཙང་འཚམ་པོ་ཡོད་ཅེས་གྲམ་མཚོ་ཤང་ཟིང་དཀར་གྲོང་ཚོའི་ཀྲུའུ་རེན་ཆོས་འཕེལ་གྱིས་བརྗོད་བྱུང་། བཅར་འདྲིར་སྐྱོད་པའི་ལམ་བར་དུ་གྲོང་མི་མང་དག་ཅིག་ཞོག་ཁོག་བཏབ་པའི་ཞིང་ནང་དུ་རྩ་རྔན་འཐུ་བཞིན་འདུག་པས། ང་ཚོའི་གོམ་སྟབས་རང་དབང་མེད་པར་ཁོང་ཚོའི་ཕྱོགས་སུ་སྤོ་བར་ཐལ།

ཤེས་རྟོགས་བྱུང་བར་གཞིགས་ན། གྲམ་མཚོ་ཤང་གིས་ཟིང་དཀར་གྲོང་ཚོའི་བྱེ་སར་གཞིགས་ཏེ་ཆེད་མངགས་ནང་སའི་ཀུང་སི་ཞིག་ནས་ཞོག་ཁོག་ནག་པོའི་སོན་ཉོས་པ་མ་ཟད། ཁོང་ཚོ་དང་ཉོ་སྒྲུབ་ཀྱི་གན་རྒྱ་བཞག་སྟེ་ཞོག་ནག་འདེབས་ལས་གཉེར་ཞིང་། ད་ལྟ་ཟིང་དཀར་གྲོང་ཚོར་ཞོག་ནག་འདེབས་རྒྱ་མུའུ་150ལྷག་ཙམ་ཡོད་པ་དང་། གྲོང་ཚོ་དེ་གའི་དུད་ཚང་117ཚང་མ་འདེབས་འཛུགས་རྗེན་གཞི་འདིའི་ནང་ཞུགས་ཡོད་ལ། གླ་དང་ཡིག་ཚགས་བཟོས་པའི་ཟིང་དཀར་གྲོང་ཚོའི་དུད་ཚང་དབུལ་པོ་42ཚང་མའང་ཞོག་ཁོག་འདེབས་འཛུགས་མཉམ་ལས་ཁང་དེའི་ནང་ཞུགས་ཡོད་པ་རེད། ང་ཚོའི་ཞོག་ནག་གི་རྗོག་ཆེ་ལ་ཟ་དུས་བྲོ་བ་ཞིམ་པོ་ཡོད་པས། རྒྱ་མ་རེར་སྒོར་4.5རག་གི་འདུག་ཅེས་ཟིང་དཀར་གྲོང་ཚོའི་ཀྲུའུ་རེན་ཆོས་འཕེལ་གྱིས་ཡིད་ཆེས་ཆེན་པོས་གསར་འགོད་པར་བརྗོད་བྱུང་། ཁོང་ལ་ཞོག་ཁོག་མང་པོ་དེ་འདྲ་བཏབ་ནས་ཚོང་ལམ་ལ་སེམས་ཁྲལ་མི་འདུག་གམ་ཞེས་འདྲི་སྐབས་ཤང་དང་རྫོང་ཞིང་འབྲོག་ཅུས་དབར་གན་རྒྱ་བཞག་ཟིན་པས། ཞོག་ཁོག་འཚོང་མ་ཐུབ་པའི་སེམས་ཁྲལ་མི་འདུག་ཅེས་བརྗོད་བྱུང་། ཞོག་ནག་གི་མུའུ་རེའི་ཐོན་འབབ་རྒྱ་མ་2700ཟིན་པ་དང་། སྔོན་དཔག་བྱས་ན་མུའུ་རེ་ནས་ཆ་སྙོམས་ཡོང་འབབ་ཁེ་གཙང་སྒོར་7350ཡོང་རེ་ཡོད་པ་དང་། ད་དུང་ཞོག་དམར་གྱི་མུའུ་རེའི་ཐོན་འབབ་རྒྱ་མ་3000ཡས་མས་ཟིན་པས། སྔོན་དཔག་བྱས་ན་མུའུ་རེ་ནས་ཆ་སྙོམས་ཡོང་

འབབ་སྒོར་2650ཙམ་ཡོང་རེ་ཡོད། ཞིག་སོན་གྱི་ས་གནས་དང་། རྫས་ལུད། ངལ་རྩོལ་ནུས་ཤུགས་བཅས་ཚང་མ་ཕྱུད་ལོ་རེར་མུའུ་རེ་ནས་ཡོང་འབབ་ཁེ་གཙང་སྒོར་900ལྷག་ཙམ་ཡོང་རེ་ཡོད་པ་རེད། གོང་རིམ་གྱི་ཐུགས་ཁུར་དང་རྒྱབ་སྐྱོར་འོག ང་ཚོའི་ཞིག་དམར་ཁོངས་གཏོགས་ཁུལ་གྱི་སློབ་གྲྭ་དང་ལས་ཁུངས་སུ་སྐྱེལ་གྱི་ཡོད་པས། ཞིག་ཁོག་མ་བྲིན་པའི་སེམས་ཁྲལ་མེད་ལ། ཡོང་འབབ་ཀྱང་ཡག་པོ་འདུག ད་དུང་སློབ་མ་དང་ལས་བྱེད་པ་ཚོས་བློ་བདེ་པོས་ཟ་ཚོག་གི་ཡོད་ཅེས་ཟིང་དཀར་གྲོང་ཚོའི་བུད་མེད་ཀུའུ་རིན་ཟླ་བས་གསར་འགོད་པར་དེ་ལྟར་བརྗོད་བྱུང་།

ཞིང་འབྲོག་པའི་མཉམ་ལས་ཁང་འཛུགས་སྐྲུན་བྱེད་པར་དོན་སྙིང་གལ་ཆེན་ལྡན་ཞིང་། ཐབས་དང་རྩུས་མང་པོ་བཏོན་ནས་གྲོང་ཚོ་སོ་སོར་འཚམ་པའི་ཞིང་འབྲོག་པའི་མཉམ་ཁང་བཙུགས་ཡོད་ཅེས་གྲམ་མཚོ་ཤང་ཧྲང་ཞུད་ཀྱི་རྟུའུ་ཅི་ཡང་ལི་ཙུན་གྱིས་བརྗོད། གྲམ་མཚོ་ཤང་གིས་ཞིག་ནག་དང་ཞིག་དམར་ཐོན་ཁུངས་ལ་མཐོང་ཏ་ཅང་ཆེན་པོ་བྱེད་པ་མ་ཟད། ད་དུང་ས་གནས་དེ་གའི་ལྷད་མེད་སྐྱེ་དངོས་ཡིན་པའི་འབྲི་ཚེར་ནག་པོ་དང་ནས་ནག་འདེབས་འཛུགས་ལའང་དོ་སྣང་ཆེན་པོ་བྱེད་ཀྱི་ཡོད། ང་ཚོའི་ནས་ནག་གི་མུའུ་རེའི་ཐོན་འབབ་རྒྱ་མ་430ཟིན་པ་དང་མུའུ་རེ་ནས་ཆ་སྙོམས་ཡོང་འབབ་ཁེ་གཙང་སྒོར་2160ཡོང་གི་འདུག འབྲི་ཚེར་ནག་པོ་མུའུ་200ཙམ་ཚོད་འདེབས་བྱས་པར་ཕན་འབྲས་བཟང་པོ་ཐོན་བྱུང་། ཚོད་དཔག་བྱས་ན་ད་ལོ་ཐོན་འབབ་རྒྱ་མ་100ཟིན་བཟོ་ཡོད་ཅེས་རྟུའུ་ཅི་ཡང་ལི་ཙུན་གྱིས་བརྗོད་བྱུང་།

གྲམ་མཚོ་ཤང་གིས་2017ལོར་ནག་གསུམ་དམར་གཅིག་མཉམ་ལས་ཁང་བཙུགས་ཤིང་། གྲོང་ཚོ་ནས་གཙོ་བོ་བྲིན་ཚོང་ཐབས་ལམ་རྒྱ་ཆེ་རུ་དང་། ལྷ་སྐྱུལ་དོ་དམ་ནན་དུ། ཕྱུས་རྟགས་ཀྱི་འདུ་ཤེས་ཟབ་ཏུ་བཅས་བཏང་སྟེ་ཐོན་རྫས་དེ་དག་གི་ཕྱུས་ཚད་དང་ཐོན་འབབ་གཉིས་ཀར་འགན་ལེན་བྱས་པར་2018ལོར་ཞིག་དམར་ལ་ཐོན་རྫས་ཀྱི་བདེན་

དཔང་ར་སྤྲོད་ཐོབ་ཡོད་པ་རེད། དེ་དང་ཆབས་ཅིག གྲམ་མཚོ་ཤང་གིས་ཞབས་ཞུ་ལེགས་སུ་དང་རྒྱབ་སྐྱོར་བྱེད་ཤུགས་ཆེ་རུ་བཏང་བའི་ཁར། གཞི་རིམ་ཏང་རྩ་འཛུགས་ཀྱི་ནུས་པ་འདོན་སྤེལ་གང་ལེགས་ཀྱིས་གཙོ་གནད་ཐོག་གླ་དང་ཡིག་ཚགས་བཟོས་པའི་དུད་ཚང་དབུལ་པོའི་མང་ཚོགས་ཐོན་ལས་གོང་འཕེལ་ནང་ཞུགས་པར་སྐུལ་ཁྲིད་བྱས་པས། མང་ཚོགས་དབུལ་པོ་མང་པོ་ཞིག་གི་སྣུག་རྗེན་སྣོང་གསུམ་གྱི་བསམ་བློར་འགྱུར་ལྡོག་བྱུང་ནས་དབུལ་སྒྲོལ་ཕྱུག་འགྱུར་གྱི་ལམ་བུར་སྐྱོད་བཞིན་ཡོད།

གསར་འགོད་པ་གྲམ་མཚོ་ཤང་དགའ་ལྡན་གྲོང་ཚོའི་སྟོ་ཚལ་དྲོད་ཁང་ཆེ་མོའི་རྗེན་གཞིར་སྐྱོད་སྐབས། སྟོ་ལྗང་ལོ་མའི་གསེབ་ཏུ་ཀྲོ་མ་ཀྲུ་དམར་ཐིང་ངེར་སྐྱེས་ཡོད་ཅིང་། ལང་ཀ་དང་། ལ་ཕུག ཧོང་ཀ་སོགས་སྐྱེ་འཚར་བཟང་། ང་ཚོས་བཏབ་པའི་སྟོ་ཚལ་ལ་ཤང་དང་གྲོང་ཚོའི་མང་ཚོགས་ཚང་མས་དགའ་པོ་བྱེད་ཀྱི་འདུག མ་ཟད་དེའི་ནང་ཡོད་པའི་དུད་ཚང་ཚང་མ་རང་གིས་བཏབ་པའི་སྟོ་ཚལ་ཟ་ཡི་ཡོད་པས་ཕྱི་ནས་ཉོ་དགོས་འཕེལ་གྱི་མེད་ཅེས་དགའ་ལྡན་གྲོང་ཚོའི་ཀྲི་ཤུའུ་རྭུའུ་ཅི་ཨོ་རྒྱན་རྒྱལ་པོས་གདེང་ཚོད་ཆེན་པོས་ང་ཚོར་བརྗོད། གྲོང་ཚོའི་སྟོ་ཚལ་དྲོད་ཁང་གི་གནས་ཚུལ་སྐོར་འདྲི་སྐབས་ཁོང་གིས་ད་ལྟ་སྟོ་ཚལ་དྲོད་ཁང་ནང་ཚལ་འདེབས་དུད་ཚང་18ཡོད་པ་དང་། དེའི་ཁྲོད་དབུལ་པོའི་དུད་ཚང་5ཡོད། གྲོང་ཚོའི་སྟོ་ཚལ་དྲོད་ཁང་ཆེ་མོ་དེ་གཙོ་བོ་དབུལ་པོའི་ཁྱིམ་ཚང་ལ་དམིགས་ནས་བཙུགས་པ་རེད། ཕྱིས་སུ། དྲོད་ཁང་རྒྱ་སྐྱེད་གཏོང་རྩིས་ཡོད་ལ་ལས་མིའང་མང་དུ་གཏོང་མཁན་ཡིན་ཞེས་སྨྲས། དྲོད་ཁང་ནང་ལས་ཀ་བྱས་ན་ཉིན་རེར་སྒོར་100ལྷམ་ཙམ་རག་གི་འདུག་པས། གཅིག་ནས་ཐག་རིང་ལ་ལས་ཀ་འཚོལ་བར་འགྲོ་དགོས་མེད་ལ། གཉིས་ནས་ནང་གི་ལས་ཀའང་འཐུས་ཤོར་འགྲོ་ཡི་མི་འདུག་ཅེས་དགའ་ལྡན་གྲོང་ཚོའི་གྲོང་མི་ཚེ་རིང་སྒྲོལ་མས་ངོ་ཚ་སྨིན་པོས་ང་ཚོར་དེ་ལྟར་བརྗོད།

དེས་མ་ཚད། དགའ་ལྡན་གྲོང་ཚོས་མ་རྐང་མཉམ་ལས་རྣམ་པའི་གཉེར་སྐྱོང་བྱེད་

སྣང་བ་དང་། མཉམ་ལས་ཁང་+ཧང་གྲི་ཕུའུ་+ཞིང་དུད་བཅས་ཀྱི་མཉམ་ལས་བྱེད་སྟངས། དེ་བཞིན་ཀུང་སི་རྣམ་པའི་འཁོར་རྒྱུག་བྱེད་སྟངས་དང་འཛིན་ཐང་ཅན་གྱིས་སྐྱུལ་ཁྲིད་བྱེད་པ་སོགས་ཀྱི་གཉེར་སྐྱོང་རྣམ་པ་ཁྱབ་གདལ་ཏུར་ཐག་བཏང་ཡོད། གཉེར་སྐྱོང་རྣམ་པ་དེ་དག་ལས་ང་ཚོའི་གྲོང་ཚོའི་ངལ་རྩོལ་ནུས་ཤུགས་གཅིག་གྱུར་བཀོད་སྒྲིག་ཐུབ་བྱུང་ལ། རྫ་རར་གཅིག་གྱུར་དོ་དམ་དང་། ཞིང་འོར་ཐོན་རྫས་གཅིག་གྱུར་ཚོང་ཁྱིད་ཚོང་། ངལ་རྩོལ་ནུས་ཤུགས་འཕྲོ་བརླག་ཏུ་མི་འགྲོ་བ་བཅས་བྱུང་ཞེས་དཀར་པོ་གྲོང་ཚོའི་ཧང་ཡོན་བཀྲ་ཤིས་ཀྱིས་བརྗོད། 2016ལོ་ཤར་ཚུན། དིང་རི་རྫོང་ཞུད་དང་རྫོང་སྲིད་གཞུང་གིས་བརྟག་ཞིབ་གང་ལེགས་བྱས་པའི་རྨང་གཞིའི་ཐོག ངལ་ནུས་ཕྱིར་གཏོང་མཉམ་ལས་ཁང་དང་། གསོ་ཚགས་ར་བ། ཞིང་འོར་ཐོན་རྫས་ཚོང་ཚོང་མཉམ་ལས་ཁང་། ལག་ཤེས་བཟོ་རྩལ་མཉམ་ལས་ཁང་སོགས་བཙུགས་ཏེ་ཞིང་འབྲོག་པའི་མཉམ་ལས་དཔལ་འབྱོར་གོང་འཕེལ་བཏང་བ་དང་། འབྲེལ་ཡོད་ཞིང་འོར་ཐོན་རྫས་ཀུང་སི་དང་འབྲེལ་མཐུད་བྱས་ཏེ་མང་ཚོགས་དབུལ་པོ་དབུལ་སྒྲོལ་ཐུབ་པའི་ཐབས་ཇུས་སྒྲིགས་ཡོངས་ནས་ལག་ལེན་བསྟར་དང་བསྟར་མུས་རེད།

དིང་རི་རྫོང་གྲམ་མཚོ་ཤང་དུ་བཅར་འདྲི་མཇུག་འགྲིལ་རྗེས། གསར་འགོད་པ་གྲམ་མཚོ་ཤང་ནས་བར་ཐག་སྤྱི་ལེ10ལྷག་ཙམ་གྱི་སར་ཡོད་པའི་ཉི་ཤར་ཤང་དུ་བཅར་འདྲིར་སྐྱོད་པ་ཡིན། ཉི་ཤར་ཤང་དུ་སླེབས་ལ་ཉེ་བའི་སྐབས་འདིར་རྣ་ལམ་དུ་ལས་གཞས་སྙན་པོ་ཞིག་ཐོས་བྱུང་བས། ལས་གཞས་ཀྱི་སྒྲ་གྲགས་སའི་ཁང་པའི་སྒོ་ཕྱེ་ནས་ལྟ་སྐབས་གྲོང་མི་འགའ་ཞིག་བྱང་ཆུབ་པོས་འཚེམ་བུ་རྒྱག་བཞིན་འདུག སྐད་ཆ་དྲིས་པ་བརྒྱུད། གཞོན་ལུང་གྲོང་ཚོ་ནས་ཡིན་པའི་ཟླ་བ་བུ་ཁྲིད་ནི་དེ་སྔ་སེམས་པ་བྱུང་དུས་མ་གཏོགས་འཐབ་འཐབ་གི་མེད་ཅིང་། ད་དུང་བཏགས་པའི་སྣམ་བུ་ཕྱིར་ཚོང་བའི་ལུགས་སྲོལ་མེད། ད་ཆ་ཉི་ཤར་ལྷ་རྐོད་ཁྱད་ལྡན་ཡུལ་ཟློག་ལས་སྣོན་ཐོན་རྫས་ཞིང་པའི་མཉམ་ལས་ཁང་དུ

ལས་ཀ་བྱས་པ་ནས་བཟུང་། ཉིན་ལྟར་འཐག་ལས་བྱེད་རྒྱུ་ཡོད་པ་མ་ཟད། ཟླ་རེར་ཡོང་འབབ་སྒོར་3000ལྷག་ཙམ་ཡོད་པ་རེད།

ཉི་ཤར་ལྷ་ཧོད་ཁྱད་ལྡན་ཡུལ་ཐོག་ལས་སྣོན་ཐོན་རྫས་ཞིང་པའི་མཉམ་ལས་ཁང་ནི་དིང་རི་རྫོང་ཉི་ཤར་ཤང་དུ་གནས་ཤིང་། 2019ལོའི་ཟླ་4པར་བཙུགས་པ་དང་ཟླ་5པར་དངོས་སུ་ལས་གཉེར་བྱེད་འགོ་ཚུགས། ཞིང་པའི་ཆེད་ལས་མཉམ་ལས་ཁང་གིས་གཙོ་བོ་ཁྱད་ལྡན་ཡུལ་ཐོག་ཐོན་རྫས་ལས་སྣོན་དང་བྲིན་ཚོང་། དེ་བཞིན་ཞིང་འཕྲུལ་ཉམས་གསོ་དང་། བཟོ་སྐྲུན་རྒྱུ་ཆ་ལས་སྣོན། འཁིལ་འཐག ལྕགས་རིགས་རྒྱུ་ཆ་ལས་སྣོན་དང་བྲིན་ཚོང་བཅས་རྣམ་གྲངས་ཆེ་བ་ལྔ་གཉེར་གྱི་ཡོད་ཅིང་། ཁྱོན་མ་དངུལ་སྒོར་ཁྲི་38.5བཏང་བ་དང་། ས་བཟུང་རྒྱ་ཁྱོན་ལ་སྨི་ངོས་གྲུ་1750ཡོད་པའི་མཉམ་ལས་ཁང་དེའི་ནང་ཁང་པ་ཁོ་ནའི་རྒྱ་ཁྱོན་ལ་སྨི་ངོས་གྲུ་800ལྷག་ཙམ་ཡོད།

མཉམ་ལས་ཁང་འདི་བཙུགས་ཚུན། ང་རང་འདི་གར་ལས་ཀ་བྱེད་པར་ཡོང་བ་ཡིན། ད་བར་ངས་དགེ་ཕྲུག་གཉིས་ཉར་ནས་ད་ལྟ་རང་མགོ་ཐོན་སོང་། ངས་བཅེམས་པའི་འགེལ་རིས་དང་སྒོ་ཡོལ་སོགས་མ་བྲིན་པའི་སེམས་ཁྲལ་མི་འདུག གང་ལགས་ཤེ་ན། ང་ཚོའི་མཉམ་ལས་ཁང་རང་ལ་ཚོང་ཁང་ཡོད་པ་མ་ཟད། གུང་སི་གཞན་དང་གན་རྒྱ་བཞག་ཡོད་པས་སོ་སོས་ལས་ཀ་ཡག་པོ་བྱས་ན་སླ་ཆ་མ་རག་པའི་སེམས་ཁྲལ་མེད་ཅེས་འགེལ་རིས་འཚེམ་བཞིན་པའི་གཞོན་ལུང་གྲོང་ཚོའི་གྲོང་མི་བཀྲ་ཤིས་ཀྱིས་ངོ་ཚ་སྨིན་པོས་དེ་ལྟར་བཤད།

དེ་སྔོན། ཉི་ཤར་ཤང་དུ་ལག་རྩལ་བྱང་ཆུབ་པའི་མི་མང་པོ་ཡོད་མོད། འོན་ཀྱང་། ཁོང་ཚོས་སོ་སོ་ཁེར་རྐྱང་དུ་ལས་ཀ་བྱེད་པ་ལས། ད་ལྟ་ནང་བཞིན་གྱི་མཉམ་ལས་རྣམ་པ་ཞིག་ཆགས་མེད་པས་རང་ཉིད་ཀྱིས་བཟོས་པའི་ཐོན་རྫས་ཁག་གཅིག་འཚོང་ཐུབ་ཀྱི་མེད། དེར་བརྟེན། ཐོན་འབོར་དང་ཡོང་འབབ་ལ་སྐྱོན་ཆེན་པོ་རྒྱག་གི་ཡོད་ཅེས་ཉི་ཤར་

ཤང་མི་དམངས་འཐུས་ཚོགས་ཀྱི་ཀྲུའུ་ཞི་རྣམ་རྒྱལ་གྱིས་བརྗོད། མཉམ་ལས་ཁང་བཙུགས་རྗེས་གཅིག་ནས་དོ་དམ་ལ་ཤུགས་སྣོན་བརྒྱབ་ནས་ལས་ཐོད་ཆེ་རུ་བཏང་བ་དང་། གཉིས་ནས་བསམ་བློ་གསར་གཏོད་ཀྱིས་འཕེལ་རྒྱས་ཀྱི་ཐབས་ལམ་གསར་པ་བཙལ་བ། གསུམ་ནས་ཁྲིམ་རའི་ཆ་འཕྲིན་བསྡུ་རུབ་ཀྱིས་ཕན་འབྲས་ཆེ་ཤོས་ཡོང་ཐབས་བྱས་ཡོད། ད་ལྟ་ང་ཚོའི་མཉམ་ལས་ཁང་གཉེར་སྐྱོང་བྱས་ནས་ཟླ་གཅིག་ལྟག་ཙམ་ཁོ་ནར་ཡོང་འབབ་ཁེ་གཙང་སྒོར་ཁྲི་12ཟིན་གྱི་འདུག་ཅེས་མཉམ་ལས་ཁང་གི་འགན་འཁུར་བ་ཟླ་བ་རྒྱལ་པོས་བརྗོད་བྱུང་།

ཉེ་ཤར་ལྷ་རྩོད་ཞིང་པའི་མཉམ་ལས་ཁང་གི་མ་རྐང་ལ་ཞུགས་པའི་དུད་ཚང་44ཡོད་པ་དང་། མི་18ཀྱི་ལས་ཞུགས་གནད་དོན་ཐག་གཅོད་བྱུང་ཡོད་པ་མ་ཟད། ས་གནས་དེ་གའི་འབྲེལ་ཡོད་ཐོན་ལས་འཕེལ་རྒྱལ་ལ་སྐུལ་ཁྲིད་དང་དཔལ་འབྱོར་འཕེལ་རྒྱལ་ལ་གསོན་ཤུགས་གསར་པའང་སྤྲིན་ཡོད་པ་རེད། མཉམ་ལས་ཁང་གི་ལས་འཛིན་དང་གཞོལ་ལུང་གྲོང་ཚོའི་ཏང་གྲི་ཧྲུའུ་ཧྲུའུ་ཅི་ཡིན་པའི་ཟླ་བ་རྒྱལ་པོས་ངོ་སྤྲོད་བྱས་པར་གཞིགས་ན། ཞིང་པའི་མཉམ་ལས་ཁང་འདི་གྲོང་ཚོའི་ཨུ་ལྷན་གཉིས་ཀྱིས་གཙོ་བོ་བྱེད་པ་དང་། གྲོང་ཚོའི་གྲི་ཧྲུའུ་ཧྲུའུ་ཅིས་མཉམ་ལས་ཁང་གི་འགོ་གཙོ་བྱེད་ཀྱི་ཡོད་པས་ཐོན་ལས་འབྲེལ་ཐག་འཛུགས་པར་ཤུགས་སྣོན་ཐེབས་པ་དང་། ཞབས་ཞུ་དང་ལྟ་སྐུལ་ལ་མཇུབ་ཁྲིད་ནུས་པ་ཐོན་པར་བཀྱེན་མཉམ་ལས་ཁང་གི་དཔལ་འབྱོར་གྱི་ལེགས་ཆ་དང་ཞིང་འབྲོག་མང་ཚོགས་ཀྱི་ཁེ་ཕན་ཟུང་དུ་འབྲེལ་ཐུབ་ཀྱི་ཡོད་པ་རེད།

ཟླ་བ་རྒྱལ་པོས་གྲོང་ཚོའི་གནས་བབ་ཀྱི་ལེགས་ཆ་དང་ཟུང་འབྲེལ་དམ་ཟབ་ཀྱིས་དུད་ཚང་དབུལ་པོ་དབུལ་པོའི་གནས་ལས་སྒྲོལ་རྒྱུར་རོགས་རམ་གང་ཐུབ་བྱས་ཤིང་། ཁོང་གིས་ཆུ་འཐུང་དུས་ཁྲོན་པ་འདྲུ་མཁན་མ་བརྗེད་པ་བྱེད་དགོས། ང་གཅིག་པུ་ཕྱུག་པོ་ཆགས་པ་ཕྱུག་པོ་མིན། མང་ཚོགས་ཚང་མ་ཕྱུག་པོ་ཆགས་ན་དངོས་གནས་ཕྱུག་པོ་ཟེར།

ངས་ཐོག་མཐའ་བར་གསུམ་དུ་སེམས་ནང་མང་ཚོགས་འཛོག་པ་དང་། ལག་ཏུ་ལག་ཤེས་ཡོད་པ། བློ་ལ་རིག་པ་ཡོད་པ་བཅས་བྱེད་ཀྱི་ཡིན་ཞེས་བརྗོད་བྱུང་།

ཤེས་རྟོགས་བྱུང་བར་གཞིགས་ན། གོམ་སྟབས་རྗེས་མར་དིང་རི་རྫོང་གིས་ཞིང་འབྲོག་པའི་མཉམ་ལས་ཁང་གི་སྒྲིག་སྲོལ་དང་། དོ་དམ་ལམ་ལུགས། འཕེལ་རྒྱས་འཆར་གཞི། ཁེ་ཕན་སྦྲེལ་མཐུད་སོགས་ཀྱི་ལམ་སྲོལ་འཕྲུས་སྒྲོ་ཚང་དུ་གཏོང་བ་དང་། དོ་དམ་དང་ལས་གཉེར་ལ་མཁས་པའི་ཕྱུག་འགྱུར་ཤེས་ལྡན་པ་ཟམ་མི་ཆད་པར་གསོ་སྐྱོང་། ཁྲོམ་རའི་དགོས་མཁོ་དང་སྦྲེལ་མཐུད་དམ་ཚགས་བཅས་བྱས་ནས། དབུལ་སྒྲོལ་འགག་སྒྲོལ་གྱི་དམག་འཐབ་ལ་རྒྱལ་ཁ་ལེན་ཐུབ་པ་དང་། གྲོང་གསེབ་དར་རྒྱས་གཏོང་བའི་འཐབ་རྩུས་ལག་ལེན་བསྟར་ཐུབ་པ། ཞིང་འབྲོག་མང་ཚོགས་ཀྱི་ཡོང་འབབ་འཕར་ཐུབ་པ་བཅས་དམིགས་ཚད་ལ་བརྩིས་ཏེ་རྫོང་ཡོངས་ཀྱི་ཐོན་ལས་འཕེལ་རྒྱས་ལ་རྨང་གཞི་བརྟན་པོ་འདིང་རྒྱུ་ཡིན་པ་རེད།

ཐུས་ཤུགས་ཡོད་རྒྱས་དབུལ་སྒྲོལ་འགག་སྒྲོལ་གྱིས། དབུལ་པོ་དབུལ་རྒྱུད་དབུལ་སྒྲོལ་ཡོང་བར་བྱེད།

——རང་ལྗོངས་ཀྱིས་དབུལ་སྐྱོར་ཉིན་མོའི་ཁྲིམ་གཞུང་བྱེད་སྒོ་སྤེལ་བའི་སྐོར་བཀོད་པ།

སྤྲང་རྩི་འདིར་ག་ཚོད་རེད་དམ། རྒྱུ་གཙང་སྤུས་གཙང་རེད་དམ།

ནས་ཕྱེ་འདི་ཡུལ་མི་རང་གིས་བཏབ་པའི་ནས་ལས་བཟོས་པ་ཞིག་ཡིན་ནམ།

འདི་དག་ཚང་མ་ང་ཚོ་དུད་ཚང་དབུལ་པོ་སོ་སོས་གསོས་པའི་སྦྲང་ནོར་བུ་དང་ནས་བཏབ་པ་ལས་བཟོས་པའི་ཐོན་རྫས་ཤ་སྟག་ཡིན་པས། རྒྱུ་སྤུས་དག་ལ་གོང་ཚད་འཚམ་པོ་ཡོད།

ཟླ་10ཚེས་17ཉིན་ནི་རྒྱལ་ཁབ་ཀྱི་དབུལ་སྐྱོར་ཉིན་མོ་ཨང་དྲུག་པ་དེ་རེད། དེ་ཉིན་སྔ་དྲོར། རང་ལྗོངས་ཀྱིས་2019ལོའི་དབུལ་སྐྱོར་ཉིན་མོར་ལྷ་ས་གྲོང་ཁྱེར་གཡུ་ཐོག་ལམ་དུ་བྱེད་སྒོ་སྤེལ་བ་རེད། ལྷ་ས་གྲོང་ཁྱེར་གྱི་ཐོན་ལས་སྡེ་འཛིན་ཁེ་ལས་འགའ་ཞིག་གིས་དེ་གར་དབུལ་སྒྲོལ་འགག་སྒྲོལ་གྱི་ཞིང་ལས་ཐོན་རྫས་ལ་རམ་འདེགས་བྱེད་པའི་འགྲེམས་སྟོན་སྒྲིགས་བུ་བཙུགས་ཡོད་པ་ལས། ནས་ཀྱི་ཞིང་ལས་ཐོན་རྫས་ཀྱི་འགྲེམས་སྟོན་སྒྲིགས་བུའི་མདུན་དུ་ནས་ཀྱི་ཐན་ཞིམ་དང་། རྩམ་པ། ཆང་ལ་སོགས་པའི་ཞིང་ལས་ཐོན་རྫས་སྣ་ཚོགས་བསྒྲིགས་ཡོད་པས། ཕར་འགྲོ་ཚུར་འོང་བྱེད་མཁན་གྲོང་མི་ཚོས་དེ་དག་གི་རིན་གོང་སྐད་ཆ་འདྲི་བཞིན་ཡོད།

ང་ལམ་འདི་ནས་བསྐྱོད་པས་དེ་རིང་འདི་གར་དབུལ་སྐྱོར་ཉིན་མོའི་བྱེད་སྒོ་འདི་

འདྲ་ཞིག་ཡོད་པ་གཞི་ནས་ཤེས་བྱུང་། བྱེད་སྒོ་འདི་བརྒྱུད་རང་ཉིད་ཀྱི་གཅེས་སེམས་ཙུང་ཟད་འབུལ་ཐུབ་པའི་རེ་བ་ཡོད། འདི་གར་ཡོད་པའི་ཞིང་ལས་ཐོན་རྫས་སྣ་འཛོམས་པ་མ་ཟད། འདི་དག་རྣམ་ཀུན་ནས་ཁྱིམ་དུ་མཁོ་བས་ཏོག་ཙམ་ཉོ་རྩིས་ཡོད་ཅེས་གྲོང་མི་ཇོ་རྗེས་བཤད།

རང་སྐྱོང་ལྗོངས་དབུལ་སྐྱོར་གཞུང་ལས་ཁང་གི་དྲིལ་བསྒྲགས་སྟེགས་བུའི་མདུན་དུ་གྲོང་མི་ཚོས་ཙུབ་སྐྱེ། དབུལ་སྒྲོལ་འགག་སྒྲོལ་གྱི་སྲིད་ཇུས་དྲིལ་བསྒྲགས་ལག་དེབ་ཧྥུ་ཀློག་བྱེད་པ་དང་བྱ་དགའ་ཡོད་པའི་ཤེས་བྱའི་དྲི་བར་ལན་རྒྱག་པའི་ནང་ཞུགས་བཞིན་ཡོད། གྲོང་མི་སྐལ་བཟང་བདེ་སྐྱིད་ཀྱིས་ལས་དོན་མི་སྣས་བརྗོད་པའི་དྲི་བར་ལན་བརྒྱབ་ཐུབ་པར་བརྟེན་བྱ་དགའ་ཐོབ་པ་རེད། གསར་འགོད་པའི་བཙར་འདྲི་དང་ལེན་བྱེད་སྐབས་ངའི་དྲི་བ་ནི་དབུལ་སྒྲོལ་འགག་སྒྲོལ་གྱི་གཡུལ་ས་གཙོ་བོ་ཆེན་པོ་གསུམ་གང་ཡིན་པ་དེ་ཡིན། དྲིལ་བསྒྲགས་ལག་དེབ་ཐོག་དེའི་ལན་དུ་གཞིས་རྩེ་དང་། ནག་ཆུ། ཆབ་མདོ་བཅས་གསུམ་ཡིན་པ་འཁོད་འདུག དབུལ་སྒྲོལ་འགག་སྒྲོལ་གྱི་གྲུབ་འབྲས་བརྩམས་ཆོས་འགྲེམས་ཁུལ་དུ་གྲོང་མི་ཚོས་འགྲེམས་རྫས་ལ་ཧྥུ་ཀྲིན་སེམས་འགུལ་ཚད་མེད་ཐེབས་པ་དང་། རྒྱ་ཆེའི་མང་ཚོགས་དབུལ་པོ་ཚོས་རང་ཉིད་ཀྱི་ལག་གཉིས་ལ་བརྟེན་ནས་རང་འགུལ་དང་དབུལ་སྒྲོལ་བྱས་པའི་མི་སེམས་འགུལ་བའི་བྱས་རྗེས་ཤེས་རྟོགས་བྱུང་རྗེས་ཚང་མས་ལག་ཐོགས་ཁ་པར་འཁྱེར་ནས་མི་སེམས་འགུལ་བའི་པར་རིས་དང་གཏམ་རྒྱུད་ཚ་ཚ་ཤུར་ཤུར་ངང་ཐོ་འགོད་བྱས།

ལྟོས་དང་པར་འདི་ཡག་པོ་གང་འདྲ་བརྒྱབ་མི་འདུག་གམ།

རང་ཉིད་ཀྱི་ལག་གཉིས་ལ་བརྟེན་ནས་དབུལ་སྒྲོལ་ཕྱུག་འགྱུར་བྱེད་མཁན་ཚོར་བསྟོད་པའི་མཐེ་བོང་བསྒྲེང་རྒྱུ་ཡིན།

ད་ཆ་སྲིད་ཇུས་ཉིན་རེ་ལས་མ་འདས་པར་ཡག་ཏུ་འགྲོ་ཡི་འདུག་ལ་སོགས།

གཞན་ཡང་བྱེད་སྒོ་སྤེལ་ཡུལ་དུ་འགྲིམས་པང་དང་། སྨྱུན་སྦྱོར་གྱི་ཐད་གཏོང་བྱ་ཡུལ། སྲིད་ཇུས་དྲིལ་བསྒྲགས་ཀློ་འདྲི་སྟེགས་བུ་བཅས་འཛུགས་པ་དང་དྲིལ་བསྒྲགས་དཔྱད་ཡིག་སྒྲོད་པ་སོགས་ཀྱི་རྣམ་པའི་ཐོག་ནས་ཕར་འགྲོ་ཚུར་འོང་བྱེད་མཁན་གྲོང་མི་ཚོར་དབུལ་སྐྱོར་སྲིད་ཇུས་གཅིག་སྡུད་ཐོག་དྲིལ་བསྒྲགས་བྱས་ཏེ། རང་ལྗོངས་ཀྱི་དབུལ་སྒྲོལ་འགག་སྒྲོལ་གྱི་བྱེད་ཐབས་གསར་པ་དང་། ཕན་འབྲས་གསར་པ། རྣམ་པ་གསར་པ། དབུལ་སྒྲོལ་འགག་སྒྲོལ་གྱི་སྔོན་ཐོན་དཔེ་མཚོན་བཅས་མངོན་པར་བྱས་ཡོད།

དེ་རིང་གི་བྱེད་སྒོ་སྤེལ་སྐབས་དེ་ཏ་ཅང་ཡག་པོ་འདུག རང་རེ་བོད་ཀྱིས་ཐོན་ལས་དབུལ་སྐྱོར་ལ་བརྟེན་ནས་ཞིང་འབྲོག་ཐོན་ཟས་དང་མི་རིགས་ཀྱི་ལག་ཤེས་བཟོས་ཟས་གསར་སྤེལ་ཤུགས་ཆེན་བྱས་ཏེ། བོད་ཀྱི་ཙ་དངོས་ཡག་པོ་ཕྱིར་ཚོང་དང་དུད་ཚང་དབུལ་པོ་ཕྱུག་འགྱུར་ཡོང་རྒྱུ་ནི་དུད་ཚང་དབུལ་པོ་དང་གྲོང་མི་ཚོའི་ངོས་ནས་བརྗོད་ན་བྱ་བཟང་ཆེན་པོ་ཞིག་ཡིན། དེ་རིང་ལས་དོན་མི་སྣས་སྲིད་ཇུས་དྲིལ་བསྒྲགས་ལག་དེབ་སྤྲད་བྱུང་། ངས་ཀྱང་དེབ་དེ་ལྟ་ཀློག་ཡག་པོ་བྱས་ནས་སྲིད་ཇུས་དྲིལ་བསྒྲགས་བྱ་རྒྱུ་ཡིན་ཞེས་གྲོང་མི་སྤྲིན་པས་བཤད།

ཐང་རྒོད་སྒོ་ལྟེང་ཅན་ལ་གྱུར། ཤང་གྲོང་དབུལ་པོ་ཕྱུག་འགྱུར་ལམ་བུར་བསྐྱོད།

——ཡར་ཀླུང་གཙང་པོའི་སྟོ་ཁའི་དུམ་བུའི་ལོ་ངོ་བཞི་བཅུའི་རིང་གི་ནགས་བཟོ་བྱེ་བཅོས་སྐོར་གྱི་དངོས་བྲིས།

དུས་རབས་གོང་མའི་ལོ་རབས་80པའི་ནང་བྱེ་རླུང་གི་གནོད་འཚེ་ཚད་མེད་ཐོག་པའི་ཡར་ཀླུང་གཙང་པོའི་སྟོ་ཁའི་དུམ་བུར་ཡར་ཀླུང་གཙང་པོའི་འགོག་སྲུང་ནགས་ཚལ་གླིང་སྐྱུན་འགོ་བཙུགས་པ་དང་། ལོ་ངོ་40ཡི་རིང་སྔོང་ཕྲུག་ཏང་ཁྲི་4500ཙམ་བཙུགས་ནས་རིང་ཚད་སྤྱི་ལེ་160ལྷག་ཙམ་དང་། ཆ་སྙོམས་ཞེང་ཚད་སྤྱི་ལེ་1.8ཡོད་པའི་ལྟེང་མདོག་བར་ཁྲམས་ཤིག་ཆགས་ནས་ས་མཐོར་ནགས་བཟོ་བྱེ་བཅོས་ཀྱི་ངོ་མཚར་རྒྱུན་ཆད་མེད་པར་གཏོང་བཞིན་ཡོད།

ནགས་བཟོ་བྱེད་དཀའ་བའི་ཁུལ་དེ་ལྟེང་མདོག་བར་ཁྲམས་ལ་གྱུར་པ།

སྟོ་ཁ་གྲོང་ཁྱེར་སྣེ་གདོང་ཆུས་སྤྱིན་ཀླུ་སྡེ་ཁུལ་གྱི་གྲོང་མི་ཟླ་བ་རྒྱལ་མཚན་གྱིས་སྔོན་ཆད་བྱེ་རླུང་ཧ་ཅང་ཆེན་པོ་ཡོད་པས་ཉིན་ལྟར་སྒོ་ར་ནས་བྱེ་མ་རྫ་རས་གཉིས་ཙམ་འཕྱུག་རྒྱུ་ཡོད་ཅེས་བརྗོད།

གོང་དཀར་རྫོང་སྲིན་བུ་རི་གྲོང་ཚོའི་གྲོང་མི་ཟླ་བས་ང་ཚོའི་གྲོང་ཚོར་སྔོན་ཆད་བྱེ་མའི་གྲོང་ཚོ་ཞེས་འབོད་ཀྱི་ཡོད། བྱེ་རླུང་ཆེ་བས་འབྲུ་རིགས་འདེབས་ཐབས་བྲལ་ཏེ་ཀོ་ཆས་བཟོས་ནས་འབྲུ་རིགས་དང་བརྗེ་པོ་རྒྱག་རྒྱུ་ལས་མ་འདས་ཞེས་བརྗོད།

ལྷོ་ཁ་གྲོང་ཁྱེར་ནགས་ལས་དང་རྩྭ་ཐང་ཅུས་ཀྱི་ཅུས་ཀྲང་གཞོན་པ་ཉི་མ་ཚེ་རིང་གིས་བྱེ་རླུང་གིས་སྔོན་ཆད་ས་གནས་དེ་གའི་ཐོན་སྐྱེད་དང་འཚོ་བར་ཤུགས་རྐྱེན་ཆེན་པོ་བཟོ་ཡི་ཡོད། ལྷ་ས་ནས་ལྷོ་ཁའི་བར་གྱི་གཞུང་ལམ་རྟག་ཏུ་བྱེ་མས་འགག་པ་དང་རླངས་འཁོར་བྱེ་མའི་ནང་ལུས་པའི་གནས་ཚུལ་ཡང་ཡང་ཐོན་གྱི་ཡོད། ལྷ་ས་གོང་དཀར་གནམ་ཐང་ལོ་ལྟར་ཟླ་2ཙམ་བྱེ་རླུང་གིས་རྐྱེན་པས་དུས་གཏན་གནམ་གྲུ་དུས་ཚོད་ཏག་ཏག་ནང་བདེ་འཇགས་ངང་འཕུར་བ་དང་འབབ་ཐུབ་ཀྱི་མེད་ཅེས་ངོ་སྤྲོད་བྱས།

དབུལ་པོའི་ལྟ་བར་འགྱུར་ལྡོག་གཏོང་དགོས་ཤིང་། དུས་རབས་གོང་མའི་ལོ་རབས་80པའི་ནང་ལྷོ་ཁས་ཡར་ཀླུང་གཙང་པོའི་འགོག་སྲུང་ནགས་ཚལ་འཛུགས་སྐྲུན་བྱེད་འགོ་ཚུགས་ཤིང་། ཐོག་མར་འཛུགས་སྐྲུན་བྱེད་སྐབས་མི་ཁ་ཤས་ཀྱིས་དེ་ནི་ཡར་ཀླུང་གཙང་པོའི་གྲམ་ཐང་ཁུལ་ནི་ནགས་བཟོ་བྱེད་དཀའ་བའི་ཁུལ་ཞིག་ཡིན་པས། དགུན་དུས་དང་དཔྱིད་དུས་སུ་སྐམ་ཤས་ཆེ་ལ་དབྱར་དུས་དང་སྟོན་དུས་སུ་ཆུ་ལོག་ཐོན་གྱི་ཡོད། ལྗོན་ཤིང་བཏབ་ཚེ་མ་སྐམ་ན་ཆུས་འཁྱེར་རྒྱུ་ལས་མ་འདས་པའི་ངོས་འཛིན་བྱེད་ཀྱི་ཡོད།

དཀའ་ངལ་ཇི་ལྟར་འཕྲད་ཀྱང་ལྷོ་ཁ་བས་དཔའ་མི་ཞུམ་ཞིང་། ལོ་ངོ་40ཡི་རིང་འབད་བརྩོན་ལྷོད་མེད་བྱས་པ་བརྒྱུད་ཡར་ཀླུང་གཙང་པོའི་ངོགས་གཉིས་ནི་སྤྱི་ཆིངས་ཁྲི་ཡི་ས་ཆ་ཤིང་ནགས་སུ་གྱུར་ཏེ་ནགས་བཟོའི་རྒྱ་ཁྱོན་མུའུ་ཁྲི་45ཙམ་ཟིན་པ་མ་ཟད། རང་རྒྱལ་གྱི་ནགས་ལས་ཆུ་བེད་འདུ་འགོད་ལོ་རྒྱུས་ཐོག་གི་ལྗོན་ཤིང་གི་ཆུ་རག་ཐོག་མ་དེར་གྱུར་པ་དང་། ཤིང་སྡོང་ཆེན་པོ་འཛུགས་པ་སོགས་ཀྱི་བྱེད་ཐབས་སྤྱད་དེ་ཡར་ཀླུང་གཙང་པོའི་ནགས་བཟོ་བས་ནགས་བཟོ་བྱེད་དཀའ་བའི་ཁུལ་དུ་འགྲན་སློང་བྱས་ཏེ་ས་བབ་མཐོ་ཞིང་གྲང་ངར་ཆེ་བ་དང་སྐམ་ཤས་ཆེ་བའི་ས་ཁུལ་དུ་ནགས་བཟོ་བྱེ་བཅོས་ཀྱི་ཚན་རྩལ་གྲུབ་འབྲས་འབོར་ཆེན་འཚོལ་ཞིབ་དང་གསོག་འཇོག་བྱས་པས། ཡར་ཀླུང་གཙང་པོའི་འགོག་སྲུང་ནགས་ཚལ་འདེབས་འཛུགས་ལག་རྩལ་གྱི་ཞིབ་འཇུག་བྱ་གཞིར་

རྒྱལ་ཁབ་ཀྱི་ཚན་རྩལ་ཡར་ཐོན་གྱི་བྱ་དགའ་རིམ་པ་གསུམ་པ་ཐོབ་པ་རེད།

ནགས་བཟོ་བྱེ་བཙོས་བྱས་ཏེ་གསེར་རི་དངུལ་རི་བཏོད་པ།

ནགས་བཟོ་བྱེ་བཙོས་ལས་དོན་ལ་སྐུལ་འདེད་བཏང་བ་ཆབས་ཅིག་ཡར་ཀླུང་གཙང་པོའི་ངོགས་གཉིས་ལ་བྱེ་རླུང་ཆེ་བས་མི་ཕྱིར་འཐེན་བྱེད་པ་ནས་ནགས་བཟོ་བྱེ་བཙོས་ལ་གྱུར་ཡོད། ནགས་བཟོ་བྱེ་བཙོས་བྱས་པས་སྣོད་བཅུད་ཀྱི་ཕན་འབྲས་དང་། དཔལ་འབྱོར་གྱི་ཕན་འབྲས། སྤྱི་ཚོགས་ཀྱི་ཕན་འབྲས་བཅས་ཡག་པོ་ཐོན་ཡོད།

ཡར་ཀླུང་གཙང་པོར་ནགས་བཟོ་སྡོ་འགྱུར་བྱས་པ་དེས་བྱེ་རླུང་ཞུང་དུ་ཕྱིན་པ་མ་ཟད། མང་ཚོགས་ཚོར་གསེར་རི་དངུལ་རི་ཞིག་ཀྱང་བཏོད་ཡོད། ལྷོ་ཁ་གྲོང་ཁྱེར་ནགས་ལས་དང་རྩྭ་ཐང་ཅུས་ཀྱི་ཧང་ཙུའུ་ཧྲུའུ་ཅི་ལེའུ་ཅིང་རྫིང་གིས་ཡང་ཀླུང་གཙང་པོ་ནགས་བཟོ་སྡོ་འགྱུར་བྱས་པ་དེས་ལྷོ་ཁ་གྲོང་ཁྱེར་གྱི་སྡོང་ཕྲུག་འདེབས་གསོ་སོགས་ཐོན་ལས་འཕེལ་རྒྱས་གཏོང་བར་སྐུལ་ཁྲིད་ཐུབ་ནས་གྲོང་ཁྱེར་ཡོངས་སུ་སྡོང་ཕྲུག་རྭ་བ་ཁྱོན་58ཙམ་ཟིན་ཏེ་ཉམས་སྐྱོང་ཡོད་པ་དང་། ལག་རྩལ་ཤེས་པ། ལག་ལེན་ལ་མཐོང་ཆེན་བྱེད་པ་བཅས་ཀྱི་ཞིང་འབྲོག་པའི་བྱེ་བཙོས་དཔུང་ཁག་ཁག་གཅིག་གསོ་སྐྱོང་བྱས་ཡོད་ལ། ནགས་ལས་གཉེར་སྐྱོང་དང་དོ་དམ་གྱིས་ཞིང་འབྲོག་པ་དབུལ་སྒྲོལ་ཕྱུག་འགྱུར་ཐུབ་པར་ཡང་སྟར་བས་སྐུལ་ཁྲིད་ཐུབ་ཡོད་པས་ནགས་བཟོ་སྡོ་འགྱུར་བྱེད་པ་ནི་བདེ་སྐྱིད་བསྐྲུན་པ་ཞིག་ཡིན་པའི་ལྟ་བ་མི་སེམས་སུ་གཏིང་ཟབ་བྲུག་ཡོད།

བསྡོམས་རྩིས་བྱས་པར་གཞིགས་ན། ལྷོ་ཁ་གྲོང་ཁྱེར་དུ་མིག་སྔར་མང་ཚོགས་ཁྲི་3.2ལྷག་ཙམ་ཐད་ཀར་སྤྱི་ཕན་ནགས་སྲུང་དོ་དམ་པའི་ནང་ཞུགས་པ་དང་། ནགས་ལས་རྣམ་གྲངས་ཀྱིས་ལོ་ལྟར་མང་ཚོགས་ཚོར་འབབ་འཕར་སྒོར་ཁྲི་9000ལྷག་ཙམ་བཏོད་ནས་ས་གཞི་སྡོ་ལྗང་ཅན་དུ་འགྱུར་བ་དང་། མང་ཚོགས་རྣམས་ལ་འབབ་འཕར་ཡོང་རྒྱུ་

མངོན་འགྱུར་བྱུང་ཡོད།

ས་མཐོའི་ནགས་སླིང་གིས་ཆེ་སྲོག་གི་བསྟོད་གླུ་བླངས་པ།

ཡར་ཀླུང་གཙང་པོར་ནགས་བཟོ་བྱེ་བཙུགས་བྱེད་པའི་ལོ་ངོ་40ཡི་རླབས་ཆེན་ལག་ལེན་ནི་ནགས་བཟོ་བ་མི་རབས་ནས་མི་རབས་བར་གྱི་ལེགས་སྐྱེས་དང་བློས་གཏོང་དང་ཁ་འབྲལ་ཐབས་མེད།

ལྷོ་ཁ་གྲོང་ཁྱེར་བསམ་ཡས་གྲོང་རྡལ་ཟུར་མཁར་སྡེ་ཁྲུལ་གྱི་ལོ་83ལ་སླེབས་པའི་རྡོ་རྗེ་དགྲ་འདུལ་གྱིས་སྔར་སོང་གི་ལོ་ཟླར་ཕྱིར་དྲན་བྱེད་བཞིན་དུ་དཔྱིད་དུས་སྡོང་ཕྲུག་འདེབས་སྐབས་གྲང་ངར་ཆེ་བས་ལག་པ་གས་ཀྱི་ཡོད་པས་ལུག་ཚིལ་བྱུག་པ་དང་རིལ་མ་རྩ་ཁར་བྱུག་རྗེས་བལ་གྱིས་བསྡམས་ཀྱི་ཡོད་ཅེས་བརྗོད།

1997ལོའི་དཔྱིད་དུས་སུ་གོང་དཀར་རྫོང་དགོན་སྡོད་གྲོང་རྡལ་དགོན་སྟོད་གྲོང་ཚོའི་གྲོང་མིས་ཀོ་གྲུ་བསྡད་ནས་ཡར་ཀླུང་གཙང་པོའི་བྱང་རྒྱུད་དུ་སྡོང་ཕྲུག་འཛུགས་པར་བསྐྱོད་སྐབས་གློ་བུར་དུ་གཙང་ངོས་སུ་རླུང་དུ་ལྡང་པས་ཀོ་རྡིབ་ཐེབས་ནས་གྲོང་མི་10ལྷག་ཙམ་གྱི་རྩ་ཆེའི་ཚེ་སྲོག་ཤོར་བ་རེད།

ལོ་ངོ་40ཡི་རིང་ལྷོ་ཁའི་ནགས་ལས་པས་དཀའ་ངལ་ལ་མི་འཇེམ་པར་དཀའ་སྤྱད་དངོས་སྒྲུབ་ཀྱི་ཡར་ཀླུང་གཙང་པོའི་ནགས་བཟོའི་སྙིང་སྟོབས་བཏོད་ནས་མི་དེ་བས་མང་བས་ཡར་ཀླུང་གཙང་པོའི་ནགས་བཟོ་བྱེ་བཙུགས་ཀྱི་དམག་དཔུང་ཆེན་པོའི་ནང་ཞུགས་པར་སྐུལ་ལྕག་བྱེད་བཞིན་ཡོད།

བོད་རང་སྐྱོང་ལྗོངས་ནགས་ལས་དང་རྩ་ཐང་ཙུས་ཀྱི་ཙུས་ཀྲང་གཞོན་པ་བསོད་ནམས་དབང་འདུས་ཀྱིས་ཡར་ཀླུང་གཙང་པོའི་ནགས་བཟོ་བས་ཐོག་མའི་བསམ་འདུན་མ་བརྗེད་པ་དང་། འབད་འབུངས་སྟོབས་བསྒྱུན། ལོ་ངོ་40རིང་རྒྱུན་མཐུད་ནགས་བཟོ་

བྱེ་བཙོས་བྱེད་པ་བཅས་ཀྱིས་ལག་ལེན་དངོས་ལ་བརྟེན་ནས་སྔོ་ཞིང་དྭངས་བའི་རི་ཆུ་གསར་རི་དངུལ་རི་ཡིན་པའི་འདུ་ཤེས་གསལ་འགྲེལ་བྱས་ཡོད་ལ། དེ་ནི་ལྗང་མདོག་འཕེལ་རྒྱས་ཀྱི་འདུ་ཤེས་ཟབ་ཏུ་གཏོང་བ་དང་སྣོད་བཅུད་ཤེས་དཔལ་འཛུགས་སྐྱོང་ལ་སྐུལ་འདེད་གཏོང་བའི་གསོན་ཉམས་ལྡན་པའི་དཔེ་མཚོན་ཞིག་ཀྱང་རེད།

རྩྭ་ཐང་སྙིང་གི་འབྲོག་ཁྱལ་སྒྱུར་བཅོས་ཀྱི་ལག་ལེན།

——སྙེར་རྩེ་རྫོང་མ་མིག་ཤང་ཚྭ་མཚོ་གྲོང་ཚོ་ནས་འགྱུར་བའི་དངོས་སྟོད་སྣན་ཞུ།

འདི་ནི་ཚྭ་མཚོ་གྲོང་ཚོ་ཨུ་ལྷན་གཉིས་ཀྱི་ཚན་ཁག་གི་ཁོངས་མིས་གྲོང་ཚོའི་འབྲོག་ལས་སྒྱུར་བཅོས་གཞུང་ལས་ཁང་དུ་ཁྱད་ལྡན་ཐོན་རྫས་ཚོང་གཉེར་བྱིན་འཚོང་དང་མང་ཚོགས་དབུལ་སྒྲོལ་འགག་སྒྲོལ་གྱི་གནས་ཚུལ་སྐོར་ལ་གྲོས་བསྡུར་བྱེད་བཞིན་པ།

སྒྱུར་བཅོས་བྱེད་པར་ཐོག་མའི་བསམ་འདུན་བརྟན་སྲུང་དང་། འགན་འཁྲི་འཁུར་བ། ལས་དོན་དངོས་སྒྲུབ་པ་བཅས་བྱེད་དགོས།

2016ལོར་ར་དཀར་པོའི་རྟེན་གཞི་དང་། ཇ་ཁང་། ཚོང་ཁང་། བྱེ་རྡོ་ར་བ། མིའི་ཐབས་ལ་བརྟེན་ནས་རྩྭ་འདེབས་པ་བཅས་ཁ་ཐོར་མཉམ་ལས་རྩ་འཛུགས་5བསྡུ་སྒྲིལ་བྱས་

ཏེ་གྲོང་ཚོའི་མཉམ་སྡེབ་དཔལ་འབྱོར་མཉམ་ལས་ཁང་བཙུགས་ཚུན་སྐོར་རྩེ་རྫོང་མ་མིག་ཤང་ཚྭ་མཚོ་གྲོང་ཚོའི་ཏང་གི་ཕྲུའུ་རྟུའུ་ཅི་ཕྱུན་ཚོགས་དབང་འདུས་དང་གྲོང་ཚོ་ཞུ་ལྷན་གྱི་ཀྲུའུ་རེན་བཀྲ་ཤིས་ལས་བྲེལ་ཧ་ཅང་ཆེན་པོ་ཡོད། དུས་ཐུང་ལོ་ཁ་ཤས་རིང་ཁོང་ཚོས་གྲོང་མི་ཚོའི་སྡེ་འཁྲིད་དེ་ཉེ་རིང་གང་སར་སྐད་གྲགས་ཆེད་པའི་གྲོང་ཚོ་དབུལ་པོ་དེ་མངའ་རིས་ས་ཁུལ་གྱི་འབྲོག་ཁུལ་སྐྱུར་བཅོས་ཀྱི་དཔེ་སྟོན་གྲོང་ཚོར་འགྱུར་བ་བྱས་ཡོད།

སྐྱུར་བཅོས་ཀྱི་སྐྱུལ་ཤུགས་གང་ནས་ཐུང་བ་ཡིན་ནམ།

རིམ་ཁག་ཏང་ཨུད་དང་སྲིད་གཞུང་གིས་ཕྱར་བ་གྲྭ་འདེགས་བྱས་པ་ལས་བྱུང་བ།

ཆ་སྙོམས་ས་བབ་སྨི4660ཟིན་པའི་ཚྭ་མཚོ་གྲོང་ཚོར་རང་བྱུང་ཚོགས་ཆུང་10ཡོད་པར་ཁྱོན་དུད་ཚང་160དང་མི་གྲངས752ཡོད་ཅིང་། དེ་ནི་མ་མིག་ཤང་གི་མི་འབོར་མང་ཤོས་ཀྱི་གྲོང་ཚོ་ཞིག་རེད། འབྲོག་ར་སྲུང་བ་དང་ངལ་ནུས་ལྷག་མ་ཡོད་ཀྱང་ནོར་ལུག་མང་པོ་མེད་པས་མང་ཚོགས་ཚོའི་འཚོ་བ་འབྱོར་ཕྱུག་ལྡན་པ་ཞིག་ཡོང་བའི་དགོས་མཁོ་སྐོང་མི་ཐུབ་པ་ནི་ཚྭ་མཚོ་གྲོང་ཚོའི་འབྲོག་པའི་སེམས་ཁྲལ་ཆེ་ཤོས་དེ་རེད་ལ། གྲོང་ཚོའི་ལས་བྱེད་པ་བྱས་ནས་ལོ20ལྷག་ཙམ་སོང་བའི་ཕྱུན་ཚོགས་དབང་འདུས་ཀྱི་སེམས་ནད་ཆེ་ཤོས་དེ་ཡང་རེད།

ཕྱུན་ཚོགས་དབང་འདུས་དང་འདྲ་བའི་གྲོང་ཚོའི་ལས་བྱེད་པ་ཚོས་སེམས་ཁྲལ་ཆེན་པོ་བྱེད་པའི་སྐབས་དེར། མངའ་རིས་ས་ཨུད་དང་སྲིད་འཛིན་ཀྲུང་རྟུའུ་ཡིས་ཞིང་འབྲོག་ཁུལ་སྐྱུར་བཅོས་གཏིང་ཟབ་བྱ་རྒྱུའི་སྐོར་གྱི་ཏང་ཀྲུང་དབྱང་དང་རྒྱལ་སྲིད་སྤྱི་ཁྱབ་ཁང་དང་། རང་སྐྱོང་ལྗོངས་ཏང་ཨུད་དང་སྲིད་གཞུང་གི་ཐབས་ཇུས་བཀོད་སྒྲིག་རབ་དང་རིམ་པ་ལག་བསྟར་དོན་འཁྱོལ་གཏིང་ཟབ་བྱས་ཏེ2015ལོར་གཞན་གྱི་སྔོན་ལ་སྐོར་རྩེ་རྫོང་དུ་འབྲོག་ཁུལ་སྐྱུར་བཅོས་ཀྱི་ཚོད་ལྟ་བྱས་པ་རེད།

ཇོང་དང་ཤང་གིས་གྲོང་ཚོ་ཨུ་ལྷན་གཉིས་ཀྱི་ཚན་ཁག་ཁྲིག་འཛུགས་ཐེངས་མང་བྱས་ཏེ་འབྲེལ་ཡོད་ཉམས་མྱོང་དང་དཔེ་མཚོན་བྱེད་ཐབས་ཁག་སློབ་སྦྱོང་བྱས་པས། ཕུན་ཚོགས་དབང་འདུས་ཀྱིས་གོ་སྐབས་ཤིག་ཐོབ་སོང་སྙམ། ཁེར་རྐྱང་གི་འབད་འཐབ་ཀྱིས་ནམ་ཡང་ཕྱུག་པོར་འགྱུར་མི་སྲིད་པས་ད་ཆ་སྲིད་ཇུས་བཟང་པོ་དེ་ལྟ་བུའི་འོག་གྲོང་ཚོའི་མཉམ་སྡེབ་དཔལ་འབྱོར་གྱི་རྒྱ་སྟོབས་ཆེ་རུ་བཏང་ནས་མང་ཚོགས་ཀྱི་བརྟན་འཛུགས་ཡོང་འབབ་མང་དུ་བཏང་ཆེ་གཞི་ནས་གྲོང་ཚོ་ཡོངས་ཀྱི་མང་ཚོགས་ཚོའི་སྣེ་འཁྲིད་དེ་འཚོ་བ་ཡག་པོ་ཞིག་སྐྱེལ་ཐུབ་ངེས་ཡིན་པ་ཕུན་ཚོགས་དབང་འདུས་ཀྱིས་ཁོག་རྩིས་ཞིག་བརྒྱབ།

ཚྭ་མཚོ་གྲོང་ཚོར་བཅའ་སྡོད་མངའ་རིས་ས་ཞུད་འཐབ་ཕྱོགས་གཅིག་གྱུར་ཕུའི་ལས་དོན་རུ་ཁག་གིས་ཚྭ་མཚོ་གྲོང་ཚོའི་གནས་ཚུལ་ཤེས་རྟོགས་གཏིང་ཟབ་བྱས་རྗེས་ཚྭ་མཚོ་གྲོང་ཚོར་སྒྱུར་བཅོས་མི་བྱེད་ཀ་མེད་ཀྱི་དུས་སུ་སླེབས་པ་ཤེས་རྟོགས་བྱུང་།

སྒྱུར་བཅོས་ལ་གྲུབ་འབྲས་ཐོབ་མིན་ཐད། ཕུན་ཚོགས་དབང་འདུས་ཀྱི་སེམས་ནང་གདེང་ཚོད་མེད། སྒྱུར་བཅོས་བྱེད་སེམས་སྐྱེས་པ་ནས་དུས་ཡུན་རིང་པོའི་ནང་ཁོང་ལ་བཟས་པའི་བཙུད་དང་ཉལ་བའི་གཉིད་མེད་པར་སེམས་ནང་བསམས་པ་ནི་ཉམས་མྱོང་མེད་པས་གལ་ཏེ་ཕམ་ཉེས་བྱུང་ཚེ་མི་སེར་ཚོར་རྩིས་ཇི་ལྟར་སྤྲོད་དགོས་སམ། ད་ཆ་སྲིད་ཇུས་བཟང་པོ་དེ་ལྟ་བུ་དང་དཔེ་མཚོན་བཟང་པོ་དེ་ལྟ་བུ་དཔྱད་གཞིར་འཛིན་རྒྱུ་ཡོད་པས་སྒྱུར་བཅོས་མ་བྱས་ཚེ་དེ་ལས་ལེགས་པའི་ཐབས་ལམ་ཞིག་གང་དུ་ཡོད་དམ་སྙམ་པ་དེ་གཉིས་རེད། ལོ་མང་ལས་རོགས་བྱེད་མྱོང་བའི་གྲོང་ཚོ་ཨུ་ལྷན་གྱི་ཀྲུའུ་རེན་བཀྲ་ཤིས་ཀྱིས་ཁོང་ལ་སེམས་ནད་ཡོད་པ་ཤེས་ཏེ་སྐད་ཆ་དྲིས་པ་བརྒྱུད་ཀྱི་ཕུའུ་ཧྲུའུ་ཅི་ཀྲན་གྲས་ཀྱི་བསམ་ཚུལ་རྣམས་རེ་རེ་བཞིན་བརྗོད་པས་བསམ་ཡུལ་ལས་འདས་པ་ཞིག་ལ་ཁོང་གཉིས་ཀྱི་བསམ་ཚུལ་གཅིག་མཐུན་བྱུང་བ་སྟེ། སྒྱུར་བཅོས་མ་བྱས་ན་གཏན་ནས་འགྲིག

ཐབས་མེད་པ་དེ་རེད།

སྐྱུར་བཙོས་ཀྱི་སེམས་ཐག་ཇི་ལྟར་བཅད་པ་ཡིན་ནམ།

ལེགས་གྲུབ་མ་བྱུང་ན་བསྐྱར་དུ་འབད་དགོས་ལས་བྱུང་བ་ཡིན།

སྐྱུར་བཙོས་ནི་ཐེངས་གཅིག་ལ་ལམ་ལྷོངས་ཡོང་སྲིད་པ་ཞིག་མིན་པས་ཕམ་ཉེས་ལ་སྐྲག་དགོས་དོན་མེད། གལ་ཏེ་ཕམ་ཉེས་བྱུང་ཚེ་ང་ཚོས་ཡང་བསྐྱར་འབད་ཚོག2018ལོའི་ཟླ་7པའི་ཉིན་ཞིག་སྐེར་རྩེ་རྫོང་ཞུད་ཀྱི་རྟའུ་ཅི་ཡེ་ཤེས་ཐུབ་བསྟན་གྱི་སྐད་ཆ་དེས་ཕུན་ཚོགས་དབང་འདུས་དང་གྲོང་ཚོ་ཨུ་ལྷན་གཉིས་ཀྱི་ཚན་ཁག་གི་ཁོངས་མི་ཚོར་སེམས་རྣལ་རིལ་བུ་ཞིག་སྦྱིན། ཚྭ་མཚོ་གྲོང་ཚོ་ཨུ་ལྷན་གཉིས་ཀྱི་ཚན་ཁག་གི་ཁོངས་མིས་མཚན་མོ་དེ་རང་ལ་ཚོགས་འདུ་འཚོགས་ནས་སྐྱུར་བཙོས་ཀྱི་དོན་དག་ལ་གྲོས་བསྡུར་བྱས།

གྲོང་མི་ཚོས་ཚྭ་མཚོ་གྲོང་ཚོར་སྐྱུར་བཙོས་ཤུགས་ཆེན་བྱ་རྒྱུ་ཡིན་པ་ཐོས་སྐབས་ལ་ལ་དགའ་ཞིང་ལ་ལ་སེམས་ཁྲལ་གྱིས་ཁེངས།

ལྷག་རྒྱལ་ནང་མི་ཚོས་སྐྱུར་བཙོས་ཀྱི་གནས་ཚུལ་ཐོས་སྐབས་དགའ་ཚོར་ཆེན་པོ་བྱུང་ཞིང་། ཁྱིམ་དུ་མི་མང་ལ་ལུག་ཉུང་བ་དང་ལོ་ལྟར་དགུན་སྲོལ་སྐབས་ལུག་བཅུ་གཅིག་བཅུ་གཉིས་ལས་མེད་པས་ནང་མི་ཚོ་དཔྱིད་ཀ་ཤར་བའི་སྐབས་སུ་རྩ་བའི་ཆ་ནས་ཤ་བཟའ་རྒྱུ་མེད་ལ། ཚལ་དེ་བས་ཀྱང་བཟའ་རྒྱུ་མེད་པས་ནང་མི་13ཚང་མ་སྟོ་ས་ནས་དབུལ་པོའི་གནས་ནས་སྒྲོལ་འདོད་ཆེན་པོ་ཡོད། ལྷག་རྒྱལ་གྱིས་གསར་འགོད་པར་ང་ཚོའི་ཁྱིམ་ལ་ངལ་ནུས་མང་པོ་ཡོད་ཀྱང་ལུག་ཉུང་བས་སོ་སོ་རང་ལ་བརྟེན་ཆེ་ཡོང་འབབ་མང་པོ་གསོག་ཐུབ་ཀྱི་མི་འདུག སྔ་ནས་ད་བར་འཚོ་བ་ཡག་པོ་ཞིག་སྐྱེལ་འདོད་ཀྱང་ཐབས་ཤེས་རྙེད་ཀྱི་མི་འདུག ང་ཚོའི་ནང་མི་ཚོས་སྐྱུར་བཙོས་ལ་རྒྱབ་སྐྱོར་ཤུགས་ཆེན་བྱ་རྒྱུ་ཡིན། ཏང་དང་སྲིད་གཞུང་གི་རྗེས་སུ་འབྲངས་ན་ནོར་འཁྲུལ་ཤོར་མི་སྲིད་

ཅེས་བརྗོད།

རྩ་ཐང་ཡོངས་སུ་དཔྱིད་ཀླུང་དལ་བུར་ལྷུང་། སྣེར་རྩེ་རྫོང་ཞུད་དང་རྫོང་སྲིད་གཞུང་གི་ཚད་མཐོའི་མཐོང་ཆེན་དང་མངའ་རིས་ས་ཞུད་འཐབ་ཕྱོགས་གཅིག་གྱུར་བུའི་གྲོང་སྡོད་ལས་དོན་ཅུ་ཁག་གི་རོགས་རམ་འོག ཚྭ་མཚོ་གྲོང་ཚོས་གླང་བྱ་གཞིར་བཟུང་། ཚྭ་མཚོ་གྲོང་ཚོའི་འཕྲོག་ཁུལ་སྐྱུར་བཅོས་ལས་དོན་འགོ་ཁྲིད་ཚོགས་ཆུང་བཙུགས་ཏེ་གྲོང་ཚོའི་ཏང་གི་བུའུ་རྟའུ་ཅི་ཤུན་ཚོགས་དབང་འདུས་ཀྱིས་ཙུའུ་ཀྲང་དང་། གྲོང་ཚོ་ཨུ་ལྷན་གྱི་ཀྲུའུ་རིན་བཀྲ་ཤིས་ཀྱིས་ཙུའུ་ཀྲང་གཞོན་པ། གྲོང་ཚོ་ཨུ་ལྷན་གཉིས་ཀྱི་ཚན་ཁག་གི་ཁོངས་མི་དང་། ལྟ་སྐྱུལ་པ། གཉིས་ལྷན་དྲུང་སྤེལ་གྱི་དྲུང་སྤེལ་སྤྱི་མི། ཏང་ཡོན་གྱི་འཐུས་མི། མང་ཚོགས་ཀྱི་འཐུས་མི་སོགས་ཁོངས་མི་བྱས་ནས་ནུས་ཤུགས་ཡོད་རྒྱུས་གྲོང་ཚོ་ཡོངས་ཀྱི་སྐྱུར་བཅོས་ལས་དོན་ལ་ཞུགས་པ་རེད།

གྲོས་བསྡུར་འབྲུག་པོ་ཐེངས་མང་བྱས་པ་དང་ཇུས་གཞིར་བཟོ་བཅོས་ཐེངས་མང་བརྒྱབ་པ་བརྒྱུད། དུས་ཡུན་ཟླ་5སྟེ་2018ལོའི་ཟླ་7པར་གཞི་ནས《2018ལོའི་ཚྭ་མཚོ་གྲོང་ཚོའི་འཕྲོག་ཁུལ་སྐྱུར་བཅོས་ཀྱི་ཇུས་གཞི་》བཏོན་པ་རེད།

ལྷུ་ཚོགས་རེ་རེ་བཞིན་བདེན་དཔང་དང་རིམ་པ་བཞིན་སྐུལ་སློང་བཀོད་སྒྲིག་བྱས་པ་བརྒྱུད《2018ལོའི་ཚྭ་མཚོ་གྲོང་ཚོའི་འཕྲོག་ཁུལ་སྐྱུར་བཅོས་ཇུས་གཞི་》གཞི་ནས་བཏོན་ཡོད། གྲོང་མི་མི་རེས་ལུག་8དང་། ར་7ལུ་གུ་4གཞི་གྲངས་ཀྱི་ཚད་གཞི་སྒོར་2000བཅས་ལ་བརྟེན་ནས་མ་རྐང་ནང་ཞུགས་པ་དང་། 2018ལོའི་ཟླ་7པར་མ་རྐང་ནང་ཞུགས་མཁན་འགྲོག་དུད་150དང་མི་གྲངས་689ཟིན་ཏེ་གྲོང་ཚོའི་མཉམ་སྦྱེལ་དཔལ་འབྱོར་མཉམ་ལས་ཁང་གིས་བཀོལ་སྤྱོད་ཆོག་པའི་མ་དངུལ་བསྡོམས་སྒོར་ཁྲི་300ཟིན་ནས་ཚྭ་མཚོ་གྲོང་ཚོའི་འཕྲོག་ཁུལ་སྐྱུར་བཅོས་ལ་དུས་མཚམས་རང་བཞིན་གྱི་གྲུབ་འབྲས་ཐོབ་ཡོད།

སྒྱུར་བཅོས་རྒྱུན་ཆད་མེད་པར་གཏིང་ཟབ་ཏུ་ཇི་ལྟར་བཏང་བ་ཡིན་ནམ།

གསར་འབྱེད་གསར་གཏོད་ནམ་ཡང་བྱེད་མཚམས་མི་བཞག་པས་ཡིན།

གལ་སྲིད་ལྟོ་ཡག་པོ་ཞིག་ཟ་རྒྱུ་ནི་ཚྭ་མཚོ་གྲོང་ཚོའི་སྒྱུར་བཅོས་གོང་གི་ཕྱུགས་འདུན་ཡིན་ཆེ་འཚོ་བ་ཡག་པོ་ཞིག་སྐྱེལ་རྒྱུ་ནི་གྲོང་མི་ཚོས་ལྟོ་ཡག་པོ་བཟས་རྗེས་ཀྱི་ཐོག་མའི་ཕྱུགས་འདུན་དང་དོན་གཉེར་ཞིག་རེད།

ལོ་གཅིག་གི་གོང་དུ། ཚྭ་མཚོ་གྲོང་ཚོའི་གྲོང་མི་བཀྲ་ཕུར་ཁྱིམ་གྱི་ནང་མི་6དང་དུང་མ་མིག་ཤང་ནས་སྤྱི་ལེ་42ཡོད་པའི་འབྲོག་ཁུལ་གྱི་ས་ཕག་གི་ཁང་པར་སྡོད་ཀྱི་ཡོད་ལ། ལུག་པགས་གདན་དུ་བཏིང་ནས་དབུལ་ཞིང་ཕོངས་པའི་འཚོ་བ་སྐྱེལ་བཞིན་ཡོད། སྒྱུར་བཅོས་བྱས་རྗེས་བཀྲ་ཕུར་གྱི་ཁྱིམ་ཤང་ཡོད་སར་སློས་ནས་ཁང་པ་ཆེན་པོར་སྡོད་རྒྱུ་བྱུང་བ་མ་ཟད། མ་ཀྲང་ནང་ཞུགས་ཆེད་གཡར་བའི་བུ་ལོན་སྒོར་ཁྲི1.2ཡང་གཙང་འཛལ་ཐུབ་པ་རེད། སྐབས་དེ་དུས་ཕུན་ཚོགས་དབང་འདུས་ཀྱིས་སྒྱུར་བཅོས་བྱ་རྒྱུའི་སྐོར་གླེང་སྐབས་ངའི་སེམས་ལ་གདེང་ཚོད་དེ་ཙམ་མེད་པར་བརྟེན་དེ་ནི་ཁ་ཤོབ་ཙམ་རེད་སྙམ་བྱུང་། བསམ་ཡུལ་ལས་འདས་པ་ཞིག་ལ་སྒྱུར་བཅོས་བྱས་ནས་ལོ་གཅིག་ཙམ་ལས་མ་སོང་བར་འཚོ་བར་གནམ་ས་ལྟ་འོག་ཏུ་འགྱུར་བ་ལྟ་བུའི་འགྱུར་ལྡོག་ཕྱིན་སོང་། ད་ཆའི་འཚོ་བ་ནི་དངོས་འབྲེལ་བདེ་སྐྱིད་ལྡན་པ་ཞིག་འདུག ངས་ད་དུང་རླངས་འཁོར་གཅིག་དང་སྤྲག་སྤྲག་གཅིག་ཉོས་ཡོད་ཅེས་བཀྲ་ཕུར་གྱི་གདོང་ནས་འཛུམ་མདངས་འཕྱུར་བཞིན་དུ་བཤད། བཟའ་ཟླ་བསམ་སྐྱིད་ཀྱིས་ཕྲུ་གུར་ལྟ་རྟོག་བྱེད་པ་དང་། ལོ་49ལ་སླེབས་པའི་བཀྲ་ཕུར་གྱིས་ཇ་བསྲུབས་མ་འཕྱུང་བཞིན་ཁང་པ་གསར་པར་བདེ་སྐྱིད་ཀྱི་རྣམ་པས་ཁེངས་བཞིན་མཆིས།

ཚྭ་མཚོ་གྲོང་ཚོའི་འབྲོག་པའི་མཉམ་སྡེབ་དཔལ་འབྱོར་མཉམ་ལས་ཁང་ལ་རིམ་

བཞིན་གཞི་ཁྱོན་ཅན་དང་། ཚད་ལྡན་ཅན། སྤྱི་ཚོགས་ཅན། རྩ་འཛུགས་ཅན་བཅས་མངོན་འགྱུར་བྱུང་སྟེ་སྤྱུར་བཙོས་ཀྱི་བཀྲག་མདངས་འཚེར་ས་དང་ཕན་འབྲས་མངོན་གསལ་དོད་པོ་ཐོན་ཡོད།

སྤྱུར་བཙོས་བྱས་ནས་ཟླ་4སོང་རྗེས་ཀྱི་2018ལོའི་ལོ་མཇུག་བར། ཞྭ་མཚོ་གྲོང་ཚོའི་འབྲོག་ལས་ལ་ཡོང་འབབ་སྒོར་ཁྲི་79དང་། ཨར་ལས་རུ་ཁག་ལ་ཡོང་འབབ་སྒོར་ཁྲི་58ཚོང་ཁང་ལ་ཡོང་འབབ་སྒོར་ཁྲི་3.06 ཟ་ཁང་ལ་ཡོང་འབབ་སྒོར་ཁྲི་4.24 འབྲོག་ལས་ཐོན་རྫས་ལ་ཡོང་འབབ་སྒོར་ཁྲི་105བཅས་བྱུང་ཡོད། གྲོང་ཚོ་ཡོངས་ཀྱི་དུད་ཚང་150དང་མི་གྲངས་689གནས་དེ་རང་དང་ཐག་ཉེ་སར་མཉམ་སྡེབ་ངལ་རྩོལ་ཕྱིར་གཏོང་གི་ལས་ལ་ཞུགས་ཏེ་གྲོང་མི་རྣམས་ཁྱིམ་ནས་ཐོན་མི་དགོས་པར་འབབ་འཕར་ཕྱུག་འགྱུར་བྱུང་བ་དང་། དབུལ་སྐྱོལ་བྱེད་པར་རང་ས་རང་ཡུལ་ནས་ཁ་འབྲལ་མི་དགོས་པ་དང་། ཕྱུག་འགྱུར་ཡོང་བར་རང་ས་རང་ཡུལ་ནས་ཁ་འབྲལ་མི་དགོས་པའི་ལམ་བུ་གསར་པ་ཞིག་ཏུ་བསྐྱོད་ནས་གྲོང་ཚོ་ཡོངས་ཀྱི་རྣམ་གཞོན་ཚང་མས་སྤྱུར་བཙོས་འཕེལ་རྒྱས་ལས་བྱུང་བའི་ཁེ་སྤོགས་ལོངས་སུ་སྤྱོད་རྒྱུ་བྱུང་ཡོད།

དཔེ་སྐྲུན་དང་ཚད་གཞིར་བརྟེན་ནས་རྩེ་ཁྲིད་བྱས། སེམས་ཤུགས་གཅིག་སྒྲིལ་གྱིས་དབུལ་སྒྲོལ་ཡོང་བར་འབད།

——ཤན་ཙི་རྫོང་སྨད་པ་ཤང་གིས་ཕྱུག་འགྱུར་རྩེ་ཁྲིད་པའི་ནུས་པ་འདོན་སྤེལ་བྱས་ནས་ནུས་ཤུགས་ཡོད་རྒྱུས་དབུལ་སྒྲོལ་བྱས་པའི་སྐོར་གྱི་སྙིལ་གླེང་།

ནག་ཆུ་གྲོང་ཁྱེར་ཤན་ཙ་རྫོང་སྨད་པ་ཤང་ནི་ཤན་ཙ་རྫོང་གི་ཁེར་རྐྱང་ཚོང་དུད་ཉུང་མང་བའི་ཤང་གྲོང་ཞིག་ཡིན་པ་དང་། དེ་ཁུལ་དུ་ཕྱུག་འགྱུར་རྩེ་ཁྲིད་པ་དང་། ཧྲང་ཡོན་གཏོང་ལེན་པ། བུད་མེད་ཀྱི་འཕྲུས་མི་སོགས་ཀྱི་མིག་དཔེ་བཟང་པོ་ཧ་ཅང་མང་པོ་ཡོད་པ་རེད།

ཧྲང་ཡོན་གྱི་རྩེ་ཁྲིད་ལ་བརྟེན་ནས་མིག་དཔེའི་ཚད་གཞི་བཏོད་པ།

2015ལོར། སྨད་པ་ཤང་གྲོང་ཚོ་5པའི་ཚེ་དཔལ་ཀུང་གོའི་དབུལ་སྐྱོར་གྱི་ཕོ་ཉར་བདམས་པ་དང་འབྲེལ། སྤྱི་ཁྱབ་རྟུའུ་ཅི་ཞི་ཅིན་ཕིང་གི་བྱམས་བརྩེའི་མཇལ་འཕྲད་ཐོབ་པ་དང་། དེའི་རྗེས་སུ་སྨད་པ་ཤང་གི་དབུལ་པོའི་རོགས་རེས་ཚ་འཛུགས་དང་ཕྱུག་འགྱུར་རྩེ་ཁྲིད་པ་ཆར་རྗེས་ཀྱི་སྨྱུ་གུ་བཞིན་མང་པོ་ཐོན་ཡོད། ད་ཆ་སྨད་པ་ཤང་གིས་དཔེ་མཚོན་གྱིས་རྩེ་ཁྲིད་དེ་ཤང་ཡོངས་ཀྱི་མི་སེར་རྣམས་དབུལ་སྒྲོལ་ཕྱུག་འགྱུར་གྱི་ཡངས་ཤིང་རྒྱ་ཆེ་བའི་ལམ་ཆེན་ཐོག་སྐྱོད་བཞིན་ཡོད་པ་རེད།

སྨད་པ་ཤང་གིས་ཐོག་མཐའ་བར་གསུམ་དུ་ཧྲང་ཡོན་གྱི་གཏོང་ལེན་དཔེ་བཟང་གི་ནུས་པ་འདོན་སྤེལ་བྱ་རྒྱུ་དེ་གལ་ཆེའི་ནང་གི་འགངས་ཆེར་བརྩི་ཡི་ཡོད་པ་རེད།

སྐབས་རིམ་བྱུང་གི་ཤང་ཏང་ཞུད་ཀྱི་རྩུའུ་ཅི་སྨད་པ་ཤང་གི་ཡུལ་ལུང་གང་ས་དང་། ཁྲིམ་ཚང་ཚང་མར་བསྐྱོད་དེ་གྲོང་ཚོ་དང་དུད་ཚང་མི་རེ་ངོ་རེར་དམིགས་ཏེ་དེ་མཚུངས་ཀྱི་དབུལ་སྒྲོལ་བྱ་ཐབས་བཏོན་ཞིང་། ངག་དབང་བསྟན་རྒྱས་ཀྱིས་རྩུའུ་ཅིའི་འགན་ཁུར་རྗེས་གྲོང་ཚོ་ཁག་ཏུ་ཐེངས་མང་བསྐྱོད་དེ་སྲིད་ཇུས་སྒྲིག་འགྲེལ་དང་དམིགས་སའི་རང་བཞིན་ལྡན་པའི་བྱ་ཐབས་བཏོན་པ་དང་། གྲོང་ཚོ་ཁག་གི་ཏང་གྲི་ཧྲུའུ་རྩུའུ་ཅི་ཚང་མ་གྲོང་ཚོའི་ཕྱུག་འགྱུར་སྣེ་ཁྲིད་པར་འགྱུར་བ། གྲོང་ཚོའི་རྩུའུ་ཅི་ཨང་དང་པོ་གྲོང་ཚོའི་འབྲེལ་གཏུག་པ་ཡིན་པའི་ཆ་ནས་སྲིད་ཇུས་གསར་ཤོས་ཁོང་དུ་ཆུད་པ་དང་དུས་མཚུངས། སྲིད་ཇུས་དྲིལ་བསྒྲགས་ཡག་པོ་དང་ལག་བསྟར་གནད་སྨིན་བྱས་ཡོད་པ་རེད།

འབྲོག་པའི་ཏང་ཡོན་གྱིས་སྔོན་ཐོན་བརྩོན་ལེན་ཧུར་ཐག་བྱས་པ། དབུལ་སྒྲོལ་འགག་སྒྲོལ་ཁྲིད་ཏང་ཡོན་དཀྱུས་མས་རྗེས་སུ་ལུས་མི་འདོད་པར་ཐབས་བརྒྱ་ཇུས་སྟོང་དང་དབུལ་སྒྲོལ་ཡོང་ཐབས་ཧུར་ཐག་བྱས་ཡོད། རྫོང་ཞུད་དང་རྫོང་སྲིད་གཞུང་གི་རོགས་སྐྱོར་འོག ཏང་ཡོན་སློན་བསམ་གྱིས་ནགས་ཚང་ཞིང་འབྲོག་པའི་ཨར་ལས་ཊུ་ཁག་བཙུགས་ནས་གྲོང་ཚོའི་ངལ་རྩོལ་ནུས་ཤུགས་རང་འགུལ་ངང་ལས་ཞུ་འཛུགས་སྨན་ནང་ཞུགས་རྒྱུའི་སྣེ་ཁྲིད་དེ་དུད་ཚང་དབུལ་པོ་23ལ་ཆ་སྙོམས་འབབ་འཕར་སྒོར་ཁྲི་2.6ལྷག་ཙམ་བྱུང་ནས་ད་ཆ་སྨད་པ་ཤང་གི་གྲོང་ཚོ་དང་པོ་ཉེ་རིང་གང་སར་སྐད་གྲགས་ཆོད་པའི་ངལ་ནུས་ཕྱིར་གཏོང་གི་གྲོང་ཚོ་ཆེན་པོ་ཞིག་ཏུ་གྱུར་ཡོད་པ་རེད།

སྨད་པ་ཤང་གིས་མང་ཚོགས་དབུལ་པོའི་ཉེ་འགྲམ་གྱི་ཕྱུག་འགྱུར་འཛོན་ཐང་ཅན་དྲིལ་བསྒྲགས་ཀྱི་དཔེ་མཚོན་ལ་བརྟེན་ནས་ཤང་ཡོངས་སུ་མིག་དཔེ་བཟང་པོ་བཏོད་དེ་མང་ཚོགས་དབུལ་པོའི་དབུལ་སྒྲོལ་གྱི་ཡིད་ཆེས་ཟམ་མི་ཆད་པར་ཆེ་རུ་བཏང་ཡོད་པ་རེད།

སྨད་པ་ཤང་གི་གུང་ཁྲན་ཏང་ཡོན་ཞིག་ཡིན་པའི་སློན་བསམ་ནི་སློབ་གྲྭ་འགྲིམ་མྱོང་

མེད་མོད། འོན་ཀྱང་ཁོང་སློབ་སྦྱོང་ལ་བརྩོན་འགྲུས་ཆེ་བ་དང་གཞན་གྱི་རྗེས་སུ་ལུས་མི་འདོད་པར་མི་གཞན་གྱི་རླངས་འཁོར་ཉམས་བཟོ་ཁང་དུ་སླ་པ་བྱེད་པ་ནས་རང་ཉིད་ལ་དབང་བའི་རླངས་འཁོར་ཉམས་བཟོ་ཁང་བཙུགས་པའི་བར་དང་། རྗེས་སུ་བློ་ཁོག་ཆེན་པོས་འཇུགས་སྐྲུན་ལས་རིགས་ནང་ཞུགས་ནས་ལོ་མང་འབད་བརྩོན་བྱས་པས། ད་ཆ་ཁོང་ཤན་རྩ་རྫོང་དུ་སྐད་གྲགས་ཅུང་ཆེ་བའི་ཨར་ལས་ཏུ་ཁག་གི་སྤྱིན་བདག་ཅིག་ཏུ་གྱུར་ཡོད། ཕྱུག་པོ་ཆགས་སྐབས་ཕ་ཡུལ་གྱི་ཡུལ་མི་མ་བརྗེད་པར། སྤྱིན་བསམ་གྱིས་ཡུལ་མི་རྣམས་ལ་རོགས་རམ་བྱེད་རྒྱུའི་བསམ་བློ་བཏང་ནས་མ་དངུལ་བཏང་སྟེ་ཤན་རྩ་རྫོང་བྱང་ཐང་རླངས་འཁོར་ཉམས་བཟོ་ཚད་ཡོད་ཀུང་སི་བཙུགས་ཏེ་སྨད་པ་ཤང་གི་ཤང་གཅིག་ལ་མཉམ་ལས་ཁང་གཅིག་གི་དབུལ་སྐྱོར་ཐོན་ལས་རྣམ་གྲངས་སྣེ་འཁྲིད་དེ་གཉེར་སྐྱོང་བྱས་པ་དང་། 2019ལོའི་དུས་ཚིགས་དང་པོ་ནས་གསུམ་པའི་བར་ཁོ་ནར་གཉེར་སྐྱོང་ཡོང་འབབ་སྒོར་ཁྲི་53.75བྱུང་ནས་མང་ཚོགས་དབུལ་པོར་ཁེ་ཕྱོགས་སྒོར་ཁྲི་16ལྷག་ཙམ་བགོ་བཤའ་བརྒྱབ་པ་དང་། དུད་ཚང་དབུལ་པོ་རེར་ཆ་སྙོམས་འབབ་འཕར་སྒོར་1287དང་། མི་རེར་ཆ་སྙོམས་འབབ་འཕར་སྒོར་293བྱུང་ཡོད་པ་རེད།

ཤེས་བྱའི་སྣེ་ཁྲིད་ལ་བརྟེན་ནས་ཁྱིམ་རྒྱུད་དབུལ་པོ་མི་ཐོན་པ་བྱས་པ།

སྨད་པ་ཤང་གིས་ཐོག་མཐའ་བར་གསུམ་དུ་སློབ་གསོར་དམ་འཛིན་ཡག་པོ་བྱེད་རྒྱུ་དེ་རྩ་བར་དོ་དམ་དང་། དབུལ་པོའི་རྩ་བ་དྲུངས་ནས་འབྱིན་པ། འབྱུང་འགྱུར་ལ་དོ་དམ་བཅས་ཀྱི་འདུ་འགོད་གལ་ཆེན་ཞིག་ལ་བརྩིས་ནས་གྲུབ་འབྲས་སྲ་བརྟན་དང་། བྱང་ཚད་མཐོར་གཏོང་ལ་ཤུགས་སྟོན་བརྒྱབ་སྟེ། རིམ་པ་ཁག་གི་སློབ་མ་སློབ་ཞུགས་དང་སློབ་གསོའི་སྤུས་ཚད་མཐོར་གཏོང་གི་ལས་དོན་ལ་ནུས་ཤུགས་ཡོད་རྒྱུས་དམ་འཛིན་ཡག་པོ་བྱས་ནས་ཁྱིམ་རྒྱུད་དབུལ་པོའི་གནད་དོན་རྩ་བ་ནས་མི་ཐོན་པ་བྱས་ཡོད་པ་རེད།

སློབ་གསོའི་དབུལ་སྐྱོར་གྱི་སྲིད་ཇུས་ཁག་དོན་འཁྱོལ་ནན་པོ་བྱས་ཤིང་། ཤང་ཡོངས་ཀྱི་སློབ་མ་348སློབ་མཚམས་མི་ཆད་པ་བྱས་ནས་སློབ་གྲྭར་ཞུགས་ཚད་འགན་ལེན་བྱེད་ཚད་བརྒྱ་ཆ100ཟིན་ཡོད་པ་དང་། ཤང་ཡོངས་ཀྱི་སློབ་ལོ་ལོན་པའི་དབང་སྐྱོན་བྱིས་པ་4ལ་སྒོ་འགྲམ་དུ་སློབ་ཁྲིད་བྱེད་ཚད་བརྒྱ་ཆ100ཟིན་ཡོད་པ་རེད། ད་ལྟ་ཤང་ཡོངས་སུ་སློབ་གྲྭ་ཆེ་མོ་བ་35ཡོད་པའི་ནང་ཡིག་ཚགས་དང་གྲྭ་བཟོས་པའི་དུད་ཚང་དབུལ་པོའི་སློབ་གྲྭ་ཆེ་མོ་བ་6ཡོད་པ་ཚང་མར་རྩ་ཆག་གསུམ་དང་ཁ་གསབ་གཅིག་གི་སྲིད་ཇུས་ལོངས་སྤྱོད་ཐུབ་ཡོད་པ་རེད།

མང་ཚོགས་དབུལ་པོའི་རྩལ་ནུས་གསོ་སྦྱོང་ལ་ཤུགས་སྣོན་རྒྱག་ཆེད། གྲོང་ཁྱེར་དང་ཞོང་རིམ་པ་གཉིས་ཀྱི་གསོ་སྦྱོང་དང་གསེར་གྱི་གཞོག་ཟུང་འདུ་འགོད་སོགས་ཀྱི་ཐབས་ལམ་བརྒྱུད། སྨད་པ་ཤང་ལ་སྐོར་སྐྱོད་ཚོགས་པའི་ངལ་རྩོལ་མི་སྣ་186ཡོད་པའི་ནང་། མི་179རྩལ་ནུས་གསོ་སྦྱོང་ལ་ཞུགས་ནས་གསོ་སྦྱོང་དང་ལེན་བྱེད་ཚད་བརྒྱ་ཆ96.2ཟིན་ཡོད་པ་དང་། དེའི་ནང་གསོ་སྦྱོང་བྱས་རྗེས་མི་100ལྷག་ཙམ་ལས་ཞུགས་ཐུབ་ནས་ངལ་རྩོལ་ནུས་ཤུགས་ཀྱི་བྱང་ཚད་མཐོ་རུ་ཤུགས་ཆེན་ཕྱིན་ཡོད་པ་རེད།

ཀུན་སྤྱོད་ཀྱི་སྔེ་ཁྲིད་ལ་བརྟེན་ནས་དབུལ་པོའི་རྩ་བའི་གནད་དོན་སེལ་བ།

སྨད་པ་ཤང་གིས་སྣང་ཆེན་བཞི་དང་དགའ་ཞེན་བཞི་སོགས་ཀྱི་མང་ཚོགས་ཀྱི་སློབ་གསོ་ལག་ལེན་བྱེད་སྒོ་གཞི་རྟེན་དུ་བྱས་ཏེ་ཀུན་སྤྱོད་ལ་བརྟེན་ནས་སྔེ་ཁྲིད་བྱས་ཏེ་མང་ཚོགས་དབུལ་པོས་ཡང་དག་པའི་རིན་ཐང་ལྟ་བ་འཛུགས་རྒྱུར་ཁྲིད་སྟོན་ཧུར་ཐག་གིས། དེང་གི་བདེ་སྐྱིད་ལྡན་པའི་འཚོ་བ་དོན་གཉེར་བྱེད་པའི་ཚན་རིག་དང་མཐུན་པའི་བསམ་བློ་གཏོད་པ་དང་དབུལ་པོའི་རྩ་བའི་གནད་དོན་བསལ་ཡོད་པ་རེད།

འགྲན་སློབ་སྒྲིག་རོགས་བརྒྱལ་གྱི་དབུལ་སྒྲོལ་ཞྭ་འཕུད་ཀྱི་རྣམ་པ་བཟང་པོ་གཏོད་

ཆེད། སྨད་པ་ཤང་གིས་དབུལ་སྒྲོལ་འགག་སྒྲོལ་བཀོད་འདོམས་སྤུའི་ལས་བྱེད་པ་དང་། གྲོང་ཚོ་ཁག་གི་ཏང་ཀྱི་ཧྥུའུ་ཧྲུའུ་ཅི། གྲོང་ཚོ་འགན་གཙང་ལེན་མཁན་ལས་བྱེད་པ། གྲོང་ཚོའི་ཧྲུའུ་ཅི་ཨང་དང་པོ་བཅས་སྒྲིག་འཛུགས་བྱས་ཏེ། ལས་དོན་ཚུགས་ཆུང་བཙུགས་ནས་ཤང་ཡོངས་ཀྱི་སྲིད་འཛིན་གྲོང་ཚོ་ལྔ་ཅུ་བསྐྱོད་དེ་ལོ་བཞིའི་དབུལ་སྒྲོལ་འགག་སྒྲོལ་ལ་ཕྱོགས་སྡོམ་རྩིས་ལེན་དང་འགྲན་སློབ་སྐྱིག་རོགས་བརྒྱལ་གྱི་ལག་ལེན་བྱེད་སྒོ་སྤེལ་བ་རེད། བསྡུར་གྲངས་ངེས་ཅན་ལྡན་པའི་འབྲོག་དུད་ལ་སྐབས་བསྟུན་ཞུར་བཤེར་བྱས་ཏེ་སེམས་ཁྲལ་མེད་པ་གཉིས་དང་འགན་ལེན་གསུམ་གྱི་གཞི་རྩའི་དབུལ་སྒྲོལ་དམིགས་ཚད་མངོན་འགྱུར་གྱི་གནས་ཚུལ་དང་། སྲིད་ཇུས་གསལ་རྗོགས་དང་ཏང་གི་བཀའ་དྲིན་ལ་སྣང་ཆེན་བྱེད་པའི་གནས་ཚུལ། ཁྱིམ་ཚང་གི་ཤེས་དཔལ་དང་མི་སྣེར་གྱི་གཙང་སྦྲ་དང་དེ་བཞིན་གྲོང་ཚོའི་རྣམ་པ། གྲོང་ཚོའི་འཕྲོད་བསྟེན་ཁང་། འབྲོག་ཁྱིམ་དཔེ་ཁང་། གྲོང་ཚོ་རིམ་པའི་ཡིག་ཚགས་སོགས་ལ་ཕྱོགས་ཡོངས་ནས་ཞིབ་བཤེར་རྩིས་ལེན་བྱས་པ་རེད། ཞིབ་བཤེར་རྩིས་ལེན་ལ་སྐར་མ་བརྒྱབ་རྗེས། ཞིབ་བཤེར་རྩིས་ལེན་ཚོགས་ཆུང་གི་ཁོངས་མི་ཚང་མས་ས་གནས་ས་ཐོག་ཏུ་དཔྱད་འདེམས་བྱས་ཏེ་སྒྲོང་ཚོར་གླིང་བ་དང་། བསམ་ཚུལ་བརྗོད་པ། མི་འདང་ས་བརྗོད་པ་བཅས་བྱས་ནས། འགྲན་སློབ་སྐྱིག་རོགས་བརྒྱལ་གྱི་སྐུལ་འདེད་ཀྱི་ནུས་པ་དངོས་འབྲེལ་འདོན་སྤེལ་བྱས་ཏེ། དབུལ་སྒྲོལ་ཡོང་ཆེད་ཁ་ཕྱོགས་གསལ་སྟོན་དང་སྐུལ་ཤུགས་ཆེན་པོ་བསྣན་ནས་དངོས་འབྲེལ་དབུལ་སྒྲོལ་གྱི་རྣམ་པ་བཟང་པོ་བཏོད་ཡོད་པ་རེད།

ཁོ་འཇོ་རྫོང་གི་དབུལ་སྒྲོལ་འགག་སྒྲོལ་གྱི་ཕན་འབྲས་མངོན་གསལ་དོད་པ།

——གྲོང་ཚོ(གྲོང་ལྷན)དབུལ་པོ་149དབུལ་སྒྲོལ་བྱུང་བ།

ཁོ་འཇོ་རྫོང་གི་ཡིག་ཚགས་དང་གཟྲ་བཟོས་པའི་དུད་ཚང་དབུལ་པོ་862ཀྱི་འཚོ་བའི་ཆ་རྐྱེན་ཞན་པ་དང་སྡོད་ཁང་བདེ་འཇགས་འགན་ལེན་མེད་པའི་དོན་དངོས་གནས་ཚུལ་ལ་དམིགས་ནས་ཁོ་འཇོ་རྫོང་གིས་རིམ་རྩིས་ལྟར་ན། མ་དངུལ་སྒོར་དུང་ཕྱུར་4.55བཏང་ནས་བཀོད་སྒྲིག་བྱ་ཡུལ་10དང་སྡོད་ཁང་862བསྐྲུན་པར་འཛུགས་སྐྲུན་རྒྱ་ཁྱོན་སྨི་ངོས་ཁྲི་ཁྲི་11ཟིན་པ་དང་། དུད་ཚང་862ཀྱི་མི་4571ཚང་མ་2018ལོར་བཀོད་སྒྲིག་བྱ་ཡུལ་དུ་སྤོས་ནས་འཚོ་བའི་ཆ་རྐྱེན་ལེགས་སུ་ཤུགས་ཆེན་ཕྱིན་ཡོད།

གསར་འགོད་པར་ཁོ་འཇོ་རྫོང་དབུལ་སྐྱོར་གཞུང་ལས་ཁང་ནས་ཤེས་རྟོགས་བྱུང་བར། དབུལ་སྒྲོལ་འགག་སྒྲོལ་གྱི་དམག་འཐབ་བརྒྱབ་རྗེས། ཁོ་འཇོ་རྫོང་གིས་ལྷ་རེ་གཅིག་གི་ཐབས་ལམ་གཞིར་བཟུང་། གནད་སྨིན་དྲུག་གི་སླང་བྱ་དོན་འཁྱོལ་བྱེད་པ་དང་། སེམས་ཁྲལ་མེད་པ་གཉིས་དང་འགན་ལེན་གསུམ་གྱི་དམིགས་ཚད་གལ་ཆེན་ལ་གཞིགས་པ། རྫོང་ཡོངས་ཀྱི་ནུས་ཤུགས་དང་རྒྱུན་གཏན་ལས་བཀལ་བའི་བྱ་ཐབས་སྤྱོད་པ་བཅས་བྱས་ཏེ་དམངས་ཡོངས་ཀྱི་དབུལ་སྒྲོལ་འགག་སྒྲོལ་དམག་འཐབ་གཏིང་ཟབ་དང་རྒྱུན་མཐུད་དང་བརྒྱབ་ཅིང་། ལོ་བཞི་འབད་བརྩོན་བྱས་པ་བརྒྱུད། ཁོ་འཇོ་རྫོང་གི་དུད་ཚང་3055ཡི་མི་17535དབུལ་སྒྲོལ་ཐུབ་པ་དང་། གྲོང་ཚོ （གྲོང་ལྷན） དབུལ་པོ་149ཡོངས་རྫོགས་དབུལ་པོ་ནས་ཕྱིར་འཐེན་ཐུབ་ཡོད། དུད་ཚང་ལྷག་འཕྲོ་17ཡི་མི་37 2020ལོར་

དབུལ་སྐྱོལ་ཐུབ་པའི་འཆར་གཞི་ཡོད་པ་དང་དབུལ་པོར་འགྱུར་ཚད་བརྒྱ་ཆ41.79ནས་བརྒྱ་ཆ0.08མན་ཆག་ཡོད་པ་རེད།

ཐོན་ལས་དབུལ་སྐྱོལ་ཐད། གོ་འཇོ་རྫོང་གིས་ཐོན་ཁུངས་ཀྱི་ལེགས་ཆ་དང་། ཐོན་ལས་ཀྱི་རྨང་གཞི། ཁྲིམ་རའི་དགོས་མཁོ་བཅས་ལ་གཞིགས་ནས་རྫོང་ཡོངས་ཀྱི་བྱང་ཞིང་ལས་དང་། ལྗོ་འབྲོག་ལས། ཤར་ནགས་ལས་བཅས་ཀྱི་ཐོན་ལས་བཀོད་རྟུས་རིམ་བཞིན་འཆར་འགོད་བྱས་ཏེ་སྡུ་རྗེས་སུ་མ་དངུལ་སྒོར་དུང་ཕྱུར་5.84བཏང་ནས་ཐོན་ལས་དབུལ་སྐྱོར་རྣམ་གྲངས་རིགས་6གི་ཁག་90སྐྱུན་འགོ་ཚུགས་པ་དང་། མིག་སྔར་ཁག་85ལེགས་གྲུབ་ཟིན་ནས་ལས་འགོ་ཚུགས་ཚད་བརྒྱ་ཆ100ཟིན་པ་དང་། ལས་མཇུག་འགྲིལ་ཚད་བརྒྱ་ཆ94ཟིན་པ། རྫོང་དེའི་ཤང（གྲོང་རྡལ）12དང་གྲོང་ཚོ（གྲོང་ལྷན）149ལ་ཁྱབ་པ། ཐོན་ལས་དབུལ་སྐྱོར་རྣམ་གྲངས་ཁྱབ་ཚད་བརྒྱ་ཆ100ཟིན་པ། ཡིག་ཚགས་དང་གྲ་བཟོས་པའི་དུད་ཚང་དབུལ་པོའི་མི6592ལ་སྐུལ་ཁྲིད་ཐུབ་ཡོད་པ་རེད།

གོ་འཇོ་རྫོང་གི་ཡིག་ཚགས་དང་གྲ་བཟོས་པའི་དུད་ཚང་དབུལ་པོ862ཀྱི་འཚོ་བའི་ཆ་རྐྱེན་ཞན་པ་དང་སྡོད་ཁང་བདེ་འཇགས་འགན་ལེན་མེད་པའི་དོན་དངོས་གནས་ཚུལ་ལ་དམིགས་ནས་གོ་འཇོ་རྫོང་གིས་རིམ་སྩིས་ལྟར་ན། མ་དངུལ་སྒོར་དུང་ཕྱུར4.55བཏང་ནས་བཀོད་སྒྲིག་བྱ་ཡུལ10དང་སྡོད་ཁང་862བསྐྲུན་པར་འཛུགས་སྐྲུན་རྒྱ་ཁྱོན་སྨི་ངོས་གྲུ་བཞི་ཁྲི11ཟིན་པ་དང་། དུད་ཚང་862ཀྱི་མི4571ཚང་མ2018ལོར་བཀོད་སྒྲིག་བྱ་ཡུལ་དུ་སྤོས་ནས་འཚོ་བའི་ཆ་རྐྱེན་ལེགས་སུ་ཤུགས་ཆེན་ཕྱིན་ཡོད་པ་རེད།

བདེ་ཐང་དབུལ་སྐྱོར་ཐད། གོ་འཇོ་རྫོང་གིས་སྔོན་ལ་ནད་བརྟག་སྨན་བཅོས་དང་རྗེས་ལ་སྨན་རིན་སྤྲོད་པའི་གཅིག་འཛུས་རྣམ་པའི་སྩིས་རྒྱག་ལམ་ལུགས་ལེགས་སུ་དང་འཕྲུས་སྒོ་ཚང་དུ་བཏང་བ་རེད། 2016ལོ་ཚུན། སྔོན་ལ་ནད་བརྟག་སྨན་བཅོས་དང་རྗེས་ལ་སྨན་རིན་སྤྲོད་པའི་ལམ་ལུགས་ལོངས་སྤྱོད་བྱུང་བའི་དུད་ཚང་དབུལ་པོའི་ནད་པ་མི་

ཐེངས་103ཟིན་ཡོད་པ་རེད། སྨན་བཅོས་འགྲོ་སོང་རྩིས་ཞུའི་གོ་རིམ་སྟབས་བདེ་རུ་བཏང་བ་དང་། དེའི་ནང་ཡིག་ཚགས་དང་གླ་བཟོས་པའི་དུད་ཚང་དབུལ་པོའི་ནད་གཞི་ཀླེ་པོ་ཕོག་ནས་སྨན་ཁང་དུ་བསྡད་པའི་ནད་པ་མི་ཐེངས་2327གྱི་སྨན་རིན་རྩིས་ཞུ་ཐུབ་ནས་སྨན་རིན་རྩིས་ཞུའི་དངུལ་གྲངས་སྒོར་ཁྲི་994ཟིན་ཡོད། རྫོང་དང་། ཤང་། གྲོང་ཚོ་བཅས་རིམ་པ་གསུམ་གྱི་སྨན་བཅོས་འཕྲོད་བསྟེན་ཞབས་ཞུའི་མ་ལག་བསྐྲུན་པ་དང་འཕྲུས་སྒོ་ཚང་དུ་བཏང་བས་མི་འབོར་དབུལ་པོ་ནད་གཞི་ལྟ་ཐུབ་པ་དང་ལྟ་མཁན་སྨན་པ་ཡོད་པ་བྱུས་ཡོད།

དབུལ་པོ་རྒྱུན་འཇགས་མི་ཡོང་བ་ཏན་ཏིག་བྱ་ཆེད། ཉེ་བའི་ལོ་ཤས་རིང་། གོ་འཇོ་རྫོང་གིས་མ་དངུལ་སྒོར་དུང་ཕྱུར་2ཙམ་བཏང་ནས་རྫོང་སློབ་ཆུང་གནས་སྤོ་འཛུགས་སྐྲུན་དང་། རྫོང་སློབ་འབྲིང་ཉམས་བཟོ་སྒྱུར་བཀོད། རྫོང་ཚོད་ལྟའི་སློབ་ཆུང་གསར་སྐྲུན་སོགས་ཀྱི་རྣམ་གྲངས་གལ་ཆེན་ལེགས་སྒྲུབ་བྱས་པ་བརྒྱུད། རྫོང་ཡོངས་ཀྱི་སློབ་གཉེར་ཆ་རྐྱེན་ལེགས་སུ་ནུས་ལྡན་ཕྱིན་པ་རེད།

སྟོད་བཅུད་ཁ་གསབ་དབུལ་སྒྲོལ་ཐད། རྫོང་ཡོངས་ཀྱིས་སྟོད་བཅུད་ཁ་གསབ་ལས་གནས་སུ་མི་16827（དེའི་ནང་ཡིག་ཚགས་དང་གླ་བཟོས་པའི་དུད་ཚང་དབུལ་པོའི་མི་7822ཚུད་པ）བསྡུས་ནས་རིམ་རྩིས་ལྟར་ན་ཁ་གསབ་མ་དངུལ་སྒོར་དུང་ཕྱུར་1.69སྤྲད་ཡོད། གཞན་ཡང་། ལོ་བཞིའི་རིང་། ཁྲོན་མ་དངུལ་སྒོར་ཁྲི་5676བཏང་ནས་སྟོད་བཅུད་དབུལ་སྐྱོར་སྟོང་ཕྲུག་ར་བ་8བསྐྲུན་པ་དང་། རྩྭ་བསྐྱུར་ནགས་གསོ་མུའུ་ཁྲི་2.4བྱེད་པ། གཙོ་གནད་དཔལ་འབྱོར་ནགས་ཚལ་མུའུ་1000ཙམ་འཕེལ་རྒྱས་གཏོང་བ། ཡིག་ཚགས་དང་གླ་བཟོས་པའི་དུད་ཚང་དབུལ་པོའི་མི་7838ལ་ཁྱབ་འགྲེད་སྐྱུལ་ཁྲིད་བྱེད་པ་བཅས་བྱས་པས་མི་རེར་ཆ་སྙོམས་འབབ་འཕར་སྒོར་1500བྱུང་ཡོད་པ་རེད།

རོགས་སྐྱོར་བྱེད་དགོས་རིགས་རོགས་སྐྱོར་དང་འགན་ལེན་བྱེད་དགོས་རིགས་འགན་

ཞིན་དང་རིགས་དབྱེ་འགན་ཞིན་དང་སྟབས་བསྟུན་དོ་དམ་གྱི་ཟུ་དོན་གཞིར་བཟུང་། གོ་འཛོ་ཛོང་གིས་ཁྲོན་ལས་རིགས་སྐྱོར་དང་ལས་ཞུགས་རིགས་སྐྱོར་ལ་བརྟེན་ནས་དབུལ་སྒྲོལ་བྱུང་མེད་པའི་ཡིག་ཆགས་དང་གྲུ་བཟོས་པའི་མང་ཚོགས་དབུལ་པོ་2479གྱི་ཚོགས་ཐ་སྐྱོང་གི་ཁྱབ་ཁོངས་ནང་བཙུག་པ་རེད། 2016ལོ་ཚུན། གྲོང་གསེབ་ཀྱི་མ་མཐའི་འཚོ་བ་འགན་ཞིན་དངུལ་སྒོར་ཁྲི་4910དང་། དམིགས་བསལ་དཀའ་ངལ་ཡོད་པའི་མི་སྣར་མ་དངུལ་སྒོར་ཁྲི་1038 གནས་གཏན་འཕེལ་གྱི་ཁ་གསབ་རིགས་དངུལ་སྒོར་ཁྲི་1590 དབང་པོ་སྐྱོན་ཅན་གྱི་ཁ་གསབ་ཁག་གཉིས་ལ་སྒོར་ཁྲི་818 སྐབས་འཕྲལ་རིགས་སྐྱོབ་མ་དངུལ་སྒོར་ཁྲི་515བཅས་སྤྲད་པ་རེད།

ཉི་མ་བུ་ཁྲིད་ཀྱི་དབུལ་སྒྲོལ་གཏམ་རྒྱུད།

དགུན་ཐོག་མའི་དུས་སུ་མངའ་རིས་ས་ཁུལ་སྤུ་ཧྲེང་རྫོང་འཁོར་ཆགས་གྲོང་ཚོའི་སྡོད་ཁང་དཀར་པོ་དང་གངས་རི་གཉིས་གཅིག་ལ་གཅིག་འགྲན་ངང་གནས་པ་དང་། སྔོ་ལྗང་གོས་བཟང་ཡོངས་སུ་མ་ཕུད་པའི་རྒྱ་ལྕང་གི་ཡལ་འདབ་རླུང་བུའི་ལྡང་ཕྱོགས་དང་བསྟུན་ནས་ལྷབ་ལྷུབ་ཏུ་གཡོ།

གྲོང་ཚོ་ཨུ་ལྷན་དུ་ལྷ་མོ་ནང་སྦྱོང་ཟིན་རྗེས་ཉི་མ་བུ་ཁྲིད་ཀྱིས་གཙང་ལ་གྲལ་སྒྲིག་པའི་གྲོང་ཚོའི་ལམ་ཚུང་བརྒྱུད་རང་ཁྱིམ་གྱི་ཁང་པ་གསར་པར་ཡོག་སྟེ། གཙང་སྤྲ་ཞིབ་ཚགས་པོ་ཞིག་བྱས།

ཉི་མ་བུ་ཁྲིད་ནི་ས་སྐྱེས་རྗེ་སྐྱེས་ཀྱི་འཁོར་ཆགས་གྲོང་ཚོའི་མི་ཡིན་པ་དང་། ཁྱོ་ག་ནད་ཀྱིས་རྐྱེན་པས་ཤི་ས་ནས་གྲོངས་ཏེ་རང་ཉིད་གཅིག་པུས་ཕྲུ་གུ་གཉིས་གསོ་སྐྱོང་བྱེད་དགོས་བྱུང་བས། འཚོ་བར་དཀའ་ངལ་ཆེན་པོ་འཕྲད་ཡོད།

དེ་སྔོན་ང་ཚོ་ནང་མི་གསུམ་པོ་གྲོང་ཚོའི་ཕྱི་རོལ་གྱི་རི་གཤམ་དུ་སྡོད་ཀྱི་ཡོད་པ་དང་། དེ་གར་རི་ཉིལ་བའི་ཉེན་ཁ་ཡོད་པ་མ་ཟད། ཆུ་དང་གློག་མེད་པས། སྐུམ་བཞུ་དང་ཡང་ལྔ་སྤར་བ་དང་ལམ་ཐག་རིང་བའི་གཙང་འགྲམ་ནས་འཐུང་ཆུ་ལེན་པར་འགྲོ་དགོས་པ་དང་། ཉིན་རེའི་ཕྱི་དུས་གསུམ་པོར་རྩམ་པ་དང་སྔོ་ཚོས་ཁོ་ན་ལས་བཟའ་རྒྱུ་མེད། ངས་ལོ་ལྟར་ནས་ཕྲན་བུ་བཏབ་པ་ཁོ་ནར་བརྟེན་ནས་འཚོ་བ་འཁྱོལ་ཐབས་བྱེད་ཀྱི་ཡོད་ཅེས་ཉི་མ་བུ་ཁྲིད་ཀྱིས་བརྗོད།

ཉི་མ་བུ་ཁྲིད་ཁྲིམ་གྱི་དགའ་ངལ་ལ་གཞིགས་ནས། ས་གནས་དེ་གའི་སྲིད་གཞུང་གིས་ཁོ་མོ་ཡིག་ཚགས་དང་གླ་བཟོས་པའི་དུད་ཚང་དབུལ་པོ་དང་ཡུལ་གཞན་དུ་གནས་སྤོས་དབུལ་སྐྱོར་དུད་ཚང་ཁོངས་སུ་བཙུག་པ་དང་སྦྲགས། སྔོད་བཅུད་ལས་གནས་སྤྲད་ནས་གྲོང་གསེབ་ཀྱི་གཞུང་ལམ་སྲུང་སྐྱོང་བར་བཀོད་སྒྲིག་བྱས་པས་ལོ་རེར་ཡོང་འབབ་སྒོར་3500ཡོད།

2017ལོར་ཉི་མ་བུ་ཁྲིད་སྐྱི་ངོས་གྲུ་75ཡོད་པའི་ཡུལ་གཞན་དུ་གནས་སྤོས་དབུལ་སྐྱོར་གྱི་ཁང་པ་གསར་པར་སྤོས་ནས། ཆུ་དང་གློག་ཡོད་པའི་འཚོ་བ་གསར་པ་སྐྱེལ་རྒྱུ་བྱུང་བ་དེས་ཁོ་མོའི་དབུལ་སྒྲོལ་གྱི་ཡིད་ཆེས་དང་ཚོད་སེམས་ཆེ་ཙ་ཇེ་ཆེར་སོང་། རྒྱལ་ཁབ་ཀྱིས་ང་ཚོར་སྲིད་ཇུས་དང་ཆ་རྐྱེན་ཡག་པོ་དེ་འདྲ་གནང་བ་མ་ཟད། ད་དུང་ཁང་པ་གསར་པ་བརྒྱབ་ནས་རིན་མི་དགོས་པར་ང་ཚོ་སྡོད་དུ་བཅུག་ཡོད། རང་ཉིད་ཀྱིས་འབད་བརྩོན་བྱས་ཚེ་དབུལ་སྒྲོལ་ཐུབ་ངེས་རེད་འདུག་ཅེས་ཉི་མ་བུ་ཁྲིད་ཀྱིས་བརྗོད།

གྲོང་མི་ཚོས་ངས་གཞས་སྙན་པོ་གཏོང་གི་འདུག་ཟེར་ཅེས་ཉི་མ་བུ་ཁྲིད་ཀྱིས་ངོ་ཚ་སྐྱིན་པོས་བརྗོད། མགྲིན་པ་ཡག་པོ་དེར་བརྟེན་ནས་ཁོ་མོ་འཁོར་ཆགས་གྲོང་ཚོའི་ལྷ་མོ་ཚོགས་པར་ཞུགས། འདི་ལོ་ཛྫོང་དུ་འཁྲབ་སྟོན་ཐེངས་བཞི་དང་། ལོ་གསར་སྐབས་གྲོང་ཚོར་བསྐུད་མར་འཁྲབ་སྟོན་ཉིན་བདུན། ཞོ་སྟོན་སྐབས་ལྷ་སར་འཁྲབ་སྟོན་དུ་བསྐྱོད་པ་སོགས་ལས་ལོ་གཅིག་ལ་ཡོང་འབབ་སྒོར་2000ཡས་མས་བབས་ཀྱི་འདུག

ཉི་མ་བུ་ཁྲིད་ཀྱིས་ནམ་རྒྱུན་ཞིང་ལས་བྱེད་པ་ཕུད་ད་དུང་འཁོར་ཆགས་གྲོང་ཚོའི་དཔལ་འབྱོར་མཉམ་ལས་ཁང་དུ་ལས་ཀར་བསྐྱོད་ནས། གྲོང་ཚོའི་ཨར་སྣུན་ཙ་ཁག་ཏུ་ལས་ཀ་བྱེད་པ་མ་ཟད། ད་དུང་བུད་མེད་མཉམ་ལས་ཁང་དུ་ཁོ་མོས་ས་ཞིང་འདེབས་པ་དང་། རྩམ་པ་འཐག་པ། སྣུམ་བཙག་པ་སོགས་བྱེད་ཀྱི་ཡོད། འཁོར་ཆགས་དགོན་པའི་ཉམས་གསོ་བྱེད་ས་དང་ཉེ་འཁོར་གྱི་ངལ་རྩོལ་བྱེད་ས་གཞན་དུའང་ཁོ་མོའི་དགའ་སྤྲད་

ལས་བརྩོན་གྱི་རྐང་རྗེས་བཞག་ཡོད།

དཀའ་སྤྱད་ཁུར་དུ་བཟོད་ཐུས་ན། མི་འགྲུབ་བྱ་བ་ཅི་ཡང་མེད། གྲོང་ཚོའི་ཡིག་ཚགས་དང་གླ་བཟོས་པའི་དུད་ཚང་དབུལ་པོ25ཡི་ཁྲོད་ནས་ཉེ་མ་བུ་ཁྲིད་ཁྱིམ་དབུལ་སྒྲོལ་སྔ་ཤོས་བྱུང་བའི་དུད་ཚང་དུ་གྱུར།

གྲོང་གསེབ་ཀྱི་གཞུང་ལམ་སྲུང་སྐྱོང་བ་ཞིག་ཡིན་པའི་ངོས་ནས་ཉེ་མ་བུ་ཁྲིད་ཀྱིས་སེམས་ཐུས་ཡོད་རྒུས་འཕོར་ཆགས་གྲོང་ཚོའི་ཉེ་འགྲམ་གྱི་གཞུང་ལམ་ལ་སྲུང་སྐྱོང་བྱེད་ཀྱི་ཡོད། རྒྱལ་ཁབ་ཀྱི་སྲིད་ཇུས་ལྟར་དབུལ་སྒྲོལ་བྱུང་ན་ཡང་ལོ་མོར་སྣོད་བཅུད་ལས་གནས་ཀྱི་ཁ་གསབ་དངུལ་མུ་མཐུད་དུ་ལོངས་སྤྱོད་བྱེད་རྒྱུ་ཡོད། འོན་ཀྱང་ལོ་མོས་མུ་མཐུད་རྒྱལ་ཁབ་ལ་ཁུར་པོ་བཟོ་འདོད་མེད་པར་རང་འགུལ་ངང་གྲོང་ཚོ་ཞུ་ཡོན་ལྷན་ཁང་ལ་སྣོད་བཅུད་ལས་གནས་ནས་ཕྱིར་འཐེན་བྱེད་པའི་རེ་བ་བཏོན། མ་གཞི་ཉེ་མ་བུ་ཁྲིད་ལ་སྣོད་བཅུད་ལས་གནས་ཀྱི་ཁ་གསབ་མ་དངུལ་ལོངས་སྤྱོད་བྱེད་རྒྱུ་མེད་ཀྱང་། ལོ་མོས་སྔར་བཞིན་གྲོང་གསེབ་ཀྱི་གཞུང་ལམ་སྲུང་སྐྱོང་ནང་མུ་མཐུད་ཧུར་ཐག་ཞུགས་ཏེ་བྱ་སྤྱོད་དངོས་ལ་བརྟེན་ནས་ཟླ་ན་མེད་པའི་རྒྱལ་ཁབ་ཀྱི་ས་ཆ་སྲུང་མཁན་དང་བདེ་སྲིད་ལྡན་པའི་ཁྱིམ་གཞིས་སྐྱུན་མཁན་བརྩོན་ལེན་བྱེད་ཀྱི་ཡོད།

དབུལ་ཕོངས་དང་འཐོར་ཞུག་གང་ཞིག་ཡིན་རུང་། ཉེ་མ་བུ་ཁྲིད་ཀྱིས་ཐོག་མཐའ་བར་གསུམ་དུ་སེམས་བག་ཡངས་པོས་འཚོ་བར་བཅངས་བའི་སྤྲོ་སེམས་རྒྱུན་འཁྱོངས་བྱེད་ཀྱི་ཡོད་ལ། ཉེ་བའི་ལོ་གཉིས་རིང་། འཚོ་བ་ལེགས་སུ་སོང་བ་དང་བསྟུན་ནས་ཁྱིམ་དུ་བརྙན་འཕྲིན་དང་། འཁྲུགས་སྒམ། འཛིན་ཆས་བཅས་བསྒྲིགས་ཡོད་པ་དང་། གཙང་ཞིང་གྲལ་དག་པའི་ཆ་སྙམ་ཐོག་སྤུ་རྫིང་ཇོང་གི་དབུལ་སྒྲོལ་དཔེ་སྟོན་པ་སོགས་ཀྱི་གཟི་བརྗིད་མཚན་སྙན་ལག་ཁྱེར་མང་པོ་ཞིག་བསྒྲིགས་ཡོད།

ད་ཆ་ངའི་ཁྱིམ་ལ་མཐའ་མཚམས་ཀྱི་ཁ་གསབ་སོགས་རྒྱལ་ཁབ་ཀྱི་ཁ་གསབ་རོགས་

དངུལ་ལོངས་སྤྱོད་བྱེད་རྒྱུ་ཡོད་ལ། ཕྲུ་གུ་སློབ་གྲྭར་འགྲོ་བར་ཡང་འགན་ལེན་གསུམ་གྱི་སྲིད་ཇུས་ལོངས་སུ་སྤྱོད་རྒྱུ་ཡོད་པས་ཁྱིམ་ལ་དཀའ་ངལ་ཆེན་པོ་དེ་ཙམ་མེད་པར་ང་རང་གློ་བདེ་པོའི་ངང་ཕྱིར་སླ་པར་འགྲོ་ཆོག འབྱུང་འགྱུར་ངས་ལས་ཀ་བརྟན་པོ་ཞིག་འཚོལ་འདོད་ལ། ཏང་དང་རྒྱལ་ཁབ་ཀྱི་སྲིད་ཇུས་ཀྱི་རོགས་སྐྱོར་དང་རང་ཉིད་ཀྱི་འབད་བརྩོན་ལ་བརྟེན་ནས་འཚོ་བ་དེ་བས་ལེགས་པ་ཞིག་སྐྱེལ་ཐུབ་པའི་ཡིད་ཆེས་ཆེན་པོ་ཡོད་ཅེས་ཉི་མ་བུ་ཁྲིད་ཀྱིས་བཞིན་ནས་འཛུམ་མདངས་འཕྱུར་བཞིན་ཡིད་ཆེས་བརྟན་པོས་བརྗོད།

གནས་སྤོས་དབུལ་སྐྱོར་བྱས། དབུལ་པོའི་གནས་ལས་བསྒྲལ།

གནས་སྤོས་ཚེ་རི་ཁུག་ནང་སྐྱོ་པོར་སྡོད་པ་ལས་ཞིགས་པ་ཡོད། ང་ཚོས་རང་འགྲུལ་དང་གནས་སྤོ་རྒྱུའི་རེ་བ་བརྟེན་པ་ཡིན། ས་ཆ་འདི་ནས་ཁ་བྲལ་ཆེ་འཚོ་བ་གསར་པ་སྐྱིལ་ཐུབ་སོགས་སྲིད་གཞུང་གིས་དཔལ་ཤོད་རྫོང་ཐང་དཀར་གྲོང་རྡལ་གྱི་ཡིག་ཚགས་དང་གླུ་བཟོས་པའི་དུད་ཚང་དབུལ་པོ་དང་དེ་བཞིན་ཉེན་ཡོད་སྡོད་ཁང་ནང་སྡོད་མཁན་མང་ཚོགས་གནས་སྤོ་རྒྱུའི་འཆར་གཞི་འགོད་བཞིན་ཡོད་པ་ཐོས་སྐབས་ཐང་དཀར་གྲོང་རྡལ་གནམ་པ་གྲོང་ཚོ་ཨུ་ལྷན་གྱི་ཀུའུ་རེན་དོན་གྲུབ་དཔལ་ལྡན་དང་གྲོང་མི་ཚོ་དགའ་ཐག་ཆོད།

2019ལོའི་ཟླ་7པར་དོན་གྲུབ་དཔལ་ལྡན་ཚུད་པའི་ཐང་དཀར་གྲོང་རྡལ་གྱི་དུད་ཚང་72ཀྱི་མི་423དཔལ་ཤོད་རྫོང་པད་མ་གྲོང་རྡལ་གྱི་ཡུལ་གཞན་དུ་གནས་སྤོས་གཤས་པ་བཀོད་སྒྲིག་བྱ་ཡུལ་དུ་གནས་སྤོས། བཀོད་སྒྲིག་བྱ་ཡུལ་དེར་དཔལ་ཤོད་རྫོང་གི་ཤང་དང་གྲོང་རྡལ་11གི་ཡིག་ཚགས་དང་གླུ་བཟོས་པའི་མང་ཚོགས་དབུལ་པོ་དུད་ཚང་657ཀྱི་མི་3343སྤོ་རྒྱུ་ཡིན་པ་དང་མིག་སྔར་མང་ཚོགས་ཚང་མ་སྤོས་ཟིན་པ་རེད།

དཔལ་ཤོད་རྫོང་གི་འབྲེལ་ཡོད་སྡེ་ཚན་གྱི་འགན་འཁུར་བས་ངོ་སྤྲོད་བྱས་པར་གཞིགས་ན། དཔལ་ཤོད་རྫོང་གིས་2016ལོ་ནས་བཟུང་ཡུལ་གཞན་དུ་གནས་སྤོས་དབུལ་སྐྱོར་གྱི་ལས་དོན་སྤེལ་ཚུན། ཁྱོན་ཡུལ་གཞན་དུ་གནས་སྤོས་དབུལ་སྐྱོར་གྱི་བཀོད་སྒྲིག་བྱ་ཡུལ་16（ཡངས་པ་ཅན་གྱི་བཀོད་སྒྲིག་བྱ་ཡུལ་2ཀྱི་དུད་ཚང་26གི་མི་145ཚུད་མེད）དུ་ཡིག་ཚགས་དང་གླུ་བཟོས་པའི་མང་ཚོགས་དབུལ་པོ་དུད་ཚང་1755ཡི་མི་9364སྤོ་རྒྱུའི་འཆར་གཞི་ཡོད་པ་དང་མིག་སྔར་བཀོད་སྒྲིག་བྱ་ཡུལ་16ཚང་མ་བསྐྲུན་ཟིན་པ་

དང་ སྒྲུབས་མང་ཚོགས་སློབ་ཟིན་ནས་མང་ཚོགས་དབུལ་པོའི་ཐོན་སྐྱེད་དང་འཚོ་བར་ ཞིབས་བཙོས་ཆེན་པོ་བྱུང་ཡོད་པ་རེད།

གནས་རབས་གྲོང་ཚོའི་ཡུལ་གཞན་དུ་གནས་སྤོས་དབུལ་སྐྱོར་གྱི་བཀོད་སྒྲིག་བྱ་ཡུལ་ དེ་སྐྱ་རི་ཤང་དང་། ཡངས་པ་ཤང་། ལྷ་ཤང་བཅས་ཤང་གསུམ་དང་འབྲེལ་བ་ཡོད་པ་ དང་། རྒྱལ་མོ་རྔུལ་ཆུའི་ངོགས་སུ་གནས་ཤིང་། རི་མཐོ་ལ་གཡང་གཟར་བས་རྨང་གཞིའི་ སྒྲིག་བཀོད་རྗེས་ལུས་དང་། འགྲིམ་འགྲུལ་སྐབས་བདེ་མེད་པ། ཐོན་སྐྱེད་ཀྱི་རྒྱུ་ཆ་དཀོན་པ་ བཅས་རེད། དེར་བརྟེན་སྲིད་གཞུང་གིས་ཤང་རྫོང་པོ་གནས་སྤོས་ནས་ས་གནས་དེ་གའི་ མང་ཚོགས་ལ་དབུལ་པོའི་གནས་ལས་སྒྲོལ་བ་དང་ཡོང་འབབ་ཡོད་པའི་ཐོན་ལས་ལས་ གཉེར་བ་དབུལ་སྒྲོལ་མཐར་ཕྱིན་བྱེད་པ་བཅས་ལ་རམ་འདེགས་བྱས་ཡོད།

དཔལ་ཤོད་རྫོང་སྤྱི་དར་ཤང་ནི་གྲུམ་བུ་ཚོགས་ཆེན་གྱི་ནད་ཐོག་ཚབས་ཆེ་བའི་ཁུལ་ ཞིག་ཡིན་པ་དང་། ཚད་གཞི་ངེས་ཅན་ཞིག་གི་ཐོག་ནས་གྲུམ་བུ་ཚོགས་ཆེན་གྱི་ནད་ཐོག་ མཁན་གྱི་ན་ཚ་ཚོད་འཛིན་དང་གསར་ཐོན་ནད་གཞི་ཐོན་རྒྱུ་བཀག་འགོག་བྱ་ཆེད། སྤྱི་ དར་ཤང་གིས་ཆུ་དང་འབྲུ་རིགས་ཀྱི་སྤུས་ཚད་ལེགས་སུ་གཏོང་བའི་ཐད་ནུས་ཤུགས་ བཏོན་པ་དང་། སྤྱི་དར་ཤང་ཏང་ཨུད་ཀྱི་རྟུའུ་ཅི་གཞོན་པ་ལྷག་བསམ་ཆོས་སྒྲོན་གྱིས་ 2016ལོར་ང་ཚོས་སྤྱི་དར་གྲོང་ཚོའི་དུས་ཐེངས་དང་པོའི་ཡུལ་གཞན་དུ་གནས་སྤོས་དབུལ་ སྐྱོར་གྱི་བཀོད་སྒྲིག་བྱ་ཡུལ་དང་དངོས་གྲུབ་གྲོང་ཚོའི་ཡུལ་གཞན་དུ་གནས་སྤོས་དབུལ་ སྐྱོར་གྱི་བཀོད་སྒྲིག་བྱ་ཡུལ་བཙུགས་པ་དང་། 2018ལོར་སྤྱི་དར་གྲོང་ཚོའི་དུས་ཐེངས་ གཉིས་པའི་ཡུལ་གཞན་དུ་གནས་སྤོས་དབུལ་སྐྱོར་གྱི་བཀོད་སྒྲིག་བྱ་ཡུལ་བཙུགས་ནས་ བཀོད་སྒྲིག་བྱ་ཡུལ་གསུམ་པོར་ཁྱིམ་མང་ཚོགས་དུད་ཚང་73གྱི་མི་281གནས་སྤོས་པའི་ ནང་གྲུམ་བུ་ཚོགས་ཆེན་གྱི་ནད་ཐོག་མཁན་གནས་སྤོས་རྗེས་ན་ཚ་མངོན་གསལ་དོད་ པོས་དྲག་སྐྱེད་བྱུང་ཡོད་ཅེས་བཤད།

ཁང་པ་གསར་པ། ལས་ཀ་གསར་པ། འཚོ་བ་གསར་པ།

——ནམ་གླིང་རྫོང་གི་ཡུལ་གཞན་དུ་དབུལ་སྐྱོར་གནས་སྤོ་བྱ་ཡུལ་གྱི་མཐོང་ཐོས།

ཟླ་2ཚེས་27ཉིན་ནི་བོད་ཀྱི་ལོ་གསར་ཚེས་བཞི་ཡིན་པ་དང་ནམ་གླིང་རྫོང་མཁར་རྩེ་ཤང་ཕུ་ཞིང་གྲོང་ཚོའི་ཡུལ་གཞན་དུ་དབུལ་སྐྱོར་གནས་སྤོ་བྱ་ཡུལ་གྱི་མང་ཚོགས་ཉི་མ་ཚེ་རིང་གི་ཁྱིམ་དུ་ཧ་ཅང་འཕྲུག་ཆ་དོད་པོ་ཡོད་ཅིང་། བརྙན་འཕྲིན་འཕྲུལ་འཁོར་མདུན་དུ་ནང་མི་བཞི་པོས་ལུས་ལ་དུས་ཆེན་གྱི་གཟབ་མཆོར་སྤྲས་ཏེ་སྙན་འཇེབས་ལྡན་པའི་གླུ་དབྱངས་ལེན་པ་དང་སྤྲོ་སྣང་དོད་པའི་ཞབས་བྲོ་འཁྲབ་བཞིན་ཕན་ཚུན་སྨོན་འདུན་ཞུས་པས་བཀྲ་ཤིས་པའི་རྣམ་པ་ཞིག་མངོན།

ཧོག་གསར་སློ་ཚད་རིམས་ནད་ཀྱི་ཤུགས་རྐྱེན་ཐེབས་ནས་ལོ་གསར་ཚེས་བཞིར་གཉེན་ཉེ་མཉམ་འཛོམས་བྱེད་ཐུབ་མེད་མོད། འོན་ཀྱང་དེ་ལས་ཉི་མ་ཚེ་རིང་ཁྱིམ་གྱིས་ལོ་གསར་ལ་རྗེན་འབྲེལ་ཞུ་བའི་བསམ་པར་ཤུགས་རྐྱེན་གང་ཡང་ཐེབས་མེད། འདི་ལོ་ནི་ཁྱིམ་གསར་དུ་སྤོས་པའི་ལོ་གསར་གཏོང་ཐེངས་དང་པོ་དེ་ཡིན་པ་དང་ང་ཚོས་ཆེས་སྙན་འཇེབས་ལྡན་ལ་སྤྲོ་སྣང་དོད་པའི་གླུ་གར་འཁྲབ་གཏོང་བྱེད་བཞིན་བསམ་ཚུལ་མཚོན་པ་བྱ་རྒྱུ་ཡིན་ཞེས་ཉི་མ་ཚེ་རིང་གིས་གད་མོ་དགོད་བཞིན་བཤད།

ཉི་མ་ཚེ་རིང་གིས་གསར་འགོད་པར་དེ་སྔ་ངའི་ཁྱིམ་ནི་མཁར་རྩེ་ཤང་ཕོ་བྲང་སྒང་གྲོང་ཚོའི་རི་ཁུག་ཅིག་ཏུ་ཡོད་པ་དང་ས་ཕག་གི་ཁང་པ་ཡིན་སྐབས་དབྱར་དུས་སྐབས་རེ་ཐིགས་པ་རྒྱག་པ་དང་འཕྲུང་ཆུ་ནི་ཉེ་འགྲམ་གྱི་གཙང་པོ་ནས་སྐྱལ་པར་ཁུར་ཏེ་ལེན་དགོས་པས་དཀའ་ངལ་ཧ་ཅང་ཆེན་པོ་ཡོད་ཅེས་བཤད།

ན་ནིང་ཟླ་9པར་ཉི་མ་ཚེ་རིང་ཁང་པ་གསར་པར་སྤོས་པ་དང་ཞིང་ཆེན་ལམ་དང་ཧ་ཅང་ཉེ་པོ་ཡོད། ད་ཆ་ཁྱིམ་དུ་ཆུ་གློག་དང་ཁྱིམ་ཆས་གང་མགོ་ཅི་འཛོམས་ཡོད་ལ་འཁྲིམ་འགྲུལ་ཡང་ཧ་ཅང་སྟབས་བདེ་པོ་འདུག ཊིམས་ནད་ཞི་ལྗོངས་དུ་སོང་རྗེས་ང་རང་རྫོང་གྲོང་དུ་ལས་ཀ་འཚོལ་བར་འགྲོ་རྩིས་ཡོད།

ཁང་པ་གསར་པར་སྤོས་རྗེས་བདེ་སྡོད་དགོས་ལ་ལས་བརྩོན་དེ་བས་དགོས། རྣམ་གླིང་གྲོང་རྡལ་གྲམ་འགོ་གྲོང་ཚོར་གསར་འགོད་པར་གྲོང་མི་བུ་ཆུང་འཕྲད་པ་དང་ཁོང་གིས་རང་ཁྱིམ་གྱི་མི་རིགས་ཀྱོན་གོས་ལས་སྣོན་མཉམ་ལས་ཁང་ལས་འགོ་བསྐྱར་འཛུགས་ལས་ལ་བྲེལ་བཞིན་ཡོད།

བུ་ཆུང་ནི་ལག་ཤེས་སྒྱུ་རྩལ་པ་རྒན་གྲས་ཤིག་ཡིན་པ་དང་མི་རིགས་ཀྱི་ཀྱོན་གོས་བཟོ་བའི་ལག་རྩལ་བྱང་ཆུབ་ཅིང་། དེ་སྔ་བུ་ཆུང་གི་ཁྱིམ་ནི་རྣམ་གླིང་གྲོང་རྡལ་པད་མ་སྙིང་གྲོང་ཚོའི་ཡིག་ཚགས་དང་གྲ་བཟོས་པའི་དུད་ཚང་དབུལ་པོ་ཞིག་ཡིན་པ་དང་། བུ་ཆུང་གིས་བོད་ཆས་བཟོས་པའི་ཡོང་འབབ་ཕྲན་བུ་དང་སླ་པ་རྒྱུག་པའི་ཡོང་འབབ་ལ་བརྟེན་ནས་ནང་མི་ལྔ་པོའི་ལྟོ་གོས་འཁྱིད་ཙམ་ལས་མེད་ལ། ནང་མི་ཚང་མ་བོད་བཟོའི་སོ་ཕག་ཁང་པ་གོག་རུལ་ཞིག་ནང་སྡོད་ཀྱི་ཡོད།

2019ལོ་ཟླ་3པར་བུ་ཆུང་གི་ནང་མི་གྲམ་འགོའི་ཡུལ་གཞན་དུ་གནས་སྤོས་དབུལ་སྐྱོར་བཀོད་སྒྲིག་བྱ་ཡུལ་དུ་སྤོས་པ་དང་། བུ་ཆུང་གིས་མ་དངུལ་གྲབས་གསོག་བྱས་ཏེ་མི་རིགས་ཀྱོན་གོས་ལས་སྣོན་མཉམ་ལས་ཁང་ཞིག་བཙུགས་པ་མ་ཟད། ད་དུང་དགེ་ཕྲུག་ཀྱང་ཁྲིད། ལོ་གཅིག་འདས་རྗེས་མཉམ་ལས་ཁང་གི་ཁེ་གཙང་ཡོང་འབབ་སྒོར་ཁྲི་2.5བྱུང་བའི་ཁར། གཉེར་སྐྱོང་རང་བཞིན་གྱི་ཡོང་འབབ་གཞན་དག་ཡོད་སྟབས། བུ་ཆུང་དབུལ་སྒྲོལ་ཐུབ་པ་རེད།

བཤོན་མ་གསོ་ཚགས་མཉམ་ལས་ཁང་གི་རྣམ་གྲངས་ནི་གནས་སྤོ་བྱ་ཡུལ་གྱི་ལེ་ལག་

ཚང་བའི་ཐོན་ལས་རྣམ་གྲངས་གྲས་ཤིག་རེད། རྣམ་གླིང་རྫོང་གིས་ཕྱོགས་མང་པོའི་ཐད་ནས་འབྲེལ་གཏུག་བྱས་པ་བརྒྱུད་གནས་སྤོས་དུད་ཚང་མི་རེ་ངོ་རེར་སྤུས་ལེགས་བཞོན་མ་རེ་ཉོ་རྩིས་ཡོད་པ་དང་འབྲེལ་གནས་སྤོས་དུད་ཚང་རེ་རེས་སྤུས་ལེགས་བཞོན་མ་རེ་མ་ཁང་ནང་ཞུགས་པའི་བྱེད་སྟངས་ལ་བརྟེན་ནས་གསོ་ཚགས་མཉམ་ལས་ཁང་བཙུགས་ནས་གནས་སྤོས་མང་ཚོགས་ལ་རྒྱུན་མཐུད་འབབ་འཕར་ཡོང་བར་སྐུལ་འདེད་གཏོང་རྒྱུ་རེད། མིག་སྔར་སྤུས་ལེགས་བཞོན་མ་940བདམས་ནས་གནས་སྤོས་གྲོང་ཚོར་གཅིག་རྗེས་གཉིས་མཐུད་དང་དབོར་བཞིན་ཡོད། གནས་སྤོས་མང་ཚོགས་ཀྱིས་བཞོན་མ་གསོ་ཚགས་མཉམ་ལས་ཁང་སྣ་ཙམ་འཁོར་རྒྱུག་ཐུབ་པའི་རེ་སྨུག་བྱེད་བཞིན་ཡོད་པ་རེད།

ཤངས་ཆུ་རྒྱུག་ཁུལ་གྱི་རྣམ་གླིང་རྫོང་དུ་ས་ཞིང་མུའུ་5791.19ཚང་མ་ཁོད་སྙོམས་ཟིན་ནས་སྟོན་དཔག་བྱས་ན་ཟླ་4པའི་ཟླ་འགོར་ཞིང་ནང་གི་ཡུར་བུ་སོགས་རྨང་གཞིའི་སྒྲིག་བཀོད་ཕྱོགས་ཡོངས་ནས་བསྐྲུན་ཟིན་རྒྱུ་དང་འཆར་གཞི་ལྟར་ན་སྡེ་འདྲེན་ཁེ་ལས་དང་། མཉམ་ལས་ཁང་། ཞིང་དུད་བཅས་ཟུང་དུ་འབྲེལ་བའི་དཔེ་དབྱིབས་དང་གནས་སྤོས་གྲོང་ཚོའི་མཉམ་སྡེབ་མཉམ་ལས་ཁང་གི་རྣམ་པ་སྤྱོད་དེ་འབྲེལ་ཡོད་འདེབས་འཛུགས་ཁེ་ལས་ནང་འདྲེན་བྱས་ནས། སྔོ་ཚལ་སོགས་དཔལ་འབྱོར་སྐྱེ་དངོས་འདེབས་འཛུགས་ཤུགས་ཆེན་བྱས་པ་ལས་གནས་སྤོས་མང་ཚོགས་ལ་ས་ཞིང་ཁང་ཞུགས་ཀྱི་ཁེ་སྤོགས་བགོ་རྒྱུ་ཡོད་པ་མ་ཟད་གླ་པ་རྒྱུགས་ནས་འབབ་འཕར་མངོན་འགྱུར་ཐུབ་རྒྱུ་རེད།

ལོ་གསར་པར་རྣམ་གླིང་རྫོང་གི་ཡུལ་གཞན་དུ་གནས་སྤོས་དབུལ་སྐྱོར་ལས་དོན་ལ་སྐུལ་འདེད་གཏིང་ཟབ་བཏང་བ་དང་སྦྲགས། ཡུལ་དེའི་མང་ཚོགས་ཀྱི་འཚོ་བ་ཕུན་སུམ་ཇེ་ཚོགས་སུ་འགྲོ་ངེས་རེད།

རི་ཆུ་མཛེས་ལ་དམངས་སེམས་དེ་བས་མཛེས།

——ལྷང་མདོག་འཕེལ་རྒྱས་ལ་བརྟེན་ནས་དབུལ་སྒྲོལ་བྱུང་བའི་གྲོ་མོའི་ཉམས་མྱོང་།

གྲོ་མོ་རྫོང་ལ་མཚོ་བོད་ས་མཐོའི་སྟོད་མལ་འཚམ་ཤོས་ཀྱི་མཐའ་མཚམས་གྲོང་རྡལ་ཞེས་པའི་འབོད་སྒྲོལ་ཡོད། སྣོད་བཅུད་ཁོར་ཡུག་ནི་རང་བྱུང་ཁམས་ཀྱིས་བསྐྱུལ་བ་ཞིག་ཡིན་ཡང་དེར་སྲུང་སྐྱོང་ཞིབ་ཚགས་བྱེད་དགོས། དུས་ཡུན་རིང་པོའི་ནང་། གྲོ་མོ་རྫོང་གིས་སྔོ་ཞིང་དྭངས་བའི་རི་ཆུ་གསེར་རི་དངུལ་རི་ཡིན་ལ། གངས་འབྱུགས་ཀྱིས་བསྐུམས་པའི་ས་གཞི་ཡང་གསེར་རི་དངུལ་རི་ཡིན་པའི་ལྷང་མདོག་འཕེལ་རྒྱས་ཀྱི་འདུ་ཤེས་བརྟན་པོ་བཙུགས་ཏེ། སྣོད་བཅུད་ཁོར་ཡུག་ལ་སྲུང་སྐྱོང་ཏན་ཏིག་གིས་ཚན་རིག་གི་སྨམ་ནན་གྱི་རྣམ་འགྱུར་ཐོག་ནས་གྲོང་གསེབ་འཛུགས་སྐྲུན་བྱེད་པ་དང་། དབུལ་སྒྲོལ་འགག་སྒྲོལ་ལ་གཞོལ་བའི་ངར་ཤུགས་ལ་བརྟེན་ནས་སྣོད་བཅུད་དཔལ་འབྱོར་འཕེལ་རྒྱས་བཏང་ཐོག་གནམ་སྔོ་ཞིང་ཆུ་དྭངས་པའི་མཛེས་སྡུག་ལྡན་པའི་གྲོ་མོ་འཛུགས་སྐྲུན་བྱེད་པའི་གོམ་སྟབས་མགྱོགས་སུ་དྲུར་ཐག་བཏང་ཡོད།

ང་ལྷའི་ཕ་ཡུལ་གྱི་རྣམ་པ་ང་ཚང་དུས་སྐབས་དང་བསྟུར་ན་དེ་བས་མཛེས་སྡུག་ལྡན།

དགུན་དུས་གནམ་གཤིས་སྐམ་ཤས་ཆེ་བས་གཟབ་གཟབ་མ་བྱས་ན་མེ་སྐྱོན་ཐོན་སླ་པོ་ཡོད། དབྱར་ཁ་ཉེན་ཁ་དེ་ཙམ་མེད་ཀྱང་ནགས་ཤིང་སྐྱོག་ཏུ་གཙོད་མཁན་ལ་སྔོན་འགོག་ནན་པོ་བྱེད་དགོས་པས། དུས་ཚོད་སྐར་ཆ་ཙམ་ཡང་ལྷོད་གཡེང་དུ་གཏོང་མི་རུང་ཞེས་ལོ་56ལ་སླེབས་པའི་གྲོ་མོ་སྨད་ཤང་རིན་ཆེན་སྒང་གྲོང་ཚོའི་སྤྱན་པ་ཚེ་རིང་ནི་ནགས་

སྲུང་བ་ཞིག་ཡིན་ཞིང་། སྤྱི་ལྡངས་ཕྱི་ཉལ་གྱིས་རི་སྐོར་དུ་བསྐྱོད་རིམ་བཞིན་ནགས་ཚལ་ཁྲོད་དུ་སྤྱི་ལེ་བཅུ་ལྷག་འགྲོ་དགོས་ཀྱི་ཡོད།

སྨིན་པ་ཚེ་རིང་གིས། ནགས་སྲུང་བའི་འགན་འཁྲི་ལྷི་པོ་ཡོད་དེ་མཚམས་བརྒྱད་ལ་ལྟ་བ་དང་ཕྱོགས་བཞི་ལ་ཉན་ནས་མེ་སྐྱོན་གྱི་མདོན་མེད་རྐྱེན་ངན་ཡོད་མེད་ལ་ལྟ་དགོས་པ་དང་། ནགས་ཤིང་གཅོད་པའི་སྣ་ཡོད་མེད་ལ་ཉན་ནས་གནད་དོན་ཐོན་ཚེ་འཕྲལ་མར་སྙན་སེང་དང་ཐག་གཅོད་བྱེད་དགོས་ཞེས་བརྗོད།

གྲོ་མོ་རྫོང་གིས་སྐྱོད་བཅུད་ཤེས་དཔལ་གྱི་མཐོ་ས་གཏོད་པའི་སྐོར་གྱི་རང་སྐྱོང་ལྗོངས་ཀྱི་འབྲེལ་ཡོད་བཀོད་སྒྲིག་གཞིར་བཟུང་སྐྱོད་བཅུད་ཤེས་དཔལ་འཛུགས་སྐྲུན་གྱི་དཔེ་སྟོན་རྫོང་གཏོད་པའི་འཆར་འགོད་བཟོས་པ་ན་ཟད། ཤར་གྲོང་བདུན་གྱི་ཁྱད་ཆོས་གཞིར་བཟུང་རང་སྐྱོང་ལྗོངས་རིམ་པའི་སྐྱོད་བཅུད་ཤར་འཛུགས་སྐྲུན་གྱི་ཁོར་ཡུག་སྲུང་སྐྱོང་གི་འཆར་གཞི་བཟོས་ཏེ། སྲིད་ཇུས་ཀྱི་ངོས་ནས་སྣུགས་བཙོག་འགོག་བཅོས་ཀྱི་འགག་སྒྲོལ་དམག་འཐབ་ཡག་པོ་རྒྱག་པ་དང་། རང་བྱུང་སྐྱོད་བཅུད་སྲུང་སྐྱོང་དང་སླར་གསོར་ཞུགས་སྟོན་རྒྱག་པ། ལྗོང་མདོག་འཕེལ་རྒྱས་ལ་སྐུལ་འདེད་ཏན་ཏིག་གཏོང་བ་བཅས་ལ་རྨང་གཞི་བརྟན་པོ་བཏིང་ཡོད། ལག་ལེན་བསྟར་བའི་བརྒྱུད་རིམ་ནང་གྲོ་མོ་རྫོང་གིས་མཐའ་ཚད་སྲུང་བ་དང་དམར་ཐིག་ལས་མ་བརྒལ་བར་རྣམ་གྲངས་ཀྱི་ཁོར་ཡུག་ཚོད་སྐོར་ནན་པོ་བྱེད་པ་དང་འཇུག་སྒོ་ནན་པོ་བསྲུངས་ནས། སྣུགས་བཙོག་དང་། ནུས་རྒྱུ་ཟད་གྲོན། བཙོག་འབུད་བཅས་ཆེ་བའི་ཐོན་ལས་གཅིག་ཀྱང་ནང་འདྲེན་བྱས་མེད། མིག་སྔའི་བར། གྲོ་མོ་རྫོང་ཡོངས་སུ་གློག་འདོན་ཁེ་ལས་གཅིག་ཕུད་བཟོ་ལས་ཁེ་ལས་ཆེ་འབྲིང་གཅིག་ཀྱང་མེད། ཡུལ་བབ་དང་བསྟུན་པའི་རྩ་དོན་ལྟར། ལྷོ་བྱང་རྒྱུད་ཀྱི་ཤར་གྲོང་ཁག་གི་ཁྱད་ཆོས་གཞིར་བཟུང་གྲོ་མོ་རྫོང་གིས་རྩྭ་ཐང་གི་ཁ་རེས་སྐོར་དང་། རྩྭ་ར་ལོ་བསྐལ། རྩྭ་ཁ་བཀག་པ་བཅས་ཀྱི་སྲིད་ཇུས་ལག་ལེན་ནན་པོ་བསྟར་བ་དང་། ནགས་

ཚལ་མི་ཐྲོན་དང་བདག་ཏུ་མ་བཟུང་བའི་སྲོག་ཆགས་དང་རི་སྐྱེས་རྩི་ཤིང་སྲུང་སྐྱོང་གི་བྱ་ཐབས་དོན་འཁྱོལ། རང་བྱུང་ནགས་ཚལ་སྲུང་སྐྱོང་དང་ཤིང་འཛུགས་ནགས་བཟོར་སྐྱུལ་འདེད་བཅས་བཏང་བ་མ་ཟད། ཊོང་གྲོང་དུ་རང་འགུལ་ཅན་གྱི་མཁའ་རླུང་ལྟ་ཞིབ་ཚད་ལེན་ས་ཚིགས་བཙུགས་པས། གྲོ་མོ་སྟོད་ཤང་ནས་ཊོང་གྲོང་བར་གྱི་སྡོད་བཅུད་བར་ཁྱམས་ཀྱི་སྡོད་བཅུད་ཕན་ནུས་རགས་ཙམ་ཐོན་ཡོད།

ཤེས་རྟོགས་བྱུང་བར་གཞིགས་ན། གྲོ་མོ་ཊོང་གིས་སྡོད་བཅུད་ལས་གནས་1500ལྷག་ཙམ་དང་། གྲོང་ཚོའི(གྲོང་ལྷན)ཁོར་ཡུག་སྲུང་སྐྱོང་གི་ལྟ་སྐུལ་ལས་གནས་50 མཉམ་དཔྱད་མཉམ་འགོག་ལས་གནས་84བཅས་བཙུགས་ཡོད། སྡོད་བཅུད་སྲུང་སྐྱོང་སྲིད་ཇུས་དྲིལ་བསྒྲགས་དང་ལག་བསྟར་གཏིང་ཟབ་བྱས་པ་དང་བསྟུན་ནས་མཛེས་སྡུག་ལྡན་པའི་ཁྱིམ་གཞིས་སྲུང་སྐྱོང་བྱ་རྒྱུ་དེ་གྲོ་མོ་ཊོང་གི་མི་རིགས་ཁག་གི་མི་དམངས་ཀྱི་རང་རྟོགས་ཀྱི་བྱ་སྤྱོད་དུ་གྱུར་ཡོད།

སྟོད་ཁང་གསར་པ་དེ་སྟོན་ལས་སྐྱིད་སྣང་ངོད་པ།

སྟོད་ཁང་གསར་པ་དེ་སྟོན་ལས་སྐྱིད་སྣང་ངོད་པ་དང་། གང་དུ་བསྐྱོད་ཀྱང་འདམ་རྫབ་མེད་ལ། གད་སྙིགས་ཀྱང་གཅིག་གྱུར་ཐོག་གཙང་སེལ་བྱེད་ཀྱི་ཡོད་པས། གང་སར་གཙང་མ་གཙང་རྒྱུང་ཡིན་པ་མ་ཟད། མཚན་མོ་ད་དུང་ལམ་སྒྲོན་ཡོད། ཡུལ་མི་རྣམས་ཀྱི་ཡོང་འབབ་མང་དུ་ཕྱིན་ནས་འཁོར་འབྲིང་ཕྱོགས་སུ་སྐྱོད་བཞིན་ཡོད་ཅེས་ལོ་62ལ་སོན་པའི་ནོར་བུ་བསྟན་དར་ལོ་བཞིའི་གོང་དུ་སྣང་གསུམ་གྲོང་གསར་དུ་སྤོས་པ་དང་། དེ་སྟོན་རི་སྙེང་དུ་བརྒྱབ་པའི་ཁང་པ་དེ་2011ལོར་ས་ཡོམ་རྒྱག་སྐབས་གཏོར་སྐྱོན་ཐེག་པ་རེད། ད་ཆའི་སྟོད་ཁང་གསར་པ་ཚན་རིག་དང་མཐུན་པ་གང་ཞིག་སྟབས་ཡང་བདེ་པོ་ཡོད། ཤེལ་ཁང་དུ་མེ་ཏོག་ཁོག་མ་མང་པོ་བཞག་འདུག་པ་དང་། རྐང་པོ་ཁོང་གི་ལས་ཀ་ནི་ཚ་བོ་ཚ་མོ་ལྟ་རྒྱུ་དེ་རེད།

ཉེ་བའི་ལོ་ཤས་རིང་གྲོ་མོ་རྫོང་གིས་ཚན་རིག་དང་མཐུན་པའི་སྒོ་ནས་ཤར་གསིང་མ་དང་། ཕག་རི། སྣང་གསུམ་གྲོང་གསར་བཅས་ཀྱིས་མཚོན་པའི་གྲོང་ཁྱེར་དང་གྲོང་རྡལ་དཔེ་གསར་ཅན་དང་། ཤར་རི་གྲོང་ཚོ་དང་མདོ་ཆེན་གྲོང་ཚོས་མཚོན་པའི་མཛེས་སྡུག་ལྡན་པའི་གྲོང་གསེབ་གཅིག་སྡུད་ཐོག་བསྐྲུན་ཡོད།

མང་ཚོགས་ཀྱི་འཚོ་བའི་སྤུས་ཚད་ཇེ་ལེགས་སུ་གཏོང་ཕྱིར། གྲོ་མོ་རྫོང་གིས་རྫོང་གྲོང་གི་ལམ་བུ་སྒྱུར་བཀོད་དང་། ཕག་རིའི་གྲོང་རྡལ་ཆུང་ངུའི་རྨང་གཞིའི་སྒྲིག་བཀོད་དང་དེ་བཞིན་ཡོམ་རྗེས་བསྐྱར་སྐྲུན་དང་གྲོང་ཚོ་རྩིལ་པོར་སྐྱུལ་འདེད་གཏོང་བའི་རྣམ་གྲངས་མང་དག་ཅིག་ལག་ལེན་བསྟར་བ་རེད།

ཁོར་ཡུག་སྲུང་སྐྱོང་གི་རྨང་གཞིའི་སྒྲིག་བཀོད་འཐུས་སྒོ་ཚང་དུ་གཏོང་ཕྱིར་གྲོ་མོ་རྫོང་གིས་བཙོག་ཆུ་གཙང་གསེང་ལས་གྲྭ་དང་། ཕག་རིའི་འཚོ་བའི་གད་སྙིགས་སྲེས་ས། རྫོང་གྲོང་གི་ཆུ་མགོ་འདོན་སོགས་རྣམ་གྲངས་ཁག་གཅིག་ལེགས་སྒྲུབ་བྱས་པ་རེད།

རང་བྱུང་ཁོར་ཡུག་ལ་ཤུགས་རྐྱེན་ཐེབས་ཤུགས་ཆུང་དུ་གཏོང་ཕྱིར་རིན་ཆེན་སྒང་མཐའ་མཚམས་ཚོང་དོན་ཁྲིམ་ར་དང་གྲོ་མོ་སློབ་འབྲིང་གི་སློབ་ཁྲིད་ཁང་ཆེན་སོགས་རྣམ་གྲངས་འཛུགས་སྐྲུན་བྱེད་པའི་ནང་དུ་གྲོ་མོ་རྫོང་གིས་སྒྲིག་སྦྱོར་རྣམ་པའི་ཨར་སྐྲུན་རྣམ་གྲངས་སྤྱད་ཡོད།

2018ལོར་གྲོ་མོ་རྫོང་ལ་རང་སྐྱོང་ལྗོངས་རིམ་པའི་སྔོད་བཅུད་རྫོང་གི་ཚོག་མཆན་ཐོབ་པ་དང་སྦྲགས། ཁག་གཉིས་པའི་རྒྱལ་ཁབ་རིམ་པའི་སྔོད་བཅུད་ཤེས་དཔལ་འཛུགས་སྐྱོང་གི་དཔེ་སྟོན་རྫོང་ལ་རེ་ཞུ་ཕུལ་བར་ཚོག་མཆན་ཐོབ་ཡོད།

གནམ་གཤིས་ཀྱི་ཐོན་ཁུངས་ལེགས་ཆ་དེ་ཐོན་ལས་ཀྱི་ལེགས་ཆར་གྱུར།

དེ་ནི་2016ལོའི་ལོ་འགོར་གསོ་ཚགས་བྱས་པའི་ཀ་ཕྲུག་ཡིན་པ་དང་ལོ་གསུམ་གྱི་

རྫེས་ལ་གཞི་ནས་རྒྱ་མ་2ཟིན་གྱི་རེད་ཅེས་བསོད་ནམས་སྟོབས་རྒྱལ་གྱིས་བརྗོད། ཁོང་གིས་གྲོ་མོའི་ཉ་གསོ་སྲེལ་རྟེན་གཞིའི་ལག་རྩལ་མཇུབ་ཁྲིད་པ་ཞིག་ཡིན་པ་དང་། ཁོང་གིས་ས་གནས་མང་ཚོགས་ལ་གྲོ་མོའི་ཉ་གསོ་སྐྱངས་ཀྱི་ལག་རྩལ་ཁྲིད་ཀྱི་ཡོད། ཁོང་གིས་ངོ་སྤྲོད་བྱས་པར་གཞིགས་ན། ན་ནིང་ལོ་ནར་རྟེན་གཞི་དེ་ནས་ཉ་ཁྲི་བཅུ་ཕྲག་འགའ་བཙོངས་པ་རེད།

རྩ་ཆེའི་སྲོག་ཆགས་དེར་སྲུང་སྐྱོང་བྱེད་པ་དང་སྦྲགས། གྲོ་མོ་རྫོང་གིས་ལུགས་མཐུན་དང་བེད་སྤྱོད་པའི་འཆར་གཞི་བཏོན་ནས། གྲོ་མོའི་ཉ་གསོ་ཚགས་ཀྱི་གཞི་ཁྱོན་ཇེ་ཆེར་བཏང་བ་བརྒྱུད་ནགས་ཁུལ་མང་ཚོགས་ཀྱི་ཡོང་འབབ་མང་དུ་བཏང་བ་རེད། 2014ལོར་རྫོང་ནས་མ་རྩ་སྒོར་ཁྲི་760བཏང་སྟེ་གྲོ་མོའི་ཉ་གསོ་སྲེལ་རྟེན་གཞི་བསྐྲུན་པ་རེད། 2015ལོའི་ཟླ་5པར་གྲོ་མོ་རྫོང་གིས་སླར་ཡང་རྫོང་གི་ན་གཞོན་ལས་བྱེད་པའི་ནང་ནས་མི་བདུན་བདམས་ཏེ་ཐང་ཏའི་རྒྱ་མཚོའི་སློབ་ཆེན་དུ་ཆེད་མངགས་ཉ་གསོ་སྲེལ་ལག་རྩལ་སྦྱོང་བར་མངགས་པ་དང་བསོད་ནམས་རྡོ་རྗེ་ཁོང་ཚོའི་གྲས་ཤིག་རེད།

སྒྲིག་ཆས་མེད་དུས་རང་ཉིད་ཀྱིས་ལག་པ་སྒྲུལ་ནས་ཉ་ཕྲུག་གསོ་བ་དང་། ཉ་ཕྲུག་ཚུང་དྲགས་དུས་ཁོང་ཚོས་གཙང་པོ་ནས་འཚོལ་བར་འགྲོ་ཡི་ཡོད། གྲོ་མོའི་ནམ་དུས་གྲང་ཤོས་ཟླ་དང་པོར་ཡིན་པས། ཁོང་ཚོས་གྲང་ངར་ཆེ་བའི་གཙང་ཆུར་འཛུལ་ནས་ཚོད་ལྟ་བྱེད་ཀྱི་ཡོད། གསོ་ཀླུང་འཕྲུལ་འཁོར་གྱི་ཙུར་སྒྲ་ཆེ་ཐག་ཆོད་ནས་གཉིད་ཁུག་ཐབས་བྲལ་ཡང་ཁོང་ཚོས་འོད་འཛུམ་ཐབས་སྤྱད་དེ་ཉ་ཕྲུག་འཚར་ལོངས་ཡོང་ཐབས་བྱེད་ཀྱི་ཡོད།

མི་ལ་ལ་ཞིག་དཀའ་སྡུག་མ་ཐེག་པར་ཕྱིར་ལོག་པ་དང་། བསོད་ནམས་སྟོབས་རྒྱལ་དང་མི་གཞན་དག་འགའ་ཤས་ཀྱིས་རྒྱུན་འཁྱོངས་བྱས་ཡོད། ལོ་དེར། ཁོང་ཚོས་ཐང་ཏའི་རྒྱ་མཚོ་སློབ་ཆེན་གྱི་རིགས་གཅིག་མཁས་ཅན་དང་མཉམ་དུ་གྲོ་མོའི་ཉ་ཕྲུག་ཁྲི་40ལྷག་གསོ་ཚགས་བྱས་པ་རེད། ད་ཆ། གྲོ་མོའི་ཉ་གསོ་སྲེལ་རྟེན་གཞིས་རྫོང་ཡོངས་ཀྱི་གསོ་ཚགས་

ས་ཚིགས་ཁག་ལ་ཉ་ཕྱུག་མགོ་འདོན་བྱས་ནས། དབུལ་སྐྱོལ་འགག་སྒྲོལ་ལ་རམ་འདེགས་བྱེད་པའི་སྟོབས་ཤུགས་གལ་ཆེན་ཞིག་ཏུ་གྱུར་ཡོད་པ་རེད།

དུས་ཡུན་རིང་པོའི་ནང་། གྲོ་མོ་རྫོང་གིས་དཔལ་འབྱོར་ནགས་ཚལ་ཐོན་ལས་འཕེལ་རྒྱས་བཏང་ནས། སྨར་ཁ་དང་ཀུ་ཤུ་དང་དེ་བཞིན་རྩ་ཆེའི་རྩི་ཤིང་དང་ལོ་ཏོག་འདེབས་འཛུགས་ཁྱབ་གདལ་ལ་འཚོལ་ཞིབ་བྱེད་པ་དང་། གྲོ་མོའི་ཉ་གསོ་ཚགས་ལས་རིགས་འཕེལ་རྒྱས་དང་ཉ་རིགས་རྩ་ཆེན་སྲུང་སྐྱོང་བྱེད་ཤུགས་ཆེ་རུ་གཏོང་བར་ལོ་ལྟར་མ་དངུལ་སྒོར་ཁྲི་30ལྷག་བཏང་ནས་གྲོ་མོའི་ཉ་ཕྱུག་གསོ་ཚགས་བྱས་པས། མང་ཚོགས་འབབ་འཕར་དང་སྡོད་བཅུད་འཛུགས་སྐྱོང་གཉིས་ཀར་ཕན་པ་ཐོབ་ཡོད་པ་རེད།

གྲོ་མོའི་སྡོད་བཅུད་ཏ་ཅང་མཛེས། བདེ་སྐྱིད་ལྡན་པའི་འཚོ་བའི་ཆེད་དུ་འབད་འབུངས་ཧུར་བརྩོན་བྱེད་མཁན་མི་རྣམས་དེ་བས་མཛེས།

འདི་ནི་ཡུལ་ལྗོངས་ལྷ་ན་སྡུག་པའི་གྲོ་མོ་རྫོང་གྲོ་མོ་ཤང་ཡིན་པ།

དབུལ་སྒྲོལ་བྱ་གཞག་ཆེད་ཆེ་གང་འབད་འཐབ་བྱས་པ།

——རང་སྐྱོང་ལྗོངས་ལས་བཀུར་ལེགས་སྐྱེས་དཔེ་བཟང་བ་མགུ་ཐོགས་ལ་རྗེས་དྲན་ཞུས་པ།

འདི་ལོའི་དཔྱིད་གསར་དུས་ཆེན་སྐབས་ནག་ཆུ་གྲོང་ཁྱེར་ཨ་མདོ་རྫོང་དབུལ་སྒྲོལ་བྱུང་བའི་གནམ་བཟང་ཐོས་མ་ཐག་སྟོད་མ་ཤང་མགར་རྫ་རིང་གྲོང་ཚོའི་གྲོང་མི་རྣམས་ལ་དགའ་སྐྱོ་ཅིག་ཅར་དུ་བྱུང་བ་སྟེ། དགའ་འོས་པ་ནི་རྒྱུའུ་ཅི་མགུ་ཐོགས་ཀྱིས་གྲོང་ཚོ་ཡོངས་དབུལ་སྒྲོལ་ཆེད་འབད་པ་ལྷུར་ལེན་བྱས་པར་གཡུར་དུ་ཟ་བའི་གྲུབ་འབྲས་ཐོབ་པས་ཡིན་པ་དང་། སྐྱོ་འོས་པ་ནི་ཁོང་གིས་དུས་ནམ་ཡང་གནམ་བཟང་དེ་ཐོས་ཐབས་བྲལ་བས་རེད། 2018ལོའི་ཟླ་5པར་མགར་རྫ་རིང་གྲོང་ཚོའི་ནང་གི་ཕུའུ་རྒྱུའུ་ཅི་མགུ་ཐོགས་དབུལ་སྐྱོར་བྱེད་པར་བསྐྱོད་པའི་ལམ་བར་དུ་ནད་གཞིས་རྐྱེན་པས་གློ་བུར་དུ་ཚེ་ལས་འདས།

ནད་གཞི་དྲག་པོ་ཕོག་པའི་སྐབས་སུའང་མང་ཚོགས་ཀྱི་དཀའ་ངལ་སེམས་ལ་འཛོག་པ།

མགར་རྫ་རིང་གྲོང་ཚོ་ནི་བོད་བྱང་ཐང་གི་ཐག་རིང་ལུང་ཁུག་གི་གྲོང་ཚོ་ཞིག་ཡིན་ཞིང་། རི་བོ་གདང་ལའི་བྱང་རྒྱུད་དུ་གནས་པ་དང་ཨ་མདོ་རྫོང་གྲོང་དང་བར་ཐག་སྤྱི་ལེ་310ཡོད། དེ་གར་ས་བབ་མཐོ་ཞིང་གྲང་ལ་གསོ་ནླུང་དཀོན་པ་དང་། འགྲོ་ལམ་གཟར་བས་ཉེན་ཁ་ཆེ་བ། འཚོ་བའི་ཆ་རྐྱེན་སྐྱོ་པོ་ཡོད། འབྲོག་ལས་ནི་གྲོང་མི་ཚོའི་འབབ་ཁུངས་གཙོ་བོ་དེ་རེད། གྲོང་ཚོ་ཡོངས་སུ་དུད་ཚང་69ཡི་མི་313ཡོད་པའི་ཁྲོད་དུད་ཚང་དབུལ་

པོ་17ཡི་མི་96ཡོད་པ་དང་། དབུལ་པོར་འགྱུར་ཚད་བརྒྱ་ཆ30ཟིན་ཡོད། 2014ལོ་ནས་གྲོང་ཚོའི་ཏང་ཀྲི་ཕུའུ་ཧྲུའུ་ཅིའི་འགན་འཁུར་ཚུན་དུ་གྲོང་ཚོ་ཡོངས་ཀྱི་སྡེ་ཁྲིད་ནས་དབུལ་སྒྲོལ་བྱ་རྒྱུ་དེ་མགུ་ཐོགས་ཀྱི་དོན་ཆེན་ཨང་དང་པོར་གྱུར་ཡོད།

མགུ་ཐོགས་ཀྱིས་རྒྱུན་དུ་གྲོང་ཚོ་ཨུ་ལྷན་གཉིས་ཀྱི་ཚན་ཁག་གི་ཁོངས་མིའི་སྡེ་ཁྲིད་དེ་གྲོང་ཚོ་དང་དུད་ཚང་དུ་བསྐྱོད་ནས་དུད་ཚང་དབུལ་པོའི་ཁྱིམ་ཚང་གི་ཅ་དངོས་གྲབས་གསོག་དང་། དམངས་ཕན་སྲིད་ཇུས་ཀྱི་མ་དཔུལ་བེད་སྤྱོད། ངལ་ནུས་ཡོང་འབབ། ལག་ཡོད་ཕྱུགས་རིགས་མགོ་གྲངས་སོགས་ཀྱི་གནས་ཚུལ་ཤེས་རྟོགས་བྱེད་པ་དང་ཆབས་ཅིག་དུད་ཚང་དབུལ་པོར་སྲིད་ཇུས་སྒྲོག་འགྲེལ་དང་། ཤེས་བྱ་འཆད་ཁྲིད། ཐབས་ལམ་འཚོལ་རོགས་བཅས་ཀྱང་བྱེད་ཀྱི་ཡོད། གཟུགས་པོ་ནད་ཀྱིས་མནར་རུང་ལོ་དང་ཟླ་བ་བསྟུད་མར་ལས་ཀ་ཡུན་རིང་བྱས་པས། མགུ་ཐོགས་ཉིན་རེ་ལས་མ་འདས་པར་ཤ་རིད་ལ་ཁྲག་ཤེད་ཀྱང་མཐོ་རུ་སོང་། གྲོང་མི་དང་ཤང་གི་ལས་བྱེད་པ་ཚོས་ཉིན་མཚན་དབྱེར་མེད་དཀའ་སྤྱད་ལས་ལ་བརྩོན་པའི་མགུ་ཐོགས་མཐོང་སྐབས་སེམས་ཀྱིས་མ་བཟོད་པར་ཁོང་ལ་ལས་ཀ་དེ་མཚམས་བཞག་ནས་སྨན་བཅོས་བྱེད་པར་རྒྱུག་དང་ཞེས་ཁ་ཏ་བསླབ་བྱ་ཐེངས་མང་བྱས། འོན་ཀྱང་གཤིས་ཀ་སྐྱོང་བའི་མགུ་ཐོགས་ཀྱིས་རྟག་ཏུ་ད་ཆ་དབུལ་སྒྲོལ་འགག་སྒྲོལ་གྱི་ལས་འགན་ལྷི་པོ་དེ་འདྲ་རེད། གྲོང་ཚོའི་ཏང་ཀྲི་ཕུའུ་ཧྲུའུ་ཅི་ཞིག་ཡིན་པའི་ངས་ནད་གཞི་ཆུང་ཆུང་ཞིག་ལ་འཛེམས་ནས་ལས་ཀ་མ་བྱས་ན་ཚང་མའི་སྡེ་ཁྲིད་དེ་དབུལ་སྒྲོལ་ག་ལ་བྱེད་ཐུབ་ཅེས་བརྗོད་ཀྱི་ཡོད།

2018ལོ་ཟླ་5ཚེས་14ཉིན་གྲོང་ཚོ་དང་དུད་ཚང་དུ་བསྐྱོད་སྐབས་དཀའ་ལས་ཁག་དྲགས་པའི་རྐྱེན་གྱིས་མགུ་ཐོགས་ལམ་བར་དུ་དྲན་པ་འཐོར། མལ་སར་ལུས་རུང་མགུ་ཐོགས་ཀྱིས་ད་དུང་སྔར་བཞིན་དུད་ཚང་དབུལ་པོར་སེམས་ཁྲལ་བྱེད་ཀྱི་ཡོད། རིག་ཉིའི་ཁྱིམ་གྱི་བུ་དེ་ཉེ་དུས་སླ་པར་འགྲོ་ཡི་འདུག་གམ། ཁྲ་མོ་དུས་ཐོག་ཏུ་སློབ་གྲྭར་འགྲོ་

ཡི་འདུག་གམ། བསོད་ནམས་དགེ་ལེགས་ཀྱི་བཟའ་ཟླ་ཛོང་དུ་ནད་བསྙེན་པར་ཕྱིན་པའི་སྨན་རིན་རྩིས་ཞུ་བྱས་སོང་ངམ། ཇོ་ནམ་དེ་སྟོན་ལས་ཀྱང་ལས་ལ་བརྩོན་པ་འདུག་གམ་ཞེས་སྐད་ཆ་འདྲི་ཡི་ཡོད།

མགར་རྫ་རིང་གྲོང་ཚོའི་ཧྲུའུ་ཅི་ཨང་དང་པོ་གྲོང་སྡོད་ལས་དོན་རུ་ཁག་གི་རུ་དཔོན་ཚེ་དབང་བསོད་ནམས་ཀྱིས། ཧྲུའུ་ཅི་མགྲུ་ཐོགས་གྲོངས་ཁར་ཡང་ད་དུང་སྙོད་མ་ཤང་ཡོངས་གནས་སྤོ་དང་། དབུལ་སྒྲོལ། གྲོང་མིའི་ཐོན་སྐྱེད་དང་འཚོ་བ་སོགས་ལ་སེམས་ཁྲལ་གནང་གི་འདུག་ཅེས་མིག་ཟླུང་མཆི་མས་བརླན་བཞིན་གསར་འགོད་པར་བཤད་བྱུང་།

འབད་འབབ་ཆེན་པོས་དབུལ་སྒྲོལ་བྱེད་རིང་བློ་སྐྱོར་དང་རིག་སྐྱོར་ཤུགས་ཆེན་བྱས་པ།

དབུལ་སྐྱོར་བྱེད་པར་སྟོན་ལ་བློ་སྐྱོར་བྱེད་དགོས་པ་ནི་མགྲུ་ཐོགས་ཀྱིས་དབུལ་སྐྱོར་ལས་དོན་གྱི་གཙོ་གནད་ཅིག་རེད། མགར་རྫ་རིང་གྲོང་ཚོའི་མང་ཚོགས་དབུལ་པོ་འགའ་ཤས་ལ་སྨུག་བརྟེན་སློང་གསུམ་གྱི་བསམ་བློ་ལྡན་པས། མགྲུ་ཐོགས་ཀྱིས་རྟག་ཏུ་ཁོ་ཚོའི་ཁྱིམ་དུ་བསྐྱོད་དེ་ཅི་འཕྲོས་མོལ་འཕྲོས་བཤད་ནས་ཁོ་ཚོར་རང་ཉིད་ཀྱི་ལག་གཉིས་ལ་བརྟེན་ནས་འབབ་འཕར་ཕྱུག་འགྱུར་ཡོང་བ་བྱེད་དགོས་པའི་སློབ་གསོ་དང་ཁྲིད་སྟོན་བྱས་ནས་མཚམས་རེ་མཚན་མོའི་ཆུ་ཚོད་དང་པོ་གཉིས་པ་ཙམ་ཟིན་གྱི་ཡོད། ནང་དུ་ཉི་མ་གང་འཁྱོལ་བྱས་ཏེ་བསྡད་ན་ཕྱུག་པོ་ཆགས་མི་སྲིད་ཅེས་པ་དེ་ནི་མགྲུ་ཐོགས་ཀྱིས་རྟག་པར་ཤོད་པའི་སྐད་ཆ་ཞིག་རེད།

བསམ་བློའི་སློབ་གསོ་ཕུད་མགྲུ་ཐོགས་ཀྱིས་ད་དུང་གྲོང་ཚོའི་མཉམ་སྡེབ་ཐོན་ལས་འཕེལ་རྒྱས་གཏོང་རྒྱུར་གཞོལ་ཏེ་དུད་ཚང་དབུལ་པོར་ལག་རྩལ་སྦྱ་རེ་བསླབས་ནས་ཕྱུག་འགྱུར་གྱི་ལམ་བུ་འཚོལ་རོགས་བྱེད་ཀྱི་ཡོད། 2017ལོར་ཁོང་དང་ཡུལ་གཞན་དུ་གནས་སྤོས་སྡོད་ཁང་འཛུགས་སྐྲུན་རྣམ་གྲངས་ཀྱི་འགན་འཁུར་བ་གྲོས་མོལ་བྱས་ཏེ། ལས་གྲྭར་

མགོ་བའི་ས་ཕག་ཚང་མ་འགན་གཙང་བླངས་པ་མ་ཟད། ད་དུང་གྲོང་མི་དབུལ་པོ་8སྒྲིག་འཛུགས་བྱས་ནས་ས་ཕག་རྒྱག་ཏུ་བཅུག་པས་ཟླ་བ་གཉིས་ལྷག་ཙམ་རིང་མི་རེར་གླ་ཆ་སྒོར་7500རག་ཡོད། ཁོང་གི་གཉོགས་འདེགས་འོག་གྲོང་ཚོའི་ནང་ད་དུང་མ་དངུལ་བཏང་ནས་སྟོད་མའི་སྦྲོ་གསེང་གྲོང་ཚོ་སྟེ་འཕྲོག་ཁྲིམ་སྒྲོ་སྐྲིད་ཁང་བཙུགས་པའི་ལོ་དང་པོར་ཁེ་བཟང་སྒོར་ཁྲི་14བྱུང་ཡོད།

མགུ་ཐོགས་ཚེ་ལས་མ་འདས་གོང་གི་ཟླ་བ་གཅིག་རིང་གྲོང་སྡོད་ལས་དོན་རུ་ཁག་གི་རོགས་རམ་འོག ཁོང་གིས་མ་དངུལ་སྒོར་ཁྲི་13བརྩོན་ལེན་རུར་ཐག་བྱས་ཏེ་དབུལ་སྐྱོར་མཉམ་ལས་ཁང་ཐོ་འགོད་བྱས་པ་མ་ཟད། གྲོང་ཚོ་ཡོངས་ཀྱི་དུད་ཚང་དབུལ་པོ་མཉམ་ལས་ཁང་ནང་བཅུག་ནས་དུད་ཚང་དབུལ་པོའི་ཕྱུག་འགྱུར་ཐབས་ལམ་ཇེ་ཡངས་སུ་བཏང་ཡོད། དེ་དང་ཆབས་ཅིག་ཁོང་གིས་ད་དུང་ཏང་ཡོན་དང་དུད་ཚང་ཕྱུག་པོ་སྐུལ་སློང་བྱས་ཏེ་དུད་ཚང་དབུལ་པོར་ཐོན་སྐྱེད་རྒྱུ་ཆ་ཞལ་འདེབས་བརྒྱབ་ཡོད། ཡིད་ཕམ་དགོས་པ་ཞིག་ནི་མཉམ་ལས་ཁང་དེ་གཉེར་ཁོམ་མ་བྱུང་བར་ཁོང་འཛིག་རྟེན་འདི་ནས་ཞལ་གྱིས།

སྟོད་མ་ཤང་ཏང་ཨུད་ཀྱི་ཧྲུའུ་ཅི་ཀོའོ་ཅན་ཧྭ་ཡིས། ཧྲུའུ་ཅི་མགུ་ཐོགས་ཀྱི་སྣེ་ཁྲིད་འོག་མགར་རྫ་རིང་གྲོང་ཚོ་ཨུ་ལྷན་གཉིས་ཀྱི་ཚན་ཁག་དང་ཏང་ཡོན་ཚོའི་བསམ་བློའི་གོ་རྟོགས་མཐོ་རུ་དང་བསམ་པའི་ཉམས་འགྱུར་ཇེ་ལེགས་སུ་སོང་ནས་གྲོང་མི་ཚོའི་ཁས་ལེན་ཐོབ་ཡོད་ཅེས་བཤད།

ངས་རང་ཉིད་བློས་གཏོང་གིས་མང་ཚོགས་དང་དུད་ཚང་མང་པོའི་ཆེད་འབད་འཐབ་བྱ་རྒྱུ་ཡིན།

གྲོང་ཚོའི་ལས་བྱེད་པའི་འགན་འཁུར་རྗེས་མགུ་ཐོགས་ཀྱིས་ཉེ་དགའ་ཕྱོགས་ཞེན་

གཏན་ནས་བྱེད་ཀྱི་མེད་ལ། ཤང་དང་གྲོང་ཚོའི་བྱ་དགའ་དང་གཟིངས་བསྐོད་ཀྱི་གོ་སྐབས་ཀྱང་ཐེངས་མང་སྤྲོས་བཏང་ཞིང་། ཁོང་གིས་གོ་སྐབས་དེ་དག་ན་གཞོན་ཚོར་བཞག་ནས་ཁོ་ཚོར་སྐྱུལ་ལྕུག་མང་ཙམ་བྱེད་དགོས་ཞེས་བརྗོད་ཀྱི་ཡོད།

མགུ་ཐོགས་ཀྱིས་གྲོང་ཚོའི་དུད་ཚང་མི་རེ་ངོ་རེའི་གནས་ཚུལ་ཁ་གསལ་གཏིང་གསལ་ཤེས་ཀྱི་ཡོད་པས། གྲོང་མི་ཚོས་ཁོང་ནི་མགར་རྫ་རིང་གྲོང་ཚོའི་ས་བཀྲ་གསོན་པ་དང་སློག་སྙད་གསོན་པ་རེད་ཅེས་ཟེར། མགར་རྫ་རིང་གྲོང་ཚོའི་གྲོང་ཚོ་ཞུ་ལྷན་གྱི་ཀྲུའུ་རེན་རབ་དགའ་ཡིས། མགུ་ཐོགས་ཀྱིས་ཚེ་གང་གྲོང་ཚོའི་ནང་གི་ལས་ཀ་དང་མང་ཚོགས་ཀྱི་དོན་དག་ཨང་དང་པོར་འཛིན་པ་ལས་སྒེར་གྱི་དོན་དུ་གྲོང་ཚོའི་ལས་ཀ་འཕྲུས་ཤོར་མི་འགྲོ་བ་བྱེད་ཀྱི་ཡོད་ཅེས་བཤད།

གྲོང་མི་ཚོར་ཇ་དྲག་དང་དཀའ་ངལ་ཆེ་བའི་གནད་དོན་འཕྲད་སྐབས་མགུ་ཐོགས་ཀྱིས་རྟག་པར་རང་ཉིད་ཀྱི་དངུལ་བཏོན་ནས་གྲོང་མི་ཚོ་དཀའ་གནད་ལས་སྒྲོལ་རོགས་བྱེད་ཀྱི་ཡོད། གྲོང་མི་ཚོས་ཉིད་སྒྲོལ་མ་ཆུང་དུས་ནས་ཞ་རིལ་ཡིན་པས་མགུ་ཐོགས་ཀྱིས་ཁོང་སྨན་ཁང་དུ་བརྟག་དཔྱད་བྱེད་པར་འཁྲིད་པ་མ་ཟད། རྫོང་གྲོང་དང་ནག་ཆུ་གྲོང་ཁྱེར་དུ་ཕར་རྒྱུག་ཚུར་རྒྱུག་གིས་ཁོང་ལ་དབང་པོ་སྐྱོན་ཅན་གྱི་ལག་ཁྱེར་གཉེར་ནས་ལོ་ལྟར་རོགས་སྐྱོབ་མ་དངུལ་སྒོར་7000རེ་ཞུ་བྱས་ཡོད། གྲོང་མི་བསོད་ནམས་དགེ་ལེགས་ཀྱི་བུ་ལ་ཁྲག་ཐོན་སླ་བའི་ནད་ཕོག་པས་མགུ་ཐོགས་ཀྱིས་ཁོང་ལ་སྨན་རིན་སྒོར་ཁྲི་10ཙམ་གྲབས་གསོག་བྱས་པ་སོགས་རེད།

མགུ་ཐོགས་ནད་གཞིས་རྐྱེན་པས་ཚེ་ལས་འདས་རྗེས་གྲོང་ཚོ་ཡོངས་ཀྱི་རྒན་དར་གཞོན་གསུམ་གྱིས་ཁ་བཏགས་དང་མཆོད་མེ་ཁྱེར་ནས་མྱུ་ངན་ཞུ་བར་ཡོང་བ་དང་དེ་གར་ཡོད་པའི་མི་མང་པོ་ཞིག་སེམས་སྡུག་དྲག་པོས་མནར་ནས་རང་དབང་མེད་པར་ངུ་ཡི་ཡོད་པ་རེད།

རི་བའི་ཞིང་ས་གཉིས་པའི་ཐོག་ཕྱུགས་འདུན་གྱི་ས་བོན་བཏབ།

——ལྷ་ས་གྲོང་ཁྱེར་སྟག་རྩེ་ཆུས་པད་ནག་གྲོང་ཚོས་ཁྱད་ལྡན་ཐོན་ལས་སྟོབས་ཆེན་གྱི་གྲོང་ཚོ་བཏོད་པའི་སྐོར་བཀོད་པ།

ད་ལོའི་ཟླ་གཅིག་སྐབས་སུ་ལྷ་ས་གྲོང་ཁྱེར་སྟག་རྩེ་ཆུས་བདེ་ཆེན་གྲོང་རྫལ་པད་ནག་གྲོང་ཚོར་དངོས་སུ་གཉེར་སྐྱོང་བྱེད་འགོ་ཚུགས་པའི་པད་ནག་སྣོད་བཅུད་གླིང་ཁར་སླེབ་ཁ་གཏོང་བར་ཡོང་མཁན་ཏ་ཅང་མང་པོ་ཡོད་པས། པད་ནག་གྲོང་ཚོའི་ལོ29སླེབས་པའི་དོ་དམ་པ་བྱམས་སྒྲོལ་དང་ཁོང་གི་ལས་མི་བརྒྱད་པོ་དེ་དག་མ་ལྡོགས་ཤིག་ཤིག་ངང་དུ་གནས།

དེ་གོང་བྱམས་སྒྲོལ་ཧོ་ནན་ཤིན་དབྱང་དུ་སློ་པ་བྱེད་རིང་གསོལ་མགྲོན་ཁང་གི་དོ་དམ་བྱེད་སྟངས་ལོ9སྦྱངས་པ་དང་ཟླ་རེར་གླ་ཕོགས་སྒོར1000ལྷག་ཙམ་ལས་མེད། གཙོ་བོ་དོ་དམ་བྱེད་སྟངས་ཤེས་པས་ཡོང་འབབ་དམའ་ཙམ་ཡོད་ཀྱང་སྐྱོན་མི་འདུག་ཅེས་བྱམས་སྒྲོལ་གྱིས་དེ་ལྟར་བརྗོད།

ཕ་ཡུལ་དུ་ལོག་རྗེས་པད་ནག་སྣོད་བཅུད་གླིང་ཁའི་དོ་དམ་པར་གདན་ཞུ་བྱས་པས། བྱམས་སྒྲོལ་ལ་ཟླ་རེར་གཞི་རྩའི་གླ་ཕོགས་སྒོར3500ཡོད་པ་ཕུད་ད་དུང་གླིང་ཁའི་ཡོང་འབབ་ལ་གཞིགས་ནས་ཐོབ་ཆ་མི་དམན་པ་ལེན་རྒྱུ་ཡོད།

ལས་མི་གཞན་དག་བརྒྱད་པོ་དེ་དག་ལའང་ང་དང་འདྲ་བའི་ཡོང་འབབ་ཡོད་ཅེས་བྱམས་སྒྲོལ་གྱིས་གསར་འགོད་པར་དེ་ལྟར་བརྗོད་པ་དང་ལས་མི་བརྒྱད་པོ་དེ་དག་ནི་

པད་ནག་གྲོང་ཚོའི་གྲོང་མི་ཡིན་པ་རེད།

གྲགས་ཅན་མི་སྣའི་མིང་གྲགས་ལ་བརྟེན་ནས་གྲོང་གསེབ་ཡུལ་སྐོར་འཕེལ་རྒྱས་བཏང་བ།

རྒྱལ་ལམ་318བརྒྱུད་སྟག་རྩེ་ཆུས་སུ་སླེབས་པ་དང་དེ་རྗེས་བདེ་ཆེན་གྲོང་རྡལ་གྱི་ཤར་ངོས་ནས་ས་ལམ་དེད་ནས་ལྷོ་ཕྱོགས་སུ་རླངས་འཁོར་ནང་སྤྱི་ལེ་5ཙམ་བསྐྱོད་ན་པད་ནག་གྲོང་ཚོར་སླེབས་ཀྱི་ཡོད། པད་ནག་ཅེས་པ་སྐད་གྲགས་དེ་ལྟར་ཆོད་དོན་ནི་འདི་གར་ཨ་ཁུ་སྟོན་པའི་ཕ་ཡུལ་ཡིན་པས་རེད།

རིག་གནས་ནི་ཡུལ་སྐོར་གྱི་བླ་སྲོག་དང་ཡུལ་སྐོར་ནི་རིག་གནས་ཀྱི་གཞི་རྟེན་རེད། ཉེ་བའི་ལོ་ཤས་རིང་། ཨ་ཁུ་སྟོན་པའི་འབྱུངས་ཡུལ་ཞེས་པའི་དམིགས་བསལ་རིག་གནས་ཐོན་ཁུངས་དེར་བརྟེན་པ་དང་གྲོང་ཁྱེར་གྱི་ཤར་སྒོ་ཆེ་མོ་དང་སྐྱོད་བཅུད་སྤྱི་གླིང་གི་སྤྱིའི་ངེས་གནས་ལ་གཞིགས་ཏེ་ལྷ་ས་གྲོང་ཁྱེར་གྱིས་ཨ་ཁུ་སྟོན་པའི་རྟེན་རྫས་བཤམས་མཛོད་ཁང་དང་ཨ་ཁུ་སྟོན་པའི་སྒྲོ་གསེང་སྤྱི་གླིང་ཚུད་པའི་ཡུལ་སྐོར་དང་། ཞིང་གསུམ། བོད་སྨན། དམངས་སྲོལ་བཅས་གཞི་གཅིག་ཏུ་འདུས་པའི་པད་ནག་ལུང་ཤུར་གྱི་སྐྱོད་བཅུད་རིག་གནས་ཡུལ་སྐོར་རྣམ་གྲངས་ལག་ལེན་བསྟར་འགོ་ཚུགས་ཡོད།

2017ལོའི་ཟླ་5པར་པད་ནག་གྲོང་ཚོ་གནས་སའི་སྟག་རྩེ་ཆུས་དང་ལྷ་ས་པོ་ཏ་ལ་ཡུལ་སྐོར་རིག་གནས་ཚོགས་པས་མཉམ་དུ་མ་རྩ་བཏང་སྟེ་ལྷ་ས་སྟག་རྩེ་སྟོན་པ་རིག་གནས་ཡུལ་སྐོར་ཀུང་སི་བཙུགས་པ་དང་། ཆིང་ཧྭ་སློབ་ཆེན་དང་པེ་ཅིང་སློབ་ཆེན་སོགས་མཐོ་སློབ་32དང་མཉམ་འབྲེལ་ཐོག་གཞུང་ལམ་ཁག་གཅིག་དང་། ལྷུམ་ར་དང་ཟམ་ཆུང་། ཁྱིམ་ཚང་མགྲོན་ཁང་སྒྱུར་བཀོད། སྒོ་ཆོག་པའི་གུར་ཕུབ་པ། སྐྱོད་བཅུད་སླར་གསོ། ཨ་ཁུ་སྟོན་པའི་རིག་གནས་གཞིས་ཀ ཡུལ་སྐོར་བའི་ཞབས་ཞུའི་ལྟེ་གནས་སོགས་མཛེས་ལྗོངས་དང་ལྡན་སྒྱུར་སྒྲིག་བཀོད་རྣམ་གྲངས་རིམ་པས་འཛུགས་སྐྲུན་བྱས་ཏེ་ཐུན་མོང་ཐོག

པད་ནག་ལུང་ཤུར་གྱི་མངོན་མིན་རིག་གནས་ཐོན་ལས་གླིང(བོད་ཀྱི་གསོ་བ་རིག་པ)དང་པད་ནག་ལུང་ཤུར་གྱི་A4རིམ་པའི་མཛེས་ལྗོངས་ཁུལ(གླིང་གཅིག་དང་། ཁུལ་གཅིག་མཛེས་ལྗོངས་ཁུལ་གཅིག)བཏོད་པ་མ་ཟད། ཤེས་བྱའི་བདག་དབང་གཏན་འཁེལ་དང་གསར་སྤེལ་ཡང་བྱས་ཡོད།

པད་ནག་གྲོང་ཚོའི་གྲོང་མི་མིག་མིག་ནི་ལྷ་སའི་གནས་ཚང་ཁྱིམ་ཚང་མགྲོན་ཁང་སྒྱུར་བཀོད་རྣམ་གྲངས་ལས་ཕན་པ་ཐོབ་མཁན་ཞིག་རེད། པོ་ཏ་ལ་ཡུལ་སྐོར་རིག་གནས་ཚོགས་པས་ཐོན་ལས་དབུལ་སྐྱོར་མ་དངུལ་སྒོར་ཁྲི་50བཏང་སྟེ་ཁོང་ཁྱིམ་གྱི་ཁང་མིག་དྲུག་ཅན་དེ་སྐར་མ་ལྔ་རིམ་པའི་སྒྲུས་ལེགས་ཁྱིམ་ཚང་མགྲོན་ཁང་དུ་སྒྱུར་བཀོད་བྱས་པ་དང་། སྐབས་དེ་དུས་ཁོང་གིས་ཁང་པ་མ་རྐང་ནང་བཞག་པས་རིག་གནས་ཡུལ་སྐོར་ཐོན་ལས་ཀྱི་ཁེ་བཟང་བགོ་འགྲེམས་རག་ཡོད། མིག་མིག་ཁྱིམ་ལ་མི་དྲུག་ཡོད་པ་དང་། མི་གསུམ་པོ་ཏ་ལ་རིག་གནས་ཡུལ་སྐོར་ཚོགས་པའི་གསོ་སྐྱོང་རྩེན་གཞིའི་ལས་ཞུགས་གསོ་སྐྱོང་ལ་ཞུགས་ནས་ལྷ་སའི་གནས་ཚང་གི་ཞབས་ཞུ་བར་གྱུར་ཏེ་ཟླ་རེར་གཏན་འཇགས་གླ་ཆ་ལེན་རྒྱུ་ཡོད། ཕྱིར་བསྐྱོད་མི་དགོས་པར་ལས་ཞུགས་ཐུབ་པས་མིག་མིག་ཏ་ཅང་དགའ་པོ་བྱུང་ཞིང་། ཁོང་གིས་ངའི་ཁྱིམ་མཛེས་ལྗོངས་ཁུལ་དུ་གནས་པས་འདི་གར་ལྷ་སྐོར་དང་ཡུལ་སྐོར་དུ་ཡོང་མཁན་ཇི་མང་དུ་འགྲོ་བཞིན་འདུག ད་ཆ་གྲོང་ཚོར་གྲོང་མི་མི་ཉུང་བ་ཞིག་གིས་ལྷ་སའི་གནས་ཚང་གི་ཁྱིམ་ཚང་མགྲོན་ཁང་སྒྱུར་བཀོད་གྲས་སུ་ཞུགས་པའི་རེ་ཞུ་བྱེད་ཀྱི་འདུག་ཅེས་བརྗོད།

མངོན་མིན་རིག་གནས་ཀྲུལ་བཞག་གི་ལག་རྩལ་རྒྱུན་འཛིན་བྱས་ནས་འབབ་འཕར་གྱི་ཐབས་ལམ་ཡངས་སུ་བཏང་བ།

པད་ནག་ནི་འཇམ་གླིང་ཐོག་བོད་བརྒྱུད་ནང་བསྟན་གྱི་ལྷ་སྐུ་བཟོ་ཡུལ་ཆེ་གྲས་

གསུམ་གྱི་ཡ་གྱལ་ཞིག་རེད། པད་ནག་ལག་ཤེས་བཟོ་རྩལ་ཚད་ཡོད་ཀུང་སིར་བསྐྱོད་སྐབས་ཟངས་རྫང་ལག་ཤེས་པ་བཅུ་གྲངས་འགའ་ཤས་སྐོར་འཁྲིལ་ཞེར་བསྡད་དེ་འགའ་རེས་ཟངས་ལྷེབ་རྫང་བ་དང་འགའ་རེས་ཚ་ལ་རྒྱག་བཞིན་འདུག ན་སོ་གཞོན་པའི་དགེ་ཕྲུག་འགས་མཉམ་དུ་ཊུབ་ནས་ལག་ཆ་བཟུང་སྟེ་ཧྲོ་རྩེ་གཅིག་སྒྲིམ་ངང་ཟངས་ལྷེབ་ཐོག་རི་མོ་བཀོ་བཞིན་འདུག ཁོང་ཚོའི་ཁྲིད་ལོ་ན་ཆུང་ཤོས་ལོ་16ལས་སླེབས་ཀྱི་མེད། སྒོ་རའི་ནང་དུ་མཐོ་ཚད་སྨི་གཅིག་ལྷག་ཙམ་གྱི་ཟངས་སྐུ་དྲུག་བཞག་འདུག ཀུང་སིའི་ཧྲུང་ཧྲི་ཀྲང་དང་། པད་ནག་སྒྲོལ་རྒྱུན་ལག་ཤེས་ཟངས་རྫང་ལག་རྩལ་གྱི་རྒྱུན་འཛིན་པ་མི་རབས་གསུམ་པ། མངོན་མིན་རིག་གནས་ཤུལ་བཞག་གི་རྒྱུན་འཛིན་པ་བཅས་ཡིན་པའི་སྨན་བླ་ཚེ་རིང་གིས་གསར་འགོད་པར་ཟངས་སྐུ་དྲུག་པོ་དེ་དག་ནི་ཀྲེ་ཅང་ཞྭན་ཀྲོའུ་ཡི་ཚོང་པས་མངགས་པ་ཞིག་ཡིན་པ་དང་རིན་ཐང་ལ་སྒོར་ཁྲི་110ལྷག་ཙམ་རེ་ཡི་ཡོད། ད་ཆ་མངགས་ཐོ་2022ལོ་བར་མངགས་ཟིན། བོད་ཀྱི་མངགས་ཐོ་ཕུད་ད་དུང་སི་ཁྲིན་དང་། མཚོ་སྔོན། ཀན་སུའུ། ཧོ་པེ། ཀྲེ་ཅང་། ཀོང་ཏུང་བཅས་ཀྱི་མངགས་ཐོ་ཡང་ཡོད་ཅེས་སྨན་བླ་ཚེ་རིང་གིས་བརྗོད།

1974ལོར་པད་ནག་ཏུ་ལྕགས་ཤིང་མཉམ་ལས་ཁང་བཙུགས་པ་དང་། སྨན་བླ་ཚེ་རིང་གི་ཕ་རྐན་འཆི་མེད་སེང་གེ་མཉམ་ལས་ཁང་གི་འགན་འཁུར་བར་གདན་ཞུ་བྱས། འཆི་མེད་སེང་གེས་ད་དུང་གཙང་པོ་འོད་ཟེར་དང་མཉམ་དུ་ལྷ་ལྡན་གཙུག་ལག་ཁང་དང་དགའ་ལྡན་དགོན་གྱི་ཉམས་བཟོའི་ནང་ཞུགས་སྒྱུར་བ་དང་། འོད་ཟེར་ད་དུང་ལྷ་ས་གནའ་རབས་འཛུགས་སྐྲུན་མཛེས་རིག་ཀུང་སིའི་དབུ་བཞུགས་བཟོ་བཀོད་པ་ཆེ་མོར་གདན་ཞུ་བྱས། 2009ལོར་སྨན་བླ་ཟངས་སྐུ་བཟོ་བཀོས་ཁང་རང་སྐྱོང་ལྗོངས་ཀྱི་མི་རིགས་ལས་ཤེས་བཟོ་རྩལ་དཔེ་སྟོན་དུད་ཚང་གྲས་སུ་བཅུག 2010ལོར་ཟངས་སྐུ་བཟོ་བཀོས་ལག་ཤེས་བཟོ་རྩལ་རང་སྐྱོང་ལྗོངས་ཀྱི་མངོན་མིན་རིག་གནས་ཤུལ་བཞག་ཁོངས་སུ་

བཙུག་པ་དང་། སྨན་ཐླ་ཚེ་རིང་ལ་ཡང་མི་རིགས་ལག་ཤེས་བཟོ་རྩལ་རྒྱུན་འཛིན་པ་དང་བཟོ་རྩལ་མཛེས་རིག་ཆེ་མོ་བའི་མཚན་སྙན་སྩྲད།

ཆུ་འབྲུང་དུས་ཁྲོན་པ་འདྲུ་མཁན་མ་བརྗེད་པའི་དཔེ་ལྟར། ཨ་ཁུ་འོད་ཟེར་ལགས་ནས་ཁྱིམ་རྒྱུད་ཀྱི་ལག་ཤེས་རྒྱུན་འཛིན་རྗེས་སྨན་ཐླ་ཚེ་རིང་གིས་ཕ་མེས་ནས་བརྒྱུད་ཡོང་བའི་ཟངས་རྫང་ལག་རྩལ་དེ་དར་རྒྱས་གོང་འཕེལ་བཏང་ནས། མངོན་མིན་རིག་གནས་ཤུལ་བཞག་སྲུང་སྐྱོང་དང་རྒྱུན་འཛིན་སྣད་ལེགས་སྐྱེས་འབུལ་རྒྱུའི་སེམས་ཐག་བཅད། ཁོང་གིས་ཕ་ཤུལ་བུ་འཛིན་གྱི་ལུགས་སྲོལ་དེ་ལས་བརྒལ་ནས་དགེ་ཕྲུག་མང་པོ་བསྡུས་ཏེ། ཕ་མེས་ནས་བརྒྱུད་ཡོང་བའི་ལག་ཤེས་དེ་དཔེ་འཁྱུད་མེད་པར་བསླབས་པ་མ་ཟད། ད་དུང་ཟླ་རེར་དགེ་ཕྲུག་ཚོར་སླ་ཕོགས་དམའ་ཤོས་སྒོར་2000སྤྲད་ཀྱི་ཡོད།

ལྷོང་ས་ཡོངས་ཀྱི་དབུལ་སྒྲོལ་འགག་སྒྲོལ་དམག་འཐབ་རྒྱག་འགོ་ཚུགས་རྗེས་པད་ནག་གྲོང་ཚོས་གྲོང་ཚོ་ཡོངས་ཀྱི་ཟངས་རྫང་བཟོ་ཁང་བཙུ་གྲངས་དེ་དག་གཞི་ཁྲོན་ཙུང་ལྡན་པའི་ཟངས་རྫང་ཁེ་ལས་དཀྱུ་ཙ་ཟླ་སྒྲིལ་བཏང་སྟེ། མང་ཚོགས་དབུལ་སྒྲོལ་ཕྱུག་འགྱུར་ལ་སྐྱེ་ཁྲིད་བྱེད་པའི་ཁྱད་ལྡན་ལེགས་ཆའི་ཐོན་ལས་ལ་བརྟེན། སྨན་ཐླ་ཚེ་རིང་གིས་རང་འགུལ་ངང་མང་ཚོགས་དབུལ་པོ་52དབུལ་སྒྲོལ་བྱེད་པའི་འགན་འཁྲི་ལྷི་པོ་ཐྲག་ཏུ་འཁུར། ལོ་མང་རིང་མང་ཚོགས་དབུལ་པོར་ལག་ཤེས་བསླབས་པ་ཕུད། ད་དུང་ཁོང་གིས་རིམ་རྩིས་བྱས་ན་དུད་ཚང་དབུལ་པོར་སྒོར་ཁྲི་40ཙམ་ཞལ་འདེབས་བཀྱབ། སྨན་ཐླ་ཚེ་རིང་སོགས་འཛོན་ཐང་ཅན་གྱི་སྣེ་ཁྲིད་འོག་པད་ནག་བ་དབུལ་སྒྲོལ་ཕྱུག་འགྱུར་གྱིས་འཕྲོར་འཕྲིང་དུ་སྐྱོད་པའི་ལམ་བུ་ཇི་ཙམ་བསྐྱོད་པ་དེ་ཙམ་གྱིས་ཡངས་སུ་ཕྱིན་ཡོད།

ཞིང་ལས་འཚམ་སར་ཞིང་ལས་དང་འབྲོག་ལས་འཚམ་སར་འབྲོག་ལས་ཀྱིས་ཚོགས་ཆུང་ལ་ཐོན་ལས་དང་དུད་ཚང་ལ་ཐབས་ལམ་ཡོད་པར་བྱས་པ།

པད་ནག་ལག་ཤེས་བཟོ་རྩལ་ཚད་ཡོད་ཀྱང་སེར་བཅར་འདྲི་ཞིབ་རྗེས་འབྲི་ཏ་ས

འཛིན་རྩྭའུ་ཅིས་གསར་འགོད་པ་པད་ནག་གྲོང་ཚོའི་བྱད་མེད་འབྲི་ཏ་ས་འཛིན་དྲོད་ཁང་ཆེན་མོར་ཁྲིད་བྱུང་།

འབྲི་ཏ་ས་འཛིན་རྩྭའུ་ཅིའི་མིང་ངོ་མར་བག་གྲོ་ཐེར་བ་དང་། རང་སྐྱོང་ལྗོངས་ཀྱི་སྐབས་བཞི་པའི་ངལ་རྩོལ་དཔེ་བཟང་བ་དང་པད་ནག་གྲོང་ཚོའི་ཏང་གི་ཧྲུའུ་རྩྭའུ་ཅི་དང་པོ་རེད་འདུག རང་ནུས་གང་ལྷོགས་ཀྱིས་མང་ཚོགས་ཀྱི་སྣེ་ཁྲིད་ནས་འབྲི་ཏ་ས་འཛིན་བཏབ་པས་འབྲི་ཏ་ས་འཛིན་རྩྭའུ་ཅི་ཞེས་པའི་མིང་དེ་ཐོགས།

བྱད་མེད་འབྲི་ཏ་ས་འཛིན་དྲོད་ཁང་ཆེན་མོར་སྐྱོད་སྐབས། གྲོང་མི་ཚེ་སྒྲོལ་དང་བུ་མོ་སྒྲོལ་མ་གཉིས་དྲོད་ཁང་ཆེན་མོའི་ནང་འབྲི་ཏ་ས་འཛིན་འཕྲུ་བཞིན་འདུག་པ་དང་། སོས་ཐོག་ལ་རྫོང་གྲོང་དུ་འཚོང་བར་འགྲོ་རྩིས་འདུག ཁོ་མོའི་ཁྱིམ་གྱིས་བཏབ་པའི་འབྲི་ཏ་ས་འཛིན་གྱི་མདོག་ཡག་ལ། བྲོ་བ་ཞིམ་པ། ལྷད་མེད་པ་བཅས་ཡོད་པས། ཁྲོམ་རར་ཕྱིན་ཁ་ཧ་ཅང་རྒྱུག་པོ་ཡོད། ན་ནིང་འབྲི་ཏ་ས་འཛིན་བཏབ་པ་ཁོ་ནས་ཚེ་སྒྲོལ་ཁྱིམ་ལ་འབབ་འཕར་སྒོར་ཁྲི་1ལྷག་བྱུང་འདུག

2009ལོ་ནས་བཟུང་པད་ནག་གྲོང་ཚོར་འབྲི་ཏ་ས་འཛིན་བཏབ་པ་དང་། སྐབས་དེ་དུས་གྲོང་ཚོའི་ཏང་གི་ཧྲུའུ་རྩྭའུ་ཅི་དང་གྲོང་ཚོ་ཨུ་ལྷན་གྱི་ཀྲུའུ་རེན་ཡིན་པའི་བག་གྲོས་འབྲི་ཏ་ས་འཛིན་འདེབས་པའི་མྱུར་འགྲུབ་རྣམ་གྲངས་གཉེར་རྒྱུའི་བསམ་བློ་འཁོར། གོང་རིམ་སྲི་ཚན་གྱི་ཤུགས་ཆེའི་རྒྱབ་སྐྱོར་འོག ཁོང་གིས་རྒྱལ་ཁབ་ཀྱི་རྣམ་གྲངས་མ་དངུལ་སྒོར་ཁྲི་30བཙོན་ལེན་བྱས། གྲོང་ཚོ་ཨུ་ལྷན་གཉིས་ཀྱིས་མང་ཚོགས་དུད་ཚང་10ཡིས་སྒོར་ཁྲི་3མ་རྩ་འཛོག་རྒྱུའི་སྐུལ་སློང་བྱས་ནས། དྲོད་ཁང་ཆེ་མོ་སྐར་པ་10བསྐྲུན་ཐོག་པད་ནག་ཞིང་འབྲོག་པའི་འབྲི་ཏ་ས་འཛིན་འདེབས་འཛུགས་ཆེད་ལས་མཉམ་ལས་ཁང་བཙུགས།

འབྲི་ཏ་ས་འཛིན་རྩྭའུ་ཅིར་འབྲི་ཏ་ས་འཛིན་གྱི་ཕུགས་འདུན་ཞིག་ཡོད་པ་སྟེ། པད་ནག་གྲོང་ཚོའི་འབྲི་ཏ་ས་འཛིན་འདེབས་འཛུགས་དེ་སྟག་རྩེ་ཆུས་དང་ཐ་ན་ལྷ་ས་གྲོང་

ཁྱེར་གྱི་གྲོང་གསེབ་ཡུལ་སྐོར་གྱི་སྤུས་རྟགས་རྣམ་གྲངས་སུ་བསྐྲུན་རྒྱུ་དེ་ཡིན། དོན་དེའི་སླད་དུ་པད་ནག་གྲོང་ཚོས་སྟ་རྟེས་སུ་ས་མཐོར་འཚམ་པའི་འབྲི་ཏ་ས་འཛིན་སོན་བཟང་ནང་འདྲེན་བྱས་ཏེ། འདེབས་འཛུགས་རྒྱ་ཁྱོན་དེ་སྔའི་དྲོད་ཁང་སྐར་པ་10ནས་སྐར་པ་80བར་འཕེལ་རྒྱས་བཏང་བ་དང་། འདེབས་འཛུགས་རྒྱ་ཁྱོན་མུའུ་40ཟིན་ནས་ལོར་ཐོན་འབབ་རྒྱ་མ་ཁྲི་4ཟིན་པ་དང་ཐོན་རྫས་རིན་ཐང་སྒོར་ཁྲི་80ཟིན་ཏེ། པད་ནག་ཞིང་འབྲོག་པའི་འབྲི་ཏ་ས་འཛིན་འདེབས་འཛུགས་ཆེད་ལས་མཉམ་ལས་ཁང་ཡང་པད་ནག་འབྲི་ཏ་ས་འཛིན་འདེབས་འཛུགས་རྟེན་གཞིར་མིང་གྱུར་བ་དང་། བུད་མེད་གཙོ་བོར་བྱེད་པའི་བུད་མེད་འབྲི་ཏ་ས་འཛིན་དྲོད་ཁང་ཆེན་མོ་བསྐྲུན། འབྲི་ཏ་ས་འཛིན་འདེབས་འཛུགས་རྟེན་གཞིས་མཉམ་སྡེབ་དཔལ་འབྱོར་རྒྱ་སྐྱོབས་ཆེ་རུ་གཏོང་བ་དང་ཆབས་ཅིག གྲོང་ཚོ་ཡོངས་ཀྱི་མང་ཚོགས་དབུལ་པོ་དུད་ཚང་42ཀྱི་མི་གྲངས་200ལྷག་ཙམ་ཐོན་ལས་འཕེལ་རྒྱས་ནང་ཞུགས་ནས་འབབ་འཕར་དབུལ་སྒྲོལ་ཐུབ་པར་སྐུལ་ཁྲིད་བྱས་པར། མི་རེར་ལོ་རེར་ཆ་སྙོམས་ཡོང་འབབ་སྒོར་4000ལྷག་ཙམ་བྱུང་ཡོད་པ་རེད།

རེ་བའི་ཞིང་ས་གཉིན་པོའི་ཐོག་ཕུགས་འདུན་གྱི་ས་བོན་བཏབ།

བདེ་མཆོག་གྲོང་ཚོའི་སྟོད་ཁང་རབས་ལྔ་པ།

——མངའ་རིས་ཀྱི་མཐའ་མཚམས་གྲོང་ཚོ་དང་པོའི་འཕོ་འགྱུར་གྱི་དཔང་པོར་གྱུར་པ།

ཉེ་ཆར། སྤར་རྫོང་བཀྲ་ཤིས་སྒང་ཤང་བདེ་མཆོག་གྲོང་ཚོར་བཀྲ་ཤིས་པའི་གནམ་བཟང་ཞིག་ཁྱབ། དེ་གའི་མང་ཚོགས་བོད་བཟོ་དང་རྒྱ་བཟོ་ཟུང་དུ་འབྲེལ་བའི་ཐོག་སོ་གཉིས་ལྡན་གྱི་སྒོ་ར་ཡོད་པའི་དེང་རབས་ཅན་གྱི་སྟོད་ཁང་ནང་སྤོ་རྒྱུ་རེད། འདི་ནི་བདེ་མཆོག་གྲོང་ཚོའི་མཐའ་མཚམས་སྲུང་མཁན་མང་ཚོགས་ཀྱི་སྟོད་ཁང་རབས་ལྔ་པ་རེད། སྟོད་ཁང་རྙིང་པ་དང་སྟོད་ཁང་གསར་པ་དེ་དག་གིས་མེས་རྒྱལ་མཐའ་མཚམས་ཀྱི་འཕོ་འགྱུར་ཆེན་པོ་མཚོན་པའི་བསྐུས་རིས་ལྟར་དུས་རབས་ཀྱི་ཟིན་ཐོ་བཀོད་པ་དང་འཕོ་འགྱུར་འགྲོ་ཚུལ་བརྗོད་བཞིན་ཡོད།

སྟོད་ཁང་ལེགས་སུ་ཕྱིན་པ་ནས་ཏང་གིས་ཐུགས་ཁུར་གནང་ལུགས་མཚོན་པ།

བདེ་མཆོག་གྲོང་ཚོ་སེང་གེ་ཁ་འབབ་ཀྱི་སྨད་རྒྱུད་དུ་ཆགས་པ་དང་བདེ་མཆོག་གྲོང་ཚོ་ནི་མི་ཚང་མས་ཤེས་པའི་མངའ་རིས་ས་ཁུལ་གྱི་མཐའ་མཚམས་འགྱུར་འཕྲིན་གྲོང་ཚོ་འཛུགས་སྐྲུན་གྱི་སྔོན་གཏོད་ས་དང་དཔེ་མཚོན་ཞིག་ཡིན། ཉེ་བའི་ལོ་ཤས་རིང་སྤར་རྫོང་བཀྲ་ཤིས་སྒང་ཤང་བདེ་མཆོག་གྲོང་ཚོས་བོད་ནུབ་ཀྱི་ལྟེ་གནས། ཏང་འཛུགས་སྐྱོང་གི་གདོང་ལེན་པའི་སྟུས་རྟགས་གཏོད་རྒྱུ་རྩ་བའི་དམིགས་ཡུལ་དུ་བཟུང་སྟེ་ཏང་འཛུགས་སྐྱོང་ལ་བརྟེན་ནས་ལས་དོན་ཁག་ལ་སྤྱི་འདོམས་བྱེད་པ་དང་མཐའ་མཚམས་གྲོང་ཚོ་

དང་པོ་འཛུགས་སྐྲུན་ཁུར་ཐག་བྱས་པ་བརྒྱད་མང་ཚོགས་ཀྱི་འཚོ་བ་ཉིན་རེ་ལས་མ་འདས་པར་ལེགས་སུ་སོང་ཡོད།

1984ལོའི་གོང་གི་རབས་དང་པོའི་སྟབས་བདེའི་རྗེ་རྩིག་ཁང་པ་དང་། 1990ལོར་སྲིད་འཛིན་གྲོང་ཚོ་འཛུགས་པའི་སྐབས་སུ་བསྐྲུན་པའི་རབས་གཉིས་པའི་ས་ཕག་ཁང་པ། 2006ལོར་བསྐྲུན་པའི་རབས་གསུམ་པའི་བདེ་སྡོད་ཁང་པ། 2012ལོར་བསྐྲུན་པའི་རབས་བཞི་པའི་ཨར་འདམ་ལྕགས་རྩིབས་མའི་ཐོག་སོ་གཉིས་ལྡན་གྱི་སྡོད་ཁང་སྒོ་ར་ཅན། འདི་ལོ་མང་ཚོགས་སྲོ་ཀྲབས་ཡོད་པའི་རབས་ལྔ་པའི་སྡོད་ཁང་གསར་པ་བཅས་ལས་ང་ཚོས་མངའ་རིས་ཀྱི་མཐའ་མཚམས་གྲོང་ཚོ་དང་པོའི་འགྱུར་ལྡོག་གསར་པ་མཐོང་ཐུབ་ལ། མཐའ་མཚམས་མང་ཚོགས་ཀྱི་རྒྱུན་ཆད་མེད་པར་ཆེ་རུ་སོང་བའི་ཐོབ་ཚོར་དང་། བདེ་སྐྱིད་ཚོར་སེམས། བདེ་འཇགས་ཚོར་སེམས་བཅས་གང་ལེགས་ཚོར་ཐུབ།

བདེ་མཆོག་གྲོང་ཚོ་1990ལོར་སྲིད་འཛིན་གྲོང་ཚོར་དངོས་སུ་གཏན་འཁེལ་བྱས་པ་རེད། 1984ལོའི་གོང་གི་བདེ་མཆོག་གྲོང་ཚོའི་རྒྱུད་དུ་དུད་ཚང་3ལས་མེད།

1984ལོར་མཐའ་མཚམས་དོ་དམ་དང་ས་སྲུང་མཐའ་བརྟན་དེ་བས་ཡག་པོ་བྱ་ཆེད། རང་སྐྱོང་ལྗོངས་དང་། མངའ་རིས་ས་ཁུལ་དང་སྲིད་འཛིན་ཀུང་ཧྲུའུ། སྤར་རྫོང་ཁུལ་དང་རྫོང་སྲིད་གཞུང་བཅས་ཀྱིས་སེང་གེ་ཁ་འབབ་གྲོང་རྡལ་རྒྱ་སྨུག་གྲོང་ཚོ་ནས་ཆེད་མངགས་དུད་ཚང་5ཡི་མི་24བདམས་ནས་བདེ་མཆོག་ལ་སྤོ་རུ་བཅུག་པ་དང་1985ལོར་དེའི་ཁྲིད་ཀྱི་དུད་ཚང་3མཁའ་ཀླུང་མི་འཁྲོད་པ་སོགས་ཀྱིས་རྐྱེན་པས་རྒྱ་སྨུག་གྲོང་ཚོར་ཕྱིར་ལོག་བྱས་པ་རེད། 1990ལོར་རྒྱ་སྨུག་གྲོང་ཚོ་ནས་དུད་ཚང་9བདེ་མཆོག་གྲོང་ཚོར་སྤོས་ནས་མཐའ་མཚམས་བསྲུངས་པ་དང་སྐབས་དེ་དུས་ལས་སྒྲུབ་ཚོགས་ཆུང་2ལས་མེད། དེའི་ནང་ཚོགས་ཆུང་དང་པོར་དུད་ཚང6དང་ཚོགས་ཆུང་གཉིས་པར་དུད་ཚང་9ཡོད།

མཐའ་སྲུང་མཐའ་བརྟན་ཐོག་ནས་ཏང་ནང་ཞུགས་པའི་ཐོག་མའི་བསམ་འདུན་

མཐོང་ཐུབ།

བདེ་མཆོག་གྲོང་ཚོའི་མཐའ་སྲུང་མཐའ་བརྟན་གྱི་སྲོལ་རྒྱུན་བཟང་པོ་དེ་སྐར་མ་ཆེ་རིང་ཟེར་བའི་བགྲེས་སོང་ཞིག་ནས་འགོ་བཙུགས་ཏེ་བརྗོད་དགོས།

1984ལོར་སྐར་མ་ཆེ་རིང་དང་ཁོང་གི་བཟའ་ཟླ་དང་དེ་བཞིན་དུད་ཚང་གཞན་དག་བཞིའི་ནང་མིས་སྲིད་གཞུང་གི་གསར་སྤོལ་མཐའ་སྲུང་གི་འཕོད་སྐྱལ་དང་ལེན་བྱས་ཏེ་ལམ་ཐག་སྤྱི་ལི་100ལྷག་ཙམ་ཡོད་པའི་རྒྱ་སྨུག་གྲོང་ཚོ་ནས་བདེ་མཆོག་གྲོང་ཚོར་སྤོས་ཏེ་དེ་གར་གཞིས་ཆགས་པ་རེད། འོན་ཀྱང་ཡུན་རིང་མ་སོང་བར་དུད་ཚང་གཉིས་ཀྱི་མང་ཚོགས་ཀྱིས་མཐའ་མཚམས་ཀྱི་འཐབ་ཕྱོགས་དང་པོའི་དཀའ་ཚེགས་ཆེ་བའི་འཚོ་བ་བཟོད་བསྲན་མི་ཐུབ་པར་རྒྱ་སྨུག་གྲོང་ཚོར་ཕྱིར་ལོག་བྱས་པས། དེར་སྐར་མ་ཆེ་རིང་དང་ཁོང་གི་གཙུང་མོ་བསོད་ནམས་ལྷ་མོ་གཉིས་ཀྱི་ནང་མི་ལས་ལྷག་མེད།

དེ་ནས་ལོ་ཤས་སོང་རྗེས་སྐར་མ་ཆེ་རིང་དང་ཁོང་གི་གཙུང་མོའི་ནང་མི་ཕན་ཚུན་གཅིག་ལ་གཅིག་བརྟེན་བྱས་ཏེ་རྫོ་རྡུག་གིས་ཁེངས་པའི་ས་རྐོད་སློག་པ་དང་བར་མཚམས་མེད་པའི་རླུང་ཆེན་ཁྲོད་སྐབས་བདེའི་ཁང་པ་བརྒྱབ་པ་སོགས་བྱས་ནས་མཐར་མི་མེད་ལུང་སྟོང་གི་བདེ་མཆོག་གྲོང་ཚོར་སླེང་རུས་ཆེན་པོས་གཞིས་ཆགས་པ་རེད། 1990ལོར་སླར་ཡང་དུད་ཚང་9དེ་གར་སྤོས་ནས་བདེ་མཆོག་ལ་གཞི་ནས་གྲོང་ཚོའི་རྣམ་པ་ཞིག་ཆགས་པ་རེད།

ཕྱིས་སུ་སྐར་མ་ཆེ་རིང་ཀྲུང་གོ་གུང་ཁྲན་ཏང་ནང་ཞུགས་པ་དང་1990ལོ་ནས་1996ལོ་བར་ཁོང་གིས་བདེ་མཆོག་གྲོང་ཚོའི་ཏང་གྲི་ཧྲུའུ་ཅིའི་འགན་བཞེས་པ་རེད། མཐའ་མཚམས་སུ་ཕྱུགས་འཚོས་ནས་སྐོར་གཡེང་བྱེད་པ་དེ་ཁོང་གི་ངོས་ནས་བརྗོད་ན་རྒྱུན་གཏན་གྱི་བྱ་བ་ཞིག་རེད། ཁོང་གི་རྐང་རྗེས་ཀྱང་མཐའ་མཚམས་རྒྱུད་ཀྱི་ས་ཕྱོགས་གང་སར་བཞག་ཡོད། ཁོང་གིས་ཕྱི་རོལ་དུ་སློབ་སྦྱོང་བྱེད་པར་བསྐྱོད་པའི་བུ་མོ་2ཕུད།

མི་གཞན་དག་ཁྱིམ་ཚང་འཛིན་དགོས་ན་ངེས་པར་དུ་མག་པ་ལེན་དགོས་པའི་ཁྱིམ་སྲོལ་ཞིག་བཙུགས་ཡོད། དེར་བརྟེན་ཁོང་གི་བུ་གཅིག་པུ་དེ་འང་ས་ཆ་དེ་རང་དུ་ཁྱིམ་ཚང་འཛིན་པ་དང་ཁོང་གི་བུ་ཕྲུག་6གིས་བདེ་མཚོག་གྲོང་ཚོར་ཁྱིམ་ཚང་6ཁ་སྣོན་བྱས་ཡོད།

ད་ཆ་བདེ་མཚོག་གྲོང་ཚོའི་མང་ཚོགས་ཀྱིས་རང་མོས་དང་ཁེར་རྐྱང་ངང་མེས་རྒྱལ་གྱི་མཐའ་མཚམས་སྲུང་དགོས་མེད། ཨུ་ལྷན་གཉིས་ཀྱི་ཚན་ཁག་དང་གྲོང་སྡོད་ལས་དོན་ཏུ་ཁག་གི་སྒྲིག་འཛུགས་འོག་གྲོང་ཚོས་དཔུང་རྟགས་དམར་པོའི་སྐོར་གཡེང་རུ་ཁག་བཙུགས་ཡོད།

གྲོང་ཚོ་ཧྲིལ་པོ་དབུལ་སྒྲོལ་ཐུབ་པ་ནས་བདེ་སྐྱིད་ལྡན་པའི་འཚོ་བ་མཐོང་ཐུབ།

དབུལ་སྒྲོལ་འགག་སྒྲོལ་གྱི་ལས་དོན་ནང་བདེ་མཚོག་གྲོང་ཚོས2016ལོ་ནས་བཟུང་ཏང་ཀྲི་ཕུའུ་དང་། མཉམ་ལས་ཁང་། ཞིང་འབྲོག་དུད(དུད་ཚང་དབུལ་པོ)བཅས་ཟུང་འབྲེལ་གྱི་མཉམ་སྡེབ་དཔལ་འབྱོར་འཕེལ་རྒྱས་གཏོང་བའི་རྣམ་པ་ལག་བསྟར་བྱས་པ་དང་གྲོང་ཚོའི་ཏང་ཀྲི་ཕུས་འགོ་ཁྲིད་པའི་ཞིང་འབྲོག་པའི་ཆེད་ལས་མཉམ་ལས་ཁང་བཙུགས་ཏེ་མང་ཚོགས་ལས་གྲྭ་འཛུགས་སྐྲུན་དང་ངལ་ནུས་ཕྱིར་གཏོང་ནང་ཞུགས་རྒྱུར་ཁྲིད་སྟོན་བྱས་ཡོད། 2017ལོར་མཉམ་ལས་ཁང་གིས་ངལ་ནུས་ཕྱིར་གཏོང་བྱས་ནས་ཡོང་འབབ་སྐོར་ཁྲི30ལྷག་ཙམ་བྱུང་བ་དང་མང་ཚོགས་ལ་ཆ་སྙོམས་བགོ་འགྲེམས་སྐོར2000ལྷག་ཙམ་བརྒྱབ་སྟེ་གྲོང་ཚོ་ཡོངས་ཀྱི་དུད་ཚང་11གི་མང་ཚོགས་དབུལ་པོ་50དབུལ་སྒྲོལ་བྱ་རྒྱུར་སྐུལ་ཁྲིད་བྱས་པས་གྲོང་ཚོ་ཡོངས་དབུལ་སྒྲོལ་ཐུབ་པའི་དམིགས་ཚད་མངོན་འགྱུར་ཐུབ་ཡོད།

ད་ཆ་གྲོང་མི་དབང་གྲགས་ཀྱི་སྔོང་ཕྲུག3000ནང་ནས་མང་ཆེ་བ་གསོན་ཐུབ་སྟེ་དེ་གང་གི་སྔོང་ཕྲུག་རིང་ཚད་ལི་སྨི་བཅུ་གྲངས་ནས་ད་ལྟའི་སྨི་བཅུ་གྲངས་ཟིན་པའི་ལྗོན་ཤིང་ཆེན་པོ་ཞིག་ཏུ་འཚར་ཡོད།

རྒྱལ་ཡོངས་ཀྱི་ཤེས་དཔལ་གྲོང་རྫལ་དང་རང་སྐྱོང་ལྗོངས་ཀྱི་མཐའ་མཚམས་དཔེ་སྟོན་གྲོང་ཚོ་དང་། མཐའ་མཚམས་སྲུ་བརྟན་དང་། དཔལ་འབྱོར་དར་རྒྱས། སྡོད་བཅུད་བཟང་བ། མང་ཚོགས་བདེ་སྡོད་ལས་བསྟོན་བཅས་ཡིན་པའི་བདེ་མཆོག་གྲོང་ཚོ་དེ་ལྷབ་ལྷུབ་ཏུ་གཡོ་བའི་རྒྱལ་དར་འོག་ག་ལེར་ཤར་བའི་ཉི་གཞོན་ལྟར་བོད་ལྗོངས་ས་མཐོར་ཡིད་དབང་འཕྲོག་པའི་འོད་སྣང་སྤྲིན་བཞིན་ཡོད།

འདི་ནི་བདེ་མཆོག་གྲོང་ཚོའི་མང་ཚོགས་སྒོ་གྲབས་ཡོད་པའི་རབས་ལྡ་པའི་སྡོད་ཁང་གསར་པའི་བཟོ་དབྱིབས་ཡིན་པ།

སེ་འབྲུའི་དྲི་ཞིམ་འཐུལ་བའི་བདེ་སྐྱིད་ཀྱི་ལམ་བུ།

——རྫ་ཡུལ་རྫོང་ས་མ་གྲོང་ཚོའི་ཏང་ཡོན་གྱིས་མང་ཚོགས་ཀྱི་སྣེ་ཁྲིད་དེ་ཕྱུག་འགྱུར་ལམ་བུར་བསྐྱོད་པའི་སྐོར་བཀོད་པ།

ཉིང་ཁྲི་གྲོང་ཁྱེར་རྫ་ཡུལ་རྫོང་རྫ་ཡུལ་རོང་སྨད་གྲོང་རྡལ་ས་མ་གྲོང་ཚོར་སྐྱོད་སྐབས་ལམ་གྱི་གཞོགས་གཉིས་དང་། རི་སྟེང་། སྒོ་རའི་རྒྱབ་མདུན་གང་སར་སྨི 1ལྷག་ཙམ་ལས་མཐོ་བའི་སེ་འབྲུའི་སྡོང་པོས་ཁེངས་ཡོད་པ་དང་། ཐུ་ཊུ་དམར་པོ་ལྟར་བཞད་པའི་སེ་འབྲུའི་མེ་ཏོག་གིས་སྔོ་ལྗང་ས་གཞིར་བརྒྱན་ནས་དྲི་ཞིམ་གང་སར་འཐུལ་བཞིན་མཆིས།

གངས་ལྗོངས་ས་མཐོར་སེ་འབྲུ་འདེབས་རྒྱུའི་སྐོར་ཐོས་པ་ནི་ངོ་མཚར་ཆེ་བ་ཞིག་ཡིན་ཞིང་། དེ་གར་བཏབ་པའི་སེ་འབྲུའི་བྲོ་བ་ཞིམ་པོ་ཡོད་དམ། ཁྱེད་རང་བྲིན་ཁ་རྒྱུག་པོ་ཡོད་དམ།

ཆེད་ལས་མི་སྣས་དབྱེ་ཞིབ་བྱས་པ་བརྒྱུད་ས་མ་གྲོང་ཚོར་ལོའི་ཆ་སྙོམས་དྲོད་ཚད་ཧྲེ་ཧྲི་ཏུའུ་ཀླད་ཀོར་ཡན་ཟིན་པ་དང་། སད་མེད་ནམ་དུས་རིང་བ། ཉི་འོད་ཐོག་ཡུན་རིང་བ། ཆར་པ་བབས་ཚད་མང་བ། གནམ་གཤིས་ཀྱི་ཁྱད་ཆོས་དང་ས་རྒྱུའི་ཆ་རྐྱེན་ཚང་མ་འཛོམས་པས་སེ་འབྲུ་སྐྱེ་འཚར་ལ་ཧ་ཅང་འཚམ་པོ་ཡོད། དེ་དང་དུས་མཚུངས་ས་མ་གྲོང་ཚོས་ནང་འདྲེན་བྱས་པའི་ཐུ་ནི་སིའི་སེ་འབྲུའི་བྲོ་བ་མངར་བ་དང་། ཕྱུས་ཀ་དག་པ། སྨིན་སྟ་བ། ཉར་ཚགས་བདེ་བ་བཅས་ཡོད་པས་དེ་ནི་སེ་འབྲུའི་ཁྲོད་ཀྱི་ཕྱུས་ཀ་དག་ཤོས་དེ་ཡིན། ཁྱིམ་རའི་གོང་ཚད་སྤྱིར་བཏང་གི་སེ་འབྲུ་ལས་ལྷབ་གསུམ་བཞི་ཡིས་མཐོ་བ་ཡོད་པ་དང་མཁོ་མང་སྤྲོད་ཤུང་ཡིན་པས་དཔལ་འབྱོར་གྱི་ཕན་འབྲས་ཧ་ཅང་མངོན་གསལ་

དོད་པོ་ཡོད་ཅེས་བརྗོད།

2017ལོར་ས་མ་གྲོང་ཚོའི་ཧྲང་ཀྲི་ཞུས་སེ་འབྲུ་འདེབས་པའི་རྣམ་གྲངས་བརྩོན་ལེན་བྱས་ནས་ཐུ་ནི་སིའི་སེ་འབྲུ་མུའུ་280བཏབ་པར་མ་དངུལ་བསྡོམས་འབོར་སྒོར་ཁྲི་353.9བཏང་ཡོད། 2018ལོའི་ལོ་མཇུག་ཏུ་རྣམ་གྲངས་བསྐྱུན་ཟིན་རྗེས་མང་ཚོགས་ཀྱི་ཕྱུག་འགྱུར་ལམ་བུ་སྟར་བས་རྒྱ་ཆེར་བཏང་ནས་ས་མ་གྲོང་ཚོ་དང་མཐའ་འཁོར་གྱི་གྲོང་ཚོར་ལས་ཞུགས་ལས་གནས་100ཙམ་མགོ་འདོན་བྱས་ཡོད། འདི་ལོ་སེ་འབྲུའི་སྡོང་པོར་འབྲས་བུ་བཏགས་རྗེས་ཚོད་དཔག་བྱས་ན་མུའུ་རེ་ནས་སེ་འབྲུ་སྤྱི་རྒྱ་500ཐོན་རྒྱུ་ཡིན་པས་ཐོན་རྫས་རིན་ཐང་སྒོར་ཁྲི་140ཟིན་རྒྱུ་རེད།

ས་མ་གྲོང་ཚོའི་ཧྲང་ཀྲི་ཞུས་ཧྲང་ཀྲི་ཞུས་སྣེ་འཛིན་པ་དང་། ཏང་ཡོན་གྱིས་སྣེ་ཁྲིད་པ། ཞིང་དུད་བཅས་ཟུང་དུ་སྦྲེལ་བའི་བྱ་ཐབས་ལག་ལེན་བསྟར་བ་དང་། ཏང་ཡོན་གྱི་ཕྱུག་འགྱུར་སྣེ་ཁྲིད་པ་གསོ་སྐྱོང་དང་ཏང་ཡོན་གྱི་དཔེ་སྟོན་སྣེ་ཁྲིད་ཀྱི་ཧྲང་ཀྲི་ཞུའུ་ཡིས་ཐོན་ལས་འཕེལ་རྒྱས་ཀྱི་བསམ་ཕྱོགས་བཏོན་པ། ཏང་ཡོན་གྱི་སྣེ་ཁྲིད་དཔེ་སྟོན་གྱི་ནུས་པར་བརྟེན་པ་བཅས་ཀྱི་སྒོ་ནས་གྲོང་གསེབ་ཀྱི་དངོས་ཚན་དཔལ་འབྱོར་ཐོན་ལས་ཀྱི་ཕྱུས་ཚད་མཐོར་གཏོང་དང་ནུས་པ་ཆེར་གཏོང་ལ་སྐུལ་མ་ནུས་ལྡན་བཏང་ཡོད། ཏང་ཀྲི་ཞུའུ་ཡིས་སྣེ་ཁྲིད་འོག་དཀའ་ངལ་ཡོད་པའི་མང་ཚོགས་ལ་འབབ་འཕར་མངོན་གསལ་དོད་པོ་བྱུང་ནས་གྲོང་ཚོ་ཡོངས་དབུལ་ཞ་ཕུད་དེ་ཏང་གི་བཀའ་དྲིན་ཚོར་བ་དང་། ཏང་གི་བཀའ་ལ་ཉན་པ། ཏང་གི་རྗེས་སུ་འབྲངས་བ་བཅས་ཀྱི་མང་ཚོགས་ཀྱི་ཡིད་ཆེས་དང་ཚོད་སེམས་སྟར་བས་བརྟན་དུ་ཕྱིན་ཡོད་པ་རེད།

དེ་སྔོན་བྲོ་ཡོན་འཛལ་ནས་འཛལ་མི་ཚར། ད་ཆ་སྲིད་ཇུས་བཟང་པོའི་ཁ་གསབ་མང་།

——ཡར་ལྷངས་ཞིང་ཁྲན་ལྷོ་ཁ་གྲོང་ཁྱེར་གོང་དཀར་རྫོང་སྟོད་ར་ཤར་འབྲི་ལུང་གྲོང་ཚོའི་ཚེ་རིང་དབང་ཕྱུག་གི་སྐོར་བཀོད་པ།

མི་སྣའི་རྒྱབ་ལྗོངས།

ཚེ་རིང་དབང་ཕྱུག 1931ལོའི་ཟླ་6པར་སྐྱེས། ལྷོ་ཁ་གྲོང་ཁྱེར་གོང་དཀར་རྫོང་སྟོད་ར་ཤར་འབྲི་ལུང་གྲོང་ཚོའི་གྲོང་མི། དམངས་གཙོའི་བཅོས་སྒྱུར་མ་བྱས་གོང་། ཚེ་རིང་དབང་ཕྱུག་གི་ཁྱིམ་དུ་ནང་མི་3ཡོད་པ་ཚང་མ་འབྲི་ལུང་གཞིས་ཀའི་ཞིང་ཁྲན་ཡིན་ཞིང་། ཚེ་རིང་དབང་ཕྱུག་གིས་ཁྲལ་ཨུལ་ལྗི་པོ་འཁུར་དགོས་པ་དང་གང་སར་བུ་ལོན་དང་ཁྲལ་ཨུལ་འདེད་པར་འགྲོ་དགོས་པ་མ་ཟད་ད་དུང་ཕ་མེས་དང་ཐ་ན་ཡང་མེས་ནས་ཆད་པའི་བུ་ལོན་འཛལ་དགོས་སྐབས་འཚོ་བར་དཀའ་སྡུག་ཧ་ཅང་ཆེན་པོ་ཡོད།

དམངས་གཙོའི་བཅོས་སྒྱུར་བྱས་རྗེས། ཚེ་རིང་དབང་ཕྱུག་ནང་མི་རྣམས་ལ་ས་ཞིང་ཁག་6དང་། ར་ལུག་25 འབྲི་གཡག་2བཅས་རག དུས་རབས་གོང་མའི་ལོ་རབས་དྲུག་ཅུ་པའི་རྗེས་སུ་ཁོང་གིས་སྔ་རྗེས་སུ་ཁང་པར་ཉམས་གསོ་དང་རྒྱས་སྐྱུན་ཐེངས་4བྱས་པ་དང་། 2006ལོར་ཁོང་ལ་སྲིད་གཞུང་གི་ཁ་གསབ་རོགས་དངུལ་སྒོར་ཁྲི་1.5རག་ནས་བདེ་སྡོད་ཁང་པ་བརྒྱབ། ད་ཆ་ཁོང་གི་བུ་ཕྲུག་གསུམ་ག་ཁྱིམ་ཐབ་བཟུང་ནས་ནང་མི་ཚང་མ་བདེ་སྐྱིད་ལྡན་པའི་འཚོ་བར་རོལ་བཞིན་མཆིས།

ཞིང་ཆེན་ལམ་བུ་101བརྒྱུད་སྣ་དཀར་རྩེ་རྫོང་ཕྱོགས་སུ་བསྐྱོད་དེ་ཆོས་སྡེ་དགོན་གྱི་

ལམ་ཁ་ནས་རི་ལམ་ཀྱག་ཀྱོག་འདེད་དེ་སྨི་5000ཟིན་པའི་ཉག་ཁ་སྒྲོལ་རྗེས་ས་བབ་མཐོ་ཚད་སྨི་4458ཟིན་པའི་སྟོང་ར་ཤང་འབྲི་ལུང་གྲོང་ཚོར་སླེབས།

དེ་སྟ་ཞིང་བྲན་བདག་པོའི་གཉེར་པས་ང་ཚོར་དོ་དམ་ནན་པོ་བྱེད་ཀྱི་ཡོད་ཅེས་ཚེ་རིང་དབང་འདུས་ཀྱིས་གསར་འགོད་པར་བཤད་ཅིང་། དམངས་གཙོའི་བཅོས་སྒྱུར་མ་བྱས་གོང་། འབྲི་ལུང་གྲོང་ཚོར་འབྲི་ལུང་གཞིས་ཀ་ཞེས་འབོད་པ་དང་ཁྲལ་པ་དུད་ཚང་12ཡོད་པའི་ནང་དུད་ཚང་9ཡིས་ཞིང་ཁ་འདེབས་པ་དང་3ཀྱིས་ཕྱུགས་རིགས་འཚོ་ཡི་ཡོད་ཅིང་། དེ་དག་ཚང་མ་སྐྱིད་ནགས་གཞིས་ཀའི་དོ་དམ་བྱེད་ཁོངས་སུ་གཏོགས་ཀྱི་ཡོད།

གཉེར་པས་གཙོ་བོ་ཁྲལ་པ་བསྒོས་ཏེ་ཞིང་འབྲོག་ལས་ཐོན་སྐྱེད་དང་ཁྲལ་འུལ་བསྡུ་བར་གཏོང་གི་ཡོད། དེ་སྔའི་ཁྲལ་ནི་ཏ་ཅང་མང་པོ་རེད། ར་ལུག་གསོས་མེད་ཀྱང་སྣམ་བུ་སྲུག་3དང་། ར་ལུག་གི་སྣད་འཕོགས་2 མར་སྲྀ་རྒྱ་2.5བཅས་འཇལ་དགོས་ཀྱི་ཡོད། གལ་ཏེ་མེད་ཚེ་བཟའ་འབྲུ་འཇལ་དགོས། ཁ་ལ་མ་ཉན་ཚེ་ཁོང་ཚོས་སྐྱིད་ནགས་གཞིས་ཀ་ནས་མི་འབོད་དེ་ཉེས་ཆད་གཏོང་གི་ཡོད་ཅེས་བོད་རྙིང་པའི་ཁྲལ་འུལ་སྐོར་གླེང་སྐབས་ཚེ་རིང་དབང་ཕྱུག་གིས་ངར་ངར་ཤོར་ཤོར་ངང་བརྗོད།

ཚེ་རིང་དབང་ཕྱུག་གིས་ཉེས་ཆད་ལྕི་པོ་གཏོང་གི་ཡོད། ལྕག་ཚན་གཞུ་བ་ནི་ཡང་བའི་གྲས་རེད། སྡུག་པའི་རིགས་ལ་ལག་ལྕགས་རྐང་ལྕགས་བརྒྱབ་ནས་འཇུག་གི་ཡོད་ཅེས་བཤད།

ཉེས་རྒྱུང་གཟེད་མི་འདོད་ན་ཀ་གོར་མེད་པར་ཁྲལ་འཇལ་དགོས། ཁྲལ་འཇལ་བའི་ཆེད་དུ་ཚེ་རིང་དབང་ཕྱུག་བུ་ལོན་གྱི་རྐུབ་ཉལ། ཁོང་ལོ་25ལ་སླེབས་སྐབས་འབྲི་ལུང་གཞིས་ཀའི་ཁྲལ་པ་ཞིག་ཏུ་གྱུར་ནས་ས་ཞིང་8བོགས་མར་བླངས་ཏེ་འདེབས་ཀྱི་ཡོད་པར་ལོ་གཅིག་ལ་འབྲུ་ཁལ་30(ཁལ་1ལ་སྲྀ་རྒྱ་14ཙམ་ཡིན)ལྷག་ཙམ་བསྡུ་ཡི་ཡོད་པས་ཁྲལ་

འཇལ་རྗེས་འབྲུ་ཁལ་ལྔ་དྲུག་ཙམ་ལས་ལྷག་གི་མེད།

མ་གཞི་གཏན་འབེབས་གཞིར་བཟུང་ཐོན་འབབ་ཀྱི་ཕྱིད་ཀ་བསྒྱུལ་ན་འགྲིག་མོད། ཡིན་ནའང་ཕ་མེས་ཡང་མེས་ནས་ཆད་པའི་བུ་ལོན་ཡང་ངས་འཇལ་དགོས། དེ་དག་ནི་བུ་ལོན་ག་ནས་ཡིན་པ། སྐྱིད་ལ་སྐྱིད་རྒྱུ་གིས་དངོས་གནས་མཐིལ་མཐོང་རྒྱུ་མེད་པའི་ས་དོང་རང་རེད་ཅེས་བུ་ལོན་སྐོར་སླེང་སྐབས་ཚེ་རིང་དབང་ཕྱུག་ལ་དཀའ་སྡུག་ཚད་མེད་བགྲང་རྒྱུ་འདུག

ཚེ་རིང་དབང་ཕྱུག་གིས་བཟའ་འབྲུ་ཁལ་ལྔ་དྲུག་སྟོན་མཇུག་འགྲིལ་ནས་རིང་པོ་མ་སོང་བར་བཟས་ཚར་ཏེ་གཏན་ནས་འདང་གི་མི་འདུག དཔྱིད་འདེབས་སྐབས་གང་སར་སོན་གཡར་བར་འགྲོ་དགོས་སྐབས་བུ་ལོན་དེ་བས་མང་བ་ཐུག་གི་ཡོད་ཅེས་བཤད།

ཕྱིས་སུ། ཚེ་རིང་དབང་ཕྱུག་གིས་ཀློག་ཏུ་ས་ཞིང་གཉིས་གཏའ་མར་བཞག་ནའང་བུ་ལོན་གཙང་འཇལ་ཐུབ་མེད། ཁོང་གིས་དམངས་གཙོའི་བཅོས་སྒྱུར་མ་བྱས་གོང་ངར་བཟའ་འབྲུ་ཁལ་50ལྷག་ཙམ་དང་དངུལ་ཊམ་10ལྷག་ཙམ་བུ་ལོན་ཐུག་ཡོད་ཅེས་གསར་འགོད་པར་བརྗོད་བྱུང་།

ཚེ་རིང་དབང་ཕྱུག་གིས་ལྷོས་གྲོད་པ་མི་རྒྱུགས་པ་མ་ཟད་གོས་ཀྱིས་ལུས་དེ་བས་ཀྱང་དྲོས་ཀྱི་མེད། གྲོན་པ་ནི་ལྷན་ཐོག་ལྷན་བརྩེགས་ཡིན་པས་ལོ་འགའ་ཤས་སོང་རྗེས་གྲོན་པ་རྣམས་ཤྭི་ཏུ་འགྲོ་ཡི་ཡོད་ཅེས་བཤད།

སྔོད་སའང་ཧ་ཅང་སྐྱོ་པོ་ཡོད། མ་གཞི་ཕ་མེས་ནས་ས་ཕག་ཁང་པ་5བཞག་ཡོད་ནའང་ཆང་མ་ཐོག་དཔངས་དམའ་ལ་གོག་རུལ་ཡིན་པས་ལྷས་ར་དང་ཁྱད་ག་ལ་ཡོད་ཅེས་ཚེ་རིང་དབང་ཕྱུག་གི་བཤད།

ཚེ་རིང་དབང་ཕྱུག་ཁོང་ཁྲི་ཟ་ཤོས་ཤིག་ནི་གངས་དཀར་སེམས་ལ་སྡུག་ཡོད་ཀྱང་ཤོད་ས་མེད་པ་དེ་རེད། སྡུག་ཡུས་ཐྲན་བུ་བཤད་ཀྱང་ཁོང་ཚོའི་ཉེས་རྡུང་ཐོག་སྲིད། མི་

ཁག་གཅིག་གི་ལྟེའང་ཁོང་ཚོས་ཁྲིག་པ་གོ་ཐོས་བྱུང་། དཀའ་སྡུག་འདི་འདྲའི་འོག་ཏུ་ཕྲོས་མ་ཐོད་ལ་གང་དུ་ཕྲོས་དགོས་པའང་དེ་བས་མི་ཤེས་ཅེས་བཤད།

མཐར་དམངས་གཙོའི་བཙོས་སྐྱུར་བྱས་སོང་། ཁོང་གིས་དམངས་གཙོའི་བཙོས་སྐྱུར་སྐབས་ངའི་ཁྲིམ་ལ་ས་ཞིང་6དང་། ར་ལུག་25 འབྲི་གཡག་2བཅས་རག་བྱུང་ཞེས་གསར་འགོད་པར་བཤད།

བགོ་བཤའ་བརྒྱབ་པའི་ས་ཞིང་ཚང་མ་དེ་སྔོན་རང་ཉིད་ཀྱིས་འདེབས་པའི་ས་ཞིང་དྲུག་པོ་དེ་དག་རེད་ཅེས་ཚེ་རིང་དབང་ཕྱུག་གིས་གསར་འགོད་པར་བཤད་ཅིང་། ཁོང་དེ་བས་དགའ་འོས་པ་ཞིག་ནི་དེ་སྔོན་ཆད་པའི་བུ་ལོན་རྣམས་ཀྱང་འཇལ་དགོས་མེད་པ་དེ་རེད། དེར་བརྟེན་མཚན་མོ་འགའ་ཁོང་དགའ་ཚོར་གྱིས་གཉིད་ཀྱང་ཡག་པོ་ཁུག་མེད།

རང་ཉིད་ལ་དབང་བའི་ས་ཞིང་ཡོད་པས་ཚེ་རིང་དབང་ཕྱུག་གི་ཞིང་ཁ་འདེབས་པའི་ཧུར་སེམས་ཇེ་ཆེར་འཕེལ་བ་དང་འབྲུ་རིགས་ཐོན་འབབ་ཀྱང་ཏ་ཅང་མཐོ་རུ་སོང་། བརྩོན་འགྲུས་ཅན་ལ་བསླུ་བ་མེད་ཅེས་པ་ལྟར། དམངས་གཙོའི་བཙོས་སྐྱུར་ལས་དོན་ཚོགས་ཆུང་གིས་ཁོང་གྲོང་མི་ཚོགས་ཆུང་གི་ཙུའུ་ཀྲང་ལ་བསྐོས་པ་མ་ཟད། 1962ལོར་གཟི་བརྗིད་ལྡན་པའི་དང་ཀྲུང་གོ་གུང་ཁྲན་ཏང་ལ་ཞུགས།

2011ལོར་ཆུ་ལོག་ཐོན་ནས་ཁོང་གི་ཁང་པ་ཆུས་ཁྱེར་ནའང་སྡོད་ས་མེད་པ་མིན།

གྲོང་ཚོས་གྲོང་ཚོ་ཞུ་ལྷན་དུ་ང་ཚོ་སྡོད་དུ་བཅུག་ཁར་ཟས་གོས་ལའང་སེམས་ཁྲལ་མེད་པར་གྱུར། 2006ལོར་སྲིད་གཞུང་གིས་ཁ་གསབ་སྐོར་ཁྲི་1.5སྤྲད་ནས་རང་ཁྱིམ་ལ་བདེ་སྡོད་ཁང་པ་གསར་པ་བརྒྱབ་སོང་ཞེས་ཚེ་རིང་དབང་ཕྱུག་གིས་བཤད།

སྤྱིར་ན་ཁང་ཁྱིམ་ནི་དེ་སྔོན་དང་འདྲ་བར་ཁང་མིག་ལྔ་ལས་མེད་ཀྱང་དཀར་ཆ་དང་སྐྱིད་སྣང་དོད་ཅེས་ཚེ་རིང་དབང་ཕྱུག་ གླེ་ཡིད་ཚིམ་ཤོས་ནི་བདེ་སྡོད་ཁང་པར་ཤེལ་ཁང་ཡོད་པས་རེད།

ཚེ་རིང་དབང་ཕྱུག་གིས་བརྗོད་པའི་ཤེལ་ཁང་ཟེར་བ་ནི་ཁང་ཐད་དུ་ཤེལ་སྒོ་ཡོད་པའི་ཁང་པ་ཡིན་པ་དང་། ཁང་པའི་ནང་དཀར་ཆ་གསལ་ཁར་དགུན་ཁ་ཧ་ཅང་དྲོ་པོ་ཡོད་པ་རེད།

དཔྱིད་འཁོར་གསར་འཁོད་པ་ཚེ་རིང་དབང་ཕྱུག་གི་ཁྱིམ་ལ་བསྐྱོད་སྐབས་ཕྱི་རོལ་དུ་ཆར་པ་སིམ་སིམ་འབབ་ནས་གྲང་ཤུར་ཤུར་གྱི་སྣང་བ་སྐྱེར་ཡང་ཁྱིམ་དུ་སོས་ཀའི་དུས་བཞིན་དྲོ་ཞིང་རྩི་ཤིང་དང་མེ་ཏོག་སྔོ་ཐིང་ངེར་སྐྱེས་འདུག ཚེ་རིང་དབང་ཕྱུག་གིས། མེ་ཏོག་ནི་བུ་མོས་བཏབ་པ་རེད། བུ་མོ་སྤྲ་ས་ནས་ཚེ་ལས་འདས་ཟིན་ནའང་མེ་ཏོག་སོས་པ་འདི་དག་མཐོང་སྐབས་རང་གི་སྙིང་དང་འདྲ་བའི་བུ་མོ་མཐོང་བ་ལྟ་བུའི་སྣང་བ་ཡོང་གི་འདུག ཁོམ་དུས་མེ་ཏོག་ལ་ཆུ་རྒྱག་པ་དང་ལུད་རྒྱག་གི་ཡོད་ཅེས་བརྗོད་བྱུང་།

ད་ལྟའི་འཚོ་བ་ཡག་པོ་ཞེ་དྲག་འདུག ཞིང་པར་འབྲུ་རིགས་ཀྱི་ཁ་གསབ་ཡོད་པ་དང་། འབྲོག་པར་ཐང་གི་ཁ་གསབ་ཡོད། དེས་མ་ཚད་ད་དུང་ཚེ་རིང་བའི་རྒན་གསོན་ལ་ཁ་གསབ་དང་རྒན་གྲས་གསུམ་གྱི་ཁ་གསབ་དངུལ་སོགས་སྣ་ཚོགས་ཡོད་ཚེ་རིང་དབང་ཕྱུག་གིས་ཞིབ་རྩིས་ཤིག་བརྒྱབ་པར་ལོ་ལྟར་རང་ཉིད་ལའང་ཁ་གསབ་སྣ་ཚོགས་ཁྱོན་སྒོར་2223རག་གི་ཡོད་པས་བློ་ཡིད་འཚེམ་པོ་བྱེད་བཞིན་ཡོད། ཁོང་གིས་སྔོན་དུས་བུ་ལོན་འཇལ་ཚར་རྒྱུ་མེད། ད་ཆ་ན་ཚོད་རྒས་ཀྱང་ཁ་གསབ་མང་པོ་འདི་འདྲ་ལེན་རྒྱུ་འདུག ཁྲིད་ཀྱིས་བྱས་ན་ང་ཚོའི་འཚོ་བ་ཡག་པོ་མི་འདུག་གམ་ཞེས་བརྗོད་བྱུང་།

ལོ་ན་མཐོ་ཡང་ཚེ་རིང་དབང་ཕྱུག་གིས། སྣང་ཆེན་བཞི་དང་དགའ་ཞེན་བཞིའི་མང་ཚོགས་ཀྱི་སློབ་གསོ་ལག་ལེན་བྱེད་སྒོ་སྤེལ་རྗེས་རྟག་པར་མང་ཚོགས་ལ་ད་ཆའི་བདེ་སྐྱིད་འཚོ་བ་འཐོབ་སླ་པོ་མིན་པར་བརྟེན་ཚང་མས་ཏང་གི་བཀའ་དྲིན་ཚོར་བ་དང་། ཏང་གི་བཀའ་ལ་ཉན་པ། ཏང་གི་རྗེས་སུ་འབྲང་བ་བཅས་བྱ་རྒྱུའི་སློབ་གསོ་རྒྱག་གི་ཡོད་པ་རེད།

འདི་ནི་ཚེ་རིང་དབང་ཕྱུག(དཀྱིལ)གིས་བུ་ཆུང་བ་ལྷ་རྒྱལ(གཡོན)བཟའ་ཚོར་བོད་གསར་སྙིང་གི་འགྱུར་ལྡོག་བརྗོད་བཞིན་པ།

སྨན་སྐྱིད་རྫོང་སྨན་སྐྱིད་གྲོང་རྡལ་བམ་གྲོང་གྲོང་ཚོའི་མང་ཚོགས་ཚོས་མཉམ་དུ་འབྱོར་འབྲིང་ལམ་དུ་བསྐྱོད་པ།

གཙང་ལ་ཁོད་སྙོམས་པའི་གྲོང་གསེབ་ཀྱི་སྨྱུམ་ནག་ལམ་དང་། རྒྱ་ཆེ་ལ་དཀར་ཆ་དོད་པའི་ཁང་བཟང་ལ་སོགས་ཀྱི་བརྗིད་ཆགས་ཉམས་དགའ་བའི་རྣམ་པ་འདི་དག་ཉིང་ཁྲི་གྲོང་ཁྱེར་བྲག་ཡིབ་ཆུས་ནས་སྨན་སྐྱིད་རྫོང་དུ་ཡོང་བའི་ལམ་བར་དུ་མངོན་སྲིད། འདི་ནི་སྨན་སྐྱིད་རྫོང་སྨན་སྐྱིད་གྲོང་རྡལ་བམ་གྲོང་གྲོང་ཚོ་ཡིན་པ་དང་། སྨན་སྐྱིད་རྫོང་གིས་མཐའ་མཚམས་འབྱོར་འབྲིང་དཔེ་སྟོན་གྲོང་ཚོ་གཙོ་གནད་ཐོག་བཀོད་པ་ཞིག་རེད།

རྨང་གཞི་བརྟན་དུ་བཏང་སྟེ་ཏང་འཛུགས་སྐྱོང་ལས་དོན་ལ་བརྟེན་ནས་གྲོང་ཚོའི་ལས་སྒོར་དོ་དམ་བྱས་པ།

སྔོན་ཆད་ད་ཆ་ནང་བཞིན་གྲོང་ཚོ་གཙང་མ་འདི་འདྲ་མེད། བཙོག་བྲིང་ཞན་གསུམ་གྱི་སྣང་ཚུལ་གང་སར་མཐོང་རྒྱུ་ཡོད་པ་དང་སྒྲུག་བརྟེན་སློང་གསུམ་གྱི་བསམ་བློ་འཆང་མཁན་གྲོང་མི་མང་པོ་ཡོད་ཅེས་བམ་གྲོང་གྲོང་ཚོའི་ཀྲི་ཤུའུ་ཧྲུའུ་ཅི་ཤོ་རྒྱན་ཚེ་རིང་གིས་ངོ་སྤྲོད་བྱས། བམ་གྲོང་གྲོང་ཚོ་ཡུ་ལྷན་གཉིས་ཀྱི་ཚན་ཁག་གིས་གཞི་རིམ་རྩ་འཛུགས་ཀྱི་དམག་འཐབ་མཁར་རྫོང་གི་ནུས་པ་དང་ཏང་ཡོན་གྱི་གདོང་ལེན་དཔེ་བཟང་གི་ནུས་པ་འདོན་སྤེལ་གང་ལེགས་བྱས་པ་དང་། ཀྲི་ཤུའུ་ཡིས་ཏང་ཡོན་དང་འབྲེལ་བ་བྱེད་པ་དང་ཏང་ཡོན་གྱིས་མང་ཚོགས་དང་འབྲེལ་བ་བྱེད་པའི་འབྲེལ་བ་གཉིས་ལ་བརྟེན་པའི་དོ་དམ་ཞབས་ཞུའི་ལས་དོན་སྤེལ་སྟངས་ཀྱིས་སྤྱི་ཡོངས་ལ་ལྟ་རྟོག་བྱས་ཏེ་གྲོང་ཚོའི་ལས་

སྐོར་དོ་དམ་བྱས་པས་ཁྲང་ཡོན་གྱིས་མང་ཚོགས་ལ་ཞབས་འདེགས་ཞུ་སེམས་སྤྲར་བས་ཆེ་རུ་ཕྱིན་པ་དང་། བམ་གྲོང་གྲོང་ཚོའི་ཁྲང་འཛུགས་སྐྱོང་དང་གྲོང་ཚོའི་ལས་སྒོ་ཚུ་ཚད་གསར་པར་སླེབས་རྒྱུར་སྐུལ་འདེད་ཐེབས་ཡོད།

ལོ་30ལྷག་ཙམ་ལ་སླེབས་པའི་སྐལ་བཟང་ནོར་བུའི་ཁྱིམ་ནི་གྲོང་ཚོའི་ནང་གི་དུད་ཚང་དབུལ་པོ་ཞིག་ཡིན་པ་དང་། ནང་མི་གསུམ་ལ་ས་ཞིང་མུའུ5ལས་མེད་པས་འཚོ་བར་དཀའ་ངལ་ཆེན་པོ་ཡོད། གྲོང་ཚོ་ཨུ་ལྷན་གཉིས་ཀྱི་ཚན་ཁག་གིས་གནས་ཚུལ་དེ་ཤེས་རྗེས་སྐལ་བཟང་ནོར་བུར་བསམ་བློའི་སློབ་གསོ་བཏང་བ་མ་ཟད། ལས་གནས་གསོ་སྐྱོང་འཛིན་གྲྭར་ཞུགས་སུ་བཅུག་པས། ཁོང་གྲོང་ཚོའི་ནང་གི་ཕྱུགས་རིགས་སྨན་པར་གྱུར། ཁོང་གི་བཟའ་ཟླར་ཡང་སྡོད་བཅུད་སྲུང་སྐྱོང་ལས་གནས་ཀྱི་ལས་ཀ་རག་པས། བཟའ་ཚོ་གཉིས་ཀར་ཡོང་འབབ་ཡག་པོ་ཡོད། ལོ་དྲུག་ནས་བདུན་གྱི་དུས་ཚོད་ནང་སྐལ་བཟང་ནོར་བུས་ཁྱིམ་དུ་འགྲུལ་སྐྱེལ་རླངས་འཁོར་འབྲིང་གྲས་ཤིག་ཉོས་ནས་འགྲུལ་པ་སྐྱེལ་འདྲེན་གྱི་ལས་ལ་གཞོལ། དེ་རྗེས་སྐལ་བཟང་ནོར་བུས་སླར་ཡང་གཅེན་པོ་དང་མཉམ་དུ་མ་རྩ་བཏང་ནས་ཟོག་འདྲེན་རླངས་འཁོར་ཆེ་གྲས་ཤིག་ཉོས་ཏེ་དངོས་ཟོག་དཔོར་འདྲེན་གྱི་ལས་ལ་གཞོལ་འགོ་བརྩམས།

སྐལ་བཟང་ནོར་བུ་འགྱུར་འབྱིང་ལམ་དུ་བསྐྱོད་པ་ཙམ་མ་ཟད། སྲིད་གཞུང་གི་རོགས་རམ་འོག་ད་ཆའི་བམ་གྲོང་གྲོང་ཚོའི་དུད་ཁྱིམ་ཚང་མ་ཁང་པ་གསར་པར་སྤོས་ཏེ་སྨན་གླིང་རྫོང་གི་མི་དང་སྒོ་ཕྱུགས་ལོགས་སུ་སྡོད་པའི་གྲོང་ཚོ་དང་པོར་གྱུར། གྲོང་ཚོའི་རྨང་གཞིའི་སྒྲིག་བཀོད་འཕྲུས་སྒོ་ཚང་པོ་ཡོད་ལ། ཆུ་དང་གློག་ཀྱང་ཤར་གཏོང་ཐུབ་ཡོད། ད་དུང་གྲོང་ཚོ་རིམ་པའི་གཞུང་ལམ་སྤྱི་ལེ་བཅུ་ལྷག་ཙམ་བཟོས་པ་དང་། གྲོང་ཚོར་གྲོང་ཚོའི་སྨན་པ་3ཡོད་པས་ནད་གཞི་ཆུང་རིགས་གྲོང་ཚོ་ནས་བཅོས་ཐུབ་ནས་གྲོང་མིའི་བདེ་ཐང་ལའང་འགན་ལེན་བྱུང་བ། གྲོང་ཚོ་ཡོངས་ཀྱི་སློབ་ལོ་ལོན་པའི་བྱིས་པ་30ལྷག་

ཙམ་ཚང་མ་རྫོ་མཁར་ལྟེ་གནས་ཀྱི་ཆ་ཚང་སློབ་ཆུང་དུ་སློབ་གྲྭ་འགྲིམ་བཞིན་ཡོད་པ་དང་། སློབ་གྲྭར་ཞུགས་ཚད་བརྒྱ་ཆ100ཟིན་ཡོད།

བརྒྱད་རོགས་ཁྲིད་གསུམ་བྱས་ནས་མཉམ་དུ་འབྱོར་འབྲིང་ལམ་དུ་བསྐྱོད་པ།

སློབ་ཆུང་གི་རིག་གནས་ཚུ་ཚད་ལས་མེད་པའི་ཉི་མ་2007ལོའི་གོང་དུ་གྲོང་ཚོའི་ནང་གི་དུད་ཚང་དབུལ་པོའི་གྲས་ཤིག་རེད། འོན་ཀྱང་སྤྱང་འདོད་ཆེན་པོ་ཡོད་པའི་ཁོང་གིས་དབུལ་པོའི་གནས་ལས་སྒྲོལ་ཆེད། ས་ཕྱོགས་གང་སར་ཕྱུག་འགྱུར་ལམ་དུ་འཚོལ་བར་བསྐྱོད།

2008ལོར་བོད་ཕག་དང་བོད་ཇ་གསོ་ཚགས་ར་བ་བཙུགས་པ་དང་། 2010ལོར་སྨན་གླིང་རྫོང་ཀོང་པོ་ཨ་སྐྱིད་སྨན་རྩ་འདེབས་འཛུགས་ཚད་ཡོད་ཀྱང་སི་བཙུགས་པ་རེད།

2012ལོའི་ཟླ་དགུ་པར་ཉི་མས་ཉི་མ་དམར་པོའི་ཚན་རྩལ་དཔེ་སྟོན་གྱི་ཁྱིམ་ཚང་ཞིང་ར་དངོས་སུ་བཙུགས་པ་དང་། བོད་ལུགས་གསོ་རིག་གི་སྨན་རྒྱུ་དང་དེ་བཞིན་དཔལ་འབྱོར་སྐྱེ་དངོས་འདེབས་འཛུགས་གཙོ་བོར་བྱས། ད་བར་འགྲིག་ཤོག་སྡོ་ཚལ་ཇོད་ཁང་ཆེན་པོ་49ཡོད་པ་རེད། 2018ལོར་ཡོང་འབབ་སྒོར་ཁྲི་190ཟིན་ནས་ཡོང་འབབ་ཁེ་གཙང་སྒོར་ཁྲི་40བྱུང་ཡོད། རང་ངོས་འཕེལ་རྒྱས་གཏོང་བ་དང་དུས་མཚུངས་ཁྱིམ་ཚང་ཞིང་ར་ནས་གྲོང་མིར་འདེབས་འཛུགས་ལག་རྩལ་རིན་མེད་ངང་བསླབས་པ་དང་། རིན་པ་མེད་པར་ཤ་མོའི་ས་བོན་སྤྲོད་པ། གྲོང་མི་གསུམ་ལས་ཞུགས་བྱས་ནས་གྲོང་ཚོའི་མང་ཚོགས་འབབ་འཕར་ཕྱུག་འགྱུར་ཡོང་ཐབས་བྱས་པ་རེད།

གནད་སྨིན་དབུལ་སྐྱོར་ཡོང་ཆེད་ཞིང་རས་ད་དུང་ཡིག་ཚགས་དང་གྲྭ་བཟོས་པའི་དུད་ཚང་དབུལ་པོ་15ལ་ཆ་སྒྲིག་རོགས་སྐྱོར་བྱས་པ་དང་། དཔྱིད་དུས་ཀྱི་ལས་མི་སྤྱོད་མང་བའི་དུས་སུ་དུད་ཚང་དབུལ་པོའི་ཞིང་པ་ཞིང་རར་ལས་ཀ་བྱེད་པར་བསྐོངས་ནས་

ཉིན་སླ་སྤྱོད་ཀྱི་ཡོད། དེ་དང་དུས་མཚུངས་ཞིང་དཔལ་དུས་སུ་དུད་ཚང་དབུལ་པོ་15ཡི་གྲོང་མི་ཞིང་རར་ལས་ཀ་བྱེད་པར་སྐད་གཏོང་གི་ཡོད། དེའི་རིང་ཡིག་ཚགས་དང་གླ་བཟོས་པའི་དུད་ཚང་དབུལ་པོར་ཡོང་འབབ་སྒོར་2000ནས་3000བར་རག་གི་ཡོད།

མིག་སྔར་བམ་གྲོང་གྲོང་ཚོར་གཉེར་སྐྱོང་རང་བཞིན་གྱི་དཔལ་འབྱོར་རྩ་འཛུགས་8ཡོད་པ་དང་། དེའི་ཁྲོད་དུ་ཉི་མ་དམར་པོའི་ཚན་རྩལ་དཔེ་སྟོན་གྱི་ཁྱིམ་ཚང་དཔེ་སྟོན་ཞིང་ར་དང་། རབ་དགའ་གྲོང་ཚོའི་ཤ་ཚལ་སྒོང་གསུམ་གྱི་འདུ་འགོད། ཡར་སྙིང་བོད་ལུགས་གསོ་རིག་གི་སྨན་རྫ་འདེབས་འཛུགས་མཉམ་ལས་ཁང་། བམ་གྲོང་མོག་རོ་ནག་པོའི་ཐོན་སྐྱེད་རྟེན་གཞི་སོགས་ཀྱི་དཔལ་འབྱོར་ཕན་འབྲས་ཧ་ཅང་ཡག་པོ་ཡོད་པ་རེད།

ག་སྐབས་དམ་འཛིན་བྱས་ནས་གྲོང་མིའི་མཉམ་སྤེལ་དཔལ་འབྱོར་འཕེལ་རྒྱས་ལ་སྟེ་ཁྲིད་བྱས་པ།

ས་ཁོངས་ཡོངས་ཀྱི་ཡུལ་སྐོར་འཕེལ་རྒྱས་ལ་སྐུལ་འདེད་གཏོང་བ་དང་། ཐོན་ལས་མཉམ་འདྲེས་འཕེལ་རྒྱས་ཀྱི་གོམ་སྟབས་མགྱོགས་སུ་གཏོང་བ། ཐོན་ལས་འཕེལ་རྒྱས་ཀྱི་སྐུལ་ཁྲིད་ནུས་པ་ཆེ་རུ་གཏོང་བ་བཅས་བྱས་ཏེ། ཡུལ་སྐོར་དང་། བོད་ལུགས་གསོ་རིག ས་མཐོའི་དེང་རབས་ཞིང་ལས། ཚོང་དོན་ཟོག་འགྲེམས་བཅས་ཀྱི་ཐོན་ལས་ཆེན་པོ་བཞིའི་མ་ལག་བཏོད་ཡོད། མིག་སྔར་སྨན་གླིང་རྫོང་དུ་གཙོ་གནད་རྣམ་གྲངས་གསུམ་ཡོད་པ་སྟེ། ཉིང་ཁྲི་གནམ་གྲུ་ཐང་གི་ཚོང་དོན་ཟོག་འགྲེམས་གླིང་དང་། སྨན་གླིང་ཅང་ཤིན་ཏའོ་ཞིང་ལས་ཚན་རྩལ་དཔེ་སྟོན་གླིང་། སྨན་གླིང་བོད(གྲུང)ལུགས་གསོ་རིག་དང་བོད་སྨན་ཐོན་ལས་གླིང་བཅས་རེད།

ཅང་ཤིན་ཏའོ་ཞིང་ལས་ཚན་རྩལ་དཔེ་སྟོན་གླིང་གིས་བོད་ཤར་ལྷོའི་ཁྱད་ལྡན་ཡུལ་ཟོག་ཉོ་ཚོང་གཙོ་བོར་བྱེད་པ་དང་། ནང་སའི་གྲགས་ཅན་ཐོན་རྫས་བོད་དུ་ནང་འདྲེན་

བྱེད་རྒྱུ་རམ་འདེགས་སུ་བྱེད་པའི་ཚོང་དོན་ཟྭོག་འགྲེམས་གླིང་གི་རྣམ་གྲངས་ཤིག་ཡིན་པ་དང་། དེ་ནི་ནུས་ཆེའི་ཕོན་སྐྱེད་དང་། སྟོད་བཅུད་འཕོར་རྒྱུག་ཚན་རྩལ་འགྲེམས་སྟོན། དཔེ་སྟོན་ཁྱབ་གདལ། ཚན་རིག་ཁྱབ་གདལ་སློབ་གསོ། རོལ་རྩེད་ཉམས་ལེན། སྤྲོ་གསེང་ཡུལ་སྐོར་བཅས་ཀྱི་ནུས་པ་གཅིག་ཏུ་འདུས་པའི་དེང་རབས་ཞིང་ལས་དཔེ་སྟོན་གླིང་གི་རྣམ་གྲངས་ཤིག་རེད། རྣམ་གྲངས་དེ་བསྐྲུན་ཟིན་པམ་གྲོང་གྲོང་ཚོའི་གྲོང་མི་ཐག་ཉེ་སར་ལས་ཞུགས་ཐུབ་པ་མ་ཟད། རྣམ་གྲངས་ཀྱིས་ཀྱང་གྲོང་ཚོའི་དཔལ་འབྱོར་འཕེལ་རྒྱས་འགྲོ་རྒྱུར་སྣེ་ཁྲིད་བྱེད་ཐུབ།

ཅང་ཤིན་ཏའོ་ཞིང་ལས་ཚན་རྩལ་དཔེ་སྟོན་གླིང་ལ་མ་དངུལ་སྒོར་དུང་ཕྱུར་14.4བཏང་བ་དང་། གླིང་བསྐྲུན་ས་ང་ཚོ་མང་ཚོགས་ཀྱིས་གཡར་བས། ང་ཚོར་ས་ཆ་ཐོགས་མར་གཡར་བའི་དངུལ་རག་པ་མ་ཟད། ད་དུང་བརྒྱ་ཆ5ཡི་ཁང་དངུལ་ཡང་ལེན་རྒྱུ་ཡོད། ཕྱིས་སུ་རྣམ་གྲངས་འཛུགས་སྐྲུན་ཟིན་རྗེས་ང་ཚོའི་འཚོ་བ་ལེགས་སུ་འགྲོ་རྒྱུའི་ཡིད་ཆེས་ཡོད་ཅེས་བམ་གྲོང་གྲོང་ཚོའི་ཏང་གི་ཧྲུའུ་ཅིའུ་ཅི་ཞོ་རྒྱན་ཚེ་རིང་གིས་བཤད།

ལྷ་འབྲི་བ་བློ་བཟང་བསྟན་དར།

——སོར་རྩེ་ལས་འབྱུངས་ལག་རྩལ་རྒྱུན་འཛིན་གྱིས། མང་ཚོགས་དབུལ་པོ་ཕྱུག་པོའི་ལམ་དུ་ཁྲིད།

གཞིས་རྩེར་མི་འདི་འདྲ་ཞིག་ཡོད་པ་སྟེ། ཁོང་གིས་སྒྱུ་རྒྱུར་བརྟེན་ནས་ཕྱུགས་བསམ་མངོན་འགྱུར་ཐུབ་པ་བྱས་ཡོད། ཁོང་ནི་གཞིས་རྩེ་གཙང་ལྷོ་མི་རིགས་ལག་ཤེས་བཟོ་ལས་རྒྱུན་འཛིན་ཚད་ཡོད་ཀུང་སིའི་སྤྱི་ཁྱབ་ཅིང་ལི་བློ་བཟང་བསྟན་དར་རེད།

བློ་བཟང་བསྟན་དར་ནི་1976ལོར་སྐྱེས་པ་དང་ལོ་14ལ་སླེབས་སྐབས་བློ་བཟང་བསྟན་དར་གཅིག་པུ་རྣམ་གླིང་རྫོང་རྩེ་གདོང་གྲོང་ཚོར་ཡོད་སྐྱེ་ལྷ་འབྲི་ཆེ་མོ་ཞིག་གི་གམ་ནས་ལག་རྩལ་སྦྱངས་པ་དང་ལོ་གཅིག་གི་རྗེས་སུ་ཁོང་གི་རྒན་ལགས་ཀྱིས་ང་ལོ་ན་རྒད་པས་ཁྱེད་རང་བཀྲས་ལྷུན་དགོན་དུ་ཕྱིན་ཆོ་དེ་བས་ཕྱུལ་དུ་བྱུང་བའི་ལྷ་འབྲི་བ་མང་པོ་ཡོད་ཅེས་བརྗོད་པ་རེད།

བློ་བཟང་བསྟན་དར་བློ་ཕམ་ཆེན་པོའི་སྒོ་ནས་རྒན་ལགས་དང་ཁ་གྱེས་ཏེ་བཀྲས་ལྷུན་དགོན་དུ་དགེ་རྒན་བསྟེན་པར་ཕྱིན། ཁོང་ལོ་ན་ཕྲ་བ་དང་རྨང་གཞི་ཞན་པོ་ཡོད་རྐྱེན་དང་ཐོག་བཀྲས་ལྷུན་དགོན་གྱི་ལྷ་འབྲི་བས་ཁོང་དགེ་ཕྲུག་ཏུ་ཉར་འདོད་བྱས་མེད།

འགལ་རྐྱེན་ཐེངས་མང་འཕྲད་མོད། ངས་རེ་ཐག་མ་ཆད་པར་ད་དུང་མུ་མཐུད་རྒན་ལགས་ལ་གསོལ་ཇ་བཀུགས་པ་དང་ཁང་པར་གཙང་སྦྲ་བྱེད་རིགས་བྱེད་ཀྱི་ཡོད་པས་མཐར་རེ་བ་ཞུ་ཐེངས་དྲུག་པ་དེར་རྒན་ལགས་ཀྱིས་གཞི་ནས་ང་དགེ་ཕྲུག་ཏུ་ཉར་བྱུང་ཞེས་བློ་བཟང་བསྟན་དར་གྱིས་དྲན་གསོ་བྱེད་བཞིན་དུ་བརྗོད། དེ་ལྟར་ཁོང་བཀྲས་ལྷུན་

དགོན་དུ་བསྡད་དེ་རྒན་ལགས་ཀྱི་གམ་ནས་སྨན་ཐང་ལུགས་ཀྱི་ཐང་གའི་སྒྱུ་རྩལ་སྦྱངས་པ་རེད།

ལོ་ལྔ་ཡི་རྗེས་སུ་བློ་བཟང་བསྟན་དར་རང་མགོ་ཐོན་རྗེས་ཁོང་གིས་ལྷ་འབྲི་བའི་འཚོ་བ་སྐྱེལ་འགོ་ཚུགས།

ཕུལ་བྱུང་གི་སྲོལ་རྒྱུན་རིག་གནས་ལ་སེམས་གཏིང་ནས་དགའ་ཞེན་ཆེན་པོ་ཡོད་རྐྱེན། བློ་བཟང་བསྟན་དར་གྱིས་ལོ་10ཏག་ཏག་ལས་རིགས་དེར་གཞོལ། དེའི་རིང་ཁོང་གིས་དགོན་སྡེར་ལྡེབས་རིས་འབྲི་བ་དང་། ཁྱིམ་ཚང་ལ་ཚོན་གཏོང་བ། ཁང་པ་གསར་པར་ཚོན་གཏོང་བ་སོགས་ལས་གང་བྱས་ཀྱང་འཕྲུལ་སེལ་སླ་བཅོས་གཏན་ནས་མི་བྱེད་པར་སེམས་ཤུགས་གང་ཡོད་བཏོན་ཡོད།

2009ལོར་བློ་བཟང་བསྟན་དར་གྱིས་བཅོལ་དངུལ་ཚང་མ་བཏོན་སྟེ་ལས་རིགས་ལག་རྩལ་གསོ་སྐྱོང་སློབ་གྲྭ་ཞིག་བཙུགས་ནས་ཞིང་འབྲོག་པར་ཐང་ག་བཞེངས་པའི་ལག་རྩལ་གསོ་སྐྱོང་བྱས་པ་རེད།

སློབ་མར་གསོ་སྐྱོང་བྱེད་པ་དང་དུས་མཚུངས་བློ་བཟང་བསྟན་དར་གྱིས་རང་ཉིད་ཀྱི་ལག་རྩལ་གོང་མཐོར་རྒྱུན་ཆད་མེད་པར་གཏོང་བཞིན་ཡོད། 2012ལོར་བློ་བཟང་བསྟན་དར་ལ་རང་སྐྱོང་ལྗོངས་རིག་གནས་ཐིང་གིས་སྤྲད་པའི་བོད་ཀྱི་ལྷ་འབྲི་བའི་གཟི་བརྗིད་མཚན་སྙན་དང་། གཞིས་རྩེ་གྲོང་ཁྱེར་གྱིས་སྤྲད་པའི་ལག་ཤེས་དབུ་ཆེན་བཅུ་ཡི་གཟི་བརྗིད་མཚན་སྙན་ཐོབ་པ་རེད།

ཐང་ག་ཕྱིར་ཚོང་གི་སྤུས་རྟགས་རྒྱུན་ཆད་མེད་པར་བཏོད་ནས་མང་ཚོགས་དབུལ་པོ་དེ་བས་མང་བ་ཕྱུག་པོ་ཆགས་རྒྱུར་སྐུལ་ཁྲིད་བྱ་ཆེད། 2012ལོར་བློ་བཟང་བསྟན་དར་གྱིས་སྔར་ཡང་སྒོར་ཁྲི་5000བཏོན་སྟེ་གཞིས་རྩེ་གྲོང་ཁྱེར་གཙང་ལྟོ་མི་རིགས་ལག་ཤེས་བཟོ་ལས་རྒྱུན་འཛིན་ཚད་ཡོད་ཀུང་སི་བཙུགས་པ་རེད། ཀུས་སིས་ཐང་ག་དང་། རྐོས།

འཚོམ་བཟོ། མི་རིགས་ཀྱི་རི་མོ། ཞིང་བཟོ་བཅས་ཀྱི་ཆེད་ལས་5བཀོད་སྒྲིག་བྱས་པར་ལས་མི་32ཡོད།

ཀྲུང་སི་དེ་བཙུགས་རྗེས་རིམ་རྩིས་ལྟར་ན། གཞོན་ནུ་དཔུལ་པོ་800ཙམ་ལ་ལག་རྩལ་གསོ་སྦྱོང་བྱས་ནས་ཁོ་ཚོར་ལག་རྩལ་སྣ་གཅིག་བསླབས་ཏེ་བློ་བཟང་བསྟན་དར་རང་ཉིད་ཀྱི་ཕྱུག་འགྱུར་ཕྱུགས་འདུན་མངོན་འགྱུར་ཐུབ་པ་མ་ཟད་མི་དེ་བས་མང་བའི་ཕྱུགས་འདུན་མངོན་འགྱུར་ཐུབ་རོགས་བྱས་པ་རེད།

ལོ་འདི་དག་རིང་ཀྲུང་སིའི་ལས་སྒོ་འཕེལ་རྒྱས་མྱུར་པོ་ཕྱིན་པས་བློ་བཟང་བསྟན་དར་གཞུང་དོན་སྒྲུབ་པར་འགྲོ་བའི་གོ་སྐབས་མང་དུ་ཕྱིན་ཡོད། མེས་རྒྱལ་ནང་ས་དང་ལྷ་སའི་སྐད་གྲགས་ཡོད་པའི་བཟོད་དོན་གཙོ་བོའི་ཨར་ཁང་དང་ལོ་རབས་ཀྱི་ཟྭ་ཁང་མཐོང་སྐབས་བློ་བཟང་བསྟན་དར་ལ"ཐང་གའི་བཟོད་དོན་གཙོ་བོའི་ཨར་ཁང"འཛུགས་རྒྱུའི་བསམ་བློ་འཁོར་བ་རེད།

མིག་སྔར་ཐང་གའི་བཟོད་དོན་གཙོ་བོའི་ཨར་ཁང་གི་སྒྲོམ་གཞི་བསྒྲུབ་ཟིན་ནས་མཐའ་མཇུག་གི་ནང་ངོས་མཛེས་བཟོ་བྱེད་བཞིན་ཡོད། ཐང་ག་ལས་ངའི་ཕྱུགས་འདུན་རེ་རེ་བཞིན་མངོན་འགྱུར་བྱུང་། སྔད་ཕྱིན་ངས་སྨན་ཐང་ལུགས་ཀྱི་ཐང་གའི་ལག་རྩལ་དར་སྤེལ་ཤུགས་ཆེན་བཏང་སྟེ་མི་དེ་བས་མང་བས་བོད་ཀྱི་རིག་གནས་ཤེས་རྟོགས་དང་དངོས་ཡོད་དང་བདེ་སྐྱིད་ལྡན་པའི་བོད་ལྗོངས་གསར་པ་ཞིག་འཛམ་གླིང་ཡོངས་ལ་འགྲེམས་སྟོན་བྱེད་ཀྱི་ཡིན་ཞེས་བློ་བཟང་བསྟན་དར་གྱིས་ཡིད་ཆེས་ཆེན་པོས་བརྗོད།

འདི་ནི་གཞིས་རྩེ་གཙང་སྨན་ཐང་ལུགས་ཀྱི་བྲིས་ཐང་ལག་ཤེས་བཟོ་ལས་རྒྱུན་འཛིན་ཚད་ཡོད་ཀུང་སིའི་ལས་མིས་

ཐང་ག་འབྲི་བཞིན་པ།

ཕྲུག་འགྱུར་ལམ་བུའི་ཐོག་གི་སྔོ་ཁྲིད་པ།

——ཀོ་འཇོ་རྫོང་འབུམ་སྐྱེས་ཤང་སླང་ཉག་སྨད་པ་གྲོང་ཚོའི་ཕྲུག་འགྱུར་སྔོ་ཁྲིད་པ་ཚེ་རིང་དབང་ཕྲུག་གི་སྐོར་བཀོད་པ།

ཆབ་མདོ་གྲོང་ཁྱེར་ཀོ་འཇོ་རྫོང་འབུམ་སྐྱེས་ཤང་སླང་ཉག་སྨད་པ་གྲོང་ཚོའི་སྟོང་ཕྲུག་སླིང་སྤོ་ཐིང་ངེར་གནས་ཡོད་པ་དང་སྣར་ཀའི་ཡལ་ག་སྲོང་པོར་སྐྱེས་པ་ལས་སྐྱེ་སྟོབས་ཀྱི་དཔལ་རབ་ཏུ་འབར་བའི་མཛེས་ལྗོངས་ཤིག་མིག་ལམ་དུ་མངོན། སྐབས་དེ་དུས་ཚེ་རིང་དབང་ཕྲུག་གི་ངོ་གདོང་ལ་འཛུམ་མདངས་ཀྱིས་ཁེངས།

ཚེ་རིང་དབང་ཕྲུག་ནི་ཉེ་བའི་ལོ་ཤས་ནང་ཤང་ཡོངས་སུ་སྐད་གྲགས་ཆེད་པའི་ཕྲུག་འགྱུར་སྔོ་ཁྲིད་པ་དང་སྲིད་ཇུས་ཤེས་མཁན་ཞིག་རེད།

སླང་ཉག་སྨད་པ་གྲོང་ཚོའི་རང་བྱུང་ཆ་རྐྱེན་ཞན་པ་དང་། རྫོང་གྲོང་དང་བར་ཐག་ཅུང་རིང་བ། མང་ཚོགས་ཀྱི་འབབ་འཕར་ཕྲུག་འགྱུར་གྱི་ཐབས་ལམ་སྣ་གཅིག་ཡིན་པ། ཐོན་སྐྱེད་དང་འཚོ་བའི་ཆ་རྐྱེན་བསྡོམས་བཅས་ཀྱིས་ཅུང་ཞན་པ་བཅས་ཡོད། གཉིས་ལྡན་དུད་སྤྲེལ་གྱི་དུད་སྤྲེལ་སྤྱི་མི་ཡིན་པའི་ཚེ་རིང་དབང་ཕྲུག་གིས་དུད་སྤྲེལ་འབབ་འཕར་ཡོང་རྒྱུའི་འགན་འཁྲི་བློ་ལ་བརྟན་པོར་བཅངས་ནས་ཡུལ་བབ་དང་བསྟུན་ཏེ་མང་ཚོགས་ཀྱི་ཡོང་འབབ་འཕར་ཐབས་ཇི་ལྟར་བྱེད་རྒྱུའི་ཐད་དུས་རྒྱུན་དུ་བསམ་བློ་གཏོང་གི་ཡོད།

འབུམ་སྐྱེས་ཤང་ཏང་ཨུད་དང་སྲིད་གཞུང་དང་སླང་ཉག་སྨད་པ་གྲོང་ཚོར་བཅའ་སྡོད་ལས་དོན་རུ་ཁག་གི་རོགས་རམ་བརྒྱུད་ཚེ་རིང་དབང་ཕྲུག་ལ་སྟོང་ཕྲུག་འདེབས་གསོའི་རྩེན་གཞི་ཞིག་འཛུགས་རྒྱུའི་བསམ་བློ་འཕོར།

ཁ་བཤད་ལག་ལེན་དུ་འཁྱོལ་བ་དང་འབད་བརྩོན་ལྷོད་མེད་བྱས་པ་བརྒྱུད། 2013ལོའི་ཟླ་5པར། ཚེ་རིང་དབང་ཕྱུག་གིས་དུད་ཚང་6གི་མི་སྒྲིག་འཛུགས་བྱས་ཏེ་དུད་སྒྲིལ་ཚན་པར་བྱས་པའི་སྲོང་ཕྲུག་འདེབས་གསོའི་རྟེན་གཞི་བཙུགས་པ་རེད། ཁོང་གིས་སྐར་སྲོང་འདེབས་འཛུགས་གཙོ་བོ་བྱས་པའི་དཔལ་འབྱོར་འཕེལ་རྒྱས་ཀྱི་བསམ་ཕྱོགས་མཐའ་འཁྱོངས་བྱས་ཏེ་ཞིང་འབྲོག་པ་དེ་བས་མང་བ་སྐར་སྲོང་དང་། ཀུ་ཤུའི་སྲོང་པོ། ཁམ་སྲོང་། གསོམ་སྲོང་སོགས་སྲོང་ཕྲུག་གསོ་སྐྱོང་ནང་ཏུར་ཐག་ཞུགས་རྒྱུར་སྐུལ་མ་བཏང་།

ད་ཆ། ཚེ་རིང་དབང་ཕྱུག་གིས་དུད་སྒྲིལ་ཚོགས་ཆུང་གི་སྣེ་ཁྲིད་པའི་སྐར་ཀའི་སྲོང་ཕྲུག་འདེབས་གསོའི་རྟེན་གཞིའི་རྒྱ་ཁྱོན་ལ་མུའུ་20ལྷག་ཙམ་ཡོད་པ་དང་། ཀུ་ཤུའི་སྲོང་པོ་དང་། ཁམ་སྲོང་། གསོམ་སྲོང་སོགས་སྲོང་ཕྲུག་གི་རྒྱ་ཁྱོན་ལ་ཁྱོན་མུའུ་30ལྷག་ཙམ་ཡོད་པར་སྲོང་ཕྲུག་ཁང་ཁྲི་100ལྷག་ཙམ་ཡོད་པ་མ་ཟད། དུད་ཚང་7ཀྱི་མི་49འབབ་འཕར་ཡོང་རྒྱུར་སྣེ་ཁྲིད་བྱས་ཡོད། 2018ལོ་ཟླ་8པ་ནས་ད་བར་དུད་ཚང་རེར་ཆ་སྙོམས་འབབ་འཕར་སྒོར་ཁྲི་2བྱུང་ཡོད།

ད་ཆ་རྒྱལ་ཁབ་ཀྱི་སྲིད་ཇུས་བཟང་བས་མི་དེ་བས་མང་བ་ཞིང་འཛུགས་ནགས་བཟོའི་ལས་ཀར་ཞུགས་འདོད་ཡོད་ལ། ཞིང་འཛུགས་ནགས་བཟོར་བརྟེན་ནས་ཡོང་འབབ་མང་དུ་སོང་བ་མ་ཟད། ད་དུང་ཕ་ཡུལ་མཛེས་བཟོ་དང་སྔོད་བཅུད་ཁོར་ཡུག་ལ་སྲུང་སྐྱོང་བྱས་པས། དེ་ནི་བུ་རབས་ཚ་རྒྱུད་ལ་རྩ་ཆེའི་ནགས་ཚལ་གྱི་རྒྱུ་ནོར་བཞག་པ་ཞིག་རེད་ཅེས་སྲོང་ཕྲུག་འདེབས་འཛུགས་ཀྱི་མདུན་ལམ་ལ་ཚེ་རིང་དབང་ཕྱུག་ཡིད་ཆེས་ཀྱིས་ཁེངས།

སྲོང་ཕྲུག་འདེབས་གསོ་བྱེད་པ་ནི་ལས་སླ་པོ་ཞིག་མིན་ལ། ཆེད་ལས་ཀྱི་ཤེས་བྱ་མི་ཤེས་པས་ཁོང་གིས་སྐར་སྲོང་འདེབས་འཛུགས་ཐད་དཀའ་སྡུག་མང་པོ་མྱངས་མྱོང་ཡོད། རྗེས་སོར་ཆེད་ལས་ལག་རྩལ་མི་སྣའི་མཛུབ་ཁྲིད་འོག་སྐར་སྲོང་འདེབས་འཛུགས་ཚད་

ལྡན་གྱི་ཕྱོགས་སུ་བསྐྱོད་པས་ཚེ་རིང་དབང་ཕྱུག་གིས་ཤེས་བྱ་དང་ལག་རྩལ་གྱི་གལ་ཆེའི་རང་བཞིན་གསལ་པོར་རྟོགས།

རང་གི་བུ་ཕྲུག་གཉིས་པོར་སློབ་སྦྱོང་ཡག་པོ་བྱེད་པའི་ལྷུག་སྐུལ་དང་ལྷ་སྐུལ་བྱེད་པ་ཕུད། ཚེ་རིང་དབང་ཕྱུག་གིས་ཕྲུ་གུ་སློབ་མཚམས་བཞག་པའི་ཁྱིམ་བདག་ལ་དང་རྒྱུད་རིང་པོས་བསམ་བློའི་སློབ་གསོ་བརྒྱབ་པ་མ་ཟད། དཀའ་ངལ་ཡོད་པའི་དུད་ཚང་གི་སེམས་ཁྲལ་སེལ་ཆེད་ཁོང་གིས་བུ་ཕྲུག་སློབ་གྲྭར་བཏང་ཚེ་འགན་ལེན་གསུམ་གྱི་གྲོན་དངུལ་ཕུད་པའི་འགྲོ་གྲོན་ཚང་མ་རང་ཉིད་ནས་འགན་འཁུར་རྒྱུའི་ཁས་བླངས། ཚེ་རིང་དབང་ཕྱུག་གི་ སྣེ་ཁྲིད་དང་རྒྱབ་སྐྱོར་འོག སྤྲང་ཉག་སྨད་པ་གྲོང་ཚོའི་སློབ་ལོ་ལོན་པའི་བྱིས་པ་སློབ་གྲྭར་ཞུགས་ཚད་བརྒྱ་ཆ100ཟིན་པ་དང་། ཁོང་གིས་ཁས་ལེན་བྱས་པ་བཞིན་སློབ་མ་ཞིག་ཆབ་མདོ་གྲོང་ཁྱེར་ལས་རིགས་ལག་རྩལ་སློབ་གྲྭ་འགྲིམ་པར་རོགས་སྐྱོར་བྱས།

གཞན་ཡང་། ཚེ་རིང་དབང་ཕྱུག་ནི་ཉམས་མྱོང་ཕུན་སུམ་ཚོགས་པའི་ནགས་སྲུང་བ་ཞིག་ཡིན་པ་དང་། ཁོང་གིས་ཉིན་ལྟར་སྤག་སྤག་བཞོན་ནས་ཁོངས་གཏོགས་ཁུལ་གྱི་ནགས་ཁུལ་དུ་སྐོར་ཞིབ་དང་གནས་ཚུལ་ཐོ་འགོད་བྱེད་པར་སྐྱོད་ཀྱི་ཡོད་ལ། ནགས་ཚལ་ཐོན་ཁུངས་ལ་གཏོར་སྐྱོན་ཐེབས་པའི་གནས་ཚུལ་མཐོང་ཚེ་དུས་ཐོག་ཏུ་ཐག་གཅོད་བྱས་ནས་ནགས་ལས་ཐོན་ཁུངས་ལ་སྲུང་སྐྱོང་ནུས་ལྡན་བྱེད་བཞིན་ཡོད།

ཉེ་བའི་ལོ་ཤས་རིང་གི་འགྱུར་ལྡོག་སྐོར་གླེང་སྐབས། སྤྲང་ཉག་སྨད་པ་གྲོང་ཚོའི་གྲོང་མི་ཚང་མས་ཚེ་རིང་དབང་ཕྱུག་ལ་བསྟོད་པའི་མཐེ་བོང་སྒྲེང་བཞིན་ཡོད། སྔར་ཚུལ་དེ་དག་མཐོང་དུས་ཚེ་རིང་དབང་ཕྱུག་དགའ་སྤྲོ་ཚད་མེད་སྐྱེ་ཡི་ཡོད་ལ། སྤྲང་ཉག་སྨད་པ་གྲོང་ཚོའི་གྲོང་མི་རྣམས་བདེ་སྐྱིད་ལྡན་པའི་འཚོ་བ་སྐྱེལ་རྒྱུ་ཡོང་བར་དེ་བས་ཡིད་ཆེས་ཀྱིས་ཁེངས།

མོ་ཊ་སྙིང་པར་འགྲུལ་ཁང་གཉེར། དབུལ་སྒྲོལ་ཕྱུག་འགྱུར་ལམ་དུ་སྐྱོད།

——སླ་སྐེ་གྲོང་ཚོར་བཅའ་སྡོད་ཆབ་མདོ་གྲོང་ཁྱེར་གཞུང་དོན་ཁང་གི་ལས་དོན་ཚན་ཁག་གིས་མང་ཚོགས་ཀྱི་སྣེ་འཁྲིད་དེ་དབུལ་སྒྲོལ་བྱས་པའི་སྐོར་གྱི་ཟུར་བཀོད།

ན་ཉིང་ཟླ་9པར། དཔའ་ཤོད་རྫོང་སླ་སྐེ་ཤང་སླ་སྐེ་གྲོང་ཚོར་དབུལ་སྒྲོལ་ཞྭ་འཕུད་དཔྱད་དཔོག་ཚོགས་ཆུང་གི་ཞིབ་དཔྱད་བདེ་བླག་བྱུང་བ་མ་ཟད། དཔྱད་དཔོག་ཚོགས་ཆུང་གི་ཚད་མཐོའི་ཁས་ལེན་ཡང་ཐོབ་པ་རེད།

ཡིན་ནའང་། 2018ལོའི་ལོ་མཇུག་ཏུ། སླ་སྐེ་གྲོང་ཚོའི་དུད་ཚང་95ཡི་མི་གྲངས་404ཡི་ཁྲོད་དུ་ཡིག་ཚགས་དང་གྲ་བཟོས་པའི་མང་ཚོགས་དབུལ་པོའི་དུད་ཚང་15ཡི་མི་52ཡོད་པ་དང་། དབུལ་པོར་གྱུར་ཚད་བརྒྱ་ཆ12.8ཟིན་གྱི་ཡོད།

འགྱུར་ལྡོག་དེ་དག་ཚང་མ་ནི་བེད་མེད་དུ་གྱུར་པའི་འགྲུལ་སྐྱེལ་རླངས་འཁོར་འགའ་ཤས་ལས་བྱུང་བ་ཞིག་རེད། སླ་སྐེ་གྲོང་ཚོ་ནི་དཔའ་ཤོད་རྫོང་གྲོང་ནས་ཤར་ཕྱོགས་ཀྱི་སྤྱི་ལེ་12ཀྱི་སར་གནས་པ་དང་རྒྱལ་ལམ་318འགྲམ་དུ་ཆགས་ཤིང་། ཡུལ་ལྗོངས་ལྷ་ན་སྡུག་པ་ཞིག་ཡོད། ཡིན་ནའང་རྨང་གཞི་སྐྱོ་བ་དང་བསམ་བློ་སྙིང་ཞེན་ཆེ་བས་མང་ཚོགས་ཀྱི་ཡོང་འབབ་ཡོང་ཁུངས་མང་པོ་མེད་པ་ནི་སླ་སྐེ་གྲོང་ཚོའི་གནས་ཚུལ་དངོས་རེད།

2018ལོའི་ལོ་མཇུག་ཏུ། ཆབ་མདོ་གྲོང་ཁྱེར་གཞུང་དོན་ཁང་གི་གྲོང་སྡོད་བྱ་ཡུལ་སླ་སྐེ་གྲོང་ཚོར་བསྐྱུར་བ་དང་དེ་གར་བཅའ་སྡོད་བྱས་པ་ནས་བཟུང་། གྲོང་སྡོད་ལས་དོན་

ཙུ་ཁག་གི་ཙུ་མི་4ལ་ཐུན་མོང་གི་ངོས་འཛིན་ཞིག་བྱུང་བ་སྟེ། སླ་སྐེ་གྲོང་ཚོའི་མང་ཚོགས་གཅིག་ཀྱང་མ་ལུས་པར་འཚོར་འབྱིང་ལམ་དུ་སྐྱོད་དགོས་ཚེ་ངེས་པར་དུ་མིག་སྔར་ཕན་པ་མ་ཟད་ཕུགས་ལའང་ཕན་པའི་དབུལ་སྐྱོར་ཐོན་ལས་ཤིག་སྐྱིད་སྲིང་བྱས་ཏེ་དབུལ་རྩ་དྲུངས་ནས་འབྱིན་དགོས་པ་དེ་རེད།

ས་ཆ་དངོས་སུ་བརྟག་ཞིབ་ཐེངས་མང་བྱས་རྗེས། གྲོང་སྡོད་ལས་དོན་ཙུ་ཁག་གི་སྤྱི་ཁྱབ་ཙུ་དཔོན་ལྷུན་ཐའོ་ཡིས་སླ་སྐེ་གྲོང་ཚོའི་འགྲིམ་འགྲུལ་སྟབས་བདེ་བ་དང་། ཁོར་ཡུག་མཛེས་པ། ཐོན་ཁུངས་འབེལ་བ་བཅས་ཡོད་ནའང་རྒྱུ་རྐྱེན་སྣ་ཚོགས་ཀྱི་རྐྱེན་པས་ཁྲིམ་རའི་སྒོ་མོ་འབྱེད་པའི་གཞི་རྟེན་ཞིག་མེད་པ་ཤེས། གནད་འགག་དེ་ཤེས་རྗེས་ལས་དོན་ཙུ་ཁག་གིས་ཕྱོགས་མང་པོའི་བསམ་འཆར་བསྡུས་པ་དང་རིགས་པས་ཁུངས་སྐྱེལ་དང་དབྱེ་ཞིབ་མང་པོ་བྱས་མཐར།

ཁང་ཚོས་བེད་མེད་དུ་གཏོང་བའི་འགྲུལ་སྐྱེལ་རླངས་འཁོར་ཙུ་མོ་ཏའི་འགྲུལ་ཁང་གཉེར་རྒྱུར་གྲོས་འཆམ།

མཐུན་སྦྱོར་དང་འབད་བརྩོན་མང་པོ་བྱས་པ་བརྒྱུད། གྲོང་སྡོད་ལས་དོན་ཙུ་ཁག་དེས་བོད་ལྗོངས་ནུབ་རྒྱུད་ཡུལ་སྐོར་རིག་གནས་བསམ་བཀོད་ཚད་ཡོད་ཀུང་སིའི་མ་དངུལ་སྒོར་ཁྲི་338ལེགས་གྲུབ་ལྡན་པའི་ངང་དྲངས་ཏེ་བེད་མེད་དུ་གཏོང་བའི་འགྲུལ་སྐྱེལ་རླངས་འཁོར་7མོ་ཏའི་འགྲུལ་ཁང་ལ་བསྒྱུར་བ་དང་། ཀུང་སི་དང་གྲི་ཕུའུ(གྲོང་སྡོད་ལས་དོན་ཙུ་ཁག) མང་ཚོགས་དབུལ་པོ་བཅས་ཟུང་དུ་འབྲེལ་བའི་རྣམ་པ་སྤྱད་དེ་འགྲུལ་ཁང་དེ་ཉིད་བོད་དུ་སྐྱོད་པའི་ལམ་བར་དུ་སྡོ་གསེང་དང་། ལྟ་སྐོར། རོལ་རྩེད་བཅས་གཞི་གཅིག་ཏུ་འདུས་པའི་དམིགས་བསལ་ཁྱད་ཆོས་ལྡན་པའི་ཞབས་ཞུའི་ཁུལ་ཞིག་ཏུ་བཏོད་པ་རེད།

ཟླ་4ཚེས་9ཉིན། མོ་ཏའི་འགྲུལ་ཁང་གི་དུས་ཐེངས་དང་པོའི་ལས་ཟུ་འགོ་ཚུགས།

ན་ཞིང་ཟླ་7ཚེས་21ཉིན། མོ་ཏའི་འགྲུལ་ཁང་བསྐྲུན་ཟིན་ནས་སྤྱོད་འགོ་ཚུགས་ཤིང་། ཉལ་ཁྲི་ཆུང་བར་དགོང་མོ་རེར་སྒོར་80དང་ཉལ་ཁྲི་ཆེ་བར་དགོང་མོ་རེར་སྒོར་88ཀྱི་རིན་གོང་འཚམ་ལ་དཔེ་གསར་གྱི་རྣམ་པར་འགྲུལ་པས་ཧ་ཅང་དགའ་པོ་བྱེད་ཀྱི་ཡོད།

གྲོང་མི་པ་སངས་ཆོས་སྒྲོན་གྱིས་མོ་ཏའི་འགྲུལ་ཁང་གི་མལ་ཆས་གྲལ་འཁྲིག་པོ་བཟོས་རྗེས་མོ་ཏའི་ཐབ་ཚང་དུ་འཛུལ། ཁོང་གིས་གསར་འགོད་པར་དེ་སྔ་ཁྱིམ་དུ་བསྡད་ནས་ཞིང་ལས་བྱེད་པར་དཀའ་ལས་ཧ་ཅང་ཁག་པོ་ཡོད་ལ་ལོ་གཅིག་ལ་ཐོན་འབབ་དེ་ཙམ་མང་པོ་མེད། ད་ཆ་ཟླ་རེར་གཏན་འཇགས་གླ་ཆ་སྒོར་2500ལེན་རྒྱུ་ཡོད་ལ་ལས་ཀའང་ལས་སླ་པོ་འདུག་ཅེས་བཤད་བྱུང་།

མང་ཚོགས་5ཡི་ལས་ཞུགས་གནད་དོན་ཐག་གཅོད་བྱས་པ་ཕུད། མོ་ཏའི་འགྲུལ་ཁང་གིས་ལོ་ལྟར་ས་ཆ་བོགས་མར་བཏང་སྟེ་གླ་སྐེ་གྲོང་ཚོའི་མཉམ་སྡེབ་དཔལ་འབྱོར་ལ་འབབ་འཕར་སྒོར་ཁྲི་5བྱུང་བ་དང་། ཡུལ་འདི་གའི་མང་ཚོགས་དུད་ཚང་20ལྷག་ཙམ་གྱི་ཞིང་འབྲོག་ཐོན་ཟོག་ཁྲིན་ཚོང་ལ་སྐྱེལ་ཁྲིད་བྱས་པས་དུད་ཚང་རེར་ཆ་སྙོམས་འབབ་འཕར་སྒོར་ཁྲི་1ལྷག་ཙམ་ཡོང་གི་ཡོད་ཅེས་གླ་སྐེ་གྲོང་ཚོའི་ཏང་གྲུ་ཕུའུ་ཧྲུའུ་ཅི་ངག་སྦྲོང་རིན་ཆེན་གྱིས་བཤད།

ཕན་འབྲས་ཐོན་པ་ཤེས་རྟོགས་བྱུང་རྗེས་གྲོང་སྡོད་ལས་དོན་རུ་ཁག་གིས་སླར་ཡང་བོད་ལྗོངས་ནུབ་རྒྱུད་ཡུལ་སྐོར་རིག་གནས་བསམ་བཀོད་ཚད་ཡོད་ཀུང་སི་དང་མཉམ་དུ་དུས་ཐེངས་གཉིས་པའི་འཆར་འགོད་བཏིང་ཞིང་། མ་དངུལ་སྒོར་ཁྲི་506ཙམ་བཏང་སྟེ་ཧྥེ་སྨི་ངོས་གྲུ་300ཟིན་ལ་མི་བརྒྱ་ཤོང་བའི་ཁྱད་ལྡན་བོད་ཟས་ཟ་ཁང་དང་། སྐར་ཚོམ་རྫི་ལམ་ལོ་ཟླའི་ཁྱིམ་ཚང་འགྲུལ་ཁང་། མཛེས་ལྗོངས་ཤིང་ཁང་སོགས་བསྐྲུན་རྩིས་ཡོད་པ་རེད། བོད་ལྗོངས་ནུབ་རྒྱུད་ཡུལ་སྐོར་རིག་གནས་བསམ་བཀོད་ཚད་ཡོད་ཀུང་སིའི་འབྲེལ་ཡོད་འགན་འཁུར་བ་ཕང་པོ་ཡིས་དུས་ཐེངས་གཉིས་པའི་ལས་གྲྭ་བསྐྲུན་ནས་སྤྱོད་འགོ་

ཚུགས་རྗེས་ཡུལ་དེ་གའི་མང་ཚོགས་20ལྷག་ཙམ་ལས་ཞུགས་ཐུབ་རྒྱུ་དང་། སྔོན་དཔག་བྱས་ན་གྲོང་ཚོ་ཡོངས་ཀྱི་དུད་ཚང་རེར་ལོ་རེར་འབབ་འཕར་སྒོར་ཁྲི་1ལྷག་ཙམ་ཡོང་རྒྱུ་རེད་ཅེས་ངོ་སྤྲོད་བྱས།

ལོ་ཁྱིད་རིང་། མོ་ཏའི་འགྲུལ་ཁང་དེ་ཉིད་སླ་སྐྱེ་གྲོང་ཚོའི་མང་ཚོགས་དབུལ་པོའི་གནས་ལས་སྒྲོལ་བའི་སྦྲེལ་ཟམ་ལྟ་བུར་གྱུར་ཡོད།

ལྷ་རོང་རྫོང་གིས་གསོ་ཚགས་ལ་བརྟེན་ནས་ཐོན་ལས་དབུལ་སྐྱོར་གྱི་ལམ་ཐིག་བསྐྱོད་པ།

ཉེ་བའི་ལོ་ཤས་ནང་ལྷོ་རོང་རྫོང་གིས་ཆབ་མདོ་གྲོང་ཁྱེར་གྱིས་བཟོས་པའི་གསོ་ཚགས་ཀྱི་རྟེན་གཞི་ཆེ་གྲས་ལྔ་དང་འདེབས་འཛུགས་ཀྱི་རྟེན་གཞི་ཆེ་གྲས་བདུན་གྱི་འཆར་གཞི་དང་བསྟུན་ནས་ཐོན་ལས་དབུལ་སྐྱོར་དམ་འཛིན་བྱ་གཞིར་བྱས་ནས་ཁ་རྒྱབ་ཀྱི་བོད་ཕག་གསོ་ཚགས་སོགས་ཁྱད་ལྡན་ཐོན་ལས་འཕེལ་རྒྱས་ཤུགས་ཆེན་བཏང་བ་དང་རང་རྟེན་ནུས་པ་ཆེ་རུ་བཏང་བ་བརྒྱུད་མང་ཚོགས་དབུལ་པོར་ལས་ཞུགས་ཀོ་སྐབས་མཁོ་འདོན་བྱས་ནས་ཐོན་ལས་དབུལ་སྐྱོར་གྱི་ལམ་བུ་ཇི་ཡང་སུ་བཏང་བ་རེད།

2018ལོར་ལྷོ་རོང་རྫོང་གིས་ཡུལ་བབ་དང་བསྟུན་པ་དང་ཚན་རིག་དང་མཐུན་པའི་ངང་འཆར་འགོད་བྱས་ཏེ་ཛི་ཐོ་གྲོང་རྡལ་གུར་ཚེས་གྲོང་ཚོར་ལྷོ་རོང་རྫོང་ཁ་རྒྱབ་བོད་ཕག་གསོ་ཚགས་རྟེན་གཞི་བསྐྲུན་པ་དང་རྣམ་གྲངས་ཀྱི་ས་བཟུང་རྒྱ་ཁྱོན་མུའུ་50ཟིན་པ་དེར་ཁྱོན་མ་དངུལ་སྒོར་ཁྲི་3000བཏང་ཡོད། མིག་སྔར་རྟེན་གཞི་དེར་ལག་ཡོད་ཕག་པའི་མགོ་གྲངས་1843ཡོད་པ་དང་དེའི་ནང་མངལ་ཆགས་ཕག་ཚང་དང་། སྤོམ་གསོས་ཕག་ཚང་། གཟན་ཆག་ལས་སྔོན་འཁོར་ཁང་སོགས་ཁོངས་གཏོགས་སྒྲིག་ཆས་རབ་དང་རིམ་པ་བཟོས་པ་དང་ཚད་ལྡན་ཅན་དང་། ལྟང་མདོག་སྔོད་བཅུད། སྲུགས་བཙོག་མེད་པ་དང་སྐྱོ་གནོད་མེད་པ་བཅས་ཀྱི་སྔོད་བཅུད་གསོ་ཚགས་རྣམ་པའི་ཐིག་ནས་སྤྱོལ་རྒྱུན་གྱི་གསོ་ཚགས་ལས་རིགས་ནས་དེང་རབས་ཅན་གྱི་གསོ་ཚགས་ལས་རིགས་ལ་འགྱུར་ལྡོག་གཏོང་

རྒྱུར་སྣེ་ཁྲིད་བྱས་པས་ལྷང་མདོག་སྟོད་བཅུད་ཀྱི་འཁོར་རྒྱུག་ཐོན་ལས་ཆ་ཚང་ཞིག་ཆགས་ཡོད་པ་རེད། ལྷོ་རོང་རྫོང་ཁ་ཉུབ་བོད་ཕག་གསོ་ཚགས་རྟེན་གཞིའི་འགན་འཕུར་བ་ལི་དབང་གིས། རྟེན་གཞིར་རྒྱལ་ནང་གི་གསོ་ཚགས་ལག་རྩལ་གསར་ཤོས་སྤྱད་ནས་གསོ་ཚགས་ངོ་དམ་ལ་ཞུགས་སྟོན་རྒྱུག་གི་ཡོད། ད་ཆ་ས་གནས་དེ་གའི་མི་སེར་རྣམས་ལྷད་མེད་དང་། བདེ་ཐང་། སྨུགས་བཙོག་མེད་པ་བཅས་ཀྱི་ཕག་ཤ་ཟ་རྒྱུ་ཡོད། རྩོན་རྩིས་བྱས་ན་འདི་ལོའི་ལོ་མཇུག་ཏུ་ཕག་པ་མགོ་གྲངས་500བཤས་གཏོང་རྩིས་ཡོད་པ་དེའི་ཕྱིར་འཚོང་ཡོང་འབབ་སྒོར་ཁྲི་144.9ལྷག་ཙམ་ཟིན་ནས་མང་ཚོགས་དབུལ་པོ་498ལ་འབབ་འཕར་ཡོང་རྒྱུར་སྐུལ་ཁྲིད་ཐུབ་རྒྱུ་རེད།

ལྷོ་རོང་རྫོང་གི་རྫོང་དཔོན་གཞོན་པ་ཚེ་དབང་བཀྲ་ཤིས་ཀྱིས་གསར་འགོད་པར། མ་འོངས་ལོ་ཁ་ཤས་ནང་ལྷོ་རོང་རྫོང་གིས་དབུལ་སྒྲོལ་ཐོན་ལས་བརྟན་པོ་དང་། དབུལ་སྒྲོལ་གྱི་བྱེད་པོས་སྐུལ་ཁྲིད། མཉམ་ལས་ཁང་། དབུལ་སྒྲོལ་འབབ་འཕར་རྣམ་གྲངས། དགོས་མཁོ་ཆེ་བའི་ཁྲིམ་ར་བཅས་ཡོད་པའི་དཔལ་འབྱོར་རྣམ་པ་གཞིར་བཟུང་ཁ་ཉུབ་བོད་ཕག་གསོ་ཚགས་རྟེན་གཞི་དེ་གྲོང་ཁྱེར་ཡོངས་ནས་རྫོན་ཐོན་དང་རྫོང་ནང་ནས་རྩེར་སོན་གྱི་དེང་རབས་ཅན་གྱི་གསོ་ཚགས་རྟེན་གཞིར་ཧུར་ཐག་བརྡོད་ནས་གསོ་ཚགས་ཐོན་ལས་ཀྱི་ཐོན་སྐྱེད་ནུས་པ་ཆེ་ཉུ་གཏོང་བ་དང་། ཁྱབ་འགྱེད་སྐུལ་ཁྲིད་ནུས་པ་ཆེ་ཉུ་གཏོང་བ། གསོ་ཚགས་ལས་རིགས་སྤར་བས་རྒྱ་སྐྱོབས་ཆེ་ཉུ་གཏོང་བ་བཅས་བརྒྱུད་གསོ་ཚགས་ལས་རིགས་དེ་མང་ཚོགས་དབུལ་སྒྲོལ་ཕྱུག་འགྱུར་གྱི་ཀ་རྟེན་ཐོན་ལས་གལ་ཆེན་དུ་འགྱུར་བ་བྱེད་ཀྱི་ཡིན་ཞེས་བཤད་པ་རེད།

ཤེས་རྟོགས་བྱུང་བར་གཞིགས་ན། ཁྱད་ལྡན་ཐོན་ལས་འཕེལ་རྒྱས་གཏོང་རྒྱུ་དེ་ལྷོ་རོང་རྫོང་གིས་དབུལ་སྒྲོལ་འགག་སྒྲོལ་དམག་འཐབ་ཡག་པོ་རྒྱག་པ་དང་གྲོང་གསེབ་དར་རྒྱས་གཏོང་བའི་དམ་འཛིན་བྱ་གཞི་གལ་ཆེན་དུ་གྱུར་ཡོད། ཁ་ཉུབ་ཀྱི་བོད་ཕག་གསོ་

ཚོགས་དང་རྟུལ་ཤོད་ཤང་གི་བོད་ཕག་གསོ་ཚོགས་ཚབ་མཆོན་དུ་བྱས་པའི་ཐོན་ལས་དབུལ་སྐྱོར་རྣམ་གྲངས་དག་སྐྱིད་སྲིང་གིས་རྫོང་དུ་སྣེ་འདྲེན་ཁེ་ལས་ཡོད་པ་དང་། ཤང་དུ་དབུལ་སྐྱོར་རྟེན་གཞི་ཡོད་པ། དུད་ཚང་དུ་འབབ་འཕར་ཐབས་ལམ་ཡོད་པའི་ལས་ཀའི་རྣམ་པ་ཞིག་རགས་ཙམ་ཆགས་པ་མ་ཟད། ལྷོ་རོང་རྫོང་གི་དབུལ་སྒྲོལ་འགག་སྒྲོལ་གྱི་དམག་འཐབ་ལ་རྒྱལ་ཁ་ཕུ་ཐག་གཅོད་པའི་གོམ་སྟབས་ཀྱང་སྟེར་བས་བརྟན་དུ་སོང་ཡོད།

འདུ་ཤེས་འགྱུར་ལྡོག་བཏང་ནས་ཕྱུག་འགྱུར་ལམ་བུ་གསར་པ་བཏོད་པ།

—— མངའ་རིས་ས་ཁུལ་སྒེར་རྩེ་རྫོང་གིས་མཐོ་སྒང་འབྲོག་ཁུལ་སྒྱུར་བཅོས་བྱེད་འགོ་ཚུགས་པའི་སྐོར་བཀོད་པ།

ལོ་ཁོར་མོ་ཡུག་ཏུ་གྲང་དར་ཆེ་ཞིང་བྱེ་རླུང་འཚུབ་ལ། ས་རྒྱ་ཡངས་ཤིང་མི་འཐོར་ཉུང་བའི་མངའ་རིས་ས་ཁུལ་སྒེར་རྩེ་རྫོང་འོ་མ་ཤང་འཚམ་གྲུག་གྲོང་ཚོའི་ས་བབ་མཐོ་ཚད་སྨི4400ཟིན་ཞིང་། ལོ་4ཡི་རིང་། དེ་སྔ་འབྲོག་ལས་ཁོ་ན་གཉེར་བའི་གྲོང་ཚོ་དེས་འདུ་ཤེས་ལ་འགྱུར་ལྡོག་བཏང་ནས་སྲོལ་རྒྱུན་འབྲོག་ལས་ཐོན་སྐྱེད་བྱེད་སྟངས་བསྒྱུར་བས། འབྲོག་ཁུལ་དང་འཚམ་པའི་འབབ་འཕར་ཕྱུག་འགྱུར་གྱི་ལམ་བུར་སྐྱོད་ཡོད་པ་རེད།

ངའི་ཁྱིམ་ལ་ཕྱུགས་ཟོག་མང་པོ་མེད་པས་ཚང་མ་གཉེན་ཉེའི་ཚང་ལ་བཅོལ་ཡོད། ང་ཚོས་སྲིད་ཇུས་རང་བཞིན་གྱི་ཡོང་འབབ་བརྟེན་ནས་འཚོ་བ་སྐྱེལ་གྱི་ཡོད། གྲོང་ཚོའི་མཉམ་ལས་ཁང་ནང་ཞུགས་རྗེས། ངས་ཉིན་ལྟར་ཕྱུགས་འཚོ་ཡི་ཡོད། ན་ནིང་ཡོང་འབབ་སྒོར་ཁྲི་3ལྷག་ཙམ་བྱུང་བས། མར་མང་པོ་ཉོས་ཚོག ལོ་32ལ་སོན་པའི་ལྷ་འཛོམས་བཟའ་ཚང་ཁ་བྲལ་ནས་ལོ་མང་རིང་ཁོ་མོ་གཅིག་པུས་བུ་ཕྲུག་གཉིས་ཀ་གསོ་སྐྱོང་བྱས་པ་རེད།

ད་ཆ། ལྷ་འཛོམས་ཀྱིས་ཁྱིམ་ཚང་གསར་པ་བཙུགས་ཡོད། ཁོང་གིས་ད་ཆ་བུ་ཕྲུག་གཉིས་ཀ་སློབ་གྲྭར་འགྲོ་བཞིན་ཡོད། ང་ལ་སེམས་ཁྲལ་གང་ཡང་མེད། འཚོ་བ་ཡང་རིམ་བཞིན་ཇེ་ཡག་ཏུ་འགྲོ་ངེས་རེད་ཅེས་བརྗོད།

འཚམ་གྲུག་གྲོང་ཚོས་2015ལོར་འབྲོག་པའི་མཉམ་སྡེབ་དཔལ་འབྱོར་མཉམ་ལས་

ཁང་བཙུགས་པར་གྲོང་ཚོ་དེ་ཡོངས་ཀྱི་དུད་ཚང་71གི་མི་256ཞུགས་ནས་ཁྲོན་རྫ་ས་མུའུ་ཁྲི་3.2བརྒྱུད་བཤུག་བཏང་བ་དང་། ཆ་སྙོམས་མི་རེས་ཕྱུགས་ཟོག་14 (ལུག) མ་རྐང་དུ་བཞག་པས་མི་སྙེར་གྱི་མ་རྐང་གིས་བརྒྱ་ཆ40དང་གྲོང་ཚོ་མཉམ་སྡེབ་ཀྱི་མ་རྐང་གིས་བརྒྱ་ཆ60བཟུང་ཡོད་པ་རེད།

མཉམ་ལས་ཁང་གི་ཡོང་འབབ་ཀྱི་བརྒྱ་ཆ82མཉམ་ལས་ཁང་དེའི་ཁོངས་མིར་བགོ་བཤའ་རྒྱག་གི་ཡོད། གྲོང་ཚོ་ཡོངས་ཀྱི་མི་161ཕྱིར་ལས་ཀར་བསྐྱོད་དེ་ངལ་ནུས་ལྷག་མ་བཅིངས་འགྲོལ་ཐོབ་ཡོད། རྫ་ས་བརྒྱུད་བཤུག་བཏང་བར་གཉིས་ཁ་ཐུབ་ནས། དུད་ཚང་རེར་ཆ་སྙོམས་ལོ་རེར་བརྒྱུད་བཤུག་མ་དངུལ་སྒོར་3600འདུག 2018ལོར་དུད་ཚང་རེར་སྒོར་ཁྲི་5རེ་བགོ་བཤའ་བརྒྱབ་ནས་མི་རེའི་ཆ་སྙོམས་ཡོང་འབབ་ཁ་གཙང་2016ལོ་དང་བསྡུར་ན་བརྒྱ་ཆ18.7འཕར་ཡོད་ཅེས་འཆམ་གུག་གྲོང་ཚོའི་ཏང་གྲི་ཧྲུའུ་ཀྲུའུ་ཅེ་ཉི་མ་དོན་གྲུབ་ཀྱིས་བརྗོད།

ལྷ་འཛོམས་དང་འདྲ་བར་འཚོ་བ་ལེགས་སུ་ཕྱིན་པའི་ཚོས་བཟང་དོན་གྲུབ་འདི་ལོ་ལོ་30ཡིན་པ་དང་། ཁོང་གིས་སྔོན་ཆད་ཚོང་ཅག་ཅིག་བརྒྱབ་ནས་དངུལ་ཏོག་ཙམ་རག་ཆེ་ལམ་སེང་གཏོར་ནས་སྐྱིད་པོར་རོལ་གྱི་ཡོད་པས། ལོ་འདི་ཙམ་ཕྱིན་ཡང་ང་རང་སྔར་བཞིན་དབུལ་རྐྱང་ཡིན་ཞེས་བརྗོད།

གྲོང་ཚོའི་ལས་བྱེད་པ་ཚོས་བཟང་དོན་གྲུབ་ནི་སྦྱོང་བྲུབ་ལྡན་ཡང་སྙིང་ཧུས་མེད་པས་ལས་ཀ་གང་བྱས་ཀྱང་མཐར་འཁྱོལ་དཀའ་བ་ཞིག་ཡིན་པ་ཤེས་སྐབས། ཁོ་པ་བཙལ་ནས་སློབ་གསོ་ཐེངས་མང་བརྒྱབ་སྟེ་མཉམ་ལས་ཁང་ནང་ཞུགས་སུ་བཅུག་པ་རེད།

ད་ཆ་ངས་མཉམ་ལས་ཁང་གི་གཏན་འཛུགས་རྒྱུ་ནོར་དོ་དམ་བྱེད་པའི་འགན་འཁུར་གྱི་ཡོད། ཆུང་མ་མཉམ་ལས་ཁང་གི་ཕྱུགས་རྫི་ཡིན་པས། ང་གཉིས་ལ་ལོ་རེར་ཡོང་འབབ་སྒོར་ཁྲི་5ལྷག་ཙམ་འདུག ལོ་མཇུག་ཏུ་བསླེབས་ཚེ། མཉམ་ལས་ཁང་གི་ཁེ་སྤོགས་

ཀྱི་བརྒྱ་ཆ6ནོ་དམ་མི་སྣ་13ཀྱི་སླ་ཆར་བསྡེས་ནས་སྡེབ་གཅིག་ཏུ་སྤྲོད་ཀྱི་ཡོད། འདི་ལོའི་ཁེ་ཕན་ན་ཞིང་ལས་མང་བ་ཡོད་པས་ང་ཚོའི་སླ་ཆ་ཡང་ན་ཞིང་ལས་མང་ངེས་རེད་ཅེས་ཆོས་བཟང་དོན་གྲུབ་ཀྱིས་བརྗོད།

འཆམ་གུག་གྲོང་ཚོའི་འབྲོག་ཁུལ་སྐྱུར་བཅོས་བྱས་ནས་ལོ་4རིང་གི་གྲུབ་འབྲས་ལྡན་པའི་ཉམས་མྱོང་དག་གྲོང་ཚོ་གཞན་དག་གིས་སློབ་སྦྱོང་དང་མྱོང་ལེན་བྱས་ཏེ། འབྲོག་ཁུལ་སྐྱུར་བཅོས་བྱེད་འགོ་ཚུགས་ནས་རྫོང་ཡོངས་དབུལ་སྒྲོལ་འགག་སྒྲོལ་ཐུབ་རྒྱུར་གསོན་ཤུགས་དང་སྨྱུལ་ཤུགས་བསྣན་ཡོད་པ་རེད།

ཟླ་11པའི་ཟླ་མཇུག་ཏུ། སྐེར་རྩེ་རྫོང་མ་མིག་ཤང་ཚྭ་མཚོ་གྲོང་ཚོས་འབྲོག་ཁུལ་སྐྱུར་བཅོས་ཀྱི་ཡུལ་དངོས་ཚོགས་འདུ་འཚོགས་ནས། མཉམ་ལས་ཁང་གི་འདི་ལོའི་ཕྱུགས་ཟོག་བཙོངས་ཚད་བརྒྱ་ཆ35ཟིན་ནས་ཡོང་འབབ་སྒོར་ཁྲི་509རག་པ་དང་། གྲོང་ཚོའི་མཉམ་ལས་ཁང་གིས་སྐར་འགོད་ལམ་ལུགས་གཞིར་བཟུང་། མི་རེར་ཆ་སྙོམས་ཁེ་སྤྲོགས་སྒོར་ཁྲི་1.8 (སྲིད་ཇུས་རང་བཞིན་གྱི་ཡོང་འབབ་ཚུད་མེད་པ) བགོ་བཤའ་རྒྱག་རྒྱུ་ཡིན་ཞེས་ཁྱབ་བསྒྲགས་བྱས་པ་རེད།

ཚྭ་མཚོ་གྲོང་ཚོའི་ཏང་གི་སྤྱི་སྤུའུ་ཅི་ཞུན་ཚོགས་དབང་འདུས་ཀྱིས། གྲོང་ཚོ་དེའི་འབྲོག་པའི་མཉམ་སྡེབ་དཔལ་འབྱོར་མཉམ་ལས་ཁང་2018ལོའི་ཟླ་བརྒྱད་པར་བཙུགས་ཤིང་། འདི་ལོར་ལུག་1080དང་། ར་1440 ནོར་46བཅས་བཙོངས་པར་ཡོང་འབབ་སྒོར་ཁྲི་187.8རག་ཡོད། མཉམ་ལས་ཁང་ལ་ད་དུང་མིའི་ཐབས་ལ་བརྟེན་ནས་རྩྭ་འདེབས་པ་དང་། ཕྱུགས་ལས་ཐོན་རྫས། ཚོང་ཁང་། ཇ་ཁང་སོགས་ཀྱི་ཡོང་འབབ་ཀྱང་ཡོད། ད་ཆ་གྲོང་ཚོའི་འབྲོག་ལས་གཉེར་སྐྱོང་བྱེད་སྟངས་གསར་པའི་ཕན་འབྲས་ཆེ་རུ་ཕྱིན་པས། སྔོན་ཆད་ཀྱི་སྨྲུག་བརྟེན་སློང་གསུམ་གྱི་བསམ་བློ་དང་འདུ་ཤེས་རིམ་བཞིན་འགྱུར་ལྡོག་འགྲོ་བཞིན་ཡོད་ཅེས་བརྗོད།

སྣེར་རྩེ་རྫོང་གིས་འབྲོག་ཁུལ་སྤྱུར་བཙོས་ནང་ཞུགས་མཁན་ཚོའི་ཡོང་འབབ་མང་དུ་གཏོང་བ་དང་ཆབས་ཅིག སྤྱུར་བཙོས་ཀྱི་ཕན་པ་ཐོབ་རྒྱ་ཆེ་རུ་ཡང་གཏོང་གི་ཡོད། སྣེར་རྩེ་རྫོང་གི་རྫོང་དཔོན་ཀུའུ་ཆོན་གྱིས། སྤྱུར་བཙོས་ཚོད་ལྟ་བྱ་ཡུལ་དུས་འགོའི་2ནས་ད་ཆའི་49བར་མང་དུ་བཏང་བ་དང་བསྟུན་ནས་སྤྱུར་བཙོས་ནང་ཞུགས་མཁན་མི་གྲངས་ཀྱང་དེ་སྔའི་448ནས་ད་ཆའི་11273བར་མང་དུ་ཕྱིན་ཡོད། མཉམ་ལས་ཁང་མང་ཆེ་བས་མི་རྟེན་ཀན་ཀོན་དང་སློབ་གྲྭར་ཡོད་མུས་ཀྱི་སློབ་མ་ཚོར་ཡང་ཁེ་སྤོགས་བགོ་བཤའ་རྒྱག་གི་ཡོད། མིག་སྔར། རྫོང་ཡོངས་སུ་གཙོ་གནད་དབུལ་སྐྱོར་བྱ་ཡུལ་མཉམ་སྦེལ་དཔལ་འབྱོར་མཉམ་ལས་ཁང་7ཡོད་པར་མང་ཚོགས་དུད་ཚང་1355ཡི་མི་6206ཞུགས་ཡོད་པའི་ཁྲོད་དུད་ཚང་དབུལ་པོ་262ཀྱི་མི་993ཡོད་པ་དང་། མཉམ་སྦེལ་དཔལ་འབྱོར་མཉམ་ལས་ཁང་གི་སྐྱུལ་ཁྲིད་འོག གྲོང་ཚོ་7ཡོངས་སུ་དབུལ་སྒྲོལ་ཐུབ་ཡོད། 2020ལོར་སྤྱུར་བཙོས་ཚོད་ལྟ་བྱ་ཡུལ་སྔར་བས་རྒྱ་བསྐྱེད་བཏང་ནས། འབྲོག་ལས་ཐོན་སྐྱེད་གཞི་ཁྱོན་ཆེ་རུ་གཏོང་རྒྱུ་ཡིན་ཞེས་བརྗོད་བྱུང་།

དངུལ་ཁང་གི་དངུལ་ཟུན་གྱིས་བོད་ཀྱི་ལག་ཤེས་ཐོན་ལས་འཕེལ་རྒྱས་ལ་སྐུལ་འདེད་བཏང་བ།

ལྷོ་ཁ་གྲོང་ཁྱེར་གྱི་ལོ་21ལ་སླེབས་པའི་ཉི་མ་པད་སྒྲོན་གྱིས་སྣམ་བུ་འཐག་བྱེད་ཀྱི་སྐུད་པ་སྒྲིམ་བཞིན་ཡོད།

སྐད་ཆ་ཤོད་དུས་འཚེར་སྣང་བྱེད་པའི་བོད་རིགས་བུ་མོ་དེ་ནི་ལོ་ན་ཆུང་ཡང་མི་རིགས་ལག་ཤེས་བཟོ་རྩལ་ཐོན་རྫས་ཀུང་སི་དེའི་ལས་མི་རྙིང་པ་ཡིན་ལ་ལག་རྩལ་ཡང་ཧ་ཅང་བྱང་ཆུབ་པོ་ཡོད།

ཉི་མ་པད་སྒྲོན་འཐག་ལས་ལ་ཧ་ཅང་དགའ་པོ་ཡོད་ལ། དེ་ནི་ཁོ་མོའི་འཚོ་བའི་རྟེན་ས་གཅིག་པུ་དེའང་ཡིན་པ་རེད། ད་ཆ་ཟླ་རེར་གླ་ཆ་སྒོར་4000ཙམ་ཡོད། སྐད་འཕྲིན་ཐོག་སྣམ་བུ་དང་བོད་ཆས་བཙོངས་ན་ད་དུང་ཟླ་རེར་སྒོར་ཆིག་སྟོང་ཉིས་སྟོང་གི་ཐོབ་ཆ་ཡོད་པས་འཚོ་བའི་ཐད་འདང་ངེས་འདུག་ཅེས་ཉི་མ་པད་སྒྲོན་གྱིས་བཤད།

ང་ཚོའི་ཀུང་སི་2017ལོར་བཙུགས་པ་དེ་སྟོན་མ་ཞོལ་གྲོང་ཚོའི་བསླས་འཐག་བཟོ་གྲྭ་ཡིན། ཀུང་སིའི་བསླས་འཐག་བཟོ་པ་24ཚང་མ་ཞོལ་གྲོང་ཚོ་ནས་ཡིན་པའི་ནང་ཁག་གཅིག་ལས་མི་རྙིང་པ་ཡིན་པ་དང་ད་དུང་དགེ་ཕྲུག་ཀྱང་འགའ་ཞིག་ཡོད། ཁོང་ཚོ་ནི་དཀའ་ངལ་ཡོད་པའི་ཁྱིམ་ཚང་དང་མ་མཐའི་འཚོ་བའི་འགན་ལེན་གྱི་ཁྱིམ་ཚང་ཤ་སྟག་རེད་ཅེས་ཀུང་སིའི་འགན་འཁུར་བ་ཀུན་དགའ་ལྷ་འཛོམས་ཀྱིས་བཤད།

རྟེན་ས་གང་ཡང་མེད་པའི་ཞིང་པ་ཞིག་ནས་ཡུལ་མི་ཚོ་ཕྱུག་འགྱུར་སྣེ་ཁྲིད་མཁན་ཞིག་བར་གྱི་འགྱུར་ལྡོག་སྐོར་གླེང་སྐབས། ཀུན་དགའ་ལྷ་འཛོམས་ཀྱིས་ཚང་མ་བྱང་བུ་བཞི

ཡི་ཡིད་རྗོན་དངུལ་བུན་གྱི་བཀའ་དྲིན་ཡིན་ཞེས་བརྗོད།

ཕ་ལམ་གྲོང་བུ་དང་། གསེར་གྲོང་། དངུལ་གྲོང་། ཟངས་གྲོང་བཅས་ཀྱི་གྲོངས་འཁོར་ཉུང་བའི་ཡིད་རྗོན་དངུལ་བུན་ནི་ཀྲུང་གོ་ཞིང་ལས་དངུལ་ཁང་བོད་རང་སྐྱོང་ལྗོངས་ཡན་ལག་དངུལ་ཁང་གིས་ཞིང་འབྲོག་པར་བཟོས་པའི་དངུལ་བུན་གཏོང་སྟངས་རིགས་བཞི་པོ་དག་ཡིན། དེའི་ཁྲོད་ཕ་ལམ་གྲོང་བུས་མཐོ་ཤོས་ལ་སྒོར་ཁྲི་30ཡི་དངུལ་བུན་གཏོང་ཆོག

ལོ་མང་རིང་གྲོང་བུ་བཞི་ཡི་ཡིད་རྗོན་དངུལ་བུན་ལས་རྒྱ་ཆེའི་ཞིང་འབྲོག་མང་ཚོགས་ལ་ཕན་པ་ཐོབ་ནས་ལས་གཏོད་པ་ཁག་གཅིག་གི་ཕྱུག་འགྱུར་གྱི་ཕྱུགས་འདུན་མངོན་འགྱུར་བྱུང་ཡོད། ལས་གཏོད་ཐོག་མར་བྱེད་སྐབས་ཀྱི་སྒོར་3000གི་དངུལ་གྲོང་དངུལ་བུན་ནས་འདི་ལོ་རེ་ཞུ་བྱས་པའི་སྒོར་ཁྲི་30ཡི་ཕ་ལམ་གྲོང་བུའི་དངུལ་བུན་བར། ཀུན་དགའ་ལྷ་འཛོམས་ཀྱི་བྱ་གཞག་འཕེལ་རྒྱས་ཕྱིན་པ་བསྟུན་ནས་ཡིད་རྗོན་དངུལ་བུན་གྱི་རིམ་པ་ཡང་ཇེ་མཐོར་སོང་ཡོད།

ཀུན་དགའ་ལྷ་འཛོམས་ཀྱིས་གསར་འགོད་པར། འདི་ལོ་རེ་ཞུ་བྱས་པའི་སྒོར་ཁྲི་30ཡི་དངུལ་བུན་དེས་འཕྲུལ་ཆས་དང་བལ་ཉོས་ཏེ་ཁེ་ལས་ཀྱི་གཞི་ཁྱོན་ཆེ་རུ་གཏོང་རྩིས་ཡོད་ལ་ད་དུང་ཉེ་མ་པད་སྒྲོན་འདྲ་བའི་དཀའ་ངལ་ཡོད་པའི་དུད་ཚང་གི་མི་ཀུང་སེར་བསྡུས་ནས་ཁོང་ཚོ་ལས་ཞུགས་དང་ཕྱུག་འགྱུར་ཐུབ་པ་བྱ་རྒྱུ་ཡིན་ལ་མི་རིགས་ཀྱི་ལག་ཤེས་བཟོ་ལས་ཁྲིམ་ར་དེ་བས་རྒྱ་ཆེར་གཏོང་རྒྱུའི་བརྩོན་ལེན་བྱ་རྒྱུ་ཡིན་ཞེས་བཤད།

གཞིས་རྩེ་གྲོང་ཁྱེར་བསམ་གྲུབ་རྩེ་ཆུས་ཀྱི་གཙང་ལུགས་རིག་གནས་འཕེལ་རྒྱས་ཚད་ཡོད་ཀུང་སིའི་སྤྱི་ཁྲབ་ཅིང་ལི་བློ་བཟང་བསྟན་དར་གྱིས་ད་ལྟ་ཀྲུང་གོ་ཞིང་ལས་དངུལ་ཁང་གཞིས་རྩེ་ཡན་ལག་དངུལ་ཁང་གིས་གཏོང་རྩིས་ཡོད་པའི་སྒོར་ཁྲི་1300ལྷག་གི་ཐོན་ལས་དབུལ་སྐྱོར་དངུལ་བུན་སྤྱུག་བཞིན་ཡོད་པ་རེད། ཐོན་ལས་དབུལ་སྐྱོར་དངུལ་བུན་དེ་རིགས་ལ་སྐྱེད་ཀ་བརྒྱ་ཆ1.08ལས་སྤྲོས་དགོས་མེད་པས་ཏ་ཙང་ཉུང་ཉུང་ཡིན། 2015ལོར་

ངས་དངུལ་བུན་སྒོར་ཁྲི་500གཡར་བ་དག་ད་ཆ་འཁྱིད་སོང་། ད་ཐེངས་ཀྱི་དངུལ་བུན་སྒོར་ཁྲི་1300ཡིས་ཐང་ག་བཞེངས་པར་མགོ་བའི་ཚོན་རྩི་དང་ཐང་ཤིང་སོགས་ཉོ་རྩིས་ཡོད་ཅེས་བློ་བཟང་བསྟན་དར་གྱིས་བཤད།

བློ་བཟང་བསྟན་དར་གྱི་ཀུང་སིས་ཐང་ག་བཞེངས་ནས་འཚོང་གི་ཡོད་པས་གཞིས་རྩེར་ཡང་སྐད་གྲགས་ཆེན་པོ་ཡོད། ཀུང་སིའི་ནང་ཐང་ག་བཞེངས་མཁན་དང་ལས་དོན་པ་བཅས་ཁྱོན་མི་9ཡོད་པ་དེ་དག་ཡིག་ཚགས་དང་གླ་བཟོས་པའི་དུད་ཚང་དབུལ་པོ་ཡིན་པ་དང་། ད་དུང་མི་3ནི་དབང་པོ་སྐྱོན་ཅན་ཡིན་པ་རེད།

གཞིས་རྩེ་གྲོང་ཁྱེར་བཞད་མཐོང་སློན་ རྫོང་ནས་ཡིན་པའི་སྟོབས་རྒྱལ་ནི་སྐྱེས་དུས་ནས་རྐང་པ་གཉིས་ལ་སྐྱོན་ཡོད་པའི་ཁར་ཡུན་རིང་འཚོ་བཅུད་མི་འདང་བའི་རྐྱེན་གྱིས་ལུས་རིད་ཅིང་མཐོང་མ་ཐག་ལོ་23ལ་སླེབས་པའི་ཕོ་གཞོན་དེ་ལོ་10ཙམ་ལས་སོན་མེད་པའི་ཕྲུ་གུ་ཞིག་དང་གཉིས་སུ་མེད།

སྟོབས་རྒྱལ་གྱི་ཕ་ཆུང་དུས་ནས་གྲོངས་པ་དང་ཨ་མའི་ལུས་པོ་ཐང་པོ་མེད་པའི་ཁར་གཅེན་པོ་གཉིས་ལ་ཡང་ཚད་གཞི་མི་འདྲ་བའི་ཐྭད་པའི་ནད་ཡོད་སྟབས་དབུལ་པོའི་ནང་གི་དབུལ་པོ་ཡིན་པ་རེད། དབང་པོ་སྐྱོན་ཅན་ཡིན་ནའང་ཁོ་པ་ནི་བློ་རིག་དང་ལྡན་པ་ཞིག་ཡིན་པས་2017ལོ་ནས་ད་བར་སྐྱ་ཐིག་རྒྱག་སྟངས་དང་ཚོན་གཏོང་སྟངས་སོགས་ཚང་མ་བྱང་ཆུབ་པར་ཤེས་ཡོད།

སྟོབས་རྒྱལ་གྱིས་དེ་ནི་ངའི་ཁྱིམ་གཉིས་པ་ལྟ་བུ་ཡིན། དགེ་ཕྲུག་བྱེད་པའི་སྐབས་སུ་སྦྱིན་བདག་གིས་ཟ་སྟོད་ཚང་མ་མགོ་འདོན་བྱེད་པ་མ་ཟད། ད་དུང་ང་ན་ཚ་ལྟ་བར་ཡང་འཁྲིད་བྱུང་། ང་ལ་ལས་ཀ་དེ་འདྲ་ཞིག་རག་པ་རྨི་ལམ་ནང་དུ་ཡང་རྨིས་མྱོང་མེད། སང་ལོ་ནས་ངར་ཟླ་རེར་སྒོར་3000ལྷག་ཙམ་གྱི་གླ་ཆ་ལེན་རྒྱུ་ཡོད་ཅེས་བཤད།

གསར་འགོད་པས་ཤེས་རྟོགས་བྱས་པར། མིག་སྔར་ཀུང་སིའི་ཐང་ག་བཞེངས་མཁན་

མང་ཆེ་བའི་ཟླ་རེའི་སླ་ཆ་སྒོར་6000ནས་ཁྲི་1.1བར་ཡིན་པ་དང་། མི་རིགས་ལག་ཤེས་ཡིན་པའི་ཐང་ག་གོ་རིམ་ལྡན་པའི་དང་རྒྱུན་འཛིན་ཐུབ་པ་དང་ཆབས་ཅིག་ཁྱིམ་ཚང་དབུལ་པོར་འཚོ་ཐབས་ཀྱི་ལམ་བུ་ཞིག་ཀྱང་མགོ་འདོན་བྱས་ཡོད།

ཏང་ཡོན་གྱིས་དབུལ་སྒྲོལ་ལམ་བུའི་ཐོག་སྔོ་ཁྲིད་པ་བྱ་རྒྱུའི་བརྩོན་ལེན་བྱེད་པ།

——མངའ་རིས་ས་ཁུལ་གྱི་དབུལ་སྒྲོལ་འགག་སྒྲོལ་སྐོར་གྱི་སྒྲིལ་སྙིང་།

ཉེ་བའི་ལོ་ཤས་རིང་། མངའ་རིས་ས་ཁུལ་གྱི་རིམ་ཁག་ཏང་རྩ་འཛུགས་ཀྱིས་ཐོག་མཐའ་བར་གསུམ་དུ་དབུལ་སྒྲོལ་འགག་སྒྲོལ་ལས་དོན་འདི་ཉིད་ཆབ་སྲིད་ཀྱི་ལས་འགན་གལ་ཆེན་ཞིག་ལ་བརྩིས་ནས་དམ་འཛིན་བྱས་ཏེ་བོད་ནུབ་ཀྱི་གདོང་ལེན་གསར་བརྗེའི་མངའ་རིས་ཀྱི་ཏང་འཛུགས་སྐྱོང་ཕྱུས་རྟགས་གཏོང་རྒྱུ་ཁྲིད་སྟོན་དུ་བྱ་རྒྱུ་མཐའ་འཁྱོངས་ཀྱིས་གཞི་རིམ་ཏང་རྩ་འཛུགས་དང་ཏང་ཡོན་གྱིས་དབུལ་སྒྲོལ་འགག་སྒྲོལ་ལས་དོན་ཁྲོད་ཀྱི་དམག་འཐབ་མཁར་རྫོང་དང་གདོང་ལེན་དཔེ་བཟང་གི་ནུས་པ་གང་ལེགས་བཏོན་ཏེ་མང་ཚོགས་དབུལ་སྒྲོལ་ཕྱུག་འགྱུར་དང་བདེ་སྐྱིད་ཀྱི་ལམ་བུར་བསྐྱོད་རྒྱུར་སྔོ་ཁྲིད་བྱས་པ་རེད།

གངས་རིན་པོ་ཆེའི་ཟིལ་ཉམས་དཀྱུང་དུ་འཕྱུར་ཞིང་། མ་ཕམ་གཡུ་མཚོའི་རླབས་སྟོན་ཡམ་ཡོམ་དུ་གཡོ། གནས་མཛལ་ལ་ཡོང་མཁན་དང་ཡུལ་སྐོར་བ་མཚམས་མི་ཆད། ཞོགས་པ་སྔ་པོར་གནས་རིའི་གཤམ་འོག་ཏུ་གནས་པའི་སྤུ་ཧྲེང་རྫོང་གངས་ས་གྲོང་ཚོ་འབྲུག་ཆ་དོད་དུ་སོང་ནས་གྲོང་མི་ཚོས་གླུ་ཆུང་ལེན་བཞིན་དུ་རྡོག་ཆས་བསྡོགས་པ་དང་རྟའི་རྨིག་ལྕགས་བརྗེ་བ་སོགས་བྲེལ་བརྩོན་གྱི་རྣམ་པས་ཁེངས།

ཁལ་གཡག་སྐྱེལ་འདྲེན་ཚ་ཁག་བཙུགས་པ་ནི་གངས་ས་གྲོང་ཚོའི་ཏང་གྱི་ཕྲུའུ་ཡིས་ཏང་འཛུགས་སྐྱོང་ལ་དམ་འཛིན་གྱིས་དབུལ་སྒྲོལ་ལ་སྐུལ་འདེད་གཏོང་རྒྱུ་མཐའ་འཁྱོངས

བྱེད་པའི་བྱ་ཐབས་གལ་ཆེན་ཞིག་རེད། གངས་ས་གྲོང་ཚོའི་ཧང་གྲི་ཕྱུའུ་ཡིས་ཆབ་སྲིད་ཀྱི་ལེགས་ཆ་དང་རྩ་འཛུགས་ཀྱི་ལེགས་ཆ་གང་ལེགས་བཏོན་པ་དང་ས་བབ་ཀྱི་ལེགས་ཆ་དང་། ཐོན་ཁུངས་ཀྱི་ལེགས་ཆ། སྲིད་ཇུས་ཀྱི་ལེགས་ཆ་བཅས་གང་ལེགས་སྤྱད་དེ་དུད་ཚང་322ཀྱི་མི་གྲངས་1103ལ་སྐྱེལ་སྣོང་རྒྱ་ཁྱབ་བྱས་ཤིང་། ངལ་རྩུས་མ་རྐང་ནང་ཞུགས་པའི་ཐབས་ལ་བརྟེན་ནས་མང་ཚོགས་ལ་འབབ་འཕར་ཡོང་རྒྱུར་སྐུལ་ཁྲིད་བྱས་པ་རེད།

གངས་ས་གྲོང་ཚོའི་ཧང་གྲི་ཕྱུའུ་དང་འདྲ་བར་ཧང་འཛུགས་སྐྱོང་ལ་དམ་འཛིན་གྱིས་དབུལ་སྒྲོལ་ལ་སྐུལ་འདེད་བཏང་ནས་ཕན་འབྲས་ཐོན་པའི་གཞི་རིམ་གྱི་ཧང་རྩ་འཛུགས་མངའ་རིས་སུ་ད་དུང་མི་ཉུང་བ་ཞིག་ཡོད།

གཞི་རིམ་ཧང་རྩ་འཛུགས་བརྟན་པོ་བསྐྲུན་པ་ནི་དབུལ་སྒྲོལ་འགག་སྒྲོལ་ལ་སྐུལ་འདེད་གཏོང་བའི་འགག་རྩ་ཡིན། འདི་ལོ་ཚུན་དུ། མངའ་རིས་ས་ཁུལ་གྱིས་གྲོང་ཚོ་རིམ་པའི་ནུས་མེད་ཟབ་ཟོབ་ཀྱི་གཞི་རིམ་ཧང་རྩ་འཛུགས་16གྲལ་བཤེར་དང་གཏན་འཁེལ་བྱས་ཏེ་གྲོང་ཚོ་རེར་བྱ་ཐབས་རེའི་རྩ་དོན་མཐའ་འཁྱོངས་དང་། གཅིག་རེ་བཞིའི་བྱ་ཐབས་དོན་འཁྱོལ། ཛོང་རིམ་པའི་ལས་བྱེད་པ་16འདེམས་མངགས་ཀྱིས་གྲོང་ཚོར་འབྲེལ་གཏུག་ཤང་དང་གྲོང་རྫལ་ཧང་ཨུད་ཀྱི་རྟུའུ་ཅི་16འདེམས་མངགས་ཀྱིས་གྲོང་ཚོ་འགན་གཙང་ལེན་པ། རྟུའུ་ཅི་དང་པོ་16འདེམས་མངགས་ཀྱིས་གྲོང་ཚོར་བཅའ་སྡོད། གྲོང་སྡོད་ལས་དོན་རུ་ཁག་16གི་མངགས་གཏོང་ཚན་པ་དང་ཆ་སྒྲིག་བཅས་བྱས་ཏེ་ནུས་མེད་ཟབ་ཟོབ་ཀྱི་ཧང་རྩ་འཛུགས་དག་ཐེར་ལས་དོན་ལ་དམ་འཛིན་ཡག་པོ་བྱས་པ་རེད། གཞན་ཡང་། མངའ་རིས་ས་ཁུལ་གྱིས་ས་ཁུལ་དང་། ཛོང་། ཤང་(གྲོང་རྫལ)བཅས་ནས་ཕུལ་བྱུང་ལས་བྱེད་པ་741འདེམས་མངགས་བྱས་ཏེ་གྲོང་ཚོ(གྲོང་ལྷན)145རུ་དཔལ་འབྱོར་གྱི་མཛུབ་ཁྲིད་པ་དང་། གྲོང་དཔོན་སློབ་གྲྭ་ཆེ་མོ་བ། གྲོང་ཚོ་རིམ་པའི་ཧང་རྩ་འཛུགས་ཀྱི་རྟུའུ་ཅི་དང་པོ། གྲོང་སྡོད་སྤྱི་བདེའི་མི་དམངས་ཉེན་རྟོག་པ། གྲོང་ཚོ་འགན་གཙང་ལེན་མཁན་

ལས་བྱེད་པ་བཅས་སུ་བཏང་ནས་གཞི་རིམ་གྱི་སྟོབས་ཤུགས་སྣར་བས་ཆེ་རུ་བཏང་བ་དང་། གྲོང་ཚོའི་ཨུ་ལྷན་གཉིས་ཚན་ཁག་ལ་ཐོན་ཁུངས་ཀྱི་ལེགས་ཆ་དང་། ཐོན་ལས་ཀྱི་རྨང་གཞི། ཁྲིམ་རའི་དགོས་མཁོ་བཅས་ལ་གཞི་རྩུགས་པར་གཞོགས་འདེགས་བྱས་ཏེ་གྲོང་ཚོ་རིམ་པའི་མཉམ་སྡེབ་དཔལ་འབྱོར་སྟོབས་ཆེར་བཏང་བ་དང་དབུལ་སྒྲོལ་འགག་སྒྲོལ་ལ་རམ་འདེགས་བྱས་པ་རེད།

ལོ་3ཀྱི་གོང་། སྡེར་རྩེ་རྫོང་འོ་མ་ཤང་འཆམ་གུག་གྲོང་ཚོ་ནི་འབྲོག་ལས་རྐྱང་པའི་གྲོང་སྡེ་ཞིག་ཡིན་ཞིང་། འབྲོག་པར་ཡོང་འབབ་ཡོང་ཁུངས་གཅིག་པོ་ན་ལས་མེད་པ་དང་། གྲོང་ཚོ་ཡོངས་ལ་དུད་ཚང་86གི་མི་301ཡོད་པའི་ཁྲོད་ནས་མི་འབོར་དབུལ་པོ་དུད་ཚང་21གི་མི་60ཡོད་པ་རེད། སྐྱུར་བཅོས་བརྟག་ཞིབ་ཚོགས་ཆུང་འཆམ་གུག་གྲོང་ཚོར་འབྱོར་སྐབས་འཆམ་གུག་གྲོང་ཚོའི་ཏང་གི་ཧྲུའུ་ཅིའུ་ཅི་ཉི་མ་དོན་གྲུབ་ཀྱིས་འཆམ་གུག་གྲོང་ཚོར་སྐྱུར་བཅོས་ཚོད་ལྟ་གནང་དང་། གྲོང་ཚོའི་མཉམ་སྡེབ་དཔལ་འབྱོར་གོང་འཕེལ་བཏང་སྟེ་འབྲོག་པ་རྣམས་མཉམ་དུ་ཕྱུག་པོ་ཆགས་ཐུབ་པའི་ཡིད་ཆེས་ཡོད་ཅེས་བཤད། ཁ་བཤད་བྱ་བ་འཕྲལ་དུ་རྩོམ་ཞེས་པ་ལྟར་ཉི་མ་དོན་གྲུབ་ཀྱིས་འཕྲལ་དུ་གྲོང་ཚོའི་ཏང་ཡོན་40སྒྲིག་འཛུགས་བྱས་ཏེ་སྐྱུར་བཅོས་ཀྱི་དོན་གནད་ལ་གྲོས་བསྡུར་བྱས།

ཉི་མ་དོན་གྲུབ་ཀྱི་སྣེ་ཁྲིད་འོག་འཆམ་གུག་གྲོང་ཚོས་འབྲོག་ལས་སྐྱུར་བཅོས་ཀྱི་ཚོད་ལྟ་གོ་སྐབས་སུ་བྱས་ཏེ་མ་རྐང་ནང་ཞུགས་སྟངས་བཞི་དང་གཅིག་གྱུར་དྲུག་ཁྱད་ཆོས་གཙོ་བོར་བྱས་པའི་འབྲོག་ལས་གཉེར་སྟངས་གསར་པ་འཚོལ་ཞིབ་གསར་གཏོད་བྱས་པས་སྲོལ་རྒྱུན་གྱི་འབྲོག་ལས་དེ་ཉིད་ཁ་ཐོར་རྣམ་པ་དང་རགས་ལས་རྣམ་པ་ནས་ལེགས་བསྡུས་ཞིབ་གཉེར་ཅན་དང་ཕན་འབྲས་ཅན་དུ་འགྱུར་བ་དང་། འབྲོག་ལས་ སྤུས་འཕར་ནུས་འཕར་དང་འབྲོག་པར་འབབ་འཕར་ཕྱུག་འགྱུར་བྱུང་བའི་སྐྱུར་བཅོས་འཕེལ་རྒྱས་ཀྱི་ལམ་བུ་གསར་པ་ཞིག་ཏུ་བསྐྲོད་ཐུབ་ཡོད།

འདི་ལོ་ཚུན་དུ། མངའ་རིས་ས་ཁུལ་གྱིས་དབྱུལ་སྒྲོལ་འགག་སྒྲོལ་ལས་དོན་སྒྲུབ་རིང་གི་མཚོན་ཚུལ་དངོས་དེ་ཉིད་གྲོང་ཚོའི(གྲོང་ལྷན)ཇུ་ལྷན་གཉིས་ཚན་ཁག་གི་ཁོངས་མི་འདེམས་བཀོད་བྱེད་པའི་གཞི་འཛིན་ས་གལ་ཆེན་དུ་བརྩིས་པ་དང་། ཞིབ་དཔྱད་ཐད་དབྱུལ་སྒྲོལ་འགག་སྒྲོལ་ལ་ལྟ་བ་དང་མི་སྣ་འདེམས་པར་དབྱུལ་སྒྲོལ་འགག་སྒྲོལ་ལས་དོན་ཁྲིད་ནས་འདེམས་པའི་སྟོན་ཕྱོགས་ཁ་གསལ་བཟོས་ཏེ་ཕྱུག་འགྱུར་གྱི་ཐབས་ལ་མཁས་པ་དང་ཕྱུག་པོ་ཆགས་རྒྱུར་སྣེ་ཁྲིད་ཐུབ་པའི་མི་སྣ་གྲོང་ཚོའི་ཇུ་ལྷན་གཉིས་ཚན་ཁག་ནང་བདམས་པ་རེད། བསྡོམས་རྩིས་བརྒྱབ་པར་གཞིགས་ན། མངའ་རིས་ས་ཁུལ་གྱི་གྲོང་ཚོའི་ལས་བྱེད་པ་850ཡི་ཁྲོད་དུ་ཕྱུག་འགྱུར་སྣེ་ཁྲིད་པ་158ཡོད་པ་རེད།

དཀའ་སྤྱད་ཕྱུག་འགྱུར་བྱེད་པར་ཏང་གི་བཀའ་དྲིན་ཆེར་བ།

ལོ་འདི་དག་གི་རིང་། ཏང་གི་དམངས་ཕན་སྲིད་ཇུས་ཀྱི་རོགས་རམ་འོག་ངེད་ཁྱིམ་གྱི་འཚོ་བ་ཇེ་ལེགས་སུ་སོང་བ་དང་། ཟ་གོས་སྡོད་གསུམ་ལ་སེམས་ཁྲལ་མི་འདུག དབང་པོ་སྐྱོན་ཅན་གྱི་གཅུང་པོར་ཡང་རོགས་རམ་ཐོབ་པས་སེམས་གཏིང་ནས་རང་རེའི་ཏང་བཀའ་དྲིན་ཆེན་པོ་ཡིན་སྙམ་གྱི་འདུག ང་ཏང་ཡོན་ཞིག་ཡིན་ལ་གྲོང་ཚོའི་ལས་བྱེད་པ་ཞིག་ཀྱང་ཡིན་པས་ཧུར་ཐག་འབད་ཐག་གིས་མང་ཚོགས་ཀྱི་སྣེ་ཁྲིད་དེ་སྒྲོག་ཤིང་ལ་གོང་བཀུར་དང་མེས་རྒྱལ་ལ་དགའ་ཞེན་བྱེད་པ་དང་། རང་ཉིད་ཀྱི་དཀའ་སྤྱད་ཀྱི་ལག་རྡུང་ལ་བརྟེན་ནས་ཕྱུག་འགྱུར་གྱི་ལམ་བུར་བསྐྱོད་རྒྱུ་ཡིན་ཞེས་མངའ་རིས་ས་ཁུལ་མཚོ་ཆེན་རྫོང་ཚུ་ལྷོ་ཤང་ཚུ་ལྷོ་གྲོང་ཚོའི་གྲོང་ཚོ་ཇུ་ལྷན་གྱི་ཀྲུའུ་རེན་ཟླ་བས་འཇུམ་འཛུམ་འཛེར་དང་བཤད། ཟླ་བས་ཚོགས་ཆེན་བཅུ་དགུ་པའི་སྐབ་སྟོན་ངག་ཏུ་སྐྱོར་ཐུབ་པར་བརྟེན་ཉེ་རྒྱུང་གང་སར་སྐད་གྲགས་ཡོད་པ་རེད།

མངའ་རིས་ས་ཁུལ་དུ། ཟླ་བ་དང་འདྲ་བའི་མི་ད་དུང་མང་པོ་ཡོད། ཉེ་བའི་ལོ་ཤས་

རིང་། མངའ་རིས་ས་ཁུལ་གྱིས་ཧང་ཛ་འཛུགས་ཀྱི་ཆབ་སྲིད་ཀྱི་ལེགས་ཆ་མངོན་གསལ་དོད་པོ་ཡོང་བ་བྱས་ཏེ་དུས་ཆེན་གསུམ་དང་བདུན་གཅིག རྒྱལ་སྟོན་སོགས་དུས་ཆེན་གལ་ཆེ་རིགས་ཀྱི་གོ་སྐབས་གང་ལེགས་སྤྱད་དེ། ཐོད་གསར་རྙིང་བསྒྱུར་བ་དང་། ཧང་གི་བཀའ་ལ་ཉན་པ་དང་། ཧང་གི་བཀའ་དྲིན་ཚོར་བ། ཧང་གི་རྗེས་སུ་འབྲང་བ་སོགས་ཀྱི་བྱེད་སྒོ་གཏིང་ཟབ་སྤེལ་གྱི་ཡོད། དེ་དང་ཆབས་ཅིག སློབ་གསོར་བརྟེན་ནས་དབུལ་སྐྲོལ་བྱུང་བའི་མང་ཚོགས་ཚོར་བདེ་སྐྱིད་ལྡན་པའི་འཚོ་བར་གཅེས་འཛིན་དང་ཧང་གི་སྲིད་ཇུས་བཟང་པོའི་བཀའ་དྲིན་ཚོར་བར་བྱེད་པ་དང་། ཧང་གི་འགོ་ཁྲིད་ལ་གོང་བཀུར་དང་ཧང་གི་བཀའ་དྲིན་དྲན་པ། ཧང་གི་བཀའ་ལ་ཉན་པ་དང་ཧང་གི་རྗེས་སུ་འབྲང་བའི་ཡིད་ཆེས་དང་ཚོད་སེམས་བརྟན་དུ་གཏོང་བ་བཅས་ཀྱི་ཁྲིད་སྟོན་བྱེད་ཀྱི་ཡོད།

མིག་སྔར། མངའ་རིས་ས་ཁུལ་གྱི་རིམ་ཁག་ཧང་ཛ་འཛུགས་དང་རྒྱ་ཆེའི་ཧང་ཡོན་ཚོས་ཕྱོགས་ཡོངས་ནས་འགྱུར་འབྲིང་སྐྱི་ཚོགས་སྐྱུན་པའི་རྒྱུད་སྐྱོད་ཀྱི་ལམ་བུའི་ཐོག་འབད་འབུངས་ཡར་བརྩོན་དང་གདོང་མཆོང་བྱས་ཏེ་དབུལ་སྐྲོལ་འགག་སྐྲོལ་གྱི་འཐབ་ས་དང་པོར་མཐོན་པོར་གཡོ་བའི་ཧང་དར་སྔར་བས་དམར་མདངས་བཀྲ་བར་འབད་བཞིན་ཡོད།

རྩ་འཛུགས་ཀྱི་ལེགས་ཆ་དབྱུལ་སྒྲོལ་གྱི་ཡན་ཐུས་ལ་སྒྱུར་དགོས།

མངའ་རིས་ས་ཁུལ་གྱི་རིམ་ཁག་ཏང་རྩ་འཛུགས་ཀྱིས་དུས་དང་རྣམ་པ་ཀུན་ཏུ་མི་དམངས་ལ་ཞབས་འདེགས་ཞུ་རྒྱུ་བློ་ལ་བཅངས་པ་དང་། མི་དམངས་མང་ཚོགས་བདེ་སྐྱིད་ལྡན་པའི་འཚོ་བ་སྐྱེལ་རྒྱུ་དམིགས་ཚད་དུ་བཟུང་ནས། དབྱུལ་སྒྲོལ་འགག་སྒྲོལ་གྱི་ལས་དོན་དངོས་འབྲེལ་སེམས་ལ་འཛོག་པ་དང་དམ་འཛིན་ནན་པོ་བྱས་ཏེ་ལས་དོན་ཁག་དབྱུལ་སྒྲོལ་དང་ཟུང་འབྲེལ་ཐུབ་པ་དང་། རྣམ་གྲངས་ཁག་དབྱུལ་སྒྲོལ་ལ་གཟིགས་སྐྱོང་ཐུབ་པ། ཕྱོགས་ཁག་གི་སྟོབས་ཤུགས་དབྱུལ་སྒྲོལ་ཐོག་གཅིག་སྡུད་ཐུབ་པ་བཅས་ཀྱི་འགག་སྒྲོལ་རྣམ་པ་ཆགས་པར་བྱས་ནས་དབྱུལ་སྒྲོལ་འགག་སྒྲོལ་གྱི་ལས་དོན་མདུན་ཕྱོགས་སུ་སྐུལ་འདེད་བཏང་ཐོག་སེང་གེ་ཁ་འབབ་གཙང་པོའི་ངོགས་སུ་བརྗིད་ཉམས་ལྡན་པའི་དབྱུལ་སྒྲོལ་གྱི་བསྟོད་གླུ་བསྒྲགས་ཡོད།

གསར་བརྗེའི་ས་བོན་རྒྱུན་འཛིན་གྱིས་བསམ་པའི་སྣེ་ཁྲིད་ལ་མཐོང་ཆེན་བྱེད་པ་ནི་མངའ་རིས་ས་ཁུལ་གྱིས་དབྱུལ་སྒྲོལ་འགག་སྒྲོལ་ལ་སྐུལ་འདེད་གཏོང་བའི་ཐབས་མཆོག་གལ་ཆེན་ཞིག་རེད། མངའ་རིས་ས་ཁུལ་གྱི་ལས་བྱེད་པ་དང་མང་ཚོགས་ཚོས་སྟོན་སྐྱིད་ལན་གྱི་སྙིང་སྟོབས་དང་། ཁྱུང་རྡུབ་སེན་གྱི་སྙིང་སྟོབས་དར་སྤེལ་བཏང་ནས་སེམས་མཐུན་སྟོབས་སྒྲིལ་དང་། གདོང་ལེན་པ་བྱེད་ཕོད་པ། དཀའ་སྤྱད་འབད་འཐབ། ལེགས་སྐྱེས་འབུལ་འདོད་པ་བཅས་བྱས་པས་གནད་སྨིན་དབྱུལ་སྐྱོར་གྱི་སྲིད་ཇུས་གཞི་རིམ་དུ་དོན་འཁྱོལ་ཏན་ཏིག་ཐུབ་ཡོད། ཉེ་མ་དོན་གྲུབ་ཀྱིས་མང་ཚོགས་ཀྱི་སྣེ་ཁྲིད་དེ་དཀའ་ངལ་དང་འགལ་རྐྱེན་སྣ་ཚོགས་བསལ་ནས་འབྲོག་ཁུལ་སྒྱུར་བཅོས་བྱས་པས་མི་ཚང་མ་ཁྲིམ་

དར་ཕྱུག་འགྱུར་ཐུབ་པའི་ཐབས་ལམ་གསར་པ་གཏོད་ཐུབ་པ་བྱུང་ཡོད།

འཛོན་ཐང་ཅན་གྱིས་སྐུལ་ཁྲིད་བྱས་ཡོད་ལ། རྩ་འཛུགས་ཀྱིས་སྣེ་ཁྲིད་དེ་བས་བྱས་ཤིང་། སྤྱི་ཧྲེང་རྫོང་གནས་ས་གྲོང་ཚོའི་ཧྲང་གྲི་ཕུའུ་ཡིས་ཆབ་སྲིད་ཀྱི་ལེགས་ཆ་དང་རྩ་འཛུགས་ཀྱི་ལེགས་ཆ་འདོན་སྤེལ་གང་ལེགས་བྱས་ནས་ཁུལ་བབ་དང་ཐོན་ཁུངས་ཀྱི་ལེགས་ཆ་དེ་མང་ཚོགས་ཕྱུག་འགྱུར་གྱི་སྐུལ་ཤུགས་སུ་བསྒྱུར་ནས་གྲོང་ཚོ་ཧྲིལ་པོ་དབུལ་སྒྲོལ་ཐུབ་པ་བྱས་ཡོད།

དབུལ་སྒྲོལ་འགག་སྒྲོལ་མཇུག་ཏུ་ཐེ་ཙམ་སླེབས་ཚེ་དཀའ་ཚེགས་དེ་ཙམ་གྱིས་ཆེ་བ་ཡོད་པ་དང་། འཕྲོད་པ་ཚང་མ་དབུལ་པོའི་དཀའ་ཚེགས་ནང་གི་དཀའ་ཚེགས་དང་འགག་སྒྲོལ་ནང་གི་འགག་སྒྲོལ་ཡིན་ལ། ལས་འགན་དེ་བས་ལྕི་ལ་དཀའ་ཚེགས་ཆེ་བ་ཡོད་པས། དེའི་སྐབས་སུ་ཏང་འཛུགས་སྐྱོང་ལས་དོན་གྱི་སྣེ་ཁྲིད་ནུས་པ་དེ་བས་འདོན་སྤེལ་བྱེད་དགོས། རིམ་ཁག་ཏང་རྩ་འཛུགས་ཀྱིས་དབུལ་སྒྲོལ་འགག་སྒྲོལ་བྱེད་རྒྱུ་དེ་ཆབ་སྲིད་ཀྱི་ལས་འགན་གལ་ཆེན་ཞིག་ལ་བརྩིས་ནས་ཏང་འཛུགས་སྐྱོང་ལས་དོན་གྱི་སྣེ་ཁྲིད་ནུས་པ་འདོན་སྤེལ་བྱེད་པ་དང་། རིམ་པ་བཞིན་དམག་བཀའ་ཁས་ལེན་དམ་བཅའ་འཛུགས་པ། རིམ་པ་བཞིན་འགན་འཁྲི་ནན་ཏུ་གཏོང་བ། གནད་སྙིན་ཧུར་འགོད་དང་གནད་སྙིན་ཧུར་འདོན་བྱེད་པ་བཅས་བྱས་ནས་རྩ་འཛུགས་ཀྱི་ལེགས་ཆ་དང་། རྩ་འཛུགས་ཀྱི་ཐོན་ཁུངས། རྩ་འཛུགས་ཀྱི་སྟོབས་ཤུགས་གསུམ་དབུལ་སྒྲོལ་འགག་སྒྲོལ་ལ་སྐུལ་འདེད་གཏོང་བའི་འཕེལ་རྒྱས་ཀྱི་ལེགས་ཆ་དང་། འཕེལ་རྒྱས་ཀྱི་ཐོན་ཁུངས། འཕེལ་རྒྱས་ཀྱི་སྟོབས་ཤུགས་གསུམ་ལ་སྒྱུར་དགོས།

ང་ཚོས་བསམ་བློ་དང་བྱ་སྤྱོད་སྟར་བས་གཅིག་གྱུར་གྱིས་དེ་བས་ནུས་ལྡན་གྱི་བྱ་ཐབས་དང་། དེ་བས་ཁ་གསལ་གྱི་འགན་འཁྲི། དེ་བས་ནན་པའི་སྤྱོད་ཚུལ་བཅས་ལ་བརྟེན་ནས་དབུལ་སྒྲོལ་འགག་སྒྲོལ་གྱི་དམག་འཐབ་ལ་རྒྱལ་ཁ་མཐའ་གཅིག་ཏུ་ཐྲངས་ཏེ་ཏང་

འཛུགས་སྐྱོང་ལས་དོན་དོན་འཁྱོལ་ཏན་ཏིག་ཐུབ་པ་དང་། དབུལ་ཞུ་ཕུད་པ་དང་དབུལ་པོའི་རྩ་བ་བཏུངས་ནས་འཕྱིན་ཐུབ་པ་བྱེད་དགོས།

ས་མཐོའི་གངས་སར་རྣམ་པ་གསར་པ་མངོན།

——བོད་ལྗོངས་དང་སི་ཁྲིན་བོད་རིགས་ས་ཁུལ་གྱི་དཔལ་འབྱོར་འཕགས་སྐྱོལ་གྱི་འཐབ་ཕྱོགས་དང་པོར་བཅར་འདྲི་བྱས་པ།

● ཉ་ཁང་གྲོང་ཚོའི་ཆེད་ལས་མཉམ་ལས་ཁང་ལ་ལུག་7100དང་འབྲི་གཡག་900ཡོད་ཅིང་། ན་ནིང་རྩི་ཡོན་ལ་ཁེ་སྤོགས་སྒོར་ཁྲི་133བགོས་པར་གྲོང་ཚོ་དེ་ཡོངས་ཀྱི་མི་རེའི་ཆ་སྙོམས་ཡོང་འབབ་སྒོར་14354ཟིན་ཡོད།

● མགོན་བཀྲས་གསར་འགོད་པར་ད་ཆ་ཐག་རིང་དུ་འགྲོ་བར་སེམས་ཁྲལ་གཏན་ནས་མི་འདུག་ལ་ཁྱིམ་དུ་ལས་ཀ་ཡོད་ཀྱང་དུས་ཐོག་ཏུ་ལོག་ཐུབ་ཀྱི་འདུག་ཅེས་བཤད་པ་དང་ཕྱུགས་ཟོག་མེད་པའམ་ཡང་ན་ཕྱུགས་ཟོག་ཉུང་བའི་གྲོང་མི་ཁ་ཤས་ཀྱིས་ཆོང་དུ་བདེ་སྲུང་བ་དང་། གཙང་སྦྲ་བ། དངོས་ཟོག་འཚོང་མཁན་སོགས་ཀྱི་ལས་ཀ་བཙལ་ནས་ཟླ་རེར་མི་རེར་ཆ་སྙོམས་ཡོང་འབབ་སྒོར་2000ལྷག་ཙམ་རག་གི་ཡོད།

● འདི་ལོ་སྐར་གྱི་ལོ་འཁོར་མོའི་ཡོང་འབབ་སྒོར་ཁྲི་8ལྷག་ཙམ་ཟིན་ནས་ངལ་རྩོལ་ཕྱུག་འགྱུར་གྱི་སྡེ་ཁྲིད་པར་གྱུར་ཡོད། སན་བུ་གྲོང་ཚོར་འདི་ལོ་རྩེན་ཁྱིམ་ཚང་དབུལ་པོའི་ངལ་རྩོལ་ནུས་ཤུགས་86ལས་ཞུགས་གཞན་སྤྱུར་བྱས་པའི་ནང་ཐག་ཉེ་ས་དང་ས་ཆ་དེ་གར་མི་45ལས་ཞུགས་ཐུབ་པ་དང་ཕྱི་ཕྱོགས་སུ་མི་41གླ་པར་བསྐྱོད་དེ་ཟླ་རེའི་ཆ་སྙོམས་ཡོང་འབབ་སྒོར་3500ཙམ་ཡོད་པ་རེད།

● བོད་ལྗོངས་ཀྱིས་ཆ་རྐྱེན་དང་འཚམ་པའི་མི་འབོར་དབུལ་པོ་ཚང་མ་ནད་ཡམས་ཀླེ་རིགས་དང་ཚབས་ཆེན་གྱི་སྨན་བཅོས་རོགས་སྐྱོབ་ཁྲབ་ཁོངས་སུ་བཙུག་པ་དང་

2018ལོར་མི་ཐེངས་ཁྲི་13ལ་སྐྱོབ་རོགས་བྱས་ཏེ་ནད་ཀྱིས་རྐྱེན་པས་དབུལ་པོ་ཆགས་པ་དང་བསྐྱར་དུ་དབུལ་པོ་ཆགས་རྒྱུ་བཀག་འགོག་ནུས་ལྡན་བྱས་པ་དང་། དམིགས་བསལ་དཀའ་ངལ་ཡོད་པའི་མི་སྣའི་རོགས་སྐྱོར་འཚོ་སྐྱོང་ལམ་ལུགས་ཕྱོགས་ཡོངས་ནས་ལག་བསྟར་བྱས་ཏེ་གྲོང་ཁྱེར་དང་གྲོང་གསེབ་ཀྱི་དམིགས་བསལ་དཀའ་ངལ་ཡོད་པའི་མི་སྣ་14734འཚོ་སྐྱོང་བྱས་པའི་ནང་གཅིག་སྡུད་འཚོ་སྐྱོང་བྱེད་ཚད་བརྒྱ་ཆ57.2ཟིན་པ། གནས་སྐབས་རོགས་སྐྱོབ་ལམ་ལུགས་འཛུགས་པ་དང་འཕྲུས་སྒོ་ཚང་དུ་བཏང་ནས་2018ལོའི་ལོ་འཁོར་མོར་མི་ཐེངས་15215ལ་སྐྱོབ་རོགས་བྱས་པ་བཅས་རེད། 2020ལོར་སླེབས་སྐབས་བོད་ལྗོངས་ཀྱིས་སྤྱི་ཚོགས་འགན་ལེན་གྱི་ཐ་སྐྱོང་བྱེད་པ་བརྒྱུད་མི་ཁྲི་24དབུལ་སྒྲོལ་ཐུབ་རྒྱུ་རེད།

ཁོར་ཡུག་གི་དཀའ་ངལ་ཁྱད་དུ་བསད་དེ་དབུལ་སྒྲོལ་ལམ་བུར་བསྐྱོད་པ།

བོད་ལྗོངས་དང་། སི་ཁྲོན། ཡུན་ནན། ཀན་སུའུ། མཚོ་སྔོན་བཅས་ཞིང་ཆེན་བཞིའི་བོད་རིགས་ས་ཁུལ་གྱི་རང་བྱུང་ཁོར་ཡུག་ཚུང་ཞན་པ་དང་དེ་ནི་རྒྱལ་ཡོངས་ཀྱི་གཅིག་སྡུད་ཡུག་སྲིལ་གྱི་ཤིན་ཏུ་དབུལ་བའི་ས་ཁུལ་བཅུ་བཞི་ཡི་ཁྲོད་ཀྱི་དབུལ་པོ་ཡིན་ཚད་ཤུགས་ཆེ་བ་དང་། དབུལ་པོ་ཐོན་ཚད་མང་བ། དབུལ་སྒྲོལ་ལས་འགན་ལྷི་བ་བཅས་ཀྱི་ས་ཁུལ་གྱི་གྲས་ཤིག་རེད།

ད་ཕན་ལོ་ཤས་རིང་། ཏང་ཀྲུང་དབྱང་གི་འགྱུར་མེད་སྟོབས་ལྡན་གྱི་འགོ་ཁྲིད་འོག་བོད་ལྗོངས་དང་སི་ཁྲོན་བོད་རིགས་ས་ཁུལ་གྱིས་ཤིན་ཏུ་དབུལ་བར་དམིགས་ནས་ངོ་མཚར་རེ་རེ་བཞིན་བཀོད་དེ་ས་མཐོའི་གང་སར་རྣམ་པ་གསར་པ་མངོན་ཡོད།

ལོ་36ལ་སླེབས་པའི་བཟང་པོ་ནི་གཉིས་རྩེ་གྲོང་ཁྱེར་འབྲོང་པ་རྫོང་བར་ཡངས་གྲོང་རྗལ་ཉ་ཁང་གྲོང་ཚོའི་ཡིག་ཚགས་དང་གྲྭ་བཟོས་པའི་དུད་ཚང་དབུལ་པོ་ཡིན་པ་དང་ཉེ་

བའི་ལོ་གསུམ་རིང་ཁོང་ལ་འགྱུར་ལྡོག་ཆེན་པོ་བྱུང་ཡོད།

བཟང་པོས་དུད་ཚང་དབུལ་པོའི་ཐོབ་ཐང་ཐོག་ནས་ཀྲུང་གོ་ཞིང་ལས་དངུལ་ཁང་ནས་དངུལ་བུན་སྒོར་ཁྲི་5གཡར་ཏེ་གྲོང་ཚོའི་མཉམ་ལས་ཁང་དུ་མ་འཛུགས་བྱས་པ་དང་། དེད་ཕྱི་ཤུག་གཉིས་ཀས་མཉམ་ལས་ཁང་དུ་ཕྱུགས་འཚོས་ནས་ཟླ་རེར་གླ་ཆ་ཕྱིན་སྒོར་2800ལེན་རྒྱུ་ཡོད་པ་མ་ཟད། ལོ་མཇུག་ཏུ་ད་དུང་ཁེ་སྤྱོགས་བགོ་ཡི་ཡོད། ན་ཉིང་དེད་གཉིས་པོར་ཡོང་འབབ་སྒོར་ཁྲི་7ལྷག་ཙམ་བྱུང་ཞེས་བཤད་པ་དང་མཉམ་ལས་ཁང་གིས་ཁོང་ལ་དངུལ་སྣར་ཡོང་འབབ་གསོག་པའི་གོ་སྐབས་བསྐྲུན་པས་ཕྲུ་གུ་གསུམ་གྱི་འགྲོ་སོང་འདང་ངེས་ཡོད་པ་རེད།

ཉ་ཁང་གྲོང་ཚོར་ཁྱིམ་དུད་ཚང་169དང་མི་556ཡོད་ཅིང་། 2018ལོའི་གོང་དུ་ཡིག་ཚགས་དང་ཐོ་བཀོད་བྱས་པའི་དུད་ཚང་དབུལ་པོ་45དང་མི་101ཡོད་པར་དབུལ་པོ་ཐོན་ཚད་བརྒྱ་ཆ18.2ཟིན་ཡོད། སྔོན་ཆད་ཁྱིམ་དུ་ནོར་ལུག་10ཡང་མི་ཟིན་པ་དང་རང་ཉིད་ཀྱིས་ལག་རྩལ་གང་ཡང་མི་ཤེས་སྐབས་ཕྱི་ཕྱོགས་སུ་གླ་པ་རྒྱུག་པར་འགྲོ་ཐབས་བྲལ་བར་བརྟེན་དངུལ་སྣར་ཡོང་འབབ་གང་ཡང་མེད་ཅེས་བཟང་པོས་བཤད།

ཉ་ཁང་གྲོང་ཚོའི་ཆེད་ལས་མཉམ་ལས་ཁང་གིས་དངུལ་སྣར་དང་ཕྱུགས་ཟོག་མ་རྐང་ནང་འཛུགས་རྒྱུ་ཟུང་འབྲེལ་བྱས་ཏེ་རྩ་ར་ཨུའུ་ཁྲི་16བརྒྱུད་བཤུག་བཏང་བ་རེད། གྲོང་ཚོའི་ཏང་གི་ཧྲུའུ་ཅིའུ་ཅི་སྲི་དབང་གིས་ད་ཆ་མཉམ་ལས་ཁང་ལ་ལུག་7100དང་འབྲི་གཡག་900ཡོད་ཅིང་། ན་ཉིང་རྗེ་ཡོན་ལ་ཁེ་སྤྱོགས་སྒོར་ཁྲི་133བགོས་པས་གྲོང་ཚོ་དེ་ཡོངས་ཀྱི་མི་རེའི་ཆ་སྙོམས་ཡོང་འབབ་སྒོར་14354ཟིན་ཡོད་ཅེས་བཤད།

རང་བྱུང་ཁོར་ཡུག་ཞན་པ་དང་མང་ཚོགས་ཀྱི་ཕྱུག་འགྱུར་འདུ་ཤེས་ཞན་པ་སོགས་ཀྱི་དངོས་ཡོད་གནས་ཚུལ་ལ་དམིགས་ནས་འབྲོང་པ་རྫོང་གིས་ཐབས་བརྒྱ་ཇུས་སྟོང་ངང་མང་ཚོགས་ལ་ཕྱུགས་ཟོག་དང་ངལ་རྩོལ་ནུས་ཤུགས་མ་རྐང་ནང་འཛུགས་པ་དང་རྩ་ར་

བརྒྱད་བཞུག་གཏོང་བའི་བྱ་ཐབས་བརྒྱད་མཉམ་ལས་ཁང་གི་གཉེར་སྐྱོང་ནང་ཞུགས་རྒྱུའི་ཁྲིད་སྟོན་བྱས་ཏེ་ཡུལ་དེའི་གནམ་གཤིས་དང་འཚམ་པའི་ཇོ་རིའི་ཧོར་པའི་ལུག་གསོ་སྐྱེལ་བྱས་པ་རེད། ད་ཆ་ཇོང་དེ་ཡོངས་སུ་ལག་ཡོད་ལུག་མགོ་གྲངས་ཁྲི་55ཡོད་པའི་ནང་ཇོ་རིའི་ཧོར་པའི་ལུག་མགོ་གྲངས་ཁྲི་29ཡོད་པ་རེད།

ལོ་48ལ་སླེབས་པའི་དཔལ་འབྱོར་འཕྲོག་པ་མགོན་བཀྲའི་ཁྲིམ་མཚོ་སྔོན་ཞིང་ཆེན་མགོ་ལོག་བོད་རིགས་རང་སྐྱོང་ཀྲོའུ་རྨ་ཆེན་རྫོང་དྭངས་ལག་ཤང་ཁྲ་ཚོགས་གོང་མ་གྲོང་ཚོར་ཡོད་པ་དང་དྭངས་ལག་ཤང་གི་ཆ་སྙོམས་ས་བབ་ཨ་ཐོ་ཚད་སྨི་4000ཡན་ཟིན་པས་མཐོ་གྲང་སྣམ་ཤས་ཆེ་བའི་ཁུལ་ཞིག་རེད། མགོན་བཀྲའི་ཁྲིམ་གྱིས་དུས་ཡུན་རིང་པོའི་ནང་གནམ་ཆུ་སྒྲུག་ནས་འཚོ་བ་སྐྱེལ་བ་དང་སྐྱ་སྤྱོའི་འཕྲོག་ལས་ནི་ཡོང་འབབ་འབྱུང་ཁུངས་འབའ་ཞིག་དེ་རེད། ཁོང་གིས་ཉེ་བའི་ལོ་ཤས་རིང་། ཤང་བར་སྔུམ་ནག་ལམ་བཏིང་བ་དང་2016ལོར་གྲོང་ཚོ་བར་ཨར་འདམ་ལམ་ཡང་བཏིང་ཡོད། སྔོན་ཆད་ས་ཐག་རིང་ཤོས་ཡིན་པའི་དབྱར་དུས་ཀྱི་འཕྲོག་ར་ནས་ཤང་བར་རྟ་བཞོན་ནས་ཆུ་ཚོད་2ཙམ་འགྲོ་དགོས་པ་དང་ཤང་ནས་རྫོང་གྲོང་བར་ཉིན་ཕྱེད་ཙམ་འགོར་གྱི་ཡོད། ལམ་ཤར་གཏོང་ཐུབ་རྗེས་གྲོང་ཚོ་ནས་རྫོང་གྲོང་བར་ཆུ་ཚོད་3ལྷག་ཙམ་ལས་འགོར་གྱི་མེད་ལ་འཕྲོག་དལ་སྐབས་ད་དུང་རྫོང་གྲོང་དུ་སླ་པ་ཙག་ཅིག་རྒྱག་ནས་ཉིན་ལྟར་སྒོར་100གསོག་རྒྱུ་ཡོད་ཅེས་བཤད།

མགོན་བཀྲས་གསར་འགོད་པར་ད་ཆ་ཐག་རིང་དུ་འགྲོ་བར་སེམས་ཁྲལ་གཏན་ནས་མི་འདུག་ལ་ཁྲིམ་དུ་ལས་ཀ་ཡོད་ཀྱང་དུས་ཐོག་ཏུ་ལོག་ཐུབ་ཀྱི་འདུག་ཅེས་བཤད་པ་དང་གློག་སྒྲོག་མེད་པའམ་ཡང་ན་གློག་སྒྲོག་ཉུང་བའི་གྲོང་མི་ཁ་ཤས་ཀྱིས་རྫོང་དུ་བདེ་སྡུད་བ་དང་། གཙང་སྦྲ་བ། དངོས་སྒྲོག་ཚོང་མཁན་སོགས་ཀྱི་ལས་ཀ་བཙལ་ནས་ཟླ་རེར་མི་རེར་ཆ་སྙོམས་ཡོང་འབབ་སྒོར་2000ལྷག་ཙམ་རག་གི་ཡོད་པ་རེད།

ཐོན་ལས་ཁྲིད་ཞིང་འགྲོག་པ་ལས་ཞུགས་རྩར་བརྟུ་བྱས་པ།

མངའ་རིས་ས་ཁུལ་དགེ་རྒྱས་རྫོང་དགེ་རྒྱས་གྲོང་རྡལ་སན་བུ་གྲོང་ཚོ་ཡོངས་ཀྱི་ཆ་སྙོམས་ས་བབ་མཐོ་ཚད་སྨི་4700ཡན་ཟིན་པ་དང་གྲོང་མིའི་སློབ་གསོ་ཐོབ་པའི་ཚད་གཞི་དམའ་པོ་ཡོད། ད་ཆང་དབུལ་པོ་སྐར་གྱི་ནང་མིར་སྲིད་ཇུས་རང་བཞིན་གྱི་ཡོང་འབབ་ཕུད་ཁྱིམ་གྱི་ལུག་བཅུ་ལྷག་ཙམ་ལ་བརྟེན་ནས་འཚོ་བ་སྐྱེལ་དགོས་ཀྱི་ཡོད།

ཉེ་བའི་ལོ་གཉིས་ནང་། ཀྲུང་གོ་བཟོ་ཚོང་དངུལ་ཁང་བོད་རང་སྐྱོང་ལྗོངས་ཡན་ལག་དངུང་ཁང་གི་སན་བུ་གྲོང་ཚོར་བཅའ་སྡོད་ལས་དོན་ཚོ་ཁག་གིས་སན་བུ་གྲོང་ཚོའི་ཐོན་ལས་ཅན་གྱི་མི་ཐབས་ལ་བརྟེན་པའི་རྩ་འདེབས་འཛུགས་སྐྲུན་རྣམ་གྲངས་ཁྲིད་སེམས་ནུས་བཏོན་པ་དང་མིག་སྔར་གྲོང་ཚོ་དེ་ཡོངས་ཀྱི་གྲོང་མི་ཕལ་ཆེ་བ་མི་ཐབས་ལ་བརྟེན་ནས་རྩ་འདེབས་པའི་ནང་ཞུགས་པ་དང་དབུལ་པོ་56ལ་རྣམ་གྲངས་དེ་བརྒྱུད་ལས་ཞུགས་འབབ་འཕར་བྱུང་བ་རེད།

སྐར་གྱིས་ངས་མངའ་རིས་ས་ཁུལ་བསྡིགས་སོལ་ཀུང་སིར་སླ་པ་རྒྱུག་པར་ཟླ་རེར་ཡོང་འབབ་སྒོར་4000ཟིན་པའི་ཁར་ད་དུང་ཁོམ་པ་ཡོད་སྐབས་ཁྱིམ་དུ་མི་ཐབས་ལ་བརྟེན་པའི་རྩ་འདེབས་རོགས་བྱེད་པ་དང་ལས་ཡུལ་དུ་གཞུང་ལམ་ཉམས་གསོ་བྱེད་པར་འགྲོ་ཡི་ཡོད། བཟའ་ཟླས་རྫོང་གྲོང་དུ་ཇ་ཁང་བཙུགས་ནས་ལོར་ཡོང་འབབ་སྒོར་ཁྲི་1.3ཙམ་ཟིན་གྱི་འདུག་ཅེས་བཤད།

འདི་ལོ་སྐར་གྱི་ལོ་འཁོར་མོའི་ཡོང་འབབ་སྒོར་ཁྲི་8ལྷག་ཙམ་ཟིན་ནས་ངལ་རྩོལ་ཕྱུག་འགྱུར་གྱི་སྟེ་ཁྲིད་པར་གྱུར་ཡོད། སན་བུ་གྲོང་ཚོར་འདི་ལོ་ཚུན་ཁྱིམ་ཚང་དབུལ་པོའི་ངལ་རྩོལ་ནུས་ཤུགས་86ལས་ཞུགས་གཞན་སྤྱུར་བྱས་པའི་ནང་ཐག་ཉེ་ས་དང་ས་ཆ་དེ་གར་མི་45ལས་ཞུགས་ཐུབ་པ་དང་ཕྱི་ཕྱོགས་སུ་མི་41སླ་པར་བསྐྱོད་དེ་ཟླ་རེའི་ཆ་

སློམས་ཡོང་འབབ་སྒོར་3500ཙམ་ཡོད་པ་རེད།

དགེ་རྒྱས་རྫོང་གི་རྫོང་དཔོན་ལྷང་མིང་ཅེས་རྫོང་དེ་ཡོངས་ཀྱིས་མི་ཐབས་ལ་བརྟེན་པའི་རྩྭ་འདེབས་རྟེན་གཞི་བསྐྲུན་ནས་འགྲོག་ལས་སྤུས་ཚད་དང་ཕན་འབྲས་འཕར་རྒྱུར་རམ་འདེམས་བྱས་པར་འདི་ལོ་འདེབས་འཛུགས་རྒྱ་ཁྱོན་མུའུ་ཁྲི་2.35ཟིན་ཡོད། ཐོན་ལས་ཅན་གྱི་རྩྭ་འདེབས་རྣམ་གྲངས་ཀྱིས་རིམ་རྫིས་བརྒྱབ་ན་མི་500ལྷག་ཙམ་ལས་ཞུགས་འབབ་འཕར་ཡོང་བར་སྐུལ་ཁྲིད་བྱས་པ་དང་དུས་མཚུངས་འགྲོག་ལས་ཕན་འབྲས་ཀྱང་མཐོ་རུ་སོང་ཡོད་ཅེས་ངོ་སྤྲོད་བྱས་པ་རེད།

ལོ་37ལ་སླེབས་པའི་དུད་ཚང་དབུལ་པོ་པད་མ་ཚེ་བརྟན་གྱི་ཁྱིམ་ནི་ཀན་སུའུ་ཞིང་ཆེན་ཀན་ལྷོ་བོད་རིགས་རང་སྐྱོང་ཀྲོའུ་ཐེ་བོ་རྫོང་ན་བརྒྱ་གྲོང་ཚོར་ཡོད་པ་དང་2017ལོའི་གོང་དུ་ཁོང་ཁྱིམ་གྱིས་ཞིང་ཁ་འདེབས་པ་ཁོ་ནར་བརྟེན་ནས་འཚོ་བ་སྐྱེལ་གྱི་ཡོད། པད་མ་ཚེ་བརྟན་གྱི་ཁྱིམ་དུ་མི་8ཡོད་པ་དང་ཕ་མ་གཉིས་ཀ་ཐང་པོ་དེ་ཙམ་མེད་སྐབས་རྟག་ཏུ་སྨན་ཁང་བསྟེན་དགོས་ལ་ཕྲུ་གུ་བཞི་པོ་ད་དུང་སློབ་གྲྭར་འགྲོ་བཞིན་ཡོད། རང་ཉིད་ཀྱི་རིག་གནས་ཆུ་ཚད་དམའ་བས་ཞིང་ཁ་འདེབས་པ་དང་། ཕྱུགས་འཚོ་བ། བཟའ་ཟླ་དང་མཉམ་དུ་རི་སྟེང་དུ་ཚོད་མ་དང་ཤ་མོང་བཀོག་ནས་ཁྱིམ་ཚང་གི་འགྲོ་སོང་འཕྱིད་ཐབས་བྱ་རྒྱུ་ལས་གཞན་ཐབས་ཤེས་གང་ཡང་མེད་ཅེས་ཁོང་གིས་བཤད་པ་དང་དཀའ་བ་ཇི་ཙམ་སྤྱད་ཀྱང་ལོ་འཁོར་མོའི་ཡོང་འབབ་སྒོར་ཁྲི་1ཀྱང་ཟིན་གྱི་མེད་སྐབས་དཀའ་ཚེགས་ཆེན་པོ་ཡོད་པ་རེད།

གྲོང་ཚོ་རིམ་པའི་ཐོན་ལས་ལ་བརྟེན་ནས་པད་མ་ཚེ་བརྟན་ལ་འགྱུར་ལྡོག་ཕྱིན་པ་དང་ད་ཆ་ཁོང་ལ་ལོ་ལྟར་གྲོང་ཚོའི་མཉམ་ལས་ཁང་གི་ཁེ་སྤྱོགས་བགོ་རྒྱུ་ཡོད།

ན་བརྒྱ་གྲོང་ཚོའི་གྲོང་ཚོ་ཨུ་ལྷན་གྱི་ཀྲུའུ་རེན་ཀླུ་འབུམ་སྐྱབས་ཀྱིས་གྲོང་ཚོའི་ཧྲང་ཡོན་གྱི་སྐུལ་ཁྲིད་འོག་2015ལོར་གདོད་མའི་རྩྭ་དགའ་ནག་ནག་སྔོད་བཅུད་ཡུལ་སྐོར་

ཆེད་ལས་མཉམ་ལས་ཁང་བཙུགས་ཏེ་ཡུལ་སྐོར་བྱེད་མང་བའི་དུས་ཚིགས་སུ་ཨར་ཁང་གི་ལས་དོན་པར་སླ་ཆ་སྐོར་2100ནས་4000བར་ལེན་རྒྱུ་ཡོད་པ་དང་2016ལོར་ཨར་ཁང་དངོས་སུ་ལས་གཉེར་བྱས་ཏེ་ལོ་གཉིས་ནང་མ་རྩ་ཚང་མ་ལོག་པའི་ཁར་འདི་ལོའི་ཡོང་འབབ་སྐོར་ཁྲི་45དེ་དག་གྲོང་མི་42ལ་བགོ་རྒྱུ་རེད། ཐེ་བོ་རྫོང་2018ལོར་རྫོང་ཡོངས་དབུལ་སྒྲོལ་ཐུབ་པ་དང་ན་བརྒྱ་གྲོང་ཚོའི་ཡིག་ཚགས་དང་གཟླ་བཟོས་པའི་དུད་ཚང་མཐུག་ཤོས་ཡིན་པའི་དུད་ཚང་དབུལ་པོ་5པོ་དེ་དག་ཀྱང་འདི་ལོ་དབུལ་སྒྲོལ་ཐུབ་རྒྱུ་རེད།

སྤྱི་ཚོགས་འགན་ལེན་གྱི་ཐ་སྙོད་སྟེ་མི་གཅིག་ཀྱང་མི་ལུས་པ་བྱས་པ།

བོད་ལྗོངས་ནི་རང་རྒྱལ་གྱི་ཐུམ་འབུའི་ནད་ཁྱབ་རྒྱ་ཆེ་ཤོས་ཀྱི་ཞིང་ཆེན་ཞིག་ཡིན་ཞིང་། ལྗོངས་ཡོངས་སུ་ནད་གཞི་ཐོན་ཚད་བརྒྱ་ཆ1.66ཟིན་པ་དང་ཐུམ་འབུའི་ནད་ནི་བདེ་ཐང་དབུལ་སྐྱོར་གྱི་དཀའ་གནད་ཆེ་ཤོས་དེ་རེད། དེར་བརྟེན་བོད་ལྗོངས་ཀྱིས་ལྗོངས་ནང་ཁུལ་གྱི་གནས་གཏན་འཕེལ་གྱི་སྨན་ཁང་13གཏན་འཕེལ་བྱས་པ་དང་སྨན་བཅོས་འགྲོ་སྒྲོན་སྲིད་གཞུང་དང་ནོར་སྲིད་ཀྱིས་ཐ་སྙོད་འགན་ལེན་བྱས་པ་རེད།

བོད་ལྗོངས་ཀྱིས་ཆ་རྐྱེན་དང་འཚམ་པའི་མི་འབོར་དབུལ་པོ་ཚང་མ་ནད་ཡམས་ལྡི་རིགས་དང་ཚབས་ཆེན་གྱི་སྨན་བཅོས་རོགས་སྐྱོར་ཁྱབ་ཁོངས་སུ་བཙུག་པ་དང་2018ལོར་མི་ཐེངས་ཁྲི་13ལ་སྐྱབ་རོགས་བྱས་ཏེ་ནད་ཀྱི་རྐྱེན་པས་དབུལ་པོ་ཆགས་པ་དང་བསྐྱར་དུ་དབུལ་པོ་ཆགས་རྒྱུ་བཀག་འགོག་ནུས་ལྡན་བྱས་པ་དང་། དམིགས་བསལ་དཀའ་ངལ་ཡོད་པའི་མི་སྣའི་རོགས་སྐྱོར་འཚོ་སྐྱོང་ལམ་ལུགས་ཕྱོགས་ཡོངས་ནས་ལག་བསྟར་བྱས་ཏེ་གྲོང་ཁྱེར་དང་གྲོང་གསེབ་ཀྱི་དམིགས་བསལ་དཀའ་ངལ་ཡོད་པའི་མི་སྣ་14734འཚོ་སྐྱོང་བྱས་པའི་ནང་གཅིག་སྡུད་འཚོ་སྐྱོང་བྱེད་ཚད་བརྒྱ་ཆ57.2ཟིན་པ། གནས་སྐབས་རོགས་སྐྱབ་ལམ་ལུགས་འཛུགས་པ་དང་འཐུས་ཚང་དུ་བཏང་ནས་2018ལོའི་ལོ་འཁོར་མོར་མི་

ཐེངས་15215ལ་སྐྱོབ་རོགས་བྱས་པ་བཅས་རེད། 2020ལོར་སླེབས་སྐབས་བོད་ལྗོངས་ཀྱིས་སྤྱི་ཚོགས་འགན་ལེན་གྱི་ཐ་སྙོད་བ་བརྒྱུད་མི་ཁྲི་24དབུལ་སྒྲོལ་ཐུབ་རྒྱུ་རེད།

དབུལ་སྒྲོལ་འཐྲོག་པ་ཀུན་བཟང་གི་ཁྱིམ་མཚོ་སྔོན་ཞིང་ཆེན་ཡུལ་ཤུལ་བོད་རིགས་རང་སྐྱོང་ཁྲོའུ་ཁྲི་འདུ་རྫོང་སྨ་སྟོད་ཤང་མཁར་བརྒྱུད་གྲོང་ཚོར་ཡོད་པ་དང་། ཁོང་ལ་བུ་མོ་བཞི་ཡོད་པའི་ནང་བུ་མོ་གཅིག་ལྷན་སྐྱེས་རང་བཞིན་གྱི་སྐལ་ནུས་འཕྲོག་ཡོད་པ་དང་། བུ་མོ་གཅིག་འཚིག་རྨས་ཀྱིས་མཛུབ་མོ་ལྔ་བརྐྱངས་ཐུབ་ཀྱི་མེད། 2017ལོའི་ལོ་མཇུག་ཏུ་སླར་ཡང་ཀུན་བཟང་གི་བུ་མོ་གཞན་ཞིག་གཟབ་གཟབ་མ་བྱས་པའི་རྐྱེན་གྱིས་ནུས་པ་ཆག་པ་རེད།

ཁྲི་འདུ་རྫོང་གིས་སྨན་བཅོས་དབུལ་སྐྱོར་གྱི་རྣམ་གྲངས་དང་ཁ་གཏད་རོགས་སྐྱོར་གྱི་རྣམ་གྲངས་ལ་བརྟེན་ནས་ཀུན་བཟང་གི་བུ་མོ་གསུམ་མཚོ་སྔོན་གྱི་རྒྱ་གྲམ་དམར་རྟགས་སྨན་ཁང་དུ་སྨན་བཅོས་བྱེད་པར་བསྐྱལ་བ་རེད། སྐལ་ནུས་འཕྲོག་པའི་བཟང་དཔལ་ལྷ་མོའི་ནད་ཀྱང་ཚབས་ཆེ་བས་གཤགས་བཅོས་ཐེངས་5བྱས་པ་རེད།

ཀུན་བཟང་གིས་གསར་འགོད་པར་མཚོ་སྔོན་རྒྱ་གྲམ་དམར་རྟགས་སྨན་ཁང་གིས་ཁོང་ཚོའི་ནང་མིར་ནད་ཁང་གཅིག་སྤྲད་པ་དང་གསོ་བཅོས་སྨན་པས་རང་ཉིད་ཀྱི་བཟའ་བྱའི་གླ་ཁོང་ཚོར་སྤྲད་དེ་ཉིན་གཅིག་གི་ལྟོ་ཐེངས་གསུམ་གྱི་འགྲོ་གྲོན་གྲོན་ཆུང་ཐུབ་བྱུང་ཞེས་བཤད།

དུས་ཚོད་གང་ཙམ་སོང་རྗེས་ལོ་14ལ་སླེབས་པའི་བཟང་དཔལ་ལྷ་མོ་སྐལ་པ་འདྲེང་ནས་འགྲོ་ཐུབ་ཀྱི་ཡོད། ཁོང་གིས་རང་ཉིད་སླར་ཡང་སློབ་ཆུང་དུ་འགྲོ་ཐུབ་པ་དང་གྲོགས་པོ་ཆུང་ཆུང་ཚོ་དང་མཉམ་དུ་དཔེ་ཀློག་དང་རྩེད་མོ་རྩེ་ཐུབ་པས་ང་ཧ་ཅང་དགའ་པོ་བྱུང་ཞེས་བཤད།

གཞན་ཡང་། བོད་ལྗོངས་དང་ཞིང་ཆེན་བཞིའི་བོད་རིགས་ས་ཁུལ་གྱིས་འཛོན་ཐང་

ཅན་ཤིན་ཏུ་དབུལ་བའི་ས་ཁུལ་དུ་ལས་ཀ་བྱེད་དུ་མངགས་ཡོད། ཡུན་ནན་ཞིང་ཆེན་བདེ་ཆེན་བོད་རིགས་རང་སྐྱོང་ཀྲོའུ་ཡིས་འདི་ལོ་ཚུན་ཆེད་ལས་ལག་རྩལ་གྱི་ཤེས་ལྡན་མི་སྣ་50འདེམས་གཏོང་བྱས་ནས་དབུལ་སྒྲོལ་འགག་སྒྲོལ་ལ་རྒྱབ་སྐྱོར་བྱེད་པ་དང་། ལས་ཀའི་གྲུབ་འབྲས་མངོན་གསལ་དོད་པའི་ལས་བྱེད་པའི་ཁྲིད་མི་14ཁྲུའུ་རིམ་པ་དང་མི་74ཁོའོ་རིམ་པར་གོ་གནས་སྤར་བ་དང་། ནུས་མེད་ཟབ་ཟོབ་ཀྱི་ཏང་རྩ་འཛུགས་137གཅིག་སྤུད་བཅོས་སྒྲིག་བྱས་པ། བླང་བྱ་དང་མི་མཐུན་པའི་གྲོང་སྡོད་ལས་དོན་ཏུ་མི་111ལེགས་སྒྲིག་དང་ཚུར་སྣོང་བ་བཅས་བྱས་ཏེ་གཞི་རིམ་ཏང་རྩ་འཛུགས་ཀྱིས་ལས་ཀའི་ལྟེ་གནས་དབུལ་སྒྲོལ་འགག་སྒྲོལ་ལ་ཞབས་འདེབས་ཞུ་བའི་ལས་དོན་ཁྲིད་གཞན་སྒྱུར་བྱ་རྒྱུར་མུ་མཐུད་ཁྲིད་སྟོན་བྱས་པ་རེད།

མིང་དོན་མཚུངས་པའི་སྐྱིད་གཤོངས་གྲོང་ཚོ།

——ས་སྐྱ་རྫོང་སྐྱིད་གཤོངས་གྲོང་ཚོའི་འཕོ་འགྱུར་སྐོར་བཀོད་པ།

གཞིས་རྩེ་གྲོང་ཁྱེར་ནས་ཐོན་ཏེ་རྒྱལ་ལམ་318བརྒྱུད་ནུབ་ཕྱོགས་སུ་སྤྱི་ལེ་40ལྷག་ཙམ་བསྐྱོད་ཚེ་ཐོག་སོ་ཉིས་ལྡན་གྱི་ཁང་པ་སྐར་པ་མང་པོ་ཞིག་ལམ་འགྲམ་དུ་ཆགས་པ་དང་། སྐར་ལྔའི་དར་དམར་རླུང་གི་འགྲོས་དང་བསྟུན་ནས་ལྷབ་ལྷུབ་ཏུ་གཡོ་བ། དུད་ཚང་ལ་ཆུ་དང་། གློག་དྲ་བ་བཅས་ཚང་མ་ཁྲིད་ཡོད་པ། ཏང་ཡོན་དང་མང་ཚོགས་ཀྱི་བྱེད་སྒོ་ཁང་དང་ལུས་སྦྱོང་སྒྲིག་ཆས་གང་དགོས་ཚང་མ་ཡོད།

དེ་ནི་ས་སྐྱ་རྫོང་བྲག་གཞུང་ཤང་སྐྱིད་གཤོངས་གྲོང་ཚོ་ཡིན་ཞིང་། དེ་སྔ་གྲོང་ཚོ་དེར་སློང་མོ་བའི་གྲོང་ཚོ་ཞེས་འབོད་པ་སུ་ཞིག་གིས་ཀྱང་ཡིད་ཆེས་མི་སྲིད། ཏང་དང་སྲིད་གཞུང་གི་སྲ་ཞིང་བརྟན་པའི་འགོ་ཁྲིད་དང་གྲོང་ཚོ་ཡོངས་ཀྱི་གྲོང་མིའི་འབད་པ་རྟུར་ལེན་འོག་དེ་སྔའི་སློང་མོ་བའི་གྲོང་ཚོར་འཕོ་འགྱུར་ཆེན་པོ་བྱུང་སྟེ་ཕྱོགས་ཡོངས་ནས་འབྱོར་འབྲིང་སྤྱི་ཚོགས་ཀྱི་རྒྱང་སྐྱོད་ལམ་བུ་གསར་པར་སྐྱོད་འགོ་ཚུགས་ཡོད།

སྐྱིད་གཤོངས་གྲོང་ཚོའི་ཏང་གི་ཕུའུ་ཧྲུའུ་ཅི་ཚེ་དབང་རྡོ་རྗེས་དྲན་པའི་ངོས་ཀྱི་འདས་དོན་གླེང་བ་སྟེ། 2003ལོར། ས་གནས་འདི་གའི་སྲིད་གཞུང་གིས་གཏིང་སྐྱེས་རྫོང་ཀོ་ལྷུག་ཤང་དང་ས་སྐྱ་རྫོང་གྲོང་ཚོ་ཁག་གི་དུད་ཚང་དབུལ་པོ་སོགས་དུད་ཚང་81ས་སྐྱ་རྫོང་བྲག་གཞུང་ཤང་དུ་གཅིག་གྱུར་དང་སྤོས་ཏེ་སྐྱིད་གཤོངས་གྲོང་ཚོ་བཙུགས་པ་མ་ཟད། ས་ཞིང་དང་། ཁང་པ། ཐོན་སྐྱེད་དང་འཚོ་བའི་རྒྱུ་ཆ་བཅས་བགོས་པ་རེད།

སྐྱིད་གཤོངས་གྲོང་ཚོའི་ཨུ་ལྷན་གཉིས་ཀྱི་ཚན་ཁག་རྒྱག་ཏུ་བཏང་ནས་གྲོང་ཚོའི་

རྣམ་པ་ཐད་དེ་ལེགས་སུ་གཏོང་ཆེད། ཐྲག་གཞུང་ཤང་ཏང་ཞུད་ཀྱིས་སྐྱིད་གཤོངས་གྲོང་ཚོའི་དོན་དངོས་གཞིར་བཟུང་། འགན་འཁྲི་འཁུར་ཐོད་པ་དང་ཕྱུག་པོ་ཆགས་རྒྱུར་སྣེ་ཁྲིད་ཐུབ་པའི་ཚེ་དབང་རྡོ་རྗེ་སྐྱིད་གཤོངས་གྲོང་ཚོར་མངགས་རྒྱུའི་ཐག་བཅད།

སྐྱིད་གཤོངས་གྲོང་ཚོར་འབྱོར་མ་ཐག་པའི་སྐབས་སུ་དཀའ་ངལ་ཆེན་པོ་ཡོད་པ་མཐོང་སྐབས་ཚེ་དབང་རྡོ་རྗེ་སྐྱོ་སྣང་སྐྱེས་ཤིང་། ཁོང་གིས་འཕྲལ་མར་སྐྱིད་གཤོངས་གྲོང་ཚོའི་གནས་བབ་ལ་འགྱུར་ལྡོག་གཏོང་མ་ཐུབ་ན་ལས་དོན་སྒྲུབ་མཚམས་གཏན་ནས་མི་འཇོག་པའི་སེམས་ཐག་བཅད།

འབབ་འཕར་གྱི་དཀའ་ངལ་སེལ་ཆེད། ཚེ་དབང་རྡོ་རྗེའི་སྣེ་ཁྲིད་འོག་རྒྱལ་ཚུང་གྲོང་ཚོས་ཞིང་འཕྲུལ་མཉམ་ལས་ཁང་བཙུགས་པ་དང་། གྲོང་ཚོས་མི་སྣ་སྒྲིག་འཛུགས་ཀྱིས་གཅིག་གྱུར་ཇོ་འདེབས་དང་བརྗ་བརྡུ་བྱས་ནས་ངལ་ནུས་ལྷག་མ་རྣམས་ས་ཞིང་ནས་ཕྱི་ཕྱོགས་སུ་གླ་པ་རྒྱུག་པར་འགྲོ་རྒྱུར་ཁྲིད་སྟོན་བྱས་པ་རེད།

ལས་ཀ་ཡོད་པ་དང་ཡོང་འབབ་ཀྱང་ཡོད་པས་སྐྱིད་ལུག་ཅན་རིམ་གྱིས་ཉུང་དུ་སོང་བ་དང་གླ་པར་འགྲོ་མཁན་རིམ་གྱིས་མང་དུ་སོང་ཡོད། 2008ལོར་སྐྱིད་གཤོངས་གྲོང་ཚོས་ངལ་ནུས་ཕྱིར་གཏོང་བྱས་པར་བརྟེན་ཡོང་འབབ་སྒོར་ཁྲི་10བྱུང་བ་དང་དེ་ནས་ལོ་རེ་བཞིན་རིམ་གྱིས་མང་དུ་སོང་ཡོད་ཅེས་ཚེ་དབང་རྡོ་རྗེས་གསར་འགོད་པར་བརྗོད།

2016ལོར། རྒྱལ་ཡོངས་ཀྱི་གོང་འོག་ཏུ་དབུལ་སྒྲོལ་འགག་སྒྲོལ་དམག་འཐབ་རྒྱག་འགོ་ཚུགས་ཤིང་། སྐྱིད་གཤོངས་གྲོང་ཚོའི་དུད་ཚང་81ཆ་ཚང་ཡིག་ཚགས་དང་ཐོ་བཟོས་པའི་དུད་ཚང་དབུལ་པོའི་གྲས་སུ་བཙུག་པ་དང་གྲོང་ཚོ་ཡོངས་ཡུལ་གཞན་དུ་དབུལ་སྐྱོར་གནས་སྤོའི་ཁོངས་སུ་བཙུག་པ་རེད།

དུད་ཚང་དབུལ་པོ་སྤོ་ཐུབ་པ་དང་། གཞིས་ཆགས་ཐུབ་པ། ཕྱུག་པོ་ཆགས་ཐུབ་པ་བཅས་ཡོང་ཆེད། ས་སྐྱ་རྫོང་དབུལ་སྒྲོལ་འགག་སྒྲོལ་བཀོད་འདོམས་ཕུའི་རོགས་རམ་འོག

སྐྱིད་གཤོངས་གྲོང་ཚོས་སྣ་རྗེས་སུ་སྣར་ཡང་ངལ་ནུས་ཕྱིར་གཏོང་མཉམ་ལས་ཁང་དང་བོད་བྱ་གསོ་ཚགས་ཆེད་ལས་མཉམ་ལས་ཁང་སོགས་བཙུགས།

ལོ་60ལ་སླེབས་པའི་གྲོང་མི་རྡོ་རྗེ་ནི་གྲོང་ཚོའི་འཕེལ་རྒྱས་ཀྱི་དཔང་པོ་ཡིན་ལ་ཕན་པ་ཐོབ་མཁན་ཡང་རེད། ཉེ་བའི་ལོ་གཉིས་ཀྱི་རིང་། སྐྱིད་གཤོངས་གྲོང་ཚོའི་ངལ་ནུས་ཕྱིར་གཏོང་མཉམ་ལས་ཁང་གི་རོགས་རམ་འོག་རྡོ་རྗེའི་ནང་མི་རྣམས་མངའ་རིས་སུ་སྣ་པར་བསྐྱོད་པ་དང་། བུ་ཆུང་པ་བསྟན་འཛིན་གྱིས་ཨར་པོའི་ལས་དཔོན་གྱི་འགན་ཁུར་ནས་2018ལོ་ཁོ་ནར་ནང་མི་ཡོངས་ཀྱི་སྣ་པ་རྒྱག་པའི་ཡོང་འབབ་སྒོར་ཁྲི་43ཟིན་ཡོད།

ད་ཆ། སྐྱིད་གཤོངས་གྲོང་ཚོའི་གྲོང་མི་ཚང་མ་ཐོག་སོ་ཉིས་ལྡན་གྱི་བོད་བཟོའི་ཁང་པར་སྤོས་པ་དང་། གཞིར་ཞིལ་བརྙན་འཕྲིན་དང་། སྦག་སྦག WIFIབཅས་ཏ་ལམ་ཐེམ་དུད་ཚང་མར་ཡོད། ཁོམ་པ་ཡོད་དུས་གྲོང་མི་ཚོས་ད་དུང་མེ་ཏོག་འདེབས་པ་དང་ལྷུང་མ་འཛུགས་ཀྱི་ཡོད།

2018ལོའི་ལོ་མཇུག་ཏུ། སྐྱིད་གཤོངས་གྲོང་ཚོའི་མི་རེའི་ཆ་སྙོམས་ཡོང་འབབ་སྒོར་6204.19ཟིན་ནས་གྲོང་ཚོ་ཡོངས་ཀྱི་དབུལ་པོའི་ཞྭ་མོ་ཕུད་ཡོད།

དབུལ་སྒྲོལ་ཡོང་བར་ལག་གཉིས་ལ་བརྟེན་དགོས་པ་དང་། ཕྱུག་པོ་ཆགས་པར་ཐོན་ལས་གོང་འཕེལ་ལ་བརྟེན་དགོས། སྐྱིད་གཤོངས་མང་ཚོགས་ཀྱི་འཚོ་བ་ཉིན་རེ་ལས་མ་འདས་པར་སྐྱིད་དུ་སོང་ནས་མིང་དོན་མཚུངས་པའི་སྐྱིད་པའི་ས་ཆར་འགྱུར་ངེས་ཡིན་པའི་ཡིད་ཆེས་ཡོད།

མང་ཚོགས་ཀྱི་ནང་སྐྱེས་སྐུལ་ཤུགས་ཆེ་རུ་གཏོང་རྒྱུ་དེ་དབུལ་སྒྲོལ་གྱི་འགག་རྩ་ཡིན་པ།

དེ་སྔ་སྐྱིད་གཞོངས་གྲོང་ཚོའི་མང་ཚོགས་ཚོའི་སྡུག་བརྟེན་སྡོང་གསུམ་གྱི་བསམ་བློ་ཚབས་ཆེན་པོ་ཡོད། རྩིག་འགྲམ་དུ་ཉི་མ་སྲོ་བ་དང་མི་གཞན་གྱིས་རོགས་རམ་བྱ་རྒྱུའི་རེ་སྒུག་བྱས་ནས་སྡོད་ཀྱི་ཡོད་པས་འཚོ་བ་ཧ་ཅང་སྐྱོ་པོ་ཡོད། ད་ཆ་ཁོང་ཚོས་འཕེལ་རྒྱས་ཀྱི་གོ་སྐབས་ཧུར་ཐག་བཅལ་ཏེ་ཁག་གཅིག་ཕྱིར་གླ་པར་སྐྱོད་པ་དང་ཁག་གཅིག་གིས་ལས་གྭ་འགན་གཙང་ལེན་པ་སོགས་དཀའ་སྤྱད་འབད་བརྩོན་གྱི་ལག་གཉིས་ལ་བརྟེན་ནས་འཚོ་བ་ཉིན་བཞིན་ལེགས་སུ་འགྲོ་བཞིན་ཡོད་པ་རེད།

སྐྱིད་གཞོངས་གྲོང་ཚོའི་འགྱུར་ལྡོག་དེ་གཞི་རིམ་ཏང་ཡོན་གྱིས་གདོང་ལེན་དཔེ་བཟང་གི་ནུས་པ་བཏོན་ནས་མང་ཚོགས་སྣེ་ཁྲིད་བྱས་ཏེ་བདེ་སྐྱིད་ལྡན་པའི་འཚོ་བ་བཏོད་པའི་ཐད་འབད་འཐབ་བྱས་པ་ཞིག་ཡིན་པ་མ་ཟད། གཞི་རིམ་མང་ཚོགས་ཚོས་བདེ་སྐྱིད་ལྡན་པའི་འཚོ་བར་ཡིད་སྨོན་ཆེན་པོ་བཅངས་ནས་རང་འགུལ་དང་འགྱུར་ལྡོག་བཏང་བའི་མཚོན་བྱེད་ཅིག་དེ་བས་ཀྱང་ཡིན་པ་རེད།

མང་ཚོགས་ཀྱི་ནང་སྐྱེས་སྐུལ་ཤུགས་ཆེ་རུ་གཏོང་རྒྱུ་དེ་རང་བརྟེན་གྱི་ནུས་པ་ཆེ་རུ་གཏོང་བའི་གལ་ཆེའི་ནང་གི་འགངས་ཆེ་ཞིག་རེད། ལྗོངས་ཡོངས་ཀྱི་རིམ་པ་ཁག་དང་སྡེ་ཚན་ཁག་གིས་ཀྲུང་དབྱང་གི་ཐུགས་ཁུར་དང་། རྒྱལ་ཡོངས་ཀྱི་རྒྱབ་སྐྱོར། མི་རིགས་ཁག་གི་མང་ཚོགས་ཀྱི་དཀའ་སྤྱད་འབད་འཐབ་དང་རང་སྟོབས་རང་སྐྱེལ་བཅས་ཀྱི་འབྲེལ་བ་ཐག་གཅོད་ཡང་དག་བྱེད་པ་དང་། ཐོན་ལས་དབུལ་སྒྲོར་བྱེད་ཤུགས་ཆེ་རུ་བཏང་ནས

ངལ་ནུས་ཡོད་པའི་མང་ཚོགས་དབུལ་པོར་ལས་ཀ་བྱ་རྒྱུ་ཡོད་པ་དང་། ལས་ཀ་བྱེད་ཞིས་པ། ཡོང་འབབ་གསོག་ཐུབ་པ་བཅས་བྱེད་པ། བྱེད་ཐབས་ལེགས་སུ་གཏོང་བ་དང་བྱ་ཐབས་གསར་གཏོད་ཀྱིས་གཞན་བརྟེན་གྱི་རྣམ་པར་འགྱུར་ལྡོག་གཏོང་བ། ཐོན་སྐྱེད་ཁ་གསབ་དང་། ངལ་ནུས་ཁ་གསབ། རྒྱུད་གསབ་ལས་སྤྱོད་སོགས་ལམ་སྲོལ་མང་པོ་སྤྱད་དེ་རྩ་ལག་མཉམ་བཙོས་དངོས་འབྲེལ་ཐུབ་པ་བཅས་བྱེད་དགོས།

མང་ཚོགས་ཀྱི་ནང་སྐྱེས་སྐུལ་ཤུགས་ཆེ་རུ་གཏོང་བའི་འགག་རྩ་ནི་བསམ་བློར་བཅིངས་འགྲོལ་གཏོང་བ་དང་ལྟ་བར་འགྱུར་ལྡོག་གཏོང་རྒྱུ་དེ་རེད། མི་རིགས་ཁག་གི་མང་ཚོགས་ཚོས་སྲོལ་རྒྱུན་བཟང་པོ་དར་སྤེལ་ཡག་པོ་གཏོང་བ་དང་དབུལ་སྐྱོལ་འགག་སྐྱོལ་གྱི་བྱེད་པོའི་འདུ་ཤེས་ཟབ་ཏུ་བཏང་ནས་ཏང་གི་སྲིད་ཇུས་བཟང་པོ་ཁོང་དུ་ཏན་ཏིག་ཆུད་པ་དང་ཕྱུག་འགྱུར་གྱི་འདོན་ཐང་ཆེ་རུ་གཏོང་ཐུབ་པ་བྱས་ཏེ། རང་ཉིད་ཀྱི་དཀའ་སྤྱད་ངལ་རྩོལ་ལ་བརྟེན་ནས་དབུལ་ཐོངས་དང་རྗེས་ལུས་ཀྱི་རྣམ་པར་འགྱུར་ལྡོག་གཏོང་རྒྱུའི་སློབ་གསོ་ཁྲིད་སྟོན་བྱེད་པ་དང་། མི་རིགས་ཁག་གི་མང་ཚོགས་ཚོས་རང་རྟོགས་དང་སྐྱོན་བྲལ་དང་ཤེས་དཔལ་གྱི་འཚོ་བ་སྐྱེལ་སྟངས་དོན་གཉེར་བྱས་ཐོག་རང་ཉིད་ཀྱི་དཀའ་སྤྱད་ཀྱི་ལག་གཉིས་ལ་བརྟེན་ཏེ། དབུལ་ཐོངས་ཀྱི་རྣམ་པར་འགྱུར་ལྡོག་བཏང་ནས་བདེ་སྐྱིད་ལྡན་པའི་འཚོ་བ་སྐྱེལ་ཐུབ་པ་བྱ་རྒྱུར་སློབ་གསོ་ཁྲིད་སྟོན་བྱེད་པ། ཕྱུག་འགྱུར་གྱི་དཔེ་མཚོན་འཚོལ་ཞིབ་ནུས་ལྡན་བྱེད་པ་དང་དྲིལ་བསྒྲགས་བྱེད་ཤུགས་ཆེ་རུ་བཏང་ནས་མང་ཚོགས་ཉེ་འགྲམ་གྱི་དོན་དངོས་ཐོག་ནས་ཉེ་འགྲམ་གྱི་མིར་སློབ་གསོ་བཏང་སྟེ་དབུལ་སྐྱོལ་འགག་སྐྱོལ་གྱི་རྒྱུན་མཐུད་ཆོག་པའི་ནང་སྐྱེས་སྐུལ་ཤུགས་འཕེལ་བ་བཅས་བྱེད་དགོས།

དབུལ་སྐྲོལ་ལ་བརྟེན་ནས་ཕྱུག་འགྱུར་བྱེད་པ།

——འབྲོང་པ་རྫོང་བར་ཡངས་གྲོང་རྡལ་ཉ་ཁང་གྲོང་ཚོའི་ཆེད་ལས་མཉམ་ལས་ཁང་གི་འཕེལ་རྒྱས་ཟུར་བྲིས།

དེ་གར་དགུང་ཨ་སྔོན་དང་། སྤྲིན་དཀར། གངས་རི་བཅས་ཡོད་མོད། འོན་ཀྱང་ཆ་སྙོམས་ས་བབ་མཐོ་ཚད་སྨི4800ཟིན་པ་དང་མཐོ་ཞིང་གྲང་ལ་གསོ་ནླུང་མི་འདང་བས་དེ་ནི་བོད་ཀྱི་ཤིན་ཏུ་དབུལ་པོའི་ས་ཁུལ་གྱི་གྲས་ཤིག་རེད།

དེ་གར་ནི་འབྲོང་པ་རྫོང་བར་ཡངས་གྲོང་རྡལ་ཡིན་པ་དང་ཉ་ཁང་གྲོང་ཚོ་ནི་བར་ཡངས་གྲོང་རྡལ་སྲིད་གཞུང་གནས་ཡུལ་རེད།

2012ལོར་ཉ་ཁང་གྲོང་ཚོའི་ཧང་ཀྲི་ཕུའུ་ཕྲུའུ་ཅེ་སྲི་དབང་གིས་ངེད་ཚོར་ནོར་ལུག་ཡོད་ལ་སྣུ་མཐའ་མེད་པའི་རྩ་རའང་ཡོད་པ་མ་ཟད། ད་དུང་ཕ་མེས་ཡང་མེས་ནས་གསོག་འཇོག་བྱས་པའི་གསོ་སྐྱེལ་ཉམས་མྱོང་ཡང་ཡོད་པས་འགྲོག་ལས་འཕེལ་རྒྱས་གཏོང་བར་གྲུབ་འབྲས་ཐོན་ངེས་རེད་ཅེས་བཤད་ཡོད།

ཉ་ཁང་གྲོང་ཚོའི་ཨུ་ལྷན་གཉིས་ཚན་ཁག་གིས་མཉམ་སྡེབ་གྲོས་བསྡུར་བྱས་པ་བརྒྱུད་གྲོང་ཚོའི་མཉམ་སྡེབ་ཀྱིས་མ་དངུལ་སྒོར་ཁྲི11གཏོང་བ་དང་གྲོང་ཚོའི་ཨུ་ལྷན་གཉིས་ཚན་ཁག་གི་ཁོངས་མིས་སྒེ་ཁྲིད་དེ་མ་རྐང་ནང་ཞུགས་ནས་གྲོང་ཚོའི་མཉམ་སྡེབ་དཔལ་འབྱོར་འཛུགས་རྒྱུའི་གཏན་འབེབས་བྱས་པ་དང་སྲི་དབང་གིས་སྒེ་ཁྲིད་དེ་རང་ཁྱིམ་གྱི་ཕྱུགས་ཟོག་ཚང་མ་སྒོར་ཁྲི70ལ་ཕབ་ནས་མ་རྐང་ནང་ཞུགས་པ་རེད།

སྐབས་དེ་དུས་ཉ་ཁང་གྲོང་ཚོའི་ཨུ་ལྷན་གཉིས་ཚན་ཁག་གིས་ཕྱོགས་གཅིག་ནས་

དུད་ཚང་རེ་རེ་བཞིན་བསམ་བློའི་ལས་དོན་སྤེལ་ནས་མཉམ་སྤེལ་དཔལ་འབྱོར་འཕེལ་རྒྱས་བཏང་སྟེ་སྟ་རྗེས་སུ་ཡུལ་མི་ཚོའི་གམ་ནས་བཞོན་མ་41དང་ལུག་356གཡར་ཐབས་བྱས་པ་དང་། ཕྱོགས་གཞན་ཞིག་ནས་ཁྲིམ་ར་གང་སར་ཕྱིན་ནས་ཚོང་ལམ་བཏོད་པ་རེད།

ཉ་ཁང་གྲོང་ཚོའི་ཨུ་ལྷན་གཉིས་ཚན་ཁག་གི་ཁོངས་མིས་འབད་བརྩོན་ལྷོད་མེད་བྱས་པ་བརྒྱུད། 2016ལོར་ཉ་ཁང་གྲོང་ཚོའི་མཉམ་སྤེལ་དཔལ་འབྱོར་གྱི་གྲོང་གུན་ཁ་གསབ་ཐུབ་ནས་ཁེ་སྤོགས་ཡོང་འབོ་ཚུགས་ཏེ་དཔལ་འབྱོར་ཡོང་འབབ་སྒོར་ཁྲི་117བྱུང་ནས་ཁེ་སྤོགས་སྒོར་ཁྲི་22.79བགོས་པ་རེད།

2017ལོ་ཟླ་3ཚེས་20ཉིན། ཉ་ཁང་གྲོང་ཚོའི་མང་ཚོགས་ཀྱི་འཐུས་མི་ཚོགས་ཆེན་འཚོགས་ཏེ་མཉམ་ལས་ཁང་འཛུགས་རྒྱུའི་ཐག་ཆོད་པ་རེད།

2017ལོ་ཟླ་4པར། འབྲོང་པ་རྫོང་ཞུད་དང་རྫོང་སྲིད་གཞུང་གི་མཛུབ་ཁྲིད་འོག་སྲིད་གཞུང་གིས་ཕྲན་བུ་འདོན་པ་དང་། དབུལ་སྐྱོར་ཐོན་ལས་ནས་ཕྲན་བུ་གཡར་བ། གྲོང་ཚོས་གཉེར་བའི་མཉམ་སྤེལ་དཔལ་འབྱོར་ནས་ཕྲན་བུ་འདོན་པ། འབྲོག་དུད་མི་སྒེར་གྱིས་ཕྲན་བུ་འདོན་པ་བཅས་ཀྱི་ཇ་དོན་གཞིར་བཟུང་། མ་དངུལ་ཁང་ཞུགས་དང་ཕྱུགས་ཟོག་ཁང་ཞུགས་ཀྱི་དཔེ་དབྱིབས་ལ་བརྟེན་ནས་ཁྱོན་མ་དངུལ་ལ་ཕབ་ན་སྒོར་ཁྲི་815གྲུབས་གསོག་བྱས་ནས་ཉ་ཁང་གྲོང་ཚོའི་ཆེད་ལས་མཉམ་ལས་ཁང་བཙུགས་པ་དང་། དེའི་ནང་ནོར་ལུག་8000ཡོད་པ་དང་རྩྭ་ར་མུའུ་ཁྲི་16.3བོགས་མར་གཡར་བ། གྲོང་ཚོ་ཡོངས་ཀྱི་མང་ཚོགས་དུད་ཚང་32མ་ཁང་ནང་ཞུགས་པའི་ནང་ཡིག་ཚགས་དང་གྲ་བཟོས་པའི་དུད་ཚང་དབུལ་པོ་11ཡོད་པ་བཅས་རེད།

2018ལོར། ནོར་ལུག་དང་དཀར་ཆུའི་ཐོན་རྫས་སོགས་ཕྱིར་ཚོང་བྱས་པ་བརྒྱུད་ཉ་ཁང་གྲོང་ཚོའི་ཆེད་ལས་མཉམ་ལས་ཁང་ལ་དཔལ་འབྱོར་ཡོང་འབབ་སྒོར་ཁྲི་311བྱུང་བ་དང་ཁེ་སྤོགས་སྒོར་ཁྲི་189བགོས་པའི་ནང་ཁང་བདག་ལ་ཁེ་སྤོགས་བགོས་པ་ཕུད་ད་

དུང་གྲོང་ཚོ་ཡོངས་ཀྱི་དུད་ཚང་169ཡི་མི་543ལ་ཁྱོན་ཁེ་ཕྱོགས་སྒོར་ཁྲི་55.9བགོས་པར་མི་རེར་ཆ་སྙོམས་སྒོར་1029.5བྱུང་བ་རེད།

ལོ་57ལ་སླེབས་པའི་གྲོང་མི་བཟང་པོས་2017ལོར་གྲངས་འབོར་ཉུང་བའི་ཡིད་རྟོན་དངུལ་བུན་སྒོར་ཁྲི་5གཡར་ནས་མ་རྐང་ནང་ཞུགས་པར་ལོ་དང་པོ་ཁོ་ནར་ཁེ་ཕྱོགས་སྒོར་7500བྱུང་བ་དང་འབྲེལ་བདེ་སླག་ངང་དབུལ་སྒྲོལ་བྱུང་བ་རེད། བཟང་པོ་ལོ་ན་རྒས་སྟབས་རང་ཉིད་ཀྱིས་ནོར་ལུག་གསོ་སྐྱེལ་བྱས་ཚེ་ཡོང་འབབ་མཐོ་པོ་དེ་ལྟ་བུ་ཡོང་མི་སྲིད། ད་ཆ་དངུལ་དེ་དག་མཉམ་ལས་ཁང་ལ་མ་འཛུགས་བྱས་པས་བློ་བདེ་པོ་འདུག་ལ་རྒན་གསོའི་ཐད་སེམས་ཁྲལ་མི་འདུག་ཅེས་སེམས་འགུལ་ཐེབས་བཞིན་བཤད།

དེ་དང་དུས་མཚུངས། ཉ་ཁང་གྲོང་ཚོའི་ཨུ་ལྷན་གཉིས་ཚན་ཁག་གིས་ཐོག་མཐའ་བར་གསུམ་དུ་འགྱུར་འབྲིང་ལམ་དུ་སྐྱོད་པར་མི་གཅིག་ཀྱང་མི་ལུས་པ་བྱེད་དགོས་པའི་འདུ་ཤེས་མཐའ་འཁྱོངས་ཀྱིས་མཉམ་ལས་ཁང་གི་གྲོང་ཚོའི་མཉམ་སྦྱིབ་དཔལ་འབྱོར་གྱི་ཁེ་ཕྱོགས་ཁྲིད་ནས་མ་དངུལ་བརྟན་སྐྱེ་དུད་ཚང་དབུལ་པོར་ཕྱུགས་ཟོག་ཉོས་པ་དང་འབབ་འཕར་ཕྱུག་འགྱུར་ལ་སྐུལ་ཁྲིད་བྱས་མཐར་གྲོང་ཚོ་ཡོངས་དབུལ་སྒྲོལ་བྱུང་བ་རེད།

ད་ཆ་ཉ་ཁང་གྲོང་ཚོའི་ཆེད་ལས་མཉམ་ལས་ཁང་དང་ལྡོངས་ནང་ཁུལ་གྱི་ཁེ་ལས་ཆེ་གྲས་གཅིག་དབར་ནོར་ལུག་5000ཕྱིར་ཚོང་བྱ་རྒྱུའི་མངགས་ཐོ་བཞག་པས་སྔོན་དཔག་བྱས་ན་ཕྱིར་ཚོང་དངུལ་འབོར་སྒོར་ཁྲི་700ལྷག་ཙམ་ཐེབ་རྒྱུ་དང་། མ་དངུལ་སྒོར་ཁྲི་240བཏང་བའི་གསོ་སྐྱེལ་ར་བ་བསྐྲུན་ནས་འཕེར་རྒྱུག་བྱེད་གྲབས་ཡོད་པ་རེད།

ཉ་ཁང་གྲོང་ཚོའི་ཆེད་ལས་མཉམ་ལས་ཁང་གི་མདུན་ལམ་བཟང་པོ་ཡོད་པ་མཐོང་སྐབས་གྲོང་མི་མང་པོའི་སེམས་ཁྲལ་རིམ་བཞིན་ཆུང་དུ་ཕྱིན་པ་དང་སྤྱི་དབང་གིས་གསར་འགོད་པར་2019ལོ་ཚུན་དུ་གྲོང་མི་88ཀྱིས་མཉམ་ལས་ཁང་ནང་ཞུགས་རྒྱུའི་རེ་ཞུ་ཕུལ་བས་ང་ཚོས་དོན་དངོས་ལ་གཞིགས་ནས་མཉམ་ལས་ཁང་གི་གཞི་ཁྱོན་རིམ་བཞིན་ཆེ་རུ་

གཏོང་རྒྱུ་ཡིན་ཞེས་བཤད།

འབྱུང་འགྱུར་སྐོར་གླེང་སྐབས་སྲི་དབང་ལ་ཡིད་ཆེས་ཀྱིས་ཁིངས་པ་དང་ཁོང་གིས་ང་ཚོས་ད་དུང་གཉེར་སྐྱོང་དོ་དམ་དཔེ་དབྱིབས་ཟམ་མི་ཆད་པར་ལེགས་སུ་བཏང་སྟེ་ཁེ་ལས་ཅན་གྱི་ལམ་བུའི་ཐོག་བསྐྱོད་རྒྱུ་མཐའ་འཁྱོངས་ཀྱིས་མཉམ་ལས་ཁང་གི་རྒྱུན་མཐུད་འཕེལ་རྒྱས་ཀྱི་ནུས་པ་ཆེ་རུ་བཏང་ཐོག་དབུལ་སྒྲོལ་ལམ་བུའི་ཐོག་ཡག་པོ་བསྐྱོད་རྒྱུ་ཡིན་ཞེས་བཤད་པ་རེད།

མང་ཚོགས་ཕྱུག་འགྱུར་གྱི་ལམ་སྟེགས་འཛུགས་པ་དང་ཡག་པོ་སྒྲུབ་དགོས།

ཉ་ཁང་གྲོང་ཚོའི་ཆེད་ལས་མཉམ་ལས་ཁང་མེད་པ་ནས་ཡོད་པ་དང་ཆུང་བ་ནས་ཆེ་བའི་བར་རིམ་བཞིན་འཕེལ་རྒྱས་ཕྱིན་པའི་བརྒྱུད་རིམ་ཏེ་ལ་པོ་ནི་རིམ་ཁག་ཏང་ཨུད་དང་སྲིད་གཞུང་གིས་རོགས་སྐྱོར་དང་ཁྲིད་སྟོན་ཤུགས་ཆེན་བྱེད་པ་དང་། གྲོང་ཚོའི་ཨུ་ལྷན་གཉིས་ཚན་ཁག་དང་མང་ཚོགས་ཀྱིས་རོགས་རེས་མཉམ་ལས་བྱེད་པ། ཚོགས་སྤྲིག་འཕེལ་རྒྱས་གཏོང་བ་བཅས་ཀྱི་ལག་ལེན་གསོན་ཉམས་ལྡན་པ་ཞིག་ཡིན་པས། གྲོང་ཚོའི（གྲོང་ལྷན）ཏང་རྩ་འཛུགས་ཀྱིས་མང་ཚོགས་ཀྱི་སྣེ་ཁྲིད་དེ་རང་སྟོབས་རང་སྐྱེལ་བྱས་ནས་དབུལ་སྒྲོལ་འགག་སྒྲོལ་གྱི་དམག་འཐབ་ལས་རྣམ་པར་རྒྱལ་རྒྱུར་ཕན་ཐོགས་ཡོད་པའི་དཔེ་ལྟ་ས་མཐོ་འདོན་བྱས་ཡོད་པ་རེད།

མཉམ་ལས་ཁང་འཕེལ་རྒྱས་གཏོང་བར་ཚན་ཁག་ཡག་པོ་ཞིག་དགོས། མི་འཁོར་མགྱོགས་པོར་སྐྱོད་དགོས་ན་མི་འཁོར་གྱི་མགོ་ལ་བརྟེན་དགོས། ཉ་ཁང་གྲོང་ཚོའི་ཆེད་ལས་མཉམ་ལས་ཁང་བཙུགས་མ་ཐག་གྲོང་ཚོའི་ལས་བྱེད་པ་དང་ཏང་ཡོན་ཚོས་མ་རྐང་ནང་ཞུགས་རྒྱུའི་སྣེ་ཁྲིད་པ་དང་། རང་དཔེ་གཞན་སྟོན་གྱིས་མཉམ་ལས་ཁང་བཙུགས་ནས་འཕེལ་རྒྱས་ལ་སྐུལ་འདེད་བཏང་བས་མང་ཚོགས་ཀྱི་ཡིད་ཆེས་དང་རྒྱབ་སྐྱོར་ཐོབ་ཡོད།

མཉམ་ལས་ཁང་འཕེལ་རྒྱས་གཏོང་བར་ཁྲིམ་ར་སྟོན་ཕྱོགས་སུ་འཛིན་དགོས། ཉ་ཁང་གྲོང་ཚོའི་ཆེད་ལས་མཉམ་ལས་ཁང་གིས་ཐོན་སྐྱེད་གཉེར་སྐྱོང་ཁ་ཐོར་གྱི་ཞིང་འབྲོག་

མང་ཚོགས་སྒྲིག་འཛུགས་བྱས་པ་དང་། ཁྲིམ་ར་དང་ཞིང་དུད་སྤྲེལ་མཐུད་བྱ་རྒྱུ་དེ་གོང་ནས་ཁྲིམ་རར་སྤྲེལ་བ་དང་འོག་ནས་ཞིང་དུད་དང་སྤྲེལ་བའི་ཟམ་པ་དང་འབྲེལ་ཐག་ལྟ་བུར་གྱུར་ནས། མང་ཚོགས་ལ་འབབ་འཕར་ཕྱུག་འགྱུར་ཡོང་བར་སྐུལ་ཁྲིད་རྟར་བས་ཡག་པོ་བྱུང་ཡོད་པ་རེད།

མཉམ་ལས་ཁང་འཕེལ་རྒྱས་གཏོང་བར་ལམ་སྲོལ་བཟང་པོ་འཛུགས་དགོས། ཉ་ཁང་གྲོང་ཚོའི་ཆེད་ལས་མཉམ་ལས་ཁང་འཕེལ་རྒྱས་བཏང་བའི་ལག་ལེན་ལས་དོ་དམ་གཉེར་སྐྱོང་གི་ལམ་སྲོལ་བཟང་པོས་མཉམ་ལས་ཁང་འཕེལ་རྒྱས་ཀྱི་བརྒྱུད་རིམ་ཁྲིད་ཐོན་སྐྱེད་ནུས་ལྡན་ཐུབ་ནས་ཐོན་ཟུས་ཀྱི་ཕྱུས་ཚད་ལེགས་གཏོང་གིས་ཁྲིམ་རའི་འགྲུན་རྩོད་ནུས་པ་ཆེ་རུ་གཏོང་ཐུབ་པ་ར་འཕྲོད་བྱུང་ཡོད།

སྣེ་ཁྲིད་པ་ཡག་པོ་དང་ཕྱུག་འགྱུར་ལས་སྣེགས་ཡག་པོ་ཡོད་པའི་རྐྱེན་གྱིས། ཉ་ཁང་གྲོང་ཚོའི་མང་ཚོགས་གཞི་ནས་འབབ་འཕར་ཕྱུག་འགྱུར་ཐུབ་ནས་ཕན་པ་དངོས་ཐོབ་པས་ཐོབ་ཚོར་དང་བདེ་སྐྱིད་ཚོར་སེམས་བརྟན་པོའི་ངང་ཟབ་ཏུ་ཕྱིན་ཡོད་པ་རེད།

ཕར་ཆིན་ཧྲུའུ་ཅི། གསེར་ཆེན་ཉི་མའི་ཕྱུག་འགྱུར་ཐབས་ལམ།

གསེར་ཆེན་ཉི་མར་ལག་ཤེས་རྩེ་གྲ་ཞིག་ཡོད། ཁོང་གིས་མི་ཏོག་འཚེམ་དྲུབ་རྒྱུག་ཐུབ་ཀྱི་ཡོད་ཅེས་གཞིས་རྩེ་གྲོང་ཁྱེར་འབྲོང་པ་རྫོང་དུ་མི་མང་པོ་ཞིག་གིས་དེ་ལྟར་བརྗོད་པ་དང་། དེ་ཁུལ་གྱི་མི་ཚང་མང་པོ་ཞིག་གི་སྤུས་དག་པའི་བོད་གདན་དང་། ཕྱུ་པ། བོད་ལྷམ་སོགས་ཚང་མ་ཉི་མ་གསེར་ཆེན་གྱིས་བཟོས་པ་ཤ་སྟག་རེད། ཕན་ཕྱི་ཤར་རྫོ་སྤུངས་གྲོང་ཚོའི་ཧྲུའུ་ཅི་དང་པོ་ཡིན་པའི་ངོས་ནས་གསེར་ཆེན་ཉི་མའི་ཕར་ཆིན་ཧྲུའུ་ཅིའི་མིང་དེ་གང་སར་སྐད་གྲགས་ཆོད་པ་རེད། ཉེ་ལམ་ལོ་ཤས་རིང་། གནད་སྨིན་དབུལ་སྐྱོར་དང་། གནད་སྨིན་དབུལ་སྒྲོལ་གྱི་ལས་ཀའི་ནང་གསེར་ཆེན་ཉི་མས་རང་ཉིད་ཀྱི་ཕར་ཆིན་རྒྱུག་པའི་སྙིང་རུས་ལ་བརྟེན་ནས་ཏང་འཛུགས་སྐྱོང་དང་། ཐོན་ལས་འཕེལ་རྒྱས། ཤེས་དཔལ་དར་སྤེལ་བཅས་ཀྱི་ལས་དོན་ཧུར་ཐག་སྤེལ་ནས་རྫོ་སྤུངས་གྲོང་ཚོར་འབྱོར་འབྲིང་གི་འཆར་གཞི་གསར་པ་བཀོད་པ་རེད།

གསེར་ཆེན་ཉི་མ་ཟེར་བ་སུ་ཡིན་ནམ་བསམ་བཞིན་དུ་གསར་འགོད་པར་རྫོ་སྤུངས་གྲོང་ཚོའི་སྲོལ་རྒྱུན་མི་རིགས་ལག་ཤེས་འཚེམ་བཟོ་ཁང་དུ་སྐྱོད་སྐབས། ཕར་ཆིན་ཧྲུའུ་ཅི་ཞེས་འབོད་པའི་གཟུགས་སྟོབས་ཆེ་བ་དང་ངོ་གདོང་ཙུང་ནག་པའི་ལོ51ལ་སླེབས་པའི་བོད་རིགས་ཨ་ཁུ་དེ་དང་ཐུག་འཕྲད་བྱུང་།

གསེར་ཆེན་ཉི་མ་ལོ15ནས་འཚེམ་བཟོ་སྦྱངས་པ་དང་གཟབ་གཟབ་ནན་ནན་གྱི་ཉམས་འགྱུར་ལ་བརྟེན་ནས་འཚེམ་བཟོའི་ལག་རྩལ་བྱང་ཆུབ་པ་ཞིག་སྦྱངས་ཤིང་། དུས་རྒྱུན་གྲོང་ཚོའི་ཁྱིམ་ཚང་སུ་ཞིག་ལ་གྱོན་ཆས་བཟོ་དགོས་པ་གོ་ཐོས་བྱུང་ན་གསེར་ཆེན་

ཉི་མས་རྟག་ཏུ་རིན་མི་དགོས་པར་བཟོ་རོགས་བྱེད་པ་དང་། གྲོང་ཚོའི་ལས་ཀའི་ནང་ཁོང་དུས་རྟག་ཏུ་གཞན་གྱི་སྔོན་ནས་ལས་ཀ་བྱེད་ཀྱི་ཡོད། སེམས་རྩ་འཕོལ་བ་དང་འགན་འཁྲི་འཁུར་སེམས་ཆེ་བས་ཡུལ་མི་ཚོས་བསྔགས་བརྗོད་ཆེན་པོ་བྱེད་ཅིང་། 1993ལོར་ཁོང་གྲོང་ཚོའི་ཀྲི་ཧྲུའུ་རྒྱུའུ་ཅིར་བདམས་པ་དང་། 2013ལོར་ཁོང་རང་ཉིད་ཀྱི་འབད་བརྩོན་ལ་བརྟེན་ནས་ཤང་གི་གཞུང་ལས་པར་ལས་སྒྱུར་ཐུབ་སྟེ་ཕན་ཕྱི་ཤང་ཏང་ཨུད་ཀྱིས་ད་བར་རྗོ་ཕྲུངས་གྲོང་ཚོར་རྒྱུའུ་ཅི་དང་པོའི་འགན་འཁུར་བར་མངགས་པ་རེད།

རྗོ་ཕྲུངས་གྲོང་ཚོ་དང་ནེ་པ་ལ་ས་མཚམས་འབྲེལ་ཞིང་། ཆ་སྙོམས་ས་བབ་མཐོ་ཚད་སྤྱི་4500ཡན་ཟིན་པ་དང་། གྲོང་ཚོ་ཡོངས་སུ་དུད་ཚང་106དང་མི་398ཡོད་པའི་ནང་། ཡིག་ཚགས་དང་ཐོ་བཀོས་པའི་དུད་ཚང་དབུལ་པོ་35དང་མི་107ཡོད་པ་རེད། དབུལ་པོ་དང་དཀའ་ངལ་གྱི་མདུན་དུ་གསེར་ཆེན་ཉིས་མས་ཕར་ཆེན་རྒྱག་པའི་སྙིང་སྟུས་ལ་བརྟེན་ནས། གྲོང་ཚོ་ཨུ་ལྷན་གཉིས་དང་ཏང་ཡོན་ཡོངས་ཀྱི་སྣེ་ཁྲིད་དེ་ཞི་ཅིན་ཕིང་གི་དུས་རབས་གསར་པའི་ཀྲུང་གོའི་ཁྱད་ཆོས་ལྡན་པའི་སྤྱི་ཚོགས་རིང་ལུགས་ཀྱི་དགོངས་པ་དང་། ལྷག་དོན་དུ་དབུལ་སྐྱོར་ལས་དོན་སྐོར་གྱི་སྤྱི་ཁྱབ་རྒྱུའུ་ཅི་ཞི་ཅིན་ཕིང་གི་རྣམ་བཤད་གལ་ཆེན་སློབ་སྦྱོང་ནན་ཏན་བྱས་པ་དང་། ཁྱིམ་ཚང་རེ་རེ་བཞིན་དུ་དབུལ་པོ་ཆགས་རྐྱེན་ལ་དབྱེ་ཞིབ་བྱས་པ་དང་འབྲེལ། དབུལ་སྐྱོར་སྲིད་ཇུས་དྲིལ་བསྒྲགས་དང་དོན་འཁྱོལ་བྱས་པ་རེད།

དབུལ་པོ་ཆགས་རྐྱེན་ལ་དབྱེ་ཞིབ་བྱས་རྗེས་ཕྱུག་འགྱུར་ཐབས་ཇུས་འདིང་རོགས་བྱས་ཤིང་། 2016ལོར། གསེར་ཆེན་ཉི་མས་རྗོ་ཕྲུངས་གྲོང་ཚོའི་ས་བབ་ཆགས་སྟངས་དང་། ཐོན་ཁུངས་ཀྱི་ལེགས་ཆ། མང་ཚོགས་ཀྱི་འདོད་འདུན། ཚོང་དོན་གྱི་དགོས་མཁོ་བཅས་ལ་གཞིགས་ནས་སྣེ་འཁྲིད་དེ་རྗོ་ཕྲུངས་གྲོང་ཚོའི་སྲོལ་རྒྱུན་མི་རིགས་ལག་ཤེས་འཚེམ་བཟོའི་ཆེད་ལས་མཉམ་ལས་ཁང་བཙུགས་པ་དང་། 2018ལོར་མཉམ་ལས་ཁང་ལ་ཡོང་

འབབ་སྒོར་ཁྲི་42བྱུང་ནས་མང་ཚོགས་18ལས་ཞུགས་ཐུབ་པ་དང་། དེའི་ནང་དུད་ཚང་དབུལ་པོའི་མི་8ཡོད་པ་རེད།

ཁྲིམ་ཆུང་དོར་ནས་ཧང་གི་ཕུའུ་ཡི་ཁྲིམ་ཚང་ཆེ་མོ་དེ་བསྐྱངས་ཏེ་ཐོན་ལས་འཕེལ་རྒྱས་ཏུར་ཐག་བཏང་ནས། གྲོང་ཚོ་ཡོངས་ཀྱི་ཧང་ཡོན་དང་མང་ཚོགས་ཀྱི་སྟོབས་ཤུགས་གཅིག་ཏུ་བསྒྲིལ་ཡོད། སྲོལ་རྒྱུན་མི་རིགས་ལག་ཤེས་འཚོམ་བཟོའི་ཆེད་ལས་མཉམ་ལས་ཁང་བཙུགས་རྗེས། ཚང་མའི་ལས་ཀའི་ངར་ཤུགས་འཕེལ་བས་སླར་ཡང་རླངས་འཁོར་ཉམས་བཟོའི་མཉམ་ལས་ཁང་བཙུགས་པ་དང་། 2018ལོར་ཡོང་འབབ་སྒོར་ཁྲི་11.54བྱུང་ནས་མི་4ལས་ཞུགས་ཐུབ་པ་དང་། དེའི་ནང་དུད་ཚང་དབུལ་པོའི་མི་2ཡོད་པ་རེད།

ད་ཆ་རྗེ་ཐུངས་གྲོང་ཚོར་ཧང་ཡོན་ཚང་མས་ཡིག་ཚགས་དང་གླ་བཟོས་པའི་དུད་ཚང་དབུལ་པོ་གཅིག་དང་ཆ་སྒྲིག་རོགས་སྐྱོར་བྱས་ཡོད་པ་དང་། ཧང་ཡོན་ལས་བྱེད་པའི་སྤྱོད་ཚུལ་ཐད་དེ་སྔ་ལས་ཀ་སྒྲུག་པ་ནས་ད་ཆ་རང་འགུལ་ངང་ལས་ཀ་བྱེད་པའི་བར་འགྱུར་ལྡོག་ཆེན་པོ་བྱུང་ཡོད་ལ། མང་ཚོགས་དབུལ་པོའང་སྒྲུག་རྟེན་སློང་གསུམ་ནས་དབུལ་ཞ་འཕུད་རྒྱུའི་བརྩོན་ལེན་བྱེད་པའི་བར་འགྱུར་ལྡོག་བྱུང་ཡོད། འདི་ལོའི་སྟོན་དུས་སུ། ཤེས་རབ་ཐུབ་བསྟན་གྱིས་རང་གི་ཕྲུ་གུ་གཞིས་རྩེ་གྲོང་ཁྱེར་ཧྲང་ཏའེ་ཚོད་ལྟའི་སློབ་གྲྭར་སློབ་སྦྱོང་བྱེད་པར་བསྐྱལ་བས་གྲོང་ཚོའི་སློབ་གསོར་མཐོང་ཆེན་བྱེད་མཁན་དཔེ་མཚོན་ཞིག་ཏུ་གྱུར་ཡོད་པ་རེད། ཡིན་ནའང་ལོ་གཉིས་ཀྱི་གོང་། ཤེས་རབ་ཐུབ་བསྟན་ནི་དེ་ཁུལ་དུ་སྐད་གྲགས་ཆེད་པའི་སྐྱིད་འདོད་ལས་གཡོལ་དང་ཆང་རག་རྒྱུན་འཁྱེད་ལ་དགའ་བའི་མི་ཞིག་ཡིན་པ་དང་། ཁྲིམ་གྱི་དོན་དག་ཆེ་ཆུང་ལ་དོ་སྣང་མི་བྱེད་ཅིང་། སྐབས་ཡག་པ་ཞིག་ལ་ཧུའུ་ཅི་གསེར་ཆེན་ཉེ་མས་ང་ལ་བསམ་བློའི་སློབ་གསོ་ཡག་པོ་བཏང་བྱུང་ཞེས་ཤེས་རབ་ཐུབ་བསྟན་གྱིས་གསར་འགོད་པར་བརྗོད། ཁོང་གི་ཁྲིམ་ནི་དེ་སྔ་ཁྲིམ་ཕྱུགས་པོ་མེད་པའི་དུད་ཚང་ཡིན་པ་དང་། ད་ཆ་ལུག་70ཡོད་པས་2018ལོར་

བདེ་ བླག་ དང་ དབུལ་ སྐྱོལ་ ཐུབ་ པ་ རེད། མང་ ཚོགས་ དབུལ་ པོར་ བློ་ སྙིར་ ཐུབ་ པ་ བྱ་ ཆེད། གསེར་ ཆེན་ ཉི་ མས་ ཞིབ་ ཚགས་ ལ་ དང་ རྒྱུད་ རིང་ བ་ དང་ སྲུན་ སྣང་ སྤྲ་ ཙམ་ ཡང་ མེད་ པའི་ སྒོ་ ནས་ མང་ ཚོགས་ ལ་ སྲིད་ ཇུས་ སྒྲོག་ འགྲེལ་ དང་ བྱ་ ཐབས་ འདོན་ རོགས་ བྱས་ ནས། མང་ ཚོགས་ ཀྱི་ དཀའ་ ངལ་ དངོས་ བསལ་ བས་ ཞེས་ རབ་ ཐུབ་ བསྟན་ སོགས་ མང་ ཚོགས་ དབུལ་ པོའི་ ལས་ ཀའི་ ངར་ ཤུགས་ འཕེལ་ ཡོད་ པ་ རེད།

ཁྲིམ་ ཚང་ ཕྱུག་ པོ་ ཆགས་ པ་ བྱེད་ དགོས་ ལ་ བསམ་ བློ་ གཏོང་ མཁས་ པ་ དེ་ བས་ བྱེད་ དགོས་ ཤིང་། ལོ་ 63ལ་ སླེབས་ པའི་ དུད་ ཚང་ དབུལ་ པོ་ བཟང་ མོའི་ ཁང་ པ་ གསར་ པར་ སྐྲུན་ སྐབས། གཙོ་ འཛིན་ གྱི་ སྐུ་ པར་ མངོན་ གསལ་ དུ་ བཀལ་ ཡོད་ པ་ དང་ ཁང་ པ་ དྲོ་ ལ་ གཙང་ སྤྲ་ དོད་ པོ་ འདུག བཟང་ མོས་ རྒྱུ་ ཅི་ ལགས་ ཀྱིས་ དུས་ བཀག་ ལྟར་ བུད་ ཤིང་ སྐྱེལ་ བ་ དང་ འབྲེལ། རྟག་ ཏུ་ ང་ ཚོར་ ཁང་ པ་ གསར་ པར་ སྡོད་ རྒྱུ་ བྱུང་ བར་ ཧ་ང་ ལ་ བཀའ་ དྲིན་ ཆེ་ ཞུ་ དགོས་ པ་ མ་ ཟད། ད་ དུང་ ཤེས་ དཔལ་ དང་ གཙང་ སྦྲ་ སྣང་ ཆེན་ བྱེད་ དགོས། དེ་ འདྲ་ བྱས་ ན་ ལུས་ པོ་ བདེ་ བ་ མ་ ཟད། སེམས་ ཀྱང་ སྐྱིད་ པོ་ ཡོང་ གི་ རེད་ ཅེས་ མངགས་ བཅོལ་ བྱེད་ ཀྱི་ འདུག་ ཅེས་ གསར་ འགོད་ པར་ བརྗོད། ཉི་ ལམ་ ལོ་ ཤས་ རིང་། གསེར་ ཆེན་ ཉི་ མ་ འབྲོག་ ར་ དང་ འབྲོག་ དུད་ དུ་ བསྐྱོད་ དེ་ སྒྲོག་ འགྲེལ་ སློབ་ གསོ་ དང་། གོམས་ སྲོལ་ སྒྱུར་ བ། སྣང་ ཆེན་ བཞི་ དང་ དགའ་ ཞེན་ བཞིའི་ མང་ ཚོགས་ ཀྱི་ སློབ་ གསོ་ ལག་ ལེན་ བྱེད་ སྒོ་ དང་ ཟུང་ འབྲེལ། སྡོད་ མལ་ ཁོར་ ཡུག་ བཅོས་ སྒྲིག་ བཅས་ ཀྱི་ བྱ་ སྤྱོད་ སྤེལ་ ནས། ཤེས་ དཔལ་ སྲོལ་ གསར་ མི་ སེར་ ཚང་ མས་ ཤེས་ པར་ བྱས་ པས་ གྲོང་ ཚོ་ ཡོངས་ ཀྱི་ རྣམ་ པ་ གསར་ རྒྱུད་ དུ་ གྱུར་ ཡོད་ པ་ རེད།

བདེ་སྐྱིད་གྲོང་གསར་གྱི་བདེ་སྐྱིད་འཚོ་བ།

——ཆབ་མདོའི་ས་ཁུལ་ཡུག་ཁྱུལ་གྱི་གནས་སྤོས་མང་ཚོགས་སྨག་རྩེར་གཞིས་ཆགས་པའི་སྐོར་བཀོད་པ།

ཉིན་བཞི་ལ་བརྒྱལ་སླུང་བརྒྱབ་བྱས་རྗེས་ཟླ་12ཚེས་12ཉིན་གྱི་ཆུ་ཚོད་16པ་ཙམ་ལ་འགྲུལ་སྐྱོལ་ རླངས་འཁོར་ཞིག་སྨག་རྩེ་རྫུས་བདེ་སྐྱིད་གྲོང་གསར་དུ་དལ་བུར་འབྱོར། ཆབ་མདོའི་ས་ཁུལ་ཡུག་སྒྲིལ་ཁྱུལ་གྱི་དུད་ཚང་137གྱི་མང་ཚོགས་842ཡུལ་གཞན་དུ་གནས་སྤོས་དབུལ་སྐྱོར་མང་ཚོགས་བཀོད་སྒྲིག་བྱ་ཡུལ་དུ་ཡོང་ནས་བདེ་སྐྱིད་འཚོ་བ་སྐྱོལ་འགོ་ཚུགས།

ཚེ་རིང་དབང་ཕྱུག་ནང་ཚང་ནི་ཆབ་མདོ་གྲོང་ཁྱེར་གོ་འཇོ་རྫོང་འབུམ་སྐྱེས་ཤང་སླང་ཉག་སྨད་པ་གྲོང་ཚོ་ནས་གནས་སྤོས་བྱས་པ་ཞིག་ཡིན་པ་དང་ཁོང་ཚོའི་སྡོད་ཁང་གསར་པའི་ནང་ནས་གསར་འགོད་པར་པང་གཙལ་སྒྲུམ་ཐིང་ཐིང་ཐོག་བོད་བཟོའི་ཆ་སྒམ་དང་། བརྙན་འཕྲིན། གདན་ཁྲི། ཁ་གདན་སོགས་སྒྲིག་ཡོད་པ་དང་ཐབ་ཚང་ནང་འཁྱགས་སྒམ་དང་གཤེར་འགྱུར་རླངས་ཐབ་སོགས་གང་དགོས་ཅི་དགོས་ཡོད་པ་མ་ཟད། ཁེར་རྐྱང་གི་ལུས་འབྲུ་ཁང་དུ་རང་འགུལ་ཅན་གྱི་གོས་འབྲུ་འཕྲུལ་ཆས་ཀྱང་ཡོད་པ་དང་ཐོག་སོ་གཉིས་པ་ནས་ལྷ་སྐབས་དུད་ཚང་མི་རེ་ངོ་རེར་ཉི་ནུས་ཆུ་སྐོལ་ཆས་སྒྲིག་སྦྱོར་བྱས་ཡོད་པ་མཐོང་བྱུང་། སྨག་རྩེ་རྫུས་ཀྱིས་ད་དུང་གནས་སྤོས་མང་ཚོགས་ལ་སྔོ་ཚལ་དང་། འབྲུ་རིགས། སྒྲུམ། གྲོ་ཞིབ། འབྲས་སོགས་གྲ་སྒྲིག་ལེགས་པར་བྱས་ནས་གནས་སྤོས་མང་ཚོགས་སྡོད་ཚོག་ཚོག་བཟོས་ཡོད་པ་རེད།

ང་ཚོའི་ནང་ལ་མི་དྲུག་ཡོད། དེ་རིང་བདེ་འཇགས་དང་སྤྱག་རྩེ་ཆུས་བདེ་སྐྱིད་གྲོང་གསར་དུ་སླེབས་ནས་སྔོད་ཁང་གསར་པར་སྤོ་རྒྱུ་བྱུང་བས་དངོས་གནས་དགའ་པོ་བྱུང་། བཟའ་ཟླ་ཐག་རིང་དུ་བསྐྱོད་སྒྲོང་མེད་པས་ལམ་བར་དུ་ན་ཡོང་བསམ་པའི་སེམས་ཁྲལ་བྱུང་། གནས་སྤོས་ཁུལ་དུ་སླེབས་ནས་ཁོར་ཡུག་ཡག་པོ་དེ་འདྲ་མཐོང་སྐབས་བློ་བདེ་སོང་ཞེས་ཚེ་རིང་དབང་ཕྱུག་གིས་བཤད།

གནས་སྤོས་མང་ཚོགས་ཡུན་རིང་རྣངས་འཁོར་བསྡད་དྲགས་པས་ལུས་པོ་མི་བདེ་བའི་གནས་ཚུལ་ཐོན་བཟོ་ཡོད་པར་དམིགས་ནས་བཀོད་སྒྲིག་བྱ་ཡུལ་གྱིས་སྐབས་འཕྲལ་གྱི་སྨན་བཅོས་བྱ་ཡུལ་ཡང་བཙུགས་པས་མང་ཚོགས་ཚོས་གཅིག་རྗེས་གཉིས་མཐུད་དང་དེར་སྨན་བཅོས་བྱེད་པར་ཡོང་བ་དང་སྨན་དོན་མི་སྣས་ཀྱང་དང་རྒྱུད་རིང་པོའི་ངང་བློ་འདྲི་བྱེད་མཁན་མང་ཚོགས་ཀྱི་ནད་རྟགས་སྐད་ཆ་དྲིས་པ་མ་ཟད། ཁྲག་ཤེད་ལྷ་བ་དང་ལུས་པོའི་དྲོད་ཚད་འཇལ་བ་སོགས་བྱས་ཏེ་མང་ཚོགས་ལ་སྨན་གཏོང་སྟངས་ཞིབ་པར་བསླབས།

གནས་སྤོས་མང་ཚོགས་ཀྱི་ཐོན་སྐྱིད་དང་འཚོ་བ་ སྔ་སྔར་དུ་བཀོད་སྒྲིག་ཡག་པོ་བྱ་ཆེད། སྤྱག་རྩེ་ཆུས་ཀྱིས་སློབ་གསོ་དང་། སྨན་བཅོས། སྤྱི་ཚོགས་འགན་བཅོལ་ལ་སོགས་ཀྱི་སྲིད་ཇུས་ཁག་དོན་འཁྱོལ་ཏུར་ཐག་དང་། གནས་སྤོས་མང་ཚོགས་ཀྱི་བསམ་བློ་དང་འདུ་ཤེས་འགྱུར་ལྡོག་གཏོང་རྒྱུར་ཁྲིད་སྟོན། ས་གནས་འདི་གའི་ཐོན་སྐྱིད་དང་འཚོ་བ་དང་གང་མགྱོགས་མཉམ་འདྲེས།

འཕེལ་རྒྱས་དང་ཕྱུག་འགྱུར་གྱི་ཡིད་ཆེས་དང་རྫོད་སེམས་འཕེལ་བ་བཅས་བྱས་ནས། མང་ཚོགས་ཀྱི་ཐོབ་ཚོར་དང་བདེ་སྐྱིད་ཚོར་སེམས་དེ་བས་ཟབ་ཏུ་བཏང་སྟེ། གནས་སྤོ་ཐུབ་པ་དང་། གཞིས་ཆགས་ཐུབ་པ། ཕྱུག་པོ་ཆགས་ཐུབ་པ་བཅས་མངོན་འགྱུར་ཡོང་བ་བྱས་ཡོད་པ་རེད།

ང་ཚོས་སློབ་གྲྭར་བསྐྱོད་བཞིན་པའི་སློབ་མ་ཚང་མར་མཐིལ་རྟོགས་བརྟག་དཔྱད་བྱས་ནས་གཟའ་འཁོར་གཅིག་ནང་ཁོང་ཚོ་སློབ་གྲྭར་བསྐྱོད་ཐུབ་པ་བྱེད་ཀྱི་ཡིན། སྨན་བཅོས་ཐད་དུད་ཚང་ཚང་མར་སྐོར་ཞིབ་སྨན་བཅོས་བྱས་ནས་ཁོང་ཚོའི་གཟུགས་པོའི་གནས་ཚུལ་ཤེས་པ་དང་འབྲེལ་ཉེ་དུས་མང་ཚོགས་ཚང་མར་གཟུགས་པོ་བརྟག་དཔྱད་བྱ་བརྩིས་ཡོད། ལས་ཞུགས་ཐད་ང་ཚོས་གནས་སྤོས་མང་ཚོགས་ལ་ལས་གནས་137བཀོད་སྒྲིག་བྱས་པ་དང་དེའི་ནང་གཙང་སྦྲ་བྱེད་མཁན་དང་བདེ་སྲུང་སོགས་ཚུད་ཡོད། ད་དུང་གནས་སྤོས་མང་ཚོགས་ཁག་ཐེངས་དབྱེ་ནས་གསོ་སྦྱོང་བྱས་ཏེ་ཁོང་ཚོར་ལས་ཞུགས་བྱེད་རོགས་བྱ་རྒྱུ་ཡིན་ཞེས་སྨྲག་རྗེ་ཆུས་ཀྱི་ཆུས་ཀྲང་གཞོན་པ་སྨྲག་རྗེ་ཆུས་ཀྱི་ཡུལ་གཞན་དུ་གནས་སྤོས་དབུལ་སྐྱོར་གཞུང་ལས་ཁང་གི་འགན་འཛུར་བ་ཚེ་དབང་རྡོ་རྗེས་གསར་འགོད་པར་བཤད།

ལས་གཉེར་ལམ་སྟོངས་བྱུང་བ་དངུལ་རྩའི་རྒྱབ་སྐྱོར་དང་ཁ་བྲལ་ཐབས་མེད།

——ཞིང་ལས་དངུལ་ཁང་ལྷ་རྩེ་རྫོང་ཉིད་ལག་དངུལ་ཁང་གིས་དགྲ་འདུལ་གྱི་ལས་གཉེར་ལ་རམ་འདེགས་བྱས་པའི་སྐོར།

ལྷ་རྩེ་རྫོང་འདི་ཉིད་གཞིས་རྩེའི་ནུབ་རྒྱུད་དུ་གནས་པ་དང་གཞིས་རྩེ་གྲོང་ཁྱེར་དང་བར་ཐག་སྤྱི་ལེ་150ལྷག་ཙམ་ཡོད་པས་གཞིས་རྩེའི་ནུབ་རྒྱུད་ཀྱི་དཔལ་འབྱོར་དང་། འགྲིམ་འགྲུལ། རིག་གནས་བཅས་ཀྱི་ལྟེ་བ་ཡིན། རྫོང་གྲོང་གི་ཀྲུང་ནི་གཞུང་ལམ་གྱི་བྱང་རྒྱུད་དང་བར་ཐག་སྤྱི་ལེ་1ཙམ་ཡོད་པའི་སར་ཚུ་ཤར་གྲོང་རྡལ་དུ་གླིང་གྲོང་ཚོ་གནས་ཡོད་པ་དང་། དེར་དབུལ་སྒྲོལ་འགག་སྒྲོལ་གྱི་ཕྱུག་འགྱུར་འཛོན་ཐང་ཅན་ཞིག་ཡོད། ཁོང་ནི་ལྷ་རྩེ་རྫོང་གི་དབུལ་སྒྲོལ་ཕྱུག་འགྱུར་གྱི་ཞིང་པའི་གསོ་ཚགས་ཆེད་ལས་དུད་ཚང་གི་འཕྲུས་མི་དང་གཞིས་རྩེ་གྲོང་ཁྱེར་གྱི་དབུལ་སྒྲོལ་འགག་སྒྲོལ་གྱི་འཕྲུས་མི་དགྲ་འདུལ་ཡིན།

དགྲ་འདུལ་ནི་ལྷ་རྩེ་རྫོང་གི་དབུལ་སྒྲོལ་ཕྱུག་འགྱུར་གྱི་འཛོན་ཐང་ཅན་ཞིག་ཡིན་ཞིང་། ལོ་ན་གཞོན་པའི་སྐབས་ཁྱིམ་ཚང་གི་ཆ་རྐྱེན་ཏ་ཅང་ཞན་པོ་ཡོད། དབུལ་པོ་ལས་སྤུ་ཙམ་སྒྲོལ་ཐུབ་ཕྱིར། ཁོང་གིས་འཁང་ར་སྤུ་ཙམ་ཡང་མེད་པར་བཟའ་ཟླ་དང་མཉམ་དུ་དབུལ་སྒྲོལ་ཕྱུག་འགྱུར་གྱི་ལམ་བུ་འཚོལ་ཞིབ་བྱས།

ཞིང་ལས་དངུལ་ཁང་གི་ཤུགས་ཆེའི་རྒྱབ་སྐྱོར་འོག་དགྲ་འདུལ་གྱིས་ཁྲིམ་རའི་གོ་སྐབས་རེ་རེ་བཞིན་དམ་འཛིན་བྱས་ནས་ད་བར་དེའི་ཐད་རྒྱུན་ཆད་མེད་པར་འཚོལ་ཞིབ་དང་མདུན་སྐྱོད་བྱེད་བཞིན་ཡོད།

ད་ཆ་ཁོང་གིས་གཞི་ཁྱོན་ཅུང་ཆེ་བའི་བ་གསོ་ར་བ་དང་བྱ་གསོ་ར་བ་ཞིག་གཉེར་སྐྱོང་བྱས་ཡོད། དགྲ་འདུལ་དབུལ་སྒྲོལ་བྱུང་བ་དེ་ལྷ་རྩེའི་ཞིང་ལས་དངུལ་ཁང་དང་ཁ་འབྲལ་ཐབས་མེད་པ་ཞིག་རེད།

2003ལོའི་ལོ་འགོར་འཚོ་བའི་ཆ་རྐྱེན་ལེགས་སུ་གཏོང་ཆེད། སྐབས་དེ་དུས་ཞིང་ལས་དངུལ་ཁང་གི་ཟངས་བྱང་གི་དངུལ་བུན་གཡར་བའི་ཐོབ་ཐང་ཐོག་ནས་དགྲ་འདུལ་གྱིས་ཞིང་ལས་དངུལ་ཁང་ལྷ་རྩེ་ཆུ་ཤར་ལས་གཉེར་ཁང་ནས་དབུལ་སྐྱོར་དངུལ་བུན་སྒོར་3000གཡར་ཏེ་གྲོང་ཚོའི་ནང་ཚོང་ཁང་དང་པོ་དེ་བཙུགས་པ་རེད། ལོ་གཉིས་ལྷག་ཙམ་དཀའ་ལས་བརྒྱབ་པ་བརྒྱུད། 2005ལོར་ཁོང་གིས་གཡར་བའི་དངུལ་བུན་གྱི་མ་སྐྱེད་འཇལ་བ་མ་ཟད། ད་དུང་ཚོང་གི་ཉམས་མྱོང་ཡང་ངེས་ཅན་ཞིག་བསགས་ལ་མི་ཚེའི་ཡོང་འབབ་དང་པོ་དེའང་བྱུང་བ་རེད།

2006ལོར། ཞིང་ལས་དངུལ་ཁང་ལྷ་རྩེ་ཆུ་ཤར་ལས་གཉེར་ཁང་གིས་དགྲ་འདུལ་གྱི་ལས་བརྩོན་ཕྱུག་འགྱུར་གྱི་རེ་འདུན་དང་། དེ་བཞིན་དེ་གོང་གི་དངུལ་བུན་གཡར་བར་འབྲས་བུ་ཐོབ་པ་མཐོང་རྗེས། དགྲ་འདུལ་ཁྱིམ་གྱི་དངོས་ཡོད་གནས་ཚུལ་ལ་གཞིགས་ནས་ཟངས་བྱང་དེ་གསེར་བྱང་ལ་སྤར་བ་རེད། རིམ་སྤོར་བྱས་རྗེས་དགྲ་འདུལ་གྱིས་སྒོར་ཁྲི་6གི་དངུལ་བུན་གཡར་ནས་ཕྱུགས་ལེགས་ཀྱི་བཞོན་མ་8ཉོས་ཏེ་ཆུ་ཤར་གྲོང་རྡལ་དུ་བ་གསོ་ར་བ་དང་པོ་དེ་བསྐྲུན་པ་རེད།

གསོ་ཚགས་ར་བའི་གཟན་རྩྭའི་དགོས་མཁོ་ཐག་གཅོད་བྱ་ཆེད། དགྲ་འདུལ་གྱིས་གྲོང་ཚོའི་བེད་མེད་ས་ཆ་རྩྭ་ཞིང་བཟོས་ནས་རྩྭ་ཞིང་གི་རྒྱ་ཁྱོན་མུའུ་37ནས་120བར་མང་དུ་བཏང་བས་འབྲུ་རིགས་ཀྱི་ཐོན་འབབ་མང་དུ་ཕྱིན་ཡོད་ལ་གསོ་ཚགས་ར་བའི་གཟན་རྩྭའི་གནད་དོན་ཡང་ཐག་གཅོད་ཐུབ་ཡོད།

2013ལོར། ཞིང་ལས་དངུལ་ཁང་ལྷ་རྩེ་ཆུ་ཤར་ལས་གཉེར་ཁང་གིས་དགྲ་འདུལ་གྱི་

མ་དངུལ་དགོས་མཁོ་དང་དེ་བཞིན་ཁྲིམ་རའི་གནས་ཚུལ་ལ་གཞིགས་ཏེ་ཁོང་ལ་བསྐྱར་དུ་སྐོར་ཁྲི་20ཡི་དངུལ་བུན་བཏང་ནས་བོད་བྱའི་གསོ་ཚགས་ར་བ་ཞིག་གཉེར་རོགས་བྱས་པ་རེད།

ད་ཆ་དགྲ་འདུལ་གྱིས་ཐོག་སོ་གཉིས་ལྡན་གྱི་སྡོད་ཁང་གསར་པ་ཞིག་བརྒྱབ་ཡོད་ལ་ཁོང་གིས་ཏང་གི་དམངས་ཕྱུག་སྲིད་ཇུས་ལ་དྲིན་ལན་འཇལ་ཆེད། རང་ཁྲིམ་གྱི་བེའུ་10གྲོང་ཚོའི་དུད་ཚང་དབུལ་པོར་སྤྲེར་ནས་ཁོང་ཚོ་དང་མཉམ་དུ་དབུལ་སྒྲོལ་ཕྱུག་འགྱུར་གྱི་ལམ་དུ་སྐྱོད།

རྒྱུན་དུ་དགྲ་འདུལ་གྱིས་དགའ་ཉེ་སྤྱུན་མཆེད་ལ་ང་དབུལ་སྒྲོལ་ཕྱུག་འགྱུར་བྱུང་བ་དེ་ཞིང་ལས་དངུལ་ཁང་གི་ཤུགས་ཆེའི་རྒྱབ་སྐྱོར་དང་ཁ་འབྲལ་ཐབས་མེད། ཞིང་ལས་དངུལ་ཁང་གི་རྒྱབ་སྐྱོར་མེད་ན་དེ་རིང་གི་ཡོད་ཚད་ཐོབ་མི་སྲིད་པས་ངས་སེམས་གཏིང་ནས་ཏང་དང་ཞིང་ལས་དངུལ་ཁང་ལ་ཐུགས་རྗེ་ཆེ་ཞུ་རྒྱུ་ཡིན་ཞེས་བརྗོད་ཀྱི་ཡོད།

དབུལ་ཞྭ་འབུད་རྒྱུ་ནི་འབད་འཐབ་གསར་པ་བྱེད་པའི་འགོ་འཛུགས་ས་ཡིན།

——གནས་སྤོས་དུད་ཚང་གསུམ་གྱི་མང་ཚོགས་ཀྱིས་འཚོ་བ་གསར་པ་ལྷུག་པོར་གླིང་བ།

དྲོ་འཛམ་ནི་འོད་འཕྲོ་བཞིན་དུ་སིལ་སིལ་རླུང་བུ་ལྷུང་བ་དང་བསྟུན་ནས་གསར་འགོད་པ་དང་བཅས་པ་ནག་ཆུ་གྲོང་ཁྱེར་གསེར་རྙེད་ཆུས་ནག་ཆུ་གྲོང་རྫལ་འོ་མ་དེང་དགེ་གྲོང་ཚོར་ཡོད་པ་ཡིན། གྲོང་ཚོའི་ཤར་ངོས་སུ་གནས་པའི་ཡིག་ཚགས་དང་གླ་བཟོས་པའི་དུད་ཚང་དབུལ་པོ་ནི་མ་ལྷ་རྒྱལ་ཁྱིམ་གྱི་རྣམ་པ་གསར་ཀྱུང་དུ་གྱུར་པའི་མགྲོན་བསུ་ཁང་དུ་ཇ་དང་ཁ་ཟས་དང་བཏུང་བྱ་སྣ་ཚོགས་བཤམས་ཏེ་ནང་མི་བཞི་པོ་རྣམས་མཉམ་དུ་བསྡད་དེ་དགོད་སྒྲས་ཁེངས་བཞིན་ཡོད།

སྔོན་ཆད་སྡོད་སའི་ཁང་པ་ནི་སོ་ཕག་ལས་གྲུབ་པ་ཞིག་ཡིན་པས་དགུན་དུས་རླུང་བུ་འཚུབ་པ་དང་དབྱར་ཁ་ཐིགས་པ་རྒྱག་གི་ཡོད་ཅེས་ཉི་མ་ལྷ་རྒྱལ་གྱིས་ཁང་གསར་གྱི་རྒྱབ་ངོས་སུ་གནས་པའི་སྡོད་ཁང་རྙིང་པ་ཞིག་ལ་མཛུབ་མོ་བཙུགས་ནས་བརྗོད།

2016ལོའི་ལོ་མཇུག་ཏུ་གྲོང་སྡོད་ལས་དོན་རུ་ཁག་དང་གྲོང་ཚོའི་ཨུ་ལྷན་གཉིས་ཀྱི་མཐུན་སྦྱོར་འོག་གྲོང་ཚོར་བར་འཇུག་རྣམ་པའི་གནས་སྤོས་སྲིད་ཇུས་ལག་ལེན་བསྟར་ནས་ཉེན་ཡོད་ཁང་པར་གཅིག་གྱུར་ཐོག་ཞིབ་བཤེར་དང་དེ་རྗེས་ཡུལ་མི་གནས་སྤོས་བྱས་པ་དང་ཆབས་ཅིག་སྡོད་ཁང་བསྐྲུན་པའི་མ་དངུལ་ཡོངས་རྫོགས་གསེར་རྙེད་ཆུས་སྲིད་གཞུང་གིས་འགན་འཁུར་བ་དང་ཡུལ་མིས་དངུལ་སྐར་ལི་གཅིག་ཀྱང་བཏོན་དགོས་

བྱུང་མེད།

ཏང་དང་སྲིད་གཞུང་གིས་མ་དངུལ་རོགས་རམ་བྱས་པར་བརྟེན་ནས་ང་ཚོ་མཐར་དྲོ་སྐྱིད་ལྡན་པའི་ཁང་པ་ཆེན་པོའི་ནང་སྡོད་རྒྱུ་བྱུང་ཞེས་ཁང་པ་གསར་པར་གནས་སྤོ་བྱས་རྗེས་ཉི་མ་ལྷ་རྒྱལ་གྱིས་འཚོ་བ་གསར་པ་ཞིག་སྐྱེལ་རྒྱུར་སེམས་ཤུགས་ཀྱིས་ཁེངས་བཞིན་དུ་བརྗོད། 2018ལོར་གསེར་རྙེད་ཆུས་དང་ནག་ཆུ་གྲོང་རྫལ་གྱི་སྲིག་འཛུགས་དང་རོགས་རམ་འོག་ཉི་མ་ལྷ་རྒྱལ་སྤྱ་རྗེས་སུ་རྐོ་འདྲུའི་འཕྲུལ་འཁོར་གཏོང་བ་དང་། བོད་ཟས་གཡོས་སྦྱོར། མེ་ཏོག་འདེབས་འཛུགས་སོགས་ལས་རིགས་རྩལ་ནུས་གསོ་སྦྱོང་གི་རྣམ་གྲངས་རབ་དང་རིམ་པའི་ནང་ཞུགས་ཡོད་པ་རེད།

2018ལོའི་ལོ་མཇུག་ཏུ་རྐོ་འདྲུའི་འཕྲུལ་འཁོར་དང་འདེགས་འཐེབས་དཔོན་འདྲེན་འཁོར་ལོ་དང་དེ་བཞིན་ཕུར་པ་འཕྲུལ་ཆས་གཏོང་ཚོག་པའི་ཁ་ལོ་བའི་རིམ་པ་ལྔ་པའི་ལག་ཁྱེར་རག་མ་ཐག་པའི་ཉི་མ་ལྷ་རྒྱལ་གྱིས་འཕྲལ་མ་ཉིད་དུ་ཉེ་འགྲམ་གྱི་ལས་ཡུལ་དུ་ལས་ཀར་ཞུགས་པ་དང་ན་ཞིང་གི་ལོ་སྟོད་ནས་འགོ་བཙུགས་ཏེ་ཉི་མ་ལྷ་རྒྱལ་ནག་ཆུའི་རྫོང་ཁག་དང་དེ་བཞིན་ལྷ་ས་སོགས་སུ་བསྐྱོད་དེ་ལས་ཡུལ་ཁག་ཏུ་རྐོ་འདྲུའི་འཕྲུལ་འཁོར་གཏོང་བའི་ལས་ལ་གཞོལ་བས་ཡོང་འབབ་ཀྱང་རྒྱུན་ཆད་མེད་པར་མང་དུ་ཕྱིན་ཡོད་པ་རེད།

ཉི་མ་ལྷ་རྒྱལ་གྱིས་གསར་འགོད་པར་ལོ་གསར་པའི་ནང་རང་ཉིད་ཀྱིས་ཧུར་ཐག་འབད་ཐག་བྱས་ཏེ་རང་ཁྱིམ་གྱི་དཔལ་འབྱོར་ཡོང་འབབ་མང་དུ་གཏོང་རྒྱུ་ཡིན་ཞེས་བརྗོད་བྱུང་།

ཉིང་ཁྲི་གྲོང་ཁྱེར་རྫ་ཡུལ་རྫོང་གྲོང་ལ་གྲོང་ཚོའི་ཡུལ་མི་དགའ་ཐལ་གྱི་སྣོ་རའི་ནང་མིག་ལམ་དུ་ཐོག་མར་འཆར་བ་ནི་ཡངས་ཤིང་དཀར་ཆ་དོད་པའི་སྤྲོ་ཁང་དེ་ཡིན་པ་རེད།

དགའ་ཐལ་ནང་མི་རྣམས་2016ལོར་མ་མཐའི་འཚོ་བ་འགན་ལེན་གྱི་དུད་ཚང་

དབུལ་པོའི་གྲས་སུ་བཙུག་པ་ཞིག་ཡིན་ལ་གྲོང་ཚོ་དེའི་མ་མཐའི་འཚོ་བ་འཇགན་ལེན་གྱི་དུད་ཚང་འབབ་ཞིག་དེ་རེད། དགའ་ཐལ་ཁྱིམ་དུ་མི་གྲངས་8ཡོད་པའི་ནང་ཕྲུ་གུ་3དང་དབང་པོ་སྐྱོན་ཅན་2ཡོད་པར་བརྟེན་ངལ་རྩོལ་ནུས་ཤུགས་ཚབས་ཆེན་མི་འདང་བའི་དབང་གིས་ཁྱིམ་ཚང་གི་ཁུར་པོ་ལྗི་བས་དཔལ་འབྱོར་ཡོང་ཁུངས་གཙོ་བོ་ཞིང་ལས་ཐོན་སྐྱེད་དང་ནགས་གསེབ་ཐོན་ཁུངས་ལ་བརྟེན་གྱི་ཡོད་པས་འཚོ་བར་དཀའ་ངལ་ཆེན་པོ་ཡོད་པ་རེད།

དགའ་ཐལ་གྱི་ས་ནས་གསར་འགོད་པས་ཤེས་རྟོགས་བྱུང་གསལ། ལོ་ཤས་གོང་ཁོང་ཚོའི་ཁྱིམ་མི་རྣམས་ཐོག་དཔངས་དམའ་ཞིང་ས་རྫ་ལས་གྲུབ་པའི་ཁང་པ་གོག་རྡུལ་ཞིག་ཏུ་སྡོད་ཀྱི་ཡོད་པ་དང་། ཡིག་ཚགས་དང་གླ་བཟོས་པའི་དུད་ཚང་དབུལ་པོའི་གྲས་སུ་བཙུག་རྗེས་རྒྱལ་ཁབ་ཀྱི་སྲིད་ཇུས་ཁག་གི་རོགས་རམ་འོག་ཁྱིམ་ཚང་གི་ཡོང་འབབ་མི་རེར་ལོ་རེར་ཆ་སྙོམས་སྒོར་4600ལྷག་ཙམ་ཟིན་ནས་ཁྱིམ་ཚང་གི་འགྲོ་སོང་གཞི་རྩའི་ཆར་འདང་གི་ཡོད་པ་རེད། ལོ་དེ་དག་རིང་གི་འགྱུར་ལྡོག་སྐོར་གླེང་སྐབས་དགའ་ཐལ་གྱིས་དེ་དག་ཚང་མ་ནི་ཏང་དང་རྒྱལ་ཁབ་ཀྱི་སྲིད་ཇུས་བཟང་པོ་ལས་བྱུང་བ་ཞིག་རེད། ཏང་མེད་ཚེ་ང་ཚོར་འཚོ་བ་སྐྱིད་པོ་དེ་འདྲ་སྐྱེལ་རྒྱུ་ཡོང་མི་སྲིད། ང་ཚོས་འབད་བརྩོན་ལྷག་བརྒྱ་དང་དཀའ་སྤྱད་ངལ་རྩོལ་ལ་བརྟེན་ཏེ་དེ་བས་མཛེས་སྡུག་ལྡན་པའི་འཚོ་བ་གཏོད་རྒྱུ་ཡིན། ང་ཚོས་རྟག་ཏུ་ཕྲུ་གུ་ཚོར་ཏང་དང་སྲིད་གཞུང་གི་བཀའ་དྲིན་བློ་ལ་བརྟན་པོར་བཅངས་ནས་ཆེན་པོ་ཆགས་རྗེས་འཛིན་ཐང་ཡོད་པའི་མི་ཞིག་བྱས་ཏེ་སྤྱི་ཚོགས་ལ་དྲིན་ལན་འཇལ་དགོས་པའི་སློབ་གསོ་རྒྱག་གི་ཡོད་ཅེས་སེམས་འགུལ་ཐེབས་བཞིན་དུ་བརྗོད།

བསྟན་འཛིན་ཆོས་གྲགས་ད་ཆ་ལྷོ་ཁ་གྲོང་ཁྱེར་གོང་དཀར་རྫོང་འཕྲེང་འགོ་ཤང་དབུལ་སྐྱོར་གནས་སྤོའི་བཀོད་སྒྲིག་ས་ཚིགས་སུ་སྡོད་ཀྱི་ཡོད་པ་དང་། ཁོང་ཚོ་ནང་མི་

རྣམས་འདི་ལོ་མཚོ་སྨད་རྫོང་སྔོ་བརྩུས་ཤང་བཀྲ་ཤིས་གསུམ་མདོ་གྲོང་ཚོ་ནས་གནས་སྤོས་པ་ཞིག་རེད།

དུས་རྒྱུན་ཁྲིམ་དུ་སྡོད་མཁན་ང་དང་བཟའ་ཟླ་གཉིས་ལས་མེད། ད་ཆ་བུ་རྒན་པ་ནང་སར་སློབ་གྲྭར་བསྐྱོད་པ་དང་བུ་མོ་ལྷ་ཁ་གྲོང་ཁྱེར་དུ་སླ་པ་བྱེད་ཀྱི་ཡོད་ཅེས་དང་འདི་གར་གནམ་གཤིས་དྲོ་བའི་ཁར། ཁང་པ་དཀར་ཆ་དོད་པ་དང་ཁ་སྤྲོད་དུ་ལྷོ་ཁ་གྲོང་ཁྱུལ་དང་ལྷ་སར་བསྐྱོད་པའི་མྱུར་བགྲོད་གཞུང་ལམ་ཡིན་པས་འཚོ་སྡོད་ལ་ཧ་ཅང་འཚམ་པོ་འདུག་ཅེས་ཤོད་མཚམས་འདིར་སླེབས་སྐབས་བསྟན་འཛིན་ཆོས་གྲགས་ཀྱི་ངོ་གདོང་ལས་འཛུམ་མདངས་འཕྱུར། དོན་དངོས་ཐོག་བསྟན་འཛིན་ཆོས་གྲགས་ཀྱི་ཕ་ཡུལ་རི་ཁུག་ཏུ་གནས་པ་དང་གནམ་གཤིས་ཆ་རྐྱེན་ཞན་པའི་ཁར། ལམ་ཐག་རིང་པོ་ཡོད། ད་ཆ་དེ་གའི་ཁོར་ཡུག་དང་འགྲོ་འོང་གི་ཆ་རྐྱེན་དེ་དག་མིག་ལམ་དུ་འཆར་སྐབས་ཕྱིར་སླ་པར་བསྐྱོད་ནས་ཡོང་འབབ་གསོག་རྒྱུའི་འཆར་གཞི་བཀོད་ཟིན་ཡོད།

གནས་སྤོ་མང་ཚོགས་ཁག་གཅིག་ཡུན་རིང་མ་སོང་བར་དེ་གར་སྤོ་ཚལ་འདེབས་འཛུགས་དང་ཟ་ཁང་བཙུགས་ནས་ཚོང་རྒྱག་འགོ་བཙུགས་ཡོད། སྔོན་ཆད་རང་ཉིད་ལོ་འཁོར་མོ་རི་སྟེང་དུ་ལུག་འཚོ་བར་ཕྱིན་ཡང་ཡོང་འབབ་སྒོར་4000ལྷག་ཙམ་ལས་མེད། འདི་ལོ་གནས་སྤོ་བཀོད་སྒྲིག་ས་ཚོགས་ཀྱི་ཉེ་འགྲམ་དུ་ལས་ཀ་བྱས་པར་ཟླ་བཞི་ཡི་ནང་ཡོང་འབབ་སྒོར་ཁྲི་1.2རག་བྱུང་ཞེས་བསྟན་འཛིན་ཆོས་གྲགས་ཀྱིས་དགའ་སྤྲོ་འཁོལ་བའི་ངང་བརྗོད།

ཁང་པ་གསར་པར་སྤོས་རྗེས་ང་ཚོའི་འཚོ་བ་སྤྲང་རྡེ་ལས་ཀྱང་མངར་བ་ཡོད་པ་དེ་ནི་ཏང་དང་སྲིད་གཞུང་གིས་ང་ཚོར་ཐུགས་ཁུར་དང་རོགས་རམ་གནང་བ་ལས་བྱུང་བ་ཡིན་ཞེས་བསྟན་འཛིན་ཆོས་གྲགས་ཀྱིས་གསར་འགོད་པར་ཡང་ནས་ཡང་དུ་བརྗོད་བྱུང་།

ཏུད་ཚང་དབུལ་པོ་གཅིག་ཀྱང་མ་ལུས་པ་བྱས་པ།

——མཛོ་སྒང་རྫོང་གི་དབུལ་སྒྲོལ་འགག་སྒྲོལ་ལས་དོན་ལ་ལྟ་ཞིབ་བྱས་པ།

བོད་ཤར་ལྷོའི་རི་མཐོ་རོང་ཟབ་ཁུལ་དུ་ཆགས་པའི་མཛོ་སྒང་རྫོང་ནི་ལོ་རྒྱུས་ཐོག་གི་ཚོང་པ་རྣམས་ཇ་རྟའི་ཚོང་ལམ་བརྒྱུད་དེ་བོད་ནས་ཡར་འགྲོ་མར་འགྲོ་བྱེད་དུས་བརྒྱུད་དགོས་ངེས་ཀྱི་ས་ཆ་ཞིག་ཡིན་པ་དང་། དེ་ཡང་ལྟོངས་ཡོངས་ཀྱི་ཤིན་ཏུ་དབུལ་པོའི་རྫོང་གི་གྲས་ཤིག་ཀྱང་རེད།

རྫོང་ཡོངས་ལ་ཤང(གྲོང་རྡལ)10དང་། གྲོང་ཚོ(གྲོང་ལྡན)128 མི་གྲངས་ཁྲི་5.8ཡོད་པ་དང་། གནད་སྐྱིན་དབྱེ་འབྱེད་བྱས་པའི་ཡིག་ཚགས་དང་ཐོ་བཟོས་པའི་མི་འབོར་དབུལ་པོ་ཏུད་ཚང་2681དང་མི་13409 ཤང(གྲོང་རྡལ)10ཡི་ནང་གི་8ཤིན་ཏུ་དབུལ་པོའི་ཁོངས་སུ་གཏོགས་པ། སྲིད་འཛིན་གྲོང་ཚོ་127ནང་གི་84ཤིན་ཏུ་དབུལ་པོའི་ཁོངས་སུ་གཏོགས་པ། དབུལ་ཤོས་ཡིན་པའི་རབ་ཅན་ཤང་རབ་སེར་གྲོང་ཚོ་2015ལོར་དབུལ་པོ་ཆགས་ཚད་བརྒྱ་ཆ87.65ཟིན་པ་སོགས་དབུལ་སྒྲོལ་གནོན་ཤུགས་རི་བོའི་གཏོས་ལྟར་ལྕི་པོ་ཡོད་པས། ཕྱིར་བཤོལ་བྱེད་ཐབས་བྲལ་བའི་དབུལ་སྒྲོལ་འགག་སྒྲོལ་གྱི་དམག་འཐབ་ཁྲིན་ཡོངས་ནས་རྒྱག་འགོ་ཚུགས།

སྒྲུང་ཚང་ནས་སྲོས་ཏེ་དབུལ་པོའི་རྩ་བ་དྲུངས་ནས་འབྱིན།

གྲོང་མི་གྲུང་པའི་སྟོད་ཁང་གསར་པ་ཐེམ་ཐོག་གྲོང་རྡལ་སྲིད་གཞུང་གནས་ཡུལ་དུ་ཆགས་པ་དང་རྒྱལ་ལམ་318ཀྱི་ལམ་རྒྱུད་དུ་ཡོད།

འདི་ལོ་ལོ་69སླེབས་པའི་གྲུང་པ་དེ་སྟོན་ཐེམ་ཐོག་གྲོང་རྫལ་ཡར་གྲོང་གྲོང་ཚོའི་རི་སྐྱིད་དུ་སྡོད་པ་དང་། འབར་རི་འབུར་རིའི་ས་རྫོའི་ལམ་ཆུང་དེ་ཕྱི་རོལ་དང་འབྲེལ་བ་བྱེད་པའི་ལམ་བུ་ཞག་ཅིག་དེ་རེད། གངས་བབ་དུས་ཐོག་ཁ་རྡིབ་པ་དང་ཐིགས་པ་རྒྱག་དོགས་ཀྱི་སེམས་ཁྲལ་བྱེད་དགོས་པས། འཚོ་བར་སྐབས་བདེ་ཅི་ཡང་མེད། ད་ཆའི་ཁང་པ་གསར་པར་རྒྱ་ཁྱོན་སྨི་ངོས་གྲུ་150ཡོད་པ་དང་། བོད་བཟོའི་མཛེས་བཟོ་བྱས་པ་དེ་གཙང་ཞིང་གྲལ་སྒྲིག་པ་དང་དཀར་ཆ་དོད་ལ་གུ་ཡངས་བ། ཁྱིམ་སྤྱོད་སྒྲིག་ཆས་དང་བོད་བཟོའི་འཛོན་ཆས་སོགས་ཆ་ཚང་པོ་ཡོད་པས། སྣང་བ་ཡང་སྐྱིད་པོ་འདུག་ཅེས་གྲུང་པས་བརྗོད། གྲུང་པ་ནི་མཛོ་སྨད་རྫོང་གི་ཡུལ་གཞན་དུ་གནས་སྤོས་རྒྱ་ཆེའི་མང་ཚོགས་ཁྲོད་ཀྱི་ཚབ་མཚོན་ཙམ་རེད།

དང་ཐོག་གནས་སྤོ་བྱེད་དུས་གནས་སྤོ་ཇི་ལྟར་བྱེད་དམ། གང་དུ་གནས་སྤོ་བྱེད་དམ། མཛོ་སྨད་རྫོང་ཞུད་དང་རྫོང་སྲིད་གཞུང་གི་བློ་གྲོས་ལ་ཚོད་བགམ་ཆེན་པོ་འཕྲད།

མཛོ་སྨད་རྫོང་གིས་ཡུལ་གཞན་དུ་གནས་སྤོས་དབུལ་སྐྱོར་བྱ་རྒྱུ་དེ་གྲོང་གསེབ་དར་རྒྱས་དང་། གྲོང་ཁྱེར་དང་གྲོང་རྫལ་ཅན་དཔེ་གསར་དང་ཟུང་འབྲེལ་དང་ཐོན་ལས་འཕེལ་རྒྱས་དང་ཟུང་འབྲེལ་བྱེད་པར་མཐོང་ཆེན་བྱས་ཏེ། ཚན་རིག་དང་མཐུན་པའི་སྒོ་ནས་རྒྱལ་ལམ་ལམ་རྒྱུད་ཀྱི་ཁུལ་གཅིག་དང་གནད་བཞིའི་ཡུལ་གཞན་དུ་གནས་སྤོས་དབུལ་སྐྱོར་གྱི་སྤྱི་ཡོངས་གཅིག་སྡུད་བཀོད་པའི་རྩུས་གཞི་ལག་ལེན་བསྟར་བ་དང་། ཚན་རིག་དང་མཐུན་པའི་སྒོ་ནས་སྨད་ཡུལ་ཤར་བྱེ་ཁྲུག་གྲོང་ཚོ་དང་། ཐེམ་ཐོག་གྲོང་རྫལ་ཡར་གྲོང་གྲོང་ཚོ། རྫོང་གྲོང་གི་ཕྱོགས་བཞིའི་འཆམ་མཐུན་གྲོང་གསར(དབུལ་སྐྱོར་གསར་སྤེལ་ཁུལ) བཀྲ་གཡུས་གྲོང་རྫལ་འོག་ཐང་གྲོང་ཚོ། བཀྲ་གཡུས་འབར་བ་གྲོང་ཚོ། བལ་ཐོག་ཤར་བལ་ཐོག་གྲོང་ཚོ་དང་ལུང་གཞི་གྲོང་ཚོ་བཅས་ཡུལ་གཞན་དུ་གནས་སྤོས་བཀོད་སྒྲིག་ས་ཚིགས་7གཏན་འཁེལ་བྱས་པ་རེད།

འཆར་འགོད་ཐད་མཛོ་སྨད་རྫོང་གིས་ས་གནས་དེ་གའི་འཛུགས་སྐྲུན་ས་ཆ་དཀོན་པ་དང་ས་ཆ་འདེམས་དཀའ་བའི་དོན་དངོས་དང་ཟུང་འབྲེལ་དམ་ཟབ་བྱས་ཏེ། ཐོག་སོ་མང་བའི་སྡོད་ཁང་གིས་གཙོ་བོ་བྱེད་པ་དང་། སྒྲོམ་གཞི་བསྒྲངས་བ་གཙོ་བོ་བྱེད་པ་གང་ཞིག མི་རེའི་ཆ་སྙོམས་སྡོད་ཁང་གི་རྒྱ་ཁྱོན་སྨི་ངོས་གྲུ་25ནང་ཚུན་དུ་ཚོད་འཛིན་བྱས་པ་རེད། འཛུགས་སྐྲུན་ཉམས་འགྱུར་ཐད་སྟོབས་འབར་གྱི་ཡུལ་མིའི་སྡོད་ཁང་སོགས་སྲོལ་རྒྱུན་རིག་གནས་ཀྱི་གཞི་རྒྱུ་འདུས་པ་དང་ཆབས་ཅིག དེང་རབས་ཀྱི་གཞི་རྒྱུ་ཡང་འདུས་ཡོད། ཆུ་འདོན་དང་། ཆུ་འབུད། གློག་ཟྲ། ལམ་སྒྲོན། གཞུང་ལམ། སྤྱི་པའི་གསང་སྤྱོད། ཐང་ཆེན་སོགས་ལེ་ལག་ཚང་བའི་སྒྲིག་བཀོད་གཅིག་གྱུར་བསྐྲུན་ཡོད་པས། གནས་སྤོས་མང་ཚོགས་ཀྱི་ཐོན་སྐྱེད་དང་འཚོ་བའི་དགོས་མཁོ་ཉུས་ལྡན་བསྐངས་ཡོད།

སྤོ་ཐུབ་པ་མ་ཟད་ཕྱུག་པོ་ཆགས་ཐུབ་པ་བྱས་པ། མཛོ་སྨད་རྫོང་གིས་ཀ་རྟེན་ཐོན་ལས་ཆེན་པོ་ལྔ་འཕེལ་རྒྱས་ཤུགས་ཆེན་གཏོང་བ་དང་། ཐོན་ལས་དང་མང་ཚོགས་དབུལ་པོའི་ཁེ་ཕན་ཟུང་འབྲེལ་གྱི་ལམ་སྲོལ་བཏོད་དེ། ཐོན་ལས་གཅིག་ལ་བརྟེན་ནས་མང་ཚོགས་དབུལ་པོ་ཁག་གཅིག་དབུལ་སྒྲོལ་ཐུབ་པའི་འགན་ལེན་བྱས་པ་རེད། 2018ལོའི་ལོ་མཇུག་བར། བྱེ་རྫ་ལས་སྣོན་དང་། དྭངས་གཙང་ཆུ་ཐོན་སྐྱེད། ཆུ་འཐག་ཁང་། གཟན་ཆག་འདེབས་འཛུགས། ཤིང་ཆའི་ལག་ཤེས་བཟོ་རྩལ་ལས་སྣོན་སོགས་ཐོན་ལས་རྣམ་གྲངས་བསྡོམས་22གཏན་འཁེལ་ཟིན་པའི་ནང་ནས་རྣམ་གྲངས་15སྐྲུན་བཞིན་ཡོད་པ་དེས། ཡིག་ཚགས་དང་ཀྲ་བཟོས་པའི་མང་ཚོགས་དབུལ་པོ་646དབུལ་སྒྲོལ་འབབ་འཕར་ཡོང་རྒྱུར་སྣེ་ཁྲིད་ཐུབ་ཡོད།

2018ལོའི་ལོ་མཇུག་བར་དུ་མཛོ་སྨད་རྫོང་གི་བཀོད་སྒྲིག་ས་ཚོགས་5རུ་ཡིག་ཚགས་དང་ཀྲ་བཟོས་པའི་མང་ཚོགས་དབུལ་པོའི་དུད་ཚང་1372དང་མི་6978བཀོད་སྒྲིག་བྱས་ཟིན་པ་དེས་གནས་སྤོས་བྱེད་དགོས་རིགས་མང་ཚོགས་དུད་ཚང་བསྡོམས་འབོར་གྱི་བརྒྱ་

ཆ97ཟིན་ཡོད། ད་ཆ། སྟོད་ཁང་གསར་པར་སྤོས་པའི་མཛོ་སྨད་རྫོང་གི་མང་ཚོགས་དབུལ་པོ་དེ་བས་མང་བ་བདེ་སྐྱིད་ལྡན་པའི་འཚོ་བ་གསར་པ་སྐྱེལ་རྒྱུ་བྱུང་ནས། དབུལ་སྒྲོལ་ཕྱུག་འགྱུར་གྱི་ཞུགས་འདུན་གནས་དེ་གར་རྩ་བ་ཚུགས་པ་དང་། ལོ་འདབ་རྒྱས་པ། མེ་ཏོག་བཞད་པ་བཅས་བྱུང་ཡོད།

ཕྱུག་འགྱུར་ལས་རིགས་དར་སྤེལ་བཏང་ནས་རྨང་གཞི་བརྟན་པོ་བཏིང་བ།

མཛོ་སྨད་ཀྱི་ཁྱད་ཆོས་ཟབ་མོ་ལྡན་པའི་གཙང་པོ་གཉིས་དང་ཆུ་བོ་གཅིག་སྲུས་དག་འཛིན་ཆས་བཟོ་གྲྭ་ནི་ཐོན་ལས་དབུལ་སྒྲོལ་གྱི་དཔེ་མཚོན་ཞིག་རེད།

2017ལོར་མཛོ་སྨད་རྫོང་གིས་རྟོག་ཞིབ་གང་ལེགས་བྱས་པའི་རྨང་གཞིའི་ཐོག་ས་ཁྱོན་སྨི་ངོས་ཁྲི་2000ཙམ་བསྡུ་སྒྲིལ་བྱས་པ་དང་། ཐོན་ལས་རིགས་སྐྱོར་གྱི་མ་དངུལ་སྒོར་ཁྲི་326.1ངོན་འཁྱོལ་གྱིས་གཞི་ཁྱོན་ཅན་དང་ཚད་ལྡན་ཅན་གྱི་ཐོན་སྐྱེད་ནུས་པ་ལྡན་པའི་གཙང་པོ་གཉིས་དང་ཆུ་བོ་གཅིག་སྲུས་དག་འཛིན་ཆས་བཟོ་གྲྭ་བཙུགས།

འཛིན་ཆས་བཟོ་གྲྭའི་ཁྲང་ཀྲང་ཤེས་རབ་ཚེ་ཞུན་གྱིས་ངོ་སྤྲོད་བྱས་དོན། འཛིན་ཆས་བཟོ་གྲྭས་གནའ་ལམ་གཙང་གསུམ་ཆེད་ལས་མཉམ་ལས་ཁང་ལྟེ་བར་བྱས་ནས། ད་ཡོད་ཀྱི་བོད་བཟོའི་འཛིན་ཆས་བཟོ་ཁང་དང་དམངས་ཁྲོད་བཟོ་ཁང་5དང་ཡིག་ཚོགས་དང་གྲྭ་བཟོས་པའི་དྭུད་ཚང་དབུལ་པོ་20དང་མཉམ་ལས་བྱས་པས། གནའ་ལམ་གཙང་གསུམ་ཆེད་ལས་མཉམ་ལས་ཁང་དང་། སྲུས་དག་འཛིན་ཆས་བཟོ་གྲྭ་ཡིག་ཚོགས་དང་གྲྭ་བཟོས་པའི་དྭུད་ཚང་བཅས་ཟུང་དུ་འབྲེལ་བའི་འཕེལ་རྒྱས་གཏོང་སྟངས་གྲུབ་ཡོད། མིག་སྔར། འཛིན་ཆས་བཟོ་གྲྭར་ལོར་ཡོང་འབབ་སྒོར་ཁྲི་360ཡོད་པ་དང་། དྭུད་ཚང་དབུལ་པོ་20ལ་ཡོང་འབབ་བརྟན་པོ་ཡོད་པའི་ལས་ཞུགས་ལས་གནས་མཁོ་འདོན་བྱས་ཡོད། ཐོན་ལས་དར་རྒྱས་གཏོང་རྒྱུ་ནི་མཛོ་སྨད་རྫོང་གིས་དབུལ་སྒྲོལ་འགག་སྒྲོལ་གྱི་དམག་འཐབ་

ལ་རྒྱལ་ཁ་ལེན་པའི་ཐབས་མཆོག་ཅིག་རེད། མཛོ་སྣར་རྫོང་ཤུད་དང་རྫོང་སྲིད་གཞུང་གིས་རྫོང་ཡོངས་ཀྱི་ཐོན་ལས་འཕེལ་རྒྱས་ཀྱི་དགེ་མཚན་ལྡན་པའི་ཐོན་ཁུངས་ལ་དབྱེ་ཞིབ་གཏིང་ཟབ་བྱེད་པ་དང་། ཕྱོགས་ཡོངས་ནས་ཐོན་ལས་དབུལ་སྐྱོར་རྣམ་གྲངས་ཀྱི334མ་འཛུག་བྱེད་སྟངས་ལ་སླུལ་འདེད་གཏོང་བ། གྲོང་ཚོའི་ཏང་གྲི་སྤུའུ+ཀུང་སི+མཉམ་ལས་ཁང་+ཞིང་དུད་དང་། ཀུང་སི+རྟེན་གཞི+ཞིང་འབྲོག་པ། ཆེད་ལས་མཉམ་ལས་རྩ་འཛུགས+ཞིང་འབྲོག་པ། འཛིན་ཐང་ཅན་གྱིས་སྣེ་ཁྲིད་པ་སོགས་ཁེ་ཕན་མཉམ་སྤྲེལ་གྱི་རྣམ་པ་ཁྱབ་གདལ་ཤུགས་ཆེན་གཏོང་བ་བཅས་བྱས་ཏེ་རྫོང་ལ་ཐོན་ལས་གླིང་ཡོད་པ་དང་། ཤང（གྲོང་རྡལ）ལ་རྒྱུན་མཐུད་འཕེལ་རྒྱས་གཏོང་བའི་ཐོན་ལས་ཡོད་པ། གྲོང་ཚོར་ཐོན་ལས་ཆུང་ངུ་ཡོད་པ། དུད་ཚང་ལ་ཞིབ་ཕྲའི་འབབ་འཕར་རྣམ་གྲངས་ཡོད་པ་བཅས་མངོན་འགྱུར་བྱུང་བ་རེད།

འདུ་ཤེས་ཀྱིས་ཁྲ་སྒྲོད་ལ་ཁྲིད་སྟོན་དང་ཁ་ཕྱོགས་ཀྱིས་གདམ་ཁ་ཐག་གཅོད་བྱེད།

ཕ་མདའ་གྲོང་རྡལ་དབུ་ཡག་གྲོང་ཚོའི་སྐོར་གླིང་དུས་ཚང་མའི་སེམས་ལ་གྲོང་ཚོའི་མཉམ་སྦྲེལ་དཔལ་འབྱོར་གྱི་རང་འགུལ་ཅན་གྱི་ས་ཕག་བཟོ་གྲྭ་དང་མངགས་གཏོང་བྱས་པའི་ཏང་གྲི་སྤུའུ་རྩུའུ་ཅི་དང་པོ་རན་ཁྲིང་ལྷུན་འཆར་གྱི་ཡོད། རན་ཁྲིང་ལྷུན་གྱི་ཚན་རིག་དང་མཐུན་པའི་དོ་དམ་དང་ཁྲིད་སྟོན་འོག་དབུ་ཡག་གྲོང་ཚོའི་རང་འགུལ་ཅན་གྱི་ས་ཕག་བཟོ་གྲྭའི་ལོའི་ཐོན་སྐྱེད་རིན་ཐང་བསྡོམས་འབོར་དང་། ཁེ་གཙང་། མང་ཚོགས་ལ་བགོ་འགྲེམས་བཅས་རྒྱུན་མཐུད་མང་དུ་ཕྱིན་ནས་2018ལོའི་ལོ་མཇུག་བར་ཐོན་སྐྱེད་རིན་ཐང་སྒོར་ཁྲི་550ལས་བརྒལ་བ་དང་། དུད་ཚང་རེར་ཆ་སྙོམས་བགོ་འགྲེམས་སྒོར་ཁྲི་1.2རག་པ་རེད།

ཉིན་རེར་སླ་ཆ་སྒོར་150ཡོད་པས་ལས་ཀ་བྱེད་བསམ་ན་ཁྱིམ་གྱི་སྒོ་རྩ་ནས་ཡོང་

འབབ་བསགས་ཆོག་པ་མ་ཟད། ལོ་མཇུག་ཏུ་ད་དུང་བགོ་འགྲེམས་ཀྱང་ཡོད། གལ་སྲིད་ས་ཕག་བཟོ་གྲྭར་ལས་ཀ་བྱས་ནས་ཡོང་འབབ་བསགས་མ་ཐུབ་ན་ངའི་ཁྱིམ་གྱི་འཚོ་བ་ཇི་འདྲ་ཆགས་མིན་ཤོད་དཀའ་ཞེས་རྐང་པ་ཐང་པོ་མེད་ལ། བཟའ་ཟླ་གྲོངས་པ་དང་ད་དུང་ཕྲུ་གུ་གསུམ་གསོ་དགོས་པའི་དབུ་ཡག་གྲོང་ཚོའི་གྲོང་མི་རྡོ་རྗེ་སྒྲོལ་མས་སེམས་འགུལ་ཆེན་པོ་ཐེབས་བཞིན་བརྗོད།

སྟོབས་འབར་ཤང་སྟོན་ཤེད་གྲོང་ཚོ་དང་སྨད་ཡུལ་ཤང་དཔོན་ཡུལ་གྲོང་ཚོར་གཟན་རྩྭ་འདེབས་འཛུགས་བྱེད་པ་དང་། སྨད་ཡུལ་ཤང་བྱེ་ཁུག་གྲོང་ཚོར་ཐོན་ལས་གླིང་འཛུགས་པ། འོག་ཐང་གྲོང་ཚོའི་སྒྲོ་གསེང་གྲོང་ཚོ། བལ་ཐོག་གྲོང་ཚོའི་མགྲོན་ཁང་སོགས་འཛུགས་སྐྲུན་ལ་སྐྱུལ་འདེད་བཏང་སྟེ་རྩ་བ་ཚུགས་ནས་ཡལ་འདབ་རྒྱས་པར་བྱས་ཡོད།

ཆེད་ལས་མཉམ་ལས་ཁང་རྒྱ་སྐྱེད་བཏང་ནས་ཚོགས་སྤྱིག་ཟུག་འཛུར་ཐུང་བ།

ཆེད་ལས་མཉམ་ལས་ཁང་སྟོབས་ཆེར་གཏོང་བའི་བརྒྱུད་རིམ་ཁྲོད། མཛོ་སྣར་རྫོང་གིས་སྲིད་ཇུས་དང་། མ་དངུལ། ཤེས་ལྡན་པ་བཅས་ནས་རྒྱབ་སྐྱོར་བྱེད་ཤུགས་ལ་མངོན་གསལ་དོད་པོས་ཤུགས་སྣོན་བརྒྱབ་སྟེ། 2018ལོར། རོགས་སྐྱོར་དངུལ་བུན་བསྡོམས་སྒོར་ཁྲི་130བཏང་བའི་ནང་ནས་རོགས་སྐྱོར་མ་དངུལ་སྒོར་ཁྲི་103.6དོན་འཁྱོལ་བྱས་པ་དང་། རྒྱུའུ་ཅན་ཞ་མོན་གྲོང་ཁྱེར་གཞུང་ཁུངས་ཁེ་ལས་ཀྱིས་རིགས་གཅིག་ཤེས་ལྡན་པ་ཁག་གཉིས་ཀྱི་མི་ཐེངས་8མངགས་གཏོང་བྱེད་པར་མཐུན་སྦྱོར་བྱས་ནས་རྫོང་མཉམ་ལས་ཁང་གི་ཁོངས་གཏོགས་ཀྱི་རྣམ་གྲངས་22ལ་ཉེན་ཁ་དཔྱད་དཔོག་དང་སྤྱོད་ཆོག་པ་རིག་པས་ཁུངས་སྐྱེལ་བྱས་པ་དང་། ཕྱུག་འགྱུར་སྣེ་ཁྲིད་པ་དང་། དམག་ཞབས་ཐེམས་པའི་དམག་མི། སློབ་ཆེན་ཐོན་པའི་སློབ་གྲྭ་ཆེ་མོ་བ་བཅས་ཞིང་འབྲོག་པའི་ཆེད་ལས་མཉམ་ལས་ཁང་ནང་ཞུགས་པར་རྒྱབ་སྐྱོར་བཅས་བྱས་ཏེ་ཞིང་འབྲོག་པའི་ཆེད་ལས་མཉམ་ལས་

ཁང་གི་རྒྱུན་མཐུད་འཕེལ་རྒྱས་ལ་རིག་སྟོབས་ཀྱིས་འདེགས་སྐྱོར་ནུས་ལྡན་བྱས་པ་རེད།

དམིགས་བསལ་གྱི་སྲིད་ཇུས་དང་མ་དངུལ་གྱི་རོགས་སྐྱོར་འོག་ཆེད་ལས་མཉམ་ལས་ཁང་ཁག་གཅིག་སྟོབས་ཆེ་རུ་ཕྱིན་ཡོད།

ཞྭ་མདའ་གྲོང་རྫལ་ཇོ་པ་གྲོང་ཚོའི་མེ་ཏོག་འདེབས་འཛུགས་དང་ཐེམ་ཐོག་གྲོང་རྫལ་བྱེ་མདའ་གྲོང་ཚོའི་ནུས་ཆེའི་ཉི་འོད་དྲོད་ཁང་སོགས། ཏང་གྲི་ཕུའུ+མཉམ་ལས་ཁང་+ཞིང་འབྲོག་པའི་གཉེར་སྐྱོང་རྣམ་པའི་མཉམ་ལས་ཁང་16འཕེལ་རྒྱས་བཏང་སྟེ་ཡིག་ཚགས་དང་གྲ་བཟོས་པའི་མང་ཚོགས་དབུལ་པོ་123དབུལ་སྒྲོལ་ཕྱུག་འགྱུར་ཡོང་བར་སྐུལ་ཁྲིད་བྱས་པ་རེད།

ཞྭ་མདའ་གྲོང་རྫལ་འོ་སྤྱོས་གྲོང་ཚོའི་སྔོད་བཙུད་འདེབས་འཛུགས་གསོ་ཚགས་རྟེན་གཞི་སོགས། ཁེ་ལས་+རྟེན་གཞི་+ཡིག་ཚགས་དང་གྲ་བཟོས་པའི་དུད་ཚང་གི་གཉེར་སྐྱོང་རྣམ་པའི་མཉམ་ལས་ཁང་6འཕེལ་རྒྱས་བཏང་སྟེ། ཡིག་ཚགས་དང་གྲ་བཟོས་པའི་མང་ཚོགས་དབུལ་པོ་160དབུལ་སྒྲོལ་ཕྱུག་འགྱུར་ཡོང་བར་སྐུལ་ཁྲིད་བྱས་པ་རེད།

མཛོ་སྒང་རྫོང་འབུ་ལུང་གྲོང་ཚོའི་སྤྱོས་བཟོ་གྲྭ་སོགས"ཕྱུག་འགྱུར་སྐུལ་ཁྲིད་པ+མཉམ་ལས་ཁང་+ཞིང་དུད"ཀྱི་གཉེར་སྐྱོང་རྣམ་པའི་མཉམ་ལས་ཁང་10འཕེལ་རྒྱས་བཏང་སྟེ་ཡིག་ཚགས་དང་གྲ་བཟོས་པའི་མང་ཚོགས་དབུལ་པོ་297དབུལ་སྒྲོལ་ཕྱུག་འགྱུར་ཡོང་བར་སྐུལ་ཁྲིད་བྱས་པ་རེད།

མིག་སྔའི་བར། མཛོ་སྒང་ལ་བསྒོམས་ཆེད་ལས་མཉམ་ལས་ཁང་55ཡོད་པ་དེའི་ནང་རྒྱལ་ཁབ་རིམ་པའི་ཞིང་འབྲོག་པའི་ཆེད་ལས་མཉམ་ལས་ཁང་2དང་། རང་སྐྱོང་ལྗོངས་རིམ་པའི་ཞིང་འབྲོག་པའི་ཆེད་ལས་མཉམ་ལས་ཁང་2 གྲོང་ཁྱེར་རིམ་པའི་ཕུལ་བྱུང་ཞིང་འབྲོག་པའི་ཆེད་ལས་མཉམ་ལས་ཁང་3བཅས་ཡོད་ལ། མཉམ་ལས་ཁང་གི་ཁོངས་མི་745ཡོད་པའི་ནང་ཡིག་ཚགས་དང་གྲ་བཟོས་པའི་དུད་ཚང་264ཡི་མི་580ཡོད་པ་དང་།

མང་ཚོགས་དབུལ་པོ་114ཡི་ལས་ཞུགས་གནད་དོན་ཐག་གཅོད་བརྟན་པོ་ཐུབ་ནས་ལོར་མི་རེར་ཆ་སྙོམས་ཡོང་འབབ་སྒོར་4200བྱུང་ཡོད་པ་རེད།

དབུལ་སྒྲོལ་འགག་སྒྲོལ་གྱི་ལམ་བུའི་ཐོག་མང་ཚོགས་དབུལ་པོ་ཚང་མས་མཛེས་སྡུག་ལྡན་པའི་འཚོ་བ་སྐྱིད་ཐུབ་ཆེད་མཛོ་སྨད་རྫོང་གི་གོང་འོག་ཚང་མས་སེམས་ནུས་གཅིག་སྒྲིལ་གྱིས་མཐའ་མའི་གདོང་མཆོང་དུང་བཟ་བསྒྲགས་ནས་མཛེས་སྡུག་ལྡན་པའི་མ་འོངས་ཕྱོགས་སུ་གོམ་སྟབས་ཆེན་པོས་མདུན་སྐྱོད་བྱེད་བཞིན་ཡོད།

འདི་ནི་མཛོ་སྨད་རྫོང་ཕྱོགས་བཞི་བཀྲ་ཤིས་གྲོང་གསར་གྱི་ཡུལ་གཞན་དུ་གནས་སྤོས་བཀོད་སྒྲིག་ས་ཚིགས་ཡིན་པ།

ཀུན་སེམས་གཅིག་ཏུ་བསྒྲིལ་ནས་འབྱོར་འབྲིང་ཞུགས་འདུན་མཉམ་དུ་བཏོད།

——རྒྱལ་རྩེ་རྫོང་བདེ་སྐྱིད་གྲོང་ཚོའི་རིག་འཛིན་ཕན་ཐོགས་ཁྱིམ་གྱི་དབུལ་སྤྲོལ་གཏམ་རྒྱུད།

བདེ་སྐྱིད་གྲོང་ཚོ་ནི་རྒྱལ་རྩེ་རྫོང་སྟག་རྩེ་ཤང་གི་འཛུགས་ཕྱི་ཤོས་དང་དབུལ་ཤོས་ཀྱི་གྲོང་ཚོ་ཞིག་ཡིན་པ་དང་གྲོང་ཚོ་ཡོངས་རྒྱལ་རྩེ་རྫོང་ན་རོང་ཤང་དང་མཁར་སྨད་ཤང་སོགས་ནས་གནས་སྤོས་པའི་གྲོང་མི་ལས་གྲུབ་པ་ཞིག་རེད། དེར་རིག་འཛིན་ཕན་ཐོགས་དང་ལི་ཐེ་ཁྲིང་ལས་གྲུབ་པའི་བོད་རྒྱ་མི་རིགས་ཁྱིམ་ཚང་ཞིག་ཡོད།

1988ལོར་རིག་འཛིན་ཕན་ཐོགས་བདེ་སྐྱིད་གྲོང་ཚོའི་ཞིང་པ་དཀྱུས་མ་ཞིག་གི་ཁྱིམ་དུ་སྐྱེས་པ་དང་ཁྱིམ་དུ་ནང་མི་དྲུག་ཡོད། ཁྱིམ་ཚང་ཆ་རྐྱེན་དེ་ཙམ་ཡག་པོ་མེད་ཀྱང་རིག་འཛིན་ཕན་ཐོགས་དཀའ་སྤྱད་འབད་བརྩོན་ཆེ་བ་དང་མི་གཞན་ལ་རོགས་རམ་བྱེད་རྒྱུར་དགའ་བའི་གཤིས་རྒྱུད་ལས་གྲོང་པ་ཁྱིམ་མཚེས་ཀྱིས་ཁོང་ལ་ལྟ་སྟངས་ཡག་པོ་ཡོད།

ཁྱིམ་ཚང་གི་ཆ་རྐྱེན་ཡག་པོ་མེད་པར་བརྟེན་དམའ་རིམ་སློབ་འབྲིང་ཐོན་རྗེས་རིག་འཛིན་ཕན་ཐོགས་མུ་མཐུད་སློབ་གྲྭར་འགྲོ་ཐུབ་མེད། 2008ལོར་རིག་འཛིན་ཕན་ཐོགས་ཀྱིས་ལྷ་སར་གླ་པ་རྒྱག་པར་བསྐྱོད་པ་དང་རྩལ་ནུས་དེ་ཙམ་མེད་པའི་ཁོང་སྔ་རྗེས་སུ་ཤོག་བུ་བཟོ་མཁན་དང་ཟ་ཁང་གི་ཞབས་ཞུ་བ་སོགས་ལོ་ལྔ་བྱས།

2013ལོར་རིག་འཛིན་ཕན་ཐོགས་ཀྱིས་ལྷ་སར་ཚོང་རྒྱག་བཞིན་པའི་ལི་ཐེ་ཁྲིང་ངོ་ཤེས།

ཐེངས་ཤིག་རིག་འཛིན་པན་ཐོགས་ལ་སྒོ་ཆལ་འདེབས་འཛུགས་ཀྱི་ལས་ཀ་ཞིག་རག་པ་དང་སྐྱུང་གྲུང་ལྡན་པའི་ཁོང་གིས་སྒོ་ཆལ་འདེབས་འཛུགས་ཀྱི་ཁྲིམ་རའི་མདུན་ལམ་ཡག་པོ་ཡོད་པ་ཤེས་ནས་བྱ་ཐབས་སྣ་མང་བརྒྱུད་སྒོ་ཆལ་འདེབས་འཛུགས་ཀྱི་འབྲེལ་ཡོད་གནས་ཚུལ་ཤེས་རྟོགས་བྱས།

2015ལོར་ཁོང་དང་ལི་ཐེ་ཁྲིང་གིས་ས་ཆ་མང་པོར་བསྐྱོད་མཐར་ལྷ་རྩེ་རྫོང་དུ་དྲོད་ཁང་ཆེ་མོའི་སྒོ་ཆལ་འདེབས་འཛུགས་ཀྱི་ལས་ཀ་བྱེད་འགོ་ཚུགས།

ལས་ཀ་ཐམས་ཅད་འགོ་འཛུགས་དུས་དཀའ་ཞིས་པ་ལྟར་རིག་འཛིན་པན་ཐོགས་བཟའ་ཚོས་དེའི་ཐད་ཀྱི་འབྲེལ་ཡོད་ཤེས་བྱ་ཞིབ་ཚགས་ཤིག་སྦྱོང་སྦྱོང་མེད་པར་བརྟེན་སྒོ་ཆལ་འདེབས་འཛུགས་ཀྱི་ལག་རྩལ་དང་། དྲོད་ཚད་ཚོད་འཛིན། སྒོ་ཆལ་གྱི་སྣ་ཁ་འདེམས་པ་སོགས་ཀྱི་ཤེས་བྱ་མང་པོ་ཞིག་སྦྱངས་ནས་སྦྱངས་ཟིན་པའི་ལག་རྩལ་དག་ལག་ལེན་དངོས་ནང་སྤྱོད་འགོ་ཚུགས།

2015ལོར་རིག་འཛིན་པན་ཐོགས་བཟའ་ཚོས་ལྷ་རྩེ་རྫོང་ཆུ་ཤར་གྲོང་རྡལ་དུ་སྒོ་ཆལ་དང་ཤིང་འབྲས་ཀྱི་དགོས་མཁོ་ཆེན་པོ་ཡོད་པ་ཤེས་རྗེས་འཕྲུལ་མར་མ་དངུལ་སྒོར་ཁྲི་10གྲུབས་གསོག་བྱས་ནས་སྒོ་ཆལ་དང་ཀྱ་རིགས་མཁོ་ཚོང་མཉམ་ལས་ཁང་ཞིག་བཙུགས།

ཁོང་གཉིས་ཀྱི་འབད་བརྩོན་ལྷོད་མེད་བརྒྱུད་2015ལོར་རིག་འཛིན་པན་ཐོགས་ཁྱིམ་ལ་མི་རེར་ལོ་རེར་ཆ་སྙོམས་ཡོང་འབབ་ཁེ་གཙང་སྒོར་8546ཟིན་ཏེ་གྲོང་ཚོའི་མ་མཐའི་འཚོ་བའི་འགན་ལེན་དུད་ཚང་ནས་སྐྱིད་གྲགས་ཅུང་ལྡན་པའི་ཕྱུག་འགྱུར་དུད་ཚང་དུ་གྱུར་ཡོད།

ཆུ་འཕྲུང་དུས་ཆུ་འགོ་དྲན་པ་དང་རྒྱུ་ནོར་སྤྱི་ཚོགས་ནས་ཐོབ་པས་སྤྱི་ཚོགས་ལ་དྲིན་ལན་འཇལ་དགོས། དེ་ནི་མི་ཞིག་སྤྱི་ཚོགས་ཐོག་གཞི་ཚུགས་པའི་རྩ་བ་ཞིག་རེད་ལ་མི་བཟང་པོ་ཞིག་བྱེད་པའི་ཚད་གཞི་ཡང་རེད་ཅེས་རིག་འཛིན་པན་ཐོགས་ཀྱིས་བཤད།

སྟོན་དུ་ཕྱུག་པོ་ཆགས་པའི་ཁོང་གིས་ཡུལ་མི་ཚོ་མ་བརྗེད་པར་དུས་སྐབས་ཤིག་རིང་བསམ་བློ་བཏང་བ་བརྒྱུད་རིག་འཛིན་ཕན་ཐོགས་ཀྱིས་སྟག་རྩེ་ཤང་དུ་ལོག་ནས་ལས་གཏོད་བྱས་ཏེ་ཕ་ཡུལ་མང་ཚོགས་ཀྱི་སྡེ་འཁྲིད་དེ་མཉམ་དུ་དབུལ་སྒྲོལ་ཕྱུག་འགྱུར་བྱ་རྒྱུའི་སེམས་ཐག་བཅད།

2017ལོར་བདེ་སྐྱིད་གྲོང་ཚོའི་ཨུ་ལྷན་གཉིས་ཀྱི་ཚན་ཁག་གིས་སྟག་རྩེ་ཤང་ཏང་ཨུད་དང་སྲིད་གཞུང་ལ་རིག་འཛིན་ཕན་ཐོགས་ཀྱི་བྱས་རྗེས་སྙན་སེང་ཞུས་ཡོད། རིག་འཛིན་ཕན་ཐོགས་ཀྱི་ཞིབ་ཕྲའི་གནས་ཚུལ་ཤེས་རྟོགས་བྱས་རྗེས་སྟག་རྩེ་ཤང་ཏང་ཨུད་དང་སྲིད་གཞུང་གིས་ཁོང་ལ་རིན་མི་དགོས་པར་ས་ཆ་མཁོ་འདོན་བྱས་ནས་ཁོང་ལ་སྨི་ངོས་གྲུ་180ཡོད་པའི་ཚད་ལྡན་ཅན་གྱི་སྒོ་རྩིས་ཚོང་ཁང་ཆུང་ངུ་ཞིག་འཛུགས་རོགས་བྱ་རྒྱུའི་ཐག་བཅད།

རིག་འཛིན་ཕན་ཐོགས་ཀྱིས་གྲོང་ཚོའི་དུད་ཚང་དབུལ་པོ་གཅིག་རང་ཉིད་ཀྱི་སྒོ་རྩིས་ཚོང་ཁང་དུ་ལས་ཀ་བྱེད་པར་གདན་ཞུ་བྱས། 2018ལོ་དང་2019ལོའི་བོད་ཀྱི་ལོ་གསར་སྐབས་ཁོང་གིས་རང་འགུལ་ངང་ཆ་སྒྲིག་རོགས་སྐྱོར་དུད་ཚང་དབུལ་པོ་གཉིས་ལ་འཚམས་འདྲིའི་དངོས་པོ་བསྐྱལ་བ་དང་རང་ཉིད་ཕྱུག་པོ་ཆགས་རྗེས་ཡུལ་མི་ཚོ་མི་བརྗེད་པའི་དམ་བཅའ་ཁ་བཤད་ལག་བསྟར་བྱས་པ་རེད།

རིག་འཛིན་ཕན་ཐོགས་ཀྱིས་ང་རང་སློབ་གྲྭར་དེ་ཙམ་བསྐྱོད་མྱོང་མེད་ཀྱང་། དབུལ་སྒྲོལ་བྱེད་པར་སྨྲུག་བརྟེན་སློང་གསུམ་བྱས་ན་འགྲིག་ཐབས་མེད། མི་ཞིག་ལ་སྙིང་སྟོབས་ལྡན་ཚེ་དཀའ་ལས་ཇི་འདྲ་འཕྲད་ཀྱང་ཁྱད་བསད་བྱེད་ཐུབ་ངེས་རེད་ཅེས་བཤད།

མང་ཚོགས་མཛེས་སྡུག་ལྡན་པའི་གྲོང་གསེབ་འཛུགས་སྐྱོན་གྱི་གཙོ་ཁྲུགས་དམག་ལ་ཕྱུར་བ་བྱས་པ།

——ཉིང་ཁྲི་གྲོང་ཁྱེར་གྱི་གྲོང་སྟོད་ལས་དོན་ཚ་ཁག་ཁག་གིས་མང་ཚོགས་ཀྱི་བསམ་བློར་ཁྲིད་སྟོན་ཏུར་ཐག་བྱས་ནས་གྲོང་གསེབ་དར་རྒྱས་བཏང་བ།

ན་ཞིང་ནས་བཟུང་ཉིང་ཁྲི་གྲོང་ཁྱེར་གྱི་རིམ་ཁག་གྲོང་སྟོད(གྲོང་ལྷན)ལས་དོན་ཚ་ཁག་གིས་གྲོང་གསེབ་དར་རྒྱས་གཏོང་རྒྱུ་གཙོ་ཕང་དུ་བྱས་ནས་དམངས་སྒྲོལ་འཛུགས་སྐྱོང་དང་ཁོར་ཡུག་བཅོས་སྒྲིག་ལ་སྟངས་འཛིན་དམ་ཟབ་བྱས་ཏེ་སྤོ་ཞིང་དྭངས་བའི་རི་ཆུ་བརྟན་སྲུང་གིས་མཛེས་སྡུག་ལྡན་པའི་གྲོང་གསེབ་འཛུགས་སྐྲུན་གང་མགྱོགས་བྱས་ནས་སྟོད་མལ་ཁོར་ཡུག་ནུས་ཤུགས་ཡོད་རྒྱུས་བཏོད་པས་མི་རིགས་ཁག་གི་མང་ཚོགས་ཀྱི་བདེ་སྐྱིད་ཚོར་སེམས་དང་བློ་ཡིད་ཚིམ་ཚད་རྒྱུན་ཆད་མེད་པར་ཆེ་རུ་ཕྱིན་ཡོད།

ཏང་གཅེས་རྒྱལ་གཅེས་ཀྱི་བརྩེ་སེམས་ཟབ་ཏུ་དང་སྒྲིག་བཀུར་ཁྲིམས་སྲུང་གི་འདུ་ཤེས་ཟབ་ཏུ་བཏང་བ།

ཉིང་ཁྲི་གྲོང་ཁྱེར་གྱི་རིམ་ཁག་གྲོང་སྟོད(གྲོང་ལྷན)ལས་དོན་ཚ་ཁག་གིས་ཏང་གི་ཚོགས་ཆེན་བཅུ་དགུ་པའི་དགོངས་དོན་སློབ་སྦྱོང་དང་དྲིལ་བསྒྲགས་ལག་བསྟར་བྱ་རྒྱུ་གཙོ་ཕང་དུ་བྱེད་པ་དང་། སློབ་སྦྱོང་གཉིས་དང་ཚད་ལྡན་གཅིག་གི་སློབ་སྦྱོང་སློབ་གསོ་རྒྱུན་རྣམ་ཅན་དང་ལམ་ལུགས་ཅན་དང་སྣང་ཆེན་བཞི་དང་དགའ་ཞེན་བཞིའི་མང་ཚོགས་ཀྱི་བརྗོད་དོན་གཙོ་བོའི་སློབ་གསོ་ལག་ལེན་བྱེད་སྒོ་སྤེལ་རྒྱུ་ཀོ་སྐབས་སུ་བྱས་

ཏེ་དམངས་ཕན་གྱི་སྲིད་ཇུས་ཁག་དང་། ཁ་ཕྲལ་ལ་ངོ་རྒོལ་བྱེད་པའི་འཐབ་རྩོད་དང་མི་རིགས་ཆོས་ལུགས་སོགས་ཀྱི་སྒྲོལ་འགྲེལ་བྱེད་སྒོ་གཏིང་ཟབ་སྤེལ་ཏེ་རྒྱ་ཆེའི་ཞིང་འབྲོག་མང་ཚོགས་ཀྱི་ཏང་གཅིས་རྒྱལ་གཅིས་ཀྱི་བརྩེ་སེམས་ཟབ་ཏུ་བཏང་ཡོད།

ད་བར་ཉིང་ཁྲི་གྲོང་ཁྱེར་གྱི་རིམ་ཁག་གྲོང་སྡོད(གྲོང་ལྷན)ལས་དོན་རུ་ཁག་གིས་དམངས་ཕན་གྱི་སྲིད་ཇུས་སྒྲོག་འགྲེལ་ཐེངས་8800ལྷག་ཙམ་བྱས་པ་དང་། ཆེད་དོན་དྲིལ་བསྒྲགས་སྒྲོམ་སྟེགས་ཐོག་དྲིལ་བསྒྲགས་ཐེངས་2800ལྷག་ཙམ་བྱས་པ། དྲིལ་བསྒྲགས་དཔྱད་གཞི་91800ལྷག་ཙམ་སྤྲད་ཡོད། ཏཱ་ལ་སྐྱེ་ཕྲེང་བཅུ་བཞི་པའི་རུ་ཚོགས་ཀྱི་ཁ་ཕྲལ་སེམ་འཇུལ་དང་གཏོར་བཤིག་བཀག་འགོག་གི་བྱེད་སྒྱོད་དང་ཏཱ་ལ་སྐྱེ་ཕྲེང་བཅུ་བཞི་པའི་རུ་ཚོགས་དང་དབྱེ་མཚམས་གསལ་པོ་འབྱེད་པ་སོགས་ཀྱི་ཆེད་དོན་ཚོགས་འདུ་ཐེངས་3400ལྷག་ཙམ་སྤེལ་བ་དང་འཚོགས་པར་མང་ཚོགས་མི་ཐེངས་ཁྲི་19ཞུགས་ཡོད། ཏང་གི་མི་རིགས་ཆོས་ལུགས་སྲིད་ཇུས་ཐེངས་3400ལྷག་ཙམ་དྲིལ་བསྒྲགས་བྱས་པ་དང་སློབ་གསོ་ཐེབས་པའི་མང་ཚོགས་མི་ཐེངས་ཁྲི་17ཙམ་ཟིན་ཡོད།

ཉིང་ཁྲི་གྲོང་ཁྱེར་གྱི་རིམ་ཁག་གྲོང་སྡོད(གྲོང་ལྷན)ལས་དོན་རུ་ཁག་གིས་བདུན་ལྔ་ཁྲིམས་ལུགས་ཁྱབ་གདལ་དང་སྒྲོག་འགྲེལ་གྱི་བྱེད་སྒོ་གཏིང་ཟབ་སྤེལ་ནས་རྒྱ་ཆེའི་ཞིང་འབྲོག་མང་ཚོགས་ལ་ཁྲིམས་ལུགས་ཁྱབ་གདལ་སློབ་གསོ་གཏོང་ཤུགས་ཆེ་རུ་བཏང་བ་དང་། གྲོང་གསེབ་ཀྱི་དོན་དངོས་ལ་གཞི་ཚུགས་ནས་ཞིང་འབྲོག་པས་ཤེས་ཐུབ་པ་དང་། གོ་བ་ལེན་ཐུབ་པ། སྤྱོད་ཐུབ་པ་བཅས་ཀྱི་བཅའ་ཁྲིམས་ཁྲིམས་སྲོལ་བདམས་ཏེ་སྒྲོག་འགྲེལ་སློབ་གསོ་རྒྱ་ཁྱབ་ངང་སྤེལ་བས་ཞིང་འབྲོག་མང་ཚོགས་ཀྱི་ཁྲིམས་ལུགས་ཀྱི་འདུ་ཤེས་དང་སྲིག་བཀུར་ཁྲིམས་སྲུང་གི་རང་རྟོགས་ཟམ་མི་ཆད་པར་ཟབ་ཏུ་དང་ཆེ་རུ་ཕྱིན་ཡོད།

ད་བར་གྲོང་ཁྱེར་ཡོངས་ཀྱི་རིམ་ཁག་གྲོང་སྡོད(གྲོང་ལྷན)ལས་དོན་རུ་ཁག་གིས་

ཏང་ཡོན་དང་མང་ཚོགས་སྒྲིག་འཛུགས་བྱས་ནས་གསར་དུ་དག་བཅོས་བྱས་པའི《རྩ་ཁྲིམས》དང་།《གྲུང་ཧྲ་མི་དམངས་སྤྱི་མཐུན་རྒྱལ་ཁབ་ཀྱི་རྩ་ཐང་བཅའ་ཁྲིམས》《ཆོས་ལུགས་ལས་དོན་གྱི་སྲོལ་ཡིག》སོགས་བཅའ་ཁྲིམས་ཁྲིམས་སྲོལ་སློབ་སྦྱོང་ཐེངས་5000ལྷག་ཙམ་བྱས་པར་མང་ཚོགས་མི་ཐེངས་ཁྲི་23ལྷག་ཙམ་ལ་སློབ་གསོ་ཐེབས་ཡོད། ཞིང་འབྲོག་མང་ཚོགས་ལ་སློག་འཕྲིན་དང་དྲ་རྒྱའི་ཁ་བརྡ་རྒྱུས་དོན་ཞིབ་སོགས་ཀྱི་ཤེས་བྱ་དྲིལ་བསྒྲགས་ཐེངས་3500ལྷག་ཙམ་བྱས་པར་ཞུགས་མཁན་མང་ཚོགས་མི་ཐེངས་ཁྲི་14ལྷག་ཙམ་ཟིན་ཡོད།

ལས་བརྟན་ཕྱུག་འགྱུར་གྱི་སྐྱུལ་ཐུགས་འཕེལ་བ་བྱས་ནས་མཛེས་སྡུག་ལྡན་པའི་གྲོང་གསེབ་སྐྲུན་མགྱོགས་སུ་བཏང་བ།

ཉིང་ཁྲི་གྲོང་ཁྱེར་གྱི་རིམ་ཁག་གྲོང་སྡོད(གྲོང་ལྷན)ལས་དོན་ཚ་ཁག་གིས་མི་གཅིག་གསོ་སྐྱོང་བྱས་ནས་ཁྱིམ་ཚང་གཅིག་དབུལ་སྐྱོལ་དང་ཁུལ་གཅིག་ལ་སྐྱུལ་ཁྲིད་བྱ་རྒྱུ་དམིགས་ཚད་དུ་བཟུང་སྟེ་མི་སྤྱི་དང་ཞིང་འབྲོག་སོགས་སྡེ་ཚན་དང་མཐུན་སྦྱོར་ཧུར་ཐག་བྱས་པ་དང་། མངགས་ཐོའི་རྣམ་པའི་གསོ་སྐྱོང་དང་། གནས་གཏན་འཕེལ་གྱི་གསོ་སྐྱོང་། ཕྱིར་སྐྱོད་གསོ་སྐྱོང་། གཤམ་སྐྱོད་སློབ་ཁྲིད་གསོ་སྐྱོང་སོགས་ཀྱི་ཐབས་ལམ་ལ་བརྟེན་ནས་གསོ་སྐྱོང་རྣ་ཚོགས་སྒྲིག་འཛུགས་བྱས་ཏེ་མང་ཚོགས་ཀྱི་ལས་གཏོད་དང་འབབ་འཕར་ཕྱུག་འགྱུར་ལ་རྒྱབ་སྐྱོར་བྱས་ཡོད།

ད་བར་གྲོང་ཁྱེར་ཡོངས་ཀྱི་རིམ་ཁག་གྲོང་སྡོད(གྲོང་ལྷན)ལས་དོན་ཚ་ཁག་གིས་གསོ་སྐྱོང་རྣ་ཚོགས་ཐེངས་980ལྷག་ཙམ་བྱས་པ་དང་ཞིང་འབྲོག་པ་2219ཕྱིར་སྐྱོད་ལས་ཞུགས་ཡོང་བར་རོགས་རམ་བྱས་པར་བསྡོམས་ཡོང་འབབ་སྒོར་ཁྲི་570ལྷག་ཙམ་བྱུང་ཡོད།

ཉིང་ཁྲི་གྲོང་ཁྱེར་གྱི་རིམ་ཁག་གྲོང་སྡོད(གྲོང་ལྷན)ལས་དོན་ཚ་ཁག་གིས་གྲོང་

ཚོ(གྲོང་ལྷན)ཁག་གི་ཨུ་ལྷན་གཉིས་ལ་གཞོགས་འདེགས་བྱས་ནས་གྲོང་ཚོའི་ཁོར་ཡུག་ཕྱོགས་བསྡུས་བཅོས་སྒྲིག་གི་ལས་དོན་གྲོང་སྤྲོལ་དམངས་ཆིངས་ནང་བཅུག་པ་དང་། ཁོར་ཡུག་བཅོས་སྒྲིག་ཏུ་ཁག་བཙུགས་པ། གྲོང་ཚོ(གྲོང་ལྷན)ཁག་གི་ཨུ་ལྷན་གཉིས་ལ་གཞོགས་འདེགས་བྱས་ནས་སྟོད་བཅུད་དྲིལ་བསྒྲགས་པར་ལས་གནས་ཀྱི་འགན་འཁྲི་ཏན་ཏིག་འཁུར་དགོས་པའི་སྐུལ་ལྕག་བྱས་པ། གྲོང་གསེབ་ཀྱི་ཁོར་ཡུག་དང་སྡོད་མལ་ཁོར་ཡུག་ལེགས་སུ་བཏང་ནས་གཙང་ཞིང་གྲལ་སྒྲར་འཁྲིག་ལ་ཤེས་དཔལ་ལྡན་པའི་གྲོང་ཚོའི་རྣམ་པ་ཞིག་བཏོད་ཡོད།

ད་བར་གྲོང་ཁྱེར་ཡོངས་ཀྱི་རིམ་ཁག་གྲོང་སྡོད(གྲོང་ལྷན)ལས་དོན་ཉ་ཁག་གིས་བཅོག་ཟིང་ཞན་གསུམ་བཅོས་སྒྲིག་ཐེངས་10600ལྷག་ཙམ་བྱས་པ་དང་། གྲོང་ཚོ(གྲོང་ལྷན)ཁག་གི་ཨུ་ལྷན་གཉིས་ལ་གཞོགས་འདེགས་བྱས་ནས་ཤིང་འཛུགས་ནགས་བཟོའི་འཆར་གཞི498བཟོས་པ། སྐྱེ་ཁྲིད་ནས་ཤིང་སྡོང་ཀང་ཁྲི2ལྷག་ཙམ་བཙུགས་ཡོད།

བདེ་ཐང་ཤེལ་དཔལ་གྱི་འདུ་ཤེས་སྐྱེད་སྲིང་བྱས་ནས་མང་ཚོགས་ཀྱི་འཚོ་བའི་དར་སྤྲོལ་གསར་པ་བཏོད་པ།

ཉིང་ཁྲི་གྲོང་ཁྱེར་གྱི་རིམ་ཁག་གྲོང་སྡོད(གྲོང་ལྷན)ལས་དོན་ཉ་ཁག་གིས་རྒྱ་ཆེའི་ཞིང་འབྲོག་མང་ཚོགས་ལ་ཚན་རིག་དང་མཐུན་པའི་སྐྱོན་བྲལ་ཤེས་དཔལ་གྱི་འཚོ་བ་སྐྱེལ་བའི་འདུ་ཤེས་དང་། འཚོ་བའི་རྣམ་འགྱུར། འཚོ་བ་སྐྱེལ་སྟངས་བཅས་འཛུགས་པར་ཁྲིད་སྟོན་བྱ་རྒྱུ་དམིགས་ཚད་དུ་བཟུང་ནས་གྲོང་ཚོའི(གྲོང་ལྷན)ཨུ་ལྷན་གཉིས་ལ་གཞོགས་འདེགས་བྱས་ཏེ་གོམས་སྲོལ་ངན་པ་བསྒྱུར་བ་དང་ཤེས་དཔལ་སྲོལ་གསར་བཏོད་པའི་བརྗོད་དོན་གཙོ་བོའི་བྱེད་སྒོ་སྤེལ་ཡོད།

ད་བར་གྲོང་ཁྱེར་དེ་ཡོངས་ཀྱི་རིམ་ཁག་གྲོང་སྡོད(གྲོང་ལྷན)ལས་དོན་ཉ་ཁག་གིས་

གྲོང་ཚོའི(གྲོང་ལྡན)ཞུ་ལྡན་གཉིས་ལ་གཞོགས་འདེགས་བྱས་ཏེ་གྲོང་སྡོལ་དམངས་ཆིངས་1474དག་བཅོས་དང་འཕྲུས་སྒོ་ཚང་དུ་བཏང་བ་དང་། ཤེས་དཔལ་སྦྱོལ་གསར་གྱི་བརྗོད་དོན་གཙོ་བོའི་བྱེད་སྒོ་ཐེངས་3100ལྷག་ཙམ་སྤེལ་བར་མང་ཚོགས་མི་ཐེངས་ཁྲི་12.8ལྷག་ཙམ་ལ་སློབ་གསོ་ཐེབས་ཡོད།

གྲོང་སྡོད(གྲོང་ལྡན)ལས་དོན་ཅ་ཁག་ཁག་གིས་སྤྱི་ཚོགས་རིང་ལུགས་ཀྱི་ལྟེ་བའི་རིན་ཐང་ལྟ་བའི་དྲིལ་བསྒྲགས་སློབ་གསོ་རྒྱ་ཁྱབ་དང་སྤེལ་ནས་ཞིང་འབྲོག་མང་ཚོགས་ལ་སྐྱོན་བྲལ་ཡ་རབས་ཀྱི་འཚོ་བ་གསར་པ་སྐྱེལ་དགོས་པའི་ཁྲིད་སྟོན་བྱས་ཡོད། ཞིང་འབྲོག་མང་ཚོགས་ལ་བོད་སྐྱིད་པ་རྒྱན་གྲུས་ཀྱི་སྙིང་སྟོབས་དང་ལམ་གཉིས་ཀྱི་སྙིང་སྟོབས་དར་སྤེལ་གཏོང་དགོས་པའི་སློག་འགྲེལ་བྱས་པ་དང་། གསང་སྤྱོད་གསར་བརྗེ་དང་གཉིས་གཙོག་གཅིག་སྤྱོར་ཐུམ་འབུའི་ནད། འདུས་འདྲིལ་གཙང་ནད། མཆིན་ཚད། གྲུམ་བུའི་ནད། གྲུམ་བུ་ཚོགས་ཆེན་གྱི་ནད་སོགས་ཡུལ་ནད་ཕྱོགས་བསྡུས་འགོག་བཅོས་ལས་དོན་ཐེངས་3700སྤེལ་བརདང་མང་ཚོགས་མི་ཐེངས་ཁྲི་22.9ལ་ཕན་པ་ཐོབ་ཡོད།

གསུམ་ལྡན་གྲོང་ཚོ་ནས་མཐོང་བའི་བདེ་སྐྱིད་འཚོ་བའི་འཛུམ་ཞལ།

——ཚུ་ཤུར་རྫོང་ཧྲ་དཀར་ཤང་གསུམ་ལྡན་གྲོང་ཚོའི་དཔལ་སྐྱོར་གནས་སྤོས་ས་ཚིགས་ཀྱི་ཟུར་བྲིས།

འདི་ག་ཚགས་པར་གྱི་གསར་འགོད་པ། ཟླ་ཚེ་གཞོན་པ། ཚེ་ཁོ། ཟླ་ཚེ་རྒན་པ།

གསུམ་ལྡན་གྲོང་ཚོ་ནི་ཚུ་ཤུར་རྫོང་གི་གནས་སྤོས་དཔལ་སྐྱོར་ས་ཚིགས་ཡིན་པ་དང་རྒྱལ་ལམ་318ཀྱི་འགྲམ་དུ་ཆགས་ཡོད། ཚུ་ཤུར་རྫོང་ནས་གསུམ་ལྡན་གྲོང་ཚོའི་བར་ལ་ལམ་ཐག་སྤྱི་ལི་5ལས་མེད་པའི་ཁར་ཚུ་ཤུར་རྫོང་གི་མི་འཁོར་བབས་ཚུགས་ཀྱང་གྲོང་ཚོ་དེ་གར་ཡོད་སྐབས་འཁྲིམ་འགྲུལ་ཧ་ཅང་སྟབས་བདེ་ཡོད། དཔལ་སྐྱོར་གནས་སྤོས་མང་ཚོགས་ལ་བཀོད་པ་ལེགས་པའི་སྡོད་ཁང་ཡོད་པ་དང་ཡོང་འབབ་བཟང་བའི་ལས་གནས་ཡོད་པ། དེ་བཞིན་ལུས་སེམས་བདེ་ཐང་ཡོད་པ་བཅས་འབྲེལ་བ་རྒྱུ་མཚན་དུ་བྱས་ནས་གྲོང་ཚོའི་མིང་དུའང་གསུམ་ལྡན་ཞེས་སུ་ཐོགས། གསུམ་ལྡན་གྲོང་ཚོ་ནི་ཉེ་ལམ་ལོ་ཤས་རིང་རང་ལྗོངས་ཀྱིས་དཔལ་སྐྱོར་འགག་སྒྲོལ་ལས་དོན་སྤེལ་ཚུན། གངས་ལྗོངས་ས་མཐོར་དཔལ་སྐྱོར་གནས་སྤོས་ཀྱི་དཔེ་སྟོན་གྲོང་ཚོ་ཇི་སྙེད་ཅིག་ཐོན་པའི་ཁྲོད་ཀྱི་ཁྱད་ཆོས་དམིགས་བསལ་ལྡན་པའི་གྲོང་ཚོ་ཞིག་རེད།

གསུམ་ལྡན་གྲོང་ཚོའི་སྔོན་མཐུག་གི་རྣམ་པ།

ངེད་བཅར་འདྲི་ཚོགས་ཆུང་དེ་གར་འབྱོར་སྐབས། མུ་ཏིག་སྟར་ལ་རྒྱུས་འདྲའི་བོད་

བཟོའི་ཁང་བཟང་དང་། ཡངས་ཤིང་ཁོད་སྙོམས་པའི་གྲོང་ཚོའི་ཨར་འདམ་ལམ། ཉེ་འགྲམ་གྱི་བྱ་གསོ་ར་བ་དང་བ་གསོ་ར་བ། སྔོ་ཚལ་ཐྲོད་ཁང་ཆེ་མོ། དེ་བཞིན་གྲོང་ཚོའི་འཕྲོད་བསྟེན་ཁང་དང་བུ་བཙོལ་ཁང་སོགས་སྒྲིག་བཀོད་ཆ་ཚང་བའི་གྲོང་ཚོའི་ཉམས་དགའ་བའི་བཀོད་པ་མིག་ལམ་དུ་འཆར་བ་ན། ཡུད་ཙམ་གྲོང་ཚོའི་འཕེལ་རྒྱས་དེ་ལྟ་བུར་ཧང་སངས་བྱུང་ལ་བཅར་འདྲི་བྱེད་འདོད་ཀྱི་འདུན་པ་ཞིག་འགོག་མེད་དུ་འཆར།

རེ་བ་དང་ཡིད་ཆེས་ཀྱིས་ཁེངས་བཞིན། གྲོང་ཚོ་གསར་པར་སྤོས།

གསུམ་ལྡན་གྲོང་ཚོ་ནི་ཉེ་བའི་ལོ་ཤས་ནང་གསར་དུ་བསྐྲུན་པའི་གྲོང་ཚོ་ཞིག་ཡིན་པ་དང་། དེའང་ཆུ་ཤུར་རྫོང་གི་དབུལ་སྐྱོར་གནས་སྤོས་མང་ཚོགས་ལ་དམིགས་ནས་འཆར་འགོད་ཞིབ་ཕྲ་བྱས་པ་མ་ཟད། དུས་ཐུང་ཟླ་བ་བཞིའི་ནང་གྲོང་ཚོ་གསར་འཛུགས་དང་སྤོད་ཁང་གསར་སྐྲུན། དབུལ་པོའི་མང་ཚོགས་གནས་སྤོ་བཅས་ཡོངས་སུ་ལེགས་གྲུབ་ཟིན་པས་དེ་འདྲའི་ལས་ཕྱོད་ལ་སྐྱོ་བོ་ཀུན་ཏ་ལས་ཧང་སངས་ཤིང་། ངོ་མཚར་གྱི་བྱ་གཞག་དེར་ཆུ་ཤུར་གྱི་མྱུར་ཚད་ཅེས་འབོད་སྲོལ་ཡོད་པ་རེད། དེ་གར་གནས་སྤོས་དབུལ་པོའི་མང་ཚོགས་ལ་བཀོད་པ་ལེགས་པའི་ཐོག་བརྩེགས་ཉིས་ལྡན་གྱི་བོད་བཟོའི་སྡོད་ཁང་ཁྱོན་སྡོམ་184བཀོད་སྒྲིག་བྱས་ཤིང་། ཁང་པའི་རྒྱ་ཁྱོན་ལའང་གནས་སྤོས་མང་ཚོགས་སོ་སོའི་ཐེམ་པའི་མི་གྲངས་ལ་གཞིགས་ཏེ་ཆེ་ཆུང་ཁག་གསུམ་དུ་ཕྱེ། གསུམ་ལྡན་གྲོང་ཚོར་འཇུར་སྐབས། དང་ཐོག་མིག་ལམ་དུ་འཆར་བ་ནི་ཨུ་ཧྲིག་སྐར་ལ་རྒྱུས་འདྲའི་བོད་བཟོའི་ཁང་བཟང་དེ་དག་རེད། མི་ཚང་ཚང་མའི་ཐོག་ཁར་ཉི་ཟྡོད་ཆུ་སྒྲུག་བསྒར་ཡོད་པ་དང་ཁྱིམ་ཚང་ཕལ་ཆེ་བའི་ཁྱམས་རའི་ངོས་སུ་ཟྡོད་སྲུང་ཤེལ་ཁང་ཡང་ཡོད་པས་ཏོབ་སྟེ་བལྟས་ན་གྲོང་ཁྱེར་གྱི་སྡེར་ཁང་རྩེ་གྲ་དེ་ཚོ་དང་ཨ་ན་མ་ན་རེད་འདུག ཁྱིམ་ཚང་སོ་སོའི་སྒོ་འགྲམ་དུ་བཏབ་པའི་རྩྭ་རྩི་ཤིང་གི་ཁོར་ཡུག་བཀོད་པ་དང་གྲོང་ཚོའི་ལམ་དང་

ལམ་སྒྲོན། ཐང་ཆེན། ལུས་སྦྱོང་ཐང་། ལུས་རྩལ་ཐང་སོགས་རྒྱང་གཞིའི་སྒྲིག་ཆས་མཐོང་བ་ཙམ་གྱིས་ཡིད་སེམས་གཉིས་ལ་ངམ་ངམ་ཤུགས་ཀྱིས་བདེ་བ་དཔག་མེད་ཅིག་སྦྱིན་པ་ལ་ཐེ་ཚོམ་ཅི།

གསུམ་ལྡན་གྲོང་ཚོའི་གནས་སྐོར་དབུལ་པོའི་མང་ཚོགས་ནི་ལྟོངས་ཡོངས་ཀྱི་གནས་སྐོར་དབུལ་སྐྱོར་གྱི་སྲིད་ཇུས་ཀྱི་ཕན་པ་ཐོབ་མཁན་ཨང་དང་པོའི་གྲས་ཡིན་པ་དང་། གྲོང་ཚོ་ཕྱོགས་གཅིག་ནས་སྡོད་ཁང་གསར་པར་སྤོ་རྒྱུ་བྱུང་བ་མ་ཟད་གནས་སྐོར་རྗེས་ཀྱི་འཚོ་བ་སོགས་གང་ཅིར་སེམས་ཁྲལ་མེད་སྐབས། ད་ཆ་གནས་སྐོར་མང་ཚོགས་གསུམ་ལྡན་གྲོང་ཚོར་ལུས་སེམས་གཉིས་ཀ་བདེ་ལ་འཁོད་ནས་བདེ་སྐྱིད་ལྡན་པའི་འཚོ་བར་རོལ་བཞིན་མཆིས་ལ། གནས་སྐོར་མང་ཚོགས་700ལྷག་ཙམ་གྱི་བཞིན་ལས་འཕྱུར་བའི་བཙོས་མིན་གྱི་འཛུམ་མདངས་ནས་མངོན་པ་ནི་མཛེས་སྡུག་ལྡན་པའི་འཚོ་བར་བཅངས་པའི་ཡིད་ཆེས་བརྟན་པོ་དེ་རེད།

འཕྲལ་ཕུགས་ཀྱི་སེམས་ཁྲལ་བསལ་ནས། གྲོང་གསར་དུ་ལུས་སེམས་ཆགས།

གནས་སྐོར་མང་ཚོགས་སྡོད་ཁང་གསར་པར་སྤོས་པ་ནི་དབུལ་སྒྲོལ་ཐུབ་པའི་མཚོན་རྟགས་ཤིག་ཡིན་ནམ་ཞེ་ན། དེའང་མ་ཡིན་ཏེ། གནས་སྐོར་དབུལ་སྐྱོར་མང་ཚོགས་དབུལ་པོའི་གནས་ལས་སྒྲོལ་བར་ད་དུང་གནས་སྐོར་མང་ཚོགས་ཀྱིས་དུས་རྒྱུན་དུ་སེམས་ཁྲལ་བྱེད་པའི་འཕྲལ་ཕུགས་ཀྱི་དཀའ་ངལ་རྣམས་བསལ་ནས་གྲོང་ཚོ་གང་མགྱོགས་དེ་གར་ཡུལ་ཆུ་གོམས་པ་དང་ལུས་སེམས་གཉིས་ཀ་ཆགས་པར་བྱེད་དགོས་གཤིས། ཆུ་ཤུར་རྫོང་གིས་དང་ཐོག་གསུམ་ལྡན་གྲོང་ཚོར་གྲོང་ཚོ་ཨུ་ཡོན་ལྷན་ཁང་གསར་དུ་བཙུགས་པ་དང་། རྟ་དཀར་ཤང་གི་ཏང་ཨུད་ཀྱི་རྒྱུའུ་ཅི་གཞོན་པ་གསུམ་ལྡན་གྲོང་ཚོར་རྒྱུའུ་ཅི་ཨང་དང་པོ་བྱེད་པར་མངགས་པ་མ་ཟད། ཤང་ནས་ཕུལ་བྱུང་གི་ལས་བྱེད་པ་ལྔ་འདེམས་སྒྲུག་བརྒྱབ་

སྤྱི་གསུམ་ལྡན་གྲོང་ཚོ་ཨུ་ཡོན་ལྷན་ཁང་ལ་རྩ་འཛུགས་ཀྱི་སྟོབས་ཤུགས་གསར་པ་བསྣན་པ་དང་། གནས་སྤོས་མང་ཚོགས་ལ་འཕྲོད་པའི་བུ་ཕྲུག་གི་སློབ་གསོ་དང་གཟུགས་གཞི་བདེ་ཐང་སོགས་ཀྱི་དཀའ་གནད་ལ་མཐོང་ཆེན་བྱས་ཏེ་མ་དངུལ་སྒོར་ཁྲི་2063.6བཏང་ནས་གྲོང་ཚོར་བུ་བཅོལ་ཁང་དང་སྨན་ཁང་སོགས་གསར་དུ་བརྒྱབ་པ་མ་ཟད། གྲོང་ཚོའི་སྨན་ཁང་དུ་བོད་སྨན་ཚན་ཁག་དང་ཕྱི་ལུགས་ཚན་ཁག་ཡོད་ལ་ཉམས་མྱོང་ཕུན་སུམ་ཚོགས་པའི་སྨན་པའང་ཡོད། ཡང་སྨོས་སྨན་ཁང་གི་རྒྱང་གཞིའི་སྒྲིག་བཀོད་ཀྱང་འཐུས་སྒོ་ཚང་པོ་ཡོད།

གསུམ་ལྡན་གྲོང་ཚོའི་ཀྲུའུ་རེན་གྱིས་ཕྱོགས་གཅིག་ནས་གནས་སྤོས་མང་ཚོགས་ཁོར་ཡུག་གསར་པར་གང་མགྱོགས་གོམས་པ་དང་ཕྱོགས་གཞན་ཞིག་ནས་ཁོང་ཚོའི་བསམ་པའི་རིག་གནས་འཚོ་བ་གྲ་རྒྱས་ཕུན་ཚོགས་སུ་གཏོང་ཆེད། ང་ཚོ་གྲོང་ཚོའི་ནང་གི་ཕྱུའུ་ནས་ཆེད་མངགས་མི་སྣ་སྒྲིག་འཛུགས་བྱས་ཏེ་མང་ཚོགས་ལ་ནང་དོན་ཕུན་སུམ་ཚོགས་པའི་རིག་རྩལ་བྱེད་སྒོ་སྤེལ་བ་དང་། རིག་རྩལ་མཁས་ཅན་གྲོང་ཚོར་གདན་དྲངས་ཏེ་མང་ཚོགས་ལ་ཞབས་བྲོ་སློབ་པ། ད་དུང་མང་ཚོགས་སྒྲིག་འཛུགས་བྱས་ཏེ་གཟའ་འཁོར་རེར་གྲོང་ཚོའི་ཐང་ཆེན་དུ་སྒོར་གཞས་འཁྲབ་པ་སོགས་བྱེད་ཀྱི་ཡོད་ཅེས་ངོ་སྤྲོད་བྱས།

གསུམ་ལྡན་གྲོང་ཚོས་འབྲེལ་ཡོད་ཀྱི་སྲིད་ཇུས་དྲིལ་བསྒྲགས་དང་གནས་སྤོས་མང་ཚོགས་ཀྱིས་འབྱུང་འགྱུར་ལ་ཡིད་ཆེས་དང་རེ་བས་གཏད་རྒྱུ་གཉིས་གལ་ཆེའི་ནང་གི་འགངས་ཆེར་བརྩིས་ཏེ་ཁོང་ཚོར་སྨུག་བརྟེན་སློང་གསུམ་གྱི་གོམས་གཤིས་ངན་པ་དོར་ནས་རང་གི་ལག་ཟུང་ལ་བརྟེན་ནས་རང་རྟོགས་ངང་དཔལ་པོའི་གནས་ལས་སྒྲོལ་ཐབས་བྱེད་པའི་སྙིང་སྟོབས་འཕེལ་བར་བྱེད་པ་དང་དཀའ་སྤྱད་སྙིང་རུས་ལ་བརྟེན་ནས་བདེ་སྐྱིད་ལྡན་པའི་འཚོ་བ་གསར་པ་ཞིག་སྐྱེལ་དགོས་པའི་སློབ་གསོ་ཐེངས་མང་བརྒྱབ་པས་གནས་སྤོས་མང་ཚོགས་ཀྱི་བསམ་པའི་གོ་རྟོགས་ལ་འགྱུར་ལྡོག་ཆེན་པོ་བྱུང་བ་མ་ཟད།

ངལ་ནུས་ཡོད་པ་རྣམས་ཆུ་ཤུར་རྫོང་ནས་གཉེར་བའི་ལག་རྩལ་འཛིན་གྲྭ་ཁག་ལ་འཚང་ཁ་ཤིག་ཤིག་གིས་མིང་ཐོ་བཀོད་ནས་ཡིད་ཆེས་དང་སྤོབས་སེམས་ཀྱིས་རབ་ཏུ་གཏད་དེ་འགྱུར་འགྲིང་གི་ལམ་ཆེན་དུ་གོམ་པ་བསྒྱུར་དང་སྒྱུར་མུས་སུ་མཆིས།

ཕྱི་ནང་ཆ་རྐྱེན་འཛོམས་པས། འཛིན་ཐང་གི་ཀོ་ལག་རྒྱས།

དབུལ་པོའི་རྩ་བ་དྲུངས་ནས་ཕྱིན་པའི་ཐབས་དམ་པ་ནི་དབུལ་པོའི་མང་ཚོགས་ལ་རང་ཁ་རང་གསོ་ཐུབ་པའི་འཛིན་ཐང་དང་དཔལ་འབྱོར་གྱི་ཡོང་ཁུངས་ཤིག་ངེས་པར་དུ་ཡོད་དགོས་གཤིས། ཆུ་ཤུར་རྫོང་གིས་སྔ་བར་ཕྱི་གསུམ་དུ་གནས་སྤོས་དང་ཐོན་ལས་ཟུང་སྦྲེལ་དང་། ཐོན་ལས་དང་ལས་ཞུགས་ཟུང་སྦྲེལ། ལས་ཞུགས་དང་འཛིན་ཐང་ཅན་གསོ་སྐྱོང་ཟུང་སྦྲེལ་བཅས་ལ་མཐོང་ཆེན་བྱས་ཤིང་། གནས་སྤོས་མང་ཚོགས་ལ་དཔལ་འབྱོར་གྱི་ཡོང་ཁུངས་གསར་པ་འཚོལ་ཞིབ་ཧུར་ཐག་བྱས་ནས་དབུལ་པོའི་མང་ཚོགས་ཀྱིས་རང་གི་དབུལ་ཞྭ་རང་གིས་ཕུད་པའི་འཛིན་ཐང་དང་སེམས་ཤུགས་འཕེལ་བར་བྱས།

གནས་སྤོས་ཁུལ་དུ་མ་དངུལ་སྒོར་ཁྲི་1886.89བཏང་ནས་བྱ་གསོ་ར་བ་དང་བ་གསོ་ར་བ། སྡོ་ཚལ་ཐྲོད་ཁང་དང་ཚོང་ཁང་བཅས་ཀྱི་ཐོན་ལས་འཕེལ་རྒྱས་བཏང་བ་དང་། བ་གསོ་ར་བར་ཕྱུགས་རིགས་མགོ་གྲངས་500དང་བྱ་གསོ་ར་བར་བྱ་དེ་ཁྲི་5 དེ་བཞིན་སྨན་རྩ་འདེབས་འཛུགས་སོགས་འཕེལ་རྒྱས་བཏང་སྟེ་དབུལ་པོའི་ཐེམ་དུད་184དང་མི་གྲངས་712ཚང་མར་ལོ་མཇུག་ཏུ་ཐོན་ལས་འཕེལ་རྒྱས་ཀྱི་ཁེ་བཟང་བགོ་བཤའ་རྒྱག་རྒྱུ་ཡོད་པ་བྱས་པ་རེད། དུས་མཚུངས་དབུལ་པོའི་མང་ཚོགས་ལ་ལག་རྩལ་སྦྱོང་བརྡར་འཛིན་གྲྭ་གཉེར་བར་མཐོང་ཆེན་བྱས་ཤིང་། དབུལ་པོའི་མང་ཚོགས་ཀྱི་རིག་གནས་ཚད་དང་འདོད་མོས་ལ་གཞིགས་པ་དང་རྫོང་དེའི་ཐོན་ལས་ཀྱི་ལེགས་ཆར་བརྟེན་ནས་དབུལ་པོའི་

མང་ཚོགས་245ལ་གསོ་ཚགས་ལས་རིགས་དང་འདེབས་འཛུགས་ལས་རིགས། ལག་ཤེས་བཟོ་ལས་སོགས་ཀྱི་སྦྱོང་བརྡར་བྱས་ཡོད་པ་རེད། དགུང་ལོ་50ལ་སླེབས་པའི་ཚེ་རིང་ནི་ཆུ་ཤུར་རྫོང་ཚ་རགས་ཤང་པད་གླིང་གྲོང་ཚོའི་དབུལ་པོའི་ཁྱིམ་ཚང་ཡིན་ཞིང་། 2016ལོར་གསུམ་ལྡན་གྲོང་ཚོར་སྤོས་རྗེས་འབྲེལ་ཡོད་ལག་ཤེས་སྦྱོང་བརྡར་བརྒྱུད། གྲོང་ཚོའི་སྒོ་ཚལ་ཐོད་ཁང་ལ་ལས་ཀ་བྱེད་བཞིན་ཡོད་པ་དང་ཟླ་རེར་གླ་ཆ་སྒོར་3000ཙམ་ཡོད་པ་རེད། གསར་འགོད་པས་ཚེ་རིང་ལ་ད་ལྟའི་འཚོ་བ་འདྲི་སྐབས། ཁོང་གིས་ང་རང་གསུམ་ལྡན་གྲོང་ཚོར་སྤོས་ནས་ལོ་གཉིས་ཙམ་འགྲོ་ཡི་འདུག དང་ཐོག་གྲོང་ཚོ་གསར་པར་སྤོ་དུས་དེ་ཙམ་གོམས་ཀྱི་མི་འདུག་ལ། སྐབས་རེ་སེམས་པའང་གྲོང་ཚོ་གསར་པར་གནས་ཐུབ་ཀྱི་མི་འདུག ཝོན་ཀྱང་། ད་ལྟ་ས་ཆ་འདྲིས་ནས་འཚོ་བ་ཧ་ཅང་སྐྱིད་པོ་འདུག ལག་རྩལ་གསོ་སྦྱོང་དགེ་རྒན་གྱི་ལག་ལེན་དམར་ཁྲིད་འོག ད་ཆ་ངས་སྒོ་ཚལ་ཐོད་ཁང་གི་ལས་ཀ་མང་དག་ཅིག་ཁོང་དུ་ཆུད་པས་ཕྱིན་ཆད་ཀྱི་འཚོ་བ་ནི་དེ་ལས་སྐྱིད་པ་ཡོང་ངེས་རེད་ཅེས་ཡིད་ཆེས་དང་སྤོབས་སེམས་ཀྱིས་གཏད་དེ་བཤད།

འདི་ནི་གསུམ་ལྡན་གྲོང་ཚོའི་བོད་བྱ་གསོ་ཚགས་རྟེན་གཞི་ཡིན་པ།

གནས་སྤོས་དུད་ཚང་གི་འཕྲུལ་ཤུགས་ཀྱི་སེམས་ཁྲལ་བསལ་ཆེད། སྲིད་གཞུང་ནས་

མ་དངུལ་སྒོར་ཁྲི་1886.89བཏང་ནས་བྱ་གསོ་ར་བ་དང་བ་གསོ་ར་བ། སྡོ་ཚལ་ཧྲོད་ཁང་སོགས་ཀྱི་ཐོན་ལས་འཕེལ་རྒྱས་ཤུགས་ཆེན་བཏང་ནས་ལས་ཞུགས་མགོ་འདྲེན་དང་དབུལ་པོའི་ཐེམ་དུད་184དང་མི་གྲངས་712ཚང་མར་ལོ་མཇུག་ཏུ་ཐོན་ལས་འཕེལ་རྒྱས་ཀྱི་ཁེ་བཟང་བགོ་བཤའ་རྒྱག་གི་ཡོད་པ་རེད།

འདི་ནི་གསུམ་ལྷུན་གྲོང་ཚོའི་གྲོང་མིས་ཧྲོད་ཁང་དུ་ཚལ་འཐུ་བཞིན་པ།

ཧང་འཛུགས་སྐྱོང་ལ་ཤུགས་སྣོན་བརྒྱབ་ནས་དབུལ་སྒྲོལ་ལ་མགྱོགས་སྨྱུར་སྐུལ་འདེད་བཏང་བ།

ཉེ་བའི་ལོ་ཤས་རིང་། འབྲི་རུ་རྫོང་ཤག་ཆུ་གྲོང་རལ་ཤག་ཆུ་ཁ་གྲོང་ལྷན་གྱིས་ཧང་འཛུགས་སྐྱོང་ལ་བརྟེན་ནས་འཕེལ་རྒྱས་ལ་སྐུལ་འདེད་གཏོང་བ་ཐབས་ལམ་དུ་བྱས་ཏེ་ཕྱོགས་གཅིག་ནས་ཧང་འཛུགས་སྐྱོང་ལ་དམ་འཛིན་དང་། ཕྱོགས་གཞན་ཞིག་ནས་དབུལ་སྐྱོར་ལ་དམ་འཛིན་གྱིས་གྲོང་ལྷན་གྱི་འགྲོག་པ་མང་ཚོགས་ཀྱི་སྣེ་ཁྲིད་དེ་ཧང་འཛུགས་སྐྱོང་དང་དབུལ་སྐྱོར་ཟུང་དུ་འབྲེལ་བའི་ལམ་བུར་བསྐྱོད་པས་ཧང་འཛུགས་སྐྱོང་དང་དབུལ་སྐྱོར་ལས་དོན་གཉིས་ཀར་ཕན་འབྲས་ལེགས་པོ་ཐོན་པ་རེད།

ཧང་འཛུགས་སྐྱོང་གིས་སྣེ་ཁྲིད་དེ་དབུལ་སྒྲོལ་ལ་སྐུལ་འདེད་བཏང་བ།

ཧང་འཛུགས་སྐྱོང་ལ་བརྟེན་ནས་དབུལ་སྐྱོར་གྱི་ལས་དོན་ལ་དངོས་ཕན་ཐོབ་རྒྱུའི་འགན་ལེན་བྱས་ནས་བློ་གཅིག་སེམས་གཅིག་གིས་ཧང་འཛུགས་སྐྱོང་ལ་དམ་འཛིན་དང་བློ་རྩེ་གཅིག་སྒྲིམ་གྱིས་དབུལ་སྒྲོལ་ལ་སྐུལ་འདེད་གཏོང་བའི་རྣམ་པ་ཞིག་ཆགས་ཆེད། ཤག་ཆུ་ཁ་གྲོང་ལྷན་གྱི་ཧང་ཀྲི་ཕུའུ་ཧྲུའུ་ཅི་ཟླ་བ་རྡོ་རྗེས་ཙུའུ་ཀྲང་བྱས་པའི་ཤག་ཆུ་ཁ་གྲོང་ལྷན་གྱི་ཧང་འཛུགས་སྐྱོང་གི་དབུལ་སྐྱོར་ལས་དོན་འགོ་ཁྲིད་ཚོགས་ཆུང་བཙུགས་པ་རེད།

2017ལོར་ཤག་ཆུ་གྲོང་རལ་གྱི་དབུལ་སྐྱོར་མ་དངུལ་སྒོར་ཁྲི་300ཡི་རྒྱབ་སྐྱོར་ལ་བརྟེན་པ་དང་། ས་གནས་དེ་གའི་དོན་དངོས་དང་ཟུང་འབྲེལ་བྱས་ནས་ཤག་ཆུ་ཁ་གྲོང་

ལྷན་དུ་ཤང་རེ་ལ་མཉམ་ལས་ཁང་རེའི་ནོར་ལྷ་དཔལ་འབྱོར་མཉམ་ལས་ཁང་བཙུགས་ཤིང་། མིག་སྔར་དེའི་གཤམ་འོག་ཏུ་ནོར་ལྷ་ཨར་སྨན་ཏྲ་ཁག་དང་། ནོར་ལྷ་སྡེ་ལས་དོ་དམ་ཀུང་སི། དཀར་ཆུའི་ཐོན་རྫས་ལས་སྔོན་བཟོ་གྲྭ། ནོར་ལྷ་བོད་ཟས་ཁང་བཅས་ཀྱི་ཐོན་ལས་བཞི་ཡོད་པ་དང་། ཐོན་ལས་ཀྱི་འགན་འཁུར་བ་ཚང་མ་ཏང་ཡོན་ཡིན་ཞིང་། རྒྱ་ཆེའི་མང་ཚོགས་ལ་ཕྱུག་འགྱུར་འབབ་འཕར་གྱི་ལས་སྟེགས་མང་པོ་བཏོད་པ་རེད།

མིག་སྔའི་བར། ཤང་རེ་ལ་མཉམ་ལས་ཁང་རེའི་ནོར་ལྷ་དཔལ་འབྱོར་མཉམ་ལས་ཁང་གིས་འབྲོག་པ་མང་ཚོགས་150ལྷག་ཙམ་ལས་མིར་བསྡུས་པའི་ནང་ཤག་ཆུ་ཁའི་ཡིག་ཚགས་དང་གྲུ་བཟོས་པའི་དུད་ཚང་དབུལ་པོའི་མི་31ཡོད། 2018ལོར་མཉམ་ལས་ཁང་ལ་ཡོང་འབབ་ཁེ་གཙང་སྒོར་ཁྲི་122ལྷག་ཙམ་བྱུང་ནས་ཡིག་ཚགས་དང་གྲུ་བཟོས་པའི་དུད་ཚང་དབུལ་པོ་31ལ་འབབ་འཕར་སྒོར་ཁྲི་37ལྷག་ཙམ་བྱུང་བ་རེད།

ཏང་ཡོན་གྱིས་སྣེ་ཁྲིད་དེ། རོགས་སྐྱོར་ལ་བརྟེན་ནས་དབུལ་སྒྲོལ་ལ་སྐུལ་འདེད་བཏང་བ།

ཤག་ཆུ་ཁ་གྲོང་ལྷན་གྱི་ཏང་གི་སུའུ་ཧྲུའུ་ཅི་ཟླ་བ་རྡོ་རྗེས་སྔོན་ལ་མིག་དཔེ་བསྟན་ཞིང་། དབང་པོ་སྐྱོན་ཅན་རིག་དབང་ཚེ་རིང་རང་ཉིད་ཀྱི་རོགས་སྐྱོར་བྱ་ཡུལ་དུ་བྱས་ནས་ལོ་ལྟར་རོགས་དངུལ་སྒོར་2800སྤྲོད་པ་དང་། མི་ཧྲེང་ཀན་ཀོན་ཀོད་སྐྱེས་ལ་གྲོང་ཚོ་ཨུ་ལྷན་གཉིས་ཀྱི་ཁོངས་མི་རེས་སྒོར་300བཏོན་ཏེ་ཞལ་འདེབས་སྒོར་2700བསྒྲུབ་པ་མ་ཟད། འཆི་མེད་ལ་སྨྱོ་ནད་ཕོག་ཡོད་པ་མ་ཟད་ཁྱིམ་དུ་ངལ་རྩོལ་ནུས་ཤུགས་མེད་པས་གྲོང་ཚོའི་ཏང་ཡོན་ལས་བྱེད་པས་སྔ་རྗེས་སུ་ཁོང་ལ་སྒོར་1600ཞལ་འདེབས་བསྒྲུབ་པ་དང་། དགུན་ཁ་མ་ཤར་གོང་ཁོང་ལ་ལྭ་བ་ཆྲངས་འཁོར་གང་ཉོས་པ་རེད།

ཤེས་རྟོགས་བྱུང་བར་གཞིགས་ན། གྲོང་ཚོ་ཨུ་ལྷན་གཉིས་ཀྱི་ཏང་ཡོན་ལས་བྱེད་པས་ན་ནིང་འཚམས་འདྲི་ཐེངས་3བྱས་ནས་འཚམས་འདྲིའི་དངུལ་དང་དངོས་ཟོག་དངུལ་ལ་

ཕབ་ན་ཁྱོན་སྒོར་ཁྲི་3ཙམ་སྤྲད་པ་དང་། ཞལ་འདེབས་ཐེངས་3བརྒྱབ་པར་རིམ་རྩིས་བརྒྱབ་ན་ཞལ་འདེབས་སྒོར་ཁྲི་2ལྷག་ཙམ་བརྒྱབ་ཡོད་པ་རེད།

ཧྲང་གཤིས་སློབ་གསོར་བརྟེན་ནས། ལྷ་སྟངས་བསྒྱུར་ཏེ་དབུལ་སྒྲོལ་ལ་སྐུལ་འདེད་བཏང་བ།

དབུལ་སྒྲོལ་འགག་སྒྲོལ་གྱི་སྟོབས་ཤུགས་གཅིག་སྡུད་བྱ་ཆེད། གྲོང་ཚོ་ཨུ་ལྷན་གཉིས་དང་གྲོང་སྡོད་ལས་དོན་རུ་ཁག་གིས་ཕན་ཚུན་གཞོགས་འདེགས་བྱས་ཏེ་ཧྲང་གཤིས་སློབ་གསོའི་བྱེད་སྒོ་ཧུར་ཐག་སྤེལ་བ་དང་། སྣང་ཆེན་བཞི་དང་དགའ་ཞེན་བཞི་ནས་དགའ་ཞེན་དང་། སྣང་ཆེན། འཛུགས་སྐྱོང་བཅས་མང་ཚོགས་ཀྱི་བདེ་རྩར་ཐུག་པའི་ཁེ་ཕན་དང་འབྲེལ་བ་བྱས་ནས་སྒྲིག་འགྲེལ་བྱས་ཤིང་། མང་ཚོགས་ཀྱི་གོ་བདེ་ཤེས་སླའི་སྐད་ཆ་སྤྱད་དེ་མང་ཚོགས་ཀྱིས་སྐྱུག་རྟེན་སློང་གསུམ་གྱི་སྒྲིད་ལུག་གི་བསམ་བློ་རང་རྟོགས་ངང་སེལ་བ་དང་། ཧྲང་གི་སྲིད་ཇུས་བཟང་པོ་དང་རང་གི་དཀའ་སྤྱད་ཀྱི་ལག་གཉིས་ལ་བརྟེན་ནས་བདེ་སྐྱིད་ལྡན་པའི་འཚོ་བ་གཏོད་རྒྱུར་ཁྲིད་སྟོན་བྱས་པ་རེད། ཤག་ཚུ་ཁའི་ཧྲང་གཤིས་སློབ་གསོའི་བྱེད་སྒོས་མང་ཚོགས་ཀྱི་དབུལ་སྒྲོལ་ཕྱུག་འགྱུར་གྱི་ཡིད་ཆེས་ཆེ་རུ་ཕྱིན་པ་མ་ཟད་མི་ཚང་མས་ཕྱུག་འགྱུར་སྟོན་ཐོན་བརྩོན་ལེན་བྱེད་པའི་སྤྱི་ཚོགས་ཀྱི་དར་སྲོལ་བཟང་པོ་ཞིག་ཀྱང་བཏོད་པ་རེད།

དབུལ་སྐྱོར་ལམ་བུར་ཏང་དར་ལྷབ་ལྷུབ་གཡོ།

——ལྷོ་ཁ་གྲོང་ཁྱེར་གྱིས་ཏང་འཛུགས་སྐྱོང་ལ་བརྟེན་ནས་དབུལ་སྒྲོལ་ལས་དོན་ལ་སྐུལ་འདེད་བཏང་བའི་སྐོར་གྱི་སྙིལ་སྙིང་།

ན་ཉིང་ནས་བཟུང་། ལྷོ་ཁ་གྲོང་ཁྱེར་གྱིས་ཏང་འཛུགས་སྐྱོང་ལ་དམ་འཛིན་བྱས་ནས་འཕེལ་རྒྱས་ལ་སྐུལ་འདེད་གཏོང་རྒྱུ་ཐབས་ལམ་བཟང་པོར་བརྩིས་ཏེ་མང་ཚོགས་དབུལ་པོའི་དབུལ་སྒྲོལ་གོམ་སྟབས་མགྱོགས་སུ་བཏང་བ་དང་གསར་གཏོད་ཏུར་ཐག་བྱས་ཏེ་ཏང་འཛུགས་སྐྱོང་དང་དབུལ་སྒྲོལ་འགག་སྒྲོལ་དང་ཏང་འཛུགས་སྐྱོང་དང་མཉམ་སྦྲེལ་དཔལ་འབྱོར་འཕེལ་རྒྱས་ཕན་ཚུན་ཟུང་འབྲེལ་སོགས་ཀྱི་བྱེད་ཐབས་སྤྱད་ནས་གཞི་རིམ་ཏང་རྩ་འཛུགས་དང་རྒྱ་ཆེའི་ཏང་ཡོན་གྱི་ལྟེ་བར་ཕྱོགས་ཤུགས་དང་། གོང་བུ་འགྲིལ་ཤུགས། འཐབ་རྩོད་ནུས་པ་བཅས་ཆེ་ཏུ་བཏང་བ་མ་ཟད། མཛེས་སྡུག་དང་བདེ་སྐྱིད་ལྡན་པའི་དབུལ་སྐྱོར་མེ་ཏོག་བཞད་དེ་དབུལ་སྒྲོལ་འགག་སྒྲོལ་གྱི་དམག་འཐབ་ལ་རྒྱལ་ཁ་ལེན་ཆེད་མཉམ་ཤུགས་ཆེན་པོ་གཅིག་སྤྲུད་བྱས་པ་རེད།

བོད་ལྗོངས་གནའ་སྲོལ་མི་རིགས་ལག་ཤེས་ཚད་ཡོད་ཀུང་སིས་མིག་སྟར་དབང་པོ་སྐྱོན་ཅན་40ལས་ཞུགས་བྱས་ཡོད་ཅིང་། འདི་ནི་ཀུང་སི་དེའི་སྤྱི་ཁྱབ་ཅིང་ལི་བསྟན་འཛིན་ནོར་བུས་2018ལོའི་ཕྱུལ་བྱུང་ལས་བཟོར་གཟི་བརྗིད་ལག་ཁྱེར་སྤྲད་ནས་ཁོང་ཚོར་ལོ་གསར་པའི་ནང་ཡང་འབད་བསྐྱར་འབད་བྱེད་དགོས་པའི་སྐུལ་ལྕག་བྱེད་བཞིན་པ།

སྲ་ཞིང་བརྟན་པའི་མཁར་རྫོང་གཏོད་པ།

ཏང་འཛུགས་སྐྱོང་ལ་དམ་འཛིན་བྱེད་རྒྱུ་ནི་དབུལ་སྒྲོལ་ཕྱུག་འགྱུར་གྱི་འགག་རྩ་

ཡིན་པས། གྲོང་ཚོ་རིམ་པའི་ཏང་རྩ་འཛུགས་ཀྱི་དམག་འཐབ་མཁར་རྫོང་དང་གྲོང་གསེབ་ཀྱི་ཏང་ཡོན་གྱི་གདོང་ལེན་དཔེ་བཟང་གི་ནུས་པ་འདོན་སྤེལ་བྱ་རྒྱུར་མཐོང་ཆེན་བྱས་ཐོག བྱ་བ་དངོས་སྒྲུབ་པ་དང་མདུན་གྲལ་དུ་བསྐྱོད་དེ་རྒྱ་ཆེའི་མང་ཚོགས་ཀྱི་སྣེ་ཁྲིད་ནས་དབུལ་སྐྱོལ་འགག་སྐྱོལ་གྱི་དམག་འཐབ་ལ་རྒྱལ་ཁ་ལེན་དགོས་ཞེས་རང་སྐྱོང་ལྗོངས་མི་དམངས་འཐུས་ཚོགས་རྒྱུན་ལས་ཨུ་ཡོན་ལྷན་ཁང་གི་ཀྲུའུ་རེན་གཞོན་པ་ལྷོ་ཁ་གྲོང་ཨུད་ཀྱི་ཧྲུའུ་ཅི་ཞུས་ཁྲིན་ཚང་གིས་དབུལ་སྐྱོལ་འགག་སྐྱོལ་གྱི་ལས་དོན་ཚོགས་འདུ་ཞིག་གི་ཐོག་བརྗོད་པ་རེད།

ལྷོ་ཁ་གྲོང་ཁྱེར་སྣེ་གདོང་ཆུས་ཀྱི་བཙན་ཐང་སྤྱི་ཁྱོན་ནི་དུད་ཚང་85དང་མི་237ལས་མེད་པའི་སྤྱི་ཁྱོན་ཆུང་ཆུང་ཞིག་ཡིན་མོད། འོན་ཀྱང་དེ་གའི་གྲོང་ཚོའི་མཉམ་སྡེབ་དཔལ་འབྱོར་10ལྷག་ཙམ་ཡོད་པའི་ནང་ཛ་ཁང་དང་། གསོ་ཚགས་ར་བ། རྐང་རྩེད་སྤོ་ལོ་རྒྱག་ས་སོགས་ཡོད་པ་རེད།

ཉེ་བའི་ལོ་ཤས་རིང་། ལྷོ་ཁ་གྲོང་ཁྱེར་སྣེ་གདོང་ཆུས་བཙན་ཐང་སྤྱི་ཁྱོན་གྱིས་གཞི་རིམ་ཏང་རྩ་འཛུགས་ཀྱི་ནུས་པ་འདོན་སྤེལ་གང་ལེགས་བྱས་ཏེ། འཕེལ་རྒྱས་ལ་བརྟེན་ནས་ཏང་འཛུགས་སྐྱོང་ལ་དམ་འཛིན་དང་ཏང་འཛུགས་སྐྱོང་ལ་བརྟེན་ནས་འཕེལ་རྒྱས་ལ་སྐུལ་འདེད་གཏོང་རྒྱུར་དམ་འཛིན་ཡག་པོ་བྱེད་པའི་བསམ་ཕྱོགས་ལ་གཞིགས་ཏེ། དུས་བབ་གསར་པའི་འོག་གྲོང་ཚོའི་མཉམ་སྡེབ་དཔལ་འབྱོར་འཕེལ་རྒྱས་གཏོང་བའི་བསམ་ཕྱོགས་གསར་པ་དང་། ཐབས་ཇུས་གསར་པ། བྱ་ཐབས་གསར་པ་བཅས་འཕེལ་རྒྱས་དང་སྟོབས་ཆེར་བཏང་ཐོག རྒྱ་ཆེའི་ཏང་ཡོན་ལས་བྱེད་པ་དང་མང་ཚོགས་ཚོའི་ཐུན་མོང་འབད་བརྩོན་འོག་ཏང་འཛུགས་སྐྱོང་གིས་དབུལ་སྐྱོལ་འགག་སྐྱོལ་ལ་ཁྲིད་སྟོན་བྱེད་པའི་ལམ་བུ་གསར་པའི་ཐོག་བསྐྱོད་པས། གཞི་རིམ་ཏང་རྩ་འཛུགས་ཀྱི་གོང་བུ་འགྲིལ་ཤུགས་ཆེ་རུ་ཕྱིན་པ་མ་ཟད། སྤྱི་ཁྱོན་གྱི་མཉམ་སྡེབ་དཔལ་འབྱོར་འཕེལ་རྒྱས་གཏོང་རྒྱུར་ཚད་

བརྒྱལ་གསར་པའང་བྱུང་ནས་མང་ཚོགས་ཀྱི་ཐོབ་ཚོར་དང་བདེ་སྐྱིད་ཚོར་སེམས་རྒྱུན་ཆད་མེད་པར་ཆེ་རུ་ཕྱིན་ཡོད་པ་རེད།

ངང་ཡོན་ལས་བྱེད་པས་སྔེ་ཁྲིད་དེ་རོགས་སྐྱོར་དོན་ཐོག་ཏུ་འཁྱོལ་བ།

ནོར་བུ་ཚེ་བརྟན་ནི་སྟོད་གཟིགས་ཤང་གི་གཞི་རིམ་ངང་ཡོན་ལས་བྱེད་པ་ཞིག་ཡིན་ཞིང་། ཁོང་གིས་རྒྱ་ཆེའི་མང་ཚོགས་ལ་ཞབས་འདེགས་ཞུ་བ་དང་ཕྱུག་པོ་ཆགས་པའི་འཛོན་ཐང་ཆེ་རུ་གཏོང་བའི་ལས་སྣེགས་གཏོད་ཆེད། ངང་ཡོན་ལས་བྱེད་པའི་དཔལ་འབྱོར་འཛོན་ཐང་ཅན་གྱི་དཔེ་བཟང་སྐྱལ་ཁྲིད་ནུས་པ་འདོན་སྤེལ་གང་ལེགས་བྱས་ནས་ཐུན་མོང་ཐོག་ཕྱུག་འགྱུར་གྱི་སྨྱུ་དབྱངས་བླངས་པ་རེད།

ནོར་བུ་ཚེ་བརྟན་དུད་ཚང་དབུལ་པོ་བསམ་གྲུབ་ཁྱིམ་གྱི་རོགས་སྐྱོར་མི་སྣར་གཏན་འཁེལ་བྱས་ཚུན། ལས་བྲེལ་མེད་དུས་བསམ་གྲུབ་ཀྱི་ཁྱིམ་དུ་ཕྱིན་ནས་ཁོང་ལ་རོགས་རམ་བྱེད་དགོས་པ་གང་ཡོད་མེད་ལྟ་བ་དང་འབྲེལ་བསམ་གྲུབ་ཁྱིམ་ལ་རོགས་སྐྱོར་གྱི་དཔུལ་སྤྲོད་ཀྱི་ཡོད།

ནོར་བུ་ཚེ་བརྟན་གྱིས་ང་ཚོའི་ནང་མི་དང་འདྲ་བར་ང་ཚོར་དཀའ་ངལ་མང་པོ་སེལ་རོགས་བྱས་བྱུང་ཞེས་བསམ་གྲུབ་ཀྱིས་བརྗོད། ན་ནིང་ནས་བཟུང་བསམ་གྲུབ་ཀྱི་ཁྱིམ་ཚང་གཅིག་པུ་མིན་པར་གྲོང་ཁྱེར་དེ་ཡོངས་སུ་ལྷོ་ཁ་གྲོང་ཁྱེར་གྱི་རྒྱ་ཆེའི་ངང་ཡོན་ལས་བྱེད་པས་རོགས་སྐྱོར་ཁ་གཏད་གཏན་འཁེལ་བྱས་རྗེས་རང་ཉིད་རོགས་སྐྱོར་བྱ་ཡུལ་གྱི་ནང་མིར་འགྱུར་བ་བྱས་པ་དང་འབྲེལ་ཁྱིམ་ཚང་དུ་འཚམས་འདྲི་བྱེད་པའི་བྱ་ཐབས་སྤྱད་ནས་ཁྱིམ་ཚང་རེ་རེ་བཞིན་མཐིལ་རྟོགས་བརྟག་ཞིབ་ཀྱི་ལས་དོན་སྤེལ་ཏེ་མང་ཚོགས་དབུལ་པོའི་བསམ་བློར་འགྱུར་ལྡོག་དང་། ཐོན་སྐྱེད་འཚོ་བའི་ཆུ་ཚད། མིག་སྔར་ཁ་ཚ་དགོས་གཏུགས་ཀྱི་ཐག་གཅོད་བྱེད་དགོས་པའི་དཀའ་ངལ་དངོས། འབྱུང་འགྱུར་གྱི་དབུལ་

སྒྲོལ་བསམ་ཕྱོགས་སོགས་ཤེས་རྟོགས་ཞིབ་ཕྲ་བྱས་པ་དང་། དུད་ཚང་དབུལ་པོ་དབུལ་པོ་ཆགས་པའི་རྒྱུ་རྐྱེན་གནད་སྨིན་གཏན་འཁེལ་བྱས་པ་དང་། དབུལ་པོའི་རིགས་དབྱེ་བ། ཐོ་འགོད་བྱས་ནས་ཡིག་ཚགས་བཟོ་བ་བཅས་བྱས་ཏེ་གོམ་སྟབས་རྗེས་མའི་གནད་སྨིན་དབུལ་སྐྱོར་དང་གནད་སྨིན་དབུལ་སྒྲོལ་ལ་གཞི་འཛིན་ས་མགོ་འདོན་བྱས་ཡོད་པ་རེད།

ད་ཚའི་བདེ་སྐྱིད་འཚོ་བ་དེ་སྔ་བསམས་ཀྱང་བསམ་མི་ཕོད།

1959ལོའི་ཟླ་3པར། ཀྲུང་གོ་གུང་ཁྲན་ཏང་གིས་བོད་ཀྱི་མི་རིགས་ཁག་གི་མི་དམངས་ལ་འགོ་ཁྲིད་གནང་སྟེ། ཞིལ་རླབས་དཀྲུང་ཕྱུར་གྱི་དམངས་གཙོའི་བཅོས་སྒྱུར་གྱི་ལས་འགུལ་སྤེལ་ནས་ཆོས་སྲིད་ཟུང་འབྲེལ་གྱི་བཀས་བཀོད་རྒྱུད་འཛིན་ཞིང་བྲན་ལམ་ལུགས་མེད་པར་བཟོས་པ་རེད། ལོ་60རིང་། བོད་མུན་ནག་ནས་འོད་ཟེར་དང་། རྗེས་ལུས་ནས་ཡར་རྒྱས་ཀྱི་ཕྱོགས་སུ་བསྐྱོད་དེ་མིའི་རིགས་ཀྱི་འཕེལ་རྒྱས་ཡར་ཐོན་གྱི་ལོ་ངོ་སྟོང་གི་ལོ་རྒྱུས་སུ་མཆོང་སྐྱོད་བྱས་ཡོད།

མཛེས་སྡུག་ལྡན་པའི་འགྱུར་ལྡོག་སྐོར་གླེང་ཆེ་ཆབ་མདོར་གཏམ་རྒྱུད་གྲངས་ལས་འདས་པ་ཡོད།

ཕྱུག་པོའི་ལམ་དུ་བསྐྱོད་པ།

དེ་སྔོན་གྲོང་ཚོའི་མི་ཚང་མ་ཕྱིར་འགྲོ་འདོད་བྱེད་པ་དང་། ད་ཆ་ཕྱི་མི་ང་ཚོའི་སར་ཡོང་འདོད་བྱེད་ཀྱི་འདུག་ཅེས་དར་རོང་གྲོང་ཚོའི་སྐོར་བརྗོད་སྐབས་གྲོང་ཚོའི་ཏང་ཀྱི་ཕུའུ་ཧྲུའུ་ཅི་ནོར་བུ་ཚེ་རིང་གིས་སྤོབས་པ་ཆེན་པོས་འདི་ལྟར་བཤད།

2006ལོར། ཆབ་མདོར་བདེ་སྡོད་ལས་གཞི་ལག་བསྟར་བྱས་རྗེས། རྒྱལ་ལམ་317ལམ་རྒྱུད་ཀྱི་གྲོང་མི་ཚོར་སྡོད་ཁང་གསར་པ་བརྒྱབ་པ་དང་འབྲེལ། དུད་ཚང་རེར་བདེ་སྡོད་ལས་གཞིའི་ཁ་གསབ་དངུལ་སྒོར་ཁྲི་2སྤྲད། ལོ་དེའི་ལོ་མཇུག་ཏུ་དར་རོང་གྲོང་ཚོའི་དུད་

ཚང་25སྡོད་ཁང་གསར་པར་སྤོས་ཤིང་། དེ་རྗེས་གྲོང་ཚོར་འགྲོ་ལམ་བཟོ་བ་དང་། གྲོང་གསེབ་ཀྱི་གློག་དྲ་སྒྱུར་བཀོད། མི་ཕྱུགས་ཀྱི་འཐུང་ཆུ་ཐག་གཅོད། ཁོར་ཡུག་སྒོ་འགྱུར་སོགས་ཀྱི་འདུ་འགོད་ལག་བསྟར་བྱས་པར་བརྟེན་གྲོང་ཚོའི་རྣམ་པར་གནམ་ས་ལྟ་འོག་ཏུ་འགྱུར་བ་ལྟ་བུའི་འགྱུར་ལྡོག་ཐེབ།

ཉེ་བའི་ལོ་ཤས་རིང་། སྟོད་བཙུད་ཤེས་དཔལ་འཛུགས་སྐྱོང་ལ་མཐོང་ཆེན་བྱེད་ཚད་ཟབ་ཏུ་ཕྱིན་པར་བརྟེན། གྲོང་ཚོ་ཨུ་ལྷན་གྱིས་མཉམ་སྡེབ་དཔལ་འབྱོར་འཕེལ་རྒྱས་ཤུགས་ཆེན་བཏང་ནས་ཕྱུག་འགྱུར་ལམ་བུ་ཇེ་ཡངས་སུ་བཏང་ཡོད། 2012ལོར། དར་རོང་གྲོང་ཚོར་གྲོང་ཚོའི་མང་ཚོགས་ཀྱི་མཉམ་ལས་དཔལ་འབྱོར་རྩ་འཛུགས་དང་པོ་སྟེ་རྩམ་འཐག་བཟོ་གྲྭ་བཙུགས་པ་དང་ལོ་ཁ་ཤས་འཕེལ་རྒྱས་བཏང་བ་བརྒྱུད། རྩམ་པ་ནང་སར་འཚོང་ཐུབ་པ་མ་ཟད། གྲོང་མི་རང་སར་ལས་ཞུགས་ཀྱང་ཐུབ་ཡོད།

གྲོང་ཚོར་ལས་ཀ་འཚོལ་ཐུབ་པ་ཤེས་རྗེས། ཕྱིར་སླ་པ་རྒྱུགས་མཁན་ན་གཞོན་མི་ཉུང་བ་ཞིག་གྲོང་ཚོར་ལོག ལོ་33ལ་སླེབས་པའི་ཚེ་རིང་ཚོས་འཕེལ་དེ་སྔ་ཕྱིར་ལས་ཀ་ཅག་ཅིག་བྱས་ནས་ཡོང་འབབ་གསོག ད་ཆ་གྲོང་ཚོའི་རྩམ་འཐག་བཟོ་གྲྭར་ལས་ཀ་བརྟན་པོ་ཞིག་རག་ཡོད། ཁོང་གིས་ལས་ཀ་རྟུར་ཐག་བྱས་ཏེ་དངུལ་བསགས་རྗེས་སྒོ་རྩིས་ཚོང་ཁང་ཆུང་ཆུང་ཞིག་འཛུགས་རྩིས་ཡོད་ཅེས་བརྗོད་བྱུང་།

སློབ་གྲྭའི་རྣམ་པ་གསར་པ།

ཆབ་མདོ་ཚོད་ལྷའི་སློབ་ཆུང་གི་སློབ་མ་བརྒྱ་ཆ60ནི་ཞིང་འབྲོག་པའི་བུ་ཕྲུག་ཡིན་པར་བརྟེན་རྒྱ་སྐད་ཤེས་ཀྱི་མེད། སློབ་སྦྱོང་གང་ཅམ་བྱས་རྗེས། ད་ཆ་ཕྲུ་གུ་ཚོས་རྒྱ་སྐད་ཆུ་རྒྱུག་རྒྱུག་རྒྱག་ཤེས་ཀྱི་ཡོད།

1951ལོར་བཙུགས་པའི་ཆབ་མདོ་ཚོད་ལྷའི་སློབ་ཆུང་ནི་ཀྲུང་གོ་གུང་ཁྲན་ཏང་གིས་

བོད་དུ་བཙུགས་པའི་དེང་རབས་སློབ་གྲྭ་དང་པོ་དེ་རེད་ལ། བོད་ཀྱི་དེང་རབས་སློབ་གསོའི་འགོ་འཛུགས་ས་ཡང་ཡིན་པས་གངས་ལྗོངས་ས་མཐོའི་ཤེས་ལྡན་མི་སྣ་གསོ་སྐྱོང་ལྷུམ་ར་དང་པོ་ཞེས་འབོད་ཀྱི་ཡོད། སློབ་གྲྭའི་ལོ་རྒྱུས་བཤམས་མཛོད་ཁང་དུ་སློབ་ཆུང་དེས་བོད་ལ་ཕུལ་བྱུང་གི་སྤྱི་ཚོགས་རིང་ལུགས་འཛུགས་སྐྲུན་པ་མང་པོ་གསོ་སྐྱོང་བྱས་པའི་ལོ་རྒྱུས་མཐོང་རྒྱུ་ཡོད།

1996ལོར་བོད་དུ་སླེབས་པའི་སི་ཁྲིན་ཀོང་ཡོན་ནས་ཡིན་པའི་ལྷའུ་ཤའོ་ལུང་གིས་ལོ་20ལྷག་ཙམ་རིང་གི་ཆབ་མདོའི་སློབ་གསོའི་བྱ་གཞག་གི་འཕེལ་རྒྱས་དང་འགྱུར་ལྡོག་ལ་དཔང་པོ་བྱས་ཤིང་། ང་སློབ་ཁྲིད་བྱེད་སའི་རྫོང་རིམ་པའི་སློབ་འབྲིང་དུ་དེ་སྔ་ཆུ་དང་གློག་དཀོན་པ་མ་ཟད། དགེ་རྒན་ཉུང་ལ་སློབ་མ་དེ་བས་ཉུང་ཉུང་རེད། ཁྱིམ་བདག་ཚོས་ཕྲུ་གུ་སློབ་གྲྭར་སྐྱེལ་འདོད་བྱེད་ཀྱི་མེད་ཅེས་བཤད།

ད་ཕན་ལོ་ཤས་རིང་། ལྷའུ་ཤའོ་ལུང་གིས་ཁྱིམ་བདག་ཚོའི་མིག་ཟུང་ནས་མཐོང་བ་ནི་ཕྲུ་གུར་སློབ་གསོ་ཡག་པོ་ཐེབས་ན་བསམ་པ་དེ་རེད།

2018ལོར། ཆབ་མདོ་གྲོང་ཁྱེར་དུ་སློབ་ཆུང་སློབ་མ་སློབ་གྲྭར་ཞུགས་ཚད་བརྒྱ་ཆ98.53ཟིན་པ་དང་དམའ་རིམ་སློབ་འབྲིང་དུ་སློབ་གྲྭར་ཞུགས་ཚད་བརྒྱ་ཆ94.2ཟིན་པ་དེ་2011ལོ་ལས་ཁག་སོ་སོར་བརྒྱ་ཆ33.53དང་བརྒྱ་ཆ55.8འཕར་ཡོད།

སྔོད་ཁང་གསར་པར་སྤོས་ནས་བདེ་སྐྱིད་འཚོ་བར་རོལ།

བགྲེས་སོང་བྱམས་བཀྲའི་ཚོམས་ཁང་དུ་འཛུལ་སྐབས་བོད་ལུགས་ཆ་སྐམ་གསར་པ་རིང་པོ་ཞིག་བསྒྲིགས་འདུག་ལ་ཅོག་ཙེའི་ཐོག་ཕྱུར་བ་དང་། བྱེ་རིལ། ཤ་སྐམ་པོ་བཅས་ཟས་རིགས་སྣ་ཚོགས་བསྒྲིགས་འདུག ཐོག་ཁའི་ཉི་གཡབ་ཏུ་མེ་ཏོག་སྣ་ཚོགས་བསྒྲིགས་ཡོད་པ་དང་། ཐོག་ཁ་ནས་མར་བལྟས་ཚེ། ཁྲོམ་གཞུང་མཐོང་གི་འདུག

2017ལོར། བགྲིས་སོང་བྱམས་བཀྲ་སྟོད་ཁང་རྙིང་པ་ནས་ད་ཆའི་སྟོད་ཁང་གསར་པར་སྤོས་པ་དང་སྟོད་ཁང་སྙིང་པའི་རྒྱ་ཁྱོན་1: 1གི་ཐོག་ནས་ད་ཆ་སྟོད་ཁང་རྒྱ་ཁྱོན་སྨི་དངོས་གྲུ་207བྱས་པ་ཞིག་དང་སྨི་དངོས་གྲུ་160བྱས་པ་ཞིག་རག་པ་རེད།

2012ལོའི་ཟླ་7པར། ཆབ་མདོ་གྲོང་ཁྱེར་གྱིས་ཕྱོགས་ཡོངས་ནས་གྲོང་ཁྱུལ་རྙིང་པར་སྐྱུར་བཀོད་བྱས་པ་མ་ཟད། སྟོད་ཁང་དང་། འགྲོ་ལམ། ཟམ་པ། ཕུག་ལམ། སྤྱི་སྤྱིང་། ཐང་ཆེན་སོགས་བསྐྲུན་ཡོད། ད་ཆ་ཆབ་མདོའི་གྲོང་ཁྱུལ་གཙོ་བོའི་རྒྱ་ཁྱོན་2011ལོའི་སྤྱི་ལེ་དོས་གྲུ་4.6ནས་ད་ཆ་སྤྱི་ལེ་དོས་གྲུ་12.6བར་རྒྱ་ཆེར་ཕྱིན་ཏེ་བཀོད་སྒྲིག་ལུགས་མཐུན་དང་ཁོར་ཡུག་མཛེས་པའི་བོད་ཤར་གྲོང་གསར་གྱི་རྣམ་པ་སྐྱེ་བོ་ཀུན་གྱི་མིག་ལམ་དུ་མངོན་བཞིན་མཆིས།

ལྷོ་བྲག་རྫོང་གི་དབུལ་སྐྱོར་གསར་སྤེལ་བྱེད་སྟངས་གསར་པ།

དེ་སྔ་སྔོར་གཅིག་བྱས་ཀྱང་འཚོང་དཀའ་བའི་བོད་བྱའི་སྒོ་ང་ད་ཆ་སྔོར་ལྔ་ནས་བརྒྱད་བར་དུ་བྱས་ནས་ཉ་ཐོག་ཏུ་ཟིན་ཁ་རྒྱུག་པའི་ཚོང་ཟོག་ཅིག་ཏུ་གྱུར་ཡོད། དེ་ནི་ལྷོ་བྲག་རྫོང་ལྷོ་བྲག་གྲོང་རྡལ་ཚེ་སྨད་སྡེ་ཁུལ་བོད་བྱ་གསོ་ཚགས་མཉམ་ལས་ཁང་ལ་བྱུང་བའི་གནས་ཚུལ་ཞིག་རེད། ད་ཆ་མཉམ་ལས་ཁང་དེའི་བོད་སྒོང་ནང་སོག་དང་ཡུན་ནན་སོགས་སུ་འཚོང་གི་ཡོད་པས་ཀྱང་དབྱང་བརྟན་འཕྲིན་ལས་ཁྲུངས་ཀྱིས་དོ་སྣང་བྱུང་ཡོད། ཚོང་ལམ་དེ་འདྲ་ཇི་ལྟར་བྱུང་བ་ཡིན་ནམ་ཞེ་ན།

ད་ཕྱིད་དུས་དེ་ནི་ལྷོ་བྲག་རྫོང་གིས་གསར་གཏོད་བྱས་ནས་ལག་ལེན་བསྟར་བའི་ཏང་འཛུགས་སྐྱོང་དང་། ཉ་ཐོག་ཚོང་དོན། མཉམ་ལས་ཁང་། ཞིང་དུད་བཅས་ཟུང་དུ་འབྲེལ་བའི་དབུལ་སྐྱོར་གསར་སྤེལ་བྱེད་སྟངས་ལས་ཐོན་པའི་ཕན་འབྲས་ཤིག་རེད།

ལྷོ་བྲག་རྫོང་ནི་མཐའ་མཚམས་སུ་ཆགས་པའི་རྫོང་ཞིག་ཡིན་ཞིང་། རྫོང་དུ་ཞིང་ལས་ཁྱད་ལྡན་ཐོན་རྫས་དང་ལག་ཤེས་སྒྱུ་རྩལ་ཐོན་རྫས་ཕུན་སུམ་ཚོགས་པོ་ཡོད་པ་དཔེར་ན། ལྷ་ཁང་གི་བེ་ཤ་དང་། ཛ་རའི་བོད་སྣུམ། གུར་མཚུར་གྱི་སྣེ་རགས་སོགས་ཁྱབ་ཁོངས་ངེས་ཅན་ཞིག་ནང་སྐད་གྲགས་ཆེད་ཡོད། འགྲིམ་འགྲུལ་སྟབས་བདེ་མེད་པའི་དབང་གིས་ཕྱུགས་རྟགས་གཏོད་པ་དང་ཟིན་ཚོང་ཐབས་ལམ་གཏོད་པར་འགོག་རྐྱེན་ཆེན་པོ་འཕྲད་ཡོད་ཅེས་ལྷོ་བྲག་རྫོང་དབུལ་སྐྱོར་གཞུང་དོན་ཁང་གི་ཀྲུའུ་རེན་རིན་ཆེན་རྒྱ་མཚོས་བཤད།

2016ལོར་ལྷོ་བྲག་རྫོང་གི་དབུལ་སྐྱོར་གསར་སྤེལ་ཀྱང་སེལ་སྡེ་ཁྲིད་དེ་རྫོང་གྲོང་དུ་

སྒྱི་ངོས་གྲུ་120ཟིན་པའི་ཚོང་ཁང་ཞིག་གཡར་ནས་དབུལ་སྐྱོར་སྒོ་རྩིས་ཚོང་ཁང་ཞིག་གཉེར་བ་དང་ལྷོ་ཕྱོགས་ཁྱད་ལྡན་ཞེས་པའི་ཚོང་རྟགས་ཐོ་འགོད་བྱས་ཏེ་རྫོང་ཡོངས་ཀྱི་ཞིང་ལས་ཁྱད་ལྡན་ཐོན་རྫས་དང་ལག་ཤེས་བཟོ་རྩལ་ཐོན་རྫས་ལ་གཅིག་གྱུར་དུ་ཚོང་རྟགས་ཐོ་འགོད་དང་། ཐུམ་སྒྲིལ། སྲིན་ཚོང་བཅས་བྱེད་ཀྱི་ཡོད་པ་རེད།

2017ལོར་ལྷོ་བྲག་རྫོང་གིས་ཧང་འཇོགས་སྐྱོང་གི་དྲ་ཐོག་ཚོང་དོན་ལས་གཏོད་ཀྱི་དབུལ་སྐྱོར་འདུ་འགོད་འགོ་བཙུགས་ནས་ལྷོ་ཕྱོགས་ཁྱད་ལྡན་ཞེས་པའི་ཐའོ་པའོ་ཡི་དྲ་ཚོང་དང་སྐད་འཕྲིན་ཚོང་ཁང་གཉེར་བ་རེད།

མིག་སྔར་ལྷོ་བྲག་རྫོང་གི་ཧང་ཡོན་ཕྱུག་འགྱུར་སྣེ་ཁྲིད་པ་29ཡིས་སྣེ་ཁྲིད་བྱས་པའི་མཉམ་ལས་ཁང་19ཡི་ཐོན་རྫས་དྲ་ཐོག་ཚོང་དོན་གྱི་ཐབས་ལམ་བརྒྱུད་སྲིན་ཚོང་ཡོང་འབབ་སྒོར་ཁྲི་50ལྷག་ཟིན་གྱི་ཡོད་པ་རེད།

གཅིག་གྱུར་གཅིག་དང་། ཁག་དབྱེ་གསུམ། བརྟེན་པ་བཞི་བཅས་ཀྱི་དབུལ་སྐྱོར་བྱེད་སྟངས་དང་། གནད་སྨིན་དབུལ་སྐྱོར། སློབ་སྦྱོང་གཉིས་དང་ཚད་ལོན་གཅིག ཧང་འཇོགས་སྐྱོང་། དྲ་ཐོག་ཚོང་དོན་སོགས་དབུལ་སྒྲོལ་བྱེད་ཐབས་མང་པོར་བརྟེན་ནས་2017ལོའི་ཟླ་བཅུ་པའི་ཟླ་མཇུག་བར་ལྷོ་བྲག་རྫོང་གི་དུད་ཚང་979ཡི་ཡིག་ཚགས་དང་གླ་བཟོས་པའི་དུད་ཚང་དབུལ་པོའི་མི་གྲངས་2916ལ་མི་རེར་ཆ་སྙོམས་ཁེ་གཙང་ཡོང་འབབ་སྒོར་11463.54ཟིན་པས"སེམས་ཁྲལ་མེད་པ་གསུམ་དང་། འགན་ལེན་གསུམ། ཡོད་པ་གསུམ་བཅས་ཀྱི་ཚད་གཞི་ཕྱོགས་ཡོངས་ནས་མངོན་འགྱུར་བྱུང་ཡོད་པ་རེད།

བདེ་སྐྱིད་འཚོ་བར་རོལ། འགྱུར་འགྲིང་ཕྱོགས་སུ་བསྐྱོད།

——བོད་ཀྱིས་དམངས་འཚོའི་བདེ་རྩ་ཡུ་མཐུད་ཆེ་རུ་བཏང་བའི་སྐོར་གྱི་དངོས་བྲིས།

བོད་ཀྱི་དམངས་གཙོའི་བཅོས་སྒྱུར་གྱི་གྲོང་ཚོ་དང་པོ་སྟེ། ལྷོ་ཁ་གྲོང་ཁྱེར་སྣེ་གདོང་ཆུས་ཁྲ་འབྲུག་གྲོང་རྡལ་ཁེ་གསུམ་སྡེ་ཁུལ་དུ་སྐྱོད་སྐབས་རྒྱ་ལྕང་གི་ཡལ་འདབ་རྒྱས་ཤིང་། དམར་མདངས་བཀྲ་བའི་སྐར་ལྔའི་དར་དམར་བོད་བཟོའི་སྟོད་ཁང་གི་ཐོག་སྟེང་དུ་ལྷབ་ལྷུབ་ཏུ་གཡོ་བ་དང་། གཙང་སྦྲ་ལྡན་པའི་གྲོང་ཚོའི་ཐང་ཆེན་དུ་ཕྲུ་གུ་ཚོས་རྩེད་མོ་རྩེ་བཞིན་འདུག

དམངས་གཙོའི་བཅོས་སྒྱུར་མ་བྱས་གོང་། ང་ཚོའི་འཚོ་བ་ཧ་ཅང་སྐྱོ་པོ་ཡོད་ཅེས་ཁེ་གསུམ་སྡེ་ཁུལ་གྱི་ལོ་74ལ་སླེབས་པའི་ཡར་ལངས་ཞིང་བྲན་བསོད་ནམས་རྡོ་རྗེས་བཤད།

དམངས་ཕན་སྲིད་ཇུས་ཆད་ལུས་མེད་པར་ལག་བསྟར་བྱས་པ།

ཧ་ཐོག་གྲོང་རྫོང་ནས་བར་ཐག་སྤྱི་ལེ་70ཙམ་ཡོད་པའི་ལྕུགས་སྒང་གྲོང་ཚོ་ནི་བོད་ཀྱི་མཐའ་མཚམས་གྲོང་ཚོ་ཞིག་རེད། ས་ཐག་རིང་ཡང་། ཏང་དང་སྲིད་གཞུང་གི་ཐུགས་ཁུར་དང་གཅེས་སེམས་གྲོང་ཚོ་གཞན་ལྟར་ལག་བསྟར་གཅིག་མཚུངས་བྱུང་ཡོད་ལ། དམངས་ཕན་སྲིད་ཇུས་ཆད་ལུས་མེད་པར་དུད་ཚང་དང་མི་ཚང་མར་དོན་འཁྱོལ་ཐུབ་ཡོད།

རྩ་ཐང་གི་སྟོད་བཙུད་ཁ་གསབ་དངུལ་དང་། ནགས་ལས་སྟོད་བཙུད་ཁ་གསབ་དངུལ། མཐའ་མཚམས་ཀྱི་ཁ་གསབ་དངུལ། ལས་སྒྲུབ་ཀྱི་ཁ་གསབ་དངུལ། སྟོད་བཙུད་ལས་གནས། གྲོང་ཚོའི་མཉམ་སྡེབ་དཔལ་འབྱོར་ཡོང་འབབ་སོགས་རོགས་སྐྱོར་དང་ཁ་

གསབ་དངུལ་བཅས་བསྡོམས་ན་ལུགས་སྣང་གྲོང་ཚོའི་སྐལ་བཟང་སྒྲོལ་མར་ལོ་གཅིག་ལ་ཡོང་འབབ་སྒོར་ཁྲི་5ལྷག་ཙམ་ཡོད་པ་དེས་ཁྱིམ་ཚང་གི་ལོའི་ཡོང་འབབ་ཀྱི་བརྒྱ་ཆ50ཡས་མས་བཟུང་ཡོད།

ཧང་དང་རྒྱལ་ཁབ་ཀྱིས་ང་ཚོར་གནང་བའི་དམངས་ཕན་སྲིད་ཇུས་དངོས་འབྲེལ་མང་པོ་དང་ཡག་པོ་འདུག་ཅེས་སྐལ་བཟང་སྒྲོལ་མས་མཐེ་བོང་བསྒྲེངས་ནས་བཤད།

རྣམ་གྲངས་བསྒྲུན་ནས་གཞི་རིམ་ལ་ཞབས་འདེགས་ཞུས་པ།

བོད་རང་སྐྱོང་ལྗོངས་ཧང་ཨུད་དང་སྲིད་གཞུང་གིས་རྒྱལ་ཁབ་ཀྱིས་བོད་ཀྱི་དཔལ་འབྱོར་དང་སྤྱི་ཚོགས་འཕེལ་རྒྱས་ལ་རྒྱབ་སྐྱོར་བྱེད་པའི་རྣམ་གྲངས་གལ་ཆེན་དག་དོན་འཁྱོལ་ཡག་པོ་བྱས་པ་དང་ཆབས་ཅིག ཞིང་འབྲོག་ཁུལ་གྱི་དོན་དངོས་དང་ཟུང་འབྲེལ་བྱས་ནས་རྣམ་གྲངས་དང་མ་དངུལ་གཞི་རིམ་དང་དམངས་འཚོར་བཏང་བ་དང་། རྫོང་དང་ཤང་ལ་ཇོད་ཆྭངས་མགོ་འདོན་དང་གད་སྙིགས་གཙང་སེལ་དང་བཙོག་ཆུ་གཙང་གསིང་སོགས་དམངས་འཚོའི་རྣམ་གྲངས་ལག་བསྟར་བྱས་ནས། གཞི་རིམ་གྱི་སྤྱི་པའི་ཞབས་ཞུའི་ཆ་སྙོམས་ཀྱི་ཚུ་ཚད་མཐོ་རུ་བཏང་བ་དང་འབྲེལ། ཞིང་ནང་དུ་ཆུ་བེད་སྒྲིག་ཆས་བསྒྲུན་ཏེ་མང་ཚོགས་ཀྱི་ཐོན་སྐྱེད་དང་འཚོ་བའི་ཆ་རྐྱེན་ལེགས་སུ་བཏང་ཡོད།

དམངས་འཚོའི་སྟོན་ཕྱོགས་མངོན་གསལ་དོད་པོ་ཡོང་བ་བྱས་ནས་ཞིང་འབྲོག་པའི་འབབ་འཕར་འདུ་འགོད་ལ་སྐུལ་འདེད་ཤུགས་ཆེན་བཏང་བ་དང་། 2018ལོར། བོད་ཀྱི་ཞིང་འབྲོག་པའི་མི་རེའི་ཆ་སྙོམས་བཀོལ་སྤྱོད་ཆོག་པའི་ཡོང་འབབ་སྒོར་11450ཟིན་ཡོད། འདི་ལོར། བོད་ཀྱིས་ཞིང་འབྲོག་པའི་འབབ་འཕར་ལ་སྐུལ་འདེད་གཏོང་རྒྱུ་དེ་གལ་ཆེན་ནང་གི་འགངས་ཆེར་བརྩིས་པ་དང་། མ་དངུལ་སྒོར་དུང་ཕྱུར་2000ལྷག་ཙམ་གཏོང་རྒྱུའི་རྣམ་གྲངས་གལ་ཆེན་ཁག་གཅིག་ལས་འགོ་འཛུགས་པའི་གོ་སྐབས་དམ་འཛིན་བྱས་ཏེ།

ཞིང་འབྲོག་པའི་ལས་མི་བསྡུ་ཚད་མང་དུ་གཏོང་བ་དང་འབབ་འཕར་ལ་སྐུལ་འདེད་བཏང་ནས་གལ་ཆེན་རྣམ་གྲངས་འཛུགས་སྐྲུན་ལས་ཡོང་འབབ་དེ་བས་མང་བ་རག་པ་བྱ་རྒྱུ་རེད།

སྤྱི་ཚོགས་བྱ་གཞག་ཕྱོགས་ཡོངས་ནས་འཕེལ་རྒྱས་ཕྱིན་པ།

ལོ་71ལ་སླེབས་པའི་བཀྲ་ཤིས་ཚེ་རིང་ནི་བོད་རྙིང་པའི་ཨུན་ནག་དང་རྗེས་ལུས་བརྒྱུད་སྤྱོང་བའི་ཡར་ལངས་ཞིང་བྲན་ཞིག་རེད། ད་ཆ། ནང་མི་བདུན་པོ་སྒོར་ཡོད་པའི་སྡོད་ཁང་ནང་བསྡད་ཡོད། བ་ཚང་ནང་སྡོད་པ་ནས་དམངས་གཙོའི་བཅོས་སྒྱུར་བྱས་རྗེས་ས་ཇོ་ལས་གྲུབ་པའི་སྡོད་ཁང་དང་། སྒྱུར་བཅོས་སྒོ་དབྱེ་བྱས་རྗེས་ཐོག་སོ་གཉིས་ལྡན་གྱི་བདེ་སྡོད་ཁང་པ་ནས་ད་ཆའི་སྒོ་ར་ཅན་གྱི་ཁང་པར་སྡོད་པ་སོགས་བཀྲ་ཤིས་ཚེ་རིང་གི་སྡོད་ཁང་གི་ཆ་རྐྱེན་ཇེ་ལེགས་ནས་ཇེ་ལེགས་སུ་ཕྱིན་ཡོད། གྲོང་ཚོར་ད་དུང་ཐང་ཆེན་དང་། བྱེད་སྒོ་ཁང་། འཕྲོད་བསྟེན་ཁང་། ཞིང་པའི་དཔེ་དེབ་ཁང་བཅས་ཡོད་པ་མ་ཟད། ལོ་ལྟར་བཅའ་ཁྲིམས་དང་། ཚན་རྩལ། རིག་རྩལ་སོགས་གཤམ་སྤྲེལ་ལྟའི་བྱེད་སྒོ་སྤེལ་གྱི་ཡོད།

སློབ་གསོར་ཆ་བཞག་ན། དམངས་གཙོའི་བཅོས་སྒྱུར་བྱས་ནས་ལོ་60ཡི་རིང་། བོད་ཀྱི་སློབ་གསོའི་བྱ་གཞག་དེ་དེང་རབས་ཀྱི་དོན་སྙིང་ལྡན་པའི་སློབ་གྲྭ་གཅིག་ཀྱང་མེད་པ་ནས་སློབ་གྲྭ་ཡོད་པ་དང་། དེ་ནས་སློབ་གྲྭ་ཡག་པའི་བར་དུ་འཕེལ་རྒྱས་བྱུང་སྟེ། ལོ་རྒྱུས་རང་བཞིན་གྱི་མཆོང་སྐྱོད་བྱུང་ཡོད། གྲངས་གཞི་ལས་མངོན་པར། 2001ལོ་ནས་2010ལོའི་བར་སློབ་གསོར་ནོར་སྲིད་མ་དངུལ་བསྡོམས་སྒོར་དུང་ཕྱུར་346.07བཏང་བ་དང་། 2011ལོ་ནས་2015ལོའི་བར་དུ་སློབ་གསོར་ནོར་སྲིད་མ་དངུལ་བསྡོམས་སྒོར་དུང་ཕྱུར་633.9བཏང་བ་རེད། སློབ་གསོར་ནོར་སྲིད་མ་དངུལ་གཏོང་ཤུགས་ལྷག་འགྱུར་གྱིས་འཕར་

བ་ལས་བོད་ཀྱི་དེང་རབས་ཅན་གྱི་སློབ་གསོའི་གོམ་སྟབས་མགྱོགས་སུ་ཕྱིན་ཡོད། ད་ཆ། བོད་ལྗོངས་སུ་ལོ་15ཡི་རིན་མེད་སློབ་གསོའི་འགན་ལེན་གསུམ་གྱི་སྲིད་Ⴧུས་ཕྱོགས་ཡོངས་ནས་ལག་བསྟར་བྱས་པ་མ་ཟད། འགན་སྲུང་གི་ཁྱབ་ཁོངས་མུ་མཐུད་ཆེ་རུ་འགྲོ་བཞིན་ཡོད་ལ། འགན་སྲུང་གི་ཆུ་ཚད་ཀྱང་རྒྱུན་ཆད་མེད་པར་གོང་མཐོར་འགྲོ་བཞིན་ཡོད།

དམངས་གཙོའི་བཅོས་སྒྱུར་བྱས་ཚུན་དང་ལྷག་པར་དུ་ཏང་གི་ཚོགས་ཆེན་བཅོ་བརྒྱད་པ་འཚོགས་ཚུན། སློབ་གསོ་དང་། ལས་ཞུགས། སྨན་བཅོས། སྤྱི་ཚོགས་འགལ་བཅོལ། ཟས་གོས་སྡོད་གསུམ། རིག་གནས་རོལ་རྩེད་སོགས་བོད་ཀྱི་དམངས་འཚོའི་བྱ་གཞག་ལ་གཡུར་ཟའི་གྲུབ་འབྲས་ཐོབ་ཡོད།

ད་ང་དར་གྱིས་ལྷོ་པ་རིགས་ཀྱི་མི་སེར་ཕྱུག་པོའི་ལམ་དུ་བསྐྱོད་རྒྱུར་ཁྲིད་སྟོན་བྱས།

རྒྱལ་ཡོངས་ཀྱི་མི་འབོར་ཉུང་བའི་མི་རིགས་ཤིག་ཡིན་པའི་གནས་ཡུལ་ལྷོ་པ་མི་རིགས་ཤང་ནི་ལྷོ་པ་རིགས་ཀྱི་སྡོད་གནས་གལ་ཆེན་ཞིག་རེད། དུས་ཡུན་རིང་པོའི་ནང་ལྷོ་པ་རིགས་རི་དང་ནགས་ཚལ་སྟུག་པོའི་ཁྲོད་ཇོན་བརྒྱབ་ནས་ལྷོས་གྲོད་པ་མི་རྒྱགས་པའི་འཚོ་བ་སྐྱེལ་གྱི་ཡོད། ཆུང་དུས་དེ་རིང་གྲོད་པ་རྒྱགས་ཙུང་སང་ཉིན་གྲོད་པ་རྒྱགས་ཀྱི་མེད་ཅེས་ལོ་78ལ་སླེབས་པའི་ལྷོ་པ་རིགས་ཀྱི་ཨ་མ་གཡང་འབོད་ཀྱིས་དྲན་གསོ་དང་བཅས་བཤད།

1965ལོར་རྒྱལ་སྲིད་སྤྱི་ཁྱབ་ཁང་གིས་ལྷོ་པ་རིགས་འདི་ཉིད་རང་རྒྱལ་གྱི་གྲངས་ཉུང་མི་རིགས་55པ་ཡིན་པར་དངོས་སུ་ཚོག་མཆན་གནང་བ་དང་འབྲེལ་སྲིད་གཞུང་གིས་མ་དངུལ་བཏང་ནས་སྡོད་ཁང་བསྐྲུན་པར་བརྟེན་ཡུན་རིང་རི་ཁྲུལ་དུ་སྡོད་མཁན་གནས་ཡུལ་ལྷོ་པ་རིགས་ཀྱི་མང་ཚོགས་ཆ་རྐྱེན་ལེགས་པའི་ཐང་དུ་སྤོས། དེ་ནས་བཟུང་ལྷོ་པ་རིགས་ཀྱི་མི་སེར་ཚོས་འཚོ་བ་གསར་པ་སྐྱེལ་འགོ་ཚུགས་པ་རེད།

ད་ཆ་ལྷོ་པ་རིགས་ཀྱི་མི་སེར་ཞིང་ལས་དང་འབྲོག་ལས་ལ་བརྟེན་ནས་འཚོ་བ་སྐྱེལ་ཞིང་། 2002ལོར་སྡོད་བཙུད་ཁོར་ཡུག་སླར་གསོ་བྱ་ཆེད་གནས་ཡུལ་ལྷོ་པ་མི་རིགས་ཤང་དུ་སྨོ་སྐྱུར་ནགས་བཟོའི་བྱེད་ཐབས་ལག་བསྟར་བྱས་པར་བརྟེན་ལྷོ་པ་རིགས་ཀྱིས་ལོ་མང་བཏབ་པའི་རྨོ་ཞིང་ད་ཆ་ནགས་སར་གྱུར་ཡོད།

མི་སེར་མགྱོགས་མྱུར་ཕྱུག་པོ་ཆགས་དགོས་ན་གྲི་སྦུའུ་ཡི་སྣེ་ཁྲིད་ལ་བརྟེན་དགོས།

རྒྱ་ཞིང་མེད་པའི་ལྷ་པ་རིགས་ཀྱི་མི་སེར་སྐབས་ཤིག་རིང་འཚོ་གནས་ཐད་སེམས་ཁྲལ་སྐྱེས། ཕྱིས་སུ་གནས་ཡུལ་ལྷ་པ་མི་རིགས་ཤང་དུ་དར་བའི་ཡུལ་སྐོར་ལས་རིགས་ཀོ་སྐབས་སུ་བྱས་ཏེ་ལྷ་པ་རིགས་ཀྱི་རིག་གནས་དང་དབེན་པའི་སྐྱིད་ཚལ་ཏེ་གནས་ཡུལ་རོང་གི་མཛེས་ལྗོངས་ལ་བརྟེན་ནས་ཡུལ་སྐོར་བའི་ཡིད་དབང་བཀུག་ཡོད། འོན་ཀྱང་གྲོང་ཚོའི་ནང་སླེབས་པའི་ཕྱི་མི་མང་དུ་སོང་བའི་ཐོག་མའི་དུས་སྐབས་སུ་ལྷ་པ་རིགས་ཀྱི་མི་སེར་མི་གོམས་པར་གྱུར་ཡོད། སྐབས་དེ་དུས་ཡུལ་སྐོར་བ་མང་དུ་སོང་བས་མི་སེར་ཚོས་རང་ཉིད་ཀྱི་ལྷིང་འཇགས་ཀྱི་འཚོ་བར་ཤུགས་རྐྱེན་ཐེབས་དོགས་ཀྱི་སེམས་ཁྲལ་བྱེད་ཀྱི་ཡོད་ཅེས་ཁྲུང་ཤྲིང་གྲོང་ཚོའི་ཏང་གྲི་ཤུའུ་ཅུའུ་ཅི་ཟླ་བས་དྲན་གསོ་དང་བཅས་བཤད། ཕྱུག་པོའི་ལམ་དུ་བསྐྱོད་དགོས་ན་དང་ཐོག་འདུ་ཤེས་སྒྱུར་དགོས། གྲོང་ཚོའི་ཏང་ཡོན་ལས་བྱེད་པ་ཚོས་མི་སེར་ཚོར་བསམ་བློའི་ལས་དོན་ཧུར་ཐག་སྤེལ་བ་རེད། ལྷ་པ་རིགས་ཀྱི་གོམས་གཤིས་ནང་ཏན་ཏོན་གྱི་ཁ་ལ་ཉན་རྒྱུ་དེ་གལ་ཆེན་དུ་བརྩི་ཡི་ཡོད་ཅེས་ཟླ་བས་བཤད།

འདུ་ཤེས་བསྒྱུར་རྗེས་ཡུལ་སྐོར་ལས་མི་སེར་ཚོར་ཕན་པ་ཐོབ་ཡོད། གནས་ཡུལ་རོང་གི་རང་བྱུང་མཛེས་ལྗོངས་ལ་བརྟེན་ནས་གནས་ཡུལ་ལྷ་པ་མི་རིགས་ཤང་ཁྲུང་ཤྲིང་གྲོང་ཚོའི་མི་སེར་ཚོ་གཅིག་རྗེས་གཉིས་མཐུད་དང་ཡུལ་སྐོར་ལས་དོན་ནང་ཞུགས་པ་དང་། ཉེ་འགྲམ་གྱི་ཚལ་ཁྲིབ་གྲོང་ཚོས་ལྷ་པའི་ཁྱད་ལྡན་རིག་གནས་ཡུལ་སྐོར་གཉེར་ཡོད། ད་ཆ་གྲོང་ཚོའི་མི་སེར་ཚོར་ལོ་ལྟར་ཡུལ་སྐོར་གྱི་ཐོབ་ཆ་བགོས་ཀྱི་ཡོད་ཅེས་གནས་ཡུལ་ལྷ་པ་མི་རིགས་ཤང་གི་ཤང་ཀྲང་གཞོན་པ་ཚེ་རིང་ནོར་བུས་ངོ་སྤྲོད་བྱས།

ལྷ་པ་རིགས་ཀྱི་མི་སེར་ཚོ་ཕྱུག་པོའི་ལམ་དུ་སྣེ་ཁྲིད་པ་ཕུད། གྲོང་ཚོའི་ཏང་གྲི་ཤུའུ་ཡིས་ད་དུང་དོན་དངོས་ཀྱི་གནས་ཚུལ་དང་བསྟུན་ནས་གཞི་རིམ་གྱི་ཏང་རྩ་འཛུགས་ཀྱི་དམག་འཐབ་མཁར་རྫོང་ནུས་པ་འདོན་སྤེལ་གང་ལེགས་བྱས་ཡོད། ཕྱུགས་འཚོ་རྒྱུ་ནི་ལྷ་པ་རིགས་ཀྱི་མི་སེར་ཚོའི་སྲོལ་རྒྱུན་གོམས་གཤིས་ཤིག་རེད། འབྲོག་ར་ཁ་ཐོར་དུ

གནས་པ་དང་ཐག་རིང་བའི་དངོས་ཡོད་གནས་ཚུལ་ལ་གཞིགས་ནས་གནས་ཡུལ་ལྷོ་པ་མི་རིགས་ཤང་གི་ཀྲི་ཕུའུ་འཁྲོག་རར་སྤོས་ཡོད། དང་ཐོག་ཀྲི་ཕུའུ་ཡིས་རྒྱལ་དར་བཙུགས་ས་མདུན་དུ་སྤོས་ཏེ་ལྷོ་པ་མི་རིགས་ཤང་གི་གུར་སྟེང་བཙུགས་ནས་མི་སེར་ཚོའི་རྒྱལ་གཅེས་ཀྱི་འདུ་ཤེས་ཟབ་ཏུ་བཏང་བ་དང་། དེ་རྗེས་ཏང་ཡོན་ལས་བྱེད་པ་ལྷོ་པ་རིགས་ཀྱི་མང་ཚོགས་ཀྱི་ཤིང་ཁང་དང་གུར་ནང་བསྐྱོད་དེ་ཏང་གི་སྲིད་ཇུས་དང་ཐུགས་ཁུར་བརྒྱུད་བསྒྲགས་ཏུར་ཐག་བྱས་ཡོད།

ད་ཆ་གནས་ཡུལ་ལྷོ་པ་མི་རིགས་ཤང་དེ་ཡུལ་སྐོར་ལས་རིགས་དང་། འཁྲོག་ལས། ནགས་གསེབ་ཐོན་ཁུངས་འཚོལ་བསྡུའི་ལས་རིགས་སོགས་ཕྱུག་འགྱུར་གྱི་ཐབས་ལམ་མང་བའི་འཕེལ་རྒྱས་ཀྱི་ལམ་བུར་བསྐྱོད་ཡོད། ལོ་བཅུ་གྲངས་ཀྱི་གོང་དུ་རྫོན་རྒྱག་པ་དང་། ཤིང་ཏོག་འཐུ་བའི་གདོད་མའི་འཚོ་བ་སྐྱེལ་མཁན་ལྷོ་པའི་མང་ཚོགས་ད་ཆ་ལྷོ་གོས་ལ་སེམས་ཁྲལ་མེད་པ་དང་རྒྱ་ཆེ་བའི་སྡོད་ཁང་དུ་བསྡད་ནས་བདེ་སྐྱིད་ཀྱི་འཚོ་བ་སྐྱེལ་གྱི་ཡོད། གུང་ཁྲན་ཏང་ལ་ཐུགས་རྗེ་ཆེ་ཞུ་རྒྱུ་ཡིན་ཞེས་འགྱུར་ལྡོག་འདི་དངོས་སུ་བརྒྱུད་མྱོང་བའི་ཨ་མ་གཡང་འབོད་ཀྱིས་སེམས་འགུལ་ཐེབས་བཞིན་བཤད།

ལྷོ་པ་རིགས་ལ་རང་མི་རིགས་ཀྱི་ཡི་གེ་མེད་པས་ངག་རྒྱུན་ལ་བརྟེན་ནས་སྐད་རྒྱུན་འཛིན་བྱེད་དགོས་སྐབས་ལྷོ་པ་རིགས་ཀྱི་རིག་གནས་རྒྱུན་འཛིན་ཐད་དཀའ་གནད་ཆེན་པོ་འཕྲད་ཡོད། ཟླ་བས་ངོ་སྤྲོད་བྱས་པར་གཞིགས་ན། ད་ཕན་ལོ་ཤས་རིང་། གྲོང་ཚོས་ལྷོ་པ་རིགས་ཀྱི་རིག་གནས་དར་སྤེལ་གཏོང་ཆེད་ལས་དོན་མང་པོ་བསྒྲུབས་ཡོད། ཉེ་འགྲམ་གྱི་སློབ་ཆུང་དུ་དགའ་ཕྱོགས་འཛིན་གྲྭ་བཙུགས་ཏེ་ཕྲུ་གུ་ཚོར་ལྷོ་པ་རིགས་ཀྱི་སྐད་སློབ་ཀྱི་ཡོད། དེ་དང་དུས་མཚུངས་ད་དུང་གྲོང་ཚོས་ལྷོ་པ་རིགས་ཀྱི་རྒན་རྒོན་ཁ་ཤས་གདན་དྲངས་ནས་ཕྲུ་གུ་ཚོར་རང་མི་རིགས་ཀྱི་གཏམ་རྒྱུད་བཤད་དེ་རང་མི་རིགས་ཀྱི་རིག་གནས་ལ་བཅངས་པའི་ཕྲུ་གུ་ཚོའི་མོས་སེམས་ཟབ་ཏུ་གཏོང་གི་ཡོད། ཡུལ་སྐོར་འཕེལ་

རྒྱས་ཕྱིན་པར་བརྟེན་ད་ཆ་ལྷ་པའི་རིག་གནས་བརྒྱུད་བསྒྲགས་བྱེད་པའི་ཐབས་ལམ་ཡང་རྒྱ་ཆེར་ཕྱིན་ཡོད།

གྲང་ངོས་སུ་བཏགས་པའི་རྟགས་དམར་ཚུང་ཚུང་ལས་གྲུབ་ཐོག་གི་འགན་ལྷི་མངོན། བོད་རང་སྐྱོང་ལྗོངས་ཀྱི་མི་དམངས་འཕྲུས་ཚོགས་དང་ལྷ་པ་རིགས་ཀྱི་མགྲིན་ཚབ་པ་ཡིན་པའི་ཧྲུའུ་ཅི་ཐླ་བས་དུས་ཐོག་ཏུ་ལྷ་པ་རིགས་ཀྱི་མི་སེར་གྱི་དམངས་འདོད་དང་དམངས་ཀྱི་གནས་ཚུལ་དང་དེ་བཞིན་དམངས་ཀྱི་རེ་བ་གོང་ལ་སྙན་སེང་ཞུ་བ་དང་འབྲེལ་ཏང་གི་སྲིད་ཇུས་དྲིལ་བསྒྲགས་བྱེད་མཁན་ཞིག་ལ་གྱུར་ཡོད། ལྷ་པ་རིགས་ཀྱི་སྲོལ་རྒྱུན་རིག་གནས་དེ་བས་རྒྱུན་འཛིན་དང་སྲུང་སྐྱོང་ཡག་པོ་ཐོབ་རྒྱུའི་རེ་བ་ཡོད་ཅེས་ཉིན་རེ་བཞིན་འགྱུར་ལྡོག་འགྲོ་བའི་གྲོང་ཚོར་ལྟ་བཞིན་ཐླ་བས་རང་ཉིད་ཀྱི་བསམ་འདུན་བརྗོད།

བོད་ལྗོངས་པ་སྣམ།

——ས་མཐོའི་དེང་རབས་ཅན་གྱི་ཤིང་ཏོག་སྤོ་ཚལ་ཐོན་ལས་གླིང་དུ་གྱུར་པ།

སྨྱུང་ཆུ་རྒྱུག་ཁུལ་དུ་གནས་པའི་པ་སྣམ་རྫོང་ལ་བོད་ཀྱི་འབྲུ་མཛོད་ཅེས་བརྗོད་ཀྱི་ཡོད། སྲོལ་རྒྱུན་དུ་ས་གནས་དེ་གའི་ཞིང་པས་ནས་དང་གྲོ་གཙོ་བོར་འདེབས་ཀྱི་ཡོད་པས་སྤོ་ཚལ་འདེབས་ཤེས་ཀྱི་མེད་ལ་སྤྱིར་ཟ་གིའང་མེད། 1998ལོར་པ་སྣམ་རྫོང་སྲིད་གཞུང་དང་ཧྲན་ཏུང་གི་བོད་སྐྱོར་ལས་བྱེད་པས་གྲོང་མི་ཚོར་འཕྲིག་ཤོག་དྲོད་ཁང་ནང་སྤོ་ཚལ་འདེབས་རྒྱུའི་སྦྱོང་བྲིན་བྱས་པ་དང་སྦྲགས། ཧྲན་ཏུང་ནས་ཞིང་པ་ལག་རྩལ་པ་30གདན་དྲངས་ཏེ་ཐོན་སྐྱེད་དང་ལག་རྩལ་གྱི་མཇུབ་ཁྲིད་བྱས་པ་དང་། ལག་རྩལ་པ་རེས་ས་གནས་དེ་གའི་ཞིང་པ་4རེའི་སྣེ་ཁྲིད་དེ་སྤོ་ཚལ་འདེབས་སྟངས་སློབ་པ་དང་སྦྲགས། ས་གནས་དེ་གའི་ཞིང་པར་འཕྲིག་ཤོག་དྲོད་ཁང་དང་། ཚལ་སོན། ལག་རྩལ་སོགས་རིན་མེད་དང་མགོ་འདོན་བྱེད་དགོས་པའི་བླང་བྱ་བཏོན་པ་ལས་བོད་རིགས་ཞིང་པས་སྤོ་ཚལ་འདེབས་སྟངས་སྦྱོང་བའི་ཧུར་སེམས་ཆེས་ཆེར་འཕེལ་ཡོད་པ་རེད།

ལོ་20ལྷག་ཙམ་འཕེལ་རྒྱས་བཏང་བ་བརྒྱུད། ཀྭ་རིགས་དང་སྤོ་ཚལ་དེ་པ་སྣམ་རྫོང་གི་ཀ་རྟེན་ལྟ་བུའི་ཐོན་ལས་ཤིག་ལ་རིམ་བཞིན་གྱུར་པ་དང་སྦྲགས། ཐོན་ལས་ཅན་དང་། གཞི་ཁྲོན་ཅན། ཚད་ལྡན་ཅན་བཅས་ཀྱི་ཕྱོགས་སུ་ཟམ་མི་ཆད་པར་འཕེལ་རྒྱས་བྱུང་ཡོད། པ་སྣམ་རྫོང་ཞུད་ཀྱི་ཧྲུའུ་ཅི་ཁྲིང་ཏའོ་ཡིས། ད་ཆ་པ་སྣམ་རྫོང་གིས་མུའུ་ཁྲི་ཡི་སྐྱེ་ལྡན་ཀྭ་རིགས་དང་སྤོ་ཚལ་འཕེལ་རྒྱས་གཏོང་རྒྱུ་དེ་གཙོ་གནད་དུ་བྱས་ནས་2018ལོར་པ་སྣམ་རྫོང་གིས་ནུས་ཆེའི་འཕྲིག་ཤོག་དྲོད་ཁང་མུའུ་4200གསར་སྐྲུན་བྱས་པ་དང་། འདི་

ལོ་འདིའི་ཕྱིན་སུའུ་ཁྲི་1ལས་བརྒལ་ནས་ཐོན་ལས་རིན་ཐང་བསྡོམས་འབོར་སྒོར་དུང་ཕྱུར་4ཟིན་པ་བྱ་རྩིས་ཡོད་ཅེས་ངོ་སྤྲོད་བྱས།

སྲིད་གཞུང་གིས་ཁྲིད་སྟོན་དང་། ཁྲོམ་རའི་བྱེད་པོ་སྐྱེད་སྲིང་། ནང་སའི་ཚན་ཞིབ་སྡིག་གཞི་དང་མཉམ་ལས་བཅས་བྱས་ཏེ་ཚན་རྩལ་གྱི་འདེགས་སྐྱོར་གཏོང་རྒྱུ་ནི་པ་སྣམ་ཇོང་གི་སྔོ་ཚལ་ཐོན་ལས་འཕེལ་རྒྱས་ཀྱི་མཆོག་ནོར་ཆེན་པོ་གསུམ་ཡིན་པ་རེད། ཞིབ་ཕྲའི་བྱ་ཐབས་ལག་བསྟར་བྱེད་པའི་ཐད། པ་སྣམ་ཇོང་གིས་སྣེ་འཛིན་ཁེ་ལས་དང་། ཐོན་སྐྱེད་རྟེན་གཞི། མཉམ་ལས་ཁང་། ཞིང་དུད་བཅས་ཟུང་དུ་འབྲེལ་བའི་འཕེལ་རྒྱས་གཏོང་སྟངས་སྤྱོད་ཡོད། ཁྲིང་ཧྲའོ་ཡིས་པ་སྣམ་གྱིས་ཚོང་འགྲུགས་མ་འཛིན་བརྒྱུད་རྒྱལ་ཁབ་ཕྱི་ནང་གི་སྣེ་འཛིན་ཁེ་ལས་ནང་འདྲེན་བྱེད་པ་དཔེར་ན། གྲུང་ནུང་རྫིང་ཡུས་ཞིང་འབྲོག་ཚན་རྩལ་ཚད་ཡོད་ཀུང་སི་དང་ཧྲན་ཧྲུང་རྫོའུ་གོང་ཞིང་ལས་མ་རྐང་ཚད་ཡོད་ཚོགས་པ་སོགས་ཁེ་ལས་ཀྱིས་སྔོ་ཚལ་ཐོན་སྐྱེད་རྟེན་གཞི་བཙུགས་ནས་ས་གནས་དེ་གའི་ཞིང་པ་ཐོན་ལས་ཀྱི་བཟོ་པར་གྱུར་ཡོད་ཅེས་བཤད་པ་རེད།

རིང་ཚད་སྨི་300དང་ཞེང་ཚད་སྨི་20ཡོད་པའི་ཉི་འོད་ཀྱཱ་རིགས་དང་སྔོ་ཚལ་འཁྱིག་ཤོག་དྲོད་ཁང་ནང་རྟོང་ཀྱཱ་དང་། འབྲི་ཏ་ས་འཛིན། གྲོ་མ་སོགས་སྔོ་ཚལ་དང་ཀྱཱ་རིགས་མི་འདྲ་བ་འདེབས་ཀྱི་ཡོད། ས་གནས་དེ་གའི་ཞིང་པ་ཕན་ཐོགས་དེ་གར་ལས་ཀ་བྱས་ནས་ལོ་3ལྷག་ཙམ་ཕྱིན་པ་དང་། ལས་ལ་བརྩོན་ཞིང་ལག་རྩལ་སྦྱོང་རྒྱུར་དགའ་བའི་ཁོང་ལ་ཟླ་རེར་གླ་ཐོགས་སྒོར་5000ཡོད་པ་དེ་དག་དེ་སྔ་ཁྲིམ་དུ་ཞིང་ལས་བྱས་ནས་ལོར་ཡོང་འབབ་སྒོར་10000ཙམ་ཡོད་པ་ལས་ཏ་ཅང་གི་མང་བ་ཡོད་པ་རེད། ཁོང་གིས་ཡོང་འབབ་ཡག་པོ་འདུག གཙོ་བོ་ང་རང་གིས་དེང་རབས་ཞིང་ལས་ལག་རྩལ་དང་ཞིང་ལས་གཉེར་སྐྱོང་གི་ཉམས་མྱོང་དང་གཡོག་བྱེད་སྟངས་ཤེས་བྱུང་ཞེས་བཤད།

བསམ་བློར་འགྱུར་ལྡོག་བཏང་རྗེས། སྔོན་ཆད་ཀྱི་ས་ཞིང་ཐོག་འབྲས་བུ་སྣ་ཚོགས་

བཏགས། སྒོ་ཚལ་འདེབས་འཛུགས་ཐོན་ལས་འཕེལ་རྒྱས་མ་བཏང་གོང་། བན་ཚང་གྲོང་ཚོའི་གྲོང་མིས་ནས་འདེབས་པ་དང་ཕྱུགས་རིགས་གསོ་རྒྱུ་དཔལ་འབྱོར་གྱི་ཡོང་འབབ་གཙོ་བོར་བྱེད་པ་ལས་སྒོ་ཚལ་འདེབས་རྒྱུ་བསམ་བློར་འཁོར་མྱོང་མེད། བན་ཚང་གྲོང་ཚོ་གཞུང་ལམ་གྱི་འགྲམ་དུ་གནས་ཡོད་པས2002ལོར་རྫོང་སྲིད་གཞུང་གིས་གྲོང་ཚོ་དེ་སྒོ་ཚལ་འཁྱིལ་ཤོག་དྲོད་ཁང་གི་འདེབས་འཛུགས་ལག་རྩལ་ཁྲབ་གདལ་གཏོང་བའི་དཔེ་སྟོན་གྲོང་ཚོར་གཏན་འཁེལ་བྱས།

དེ་སྐབས་ཀྱི་གྲོང་ཚོ་ཏང་གི་ཕུའུ་ཧྲུའུ་ཅི་པ་སངས་དབང་འདུས་ཀྱིས། སྐབས་དེ་དུས་སྒོ་ཚལ་འདེབས་རྒྱུ་དེ་གྲོང་མི་ཚོའི་ངོས་ནས་བརྗོད་ན་གནད་དོན་གསར་པ་ཞིག་རེད། གྲོང་མི་ཚོས་ཚད་ཡོད་ཀྱི་ས་ཆར་སྒོ་ཚལ་བཏབ་རྗེས་འབྲུ་རིགས་འདྲ་ཨེ་སྨྱོང་སྙམ་པའི་སེམས་ཁྲལ་བྱེད་ཀྱི་ཡོད། དོན་དངོས་ཐོག་སྒོ་ཚལ་བཏབ་པའི་ཡོང་འབབ་དེ་ནས་བཏབ་པ་ལས་ཧ་ཅང་གིས་མང་བ་འདུག གྲོང་མི་ཚོར་ཡོང་འབབ་མི་དམན་པ་རག་རྗེས་གཞི་ཁྱོན་ཆེ་བའི་སྒོ་ཚལ་འདེབས་རྒྱུ་ཁྲབ་གདལ་བཏང་། 2011ལོར་སྒོ་ཚལ་ཐོན་ལས་ཀྱི་སྨུལ་སློང་འོག་བན་ཚང་གྲོང་ཚོ་འདི་ཉིད་ཤར་ཡོངས་ཀྱི་མི་རེའི་ཆ་སྙོམས་ཡོང་འབབ་སྒོར་ཁྲི་ལས་བརྒལ་བའི་གྲོང་ཚོ་དང་པོ་དེར་གྱུར་ཡོད་ཅེས་བཤད།

ཧྲན་ཏུང་ཞིང་ཆེན་གྱི་ཁག་བརྒྱད་པའི་བོད་སྐྱོར་ལས་བྱེད་པ་དང་པ་སྣམ་རྫོང་ཨུད་ཀྱི་རྒྱུན་ཨུ་དང་རྫོང་དཔོན་གཞོན་པ་ཙུས་ཀྲེང་ཅང་གིས་པ་སྣམ་རྫོང་གིས་རྒྱལ་ཡོངས་སུ་རྣམ་བཀྲའི་ཞིང་ཁམས། སྐྱེ་ལྡན་པ་སྣམ་ཞེས་པའི་ས་ཁོངས་ཀྱི་སྤྱི་སྤྱོད་ཕྱུས་རྟགས་གཏོད་བཞིན་ཡོད་པ་དང་། 2020ལོར་སླེབས་སྐབས་རྫོང་ཡོངས་ཀྱི་ཞིང་འབྲོག་ལས་ཀྱི་ཐོན་སྐྱེད་རིན་ཐང་བསྡོམས་འབོར་སྒོར་དུང་ཕྱུར་17ལས་བརྒལ་རྒྱུ་དང་མང་ཚོགས་ཀྱི་ཡོང་འབབ་སྒོར་དུང་ཕྱུར་4.25མང་དུ་འགྲོ་རྒྱུ་རེད། མིག་སྔར། ས་གནས་དེར་རྒྱལ་ཡོངས་ཀྱི་སྒོ་ཚལ་ཧྲོའུ་ཀོང་ལ་བལྟ། བོད་ཀྱི་སྒོ་ཚལ་པ་སྣམ་ལ་བལྟ་ཞེས་པའི་ཐུན་མོང་གི་ངོས་འཛིན་གྲུབ་བཞིན་ཡོད་ཅེས་བཤད།

སློབ་མ་གཅིག་ཀྱང་མ་ལུས་པར་འཕེལ་རྒྱས་ཡོང་བ་བྱེད་དགོས།

——རྒྱལ་རྩེ་རྫོང་མིང་ཏང་སློབ་འབྲིང་གི་བོད་སྐྱོར་སློབ་སྤྱི་ཀུའོ་རྟུའུ་པའོ་ཡི་སྐོར་བཀོད་པ།

སློབ་འགོ་ཚུགས་པའི་གཟའ་འཁོར་དང་པོར་ནང་དོན་གསར་རྐྱང་ཡིན་པའི་སློབ་གཞི་ཞིག་ལ་རྒྱལ་རྩེ་རྫོང་སློབ་གྲྭ་འབྲིང་ཆུང་གི་རྒྱ་ཆེའི་སློབ་མ་ཚོས་གདེང་འཛོག་ཡག་པོ་ཐོབ་པ་སྟེ། སློབ་གཞི་དེའི་མིང་ལ《མཛེས་སྡུག་ལྡན་པའི་རྒྱལ་རྩེ་》ཟེར་ཞིང་། དེ་ནི་བོད་རང་སྐྱོང་ལྗོངས་ཀྱི་ཡུལ་བབ་མཚོན་པའི་ཀུན་སྤྱོད་སློབ་གསོའི་ཀློག་དེབ་དང་པོ་ཡིན་པ་རེད།

སློབ་གཞི་འདིའི་རྩོམ་སྒྲིག་པ་གཙོ་བོའི་གྲས་ཤིག་ནི་བོད་སྐྱོར་ལས་བྱེད་པ་དང་། རྒྱལ་རྩེ་རྫོང་སློབ་གསོ་ཅུས་ཀྱི་ཅུས་ཀྲང་གཞོན་པ། རྒྱལ་རྩེ་རྫོང་མིང་ཏང་སློབ་འབྲིང་གི་བོད་སྐྱོར་སློབ་སྤྱི་བཅས་ཡིན་པའི་ཀུའོ་རྟུའུ་པའོ་ཡིན་པ་རེད།

2016ལོའི་ཟླ་6པར། ཐྲང་ཏའི་ཞུའུ་ཀྲུང་གི་བོད་སྐྱོར་ལས་བྱེད་པ་ཁག་བརྒྱད་པའི་གྲས་ཡིན་པའི་ཀུའོ་རྟུའུ་པའོ་ཡིས་རྒྱལ་རྩེར་འབྱོར་བ་ནས་བཟུང་། དབྱར་ཁའི་གུང་གསེང་དང་དགུན་ཁའི་གུང་གསེང་རིང་ལ་ཡང་ངལ་གསོ་མ་བརྒྱབ་པར་ལས་ཀ་བྱས་པ་རེད།

རྒྱལ་རྩེ་རྫོང་མིང་ཏང་སློབ་འབྲིང་ནི་གཞིས་རྩེ་གྲོང་ཁྱེར་གྱི་སློབ་གྲྭ་གྲགས་ཅན་ཞིག་ཡིན་ལ། དེར་སློབ་མ་1400ལྷག་ཙམ་དང་དགེ་རྒན་130ལྷག་ཙམ་ཡོད་པ་རེད།

ཀུའོ་རྟུའུ་པའོ་ཡིས་སློབ་གྲྭའི་དགེ་རྒན་ཚོ་དང་མཉམ་དུ་བཞུགས་མོལ་དང་། བརྟག་ཞིབ་དང་། ཕྱོགས་ཡོངས་ལ་བསམ་གཞིག་བྱས་པ་བརྒྱུད་ཀུན་སྤྱོད་སློབ་གསོ་ཨང་དང་

པོར་འཛིན་པ་དང་། མི་སྣ་གསོ་སྐྱོང་རྩ་བར་འཛིན་པ། སློབ་ཁྲིད་གཙོ་བོར་འཛིན་པ། ཚན་ཞིབ་སྔོན་དུ་འཛོག་པ། དོ་དམ་འགན་ལེན་དུ་བྱེད་པ་བཅས་ཀྱི་སློབ་གྲྭ་གཉེར་བའི་མཇུབ་ཁྲིད་བསམ་བློ་གཏན་འཁེལ་དང་། སློབ་མ་གཅིག་ཀྱང་མ་ལུས་པར་འཕེལ་རྒྱས་ཡོང་བའི་སློབ་གྲྭ་གཉེར་བའི་འདུ་ཤེས་བརྟན་ཞིང་། སློབ་གྲྭའི་ཁོར་ཡུག་ལེགས་པ་དང་། དགེ་སློབ་ཀྱི་གོམས་གཤིས་ལེགས་པ། སློབ་གཉེར་སྟུས་ཚད་ལེགས་པ། སྤྱི་ཚོགས་ཐོག་སྙན་གྲགས་ཆེ་བ་བཅས་ཀྱི་སློབ་གཉེར་དམིགས་ཚད་ཁ་གསལ་བཟོས་ཁར། སློབ་གསོ་སློབ་ཁྲིད་ཀྱི་དོ་དམ་ལམ་ལུགས་སྟར་བས་འཕྲུས་སྒོ་ཚང་དུ་བཏང་བ་རེད།

སློབ་གྲྭའི་འཕེལ་རྒྱས་ནི་མཐར་གཏུགས་ན་དགེ་རྒན་ལ་བརྟེན་དགོས། རྒྱལ་རྩེ་རྫོང་མིང་ཏང་སློབ་འབྲིང་གི་དགེ་རྒན་གྱི་སློབ་བུ་གསོ་སྐྱོང་གི་ནུས་པ་ཇི་ལྟར་ཆེ་རུ་གཏོང་བ་ནི་སློབ་གྲྭའི་སློབ་གསོ་དང་སློབ་ཁྲིད་ཀྱི་ཆུ་ཚད་མཐོ་རུ་གཏོང་བའི་འགག་རྩར་གྱུར་ཡོད།

དགེ་རྒན་ལ་དོ་དམ་དང་གསོ་སྐྱོང་ཐད་ཀུའོ་ཧྲུའུ་པའོ་ཡིས་དམིགས་བསལ་གྱི་བྱ་ཐབས་འགའ་བརྟན་པ་སྟེ།

གྲགས་ཅན་དགེ་རྒན་དཔྱད་འདེམས་ཀྱི་འདུ་འགོད་སྒྲིག་འཛུགས་ཀྱིས་སྤེལ་ཏེ་གྲགས་ཅན་དགེ་རྒན་གསོ་སྐྱོང་གི་བརྒྱུད་རིམ་ལ་དགེ་རྒན་གསར་པ་ནས་རྐང་འཛིན་དགེ་རྒན་དང་། རིག་གཞུང་ཚན་ཁག་གི་སྣེ་ཁྲིད་པ། མཁས་དབང་རྣམ་པའི་དགེ་རྒན་བཅས་དུས་མཚམས་བཞི་རུ་དབྱེ་ཞིང་། གྲགས་ཅན་དགེ་རྒན་ལས་དོན་ཁང་གི་གསོ་སྐྱོང་ནུས་པ་འདོན་སྤེལ་བྱས་ནས་སློབ་གྲྭ་ཡོངས་ཀྱི་དགེ་རྒན་གསོ་སྐྱོང་ལས་དོན་ལ་སྐུལ་ཁྲིད་བྱས་ཡོད། གཞན་ཡང་ཀུའོ་ཧྲུའུ་པའོ་ཡིས་བོད་སྐྱོར་མ་དངུལ་སྤྱད་དེ་སློབ་གྲྭའི་དགེ་རྒན་ཡོངས་ལ་གློག་ཀླད་སྤྲད་ནས་མི་རེར་གློག་ཀླད་རེ་ཡོད་པའི་དམིགས་ཚད་མངོན་འགྱུར་ཐུབ་ཡོད།

བོད་སྐྱོར་ལས་བྱེད་པ་ཞིག་ཡིན་པའི་ངོས་ནས་ཀུའོ་ཧྲུའུ་པའོ་དང་རོགས་སྐྱོར་བྱེད་

མཁན་ཆོས་རྒྱལ་རྩེ་རྫོང་ལ་སློབ་གསོའི་རྟེན་རྫས་བཤམས་མཛོད་ཁང་བརྒྱབ་སྟེ་རྫོང་ཡོངས་ཀྱི་སློབ་འབྲིང་དུ་བྱུང་ཚད་སློབ་གསོ་ཁྲབ་གདལ་གཏོང་བར་ལྟུག་སྐྱུལ་བྱས་པ་རེད། ཁོང་གནས་སའི་རྒྱལ་རྩེ་རྫོང་མིང་ཏང་སློབ་འབྲིང་གིས་ད་དུང་ཚན་རྩལ་ཚོགས་པ་དང་། ཁོར་ཡུག་སྲུང་སྐྱོང་ཚོགས་པ། བགྲོ་གླེང་ཚོགས་པ། ཡིག་གཟུགས་ཚོགས་པ། རྐང་རྩེད་སྤོ་ལོའི་ཚོགས་པ་སོགས་སློབ་མའི་ཚོགས་པ་བཅུ་གཅིག་བཙུགས་པ་དང་འབྲེལ་ཆེད་བསྐོས་མཛུབ་ཁྲིད་དགེ་རྒན་བཀོད་སྒྲིག་བྱས་པ་རེད།

ལོ་གསུམ་རིང་སློབ་སྤྱི་ཀུའོ་ལགས་ཀྱི་སྔེ་ཁྲིད་འོག་དེ་སྔ་སྡིངས་ཆའི་ཐོག་སྐད་ཆ་ཤོད་པར་སྐྱིངས་པའི་ཕྲུ་གུ་ཆོས་ཚོགས་པའི་ནང་སྦྱོང་བརྡར་བྱས་པ་བརྒྱུད་བློ་ཁོག་ཆེན་པོ་ཆགས་པ་དང་། དེ་སྔ་རང་ཉིད་ལ་ཡིད་ཆེས་མེད་པའི་རྗེས་ལུས་སློབ་མར་ཡང་དམིགས་བསལ་འཛིན་ཐང་ལྡན་པའི་འཛིན་གྲྭར་གསོ་སྐྱོང་བྱས་པ་བརྒྱུད། རང་གིས་རང་ལ་ཡིད་ཆེས་ཆེན་པོ་ཆགས་ཡོད་ཅེས་སློབ་སྤྱི་ཀུའོ་ཧྲུའུ་པའོ་ཡིས་སློབ་གྲྭར་འགྱུར་ལྡོག་ཆེན་པོ་བཏང་བར་དགེ་རྒན་ལྷག་པ་ལགས་ཀྱིས་ཚད་མཐོའི་གདེང་འཇོག་བྱས་པ་རེད།

རྒྱལ་རྩེ་རྫོང་གྲོང་གི་ས་བབ་མཐོ་ཚད་ཆ་སྙོམས་སྨི4080ཟིན་པ་དེ་ཀུའོ་ཧྲུའུ་པའོ་ཡི་ཕ་ཡུལ་ཧྲང་ཧའི་གྲོང་ཁྱེར་དང་བསྡུར་ན་སྨི4000ཙམ་གྱིས་མཐོ་བས། ཀུའོ་ཧྲུའུ་པའོ་ལ་རྒྱུན་དུ་མགོ་ན་བ་དང་། གཉིད་མི་ཁུག་པ་སོགས་བྱུང་ཞིང་། ཁོང་གི་འཐེན་གཞོང་ནང་ས་མཐོར་འཁྲུད་པའི་སྨན་དང་། གཉིད་སྨན། ན་ཟུག་གཙོག་པའི་སྨན་སོགས་ཀྱིས་ཁེངས་ཡོད།

དཀའ་ངལ་ཇི་ཙམ་ཆེ་ནའང་ང་ཚོས་སློབ་གཉེར་ཆ་རྐྱེན་ལེགས་སུ་བཏང་སྟེ་ཕྲུ་གུ་ཚོའི་ཕུགས་འདུན་མངོན་འགྱུར་བྱ་ཆེད། ལས་སྟེགས་ཡག་པོ་འཛུགས་རྒྱུ་ཡིན་ཞེས་ཀུའོ་ཧྲུའུ་པའོ་ཡིས་གསར་འགོད་པར་བཤད།

རོགས་རམ་བྱ་ཐབས་དེ་གཞན་བརྟེན་ནས་རང་བརྟེན་ཕྱོགས་སུ་བསྒྱུར་བ།

བོད་ཀྱིས་ཁྱད་ལྡན་ཐོན་ལས་ལ་བརྟེན་ནས་མི་སེར་དབུལ་སྒྲོལ་ཕྱུག་འགྱུར་ཡོང་བར་རོགས་རམ་བྱས་པ།

ལྷ་གསུམ་པའི་ལྷ་མཇུག་གི་ཉིན་དགུང་། ཀ་ལ་གྲོང་ཚོར་ཁྲོད་རླུང་ལྷང་ཞིང་ཉི་འོད་རབ་ཏུ་འཚེར། གྲོང་ཚོ་ཆུང་ཆུང་དེའི་ས་ཕྱོགས་གང་སར་ཁམ་བུའི་མེ་ཏོག་བཞད་པར་བརྟེན། ཁམ་བུའི་མེ་ཏོག་གྲོང་ཚོ་ཞེས་སུ་གྲགས། ཀ་ལ་གྲོང་ཚོ་དེའང་ཉིང་ཁྲིའི་ཁམ་བུའི་མེ་ཏོག་ཡུལ་སྐོར་རིག་གནས་དུས་ཆེན་སྐབས་བཅུ་བདུན་པ་གཉེར་ཡུལ་རེད།

ཁམ་བུའི་མེ་ཏོག་ཤར་བའི་དུས་ཚིགས་ནི་གྲོང་མི་ཚོར་ཡོང་འབབ་ཡོང་བའི་དུས་ཚིགས་རེད། ཁམ་བུའི་མེ་ཏོག་སྤྱི་གླིང་གི་སྤྲ་སེ་བཤེར་མཁན་གྲོང་མི་སློབ་དྲུག་སྤྲ་སེ་བཤེར་བཞིན་འདུག སློབ་དྲུག་གིས་ཉིན་གཅིག་ལ་སྒྲ་ཆ་སྐོར་150ལེན་རྒྱུ་ཡོད། ན་ནིང་ཐོབ་ཆ་སྐོར་ཁྲི་4བྱུང་ཞེས་བཤད་བྱུང་། ཀ་ལ་གྲོང་ཚོས་ན་ནིང་ཡུལ་སྐོར་བ་མི་ཐེངས་ཁྲི་10ལ་སྣེ་ལེན་ཞུས་པ་དང་དཔལ་འབྱོར་ཡོང་འབབ་སྐོར་ཁྲི་285.5ཟིན་པ་མ་ཟད། གྲོང་མིའི་མི་རེའི་ཆ་སྙོམས་ཡོང་འབབ་སྐོར་ཁྲི་1.8ཟིན་ཡོད།

ཀ་ལ་གྲོང་ཚོའི་ཏང་གི་ཕུའུ་རྒྱུའུ་ཅི་སྲིད་པས《བཟོ་པའི་ཉིན་རེའི་ཚགས་པར་》ཀྱི་གསར་འགོད་པར། གྲོང་ཚོའི་ཁམ་བུའི་མེ་ཏོག་ཡུལ་སྐོར་ལས་དོན་དེ་2001ལོར་སྤེལ་འགོ་ཚུགས་པ་རེད། ལོ་ལྟར་དཔྱིད་ཀར་ཉིང་ཁྲིའི་ས་ཕྱོགས་གང་སར་ཁམ་བུའི་མེ་ཏོག་རབ་ཏུ་བཞད་ཀྱི་ཡོད་སྐབས། ཡུལ་སྐོར་བ་ཉིང་ཁྲིར་ཁམ་བུའི་མེ་ཏོག་ལ་བལྟ་བར་ཡོང་གི

འདུག ཡུལ་སྐོར་བ་མང་དུ་འགྲོ་བ་མཐོང་སྐབས། ངས་གྲོང་མིའི་སྡེ་ཁྲིད་དེ་ཁམ་བུའི་མེ་ཏོག་ལྟུམ་ར་གཉེར་བས་ལོ་གཉིས་པར་སྤྱ་སེ་བཙོངས་པའི་ཡོང་འབབ་སྒོར་ཁྲི་བདུན་བརྒྱད་བྱུང་ཞེས་བཤད།

ཡུལ་སྐོར་བས་ཁམ་བུའི་མེ་ཏོག་ལ་བལྟ་བ་དང་ཆབས་ཅིག་བཟའ་བཏུང་ཡང་བྱེད་ཀྱི་ཡོད་པས་ཡོང་འབབ་མི་དམན་པ་ཞིག་བྱུང་། ཡུལ་སྐོར་བས་ཁམ་བུའི་མེ་ཏོག་ལྟུམ་རའི་མཛེས་ལྗོངས་ལ་བལྟ་བ་ཕུད། དྲན་རྟེན་པར་རྒྱག་པ་དང་། འབྲི་གཡག་བཞོན་པ། བེ་ཤུའི་རྩལ་འགྲན་སོགས་ཀྱི་ཡུལ་སྐོར་བྱེད་སྐོར་ཞུགས་ཀྱི་ཡོད། ད་ཆ་གྲོང་མི་མི་ཉུང་བ་ཞིག་གིས་ཞིང་པའི་སྤྲོ་སྐྱིད་ཁང་དང་ཁྱིམ་ཚང་མགྲོན་ཁང་གཉེར་ཡོད། ཉེ་བའི་ལོ་ཤས་རིང་། གྲོང་མི་ཚོས་ལྟུམ་རའི་ནང་པད་ཁ་དང་སྐལ་བཟང་མེ་ཏོག་སོགས་བཏབ་པར་བརྟེན་ཡུལ་ལྗོངས་དེ་བས་མཛེས་སུ་ཕྱིན་ཡོད། ད་ལྟ་ཁམ་བུའི་མེ་ཏོག་གི་ཡུལ་སྐོར་རིག་གནས་དུས་ཆེན་དེ་ཉིང་ཁྲིའི་ཡུལ་སྐོར་གྱི་བཀྲག་མདངས་འཚེར་བའི་མིང་བྱང་ཞིག་ཏུ་གྱུར་ཞིང་། འདི་ལོ་ཡོང་འབབ་ད་དུང་མང་དུ་འགྲོ་གི་རེད་ཅེས་སྤྲིན་པས་ཡིད་ཆེས་ཀྱིས་ཁེངས་བཞིན་བཤད། 2018ལོར། སྟོད་བཅུད་ཡུལ་སྐོར་གྱི་སྐད་གྲགས་ཕྱོགས་བཞིར་གྲགས་པའི་ཉིང་ཁྲི་གྲོང་ཁྱེར་གྱིས་རྒྱལ་ཁབ་ཕྱི་ནང་གི་ཡུལ་སྐོར་བ་མི་ཐེངས་ཁྲི་713.5ལ་སྡེ་ལེན་ཞུས་པར་ཡོང་འབབ་སྒོར་དུང་ཕྱུར་59.22ཟིན་ཏེ་དུས་མཚུངས་ལས་བརྒྱ་ཆ30.26འཕར་ཡོད།

ད་ཆ་བོད་དུ་ཁྱད་ལྡན་ཡུལ་སྐོར་རིག་གནས་ཐོན་ལས་དེ་དཔལ་འབྱོར་འཕེལ་རྒྱས་ཀྱི་འདེགས་སྐྱོར་གལ་ཆེན་དུ་གྱུར་ཞིང་། 2017ལོ་ནས་བཟུང་། བོད་ཀྱིས་དགུན་དུས་བོད་དུ་ཡུལ་སྐོར་བྱེད་པའི་གཟིགས་སྐྱོང་སྲིད་ཇུས་བཏོན་ནས་ལྗོངས་ཡོངས་ཀྱི་གཞུང་ཁོངས་A3རིམ་པ（A3རིམ་པ་ཚུད་པ）ཡན་གྱི་མཛེས་ལྗོངས་ཁུལ་དུ་རིན་མེད་དང་ཡུལ་སྐོར་བྱེད་ཆོག་པ་དང་། མཁའ་འགྲུལ་ཀུང་སི་ཁག་གིས་གནམ་གྲུའི་སྤྱ་སེའི་རིན་གོང་

བརྒྱ་ཆ50བཅག་ནས་ཡུལ་སྐོར་བའི་ཡིད་དབང་བཀུག་ཡོད། གཟིགས་སྐྱོང་སྲིད་ཇུས་ཀྱི་གཞོགས་འདེགས་འོག་2018ལོར། བོད་ཀྱིས་ལོ་རྫིལ་པོར་ཡུལ་སྐོར་བར་སྣེ་ལེན་ཞུ་ཚད་མི་ཐེངས་ཁྲི་3000ལས་ཐེངས་དང་པོར་བརྒལ་ནས་མི་ཐེངས་ཁྲི་3368.7ཟིན་ཏེ་དུས་མཚུངས་ལས་བརྒྱ་ཆ31.5འཕར་བ་དེ་2013ལོའི་ཚུན་གྱི་ཡུལ་སྐོར་བ་མང་ཤོས་ཀྱི་ལོ་ཞིག་རེད་ལ་ཡུལ་སྐོར་ཡོང་འབབ་ཀྱང་སྒོར་དུང་ཕྱུར་490ཟིན་ནས་བརྒྱ་ཆ29.2འཕར་ཡོད།

ཡུལ་སྐོར་རིག་གནས་ཐོན་ལས་ཕུད། བོད་ཀྱིས་ད་དུང་ས་མཐོའི་སྐྱེ་དངོས་དང་། ལྗང་མདོག་ཐོན་ལས། དྭངས་གཙང་ནུས་རྒྱུ། དེང་རབས་ཞབས་ཞུ། མཐོ་གསར་གྲངས་གཞི། མཐའ་མཚམས་ཚོང་དོན་ཐོག་འགྲེམས་སོགས་ཁྱད་ལྡན་ཐོན་ལས་སྐྱེད་སྲིང་ལ་ཤུགས་སྣོན་བརྒྱབ་སྟེ་དཔལ་འབྱོར་འཕེལ་རྒྱས་གཞན་བརྟེན་ནས་རང་བརྟེན་གྱི་ཕྱོགས་སུ་བསྒྱུར་རྒྱུར་སྐུལ་འདེད་བཏང་ཡོད།

ཡུལ་སྐོར་བས་བོད་ཤར་ལྷོའི་ཀོང་པོ་རྒྱ་མདའ་རྫོང་དུ་ཡུལ་སྐོར་དང་བྲག་གསུམ་མཚོའི་མཛེས་ལྗོངས་ལ་བལྟ་བ་ཕུད། ད་དུང་ཡུལ་དེའི་བོད་ཕག་གི་ཞིམ་མངར་བྲོ་བ་མྱངས་ཤིང་། ཀོང་པོ་རྒྱ་མདའ་རྫོང་གི་ཞིང་འབྲོག་པ་ཚོས་བོད་ཕག་གཅིག་གསོས་ན་ཁེ་བཟང་སྒོར་200ནས་སྒོར་300བར་རག་གི་ཡོད། ཀོང་པོ་རྒྱ་མདའ་རྫོང་གི་བོད་ཕག་ཐོན་ལས་གླིང་དུ་བོད་ཕག་གསོ་ཚགས་དང་བྲིན་ཚོང་བྱེད་མཁན་ཁེ་ལས་8ཡོད་པ་དེ་དག་གིས་ས་གནས་ཀྱི་ཞིང་འབྲོག་པར་ལས་ཞུགས་ལས་གནས་མཁོ་འདོན་བྱས་ཡོད།

མིག་སྔར། བོད་ཀྱིས་ནས་དང་འབྲི་གཡག བོད་ཕག བོད་ལུག་སོགས་ཐོན་ལས་བཏོད་པ་མ་ཟད། ཞིང་འབྲོག་ལས་ཀྱི་གྲུབ་ཆ་སྔར་བས་བཟང་སྒྲིག་དང་ཞིང་འབྲོག་ལས་ཀྱི་རྨང་གཞི་སྔར་བས་བརྟན་དུ་བཏང་བར་བརྟེན་འབྲུ་རིགས་ཐོན་ཚད་ཏུན་ཁྲི་104.9ཟིན་པ་དང་ཞིང་འབྲོག་ཐོན་རྫས་ལས་སྒྱོན་རིན་ཐང་བསྡོམས་འབོར་བརྒྱ་ཆ15འཕར་ཡོད།

2018ལོར་བོད་ཀྱི་ས་ཁུལ་ཐོན་སྐྱེད་རིན་ཐང་བསྡོམས་འབོར་སྒོར་དུང་ཕྱུར་1477.63ཟིན་ནས་དུས་མཚུངས་ལས་བརྒྱ་ཆ9.1འཕར་ཏེ་འཕར་ཚད་རྒྱལ་ཡོངས་ཀྱི་ཨང་དང་པོར་སླེབས་པ་དང་རིམ་རྩིས་བྱས་ན་ཐོན་ལས་དབུལ་སྐྱོར་རྣམ་གྲངས་2142ལག་བསྟར་བྱས་པ་བརྒྱུད། མི་ཁྲི་21དབུལ་སྒྲོལ་ཐུབ་ཡོད།

གདོང་ལེན་རུ་ཁག་བྱས་ནས། དཔེ་དམག་བརྩོན་ལེན་བྱེད་པ།

——གཞིས་རྩེ་གྲོང་ཁྱེར་གྱི་གྲོང་སྡོད(གྲོང་ལྷན)ལས་དོན་རུ་ཁག་ཁག་གིས་དབུལ་སྒྲོལ་འགག་སྒྲོལ་གྱི་སྔེ་ཁྲིད་ནུས་པ་ཧུར་ཐག་བཏོད་པའི་སྐོར་བཀོད་པ།

ནང་དོན་གཙོ་བོ།

དབུལ་སྒྲོལ་འགག་སྒྲོལ་གྱི་དམག་འཐབ་བརྒྱབ་པ་ནས་བཟུང་། གཞིས་རྩེ་གྲོང་ཁྱེར་གྱི་གྲོང་སྡོད(གྲོང་ལྷན)ལས་དོན་རུ་ཁག་ཁག་གིས་དུས་རབས་གསར་པའི་ལས་བྱེད་པ་གྲོང་སྡོད་ལས་དོན་གྱི་གཙོ་གནད་ལས་འགན་ཁག་བདུན་ལ་དམ་པོར་དམིགས་ནས་ཤིན་ཏུ་དབུལ་བའི་གྲོང་ཚོ་དང་དབུལ་སྒྲོལ་གྱི་དམིགས་ཚད་ལས་འགན་ལ་གཞིགས་ཏེ་དབུལ་སྒྲོལ་འགག་སྒྲོལ་ལ་རྒྱལ་ཁ་ལེན་པར་རམ་འདེགས་བྱེད་པའི་ལས་དོན་གཏིང་ཟབ་སྤེལ་བ་རེད། རྒྱ་ཆེའི་གྲོང་སྡོད་ལས་བྱེད་པས་མང་ཚོགས་དང་མཉམ་ཟ་མཉམ་སྡོད་དང་། མཉམ་དུ་སློབ་སྦྱོང་། མཉམ་དུ་ངལ་རྩོལ་བཅས་བྱས་ནས་སྟོབས་ཤུགས་གཅིག་སྒྲིལ་དང་ལེགས་ཆ་འདོན་སྤེལ་བྱས་ཏེ་དབུལ་སྒྲོལ་འགག་སྒྲོལ་དམག་འཐབ་ཀྱི"མཐའ་མའི་འགག་གནད"ལས་སྒྲོལ་བར་བློ་གྲོས་དང་སྟོབས་ཤུགས་ལེགས་སྐྱེས་ཕུལ་ཡོད།

ཐུགས་ལ་གཞི་རྩིགས་པ། ཚན་རིག་དང་མཐུན་པའི་ངང་མཇུབ་ཁྲིད་བྱས་ནས་མིག་དཔེ་བཏོད་པ།

ལོ་གཅིག་རིང་། གཞིས་རྩེ་གྲོང་ཁྱེར་གྱི་གྲོང་སྡོད(གྲོང་ལྷན)ལས་དོན་རུ་ཁག་ཁག་གིས་དུས་རབས་གསར་པའི་ལས་བྱེད་པ་གྲོང་སྡོད་ལས་དོན་གྱི་གཙོ་གནད་ལས་འགན་

ཁག་བདུན་ལ་དམ་པོར་དམིགས་ནས་ཐོག་མཐའ་བར་གསུམ་དུ་དབུལ་སྐྱོལ་འགག་སྐྱོལ་ལས་དོན་ལས་བྱེད་པ་གྲོང་སྡོད་ཀྱི་གཙོ་གནད་ལས་འགན་ལ་བསྒྲིས་པ་དང་། གྲོང་སྡོད་ལས་དོན་དང་དབུལ་སྐྱོལ་འགག་སྐྱོལ་གནད་སྨིན་སྤེལ་མཐུད་ལ་ཤུགས་སྣོན་བརྒྱབ་པ། ཤིན་ཏུ་དབུལ་བའི་གྲོང་ཚོ་དང་དབུལ་སྐྱོལ་གྱི་དམིགས་ཚད་ལས་འགན་ལ་གཞིགས་པ་བཅས་ལ་བརྟེན་ནས་སྟོབས་ཤུགས་གཅིག་སྒྲིལ་དང་ལེགས་ཆ་འདོན་སྤེལ་བྱས་ནས་དབུལ་སྐྱོལ་འགག་སྐྱོལ་ལ་རྒྱལ་ཁ་ལེན་པར་རམ་འདེགས་བྱེད་པའི་ལས་དོན་གཏིང་ཟབ་སྤེལ་བ་རེད།

དབུལ་སྐྱོལ་འགག་སྐྱོལ་ལ་ཚན་རིག་དང་མཐུན་པའི་མཇུབ་ཁྲིད་དང་ཤུགས་ཀྱི་འཆར་འགོད་མེད་ན་ག་ལ་འགྲིག གཞིས་རྩེ་གྲོང་ཁྱེར་གྱི་གྲོང་སྡོད(གྲོང་ལྷན)ལས་དོན་ཧྲུ་ཁག་ཁག་གིས་དབུལ་སྐྱོར་སྲིད་ཇུས་གསལ་པོ་ཤེས་པ་དང་དབུལ་སྐྱོལ་ལས་དོན་བསྒྲུབ་རྒྱུ་དབུལ་སྐྱོལ་འགག་སྐྱོལ་ལ་རྒྱལ་ཁ་ལེན་པར་རམ་འདེགས་དང་དཀའ་ཚོགས་ཆེ་བའི་ལས་འགན་སྒྲུབ་པའི་སྔོན་འགྲོའི་ཆ་རྐྱེན་ལ་བརྩི་རྒྱུ་མཐའ་འཁྱོངས་བྱས་ཡོད།

——ལོ་གཅིག་རིང་གཞིས་རྩེ་གྲོང་ཁྱེར་གྱིས་དུས་རབས་གསར་པའི་ལས་བྱེད་པ་གྲོང་སྡོད་ལས་དོན་གྱི་གཙོ་གནད་ལས་འགན་ཁག་བདུན་ལ་དམིགས་པ་དང་གནད་སྨིན་དྲུག་དང་། ཁག་གཅིག་རེ་དགུ། དོན་ཐོག་ཏུ་འཁྱོལ་བ་བརྒྱད་སོགས་དབུལ་སྐྱོལ་འགག་སྐྱོལ་ལས་དོན་གྱི་ལས་འགན་གསར་པ་དང་གླང་བྱ་གསར་པར་དམིགས་ཏེ་རྫོང་དང་ཤང་རིམ་པ་གཉིས་ཀྱི་རྨང་བརྟན་དམངས་ཕན་གཞུང་ལས་ཁང་གི་འགན་འཁུར་བ་དང་། ལས་དོན་མི་སྣ། གྲོང་སྡོད(གྲོང་ལྷན)ལས་དོན་ཧྲུ་ཁག་ཁག་གི་ཧྲུ་མི་བཅས་སྒྲིག་འཛུགས་བྱས་ནས་ས་རྗེས་སུ་གཅིག་སྡུད་གསོ་སྦྱོང་དང་། བརྙན་ལམ་ཚོགས་འདུའི་གསོ་སྦྱོང་། ས་གནས་ས་ཐོག་གི་སྤེལ་རེས་སློབ་སྦྱོང་སོགས་བྱས་ཏེ་གྲོང་སྡོད་ལས་བྱེད་པའི་འཛོན་ཐང་ཆེ་ཏུ་དང་ཆུ་ཚད་མཐོ་རུ་བཏང་བ་རེད།

——གྲོང་ཁྱེར་ཡོངས་ཀྱིས་དབུལ་སྒྲོལ་འགག་སྒྲོལ་ལ་རྒྱལ་ཁ་ལེན་པའི་ལས་དོན་ཁྲོད་ཀྱི་གྲོང་སྡོད(གྲོང་ལྷན)ལས་དོན་ཙ་ཁག་ཁག་གི་སྐྱལ་འདེད་ཡོ་བྱད་ཀྱི་ནུས་པ་འདོན་སྤེལ་ཧུར་ཐག་བྱས་ནས་གྲོང་སྡོད་ལས་བྱེད་པ་འགའ་ཞིག་གིས་དབུལ་སྐྱོར་ལས་དོན་ཁྲོད་དུ་སླུབ་མི་ཤེས་པ་དང་སླུབ་མི་ཐུབ་པའི་གནད་དོན་ནུས་ཤུགས་ཡོད་རྒྱུས་ཐག་གཅོད་བྱས་ཡོད།

ཐོན་ལས་ལ་རོགས་སྐྱོར་བྱས་པ། དབུལ་སྐྱོར་གྱིས་དབུལ་རྩ་དྲུངས་ནས་ཐྱིན་པར་སྐུལ་ཁྲིད་བྱས་པ།

2018ལོར་ལྷ་རྩེ་རྫོང་ཚོས་མ་ཤང་ཁྲོམ་ཆེན་གྲོང་ཚོར་བཅའ་སྡོད་རང་སྐྱོང་ལྷོངས་བཟོ་ཚོང་ཅུས་ཀྱི་ལས་དོན་ཙ་ཁག་གིས་ཡུན་ནན་ནས་སོན་བཟང་ཞོག་ཁོག་ནང་འདྲེན་བྱས་པ་དང་ཆབས་ཅིག་ཡུན་ནན་གྱི་འདེབས་འཛུགས་རིགས་གཅིག་མཁས་ཅན་རྟེན་གཞིར་འདེབས་གསོ་དང་ཞིང་ནང་གཡོག་བྱེད་ལག་རྩལ་ལ་མཛུབ་ཁྲིད་བྱེད་པར་གདན་དྲངས་པ་དང་། ཙ་མི་རྣམས་ཀྱིས་ཞོག་ཁོག་འདེབས་པ་དང་། ཚ་ལུད་རྒྱག་པ། རྩྭ་ངན་འཐུ་བ། འགོག་པ་བཅས་ཀྱི་ལྷུ་ཚིགས་ཚང་མའི་ནང་ཞུགས་ཡོད། ན་ནིང་ཞོག་ཁོག་ལ་རྫོག་པོ་ཡག་པོ་བྱུང་སྟེ་ཞོག་རིལ་ཆེ་ཤོས་ལ་རྒྱ་མ་1.5ཟིན་པ་དང་མུའུ་རེའི་ཐོན་འབབ་རྒྱ་མ་4000ལྷག་ཙམ་ཟིན་ཡོད།

དབུལ་སྒྲོལ་ལ་དམ་འཛིན་བྱེད་པ་ནི་ལེགས་ཆའི་ཐོན་ལས་ལ་རོགས་སྐྱོར་དང་སྟོབས་ཆེར་བཏང་བ་ཞིག་ཡིན། ལོ་གཅིག་རིང་གྲོང་ཁྱེར་ཡོངས་ཀྱི་གྲོང་སྡོད(གྲོང་ལྷན)ལས་དོན་ཙ་ཁག་ཁག་གིས"ཐག་ཉེ་ས་དང་སྐབས་བདེ་ས་དང་། རང་ས་རང་ཡུལ་ནས་མི་བྲལ་བ། སླུབ་ཐུབ་པ་དང་སླུབ་ཤེས་པའི"རྩ་དོན་མཐའ་འཁྱོངས་བྱས་ཏེ། ཞིང་འབྲོག་པའི་ཆེད་ལས་མཉམ་ལས་ཁང་འཛུགས་པའི་ཐབས་ལམ་གསར་པ་འཚོལ་ཞིབ་ཧུར་ཐག

བྱེད་པ་དང་། གྲོང་ཚོ(གྲོང་ལྷན)ཁེར་རྐྱང་ངམ་ཡང་ན་གྲོང་ཚོ(གྲོང་ལྷན)མང་པོ་མཉམ་འབྲེལ་ཐོག་འཛུགས་པའི་རྣམ་པ་སྤྱོད་པ། སྐྱེ་ལྡན་འདེབས་གསོ་དང་ལས་སྣོན་ལས་རིགས་དང་། མི་རིགས་ལག་ཤེས་བཟོ་ལས། ཨར་སྐྲུན་ལས་རིགས། ཞབས་ཞུའི་ལས་རིགས་སོགས་འཕེལ་རྒྱས་གཏོང་བར་གཙོ་གནད་དུ་དམིགས་པ་བཅས་བྱས་ཏེ་རང་ངོས་དང་འཚམ་པའི་འཕེལ་རྒྱས་གཏོང་ཕྱོགས་གནད་འཁེལ་བཙལ་ནས་ཆེད་ལས་མཉམ་ལས་ཁང་བཙུགས་ཏེ་མང་ཚོགས་འབབ་འཕར་ཕྱུག་འགྱུར་ཡོང་བར་སྐུལ་ཁྲིད་བྱས་ཤིང་། བསྡོམས་རྩིས་བྱས་པར་གཞིགས་ན། ད་ཆ་གྲོང་ཁྱེར་དེར་མཉམ་ལས་ཁང་1437ཡོད་པ་གྲོང་ཚོ(གྲོང་ལྷན)812ལ་ཁྱབ་ཡོད་པ་རེད།

ཞབས་འདེགས་ཧུར་ཐག་ཞུ་བ། དམངས་འཚོར་དམིགས་ཏེ་རྨང་གཞི་བརྟན་དུ་བཏང་བ།

ལོ་གཅིག་རིང་། གཞིས་རྩེ་གྲོང་ཁྱེར་གྱི་གྲོང་སྡོད(གྲོང་ལྷན)ལས་དོན་དུ་ཁག་ཁག་གིས་དབུལ་སྒྲོལ་འགག་སྒྲོལ་ལས་དོན་རང་ཉིད་ཀྱི་བྱ་གཞག་ལ་བརྩི་བ་དང་མང་ཚོགས་དབུལ་པོ་རང་ཉིད་ཀྱི་གཉེན་ཉེར་བརྩིས་ནས་ཁོང་ཚོར་རོགས་རམ་ཧུར་ཐག་བྱས་ཏེ་དབུལ་སྒྲོལ་འགག་སྒྲོལ་གྱི་གདོང་ལེན་དུ་ཁག་གི་ནུས་པ་འདོན་སྤེལ་བྱས་ཡོད།

——གྲོང་ཁྱེར་ཡོངས་ཀྱི་གྲོང་སྡོད(གྲོང་ལྷན)ལས་དོན་དུ་ཁག་ཁག་གིས་མང་ཚོགས་ཀྱི་བསམ་བློའི་སློབ་གསོའི་ལས་དོན་གཙོ་གནད་ཐོག་སྤེལ་ཏེ་མང་ཚོགས་ལ་ཚན་རིག་དང་མཐུན་ལ་སྐྱོན་བྲལ་ཡ་རབས་ཀྱི་འཚོ་བའི་འདུ་ཤེས་འཛུགས་པ་དང་། རང་རྟོགས་དང་ལུགས་རྙིང་སྲོལ་ངན་དོར་བ། ཆོས་ལུགས་ཀྱི་ཕན་མེད་ཤུགས་རྐྱེན་ཆུང་དུ་གཏོང་བ། ད་ཆའི་བདེ་སྐྱིད་འཚོ་བ་ཡག་པོ་སྐྱེལ་བ་བཅས་ལ་ཁྲིད་སྟོན་བྱས་པས་ཏང་གི་བཀའ་དྲིན་ཚོར་བ་དང་། ཏང་གི་བཀའ་ལ་ཉན་པ། ཏང་གི་རྗེས་སུ་འབྲང་བ་བཅས་ཀྱི་རྒྱ་ཆེའི་མང་ཚོགས་ཚོའི་ཡིད་ཆེས་དང་ཆོད་སེམས་སྤར་བས་བརྟན་དུ་ཕྱིན་ཡོད།

—— གྲོང་སྡོད(གྲོང་ལྷན)ལས་དོན་ཏུ་ཁག་ཁག་གིས་གོ་བདེ་ཤེས་སླའི་སྐད་ཆ་དང་ལྟ་འདོད་ལ་ཉན་སྤྲོ་བའི་བྱེད་སྟངས་སྤྱད་དེ་ཞིང་ནང་དང་མུ་ཁ་དང་འབྲོག་ར་དང་སྦྲ་གུར་དུ་བསྐྱོད་དེ་ཐད་ཀར་མང་ཚོགས་ལ་ཁག་གཅིག་རེ་དགུ་སོགས་དབུལ་སྒྲོལ་འགག་སྒྲོལ་གྱི་གཟིགས་སྐྱོང་སྲིད་ཇུས་འགྲེལ་བཤད་བརྒྱབ་ཡོད།

—— གྲོང་སྡོད(གྲོང་ལྷན)ལས་དོན་ཏུ་ཁག་ཁག་གིས་སྤྱི་འདོམས་མཐུན་སྒྱུར་དང་། ལྟ་སྐུལ་དོ་དམ། རོགས་རམ་མཛུབ་ཁྲིད་བཅས་ཀྱི་འགན་ནུས་འདོན་སྤེལ་གང་ལེགས་བྱས་ཏེ་རིགས་ཁག་གི་དམངས་ཕན་སྲིད་ཇུས་དོན་འཁྱོལ་དང་རྣམ་གྲངས་ཀྱི་མ་དངུལ་དོ་དམ་ཞིབ་བཤེར་ལ་སྐུལ་འདེད་བཏང་བ་དང་གྲོང་ཚོ(གྲོང་ལྷན)ལ་དུས་ཐོག་ཏུ་དམངས་ཕན་མ་དངུལ་སྣ་ཚོགས་སྤྲོད་རོགས་བྱས་ཏེ་བཙན་ཤར་འཕེན་སྤྱོད་དང་མང་ལེན་ཏམ་བཟུང་སོགས་ཀྱི་སྣང་ཚུལ་ཐོན་རྒྱུ་བཀག་འགོག་བྱས་ཡོད།

ཐང་སྨད་ཀྱི་ཉེན་ཁ་ཆེ་བའི་ལམ་བུ་རར་གཏོང་ཐུབ་པས་མི་སེར་ཚོའི་ཕྱུག་འགྱུར་གྱི་ལམ་བུ་ཡང་རར་གཏོང་ཐུབ་པ།

འོད་ཟེར་ཉིན་རེའི་ཚགས་པར་གྱི་གསར་འགོད་པ། ཕུང་ཡོན་ཐྲང་། ཀརྨ་རྡོ་རྗེ།

རྒྱལ་ལམ་318ཉིང་ཁྲི་གྲོང་ཁྱེར་སྤོ་བོ་རྫོང་ཐང་སྨད་གྲོང་ཚོའི་ལམ་དུམ་བུར་ལི་ཁྲའོ་ཅང་གིས་རང་ཁྱིམ་སྤྲོ་སྐྱིད་ཁང་དུ་ཕར་འགྲོ་ཚུར་འོང་བྱེད་མཁན་འགྲུལ་པར་སྣེ་ལེན་ཞུ་བཞིན་མཆིས། ཉིན་རེར་འགྲུལ་པ་ཉིས་བརྒྱ་གསུམ་བརྒྱ་ཙམ་ལ་ལྟོ་ཆས་སྣེ་ལེན་བྱས་པར་ཡོང་འབབ་སྒོར་ལྔ་སྟོང་དྲུག་སྟོང་ཙམ་ཡོང་གི་འདུག་ཅེས་ལི་ཁྲའོ་ཅང་གིས་ངོ་སྤྲོད་བྱས་པ་དང་། ཁོང་གིས་རྒྱལ་ལམ་318རྒྱུད་ཀྱི་ཟྭོག་འདྲེན་རླངས་འཁོར་གྱི་ཁ་ལོ་བ་དང་། སྐོར་འཁོར་བཏང་ནས་ཡུལ་སྐོར་བྱེད་མཁན། གནས་སྐོར་བ་བཅས་ནི་སྤྲོ་སྐྱིད་ཁང་དུ་རྟག་ཏུ་ཡོང་མཁན་གྱི་མགྲོན་པོ་རེད་ཅེས་བརྗོད། ཐང་སྨད་གྲོང་ཚོར་ལོ་20ཙམ་འབད་འཐབ་བྱས་པའི་ལི་ཁྲའོ་ཅང་གིས་རང་གི་མིག་མདུན་གྱི་ལམ་བུ་དེས་སོ་སོའི་ལས་དབང་ལ་འགྱུར་ལྡོག་བཏང་བ་གསལ་པོར་ཤེས་ཀྱི་ཡོད།

2000ལོར་ལི་ཁྲའོ་ཅང་ཐང་སྨད་དུ་ཐོག་མར་ཡོང་སྐབས་མིག་མདུན་གྱི་ལམ་བུ་དེ་བརྒྱུད་མྱོང་། སྐབས་དེ་དུས་ཁོང་གིས་ཕ་ཡུལ་སི་ཁྲོན་ནས་ཟྭོག་འདྲེན་རླངས་འཁོར་གྱི་འཁོར་སྒྲོམ་དུ་བསྡད་དེ་དུས་ཡུན་གཟའ་འཁོར་གཅིག་ཙམ་བསྐྱོད་རྗེས་གཞི་ནས་ཐང་སྨད་དུ་འབྱོར་ཡོད། ཐང་སྨད་དུ་ཡོང་ཐེངས་དང་པོ་ཡིན་པའི་ལི་ཁྲའོ་ཅང་གིས་ཟ་ཁང་ཆུང་ཆུང་ཞིག་ཏུ་མ་བྲན་བྱས་པར་ཟླ་རེར་ཡོང་འབབ་སྒོར་800ཙམ་ལས་མེད།

ཚེ་སྲོག་གི་ལམ་བུ་ཤར་གཏོང་ཐུབ་རྗེས་ཀྱི་ཕན་པ་ཐོབ་མཁན།

སྐབས་དེ་དུས་ཐང་སྨད་གྲོང་ཚོའི་ཉེ་འགྲམ་གྱི་ས་རྫོའི་ལམ་བུ་དེ་ནི་གྲོང་ཚོ་ཡོངས་ཀྱི་ཚེ་སྲོག་གི་ལམ་བུ་ཡིན་པས་ཕྱིའི་དངོས་རྫས་དང་མི་ལམ་བུ་དེ་བརྒྱུད་ཐང་སྨད་དུ་ཡོང་རྒྱུ་ལས་མ་འདས། འོན་ཀྱང་ས་རྫོའི་ལམ་བུ་དཀྱུས་མ་དེ་ནི་སྐད་གྲགས་ཡོད་པའི་ཐང་སྨད་ཀྱི་ཉེན་ཁ་ཆེ་བའི་ལམ་བུ་དེ་རེད། ཐང་སྨད་ཀྱི་ཉེན་ཁ་ཆེ་བའི་ལམ་བུ་ནི་ཁྲིན་བོད་གཞུང་ལམ་ཐོག་གི་ཉེན་ཁ་ཆེ་བའི་འཕྲང་ལམ་ཞིག་ཡིན་པ་དེར་སྔོན་ཆད་མི་རྣམས་ཀྱིས་ཐང་སྨད་དུར་ས་ཞེས་འབོད་ཀྱི་ཡོད། ལམ་བུ་དེ་ནི་འཛམ་གླིང་ཐོག་གི་འདམ་རྫོའི་ཆུ་ཙད་ཐོན་མང་ཤོས་ཨང་གཉིས་པའི་ཁོངས་སུ་གནས་ཡོད་པས་རི་རྒྱུད་དེའི་ས་རྒྱུ་སོབ་ཙམ་ཡོད། མི་འགའ་ཞིག་གིས་རྒྱལ་ལམ་318ཐང་སྨད་ཉེན་ཁ་ཆེ་བའི་ལམ་བུར་བསྐྱོད་སྐྱོང་མེད་ཚེ་ཁྲིན་བོད་གཞུང་ལམ་གྱི་དཀའ་སྡུག་ཤེས་མི་སྲིད་ཅེས་བརྗོད་སྲོལ་ཡོད།

གནམ་དྭངས་པའི་སྐབས་སུ་ཆྭངས་འཁོར་བསྐྱོད་སྐབས་ཐལ་རྡུལ་གྱིས་ཁེངས་ཏེ་རྒྱང་རིང་ནས་ལྟ་སྐབས་མེ་འཁོར་ཡོང་བ་དང་གཉིས་སུ་མ་མཆིས་ཞེས་ལི་ཁྲའོ་ཙང་གིས་དྲན་གསོ་བྱེད་བཞིན་བརྗོད། ཉེ་འགྲམ་དུ་གངས་རི་དང་ཆུ་བོ་མང་པོ་ཡོད་པས་ཆར་དུས་སླེབས་སྐབས་རི་ཉིལ་བ་དང་། ཆུ་ལོག་རྒྱུག་པ། ས་བརྡིབས་པ་སོགས་ཀྱི་རང་བྱུང་གནོད་འཚེ་མང་པོ་ཐོན་གྱི་ཡོད། གྲོང་ཚོའི་ནང་གོམས་གཤིས་ཤིག་ཡོད་པ་སྟེ་ཆར་པ་བབས་དུས་ཕྱི་ལ་འགྲོ་ཡི་མེད་ཅེས་ཐང་སྨད་གྲོང་ཚོའི་གྲོང་ཚོ་ཨུ་ལྷན་གྱི་ཀྲུའུ་རེན་ཀན་ཚེ་རིང་གིས་བརྗོད།

2012ལོར་ཐང་སྨད་གྲོང་ཚོར་འགྱུར་ལྡོག་ཆེན་པོ་ཞིག་བྱུང་བ་སྟེ། རྒྱལ་ལམ་318ཐང་སྨད་གྲོང་ཚོའི་རྒྱུད་ཀྱི་ལམ་དུམ་ལ་བཟོ་བཅོས་བརྒྱབ་པ་བརྒྱུད་དེ་སྔོན་གྱི་ས་རྫོའི་ལམ་བུ་དེ་ད་ལྟའི་སྨུམ་ནག་གཞུང་ལམ་དུ་གྱུར་བ་རེད། ཚེ་སྲོག་གི་ལམ་བུ་ཤར་གཏོང་ཐུབ་

པས་ཐང་སྐད་གྲོང་ཚོའི་ཕྱུག་འགྱུར་གྱི་ལམ་བུའང་ཡངས་སུ་ཕྱིན། ཡུལ་སྐོར་བ་ཇེ་མང་དུ་སོང་བ་དང་བསྟུན་ནས་ལི་ཁྲའོ་ཅང་ལ་ཚོང་གཉེར་གྱི་གོ་སྐབས་རྙེད་དེ་ལོ་བཅུ་གྲངས་བྱེད་སྦྱོང་བའི་མ་བྱུན་གྱི་ལས་ཀ་དེ་བརྟན་སྲུང་བྱས་ནས་ལམ་འགྲམ་དུ་ཞིང་ཁྱིམ་སྤྲོ་སྐྱིད་ཁང་ཞིག་གཉེར་བ་རེད།

རང་ཁྱིམ་དུ་བཏབ་པའི་ཚལ་དང་རང་ཁྱིམ་གྱིས་གསོས་པའི་ཕྱུགས་རིགས་ནི་ལི་ཁྲའོ་ཅང་གི་ཞིང་ཁྱིམ་སྤྲོ་སྐྱིད་ཁང་གི་ལྗང་མདོག་སྟོད་བཅུད་གཙོ་བོ་དེ་ཡིན་པས་ལམ་རྒྱུད་འགྲུལ་པའི་ཡིད་དབང་མི་འཕྲོག་ཅི་ལ་སྲིད། ཐོག་མར་ཉིན་རེར་ཡོང་འབབ་སྒོར་ཆིག་སྟོང་ཙམ་ནས་ད་ལྟའི་སྒོར་ལྔ་སྟོང་དང་དྲུག་སྟོང་བར་འཕར་བ་དང་ཐང་སྐད་ཀྱི་ཉིན་ཁ་ཆེ་བའི་ལམ་བུ་ཤར་གཏོང་ཐུབ་པ་དེས་ལི་ཁྲའོ་ཅང་ཕྱུག་འགྱུར་ལམ་བུའི་ཐོག་བསྐྱོད་ཐུབ་པ་བྱུང་ཡོད།

ཉིན་ཁ་ཆེ་བའི་ལམ་བུའི་ཐོག་གི་སྲུང་སྐྱོང་མཁན།

ང་ཚོའི་གྲོང་ཚོ་ནི་ལམ་བུ་དེར་བརྟེན་ནས་ཕྱུག་པོར་འགྱུར་བ་ཞིག་ཡིན་པས་ང་ཚོས་ཐུགས་རྗེ་ཆེ་ཞུ་འོས་པ་ནི་གཞུང་ལམ་བདག་སྐྱོང་བྱེད་མཁན་གྱི་དྲག་ཆས་ཉེན་རྟོག་དཔོན་དམག་ཚོ་རེད་ཅེས་ཕན་པ་ཐོབ་མཁན་ཀརྨ་ཚེ་རིང་གིས་ཉིན་ཁ་ཆེ་བའི་ལམ་བུ་དེའི་སྲུང་སྐྱོང་མཁན་བརྗེད་མེད།

2000ལོའི་ཟླ་4པར་ཡིད་འོང་གི་རི་ཉིལ་བའི་གནོད་འཚེ་ཚབས་ཆེན་ལས་འབྲིལ་མཚོས་སྔོན་ཆད་ཀྱི་ཐང་སྐད་ཟམ་པ་འཁྱེར་བས་ཁྲིན་བོད་གཞུང་ལམ་གྱི་འཕར་རྩ་ཆེན་པོ་སྒྲིལ་མཐུད་བྱེད་པའི་ཕྱོགས་རྒྱུད་པའི་འགྲོ་ལམ་ལྕགས་སྒྲོམ་ཟམ་པ་དང་ཨར་སྐྱུན་གྱི་སྐབས་བདེའི་ཟམ་པ་ཞིག་སྔོན་ཆད་ཀྱི་ས་ཆར་བསྐྱུན། དུས་དེ་ནས་བཟུང་དྲག་ཆས་ཉེན་རྟོག་དཔུང་སྡེ་ཞིག་གི་འགྲིམ་འགྲུལ་ཡན་ལག་རུ་ཁག་གསུམ་པས་ཐང་སྐད་ཀྱི་ཉིན་ཁ་ཆེ

བའི་ལམ་དུམ་སྲུང་སྐྱོང་བྱས་པ་རེད།

ལོ་དེར་ཐང་སྨད་ཀྱི་ཉེན་ཁ་ཆེ་བའི་ལམ་དུ་སྲུང་སྐྱོང་ལ་ཉེན་ཁ་ག་ཚོད་ཡོད་མེད་དེ་བདག་སྐྱོང་ཏུ་ཆེན་བཞི་པའི་ཏུ་དཔོན་ཏན་པ་ཕང་རྡ་མིང་དང་འཐབ་འཛིང་པ་ཚོའི་སེམས་ལ་གསལ་ཤོས་རེད། ལོ་རེར་ཉུང་མཐར་ཡང་གནོད་འཚེ་ཐེངས་300ལྷག་ཙམ་ཐོན་གྱི་ཡོད་པས་འཐབ་འཛིང་པ་ཚོས་ཉེན་ལྷར་ཉེན་སེལ་རྒྱུད་སྐྱོབ་དང་རླངས་འཁོར་ཤར་གཏོང་གི་ལས་ལ་གཞོལ་གྱི་ཡོད། ཞོར་ཐོན་གནོད་འཚེ་ཐོན་སྐབས་འཐབ་འཛིང་པ་ཚོས་རང་ཉིད་ཀྱི་བདེ་སྡུག་ལ་བསམ་བློ་གཏན་ནས་གཏོང་མྱོང་མེད། ཕང་རྡ་མིང་གིས་ད་ཅང་ཉེན་ཁ་ཆེ་བའི་གནས་ཚུལ་ཞིག་ད་ལྟའི་བར་དུའང་གསལ་པོར་དྲན་ཡོད་དེ། 2005ལོར་འཐབ་འཛིང་པ་ཞིག་གིས་ལྷུག་འཁོར་བཏང་སྟེ་བྱེ་རྫ་གཙང་སེལ་བྱེད་སྐབས་གློ་བུར་དུ་ས་བརྡིབས་ནས་འཐབ་འཛིང་པ་དེ་ལྷུག་འཁོར་དང་མཉམ་དུ་གྲོག་རོང་དུ་ལྷུང་། སྐབས་ལེགས་པ་ཞིག་ལ་འཐབ་འཛིང་པ་དེ་འཕྲུལ་འཁོར་ནས་ཕྱིར་ཐགས་པས་སྲོག་ཉེན་ལས་ཐར་ཙམ་བྱུང་། ཡིན་ནའང་རང་ཉིད་ཀྱི་ལྷུག་འཁོར་དེ་རུག་ཆག་ཏུ་སོང་།

གསོ་རླུང་དཀོན་ཡང་སྙིང་སྟོབས་མི་ཉམས་པ་དང་ཉེན་ཁ་ཆེ་ཡང་མདུན་སྐྱོད་བྱེད་ཐོད་པ་ནི་སྲུང་སྐྱོང་མཁན་ཚོའི་མངོན་གསལ་དོད་ཤོས་ཀྱི་མཚོན་རྟགས་ཤིག་རེད། ངས་མཐོང་མྱོང་བའི་རྗེ་རིལ་ཆེ་ཤོས་ནི་རླངས་འཁོར་ཙམ་འདུག་ཉེན་ཁ་དུས་གང་ཏུང་ཞིག་ལའང་ཐོན་སྲིད། ཡིན་ནའང་བདག་སྐྱོང་ཏུ་འབྲིང་བཅུ་གསུམ་པའི་དམག་མི་ཏན་གྲུས་རེན་ཧོང་པོས་ལམ་དུ་དེ་ཤར་གཏོང་བྱས་པ་དེ་ནི་རང་ཉིད་དམག་དཔུང་དུ་བསྡད་དེ་ལོ་12ཙམ་སོང་རིང་གི་གྲུབ་འབྲས་ཆེ་ཤོས་ཤིག་ལ་བརྩི་ཡི་ཡོད།

ཐང་སྨད་ཀྱི་ཉེན་ཁ་ཆེ་བའི་ལམ་དུ་ཤར་གཏོང་ཐུབ་པ་ལས་ཁྲིན་པོད་ཚེ་སྲོག་གི་ལམ་དུ་ཤར་གཏོང་ཐུབ་པ་དང་མི་སེར་ཚོའི་ཕྱུག་འགྱུར་ལམ་དུ་ཤར་གཏོང་ཐུབ་པ་མཚོན་གྱི་ཡོད། སྐབས་དེ་དུས་སྟོན་གཤེགས་དཔའ་བོ་མང་པོ་ཞིག་གིས་ཁྲིན་པོད་གཞུང་

ལམ་སྐྱུན་ཆེད་རང་ཉིད་ཀྱི་ཚེ་སྲོག་ལེགས་སྐྱེས་སུ་ཕུལ་ཡོད་ལ། ད་ལྟ་ཚེ་སྲོག་གི་ལམ་བུ་དེ་མི་མང་པོ་ཞིག་གིས་སྐད་གྲགས་མེད་པར་སྲུང་སྐྱོང་བྱེད་བཞིན་ཡོད། ཁོང་ཚོས་སྲུང་སྐྱོང་བྱེད་པ་ནི་འགན་འཁྲི་ཞིག་རེད་ལ། བོད་རིགས་ས་ཁུལ་གྱི་མི་སེར་ཚོའི་རེ་བ་ཞིག་དེ་བས་ཀྱང་རེད།

ཁྲིན་བོད་གཞུང་ལམ་ཐོག་གི་གྲོང་གསེབ་དར་རྒྱས་ཀྱི་ལམ་བུ།

སི་ཁྲོན་དང་བོད་ལྗོངས་འབྲེལ་བའི་རྒྱལ་ལམ་318ལ་ཀྲུང་གོའི་མཛེས་ལྗོངས་ལམ་ཆེན་ཞེས་པའི་མཚན་སྙན་ལྡན་ཞིང་། བོད་ལ་དམངས་གཙོའི་བཅོས་སྒྱུར་བྱས་ནས་ལོ་60སོང་རིང་། རྒྱལ་ལམ་318ལམ་རྒྱུད་ཀྱི་གྲོང་གསེབ་ཁག་ལ་གནམ་ས་སླ་འོག་ཏུ་འགྱུར་བ་ལྟ་བུའི་འགྱུར་ལྡོག་བྱུང་བ་དེ་དག་འགྲོ་ལམ་དེའི་ཐོག་གི་བཀྲག་མདངས་འཚེར་ས་ཞིག་ལ་གྱུར་ཡོད།

ཐག་ཕྱི་གྲོང་ཚོའི་གྲོང་མིས་གཅིག་སེམས་གཅིག་སྒྲིལ་གྱིས་འགྱུར་འབྲིང་དཔེ་སྟོན་གྲོང་ཚོ་བསྐྲུན་པ།

ཉིང་ཁྲིའི་གྲོང་འདབས་སུ་གནས་པའི་བྲག་ཕྱི་གྲོང་ཚོའི་དུད་ཚང་100ལྷག་ཙམ་ལ་2018ལོར་གྲོང་ཚོའི་མཉམ་སྡེབ་ཀྱི་དཔལ་འབྱོར་ཡོང་འབབ་སྒོར་ཁྲི་2000ལྷག་ཙམ་བྱུང་བ་ནི་བྲག་ཕྱི་གྲོང་ཚོའི་མི་སེར་ཚོར་ཐོབ་པའི་གྲུབ་འབྲས་ཤིག་རེད།

དུས་ཡུན་རིང་པོའི་ནང་གྲོང་མི་ཚོས་ཟུར་བསྡད་རིན་ཐང་ཙུང་དམའ་བའི་ཞིང་ལས་སྐྱེ་དངོས་འདེབས་ཀྱི་ཡོད་སྐབས་གྲོང་མི་ཚོར་ཡོང་འབབ་དེ་ཙམ་མང་པོ་ཡོང་གི་མེད། ཀྲི་ཕུའུ་ཧྲུའུ་ཅི་ཟླ་ནོར་གྱིས་གྲོང་ཚོའི་རྗེས་ལུས་ཀྱི་རྣམ་པར་འགྱུར་ལྡོག་གཏོང་བར་འགྲིམ་འགྲུལ་གྱི་ལེགས་ཆ་གང་ལེགས་སྤྱོད་དགོས་སྙམ་སྟེ་དུས་རབས་20པའི་ལོ་རབས་80པའི་དུས་དཀྱིལ་དུ་བྲག་ཕྱི་གྲོང་ཚོའི་སྐྱེལ་འདྲེན་ཚུ་ཁག་ཐོག་མ་དེ་བཙུགས་པ་དང་དུས་དེ་ནས་བཟུང་གྲོང་ཚོ་དེ་ཞིང་འབྲོག་ལས་གཙོ་བོར་བྱས་པའི་ཕྱོགས་རྐྱང་པའི་

དཔལ་འབྱོར་གྱི་གྲུབ་ཆར་འགྱུར་ལྡོག་བཏང་བ་རེད།

སྐབས་དེ་དུས་སྤྱར་བཅོས་སྒོ་དབྱེའི་སྲིད་ཇུས་བཟང་པོ་ཡོད་སྟབས་ང་ཚོ་གཞོན་ནུའི་སེམས་པ་སྤྲོད་ལ་བབ་པ་མ་ཟད། འབད་འཐབ་ཀྱི་སྙིང་སྟོབས་ཀྱང་རིམ་གྱིས་ཆེ་རུ་ཕྱིན་སོང་ཞེས་བྲག་ཕྱི་གྲོང་ཚོའི་ཕྱུག་འགྱུར་སྣེ་ཁྲིད་པ་བློ་བཟང་གིས་ལོ་30ཡི་གོང་གི་ལས་གཏོད་གཏམ་རྒྱུད་ལ་དྲན་གསོ་བྱེད་བཞིན་སྤོབས་པ་ཆེན་པོས་བཤད། ཁོང་གིས་ས་བབ་ཀྱི་ལེགས་ཆ་གང་ལེགས་སྤྱད་པས་གྲོང་ཚོའི་སྐྱེལ་འདྲེན་ལས་རིགས་ལ་ཡོང་འབབ་ཆེན་པོ་བྱུང་། སྐབས་དེ་དུས་གྲོང་ཚོའི་སྐྱེལ་འདྲེན་རླངས་འཁོར་ནི་ཤར་རླུང་རྟགས་ཅན་གྱི་རླངས་འཁོར་ཆེ་གྲས་ཤ་སྟག་ཡིན་སྟབས་བྲག་ཕྱི་གྲོང་ཚོ་ནི་ཕྱོགས་གང་སར་སྐད་གྲགས་ཆོད་པའི་ཤར་རླུང་གྲོང་ཚོ་ཞེས་སུ་གྲགས། གཞན་ཡང་དུས་དེ་ནས་བཟུང་གྲོང་ཚོའི་ནང་གི་སྔོན་ཆད་ས་རྫོས་བརྒྱབ་པའི་སྟབས་བདེའི་ཁང་པ་དེ་དག་རྒྱ་ཆེ་ལ་དཀར་ཆ་དོད་པའི་སོ་ཕག་གི་ཁང་པར་གྱུར་ཡོད་ཅེས་བརྗོད།

བྲག་ཕྱི་གྲོང་ཚོས་གྲོང་ཁྱེར་དང་གྲོང་གསེབ་འབྲེལ་མཚམས་ཁུལ་གྱི་ས་བབ་ཀྱི་ལེགས་ཆ་གང་ལེགས་སྤྱད་དེ་གྲོང་ཁྱེར་འཕེལ་རྒྱས་ནང་ཞུགས་པ་མ་ཟད། གྲོང་ཁྱེར་གྱི་རྨང་གཞིའི་སྒྲིག་བཀོད་འཛུགས་སྐྲུན་ལ་གཞོགས་འདེགས་བྱ་ཆེད་བྲག་ཕྱི་གྲོང་ཚོས་ཨར་འདམ་ལས་སྣོན་བཟོ་གྲྭ་བཙུགས། བཟོ་གྲྭ་དེར་གྲོང་ཚོ་ཨུ་ལྷན་གཉིས་ཀྱིས་མ་རྩ་བཏོན་པ་དང་མང་ཚོགས་མ་རྐང་ནང་ཞུགས་པའི་གཉེར་སྐྱོར་བྱེད་ཐབས་སྤྱད་དེ་མ་འཛོག་སྒོར་ཁྲི་1000ལྷག་ཙམ་བྱས་པའི་ནང་མང་ཚོགས་ཀྱིས་མ་རྐང་ནང་ཞུགས་པའི་སྒོར་ཁྲི་200ཚུད་ཡོད། བཟོ་གྲྭ་དེས་ད་དུང་མི་ཁྲི་50ལྷག་ཙམ་གྱི་ལས་ཞུགས་གནད་དོན་ཐག་གཅོད་བྱས་པ་རེད། དེ་དང་དུས་མཚུངས། གྲོང་ཚོའི་ཨར་སྐྲུན་རྒྱུ་ཆའི་ཁྲོམ་རར་མ་འཛོག་སྒོར་དུང་ཕྱུར་2.3བཏང་བའི་ནང་བྲག་ཕྱི་གྲོང་ཚོས་སྒོར་ཁྲི་1300ལྷག་ཙམ་བཏང་ཡོད། ཁྲོམ་ར་དེས་ལོ་ལྟར་བྲག་ཕྱི་གྲོང་ཚོར་ཡོང་འབབ་སྒོར་ཁྲི་450ལྷག་ཙམ་བཏོད་ཀྱི་ཡོད་

ཅེས་བློ་བཟང་གིས་བརྗོད། ད་ཆ་ཕྱོགས་སྒྱུར་རིམ་སྤྱོར་དང་ལས་རིགས་དངོས་ལ་བརྟེན་ནས་གྲོང་ཚོ་དར་རྒྱས་བཏང་བ་བརྒྱད་བྲག་ཕྱི་གྲོང་ཚོ་དེ་ཉིད་ས་ཕྱོགས་གང་སར་སྐད་གྲགས་ཆོད་པའི་འགྱུར་འབྲིང་དཔེ་སྟོན་གྲོང་ཚོར་གྱུར་ཡོད།

གྲོང་ཚོ་དེའི་དུད་ཚང་ཚང་མར་ཡུལ་སྐོར་གྱི་ཡོང་འབབ་ཡག་པོ་རག་པ།

རྒྱལ་ལམ་318ལམ་རྒྱུད་དུ་གཅིག་མཚུངས་གནས་པའི་ཉིང་ཁྲི་གྲོང་ཁྱེར་སྒྲིན་པ་གྲོང་ཚོའི་ཁོངས་གཏོགས་ཀྱི་ཀ་ལ་རང་བྱུང་གྲོང་ཚོར་ད་ལྟ་ཁམ་བུའི་མེ་ཏོག་གང་སར་ཁྲ་ཐིང་ངེར་བཞད་པའི་དུས་ཚིགས་ཤིག་ཡིན་ཞིང་། ཀ་ལ་གྲོང་ཚོ་ནི་ཉིང་ཁྲིའི་ཁམ་བུའི་མེ་ཏོག་རིག་གནས་ཡུལ་སྐོར་དུས་ཆེན་གྱི་འབྱུང་ཡུལ་ཞིག་ཀྱང་ཡིན་པས་ས་བབ་ཀྱི་ལེགས་ཆ་ཡག་པོ་དེས་ཁམ་བུའི་མེ་ཏོག་གི་གྲོང་ཚོ་ཞེས་པའི་མིང་བྱང་རྒྱལ་ཡོངས་སུ་གྲགས།

འཕེལ་རྒྱས་གཏོང་བར་མིག་རྒྱང་དེ་བས་ཡངས་པོ་དགོས། ཁམ་བུའི་མེ་ཏོག་བཞད་ཡུན་ཐུང་ཐུང་ཡིན་པས་ང་ཚོས་ལོ་གཅིག་ནང་ཟླ་བ་གཅིག་ལྷག་ཙམ་ཁོ་ནར་བརྟེན་ནས་ཕྱུག་པོ་ཆགས་ཐབས་བྱས་ན་ག་ལ་འགྲིག་ཅེས་སྡེབ་པས་བརྗོད་པ་དང་། བསམ་བློར་འགྱུར་ལྡོག་བཏང་སྟེ་རྒྱུན་མཐུད་ཕྱུག་འགྱུར་གྱི་འཛོན་ཐང་སྐྱེད་སྲིང་བྱ་རྒྱུ་དེ་གྲོང་ཚོ་ཨུ་ལྷན་གྱི་ལས་ཀའི་ཁ་ཕྱོགས་ཤིག་ཏུ་གྱུར་ཡོད། དེར་བརྟེན་གྲོང་ཚོའི་ཊང་ཀྲི་ཧྲུའུ་ཡིས་ཞིང་དུད་ཀྱི་བསམ་བློའི་ལས་དོན་རུར་ཐག་བསྒྲུབས་ཡོད། 2018ལོར། གྲོང་ཚོའི་ཚོགས་ཆེན་བརྒྱད་ཀ་ལ་གྲོང་ཚོས་སྤར་ཡོད་ཀྱི་སྤོ་ཚལ་དྲོད་ཁང་ཆེ་མོ་བཞིག་ནས་ས་ཆ་དེ་རང་དུ་སྤོ་ཚལ་དང་ཤིང་འབྲས་འཐུ་གླིང་བསྐྲུན་པ་རེད། སྐབས་དེ་དུས་སྲིད་གཞུང་གིས་ལག་རྩལ་མི་སྣ་བཀོད་སྒྲིག་བྱས་ཏེ་ཀུ་ཤུ་དང་། སེའུ་དམར་ཆུང་། མངར་ཁམ་སོགས་མེ་ཏོག་བཞད་ཡུན་མི་འདྲ་བའི་སྐྱེ་དངོས་མཉམ་དུ་འདེབས་འཛུགས་བྱས་པ་རེད།

2018ལོར། ཀ་ལ་གྲོང་ཚོའི་ཁམ་བུའི་མེ་ཏོག་དུས་ཆེན་རིང་། ཡུལ་སྐོར་བ་མི་ཐངས

ཁྲི་10ལྷག་ཙམ་ལ་སྟེ་ལེན་ཞུས་པར་ཡོང་འབབ་སྒོར་ཁྲི་300ལྷག་ཙམ་བྱུང་ཡོད། ཡུལ་སྐོར་ལས་རིགས་ལས་ཀ་ལ་གྲོང་ཚོའི་མི་སེར་ཚོར་དངོས་ཕན་ཐོབ་པ་མ་ཟད། ཉིང་ཁྲི་གྲོང་ཁྱེར་ཡོངས་ཀྱི་དཔལ་འབྱོར་དང་སྤྱི་ཚོགས་འཕེལ་རྒྱས་ལའང་སྐུལ་འདེད་བཏང་ཡོད།

ད་ལྟའི་གྲོང་ཚོ་སྔོན་ཆད་ལས་ལྷག་པ་ཁ་ཤས་ཀྱིས་མཛེས་སུ་ཕྱིན་ཡོད།

ལྷ་ས་གྲོང་ཁྱེར་མལ་གྲོ་གུང་དཀར་རྫོང་དག་པ་གྲོང་ཚོའི་བ་རྣ་ཚོགས་ཆུང་གི་ལོ་66ལ་སླེབས་པའི་བགྲེས་སོང་འཕྲིན་ལས་ཀྱིས་སྐུ་མགྲོན་ལ་ཁ་བཏགས་གཡོག་བཞིན་འདུག ཕྱུས་ཀ་དག་པའི་བོད་བཟོའི་ཁྱིམ་ཆས་དང་། རོ་བཅུད་ལྡན་པའི་ཇ་བསྲུབ་མའི་དྲི་ཞིམ། མངར་སིལ་ལྡན་པའི་ནས་ཆང་སོགས་ཡུལ་སྐོར་བ་ཚོས་བགྲེས་སོང་འཕྲིན་ལས་ཀྱི་ཁྱིམ་ནང་བོད་ཁྱིམ་གྱི་སྒྲོ་སྣང་སྨྱོང་རོལ་བྱེད་བཞིན་མཆིས། ངས་ཡུལ་སྐོར་བ་ཚོར་བོད་རིགས་ཀྱི་རིག་གནས་ངོ་སྤྲོད་བྱས་པ་དང་བོད་ཀྱི་ཟས་རིགས་འགའ་ཤས་མགོ་འདོན་བྱས་པར་ཟླ་རེར་ཡོང་འབབ་སྒོར་2100ལྷག་ཙམ་འདུག་ཅེས་བགྲེས་སོང་འཕྲིན་ལས་ཀྱིས་བརྗོད།

སྔོན་ཆད་ཀྱི་བ་རྣ་ཚོགས་ཆུང་གི་གྲོང་མིའི་ཁོར་ཡུག་སྲུང་སྐྱོང་གི་འདུ་ཤེས་ཟབ་པོ་མེད་པར་གད་སྙིགས་གང་བྱུང་དུ་དབྱུགས་ཀྱི་ཡོད། སྐབས་དེ་དུས་དངོས་གནས་བཙོག་ཟིང་ཞན་གསུམ་རང་རེད་ཅེས་བགྲེས་སོང་འཕྲིན་ལས་ཀྱིས་སེམས་འགུལ་ཐེབས་པའི་ངང་བརྗོད་པ་དང་། ཁོང་གིས་ད་ལྟའི་གྲོང་ཚོ་སྔོན་ཆད་ལས་ལྷག་པ་ཁ་ཤས་ཀྱིས་མཛེས་སུ་ཕྱིན་ཡོད་ཅེས་བརྗོད།

ད་ཆ་གངས་ལྗོངས་ས་མཐོར་གྲོང་གསེབ་དར་རྒྱས་འཐབ་ཇུས་ཀྱི་གསོན་ཉམས་དོད་པའི་ལག་ལེན་མང་དག་ཅིག་མངོན་བཞིན་ཡོད་ཅིང་། གྲོང་ཚོ་མཛེས་སྡུག་ལྡན་པ་དང་། གྲོང་མི་ཕྱུག་པོ་ཆགས་པ། གྲོང་ཚོ་ཡ་རབས་ལྡན་པ་བཅས་གྲོང་ཚོའི་འགྱུར་ལྡོག་དག་མི་སེར་ཚོས་མིག་མཐོང་ལག་ཟིན་བྱུང་ཡོད།

ཀ་བཏང་གོ་ཆོད་ཀྱི་ཧྭུའུ་ཅིས་མང་ཚོགས་ཀྱི་སྒེ་ཁྲིད་དེ་ཕྱུག་པོའི་ལམ་དུ་བསྐྱོད་པ།

འདི་ནི་འཇང་མི་རིགས་ཤང་ལྷུགས་ཧྭ་གྲོང་ཚོའི་ཚྭ་ཞིང་རེད། གྲོང་མི་ཚོས་ཉིན་ལྟར་དེ་གར་ཚྭ་སྐམ་གྱི་ཡོད། ཚྭ་ལ་བརྟེན་ནས་གྲོང་མི་མང་དག་ཅིག་དབུལ་སྡུག་ཐུབ་པས་དེ་ནི་འཕེལ་རྒྱས་ཀྱི་མདུན་ལམ་ཡངས་པའི་ཐོན་ལས་ཤིག་རེད་ཅེས་ལོ་53ལ་སླེབས་པའི་སྐབས་ཁམས་རྫོང་འཇང་མི་རིགས་ཤང་ལྷུགས་ཧྭ་གྲོང་ཚོའི་ཏང་གྲི་ཧྲུའུ་ཧྭུའུ་ཅི་སྐལ་བཟང་དོན་ལྡན་གྱིས་གྲོང་ཚོའི་ཚྭ་ཞིང་སྐོར་གླེང་བཞིན་ཡིད་ཆེས་ཀྱིས་ཁེངས་ཡོད།

ཁོང་གིས་ངོ་སྤྲོད་བྱས་པར་གཞིགས་ན། ཚྭ་ནི་ལྷུགས་ཧྭ་གྲོང་ཚོའི་གྲོང་མིའི་འབབ་ཁུངས་གཙོ་བོའི་གྲས་ཤིག་རེད། ན་ནིང་གྲོང་མི་ཚོ་སྐལ་བཟང་དོན་ལྡན་གྱི་སྒེ་ཁྲིད་འོག་ཚྭ་སྐམ་ཚྭ་བཟོའི་ལས་ལ་གཞོལ་ནས་ཡོང་འབབ་མི་དམན་པ་ཞིག་རག་པར་བརྟེན་ད་ཆ་ཚང་མའི་ཧུར་སེམས་འཕེལ་ནས་བློ་གཅིག་སེམས་གཅིག་ངང་དབུལ་སྡུག་ཕྱུག་འགྱུར་ཡོང་ཐབས་བྱེད་ཀྱི་ཡོད་ཅེས་བཤད།

གྲོང་མིའི་སེམས་ནང་སྨྲ་ལོ་དུང་ལྟར་དཀར་བའི་ཧྲུའུ་ཅི་སྐལ་བཟང་དོན་ལྡན་ནི་ཀ་བཏང་གོ་ཆོད་ཀྱི་ཧྲུའུ་ཅི་ཞིག་རེད། ཁོང་ལ་ཐབས་ཤེས་མང་ལ་བློ་རྒྱ་ཆེ་བས། གྲོང་མི་དབུལ་སྡུག་ཕྱུག་འགྱུར་ཡོང་ཆེད། ཐབས་དང་ཇུས་མི་ཉུང་བ་ཞིག་བཏོན་ཡོད། ཚྭ་ཁ་ལྷོའི་རྒྱུད་དུ་ཚྭ་ཞིང་སྤྱོང་རོལ་གྱི་ཡུལ་སྐོར་ལས་དོན་གཉེར་ནས་མང་ཚོགས་ཕྱུག་པོའི་ལམ་དུ་འཁྲིད་རྒྱུ་དེ་ཡང་ཁོང་གིས་བཏོན་པའི་ཐབས་བཟང་ཞིག་རེད།

ང་ཚོའི་གྲོང་ཚོའི་ཚྭ་སྐམ་ས་དེ་རྒྱལ་ལམ་214རྗེ་ཆུའི་ཤར་ནུབ་ངོགས་གཉིས་སུ་

གནས་ཡོད། མི་མང་པོས་གནའ་བོའི་ཚ་སྐམ་སྣངས་མཐོང་མྱོང་མེད། དེ་ནི་ཐུན་མོང་མ་ཡིན་པའི་རང་བྱུང་མཛེས་ལྗོངས་ཤིག་རེད་ལ། ང་ཚོའི་ཁྱད་ཆོས་ཞིག་ཀྱང་རེད། དེར་བརྟེན་ངས་ཡུལ་སྐོར་ལས་དོན་གཉེར་རྒྱུའི་བསམ་བློ་ཡོད་ཅེས་སྐལ་བཟང་དོན་ལྡན་གྱིས་བཤད།

ཡུན་རིང་མ་སོང་བར། ཚ་ཁ་ལྷོའི་ཚ་ཞིང་མྱོང་རོལ་གྱི་ཡུལ་སྐོར་ལས་དོན་ལྷུགས་རྡ་གྲོང་ཚོར་སྤེལ་འགོ་ཚུགས། གྲོང་མི་མི་ཉུང་བ་ཞིག་གིས་གོ་སྐབས་དེ་དང་བསྟུན་ནས་མགྲོན་ཁང་གཉེར་བས་ཡིག་ཚགས་དང་གཱ་བཟོས་པའི་དུད་ཚང་དབུལ་པོ་མི་ཉུང་བ་ཞིག་ལ་ཡོང་འབབ་རག་སྐྱེ་འཚོ་བ་མངོན་གསལ་དོད་པོ་ལེགས་སུ་ཕྱིན་ཡོད།

ཁོང་གི་སྣེ་ཁྲིད་འོག གྲོང་ཚོའི་མང་ཚོགས་དུད་ཚང་64ཡིས་རྒྱུན་འབྱམ་སྒྲུ་67.24བཏབ་པ་དང་། མང་ཚོགས་དུད་ཚང་111གིས་ཀུ་ཤུ་དང་། ཚ་ལུ་མ། སེ་འབྲུ་སོགས་སྒྲུ་371.39བཏབ་ཡོད།

ད་ཆ་ལྷུགས་རྡ་གྲོང་ཚོས་སྔོད་བཅུད་ཡུལ་སྐོར་འཕེལ་རྒྱས་གཏོང་རྒྱུ་གཙོ་བོར་བྱེད་པ་དང་ཚ་ཚོང་རྒྱག་རྒྱུ་གཞོགས་འདེགས་སུ་བྱས་ཏེ་གཉིས་ལྡན་དུད་ཚང་ཚན་པར་བྱས་ནས་གཉིས་ལྡན་དུད་ཚང་རེས་ཉིན་གསུམ་རེས་སྐོར་བྱས་ནས་ཚ་ཚོང་བ་དང་ཡུལ་སྐོར་སྐྱེ་ཤན་པ་བྱེད་དུ་བཅུག་ནས་དངུལ་སྨར་ཡོང་འབབ་འཕར་བ་བྱུས་ཡོད།

མིག་སྔའི་བར། ལྷུགས་རྡ་གྲོང་ཚོའི་འགན་ལེན་ལྡའི་དུད་ཚང་7ཕུད། དེ་བྱིངས་ཀྱི་དུད་ཚང་དབུལ་པོ་ཚང་མས་ཁ་ཏབ་བོད་ཕག་གསོ་བ་དང་ཡིག་ཚགས་དང་གཱ་བཟོས་པའི་དུད་ཚང་དབུལ་པོ་76ནང་དུད་ཚང་32ཀྱིས་ཞིང་པའི་སྒྲོ་སྐྱིད་ཁང་བཙུགས་ཡོད། ད་ཆ་དུད་ཚང་དབུལ་པོའི་མི་རེའི་ཆ་སྙོམས་ཡོང་འབབ་2016ལོའི་སྒོར་3000ནས་སྒོར་4300བར་འཕར་ཡོད། ག་ཐང་གོ་ཚོད་ཀྱི་རྡུའུ་ཅིའི་སྣེ་ཁྲིད་འོག ལྷུགས་རྡ་གྲོང་ཚོའི་མང་ཚོགས་ཀྱི་འཚོ་བ་ཇི་ལེགས་སུ་འགྲོ་བཞིན་མཆིས།

སྨན་ཚེར་བཏབ་ནས་ཕྱུག་པོའི་ལམ་དུ་བསྐྱོད།

——རྒྱལ་རྩེ་རྫོང་གིས་སྨན་ཚེར་གྱི་སྟོང་ཕྱུག་ཐོན་ལས་འཕེལ་རྒྱས་ཤུགས་ཆེན་བཏང་ནས་དབུལ་སྒྲོལ་འགག་སྒྲོལ་ལ་རམ་འདེགས་བྱེད་པ།

ཉེ་བའི་ལོ་ཤས་རིང་། རྒྱལ་རྩེ་རྫོང་གིས་རྒྱལ་རྩེའི་སྨན་ཚེར་གྱི་ལེགས་ཆར་དམ་འཛིན་ནན་པོ་བྱས་ནས་སྨན་ཚེར་གྱི་སྟོང་ཕྱུག་ཐོན་ལས་འཕེལ་རྒྱས་ཤུགས་ཆེན་བཏང་བ་དང་"རྒྱལ་རྩེའི་སྨན་ཚེར"གྱི་ སྤུས་རྟགས་ནུས་ཤུགས་ཡོད་རྒྱུས་བཏོད་དེ་ཐོན་ལས་དབུལ་སྒྲོལ་གྱི་ལམ་བུར་བསྐྱོད་པ་རེད།

མིག་སྔའི་བར་རྒྱལ་རྩེའི་སྨན་ཚེར་ལྷ་ས་དང་། ལྷོ་ཁ། མངའ་རིས་སོགས་གྲོང་ཁྱེར་དང་ས་ཁུལ་དང་དེ་བཞིན་གཞིས་རྩེ་གྲོང་ཁྱེར་ཁོངས་གཏོགས་ཀྱི་རྫོང་(ཆུས)18ལ་འཚོང་གི་ཡོད། 2018ལོ་ཁོ་ནར་རྒྱལ་རྩེའི་སྨན་ཚེར་གྱི་སྟོང་ཕྱུག་ཕྱིར་ཚོང་ཚད་ཀར་ཁྲི་115.9ཟིན་པ་དང་ཕྱིར་ཚོང་དངུལ་འབོར་སྒོར་ཁྲི་640ཟིན་ཏེ་དུས་མཚུངས་ལས་བརྒྱ་ཆ300འཕར་ཡོད་པ་རེད།

སྨན་ཚེར་གྱི་ཐོན་ལས་རྒྱ་སྐྱོབས་ཆེ་རུ་གཏོང་བ་དང་ཆབས་ཅིག་རྒྱལ་རྩེ་རྫོང་གིས་སྨན་ཚེར་གྱི་སྟོང་ཕྱུག་རྟེན་གཞི་གཞི་རྟེན་དུ་བྱས་ཏེ་རྒྱལ་རྩེ་གྲོང་རྡལ་རྒྱང་མཁར་གྲོང་ཚོ་དང་དེ་བཞིན་མཁར་སྟོད་ཤང་གི་ཡུལ་གཞན་དུ་གནས་སྤོས་གཅིག་སྡུད་བཀོད་སྒྲིག་ས་ཚིགས་སུ་སྨན་ཚེར་གྱི་སྟོང་ཕྱུག་ཁྱབ་འགྱེད་ས་ཚིགས་བཙུགས་ཡོད། ཐོན་ལས་ཁྱབ་འགྱེད་ཀྱིས་དབུལ་སྒྲོལ་ལ་སྣེ་ཁྲིད་བྱེད་པའི་བྱ་སྤྱོད་རྟུར་ཐག་སྤེལ་ནས་ཐོན་ལས་ལ་བརྟེན་ནས་ལས་ཞུགས་ལ་སྐུལ་ཁྲིད་བྱེད་པ་དང་ལས་ཞུགས་ལ་བརྟེན་ནས་འབབ་འཕར་ལ་སྐུལ་

འདེད་བཏང་བ་རེད།

རྟེན་གཞི་དང་། ཀྲི་ཧྲུའུ། ཞིང་དུད་བཅས་ཟུང་དུ་སྦྲེལ་བའི་རྣམ་པ་ཁྲབ་གདལ་བཏང་བ་བརྒྱུད་རྟེན་གཞི་དང་ཁྲབ་འཁྱེད་ས་ཚིགས་ཀྱི་གྲོང་ཚོའི་ཧྲང་ཀྲི་ཧྲུའུ་དབར་ཚུར་བསྟུའི་གྲོས་མཐུན་བཞག་ནས་གྲོང་ཚོའི་ཧྲང་ཀྲི་ཧྲུས་ཡིག་ཚགས་དང་ཐུ་བཟོས་པའི་དུད་ཚང་དབུལ་པོ་སྐྱུལ་སྐྱོང་གིས་སླ་ཆེར་གྱི་སྟོང་ཕྲུག་འཛུགས་པ་དང་། རྟེན་གཞིས་ལག་རྩལ་མི་སྣ་དུས་བཀག་ལྟར་ཁྲབ་འཁྱེད་ས་ཚིགས་སུ་ལག་རྩལ་སློབ་ཁྲིད་བྱེད་པར་མངགས་གཏོང་བྱས་ཏེ་ཡིག་ཚགས་དང་ཐུ་བཟོས་པའི་དུད་ཚང་དབུལ་པོ་260ལ་ལོ་རེར་ཆ་སྙོམས་འབབ་འཕར་སྒོར་4000ལྷག་ཙམ་ཡོང་རྒྱུའི་སྐྱུལ་ཁྲིད་བྱས་པ་རེད།

གཞན་ཡང་རྒན་རྒོན་དང་། བྱིས་པ། ནད་པ། དབང་པོ་སྐྱོན་ཅན་བཅས་དང་ངལ་རྩོལ་ནུས་ཤུགས་མེད་པའི་ཡིག་ཚགས་དང་ཐུ་བཟོས་པའི་དུད་ཚང་དབུལ་པོར་དམིགས་ནས་རྟེན་གཞིས་རང་བཏྲེན་ཧྲུར་ཐག་བྱས་པ་རེད། 2018ལོར་རྟེན་གཞིས་ངལ་རྩོལ་ནུས་ཤུགས་མེད་པའི་ཡིག་ཚགས་དང་ཐུ་བཟོས་པའི་དུད་ཚང་དབུལ་པོ་350ཡི་མི་རེར་ལོ་རེར་དངུལ་སྨར་སྒོར་1500སྤྲད་པ་རེད།

ཤེས་རྟོགས་བྱུང་བར་གཞིགས་ན། རྒྱལ་རྩེ་རྫོང་གི་སླ་ཆེར་སྟོང་ཕྲུག་རྟེན་གཞིས་མ་དངུལ་གཏོང་ཤུགས་སྟར་བས་ཆེ་ཙ་བཏང་ནས་འདེབས་ཁྱོན་ཆེ་ཙ་བཏང་སྐྱེ་ཐོན་ལས་ཀྱིས་དབུལ་སྒྲོལ་ལ་སྐྱུལ་ཁྲིད་བྱེད་པའི་ནུས་པ་སྟར་བས་འདོན་སྤེལ་བྱ་རྒྱུ་རེད། 2019ལོར་རྒྱལ་རྩེའི་སླ་ཆེར་སྟོང་ཕྲུག་རྟེན་གཞིས་མ་དངུལ་སྒོར་ཁྲི་6400བཏང་ནས་སྟོང་ཕྲུག་རྐང་ཁྲི་900བཏབ་སྐྱེ་སྟོན་དཔག་བྱས་ན་དུད་ཚང་དབུལ་པོའི་མི་གྲངས་938ལ་འབབ་འཕར་ཡོང་རྒྱུར་སྐྱུལ་ཁྲིད་ཐུབ་རྒྱུ་རེད།

བདེ་སྐྱིད་ལྡན་པའི་འཚོ་བ་སྣང་སྟེ་ལམ་ཀྱང་མངར།

——ཆབ་མདོ་གྲོང་ཁྱེར་གྱིས་མི་རིགས་ཁག་གི་མང་ཚོགས་ལ་ཚེ་འདིའི་བདེ་སྐྱིད་ལྡན་པའི་འཚོ་བ་སྐྱེལ་རྒྱུའི་ཁྲིད་སྟོན་བྱས་པའི་སྐོར་གྱི་ཟུར་བྲིས།

ཆབ་མདོའི་མི་སེར་བདེ་སྐྱིད་ལྡན་པའི་འཚོ་བར་རོལ་བཞིན་མཆིས། བདེ་སྐྱིད་ལྡན་པའི་འཚོ་བ་འདི་ལྟ་བུ་གང་ལ་བརྟེན་ནས་བྱུང་བ་ཡིན་ནམ། གསར་འགོད་པས་ཆབ་མདོ་གྲོང་ཁྱེར་གྱི་མི་རིགས་ཁག་དང་ལས་རིགས་ཁག་གི་ལས་བྱེད་པ་དང་མང་ཚོགས་ལ་བཅར་འདྲི་བྱེད་པར་བསྐྱོད་པ་ཡིན།

བདེ་སྐྱིད་ལྡན་པའི་འཚོ་བ་ནི་ཏང་གི་འགོ་ཁྲིད་ལས་བྱུང་བ།

ང་ཚོའི་ཕ་ཡུལ་གྱི་འགྱུར་ལྡོག་ལས་ང་ཚོའི་བདེ་སྐྱིད་ལྡན་པའི་འཚོ་བ་ནི་ཏང་གི་འགོ་ཁྲིད་དང་ཁ་འབྲལ་ཐབས་མེད་པ་ཚོར་ཐུབ་ཅེས་སྨར་ཁམས་རྫོང་སྨར་ཐོག་གྲོང་རྡལ་འཕྲུར་ལ་གྲོང་ཚོའི་གྲོང་མི་རིན་ཆེན་འགྱུར་མེད་ཀྱིས་གསར་འགོད་པར་དེ་ལྟར་བརྗོད་བྱུང་། ཏང་དང་སྲིད་གཞུང་གི་ཡུལ་གཞན་དུ་གནས་སྤོས་ཀྱི་དབུལ་སྐྱོར་སྲིད་ཇུས་ཡག་པོར་བརྟེན་ནས་ཁོང་ཚོ་འགྲོ་བསྐྱོད་དཀའ་བ་དང་། འཐུང་ཆུ་དཀོན་པ། ནད་གཞི་ལྷ་དཀའ་བ། འབབ་འཕར་དེ་བས་དཀའ་བ་བཅས་ཀྱི་རི་འདབས་ནས་སྤོས་ཏེ་རྒྱ་ཆེ་ལ་དཀར་ཆ་ཏོད་པའི་བོད་བཟོའི་ཐོག་ཁང་ནང་སྡོད་རྒྱུ་བྱུང་བ་མ་ཟད། ཞིང་དལ་དུས་སུ་ཉེ་འཁོར་དུ་ཡོང་འབབ་དེ་བས་གསོག་བདེ་རུ་ཕྱིན་ནས་ཚང་མའི་འཚོ་བ་ཇི་ཙམ་བསྐྱལ་བ་དེ་ཙམ་གྱིས་ཡག་ཏུ་སོང་ཡོད།

ཆབ་མདོ་གྲོང་ཁྱེར་མི་དམངས་སྨན་ཁང་དུ་ཁྲིང་ཀོན་གྲོང་རྫལ་གྱི་གྲོང་མི་ལྷག་པ་སྒྲོན་མ་སྨན་ཁང་ནས་དོན་པའི་འགྲོ་ལུགས་གཉེར་མ་ཐག་ཡིན་ཞིང་། སྨན་ཁང་དུ་ཉིན་བདུན་སྡོད་རིང་གི་སྨན་ཡོན་རྣམས་སྨན་བཅོས་འགན་བཅོལ་ནས་རྩིས་ཞུ་བྱས་པས་རང་ཉིད་ཀྱིས་སྒོར་2000ལས་གཏོང་དགོས་བྱུང་མེད། ལྷག་པ་སྒྲོན་མས་གསར་འགོད་པར་མ་གཞི་ལུས་ལ་ནད་ཕོག་པ་ནི་ཡིད་སྐྱོ་དགོས་པ་ཞིག་རེད། ཡིན་ནའང་སྨན་བཅོས་འགན་བཅོལ་ཡོད་སྟབས་སེམས་ལྷོད་ལ་བབས་སོང་ཞེས་བརྗོད།

སྔོན་ཆད་མི་སེར་ཚོས་དཀོན་མཆོག་ནི་ཁོང་ཚོའི་མགོན་སྐྱབས་ཡིན་སྙམ་ནས་རྟག་ཏུ་སྐོར་བར་བསྐྱོད་དེ་གསོལ་བ་སྨོན་ལམ་འདེབས་ཀྱི་ཡོད། ད་ལྟ་མི་སེར་ཚང་མས་གུང་ཁྲན་ཏང་གིས་ཁོང་ཚོའི་སྣེ་ཁྲིད་ནས་བདེ་སྐྱིད་ལྡན་པའི་འཚོ་བའི་ཕྱོགས་སུ་བསྐྱོད་པ་དང་སྤྱི་ཁྱབ་རྟུའུ་ཅི་ཞི་ཅིན་ཕིང་གིས་དུས་དང་རྣམ་པ་ཀུན་ཏུ་ཁོང་ཚོར་ཐུགས་ཁུར་གནང་གི་ཡོད་པ་ཤེས་ཀྱི་ཡོད་ཅེས་གུང་ཁྲན་ཏང་ནང་ཞུགས་མ་ཐག་པའི་གོ་འཇོ་རྫོང་གི་བཙོ་ལྔ་ཚེ་དབང་གིས་དེ་ལྟར་བརྗོད།

བདེ་སྐྱིད་ལྡན་པའི་འཚོ་བ་ནི་སྒྲོལ་གསར་གཞུང་དྲང་ལས་བྱུང་བ།

གསར་འགོད་པས་དཔལ་འབར་རྫོང་དུ་བཅར་འདྲི་བྱེད་སྐབས། དཔལ་འབར་རྫོང་ཤུད་དྲིལ་བསྟྲགས་ཤུའི་ཤུའུ་ཀྲང་ཁྲིན་ཀྲེན་གོ་ཡིས་དགའ་ཚོར་ཆེན་པོས། སྤྱི་ཚོགས་ཀྱི་རྣམ་པར་འགྱུར་ལྡོག་ཕྱིན་པས་ཚང་མ་སློབ་སྦྱོང་བྱ་རྒྱུར་དགའ་པོ་ཡོད་པ་མ་ཟད། ལུགས་རྙིང་སྲོལ་ངན་དོར་ནས་ཤེས་དཔལ་ལ་སྣང་ཆེན་གྱིས་འཚོ་བར་དགའ་ཞེན་བྱེད་འགོ་ཚུགས་ཡོད་ཅེས་བརྗོད།

ཡུལ་གཞན་དུ་གནས་སྤོས་དབུལ་སྐྱོར་གྱི་སྲིད་ཇུས་ལག་བསྟར་བྱས་པ་སྨྲགས། དཔལ་འབར་རྫོང་མར་ཤོག་ཤང་བུ་དགུ་གྲོང་ཚོའི་གྲོང་མི་ཚེ་ཡང་སྡོད་ཁང་གསར་པར་

སྒྱུས་ཏེ་ལྷོ་གོས་ལ་སེམས་ཁྲལ་མེད་པའི་བདེ་སྐྱིད་ལྡན་པའི་འཚོ་བ་སྐྱེལ་བཞིན་འདུག ད་ཆ་དུད་ཚང་ཚང་མས་གྲོང་སྒྲོལ་དམངས་ཚིངས་ནང་ལ་བཀལ་བ་མ་ཟད། གྲོང་མི་མང་ཆེ་བས་ཁོམ་པ་ཡོད་ཚེ་གྲོང་ཚོའི་དཔེ་ཁང་དུ་སློབ་སྦྱོང་བྱེད་པར་འགྲོ་གི་ཡོད་སྟབས་ཉེ་བའི་ལོ་ཤས་རིང་གྲོང་ཚོར་རྩོད་གཞི་ཐོན་ཉུང་དུ་སོང་ཡོད་པ་རེད།

ད་ཆ་གྲོང་ཚོར་སློབ་གྲྭ་ཆེ་མོ་བ་ལོ་རེ་བཞིན་མང་དུ་འགྲོ་ཡི་ཡོད་པས། ང་ཚོའི་འཚོ་བ་ཇི་ཙམ་བསྐྱལ་བ་དེ་ཙམ་གྱིས་ཡག་ཏུ་འགྲོ་ངེས་ཡིན་པ་རང་ཉིད་ལ་ཡིད་ཆེས་བརྟན་པོ་ཡོད་ཅེས་གྲོང་མི་མེ་ཏོག་གིས་བརྗོད་པ་དང་། ཁོང་གིས་སློབ་སྦྱོང་བྱས་པ་བརྒྱུད། གྲོང་མི་ཚོས་སྲིད་ཇུས་ཡག་པོ་དེ་བས་མང་བ་ཤེས་རྟོགས་ཐུབ་པ་དང་། འཚོ་བ་ཡག་པོ་གང་ལ་བརྟེན་ནས་བྱུང་བ་གསལ་པོར་ཤེས་པས་དེ་ནི་སྔོར་བར་འགྲོ་བ་དང་གནས་མཐའ་དུ་འགྲོ་བ་ལས་ལྷག་པ་ཡོད་ཅེས་བརྗོད།

བདེ་སྐྱིད་ལྡན་པའི་འཚོ་བ་ནི་ལས་ལ་བརྩོན་པའི་ལག་གཉིས་ལ་བརྟེན་ནས་བྱུང་བ།

ཆབ་མདོ་གྲོང་ཁྱེར་ནས་བར་ཐག་སྤྱི་ལེ་12ཙམ་ཡོད་པའི་བོད་བཟོའི་གྲོང་མིའི་སྡོད་ཁང་སྟར་པ་དེ་དག་རི་འདབས་སུ་ཆགས་ཤིང་གྲལ་འཁྲིག་པོ་འདུག དེ་གར་འཚོ་བ་སྐྱེལ་བཞིན་པའི་མི་རྣམས་ཀྱིས་གྲོང་ཚོའི་ཐང་ཆེན་དང་སྤྱི་གླིང་དུ་སྒྲོ་འཆམ་བྱེད་བཞིན་དགའ་སྤྲོའི་དཔལ་ལ་རོལ། ·

འདི་ནི་ཆབ་མདོ་གྲོང་ཁྱེར་ཁ་རུབ་ཆུས་ཁ་རུབ་གྲོང་རྡལ་རེད། ལོ་བཅུའི་གོང་སྔོར་བར་འགྲོ་བ་དང་གནས་མཐའ་དུ་འགྲོ་བ་ནི་གྲོང་མི་ཚོའི་འཚོ་བའི་གོམས་གཤིས་ཤིག་རེད། ཡིན་ནའང་ད་ལྟ་སྔོར་བར་ཕྱིན་ཀྱང་ཚེ་འདིའི་བདེ་སྐྱིད་ལྡན་པའི་འཚོ་བ་ཡོང་ཐབས་བྲལ་བས་དེ་ལས་ལས་ལ་བརྩོན་པའི་ལག་གཉིས་ལ་བརྟེན་ནས་ཕྱུག་འགྱུར་ཡོང་ཐབས་བྱས་ན་གཞི་ནས་བདེ་སྐྱིད་ལྡན་པའི་འཚོ་བ་སྐྱེལ་ཐུབ་པ་དེ་ནི་མི་སེར་ཚོའི་ཐུན་

མོང་གི་ངོས་འཛིན་ཞིག་ཏུ་གྱུར་ཡོད། རྒྱ་ཆེའི་ལས་བྱེད་པ་དང་མང་ཚོགས་ཚོས་ལས་བརྩོན་ལས་གཏོང་གི་གྲུ་གཡོར་མཐོན་པོར་བསྒྲེངས་ནས་བློ་གཅིག་སེམས་གཅིག་གིས་འཕེལ་རྒྱས་དོན་གཉེར་བྱེད་བཞིན་ཡོད།

མི་སེར་ཚོའི་བསམ་བློར་འགྱུར་ལྡོག་ཆེན་པོ་འདི་འདྲ་ག་དུས་བྱུང་བ་ཡིན་ནམ་ཞེས་གསར་འགོད་པས་བཅར་འདྲི་བྱེད་སྐབས། ཁུ་ཧྲུབ་གྲོང་ཚོའི་བགྲེས་སོང་བྱམས་པ་འགྱུར་མེད་ཀྱིས་2002ལོར་ཁ་ཧྲུབ་གྲོང་ཚོའི་ཧྲང་གི་སུའུ་རུའུ་ཅེ་བུ་དཀའ་ཡི་སྐྱེ་ཁྲིད་འོག་གྲོང་ཚོར་ཁ་ཧྲུབ་གྲོང་ཚོའི་བདེ་འཛུགས་སྐྱིལ་འདྲེན་ཏྲ་ཁག་དང་། ཁ་ཧྲུབ་གྲོང་ཚོའི་ཞིང་འབྲོག་པའི་ཨར་ལས་ཏྲ་ཁག སྣོད་བཅུད་ཞིང་ལས་སྤྱོང་རོལ་གླིང་། ཁ་ཧྲུབ་བྱིས་པའི་སྦྱོ་སྐྱིད་ཁང་། ཁ་ཧྲུབ་ཆུ་ཚན་མགྲོན་ཁང་ཆེ་མོ་སོགས་བཙུགས་པ་ནས་བཟུང་། ཚང་མ་ཉིན་ལྟར་ལས་བྲེལ་ཆེན་པོ་ཡོད་པས་སྐྱོར་བར་འགྲོ་བའི་ཁོམ་པ་ག་ལ་ཡོད་ཅེས་བརྗོད།

རྒྱལ་ཁབ་ཀྱི་སྲིད་ཇུས་ཡག་པོ་དེ་ལྟ་བུ་མང་པོ་ཡོད་པའི་ཁར་རང་ཉིད་ཀྱི་ལས་ལ་བརྩོན་པའི་ལག་གཉིས་ལ་བརྟེན་པས་བདེ་སྐྱིད་ལྡན་པའི་འཚོ་བ་རང་ཉིད་ཀྱི་མིག་མདུན་དུ་འདུག་ཅེས་མ་མཐའི་འཚོ་བའི་འགན་ལེན་དུད་ཚང་བཅོ་ལྔ་ཚེ་རིང་གིས་བརྗོད་པ་དང་། ཁོང་གིས་རང་ཉིད་ཀྱི་ལས་ལ་བརྩོན་པའི་ལག་གཉིས་ལ་བརྟེན་པས་དབུལ་ཞྭ་ཕུད་པ་མ་ཟད། ད་ཆ་ཐོག་སོ་ཉིས་ལྡན་གྱི་སྒྲོ་ཁང་ནང་བསྡད་ཡོད་ལ་ལོ་རེར་ཡོང་འབབ་སྒོར་ཁྲི་10ཡོད་པས་བདེ་སྐྱིད་ལྡན་པའི་འཚོ་བ་སྨྲང་རྩི་ལས་ཀྱང་མངར་བ་འདུག་ཅེས་བརྗོད།

ཡང་དག་ལམ་བུ་འཚོལ་ཞིབ་ཀྱིས། ཁྱད་ཆོས་འབྱར་དུ་ཐོན་པར་བྱས།

——སྨོ་ཁ་གྲོང་ཁྱེར་གྱི་གྲོང་སྡོད་ལས་དོན་ཙ་ཁག་ཁག་གིས་ལྷོད་མེད་ཞབས་ཞུར་བརྟེན་ནས་དམངས་སེམས་གཅིག་ཏུ་སྒྲིལ་བ།

གནད་སྨིན་དབྱེལ་སྐྱོར་བྱས་ནས་འགྱུར་འབྲིང་སྤྱི་ཚོགས་ལ་རྒྱལ་ཁ་མཐའ་གཅིག་ཏུ་ལེན་རྒྱུའི་ཐུང་བརྡ་གསར་པ་བཏང་བ།

གྲོང་གསེབ་དར་རྒྱས་བཏང་ནས་འགྱུར་འབྲིང་སྙོ་ཁའི་རྒྱང་སྐྱོད་ཀྱི་ལམ་བུ་གསར་པ་འབྱེད་འགོ་ཚུགས་པ།

གཞི་རིམ་གྱི་ཏང་འཛུགས་སྐྱོང་ལ་སྲིད་སྐྱོང་མ་ལག་གི་འཚོ་བཅུད་གསར་པ་བསྣན་པ།

ཏང་གི་སྲིད་ཇུས་བཟང་པོར་ཐུགས་རྗེ་ཆེ་ཞུ་རྒྱུ་དང་། གྲོང་སྡོད་ལས་དོན་ཙ་ཁག་གིས་ཐུགས་ཁུར་གནང་བར་ཐུགས་རྗེ་ཆེ་ཞུ་རྒྱུ་ཡིན། ངའི་འཚོ་བ་ཉིན་རེ་ལས་མ་བསྡད་པར་ཡག་ཏུ་ཕྱིན་སོང་ཞེས་སྣེ་གདོང་ཆུས་ཁྲ་འབྲུག་གྲོང་རྡལ་ཁེ་སྨད་སྡེ་ཁུལ་ཕྱུ་ལྷན་གྱི་རྫོ་པོ་བཀྲ་ཤིས་གཡང་འཛོམས་ཀྱི་སེམས་གཏིང་ནས་ཐུགས་རྗེ་ཆེ་ཞུ་ལུགས་མཚོན་པའི་གཏམ་ལས་རྒྱ་ཆེའི་ཞིང་འབྲོག་མང་ཚོགས་ཚོས་རྣང་བརྟན་དམངས་ཕན་ལས་དོན་ལ་གདེང་འཇོག་གང་ལེགས་བྱས་པ་མཚོན་ཡོད།

སྐྱི་ཁྲབ་རྡུའུ་ཅེ་ཞི་ཅིན་ཕིང་གིས་ས་ཁུལ་གཅིག་འཕེལ་རྒྱས་གཏོང་བའི་འགག་རྩ་ནི་ཡང་དག་ལམ་བུ་འཚོལ་ཞིབ་བྱས་ནས་ཁྱད་ཆོས་འབྱར་དུ་ཐོན་པ་བྱ་རྒྱུར་ཐུག་ཡོད་ཅེས་མཇུབ་སྟོན་གནང་ཡོད།

མང་ཚོགས་དབུལ་པོར་རྒྱུན་མཐུད་འབབ་འཕར་གཏོང་ཆེད་ལྷོ་ཁ་གྲོང་ཁྱེར་གྲོང་སྡོད་ལས་དོན་ཙུ་ཁག་ཁག་བདུན་པས་གྲོང་ཚོ(གྲོང་ལྷན)ལ་ཡང་དག་པའི་ཐོན་ལས་དབུལ་སྐྱོར་རྣམ་གྲངས་འཆར་འགོད་བྱེད་རོགས་ཧུར་ཐག་བྱས་ཏེ་གྲོང་ཁྱེར་དང་གྲོང་རྫལ་གྱི་ལས་ཞུགས་དང་། ཐག་ཉེ་ས་དང་སྐབས་བདེ་ས། རང་ས་རང་ཡུལ་ནས་མི་བྲལ་བ། ལས་ཀ་བྱེད་ཐུབ་པ་དང་བྱེད་ཤེས་པ་བཅས་ཀྱི་ཐོན་ལས་འབྲེལ་བ་ཐག་གཅོད་ཡག་པོ་བྱས་ཡོད།

གྲ་ནང་རྫོང་དེང་རབས་ཞིང་ལས་དཔེ་སྟོན་གླིང་དུ་བསམ་ཡས་གྲོང་རྫལ་ཟུར་མཁར་སྡེ་ཁུལ་གྱི་ཡིག་ཚགས་དང་གཡུ་བཟོས་པའི་དུད་ཚང་དབུལ་པོ་བྲེ་སྲང་གིས་འབྲི་ཏ་ས་འཛིན་འདེབས་པའི་ལག་རྩལ་སྦྱངས་པ་བརྒྱུད་ད་ཆ་ཉིན་རེར་ཆ་སྙོམས་ཡོང་འབབ་སྒོར་150ཟིན་ནས་དབུལ་སྒྲོལ་གྱི་ཕུགས་འདུན་མངོན་འགྱུར་བྱུང་ཡོད།

སྦྱོར་ར་ཤང་དུ་བཅའ་སྡོད་མཚོ་སྣ་རྫོང་གི་ལས་དོན་ཙུ་ཁག་གིས་དུད་ཚང་དབུལ་པོ་སླད་མོན་པ་མི་རིགས་ཤང་ཁྲད་ལྷུན་གྲོང་རྫལ་ཆུང་དུར་ཚོང་གཉེར་བྱེད་པའི་གཟིགས་སྐྱོང་སྲིད་ཇུས་དྲིལ་བསྒྲགས་ཧུར་ཐག་བྱས་ཏེ་དུད་ཚང་དབུལ་པོའི་མང་ཚོགས་13ལ་སློབ་གསོ་ཐེབས་ནས་རང་བརྟེན་ལས་གཏོད་བྱས་པ་དང་། དཔའ་མདའ་གྲོང་ཚོར་བཅའ་སྡོད་རྒྱ་ཚ་རྫོང་གི་ལས་དོན་ཙུ་ཁག་གིས་བོད་སྨན་གྱི་སྨན་རྩྭ་འདེབས་འཛུགས་རྣམ་གྲངས་ལག་བསྟར་ཧུར་ཐག་བྱས་ནས་ལས་ཀའི་སླ་ཆ་སྒོར་ཁྲི་11.21ཏོན་འཕྱོལ་གྱིས་དུད་ཚང་དབུལ་པོ་8དབུལ་སྒྲོལ་ཐུབ་རྒྱུར་སྐུལ་ཁྲིད་བྱས་པ་སོགས་ཀྱི་བྱ་བ་དེ་དག་ནི་གྲོང་སྡོད་ལས་དོན་ཙུ་ཁག་གི་ངོས་ནས་བརྗོད་ན་རྒྱུན་གཏན་གྱི་བྱ་བ་ཞིག་ཡིན་ཡང་མང་ཚོགས་ཚོའི་འཚོ་བ་དང་འབྲེལ་བ་དམ་ཟབ་ཡོད་པས་མང་ཚོགས་ཀྱི་སེམས་ནང་དྲོ་སྐྱིད་སྦྱིན་ཡོད།

དཔྱིད་ཟླ་གསུམ་པར་སྐྱེ་དངོས་ཐམས་ཅད་སྨྱུ་གུ་འབུས་འགོ་ཚུགས། ཧི་མ་ལ་ཡའི་

རི་རྒྱུད་ཀྱི་ལྷོ་ངོས་སུ་གནས་པའི་མཚོ་སྣ་རྫོང་སྨད་མོན་པ་མི་རིགས་ཤར་སྨད་གྲོང་ཚོར་ཁྱད་དུ་འཕགས་པའི་ས་བབ་དང་གནམ་གཤིས་ཀྱི་ལེགས་ཆ་ལྡན་ལ་མཛེས་སྡུག་ལྡན་པའི་རི་ཀླུང་གི་མཛེས་ལྗོངས་ཤིག་ཀྱང་ཡོད། ལྷོ་ཁ་གྲོང་ཁྱེར་གྱི་གྲོང་ཚོ(གྲོང་ལྷན)ཉ་བཅའ་སྡོད་ལས་དོན་ཉ་ཁག་ཁག་གིས་དུད་ཚང་ཚང་མར་འབབ་འཕར་རྣམ་གྲངས་ཡོད་པ་དང་མི་ཚང་མར་དབུལ་སྒྲོལ་གྱི་ཐབས་ལམ་ཡོད་པའི་ཐོན་ལས་དབུལ་སྐྱོར་གྱི་བྱེད་ཐབས་གཞིར་བཟུང་། སྨད་ཤར་གི་ལེགས་ལྡན་ཐོན་ལས་ལ་དམིགས་ཏེ་རི་མཐོའི་ཞིང་འདེབས་འཛུགས་དང་མཐའ་མཚམས་གྲོང་གསེབ་ཀྱི་ཡུལ་སྐོར་ཟུང་འབྲེལ་གྱིས་ཞིང་དང་ཡུལ་སྐོར་ཟུང་འབྲེལ་གཏིང་ཟབ་ཕྱོགས་སུ་འཕེལ་རྒྱས་འགྲོ་རྒྱུར་སྐུལ་འདེད་བཏང་བས་གྲོང་གསེབ་དར་རྒྱས་ལ་ཐབས་ལམ་གསར་པ་དང་སྐུལ་ཤུགས་ཆེན་པོ་ཞིག་བསྟན་ཡོད།

ན་ནིང་ཚུན་དུ། ལྷོ་ཁ་གྲོང་ཁྱེར་གྱི་གྲོང་ཚོ(གྲོང་ལྷན)ཉ་བཅའ་སྡོད་ལས་དོན་ཉ་ཁག་ཁག་གིས་ཞིང་འབྲོག་ལས་འཕེལ་རྒྱས་ལ་སྐུལ་འདེད་གཏོང་རྒྱུ་དེ་གྲོང་གསེབ་དར་རྒྱས་ལ་སྐུལ་འདེད་གཏོང་བའི་དམ་འཛིན་བྱ་གཞི་གལ་ཆེན་ཞིག་ཏུ་བརྩིས་ནས་ཁྱད་ལྡན་ཐོན་ལས་ཀྱི་དབུལ་སྐྱོར་རྣམ་གྲངས་ལ་སྐུལ་འདེད་མགྱོགས་པོ་བཏང་བ་བརྒྱུད་གཞི་ཁྲོན་ཆེ་བ་དང་། དཔྱད་གཞིར་འཛིན་ཉང་བ། ལས་རླབས་བྱེད་ཚོགས་པ་བཅས་ཀྱི་གྲོང་གསེབ་དར་རྒྱས་གཏོང་སྟངས་འཚོལ་ཞིབ་ཧུར་ཐག་བྱས་པས་ཕན་འབྲས་མངོན་གསལ་དོད་པོ་ཐོན་ཡོད། མིག་སྔར་སྣེ་གདོང་ཆུས་ཀྱིས་མུའུ་300ཟིན་པའི་འདྲེ་ཚེར་མ་འདེབས་འཛུགས་རྟེན་གཞི་བསྐྲུན་པ་དང་། གོང་དཀར་རྫོང་གིས་མུའུ་710ཟིན་པའི་འབྲི་ཏ་ས་འཛིན་འདེབས་འཛུགས་རྟེན་གཞི་བསྐྲུན་པ། གྲ་ནང་རྫོང་གིས་མུའུ་500ཟིན་པའི་སེའུ་དམར་ཚུང་དང་མུའུ་600ཟིན་པའི་རྒྱ་གྲོ་འདེབས་འཛུགས་རྟེན་གཞི་བསྐྲུན་པ། ཟངས་རི་རྫོང་གིས་མུའུ་1518ཟིན་པའི་རྒུན་འབྲུམ་འདེབས་འཛུགས་རྟེན་གཞི་བསྐྲུན་པ། ལྷོ་བྲག་རྫོང་གིས་མུའུ་

1100ཟིན་པའི་གཡེར་མ་འདེབས་འཛུགས་རྟེན་གཞི་བསྐྲུན་པ། རྒྱ་ཚ་རྫོང་གིས་མུའུ་སྟོང་ཟིན་པའི་སྤྲར་ཁ་འདེབས་འཛུགས་རྟེན་གཞི་བསྐྲུན་པ། ལྷུན་རྩེ་རྫོང་དང་མཚོ་སྣ་རྫོང་གིས་མུའུ་ཁྲི་3.7ཟིན་པའི་ནས་ནག་འདེབས་འཛུགས་རྟེན་གཞི་བསྐྲུན་པ། སྣ་དཀར་རྩེ་རྫོང་གིས་ལུག་མགོ་གྲངས་ཁྲི་གཅིག་གི་རྒྱུད་པ་ལེགས་བཅོས་རྟེན་གཞིའི་རྒྱུད་བཟང་ཞིབ་དཔྱད་ཚད་ལེན་བྱས་ཏེ་རྒྱལ་ཁབ་ས་གཞིས་མཚོན་རྟགས་ཐོན་རྫས་ལ་རེ་ཞུ་བྱས་པ་སོགས་དེང་དུས་ཀྱི་ལྷོ་ཁར་ས་མཐོའི་ཁྱད་ལྡན་ཞིང་འབྲོག་ལས་ཆར་རྫེས་ཀྱི་སྨྱུག་གསར་བཞིན་ས་ཆ་གང་སར་རྩ་བ་ཚུགས་པ་དང་སྨྱུ་གུ་འབུས་ནས་མེ་ཏོག་བཞད་བཞིན་ཡོད།

དཔུང་ཁག་གཅིག་ལ་གོང་བུ་སྒྲིལ་ཤུགས་དང་འཐབ་ནུས་ལྡན་མིན་ནི་འགོ་ཁྲིད་ཚན་ཁག་གི་འགག་རྩའི་ནུས་པ་འདོན་སྤེལ་ཐུབ་མིན་ལ་ཐུག་ཡོད། དབུལ་སྒྲོལ་འགག་སྒྲོལ་གྱི་དམག་འཐབ་ལ་རྒྱལ་ཁ་ལེན་པར་དང་ཐོག་གྲོང་ཚོའི(གྲོང་ལྷན)ཧྲང་གྲི་ཧྲུའུ་ཧྲུའུ་ཅི་སོགས་གཞི་རིམ་འཐབ་ཕྱོགས་དང་པོའི་འགོ་ཁྲིད་ཚན་ཁག་ལེགས་འདེམས་ཏྲག་སྒྲུག་བྱེད་དགོས།

ལྷོ་ཁ་གྲོང་ཁྱེར་རྨང་གཞི་བརྟན་གཏོང་གཞུང་ལས་ཁང་གི་འབྲེལ་ཡོད་འགན་ཁུར་བས་ངོ་སྤྲོད་བྱས་པར་གཞིགས་ན། ལྷོ་ཁ་གྲོང་ཁྱེར་གྱི་གྲོང་ཚོ(གྲོང་ལྷན)ཌུ་བཅའ་སྡོད་ལས་དོན་ཌུ་ཁག་ཁག་གིས་མཛུབ་ཁྲིད་ལས་འགོ་ཁྲིད་མི་བྱེད་པ་དང་། གནད་འཁེལ་ལས་གནས་བརྒྱལ་མི་བྱེད་པ། སྒྲུབ་རོགས་ལས་ཚབ་སྒྲུབ་མི་བྱེད་པ་བཅས་ཀྱི་རྩ་དོན་ཐོག་མཐའ་བར་གསུམ་དུ་མཐའ་འཁྱོངས་བྱས་ཏེ་གྲོང་ཚོའི(གྲོང་ལྷན)ཚན་ཁག་ལ་རང་འགན་གཙང་སྒྲུབ་དང་ནུས་པ་འདོན་སྤེལ་བྱ་རྒྱུའི་ཐད་ཤུགས་རྒྱག་རྒྱུར་མུ་མཐུད་རོགས་རམ་བྱེད་པ་དང་། གྲོང་ཚོའི(གྲོང་ལྷན)ལས་བྱེད་པར་བྱང་ཚད་མཐོར་གཏོང་དང་། བསམ་ཕྱོགས་གསར་གཏོད། གསོན་ཤུགས་འཕེལ་བ། གསར་གཏོད་ལས་གཏོད་བཅས་བྱེད་རོགས་བྱས་ཡོད། ཆབ་སྲིད་ཀྱི་ཚད་གཞི་དེ་ཨང་དང་པོར་བཞག་ནས་ཧྲང་ཡོན་གྱི་དཔུང་ཁག

རྒྱུན་ཆད་མེད་པར་འཕེལ་རྒྱས་གཏོང་བ་དང་། གྲོང་ཚོ་རིམ་པའི་ཏང་རྩ་འཛུགས་ལ་ཏང་ཡོན་གྱི་སློབ་གསོ་གསོ་སྐྱོང་གི་འཆར་འགོད་དོན་འཁྱོལ་ཡག་པོ་བྱ་རྒྱུར་རོགས་རམ་བྱས་ནས་ཐོན་ཁུངས་སྣ་ཚོགས་སྤྱད་དེ་ཞིང་འབྲོག་ཏང་ཡོན་གྱི་སློབ་གསོ་གསོ་སྐྱོང་ལས་དོན་ཡག་པོ་བསྒྲུབས་ཡོད་པ་རེད།

གྲོང་གསེབ་མཛེས་སྡུག་ཁུལ་དུ་གྱུར་ནས་ཐོན་ལས་འཕེལ་རྒྱས་ལ་སྐུལ་འདེད་ཐེབ་པ།

——ལྷ་ས་གྲོང་ཁྱེར་ཞང་ཞུང་མེ་ཏོག་སྡོང་བཙུད་ཡུལ་སྐོར་རིག་གནས་ཐོན་ལས་གླིང་གི་སྐོར་བཀོད་པ།

ཏང་ཀྲུང་དབྱང་གི་དམིགས་བསལ་ཐུགས་ཁུར་དང་། རང་སྐྱོང་ལྗོངས་ཏང་ཨུད་དང་སྲིད་གཞུང་གི་ཐབས་ཇུས་བཀོད་སྒྲིག་འོག ལྷ་ས་གྲོང་ཁྱེར་སྟོད་ལུང་བདེ་ཆེན་ཆུས་སུ་གནས་པའི་ཞང་ཞུང་མེ་ཏོག་སྡོང་བཙུད་ཡུལ་སྐོར་རིག་གནས་ཐོན་ལས་གླིང་གིས་དུས་རབས་གསར་པའི་དཔྱིད་རླུང་དང་ལྷན་ཅིག་འབད་འབུངས་མདུན་སྐྱོད་བྱས་པས། ཉིན་བཞིན་རྒྱ་སྐྱོབས་ཆེ་རུ་ཕྱིན་ནས་རྣམ་པ་གསར་རྐྱང་དུ་གྱུར་པ་རེད།

རྩེ་རིམ་ཇུས་འགོད་ལ་བརྟེན་ནས་ཐོན་ལས་ཀྱི་ཁྱད་ཆོས་མངོན་གསལ་དོད་པ།

2015ལོར་ཞང་ཞུང་མེ་ཏོག་སྡོང་བཙུད་ཡུལ་སྐོར་རིག་གནས་ཐོན་ལས་གླིང་སྐྱུན་འགོ་ཚུགས་པ་དང་། རྣམ་གྲངས་དེའི་སྤྱིའི་རྒྱ་ཁྱོན་སྟོང་སྨི་དོས་གྲུ་38.28ཟིན་ལ། འཆར་འགོད་མ་དངུལ་བསྡོམས་སྒོར་དུང་ཕྱུར་50ཙམ་བཏང་བ་རེད།

བརྟག་ཞིབ་དང་། ཚན་རིག་དང་མཐུན་པའི་རིགས་པས་ཁུངས་སྐྱེལ། དེ་བཞིན་མཆན་བཀོད་མཛུབ་སྟོན་གལ་ཆེན་ཐེངས་མང་བརྒྱུད་ཅིང་། འཆར་འགོད་དང་། བཀོད་སྒྲིག་ལག་བསྟར་བཅས་ཀྱི་ལས་དོན་ལེགས་པར་བསྒྲུབས་མཐར། གླིང་དེ་ཡང་བསམ་བཀོད་ནས་དངོས་ཡོད་ལ་གྱུར།

མིག་སྔར་གླིང་ཁུལ་གྱི་རྣམ་གྲངས་རྐྱང་པ་འགའ་ཞིག་གི་རྣམ་པ་རགས་ཙམ་

ཆགས་པ་དང་། སྒྱུ་ཁྲིའི་མེ་ཏོག་གི་ཞིང་ཁམས་ལའང་གཞི་ཁྱོན་དང་ལྡན་ཞིང་། ཞང་ཞུང་གི་གནའ་བོའི་མཁར་རྫོང་ཨར་སྐྲུན་ཟིན་ནས་སྤྱོད་འགོ་ཚུགས་པ་དང་། ཁྱད་ལྡན་གྱི་དམངས་སྲོལ་མགྲོན་ཁང་ཁག་གཅིག་གཉེར་སྐྱོང་བྱེད་པའི་དུས་མཚམས་སུ་སླེབས་པ་མ་ཟད། རྣམ་གྲངས་གཞན་དག་ཀྱང་གོ་རིམ་ལྡན་པའི་ངང་སྐྲུན་བཞིན་ཡོད་པ་རེད།

ཁྱད་ལྡན་རིག་གནས་གྲོང་གསེབ་ཀྱི་ཡུལ་སྐོར་དང་མཉམ་འབྲེལ་བྱས་པ།

རླངས་འཁོར་བསྡད་དེ་ཞང་ཞུང་གནའ་བོའི་མཁར་རྫོང་བརྒྱུད་སྐབས། མིག་ལམ་དུ་འཆར་བའི་ཁྱད་ཆོས་མངོན་གསལ་དོད་པའི་ཞང་ཞུང་རིག་གནས་ཀྱི་མཚོན་རྟགས་དག་ལས། མི་རྣམས་སླར་ཡང་ལོ་རྒྱུས་རིག་གནས་ཀྱི་གློང་དུ་བཞུད་པ་ལྟར་སྣང་།

ཞིབ་རྟོགས་བྱུང་བར་གཞིགས་ན། ཞང་ཞུང་གནའ་བོའི་མཁར་རྫོང་གིས་བོད་ཀྱི་ཁྱད་ལྡན་མི་རིགས་རིག་གནས་འགྲེམས་སྟོན་ལ་དམིགས་པ་དང་། འཆར་འགོད་ཀྱི་ཉམས་འགྱུར་ཐད་ཞང་ཞུང་རིག་གནས་དང་གཅིག་རུམ་གཅིག་འདེགས་བྱས་ཤིང་། ཟམ་གདན་དང་། བར་ཁྱམས། ལྷོངས་གཟིགས་སྣང་བཅས་གཟུགས་བརྙན་ཐད་དུའང་གསོན་ཉམས་ལྡན་པའི་བོད་བརྒྱུད་ནང་བསྟན་གྱི་ལྡེབས་རིས་ཀྱི་ཁྱམས་རིང་ཞིག་བཏོད་པ་རེད།

འདི་ནི་དེང་རབས་ཀྱི་ཟམ་པ་ཞིག་ཡིན་ལ། ཞང་ཞུང་རིག་གནས་ཀྱིས་ཕྱུག་པའི་རྟེན་རྫས་བཤམས་མཛོད་ཁང་ཞིག་ཀྱང་རེད། གནས་འདི་ནི་གླིང་དུ་སྐྱོད་སའི་འགྲིམ་འགྲུལ་གྱི་འགག་གནད་གལ་ཆེན་ཞིག་ཡིན་པས། ཟམ་སྟེའི་ལྷོངས་གཟིགས་སྣང་ནས་བལྟས་ཚེ་གླིང་གི་མཛེས་ལྗོངས་ཚང་མ་མཐོང་ཐུབ།

ཞང་ཞུང་གནའ་བོའི་མཁར་རྫོང་ཙམ་མིན་པར་གླིང་གི་གང་སར་བོད་མི་རིགས་ཀྱི་ཁྱད་ལྡན་རིག་གནས་ཀྱི་རྗེས་ཤུལ་མང་པོ་མཐོང་ཐུབ་ལ། མཐོ་ཆེ་ལེགས་གསུམ་གྱི་དེང་རབས་ཀྱི་གྲུབ་ཆའང་གང་སར་མཐོང་ཐུབ།

ཐོན་ལས་ཀྱིས་མང་ཚོགས་ཀྱི་ལས་ཞུགས་ལ་སྐུལ་ཁྲིད་བྱས་པ།

མང་ཚོགས་ལ་དངོས་དངོས་རྗེན་རྗེན་གྱི་ཕན་པ་བསྐྲུན་རྒྱུར་དམིགས་ནས་གླིང་གིས་ཐོན་ལས་དབུལ་སྐྱོར་མང་ཚོགས་དབུལ་སྒྲོལ་ཐུབ་པའི་གཞི་རྩའི་ཐབས་ཇུས་ལ་བརྩིས་ནས་མཐའ་འཁྱོངས་བྱས་པ་རེད།

བདེ་སྐྱིད་བོད་ཁྱིམ་དང་མུའུ་ཁྲིའི་མེ་ཏོག་གི་ཞིང་ཁམས་ནི་གླིང་གི་ཐོན་ལས་དབུལ་སྐྱོར་རྣམ་གྲངས་ཀྱི་མཚོན་བྱེད་ཅིག་རེད། བདེ་སྐྱིད་བོད་ཁྱིམ་རྣམ་གྲངས་ཀྱིས་ཡུན་རིང་ལས་ཞུགས་ལས་གནས་མགོ་འདོན་དང་། དམངས་སྲོལ་མགྲོན་ཁང་གཉེར་སྐྱོང་ལ་ཞུགས་པ། ཡུལ་སྐོར་ཡོང་འབབ་བགོ་བཤའ་རྒྱག་པ་སོགས་ཀྱི་བྱེད་སྟངས་བརྒྱུད་ས་གནས་དེ་གའི་མང་ཚོགས་37ལས་ཞུགས་ཕྱུག་འགྱུར་ཐུབ་རྒྱུར་སྐུལ་ཁྲིད་བྱས་ཡོད། མིག་སྔར་མུའུ་6800ལྷག་ཙམ་ཟིན་པའི་མེ་ཏོག་གི་ཞིང་ཁམས་སུ་རྒྱ་སེ་མེ་ཏོག་དང་། ཏ་མ་སི་ཁྲུ། མེ་གླིང་བྱང་མའི་མདངར་འབྲས་མེ་ཏོག་སོགས་མེ་ཏོག་དང་སྔོང་ཕྱུག་སྣ་ཁ་20ལྷག་ཙམ་བཏབ་ཡོད་པ་དང་། ས་ཞིང་མུའུ་7800ལྷག་ཙམ་བརྒྱུད་བཤུག་བཏང་སྟེ་འབྲོག་མ་གྲོང་ཚོའི་གྲོང་མིར་ལོར་མི་རེར་ཆ་སྙོམས་ས་ཞིང་ལས་འབབ་འཕར་སྐོར་6000ཙམ་ཡོང་རྒྱུར་སྣེ་ཁྲིད་བྱས་ཡོད། ཐོན་ལས་གླིང་ལ་བརྟེན་ནས་ས་གནས་དེ་གའི་མང་ཚོགས་ཚོས་སྒོ་འགྲམ་དུ་ལས་ཞུགས་ཐུབ་སྟེ། མང་ཚོགས་དབུལ་པོ་སྲོ་ཐུབ་པ་དང་། གཞིས་ཆགས་ཐུབ་པ། ཕྱུག་པོ་ཆགས་ཐུབ་པ་བཅས་ཐུབ་པ་རེད།

བརྩེ་བ་ཟབ་མོ་བཅངས་ནས་གནད་སྨིན་དབུལ་སྐྱོར་ཐད་སེམས་ཤུས་ཡོད་རྒྱ་བཏོན།

——ཉིང་ཁྲི་གྲོང་ཁྱེར་གྱི་རིམ་ཁག་གྲོང་སྡོད་ལས་དོན་རུ་ཁག་གིས་དམངས་རོགས་བསམ་པ་གཅིག་ཏུ་བསྒྲིལ་ནས་དབུལ་སྒྲོལ་གྱི་དམག་འཐབ་ལ་རྒྱལ་ཁ་བླངས་པ།

2019ལོར་ཉིང་ཁྲི་གྲོང་ཁྱེར་དུ་ཁྱོན་གྲོང་སྡོད་ལས་དོན་རུ་ཁག་399དང་ལས་དོན་རུ་མི་1625ཡོད།

གྲོང་ཚོར་བཅའ་སྡོད་བྱས་ཚུན། རིམ་ཁག་གྲོང་སྡོད་ལས་དོན་རུ་ཁག་གིས་དུས་རབས་གསར་པར་ལས་བྱེད་པ་གྲོང་ཚོར་བཅའ་སྡོད་བྱེད་པའི་གཙོ་གནད་ལས་འགན་བདུན་དང་ཟུང་འབྲེལ་གྱིས་དམིགས་བསྒྲགས་ལ་ཤུགས་སྣོན་དང་། བདེ་ཐང་དབུལ་སྐྱོར། ཐོན་ལས་དབུལ་སྐྱོར། ལྷ་སྟོམ་ལ་ཤུགས་སྣོན། རྩལ་ནུས་གསོ་སྦྱོང་སོགས་ཀྱི་ཐད་དབུལ་སྐྱོར་གྱི་ལས་དོན་རྒྱུན་མཐུད་དང་གཏིང་ཟབ་སྤེལ་ནས་དབུལ་སྒྲོལ་འགག་སྒྲོལ་ལས་དོན་གྱི་གྲུབ་འབྲས་སུ་བརྟན་གཏོང་རྒྱུར་ཕྱོགས་ཡོངས་ནས་སྐུལ་འདེད་བཏང་བ་རེད།

དམིགས་བསྒྲགས་ལ་ཤུགས་སྣོན་བརྒྱབ་ནས་རོགས་སྐྱོར་གྲུབ་འབྲས་སུ་བརྟན་བཏང་བ།

མང་ཚོགས་དབུལ་པོས་དབུལ་སྐྱོར་སྲིད་ཇུས་བྱེད་ཐབས་རྟོགས་ཚད་དང་བློ་ཡིད་ཚིམ་ཚད་སྟེང་བས་མཐོ་རུ་བཏང་ནས་རྒྱ་ཆེའི་ཞིང་འབྲོག་མང་ཚོགས་ལ་རང་མགོ་རང་ཐོན་བྱ་རྒྱུར་དེ་བས་ལེགས་པའི་སྒོ་ནས་སློབ་གསོ་ཁྲིད་སྟོན་དང་དང་ལས་ལ་བརྩོན་པའི་ལག་གཉིས་ལ་བརྟེན་ནས་དབུལ་སྒྲོལ་ཕྱུག་འགྱུར་ཐུབ་པ་བྱ་ཆེད། ཉིང་ཁྲི་གྲོང་

ཁྲིར་རིམ་ཁག་གྲོང་ཚོར་(གྲོང་ལྷན)བཅའ་སྡོད་ལས་དོན་ཉ་ཁག་གིས་དབུལ་སྐྱོར་སྲིད་ཇུས་ཀྱི་སྒྲིག་འགྲེལ་ཚོགས་པ་སྒྲིག་འཛུགས་ཀྱིས་ཆེད་དོན་སྒྲིག་འགྲེལ་དང་ཉམས་མྱོང་སྤེལ་རེས་སོགས་ཀྱི་བྱེད་སྒོ་ཤུགས་ཆེན་སྤེལ་བ་བརྒྱུད། མང་ཚོགས་ལ་ཀུང་དབྱང་དང་། ཆུས། གྲོང་ཁྲིར། རྫོང་བཅས་ཀྱི་དབུལ་སྒྲོལ་འགག་སྒྲོལ་གྱི་འབྲེལ་ཡོད་སྲིད་ཇུས་དང་བྱེད་ཐབས་དང་ཞིང་སྟོབས་ཞིང་ཕན་སྲིད་ཇུས་འགྲེལ་བཤད་བྱས་པ་དང་འབྲེལ། མང་ཚོགས་ལ་དབུལ་སྒྲིག་ཕྱུག་འགྱུར་གྱི་ཐབས་ལམ་དང་བྱེད་ཐབས་འཚོལ་རོགས་ཀྱང་བྱས་པ་རེད། མིག་སྔའི་བར། ཉིང་ཁྲི་གྲོང་ཁྲིར་རིམ་ཁག་གྲོང་ཚོར(གྲོང་ལྷན)བཅའ་སྡོད་ལས་དོན་ཉ་ཁག་གིས་སྒྲིག་འགྲེལ་ཉ་ཁག་498བཙུགས་པ་དང་། སྒྲིག་འགྲེལ་ཐེངས་1400ལྷག་ཙམ་བྱས་པ། དྲིལ་བསྒྲགས་དཔྱད་ཡིག་8300ལྷག་ཙམ་སྤྲད་པ། འཕྲེད་འགེལ་ཡི་གེ་260ལྷག་ཙམ་བཀལ་བ། སྤྱར་ཡིག་1000ལྷག་ཙམ་སྦྱར་བ། བསྡོམས་རྩིས་བྱས་ན་སློབ་གསོ་ཐེངས་མཁན་མི་གྲངས་ཁྲི་6ལྷག་ཙམ་ཟིན་པ་བཅས་རེད།

ཐོན་ལས་དབུལ་སྐྱོར་ལ་བརྟེན་ནས་ཞིང་དུད་ཀྱི་འབབ་འཕར་བརྟན་དུ་བཏང་བ།

རིམ་ཁག་གྲོང་ཚོར(གྲོང་ལྷན)བཅའ་སྡོད་ལས་དོན་ཉ་ཁག་གིས་ཐོན་ལས་དབུལ་སྐྱོར་ཚང་མར་ཁྱབ་པར་བྱས་པའི་རྨང་གཞིའི་ཐོག་ཞིང་ལས་འཕྲོད་སར་ཞིང་ལས་དང་། ཕྱུགས་ལས་འཕྲོད་སར་ཕྱུགས་ལས། ནགས་ལས་འཕྲོད་སར་ནགས་ལས། བཟོ་ལས་འཕྲོད་སར་བཟོ་ལས། ཚོང་དོན་འཕྲོད་སར་ཚོང་དོན། ယུལ་སྐོར་འཕྲོད་སར་ཡུལ་སྐོར་བཅས་ཀྱི་འཕེལ་རྒྱས་བསམ་ཕྱོགས་གཞིར་བཟུང་། དུད་ཚང་དབུལ་པོར་རང་ཉིད་དང་འཚམ་པའི་འབབ་འཕར་གྱི་ཐོན་ལས་གཅིག་ཡན་འཕེལ་རྒྱས་གཏོང་རྒྱུར་ཁྲིད་སྟོན་བྱས་ཏེ་དུད་ཚང་དབུལ་པོའི་དབུལ་སྒྲོལ་ཕྱུག་འགྱུར་གྱི་ནུས་པ་རྒྱུན་ཆད་མེད་པར་མཐོ་རུ་བཏང་ཡོད།

སྨན་གླིང་རྫོང་གཏམ་སྣན་ཤང་བཟང་པ་གྲོང་ཚོས་བཟང་པའི་བྱེ་ཕུང་མཛེས་ལྗོངས་

ཁུལ་གྱི་ཐོན་ཁུངས་འདོན་སྤེལ་གང་ལེགས་བྱས་ཏེ་གྲོང་ཚོ་ཡོངས་ཀྱི་ཡིག་ཚགས་དང་གྲྭ་བཟོས་པའི་དུད་ཚང་དབུལ་པོ་14ཚང་མ་ཁེ་སྤྱོགས་བགོ་བའི་ནང་བཙུག་པ་དང་ཆབས་ཅིག ཡིག་ཚགས་དང་གྲྭ་བཟོས་པའི་དུད་ཚང་དབུལ་པོ་མཛོས་ལྗོངས་ཁུལ་དུ་ཁྱད་ལྡན་ཐོན་ཟོག་འཚོང་དུ་བཙུག་ནས་འབབ་འཕར་མང་དུ་གཏོང་རྒྱུའི་སྐུལ་ལྕག་བྱས་པ་རེད། ཛ་ཡུལ་རྫོང་གི་གྲོང་ཚོ(གྲོང་ལྷན)ཁག་ཏུ་བཅའ་སྡོད་ལས་དོན་རུ་ཁག་གིས་གྲོང་ཚོའི་ཞིང་འབྲོག་དབུལ་སྐྱོར་ཐོན་ལས་འཕེལ་རྒྱས་གཏོང་རྒྱུར་རམ་འདེགས་བྱས་ཏེ་ཁུལ་གཅིག་དང་རྟེན་གཞི་བཞི་ལ་དམིགས་ནས་གྲོང་ཚོའི་ཐོན་ཁུངས་ཕུན་སུམ་ཚོགས་པར་གཞིགས་ཏེ་ཇ་ལོ་དང་། ནགས་འབྲས། བོད་ཕག་སོགས་ཀྱི་གསོ་ཚགས་དང་ཁྱད་ལྡན་ཞིང་ལས་ཐོན་ཟོག་ལས་སྣོན་སོགས་ལེགས་ཆའི་ཁྱད་ལྡན་ཐོན་ལས་འཕེལ་རྒྱས་བཏང་ཁར། ཇ་ལོ་དང་སྤེལ་ཁམ་སོགས་ཁྱད་ལྡན་ཞིང་ལས་ཐོན་ཟོག་གི་འདེབས་འཛུགས་རྟེན་གཞི་ཆགས་པས་ཞིང་འབྲོག་ཁུལ་གྱི་མང་ཚོགས་ཀྱི་འབབ་འཕར་རྒྱུན་མཐུད་དང་མང་དུ་སོང་བའི་རྨང་གཞི་བརྟན་དུ་ཕྱིན་ཡོད་པ་རེད།

རྩལ་ནུས་གསོ་སྐྱོང་བྱས་ནས་མང་ཚོགས་ཀྱི་འབབ་འཕར་རྩལ་ནུས་ཆེ་རུ་བཏང་བ།

དབུལ་སྒྲོལ་འགག་སྒྲོལ་གྱི་ལས་དོན་བརྟན་དུ་བཏང་ནས་མང་ཚོགས་དབུལ་པོའི་རང་ངོས་འཕེལ་རྒྱས་ཀྱི་ནུས་པ་ཆེར་གཏོང་དང་ཕྱུག་འགྱུར་གྱི་ཐབས་ལམ་རྒྱ་ཆེར་གཏོང་ཆེད། རིམ་ཁག་གྲོང་ཚོ(གྲོང་ལྷན)ཁག་ཏུ་བཅའ་སྡོད་ལས་དོན་རུ་ཁག་གིས་མང་ཚོགས་དབུལ་པོས་མུན་འཐོམས་དང་ལས་ཞུགས་དང་ཆེད་ལས་རྩལ་ནུས་མེད་པའི་གནས་ཚུལ་ལ་དམིགས་ཏེ། གསོ་སྐྱོང་དང་ལེན་མི་བྱེད་པ་དང་ངལ་ནུས་ལྡན་པའི་ཡིག་ཚགས་དང་གྲྭ་བཟོས་པའི་མང་ཚོགས་དབུལ་པོར་ཕྱོགས་ཡོངས་ནས་གྲལ་བཤེར་གྱིས་ཆ་འཕྲིན་གྱི་རྩིས་ཐོ་འཛུགས་སྒོ་ཚང་དུ་བཏང་བ་དང་། མང་ཚོགས་དབུལ་པོའི་རེ་འདོད་དང་དང་

ཡིན་ནུས་པ་གཞིར་བཟུང་། རིགས་ཁག་གི་གསོ་སྐྱོང་ལ་མིང་ཐོ་ཧུར་ཐག་འགོད་པ། མང་ཚོགས་དབུལ་པོའི་རྩལ་ནུས་གསོ་སྐྱོང་ལ་ཤུགས་སྣོན་བརྒྱབ་པ། མང་ཚོགས་དབུལ་པོའི་ལས་ཞུགས་ལས་གཏོད་ཀྱི་ནུས་པར་ཤུགས་སྣོན་བརྒྱབ་པ་བཅས་བྱས་པས་མང་ཚོགས་དབུལ་པོའི་རང་ངོས་འཕེལ་རྒྱས་ཀྱི་ནུས་པ་རྒྱུན་ཆད་མེད་པར་ཆེ་རུ་ཕྱིན་པ་རེད། གོང་པོ་རྒྱ་མདའ་རྫོང་གི་གྲོང་ཚོ(གྲོང་ལྷན)ཁག་ཏུ་བཅའ་སྡོད་ལས་དོན་རུ་ཁག་གིས་རྫོང་མི་སྐྱི་ཚུས་དང་། དབུལ་སྐྱོར་གཞུང་དོན་ཁང་། ཞིང་འབྲོག་ཚུས། ནགས་ལས་ཚུས་སོགས་འབྲེལ་ཡོད་ཚན་པ་དང་འབྲེལ་མཐུད་བྱས་ཏེ། རྩལ་ནུས་གསོ་སྐྱོང་ལ་མང་ཚོགས་དབུལ་པོའི་རྩལ་ནུས་གསོ་སྐྱོང་རྟུས་གཞི་དང་འཆར་འགོད་གོང་ཞུ་བྱེད་དགོས་པ་གཞིར་བཟུང་། རྫོང་མི་སྐྱི་ཚུས་ཀྱིས་ཁྲིམ་ར་དང་གནད་སྨིན་འབྲེལ་མཐུད་ཀྱིས་མང་ཚོགས་དབུལ་པོའི་ལས་ཞུགས་ལས་གཏོད་རྩལ་ནུས་གསོ་སྐྱོང་ལག་བསྟར་བྱས་ཏེ་གསོ་སྐྱོང་གི་ཕན་འབྲས་ལ་སྣང་ཆེན་དང་ལས་ཞུགས་གཞན་སྒྱུར་གྱི་ཐབས་ལམ་རྒྱ་ཆེར་བཏང་བས་མི་གཅིག་ལ་གསོ་སྐྱོང་བྱས་པ་དེ་ལས་ཞུགས་ཐུབ་པ་དང་དུད་ཚང་གཅིག་དབུལ་པོ་ལས་སྒྲོལ་ཐུབ་པར་བྱས་པ་རེད།

བདེ་ཐང་དབུལ་སྐྱོར་བྱས་ནས་བདེ་ཐང་འཚོ་བའི་འདུ་ཤེས་ཟབ་ཏུ་བཏང་བ།

གྲོང་ཚོ(གྲོང་ལྷན)ཁག་ཏུ་བཅའ་སྡོད་ལས་དོན་རུ་ཁག་གིས་བརྟག་ཞིབ་བྱས་པ་བརྒྱུད། རྒྱལ་ཁབ་ཀྱི་སྨན་བཅོས་འགན་སྲུང་མ་ལག་ཁག་འཛུས་སྒོ་ཚང་པོ་ཡོད་ཀྱང་ནད་གཞི་ལྕི་པོ་ཕོག་རྗེས། ཁྱིམ་ཚང་མང་པོར་ཁུར་པོ་ལྕི་པོ་བཟོས་པ་རྟོགས་ཡོད། འབྲུངས་ཁང་གྲོང་ཚོར་བཅའ་སྡོད་སྣང་རྫོང་སྣང་གྲོང་རྡལ་མི་དམངས་སྲིད་གཞུང་གི་ལས་དོན་རུ་ཁག་གིས་སྨན་བཅོས་ཞབས་ཞུ་གྲོང་ཚོར་བསྐྱོད་པའི་བྱེད་སྒོ་སྤེལ་ཏེ། གྲོང་རྡལ་འཕྲོད་བསྟེན་ཁང་གི་སྨན་པ་དགའ་བཅུ་པ་4འབྲུངས་ཁང་གྲོང་ཚོར་བདེ་ཐང་བློ་འདྲི་དང་རིན་མེད་

གྱི་འོས་འགན་སྨན་བཅོས་བྱེད་པར་གདན་ཞུ་བྱས་པས་མང་ཚོགས་21ལ་ཁྲག་ཤེད་བརྟ་བ་དང་། སྙིང་གི་འཕར་ཚད་ཉན་པ། རྩ་བལྟ་བ་སོགས་བྱས་པ་དང་འབྲེལ་ངང་རྒྱུད་རིང་པོས་མང་ཚོགས་50ལྷག་ལ་ཁྲག་ཤེད་མཐོ་བ་དང་། སྙིང་ནད། གྲུམ་ནད། གཅིན་སྙི་ཟག་ཁུའི་ནད་སོགས་རྒྱུན་མཐོང་ནད་ཀྱི་འགོག་བཅོས་ཤེས་བྱ་དང་དེ་བཞིན་དབུལ་སྐྱོར་སྨན་བཅོས་སྲིད་ཇུས་དྲིལ་བསྒྲགས་དང་འགྲེལ་བཤད་བྱས་པ་རེད།

ལས་གཏོད་ཕྱུག་འགྱུར་འཛིན་ཐང་ཆེ། དབུལ་སྐྱོར་གཞན་ཕན་ཐུགས་བརྩེ་ཟབ།

——བཀྲ་ཤིས་ཚེ་མཚོའི་ལས་གཏོད་དབུལ་སྐྱོར་གྱི་སྐོར་བཀོད་པ།

རི་བོ་ཆེ་རྫོང་དུ་རི་བོ་ཆེ་རྫོང་བཀྲ་ཤིས་ཚེ་མཚོ་མི་རིགས་གྱོན་ཆས་འཚེམ་བཟོ་ཚོང་ཡོད་འགག་འཕྲི་ཀུང་སི་ཞེས་པའི་བོད་ཆས་ཚོང་ཁང་ཞིག་ཡོད་པ་དང་། ནམ་རྒྱུན་དེའི་ནང་མི་མང་ལ། འཁྲུག་ཆ་ཏ་ཅང་དོད་པོ་ཡོད།

གྱོན་ཆས་ཚོང་ཁང་དེ་ནི་འདི་ལོ་ལོ་51ལ་སླེབས་པའི་བཀྲ་ཤིས་ཚེ་མཚོས་བཙུགས་པ་ཞིག་རེད།

ཆུང་དུས་བཀྲ་ཤིས་ཚེ་མཚོའི་ཁྱིམ་ཚང་གི་འཚོ་བ་སྐྱོ་ཙམ་ཡོད་རུང་། པྲ་ལགས་དང་སྤྱི་ལགས་ཀྱིས་འཚེམ་བུ་བརྒྱབ་ནས་ལྟོ་གོས་ལ་སེམས་ཁྲལ་མི་དགོས། འོན་ཀྱང་1981ལོར་བཀྲ་ཤིས་ཚེ་མཚོའི་སྤྱི་ལགས་དང་། རྨོ་ལགས། ཕ་མ་བཅས་ནད་གཞིས་རྐྱེན་པས་བསྟུད་མར་གྲོངས་ནས་ཁོ་མོ་དང་གཅེན་གཅུང་ལྔ་ལུས་ཏེ་འཚོ་བའི་ཁུར་པོ་ལྕི་པོ་སྐབས་དེར་ལོ་13ལ་སླེབས་པའི་བཀྲ་ཤིས་ཚེ་མཚོའི་ཕྲག་ཏུ་ལྷུངས།

སྐབས་ལེགས་པ་ཞིག་ལ་ངས་གྱོན་ཆས་འཚེམ་ཤེས་ཀྱི་ཡོད། ཕྲུ་གུའི་རྣན་འགོ་ཡིན་པས་ཁྱིམ་གྱི་ལས་ཀ་ཙག་ཙིག་ཚང་མ་བྱེད་དགོས་ཤིང་། ཁྱིམ་ཚང་ཡག་པོ་སྐྱོང་བ་ནི་ངའི་ལས་འགན་ལོས་ཡིན་ཞེས་བཀྲ་ཤིས་ཚེ་མཚོས་དྲན་གསོ་བྱེད་བཞིན་བཤད།

རང་ཉིད་དྭ་ཕྲུག་ཆགས་རྗེས་བཀྲ་ཤིས་ཚེ་མཚོས་འཚོ་སྐྱོང་བྱེད་མཁན་མེད་པའི་དྭ་ཕྲུག་གཞན་དག་མཐོང་སྐབས་སེམས་ཀྱིས་མ་བཟོད་པར། དྭ་ཕྲུག་ཚང་མ་ཁྱིམ་དུ་བསྡུས་

ནས་གསོ་སྐྱོང་བྱས།

ངས་དྭ་ཕྲུག་16དང་གཅུང་པོ་གཅུང་མོ་5གསོས་ཡོད། ལོ་གོས་འཚོལ་ཆེད། ངས་ཁོང་ཚོ་འཁྲིད་དེ་རིར་སྨན་རྩྭ་འཐུ་བར་སོང་བ་དང་། སྨན་རྩྭ་བཙོངས་པའི་དངུལ་སྒོར་ཁྲི་6གིས་ཁྲིང་ཧྲུའུ་ནས་འཚེམ་འཕོར་བཙུ་ཉོས་ཏེ་ཁོ་ཚོར་འཚེམ་བཟོ་བསླབས་པ་ཡིན་ཞེས་བཤད།

1991ལོར་བཀྲ་ཤིས་ཚེ་མཚོ་ས་གནས་བུད་མེད་མཉམ་འབྲེལ་ལྷན་ཚོགས་ཀྱིས་གཉེར་བའི་འཚེམ་བཟོ་གསོ་སྐྱོང་འཛིན་གྲྭར་ཞུགས་པ་དང་། ལག་རྩལ་སྦྱངས་རྗེས་ཁོང་གིས་ལས་གཏོད་བྱེད་འགོ་ཚུགས། 1992ལོར་ཁོང་གིས་གྱོན་ཆས་འཚེམ་ཁང་ཆུང་ཆུང་ཞིག་བཙུགས་པ་དང་ཆེད་མངགས་དམིགས་བསལ་དཀའ་ངལ་ཡོད་པའི་ཁྱིམ་ཚང་གི་ཕྲུ་གུ་དང་དྭ་ཕྲུག་དགེ་ཕྲུག་ལ་ཉར།

བཀྲ་ཤིས་ཚེ་མཚོས་རང་ཉིད་ཀྱིས་སྦྱངས་པའི་འཚེམ་བཟོའི་ལག་རྩལ་ཁོ་ཚོར་བསླབས་པ་དང་། ད་ཆ་ལག་རྩལ་ལེགས་པའི་དགེ་ཕྲུག་ཁག་གཅིག་གིས་རི་བོ་ཆེ་རྫོང་དང་། ལྷོ་རོང་རྫོང་། མཛོ་སྒང་རྫོང་སོགས་སུ་རང་ཉིད་ཀྱི་འཚེམ་ཁང་བཙུགས་ཡོད།

བཀྲ་ཤིས་ཚེ་མཚོས་ད་དུང་རང་ཉིད་དང་ཀུང་སིའི་མིང་ནས་དུད་ཚང་དབུལ་པོར་རོགས་རམ་བྱས་ཤིང་། 2012ལོ་ནས་བཟུང་བཀྲ་ཤིས་ཚེ་མཚོས་ལོ་ལྟར་དུས་ཆེན་སྐབས་སུ་འགན་ལེན་ལྡིའི་གཅིག་སྡུད་བསྐྲེན་བཀུར་ལྟེ་གནས་སུ་འཚམས་འདྲི་བྱེད་པ་དང་། 2013ལོར་ཀུང་སིའི་ཁེ་བཟང་ནས་བརྒྱ་ཆ50བཏོན་ཏེ་དུད་ཚང་དབུལ་པོར་ཞལ་འདེབས་བརྒྱབ་པ། 2017ལོ་ནས་བཟུང་ལོ་ལྟར་ཡིག་ཚགས་དང་གྲྭ་བཟོས་པའི་དུད་ཚང་དབུལ་པོ་30ལ་ཡོང་འབབ་བགོ་བཤའ་རྒྱག་གི་ཡོད།

2015ལོར་ཆབ་མདོ་གྲོང་ཁྱེར་བུད་མེད་མཉམ་འབྲེལ་ལྷན་ཚོགས་ཀྱི་བུད་མེད་ལས་གཏོད་ལས་ཞུགས་རྟེན་གཞི་བཀྲ་ཤིས་ཚེ་མཚོའི་ཀུང་སིར་སྒོ་བྱང་བཀལ་ནས་བཙུགས་པ་

དང་། ཁོང་གིས་ཀྱང་རྫོང་ཡོངས་ཀྱི་བུད་མེད་དབུལ་པོ་སྒྲིག་འཛུགས་དང་སྣེ་ཁྲིད་ཧུར་ཐག་བྱས་ནས་ལས་ཞུགས་འབབ་འཕར་ཡོང་ཐབས་བྱས་ཡོད།

ཚེ་གཡང་དཔའ་མཚོར་སློབ་གྲྭར་འགྲོ་མཁན་གྱི་ཕྲུ་གུ་གཉིས་ཡོད་པ་དང་འཚོ་བར་དཀའ་ངལ་ཆེན་པོ་ཡོད་པ་མཐོང་སྐབས་བཀྲ་ཤིས་ཚེ་མཚོས་ཚེ་གཡང་དཔའ་མཚོ་ཀྱང་སེར་བཅུག་པ་རེད། ད་ཆ་ཚེ་གཡང་དཔའ་མཚོར་ལས་ཀ་བརྟན་པོ་ཞིག་ཡོད་པ་མ་ཟད་ཕྲུ་གུ་སློབ་གྲྭ་ཆེ་མོར་གཏོང་བའི་ནུས་པ་ཡོད། ད་ཆ་ང་ལ་ཟླ་རེར་ཆ་སྙོམས་གླ་ཆ་སྒོར་4000ཙམ་ཡོད་པ་མ་ཟད། ལོ་མཇུག་ཏུ་ད་དུང་བྱ་དགའ་ཡང་ཡོད་ཅེས་ཚེ་གཡང་དཔའ་མཚོས་སེམས་འགུལ་ཐེབས་བཞིན་བཤད།

གོམ་སྟབས་རྗེས་མའི་འཆར་གཞིའི་སྐོར་གླེང་སྐབས་བཀྲ་ཤིས་ཚེ་མཚོས་ངས་ས་ཆ་སླེ་ངོས་གྲུ་700ཉོས་ཡོད། གང་ཡིན་ཟེར་ན། ང་ཚོའི་གྲོན་ཆས་ཉོ་མཁན་དང་མངགས་ཉོ་བྱེད་མཁན་མང་དུ་འགྲོ་བཞིན་ཡོད་པས་ངས་ཀྱང་སི་ཆེ་རུ་གཏོང་རྩིས་ཡོད། བྱིས་པའི་སློབ་སྦྱོང་རོལ་རྩེད་དང་། དྲ་ཐོག་ཕྱིར་ཚོང་། གཞུང་ལས་ཁང་དང་ཉལ་ཁང་། ཟ་ཁང་བཅས་གཅིག་སྡུད་ཀྱི་ཕྱོགས་བསྡུས་ཐོག་ཁང་སྐྲུན་མཁན་ཡིན་ལ། ཡིག་ཚགས་དང་གླུ་བཟོས་པའི་དུད་ཚང་དབུལ་པོ་མང་ཙམ་བསྡུས་ནས་ཁོ་ཚོ་འབབ་འཕར་ཕྱུག་འགྱུར་ཡོང་བར་བྱེད་ཀྱི་ཡིན་ཞེས་བཤད།

གྲོང་མི་ཚེ་རིང་རྡོ་རྗེས་སྔོད་ཁང་སྐྱོ་ཁྲུལ་ནས་སྲོས་ཏེ་འཚོ་བ་གསར་པར་ཡོངས་སྤྱོད་བྱེད།

ལྷ་ས་གྲོང་ཁྱེར་ཆུ་ཤུར་རྫོང་ཚལ་སྣེ་ཤང་གི་དུས་བཞི་བཀྲ་ཤིས་གྲོང་ཚོར་སྐྱིད་སྐབས། ཤང་ཤང་དུ་རྒྱུ་བའི་ལྷ་ས་སྐྱིད་ཆུས་དར་གོས་སྔོན་པོ་ཞིག་དང་འདྲ་བར་ལུང་གཞུང་གི་མཐའ་ནས་བསྐོར་ཡོད་པ་དང་། ལུག་མིག་མེ་ཏོག་གྲོང་ཚོའི་གསེབ་ནས་རབ་ཏུ་བཞད་ཅིང་། དྲོད་འཇམ་ཉི་འོད་གནས་སྤྲོས་གྲོང་ཚོ་དེར་འཁྲོས།

གྲོང་ཚོའི་ཁང་པའི་ཚོས་མདོག་སྔོ་དམར་དཀར་ལྗང་བཅས་ཁག་བཞིར་ཕྱེ་བ་ལས་ནམ་དུས་བཞི་མཚོན་པ་དང་། གྲོང་ཚོར་གཞུང་ལམ་ཨ་མ་12ཡོད་པ་དེས་ཟླ་བ་བཅུ་གཉིས་མཚོན་པ། དུད་ཚང་དབུལ་པོའི་སྔོད་ཁང་365ཡོད་པ་དེས་ལོ་གཅིག་ཞག་མ་365མཚོན་གྱི་ཡོད་ཅེས་གྲོང་ཚོའི་ལས་བྱེད་པས་གསར་འགོད་པར་ངོ་སྤྲོད་བྱས་བྱུང་། དུས་བཞི་བཀྲ་ཤིས་གྲོང་ཚོའི་གྲོང་མི་མང་ཆེ་བ་ནི་ཡུལ་གཞན་ནས་གནས་སྤོ་བྱས་པ་ཤ་སྟག་ཡིན་པ་དང་། ཚེ་རིང་རྡོ་རྗེའི་ཁྲིམ་ཡང་དེའི་གྲས་ཤིག་རེད།

འདི་ལོ་ལོ་42ལ་སླེབས་པའི་ཚེ་རིང་རྡོ་རྗེའི་ཕ་ཚ་བུ་རྒྱུད་ཚང་མ་ཆབ་མདོ་གྲོང་ཁྱེར་གོ་འཇོ་རྫོང་རྒྱབ་དཀར་གྲོང་ཚོར་གཞིས་ཆགས་ཡོད་པ་དང་། དེ་གར་ས་བབ་མཐོ་ལ་ས་རྒྱུ་ཞན་པ་དང་འཁྲིམ་འགྲུལ་སྟབས་བདེ་པོ་མེད། སྐབས་དེ་དུས་གློག་བརྟན་པོ་མེད་པས་ཟླ་གཅིག་ནས་ཉིན་བཅུ་ཙམ་ལ་གློག་མེད། རྫོང་གྲོང་དུ་ཅ་དངོས་ཉོ་བར་ཉིན་གཅིག་ཙམ་འགོར་གྱི་ཡོད་ཅེས་བཤད།

སྔོན་ཆད་ཚེ་རིང་རྡོ་རྗེའི་ཁྲིམ་ཚང་གིས་ནས་འདེབས་པ་དང་དབྱར་རྩྭ་དགུན་འབུ་

འབྲུ་གི་ཡོད། ས་གཞི་ལྟོ་གོས་འཕྲོད་ཙམ་ཡོད་ཀྱང་། ཁྱིམ་དུ་ཕྲུ་གུ་བདུན་དང་ནད་གསོན་གཅིག་ཡོད་པས། ལོ་གཅིག་གི་འགྲོ་སོང་བཏང་བ་ཕུད། ཁེ་གཙང་ཡོང་འབབ་ཕྲན་བུ་ཙམ་ལས་མེད།

ལོ་ལྔར་ཞིང་ལས་ལ་བྲེལ་བ་དང་དབྱར་ཀ་དགུན་འབུ་འབྲུ་བའི་དུས་སུ་ཕྲུ་གུ་ཚོས་སློབ་གྲྭར་མ་བསྐྱོད་པར་ནང་ལས་བྱེད་རོགས་བྱས་ནས་སྡོད་ཀྱི་ཡོད། ཕྲུ་གུ་ཚོས་འཕང་ར་བྱེད་སྙིང་མེད་ཀྱང་ང་རང་གནོང་འགྱོད་ཆེན་པོ་འདུག་ཅེས་ཚེ་རིང་རྡོ་རྗེས་མིག་ཏུ་མཆི་ཞག་འཁོར་བཞིན་བཤད།

དུས་བཞི་བཀྲ་ཤིས་གྲོང་ཚོར་སྤྱོས་རྗེས། ཚེ་རིང་རྡོ་རྗེ་དང་ནང་མི་རྣམས་བོད་བཟོའི་ཁང་པ་ཐོག་གཉིས་མར་སྡོད་རྒྱུ་བྱུང་ཞིང་། ཚུ་ཀ་ལ་དང་གློག་དུད་ཚང་ཚང་མར་ཁྲིད་ཡོད། གྲོང་ཚོར་སློ་རྩིས་ཚོང་ཁང་དང་། ཚལ་ཁྲིམ། ཉེན་དོན་ཁང་། འཕྲོད་བསྟེན་ཁང་བཅས་ཀྱི་སྒྲིག་བཀོད་ཚ་ཚང་ཡོད་པས་ཧ་ཅང་སྟབས་བདེ་པོ་ཡོད། ད་ཆ་ཚེ་རིང་རྡོ་རྗེས་ཕྲུ་གུ་སློབ་གྲྭར་བསྐྱུ་སྐྱེལ་བྱེད་པ་ཕུད། ལས་ཀའི་བར་གསེང་དུ་རང་ཁྱིམ་གྱི་རླངས་འཁོར་བཏང་ནས་སྐྱེལ་འདྲེན་ལས་ལ་གཞོལ་གྱི་ཡོད། བཟའ་ཟླས་གྲོང་ཚོར་གཙང་སྦྲའི་ལས་ཀ་བྱས་པར་ཟླ་རེར་སྒྲ་ཆ་སྒོར་3600ཙམ་ཡོད། ཡོང་འབབ་དང་སྲིད་ཇུས་སྣ་ཚོགས་ཀྱི་ཁ་གསབ་བསྡོམས་ན། ཚེ་རིང་རྡོ་རྗེའི་ཁྱིམ་ལ་ལོ་གཅིག་གི་ཡོང་འབབ་སྒོར་ཁྲི་10ལྷག་ཙམ་ཡོད།

ཡུལ་གཞན་དུ་གནས་སྤོས་དབུལ་སྐྱོར་གྱི་བཀོད་སྒྲིག་ས་ཚོགས་གཏན་འཁེལ་བྱས་རྗེས། རིམ་ཁག་ཏང་ཨུད་དང་སྲིད་གཞུང་གི་རྒྱབ་སྐྱོར་འོག་དུས་བཞི་བཀྲ་ཤིས་གྲོང་ཚོའི་ཏང་གི་ སྤྱིའུ་ཡིས་དམངས་ཀྱི་བསམ་འཆར་བསྡུ་གང་ཐུབ་དང་བསམ་བློ་དྲུག་གསུམ་བཅོ་བརྒྱད་བཏང་ནས། ཡུལ་དེ་རང་གི་ཁྱད་ཆོས་ལྡན་ལ་མང་ཚོགས་ཕྱུག་འགྱུར་གྱི་དགོས་མཁོ་སྐོང་བའི་རྣམ་གྲངས་རེ་རེ་བཞིན་དོན་འཁྱོལ་བྱས་པས། ཡུལ་གཞན་དུ་གནས་སྤོས་

དབུལ་སྐྱོར་མང་ཚོགས་ཀྱི་ཡོང་འབབ་རྒྱུན་མཐུད་མང་དུ་ཕྱིན་ཡོད།

གྲོང་ཚོར་སློབ་ཆུང་བཙུགས་པ་མ་ཟད། དེང་རབས་ཅན་གྱི་སློབ་ཁྲིད་སྒྲིག་ཆས་སྒྲིག་སྦྱོར་ཡང་བྱས་ཡོད། གནས་སྡོད་ཁྱིམ་ཚང་གི་སློབ་ལོ་ལོན་པའི་བྱིས་པ་སློབ་ཡོན་སྤྲོད་མི་དགོས་པར་སློབ་གྲྭར་འཇུག་གི་ཡོད་ལ། ལྷ་ས་གྲོང་ཁུལ་གྱི་སློབ་གྲྭ་ཁག་ཏུའང་བསྐྱོད་ཆོག ངར་སློབ་ཆུང་གི་རིག་གནས་ཆུ་ཚད་ལས་མེད། ལོ་འདི་དག་རིང་རིག་གནས་ཆུ་ཚད་དམའ་བའི་དབང་གིས་གྱོང་ཆེན་པོ་རག་བྱུང་། ངའི་ཕྲུ་གུ་རྣམས་སློབ་གྲྭ་ཡག་པོ་འགྲིམ་ཐུབ་པའི་རེ་བ་ཆེན་པོ་ཡོད་ཅེས་ཚེ་རིང་རྡོ་རྗེས་གསར་འགོད་པར་བཤད་བྱུང་།

མལ་གྲོ་གུང་དཀར་རྫོང་།

ཐོན་ལས་སྔོན་དུ་བཞག་ནས་གནད་སྨིན་དབུལ་སྒྲོལ་ལ་སྐུལ་འདེད་བཏང་བ།

ཉེ་དུས། གསར་འགོད་པ་མལ་གྲོ་གུང་དཀར་རྫོང་གུང་དཀར་གྲོང་རྡལ་དག་པ་གྲོང་ཚོའི་བྱེ་རྗོ་བཟོ་གྲྭར་སླེབས་སྐབས། དེ་གར་འཕྲུལ་འཁོར་གྱི་ཝུར་སྒྲ་དང་བླངས་འཁོར་འགྲོ་འོང་གི་རྣམ་པས་ཁེངས་པ་དང་མི་རྣམས་ལས་ལ་བྲེལ་བཞིན་མཆིས། 2018ལོའི་ཟླ་4པར། མལ་གྲོ་གུང་དཀར་རྫོང་གི་དབུལ་སྐྱོར་གཙོ་གནད་ཐོན་ལས་རྣམ་གྲངས་ཡིན་པའི་མལ་གྲོ་དག་པོའི་བྱེ་རྗོ་བཟོ་གྲྭ་སྒྲིའི་ཆར་བསྒྲུབ་ཟིན་ནས་ལས་འགོ་ཚུགས་པ་དང་། ལས་འགོ་བཙུགས་ནས་ལོ་གཅིག་ཀྱང་མ་འགོར་བར་བྱེ་རྗོ་བཟོ་གྲྭར་ཡོང་འབབ་སྒོར་ཁྲི་1400ལྷག་ཙམ་བྱུང་བ་དང་། བྱེ་རྗོ་བཟོ་གྲྭ་བསྐྱུ་སྒྲིལ་དང་ཚད་ལྡན་དུ་བཏང་ནས་ཉེ་འཁོར་གྱི་མང་ཚོགས་ལས་ཞུགས་ཐུབ་རྒྱུར་སྟེ་ཁྲིད་བྱས་ཡོད།

དབུལ་སྒྲོལ་འགག་སྒྲོལ་གྱི་དམག་འཐབ་ལ་རྒྱལ་ཁ་ལེན་པར་འགག་རྩ་དེ་ཐོན་ལས་ལ་ཐུག་ཡོད། དབུལ་པོའི་རྩ་བ་དྲུངས་ནས་འབྲིན་རྒྱུ་དང་ཐོན་ལས་གོང་འཕེལ་གཏོང་རྒྱུ་དེ་གནས་སྨིན་དབུལ་སྒྲོལ་ཐུབ་པའི་འགག་རྩར་གྱུར་ཡོད། དབུལ་སྒྲོལ་འགག་སྒྲོལ་གྱི་དམག་འཐབ་ཕྱོགས་ཡོངས་ནས་རྒྱག་འགོ་ཚུགས་ཚུན། མལ་གྲོ་གུང་དཀར་རྫོང་གིས་ཐོན་ལས་འདི་ཉིད་གནད་སྨིན་དབུལ་སྐྱོར་གྱི་བྱ་ཐབས་བཟང་པོ་ཞིག་ཏུ་བརྩིས་ཡོད། ལོ་ལྔ་ཚན་བཅུ་གསུམ་པའི་རིང་། དབུལ་སྐྱོར་ཐོན་ལས་ཀྱི་རྣམ་གྲངས་53འཆར་འགོད་བྱས་པར་མ་འཛོག་བསྡོམས་འབོར་སྒོར་དུང་ཕྱུར་6.75བྱ་རྩིས་ཡོད་པ་དང་། མིག་སྔར་རྣམ་

གྲངས་51ལས་འགོ་བཙུགས་པ་དང་རྣམ་གྲངས་40ལེགས་གྲུབ་བྱུང་ནས་ལེགས་གྲུབ་ཟིན་ཚད་བརྒྱ་ཆ78.43ཟིན་པ་དེས་དུད་ཚང་དབུལ་པོ་1460དང་མི་གྲངས་5830སྐྱེ་ཁྲིད་དེ་དུད་ཚང་རེར་ལོ་ལྟར་ཡོང་འབབ་སྒོར་1500ཡན་བགོ་བཤའ་རྒྱག་གི་ཡོད།

དེ་དང་ཕྱོགས་མཚུངས། ལྷ་ས་གྲོང་ཁྱེར་མལ་གྲོ་གུང་དཀར་རྫོང་གིས་གནད་སྨིན་དབུལ་སྐྱོར་དང་གནད་སྨིན་དབུལ་སྒྲོལ་དེ་ཉིད་ཆབ་སྲིད་ཀྱི་ལས་འགན་དང་དམངས་འཚོའི་འདུ་འགོད་ཨང་དང་པོར་བརྩིས་ནས་དམ་འཛིན་བྱས་པ་དང་ཆེད་དམིགས་དབུལ་སྐྱོར་དང་། ལས་རིགས་དབུལ་སྐྱོར། བོད་སྐྱོར་དབུལ་སྐྱོར། དངུལ་རྩའི་དབུལ་སྐྱོར། སྤྱི་ཚོགས་དབུལ་སྐྱོར་བཅས་ཕྱོགས་ཡོངས་ནས་དོན་འཁྱོལ་བྱས་ཏེ་རྫོང་ཡོངས་ཀྱི་དབུལ་སྒྲོལ་འགག་སྒྲོལ་གྱི་ལས་དོན་ལ་སྐུལ་འདེད་ཏན་ཏིག་བཏང་བ་རེད།

དབུལ་སྒྲོལ་འགག་སྒྲོལ་གྱི་ལམ་བུའི་ཐོག མལ་གྲོ་གུང་དཀར་རྫོང་གིས་དམངས་འཚོའི་གནད་དོན་ལས་ཀའི་འགོ་འཛུགས་ས་དང་དོན་ལ་བབས་སར་བརྩིས་ནས་དམངས་ཕན་འདུ་འགོད་དང་དམངས་སེམས་དང་མཐུན་པའི་འདུ་འགོད་སོགས་ལག་ལེན་གཏིང་ཟབ་བསྟར་ཏེ། མ་དངུལ་སྒོར་དུང་ཕྱུར་1.94བཏང་ནས་ཡུལ་གཞན་དུ་དབུལ་སྐྱོར་གནས་སྤོའི་ས་ཚིགས་ཀྱི་རྣམ་གྲངས་གཉིས་ལག་ལེན་བསྟར་བར་མིག་སྔར་དུད་ཚང་661དང་མི་གྲངས་2785གནས་སྤོ་བྱས་ཤིང་། གནས་སྤོ་བྱས་པའི་མང་ཚོགས་ཚང་མར་དུད་ཚང་རེར་ལས་གནས་རེའི་ཆ་བྱ་གཞིར་བཟུང་ལས་གནས་རེ་བཀོད་སྒྲིག་བྱས་པ་དང་། མིག་སྔ་བར་མི་གྲངས་790ལས་ཞུགས་ཐུབ་ཡོད་པ་རེད། 2018ལོར་སྔོན་བཙུད་དང་འབྲེལ་བའི་ལས་གནས་2937བཀོད་སྒྲིག་བྱས་པར་མ་དངུལ་སྒོར་ཁྲི་1027.95སྤྲད་པ་དང་། མི་2803ལ་གནས་གཏན་འཕེལ་གྱི་ཁ་གསབ་མ་དངུལ་སྒོར་ཁྲི་72.878སྤྲད་པ། དམིགས་བསལ་དང་ཁ་ཐོར་གྱི་འགན་ལེན་ལྷའི་བསླེན་བཀུར་བྱ་ཡུལ་མི་གྲངས་38གཏན་འཕེལ་བྱས་པར་མ་དངུལ་སྒོར་ཁྲི་20སྤྲད་པ། གྲོང་གསེབ་ཀྱི་མ་མཐའི་འཚོ་བའི་འགན་ལེན་བྱ་ཡུལ་མི་གྲངས་1127ལ་མ་དངུལ་སྒོར་ཁྲི་269.86སྤྲད་པ། ལོ་60ཡན་གྱི་ཡིག་ཚགས་

དང་གླ་བཟོས་པའི་རྒྱན་རྐོན་དབུལ་པོ་615ལ་ལོ་སྟོད་ཀྱི་མ་དངུལ་སྒོར་ཁྲི་135.12སྤྲད་པ། ཡིག་ཚགས་དང་གླ་བཟོས་པའི་སློབ་ཆེན་གྱི་སློབ་མ་དབུལ་པོ་221ལ་སློབ་ཡོན་དང་། ཐྲོག་དེབ་ཀྱི་རིན་པ། ཉལ་ཁང་གི་རིན་པ་བཅས་སྒོར་ཁྲི་185.16ཟིན་པའི་འགྲོ་སོང་རྩིས་ཞུ་བྱས་པ། ཡིག་ཚགས་དང་གླ་བཟོས་པའི་དུད་ཚང་དབུལ་པོའི་མི་གྲངས་222ལ་སྨན་བཅོས་དང་སྨན་ཁང་དུ་བསྡད་པའི་གྲོན་དངུལ་སྒོར་ཁྲི་339.06ཟིན་པའི་འགྲོ་སོང་རྩིས་ཞུ་བྱས་པ་དང་དུས་མཚུངས། མ་དངུལ་སྒོར་ཁྲི་30.8བཏང་ནས་སྐྱ་གྲིབ་ཕོག་པའི་ནད་པ་102ལ་རིན་མེད་ཐོག་སྨན་བཅོས་བྱས་ཡོད།

དབུལ་སྐྲོལ་འགག་སྒྲོལ་གྱི་དམག་འཐབ་ཐད་མལ་གྲོ་གྲུང་དཀར་རྫོང་གིས་དཀའ་ངལ་སྣ་ཚོགས་ཁྱད་བསད་བྱས་པས། ད་ཆ་མིག་ལམ་དུ་འཆར་བ་ནི་དབྱར་མཚོ་རྒྱས་པ་ལྟར་གོང་འཕེལ་འགྲོ་བའི་ཐོན་ལས་དང་། གྲལ་སྟར་སྒྲིག་ཅིང་བག་ཕེབས་པའི་ཁང་བཟང་། འཛུམ་མདངས་ཀྱིས་ཁྱུག་པའི་ངོ་གདོང་བཅས་ཡིན་པ་རེད།

འདི་ནི་གནས་སྡོས་དུད་ཚང་གི་རྒྱན་རྐོན་ཕན་ཐོགས་སྐྲོལ་མ་དང་ཁོང་གི་བུ་མོས་བོད་ཁྲམ་འཐག་བཞིན་པ།

སྟོབས་ཤུགས་གཅིག་ཏུ་བསྒྲིལ་ནས་རླབས་ཆེན་བྱ་གཞག་གཏོང་། རྩ་བ་གཙང་མ་བརྟན་སྲུང་གིས་ལེའུ་གསར་པ་བརྩམས།

——གཞིས་རྩེ་གྲོང་ཁྱེར་གྱི་དྲིལ་བསྒྲགས་དང་བསམ་བློའི་ལས་དོན་ལ་བཀྲག་མདངས་འཚེར་ས་མང་བ།

མི་རིགས་ཁག་གི་མང་ཚོགས་ཀྱི་མཐུན་སྒྲིལ་འབད་འཐབ་དང་ཐུན་མོང་གི་བསམ་བློའི་རྨང་གཞི་དང་གཙོ་རྒྱུན་འདུ་ཤེས་འཛིན་སྟངས་ཀྱི་གཡུལ་ས་བརྟན་དུ་གཏོང་བ་དང་། དྲིལ་བསྒྲགས་དང་བསམ་བློའི་འཐབ་ཕྱོགས་ཀྱི་རང་ངོས་འཛུགས་སྐྱོང་ལ་ཕྱོགས་ཡོངས་ནས་ཤུགས་སྣོན་བརྒྱབ་སྟེ། ཞི་མཐུན་དང་། ཤེས་དཔལ། བདེ་སྐྱིད། མཛེས་སྡུག་བཅས་ལྡན་པའི་གཞིས་རྩེ་འཛུགས་སྐྲུན་བྱ་ཆེད་བསམ་བློའི་འགན་ལེན་དང་སྙིང་སྟོབས་ཀྱི་སྐྱུལ་ཤུགས་ཆེན་པོ་མགོ་འདོན་བྱས་པ་རེད།

གཙོ་རྐང་དང་བཟོད་དོན་གཙོ་བོར་དམིགས་ནས་མི་སེམས་ལ་གཉིང་ཟབ་ཟུག་པར་བྱས་པ།

རྗོ་མོ་གླང་མའི་འདབས་ནས་བསམ་བློའི་འོད་ཟེར་གང་སར་འཕྲོས། ཞིང་ནང་དང་ས་ཁ་དང་། བཟོ་གྲྭའི་འཁོར་ཁང་། སློབ་གྲྭའི་སློབ་ཁང་། སྤྱི་ཁྱུལ་གྱི་ཐང་ཆེན། ལས་ཁུངས་ཚན་པ་བཅས་སུ་ཞི་ཅིན་ཕིང་གི་དུས་རབས་གསར་པའི་ཀྲུང་གོའི་ཁྱད་ཆོས་ལྡན་པའི་སྤྱི་ཚོགས་རིང་ལུགས་ཀྱི་དགོངས་པ་སློབ་སྦྱོང་དང་ལག་བསྟར་དོན་འགྲོལ་བྱེད་པའི་ཚ་རླབས་ཤིག་འཕྱུར་ནས་བསམ་པའི་ཉམས་འགྱུར་གང་ལེགས་མངོན་བཞིན་ཡོད།

གསུང་བཤད་དང་བསྟུན་ནས་སློབ་སྦྱོང་དང་། རིགས་གཅིག་མཁས་ཅན་གྱི་ཟུར་

ཁྲིད་གཞིར་བཟུང་སློབ་སྦྱོང་། ཆེད་དོན་གཏིང་ཟབ་སྒོ་ནས་སློབ་སྦྱོང་། ཕྱོགས་ཡོངས་དང་ལེ་ལག་ཚང་བའི་སྒོ་ནས་སློབ་སྦྱོང་། དོན་དངོས་དང་ཟུང་འབྲེལ་བྱས་ནས་སློབ་སྦྱོང་། མཉམ་སྡེབ་གསོ་སྦྱོང་གི་སློབ་སྦྱོང་སོགས་གཞིས་རྩེ་གྲོང་ཁྱེར་གྱི་རིམ་ཁག་ཏང་རྩ་འཛུགས་ཀྱིས་སློབ་སྦྱོང་བྱེད་སྟངས་གསར་གཏོད་ཧུར་ཐག་བྱས་ནས། སློབ་སྦྱོང་གི་བྱེད་སྒོ་ཕུན་སུམ་ཚོགས་པོ་སྤེལ་བར་ཕན་འབྲས་བཟང་པོ་ཐོན་ཡོད། 2018ལོར། གཞིས་རྩེ་གྲོང་ཁྱེར་གྱིས་གྲོང་གསེབ་དར་རྒྱས་ཀྱི་འཐབ་ཇུས་སློབ་སྦྱོང་གཏིང་ཟབ་དང་《ཞི་ཅིན་ཕིང་གིས་རྒྱལ་སྲིད་སྐྱོང་ལུགས་སྐོར་གླེང་བ་》སློབ་སྦྱོང་གཏིང་ཟབ་བྱེད་རྒྱུ་བརྗོད་དོན་གཙོ་བོར་བྱས་པའི་སྒོ་རྒྱག་ནམ་པའི་སློབ་སྦྱོང་ཚོགས་འདུ་འཚོགས་པ་དང་། གྲོང་ཁྱེར་གྱི་ཚན་ཁག་ཆེན་པོ་བཞིའི་འགོ་ཁྲིད་དང་ཇོང་དང་ཆུས་ཁག་གི་ཏང་སྲིད་འགན་འཁུར་བློ་མཐུན་གཙོ་བོ་སོགས་ཞུགས་རྒྱུ་སྒྲིག་འཛུགས་བྱས་པས། ཞི་ཅིན་ཕིང་གི་དུས་རབས་གསར་པའི་ཀྲུང་གོའི་ཁྱད་ཆོས་ལྡན་པའི་སྤྱི་ཚོགས་རིང་ལུགས་ཀྱི་དགོངས་པར་ངོས་འཛིན་དང་གོ་བ་ལེན་ཟབ་ཏུ་ཕྱིན་ཡོད།

གཞི་རིམ་སྒྲོག་འགྲེལ་ཐད་ཤུགས་སྟོན་བརྒྱབ་ཅིང་། མི་སེར་གྱི་སྐད་སྒྱུར་བ་བྱས་པས་བསམ་བློ་གསར་པ་ཏང་ཡོན་དང་མང་ཚོགས་ཁྲོད་དུ་དྲིལ་བསྒྲགས་གང་ལེགས་ཐུབ་ཡོད། གཞིས་རྩེ་གྲོང་ཁྱེར་གྱིས་རིགས་གཅིག་མཁས་ཅན་དང་མཁས་དབང་དང་སྒྲོག་འགྲེལ་ཁང་འཛིན་པ་སོགས་ཀྱི་སྟོབས་ཤུགས་སྒྲིག་འཛུགས་བྱས་ནས་ཇོང་དང་ཆུས་ཁག་དང་ཤང་གྲོང་ཁག་གཅིག་ཏུ་བསྐྱོད་དེ་སྐོར་སྐྱོད་དཔེ་སྟོན་སྒྲོག་འགྲེལ་བྱས་ཤིང་། ཁྱོན་སྒྲོག་འགྲེལ་ཐེངས་28བྱས་པའི་ནང་མི་ཐེངས་3800ལྷག་ཙམ་ཞུགས་ཡོད་པ་རེད།

རིག་གནས་དང་ཤེས་དཔལ་ལ་གཞི་རྩུགས་ནས་རིག་གནས་ཛ་རིའི་འཐབ་ཇུས་ལ་སྒྲུལ་འདེད་གཏིང་ཟབ་བཏང་བ།

ཉེ་བའི་ལོ་གཉིས་རིང་། གཞིས་རྩེ་གྲོང་ཁྱེར་གྱིས་རིག་གནས་ཛ་མོ་གླང་མའི་འཐབ་

ཛུས་ལ་གཞི་ཚུགས་ནས་རིག་རྩལ་གསར་རྩོམ་དང་། སྤྱི་པའི་རིག་གནས་ཞབས་ཞུ། རིག་གནས་ཐོན་ལས་འཕེལ་རྒྱས། རིག་གནས་དང་རིག་དངོས་སྲུང་སྐྱོབ་བཅས་ལ་དམིགས་ཏེ་གཞིས་རྩེའི་རིག་གནས་ཀྱི་འཛམ་ཤུགས་དང་ཤུགས་རྐྱེན་ཐེབས་ཤུགས་ཟམ་མི་ཆད་པར་ཆེ་རུ་བཏང་བ་རེད།

རིག་རྩལ་གསར་རྩོམ་དང་འཁྲབ་སྟོན་རྒྱུན་མཐུད་དང་འཕེལ་རྒྱས་ཕྱིན་ཞིང་། འཚོ་བའི་ནང་ཞུགས་པ་དང་མི་དམངས་ལ་གཞི་ཚུགས་པའི་བརྗོད་དོན་གཙོ་བོའི་ལག་ལེན་བྱེད་སྒོ་གཏིང་ཟབ་སྤེལ་བ་དང་། ཇོ་མོ་གླང་མའི་སྒྱུག་ཚོགས་བྱེད་སྒོ་སྤེལ་བ། སྒྱུར་བཅོས་སྒོ་དབྱེ་བྱས་ནས་ལོ་40འཁོར་བ་དང་ཟུང་འབྲེལ་བྱས་ནས་སྣང་ཆེན་བཞི་དང་དགའ་ཞེན་བཞི་སོགས་བརྗོད་དོན་གཙོ་བོར་དམིགས་ནས《དགའ་བའི་བྲོ་གར་འཁྲབ་》ཅེས་པ་སོགས་ཀྱི་རིག་རྩལ་བརྩམས་ཆོས་160དང་རྩོམ་རིག་བརྩམས་ཆོས་62གསར་རྩོམ་བྱས་པ་རེད།

རིག་གནས་ཐོན་ལས་སྐྱོན་བྲལ་དང་འཕེལ་རྒྱས་ཕྱིན་ཞིང་། རང་སྐྱོང་ལྗོངས་ཀྱི་རིག་གནས་ཐོན་ལས་འཕེལ་རྒྱས་ཀྱི་ཆེད་དོན་མ་དངུལ་བསྡོན་ལེན་ཧུར་ཐག་བྱས་ནས་སྒྲིག་སྒྲོལ་རིགས་ཀྱི་རྣམ་གྲངས་གཉིས་ལ་རོགས་སྐྱོར་བྱེད་པར་སྒོར་ཁྲི་560བཏང་བ་དང་། ཧྲང་ཧྲའི་དང་ཧྲན་ཧྲུང་གིས་བོད་ལ་རོགས་སྐྱོར་བྱེད་པའི་རིག་གནས་ཁེ་ལས་24ལ་སྒོར་ཁྲི་6812བཏང་བ། རིག་གནས་ཁེ་ལས་20ལ་དབུལ་སྒྲོལ་འགག་སྒྲོལ་གྱི་རོགས་སྐྱོར་མ་དངུལ་སྒོར་ཁྲི་200རག་པ། གྲོང་ཁྱེར་རིམ་པའི་རིག་གནས་ཐོན་ལས་ཁག་དང་པོའི་དཔེ་སྟོན་རྟེན་གཞི（གླིང）37མིང་འདོགས་རྒྱུའི་ཆོག་མཆན་ཐྲུད་པ། གྲོང་ཁྱེར་རིམ་པའི་རིག་གནས་ཐོན་ལས་དཔེ་སྟོན་རྟེན་གཞི（གླིང）5རང་སྐྱོང་ལྗོངས་རིམ་པའི་རིག་གནས་ཐོན་ལས་ཁག་བཞི་པའི་དཔེ་སྟོན་རྟེན་གཞིའི（གླིང）གྲས་སུ་བདམས་པ། ཁྱད་ལྡན་རིག་གནས་ཐོན་ལས་རྣམ་གྲངས་43རང་སྐྱོང་ལྗོངས་ཀྱི་ཁྱད་ལྡན་རིག་གནས་ཐོན་ལས་ཀྱི་

གཙོ་གནད་རྣམ་གྲངས་མཚོན་ནང་བཙུག་པ། རིག་གནས་ཡུལ་སྐོར་གྱི་ཐོན་ལས་གླིང་གི་དུས་ཐེངས་དང་པོའི་རྣམ་གྲངས་ལས་འགོ་བཙུགས་ནས་འཛུགས་སྐྲུན་བྱས་པ། ཐང་གའི་ཞིས་ལྡན་མི་སྣའི་མི་སྟོང་གི་འདུ་འགོད་བདེ་བླག་དང་འགོ་བཙུགས་པ་བཅས་བྱས་པས་ཐོན་ལས་འཕེལ་རྒྱས་ལ་སྐྱེ་སྟོབས་ཀྱི་དཔལ་འབར་བཞིན་ཡོད་པ་རེད།

མང་ཚོགས་ཀྱི་བསམ་བློ་སློབ་གསོའི་བྱང་ཆད་མཐོ་རུ་བཏང་སྟེ་འདུ་ཤེས་འཛིན་སྟངས་ཀྱི་ཚུ་རགས་བརྟན་དུ་བཏང་བ།

སྣང་ཆེན་བཞི་དང་དགའ་ཞེན་བཞིའི་སྒྲིག་འགྲེལ་ཉན་རྗེས། ངས་རང་ཉིད་ཀྱི་ལག་བྱུང་ལ་བརྟེན་ནས་དགའ་སྤྱོད་སྤྱུག་འགྱུར་བྱེད་དགོས་ལུགས་ཤེས་བྱུང་ལ། སྤྱུག་བརྟེན་སློང་གསུམ་གཏན་ནས་བྱེད་རྒྱུ་མེད་པའི་གནས་ལུགས་ཀྱང་ཤེས་བྱུང་། པ་སྣམ་རྫོང་དཔའ་རྩལ་ཤང་བྱ་ཚང་གྲོང་ཚོའི་དུད་ཚང་དབུལ་པོ་བླ་བས་དུད་ཚང་དབུལ་པོའི་གྲས་ནས་འདོན་རྒྱུའི་འདུན་ཞུ་བྱས་པ་རེད།

སྣང་ཆེན་བཞི་དང་དགའ་ཞེན་བཞིའི་མང་ཚོགས་ཀྱི་སློབ་གསོ་ལག་ལེན་བྱེད་སྒོ་སྤེལ་བ་ནས་བཟུང་། གཞིས་རྩེ་གྲོང་ཁྱེར་གྱི་རིམ་ཁག་འབྲེལ་ཡོད་སྡེ་ཚན་གྱིས་རང་སྐྱོང་ལྗོངས་ཀྱི《སྤྱི་ཡོངས་ཀྱི་རྟུས་གཞི་》དང་གཞིས་རྩེ་གྲོང་ཁྱེར་གྱི《ལག་བསྟར་རྟུས་གཞིའི་》བླང་བྱ་གཞིར་བཟུང་། གཏིང་ཟབ་དང་ཕན་འབྲས་དངོས་ཐོན་རྒྱུའི་ཐད་ཤུགས་སྟོན་ཏན་ཏིག་རྒྱག་པ་དང་ལས་དོན་ཤུགས་ཆེན་བསྒྲུབས་ཤིང་། བཀོད་སྒྲིག་ལ་མཐོང་ཆེན་བྱས་པ་དང་ཆབས་ཅིག་ལྷ་སྐྱུལ་དོན་འཁྱོལ་ལའང་མཐོང་ཆེན་བྱས་ཏེ། སྣང་ཆེན་བཞི་དང་དགའ་ཞེན་བཞི་དོན་འཁྱོལ་ཏན་ཏིག་དང་ཕན་འབྲས་དངོས་ཐོན་པར་བྱས་པ་རེད།

སྣང་ཆེན་བཞི་དང་དགའ་ཞེན་བཞི་གཞིས་རྩེ་གྲོང་ཁྱེར་གྱི་གཙོ་གནད་ལས་དོན་13གྱི་གྲས་ལ་བརྩིས་ནས་ལྷ་སྐྱུལ་ཞིབ་བཤེར་གྱི་ཁྱབ་ཁོངས་དང་སྟོན་ཐོན་བརྗོད་ལེན་

དང་དཔྱད་ཞིབ་ཀྱི་ནང་དོན་གྲས་སུ་བཅུག་ཡོད། གྲོང་ཞུད་འགོ་ཁྲིད་གཙོ་བོས་དམ་འཛིན་དང་དོ་དམ་བྱས་ཏེ་སྣེ་ཁྲིད་དེ་ཞིབ་འཇུག་དང་། ལྟ་སྐུལ་མཇུག་ཁྲིད། དོན་འཁྱོལ་བཅས་བྱས་ཡོད། ལག་ལེན་བྱེད་སྒོ་ཁག་25དབྱེ་ཞིབ་ཞིབ་ཕྲ་དང་འཆར་འགོད་ཡག་པོ་བྱས་ཏེ་ལས་དོན་སྤེལ་བ་དང་། ལས་ཀའི་གནས་ཚུལ་འོས་འཚམ་ངང་བཀོད་གཏོང་། དུས་ཚོད་གཞིར་བཟུང་ལས་ཀའི་འཕེལ་རིམ་བརྡ་ཁྱབ་གཏོང་བ་བཅས་བྱས་ཏེ་བྱེད་སྒོ་གོ་རིམ་ལྡན་པའི་སྒོ་ནས་སྤེལ་བ་དང་སྐུལ་འདེད་ནུས་ལྡན་གཏོང་རྒྱུའི་འགན་ལེན་བྱས་པ་རེད།

བསྡོམས་རྩིས་བྱས་པ་གཞིར་བཟུང་། 2018ལོར། གཞིས་རྩེ་གྲོང་ཁྱེར་གྱིས་སྒྲིག་འགྲེལ་བྱེད་སྒོ་ཐེངས་ཁྲི་4.5སྤེལ་བའི་ནང་སློབ་གསོ་ཐོབ་མཁན་མང་ཚོགས་མི་ཐེངས་ཁྲི་297ཟིན་ཡོད། རྒྱལ་དར་སྒྲེང་བ་དང་རྒྱལ་གླུ་གཏོང་བ་སོགས་ཀྱི་ལག་ལེན་བྱེད་སྒོ་ཁག་25ཐེངས་གྲངས་ཁྲི་5.6སྤེལ་བས་མང་ཚོགས་མི་ཐེངས་ཁྲི་327ཞུགས་རྒྱུའི་ཡིད་དབང་བཀུག་ཡོད་པ་རེད།

སྨན་གླིང་རྫོང་གི་གྲོང་སྡོད་ལས་དོན་ཙུ་ཁག་ཁག་བརྒྱད་པས།

ཧུད་ཚང་དཔལ་ཡོར་གནད་སྨིན་བྱ་ཐབས་བརྟོན་ནས་ཐོན་ལས་གཏན་འཁེལ་བྱས་པ།

སྨན་གླིང་རྫོང་གི་གྲོང་སྡོད་ལས་དོན་ཙུ་ཁག་ཁག་བརྒྱད་པས་དཔལ་འབྱོར་འཕགས་སྤྲོལ་གྱི་ལས་དོན་ལ་ཚད་མཐོའི་མཐོང་ཆེན་བྱས་ཏེ་ཧུད་ཚང་དཔལ་ཡོར་དུས་བཀག་དང་དུས་ངེས་མེད་ཀྱི་འདྲི་རྩད་བྱས་ནས་ཞིབ་རྟོགས་ཐུབ་པའི་གནད་དོན་དང་དཀའ་ངལ་ལ་དུས་ཐོག་ཏུ་རྒྱབ་སྐྱོར་དང་ཐག་གཅོད་ཀྱིས་དཔལ་པོ་རང་ཡོག་གི་གནད་དོན་གཏན་འགོག་བྱས་པ་རེད།

ཧུད་ཚང་དཔལ་པོའི་ཁྲིད་སྐུག་རྟེན་སློང་གསུམ་གྱི་བསམ་བློ་སྟང་བཞིན་གནས་པའི་གནད་དོན་ལ་དམིགས་ཏེ་སྨན་གླིང་རྫོང་གི་གྲོང་སྡོད་ལས་དོན་ཙུ་ཁག་ཁག་གིས་ཡིག་ཚགས་དང་གླ་བཟོས་པའི་ཧུད་ཚང་དཔལ་པོའི་བསམ་བློ་ཆབ་སྲིད་ཀྱི་ལས་དོན་ལ་མུ་མཐུད་ཤུགས་སྣོན་བརྒྱབ་སྟེ་བཞི་གཏད་གཅིག་གི་ཆ་སྒྲིག་རིགས་སྐྱོར་ལས་ཀའི་ལམ་སྲོལ་དང་། དེ་བཞིན་གྲོང་སྡོད་ལས་དོན་ཙུ་ཁག་གི་ནུས་པ་འདོན་སྤེལ་གང་ལེགས་ཀྱིས་སྟང་ཡོད་ཀྱི་བསམ་བློའི་སློབ་གསོའི་རྨང་གཞིའི་ཐོག་དཔལ་སྐྱོར་དང་བློ་སྐྱོར་ལ་ཤུགས་སྣོན་བརྒྱབ་ནས་མང་ཚོགས་ལ་རང་ངོས་འཕེལ་རྒྱས་ཀྱི་འདུ་ཤེས་ཟབ་ཏུ་གཏོང་བར་ཁྲིད་སྟོན་གཏིང་ཟབ་བྱས་པ་དང་། གྲོན་དཔུལ་འདང་ངེས་ཡོད་པའི་ཆ་རྐྱེན་འོག་ཡིག་ཚགས་དང་གླ་བཟོས་པའི་ཧུད་ཚང་དཔལ་པོའི་འཕྲུས་མི་སྒྲིག་འཛུགས་བྱས་ནས་དཔལ་འབྱོར་འཕེལ་རྒྱས་རུང་ལེགས་པའི་གྲོང་ཚོར་ལྟ་སྐོར་དུ་ཁྲིད་པ་རེད།

སྨན་གླིང་རྫོང་གི་གྲོང་སྡོད་ལས་དོན་ཙུ་ཁག་ཁག་གིས་ཐོན་ཁུངས་ཀྱི་ལེགས་ཆ་དང་

དུད་ཚང་དབུལ་པོའི་དགོས་མཁོ་དངོས་ལ་གཞིགས་ཏེ་གནད་སྨིན་བྱེད་ཐབས་བཏོན་པ་དང་། དུད་ཚང་དབུལ་པོར་རང་ངོས་དང་འཚམ་པའི་འབབ་འཕར་ཐོན་ལས་འཕེལ་རྒྱས་གཏོང་རོགས་བྱས་ཏེ་ཉེ་དུས་ཀྱི་དབུལ་སྐྲོལ་དང་ཕུགས་ཀྱི་ཕྱུག་འགྱུར་ཟུང་འབྲེལ་གྱིས་གྲོང་ཚོའི་མཉམ་སྤེལ་དཔལ་འབྱོར་དང་དུད་ཚང་དབུལ་པོའི་ཡོང་འབབ་བརྟན་པོའི་ངང་འཕར་བའི་ལམ་སྲོལ་བཙུགས་ཡོད། གྲོང་སྡོད་ལས་དོན་ཚ་ཁག་ཁག་གིས་ཐོན་ལས་དབུལ་སྐྱོར་ཡོངས་ཁྱབ་ཐུབ་པའི་རྨང་གཞིའི་ཐོག་ཞིང་ལས་འཚམ་སར་ཞིང་ལས་དང་། ལས་གཏོད་འཚམ་སར་ལས་གཏོད། ལས་ཞུགས་འཚམ་སར་ལས་ཞུགས། ཚོང་གཉེར་འཚམ་སར་ཚོང་གཉེར་བཅས་བྱེད་པའི་བསམ་ཕྱོགས་གཞིར་བཟུང་། དུད་ཚང་དབུལ་པོའི་དབུལ་སྐྲོལ་ཕྱུག་འགྱུར་གྱི་འཛིན་ཐང་རྒྱུན་ཆད་མེད་པར་ཆེ་རུ་བཏང་བ་རེད།

དབུལ་སྐྲོལ་འགག་སྒྲོལ་གྱི་ལས་དོན་སྲ་བརྟན་དུ་གཏོང་བ་དང་། མང་ཚོགས་དབུལ་པོའི་རང་ངོས་འཕེལ་རྒྱས་ཀྱི་འཛིན་ཐང་ཆེ་རུ་གཏོང་བ། ཕྱུག་འགྱུར་གྱི་ལམ་བུ་ཡངས་སུ་གཏོང་བ་བཅས་བྱ་ཆེད། གྲོང་སྡོད་ལས་དོན་ཚ་ཁག་ཁག་གིས་མང་ཚོགས་དབུལ་པོས་སྟོངས་ཚོད་ཀྱིས་ལས་ཞུགས་བྱེད་པ་དང་། ཆེད་ལས་རྩལ་ནུས་མི་འདང་བའི་དངོས་ཡོད་གནས་ཚུལ་ལ་གཞིགས་ཏེ་ཞིང་འབྲོག་མང་ཚོགས་སྒྲིག་འཛུགས་ཀྱིས་རྩལ་ནུས་གསོ་སྦྱོང་དང་། མང་ཚོགས་ཀྱི་འཛིན་ཐང་ཆེ་རུ་གཏོང་བར་མུ་མཐུད་དམ་འཛིན་གྱིས་མང་ཚོགས་ཀྱི་དབུལ་སྐྲོལ་ཕྱུག་འགྱུར་ལ་ཐབས་ལམ་གསར་གཏོད་བྱས་པ་རེད།

དབུལ་སྐྱོར་སྲིད་ཇུས་དྲིལ་བསྒྲགས་ལ་ཤུགས་སྣོན་བརྒྱབ་སྟེ་དབུལ་སྐྱོར་གྱི་ཕན་འབྲས་བརྟན་དུ་བཏང་བ། ཐོན་ལས་ལ་མངོན་གསལ་དོད་པོས་རོགས་སྐྱོར་བྱས་ཏེ་ཞིང་དུད་ཀྱི་འབབ་འཕར་བརྟན་དུ་བཏང་བ། རྩལ་ནུས་གསོ་སྦྱོང་ལ་ཤུགས་སྣོན་བརྒྱབ་སྟེ་མང་ཚོགས་ཀྱི་འབབ་འཕར་འཛིན་ཐང་ཆེ་རུ་བཏང་བ།

ཐོན་ལས་ཕྱོགས་སྒྱུར་རིམ་སྤོར་གྱིས་གྲོང་གསེབ་དར་རྒྱས་སྐུལ་འདེད་གཏོང་།

——གཞིས་རྩེ་གྲོང་ཁྱེར་གྱི་ཞིང་འབྲོག་ཐོན་ལས་འཕེལ་རྒྱས་སྐོར་གྱི་སྙིལ་བསྡད།

ཉེ་བའི་ལོ་ཤས་རིང་། གཞིས་རྩེ་གྲོང་ཁྱེར་གྱིས6677ཀྱི་སྤྱིའི་ལས་ཀའི་བསམ་ཕྱོགས་ལ་དམ་པོར་དམིགས་ནས་ཧ་ན་མེད་པའི་རྒྱལ་ཁབ་ཀྱི་ས་ཆ་སྲུང་མཁན་དང་བདེ་སྐྱིད་ལྡན་པའི་ཁྱིམ་གཞིས་སྐྲུན་མཁན་བརྗོད་དོན་གཙོ་བོར་བྱེད་པའི་གྲོང་གསེབ་དར་རྒྱས་འཐབ་རྩུས་ལག་ལེན་བསྟར་རྒྱུར་དམིགས་པ་དང་། དབུལ་སྤྲོལ་འགག་སྤྲོལ་དམག་འཐབ་ལ་རྒྱལ་ཁ་ལེན་པ་དང་ཕྱོགས་ཡོངས་ནས་འགྱུར་འབྲིང་སྤྱི་ཚོགས་བསྐྲུན་པའི་རྒྱལ་ཁ་ཕུ་ཐག་གཅོད་རྒྱུར་དམིགས་པ། ཞིང་འབྲོག་ལས་མཁོ་སྤྲོད་ཕྱོགས་ཀྱི་གྲུབ་ཆའི་རང་བཞིན་གྱི་སྒྱུར་བཅོས་ལ་སྐུལ་འདེད་གཏོང་རྒྱུ་གཙོ་རྐང་དུ་བྱེད་རྒྱུ་མཐའ་འཁྱོངས་བཅས་བྱེད་པ་མ་ཟད། སྲུས་ཚད་ལ་བརྟེན་ནས་གྲོང་གསེབ་དར་རྒྱས་གཏོང་བ་དང་། ལྟོང་མདོག་ལ་བརྟེན་ནས་གྲོང་གསེབ་དར་རྒྱས་གཏོང་བ། ཐོན་ལས་ལ་བརྟེན་ནས་གྲོང་གསེབ་དར་རྒྱས་གཏོང་བ་བཅས་ཤུགས་རྒྱག་སར་བྱེད་པ། ཞིང་འབྲོག་པའི་འབབ་འཕར་ལ་སྐུལ་འདེད་གཏོང་རྒྱུ་དོན་ལ་བབས་སར་བཙིས་ནས་བྱ་ཐབས་ཁག་དོན་འཁྱོལ་ལ་དམ་འཛིན་ནན་པོ་བྱས་པས། སྔོན་རྩིས་བྱས་ན། གྲོང་གསེབ་ཀྱི་གྲོང་མིའི་བགོ་སྤྱོད་ཆོག་པའི་ཡོང་འབབ་སྒོར་10424ཟིན་པ་དེ་དུས་མཚུངས་ལས་བརྒྱ་ཆ13འཕར་ཡོད་པ་རེད།

ཐོན་ནུས་རྒྱ་ཆེར་གཏོང་རྒྱུར་དམིགས་ནས།

ཞིང་འབྲོག་ཐོན་རྫས་ཀྱི་མཁོ་སྤྲོད་འདང་ངེས་དང་བརྟན་པོའི་ངང་མཐོ་རུ་བཏང་བ།

ཉེ་བའི་ལོ་ཤས་རིང་། གཞིས་རྩེ་གྲོང་ཁྱེར་གྱིས་སྲིད་འཛིན་གྱི་སྐྱུལ་འདེད་གཏོང་ཤུགས་ཆེ་རུ་ལས་ཆུང་དུ་མི་གཏོང་བ་དང་། ནས་ཐོན་སྐྱེད་ཀྱི་གཞི་ཁྱོན་ཆེ་རུ་ལས་ཆུང་དུ་མི་གཏོང་བ། སོན་བཟང་ཁྱབ་གདལ་གཏོང་ཁྱོན་ཆེ་རུ་ལས་ཆུང་དུ་མི་གཏོང་བ། དངོས་ཟོག་གཏོང་བའི་ཆུ་ཚད་མཐོ་རུ་ལས་དམའ་རུ་མི་གཏོང་བ། ཚན་རྩལ་གྱི་ཞབས་འདེབས་ཞུ་ནུས་ཆེ་རུ་ལས་ཆུང་དུ་མི་གཏོང་བ་བཅས་ཀྱི་ལས་དོན་ཁག་ལྔར་དམ་འཛིན་ཡག་པོ་བྱེད་པ་དང་། འབྲུ་རིགས་ལྡང་མདོག་དང་སྤུས་ཆེ་དང་ཕན་ཆེའི་གཏོད་འཛུགས་དཔེ་སྟོན་རྒྱ་ཁྱོན་མུའུ་ཁྲི་73དང་། མུའུ་སྟོང་གི་རྒྱ་མ་སྟོང་དང་མུའུ་བརྒྱ་ཡི་རྒྱ་མ་སྟོང་གི་ཐོན་འབབ་མཐོ་བའི་ནས་འདེབས་གསོའི་དཔེ་སྟོན་ཁུལ་145 ས་དཔྱད་ལུད་སྦྱོར་གྱི་ལུད་བཀྲམ་པའི་དཔེ་སྟོན་མུའུ་ཁྲི་78བཅས་དོན་འགྲུབ་བྱས་ཡོད། ཞིང་ལས་སྐྱེ་དངོས་ཀྱི་སོན་བཟང་འདེབས་འཛུགས་རྒྱ་ཁྱོན་མུའུ་ཁྲི་89.85དོན་འགྲུབ་བྱས་པས་ནས་ཀྱི་སོན་བཟང་ཁྱབ་ཚད་བརྒྱ་ཆ94ཡན་ཟིན་ཡོད། ནས་ཀྱི་ཐོན་འབབ་མཐོ་རུ་གཏོང་བ་ལ་དམིགས་ནས་ཞིང་ལས་སྐྱེ་དངོས་ཀྱི་སོན་བཟང་གསོ་སྤེལ་རྟེན་གཞི་མུའུ་77849བསྐྲུན་ཡོད། ནས་ཀྱི་སོན་བཟང་ཁྱབ་གདལ་དམིགས་ཚད་དང་ལས་འགན་ལེགས་གྲུབ་ཟིན་ཏེ་མུའུ་ཁྲི་60.002ཟིན་པའི་ཧི་མ་ལ་ཡ་ཨང་22དང་མུའུ་ཁྲི་18.28ཟིན་པའི་བོད་ནས་ཨང་2000དོན་འགྲུབ་བྱས་པ་རེད།

2018ལོར། གྲོང་ཁྱེར་ཡོངས་ཀྱི་ལག་ཡོད་ཕྱུགས་རིགས་མགོ་གྲངས་ཁྲི་453.78ཟིན་པ་དང་གསར་སྐྱེས་ཕྱུགས་ཕྲུག་གསོན་ཚད་མགོ་གྲངས་ཁྲི་149.84ཟིན་ནས་གསོན་ཚད་བརྒྱ་ཆ93.1ཟིན་པ་དང་། བཤས་བཏང་བའི་ཕྱུགས་རིགས་མགོ་གྲངས་ཁྲི་158.01ཟིན་པ། ཤ་

དང་། འོ་མ། སྒོ་ང་བཅས་ཀྱི་ཐོན་ཚད་ཏུན་ཁྲི་4.93དང་། ཏུན་ཁྲི་11.18 ཏུན་913.5བཅས་སོ་སོར་ཟིན་ཡོད་པ་རེད།

གྲུབ་རྟགས་ལ་བརྟེན་ནས་གྲོང་གསེབ་སྟོབས་ཆེར་གཏོང་རྒྱུར་དམིགས་ཏེ།

དབུལ་སྒྲོལ་འགག་སྒྲོལ་ལ་རམ་འདེགས་བྱས་པ།

ཉེ་བའི་ལོ་ཤས་རིང་། གཞིས་རྩེ་གྲོང་ཁྱེར་གྱི་གྲོ་མོའི་མོག་རོ་དང་། གམ་པའི་ལུག ཨེ་མ་སྣང་གི་ཞོག་ཁོག ཕག་རིའི་འབྲི་གཡག་སོགས་ཐོན་རྫས་རབ་དང་རིམ་པར་རྒྱལ་ཁབ་ཀྱི་ས་ཁམས་མཚོན་རྟགས་ཐོན་རྫས་སྲུང་སྐྱོང་གི་དཔང་བདེན་ར་སྤྲོད་ཐོབ་པ་དང་། 2018ལོར། པ་སྣམ་རྫོང་གི་དེང་རབས་ཞིང་ལས་ཐོན་ལས་གླིང་རྒྱལ་ཁབ་ཀྱི་དེང་རབས་ཞིང་ལས་ཐོན་ལས་གླིང་གི་གཏོད་འཛུགས་མིང་ཐོར་བདེ་བླག་དང་ཚུད་ནས་མིང་ཐོའི་ནང་ཚུད་པའི་རང་ལྗོངས་ཀྱི་ཞིང་ལས་ཐོན་ལས་གླིང་ཐོག་མ་དེར་གྱུར་ཡོད།

གཞིས་རྩེའི་འོ་མ་དང་། གཞིས་རྩེའི་ནས། འབྲོང་པའི་གནའ་བ་ཁམ་པ། ཧོར་པའི་ལུག གཞིས་རྩེའི་ཡུག་པ། སྙིད་ལག་འབྲི་གཡག ཟངས་ཟངས་འབྲི་གཡག ཟངས་ཟངས་མར་སོགས་ས་ཁམས་མཚོན་རྟགས་8ཀྱི་མཚོན་བྱེད་ཚོང་རྟགས་ལ་རྒྱལ་ཁབ་ཚོང་རྟགས་ཅུས་ཀྱི་ཐོག་མའི་ཞིབ་བཤེར་བྱས་ཟིན་པ་དང་། གྲོང་ཁྱེར་ཡོངས་སུ་ས་ཁམས་མཚོན་རྟགས་ཀྱི་ཚོང་རྟགས་26ཡོད་པ་དང་། སྐྱེ་གནོད་མེད་པའི་ཐོན་རྫས་དཔང་བདེན་ར་སྤྲོད་ཐོབ་པ་32ཡོད་པ་བཅས་ལས་པ་སྣམ་རྫོང་འདི་ཉིད་ལྗོངས་ཡོངས་ཀྱི་སྐྱེ་གནོད་མེད་པའི་ཐོན་རྫས་ངོས་འཛིན་དང་ལག་ཁྱེར་སྤྲད་པའི་རྫོང་དང་པོར་གྱུར་ཡོད།

མིག་སྔར། གཞིས་རྩེ་གྲོང་ཁྱེར་ཞིང་འབྲོག་ལས་ཐོན་ལས་ཅན་གྱི་གཉེར་སྐྱོང་སྡེ་འཛིན་ཁེ་ལས་18བར་མང་དུ་ཕྱིན་པར་མ་རྩ་བསྒོམས་འབོར་སྒོར་དུང་ཕྱུར་16.1ཟིན་པ་དང་། ཐོན་སྐྱེད་རིན་ཐང་བསྒོམས་འབོར་སྒོར་དུང་ཕྱུར་5.85ཟིན་པ། ཁེ་བཟང་སྒོར་

དུང་ཕྱུར་1.2ཟིན་པ། མི་གྲངས་3752དུས་ཡུན་རིང་པོ་ལས་ཞུགས་ལ་སྐྱལ་ཁྲིད་ཐེབས་པ་བཅས་དང་། ཞིང་འབྲོག་པའི་ཆེད་ལས་མཉམ་ལས་ཁང་720ཟིན་པར་རྒྱལ་ཁབ་རིམ་པའི་མཉམ་ལས་ཁང་14ཡོད་པར་ཐོ་འགོད་མ་དངུལ་སྒོར་དུང་ཕྱུར་3.8ཟིན་པ་དང་། ཁོངས་མི་7000ལྷག་ཟིན་པ། དུད་ཚང་དབུལ་པོ་ཁྲི་2.7ལ་སྐྱལ་ཁྲིད་ཐེབས་པ་བཅས་རེད།

 སྒྱུར་བཅོས་ཟབ་གཏོང་ལ་དམིགས་ནས།

གྲོང་གསེབ་ཀྱི་མཉམ་སྡེབ་ཐོན་དབང་ལམ་ལུགས་སྒྱུར་བཅོས་ལ་སྐྱུལ་འདེད་བརྟན་པོ་བཏང་བ།

ཉེ་བའི་ལོ་གཉིས་ནང་། པ་སྣམ་རྫོང་གི་ཤང་དང་གྲོང་རྡལ་5དང་། སྲིད་འཛིན་གྲོང་ཚོ་16 དུད་ཚང་1000ལྷག་ཙམ་གྱི་ས་ཞིང་བརྒྱུད་བཤུག་བཏང་བར་རྒྱ་ཁྱོན་མུའུ20894ཟིན་པ་དང་། ས་ཞིང་བརྒྱུད་བཤུག་ནས་མི་རེར་ཆ་སྙོམས་འབབ་འཕར་སྒོར་5000ཡན་བྱུང་ཡོད་པ་རེད།

མིག་སྔར། གཞིས་རྩེ་གྲོང་ཁྱེར་གྱི་ས་ཞིང་གི་དབང་ཆ་གཏན་འཁེལ་ལས་དོན་སྤྱིར་ན་ལེགས་གྲུབ་ཟིན་ཏེ་འགན་གཙང་གཉེར་སྐྱོང་དབང་ཆའི་ལག་ཁྱེར་105146སྤྲད་ནས་ལག་ཁྱེར་སྤྲོད་ཚད་བརྒྱ་ཆ97.41ཟིན་ཡོད། ས་དགའ་རྫོང་གིས་རྩྭ་ཐང་གི་དབང་ཆ་གཏན་འཁེལ་གྱི་ལག་ཁྱེར་སྤྲོད་པའི་ཚོད་ལྟའི་ལས་དོན་སྤེལ་ནས་དེ་ཁྱིངས་རྫོང་དང་ཆུས་ཀྱི་མང་ཚོགས་ཀྱིས་ས་ཞིང(རྩྭ་ར)བརྒྱུད་བཤུག་གཏོང་རྒྱུར་ཁྲིད་སྟོན་ཧུར་ཐག་བྱས་ཏེ་གཞི་ཁྱོན་འོས་འཚམ་གྱི་གཉེར་སྐྱོང་ལ་རྒྱང་གཞི་འདིང་བཞིན་ཡོད་པ་རེད།

རྒྱུ་ནོར་གཙང་བཤེར་དང་མ་རྩ་ཞིབ་རྩིས་རྒྱག་པའི་ལས་དོན་ཐད། གཞིས་རྩེ་གྲོང་ཁྱེར་གྱིས་པ་སྣམ་དང་། རྒྱལ་རྩེ། གྲོ་མོ་བཅས་རྫོང་3གྱི་ཤང་དང་གྲོང་རྡལ་37དང་། སྲིད་འཛིན་གྲོང་ཚོ་291 གྲོང་མིའི་ཚོགས་ཆུང་429བཅས་ཀྱི་རྒྱུ་ནོར་གཙང་བཤེར་དང་མ་རྩ་

ཞིབ་རྩིས་རྒྱག་པའི་ལས་འགན་ལེགས་སྒྲུབ་བྱས་པ་དང་། དེ་བྱིངས་ཇོང་དང་ཆུས་ཀྱི་ཚོད་ལྟའི་ཤང་དང་གྲོང་རྡལ་གྱི་གཙང་བཤེར་ཞིབ་རྩིས་ལས་དོན་ལ་སྐུལ་འདེད་བརྟན་པོ་གཏོང་བཞིན་ཡོད་པ་རེད།

མིག་སྔར། ཤང་དང་གྲོང་རྡལ་196ལ་ལས་གྲྭ་གཙོ་བོའི་འཛུགས་སྐྲུན་ལེགས་གྲུབ་ཟིན་ནས་ལེགས་གྲུབ་ཐུབ་ཚད་བརྒྱ་ཆ97.03ཟིན་པ་དང་། བེད་སྤྱོད་གཏོང་འགོ་ཚུགས་པའི་ལས་གྲྭ་145ཡོད་པ་དང་བེད་སྤྱོད་གཏོང་འགོ་ཚུགས་ཚད་བརྒྱ་ཆ71.78ཟིན་ཡོད། ཞིང་འབྲོག་ལས་ཀྱི་གསོ་སྐྱོང་སྣ་ཚོགས་ཐེངས་8བྱས་པར་མི་གྲངས་1250ལྷག་ཙམ་ཞུགས་ཡོད་པ་རེད།

སྐྱིད་གྲོང་གྲོང་རྡལ་རྟ་དམག་གྲོང་ཚོའི་གྲོང་མི་ཡི་སྡོད་ཁང་གསར་པའི་ནང་གི་འཚོ་བ་གསར་པ།

རྟ་དམག་ཅེས་པ་ནི་གོར་ཁའི་རྟ་དམག་གི་རྒྱུད་པར་གོ་ཞིང་། དེ་ནི་སྔོན་ཤར་ཕྱོགས་ཀྱི་ཙི་ཕུ་སེ་བའི་དམིགས་བསལ་གྱི་ཚོ་པ་ཞིག་རེད། ཤོད་རྒྱུན་ལ་གོང་མ་ཆན་ལུང་གིས་དམག་དཔོན་ཕུའུ་ཁང་ཨན་བོད་དུ་གོར་ཁ་བའི་བཙན་འཛུལ་མཐར་སྐྲོད་བྱེད་པར་མངགས་པ་དང་། དམག་བརྒྱབ་རྗེས་གོར་ཁ་བའི་རྟ་དམག་བརྒྱ་ཕྲག་ཁ་ཤས་ཀྱང་གོའི་ས་ཁོངས་ཀྱི་མཐའ་མཚམས་སུ་ལུས་པ་རེད། ད་ཆའི་རྟ་དམག་གྲོང་ཚོའི་གྲོང་མི་རྣམས་ནི་ཁོང་ཚོའི་རྒྱུད་པ་ཡིན་པ་དང་། དུས་ཡུན་རིང་པོའི་ནང་རྟ་དམག་བ་རྣམས་ཀྱང་ནེའི་ས་མཚམས་ཀྱི་སྐྱིད་གྲོང་ལུང་ཤུར་དུ་འཚོ་གནས་བྱེད་བཞིན་ཡོད་པ་རེད།

གྲོང་མི་བློ་བཟང་གིས་དེ་སྔ་འབྲུམ་སྦྱུལ་དུ་གནས་པའི་རྟ་དམག་བ་རྣམས་ལ་འཚོ་བ་ཞེས་པ་གླིང་ཐབས་མེད་ཅེས་བརྗོད་པ་ལྟར་སྔོན་ཆད་རྒྱལ་ཁོངས་མེད་པས་རྟ་དམག་བ་ས་ཕྱོགས་གང་དུའང་སྐྱོད་ཐབས་བྲལ།

2003ལོའི་ཟླ་5ཚེས་26ཉིན། རྒྱལ་སྲིད་སྤྱི་ཁྲབ་ཁང་གིས་རྟ་དམག་བ་དུད་ཚང་40ལྷག་ཙམ་ཀྲུང་གོའི་རྒྱལ་ཁོངས་སུ་འཛུག་རྒྱུའི་ཆོག་མཆན་དངོས་སུ་སྤྲད་པ་རེད། ཀྲུང་ཧྭ་མི་དམངས་སྤྱི་མཐུན་རྒྱལ་ཁབ་ཀྱི་རྒྱལ་ཁོངས་ལག་ཁྱེར་རག་པའི་ཉིན་དེར། བློ་བཟང་དགའ་ཚོར་དཔག་མེད་སྐྱེས་ཏེ་མཆན་གང་གཉིད་ཁུག་མེད་པ་རེད།

རྟ་དམག་བ་དེ་སྔ་བཞིན་འབྲུམ་སྦྱུལ་དུ་འགྲོ་དགོས་ཀྱི་མེད། ང་ཚོ་ཡང་ཀྲུང་གོ་བ་ཡིན་ཞེས་བློ་བཟང་གིས་སེམས་འགྲུལ་ཆེན་པོ་ཐེབས་བཞིན་བཤད།

ཐོབ་པར་དཀའ་བའི་བདེ་སྐྱིད་ལྡན་པའི་འཚོ་བར་བློ་བཟང་གིས་གཅེས་འཛིན་ལྷག་པར་བྱེད་ཅིང་། 2004ལོར། བློ་བཟང་གིས་ཏང་ཙ་འཛུགས་ལ་ཏང་ནང་ཞུགས་པའི་ཞུ་ཡིག་བསྐྱལ་བ་དང་། ཙ་འཛུགས་ཀྱིས་བསམ་གཞིག་བྱས་ནས་མོས་མཐུན་ཐོབ་པ་བརྒྱུད་གྲུང་གོ་གྲུང་ཁྲན་ཏང་མི་ཞིག་ཏུ་གྱུར། ལས་ཀ་ཏན་ཏིག་སྒྲུབ་པ་དང་འཛོན་ཐང་ཆེ་བར་བརྟེན་ཁོང་ཧྲ་དམག་གྲོང་ཚོའི་ཏང་གྲི་ཧྲུའུ་ཅིའུ་ཅིར་བདམས་པ་རེད།

ན་ཉིང་ལོ་གཅིག་རིང་བློ་བཟང་ལ་སྲིད་ཇུས་རང་བཞིན་གྱི་ཡོང་འབབ་ཁོ་ན་སྒོར་ཁྲི་གཅིག་ལྷག་ཙམ་བྱུང་ཡོད་ཅིང་། ཁོང་གིས་དངོས་གནས་ཡག་པོ་འདུག་ལོ་དེ་དག་རིང་རྒྱལ་ཁབ་ཀྱིས་སྐྱིད་གྲོང་གྲོང་རྫལ་འཛུགས་སྐྱུན་ལ་མ་དངུལ་འབོར་ཆེན་བཏང་བས་གྲོང་ཚོའི་རྣམ་པ་ཉིན་རེ་ལས་ཉིན་རེ་མ་བསྡད་པར་ལེགས་སུ་ཕྱིན་སོང་ལ། ཧྲ་དམག་བར་ལས་ཞུགས་ཀྱི་གོ་སྐབས་ཀྱང་མངོན་གསལ་དོད་པོས་མང་དུ་ཕྱིན་སོང་ཞེས་བཤད།

2014ལོར། སྐྱིད་གྲོང་གི་ཕྱོགས་གཉིས་རང་བཞིན་གྱི་འགག་སྒོ་དངོས་སུ་ལས་གཉེར་བྱེད་འགོ་ཚུགས་པ་དང་། 2016ལོར། སྐྱིད་གྲོང་འགག་སྒོའི་རྒྱལ་སྤྱིའི་ཚོང་དོན་འཕེལ་རྒྱས་མྱུར་པོ་བྱུང་བ། 2017ལོར། སྐྱིད་གྲོང་འགག་སྒོ་རྒྱ་སྐྱིད་བཏང་ནས་གྲུང་གོ་དང་ནེ་པ་ལ་ཕུད་པའི་རྒྱལ་ཁབ་ཀྱི་མི་སྣར་སྒོ་ཕྱེ་ནས་རྒྱལ་སྤྱིའི་རང་བཞིན་གྱི་འགག་སྒོར་དངོས་སུ་གྱུར་ཡོད། འགག་སྒོའི་ཚོང་དོན་ལ་བརྟེན་ནས་བློ་བཟང་གི་བུ་མིག་དམར་དོན་གྲུབ་ཀྱིས་ཕྱི་ཕྱོགས་སུ་སྐྱེལ་འདྲེན་ལས་ཀ་བྱེད་བཞིན་ཡོད་པ་རེད།

ཉེ་དུས། བློ་བཟང་རང་ཁྱིམ་གྱི་ཐོག་ཁིབས་བཟོ་བཅོས་རྒྱག་བཞིན་ཡོད་པ་དང་། ད་ཆའི་སྡོད་ཁང་དུ་སྤོས་པ་ནས་བཟུང་། ཁོང་གིས་ཁང་པ་བཟོ་བཅོས་ཐེངས་བཞི་བརྒྱབ་ཡོད་པ་རེད། 2004ལོར། བོད་རང་སྐྱོང་ལྗོངས་ཀྱི་མཐའ་བརྟན་དམངས་ཕྱུག་གི་རྣམ་གྲངས་ལ་མ་དངུལ་སྒོར་ཁྲི་147བཏང་ནས་ཧྲ་དམག་གྲོང་ཚོར་རྒྱ་ཁྱོན་ལ་སྨི་དོས་གྲུ་3846ཟིན་པའི་སྡོད་ཁང་གསར་པ་བསྐྲུན་པ་རེད། 2011ལོར། 9.18ཀྱི་ས་ཡོམ་བརྒྱབ་རྗེས་

རྒྱལ་ཁབ་ཀྱིས་མ་དངུལ་སྒོར་ཁྲི་564བཏང་ནས་ཧ་དམག་གྲོང་ཚོའི་གྲོང་མིར་སྡོད་ཁང་གསར་པ་སྐྲར་པ་47བསྐྲུན་པ་དང་། དུད་ཚང་རེའི་ཁང་པའི་རྒྱ་ཁྱོན་སྤྱི་ངོས་གྲུ་90ཟིན་ཡོད་པ་རེད། 2015ལོར། 4.25ཡི་ས་ཡོམ་བརྒྱབ་རྗེས། རྒྱལ་ཁབ་ཀྱིས་སླར་ཡང་མ་དངུལ་འབོར་ཆེན་བཏང་ནས་ཧ་དམག་གྲོང་ཚོའི་སྡོད་ཁང་ལ་གེགས་རྗེས་བསྐྱར་སྐྲུན་བྱས་ཡོད་པ་རེད།

ཧ་དམག་གྲོང་ཚོའི་ཏང་ཀྱི་ཕུའུ་ཧྲུའུ་ཅི་དང་པོ་གཡུང་དྲུང་གིས་ངོ་སྤྲོད་བྱས་དོན། འདི་ལོ་རྒྱལ་ཁབ་ཀྱིས་ཧ་དམག་གྲོང་ཚོའི་མཐའ་མཚམས་འབྱོར་འབྲིང་གྲོང་མིའི་སྡོད་ཁང་སྒྱུར་བཀོད་ལས་གྲྭ་ལག་ལེན་བསྟར་བ་དང་། ལས་གྲྭ་དེ་དུད་ཚང་47དང་འབྲེལ་བ་ཡོད་པ་དང་མ་དངུལ་སྒོར་ཁྲི་300ཙམ་བཏང་ཡོད་པ་རེད། མི་རིང་བར། ཧ་དམག་གྲོང་ཚོ་དེ་ཉིད་སྐྱིད་གྲོང་རྫོང་གི་གྲོང་གསེབ་གསར་པ་འཛུགས་སྐྲུན་ཁྲོད་ཀྱི་བཀྲག་མདངས་འཚེར་ས་ཞིག་ཏུ་གཏོང་རྒྱུ་ཡིན་པ་རེད།

སེམས་ཤུགས་གཅིག་སྒྲིལ་གྱིས་དབུལ་སྒྲོལ་ལ་སྐུལ་འདེད་གཏོང་བ།

——ལྷ་རི་རྫོང་གི་དབུལ་སྒྲོལ་འགག་སྒྲོལ་ལས་དོན་སྐོར་གྱི་སྒྲིལ་སྒྲིང་།

ལོ་གསུམ་རིང་། ཡིག་ཚགས་དང་ཐོ་བཟོས་པའི་དུད་ཚང་དབུལ་པོ་1688ཀྱི་མི་གྲངས་8518ཡོངས་རྫོགས་དབུལ་སྒྲོལ་བརྟན་པོ་བྱུང་ནས། མི་འབོར་དབུལ་པོར་ལོ་རེར་ཆ་སྙོམས་ཡོང་འབབ་ཁེ་གཙང་སྒོར་4100ལྷག་ཙམ་བྱུང་ནས་དབུལ་པོ་ཐོན་ཚད་བརྒྱ་ཆ0.19བར་ཆག་པ་དང་།

ལོ་གསུམ་རིང་། དུད་ཚང་དབུལ་པོ་186གི་ཉེན་ཡོད་ཁང་པ་སྐྱར་བཀོད་ལེགས་གྲུབ་ཟིན་པ་དང་། དུད་ཚང་655ཡི་མི་གྲངས་2801ཞིབ་བཤེར་གཏན་འཁེལ་དང་དབུལ་སྐྱོར་གནས་སྤོ་བྱས་ཡོད།

ལོ་གསུམ་རིང་། ལོ་དགུའི་འོས་འགན་སློབ་གསོར་འགན་ལེན་ནུས་ལྡན་བྱས་པ་དང་། གྲོང་གསེབ་ཀྱི་མཉམ་ལས་སྨན་བཅོས་བྱེད་ལམ་གསར་པའི་འགན་བཅོལ་ལ་ཞུགས་ཚད་བརྒྱ་ཆ100ཟིན་པ། གཞི་རྩའི་རྒན་གསོའི་འགན་བཅོལ་ལ་ཞུགས་ཚད་བརྒྱ་ཆ100ཟིན་པ། ནད་ཆེན་འགན་བཅོལ་ལ་ཞུགས་ཚད་བརྒྱ་ཆ100ཟིན་པ་སོགས་ཀྱི་དམངས་ཕན་བྱ་ཐབས་རབ་དང་རིམ་པ་ལག་ལེན་བསྟར་ཡོད།

ཏང་འཛུགས་སྐྱོང་ལ་དམ་འཛིན་གྱིས་དབུལ་སྒྲོལ་འགག་སྒྲོལ་ལ་སྔོ་ཁྲིད་རྒྱུན་འཁྱོངས་བྱས་པ།

དབུལ་སྒྲོལ་འགག་སྒྲོལ་གྱི་དམག་འཐབ་ལ་རྒྱལ་ཁ་ལེན་པར་འགག་རྩ་ཏང་གི་འགོ་

ཁྲིད་ལ་ཐུག་ཡོད། ལྷ་རི་རྫོང་གིས་ཏང་འཛུགས་སྐྱོང་ལ་བརྟེན་ནས་སྣེ་ཁྲིད་བྱེད་པའི་ལྟེ་བ་ཁོང་དུ་ནན་པོ་ཚུད་པར་བྱས་ནས། ཏང་འཛུགས་སྐྱོང་ལ་བརྟེན་ཏེ་དབུལ་སྒྲོལ་ལ་སྐུལ་འདེད་ཏུར་ཐག་གཏོང་བ་དང་། ཏང་ཨུད་ཀྱི་འགན་ཁུར་བ་ཨང་དང་པོའི་འགན་འཁྲི་ནན་ཏན་བསྒྲུབས་ནས་རྫོང་དང་། ཤང་། གྲོང་ཚོ་བཅས་རིམ་གསུམ་གྱི་ཏང་ཨུད(ཏང་ཀྲི་ཕུའུ)ཧྲུའུ་ཅིས་ཙུའུ་ཀྲང་བྱས་པའི་བཀོད་འདོམས་མ་ལག་བཙུགས་པ་དང་། གཞི་རིམ་དཔུང་ཁག་དང་གཞི་རིམ་རྩ་འཛུགས་འཛུགས་སྐྱོང་ལ་ཤུགས་སྣོན་བརྒྱབ་སྟེ། གྲོང་ཚོའི་ཏང་ཀྲི་ཕུའུ་ཕུལ་བྱུང་ཧྲུའུ་ཅི་16ཤང་དང་གྲོང་རྡལ་གྱི་གཞུང་ལས་པར་གདམ་གསེས་བྱས་པ་དང་། གྲོང་ཚོའི་ཏང་ཀྲི་ཕུའུ་ཧྲུའུ་ཅི་དང་པོ་122དང་གྲོང་སྡོད་ལས་དོན་རུ་ཁག་122མངགས་ནས་དབུལ་སྒྲོལ་འགག་སྒྲོལ་ལས་དོན་ལ་གཙོ་གནད་ཐོག་དམ་འཛིན་བྱེད་དུ་བཅུག་པ། ལས་བྱེད་པ་སྟོང་གི་ཆ་སྒྲིག་གཉེན་འཚོལ་གྱི་བྱ་སྤྱོད་ཆེ་མོར་སྐུལ་འདེད་ཏན་ཏིག་བཏང་ནས་རང་སྐྱོང་ལྗོངས་དང་། གྲོང་ཁྱེར། རྫོང་བཅས་ཀྱི་ལས་བྱེད་པ་2404དབུལ་སྒྲོལ་འགག་སྒྲོལ་ལས་དོན་ལ་ཞུགས་རྒྱུར་མངགས་ཏེ་མི་དམངས་ཤོག་སྐོར་ལ་ཕབ་ན་སྐོར་ཁྲི་562ཙམ་རེ་བའི་ལས་བྱེད་པའི་ཆ་སྒྲིག་རོགས་སྐྱོར་གྱི་དངོས་ཐོག་སྤྲད་པ་རེད།

མིག་སྔར་བར། ཁྱོན་གཅིག་སྤྱད་སྒྲིག་འགྲེལ་གྱི་བྱེད་སྒོ་ཐེངས་2567སྤེལ་བར་སྒྲིག་འགྲེལ་ལ་ཞུགས་མཁན་མི་གྲངས་187952ཟིན་ནས་ཁྱབ་ཚད་བརྒྱ་ཆ100ཟིན་པ་དང་། ལག་ལེན་གྱི་བྱེད་སྒོ་སྣ་ཚོགས་ཐེངས་5467སྒྲིག་འཛུགས་བྱས་པར་དེར་ཞུགས་མཁན་མི་གྲངས་67649ཟིན་ནས་ཁྱབ་ཚད་བརྒྱ་ཆ100ཟིན་ཡོད་པ་རེད།

ཐོན་ལས་འཕེལ་རྒྱས་ལ་དམ་འཛིན་གྱིས་དབུལ་སྒྲོལ་འགག་སྒྲོལ་ལ་རམ་འདེགས་བྱས་པ།

ཐོན་ལས་འཕེལ་རྒྱས་གཏོང་རྒྱུ་ནི་དབུལ་སྒྲོལ་འགག་སྒྲོལ་དམག་འཐབ་ལ་རྒྱལ་ཁ་ལེན་པའི་འདུ་འགོད་ཨང་དང་པོ་ཡིན་ལ། ཁག་གཅིག་རེ་ལྔའི་གནད་སྨིན་དབུལ་སྐྱོར་

འདུ་འགོད་ཁྲོད་ཀྱི་སྨུག་ཁག་ཤོས་ཀྱི་ལས་འགན་ཞིག་ཀྱང་རེད། ལྷ་རི་རྫོང་གིས་འཐྲོག་ལས་དང་། སྤོ་ཚལ། སྨན་རྩ། གཏེར་ལས། ཡུལ་སྐོར། དབྱར་རྩྭ་དགུན་འབུ་བཅས་ཀྱི་ཐོན་ལས་ཆེན་པོ་དྲུག་ལ་དམ་པོར་དམིགས་ནས་དབུལ་སྐྱོར་ཐོན་ལས་དེ་ཉིད་རྫོང་ཁོངས་དཔལ་འབྱོར་འཕེལ་རྒྱས་གཏོང་བའི་ལྟེ་བའི་སྐུལ་ཤུགས་སུ་བརྩིས་ནས་ཐོན་ལས་འཁོར་འབྲེལ་སྐྱིད་སྲིད་ལ་དམ་འཛིན་ཞིབ་ཚགས་དང་། ཤང་རེར་མཉམ་ལས་ཁང་རེ་དང་གྲོང་ཚོ་རེར་མཉམ་ལས་ཁང་རེ་ཡོད་པའི་འཐབ་ཇུས་དང་ཟུང་འབྲེལ་བྱས་ཏེ། ཞིང་འབྲོག་ལས་དང་དབུལ་སྐྱོར་ཟུང་དུ་འབྲེལ་བ་དང་། གཟན་རྩྭའི་ལས་རིགས་དང་དབུལ་སྐྱོར་ཟུང་དུ་འབྲེལ་བ། བོད་སྨན་ལས་རིགས་དང་དབུལ་སྐྱོར་ཟུང་དུ་འབྲེལ་བ། ཡུལ་སྐོར་ལས་རིགས་དང་དབུལ་སྐྱོར་ཟུང་དུ་འབྲེལ་བ། འཛུགས་སྐྲུན་ལས་རིགས་དང་དབུལ་སྐྱོར་ཟུང་དུ་འབྲེལ་བ། ཚོང་དོན་དང་དབུལ་སྐྱོར་ཟུང་དུ་འབྲེལ་བ། གཞི་ཁྲོན་གཉེར་སྐྱོང་དང་དབུལ་སྐྱོར་ཟུང་དུ་འབྲེལ་བ་སོགས་ཀྱི་ཐོན་ལས་འཕེལ་རྒྱས་གཏོང་ཐབས་ཕྱོགས་ཡོངས་ནས་ལག་བསྟར་བྱས་ཏེ་ཐོན་ལས་དང་པོ་དང་། གཉིས་པ། གསུམ་པ་བཅས་མཉམ་འགྲུལ་མཉམ་འདྲེས་དང་འཕེལ་རྒྱས་འགྲོ་རྒྱུར་སྐུལ་འདེད་བཏང་ཡོད་པ་རེད།

ལོ་གསུམ་རིང་། ཐོན་ལས་རྣམ་གྲངས་ཁག་27ཡིག་ཐོག་སྙན་ཞུ་ཕུལ་ནས་གཉེར་སྐྱོང་བྱེད་འགོ་ཚུགས་པའི་རྣམ་གྲངས་ཁག་19ཡོད་པར་ཁེ་སྤོགས་སྒོར་ཁྲི་7052.55བྱུང་ནས་དུད་ཚང་དབུལ་པོ་ཁྱིམ་1717ཀྱི་མི་གྲངས་8583ལ་ཕན་པ་ཐོབ་ཡོད་པ་རེད། གཞན་ཡང་ཤང་དང་གྲོང་རྡལ་10ཡི་ཤང་རེར་མཉམ་ལས་ཁང་རེ་ཡོད་པའི་འདུ་འགོད་ལག་ལེན་བསྟར་ནས་དུད་ཚང་དབུལ་པོ་1717ཀྱི་མི་གྲངས་8583ལ་ཕན་པ་ཐོབ་རྒྱུར་སྐུལ་ཁྲིད་བྱས་པས་མི་རེར་ཆ་སྙོམས་འབབ་འཕར་སྒོར་1112ཡན་བྱུང་བ་དང་། རྒྱང་བརྟན་དམངས་ཕན་གྱི་མ་དངུལ་བསྡུ་སྒྲིལ་བྱས་ནས་སྲིད་འཛིན་གྲོང་ཚོ་121གི་གྲོང་ཚོ་རེར་མཉམ་ལས་ཁང་རེ་ཡོད་པའི་འདུ་འགོད་ལག་ལེན་བསྟར་ནས་དུད་ཚང་དབུལ་པོ་1717ཀྱི་མི་

གྲངས་8583ལ་ཕན་པ་ཐོབ་སྟེ་མི་རེར་ཆ་སྙོམས་འབབ་འཕར་སྒོར་1000ལྷག་ཙམ་བྱུང་ཡོད་པ་རེད།

2018ལོའི་ལོ་མཇུག་བར། རིམ་རྩིས་བྱས་ན། དུད་ཚང་དབུལ་པོ་མི་ཐེངས་3499ལ་གསོ་སྦྱོང་བྱས་ནས་མི་ཐེངས་4678ལས་ཞུགས་ཐུབ་པ་དང་ལས་ཞུགས་ཐུབ་ཚད་བརྒྱ་ཆ100ཟིན་ནས་འབབ་འཕར་སྒོར་ཁྲི་3037བྱུང་ཡོད་པ་རེད། ཕྱིར་ལས་ཞུགས་བྱེད་མཁན་དང་རང་བཟེན་ལས་གཏོད་བྱེད་མཁན་མང་ཚོགས་དབུལ་པོ་704ལ་བྱ་དགའི་དངུལ་སྒོར་ཁྲི་150སྤྲད་པ་དང་། ཐོན་ལས་ཀྱི་ཁེ་སྤོགས་མ་དངུལ་སྒོར་ཁྲི་664ལྷག་ཙམ་བཏོན་ནས་སྐོར་སྐྱོད་རང་བཞིན་མིན་པའི་ངལ་རྩོལ་ནུས་ཤུགས་ཀྱི་ལས་ཞུགས་ལས་གནས་1097བཏོད་ཡོད་པ་རེད།

སྣེ་ཁྲིད་གསུམ་ལ་བརྟེན་ནས་བདེ་སྐྱིད་ལྡན་པའི་ལམ་དུ་བསྐྱོད།

——ལྷ་རི་རྫོང་སྨི་ཏི་ཁ་ཤང་གི་དབུལ་སྒྲོལ་འགག་སྒྲོལ་ལས་དོན་སྐོར་གྱི་སྙིལ་སྙིང་།

ལྷ་རི་རྫོང་སྨི་ཏི་ཁ་ཤང་ནི་བོད་བྱང་ཐང་གི་མཐོ་སྒང་ཁུལ་དང་བོད་ཤར་གྱི་རི་མཐོའི་ལུང་ཤར་གྱི་འབྲེལ་འཚམས་སུ་ཆགས་ཡོད། སྨི་ཏི་ཁ་བས་དུས་ཚོད་ཀྱིས་མི་མི་སྨུག་པའི་བློ་སྟོབས་དང་། སྔོན་དུ་བྱེད་ཕོད་པའི་དཔའ་སྟོབས། དུས་ཚོད་སྐར་ཆ་ཙམ་ཡང་བརྩོན་ལེན་བྱེད་པའི་དཔའ་ཉམས་བཅས་ལ་བརྟེན་ནས་ངལ་བ་ཁྱད་བསད་ཀྱིས་གསོ་རླུང་དཀོན་ཡང་སྙིང་སྟོབས་མི་ཉམས་པར། རང་གི་ཁྱད་ཆོས་ལྡན་པའི་དབུལ་སྒྲོལ་ཕྱུག་འགྱུར་གྱི་ལམ་བུར་བསྐྱོད་དེ་ས་བབ་མཐོ་ཚད་སྨི5100ཡན་དུ་ངོ་མཚར་གྱི་བྱས་རྗེས་བཏོད་པ་རེད།

ཧྲང་འཛུགས་སྐྱོང་གིས་སྣེ་ཁྲིད་བྱས་པ།

སྨི་ཏི་ཁ་ཤང་གི་མིག་སྔའི་གནས་བབ་ལ་འགྱུར་ལྡོག་གཏོང་ཆེད། ཤང་ཧྲང་ཨུད་ཀྱི་ཧྲུའུ་ཅི་པ་སངས་ཚེ་རིང་གིས་ཕྱུག་འགྱུར་ཐབས་ལམ་འཚོལ་གང་ཐུབ་བྱས་ཤིང་། ཤང་ཡོངས་ཀྱི་གོང་བུ་འགྲིལ་ཤུགས་ཆེ་རུ་གཏོང་ཆེད། ཤང་ཧྲང་ཨུད་ཀྱིས་སྲིད་གཞུང་དུ་བསྐྱོད་པའི་ལམ་རྒྱུད་ཀྱི་གྲོང་ཚོ་6གི་གཞུང་ལམ་བསྐྱར་བཟོ་བྱས་ལ། དེ་ལས་མང་ཚོགས་ཀྱི་ཐོན་སྐྱེད་དང་འཚོ་བར་སྟབས་བདེ་བསྒྲུབ་པ་མ་ཟད། མི་སེར་གྱིས་ཧྲང་ཡོན་ལས་བྱེད་པར་ཡིད་ཆེས་བྱེད་སེམས་ཀྱང་ཆེ་རུ་ཕྱིན་པ་རེད།

སྨི་ཏི་ཁ་ཤང་གིས་མང་ཚོགས་ཁྲིད་ནས་ཡོང་བ་དང་མང་ཚོགས་ཁྲིད་དུ་སྐྱོད་པའི་མང་ཚོགས་ལམ་ཕྱོགས་གཞིར་བཟུང་དུད་ཚང་རེ་ལ་སློ་བྱང་རེ་དང་། དུད་ཚང་རེ་ལ་ཡིག་ཚགས་རེ། དུད་ཚང་རེ་ལ་འགལ་བ་དང་རྩོད་གཞི་གྲལ་བཤེར་རྩིས་ཁྲ་རེ། དུད་ཚང་རེ་ལ་ཕན་འབྲས་ཀྱི་རྗེས་སྙེག་འདྲི་རྩད་རེ་བཅས་གཅིག་རེ་བཞིའི་དོ་དམ་ལམ་ལུགས་གསར་གཏོད་རང་བཞིན་ལྡན་པའི་སློ་ནས་ལག་ལེན་བསྟར་ཏེ། དུད་ཚང་ཡོངས་ལ་ཆ་འཕྲིན་ཡིག་ཚགས་འཛུགས་ཚང་རེ་བཟོས་ཤིང་། གྲོང་ཚོ་ཁག་གི་ཏང་ཡོན་ལས་བྱེད་པས་དུས་བཀག་བཞིན་གྲོང་ཚོ་དང་དུད་ཚང་དུ་བསྐྱོད་དེ་འགལ་ཟླ་དང་རྩོད་གཞི་གྲལ་བཤེར་བྱེད་པའམ་ཆ་འཕྲིན་བརྒྱུ་བ་སོགས་ཀྱི་ལས་དོན་ལེགས་པར་སྒྲིལ་ཏེ་གྲོང་ཚོ་ཨུ་ལྷན་གཉིས་ཀྱི་ཏང་འཛུགས་སྐྱོང་ལས་དོན་ལ་དངོས་ཡོད་དང་གོ་ཆོད་ཀྱི་ཆ་འཕྲིན་མགོ་འདོན་བྱས་པ་རེད།

ཤེས་དཔལ་གྱིས་སྔེ་ཁྲིད་བྱས་པ།

2015ལོར་སྨི་ཏི་ཁ་ཤང་གི་མང་ཚོགས་ཡོངས་ནི་སྲན་མ་ཐང་ལ་ཐོར་བ་ལྟར་གཅིག་ཏུ་འདུས་དཀའ་ཞིང་། རྩ་འཛུགས་ཀྱི་སྒྲིག་ཁྲིམས་ཆ་ཚང་པོ་མེད་པ་དང་། སྤྱི་ཚོགས་ཀྱི་སྒྲིག་ལམ་ཟང་ཟིང་ཆེ་བ། དཔལ་འབྱོར་གྱི་གྲུབ་ཆ་སྣ་རྒྱང་བ། འབྲོག་པའི་འཚོ་བར་དཀའ་ངལ་ཆེ་བ་ལ་སོགས་ནི་ཤང་ཏང་ཨུད་ཀྱི་ཧྲུའུ་ཅིའི་ལས་འགན་འཁུར་མ་ཐག་པའི་པ་སངས་ཚེ་རིང་ལ་འཕྲད་པའི་དཀའ་ངལ་རེད།

མིག་སྔའི་གནས་བབ་ལ་འགྱུར་ཕྱོགས་གཏོང་ཆེད། ང་ཚོས་དག་ཐེར་དང་། ཚད་ལྡན། གསར་གཏོད་བཅས་ཀྱི་འདོད་ཚིག་བསྒྲགས་པ་དང་། དེ་ཡང་ཐོག་མར་མང་ཚོགས་ཁྲིད་ཀྱི་ལས་བྱེད་དཔུང་ཁག་གི་དབང་གྲགས་ཆེ་རུ་གཏོང་བ་དང་མི་སེམས་གཅིག་སྒྲིལ་ཡོང་ཐབས་བྱས་པ་ཡིན་ཞེས་པ་སངས་ཚེ་རིང་གིས་གསར་འགོད་པར་བཤད།

དེ་སྟ་ན་གནམ་གྲོང་ཚོ་ནི་ནུས་མེད་ཟབ་ཟློབ་ཀྱི་དཔེ་མཚོན་གྲོང་ཚོ་ཞིག་ཡིན་པས། གྲོང་ཚོའི་འགན་གཙང་ལེན་མཁན་གྱི་འགོ་ཁྲིད་པ་སངས་ཚེ་རིང་གིས་རང་ཉིད་ངོ་མས་དག་ཐེར་ལ་དམ་འཛིན་བྱས་པ་རེད། སྐབས་ཤིག་རིང་ཟུར་ཁྲིད་དང་། ཆེད་དོན་པར་གཞི་སློབ་སྦྱོང་། སློབ་གསོ་གསོ་སྦྱོང་། ཉམས་མྱོང་སྤེལ་རེས་སོགས་ཀྱི་སློབ་གསོའི་བྱེད་སྒོ་རབ་དང་རིམ་པ་བསྟུད་མར་སྤེལ་ཞིང་། ལོ་གཅིག་རིང་ན་གནམ་གྲོང་ཚོར་རྒྱན་པོ་འགྱེད་པ་དང་ཆང་རག་ཚོད་མེད་འཐུང་བ་སོགས་ཀྱི་སྲོལ་ངན་མེད་པར་གྱུར་པ་མ་ཟད། ད་དུང་མཐུན་སྒྲིལ་ཇོག་རྩ་གཅིག་སྒྲིལ་གྱིས་འཕེལ་རྒྱས་ལ་གཞོལ་བའི་རྣམ་པ་གསར་པ་ཞིག་རིམ་གྱིས་མངོན་པ་རེད།

ཐོན་ལས་ཀྱིས་སྣེ་ཁྲིད་བྱས་པ།

པ་སངས་ཚེ་རིང་གིས་རྗེས་ལུས་ནི་སྨི་ཏི་ཁའི་ཁྱད་ཆོས་གཏན་ནས་མིན། ང་ཚོར་ངེས་པར་དུ་གཞི་ཁྱོན་ཅན་དང་རྒྱུན་མཐུད་པའི་ཐོན་ལས་ཡོད་དགོས་ཞེས་བཤད།

ཤང་ཏང་ཨུད་དང་སྲིད་གཞུང་གིས་ཐོག་མར་རྨང་བརྟན་དམངས་ཕན་གྱི་མ་དངུལ་སྤྱད་དེ། གྲོང་ཚོ་ཁག་ཏུ་ཀྲི་ཧྲུའུ་ཡིས་ཡོང་འབབ་གསོག་པའི་འདུ་འགོད་ལག་ལེན་བསྟར་དུ་བཙུག་པ་དང་། གྲོང་ཚོ་རེའི་ཏང་ཀྲི་སྲུའུ་ཧྲུའུ་ཅིས་ཚོང་ཁང་ཆུང་དུ་གཉེར་རྒྱུར་རྒྱབ་སྐྱོར་བྱས་པ་རེད།

2017ལོར་ཚོང་ཁང་ཆུང་དུ་དེ་དག་ཤང་རེའི་མཉམ་ལས་རྟེན་གཞི་རེ་དང་གྲོང་ཚོ་རེའི་མཉམ་ལས་ཁང་རེ་ལ་འཕེལ་རྒྱས་བཏང་སྟེ། སྨི་ཏི་ཁ་ཤང་གིས་འཕེལ་རྒྱས་ཀྱི་གོ་སྐབས་གསར་པ་བསྲུས་པ་རེད། གྲོང་ཚོ་ཁག་གིས་དོན་དངོས་དང་ཟུང་འབྲེལ་བྱས་ནས་དཔལ་འབྱོར་མཉམ་ལས་ཁང་གཅིག་རྗེས་གཉིས་མཐུད་དང་གཉེར་ཞིང་། ཁྲ་ཚང་གྲོང་ཚོས་ཐོན་ཁུངས་ཀྱི་ལེགས་ཆར་བརྟེན་ནས་བྱེ་རྗེ་ར་བ་བསླན་པ་དང་། དབུ་ཆུང་གྲོང་ཚོ་

དང་མཚོ་ཁྲ་གྲོང་ཚོས་ལག་རྩལ་གྱི་ལིགས་ཚར་བརྟེན་ནས་བོད་ལུགས་ཁྱིམ་ཆས་དང་མི་རིགས་ལག་ཤེས་བཟོ་རྩལ་གྱི་ཐོན་ཆས་ཐོན་ལས་འཕེལ་རྒྱས་བཏང་བ། རྟ་གདོང་གྲོང་ཚོས་འབྲིམ་འགྲུལ་དང་ཁོར་ཡུག་གི་ལིགས་ཚར་བརྟེན་ནས་འབྲོག་པའི་སྤྲོ་སྐྱིད་ཁང་གི་དཔལ་འབྱོར་མཉམ་ལས་རྩ་འཛུགས་སོགས་བཙུགས་ཏེ་གྲོང་ཚོ་ཉི་ཤུར་སྤུས་རྟགས་ཐོན་ལས་20ཙམ་དར་རྒྱས་བྱུང་བ་རེད།

མི་ལ་བརྟོན་འགྲུས་ལྡན་གྱུར་ན། མི་འགྲུབ་བྱ་བ་གང་ཡང་མེད་ཅེས་པ་ལྟར། སྙི་ཏི་ཁ་ཤང་གིས་འབད་བརྟོན་བྱས་པ་བརྒྱུད་གྲུབ་འབྲས་ཆེན་པོ་ཐོབ་པ་དང་། 2018ལོའི་ལོ་མཇུག་བར། འབར་རྫས་ལས་སྔོན་བཟོ་གྲྭར་ཡོང་འབབ་སྐོར་ཁྲི་42ཙམ་རག་ནས་ཡིག་ཚགས་དང་གླ་བཟོས་པའི་དུད་ཚང་དབུལ་པོ་19ཡི་མི་གྲངས་98ལ་སྐྱུལ་ཁྲིད་ཐུབ་སྟེ། མི་རེར་ཆ་སྙོམས་ཡོང་འབབ་སྐོར་6786བྱུང་ཡོད་པ་རེད།

ཐོན་ལས་ལ་བརྟེན་ནས་འགྱུར་འབྲིང་ཕྱོགས་སུ་སྐྱོད་པ།

——སྨན་གླིང་རྫོང་གནས་ཡུལ་ལྷོ་པ་མི་རིགས་ཤང་གི་སྐོར་བཀོད་པ།

གྲོང་འདབས་དཔལ་འབྱོར་འཕེལ་རྒྱས་ནི་གྲོང་ཁྱེར་དེའི་དཔལ་འབྱོར་འཕེལ་རྒྱས་ཀྱི་གཏིང་ཤུགས་མངོན་པའི་སྐར་ཁུང་གལ་ཆེན་ཞིག་རེད།

དཔལ་འབྱོར་འཛུགས་སྐྲུན་གྱི་རྣམ་པ་གསར་པ།

ཉེ་བའི་ལོ་ཤས་རིང་། གནས་ཡུལ་ལྷོ་པ་མི་རིགས་ཤང་གི་ཁོར་ཡུག་ཉིན་རེ་བཞིན་མཛེས་སུ་ཕྱིན་པ་དང་། ཐོན་ལས་འཕེལ་རྒྱས་རིམ་བཞིན་ལེགས་སུ་ཕྱིན་པ་དང་། ཡུལ་སྐོར་བ་ལོ་རེ་བཞིན་ཇེ་མང་དུ་སོང་སྟེ། མང་ཚོགས་ཀྱི་འཚོ་བ་སྔར་བས་བདེ་སྐྱིད་ལྡན་པར་གྱུར་ཡོད་པ་རེད།

གནས་ཡུལ་ལྷོ་པ་མི་རིགས་ཤང་གིས་སྣོད་བཅུད་ཡུལ་སྐོར་ཐོན་ལས་ལ་བརྟེན་ནས་འཕེལ་རྒྱས་ལ་སྐུལ་འདེད་གཏོང་བའི་གྲོང་འདབས་དཔལ་འབྱོར་འཕེལ་རྒྱས་ལམ་བུ་ཕྱོགས་ཡོངས་ནས་ལག་བསྟར་དོན་འཁྱོལ་བྱ་ཆེད། ཐོན་ལས་འཕེལ་རྒྱས་དང་སྣོད་བཅུད་ཁོར་ཡུག་ནས་འགོ་བརྩམས་ཏེ། གྲོང་གསེབ་ཀྱི་ཁོར་ཡུག་ལ་བཅོས་སྒྲིག་ཤུགས་ཆེན་བྱས་ནས་མཛེས་སྡུག་ལྡན་པའི་གནས་ཡུལ་བཏོད་པ་དང་། གནས་ཡུལ་ལྷོ་པ་མི་རིགས་ཤང་གི་འགྱུར་འབྲིང་ཕྱུགས་འདུན་མངོན་འགྱུར་ལ་རྨང་གཞི་བརྟན་པོ་བཏིངས་པ་རེད།

ཐོན་ལས་འཕེལ་རྒྱས་ལ་དམ་འཛིན་གྱིས་ཕྱུག་འགྱུར་གོམ་སྟབས་མགྱོགས་སུ་བཏང་བ།

གནས་ཡུལ་ལྷོ་པ་མི་རིགས་ཤང་གིས་ཁྱད་ལྡན་ཐོན་ལས་ལ་ཁྲིད་སྟོན་དང་རྒྱབ་སྐྱོར་

བྱེད་ཤུགས་ཆེ་རུ་བཏང་ཐོག ཐོན་ཁུངས་ལེགས་ཆ་གསར་སྤེལ་ལ་གཞི་ཚུགས་པ་དང་། ཁྱད་ལྡན་ཐོན་ལས་འཕེལ་རྒྱས་ལ་དམིགས་ནས། སྨན་རྩ་འདེབས་འཛུགས་དང་གཉེར་སྐྱོང་གི་རྣང་གཞིའི་ཐོག བོད་ལྗོངས་སྐྱེ་དངོས་ཚད་ཡོད་འགན་འཁྲི་ཀུང་སི་དང་གན་རྒྱ་བཞག་སྟེ། གནས་ཡུལ་གྱི་ས་ཞིང་མུའུ་409ཐོགས་མར་བཏང་ནས་སྨན་རྩ་ཀོ་ཤ་དཀར་པོ་འདེབས་འཛུགས་ལ་ཤུགས་སྐྱོན་བརྒྱབ་པ་རེད། ས་ཞིང་ཐོགས་མར་བཏང་བས་གནས་ཡུལ་གྲོང་ཚོར་ལོ་རེར་མཉམ་སྤེལ་དཔལ་འབྱོར་ཡོང་འབབ་སྒོར་ཁྲི་33ལྷག་ཙམ་རག་གི་ཡོད་ཅིང་ས་ཞིང་ཐོགས་མའི་དུས་ཡུན་ནི་ལོ་30རེད། གྲོང་ཚོའི་མཉམ་སྤེལ་དཔལ་འབྱོར་རྒྱ་ཆེར་བཏང་བ་དང་ཆབས་ཅིག གནས་ཡུལ་གྲོང་ཚོ་དང་དེ་བཞིན་དེའི་ཉེ་འཁོར་གྱི་ཡིག་ཚགས་དང་ཀླུ་བཟོས་པའི་དུད་ཚང་དབུལ་པོ་འདེབས་འཛུགས་ལ་ཞུགས་སུ་བཅུག་ཡོད་པ་རེད།

ཁོར་ཡུག་བཅོས་སྒྲིག་ལ་དམ་འཛིན་གྱིས་སྡོད་བཅུད་མཛེས་ཐོས་བརྟོད་པ།

གནས་ཡུལ་རོང་ནི་སྨན་གླིང་རྫོང་གནས་ཡུལ་ལྷོ་པ་མི་རིགས་ཤང་གི་ས་ཁོངས་སུ་གནས་པ་དང་། ཀྲུང་གོའི་ལྷང་མདོག་རྩེ་རིམ་ནགས་ཚལ་དུ་འབོད། གནས་ཡུལ་རོང་པའི་མཛེས་ལྗོངས་ཁུལ་ནི་ལྷོ་པ་མི་རིགས་ཀྱི་ཡུལ་སྐོར་མཛེས་ལྗོངས་ཁུལ་ཞིག་ཡིན་པ་མ་ཟད། སྡོད་བཅུད་མཛེས་ལྗོངས་ཁུལ་ཞིག་ཀྱང་རེད། གནས་ཡུལ་ལྷོ་པ་མི་རིགས་ཤང་གིས་སྡོད་བཅུད་ཤེས་དཔལ་འཛུགས་སྐྱོང་དེ་འཁོར་འབྲིང་གྲོང་ཚོ་བསྐྲུན་པའི་རྣང་གཞིའི་རང་བཞིན་གྱི་ལས་ཀར་བརྩིས་ནས་དོན་འཁྱོལ་ལ་དམ་འཛིན་ལྷོད་མེད་བྱས་པ་རེད། གྲོང་གསེབ་ཀྱི་གད་སྙིགས་བཅོས་སྒྲིག་ལ་ཤུགས་སྐྱོན་བརྒྱབ་པ་དང་། དུད་ཁྱིམ་གྱིས་གཙང་སྦྲ་བྱེད་པ་དང་། གྲོང་ཚོས་གད་སྙིགས་བསྡུ་བ། ཤང་གིས་དབོར་བ། རྫོང་གིས་ཐག་གཅོད་བྱེད་པ་བཅས་ཀྱི་ལས་ཀའི་སྣང་བྱ་གཞིར་བཟུང་། ཁོར་ཡུག་ཕྱོགས་བསྡུས་བཅོས་སྒྲིག་རྒྱ་

ཆེར་སྤེལ་ཞིང་གནས་ཡུལ་རོང་པའི་མཛེས་ལྗོངས་ཁུལ་དང་། ཤང་དང་གྲོང་ཚོའི་ཉེ་འཁོར་དུ་བཅོས་སྒྲིག་བྱེད་པ་གཙོ་གནད་དུ་བྱས་ཏེ་ཁོར་ཡུག་ཕྱོགས་བསྡུས་བཅོས་སྒྲིག་ལག་ལེན་བསྟར་བས་སྐྱིད་བཅུད་ཡུལ་སྐོར་ཁོར་ཡུག་རྒྱུན་མཐུད་ལེགས་སུ་འགྲོ་བར་སྐུལ་འདེད་བཏང་བ་རེད།

འཚོ་བའི་སྟུས་ཆད་ལ་དམ་འཛིན་གྱིས་གྲོང་ཚོའི་ཁོར་ཡུག་ལེགས་སུ་བཏང་བ།

ཉེ་བའི་ལོ་ཤས་རིང་། གནས་ཡུལ་ལྷོ་པ་མི་རིགས་ཤང་གིས་རྫོ་བསྐྱུར་ནགས་གསོའི་ཁ་གསབ་སྲིད་ཇུས་དོན་འཁྱོལ་ཏན་ཏིག་བྱས་ཏེ། 2016ལོའི་ནགས་ལས་ཁ་གསབ་དང་ནགས་ཚལ་སྲུང་སྐྱོང་གི་མ་དངུལ་སྒོར་ཁྲི་128ལྷག་ཙམ་དང་རྫོ་བསྐྱུར་ནགས་གསོའི་མ་དངུལ་སྒོར་ཁྲི་15.56དུས་ཐོག་ཏུ་སྤྲད་པས་སྐྱིད་བཅུད་ནགས་ལས་ལ་སྲུང་སྐྱོང་བྱེད་པའི་མི་སེར་གྱི་ཧུར་བརྩོན་རང་བཞིན་འདོན་སྤེལ་ལ་སྐུལ་ལྕུག་ཐེབས་ནས་མུའུ་150རྫོ་བསྐྱུར་ནགས་གསོ་དང་སྲ་བརྟན་གཏོང་བར་སྐུལ་འདེད་ནུས་ལྡན་བཏང་བ་རེད། དེ་དང་ཆབས་ཅིག གནས་ཡུལ་ལྷོ་པ་མི་རིགས་ཤང་གིས་ནགས་ཚལ་མེ་ཟྔོན་སྔོན་འགོག་གི་ལམ་ལུགས་འཐུས་སྒོ་ཚང་དུ་བཏང་བ་དང་། ནགས་ཚལ་སྐོར་གཡེང་དང་འགན་འཁྲི་ཁག་བགོས་ལ་ཤུགས་སྣོན་བརྒྱབ་སྟེ། མང་ཚོགས་ཀྱི་ནགས་ལས་སྐྱིད་བཅུད་འཛུགས་སྐྲུན་དང་ཁོར་ཡུག་སྲུང་སྐྱོང་གི་འདུ་ཤེས་ཟབ་ཏུ་ཏན་ཏིག་ཕྱིན་ནས་སྐྱིད་བཅུད་འཛུགས་སྐྲུན་གི་བདེ་འཇགས་ལ་འགན་ལེན་བྱས་པ་རེད།

ད་ཆ། གནས་ཡུལ་ལྷོ་པ་མི་རིགས་ཤང་གི་ཁོར་ཡུག་ཉིན་རེ་བཞིན་མཛེས་སུ་ཕྱིན་པ་དང་། ཐོན་ལས་འཕེལ་རྒྱས་རིམ་བཞིན་ལེགས་སུ་ཕྱིན་པ་དང་། ཡུལ་སྐོར་བ་ལོ་རེ་བཞིན་ཇེ་མང་དུ་སོང་སྟེ། མང་ཚོགས་ཀྱི་འཚོ་བ་སྔར་བས་བདེ་སྐྱིད་ལྡན་པར་གྱུར་ཡོད།

སྐྱོད་བཅུད་གསོ་ཚགས་ཀྱིས་ཕྱུག་འགྱུར་གྱི་སྒོ་མོ་ཕྱེ་བ།

——ལྷུན་རྩེ་རྫོང་གཉལ་གཞུང་བཞོན་མ་གསོ་ཚགས་རྟེན་གཞིས་མང་ཚོགས་དབུལ་སྒྲོལ་བྱེད་རོགས་བྱས་པའི་སྐོར་གྱི་ཟུར་ཐིམ།

དགུར་ཐོག་མའི་དུས་སུ་གསར་འགོད་པ་ལྷུན་རྩེ་རྫོང་གཉལ་གཞུང་བཞོན་མ་གསོ་ཚགས་རྟེན་གཞིར་བཅར་འདྲིར་སྐྱོད་ཅིང་། གསར་འགོད་པའི་མིག་ལམ་དུ་ཐོག་མར་འཆར་བ་ནི་དེང་རབས་ཅན་གྱི་བཞོན་མ་གསོ་ཚགས་རྟེན་གཞི་ཞིག་རེད། ར་བའི་ནང་གཙང་ལ་གྲལ་འཁྲིག་པ་དང་། མཛོད་ཁང་དང་། གཞུང་ལས་ཁང་། དུག་སེལ་ཁང་། གཟན་ཆག་ལས་སྣོན་ཁང་སོགས་ཀྱི་སྒྲིག་ཆས་གང་དགོས་ཚང་མ་འདུག

ཁྱད་ལྡན་ཐོན་ལས་འཕེལ་རྒྱས་ཀྱི་སྣེ་འདྲེན་དུ་གྱུར་པ།

བཞོན་མ་གསོ་ཚགས་ནི་སྔར་ནས་བཟུང་ལྷུན་རྩེ་རྫོང་གི་ཁྱད་ལྡན་ཐོན་ལས་ཤིག་ཡིན་ལ། ཞིང་འབྲོག་ལས་འཕེལ་རྒྱས་ལ་སྐུལ་འདེད་གཏོང་བའི་ཉེ་གཞོན་ཐོན་ལས་ཤིག་ཀྱང་རེད། གཉལ་གཞུང་གི་ཚད་ལྡན་ཅན་གྱི་བཞོན་མ་གསོ་ཚགས་རྟེན་གཞི་བསྐྲུན་ནས་སྐྱོད་འགོ་ཚུགས་པ་དེ་ཐོག་ནས་གཉལ་གཞུང་དུ་བ་སླང་གི་རྒྱུད་པ་ལེགས་བཅོས་ཐུབ་པ་མཆོན་པ་དང་། འདེབས་གསོའི་ཐོན་ལས་མཉམ་འདྲེས་ཟབ་མོ་བྱུང་བ་ཡང་མཚོན་ཡོད་ཅེས་ལྷུན་རྩེ་རྫོང་རྫོང་ཨུད་ཀྱི་རྒྱུན་ཨུ་དང་རྒྱུན་ལས་རྫོང་དཔོན་གཞོན་པ་པ་སངས་དབང་འདུས་ཀྱིས་གསར་འགོད་པར་བརྗོད་བྱུང་།

གཉལ་གཞུང་ཚད་ལྡན་ཅན་གྱི་བཞོན་མ་གསོ་ཚགས་རྟེན་གཞིའི་རྣམ་གྲངས་ལ་སྤྱིད

གཞུང་དང་ཁེ་ལས་མཉམ་ལས་བྱེད་སྟངས་སྤྱད་ཡོད། རྒྱལ་ཁབ་ཀྱིས་མ་དངུལ་སྒོར་ཁྲི་7300ལྷག་ཙམ་བཏང་བ་དང་ཁེ་ལས་ཀྱིས་མ་དངུལ་སྒོར་ཁྲི་4700ལྷག་ཙམ་གྲབས་གསོག་བྱས་པ་རེད། དེ་ནི་ལྷོ་ཁ་གྲོང་ཁྱེར་གྱི་གཞི་ཁྱོན་ཆེ་ཤོས་ཀྱི་ས་མཐོའི་སྟོད་བཙུད་བཞིན་མ་གསོ་ཚགས་རྟེན་གཞི་ཆེ་ཤོས་ཀྱི་གྲས་ཤིག་ཡིན་པ་དང་། དུས་མཚུངས་མིག་སྔའི་ལྷོ་ཁ་གྲོང་ཁྱེར་གྱི་དེང་རབས་ཅན་གྱི་ཚུ་ཚད་མཐོ་ཤོས་ལྡན་པའི་བཞིན་མ་གསོ་ཚགས་ར་བ་ཞིག་ཀྱང་ཡིན།

བཞིན་མ་གསོ་ཚགས་རྟེན་གཞིའི་འཕེལ་རྒྱས་སྐོར་གླེང་སྐབས། གཉལ་གཞུང་ཚད་ལྡན་ཅན་གྱི་བཞིན་མ་གསོ་ཚགས་རྟེན་གཞིའི་སྤྱི་ཁྱབ་ཅིང་ལི་བག་གྲོས་ཡིད་ཆེས་ཀྱིས་ཁེངས་བཞིན་དུ་ང་ཚོས་ལྷ་སའི་ས་གཙང་འོ་ལས་ཀུང་སི་དང་གྲོས་མོལ་བྱེད་བཞིན་པའི་སྐབས་ཡིན། ཉིན་གཉིས་གོང་ཁོང་ཚོ་ང་ཚོའི་ཀུང་སིའི་འོ་མ་སོས་པར་ཞིབ་དཔྱད་བྱེད་པར་སླེབས་སོང་། དམིགས་ཚད་ཚང་མ་ཚད་ལོན་སོང་། སླད་ཕྱིན་ང་ཚོས་ད་དུང་ལྷད་མེད་པའི་འོ་མ་དང་ཞོ་སོགས་ཀྱི་ཐོན་རྫས་ལས་སྟོན་ཞིབ་ཚགས་བྱས་ནས་འཚོང་རྒྱུ་ཡིན་ཞེས་བཤད་བྱུང་།

མང་ཚོགས་ལ་འབབ་འཕར་ཕྱུག་འགྱུར་ཡོང་བའི་ཞིང་ས་གཉིན་པོར་གྱུར་པ།

ཉེ་བའི་ལོ་ཤས་རིང་ལྷུན་རྩེ་རྫོང་གིས་ལས་ཞུགས་རོགས་སྐྱོར་ལ་བརྟེན་ནས་འབབ་འཕར་བརྟན་པོ་ཡོང་བ་དང་ཐོན་ལས་རོགས་སྐྱོར་ལ་བརྟེན་ནས་ཕྱུག་འགྱུར་འབབ་འཕར་ལ་སྐུལ་འདེད་གཏོང་བ་སོགས་ཀྱི་བྱེད་ཐབས་ལག་ལེན་ཤུགས་ཆེན་བསྟར་བས། རོགས་སྐྱོར་གྱི་སྒྲུས་ཚད་མཐོ་རུ་ཕྱིན་པ་དང་མང་ཚོགས་དབུལ་པོ་འབབ་འཕར་ཡོང་རྒྱུར་སྐུལ་ཁྲིད་ཐུབ་ཡོད། གསར་འགོད་པ་བཞིན་མ་གསོ་ཚགས་རྟེན་གཞིའི་བ་གསོ་ར་བར་སླེབས་སྐབས་བཞིན་མར་ཉིན་དགུང་གི་གཟན་ཆག་སྟེར་བཞིན་པའི་སྐབས་རེད་འདུག་རྐང་

པ་ཐང་པོ་མེད་པའི་བ་གཡོག་རྒྱུག་མཁན་ཞིག་བ་ཚང་ནང་བཙོན་མར་ལྟོ་སྟེར་བཞིན་འདུག དེ་ནི་རི་ཐང་གྲོང་རྫལ་སྤྲ་གྲོང་ཚོའི་གྲོང་མི་སྒྲོལ་མ་ཚོས་སྒྲོན་རེད། ཆུང་དུས་ནས་རྐང་པ་ཐང་པོ་མེད་པས་ཕྱིར་ལས་ཀར་འགྲོ་ཐབས་བྲལ་ཞིང་། དེ་སྔ་ཡིན་ན་ཁྱིམ་དུ་སྡོད་རྒྱུ་ལས་ཐབས་གཞན་མེད། ད་ཆ་འདི་གར་ལས་ཀར་སླེབས་ཛེས་ཁ་ལག་དང་ཉལ་ཁང་ལ་འགན་ལེན་ཡོད་པའི་ཁར། ད་དུང་ཟླ་བ་གཅིག་ལ་གླ་ཆ་སྒོར་4000ལེན་རྒྱུ་འདུག་པས། ཇོང་ཞུད་དང་ཇོང་སྲིད་གཞུང་གི་རོགས་སྐྱོར་བྱེད་ཐབས་ལ་ཐུགས་རྗེ་ཆེ་ཞུ་རྒྱུ་ཡིན་ཞེས་བཤད་པ་རེད།

སློབ་གྲྭ་ཆེ་མོ་བའི་ལས་ཞུགས་ལས་གཏོད་ཀྱི་དགའ་ཚལ་དུ་གྱུར་པ།

ད་ཆ་གཉལ་གཞུང་བཙོན་མ་གསོ་ཚགས་རྟེན་གཞིས་ཅུང་ཐོན་ཐོན་གྱི་ལྷི་བ་དང་གཅིན་པ་དབྱེ་བསྲེས་ཀྱི་ལག་རྩལ་སྦྱོང་བཞིན་ཡོད།

ལྷི་བ་ཐོན་སྐྱེད་ཁུལ་དུ་སློབ་ཆེན་ཐོན་མ་ཐག་པའི་ཞུན་ཚོགས་ཡོན་ཏན་གྱིས་ལྷི་བ་དང་གཅིན་པ་དབྱེ་བསྲེས་འཕྲུལ་ཆས་བྱང་ཆ་ལྡན་པའི་སྒོ་ནས་བཀོལ་སྤྱོད་བྱེད་བཞིན་འདུག ཁོང་གིས་ལྷི་བ་དང་གཅིན་པ་དབྱེ་བསྲེས་བྱས་རྗེས་ལོ་ལྟར་གཤེར་གཟུགས་ཀྱི་སྐྱེ་ལྡན་ལུད་ཏུན་2000ལྷག་ཙམ་དང་སྲ་གཟུགས་ཀྱི་སྐྱེ་ལྡན་ལུད་ཏུན་1500ལྷག་ཙམ་ཐོན་སྐྱེད་ཐུབ་ཀྱི་ཡོད། སྐྱེ་ལྡན་ལུད་དེ་དག་གཟན་རྩྭའི་རྟེན་གཞི་དང་ཇོང་གྲོང་གི་སྤོ་ཚལ་དྲྭད་ཁང་རྟེན་གཞིར་སྐྱེལ་གྱི་ཡོད་པས་ལྗང་མདོག་ཕན་ཆེའི་འདེབས་གསོ་ཟུང་འབྲེལ་མདོན་འགྱུར་ཐུབ་ཡོད་ཅེས་ངོ་སྤྲོད་བྱས།

ངས་ཀུང་སིའི་གཞོན་ནུ་ཚོ་དང་ལྷག་དོན་དུ་སློབ་གྲྭ་ཆེ་མོ་བ་རང་ཉིད་ཀྱི་ཕྱུ་གུ་ལྟ་བུར་བརྩིས་ནས་གསོ་སྐྱོང་བྱེད་ཀྱི་ཡོད་ཅེས་བག་གྲོས་བཤད། ཇོང་ཡོངས་ཀྱི་མཐོ་སློབ་སློབ་ཐོན་སློབ་མའི་ལས་ཞུགས་ལས་གཏོད་ཀྱི་ལས་དོན་ཡག་པོ་སྒྲུབ་ཆེད། ཉེ་བའི་ལོ་ཤས་

རིང་ལྷུན་རྩེ་རྫོང་གིས་མཐོ་སློབ་སློབ་ཐོན་སློབ་མའི་ལས་ཞུགས་ལས་གཏོད་ལ་སྐུལ་འདེད་གཏོང་བའི་སྐོར་གྱི་ལྡོངས་ཏང་ཨུད་དང་སྲིད་གཞུང་དང་། གྲོང་ཨུད་དང་གྲོང་ཁྱེར་སྲིད་གཞུང་གི་བཀོད་སྒྲིག་ལྟར་བྱ་ཁག་ལག་བསྟར་དོན་འཁྱོལ་ནན་ཏན་བྱས་ནས། རིམ་པ་ཁག་གི་སྟོབས་ཤུགས་སྐྱོང་འཛིན་གང་ལེགས་ཀྱིས་དཔེ་མཚོན་སྣེ་ཁྲིད་དང་། ལས་ཞུགས་ལྟ་བ་བསྒྱུར་བ། ལས་སྟིགས་བཏོད་པ་སོགས་ཀྱི་བྱེད་ཐབས་སྣ་མང་སྤྱད་དེ་སློབ་གྲྭ་ཆེ་མོ་བ་ལས་ཞུགས་ལས་གཏོད་ཐུབ་ཐབས་བྱས་ཡོད།

གནད་སྨིན་བྱ་ཐབས་ལག་ལེན་བསྟར། རོགས་སྐྱོར་ཕན་འབྲས་རོན་དུ་གཉེར།

——ཆབ་མདོ་གྲོང་ཁྱེར་གྲོང་ཁུལ་གྱི་རྒྱུན་ཞུ་གོ་འཛོ་རྫོང་ཁུལ་གྱི་རྩུའུ་ཅི་བཀྲ་ཤིས་ལ་བཅར་འདྲི་བྱས་པའི་སྐོར་བཀོད་པ།

གོ་འཛོ་རྫོང་ནི་ཆབ་མདོ་གྲོང་ཁྱེར་གྱི་ཤར་རྒྱུད་དང་འབྲི་ཆུའི་ནུབ་ངོགས་སུ་གནས་ཤིང་། རང་ལྗོངས་ཀྱི་ཤིན་ཏུ་དབུལ་པོའི་རྫོང་གི་གྲས་ཤིག་ཡིན། རྫོང་ཡོངས་སུ་གྲོང་རྡལ་1དང་། ཤང་11 རྫོང་རིམ་པ་གཞོན་པའི་ས་ངན་དོ་དམ་ཨུ་ཡོན་ལྷན་ཁང་1བཅས་ཡོད་ལ། གྲོང་ཚོ(གྲོང་ལྷན)149དང་། ཞིང་འབྲོག་དུད་ཚང་6329 མི་གྲངས་41656ཡོད། རྫོང་ཡོངས་སུ་ཡིག་ཚགས་དང་གྲྭ་བཟོས་པའི་མི་འབོར་དབུལ་པོའི་དུད་ཚང་3087དང་མི་གྲངས་17520ཡོད་ཅིང་། 2016ལོར་དུད་ཚང་དབུལ་པོ་228དང་མི་གྲངས་1557དབུལ་སྒྲོལ་བྱུང་བ་དང་། 2017ལོར་དུད་ཚང་225དང་མི་གྲངས་1413དབུལ་སྒྲོལ་བྱུང་བ། 2018ལོར་དུད་ཚང་399དང་མི་གྲངས་2359དབུལ་སྒྲོལ་ཐུབ་སྟེ་དབུལ་པོ་ཐོན་ཚད་བརྒྱ་ཆ42.45ནས་བརྒྱ་ཆ28.91བར་ཆག་ཡོད།

ཉེ་བའི་ལོ་ཤས་རིང་། གོ་འཛོ་རྫོང་གི་མང་ཚོགས་དབུལ་པོའི་འཚོ་བར་འགྱུར་ལྡོག་མངོན་གསལ་དོད་པོ་བྱུང་བ་དང་དབུལ་པོ་ཐོན་ཚད་དམའ་རུ་ཆེས་ཆེར་ཕྱིན་པས་དབུལ་སྒྲོལ་འགག་སྒྲོལ་ལ་དུས་མཚམས་རང་བཞིན་གྱི་གྲུབ་འབྲས་ཐོབ་ཡོད། ཆབ་མདོ་གྲོང་ཁྱེར་གྲོང་ཁུལ་གྱི་རྒྱུན་ཞུ་གོ་འཛོ་རྫོང་ཁུལ་གྱི་རྩུའུ་ཅི་བཀྲ་ཤིས་ཀྱིས་གོ་འཛོ་རྫོང་གིས་རང་སྐྱོང་ལྗོངས་ཀྱི་འཆར་གཞི་ལྟར། རྫོང་དབུལ་པོ་19ཡི་དབུལ་ཞྭ་འབུད་རྒྱུའི་བཞུགས་

སོལ་ཚོགས་འདུའི་དགོངས་དོན་དང་ཧུའུ་ཅི་ཐའོ་དབྱིང་ཅེའི་མཛུབ་སྟོན་གྱི་བླང་བྱ་ལག་བསྟར་དོན་འཁྱོལ་གཏིང་ཟབ་བྱས་ཏེ། ཐོན་ལས་དཔལ་སྐྱོར་ཤུགས་རྒྱག་སར་བྱས་ནས་གནད་སྨིན་དཔལ་སྐྱོར་ཐད་བྱ་ཐབས་དངོས་སྤྱོད་པ་དང་། གནད་སྨིན་རིགས་སྐྱོར་ཐད་ཕན་འབྲས་དངོས་དོན་གཉེར་བྱས་ཏེ་རྫོང་ཡོངས་ཀྱིས་དུས་བཀག་བཞིན་དཔལ་ཞྭ་འབུད་རྒྱུར་སྐུལ་འདེད་ཁན་ཏིག་གཏོང་བཞིན་ཡོད་ཅེས་བརྗོད།

བཀྲ་ཤིས་ཀྱིས་ངོ་སྤྲོད་བྱས་དོན། གཅིག་ནས་གཙོ་གནད་དང་འགག་རྩའི་ལྟ་ཚོགས་ལ་དམ་འཛིན་བྱས་ཏེ་ས་དངུལ་ཡུག་ཁུལ་གྲོང་ཁྱེར་བརྒྱལ་ནས་ཡུལ་གཞན་དུ་གནས་སྤོས་དཔལ་སྐྱོར་ལས་དོན་ལ་སྐུལ་འདེད་གཏོང་རྒྱུ་དང་། གཉིས་ནས་ཡུལ་གཞན་དུ་གནས་སྤོས་དཔལ་སྐྱོར་གྱི་བཀོད་སྒྲིག་ས་ཚོགས་དང་གྲོང་ཁྱེར་དང་གྲོང་རྡལ་ཅན་འཛུགས་སྐྲུན་ལ་སྐུལ་འདེད་གཏོང་རྒྱུ་དང་ཕན་ཚུན་ཟུང་འབྲེལ་བྱས་ཏེ་ཨ་དབང་ཤང་དང་། ལྷ་རྒྱལ་ཤང་། སྐྱི་འབེལ་ཤང་སོགས་ཡུལ་གཞན་དུ་གནས་སྤོས་བཀོད་སྒྲིག་གི་ལས་དོན་ལག་ལེན་བསྟར་རྒྱུ། གསུམ་ནས་རྫོང་གི་ཤར་ནགས་ལྷོ་འབྲོག་བྱང་ཞིང་གི་ཐོན་ལས་འཕེལ་རྒྱས་ཀྱི་བཀོད་སྒྲིག་ལ་གཞིགས་ནས་མཉམ་ལས་ཁང་དང་། རྟེན་གཞི། དུད་ཚང་དབུལ་པོ་བཅས་ཟུང་འབྲེལ་དང་ཐོན་ལས་དུད་ཆེན་དང་། རྟེན་གཞི། དུད་ཚང་དབུལ་པོ་ཟུང་འབྲེལ་སོགས་ཀྱི་མཉམ་ལས་བྱེད་སྟངས་དང་། དེ་བཞིན་དུད་ཚང་དབུལ་པོ་དང་དུད་ཚང་དབུལ་པོ་མཉམ་འབྲེལ་གྱི་གཉིས་ཕན་མཉམ་གཉེར་གྱི་རྣམ་པ་སྤྱད་དེ་ཨ་དབང་ལུག་ཐོན་ལས་འཁོར་འབྲེལ་དང་། ཁྱད་ལྡན་འདེབས་འཛུགས་ལས་རིགས། མི་རིགས་ལག་ཤེས་བཟོ་ལས་སོགས་ཐོན་ལས་རྣམ་གྲངས་ཁག་88ལག་ལེན་བསྟར་རྒྱུ། བཞི་ནས་འབྲི་ཆུའི་སྟོད་རྒྱུད་ཀྱི་རང་བྱུང་ནགས་ཚལ་སྲུང་སྐྱོང་འདུ་འགོད་ལ་དམ་པོར་དམིགས་ཏེ་སྟོད་བཅུད་སྲུང་སྐྱོང་དང་སྟོད་བཅུད་བདེ་འཇགས་སྲུང་ཡོལ་བསྐྲུན་རྒྱུའི་ཐད་ལས་དོན་སྤེལ་བ་དང་འབྲེལ། རང་བྱུང་ནགས་ཚལ་སྲུང་སྐྱོང་འདུ་འགོད་དང་། རྩྭ་ཐང་སྟོད་

བཅུད་སྤུང་སྐྱོང་ཁ་གསབ་བྱ་དགའི་ལམ་སྟོལ། སྤྱི་ཕན་ནགས་ཚལ་གྱི་སྔོད་བཅུད་ཁ་གསབ་དང་འདམ་རའི་སྔོད་བཅུད་ཕན་འབྲས་ཁ་གསབ་ལམ་སྟོལ་བཅས་ཕྱོགས་ཡོངས་ནས་དོན་འཁྱོལ་བྱས་ཏེ་སྔོད་བཅུད་སྲུས་རྟགས་གཏོད་པ་དང་། སྔོད་བཅུད་ལ་བརྟེན་ནས་དབུལ་པོའི་གནད་དོན་ཐག་གཅོད་ཡག་པོ་བྱེད་རྒྱུ། ལྷ་ནས་ཨར་སྐྲུན་ལས་གྲྭ་དང་། རླངས་འཁོར་ཉམས་གསོ། སྨོ་ཚལ་འདེབས་འཛུགས། ཁ་ལོ་བའི་ལག་རྩལ་གསོ་སྦྱོང་། བོད་བཟོའི་ལག་ཤེས་ཐོན་རྫས་སོགས་མངགས་ཐོ་རྣམ་པའི་རྩལ་ནུས་གསོ་སྦྱོང་ཇུར་ཐག་བྱས་ཏེ་ལས་ཞུགས་ལས་གཏོད་ཀྱི་ནུས་པ་ཆེ་རུ་བཏང་ནས་དབུལ་པོ་དྲུངས་ནས་འཐེན་ཐུབ་པར་བྱེད་རྒྱུ། དྲུག་ནས་སྲིད་གཞུང་དང་། དངུལ་རྩའི་སྒྲིག་གཞི། མཉམ་ལས་ཁང་། དུད་ཚང་དབུལ་པོ་བཅས་ཟུང་དུ་འབྲེལ་བའི་རྒྱུ་ནོར་གྱི་ཕན་པ་ཐོབ་པའི་བྱེད་སྟངས་འཚོལ་ཞིབ་ཇུར་ཐག་བྱས་ཏེ་དངུལ་རྩའི་ཐོན་ཁུངས་དབུལ་སྒྲོལ་འགག་སྒྲོལ་གྱི་ཐོན་ལས་འཕེལ་རྒྱས་ནང་ཞུགས་རྒྱུར་ལྕུག་སྐྱུལ་གཏོང་རྒྱུ་བཅས་རེད།

བཀྲ་ཤིས་ཀྱིས་མིག་སྔར་ས་འཛམ་གླིང་དབུལ་སྐྱོར་གསར་སྤེལ་ལས་དོན་དེ་དཀའ་གནད་ཆེ་ཤོས་དང་འགག་སྒྲོལ་གྱི་མཐའ་མའི་གདོང་མཆོང་གི་དུས་སུ་སླེབས་ཡོད་པས། ལོ་ཤས་གོང་གི་དཀའ་སྤྱད་འབད་བརྩོན་གྱི་རྨང་གཞིའི་ཐོག་སྣར་ཡང་ཟླ་ཁ་ཤས་འབད་བརྩོན་བྱས་ཏེ་དུད་ཚང་དབུལ་པོར་ཟས་གོས་འགྲོ་སྔོད་དང་། སློབ་སྦྱོང་སྨན་བཅོས་སྐྱབ་གསོ། སྔོད་ཁང་སོགས་ཐད་སེམས་ཁྲལ་མེད་པའི་འགན་ལེན་བྱེད་པ་དང་། སེམས་ཁྲལ་མེད་པ་གཉིས་དང་འགན་ལེན་གསུམ་ཐུབ་པར་བྱས་ནས་དབུལ་སྒྲོལ་འགག་སྒྲོལ་གྱི་དམག་འཐབ་ལ་རྒྱལ་ཁ་མཐའ་གཅིག་ཏུ་བླངས་ཏེ་དུས་བཀག་བཞིན་དབུལ་ཞྭ་འབུད་རྒྱུ་ཡིན་ཞེས་བརྗོད།

གྲོང་གསེབ་ཀྱི་ཐོན་ཁུངས་ལ་བརྟེན་ནས་དམངས་ཕྱུག་ཐོན་ལས་སྐྱེད་སྲིང་བྱེད་པ།

——རང་ལྗོངས་ཀྱི་ཞིང་ལས་དང་གྲོང་གསེབ་ཀྱི་གཙོ་གནད་སྒྱུར་བཅོས་ལ་དམིགས་པ།

སྔར་ནས་ད་བར། རང་ལྗོངས་ཀྱི་རིམ་ཁག་ཏང་ཨུད་དང་སྲིད་གཞུང་གིས་གྲོང་གསེབ་ཀྱི་སྒྱུར་བཅོས་ལས་དོན་ལ་ཚད་མཐོའི་མཐོང་ཆེན་བྱེད་པ་དང་། ཐོག་མཐའ་བར་གསུམ་དུ་གྲོང་གསེབ་ཀྱི་སྒྱུར་བཅོས་གཏིང་ཟབ་ཏུ་གཏོང་རྒྱུ་དེ་ཕྱོགས་ཡོངས་ནས་སྒྱུར་བཅོས་གཏིང་ཟབ་ཏུ་གཏོང་བའི་གྲུབ་ཆ་གལ་ཆེན་ཞིག་ཏུ་བརྩི་བ། གྲོང་གསེབ་སྒྱུར་བཅོས་ཀྱི་གཙོ་གནད་ལས་འགན་ཁག་ལ་དམ་པོར་དམིགས་པ་བཅས་བྱས་པས་གྲོང་གསེབ་ཀྱི་སྒྱུར་བཅོས་ལ་སྐུལ་འདེད་གཏོང་བའི་ལས་དོན་ཁག་ལ་གྲུབ་འབྲས་གསར་པ་ཐོབ་ཡོད།

ཞིང་འབྲོག་ཁུལ་སྒྱུར་བཅོས་ཀྱི་དཔེ་དམག

མི་འབོར་མགྱོགས་པོ་གཏོང་ཐུབ་མིན་དེ་མི་འབོར་གྱི་མགོ་ལ་རག་ལུས་ཡོད། རང་སྐྱོང་ལྗོངས་རིམ་པའི་གྲོང་གསེབ་སྒྱུར་བཅོས་ཚོད་ལྟ་ཁུལ་མངའ་རིས་ས་ཁུལ་སྒེར་རྩེ་རྫོང་འོ་མ་ཤང་འཆམ་གྲུག་གྲོང་ཚོའི་ཏང་གི་ཕུའུ་རྟུའུ་ཅི་ཉི་མ་དོན་གྲུབ་ནི་ཕྱུག་འགྱུར་སྔོ་ཁྲིད་པ་ཞིག་རེད། ལོ་བཞིའི་གོང་། འཆམ་གྲུག་གྲོང་ཚོ་ནི་འབྲོག་ཁུལ་གྱི་གྲོང་ཚོ་ཞིག་ཡིན་པས་འབྲོག་པའི་ཡོང་འབབ་ཀྱི་ཡོང་ཁུངས་སྣ་གཅིག་རང་ཡིན་པས་དབུལ་ཕྱུག་གི་

ཏེ་བག་ཆེན་པོ་ཡོད། སྐབས་དེ་དུས་མངའ་རིས་ས་ཁུལ་གྱིས་འཁྲོག་ཁུལ་སྐྱུར་བཅོས་ཚོད་ལྟའི་ལས་དོན་སྤེལ་བ་དང་། སྨིར་རྩེ་རྫོང་གིས་གྲོང་ཚོའི་ལས་བྱེད་པ་སྒྲིག་འཛུགས་བྱས་ནས་ནག་ཆུའི་མཚོ་གཉིས་དང་དཔལ་མགོན་སོགས་ཀྱི་འཁྲོག་ཁུལ་དུ་ལྟ་སྐོར་དུ་བསྐྱོད་པ་རེད། དཔལ་མགོན་དང་མཚོ་གཉིས་ཀྱི་འགྱུར་ལྡོག་མཐོང་སྐབས་སེམས་འགུལ་ཆེན་པོ་ཐེབས་ཏེ་མང་ཚོགས་ཀྱི་ཕྱུག་འགྱུར་ལ་སྙེ་ཁྲིད་བྱ་རྒྱུའི་ཐག་བཅད་པ་ཡིན་ཞེས་ཉི་མ་དོན་གྲུབ་ཀྱིས་བརྗོད།

2015ལོའི་ལོ་མཇུག་ཏུ་འཆམ་གུག་གྲོང་ཚོའི་འཁྲོག་པའི་མཉམ་སྦྱིབ་དཔལ་འབྱོར་མཉམ་ལས་ཁང་བཙུགས་པ་དང་དུད་ཚང་71གི་མང་ཚོགས་256དེའི་ནང་ཞུགས་པ་དེས་གྲོང་ཚོ་ཡོངས་ཀྱི་མི་གྲངས་ཀྱི་བརྒྱ་ཆ85ཡན་བཟུང་ཡོད། 2017ལོར་འཆམ་གུག་གྲོང་ཚོས་འཁྲོག་ལས་སྐྱུར་བཅོས་ལ་བློ་ཡིད་ཆེས་པའི་ལན་ཞིག་བརྒྱབ་ཡོད་པ་སྟེ། གྲོང་ཚོ་ཡོངས་ནས་མཉམ་ལས་ཁང་ལ་ཞུགས་མཁན་འཁྲོག་པ་མི་རེར་ཆ་སྙོམས་བགོ་སྤྲོད་ཚོག་པའི་ཡོང་འབབ་སྒོར་ཁྲི1.4ཙམ་ཐེབ་པ་དང་། གྲོང་ཚོ་ཡོངས་ཀྱི་མི་ཧྲེང་རྒན་གོན21ལ་མི་རེར་བགོ་འགྲེམས་སྒོར4288རག་པ། སློབ་གྲྭར་འགྲོ་མུས་ཀྱི་སློབ་མ74ལ་མི་རེར་བགོ་འགྲེམས་སྒོར1150རག་ཡོད། 2018ལོར་ཐོན་ལས་ཁག་གི་ཡོང་འབབ་བསྡོམས་འབོར་སྒོར་ཁྲི339ལྷག་ཙམ་ཐེབ་ཡོད། ཉི་མ་དོན་གྲུབ་ལ་ཧང་ཀྲང་དབྱང་དང་རྒྱལ་སྲིད་སྤྱི་ཁྱབ་ཁང་གིས་སྐྱུར་བཅོས་གདོང་ལེན་པའི་མཚན་སྙན་གནང་ནས་རང་ལྗོངས་ཀྱི་འཁྲོག་ཁུལ་སྐྱུར་བཅོས་ཀྱི་དཔེ་དམག་ཏུ་གྱུར་ཡོད།

བོད་ཀྱི་མཉམ་སྦྱིབ་དཔལ་འབྱོར་གྱི་རྩ་འཛུགས་ཀྱི་ཐོབ་ཐང་ལག་ཁྱེར་ཨང་དང་པོ།

2018ལོའི་ཟླ་11ཚེས་16ཉིན། ཅང་སུའུ་ཞིང་ཆེན་ནན་ཅིང་གྲོང་ཁྱེར་དུ་འཚོགས་པའི་རྒྱལ་ཡོངས་གྲོང་གསེབ་ཀྱི་མཉམ་སྦྱིབ་བདག་དབང་ལམ་ལུགས་སྐྱུར་བཅོས་ཚོད་ལྟའི་སྐུལ་འདེད་ཚོགས་འདུའི་ཐོག ཀྲུང་དབྱང་ཞིང་ལས་གཞུང་དོན་ཁང་གི་ཀྲུའུ་རེན་ཞིང་

ལས་གྲོང་གསེབ་པུའི་པུའུ་ཀྲང་ཏན་ཁྲང་རྫུའུ་ཡིས་རྒྱལ་ཡོངས་ཀྱི་གྲོང་གསེབ་མཉམ་སྡེབ་དཔལ་འབྱོར་རྩ་འཛུགས་ཀྱི་འཐུས་མི་10ལ་ལག་ཁྱེར་སྤྲད་པ་རེད། རང་ལྗོངས་ཀྱི་ལྷ་ས་གྲོང་ཁྱེར་ཆུ་ཤུར་རྫོང་ཚལ་སྣེ་ཤང་ཚལ་སྣེ་གྲོང་ཚོའི་ཏང་གི་པུའུ་རྟུའུ་ཅི་ཨང་དང་པོ་ལྷག་སྒྲོན་གྱིས་བོད་ཀྱི་ཚབ་བྱས་ནས་རང་ལྗོངས་ཀྱི་མཉམ་སྡེབ་དཔལ་འབྱོར་རྩ་འཛུགས་ཀྱི་ཐོབ་ཐང་ལག་ཁྱེར་ཨང་དང་པོ་དེ་བླངས་པ་རེད།

2016ལོར་ཆུ་ཤུར་རྫོང་དེ་ཉིད་གྲོང་གསེབ་ཀྱི་མཉམ་སྡེབ་བདག་དབང་ལམ་ལུགས་སྒྱུར་བཅོས་ཀྱི་རྒྱལ་ཁབ་རིམ་པའི་ཚོད་ལྟའི་ཚན་པ་དང་ཚལ་སྣེ་གྲོང་ཚོ་དེ་ཉིད་ཆུ་ཤུར་རྫོང་གི་གྲོང་གསེབ་ཀྱི་མཉམ་སྡེབ་བདག་དབང་ལམ་ལུགས་སྒྱུར་བཅོས་ཀྱི་ཚོད་ལྟའི་གྲོང་ཚོ་ཡིན་པ་རེད། སྒྱུར་བཅོས་ལས་དོན་སྤེལ་འགོ་ཚུགས་ཚུན། ཚལ་སྣེ་གྲོང་ཚོས་གྲོང་ཚོ་ཡོངས་ཀྱི་གོང་འོག་སྟོབས་ཤུགས་གཅིག་ཏུ་བསྡིལ་ཏེ་རྒྱུ་ནོར་གཙང་བཤེར་དང་། ཁོངས་མི་གཏན་འཁེལ། ཐོབ་ཆ་བགོས་པ། རྩ་འཛུགས་འཛུགས་པ། དབང་ཆ་སྤྲོད་པ། འཕེལ་རྒྱས་དོན་གཉེར་བཅས་བྱས་པ་བརྒྱུད་དུས་ཡུན་ལོ་གཅིག་ཀྱང་མི་འགོར་བར་གྲོང་ཚོ་རྩིལ་པོའི་གྲོང་ཚོ་རིམ་པ་1དང་ཚོགས་ཆུང་རིམ་པ་8བསྡོམས་པའི་གྲོང་གསེབ་ཀྱི་མཉམ་སྡེབ་དཔལ་འབྱོར་རྩ་འཛུགས་དགུ་ཡི་མ་ཧྲང་མཉམ་ལས་ལམ་ལུགས་སྒྱུར་བཅོས་གྲུབ་ཡོངས་ནས་ལེགས་གྲུབ་བྱས་ནས་གཉེར་སྐྱོང་རང་བཞིན་གྱི་རྒྱུ་ནོར་སྒོར་དུང་ཕྱུར་1.8གཙང་བཤེར་ཐུབ་པ་དང་། མཉམ་སྡེབ་ཁོངས་མི་2290གཏན་འཁེལ་བྱས་ཡོད། དེ་དང་དུས་མཚུངས་གྲོང་ཚོའི་མཉམ་སྡེབ་རྒྱུ་ནོར་གསར་སྤེལ་བེད་སྤྱོད་ཧུར་ཐག་བྱས་པར་ལོར་ཡོང་འབབ་སྒོར་ཁྲི་200ལྷག་ཙམ་ཟིན་ཡོད།

ཞིང་འབྲོག་ལས་ཐར་བས་སྟོབས་ཆེ་དང་། ཞིང་འབྲོག་པ་ཐར་བས་ཕྱུག་པོ། ཞིང་འབྲོག་ཁུལ་ཐར་བས་མཛེས་པོ་བཅས་ཡོང་བ་བྱས་པ།

གོམ་སྟབས་རྗེས་མར་རང་ལྗོངས་ཀྱིས་ཞིང་འབྲོག་ཁུལ་གྱི་སྒྱུར་བཅོས་ཕྱོགས་ཡོངས་

ནས་གཏིང་ཟབ་ཏུ་གཏོང་བ་དང་། སྒྱུར་བཅོས་བྱེད་སྐབས་སྒྲུལ་ཤུགས་དང་། གསོན་ཤུགས། ཁེ་ཕྱོགས་བཅས་ལྡན་པ་བྱ་རྒྱུ་མཐའ་འཁྱོངས་བྱེད་པ་མ་ཟད། 1+6གི་གྲོང་གསེབ་སྒྱུར་བཅོས་ཀྱི་ཚོད་ལྟའི་ཁུལ་གྱི་ལས་དོན་མུ་མཐུད་ཡག་པོ་བསྒྲུབས་ནས་གྲོང་གསེབ་ཀྱི་ས་ཞིང་ལམ་ལུགས་སྒྱུར་བཅོས་མུ་མཐུད་གཏིང་ཟབ་ཏུ་གཏོང་བ་དང་། གྲོང་གསེབ་ཀྱི་མཉམ་སྡེབ་བདག་དབང་ལམ་ལུགས་སྒྱུར་བཅོས་ལ་སྐྱུལ་མ་བརྟན་པོ་གཏོང་བ་བཅས་ཀྱི་སྒོ་ནས་ཞིང་འབྲོག་ལས་སྣར་བས་སྟོབས་ཆེ་དང་། ཞིང་འབྲོག་པ་སྣར་བས་ཕྱུག་པོ། ཞིང་འབྲོག་ཁུལ་སྣར་བས་མཛེས་པོ་བཅས་ཡོང་བ་བྱ་རྒྱུ་ཡིན་ཞེས་རང་སྙིང་ལྷོངས་ཞིང་ལས་གྲོང་གསེབ་ཐིང་གི་འབྲེལ་ཡོད་འགན་འཁུར་བས་ངོ་སྤྲོད་བྱས་པ་རེད།

དངུལ་དངོས་གཙང་བཤེར་གྱི་ལས་དོན་ཕྱོགས་ཡོངས་ནས་ལེགས་སྒྲུབ་བྱ་རྒྱུའི་ལས་དོན་ནི་2019ལོར་ངེས་པར་ལེགས་སྒྲུབ་བྱེད་དགོས་པའི་གྲོང་གསེབ་སྒྱུར་བཅོས་ཀྱི་ལྡོག་མེད་ལས་འགན་ཞིག་ཡིན་པ་དང་། ཟླ་བཅུ་པའི་ཟླ་མཇུག་གོང་དུ་རྫོང་དང་ཆུས་74ཡི་གྲོང་གསེབ་ཀྱི་མཉམ་སྡེབ་རྒྱུ་ནོར་གྱི་དངུལ་དང་དངོས་པོ་གཙང་བཤེར་གྱི་ལས་དོན་གཞི་རྩའི་ཆར་ལེགས་སྒྲུབ་བྱ་རྒྱུ་རེད། གྲོང་གསེབ་ཀྱི་མཉམ་སྡེབ་རྒྱུ་ནོར་གྱི་དངུལ་དང་དངོས་པོ་གཙང་བཤེར་ལས་དོན་གྱི་འཕེལ་རིམ་གཞིར་བཟུང་། གྲོང་གསེབ་ཀྱི་མཉམ་སྡེབ་བདག་དབང་ལམ་ལུགས་སྒྱུར་བཅོས་ལ་སྐྱུལ་མ་བཏང་ནས་མཉམ་སྡེབ་དཔལ་འབྱོར་རྩ་འཛུགས་ཀྱི་ཁོངས་མིའི་ཐོབ་ཐང་ཚན་རིག་དང་མཐུན་པའི་སྒོ་ནས་གཏན་འཁེལ་དང་གྲོང་གསེབ་ཀྱི་མཉམ་སྡེབ་དཔལ་འབྱོར(མ་རྐང)མཉམ་ལས་ཁང་འཛུགས་རྒྱུ་རེད།

ཞེད་མེད་ཞིང་ཁར་དབུལ་སྒྲོལ་ཐུག་འགྱུར་གྱི་མེ་ཏོག་བཞད།

——ཡར་ཀླུང་གཙང་པོའི་གྲོག་རོང་ཆེ་མོར་སྔོ་ཚལ་སྣ་ཚོགས་དང་པད་ཁ་བཏབ་པའི་སྐོར་བཀོད་པ།

མེ་ཏོག་རྫོང་གིས་དཀྱུན་ཁར་འབྲས་ཞིང་དུ་སྔོ་ཚལ་བཏབ་པ་དང་ཆབས་ཅིག་པད་ཁ་དང་ཕྲིན་སྨུག་སོགས་བཏབ་ནས་ཞིང་སྡེའི་ཡུལ་ལྗོངས་བརྟོད་པས། ཞིང་འབྲོག་མང་ཚོགས་ཀྱི་ཡོང་འབབ་མང་དུ་ཕྱིན་པ་མ་ཟད། མེ་ཏོག་གི་ཞིང་འབྲོག་མང་ཚོགས་དབུལ་སྒྲོལ་ཐུག་འགྱུར་གྱི་འགྲོར་འཕྲིང་ལམ་དུ་སྐྱོད་པར་སྐུལ་འདེད་བཏང་ཡོད།

མེ་ཏོག་རྫོང་ནི་བོད་ཀྱི་ཤར་ལྷོའི་ཡར་ཀླུང་གཙང་པོའི་ལྷུང་ཤུར་དུ་གནས་པ་དང་ཆ་སྙོམས་ས་བབ་སྨི་1200ཟིན་ཞིང་། དཀྱུན་ཁ་དྲོ་ལ་དབྱར་ཁ་ཚ་བ་མེད་ཅིང་། དུས་བཞིའི་དྲོ་གྲང་སྙོམས་ཁར་སྔོ་ཚལ་སྣ་ཚོགས་འདེབས་པར་འཚམ་པས་སྔོ་ཚལ་འདེབས་འཛུགས་ལས་རིགས་འཕེལ་རྒྱས་གཏོང་བར་སྟོན་འགྲོའི་ཆ་རྐྱེན་ཚང་ཡོད་པ་རེད།

2016ལོར། ཀོང་ཙུང་ཞིང་ཆེན་གྱི་བོད་སྐྱོར་ལས་དོན་ཚ་ཁག་ཁག་བརྒྱད་པའི་མེ་ཏོག་རྫོང་གི་ལས་དོན་ཚོགས་ཆུང(གཤམ་དུ་ལས་དོན་ཚོགས་ཆུང་ཞེས་བསྡུ་རྒྱུ)གིས་མེ་ཏོག་གི་ཟླ་10པ་ནས་སང་ལོའི་ཟླ་5པའི་བར་གྱི་ཞིང་དལ་ལེགས་ཆ་གང་ལེགས་སྤྱད་ཅིང་། མེ་ཏོག་གི་དཀྱུན་དུས་ཀྱི་ལེགས་ཆའི་རང་བྱུང་ཆ་རྐྱེན་དང་མེ་ཏོག་གི་མང་པོ་མེད་པའི་ས་ཆའི་ཐོན་ཁུངས་སྤྱད་དེ་འབྲས་ཞིང་དུ་སྔོ་ཚལ་བཏབ་པ་དང་ཆབས་ཅིག་པད་ཁ་དང་ཕྲིན་སྨུག་སོགས་བཏབ་ནས་ཞིང་སྡེའི་ཡུལ་ལྗོངས་བརྟོད་པས་མེ་ཏོག་གི་མང་པོ་མེད་པའི་རྨོ་ཞིང་སྤྱོད་ཚད་དང་ཕན་འབྲས་ཆེ་རུ་ཕྱིན་པ་མ་ཟད། ལོ་ཕྱེད་འདེབས་འཛུགས་དང་

ལོ་ཕྱེད་བེད་མེད་དུ་བསྐྱུར་བའི་ལོ་རྒྱུས་ཀྱི་རྣམ་པར་འགྱུར་ལྡོག་བཏང་བ་རེད།

ཡར་སྟོངས་གྲོང་ཚོ་ནི་རྫོང་གྲོང་དུ་གནས་པས་འགྲིམ་འགྲུལ་སྟབས་བདེ་ལ་ས་ཁོངས་ཀྱི་ཞིགས་ཆ་མངོན་གསལ་དོད་པ་དང་ཆབས་ཅིག མང་ཚོགས་བསམ་བློ་གཏོང་མཁས་པས་རང་འགྲུལ་དང་དབུལ་སྒྲོལ་ཕྱུག་འགྱུར་བྱེད་པའི་བརྩོན་སེམས་ཅུང་ཆེ་ཙམ་ཡོད། ལས་དོན་ཚོགས་ཆུང་གིས་ཡར་སྟོངས་གྲོང་ཚོ་དཔེ་སྟོན་གྲོང་ཚོར་བྱས་ཏེ་གནས་ཀྱིས་ཁྱོན་ལ་སྣེ་ཁྲིད་ནས་ཐོན་ལས་གྲུབ་ཆ་ཞིགས་སྒྲིག་མགྱོགས་པོ་བྱེད་པ་དང་། གནད་སྨིན་དབུལ་སྐྱོར་དམིགས་ཚད་དུ་བྱེད་པ། ཟླ་10པ་ནས་སང་ལོའི་ཟླ་5པའི་བར་གྱི་ཞིང་དལ་དང་རྫོང་གྲོང་གི་ས་ཁོངས་ཞིགས་ཆར་བརྟེན་པ། ཞིང་པའི་ཆེད་ལས་མཉམ་ལས་ཁང་ལྟེ་བར་བྱེད་པ། མང་ཚོགས་སྟོ་ཚལ་ཐོན་ལས་ལ་གཞོལ་བར་སྣེ་ཁྲིད། ནུས་ཤུགས་ཡོད་ཤུས་ཞིང་པར་སྟོ་ཚལ་ཐོན་ལས་འཕེལ་རྒྱས་གཏོང་བར་ཁྲིད་སྟོན། འབྲས་ཞིང་དུ་སྟོ་ཚལ་འདེབས་པར་འཕེལ་རྒྱས་འོས་འཚམ་གཏོང་བ། སྟོ་ཚལ་ཐོན་ལས་ལ་བརྟེན་ཏེ་དབུལ་སྒྲོལ་ཕྱུག་འགྱུར་ལ་སྣེ་ཁྲིད་བཅས་བྱས་ནས་ཞིང་ལས་ཕན་འཕར་དང་། ཞིང་པར་འབབ་འཕར། ཞིང་ལས་རྒྱུན་མཐུད་འཕེལ་རྒྱས། གྲོང་གསེབ་དར་རྒྱས་བཅས་ལ་སྐུལ་འདེད་བཏང་བ་རེད།

2016ལོའི་དགུན་ཁར་ཡར་སྟོངས་གྲོང་ཚོས་ལས་དོན་རུ་ཁག་གི་རོགས་རམ་འོག་འབྲས་ཞིང་དུ་སྟོ་ཚལ་འདེབས་སྐབས་འཚོལ་ཞིབ་དང་འཕེལ་རྒྱས་བཏང་ནས། དུད་ཚང་54ཡི་ཞིང་འབྲོག་པ་ཞུགས་པའི་ནང་དབུལ་སྐྱོར་དུད་ཚང་18ཡོད་པ་རེད། ཞིང་འབྲོག་མང་ཚོགས་50ལྷག་གིས་སྟོ་ཚལ་འདེབས་པའི་ལག་རྩལ་གསར་པ་ཤེས་པ་མ་ཟད། སྟོ་ཚལ་འདེབས་མཁན་དུད་ཚང་54ལ་ཆ་སྙོམས་དུད་ཚང་རེར་ཡོང་འབབ་སྒོར་4000ལྷག་ཙམ་འཕར་ནས་2016ལོར་དབུལ་སྐྱོར་དུད་ཚང་14ཐད་ཀར་དབུལ་སྒྲོལ་ཐུབ་སྟེ་ཐོག་མའི་ཕན་འབྲས་བཟང་པོ་ཐོན་པ་རེད།

2017ལོའི་དགུན་ཁར་ལས་དོན་ཚོགས་ཆུང་གིས་ཤང་དང་གྲོང་རྡལ་4ཡི་སྲིད་འཛིན་གྲོང་ཚོ་13ལ་སྤོ་ཚལ་གྱི་ས་བོན་སྣ་ཁ་25དང་སྤྱི་རྒྱ་650ལྷག་ཙམ་སྤྲོད་པར་སྒོར་ཁྲི་6ལྷག་རི་བ་དང་། འདེབས་ཁྱོན་མུའུ་1500ཟིན་ནས་ཡར་གླུང་གཙང་པོའི་གྲོག་རོང་ཆེ་མོའི་དགུན་འདེབས་སྔོ་ཚལ་དང་པད་ཁའི་མེ་ཏོག་རྟེན་གཞི་བཏོད་པ་རེད། དཔེ་སྟོན་ས་ཚོགས་གྲོ་མོ་གྲོང་ཚོས་སྔོ་ཚལ་རྟེན་གཞིར་སྔར་ཡོད་ཀྱི་མུའུ་54ཡི་ཁར་རྒྱ་བསྐྱེད་ནས་མུའུ་300ཟིན་པའི་ནང་ནས་ཆིའུ་ཙི་དང་། ལ་ཕུག་དམར་པོ། ཚུར་ཚལ་སོགས་སྔོ་ཚལ་སྣ་ཁ་15བཏབ་པར་ཁྱོན་མུའུ་150ཟིན་པ་དང་པད་ཁ་མུའུ་150བཏབ་པ་རེད། ཁྱོན་དུད་ཚང་60ལྷག་ཙམ་གྱི་ཞིང་འབྲོག་མང་ཚོགས་ཞུགས་པ་དང་དུད་ཚང་རེར་ཆ་སྙོམས་ཡོང་འབབ་སྒོར་5000ལྷག་ཙམ་བྱུང་ཡོད་པ་དང་ཡོང་འབབ་མཐོ་ཤོས་སྒོར་ཁྲི་1.5ཙམ་ཡང་ཟིན་ཡོད།

2018ལོར། ལས་དོན་ཚོགས་ཆུང་གིས་གྲོ་མོ་གྲོང་ཚོའི་2017ལོའི་དགུན་འདེབས་སྔོ་ཚལ་འཛིན་ཐང་ཅན་ལ་བྱ་དགའ་སྤྲད་པ་མ་ཟད། མེ་ཏོག་གྲོང་རྡལ་དང་གྲོ་མོ་གྲོང་ཚོའི་ལས་བྱེད་པ་ཁག་གཅིག་དང་སྔོ་ཚལ་འདེབས་མཁན་དུད་ཚང་གི་འཐུས་མི་ཧྲན་ཏུང་ཧྲོའུ་ཀོང་སོགས་ས་ཆར་བསྐྱོད་ནས་སྔོ་ཚལ་ཐོན་ལས་ཀྱི་འཕེལ་རྒྱས་ལ་ལྟ་སྐོར་དང་སློབ་སྦྱོང་ལ་མངགས་ཏེ། མང་ཚོགས་ཀྱི་སྔོ་ཚལ་འདེབས་པའི་ཧུར་བརྩོན་སྤྲར་བས་ཆེ་ཙ་བཏང་བ་རེད།

དབུལ་སྐྲོལ་འགག་སྐྲོལ་གྱི་གོམ་སྟབས་བརྟན་པོ་སྤྲོས་པ།

——གཞིས་རྩེ་གྲོང་ཁྱེར་གྱི་དབུལ་ཞྭ་ཕུད་པའི་རྫོང་གི་འཕེལ་རྒྱས་སྐོར་བཀོད་པ།

 གྲོ་མོ་རྫོང་དང་། པ་སྣམ་རྫོང་། གཉའ་ནང་རྫོང་། ཁང་དམར་རྫོང་། གཏིང་སྐྱེས་རྫོང་། སྐྱིད་གྲོང་རྫོང་སོགས་རྫོང་དབུལ་པོ་རེ་རེ་བཞིན་གྱི་དབུལ་སྒྲོལ་དང་དབུལ་ཞྭ་ཕུད་པ་དང་འགག་སྒྲོལ་དམག་འཐབ་ཀྱི་རྒྱལ་ཁའི་གཏམ་བཟང་རེ་རེ་བཞིན་ཁྱབ། དབུལ་ཞྭ་ཕུད་ཀྱང་འགན་འཁྲི་མི་དོར་བ་དང་། དབུལ་ཞྭ་ཕུད་ཀྱང་སྲིད་ཇུས་མུ་མཐུད་ལག་ལེན་བསྟར་བ། དབུལ་ཞྭ་ཕུད་ཀྱང་རོགས་སྐྱོར་བྱེད་མཚམས་མི་འཇོག་པ། དབུལ་ཞྭ་ཕུད་ཀྱང་ལྟ་འདོམས་བྱེད་མཚམས་མི་འཇོག་པ་བཅས་མདོར་ན་དབུལ་སྒྲོལ་དང་དབུལ་ཞྭ་ཕུད་པ་དེ་ལས་མཇུག་འགྲིལ་བ་ཙམ་མིན་པར་འགོ་འཛུགས་ས་གསར་པ་ཞིག་ཡིན།

བརྗིད་ཉམས་ལྡན་པའི་ཇོ་མོ་གླང་མ་དང་ལང་ལོང་དུ་རྒྱུག་པའི་ཡར་ཀླུང་གཙང་པོས་དུས་སྐབས་གལ་ཆེན་རེ་རེའི་བདེན་དཔང་བྱས་ཡོད། མིག་སྔའི་བར། གཞིས་རྩེ་གྲོང་ཁྱེར་གྱི་རྫོང་དང་ཆུས་དབུལ་པོ་6བར་ཉུང་དུ་ཕྱིན་པ་དང་། གྲོང་ཚོ(གྲོང་ལྷན)དབུལ་པོ་516བར་ཉུང་དུ་ཕྱིན་པ། མི་འབོར་དབུལ་པོ་ཁྲི་16.96ནས་ཁྲི་3.48བར་ཉུང་དུ་ཕྱིན་ཏེ་དབུལ་པོར་གྱུར་ཚད་བརྒྱ་ཆ25.27ནས་བརྒྱ་ཆ5.1བར་ཆག་པ་རེད།

དངོས་འཛིན་དངོས་སྒྲུབ་ཀྱི་སྤྱོད་ཚུལ་ལ་བརྟེན་ནས་དབུལ་སྐྱོར་ལམ་སྲོལ་འཐུས་ཚང་བརྩུགས་པ།

དབུལ་སྒྲོལ་འགག་སྒྲོལ་གྱི་དམག་འཐབ་ལ་རྒྱལ་ཁ་ལེན་པར་རྩ་འཛུགས་ཀྱི་འགོ་

ཁྲིད་ལ་ཤུགས་སྐྱོན་རྒྱག་རྒྱུ་ནི་འགན་ལེན་ཞིག་རེད།

དབུལ་སྒྲོལ་འགག་སྒྲོལ་གྱི་དམག་འཐབ་རྒྱག་འགོ་བཙུགས་རྗེས་གཞིས་རྩེ་གྲོང་ཁྱེར་གྱིས་ལམ་སྲོལ་འཕྲུས་ཚང་དང་འགོ་ཁྲིད་ལ་ཤུགས་སྐྱོན་རྒྱག་པ་དེ་སྔོན་སྒྲུབ་ཀྱི་ལས་ཀར་བརྩིས་ཡོད། དབུལ་ཞུ་ཕུད་པའི་རྫོང་གི་ལག་ལེན་ལ་བལྟས་ཚེ་རྩེ་རིམ་རྒྱས་འགོད་སྔོན་ལ་ལག་བསྟར་བྱེད་པ་དང་། ལམ་སྲོལ་འཕྲུས་ཚང་འཛུགས་རྒྱུ་གཙོ་བོར་བརྩི་བ། ཕྱོགས་ཡོངས་ལ་འགོ་ཁྲིད་བྱ་རྒྱུ་རྩ་བར་འཛིན་པ་བཅས་ནི་ཡོངས་ཁྱབ་ཀྱི་བྱ་ཐབས་ཤིག་ཡིན་ལ་ཐུན་མོང་གི་ཉམས་མྱོང་ཞིག་ཀྱང་རེད།

དཔེར་ན་གཉའ་ནང་རྫོང་གིས་ལས་ཀའི་ལམ་སྲོལ་སྔོན་ལ་བཟོ་རྒྱུ་མཐའ་འཁྱོངས་ཀྱིས་རྫོང་གིས་སྤྱི་འདོམས་ལ་དམ་འཛིན་དང་། ཤང་དང་གྲོང་རྡལ་གྱིས་དོན་འཁྱོལ་ལ་དམ་འཛིན། གྲོང་ཚོར་ལས་དོན་སྤེལ་བ། རུད་ཚང་དུ་དབུལ་སྐྱོར་བྱེད་པ་བཅས་ཀྱི་ལས་ཀའི་ལམ་སྲོལ་བཙུགས་པ་དང་། རྫོང་ཨུད་རྟའུ་ཅིས་ཙུའུ་ཀྲང་བྱས་པའི་དབུལ་སྐྱོར་གསར་སྤེལ་ལས་དོན་འགོ་ཁྲིད་ཚོགས་ཆུང་དང་རྫོང་དཔོན་གྱིས་སྤྱི་ཁྱབ་བཀོད་འདོམས་དཔོན་བྱས་པའི་དབུལ་སྒྲོལ་འགག་སྒྲོལ་བཀོད་འདོམས་པུའུ་བཙུགས་པ། ལས་ཀའི་ཆེད་དོན་ཚན་ཁག་11བཙུགས་པ་བཅས་བྱས་ཏེ་རིམ་པ་བཞིན་འགན་འཁྲིའི་ཡི་གེ་བཞག་ནས་རིམ་པ་བཞིན་སྐུལ་འདེད་བཏང་བ་རེད།

བྱེད་སྟངས་དེ་རིགས་ནི་གཞིས་རྩེ་གྲོང་ཁྱེར་གྱི་རྫོང་ཁག་ཏུ་མཐོང་མང་བ་དང་རྫོང་རིམ་པའི་ཏང་ཨུད་ནི་རྫོང་ཡོངས་ཀྱི་དབུལ་སྒྲོལ་འགག་སྒྲོལ་གྱི་སྤྱི་ཁྱབ་བཀོད་འདོམས་པུའུ་ཡིན་ཞིང་། རྫོང་ཨུད་ཀྱི་རྟའུ་ཅིས་དབུལ་སྒྲོལ་འགག་སྒྲོལ་ལ་གཅིག་འདོམས་བྱེད་པ་དང་མྱུར་ཚད་བཀོད་སྒྲིག་དང་། རྣམ་གྲངས་དོན་འཁྱོལ། མ་དངུལ་བེད་སྤྱོད། མི་སྣ་བཀོད་སྒྲིག་ལག་བསྟར་ལ་སྐུལ་འདེད་སོགས་ཀྱི་ལས་དོན་ལ་སྤྱི་འདོམས་བྱས་ནས་མི་སྣ་དམིགས་སར་འཁྱོར་བ་དང་། འགན་འཁྲི་གནད་ལ་འཁེལ་བ། ལས་དོན་དོན་ཐོག་

ཏུ་འཁྱོལ་བ། ཕན་འབྲས་གནད་ལ་འཁེལ་བ་བཅས་བྱེད་ཐུབ་ཡོད།

གནད་སྨིན་དབུལ་སྐྱོར་གཞི་རྩའི་མཛད་རྗེས་སུ་བརྗེས་ནས་ཐབས་ལམ་གསར་པ་བཏོད་པ།

ཟླ་5པའི་སྐྱིད་གྲོང་རྫོང་སྐྱིད་གྲོང་གྲོང་རྡལ་ཅང་གྲོང་གསར་གྱི་རི་ཀླུང་ཀུན་སྟོ་ཐིང་ངེར་གནས། རྣམ་ཀུན་དང་འདྲ་བར་ལོ་38ལ་སླེབས་པའི་གྲོང་མི་བཀྲ་ཤིས་ཚེ་དབང་གིས་ཞོགས་པ་སྔ་པོ་ནས་བྲེལ་བརྩོན་ཆེན་པོ་བྱེད་ཅིང་། ཧང་གི་སྲིད་ཇུས་ཀྱི་རོགས་སྐྱོར་འོག་བཀྲ་ཤིས་ཚེ་དབང་གིས་མཐའ་མཚམས་ཚོང་དོན་གྱི་ལས་ལ་གཞོལ་བ་དང་། སྟོན་ཆད་ཀྱི་ཞིང་འབྲོག་ལས་དང་བསྡུར་ཚེ་བཀྲ་ཤིས་ཚེ་དབང་གི་ཡོང་འབབ་ལྡབ་གཅིག་འཕར་ནས་ལོ་གཅིག་ལ་སྒོར་ཁྲི་6ལྷག་ཙམ་ཟིན་གྱི་ཡོད། དབུལ་སྒྲོལ་འགག་སྒྲོལ་ཞིང་ཚུ་ལེབ་གཏོང་ལྟར་མི་བྱེད་པར་གནད་སྨིན་ཐིགས་ཚུ་གཏོང་དགོས། བཀྲ་ཤིས་ཚེ་དབང་གནས་ཡུལ་སྐྱིད་གྲོང་གྲོང་རྡལ་ནི་གནའ་སྔ་མོ་ནས་ནེ་པ་ལ་དང་ཚོང་འབྲེལ་ཡོད་པ་དང་སྐྱིད་གྲོང་འགག་སྒོ་ནི་ཀྲུང་ནེའི་མཐའ་མཚམས་ཚོང་དོན་གྱི་བགྲོད་ལམ་གལ་ཆེན་ཞིག་རེད། རི་ཁའི་འཚོ་རྟེན་རི་དང་ཆུ་ཁའི་འཚོ་རྟེན་ཆུ་ཡིན་པ་ལྟར་འགག་སྒོའི་ལེགས་ཆར་བརྟེན་ནས་སྐྱིད་གྲོང་གྲོང་རྡལ་གྱིས་མང་ཚོགས་ཀྱི་སྣེ་ཁྲིད་དེ་མཐའ་མཚམས་ཚོང་དོན་དང་ཟློག་འགྲེམས་ལས་རིགས་འཕེལ་རྒྱས་ཤུགས་ཆེན་བཏང་སྟེ་ཕྱུག་འགྱུར་ལམ་བུར་བསྐྱོད་པ་རེད། དབུལ་སྒྲོལ་འགག་སྒྲོལ་ལ་སྐྱུལ་འདེད་གཏོང་རིང་། གཞིས་རྩེ་གྲོང་ཁྱེར་གྱིས་གནད་སྨིན་དབུལ་སྐྱོར་དང་གནད་སྨིན་དབུལ་སྒྲོལ་གྱི་གཞི་རྩའི་མཛད་ཇུས་མཐའ་འཁྱོངས་བྱས་ཏེ་དབུལ་པོ་ཆགས་རྐྱེན་འཚོལ་ཞིབ་ནས་ ...

མང་ཚོགས་བློ་ཡིད་ཆེམ་རྒྱུ་རྩ་བའི་ཚད་གཞིར་བྱས་ནས་ཐོབ་ཚོར་ཆེ་རུ་བཏང་བ།

ལོ་50ལ་སོན་པའི་ཟླ་བས་སྟོན་ཆད་འབྲི་གཡག་གསོ་ཚོགས་དང་ལས་ཀ་ཙག་ཙིག་

བྱས་ནས་འཚོ་བ་སྐྱེལ་གྱི་ཡོད་པས་ལོར་ཡོང་འབབ་སྒོར་ཁྲི་1ཙམ་ལས་མེད། ན་ནིང་ལོ་སྟོད་དུ་ཁོང་གིས་ཁྱིམ་དུ་ཡོད་པའི་འབྲི་གཡག་དྲུག་པོ་དེ་མ་རྐང་དུ་བྱས་ནས་གྲོ་མོ་རྫོང་ཕག་རི་འབྲི་གཡག་ཐོན་ལས་འཕེལ་རྒྱས་ཚད་ཡོད་ཀུང་སིར་ཞུགས་པས་ལོར་ཡོང་འབབ་སྒོར་ཁྲི་4ལྷག་ཙམ་ཟིན་གྱི་ཡོད། གྲོ་མོའི་ཕག་རི་གྲོང་རྡལ་དང་བར་ཐག་སྤྱི་ལེ་200ལྷག་ཙམ་ཡོད་པའི་པ་སྣམ་རྫོང་དགའ་སྟོང་གྲོང་རྡལ་མ་དབྱེར་གྲོང་ཚོར་ཟླ་བ་ཕུར་ཚེས་སེམས་ནང་སྤྲོ་སྣང་གིས་ཁྱེདས་ཧེ་ཤུའུ་ཁྲི་ཟིན་པའི་འདྲེ་ཚེར་མའི་སྡོད་བཅུད་ལྟ་སྐར་ཐོན་ལས་གླིང་བཙུགས་པ་དེས་ང་ཚོ་བཟའ་ཚོ་གཉིས་པོས་ཁྱིམ་གྱི་སྒོ་ཙ་ནས་ཡོང་འབབ་གསོག་ཐུབ་པ་བྱུང་ཞེས་བརྗོད། དབུལ་སྒྲོལ་ལས་དོན་གང་འདྲ་སྒྲུབ་ཡོད་མེད་ཀྱི་གཞི་རྩའི་ཞིབ་བཤེར་གྱི་ཚད་གཞི་ནི་མང་ཚོགས་བློ་ཡིད་ཚིམ་མིན་ལ་ལྟ་དགོས། སྤྱི་ཁྱབ་རྟའུ་ཅི་ཞི་ཅིན་ཕིང་གིས་དབུལ་སྐྱོར་ལས་དོན་ངེས་པར་དུ་དངོས་སུ་སྒྲུབ་དགོས་པ་དང་། དབུལ་སྒྲོལ་བྱེད་རིང་ངེས་པར་དུ་ཧྲན་ཏིག་དགོས་པ། དབུལ་སྒྲོལ་འབྲས་བུ་ངེས་པར་དུ་ངོ་མ་དགོས་པ་བཅས་ལས་དབུལ་སྒྲོལ་གྱི་ཕན་འབྲས་ལ་མང་ཚོགས་ཀྱི་ཁས་ལེན་ཐོབ་པ་དང་ལག་ལེན་དང་ལོ་རྒྱུས་ཀྱི་ཚོད་བགམ་ཐེག་ཐུབ་པ་བྱེད་དགོས་ཞེས་གསུངས་པ་ལྟར་རེད།

ཟླ་སྒྲིལ+དུས་རབས་ཀྱི་ཆ་འཕྲིན་ཅན་གྱི་དབུལ་སྐྱོར།

——ཀྲུང་གོ་གློག་འཕྲིན་བོད་ལྗོངས་ཀུང་སིས་དབུལ་སྐྱོར་འགག་སྐྱོར་ལ་རམ་འདེགས་བྱས་པའི་སྐོར་བཀོད་པ།

ཉེ་བའི་ལོ་ཤས་རིང་། ཀྲུང་གོ་གློག་འཕྲིན་བོད་ལྗོངས་ཀུང་སིས་བོད་ཀྱི་རྒྱུན་མཐུད་འཕེལ་རྒྱས་དང་ཡུན་རིང་བདེ་འཇོད་ཀྱི་སྤྱིའི་དམིགས་ཚད་ལ་དམ་པོར་དམིགས་ནས། གཞུང་ཁོངས་ཁེ་ལས་ཀྱི་འགན་འཁྲི་དང་ལས་འགན་ཆེན་པོ་འཁུར་ཏེ་ལེགས་ཆའི་ཐོན་ཁུངས་སྤྱི་འདོམས་བསྡུ་སྒྲིལ་གྱིས་ཟླ་རྒྱའི་དབུལ་སྐྱོར་དང་། ཐོན་ལས་དབུལ་སྐྱོར། ལས་ཞུགས་དབུལ་སྐྱོར། རིག་ནུས་དབུལ་སྐྱོར། སྤྱི་ཕན་དབུལ་སྐྱོར། ཆ་འཕྲིན་ཅན་དབུལ་སྐྱོར་བཅས་ལ་ཐུན་མོང་དུ་སྐུལ་འདེད་བཏང་བ་རེད།

ལྟེ་བར་དམ་འཛིན་གྱིས་སྤྱི་འདོམས་སྐུལ་འདེད་བཏང་བ།

ཉེ་བའི་ལོ་ཤས་རིང་། བོད་ལྗོངས་གློག་འཕྲིན་གྱིས་ཚོགས་པ་ཀུང་སིའི་ཐབས་ཇུས་བཀོད་སྒྲིག་དང་ལེན་ཏུར་ཐག་བྱས་ནས་གྲོང་སྡོད་ལས་དོན་དམ་འཛིན་དུ་བྱེད་པ་དང་ཟླ་རྒྱའི་དབུལ་སྐྱོར་སྣེ་ཁྲིད་དུ་བྱས་ནས་ཆ་འཕྲིན་ཅན་གྱི་དབུལ་སྐྱོར་དང་། ཐོན་ལས་དབུལ་སྐྱོར། ལས་ཞུགས་དབུལ་སྐྱོར། རིག་ནུས་དབུལ་སྐྱོར། སྤྱི་ཕན་དབུལ་སྐྱོར་བཅས་ལ་ཐུན་མོང་ཐོག་སྐུལ་འདེད་བཏང་བ་རེད། ལོ་རེ་བཞིན་རྫོང་མན་གྱི་ཞིང་འབྲོག་ཁུལ་གྱི་ཆ་འཕྲིན་ཟླ་རྒྱུར་མ་དངུལ་གཏོང་ཤུགས་ཆེ་རུ་བཏང་བ་དང་། ཀུན་ཁྱབ་ཞབས་ཞུའི་ཚོད་ལྟའི་ལས་འགན་དོན་འཁྱོལ་ཏུར་ཐག་དང་ཟླ་རྒྱའི་རྨང་གཞིའི་སྒྲིག་བཀོད་འཛུགས་

སྐྱུན་ཧུར་ཐག་བྱས་ནས་རང་ལྗོངས་ཀྱི་དྲ་རྒྱ་ཁྱབ་གདལ་དང་། གྲོང་གསེབ་ཀྱི་དྲ་ཐོག་ཚོང་དོན། དྲ་རྒྱའི་རིག་སྐྱོར། ཆ་འཕྲིན་ཞབས་ཞུ། དྲ་རྒྱའི་སྤྱི་ཕན་བཅས་ཀྱི་འདུ་འགོད་ཆེན་པོ་ལྔའི་དགོས་མཁོ་བསྐངས་པ་རེད།

ཤེས་རྟོགས་བྱུང་བར་གཞིགས་ན། 2018ལོར་བོད་ལྗོངས་ཀུང་སིས་ཁྱོན་མ་དངུལ་སྒོར་དུང་ཕྱུར་5.69བཏང་ནས་སྲིད་འཛིན་གྲོང་ཚོ་2460ལ་དྲ་ཆེན་ཁྲིད་པ་དང་། 2018ལོ་ཟླ་9ཚེས་23ཉིན་ཁག་གསུམ་པའི་ཀུན་ཁྱབ་ཞབས་ཞུ་འཛུགས་སྐྲུན་གྱི་ལས་འགན་ཉིན་7སྔ་སྣུར་དུ་ལེགས་གྲུབ་བྱུང་སྟེ་སྲིད་འཛིན་གྲོང་ཚོ་930ལ་ཁྱབ་པ། ཆ་འཕྲིན་ལས་སྣོའི་དབུལ་སྐྱོར་ལ་སྐུལ་འདེད་མུ་མཐུད་བཏང་བས། དུད་ཚང་དབུལ་པོ་དང་དཀའ་ངལ་ཡོད་པའི་ལས་བྱེད་པའི་དུད་ཚང་ཁྲི་8ལྷག་ཙམ་ལ་ཕན་པ་ཐོབ་ཅིང་། གཟིགས་སྐྱོང་རིན་གོང་སྒོར་ཁྲི་800ལྷག་ཙམ་ཟིན་ཡོད། 2002ལོ་ནས་བཟུང་ཐེམ་ཁུངས་བོད་ནས་ཡིན་པའི་སློབ་ཆེན་སློབ་ཐོན་སློབ་མ་669དང་ལས་མི་800ལྷག་ཙམ་བསྡུས་ཡོད་པ་རེད།

དགོངས་དོན་སློབ་སྦྱོང་བྱས་ནས་ལྷང་ལྷ་དོན་འཁྱོལ་བྱས་པ།

བོད་ལྗོངས་གློག་འཕྲིན་གྱིས་དབུལ་སྒྲོལ་འགག་སྒྲོལ་སྐོར་གྱི་སྤྱི་ཁྱབ་རྟགའུ་ཅི་ཞི་ཅིན་ཕིང་གི་མཛུབ་སྟོན་གལ་ཆེན་གྱི་དགོངས་དོན་སློབ་སྦྱོང་གཏིང་ཟབ་བྱས་ཤིང་། གློག་འཕྲིན་ཚོགས་པའི་སྤྱིའི་ལྷང་བྱར་གཞིགས་ནས། དབུལ་སྒྲོལ་འགག་སྒྲོལ་དང་སྐོར་གཟིགས་དག་ཐེར་ལས་དོན་སྐོར་གྱི་ལྗོངས་ཏང་ཨུད་ཀྱི་ཐབས་ཇུས་བཀོད་སྒྲིག་ལག་བསྟར་དོན་འཁྱོལ་གཏིང་ཟབ་བྱས་པ་རེད།

འགན་འཁྲི་དོན་འཁྱོལ་ནན་པོ་བྱེད་རྒྱུའི་སྐོར་གྱི་སྤྱི་ཁྱབ་རྟགའུ་ཅི་ཞི་ཅིན་ཕིང་གི་མཛུབ་སྟོན་གལ་ཆེན་གྱི་ལྷང་བྱ་གཞིར་བཟུང་། བསམ་བློའི་ངོས་འཛིན་རྒྱུན་ཆད་མེད་པར་ཐབ་ཏུ་བཏང་ནས་རིམ་པ་བཞིན་དབུལ་སྒྲོལ་འགག་སྒྲོལ་གྱི་བྱེད་པོའི་འགན་འཁྲི་

ནན་དུ་བཏང་བ་དང་། རྩ་འཛུགས་ཀྱི་འགོ་ཁྲིད་ལ་སྟར་བས་ཤུགས་སྣོན་བརྒྱབ་ནས་ལམ་ལུགས་དང་ལམ་སྲོལ་འཐུས་སྒོ་ཚང་དུ་བཏང་བ་མ་ཟད། གཙོ་གནད་ཀྱི་འགག་རྩ་འབུར་དུ་ཐོན་པ། ཞན་ཆ་གསབ་པ་བཅས་བྱས་ཏེ་དབུལ་སྐྲོལ་འགག་སྒྲོལ་གྱི་དམག་འཐབ་དྲག་པོ་ཡག་པོ་རྒྱག་པ་དང་རྒྱལ་ཁ་མཐའ་གཅིག་ཏུ་ལེན་པར་སྲ་ཞིང་བརྟན་པའི་རྨང་གཞི་བཏིངས་པ་རེད།

ཏང་འཛུགས་སྐྱོང་ལ་བརྟེན་ནས་འགག་སྒྲོལ་འགན་ལེན་བྱས་པ།

ཏང་འཛུགས་སྐྱོང་དང་དབུལ་སྐྱོར་ལས་དོན་མཉམ་འབྲེལ་གཉིང་ཟབ་ཡོང་བ་དང་ཕན་འབྲས་དངོས་སུ་ཐོན་རྒྱུར་འགན་ལེན་བྱ་ཆེད། བོད་ལྗོངས་གློག་འཕྲིན་གྱིས་དབུལ་སྒྲོལ་འགག་སྒྲོལ་གྱི་འགན་འཁྲིའི་ལམ་སྲོལ་རྒྱུན་ཆད་མེད་པར་བཙུགས་པ་དང་འཐུས་སྒོ་ཚང་དུ་བཏང་བ་དང་། དབུལ་སྒྲོལ་འགག་སྒྲོལ་ལས་དོན་དེ་ཆབ་སྲིད་ཀྱི་འགན་འཁྲི་གལ་ཆེན་དང་། དཔལ་འབྱོར་གྱི་འགན་འཁྲི་གལ་ཆེན། སྤྱི་ཚོགས་ཀྱི་འགན་འཁྲི་གལ་ཆེན་བཅས་སུ་བརྩིས་ནས་དམ་འཛིན་ལྷོད་མེད་བྱས་པ་རེད། རང་སྐྱོང་ལྗོངས་ཀུང་སི་དང་། གྲོང་ཁྱེར་དང་ས་ཁུལ་ཀུང་སིས་ལོ་ལྟར་དུས་ངེས་མེད་ཀྱི་ཚོགས་འདུ་ཞུང་མཐར་ཡང་ཐེངས་གཉིས་འཚོག་རྒྱུའི་ལམ་ལུགས་བཟོས་པ་དང་། གྲོང་ཁྱེར་དང་ས་ཁུལ་གྱི་ཀུང་སིའི་བླ་རེར་གོང་ཞུའི་ལམ་ལུགས་བཟོས་པ། དབུལ་སྒྲོལ་འགག་སྒྲོལ་གྱི་ལས་དོན་ལ་དུས་བཀག་བཞིན་ཞིབ་དཔྱད་དང་། ལྟ་སྐུལ་སྐུལ་སློང་བཟོ་ཁྲབ་གཏོང་བ་བཅས་ཟླ་ཤུགས་ཀྱི་ཆེད་གཉེར་བཅད་སྒྲིག་ཐབས་སྟངས་བཟང་པོ་ལྗོངས་ཡོངས་ཀྱི་གློག་འཕྲིན་ཀུང་སིའི་ཁྲོད་ཁྱབ་གདལ་བཏང་བ་རེད།

གནད་སྨིན་དཔལ་སྐྱོར་བྱས་ནས་བདེ་སྐྱིད་ལྡན་པའི་འཚོ་བ་བརྟོད།

——ཨ་མདོ་རྫོང་སྤྲང་ཁར་སྣང་གྲོང་ཚོར་བཅའ་སྡོད་ལས་དོན་ཊ་ཁག་གིས་མང་ཚོགས་ཀྱི་སྡེ་ཁྲིད་ནས་དཔལ་སྐྱོལ་ཕྱུག་འགྱུར་བྱས་པའི་སྐོར་བཀོད་པ།

ཞིགས་པའི་ཆུ་ཚོད་བདུན་པ་ཡོལ་ཙམ་ལ་བྱང་རྒྱ་ཐང་དུ་ད་དུང་ཡང་ནམ་ཡོངས་སུ་གསལ་མེད་པ་དང་། ཐག་ནག་གྲོང་རྣལ་སྤྲང་ཁར་སྣང་གྲོང་ཚོའི་འབྲོག་པ་དབང་སྐྱིད་ཁྲིམ་གྱི་མེ་ཁ་གསོས་ཟིན་ནས། ཇ་བསྐུབས་མའི་དྲི་ཞིམ་གང་སར་འཐུལ། ད་ཆའི་འཚོ་བ་བདེ་ཞིང་སྐྱིད་པས་དབང་སྐྱིད་འདོད་བློ་ཁེངས་ནས་ད་ཆའི་འཚོ་བ་སྦྲང་རྩི་ལས་ཀྱང་མངར་ཞེས་བཤད།

འོན་ཀྱང་ལོ་བརྒྱད་ཀྱི་གོང་དུ་དབང་སྐྱིད་ཀྱི་མ་རྒན་གྲོངས་པ་དང་། འཚོ་བའི་ཁུར་པོ་ལྷི་མོ་ནད་ཀྱིས་མནར་བའི་ཕོ་མོ་མི་གཅིག་གི་ཕྲག་ཏུ་བབས།

ལོ་དེར་རང་སྐྱོང་ལྗོངས་ཏང་ཨུད་དང་སྲིད་གཞུང་གི་ལས་ཀའི་ཐླང་ཐྱེ་དང་བཀོད་སྒྲིག་གཞིར་བཟུང་། མཚོ་བོད་ལྷུགས་ལམ་ཚོགས་པ་ཚད་ཡོད་ཀུང་སིའི་གྲོང་སྡོད་ལས་དོན་ཊ་ཁག་སྤྲང་ཁར་སྣང་གྲོང་ཚོར་སླེབས་པ་དང་། འཕྲལ་མར་ནད་ཀྱིས་མནར་བའི་དབང་སྐྱིད་རྫོང་མི་དམངས་སྨན་ཁང་དུ་ནད་བརྟག་སྨན་བཅོས་བྱེད་པར་བསྐྱལ་བ་མ་ཟད། ད་དུང་ཕོ་མོའི་ནད་གཞི་དྲག་སྐྱིད་བྱུང་རྗེས་རྟག་ཏུ་ཁྲིམ་དུ་བསྐྱོད་ནས་ཕོ་མོར་དཔལ་སྐྱོལ་ལ་འཕྲད་པའི་དཀའ་ངལ་སེལ་རོགས་བྱས།

མི་སེམས་ཀྲོས་པའི་རོགས་སྐྱོར་ལས། དམངས་དང་སེམས་པ་གཅིག་ཏུ་འབྲེལ།

ཨ་ཅག་ད་ས་དུ་དང་། འཚོ་བ་རིམ་བཞིན་ཡག་ཏུ་འགྲོ་ངེས་རེད། 2012ལོའི་ཟླ་12པའི་ཚེས་ཤར་དུ་གྲོང་ཚོར་བཅའ་སྡོད་བྱས་ནས་གཟའ་འཁོར་གཅིག་ཀྱང་མ་འདས་པར་སྲང་ཁར་སྣང་གྲོང་ཚོར་བཅའ་སྡོད་མཚོ་བོད་ལྟུགས་ལམ་ཚོགས་པ་ཚད་ཡོད་ཀུང་སིའི་ལས་དོན་ཊུ་ཁག་གི་ཊུ་མིས་མར་དང་རྩམ་པ་སོགས་ཁྱེར་ནས་དབང་སྐྱིད་ཁྱིམ་དུ་བསྐྱོད་དེ། བོད་སྐད་ནས་ཁྱིམ་དུ་མཆི་མ་གཏོང་བཞིན་པའི་དབང་སྐྱིད་ལ་སེམས་གསོ་བཏང་།

ཧྲོ་སྐྱིད་ལྡན་པའི་ལག་ཟུང་དང་རྒྱུས་མངའ་ཆེ་ལ་བྱམས་བརྩེ་ལྡན་པའི་སྐད་ཆ་ལས་དབང་སྐྱིད་དང་གྲོང་སྡོད་ལས་དོན་ཊུ་མིའི་དབར་གྱི་བར་ཐག་ཉེ་རུ་ཕྱིན། མཆི་མ་འཁྱིད་བཞིན་དུ་དབང་སྐྱིད་ཀྱིས་གྲོང་སྡོད་ལས་དོན་ཊུ་མིར་རང་ཉིད་ཀྱི་དཀའ་ངལ་ཞུས། གྲོང་སྡོད་ལས་དོན་ཊུ་མིས་ཟིན་དེབ་དང་སྨྱུ་གུ་བཏོན་ནས་དབང་སྐྱིད་ཀྱི་དགོས་མཁོ་དང་རེ་བ་རེ་རེ་བཞིན་ཟིན་ཐོར་བཀོད།

གྲོང་སྡོད་རོགས་སྐྱོར་ལས་དོན་བྱེད་ཞོར་དུ་གྲོང་སྡོད་ལས་དོན་ཊུ་ཁག་གིས་ད་དུང་ལོ་ལྟར་གྲོང་ཚོ་ཡོངས་ཀྱི་དུད་ཚང་ཚང་མར་དུས་ཆེན་གྱི་འཚམས་འདྲིའི་དངོས་པོ(འབྲས། གྲོ་ཞིབ། སྣུམ། རྩམ་པ། ཇ་བག་ཆུང་སོགས)བསྡོམས་སྒོར་ཁྲི་30ལྷག་རི་བ་སྤྲད་པ་མ་ཟད། ད་དུང་ལོ་ལྟར་གྲོང་ཚོ་དེ་གའི་འགན་ལེན་ལྔའི་དུད་ཚང་ལ་ཕོ་ཁེབས་དང་། ལྷམ། ལག་ཤུབས་སོགས་སྤྲོད་ཀྱི་ཡོད། ལོ་འདི་དག་རིང་ང་ཚོའི་ཁྱིམ་གྱི་འཚོ་བ་ཡག་ཏུ་ཕྱིན་པ་ནི་ཏང་གི་སྲིད་ཇུས་ཡག་པོ་ཡོད་པས་རེད་ལ། གྲོང་སྡོད་ལས་དོན་ཊུ་ཁག་གི་རོགས་སྐྱོར་ཡོད་པས་ཀྱང་རེད། འདི་དག་ཚང་མ་ཏང་གི་བཀའ་དྲིན་ལས་བྱུང་བ་རེད་ཅེས་འགན་ལེན་ལྔའི་དུད་ཚང་གི་མང་ཚོགས་བུ་དགའ་བློས་བཀའ་དྲིན་ཚོར་བཞིན་བཤད།

གནད་སྨིན་དབུལ་སྐྱོར་བྱས་པ་ལས། དམངས་ལ་ཕན་པ་དངོས་འབྲེལ་ཐོབ།

དབུལ་ཕོངས་ཀྱི་འབྱུང་རྩར་དེ་བས་མཐིལ་རྟོགས་དང་གནད་སྨིན་དབྱེ་འབྱེད་ཡོང་བར་བྱས་ཏེ། མང་ཚོགས་དབུལ་པོ་གཅིག་ཀྱང་མ་ལུས་པའི་འགན་ལེན་བྱེད་ཕྱིར། 2013ལོར་སྲང་ཁར་སྐད་གྲོང་ཚོར་བཙའ་སྡོད་མཚོ་བོད་ལྷུགས་ལམ་ཚོགས་པ་ཚད་ཡོད་ཀུང་སིའི་ལས་དོན་རུ་ཁག་གིས་དུས་ཡུན་ཟླ་3རིང་གྲོང་མིའི་སྡོད་ཁང་དང་། ནོར་ལུག ཤབོར་རིགས། ངལ་ནུས། སློབ་ཞུགས་བཅས་ཀྱི་གནས་ཚུལ་ལ་ཕྱོགས་ཡོངས་ནས་བསྡོམས་རྩིས་བརྒྱབ་པ་དང་སྦྲགས། ད་དུང་གྲོང་ཚོའི་ཉང་ཡོན་དང་འགྲོག་པའི་འཐུས་མི་བསྐོངས་ནས་འགྲོག་དུད་ཀྱི་རེ་ཞུར་ཞིབ་བསྡུར་དང་དུད་ཚང་དབུལ་པོར་དམངས་གཙོའི་དཔྱད་གླེང་བྱས་ཏེ། མཐར་གྲོང་ཚོའི་ཡིག་ཚགས་དང་གླ་བཟོས་པའི་དུད་ཚང་དབུལ་པོ་98དང་མི་གྲངས་363གཏན་འཁེལ་བྱས་པ་རེད།

ལོ་བརྒྱད་རིང་དུད་ཚང་དབུལ་པོ་98ལ་དབུལ་སྒྲོལ་བྱེད་རོགས་བྱེད་ཕྱིར་མཚོ་བོད་ལྷུགས་ལམ་ཚོགས་པ་ཚད་ཡོད་ཀུང་སིས་སྤྲ་རྗེས་སུ་འགྲོ་གྲོན་སྒོར་ཁྲི་སྟོང་བཏང་བ་རེད།

སྲང་ཁར་སྐད་གྲོང་ཚོའི་གྲོང་ཚོ་ཨུ་ལྷན་གྱི་ཀྲུའུ་རེན་ཐར་པས། ད་ཆ་ང་ཚོའི་གྲོང་ཚོའི་མང་ཚོགས་ཀྱི་དབུལ་སྒྲོལ་ཕྱུག་འགྱུར་གྱི་འཕྲོར་འཁྲིད་ཕྱོགས་སུ་སྐྱིད་པའི་ཡིད་ཆེས་དང་ཚོད་སེམས་ཇེ་བརྟན་དུ་ཕྱིན་པ་མ་ཟད། ཉང་གི་རྗེས་སུ་ལྷག་པའི་ཚོད་སེམས་དང་གོམ་སྟབས་ཀྱང་དེ་བས་བརྟན་དུ་ཕྱིན་ཡོད་ཅེས་བཤད།

ཐོན་ལས་དབུལ་སྐྱོར་བྱས་པ་ལས། དམངས་ཀྱི་ཡོང་འབབ་མང་དུ་ཕྱིན།

ས་གནས་དེ་གའི་མང་ཚོགས་ཀྱི་དབུལ་སྒྲོལ་གྱི་ནང་སྐྱེས་སྒུལ་ཤུགས་ཆེ་རུ་གཏོང་ཕྱིར་གྲོང་སྡོད་ལས་དོན་རུ་ཁག་གིས་ལས་ཞུགས་གཞན་སྒྱུར་སྲིད་ཇུས་གཞིར་བཟུང་། ས

གནས་དེ་གའི་འཕེལ་རྒྱས་ཀྱི་དོན་དངོས་དང་གནད་སྨིན་དབུལ་སྐྱོར་བྱ་ཡུལ་དང་། ལས་ཞུགས་མེད་པའི་ཁྱིམ་ཚང་། ལས་ཞུགས་ལ་དཀའ་ངལ་ཡོད་པའི་མི་བཅས་ཀྱི་ཁྱད་ཆོས་དང་ཟུང་འབྲེལ་གྱིས་ལེགས་ཆ་འདོན་སྤེལ་ཏུར་ཐག་དང་ཚོགས་པ་ཀུང་སིའི་མངའ་འོག་གི་མི་སྒྱིད་ཚན་པ་དང་འབྲེལ་བ་དམ་ཟབ་བྱས་ཏེ། རིམ་རྩིས་བྱས་ན། གྲོང་ཚོའི་གཞོན་ནུ་ཚོར་ལས་ཞུགས་ལས་གནས་ཁག་30མཁོ་འདོན་བྱས་ཡོད།

གཞན་ཡང་། སྲང་ཁར་སྣང་གྲོང་ཚོར་འབྱུང་འགྱུར་འཕེལ་རྒྱས་ཕྱུག་འགྱུར་གྱི་ཐབས་ལམ་ཞིག་འཚོལ་ཕྱིར། 2018ལོར་མཚོ་བོད་ལྗགས་ལམ་ཚོགས་པ་ཚད་ཡོད་ཀུང་སིའི་གྲོང་སྡོད་ལས་དོན་རུ་ཁག་ཁག་བཞི་པའི་རུ་དཔོན་ཀྲའོ་པའོ་ཉན་དང་རུ་མི་ཚོས་གྲོང་ཚོའི་ས་ཕྱོགས་གང་སར་རྟོག་ཞིབ་བྱེད་པར་བསྐྱོད་མཐར། སྲང་ཁར་སྣང་གྲོང་ཚོའི་ཉེ་འགྲམ་གྱི་རི་ནས་བབུར་བའི་ཆུ་མིག་ཁོ་ཚོའི་མིག་ལམ་དུ་འཆར།

2018ལོའི་ཟླ་10ཚེས་28ཉིན་ཚོགས་པ་ཀུང་སིས་མ་དངུལ་སྒོར་ཁྲི་180བཏང་ནས་བསྐྲུན་པའི་དྭངས་གཙང་ཆུ་བཟོ་གྲྭ་དངོས་སུ་ལས་གཉེར་བྱེད་འགོ་ཚུགས། ཆུ་ཟོམ་རེ་རེ་བཞིན་དུ་ནྲུགས་ཟིན་རྗེས། ཆུ་སྐྱེལ་མཁན་རིག་རྣམ་གྱི་ངོ་གདོང་ནས་ཧྲལ་ཆུ་ཕུད་ད་དུང་བདེ་སྐྱིད་ཀྱི་འཛུམ་མདངས་འཕྱུར་བཞིན་དུ་གྲོང་ཚོའི་མ་རྐང་ལ་ཞུགས་པའི་གྲོང་མིར་ཆུ་བཟོ་གྲྭའི་བགོ་འགྲེམས་རྒྱུག་གྲབས་ཡོད་པས། ང་ཚོའི་འབྱུང་འགྱུར་འཚོ་བ་ཡང་ལྷུང་ལྷུང་དུ་བབུར་བའི་ཆུ་མིག་དང་འདྲ་བར་དྭངས་ཤིང་མངར་བའི་ཡིད་ཆེས་ཡོད་ཅེས་བཤད།

དབུལ་སྒྲོལ་སྲིད་ཇུས་བཟང་། ཕྱུག་འགྱུར་ཐབས་ལམ་ཡངས།

——སྔོན་རོང་རྫོང་སེ་ཆེན་ཤང་ཇ་དམར་སྣ་མང་གཉེར་སྐྱོང་མཉམ་ལས་ཁང་གི་སྐོར་བཀོད་པ།

འདི་ག་ཚགས་པར་གྱི་གསར་འགོད་པ། ལྷང་ཞའོ་ལི་ཡིས།

ཉེ་བའི་ལོ་ཤས་རིང་སྔོན་རོང་རྫོང་གིས་འབྲོག་ལས་གཙོ་གཉེར་བྱ་རྒྱུར་གཞི་རྩུགས་ཏེ་ནུས་ཤུགས་ཡོད་རྒྱུས་ཤང་རེ་ལ་མཉམ་ལས་ཁང་རེ་དང་། ཁྱུལ་ཁོངས་མཉམ་ལས་ཁང་། འབྲོག་ར། གྲོང་ཚོ་རེ་ལ་མཉམ་ལས་ཁང་རེ། འབྲོག་དུད་བཅས་ཟུང་འབྲེལ་རྣམ་པའི་དབུལ་སྒྲོལ་གྱི་ཐོན་ལས་ཤུགས་ཆེན་གཏོད་ཅིང་། དེའི་ཁྲོད་ནས་སེ་ཆེན་ཤང་ཇ་དམར་སྣ་མང་གཉེར་སྐྱོང་མཉམ་ལས་ཁང་དེ་རིམ་བཞིན་གཞི་ཁྱོན་ཅན་དང་། ཆེད་ལས་ཅན། ལེགས་བསྒྲུས་ཞིབ་གཉེར་ཅན་བཅས་ཀྱི་འཕེལ་རྒྱས་ཀྱི་ལམ་བུའི་ཐོག་བསྐྱོད་ཡོད། 2018ལོར་ཇ་དམར་སྣ་མང་གཉེར་སྐྱོང་མཉམ་ལས་ཁང་གིས་ངལ་ནུས་ཕྱིར་གཏོང་དང་། འཁོར་རིགས་ཕྱིར་གཏོང་། འབྲོག་ལས་ཐོན་ཟས་ཁྲིན་ཚོང་སོགས་ལ་ཤུགས་སྟོན་བརྒྱབ་པས་ཡོང་འབབ་སྒོར་ཁྲི694བྱུང་ནས། ཞིང་འབྲོག་མང་ཚོགས477ཐག་ཉེ་ས་དང་སྟབས་བདེ་སར་ངལ་ནུས་ཕྱིར་གཏོང་བྱ་རྒྱུར་སྐུལ་ཁྲིད་བྱས་པ་དང་དམིགས་བསལ་དཀའ་ངལ་ཡོད་པའི་དུད་ཚང་19ལ་ཁེ་སྤྲོགས་སྒོར་ཁྲི3.8བགོ་བཤའ་བརྒྱབ་ཡོད།

གཞི་ཁྱོན་རྒྱ་ཆེར་བཏང་སྟེ་ཐོན་ལས་འཁོར་འབྲེལ་སྟར་སྲིང་བྱས་པ།

2017ལོ་ཚུན་དུ་སྔོན་རོང་རྫོང་སེ་ཆེན་ཤང་གིས་ཡུལ་བབ་དང་བསྟུན་ཏེ་ཇ་དམར་

སྣ་མང་གཉེར་སྐྱོང་མཉམ་ལས་ཁང་གི་ཞལ་འདེབས་བསྡུ་བའི་བྱེད་སྒོ་སྤྲིག་འཛུགས་བྱས་ཏེ་སྤེལ་བར། འབྲི་གཡག་མགོ་གྲངས་167དང་། ལུག་མགོ་གྲངས་117 དངུལ་སྨར་སྒོར་ཁྲི་11ལྷག་ཙམ་བྱུང་བ་དང་། མཉམ་ལས་ཁང་གི་ལས་འཛིན་ཁོངས་མི་7བདམས་ཐོན་བྱུང་ནས། རྫ་དམར་སྣ་མང་གཉེར་སྐྱོང་མཉམ་ལས་ཁང་དངོས་སུ་ཐོ་བཀོད་བྱས་ནས་བཙུགས་པ་མ་ཟད། ཐོ་བཀོད་མ་དངུལ་མི་དམངས་ཤོག་སྒོར་ཁྲི་542ལྷག་ཙམ་ཟིན་ཡོད།

སེ་ཆེན་ཤང་ཏང་ཞུད་ཀྱི་ཧྲུའུ་ཅི་ལི་པིན་གྱིས་གསར་འགོད་པར་ང་ཚོས་ཁ་ཕན་སྤྲེལ་མཐུད་ལམ་སྲོལ་བརྟན་པོ་ཞིག་བཙུགས་ཏེ། ཤང་རེ་ལ་མཉམ་ལས་ཁང་རེ་དང་ཁུལ་ཁོངས་མཉམ་ལས་ཁང་བརྟན་པོའི་ངང་འཕེལ་རྒྱས་གཏོང་བར་ལོ་རེའི་ཡོང་འབབ་བསྡོམས་འབོར་གྱི་བརྒྱ་ཆ25དང་བརྒྱ་ཆ40སོ་སོར་བཏང་བ་དང་། ལོ་རེའི་ཤུལ་བྱུང་གི་གྲོང་ཚོ་རེའི་མཉམ་ལས་ཁང་རེར་བྱ་དགའ་སྤྲོད་རྒྱུའི་ཐད་བརྒྱ་ཆ3བཏང་བ། མཉམ་ལས་ཁང་གི་ལས་དོན་མི་སྣར་བྱ་དགའ་སྤྲོད་པའི་ཐད་བརྒྱ་ཆ2བཏང་བ། ཇོང་ཡོངས་ཀྱི་ཡིག་ཚགས་དང་གླ་བཟོས་པའི་དུད་ཚང་དང་ལས་དོན་མི་སྣར་ཁེ་ཕྱོགས་བགོ་རྒྱུའི་ཐད་བརྒྱ་ཆ25བཏང་བ། ཤང་ཡོངས་ཀྱི་ཁྱིམ་ཚང་ལ་དཀའ་ངལ་ཡོད་པའི་སློབ་མར་སློབ་སྐྱོར་དང་འཕྲུལ་སྟོམ་རིགས་སྐྱོར་བྱེད་པའི་ཐད་བརྒྱ་ཆ5བཏང་བ་བཅས་བྱས་ཡོད་ཅེས་བརྗོད་པ་རེད།

སྒྲུས་རྟགས་བརྟོད་དེ་རིན་ཐང་འཁོར་འབྲེལ་ཆེ་རུ་བཏང་བ།

2019ལོར་རྫ་དམར་སྣ་མང་གཉེར་སྐྱོང་མཉམ་ལས་ཁང་གིས་སྒོར་ཁྲི་110ལྷག་ཙམ་བཏང་སྟེ། གྲང་ཉར་སྐྱེལ་འདྲེན་རླངས་འཁོར་དང་། པ་ཧྲི་དུག་སེལ་འཕྲུལ་ཆས། ཞོ་སློལ་ཆས། འབྲུགས་སྐམ། འཁྱེམས་སྒྲོམ། ཐུམ་སྒྲིལ་འཕྲུལ་ཆས་སོགས་ཀྱི་སྒྲིག་ཆས་ཉོས་པ་དང་འབྲེལ་ལས་སྟོན་གྱི་བརྒྱུད་རིམ་དང་བྲིན་ཚོང་ལྷ་ཚོགས་ལ་དོ་དམ་ཚོད་འཛིན་

ནན་པོ་བྱེད་པ་དང་། ཐོན་རྫས་སྤུས་ཚད་ཀྱི་ཚད་གཞི་ཡོན་པ་བྱས་ནས་ས་བབ་མཐོ་ཚད་སྨི་4500ཡན་གྱི་ལྷད་མེད་འོ་མ་སོས་པ་དང་། ཞོ། མར། ལ་ལ་སོགས་ས་གནས་ཀྱི་ཁྱད་ལྡན་སྤུས་རྟགས་དངོས་སུ་བཀོད་ནས་འབྲོག་ལས་ཐོན་ཟོག་ལས་སློན་བྱེད་པའི་ནུས་པ་དང་། སྤུས་ཚད། ཁྲིམ་རའི་འགྲན་རྩོད་ནུས་པ་བཅས་ཟམ་མི་ཆད་པར་ཆེ་རུ་བཏང་ཡོད།

རྫ་དམར་སྣ་མང་གཉེར་སྐྱོང་མཉམ་ལས་ཁང་གིས་རྫོང་གྲོང་གི་བྲིན་ཚོང་ཁང་དང་། ཤང་གི་དབུལ་སྐྱོར་ཇ་ཁང་། གྱོན་ཆས་འཚེམ་བཟོ་ཁང་། སྨན་སིལ་ཚོང་ཁང་སོགས་བཙུགས་ཏེ། མཉམ་ལས་ཁང་སྣ་མང་འཕེལ་རྒྱས་ཡོང་རྒྱུར་ཟམ་མི་ཆད་པར་སྐུལ་འདེད་བཏང་བས། ཁྱབ་འགྱེད་སྣེ་ཁྲིད་ཀྱི་ནུས་པ་མངོན་གསལ་དོད་པོས་ཆེ་རུ་ཕྱིན་ནས་ཡིག་ཚགས་དང་གྲྭ་བཟོས་པའི་དུད་ཚང་དབུལ་པོ་12ཀྱི་ལས་ཞུགས་ཀྱི་གནད་དོན་ཐག་གཅོད་ཐུབ་པ་མ་ཟད། ད་དུང་ལོ་རེར་མི་རེའི་ཆ་སྙོམས་ཡོང་འབབ་སྒོར་ཁྲི་1.7ལྷག་ཙམ་ཟིན་ཡོད།

ལམ་ལུགས་འཐུས་སྐྱོ་ཚང་དུ་བཏང་ནས་ཁེ་ཕན་གྱི་འཁོར་འབྲེལ་ལེགས་སུ་བཏང་བ།

ཡི་ཕིན་གྱིས་གསར་འགོད་པར་མཉམ་ལས་ཁང་གིས་ད་ཆ་དེང་རབས་ཅན་གྱི་དོ་དམ་ལས་བཤེར་ལམ་ལུགས་དང་རྒྱུན་གཏན་ལས་ཀའི་ལེགས་ཞན་སྐར་རྒྱག་ལམ་ལུགས་ལག་བསྟར་བྱེད་འགོ་བཙུགས་ཏེ། ངལ་མང་ཐོབ་མང་དང་། ངལ་ཉུང་ཐོབ་ཉུང་གི་བྱེད་ཐབས་སྤྱད་པས། ཚང་མའི་ལས་ཀའི་ཧུར་སེམས་སྐྱོང་འཛིན་གང་ལེགས་བྱུང་ཡོད་ཅེས་བརྗོད་པ་དང་། ཁོང་གིས་མཉམ་ལས་ཁང་གིས་ད་དུང《རྒྱུན་གཏན་ལས་ཀའི་ལས་འགན་ལམ་ལུགས་》དང《སྒྲིག་འགལ་དོན་གནད་ཀྱི་སྐར་མ་གཅོག་པའི་ལམ་ལུགས་》ཀྱི་ལས་ཀའི་བྱེད་ཐབས་སྤྱད་དེ་ལས་ཀ་དང་དོ་དམ་བྱེད་མཁན་ཡོད་པའི་འགན་ལེན་གྱིས་མཉམ་ལས་ཁང་སྐྱོན་བྲལ་དང་ཚད་ལྡན་ངང་འཕེལ་རྒྱས་ཡོང་བའི་འགན་ལེན་བྱས་པ་

དང་། མཉམ་ལས་ཁང་གིས་མ་དངུལ་སྤྱོད་སའི་ཁྱབ་ཁོངས་དང་། རྩ་དོན། མ་དངུལ་ཉར་ཚགས། རྩིས་ཞུ། ཉོ་སྒྲུབ་སོགས་ཀྱི་གཏན་འབེབས་ཁ་གསལ་བཟོས་ཏེ་མ་དངུལ་དོ་དམ་ལུགས་མཐུན་ཅན་དང་ཁ་གསལ་ཅན་ཡོང་རྒྱུར་ཤུགས་སྣོན་བརྒྱབ་པ་དང་། སློབ་ཆེན་སློབ་ཐོན་སློབ་མ་2མཉམ་ལས་ཁང་གི་རྩིས་པ་དང་དངུལ་གཉེར་ལ་བསྡུས་པ། རྫོང་དང་ཤང་རིམ་པ་གཉིས་ཀྱི་ནོར་དོན་མི་སྣ་གདན་དྲངས་ཏེ་ལས་སྒོའི་མཇུབ་ཁྲིད་བྱས་པས་ནོར་དོན་ལས་དོན་ལུགས་མཐུན་དང་། ཁྲིམས་མཐུན། ཚད་ལྡན་བཅས་བྱུང་ནས་མ་དངུལ་ཚང་མ་གོ་ཆོད་སར་གཏོང་ཐུབ་པའི་འགན་ལེན་བྱས་ཡོད།

གཅིག་སེམས་གཅིག་ཏུ་སྒྲིལ་ནས་རོགས་སྐྱོར་བྱས། བདེན་པ་བདེན་ཐུབ་ལམ་ནས་དཀའ་ངལ་བསལ།

——ལྷ་རྩེ་རྫོང་རྫི་ལུང་གྲོང་ཚོར་བཅའ་སྡོད་རང་སྐྱོང་ལྗོངས་བསྡོམས་རྩིས་ཙུས་དང་རྒྱལ་ཁབ་བསྡོམས་རྩིས་ཙུས་བོད་ལྗོངས་བརྟག་དཔྱད་སྤྱི་ཁྱབ་ཙ་ཁག་གི་ལས་དོན་ཙ་ཁག་གི་སྐོར་བཀོད་པ།

སྔོན་གཏོང་ཞིགས་བརྩོན་དང་རྨང་བརྟན་དམངས་ཕན་གྱི་གྲུབ་འབྲས་སྟེར་བས་སུ་བརྟན་དུ་བཏང་སྟེ་གྲོང་སྡོད་ལས་དོན་སྐབས་རིམ་གསར་པ་ཞིག་ཏུ་སླེབས་རྒྱུར་རྒྱུན་ཆད་མེད་པར་སྐུལ་འདེད་གཏོང་ཆེད། རང་སྐྱོང་ལྗོངས་བསྡོམས་རྩིས་ཙུས་དང་རྒྱལ་ཁབ་བསྡོམས་རྩིས་ཙུས་བོད་ལྗོངས་བརྟག་དཔྱད་སྤྱི་ཁྱབ་ཙ་ཁག་གི་ལས་དོན་ཙ་ཁག་ལྷ་རྩེ་རྫོང་རྫི་ལུང་གྲོང་ཚོར་བཅའ་སྡོད་བྱས་ཚུན། རྫི་ལུང་གྲོང་ཚོར་བྱ་བཟང་དང་བྱ་བ་དངོས་བསྒྲུབས་པ་མ་ཟད། དཀའ་གནད་ཀྱང་སེལ་རོགས་བྱས་ཡོད། ད་ཆ་རྫི་ལུང་གྲོང་ཚོས་ཐོན་སྐྱེད་འཕེལ་རྒྱས་དང་། འཚོ་བ་འགྱུར་ལྡོག སྡོད་བཅུད་བཟང་བ་བཅས་ཀྱི་གྲོང་ཚོའི་ཕྱོགས་སུ་གོམ་ཞེང་ཆེན་པོས་མདུན་སྐྱོད་བྱེད་བཞིན་མཆིས།

ཐོན་སྐྱེད་དར་རྒྱས་བཏང་ནས་མང་ཚོགས་ཕྱུར་འབྱུར་ཡོང་རྒྱུར་སྐུལ་འདེད་བཏང་བ།

གྲོང་སྡོད་ལས་དོན་ཙ་ཁག་བཅའ་སྡོད་བྱས་མ་ཐག་གྲོང་མིའི་ཚོགས་ཆེན་འཚོགས་ཏེ་གྲོང་ཚོའི་གནས་ཚུལ་དང་དམངས་ཀྱི་འདུན་པ་མཐིལ་རྟོགས་དང་བརྟག་ཞིབ་བྱས་པ་དང་། རྫི་ལུང་གྲོང་ཚོའི་དོན་དངོས་དང་ཟུང་འབྲེལ་བྱས་པ། རྫོང་དང་ཤང་སྲིད་གཞུང་

གི་མཛུབ་ཁྲིད་དང་རོགས་སྐྱོར་འོག་སློའུ་ཤང་ཆོས་འཁོར་བོད་བྱ་གསོ་ཚགས་ཆེད་ལས་མཉམ་ལས་ཁང་བཙུགས་པ་རེད། ལོ་65ལ་སླེབས་པའི་དངོས་གྲུབ་ལ་གྲོང་མི་ཆོས་མཛའ་བརྩེའི་ངང་བྱ་གསོ་པ་ལགས་ཞེས་འབོད་ཀྱི་ཡོད།

གྲོང་མི་ཚོ་ཕྱིར་ལས་ཀར་བསྐྱོད་ནས་ཡོང་འབབ་མང་དུ་འགྲོ་ཆེད། གྲོང་སྡོད་ལས་དོན་ཚོ་ཁག་གིས་གྲོང་མིར་ཏང་གི་ཞིང་ཕན་སྲིད་ཇུས་དྲིལ་བསྒྲགས་ཐེངས་མང་བྱས་པ་མ་ཟད། གྲོང་མིར་ཐབས་ལམ་སྣ་ཚོགས་བརྒྱུད་ཡོང་འབབ་གསོག་རྒྱུའི་སྐུལ་ལྕག་ཀྱང་བྱས་ཡོད། འདི་ལོའི་ཟླ་5པ་བར་ཇོ་ལུང་གྲོང་ཚོས་ངལ་ནུས་ལྷག་མ་མི་ཐེངས་110ལྷག་ཙམ་ཕྱིར་གཏོང་བྱས་པ་དེས་གྲོང་ཚོ་ཡོངས་ཀྱི་མི་འབོར་གྱི་བརྒྱ་ཆ15ཟིན་ཡོད། དེ་དང་ཆབས་ཅིག གྲོང་ཚོའི་ས་ཆུ་ཤོར་བའི་གནོད་འཚེ་ཕྱོགས་བསྡུས་བཅོས་སྒྲིག་ལས་གྲྭ་ལག་ལེན་བསྟར་བའི་སྐབས་དང་བསྟུན་ཏེ། གྲོང་སྡོད་ལས་དོན་ཚོ་ཁག་གིས་ཨར་སྐྲུན་བྱེད་མཁན་ཕྱོགས་དང་འབྲེལ་གཏུག་གྲོས་མོལ་ཧུར་ཐག་བྱས་པ་བརྒྱུད། གྲོང་ཚོའི་ཨར་སྐྲུན་ཚོ་ཁག་ལ་རྣམ་གྲངས་3འགན་གཙང་རག་པ་དང་། ལས་གནས་10མགོ་འདོན་བྱས་ཏེ། མི་རེའི་ཆ་སྙོམས་ཡོང་འབབ་སྒོར་2000ལྷག་ཙམ་འཕར་ཡོད།

སྡོད་བཅུད་ཁོར་ཡུག་སྲུང་སྐྱོང་བྱས་ནས་མཛེས་སྡུག་ལྡན་པའི་གྲོང་ཚོ་བཏོད་པ།

ཇོ་ལུང་གྲོང་ཚོ་མཛེས་སྡུག་ལྡན་ཞིང་སྡོད་མཐལ་ལ་འཚམ་པ་དང་གྲོང་སྡོལ་བཟང་པོར་འགྱུར་ཆེད། གྲོང་སྡོད་ལས་དོན་ཚོ་ཁག་གིས་གྲོང་ཚོའི་ཨུ་ལྷན་གཉིས་ཀྱི་ཚན་ཁག་དང་གྲོས་མོལ་བྱས་པ་དང་འབྲེལ་གྲོང་མིའི་ཚོགས་ཆེན་འཚོགས་ཏེ་མང་ཚོགས་ཀྱི་བསམ་འཆར་བསྡུ་ལེན་བྱས་མཐར། གཟའ་འཁོར་རེའི་རེས་གཟའ་ཟླ་བར་ཐུན་མོང་ཐོག་གཙང་སྦྲ་བྱེད་པའི་བྱེད་སྒོ་སྤེལ་རྒྱུའི་ཐག་བཅད་ཅིང་། རྒྱལ་ལམ་318ཀྱི་ཉེ་འཁོར་དང་། གྲོང་ཚོའི་གཞུང་ལམ། གྲོང་ཚོའི་འཕྲོད་བསྟེན་གྱི་ཁུག་ཆ་བཅས་ཕྱོགས་ཡོངས་ནས་གཙང་

ཕྲུག་བྱས་ཡོད།

མིག་སྔར་སྤྱིལ་བཞིན་པའི་སྣང་ཆེན་བཞི་དང་དགའ་ཞེན་བཞིའི་མང་ཚོགས་ཀྱི་སློབ་གསོ་ལག་ལེན་བྱེད་སྒོ་དང་ཟུང་འབྲེལ་བྱས་ཏེ། གྲོང་སྡོད་ལས་དོན་རུ་ཁག་གིས་མང་ཚོགས་ལ་དྲིལ་བསྒྲགས་སློབ་གསོ་བཏང་བ་ལས་གྲོང་མི་ཚོས་གད་སྙིགས་སྒྲུག་པ་དེ་གྲོང་ཚོའི་བཀོད་པ་གཙང་དུ་གཏོང་ཆེད་ཁོ་ན་མིན་པར་མི་རབས་རྗེས་མར་སྔོ་ལྗང་གི་ཁོར་ཡུག་ཅིག་འཛོག་ཆེད་ཡིན་པ་ངོས་འཛིན་གང་ལེགས་ཐུབ་ཡོད།

སྣང་ཆེན་བཞི་དང་དགའ་ཞེན་བཞི་སྒྲིག་འགྲེལ་བྱས་ནས་བདེ་སྐྱིད་ལྡན་པའི་འཚོ་བར་རོལ་བ།

ལྷ་རྩེ་རྫོང་རྫི་ལུང་གྲོང་ཚོར་བཅའ་སྡོད་རང་སྐྱོང་ལྗོངས་བསྔོམས་རྩིས་ཚུས་དང་རྒྱལ་ཁབ་བསྔོམས་རྩིས་ཚུས་བོད་ལྗོངས་བརྟག་དཔྱད་ཁྱི་ཁྲབ་རུ་ཁག་གི་ལས་དོན་རུ་ཁག་གྲོང་སྡོད་བྱས་ཚུན། མང་ཚོགས་ཀྱིས་རིག་རྩལ་འཁྲབ་སྟོན་གསར་རྩོམ་བྱེད་པར་རྒྱབ་སྐྱོར་ཟམ་མི་ཆད་པར་བྱས་པ་དང་། ལོ་ཚན་སྙིང་པར་དུས་རབས་གསར་པའི་ནང་དོན་བསྟན་པ་མ་ཟད། འཁྲབ་སྟོན་གྱི་བར་མཚམས་སུ་གྲོང་མི་ཚོར་སྣང་ཆེན་བཞི་དང་དགའ་ཞེན་བཞི་སྒྲིག་འགྲེལ་དང་དམངས་ཕན་གྱི་སྲིད་ཇུས་བརྒྱུད་བསྒྲགས་ཀྱང་བྱས་ཡོད། ལས་དོན་རུ་ཁག་གི་རུ་དཔོན་བདེ་ཆེན་གྱིས་སྔོ་སྣང་ལྡན་པའི་ཁོར་ཡུག་ཁྲིད་སྒྲིག་འགྲེལ་བྱས་ན་ཕན་འབྲས་དེ་བས་ཆེ་བ་ཐོན་གྱི་འདུག་ཅེས་བརྗོད།

《སྤྱི་ཁྱབ་ཧུའུ་ཅི་ཞི་ཅིན་ཕེང་ལ་མཇལ་དར་ཕུལ་》དང་། 《ཏང་གི་དཀའ་དྲིན་མཚོ་ལས་ཟབ།》《རྒྱ་བཟའ་ཀོང་ཇོ་བོད་དུ་ཕེབས་པར་དྲན་གསོ་ཞུ་》བཅས་ནི་རྫི་ལུང་གི་ཁྱད་ལྡན་རིག་རྩལ་ལེ་ཚན་ཡིན་ཞིང་། དེ་དག་ཚང་མ་མང་ཚོགས་ཚོས་རང་རྩོམ་རང་འཁྲབ་བྱས་པ་ཤ་སྟག་རེད། ལོ་རེའི་དུས་ཆེན་གྱི་སྐབས་སུ་གྲོང་མི་ཚོ་མཉམ་འཛོམས་ཀྱིས་གླུ་ལེན་གར་འཁྲབ་བྱས་ཏེ་ད་ལྟའི་བདེ་སྐྱིད་ལྡན་པའི་འཚོ་བར་བསྟོད་གླུ་ལེན་གྱི་ཡོད།

སྐད་གསང་མཐོན་པོས་གླུ་དབྱངས་ལེན་པ་དང་། དགའ་སྤྲོ་དཔག་མེད་ངང་ནས་ཞབས་བྲོ་འཁྲབ་པ། སྙན་ཞིང་འཇེབས་པའི་སྒྲ་སྙན་དཀྲོལ་བ་བཅས་ཀྱི་ཐོག་ནས་མཛེས་སྡུག་ལྡན་པའི་འབྱུང་འགྱུར་ཕྱོགས་སུ་སྐྱོད་བཞིན་མཆིས།

འདི་ནི་རྫི་ལུང་གྲོང་ཚོའི་གྲོང་མིས《སྤྱི་ཁྱབ་ཧྲུའུ་ཅི་ཞི་ཅིན་ཕིང་ལ་མཇལ་དར་ཕུལ་》ཞེས་པའི་འཁྲབ་སྟོན་བྱེད་བཞིན་པ།

ལྗོངས་མདོག་ཞིང་ལས་ཀྱིས་དབུལ་སྒྲོལ་འགག་སྒྲོལ་ལ་རམ་འདེགས་བྱས་པ།

——རང་ལྗོངས་ཀྱིས་ཐོན་རྫས་གསུམ་དང་མཚོན་རྟགས་གཅིག་གི་ཕྱུགས་རྟགས་ལ་སྐྱུལ་འདེད་གཏོང་བའི་ལས་དོན་སྐོར་གྱི་སྙིལ་བསྡེང་།

རང་ལྗོངས་ཀྱིས་ཐོན་རྫས་གསུམ་དང་མཚོན་རྟགས་གཅིག འཕེལ་རྒྱས་ཀྱི་དུས་བབ་གསར་པ་སྐྱངས་འཛིན་ཡང་དག་བྱས་ཏེ་འཕེལ་རྒྱས་ཀྱི་གོ་སྐབས་གསར་པ་དམ་འཛིན་དན་ཏིག་བྱས་པ་དང་། རང་ལྗོངས་ཀྱི་ཞིང་ལས་ཐོན་རྫས་ཀྱི་ཐོན་རྫས་གསུམ་དང་མཚོན་རྟགས་གཅིག་གི་བདེན་དཔང་གཞི་ཁྲོན་ཟམ་མི་ཆད་པར་རྒྱ་ཆེར་བཏང་བ། བདེན་དཔང་གི་སྤྱིའི་ཚུ་ཚད་ལ་སྐྱུལ་འདེད་ཤུགས་ཆེན་བཏང་བ་བཅས་ལས་ལས་དོན་ཁག་ལ་གྲུབ་འབྲས་མངོན་གསལ་དོད་པོ་ཐོབ་ཡོད། མིག་སྔའི་བར་ལྗོངས་ཡོངས་ཀྱི་ལྗང་མདོག་ཞིང་ལས་ཐད་སྣེ་འདྲིན་ཁེ་ལས་100ལྷག་ཙམ་དང་། ཞིང་འབྲོག་པའི་མཉམ་ལས་ཁང་6000ལྷག་ཙམ། དེ་བཞིན་ས་མཐོའི་ཁྱད་ལྡན་ཐོན་རྫས་དང་ཁྱད་ལྡན་ཐོན་ལས་ཕན་ཚུན་མཐུན་སྦྱོར་དང་འཕེལ་རྒྱས་གཏོང་བའི་ཐོན་ལས་ཀྱི་རྣམ་པ་ཞིག་རིམ་བཞིན་ཆགས་ཡོད། ཐོན་རྫས་གསུམ་དང་མཚོན་རྟགས་གཅིག་གི་ནུས་ལྡན་ཁེ་ལས་44དང་ཐོན་རྫས་225ཟིན་པ་དང་། ཐོན་རྫས་ཀྱི་མཚོན་རྟགས་སྤྱོད་ཚད་བརྒྱ་ཆ95ཟིན་ནས་མཚོན་རྟགས་ནུས་ལྡན་གྱི་ཐོན་རྫས་བསྡོམས་འབོར་2017ལོ་དང་བསྡུར་ན་བརྒྱ་ཆ18ཡན་འཕར་ཡོད།

ཐོན་སྐྱེད་ལ་མཐོང་ཆེན། ལྗང་མདོག་ཞིང་ལས་དང་སྤུས་ཚད་ཞིང་ལས།

ཉེ་བའི་ལོ་ཤས་རིང་ཐོན་རྫས་གསུམ་དང་མཚོན་རྟགས་གཅིག་གི་གཞི་ཁྲོན་ལོ་རེ་བཞིན་བརྟན་པོའི་ངང་ཆེ་རུ་འགྲོ་བའི་རྣམ་པ་གྲུབ་པ་དང་བསྟུན་ནས་ལྗོངས་ཡོངས་ཀྱི་ཐོན་རྫས་གསུམ་དང་མཚོན་རྟགས་གཅིག་ཐོན་ཡུལ་གྱི་ཁྱབ་འཁྱེད་རྒྱ་ཁྱོན་ཡང་ལོ་རེ་བཞིན་ཆེ་རུ་ཕྱིན་པ་དེས་རང་ལྗོངས་ཀྱི་ལྗང་མདོག་སྟོད་བཅུད་ཞིང་ལས་དང་ཞིང་ལས་ཐོན་རྫས་ཀྱི་སྤུས་ཚད་བདེ་འཇགས་མཐོར་གཏོང་ལ་ལེགས་སྐྱེས་ཧུར་ཐག་ཕུལ་ཡོད། དེ་ཙམ་མ་ཟད་རང་ལྗོངས་ཀྱིས་ཐོན་རྫས་གསུམ་དང་མཚོན་རྟགས་གཅིག་གི་ཞིང་ལས་ཐོན་རྫས་ཀྱི་སྤུས་ཚད་བརྟན་པོ་དང་གློས་འགེལ་ཆོག་པ་སོགས་ལ་ཤུགས་སྣོན་རྒྱག་རྒྱུར་ཚད་མཐོའི་མཐོང་ཆེན་བྱས་པར་བདེན་དཔང་ཐོབ་པ་དང་ཆབས་ཅིག་བདེན་དཔང་ཐོབ་རྗེས་ཀྱི་ལྟ་སྐྱལ་དོ་དམ་ལ་ཚད་མཐོའི་མཐོང་ཆེན་བྱས་ནས་ཐོན་སྐྱེད་ནས་ལས་སྣོན་དང་། ཐུམ་སྒྲིལ་རྒྱག་པ། དེ་བཞིན་གསོག་འཇོག་བཅས་བར་གྱི་བརྒྱུད་རིམ་ནང་ཞིང་ས་ནས་གསོལ་ཚིག་བར་གྱི་བརྒྱུད་རིམ་ཧྲིལ་པོའི་སྤུས་ཚད་ཚོད་འཛིན་མཐའ་འཁྱོངས་བྱས་པས་དཔང་ཡིག་ཐོབ་པའི་ཐོན་རྫས་ཀྱི་སྤུས་ཚད་གློས་འགེལ་ཆོག་པའི་འགན་ལེན་ཐུབ་ཡོད། ཤེས་རྟོགས་བྱུང་བར་གཞིགས་ན། ལོ་རེའི་ཞིང་ལས་གྲོང་གསེབ་པུའུ་ཡིས་སྒྲིག་འཛུགས་བྱས་པའི་ཆེད་དོན་འཐེན་བཤེར་ཁྲོད་ལྗོངས་ཡོངས་ཀྱི་ཐོན་རྫས་གསུམ་དང་མཚོན་རྟགས་གཅིག་གི་ཞིང་ལས་ཐོན་རྫས་ཚད་གཞི་ལོན་ཚད་ཚང་མ་བརྒྱ་ཆ100རྒྱུན་འཁྱོངས་ཐུབ་ཡོད། དེ་དང་ཆབས་ཅིག་རང་སྐྱོང་ལྗོངས་ཀྱི་ལྗང་མདོག་བཟའ་བཅའ་གཞུང་ལས་ཁང་གིས་ལོ་རེར་རང་ལྗོངས་ཀྱི་ཐོན་རྫས་གསུམ་དང་མཚོན་རྟགས་གཅིག་གི་ཐོན་རྫས་ལ་ཡོངས་ཁྱབ་རང་བཞིན་གྱི་འཐེན་བཤེར་བྱེད་པ་དང་ལོ་ཕྱེད་ལ་ལྟ་སྐྱལ་འཐེན་ཞིབ་ཐེངས་རེ་བྱས་པར་ཚད་གཞི་ལོན་ཚད་ཚང་མ་བརྒྱ་ཆ100ཟིན་ནས་ལྗོངས་ཕྱི་ནང་གི་རྒྱ་ཆེའི་འཇོད་སྤྱོད་པའི་ཡིད་ཆེས་ཆེན་པོ་ཐོབ་ཡོད།

བོད་ལྗོངས་རྒྱ་ཚ་རྫོང་ཡར་ཀླུང་གཙང་པོ་ཁེ་ལས་ཚད་ཡོད་འགག་འཁྲི་ཀུང་སིའི་འགན་ཁུར་བས་སྲིད་གཞུང་གིས་ཞིང་འབྲོག་མང་ཚོགས་དབུལ་སྒྲོལ་ཕྱུག་འགྱུར་ཡོང་བར་ཐབས་བརྒྱ་ཇུས་སྟོང་དང་སྐུལ་འདེད་བཏང་བས་ང་ཚོའི་ཁེ་ལས་ལ་འཕེལ་རྒྱས་ཀྱི་གོ་སྐབས་དང་ལས་སྟེགས་ཤིག་མངོ་འདོན་བྱས་བྱུང་། དཔང་ཡིག་ སྤྲད་པ་དེ་ནི་ང་ཚོའི་སྟར་ཁའི་ སྤུས་རྟགས་ལ་ཁས་ལེན་གང་ལེགས་བྱས་པ་ཞིག་རེད་ལ། ང་ཚོའི་ལས་དོན་ལ་རྒྱབ་སྐྱོར་ཤུགས་ཆེན་བྱས་པ་ཞིག་ཀྱང་རེད། སྣད་ཕྱིན་ང་ཚོས་ཏང་དང་སྲིད་གཞུང་གི་ཐུགས་ཁུར་དང་རེ་བ་ཆུད་ཟོས་སུ་མི་གཏོང་བར་སྟར་ཁ་ཐོན་སྐྱེད་དང་། ལས་སྣོན། ཐུམ་སྒྲིལ། གསོག་འཇོག་སོགས་ཀྱི་ཐད་བརྒྱུད་རིམ་རྩེལ་པོའི་སྤུས་ཚད་ཚོད་འཛིན་བྱས་ཏེ་འཛད་སྤྱོད་པར་བདེ་འཇགས་དང་། སྤུས་ལེགས། བློ་ཞིམ་བཅས་ཀྱི་ཐོན་རྫས་མངོ་འདོན་བྱས་ནས་མི་སེར་ཚོའི་ལྟོ་ཐོག་གི་བདེ་འཇགས་འགན་ལེན་བྱ་རྒྱུ་ཡིན་ཞེས་བརྗོད།

དམངས་འཚོར་གཞི་རྩུགས་པ། ཐོན་ལས་དབུལ་སྐྱོར་དང་བདེ་ཐང་དབུལ་སྐྱོར།

བདེ་ཐང་ཐོན་ལས་འཕེལ་རྒྱས་གཏོང་བ་ནི་དཔལ་འབྱོར་གྲུབ་ཆ་ལེགས་སྒྲིག་དང་མཐོ་སྤྱོད་ཕྱོགས་ཀྱི་གྲུབ་ཆའི་རང་བཞིན་གྱི་སྒྱུར་བཅོས་ལ་སྐུལ་འདེད་གཏོང་བའི་བྱེད་ཐབས་གལ་ཆེན་ཞིག་ཡིན་པ་སྨོས་མེད་རེད།

གྲངས་གཞི་ལས་མངོན་པ་གཞིགས་ན། 2020ལོར་སླེབས་སྐབས་རང་ལྗོངས་ཀྱི་འབྲུ་རིགས་ཐོན་ཚད་ཏུན་ཁྲི་100ལྷག་ཙམ་རྒྱུན་འཁྱོངས་ཐུབ་རྒྱུ་ཡིན་པ་ལས་ནས་ཐོན་ཚད་ཏུན་ཁྲི་70ལྷག་ཙམ་རྒྱུན་འཁྱོངས་ཐུབ་རྒྱུ་དང་། ཞིང་ལས་དང་། ནགས་ལས། འབྲོག་ལས། ཉ་ལས་བཅས་ཀྱི་ཐོན་སྐྱེད་བསྡོམས་འབོར་ཁྲིད་ཞིང་འབྲོག་ལས་ཀྱིས་བཟུང་བའི་བསྡུར་ཚད་བརྒྱ་ཆ50རྒྱུན་འཁྱོངས་ཐུབ་རྒྱུ། ལྗོངས་ཡོངས་ཀྱི་ཕྱུགས་རིགས་གསོན་ཚད་མགོ་གྲངས་ཁྲི་2000ལྷག་ཙམ་ཚོད་འཛིན་ཐུབ་རྒྱུ། ཤ་རིགས་དང་། དཀར་ཆུའི་རིགས་ཐོན་ཚད་ཏུན་ཁྲི་36དང་ཏུན་ཁྲི་44ཁག་སོ་སོར་ཟིན་རྒྱུ། ཞིང་འབྲོག་ལས་ཐོན་ལས་ཅན་གྱི་

གཉེར་སྐྱོར་བྱེད་ཚད་བརྒྱ་ཆ50ཟིན་རྒྱུ། ཞིང་འབྲོག་པའི་མི་རེར་ལོ་རེའི་ཆ་སྙོམས་བགོ་ལ་སྤྱོད་ཆོག་པའི་ཡོང་འབབ་བརྒྱ་ཆ13ལྷག་ཙམ་འཕར་རྒྱུ་བཅས་རེད།

གྲངས་གཞི་གཞན་ཞིག་ལས་མངོན་པར། མིག་སྔའི་བར་ལྗོངས་ཡོངས་ཀྱི་ཐོན་རྫས་གསུམ་དང་མཚོན་རྟགས་གཅིག་གི་ཁ་ལས་ཀྱི་ལོ་རེའི་ཐོན་རྫས་རིན་ཐང་སྒོར་དུང་ཕྱུར་30.32ཟིན་པ་ལས་སྤྱི་གནོད་མེད་པའི་ཞིང་ལས་ཐོན་རྫས་ཀྱི་རིན་ཐང་སྒོར་དུང་ཕྱུར་5.75དང་། ལྗོངས་མདོག་བཟའ་བཅའ་སྒོར་དུང་ཕྱུར་4.84 སྐྱེ་ལྡན་ཟས་རིགས་སྒོར་དུང་ཕྱུར་4.25 ས་གཤིས་མཚོན་རྟགས་ཀྱི་ཐོན་རྫས་སྒོར་དུང་ཕྱུར་15.48བཅས་ཟིན་པ་དེས་རིམ་རྩིས་བྱས་ན་དུད་ཚང་ཁྲི་3.78དང་ཞིང་འབྲོག་པ་ཁྲི་13ཙམ་དབུལ་སྒྲོལ་ཕྱུག་འགྱུར་ཡོང་བར་སྐུལ་ཁྲིད་ཐུབ་པ་དང་། ལོ་རེར་མི་1200གསར་དུ་ལས་ཞུགས་ཐུབ་པ། ཡིག་ཚགས་དང་གླ་བཟོས་པའི་དུད་ཚང་དབུལ་པོ་3200ལྷག་ཙམ་འབབ་འཕར་ཕྱུག་འགྱུར་ཡོང་བར་སྐུལ་ཁྲིད་ཐུབ་ནས་རིམ་རྩིས་བྱས་ན་ལོ་རེར་དུད་ཚང་རེར་དངུལ་སྨར་ཡོང་འབབ་སྒོར་ཁྲི་1.2ལྷག་ཙམ་འཕར་ཡོད།

འདི་ནི་རྒྱ་ཚ་རྫོང་གི་མང་ཚོགས་ཀྱིས་གནོད་མེད་སྟར་ཁ་འཐུ་བཞིན་པ།

ཞིང་དལ་དུས་སུ་ཞིང་ནང་དུ་ཡོང་སྒོ་གསར་པ་གཏོད་པ།

——མེ་ཏོག་རྫོང་ཡ་གདུང་གྲོང་ཚོས་སྔོ་ཚལ་བཏབ་ནས་ཡོང་འབབ་གཏོད་པ།

དེ་སྔོན་འདི་གའི་ཞིང་ཁར་འབྲུ་རིགས་ཐེངས་གཅིག་ལས་འདེབས་ཀྱི་ཡོད། འོན་ཀྱང་ཉེ་བའི་ལོ་གསུམ་རིང་ང་ཚོས་དགུན་ཁ་སྔོ་ཚལ་འདེབས་འགོ་བཙུགས་པས་ཡོང་འབབ་ལྷབ་གཅིག་ལྷག་ཙམ་མང་དུ་ཕྱིན་སོང་ཞེས་ཡ་གདུང་གྲོང་ཚོའི་གྲོང་མི་ཤང་ཡུང་གིས་བཤད།

ཉིང་ཁྲི་གྲོང་ཁྱེར་མེ་ཏོག་རྫོང་གི་ཆ་སྙོམས་ས་བབ་མཐོ་ཚད་སྨི1200ཟིན་པ་དང་ལོ་རེའི་ཆ་སྙོམས་དྲོད་ཚད་ཕྱི་ཧྲི་ཏུའུ16ཟིན་ལ། ཉི་འོད་ཡག་པ་དང་ཆར་ཆུ་འབེལ་པོ་ཡོད། རྒྱལ་ཡོངས་སུ་གཞུང་ལམ་ཤར་གཏོང་ཐུབ་པའི་རྫོང་མཇུག་ཤོས་དེ་ཡིན་པའི་མེ་ཏོག་དང་ཐག་ཉེ་ཤོས་ཀྱི་སྤྱི་བོ་རྫོང་དབར་ལམ་ཐག་སྤྱི་ལེ117ཡོད་ཅིང་། རྫོང་གཉིས་དབར་གྱི་ལམ་བུ་འབབ་ཞིག་དེའི་ཐོག་རི་ཉིལ་བ་དང་། འདམ་རྫའི་ཆུ་རུད། གངས་རྡིབ་བཅས་ཀྱི་གནོད་འཚེ་མང་པོ་ཐོན་གྱི་ཡོད། ལོ་གསུམ་གོང་རྫོང་ཡོངས་ཀྱི་སྔོ་ཚལ་བརྒྱ་ཆ80སི་ཁྲིན་དང་ཡུན་ནན་ནས་མགོ་སྐྱོད་བྱེད་ཀྱི་ཡོད་སྐབས་སྔོ་ཚལ་གྱི་རིན་གོང་མཐོ་ཙམ་ཡོད་པ་རེད།

ལོ་46ལ་སླེབས་པའི་ཤང་ཡུང་གིས་ཉེ་བའི་ལོ་གཉིས་རིང་། དགུན་འདེབས་སྔོ་ཚལ་ཚོད་ལྟ་བྱས་པའི་ཕན་པ་ཐོངས་སུ་སྨྱུད་རྗེས་2018ལོར་ཟླ་ཝ2ཡོད་པའི་ཞིང་ནང་དུ་འདེབས་ཁྲོན་ཆེ་རུ་བཏང་བ་དང་། ན་ནིང་ཁྱིམ་ཚང་ཡོངས་ལ་སྔོ་ཚལ་བཏབ་པར་བརྟེན་ནས་འབབ་འཕར་སྒོར་ཁྲི2བྱུང་བ་དེ་ནི་ཡ་གདུང་གྲོང་ཚོར་སྔོ་ཚལ་བཏབ་ནས་ཡོང་འབབ་མང་ཤོས་བྱུང་བ་ཞིག་རེད་ཅེས་ཤང་ཡུང་གིས་བཤད།

ཀོང་ཏུང་ཞིང་ཆེན་གྱི་བོད་སྐྱོར་ལས་དོན་རུ་ཁག་ཁག་བརྒྱད་པའི་མེ་ཏོག་རྫོང་གི་ལས་དོན་ཚོགས་ཆུང་2016ལོར་ས་ཆ་དེར་བཅའ་སྡོད་བྱས་ནས་མེ་ཏོག་གི་ཞིང་ལས་དར་རྒྱས་དང་དབུལ་སྒྲོལ་ཕྱུག་འགྱུར་ལ་ཚན་རིག་དང་མཐུན་པའི་མཛུབ་ཁྲིད་བྱས་ཡོད། ཀོང་ཏུང་ཞིང་ཆེན་གྱི་ཁག་བརྒྱད་པའི་བོད་སྐྱོར་ལས་བྱེད་པ་མེ་ཏོག་རྫོང་ཞུད་ཀྱི་རྒྱུན་ལས་ཧྲུའུ་ཅི་གཞོན་པ་ཤེ་གོ་ཀའོ་ཡིས་དགུན་དུས་རྫོང་གྲོང་གི་མཐའ་འཁོར་དུ་ཉི་འོད་ཡག་པ་དང་ཆར་ཆུ་ཉུང་ལ་སྨུག་པ་མང་བས་སྔོ་ཚལ་འདེབས་འཛུགས་ཀྱི་ཆ་རྐྱེན་འཛོམས་ཡོད། ང་ཚོས་བརྟག་ཞིབ་བྱས་རྗེས་ཞིང་ལས་ཆེད་ལས་མཉམ་ལས་ཁང་ལྷེ་བར་བྱས་ཏེ་ས་གནས་དེ་གའི་ཚད་ཡོད་ཀྱི་ས་ཆའི་ཐོན་ཁུངས་སྤྱད་ནས་སྔོ་ཚལ་འདེབས་འཛུགས་འཕེལ་རྒྱས་འོས་འཚམ་བཏང་སྟེ་དུད་ཚང་གིས་དུད་ཚང་ལ་སྣེ་ཁྲིད་བྱེད་པ་དང་། དུད་ཚང་གིས་དུད་ཚང་ལ་རོགས་རམ་བྱེད་པ། དུད་ཚང་གིས་དུད་ཚང་ལ་སྐུལ་འདེད་གཏོང་བ་བཅས་གཏན་འཁེལ་བྱས་པ་ཡིན་ཞེས་བཤད།

ཡ་གདུང་གྲོང་ཚོར་འགྲིམ་འགྲུལ་སྟབས་བདེ་བ་དང་ས་བབ་ལེགས་ཆ་མངོན་གསལ་དོད་པོ་ཡོད་པས་ཡར་ཀླུང་གཙང་པོའི་རོང་ཆེན་གྱི་དགུན་འདེབས་སྔོ་ཚལ་རྟེན་གཞི་དང་པད་ཁའི་མེ་ཏོག་འདེབས་འཛུགས་དཔེ་སྟོན་ས་ཚིགས་ལ་བཟོ་ཡི་ཡོད། 2016ལོའི་དགུན་དུས་སུ་ཡ་གདུང་གྲོང་ཚོར་དུད་ཚང་54ཡིས་སྔོ་ཚལ་འདེབས་འཛུགས་འཕེལ་རྒྱས་གཏོང་བའི་ནང་ཞུགས་པར་ཆ་སྙོམས་ཡོང་འབབ་སྒོར་4000ལྷག་ཙམ་བྱུང་བའི་ཁྲོད་དུད་ཚང་དབུལ་པོ་14དབུལ་སྒྲོལ་ཐུབ་པ་དང་གྲོང་མི་50ལྷག་ཙམ་ལ་སྔོ་ཚལ་འདེབས་འཛུགས་ཀྱི་ཚན་རིག་ལག་རྩལ་སྦྱ་ཁ་5ཐེང་དུ་ཚུད་ཡོད་པ་རེད། ཡ་གདུང་གྲོང་ཚོའི་སྔོ་ཚལ་འདེབས་འཛུགས་ཚོད་ལྟ་ཐོག་མ་ལམ་ལྷོངས་བྱུང་ནས་གྲོང་མི་ཡོངས་ཡིད་ཆེས་རབ་ཏུ་འཕེལ་ཡོད་པ་རེད།

2016ལོ་ནས་བཟུང་། ཡ་གདུང་གྲོང་ཚོའི་དགུན་འདེབས་སྔོ་ཚལ་དང་པད་ཁའི་མེ་

ཏོག་འདེབས་འཛུགས་གཞི་ཁྱོན་རྒྱུན་ཆད་མེད་པར་ཆེ་རུ་ཕྱིན་ཏེ་མུའུ་54ནས་2018ལོའི་མུའུ་600བར་མང་དུ་ཕྱིན་པའི་ནང་སྐྱོ་ཚལ་དང་པད་ཁ་སོ་སོར་མུའུ་300ཟིན་ཡོད་པ་རེད།

གྲོང་ཚོ་ཡོངས་སུ་དགུན་འདེབས་སྐྱོ་ཚལ་གྱི་ཚོང་ལམ་ཐད་སེམས་ཁྲལ་བྱེད་མི་དགོས་པར་འབབ་འཕར་ཆེན་པོ་བྱུང་ཡོད། ཡ་གདུང་གྲོང་ཚོས་མི་ཏོག་ལ་རོགས་སྐྱོར་བྱེད་མཁན་ལས་དོན་ཚོགས་ཆུང་དང་གྲོང་སྡོད་ལས་དོན་རུ་ཁག་གི་རོགས་རམ་འོག་སྐྱོ་ཚལ་ཕྱིར་ཚོང་ལམ་སྟེགས་བཏོད་པ་རེད།

ལོ་གསུམ་རིང་ཡ་གདུང་གྲོང་ཚོའི་ཞིང་དལ་དུས་ཚིགས་ཀྱི་དགུན་འདེབས་སྐྱོ་ཚལ་ཐོན་ལས་དབྱར་མཚོ་རྒྱས་པ་བཞིན་འཕེལ་རྒྱས་བྱུང་ནས་ཞིང་པར་འབབ་འཕར་ཕྱུག་འགྱུར་བྱུང་བ་དང་། ཡིག་ཚགས་དང་ཀྲུ་བཟོས་པའི་དུད་ཚང་དབུལ་པོ་མི་ཉུང་བ་ཞིག་ཀྱང་རིམ་བཞིན་དབུལ་ཞྭ་ཕུད་ཡོད་པ་རེད།

གསར་འགོད་པར་ཤེས་རྟོགས་བྱུང་བར། དགུན་འདེབས་སྐྱོ་ཚལ་རྣམ་གྲངས་ལག་ལེན་བསྟར་བའི་ཐོག་མའི་དུས་སུ་གྲོང་མི་འགའ་ཤས་ལ་འདེབས་འཛུགས་བྱེད་པའི་གདེང་ཚོད་ཆེན་པོ་མེད། ཡ་གདུང་གྲོང་ཚོའི་དགུན་འདེབས་སྐྱོ་ཚལ་གྱི་གཞི་ཁྱོན་ལོ་རེ་བཞིན་ཆེ་རུ་ཕྱིན་པ་དང་རྒྱུན་མཐུད་འབབ་འཕར་གྱི་ཐོན་ལས་བྱུང་བ་དང་སྦྲགས་གྲོང་མི་དེ་བས་མང་བ་ཞིག་གིས་དགུན་འདེབས་སྐྱོ་ཚལ་ལས་ཀར་ཞུགས་པ་ལས་ལོ་ཕྱེད་ལོ་ཏོག་འདེབས་པ་དང་ལོ་ཕྱེད་མི་དལ་ཞིང་དལ་གྱི་ལོ་རྒྱུས་ཀྱི་རྣམ་པར་འགྱུར་ལྡོག་བྱུང་སྟེ་ཞིང་དལ་དུས་ཚིགས་སུ་ཡོང་སྒོ་གསར་པ་གཏོད་ཐུབ་པ་བྱུང་ཡོད། ད་ཆའི་མི་ཏོག་གི་ཞིང་ནང་དུ་སྐྱོ་ཚལ་གཞི་ཁྱོན་ལྡན་པའི་ངང་འདེབས་འཛུགས་བྱེད་བཞིན་ཡོད་པ་རེད།

ངག་དབང་ཉི་མས་ལག་ཤེས་ལ་བརྟེན་ནས་མི་ཚེའི་ཛོ་མཚར་བརྗོད་པ།

མཛོ་སྨད་རྫོང་ནུབ་བྱང་ཕྱོགས་ཀྱི་རྒྱལ་མོ་རྔུལ་ཆུའི་གྲོག་རོང་འགྲམ་དུ་གནས་པའི་སྟོབས་འབར་ཤང་ནི་ཇ་རྟའི་གནའ་ལམ་གྱི་བརྒྱུད་དགོས་ངེས་ཀྱི་ལམ་ཞིག་ཡིན་ཞིང་། དེ་གར་དཀའ་སྤྱད་ལས་ལ་བརྩོན་པའི་སྟོབས་འབར་མི་དམངས་འཚོ་བཞིན་ཡོད་ལ། ད་དུང་སྐད་གྲགས་ལྡན་པའི་སྟོབས་འབར་མང་ཚོགས་ཀྱི་སྟོད་ཁང་ཡོད་ལ་དེ་བས་ཤིང་བཟོས་ལག་རྩལ་མཁས་པ་ཚོས་སྟོད་ཁང་དེ་དག་བརྒྱན་པར་བྱས་ཡོད།

སྟོབས་འབར་ཤང་གི་ཤིང་བཟོས་ལག་རྩལ་སྐོར་གླིང་ཚེ་ཡུལ་མི་ཚོས་ངག་དབང་ཉི་མའི་སྐོར་གླིང་སྲིད། ཁོང་གིས་ལག་ཤེས་བཟོ་རྩལ་དེར་བརྟེན་ནས་རང་ཉིད་དབུལ་སྒྲོལ་ཕྱུག་འགྱུར་བྱུང་བ་མ་ཟད། ད་དུང་མཐའ་འཁོར་མང་ཚོགས་ཀྱི་སྣེ་ཁྲིད་དེ་ཕྱུག་འགྱུར་གྱི་ལམ་དུར་བསྐྱོད་ཡོད།

འདི་ལོ་ལོ་52ལ་སླེབས་པའི་ངག་དབང་ཉི་མས་ལོ་13སྐབས་ནས་ཤིང་བཟོས་ལག་རྩལ་ལ་རྒྱུན་ཆད་མེད་པར་བརྩོན་ཞིབ་བྱས་ཡོད། སྟོབས་འབར་ཤང་དུ་ཆེས་དཔེ་མཚོན་དུ་གྱུར་པའི་དམངས་ཀྱི་སྟོད་ཁང་ནི་ཤེས་རབ་ཁྱིམ་གྱི་གནའ་བོའི་ཁང་པ་དེ་རེད།

ངག་དབང་ཉི་མས་ད་ཆ་ཉར་ཚགས་ཐུབ་པའི་སྟོབས་འབར་ཤང་གི་སྟོད་ཁང་སྙིང་པ་ཕལ་ཆེ་བ་ཤེས་རབ་ཀྱིས་གནའ་བོའི་སྟོད་ཁང་ལ་དཔེ་བལྟས་ནས་བསྐྲུན་པ་ཞིག་རེད། ཤེས་རབ་ཀྱི་ཁང་པར་རྒྱ་རིགས་དང་། བོད་རིགས། འཇང་རིགས་བཅས་ཀྱི་སྐྲུན་དངོས་ཀྱི་ཁྱད་ཆོས་གཞི་གཅིག་ཏུ་འདུས་པར་ཤིང་བཟོས་ཀྱི་ཁྱད་ཆོས་དམིགས་བསལ་ལྡན་ཡོད།

ཀ་བ་ཞིག་གི་ཤིང་བརྐོས་པོ་ནར་མེ་ཏོག་དང་། རྩི་ཤིང་། གཅན་གཟན་སོགས་ཀྱི་རི་མོ་འདྲ་མིན་སྣ་ཚོགས་ཡོད་པ་མ་ཟད་དེའི་བརྐོས་དཀྱིལ་གྱི་ལག་རྩལ་རྩེར་སོན་དང་ཁྱད་དུ་འཕགས་པ་ཞིག་ཡོད་ཅེས་བརྗོད།

དུས་ཡུན་རིང་པོའི་ནང་ངག་དབང་ཉི་མས་ཤེས་རབ་ཀྱི་ཁང་པ་སློབ་སྦྱོང་བྱེད་པའི་དཔེ་མཚོན་དུ་བྱས་ནས་དཔྱད་གཞིར་འཛིན་པ་སོགས་བྱེད་ཀྱི་ཡོད། སྟོབས་འབར་ཤང་བཅུད་གཡང་གྲོང་ཚོའི་པད་མ་བསམ་གྲུབ་ཁྱིམ་གྱི་གནའ་བོའི་དམངས་ཀྱི་སྡོད་ཁང་ནི་ངག་དབང་ཉི་མས་ཤེས་རབ་ཁྱིམ་གྱི་གནའ་བོའི་ཁང་པའི་འཛུགས་སྐྲུན་གྱི་ཉམས་འགྱུར་རྟོགས་རྗེས་ཀྱི་མཚོན་བྱེད་བསྐྲུན་དངོས་ཤིག་རེད། སྟོབས་འབར་ཤང་གི་སྐལ་བཟང་དབང་རྒྱལ་གྱི་གནའ་བོའི་སྡོད་ཁང་ནས་ང་ཚོས་ངག་དབང་ཉི་མར་རྩེར་སོན་གྱི་བརྐོས་དཀྱིལ་ལག་རྩལ་ལྡན་པ་རྟོགས་ཐུབ།

2016ལོའི་ཟླ་4པར་རྒྱལ་ཁབ་ཀྱི་དབུལ་སྐྱོར་སྲིད་ཇུས་ཀྱི་རོགས་རམ་འོག་ངག་དབང་ཉི་མས་མཛོ་སྣང་རྫོང་གི་ཤིང་བརྐོས་བཟོ་རྩལ་ཀུང་སི་ཐོག་མ་མཛོ་སྣང་རྫོང་ཞིང་པའི་མཆོག་ནོར་འཛུགས་སྐྲུན་ཚད་ཡོད་འགན་འཁྲི་ཀུང་སི་བཙུགས་པ་རེད། མིག་སྔའི་བར་ཀུང་སིར་དགེ་ཕྲུག་དང་བཟོ་པ་ཁྲིན་30ལྷག་ཙམ་ཡོད་པ་དང་དེའི་ནང་ཡིག་ཚགས་དང་གླ་བཟོས་པའི་དུད་ཚང་དབུལ་པོའི་མི་20ལྷག་ཙམ་ཡོད་པ་རེད།

སྟོབས་འབར་ཤང་སྟོན་ཤེད་གྲོང་ཚོའི་ཡུལ་མི་བློ་བཟང་ཤེས་གྲུབ་ནི་2016ལོར་ངག་དབང་ཉི་མའི་ཀུང་སིར་ཤིང་བརྐོས་བཟོ་རྩལ་སློབ་སྦྱོང་བྱེད་པར་ཡོང་ཡོད། ཤིང་བརྐོས་ཀྱི་རྨང་གཞི་ངེས་ཅན་ཡོད་པའི་བློ་བཟང་ཤེས་གྲུབ་ལ་སྐད་ཡིག་དང་རིག་གནས་སོགས་རྒྱུ་རྐྱེན་གྱི་འགལ་རྐྱེན་འཕྲད་པའི་དབང་གིས་ཁྱིམ་དུ་ངལ་རྩོལ་བྱས་ནས་སྡོད་པ་ལས་འབབ་འཕར་གྱི་ཐབས་ལམ་གང་ཡང་མེད།

ངག་དབང་ཉི་མའི་མཇུབ་ཁྲིད་འོག་བློ་བཟང་ཤེས་གྲུབ་ཀྱི་ལག་རྩལ་ཡར་རྒྱས་

མགྱོགས་པོ་བྱུང་བ་མ་ཟད་ཞིང་བསྐོས་ལག་རྩལ་རྒྱན་རབས་ཁག་གཅིག་ལས་ཞན་པ་མེད། ད་ཆ་ལོར་ཡོང་འབབ་སྒོར་ཁྲི་3ལྷག་ཙམ་ཡོད་པ་དེ་སྔོན་ཆད་ཁྱིམ་དུ་བསྡད་ནས་ཞིང་ལས་བྱས་པ་ལས་ལེགས་པ་འདུག་ཅེས་བློ་བཟང་ཤེས་གྲུབ་ཀྱིས་བརྗོད།

ད་ཆ་ངག་དབང་ཉི་མའི་ལག་རྩལ་དེ་མཐའ་འཁོར་གྱི་གྲོང་ཁྱེར་དང་རྫོང་གི་མི་མང་པོས་ཤེས་པ་མ་ཟད། ཁོང་གིས་ཀྱང་རང་ཉིད་ཀྱི་ལག་ཤེས་ལ་བརྟེན་ནས་མི་ཚེའི་ངོ་མཚར་བརྙོད་ཡོད། འོན་ཀྱང་ངག་དབང་ཉི་མས་དེ་ཁོ་ནར་ཡིད་ཚིམ་ནས་སྡོད་ཀྱི་མེད། ཁོང་གིས་ད་ཆ་རྒྱལ་ཁབ་ཀྱི་སྲིད་ཇུས་ཡག་པོ་ཡོད་པས་ཞིང་བསྐོས་ཐོན་ལས་འཕེལ་རྒྱས་གཏོང་རྒྱུར་བར་མཐོང་ཆེན་པོ་ཡོད། ངས་ད་དུང་ལས་སྒོ་རྒྱ་ཆེར་བཏང་ནས་ཀུང་སི་འཕེལ་རྒྱས་དང་སྟོབས་ཆེར་གཏོང་བ་མ་ཟད། ཞིང་བསྐོས་ལག་རྩལ་བརྒྱུད་ཁྲིད་ཡག་པོ་བྱེད་པ་དང་དུས་མཚུངས་མི་དེ་བས་མང་བར་འབབ་འཕར་ཕྱུག་འགྱུར་ཡོང་བའི་སྣེ་ཁྲིད་བྱེད་ཀྱི་ཡིན་ཞེས་བརྗོད།

དབུལ་སྐྱོར་བྱེད་པར་ཏུད་ཚང་དབུལ་པོ་དང་འབྲེལ་འདྲིས་དམ་པོ་བྱེད་དགོས།

དོག་པ་གྲོང་ཚོ་འདི་ཉིད་ཆབ་མདོ་གྲོང་ཁྱེར་གོ་འཇོ་ཛོང་ལྷ་རྒྱལ་ཤང་མཆོད་རྟེན་ཡུག་ཁུལ་དུ་ཆགས་པ་དང་ཛོང་གྲོང་དང་བར་ཐག་སྤྱི་ལེ་42ཡོད་ཅིང་། ས་བབ་མཐོ་ཚད་སྨི་3900ཟིན་པ་དང་། རང་བྱུང་ཆ་རྐྱེན་ཞན་པ། མང་ཚོགས་ཀྱི་ཡོང་འབབ་ཡོང་ཁུངས་ཁེར་རྐྱང་ཡིན་པ་རེད།

སྐལ་བཟང་ཟླ་བས་བཟོད་དོན།

ཟླ་5པར་ཆབ་མདོར་མི་རྣམས་བྲེལ་འཚུབ་ཏ་ཅང་ཆེན་པོ་ཡོད། དོག་པ་གྲོང་ཚོའི་གྲོང་མིས་ཞིང་ཁ་བཏབ་རྗེས་རེར་དབྱར་རྩྭ་དགུན་འབུ་འབུ་བར་འགྲོ་ཡི་ཡོད་པ་དང་དབྱར་རྩྭ་དགུན་འབུ་ནི་ཁོང་ཚོའི་དཔལ་འབྱོར་ཡོང་ཁུངས་གཙོ་བོ་དེ་རེད། མང་ཚོགས་རེར་སྐྱོད་སྐབས་གྲོང་སྡོད་ལས་དོན་ཏུ་ཁག་གི་ཏུ་དཔོན་སྐལ་བཟང་ཟླ་བ་དང་གྲོང་ཚོའི་ཀྱི་ཧྲུའུ་རྟུའུ་ཅི་བསོད་ཚུང་གིས་མཉམ་དུ་གྲོང་ཚོར་སྐོར་ཞིབ་བྱས་ནས་མང་ཚོགས་ཁྱིམ་གྱི་རྒྱུ་ནོར་བདེ་འཇགས་འགན་ལེན་བྱེད་ཀྱི་ཡོད། ལས་དོན་ཁག་བཀོད་སྒྲིག་བྱས་རྗེས་སྐལ་བཟང་ཟླ་བས་རི་ལ་དོག་པ་གྲོང་ཚོ་དང་གྲོང་མིའི་གནས་ཚུལ་ཤེས་རྟོགས་བྱེད་པར་འགྲོ་རྒྱུའི་ཐག་བཅད་ཅིང་། ཁོང་གིས་རང་ཉིད་ཀྱི་གུར་དོག་པ་གྲོང་ཚོའི་གྲོང་མིའི་དབྱར་རྩྭ་དགུན་འབུ་འབུ་སར་བརྒྱབ་པ་རེད།

སྐལ་བཟང་ཟླ་བ་མང་ཚོགས་དང་འབྲེལ་འདྲིས་ཡག་པོ་ཐུབ་པས་གྲོང་མི་ཚོར་

དཀའ་ངལ་འཕྲད་སྐབས་ཁོང་ལ་ཤོད་ཀྱི་ཡོད། སྐལ་བཟང་ཐྲི་བས་གྲོང་མི་ཚོའི་དཀའ་ངལ་དག་དེབ་ཆུང་ནང་ཐོ་འགོད་བྱས་ནས་ཐབས་ཤེས་ཡོད་ཀྱུ་རྩལ་སྤྱུགས་ཀྱིས་ཐག་གཅོད་བྱེད་རོགས་བྱེད་ཀྱི་ཡོད།

དབྱར་རྩ་དགུན་འབུ་འཐུ་བའི་དུས་ཚིགས་ཡོལ་རྗེས་སྐལ་བཟང་ཐྲི་བས་ལས་རོགས་ཚོ་དང་མཉམ་དུ་དུད་ཚང་རེ་རེའི་སར་གནས་ཚུལ་ཤེས་རྟོགས་བྱེད་པར་བསྐྱོད། ཁོང་གིས་དབུལ་སྐྱོར་བྱེད་པར་དུད་ཚང་དབུལ་པོའི་སར་མང་ཙམ་འགྲོ་དགོས། མང་ཚོགས་དབུལ་པོ་དང་འབྲེལ་འདྲིས་མང་ཙམ་བྱེད་པ་ནི་དབུལ་སྐྱོར་ལས་དོན་ཡག་པོ་སྒྲུབ་པའི་ཐབས་ལམ་ནུས་ལྡན་ཞིག་རེད། དེས་མང་ཚོགས་དང་འཆམ་པོ་ཆགས་པ་དང་སྲིད་ཇུས་སྒྲིག་འགྲེལ་ཐུབ་པ་མ་ཟད། ད་དུང་དུས་ཐོག་ཏུ་མང་ཚོགས་ཀྱི་རེ་འདུན་དང་སྒྲུལ་རྣམ་ཤེས་རྟོགས་ཐུབ་ནས་དབུལ་པོའི་ནད་རྟགས་ལ་ནད་བསྟུན་སྨན་སྤྲོད་བྱེད་ཐུབ་ཅེས་བརྗོད།

དེའི་རིང་སྐལ་བཟང་ཐྲི་བས་རང་ཉིད་ནི་ཞིང་ལས་དངུལ་ཁང་གི་སྲིད་ཇུས་དྲིལ་བསྒྲགས་པ་ཞིག་ཡིན་པ་བརྗེད་མེད་པར་དུས་ཐོག་ཏུ་ཞིང་པན་ཞིང་སྐྱོར་སྲིད་ཇུས་ཁག་མི་རྣམས་ལ་བརྒྱུད་བསྒྲགས་བྱས་ཡོད།

གྲངས་གཞི་ལས་མངོན་པར། འདི་ལོའི་ཟླ་3ཚེས་15ཉིན་བར་གོ་འཇོ་རྫོང་ཞིང་ལས་དངུལ་ཁང་གིས་དོག་པ་གྲོང་ཚོའི་གྲོང་མིར་རིམ་རྩིས་བརྒྱབ་ན་ཞིང་དུད་དངུལ་བུན་སྒོར་ཁྲི་121སྤྲད་པ་དང་ཡིད་རྟོན་གྲོང་ཚོ་འཛུགས་སྐྲུན་བྱས་པ་ལས་དངུལ་བུན་གཡར་ཐབས་དེ་བས་སྟབས་བདེ་བ་དང་སྐྱེད་ཀ་དེ་བས་དམའ་རུ་ཕྱིན་ཏེ་ཞིང་འབྲོག་མང་ཚོགས་ལ་ཡིད་རྟོན་གོམས་གཤིས་ཡག་པོ་འཛུགས་རྒྱུར་སྐུལ་མ་ཐེབས་ནས་གཟིགས་སྐྱོང་སྟེར་བས་ཆེ་བའི་དངུལ་རྩའི་ཞབས་ཞུ་ལོངས་སྤྱོད་བྱ་རྒྱུ་བྱུང་ཡོད་པ་རེད།

ཧྲང་དར་གྱིས་དབུལ་སྐྱོལ་འགག་སྒྲོལ་ལ་སྐྱེ་ཁྲིད་དང་ཐོན་ལས་ཀྱིས་གྲོང་གསེབ་དར་རྒྱས་ལ་རམ་འདེགས་བྱས་པ།

——གཞིས་རྩེ་གྲོང་ཁྱེར་པ་སྣམ་རྫོང་ནོར་ཁྱུང་གྲོང་རྡལ་གྱིས་དབུལ་སྐྱོལ་འགག་སྒྲོལ་བྱས་པའི་སྐོར་བཀོད་པ།

པ་སྣམ་རྫོང་ནོར་ཁྱུང་གྲོང་རྡལ་ནི་པ་སྣམ་རྫོང་གྲོང་དུ་གནས་ཤིང་། གྲོང་རྡལ་ཡོངས་སུ་ཧྲང་གི་སྤུའུ་22དང་ཞིང་འབྲོག་པ་ཧྲང་ཡོན་464ཡོད།

ཉེ་བའི་ལོ་ཤས་རིང་། པ་སྣམ་རྫོང་ནོར་ཁྱུང་གྲོང་རྡལ་གྱིས་ས་ཁུལ་གྱི་ལེགས་ཆར་དམ་པོར་དམིགས་ནས་ཧྲང་འཛུགས་སྐྱོང་གི་དཔེ་སྟོན་སྐྱེ་ཁྲིད་ཀྱི་ནུས་པ་འདོན་སྤེལ་གང་ལེགས་བྱས་ཏེ། རྩ་འཛུགས་ཀྱི་ཐོན་ཁུངས་དབུལ་སྐྱོལ་གྱི་ཐོན་ཁུངས་ལ་འགྱུར་བ་དང་རྩ་འཛུགས་ཀྱི་ལེགས་ཆ་དབུལ་སྐྱོལ་གྱི་ལེགས་ཆར་འགྱུར་བ་བྱས་ནས། གཡས་གཡོན་གྱི་དོ་དམ་རིམ་པ་གསལ་བ་དང་གོང་འོག་གི་རྩ་འཛུགས་ནུས་ལྡན་ཁྲབ་པའི་དྲ་མིག་ཅན་གྱི་དོ་དམ་མ་ལག་རིམ་བཞིན་ཆགས་ནས་གྲོང་གསེབ་ཀྱི་དཔལ་འབྱོར་འཕེལ་རྒྱས་དང་ཞིང་ལས་ཐོན་ལས་སྟུར་བསྒྱིང་བྱ་རྒྱུར་དེ་བས་སྐུལ་འདེད་ནུས་ལྡན་བཏང་ཡོད་པ་རེད།

སྒྲིག་གཞིང་གི་ནུས་པ་ཆེ་རུ་བཏང་བ།

2018ལོར། པ་སྣམ་རྫོང་ནོར་ཁྱུང་གྲོང་རྡལ་གྱིས་གོང་རིམ་གྱི་བླང་བྱར་ནན་པོ་གཞིགས་ནས་གྲོང་ཚོ་རིམ་པའི་ཧྲང་རྩ་འཛུགས་ཚད་ལྡན་ཅན་གྱི་འཛུགས་སྐྱོང་ལས་དོན་རང་འགུལ་ངང་ཧུར་ཐག་སྤེལ་ཞིང་། མིག་སྔའི་བར་དམ་འཛིན་གྲོང་ཚོ་དང་། ལྟོག་

རོ་གྲོང་ཚོ། ནོར་ཁྱུང་གྲོང་ཚོ་བཅས་ཀྱི་གྲོང་ཚོ་ཞུ་ལྡན་འཛུགས་སྐྱུན་བྱས་ནས་སྐྱོད་འགོ་ཚུགས་པ་རེད།

2019ལོར། ཤང་ཡོངས་ཀྱི་ཧང་ཀྲི་ཕུའུ་ཁ་ཐོར་དུ་གནས་པ་དང་འགན་ནུས་ཆ་མིན་པ་སོགས་ཀྱི་དོན་དངོས་ལ་གཞིགས་ནས་ནོར་ཁྱུང་གྲོང་རྫལ་གྱིས་ཡུལ་བབ་དང་བསྟུན་ཏེ་ཧང་ཡོན་གྱི་སློབ་གསོ་གསོ་སྐྱོང་ལ་སྟབས་བསྟུན་སྣ་མང་གི་བྱ་ཐབས་དང་ཐབས་ཤེས་སྤྱད་པ་དང་། གཅིག་སྡུད་དང་། ཁ་ཐོར། རང་དོས་བཅས་ཀྱི་སློབ་གསོ་གཏོང་སྟངས་ཟུང་དུ་འབྲེལ་བ་སོགས་ཀྱི་བྱ་ཐབས་སྤྱད་དེ་ཚོགས་འདུ་དང་། གྲོང་ཚོ་ཞུ་ཡོན་ལྡན་ཁང་། ཞིང་ནང་མུ་ཁ་སོགས་ཀྱི་ས་ཆ་དང་གོ་སྐབས་སྟབས་བསྟུན་ངང་སྤྱད་ཅིང་ཧང་ཀྲི་ཕུའུ་ཁག་གི་དོན་དངོས་དང་ཟུང་འབྲེལ་ནུས་ལྡན་བྱས་ནས། ཁྱད་ལྡན་སློབ་གསོ་གསོ་སྐྱོང་བྱས་ཏེ་ཞིང་འབྲོག་ཧང་ཡོན་གྱི་ཡོང་འབབ་མང་དུ་དང་བསམ་བློ་ཕུན་སུམ་ཚོགས་པོ་ཡོང་བའི་འགན་ལེན་བྱས་ཡོད།

ཐང་འཛིན་པ་བརྟན་པོ་བརྩུགས་པ།

གྲོང་གསེབ་དར་རྒྱས་ཡོང་བར་ངེས་པར་དུ་གྲོང་གསེབ་དཔལ་འབྱོར་འཕེལ་རྒྱས་ཀྱི་གསོན་ཤུགས་འཕེལ་བར་བྱེད་དགོས། སྟོབས་ཆེའི་རྩ་འཛུགས་ཡོད་དགོས་པ་མ་ཟད། ད་དུང་ཧང་ཡོན་གྱི་དཔེ་སྟོན་སྡེ་ཁྲིད་ཀྱང་ཡོད་ཚེ། གཞི་ནས་མང་ཚོགས་ཀྱི་སྡེ་འཁྲིད་དེ་ཕྱུག་པོའི་ལམ་དུ་སྐྱོད་ཐུབ།

པ་སྣམ་རྫོང་ཕྱུག་དྲུག་བསླས་འཐག་བཟོ་གྲྭར་སྐྱོད་སྐབས། ལྟན་ཞིང་འཛེབས་པའི་འཐག་སྒྲ་ཐོས་པ་དང་། སྒོ་རའི་ནང་མི་འགའ་ཞིག་གིས་བལ་སྐུད་འཁེལ་བ་དང་། འགའ་ཞིག་གིས་ཚོས་རྒྱག་པ། འགའ་ཞིག་གིས་འཐག་ལས་བྱེད་བཞིན་པ་སོགས་རང་རང་གི་ལས་ཀ་ཧུར་ཐག་བྱེད་བཞིན་འདུག

མིག་སྔར། ཞུག་དྲུག་བསླུས་འཐག་བཟོ་གྲུས་རིགས་ཁག་གི་མི་རིགས་ལག་ཤེས་བཟོ་རྩལ་ཁག་10ཙམ་ལས་སྟོན་ཐོན་སྐྱེད་བྱས་ནས། སྤྱིལ་རྒྱུན་གྱི་ཁྱིམ་ཚང་ལག་ཤེས་ཐོན་སྐྱེད་ནས་གཞི་ཁྱོན་ཅན་གྱི་ཐོན་སྐྱེད་བར་འཕེལ་རྒྱས་བྱུང་བ་དང་། ཡུན་རིང་ལས་མི་བྱེད་པའི་མི་45(ཡིག་ཚགས་དང་གྲ་བཟོས་པའི་དུད་ཚང་དབུལ་པོའི་མི་17)ཡོད་པ་དང་མི་རེར་ཆ་སྙོམས་ཟླ་རེར་སླ་ཆ་སྒོར་4500ཡོད། གྲོང་གསེབ་ཀྱི་བུད་མེད་དང་། ལོ་ན་མཐོ་ལ་གཟུགས་པོ་ཡག་པོ་མེད་པ་དང་དབང་པོ་སྐྱོན་ཅན་བཅས་ལས་ཞུགས་མི་གྲངས་308(ཡིག་ཚགས་དང་གྲ་བཟོས་པའི་མང་ཚོགས་དབུལ་པོ་97)ཡོད་པར་མི་རེར་ཆ་སྙོམས་འབབ་འཕར་སྒོར་4000ཡན་ཡོང་བའི་སྐུལ་ཁྲིད་བྱས་ཡོད།

ཤེས་རྟོགས་བྱུང་བར་གཞིགས་ན། མིག་སྔའི་བར་ནོར་ཁྲུང་གྲོང་རྫལ་དུ་སྟོ་ཚལ་ཁྲོད་ཁང་ཆེ་མོ་500ལྷག་ཙམ་ཡོད་པའི་ནང་ཡུག་སྤྲིལ་ཁྲོད་ཁང་71ཡོད་པ་དེར་ལོ་རེར་ཐོན་རྫས་རིན་ཐང་སྒོར་ཁྲི་370.83ཟིན་ནས་མི་རེར་ཆ་སྙོམས་དངུལ་སྨར་ཡོང་འབབ་སྒོར་1592མང་དུ་འགྲོ་རྒྱུར་སྐུལ་ཁྲིད་ཐུབ་ནས་དཀའ་ངལ་ཡོད་པའི་མང་ཚོགས་དུད་ཚང་33གྱི་མི་124ལ་ཕན་པ་ཐོབ་ཡོད།

གསོན་ཤུགས་འཕེལ་བར་བྱས་པ།

2017ལོའི་ཟླ་11པར། གྲོང་ཚོའི་ཏང་གི་ སྤུའུ་ཡི་སྡེ་ཁྲིད་དང་གྲོང་མིའི་ཚོགས་ཆེན་ཐོག་གཏན་འཁེལ་བྱས་པ་བརྒྱད། ནོར་ཁྲུང་གྲོང་རྫལ་རྩ་ཁ་གྲོང་ཚོའི་ཅོན་ཧྲན་ཕྱུགས་རིགས་གསོ་སྐྱེལ་མཉམ་ལས་ཁང་དངོས་སུ་བཙུགས་པ་དང་གྲོང་ཚོ་ཡོངས་ཀྱི་དུད་ཚང་80ལྷག་ཙམ་དེའི་ནང་ཞུགས་པ་རེད།

མིག་སྔའི་བར། ནོར་ཁྲུང་གྲོང་རྫལ་དུ་བསྡོམས་མཉམ་སྡེབ་དཔལ་འབྱོར་དངོས་ཚན་23ཡོད་པ་དེ་དག་གིས་ལོ་རེར་ཆ་སྙོམས་གྲོང་ཚོའི་མཉམ་སྡེབ་ལ་ཡོང་འབབ་སྒོར་ཁྲི་

20ལྷག་ཙམ་མང་དུ་བཏང་ཡོད།

ཉེ་བའི་ལོ་ཤས་རིང་། ནོར་ཁྲུང་གྲོང་རྫལ་ཚོག་རོ་གྲོང་ཚོས་རྗེ་མོ་གླང་མའི་སྐྱེ་ལྡན་དངོས་མང་ཚན་རྩལ་གླིང་དང་ཀྲུང་ནུང་གནས་མཆོག་སྤོ་ཚལ་ཐོན་ལས་གླིང་ལ་ས་ཆ་མུའུ་1527.1བརྒྱུད་བཤུག་བཏང་ནས་མུའུ་རེར་ལོ་རེར་ཐོགས་དངུལ་སྒོར་2000གླངས་པ་དང་། པ་སྣམ་རྫོང་སྤོ་ཚལ་ཀུང་སིས་ས་ཆ་མུའུ་245བརྒྱུད་བཤུག་བཏང་ནས་མུའུ་རེར་ལོ་རེར་ཐོགས་དངུལ་སྒོར་900གླངས་ཡོད། ས་ཆ་བརྒྱུད་བཤུག་བཏང་བ་བརྒྱུད། གྲོང་ཚོའི་ཐོན་སྐྱེད་ནུས་ཤུགས་ལ་སྤར་བས་བཅིངས་འགྲོལ་ཐོབ་ནས་རྒྱ་ཆེའི་མང་ཚོགས་ཐོན་ལས་གླིང་དུ་ལས་ཞུགས་ཐུབ་རྒྱུར་ལྟག་སྐྱལ་བྱས་པ་དང་། གྲོང་ཚོའི་ངལ་རྩོལ་ནུས་ཤུགས་ལྷག་མའི་ལས་ཞུགས་གཞན་སྒྱུར་གྱི་གནད་དོན་ཐག་གཅོད་ཐུབ་ནས་ཞིང་འབྲོག་མང་ཚོགས་ཀྱི་ཡོང་འབབ་མང་དུ་ཕྱིན་ཡོད།

དབུལ་སྐྱོར་བྱེད་པར་སྔོན་ལ་བློ་སྐྱོར་དང་། དབུལ་སྒྲོལ་ཡོང་བར་ལག་གཉིས་ལ་བརྟེན་དགོས།

——ལྷུན་གྲུབ་རྫོང་ཕུ་མདོ་ཤང་གིས་གནད་སྨིན་དབུལ་སྐྱོར་ལས་དོན་སྤེལ་བའི་སྐོར་གྱི་དཔེ་བྲིས།

ཕུ་མདོ་ཤང་ནི་ལྷུན་གྲུབ་རྫོང་གི་བྱང་རྒྱུད་དུ་གནས་པ་དང་རྫོང་དེའི་གཙོ་གནད་དབུལ་ཕོངས་ཤང་གི་ཁོངས་སུ་གཏོགས་ཤིང་། གཤམ་འོག་ཏུ་སྲིད་འཛིན་གྲོང་ཚོ་5དང་། གྲོང་ཚོ་ཚོགས་ཆུང་21ཡོད་ལ་ཤང་ཡོངས་སུ་དུད་ཚང་865དང་མི་གྲངས་4326ཡོད། དེའི་ནང་དུད་ཚང་297གྱི་མི་གྲངས་1305དབུལ་པོ་རེད། 2016ལོར་ཕུ་མདོ་ཤང་ཏང་ཨུད་དང་ཤང་སྲིད་གཞུང་གིས་གནད་སྨིན་དབུལ་སྐྱོར་སྐོར་གྱི་རང་སྐྱོང་ལྗོངས་དང་། གྲོང་ཁྱེར། རྫོང་བཅས་ཀྱི་ཏང་ཨུད་དང་སྲིད་གཞུང་གི་སྤྱིའི་བླང་བྱར་དམ་པོར་དམིགས་ནས་ཚད་མཐོའི་མཐོང་ཆེན་དང་། བཀོད་སྒྲིག་ཞིབ་ཚགས། དོན་འཁྱོལ་ལ་དམ་འཛིན་ནན་པོ་བཅས་བྱས་ཏེ་དབུལ་སྐྱོར་ལས་དོན་དེ་ཉིད་ཤང་དེའི་གཙོ་གནད་ལས་དོན་ནང་བཙུག་ཡོད། ཉེ་ཆར། གསར་འགོད་པ་རྫོང་དེའི་ཕུ་མདོ་ཤང་དུ་བཅར་འདྲིར་སྐྱོད་སྐབས་ཤང་དེའི་གང་ས་ནས་བདེ་སྡོད་ལས་བསྟོན་དང་། ཞི་མཐུན་འཕེལ་རྒྱས། སྐྱེ་སྟོབས་ཀྱི་དཔལ་རབ་ཏུ་འབར་བ་བཅས་ཀྱི་རྣམ་པ་གསར་པ་མངོན་བཞིན་པ་མཐོང་བྱུང་།

མང་ཚོགས་སྤྱི་ཙམ་དབུལ་པོའི་གནས་ལས་བསྒྲལ་ནས་ཕྱུག་འགྱུར་གྱི་ལམ་དུར་སྐྱོད་ཐུབ་པ་བྱ་ཆེད། ཤང་དེས་དབུལ་སྐྱོར་ཐོན་ལས་རྣམ་གྲངས་ཞིབ་འཇུག་ནན་ཏན་དང་རེ་ཞུ་རུར་ཐག་བྱས་པ་དང་། དེའི་ནང་ནས་འབྲི་གཡག་རྒྱུགས་གསོའི་རྣམ་གྲངས་ཀྱིས་མང་

ཚོགས་འགའ་ཞིག་ལ་ལས་ཞུགས་ལས་གནས་ཐག་གཅོད་བྱུང་བ་མ་ཟད། ད་དུང་ཤང་ཡོངས་ཀྱི་དུད་ཚང་40དང་མི་གྲངས་189ལ་ཕན་པ་ཐོབ་ཡོད།

ཕུ་མདོ་ཤང་ཧྲང་ཞུད་ཀྱི་ཏྲུའུ་ཅི་ཀྲང་ཐེན་ཕིང་གིས་ངོ་སྤྲོད་བྱས་པར། ལོ་ལྔ་ཚན་བཅུ་གསུམ་པའི་འཆར་འགོད་ལ་གཞིགས་ནས་ཕུ་མདོ་ཤང་གིས་དབུལ་སྐྱོར་ཐོན་ལས་རྣམ་གྲངས་8རེ་ཞུ་བྱས་པ་ལས་རྣམ་གྲངས་5ནི་ཁྱད་ལྡན་ཐོན་ལས་གསོ་ཚགས་ཡིན་པ་དེས་གྲོང་ཚོ་ཚང་མར་རྣམ་གྲངས་ཡོད་པར་གྱུར་ནས་གྲོང་ཚོའི་མཉམ་སྡེབ་དཔལ་འབྱོར་མང་དུ་འགྲོ་བར་རྨང་གཞི་བཏིང་བ་རེད། མིག་སྔའི་བར། 2017ལོར་ལག་བསྟར་བྱས་པའི་ཐོན་ལས་རྣམ་གྲངས་3དང་འབྲི་གཡག་དུས་ཐུང་རྒྱུགས་གསོའི་རྣམ་གྲངས་གཉེར་སྐྱོང་བྱས་པ་ལས་ལག་ཡོད་འབྲི་གཡག་མགོ་གྲངས་240ལྷག་ཙམ་ཟིན་པ་དང་། དམངས་ཕན་སྒོ་རྩིས་ཚོང་ཁང་དང་ཞིང་ཕྱུགས་ཐོན་རྫས་ཉོ་ཚོང་ཁྲོམ་ར་ཆེ་གྲས་བརྒྱ་ཆ85བསྒྲུབ་ཟིན་ཡོད།

2016ལོ་ནས་2018ལོ་བར། ཕུ་མདོ་ཤང་ཡོངས་སུ་དུད་ཚང་195ཡི་མི་གྲངས་768ཁྲིང་ཀོན་ཆུས་དྲིན་ཚོར་གླིང་གི་གཅིག་སྡུད་གནས་སྤོའི་ས་ཚིགས་སུ་སྤོས་ཡོད་པ་རེད།

ཤེས་རྟོགས་བྱུང་བར་གཞིགས་ན། དྲིན་ཚོར་གླིང་དུ་སྤོས་པའི་མང་ཚོགས་ཀྱི་ཁྲོད་དུ་ངལ་རྩོལ་ནུས་ཤུགས་ལྡན་པ་305དང་རྩལ་ནུས་དང་ངལ་རྩོལ་ནུས་ཤུགས་གཉིས་ཀ་ལྡན་པ་68ཡོད། 2019ལོའི་ལོ་འགོ་བར་མི་གྲངས་243ལས་ཞུགས་ཐུབ་པ་དང་ཡུལ་གཞན་དུ་གནས་སྤོས་དབུལ་སྐྱོར་གྱི་དུད་ཚང་དབུལ་པོ་རེ་རེ་ནས་མི་1ནས་3བར་ལས་ཞུགས་ཐུབ་ཡོད་པ་རེད།

སྲིད་གཞུང་གིས་ང་ཚོར་གཟིགས་སྐྱོང་ཧ་ཅང་ཆེན་པོ་གནང་བྱུང་། འོན་ཀྱང་དབུལ་སྒྲོལ་བྱེད་པར་སྲིད་གཞུང་གི་རོགས་སྐྱོར་ཁོ་ནར་བརྟེན་མི་རུང་བར་ངེས་པར་དུ་དབུལ་སྐྱོར་གྱི་སྲིད་ཇུས་དང་རང་ཉིད་ཀྱི་དཀའ་སྤྱད་ལག་རྩུང་ལ་བརྟེན་ནས་དབུལ་སྒྲོལ་

ཐུབ་པ་བྱེད་དགོས་ཅེས་འདི་ལོ་ལོ་33ལ་སླེབས་པའི་རྒྱ་མཚོས་བཤད་པ་དང་། ཁོང་ནི་ཤང་དེའི་འབབ་མདོ་གྲོང་ཚོ་འབབ་མདོ་ཚོགས་ཆུང་གི་གྲོང་མི་ཡིན་ཞིང་། ཁྱིམ་ལ་མི་6ཡོད། 2016ལོར་ཡིག་ཚགས་དང་གྲོ་བཙོས་པའི་དུད་ཚང་གི་ཁོངས་སུ་བཙུག་རྗེས་ཁོང་གིས་སྲིད་གཞུང་གི་རོགས་རམ་འོག་ལག་རྩལ་སྦྱངས་ནས་ཤིང་ཆ་ལས་སྟོན་བཟོ་གྲྭ་ཞིག་བཙུགས་པ་དང་འཚོ་བ་ཉིན་རེ་ལས་ཉིན་རེ་ཡག་ཏུ་སོང་སྟེ་ན་ནིང་དབུལ་ཞྭ་ཕུད་ཐུབ་པ་རེད། དེ་དང་ཆབས་ཅིག་ཁོང་གིས་ཡིག་ཚགས་དང་གྲོ་བཙོས་པའི་དུད་ཚང་3ལས་ཞུགས་ཐུབ་པར་སྐྱེ་ཁྲིད་བྱས་ནས་ན་ནིང་མི་རེར་སྒོར་ཁྲི་3བགོས་པ་རེད། “སྲིད་གཞུང་གི་རོགས་རམ་དང་སྲིད་ཇུས་བཟང་པོ་མེད་ཚེ་ངའི་ད་ལྟའི་བདེ་སྐྱིད་ལྡན་པའི་འཚོ་བ་ཡོང་མི་སྲིད”ཅེས་རྒྱ་མཚོས་འཛུམ་དམུལ་དམུལ་ངང་བཤད།

ཤང་དེར་རྒྱ་མཚོ་དང་འདྲ་བའི་སྲིད་ཇུས་ཀྱི་རོགས་སྐྱོར་དང་མི་སྒེར་གྱི་འབད་བརྩོན་འོག་དབུལ་པོ་ནས་ཕྱུག་པོར་འགྱུར་མཁན་ད་དུང་མང་པོ་ཡོད། ཁོང་ཚོས་སྒྲུག་བརྟེན་སྙོང་གསུམ་མི་བྱེད་པར་དཀའ་སྤྱད་ཀྱི་ལག་ཟུང་ལ་བརྟེན་ནས་དབུལ་སྒྲོལ་ཕྱུག་འགྱུར་བྱུང་བ་མ་ཟད། ཕྱུག་འགྱུར་སྐྱེ་ཁྲིད་པར་ཡང་གྱུར་ཡོད་པ་རེད། ཡིག་ཚགས་དང་གྲོ་བཙོས་པའི་དུད་ཚང་དེ་བས་མང་བ་འབབ་འཕར་ཕྱུག་འགྱུར་ཡོང་བ་བྱ་ཆེད། རྒན་ཡོལ་ཞུས་པའི་ཏང་ཡོན་རྒན་གྲས་དང་ལས་བྱེད་པ་རྒན་གྲས་མང་པོ་ཞིག་ཀྱང་དེའི་ནང་ཞུགས་ཏེ་ནུས་ཤུགས་ལྷག་མ་འདོན་བཞིན་ཡོད། ཤང་དེའི་ལྟེགས་སྐེ་གྲོང་ཚོའི་ཏང་ཡོན་རྒན་གྲས་ཉི་མ་རྒན་ཡོལ་མ་ཞུས་གོང་སྔ་ཕྱི་བར་གསུམ་དུ་གྲོང་ཚོའི་བུད་མེད་ལས་དོན་གྱི་འགན་འཁུར་བཞིན་ཡོད་པ་དང་རྒན་ཡོལ་ཞུས་ཀྱང་སྔར་བཞིན་དེའི་ཐད་ཀྱི་ལས་དོན་སྒྲུབ་ཀྱི་ཡོད། དབུལ་སྒྲོལ་འགག་སྒྲོལ་གྱི་དམག་འཐབ་རྒྱག་འགོ་ཚུགས་རྗེས་ཁོང་གིས་དབུལ་སྐྱོར་ལས་དོན་ལ་ཧུར་ཐག་ཞུགས་པ་དང་། ན་ནིང་ཁོང་གིས་ཕུ་མདོ་ཤང་བསྟན་སླིན་གཡང་དཀར་ལག་ཤེས་བཟོ་རྩལ་ཞིང་པའི་ཆེད་ལས་མཉམ་ལས་ཁང་བཙུགས་ཏེ་

གྲོང་ཚོའི་མང་ཚོགས་དབུལ་པོ་ཕྱུག་པོའི་ལམ་དུ་བསྐྱོད་པར་སྣེ་ཁྲིད་བྱས་པ་རེད།

མིག་སྔར་ཤང་ཡོངས་ཀྱི་སྲིད་འཛིན་གྲོང་ཚོ་5ཚང་མ་དབུལ་ཞྭ་ཕུད་ཡོད་པ་རེད།

དེང་རབས་རྒྱུད་སྐྱོབ་བང་མཛོད་ཀྱིས་གནད་སྨིན་དབུལ་སྐྱོར་ལ་རམ་འདེགས་བྱེད་པ།

——གྲྭ་བཞི་གྲོང་གསར་སྡེ་ཁྲུལ་གྱིས་སྤྱི་ཕན་བྱེད་སྒོ་སྤེལ་བའི་སྐོར་གྱི་ཟུར་བྲིས།

བགྲེས་སོང་པད་མས་སྡེ་ཁྲུལ་གྲོང་ལྷན་དང་སྡེ་ཁྲུལ་མཉམ་གཏོད་ཚན་པས་སྒྲིག་འཛུགས་བྱས་པའི་སྤྱི་ཕན་བྱེད་སྒོས་ང་ཚོའི་ཁྱིམ་ལ་སྤྱི་ཕན་དངུལ་སྐོར་ཁྲི་4.4གྲབས་གསོག་བྱས་ཏེ་ཉེན་ཆེའི་ཁང་པ་དུས་ཐོག་ཏུ་བསྐྱར་སྐྲུན་བྱས་པ་མ་ཟད། ཁྱིམ་ཚང་གསར་པ་ཁག་གཅིག་ཀྱང་ཉོས་བྱུང་བས་ཐུགས་རྗེ་ཆེ་ཞུ། ད་ལྟ་ཁང་པ་ཆུས་འཁྱེར་བའི་སེམས་ཁྲལ་མེད་ལ། ང་ཚོའི་ཁྱིམ་གྱི་འཚོ་བའང་ཉིན་རེ་བཞིན་ཡག་ཏུ་འགྲོ་བའི་ཡིད་ཆེས་ཆེན་པོ་ཡོད་ཅེས་བཀའ་དྲིན་བསམ་བཞིན་བརྗོད།

གནད་སྨིན་དབུལ་སྐྱོར་ལ་རམ་འདེགས་བྱས་ནས་དགའ་ངལ་ཡོད་པའི་མང་ཚོགས་ཀྱི་སེམས་ཁྲལ་སེལ་ཆེད། གྲྭ་བཞི་གྲོང་གསར་སྡེ་ཁྲུལ་གྱིས་སྡེ་ཁྲུལ་གྱི་དོན་དངོས་ལ་གཞི་ཚུགས་ཏེ་དེང་རབས་རྒྱུད་སྐྱོབ་བང་མཛོད་ཀྱི་སྤྱི་ཕན་བྱེད་སྒོ་སྤེལ་ཞིང་། སྤྱི་ཕན་བྱེད་སྒོ་སྤེལ་ཚུན། སྡེ་ཁྲུལ་གྲོང་མི་ཚོའི་བསྡུགས་བརྗོད་ཚད་མེད་ཐོབ་པ་དང་། བྱེད་སྒོ་སྤེལ་བའི་བརྒྱུད་རིམ་ནང་སྡེ་ཁྲུལ་གྱི་ཏང་ཡོན་དང་། གྲོང་ཚུད་ཀྱི་ལས་དོན་མི་སྣ། སྡེ་ཁྲུལ་གྱི་གཅེས་སེམས་མི་སྣ། ཁོངས་གཏོགས་ཚན་པ་ཁག་བཅས་ཀྱིས་དེར་ཏུར་ཐག་ཞུགས་ནས་བསམ་བློ་གཅིག་ཏུ་གཏོང་བ་དང་ངར་ཤུགས་གཅིག་ཏུ་བསྒྲིལ་ནས་ནུས་པས་ལྕོགས་ཚོད་ཀྱིས་སྡེ་ཁྲུལ་ལ་རོགས་རམ་བྱེད་དགོས་རིགས་ཚང་མར་རོགས་རམ་བྱས་ཡོད།

སྡེ་ཁྲུལ་གྱི་དེང་རབས་རྒྱུད་སྐྱོབ་བང་མཛོད་ཀྱི་སྤྱི་ཕན་བྱེད་སྒོས་སྡེ་ཁྲུལ་གྱི་ཏང་

འཛུགས་སྐྱོང་བྱེད་སྒོ་སྤེལ་ཐབས་གསར་གཏོད་བྱས་ཏེ་ཁོངས་གཏོགས་ཁུལ་གྱི་མཉམ་སྡོད་མཉམ་གཏོད་ཚན་པ་དང་གཅིས་སེམས་མི་སྣ་ཐུན་མོང་ཐོག་ཞུགས་པ་དང་། སྡེ་ཁུལ་གྱི་དཀའ་ངལ་ཡོད་པའི་མང་ཚོགས་ལ་རོགས་རམ་བྱ་རྒྱུ་དམིགས་ཚད་དུ་བྱས་ནས་སྡེ་ཁུལ་གྱི་མཉམ་གཏོད་ཚན་པས་སྡེ་ཁུལ་དང་ཕན་ཚུན་སྐུལ་རེས་བྱས་པས། སྡེ་ཁུལ་ཁྱབ་ཁོངས་སུ་ཕན་ཚུན་རོགས་རམ་བྱེད་པ་དང་འཕེལ་རྒྱས་ལ་སྐུལ་འདེད་གཏོང་བའི་སྤྱི་ཚོགས་ཀྱི་རྣམ་པ་བཟང་པོ་ཞིག་རིམ་བཞིན་ཆགས་ནས་སྡེ་ཁུལ་གྱི་བདེ་སྐྱིད་ཚོར་སེམས་དང་གོང་བུ་སྒྲིལ་ཤུགས་ཟམ་མི་ཆད་པར་ཆེ་རུ་ཕྱིན་ཡོད། སྤྱི་ཕན་བྱེད་སྒོས་བསམ་འདུན་ཕྲན་བུ་བསྡུ་རུབ་བྱ་རྒྱུ་གཙོ་གནད་ནང་དོན་དུ་བརྩིས་ཏེ་མཉམ་གཏོད་ཚན་པ་དང་། གཉིས་གསར་རྩ་འཛུགས། སྤྱི་དབང་མིན་པའི་ཁེ་ལས་བཅས་ཀྱིས་མཐུན་སྦྱོར་རྩིས་ལེན་གྱི་བྱེད་ཐབས་བརྒྱུད། གྲོང་མི་ཚོའི་འཕྲལ་དུ་ཐག་གཅོད་བྱེད་དགོས་རིགས་ཀྱི་དཀའ་ངལ་དངོས་ཐག་གཅོད་ཏན་ཏིག་བྱས་ཡོད། ཁྲིང་ཀོན་ཆུས་གྲྭ་བཞི་གྲོང་གསར་སྡེ་ཁུལ་ཨུ་ལྷན་གྱི་འགན་འཁུར་བ་བསྟན་འཛིན་ངག་དབང་གིས་སྡེ་ཁུལ་གྱིས་ལྷ་ས་གྲོང་ཁྱེར་གྱི་དེང་རབས་རྒུད་སྐྱོབ་བང་མཛོད་ཀྱི་དབུལ་སྐྱོར་རོགས་རམ་གྱི་སྤྱི་ཕན་བྱེད་སྒོ་ཐོག་མ་སྤེལ་རྗེས་ཁོངས་གཏོགས་ཁུལ་གྱི་གྲོང་མི་200ལྷག་ཙམ་ལ་ཕན་པ་བཏོད་པར་དབུལ་སྐྱོར་མ་དངུལ་སྒོར་ཁྲི་27ལྷག་ཙམ་ཟིན་ཡོད། སྤྱི་ཕན་བྱེད་སྒོའི་ཕན་འབྲས་མངོན་གསལ་དོད་པོ་ཐོན་ཡོད་པས་མང་ཚོགས་ཀྱི་དགའ་བསུ་ཆེན་པོ་ཐོབ་ཡོད་ཅེས་དགའ་ཚོར་ཆེན་པོས་བརྗོད།

ཉེ་ཆར་གསར་འགོད་པས་གྲྭ་བཞི་གྲོང་གསར་སྡེ་ཁུལ་ཨུ་ལྷན་གྱི་བསམ་འདུན་ཕྲན་བུ"མངོན་འགྱུར་བྱེད་པའི་བྱེད་སྒོ་སྤེལ་ཡུལ་ནས་སྡེ་ཁུལ་གྱི་མཉམ་གཏོད་ཚན་པ་དང་། སྤྱི་དབང་མིན་པའི་ཁེ་ལས། གཉིས་གསར་རྩ་འཛུགས། གཅིས་སེམས་གྲོང་མི་བཅས་ཚན་པ་15ཡིས་སྡེ་ཁུལ་གྱི་དཀའ་ངལ་ཡོད་པའི་མང་ཚོགས་ཚོར་འབྲུགས་སྣམ་དང་། གོས་

འཕྲུད་འཕྲུལ་ཆས། སློག་ཀླིག་སོགས་འཚོ་བའི་སྤྱོད་ཆས་དང་དངུལ་སྒྱུར་ཞལ་འདེབས་བརྒྱབ་ཡོད། བསམ་འདུན་ཕྲན་བུ་མངོན་འགྱུར་ཐུབ་པའི་དགའ་ངལ་ཡོད་པའི་དུད་ཚང་6དང་ཕྱུགས་མི་2ཀྱིས་དེང་རབས་རྒྱུད་སྐྱོབ་བང་མཛོད་ཀྱི་སྤྱི་ཕན་བྱེད་སྒོ་སྤེལ་བ་བརྒྱུད་སྡེ་ཁྲུལ་གྱི་ཁྱིམ་ཚང་ཆེ་མོའི་དྲོ་སྐྱིད་ཟབ་མོ་ཚོར་བྱུང་ཞེས་གཅིག་ཇེས་གཉིས་མཐུད་དང་བརྗོད། སྐྱད་ཕྱིན་གྱི་འཚོ་བ་དང་ལས་ཀའི་ཁྲིད་ཁོང་ཚོས་དགའ་གནད་ཆེ་བའི་རྣམ་པར་འགྱུར་ལྡོག་ཁུར་ཐག་བཏང་སྟེ་བྱ་སྤྱོད་དངོས་ལ་བརྟེན་ནས་སྤྱི་ཚོགས་ལ་དྲིན་ལན་འཇལ་རྒྱུ་དང་། རང་ཉིད་ལ་རོགས་རམ་བྱེད་མྱོང་བའི་ཚན་པ་དང་མི་སྣེར་ལ་དྲིན་ལན་འཇལ་རྒྱུ་ཡིན་ཞེས་གཅིག་ཇེས་གཉིས་མཐུད་དང་བརྗོད།

ཐོན་ལས་འཕེལ་རྒྱས་རྣམ་པ་བཟང་། མང་ཚོགས་ཕྱུག་འགྱུར་རེ་བས་ཁེངས།

——ལྷུན་གྲུབ་རྫོང་སྲུས་ཁང་གྲོང་ཚོས་གཟན་རྩྭ་བཏབས་ནས་མང་ཚོགས་དབུལ་སྒྲོལ་འབབ་འཕར་ལ་སྐུལ་ཁྲིད་བྱས་པའི་སྐོར་རགས་ཙམ་བཀོད་པ།

ལྷུན་གྲུབ་རྫོང་དཔལ་འབྱོར་གླིང་ཤང་སྲུས་ཁང་གྲོང་ཚོ་ས་མ་འབྲོག་གི་གྲོང་ཚོའི་ཁོངས་སུ་གཏོགས་པ་དང་། གྲོང་ཚོའི་མཉམ་སྡེབ་དཔལ་འབྱོར་འཕེལ་རྒྱས་ཤུགས་ཆེན་བཏང་ནས་མང་ཚོགས་མཉམ་དུ་ཕྱུག་འགྱུར་འབབ་འཕར་ཡོང་བར་སྐུལ་ཁྲིད་བྱ་ཆེད། འདི་ལོ་ཙམ། དཔལ་འབྱོར་གླིང་ཤང་གིས་ས་ཞིང་ཐོན་ཁུངས་ཀྱི་ལེགས་ཆར་གཞིགས་ནས་ཞིང་ལས་འཕེལ་རྒྱས་ཀྱི་ཐབས་ལམ་གསར་པ་འཚོལ་ཞིབ་རྒྱུན་ཆད་མེད་པར་བྱས་ཏེ་འདུ་ཤེས་སྒྱུར་བ་དང་བློ་ཁོག་ཆེན་པོས་འཚོལ་ཞིབ་བྱས་པས་སྲུས་ཁང་གྲོང་ཚོའི་གཟན་རྩྭ་འདེབས་ཁྱོན་མུའུ་2000ཟིན་ཡོད་པ་རེད།

སྲུས་ཁང་གྲོང་ཚོའི་རྭུའུ་ཅི་དང་པོ་ཁྲིན་མིང་ཀྲུང་གིས་ངོ་སྤྲོད་བྱས་དོན། འདི་ལོ་གཟན་རྩྭ་འདེབས་པའི་ལོ་དང་པོ་དེ་རེད། གཟན་རྩྭ་བཏབ་པ་བརྒྱུད་གྲོང་ཚོ་དེ་ཡོངས་ཀྱི་ངལ་རྩོལ་ནུས་ཤུགས་ལྷག་འཕྲོ་སྐོར་འཐེན་གང་ལེགས་ཐུབ་ནས་དུད་ཚང་དབུལ་པོ་ཕྱིར་ལས་ཀ་བྱེད་པར་སྐྱིད་པའི་གནད་དོན་ཐག་གཅོད་ཐུབ་སྟེ་སྲུས་ཁང་གྲོང་ཚོའི་མང་ཚོགས་ཀྱི་འབྲུ་རིགས་ཐོན་འབབ་མང་དུ་ཕྱིན་པ་དང་ཐད་ཀར་དཔལ་འབྱོར་གྱི་ཡོང་འབབ་བྱུང་ཡོད།

ངའི་ཁྱིམ་ལ་མི་6ཡོད། ཕྲུ་གུ་2སློབ་གྲྭར་འགྲོ་མུས་ཡིན་པས་ངལ་རྩོལ་ནུས་ཤུགས་

ང་རང་གཅིག་པུ་ལས་མེད། 2013ལོར་གནད་སྨིན་གསལ་འཇིད་བརྒྱུད་ཡིག་ཚགས་དང་གཱ་བཟོས་པའི་དུད་ཚང་དབུལ་པོའི་གྲས་སུ་བཙུག་བྱུང་བས་འཚོ་བར་འགན་ལེན་ཐུབ་བྱུང་། ཡིན་ནའང་ཕྱུག་པོ་ཆགས་པར་སྲིད་གཞུང་གི་ཁ་གསབ་ཁོ་ནར་བརྟེན་རྒྱུ་མེད་པར་རང་གི་ལས་ལ་བརྩོན་པའི་ལག་གཉིས་ལ་བརྟེན་དགོས། འདི་ལོ་གྲོང་ཚོས་གཟན་རྩྭ་བཏབ་པ་མཐོང་དུས་ང་རང་དེར་ཧུར་ཐག་ཞུགས་པ་ཡིན། གཟན་རྩྭ་སྐྱེ་ཚུལ་ཡག་པོ་འདུག་པས། འདི་ལོ་སླར་ཡང་ཡོང་འབབ་མི་ཉུང་བ་ཡོང་སྲིད་ཅེས་སྐྲས་ཁང་གྲོང་ཚོའི་ཡུལ་མི་རྒྱ་མཚོས་གསར་འགོད་པར་བཤད་བྱུང་།

ཐོན་ལས་འཕེལ་རྒྱས་ཀྱི་གནས་ཚུལ་ཡག་པོ་ཡོད་ན། གཞི་ནས་མང་ཚོགས་ཕྱུག་པོ་ཆགས་པའི་རེ་བ་ཡོད། གཟན་རྩྭ་འདེབས་པའི་རྣམ་གྲངས་དོན་འཁྱོལ་བྱེད་པའི་ཐད་མང་ཚོགས་རང་མོས་ཀྱི་རྨང་གཞིའི་ཐོག་གྲོང་ཚོའི་ཞིང་དུད་ཁ་ཐོར་རྣམས་ཟླ་སྒྲིལ་བཏང་ནས་གཅིག་སྡུད་བཀོད་སྒྲིག་བྱས་པས། གྲོང་ཚོའི་ཞིང་ལས་འདེབས་འཛུགས་གཞི་ཁྱོན་ཅན་དང་གཅིག་སྡུད་ཅན་ཆགས་ཡོད། ཚོད་རྩིས་ལ་གཞིགས་ན། ལོ་རེར་ཐོན་ཚད་སྤྱི་རྒྱ་ཁྲི་60ཟིན་པ་དང་། ཐོན་རྫས་རིན་ཐང་སྒོར་ཁྲི་140ཟིན་རེ་འདུག ལོ་མཇུག་ཏུ་ཕན་འབྲས་དངོས་གཞིར་བཟུང་བསྡུར་གྲངས་བཞིན་ཡིག་ཚགས་དང་གཱ་བཟོས་པའི་དུད་ཚང་དབུལ་པོར་ཁེ་སྤོགས་བགོ་ཡི་ཡིན་ཞེས་ཁྲིན་མིང་ཀྲུང་གིས་གསར་འགོད་པར་བཤད་པ་དང་། ཁོང་གིས་ཞིང་ལས་ཐོན་སྐྱེད་ཀྱི་ཚན་རིག་དང་མཐུན་པའི་འདེབས་འཛུགས་དོ་དམ་གྱི་ཆུ་ཚད་མཐོ་རུ་རྒྱུན་ཆད་མེད་པར་བཏང་ནས་གཟན་རྩྭའི་ཐོན་འབབ་དང་ སྤུས་ཚད་མཐོ་པོ་ཡོང་ཆེད། ད་དུང་སྐྲས་ཁང་གྲོང་ཚོས་གྲོང་སྡོད་ལས་དོན་རུ་ཁག་དང་མཉམ་དུ་འདེབས་འཛུགས་ཀྱི་དོན་དངོས་དང་ཟུང་འབྲེལ་གྱིས་མང་ཚོགས་སྒྲིག་འཛུགས་བྱས་ནས་འདེབས་འཛུགས་ལག་རྩལ་གསོ་སྦྱོང་བྱས་པ་དང་ཆབས་ཅིག་རིགས་གཅིག་མཁས་ཅན་གདན་དྲངས་ནས་ས་གནས་དངོས་སུ་ལག་རྩལ་མཚུབ་ཁྲིད་བྱས་ཡོད་ཅེས་བཤད།

གོམ་སྟབས་རྗེས་མར། སྲས་ཁང་གྲོང་ཚོས་འདི་ལོ་གཟན་རྩ་བཏབ་པའི་རྨང་གཞིའི་ཐོག་འདེབས་ཕྱིན་མུ་མཐུད་ཆེ་རུ་གཏོང་བ་དང་ལག་རྩལ་གསོ་སྐྱོང་ལ་ཤུགས་སྟོན་བརྒྱབ་ནས་ཤང་ཡོངས་ཀྱི་དཔལ་འབྱོར་འཕེལ་རྒྱས་དང་རྫོང་དེ་ཡོངས་ཀྱི་དཔལ་འབྱོར་འཕེལ་རྒྱས་ཆེད་སྐུལ་ཤུགས་གསར་པ་སྟོན་རྒྱུ་ཡིན་པ་རེད།

སྙེ་མོའི་སྤུས་རྟགས་གསུམ་གྱི་ཡ་རྒྱལ་ཕུ་གསུམ་ཤིང་བཀོས་ལག་རྩལ།

——མཚོན་མིན་རིག་གནས་ཤུལ་བཞག་དང་དབུལ་སྐྱོར་ཟུང་འབྲེལ་གྱིས་བཀྲག་མདངས་གསར་པ་མཚོན་པ།

སྙེ་མོའི་སྤུས་རྟགས་གསུམ་རྒྱལ་ཡོངས་སུ་འཆང་སྐད་གྲགས་ཆོད་ཡོད། དེའི་གྲས་ཀྱི་ཕུ་གསུམ་ཤིང་བཀོས་རྒྱུན་འཛིན་དང་གོང་འཕེལ་ཡག་པོ་བྱུང་ཞིང་། ཉེ་བའི་ལོ་ཤས་རིང་། སྙེ་མོ་རྫོང་ཕུ་གསུམ་ཤང་གིས་གྲོང་གསེབ་དར་རྒྱས་ཀྱི་འཐབ་ཇུས་ལག་ལེན་བསྟར་རིང་། མཚོན་མིན་རིག་གནས་ཤུལ་བཞག་དང་དབུལ་སྐྱོར་ཟུང་འབྲེལ་གྱི་ཐབས་ལ་བརྟེན་ནས་ས་གནས་དེ་གའི་མང་ཚོགས་ཀྱི་ཕྱུག་འགྱུར་ཐབས་ལམ་ཡངས་སུ་བཏང་བ་རེད།

ཕུ་གསུམ་ཤང་ལ་ཤིང་བཀོས་ཀྱི་ཕ་ཡུལ་ཞེས་གྲགས་ཤིང་། ཤང་ཡོངས་ཀྱི་དུད་ཚང་ཁྱིད་ཙམ་གྱིས་ཤིང་བཀོས་དང་པར་ཤིང་རྐོ་ཡི་ཡོད། ཕུ་གསུམ་ཤིང་བཀོས་ལ་ལོ་རྒྱུས་ཡུན་རིང་ལྡན་པ་དང་། དེ་ནི་ཕུ་གསུམ་ཤང་མང་ཚོགས་ཚོས་མི་རབས་ནས་མི་རབས་བར་རྒྱུན་འཛིན་བྱས་པའི་གནའ་བོའི་ལག་རྩལ་ཞིག་ཡིན། པར་ཤིང་རྐོ་མཁན་གྱིས་ལོ་མང་བསགས་པའི་ཉམས་མྱོང་ལ་གཞིགས་ནས་ཤིང་རྐོའི་ལག་རྩལ་ཕུན་སུམ་ཚོགས་སུ་འཕེལ་རྒྱས་གཏོང་བཞིན་ཡོད། 2009ལོར་ཕུ་གསུམ་ཤིང་བཀོས་བཟོ་རྩལ་རང་སྐྱོང་ལྗོངས་རིམ་པའི་མཚོན་མིན་རིག་གནས་ཤུལ་བཞག་སྲུང་སྐྱོང་གི་མིང་གཞུང་ནང་བཅུག་པ་རེད།

ཕུ་གསུམ་ཤིང་རྐོའི་ལག་རྩལ་ཞིབ་ཚགས་ལ་རྩེར་སོན་ཞིང་། ལས་རིམ་ཡང་ཏ་ཙང་རྙོག་འཛིང་ཆེན་པོ་ཡོད། ཤིང་རྒྱུ་འདེམས་པ་དང་། བཟོ་ལྟ་འདོན་པ། རྐོ་བ་བཅས་བརྒྱུད་

ནས་ཐོན་རྫས་སྤུས་ལེགས་ཤིག་གྲུབ་པའི་བར་ལས་རིམ་30ལྷག་ཙམ་ཡོད་པ་དང་། ཚང་མ་ལག་བཟོར་བརྟེན་དགོས། དེ་ནི་ད་ཆའི་ཤིང་རྐོའི་འཕྲུལ་ཆས་ཀྱིས་ཚབ་བྱེད་ཐབས་བྲལ་བའི་གནའ་བོའི་ལག་རྩལ་ཞིག་ཏུ་གྱུར་ཡོད།

འདི་ལོ་ལོ་52ལ་སླེབས་པའི་སྲི་ཆོས་ཀྱིས་ལོ་14ནས་ཤིང་བརྐོས་ལག་རྩལ་སྦྱངས་པ་དང་། ད་བར་ལོ་སུམ་ཅུ་ལྷག་ཙམ་འགྲོ་ཡི་ཡོད། ཁོང་དང་གཅུང་པོ་བསྟན་འཛིན་རྣམ་རྒྱལ་ནི་ཁྱིམ་རྒྱུད་ཀྱི་ཤིང་བརྐོས་ལག་རྩལ་རྒྱུན་འཛིན་པ་མི་རབས་བདུན་པ་ཡིན་ཞིང་། ཁོང་ཚོའི་ཁྱིམ་གྱི་ཤིང་རྐོའི་ལག་རྩལ་ཤང་ཡོངས་སུ་ཡག་ཤོས་གྲགས་ཡིན་པ་དང་། ཁོང་གིས་སྟ་རྗེས་སུ་དགེ་ཕྲུག་བཅུ་ཙམ་གསོ་སྐྱོང་བྱས་ཡོད། ཐུ་གསུམ་ཤང་ཤིང་བརྐོས་ཀྱི་རང་སྐྱོང་ལྗོངས་རིམ་པའི་མངོན་མིན་རིག་གནས་ཤུལ་བཞག་གི་མཚོན་བྱེད་རང་བཞིན་གྱི་རྒྱུན་འཛིན་པ་དང་རང་སྐྱོང་ལྗོངས་རིམ་པའི་ངལ་རྩོལ་དཔེ་བཟང་བ་ཡིན་པའི་ཆ་ནས། གཟི་བརྗིད་མཚན་སྙན་སྣ་ཚོགས་དང་ཡུལ་ཁམས་མང་པོ་འགྲིམས་སྐྱོང་བའི་སྲི་ཆོས་ལ་ཐུ་གསུམ་ཤང་གི་གནའ་བོའི་ཤིང་རྐོའི་ལག་རྩལ་དར་རྒྱས་གོང་འཕེལ་གཏོང་བའི་འགན་འཁྲི་ཆེན་པོ་ཡོད། དེར་བརྟེན། 2016ལོར་སྲི་ཆོས་ཀྱིས་སྐེ་མོ་རྫོང་རྩ་ཆེའི་མི་རིགས་ཀྱི་ཤིང་རྐོའི་ལག་ཤེས་བཟོ་རྩལ་ཞིང་འབྲོག་པའི་ཆེད་ལས་མཉམ་ལས་ཁང་བཙུགས་པ་དང་། རྫོང་ཡོངས་ཀྱི་མི་16མཉམ་ལས་ཁང་དུ་ལས་ཀར་བཙུག་པ་དང་། དགེ་ཕྲུག་ཁག་གཅིག་གི་ལོའི་ཡོང་འབབ་སྒོར་ཁྲི་15ཙམ་ཟིན་གྱི་ཡོད།

ཐུ་གསུམ་ཤང་དུ་ཤིང་རྐོའི་ལག་ཤེས་བཟོ་རྩལ་གྱི་མཉམ་ལས་ཁང་ཆེ་ཆུང་མི་འདྲ་བ་20ཙམ་ཡོད་པ་དང་། སྲིད་གཞུང་གིས་ཞིང་འབྲོག་པའི་མཉམ་ལས་ཁང་ཁག་གཅིག་བསྡུ་སྒྲིལ་བྱེད་རྒྱུར་སྣེ་ཁྲིད་དེ་ཤིང་རྐོའི་ཐོན་ལས་གཞི་ཁྱོན་ལྡན་པའི་སྒོ་ནས་འཕེལ་རྒྱས་བཏང་བ་རེད།

2018ལོའི་ཟླ་དྲུག་པར་ཚུ་ཤུར་གྲོང་ཚོའི་མཉམ་སྡེབ་ཀྱི་ཞིང་འབྲོག་པའི་མཉམ་ལས་

ཁང་སྟེ། འགྲོར་འབྲིང་མཉམ་ལས་ཁང་བཙུགས་ཡོད། ཧང་འཛུགས་སྐྱོང་གིས་སྔེ་ཁྲིད་དང་། རྩལ་ནུས་སྐྱུལ་ཁྲིད། འཇོན་ཐང་ཅན་གྱིས་གཉེར་སྐྱོང་། དུད་ཚང་དབུལ་པོས་གཙོ་བོ་བྱེད་པ་བཅས་ཀྱི་འཁོར་རྒྱུག་ལམ་སྲོལ་བཙུགས་པས། གནའ་བོའི་ལག་རྩལ་རྒྱུན་འཛིན་ཐུབ་པ་དང་། ཕུ་གསུམ་ཤིང་རྐོའི་ཐོན་ལས་བརྒྱུད་དུད་ཚང་དབུལ་པོ་དེ་བས་མང་བ་འབབ་འཕར་ཕྱུག་འགྱུར་ཡོང་རྒྱུར་སྐུལ་ཁྲིད་ཐུབ་ཡོད།

བསྡོམས་རྩིས་བྱས་པར་གཞིགས་ན། 2016ལོར་ཤང་ཡོངས་ཀྱི་ཤིང་རྐོའི་ཐོན་ལས་ཀྱི་ཐོན་སྐྱེད་རིན་ཐང་གིས་ཤང་ཡོངས་ཀྱི་དཔལ་འབྱོར་ཡོང་འབབ་ལ་ཞིགས་སྐྱེས་འབུལ་ཚད་བརྒྱ་ཆ12.6ཟིན་པ་དང་། 2018ལོའི་ཐོན་སྐྱེད་རིན་ཐང་སྒོར་ཁྲི518ཟིན་པས་ཤང་ཡོངས་ཀྱི་དཔལ་འབྱོར་ཡོང་འབབ་ལ་ཞིགས་སྐྱེས་འབུལ་ཚད་བརྒྱ་ཆ21.8ཟིན་ཡོད། ང་ཚོས་རྒྱུན་འཛིན་དང་སྲུང་སྐྱོང་ཡག་པོ་བྱེད་པ་དང་ཆབས་ཅིག ཁྱད་ལྡན་ཐོན་ལས་འདི་འཕེལ་རྒྱས་ཤུགས་ཆེན་བཏང་ནས་གྲོང་མིར་འབབ་འཕར་ཕྱུག་འགྱུར་ཡོང་ཆེད་ལམ་བུ་ཇེ་ཡངས་སུ་གཏོང་རྒྱུའི་ཡིད་ཆེས་ཡོད་ཅེས་ཕུ་གསུམ་ཤང་ཏང་ཨུད་ཀྱི་ཧྲུའུ་ཅི་བསྟན་འཛིན་གྱིས་ངོ་སྤྲོད་བྱས་པ་རེད།

ཞིང་ལས་དང་ཡུལ་སྐོར་ཟུང་འབྲེལ་གྱིས་དབུལ་སྒྲོལ་འགག་སྒྲོལ་ལ་རམ་འདེགས་བྱེད།

——སྐེ་མོ་རྫོང་གིས་གྲོང་གསེབ་དར་རྒྱས་གཏོང་བའི་སྐོར་བཀོད་པ།

དབུལ་སྒྲོལ་འགག་སྒྲོལ་གྱི་ཚད་བཀལ་གསར་པ་འཚོལ་ཆེད། སྐེ་མོ་རྫོང་གིས་ས་ཁོངས་ཀྱི་ཡུལ་སྐོར་འཕེལ་རྒྱས་གནས་ཚུལ་ལ་དམིགས་ནས། གྲགས་ཅན་གྱི་རིག་གནས་ཡུལ་སྐོར་ཁེ་ལས་དང་མཉམ་ལས་གཏིང་ཟབ་བྱས་ཏེ་པེ་ཅིང་གི་བོད་སྐྱོར་གྱི་ཤུགས་ཆེའི་རོགས་རམ་འོག སྐེ་མོ་རྫོང་གིས་གནད་སྨིན་དབུལ་སྒྲོལ་གྱི་འགྱུར་འཕྲིན་དཔེ་སྟོན་གྲོང་གསེབ་འཛུགས་སྐྲུན་གྱི་རྣམ་གྲངས་2018ལོའི་ཟླ་བཞི་པར་སྒྲིལ་འགོ་ཚུགས་ཤིང་། ད་ཆ་སྐེ་མོ་རྫོང་གིས་ཐོན་ལས་དར་བ་དང་། སྡོད་བཅུད་སྡོད་མལ། གྲོང་སྒྲོལ་ཤེས་དཔལ། བཅོས་སྐྱོང་ནུས་ལྡན། འཚོ་བ་འགྱུར་ཕྱུག་བཅས་ཀྱི་སྤྱིའི་བླང་བྱ་གཞིར་བཟུང་། གྲོང་གསེབ་དར་རྒྱས་ཀྱི་ཡངས་པའི་ལམ་ཆེན་དུ་སྐྱོད་བཞིན་ཡོད།

སྐེ་མོ་རྫོང་དུ་དབུལ་སྒྲོལ་རྣམ་གྲངས་ལག་བསྟར་བྱས་ཚུན། མི་30ལས་ཞུགས་ཐུབ་རྒྱུར་སྐྱེ་ཁྲིད་དང་། ས་གནས་ཀྱི་མང་ཚོགས་44ལ་གསོ་སྐྱོང་བྱས་པ། དུད་ཚང་11གི་མི་51བདེ་བླག་ངང་དབུལ་སྒྲོལ་བཅས་བྱུང་ཡོད། སྐེ་མོ་རྫོང་མཁར་དུ་གྲོང་ཚོ་དང་མཐའ་འཁོར་གྱི་གྲོང་ཚོར་རྒྱུན་མཐུད་འཕེལ་རྒྱས་ཀྱི་གོ་སྐབས་གསར་པ་ཐོབ་ཆེད་དང་གྲོང་མིར་གཉེར་སྐྱོང་རང་བཞིན་གྱི་ཡོང་འབབ་ཡོང་ཆེད། གནད་སྨིན་དབུལ་སྐྱོར་དང་ཡུན་རིང་སྲུ་བརྟན་ཡོང་བ་བྱས་ནས་ཐོན་ལས་དར་རྒྱས་ལ་རྨང་གཞི་བརྟན་པོ་བཏིང་ཡོད།

རང་ངོས་ཀྱི་དོན་དངོས་དང་ཟུང་འབྲེལ་བྱས་ཤིང་། སྐེ་མོ་རྫོང་མཁར་དུ་ཤར་དུ

ཁམ་སྟོད་འདེབས་འཛུགས་དང་གཞི་ཁྱོན་འོས་འཚམ་གྱི་བོད་བྱ་གསོ་ཚགས་ལག་རྩལ་ནང་འདྲེན་བྱས་ཁར་ས་ཁོངས་ཡུལ་སྐོར་གྱི་འཐབ་རྩུས་དང་ཟུང་འབྲེལ་བྱས་ཏེ་ནགས་ཤིང་ལས་རིགས་འཕེལ་རྒྱས་བཏང་བ་དང་། གཞི་ཁྱོན་ཆེན་པོས་ཁམ་བུ་འདེབས་འཛུགས་རྟེན་གཞི་བསྐྲུན་ནས་ཡུལ་སྐོར་དང་ཞིང་ལས་ཟུང་འབྲེལ་གྱི་ཁྱད་ལྡན་འཕེལ་རྒྱས་ཀྱི་གཏོང་ཐབས་བཏོད་དེ། ཡུལ་སྐོར་བར་གྲོང་ཁྱེར་དང་མི་འདྲ་བའི་ཞིང་སྡེའི་འཚོ་བའི་ཡུལ་སྐོར་རྣམ་གྲངས་མགོ་འདོན་བྱས་པ་དང་ཆབས་ཅིག མང་ཚོགས་དབུལ་པོར་ལས་ཀའི་གོ་སྐབས་གསར་པ་བཏོད་ཡོད།

དོན་དངོས་ཐོག་ང་ནི་ཞིང་པ་ཞིག་ཡིན་ཞེས་པ་དེ་སླེ་མོ་ཛོང་མཁར་རྡུ་ཤང་གི་རྩ་འཛུགས་ཨུ་ཡོན་ཡང་ཙུང་ཧྲ་ཡི་ཀྲུ་རེའི་གཏམ་ཞིག་མིན། ཡང་ཙུང་ཧྲ་འདི་ལོ་ལོ་33ཡིན་པ་དང་འདེབས་འཛུགས་རྟེན་གཞི་བཙུགས་ཚུན། ཁོང་གིས་ཉིན་ལྟར་མང་ཚོགས་ཀྱི་སྣེ་ཁྲིད་དེ་རྟེན་གཞིར་ལས་ཀ་བྱེད་ཀྱི་ཡོད། ཉིན་ལྟར་ཆུ་ཚོད་བདུན་པ་ནས་ལངས་ཏེ་དགོང་མོའི་ཆུ་ཚད་བརྒྱད་དང་ཕྱེད་ཀ་བར་ལས་ཀ་བྱེད་པ་དང་གཟའ་མཇུག་ཏུའང་སྐྱིར་ན་རྟེན་གཞིར་ལས་ཀ་བྱེད་ཀྱི་ཡོད། འདི་ནི་རྒྱུན་གཏན་ཞིག་ཏུ་འགྱུར་ཡོད་གསར་འགོད་པས་ཁོང་ལ་གནོང་འགྱོད་མི་འདུག་གམ་ཞེས་འདྲི་སྐབས། ཁོང་གིས་འཚར་བཞིན་པའི་ཁམ་སྟོང་མཐོང་སྐབས་གྲུབ་འབྲས་ཐོབ་པའི་ཚོར་སྣང་ཡོང་བ་དང་། ཡུལ་སྐོར་བས་རང་ཉིད་ཀྱིས་བཏབ་པའི་ཁམ་བུ་ཡག་པོ་འདུག་ཅེས་བརྗོད་སྐབས་དེ་བས་གནོང་འགྱོད་མི་འདུག་ཅེས་བརྗོད། ཁོང་གིས་སླད་ཕྱིན་མཁར་རྡུ་གྲོང་ཚོར་རང་ཉིད་ཀྱི་ལང་ཚོ་སྐྱེས་སུ་འབུལ་རྒྱུ་ཡིན་ལ། ཏང་དང་མི་དམངས་ཀྱི་ཆེད་དུ་དབུལ་སྒྲོལ་འགག་སྒྲོལ་ལ་རྨང་གཞི་བརྟན་པོ་འདིང་རྒྱུ་དང་གྲོང་མི་རྣམས་ཀྱི་འཚོ་བའི་སྤུས་ཚད་མཐོ་རུ་གཏོང་རྒྱུར་ནུས་ཤུགས་གང་ཡོད་འདོན་རྒྱུ་ཡིན་ཞེས་བཤད་བྱུང་།

མཁར་རྡུ་གྲོང་ཚོས་རང་ངོས་ཀྱི་རིག་གནས་ལེགས་ཆ་དང་ཁྱད་ཆོས་ཟུང་འབྲེལ་

བྱས་ཏེ་ཁམ་བུའི་ཕ་ཡུལ་གྱི་རྣམ་གྲངས་བཏོན་པ་དང་། རྣམ་གྲངས་དེར་ཀུང་སི་དང་། མཉམ་ལས་ཁང་། ཞིང་རྡུད་བཅས་ཟུང་འབྲེལ་གྱི་བྱེད་ཐབས་དང་སྲིད་གཞུང་གིས་གཙོ་ཁྲིད་དང་། ཁེ་ལས་ཀྱིས་གཉེར་སྐྱོང་། མཉམ་ལས་ཁང་མ་རྐང་ནང་ཞུགས་པ། ཞིང་འབྲོག་མང་ཚོགས་ཀྱི་འབབ་འཕར་བཅས་ཕྱོགས་གསུམ་གཞི་གཅིག་གི་ཐོན་ལས་དཔལ་སྐྱོར་བྱེད་ཐབས་གྲུབ་ཅིང་། དེའི་དམིགས་ཡུལ་ནི་ཞིང་ནང་གི་རང་བྱུང་མཛེས་ལྗོངས་དང་། མི་ཆོས་རིག་གནས་ཀྱི་ཁྱད་ལྡན་ཡུལ་སྐོར། བོད་ཁྱིམ་སྒྲོ་སྐྱིད་ཁང་བཅས་གཞི་གཅིག་གི་ཕྱོགས་བསྡུས་རིག་གནས་ཡུལ་སྐོར་དཔེ་སྟོན་ཁུལ་བསྐྲུན་རྒྱུ་དེ་རེད། ད་ཆ་མཁར་རྟ་གྲོང་ཚོའི་ཡུལ་སྐོར་ལས་རིགས་ཐད་རིག་གནས་ཡུལ་སྐོར་ལས་རིགས་འཕེལ་རྒྱས་དང་། སྣོད་བཅུད་ཤེས་དཔལ་འཛུགས་སྐྱོང་དང་ས་ཁོངས་གྲུབ་ཆའི་རིམ་སྤོར་ལ་སྐུལ་འདེད་ལ་གཏོང་རྒྱུ་སྤྱིའི་དམིགས་ཚད་དུ་བྱས་ནས་རྒྱལ་ལམ་318ཀྱི་བཀྲག་མདངས་འཚེར་བའི་རིག་གནས་ཡུལ་སྐོར་གྱི་མུ་ཏིག་ཞིག་ལ་གྱུར་ཡོད།

དབུལ་སྒྲོལ་ལྷུག་འགྱུར་གྱི་སྒྲོག་ཤིང་།

——སྨན་གླིང་རྫོང་ཐང་འབུམ་པ་གྲོང་ཚོའི་བླ་ཤོད་ཁྲིམ་ཆས་བཟོ་སྐྲུན་ཞིང་པའི་ཆེད་ལས་མཉམ་ལས་ཁང་གི་སྐོར་བཀོད་པ།

ཐང་འབུམ་པ་གྲོང་ཚོར་ས་ཞིང་རྒྱ་ཆེན་པོ་མེད་པ་དང་དཔལ་འབྱོར་འཕེལ་རྒྱས་རྙེས་ལུས་ཡིན་པའི་དབང་གིས་དེ་སྔ་སྨན་གླིང་རྫོང་ཨོ་རོང་གྲོང་རྡལ་གྱི་དབུལ་པོའི་གྲོང་ཚོ་གཙོ་བོ་ཞིག་རེད།

ཉེ་བའི་ལོ་ཤས་རིང་། ཨོ་རོང་གྲོང་རྡལ་ཏང་ཨུད་དང་སྲིད་གཞུང་གི་འབད་བརྩོན་འོག་དེ་སྔའི་གྲོང་ཚོ་དབུལ་པོ་དེ་ཉེ་རིང་གང་སར་སྐད་གྲགས་ཡོད་པའི་དབུལ་སྒྲོལ་ལྷུག་འགྱུར་གྱི་དཔེ་སྟོན་གྲོང་ཚོ་ཞིག་ཏུ་གྱུར་བ་དང་། དེ་སྔའི་ཉམས་རྒུད་ཁྲིམ་ཚང་དཔའ་ཆ་དབུལ་སྒྲོལ་ལྷུག་འགྱུར་གྱི་སྒྲོག་ཤིང་དུ་གྱུར་ཡོད།

དེ་སྔ་ང་ཚོའི་ཁྲིམ་ལ་ལོ་འཁོར་མོར་ཡང་ཡོང་འབབ་སྒོར་2000ཟིན་གྱི་མེད་པ་དང་ནང་མི་རྣམས་ཁང་པ་གོག་རུལ་ཞིག་ཏུ་སྡོད་ཀྱི་ཡོད། ནམ་ཞིག་ང་ཚོ་དབུལ་སྒྲོལ་ལྷུག་འགྱུར་ཡོང་སྙམ་པ་བསམ་པའི་ཡུལ་ལའང་མ་བྱུང་ཞེས་སྒྲོལ་མས་དེ་ལྟར་བརྗོད་པ་དང་། ཁོང་ནི་དེ་སྔ་གྲོང་ཚོའི་ནང་སྐད་གྲགས་ཡོད་པའི་དུད་ཚང་དབུལ་པོ་ཞིག་ཡིན་པ་དང་། ད་ཆ་བླ་ཤོད་ཁྲིམ་ཆས་བཟོ་སྐྲུན་ཞིང་པའི་ཆེད་ལས་མཉམ་ལས་ཁང་གི་ཁྲིམས་མིའི་འཐུས་ཚབ་ཡིན་པ་རེད།

2016ལོའི་ལོ་འགོར། ཨོ་རོང་གྲོང་རྡལ་ཏང་ཨུད་དང་སྲིད་གཞུང་གི་སྣེ་ཁྲིད་དང་དེ་བཞིན་གྲོང་ཚོའི་ཏང་གི་ སྤུའུ་ཡི་ཐུན་མོང་རོགས་སྐྱོར་འོག་སྒྲོལ་མས་མ་དངུལ་བསྡུ་

སྤྲེལ་བྱས་ནས་ཟླ་ཤོད་ཁྲིམ་ཆས་བཟོ་སྐྲུན་ཞིང་པའི་ཆེད་ལས་མཉམ་ལས་ཁང་བཙུགས་པ་དང་གཙོ་བོ་བོད་བཟོའི་ཁྲིམ་ཆས་བཟོ་ཚོང་དང་། ཁང་པར་མཛེས་རྒྱན་སྤྲོས་པ། བོད་བཟོའི་སྤྲོལ་རྒྱུན་ཚོན་གཏོང་བ་སོགས་བྱེད་ཀྱི་ཡོད།

ལས་དང་པོ་སྐྲུབ་དུས་དཀའ་ཚེགས་ཆེ་ཞིས་པ་ལྟར། ཐོག་མར་མཉམ་ལས་ཁང་འཛུགས་སྐབས་གཞི་ཁྲོན་ཆུང་བ་དང་། ཁྲིན་ཚོང་ཐབས་ལམ་སྣེ་གཅིག་ཡིན་པ། མ་དངུལ་ཁ་ཐང་བ། ལག་རྩལ་མི་འདང་བ་སོགས་ཀྱིས་ཡོང་འབབ་ཡག་པོ་མེད། ཕྱིས་སུ་གྲོང་རྫལ་ཏང་ཨུད་དང་སྲིད་གཞུང་གིས་ང་ཚོར་དཀའ་ངལ་འཕྲད་པ་ཤེས་རྟེས། གོང་རིམ་སྡེ་ཚན་ལ་འཕེལ་རྒྱས་མ་དངུལ་སྒོར་ཁྲི་30འདྲེན་ཞུ་ཕུལ་ནས་ང་ཚོར་ཐོན་སྐྱེད་སྒྲིག་ཆས་བསྐྱར་དུ་ཉོས་པ་དང་བཟོ་ཁང་རྒྱ་ཆེར་གཏོང་རོགས་བྱས་བྱུང་ཞེས་སྤྲོལ་མས་དེ་ལྟར་བརྗོད་པ་དང་ཁོང་གིས་གྲོང་རྫལ་གྱི་འགོ་ཁྲིད་ཚན་ཁག་གིས་འབྲེལ་ཡོད་སྡེ་ཚན་དང་མཐུན་སྦྱོར་ཐུར་ཐག་བྱས་ཏེ་ལས་བཟོར་རྩལ་ནུས་གསོ་སྦྱོང་བྱས་ནས་བཟོ་སྐྲུན་གྱི་ཐོན་སྐྱེད་ཚུ་ཚད་མཐོ་རུ་བཏང་ཡོད། གསར་འགྱུར་གྱི་དྲ་ཚིགས་དང་སྐད་འཕྲིན་སོགས་བརྒྱུད་ནས་དྲིལ་བསྒྲགས་བྱེད་ཤུགས་ཆེ་རུ་བཏང་སྟེ་ཐོན་རྫས་ཀྱི་སྐད་གྲགས་ཆོད་ཤུགས་ཆེ་རུ་བཏང་བ་མ་ཟད། ཁྲིན་ཚོང་ལས་སྟེགས་ཧུར་ཐག་བསྐྲུན་པ་དང་མཉམ་ལས་ཁང་གི་འགན་འཁུར་བ་འགྲེམས་ཚོང་འདུ་ཚོགས་དང་ཚོང་འདུས་སོགས་ཐོན་རྫས་ཁྱབ་གདལ་བྱེད་སྒོར་ཞུགས་སུ་བཙུག་ཡོད་ཅེས་བརྗོད།

ཁྲིམ་ཚང་གཅིག་ཕྱུག་པོ་ཆགས་ན་དངོས་འབྲེལ་ཕྱུག་པོ་ཆགས་པ་མིན། སྤྱི་ཚོགས་ལ་དྲིན་གསོས་ནས་མང་ཚོགས་དབུལ་པོ་དེ་བས་མང་བ་དབུལ་སྤྲོལ་ཕྱུག་འགྱུར་ཡོང་ཆེད། མཉམ་ལས་ཁང་གིས་མཉམ་ལས་ཁང་དང་དུད་ཚང་དབུལ་པོ་ཟུང་དུ་སྦྲེལ་བའི་འཕེལ་རྒྱས་གཏོང་སྟངས་སྤྱད་དེ་ལས་ཞུགས་ལས་གནས་མཁོ་འདོན་དང་ཆ་སྒྲིག་རོགས་སྐྱོར་སོགས་བྱེད་པའི་བྱ་ཐབས་བརྒྱུད་དུད་ཚང་8ཀྱི་མང་ཚོགས་དབུལ་པོ་11དབུལ་སྤྲོལ་

བརྟན་པོ་ཡོང་རྒྱུར་སྐུལ་ཁྲིད་བྱས་པ་རེད།

ད་ཆ་མཉམ་ལས་ཁང་གི་ཐོན་སྐྱེད་དང་ཕྱིར་ཚོང་སོགས་ཀྱི་ལྷུ་ཚིགས་ཁག་རྒྱུན་གཏན་གྱི་བགྲོད་ལམ་ཐོག་རིམ་བཞིན་བསྐྱོད་ནས་ན་ཉིང་ཁེ་གཙང་ཡོང་འབབ་སྒོར་ཁྲི་35ཟིན་ཡོད། སྒྲོལ་མས་ལས་ཀ་ཁུར་བ་དང་། འགན་འཁྲི་ཁུར་སེམས་ཆེ་བ། ཡར་བརྩོན་གྱི་སེམས་པ་ལྡན་པའི་ལས་བཟོར་མཉམ་ལས་ཁང་གིས་ད་དུང་བྱ་དགའི་དངུལ་སྤྲད་དེ་ཚང་མའི་ལས་ཀའི་ཁུར་སེམས་ལ་སྐུལ་ལྕག་བྱེད་ཀྱི་ཡོད། མིག་སྔར། རིན་ཐང་སྒོར་ཁྲི་3ལྷག་ཙམ་རི་བའི་བྱ་དགའ་དང་བོད་བཟོའི་ཁྲིམ་ཆས་སྤྲད་ཡོད་ཅེས་བརྗོད།

སྔོན་ཆད་ཀྱི་ཆུ་པོ། དེང་གི་ཕྱུག་འགྱུར་འབྱུང་ཁུངས།

——ལོ་ངོ་70རིང་རང་སྐྱོང་ལྗོངས་ཀྱི་ཆུ་བེད་བྱ་གཞག་འཕེལ་རྒྱས་ཀྱི་ཟིན་བྲིས་རགས་ཙམ།

མ་ནག་ཆུ་བེད་ཀྱི་ལྟེ་བའི་ལས་གྲྭ་ཆུ་བེད་བྱ་གཞག་ལ་འཕེལ་རྒྱས་ཆེན་པོ་བྱུང་བ།

ཆུ་ནི་ཚེ་སྲོག་གི་འབྱུང་ཁུངས་དང་། ཐོན་སྐྱེད་ཀྱི་འགག་རྩ། འཕེལ་རྒྱས་ཀྱི་རྨང་གཞི་རེད། ཀྲུང་གོ་གསར་པ་དབུ་བརྙེས་ནས་ལོ་ངོ་70འཁོར་རིང་ནི་རང་སྐྱོང་ལྗོངས་ཀྱི་ཆུ་བེད་བྱ་གཞག་འཕེལ་རྒྱས་མེད་པ་ནས་ཡོད་པའི་བར་དང་སྟོབས་ཞན་ནས་སྟོབས་ཆེར་འགྲོ་བའི་བརྒྱུད་རིམ་ཞིག་རེད།

བོད་ཀྱི་ཆུ་རགས་དང་པོ་ཞེས་འབོད་པའི་མ་ནག་ཆུ་བེད་ལྟེ་བའི་ལས་གྲྭ་བསྐྲུན་རྗེས། མྱང་ཆུ་གཙང་པོའི་ཞིང་ཆུ་འདྲེན་པའི་ནུས་པ་ཆེ་རུ་ཕྱིན་པ་མ་ཟད། བོད་དབུས་ཀྱི་གློག་དྲའི་གློག་ཤུགས་དཀོན་པའི་གནས་ཚུལ་ཡང་ཞི་སྙོམ་དུ་ཕྱིན་ནས་མྱང་ཆུ་གཙང་པོའི་སྨད་རྒྱུད་ཀྱི་རྫོང་གསུམ་དང་གྲོང་ཁྱེར་གཅིག་གི་འབྲུབ་འགོག་ཚད་གཞི་མཐོ་རུ་ཕྱིན་པ་རེད།

བཅིངས་འགྲོལ་བཏང་བའི་ཐོག་མར་བོད་ལ་ཞིང་ཆུ་འདྲེན་པའི་རང་བྱུང་ཆུ་ཡུར་ཉུང་ཤས་ལས་མེད་ཅིང་། ཞིང་ཆུ་འདྲེན་ཁྱོན་མུའུ་ཁྲི་28ལས་མེད། གློག་འདོན་ས་ཚིགས་ཆུང་གྲས་གཅིག་རང་ཡོད་པ་དེ་བེད་མེད་དུ་ལུས་ཤིང་། གྲོང་ཁྱེར་དང་གྲོང་གསེབ་ཀྱི་འབྲུབ་འགོག་ནུས་པ་སྤྱིའི་ཆ་ནས་མེད་པ་དང་། མི་དང་ཕྱུགས་ཟོག་གི་འཐུང་ཆུ་གཞི་རྩའི་ཆ་ནས་མི་དང་རྟའི་སྐལ་པར་དབོར་དགོས་ཀྱི་ཡོད།

1978ལོར་རང་སྐྱོང་ལྗོངས་སྲིད་གཞུང་གིས《མྱང་ཆུ་གཙང་པོའི་ཕྱོགས་བསྡུས་བཅོས་

སྐྱིད་ལས་གྲྭའི་འཆར་གཞིའི་ལས་འགན་གྱི་ཡི་གེ་》དངོས་སུ་ཆོག་མཆན་བཀོད་དེ་གངས་ལྗོངས་ས་མཐོར་གཞི་ཁྲོན་ཆེ་བའི་ཆུ་བཙོས་ཀྱི་བྱ་སྤྱོད་སྤེལ་འགོ་ཚུགས་པ་རེད།

1994ལོར་གྲུང་དབྱང་གིས་བོད་ཀྱི་ལས་དོན་སྐོར་གྱི་བཞུགས་མོལ་ཚོགས་འདུ་ཐེངས་གསུམ་པ་འཚོགས་ནས། བོད་སྐྱོར་འཛུགས་སྐྲུན་གྱི་ལས་གྲྭ་64གཏན་འབེབས་བྱས་ཤིང་། དེའི་ནང་མཚོན་བྱེད་རང་བཞིན་གྱི་ལས་གྲྭའི་གྲས་ཤིག་ནི་མ་ནག་ཆུ་བེད་ལྟེ་བའི་ལས་གྲྭ་ཡིན་ཞིང་། 1994ལོའི་ཟླ་9པར་སྐྲུན་འགོ་ཚུགས་ནས་1999ལོ་ཟླ་12ཀྱི་ཟླ་མཇུག་ཏུ་འཕྲུལ་ཚན་དང་པོ་དྲ་སྦྲེལ་ཐུབ་ནས་གློག་བཏང་བ་རེད། མིག་སྔར་མ་ནག་ཆུ་བེད་ལྟེ་གནས་ནི་རང་ལྗོངས་ཀྱི་མ་རྩ་གཏོང་ཐེངས་གཅིག་ལ་གཞི་རྒྱ་ཆེ་ཤོས་དང་ཕྱུགས་བསྡུས་ཕན་ནུས་མངོན་གསལ་དོད་ཤོས་ཀྱི་ཆུ་བེད་ལྟེ་བའི་ལས་གྲྭ་ཞིག་རེད།

ཕུ་མདོ་ཆུ་བེད་ལྟེ་བའི་ལས་གྲྭ་ཆུ་བེད་བྱ་གཞག་གི་དམངས་འཚོའི་ཕན་ནུས་མངོན་གསལ་དོད་པ།

ཕུ་མདོ་ཆུ་བེད་ལྟེ་བའི་ལས་གྲྭ་བསྐྲུན་རྗེས། ཤོང་ཚད་བསྡོམས་སྒྲི་རྒྱ་དཔངས་གྲུ་བཞི་མ་ཏུང་ཕྱུར་12.3ཟིན་ཞིང་། རྒྱས་འགོད་ཚོད་འཛིན་བྱེད་པའི་ཞིང་ཆུ་འདྲེན་ཁྲོན་མུའུ་ཁྲི་65ལས་བརྒལ་བ་དང་། ལོར་གློག་གཏོང་ཚད་ཆན་ཕ་ཆུ་ཚོད་ཏུང་ཕྱུར་5.99རྒྱས་འགོད་བྱས་ནས་ཁེ་ཕན་ཐོབ་ཁུལ་གྱི་དབུལ་སྒྲོལ་འགག་སྒྲོལ་ལ་སྐུལ་འདེད་གཏོང་བ་དང་། བོད་དབུས་ཀྱི་གློག་དྲའི་མཁོ་སྤྲོད་ཀྱི་འགལ་ཟླ་ཞི་ལྷོད་དུ་གཏོང་བ། ལྷ་སའི་སྐྱིད་ཆུའི་འབབ་རྒྱུད་ཀྱི་འབྲུབ་འགོག་ཚད་གཞི་མཐོ་རུ་གཏོང་བ་བཅས་བྱས་ཏེ། ལྷ་སའི་སྐྱིད་ཆུའི་འབབ་རྒྱུད་ཀྱི་སྡོད་བཅུད་བདེ་འཇགས་སྲུང་སྐྱོང་སོགས་ལ་དགེ་མཚན་ལྡན་པའི་ལེགས་སྐྱེས་འབུལ་སྲིད།

དུས་རབས་གསར་པར་སླེབས་རྗེས། གྲུང་དབྱང་དང་རང་སྐྱོང་ལྗོངས་ཀྱིས་བོད་ཀྱི་ཆུ་བེད་བྱ་གཞག་འཕེལ་རྒྱས་ལ་ཚད་མཐོའི་མཐོང་ཆེན་གནང་ཡོད། བསྡོམས་རྩིས་བརྒྱབ་

པར་གཞིགས་ན། བོད་ཞི་བས་བཅིངས་འགྲོལ་བཏང་ཚུན་ཆུ་བེད་ལ་མ་དངུལ་བསྡོམས་སྒོར་དུང་ཕྱུར་500ཙམ་བཏང་ནས་ཆུ་བེད་བྱ་གཞག་གི་འཕེལ་རྒྱས་མྱུར་བའི་དུས་སྐབས་བསྒྲུས་ཡོད།

འབྲུ་རིགས་བདེ་འཇགས་འགན་ལེན་བྱ་ཆེད། རང་ལྗོངས་ཀྱིས་གཙང་པོ་གཅིག་དང་ཆུ་བོ་གཉིས་ཀྱི་ཞིང་ལས་ཕྱོགས་བསྡུས་གསར་སྤེལ་ལག་ལེན་བསྟར་ཏེ་ལྟགས་འདམ་འདྲེན་ཁུལ་དང་དེ་བཞིན་གྲུ་གསུམ་ཆུ་མཛོད་དང་ཆུ་མགོ་ཆུ་མཛོད་སོགས་ཆུ་འགོའི་ལས་གྲྭ་ཁག་གཅིག་བསྐྲུན་པ་དང་། ས་ནག་དང་། མལ་སྟག་ཡར་ཀླུང་བཅས་འདྲེན་ཁུལ་ཆེན་པོ་གསུམ་བསྐྲུན་ཟིན་ནས་ཞིང་ནང་ཆུ་བེད་ཆུང་གྲས་ཀྱི་གཙོ་གནད་རྫོང་དང་ཆེད་དོན་རྫོང་འཛུགས་སྐྲུན་བྱས་ནས་ལྗོངས་ཡོངས་ཀྱི་ཞིང་ནང་དུ་ཞིང་ཆུ་ནུས་ལྡན་དང་འདྲེན་པའི་གཞི་ཁྱོན་བཅིངས་འགྲོལ་བཏང་བའི་ཐོག་མའི་མུའུ་ཁྲི་28ནས་མུའུ་ཁྲི་390བར་འཕར་ཡོད།

གློག་ཤུགས་ཅན་གྱི་རྫོང་དང་། གློག་གིས་འབུད་ཤིང་གི་ཚབ་བྱེད་པ། ནུས་པ་དང་ཤོང་ཚད་ཆེར་གཏོང་། གློག་མེད་ས་ཁུལ་ལ་གློག་ཤུགས་འཛུགས་སྐྲུན་སོགས་ཀྱི་རྣམ་གྲངས་ལག་ལེན་བསྟར་ནས་གྲོང་གསེབ་གློག་ཤུགས་ཀྱི་མི་འབོར་ཁྱབ་ཚད་བརྒྱ་ཆ95ཡན་ཟིན་ཡོད།

ས་ཁུལ་དང་གྲོང་ཁྱེར་7དང་གཙོ་གནད་རྫོང་གྲོང་55ལ་གཅིག་རྗེས་གཉིས་མཐུད་དང་ལོ་30ནས་ལོ་100བར་ལ་ཐེངས་གཅིག་འཕྲད་སྲིད་པའི་འབྲུབ་འགོག་ཆུ་རགས་ཚད་ལྡན་བསྐྲུན་པ་དང་འབྲུབ་འགོག་ཆུ་རགས་ཀྱི་རིང་ཚད་བསྡོམས་སྤྱི་ལེ་972ཟིན་ཞིང་། རྫོང་74ལ་ཤྭ་འོད་གནོད་འཚེ་འགོག་བཅོས་ཀྱི་ལས་གྲྭ་མིན་པའི་བྱེད་ཐབས་ལག་ལེན་བསྟར་ནས་མི་འབོར་ཁྲི་88ལ་ཐད་ཀར་ཕན་པ་ཐོབ་ཡོད།

ལ་ལྷོ་ཆུ་བེད་ལྟེ་བའི་ལས་གྲྭ་ཆུ་བོ་ཕྱུག་འགྱུར་གྱི་འབྱུང་ཁུངས་སུ་གྱུར་པ།

ལ་ལྷོ་ཆུ་བེད་ཀྱི་ལྟེ་བའི་ལས་གྲྭ་དང་དེ་བཞིན་ལེ་ལག་ཚང་བའི་འདྲེན་ཁྱུལ་ལས་གྲྭ་ནི་རྒྱལ་ཁབ་ཀྱི་ཆུ་གློག་ཆུང་དང་མགོ་འདོན་གྱི་གཙོ་གནད་ཆུ་བེད་ལས་གྲྭ་172ཡིན་ལ། བོད་ དུ་ད་བར་མ་དངུལ་མང་ཤོས་བཏང་བའི་ཆུ་བེད་ལས་གྲྭའང་ཡིན་པས། མངོན་གསལ་དོད་པའི་སྤྱི་ཚོགས་ཀྱི་ཕན་འབྲས་དང་དཔལ་འབྱོར་ཕན་འབྲས་ལྡན་ཡོད།

ལ་ལྷོ་ལས་གྲྭས་ཞིང་ཆུ་གཙོ་བོར་འདྲེན་པ་དང་། ཆུ་མགོ་འདོན་དང་གློག་ཤུགས་དང་འབྲུབ་འགོག་ཀྱང་བྱེད་ཀྱི་ཡོད་པ་མ་ཟད། སེང་གེ་རྩེ་དང་། འཕྲེད་གཞུང་། ཆུ་མིག་ཉེ་རི་གཞུང་བཅས་འདྲེན་ཁྱུལ་ཆེན་པོ་བཞིར་ཆུ་མགོ་འདོན་བྱེད་པ་དང་ཞིང་ཆུ་ཚོད་འཛིན་གྱི་རྒྱ་ཁྱོན་མུའུ་ཁྲི་45.39ཟིན་ནས་ལོར་ཆ་སྙོམས་ཞིང་ཆུ་འདྲེན་པའི་ཕན་འབྲས་སྒོར་དུང་ཕྱུར་2.4ཟིན་ཡོད། ལོ་ལྟར་བོད་དབུས་ཀྱི་གློག་དྲར་གློག་ཤུགས་ཏུའུ་དུང་ཕྱུར་0.85མགོ་འདོན་བྱེད་ཀྱི་ཡོད་པ་དང་དབུལ་སྐྱོར་གནས་སྤོས་ལ་ཆ་རྐྱེན་སྐྲུན་ཐུབ་ཅིང་། ཕྱི་འོང་ཞིང་ལས་མི་འབོར་ཁྲི་4.1བཀོད་སྒྲིག་ཐུབ་པ་དང་འབྲེལ་ས་ཁོངས་ཀྱི་སྟོད་བཙུད་ཁོར་ཡུག་ལེགས་སུ་གཏོང་ཐུབ་ཀྱི་ཡོད།

དབུལ་སྒྲོལ་འགག་སྒྲོལ་གྱི་དམག་འཐབ་བརྒྱབ་པ་ནས་བཟུང་། རང་སྐྱོང་ལྗོངས་ཆུ་བེད་ཐིང་གིས་ས་ཁྱུལ་དབུལ་པོའི་ཞིང་འབྲོག་མང་ཚོགས་ཀྱི་འཐུང་ཆུ་དང་། ཞིང་ཆུ། འབྲུབ་འགོག་སོགས་ཐད་ཀྱི་གནད་དོན་ལ་དམ་པོར་དམིགས་ནས་གྲོང་གསེབ་ཀྱི་འཐུང་ཆུའི་བདེ་འཇགས་སྲ་བརྟན་མཐོར་གཏོང་དང་། ཞིང་ནང་ཆུ་བེད་ཆུང་གྲས་ཀྱི་སྒྲིག་བཀོད། གཟན་རྩྭ་དང་གཟན་ཆག་རྟེན་གཞི་སོགས་རིགས་15ཡི་ཆུ་བེད་ལས་གྲྭ་ལག་ལེན་བསྟར་ནས་མ་དངུལ་བསྡོམས་སྒོར་དུང་ཕྱུར་165.18བཏང་སྟེ་གྲོང་གསེབ་ཀྱི་འཐུང་ཆུའི་བདེ་འཇགས་སྲ་བརྟན་མཐོར་གཏོང་གི་ལས་དོན་གཙོ་གནད་སྤེལ་ནས་རྒྱལ་ཁབ་ཀྱི་ཡིག་ཚགས་དང་ཐོ་བཟློས་པའི་མི་འབོར་དབུལ་པོ་ཁྲི་43.28ཀྱི་འཐུང་ཆུའི་བདེ་འཇགས་ཀྱི་གནད་དོན་ཐག་གཅོད་བྱས་ཡོད། ཞིབ་རྟོགས་བྱུང་བར་གཞིགས་ན། མིག་སྔར་གྲོང་

གསེབ་ཀྱི་འབྱུང་ཆུའི་བདེ་འཛགས་མིན་པའི་གནད་དོན་ཚང་མ་ཐག་གཙོད་བྱུས་ཟིན་ཡོད་པ་རེད།

ས་དགའ་རྫོང་ལྷག་ཚང་ཤང་བཞིས་སྒོ་གྲོང་ཚོའི་མང་ཚོགས་ཚོས་ལས་གཏོད་ལ་བརྟེན་ནས་ཕྱུག་འགྱུར་ལམ་དུ་སྐྱོད་པ།

ཡར་ཀླུང་གཙང་པོའི་རོགས་ནས། གཏམ་བཟང་ཡང་ཡང་གྲགས་འོང་།

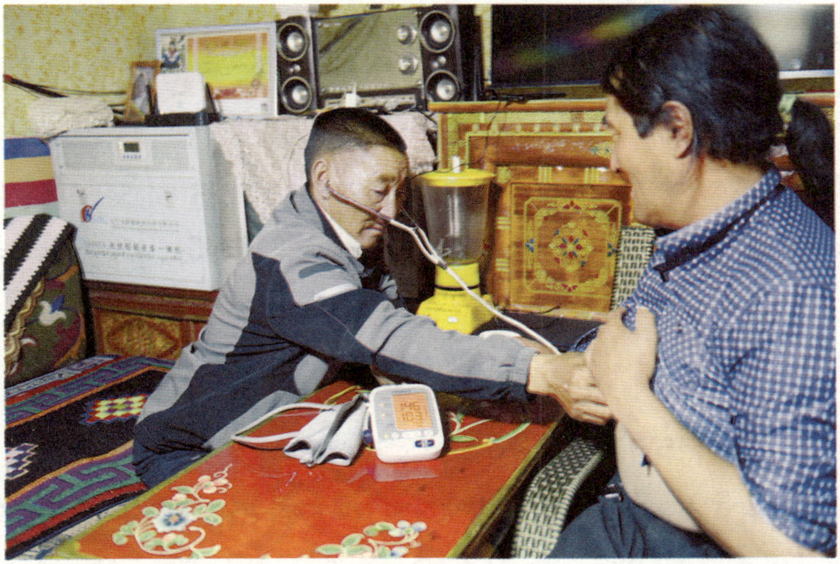

འདི་ནི་རྒྱལ་ཡོངས་ཀྱི་ཞུལ་ཕྱུང་གྲོང་གསེབ་སྨན་པ་དགྲ་ལྷས་མང་ཚོགས་ལ་འོས་འགན་སྨན་བཅོས་བྱེད་བཞིན་པ།

ཆུ་ཕྲན་མང་པོ་གཅིག་ཏུ་འདུས་ནས་དྲག་ཏུ་རྒྱུག་པའི་ཡར་ཀླུང་གཙང་པོ་ཆགས་པ་དང་། གཙང་པོ་དེ་ལང་ཡོད་དུ་བརྒྱུགས་ནས་ཡུལ་ཕྱོགས་གཅིག་གི་ས་གཞི་བརྟན་ཞིང་མི་ཕྱུགས་ལེགས་པར་བསྐྱངས། ས་དགའ་རྫོང་ལྷག་ཚང་ཤང་བཞིས་སྒོ་གྲོང་ཚོའི་ཆུ་ཕྲན་ཞིག་སྟེ་ནོར་ཆུ་ཡང་ཡར་ཀླུང་གཙང་པོར་དལ་བུར་འབབ་བཞིན་ཡོད་ལ། བཞིས་སྒོ་གྲོང་ཚོའི་མི་161ཡི་འཚོ་ཆོས་དེ་ལ་བརྟེན་ཡོད་པ་རེད།

སྲིད་ཇུས་ཡག་པས་ཐབས་ལམ་མང་བ།

དེ་སྔ་གྲོང་ཚོའི་ཡོང་འབབ་ཕྱུགས་རིགས་ཁོ་ནར་བརྟེན་དགོས་པ་དང་ད་ཆ་སྲིད་ཇུས་ཡག་ལ་ཐབས་ལམ་མང་བས་སྤོད་བཅུད་ལས་གནས་སྒྲ་ཚོགས་ཕུད་མི་དེ་བས་མང་བ་ཕྱིར་ལས་མི་བྱེད་པར་སྐྱིད་འདོད་པ་མ་ཟད། རང་ཉིད་ཀྱིས་ལས་གཏོད་བྱེད་མཁན་ཡང་ཡོད་ཅེས་གྲོང་སྡོད་ལས་དོན་ཚུ་ཁག་གི་ཚུ་མི་བཀྲ་ཤིས་གཡང་འཛོམས་ཀྱིས་ངོ་སྤྲོད་བྱས།

ལོ་26ལ་སླེབས་པའི་ཆོས་སྒྲོན་གྱིས་བཞིས་སྒོ་གྲོང་ཚོར་ཇ་ཁང་ཞིག་བཙུགས་ཡོད་པ་དང་། ཇ་ཁང་གི་ཁ་ལག་ཞིམ་པས་གྲོང་མི་ཚོའི་གདེང་འཇོག་ཡག་པོ་ཐོབ་ཡོད། དཔལ་འབྱོར་ཐད་ནས་རང་རྒྱ་འཕེར་བའི་བུད་མེད་ནི་ཀུན་གྱིས་བསྟོད་ལ། ཁྱིམ་འཛིན་མ་ཞིག་ནས་ལས་གཏོད་པར་གྱུར་བའི་ཆོས་སྒྲོན་ནི་ད་ཆ་གྲོང་མི་ཚོས་ཡིད་སྨོན་བྱ་ཡུལ་དུ་གྱུར་ཡོད་པ་རེད།

ཡར་ཀླུང་གཙང་པོའི་འགྲམ་གྱི་བོད་ལུགས་གསོ་རིག་སྨན་པ་རྣན་གྲགས།

དགྲ་ལྷ་ནི་ཆོས་སྒྲོན་གྱི་པ་ལགས་ཡིན་པ་དང་བུ་མོའི་ཕྱུགས་བསམ་ལ་བགྲེས་སོང་དགྲ་ལྷས་ནུས་ཤུགས་ཡོད་ཀུས་རྒྱབ་སྐྱོར་བྱེད་ཀྱི་ཡོད། འདི་ལོ་ལོ་62ལ་སླེབས་པའི་དགྲ་ལྷས་ཆུང་དུས་ནས་ཕ་མེས་ཚོའི་ས་ནས་སྨན་པ་སྦྱངས་ཡོད། ཡར་སྔོན་སྨན་པ་དང་སྨན་དཀོན་པའི་ཁར་འགྲིམ་འགྲུལ་སྟབས་མི་བདེ་བས། རྩ་བཞོན་པ་དང་རྐང་ཐང་མར་སྨན་བཅོས་བྱེད་པར་བསྐྱོད་པ་རྒྱུན་གཏན་ཡིན་པ་རེད།

རྟག་ཏུ་ནམ་ཕྱེད་སྐབས་ནད་པའི་ནང་མི་སྒོ་རྡུང་པར་ཡོང་གི་ཡོད་པ་དང་། པ་ལགས་ཀྱིས་ལམ་སེང་སྨན་སྒམ་འཁྱེར་ནས་འགྲོ་ཡི་ཡོད། སྐབས་དེ་དུས་འགྲིམ་འགྲུལ་སྟབས་མི་བདེ་བས་རྟག་ཏུ་རྟ་བཞོན་པའམ་ཡང་ན་རྐང་ཐང་མར་ཆུ་ཚོད་བཞི་ལྔ་ཙམ་

བསྐྱོད་དགོས་ཞེས་ཆོས་སྒྲོན་གྱིས་སྤོབས་པ་ཆེན་པོས་ཕྱ་ལགས་ཀྱི་སྐོར་བརྗོད་བྱུང་།

ཐོག་མར་དགྲ་ལྷ་ནི་གྲོང་གསེབ་ཀྱི་སྨན་པ་རྐང་རྗེན་མ་ཞིག་ཡིན་པ་དང་རྩེར་སོན་གྱི་སྨན་བཅོས་ལག་རྩལ་ལ་མང་ཚོགས་ཀྱི་བསྔགས་བརྗོད་གང་ལེགས་ཐོབ། ད་ཆ་ཁོང་ནི་རྒྱལ་ཡོངས་ཀྱི་ཕུལ་བྱུང་གྲོང་གསེབ་སྨན་པའི་མཚན་སྙན་ཐོབ་པའི་བོད་ལུགས་གསོ་རིག་སྨན་པ་ཞིག་རེད།

ཨ་མ་ཐན་མོ་སྒྲོལ་དཀར་གྱི་ཚེ་མཇུག་གི་ལས་གཏོད་ལམ་བྲོ།

ཆོས་སྒྲོན་དང་འདྲ་བའི་ལས་གཏོད་མཁན་ད་དུང་ཨ་མ་ཐན་མོ་སྒྲོལ་དཀར་ཡོད་དེ། ལོ་ཐན་དྲུག་ཅུ་ཡོལ་བའི་ཁོང་ནི་གཉིས་རྒྱུད་བག་ཡངས་ལ་སྐད་ཆ་ཤོད་སྐབས་རྟག་ཏུ་གད་མོ་འཚེར་འཚེར་བྱེད་པས། གྲོང་ཚོའི་ནང་གི་ནོར་བུ་ཡིན་པ་རེད།

ལོ་མང་གོང་བཟའ་ཟླ་གྲོངས་རྗེས་ཁོང་གཅིག་པུར་འཚོ་བ་སྐྱེལ་བ་དང་། གྲོང་མི་ཚོས་ཁོང་གི་འཚོ་བར་དོ་ཁུར་བྱེད་པ་དང་ན་གཞོན་ཚོས་རྟག་ཏུ་ཁོང་གི་སར་ཡོང་ནས་འཚོ་བར་ལྟ་རྟོག་བྱེད་ཀྱི་ཡོད།

ཨ་མ་ཐན་མོས་ཚེ་མཇུག་སྐྱིད་པོ་ཞིག་སྐྱེལ་ཐུབ་ཆེད་གྲོང་ཚོའི་ལས་བྱེད་པ་ཚོས་རྟག་ཏུ་རེས་མོས་ཀྱིས་ཁོང་གི་སར་བསྐྱོད་དེ་ཨེ་འཕྲོས་མོལ་འཕྲོས་བྱེད་པ་དང་སེམས་གསོ་སོགས་བྱེད་ཀྱི་ཡོད། འོན་ཀྱང་སྒྲོལ་དཀར་གྱིས་སྔར་བཞིན་ལས་ཀ་ཞིག་བྱེད་འདོད་པས་བསམ་བློ་ཐེངས་མང་བཏང་བ་བརྒྱུད། ཅག་ཅིག་ཚོང་ཁང་ཞིག་འཛུགས་རྒྱུའི་ཐག་བཅད། དེ་རྗེས་ཁོང་གིས་རང་ཁྱིམ་དུ་སྟབས་བདེའི་ཚོང་སྒྲོམ་ཞིག་བཙུགས་ནས་ཚོང་བརྒྱབ་པ་དང་། གྲོང་མི་ཚོ་དེ་གར་འཚོ་བའི་མཁོ་ཆས་ཉོ་བར་ཡོང་ཐེར་དུ་ཨེ་འཕྲོས་མོལ་འཕྲོས་བྱས་ནས་སྤོད་རྒྱུར་ཧ་ཅང་དགའ་པོ་ཡོད། དེས་མ་ཟད། ཡོང་འབབ་བྱུང་རྗེས་ཨ་མ་ཐན་མོ་སྒྲོལ་དཀར་གྱིས་ད་དུང་མི་གཞན་ལ་གང་ཐུབ་ཀྱིས་རོགས་རམ་བྱེད་ཀྱི་ཡོད་པ་རེད།

ཁྲིམས་ཀྱི་སྒོ་འགྲམ་ནས་ལས་ཞུགས་ཐུབ་སྟེ་ཕྱུག་པོར་གྱུར་པ།

——ལྷ་ས་གྲོང་ཁྱེར་ཚེ་མཆོག་གླིང་གྲོང་ཚོར།

ཡར་ཀླུང་གཙང་པོའི་ཡན་ལག་ཆུ་བོ་ཡིན་པའི་ལྷ་ས་སྐྱིད་ཆུའི་ལྷོ་ངོས་སུ་ལོ་ངོ་1300ལྷག་ཙམ་གྱི་ལོ་རྒྱུས་ལྡན་པའི་གནའ་བོའི་གྲོང་ཚོ་ཞིག་ཡོད་པ་སྟེ་ཚེ་མཆོག་གླིང་གྲོང་ཚོ་རེད།

2012ལོའི་ཟླ་7པར་ཚེ་མཆོག་གླིང་དུ《ཞུན་ཤིང་ཀོང་ཇོའི་》བོད་ཀྱི་རིག་གནས་ཀྱི་ལོ་རྒྱུས་སྣན་ངག་ཟློས་གར་ཆེ་གྲས་ཀྱི་འཁྲབ་སྟོན་བྱ་ཡུལ་སྒྲུབ་འགོ་ཚུགས་པ་དང་། གྲུང་གོའི་བོད་ལྗོངས་རིག་གནས་ཡུལ་སྐོར་བསམ་བཀོད་གླིང་དེའང་དངོས་སུ་སྒྲུབ་འགོ་ཚུགས་པ་རེད།

འཁྲབ་སྟོན་ལེ་ཚན་གཅིག་གིས་མི་སེར་ཚོ་འབྱོར་འཕྲིན་ཕྱོགས་སུ་བསྐྱོད་རྒྱུར་སྐུལ་ཁྲིད་བྱས་པ།

མཚན་མོའི་ཆུ་ཚོད་8པར་ཀོང་ཏུང་ནས་ཡིན་པའི་སྐྱ་ཞབས་ལྷུའུ་ལགས་ཚེ་མཆོག་གླིང་རིག་གནས་བསམ་བཀོད་གླིང་དུ《ཞུན་ཤིང་ཀོང་ཇོའི་》བོད་ཀྱི་རིག་གནས་ཀྱི་ལོ་རྒྱུས་སྣན་ངག་ཟློས་གར་ཆེ་གྲས་ལྟ་བར་ཡོང་བ་རེད། ཟློས་གར་དེ་ནི་2013ལོར་དངོས་སུ་འཁྲབ་འགོ་བཙུགས་ཚུན་བོད་ཀྱི་མཛེས་སྡུག་ལྡན་པའི་མིང་བྱང་གསར་པ་ཞིག་ཏུ་གྱུར་ཡོད།

ཟློས་གར་ལ་བརྟེན་ནས་མི་སེར་གསོ་བ་དང་། མི་སེར་གདན་དྲངས་ནས་ཟློས་གར་འཁྲབ་པ《ཞུན་ཤིང་ཀོང་ཇོའི་》རྣམ་གྲངས་དེས་བོད་ཀྱི་རིག་གནས་ཡུལ་སྐོར་ཐོན་ལས་

འཕེལ་རྒྱས་ལ་སྐུལ་འདེད་གཏོང་བ་དང་ཆབས་ཅིག་དབུལ་སྐྱོར་དང་ཟུང་འབྲེལ་ནུས་ལྡན་བྱས་པས། ས་གནས་དེ་གའི་ལས་ཞུགས་ལ་སྐུལ་འདེད་ནུས་ལྡན་ཐུབ་པ་མ་ཟད། ཉེ་འཁོར་གྱི་ཞིང་འབྲོག་པ་དབུལ་སྒྲོལ་འགྱུར་འབྲིང་ཕྱོགས་སུ་བསྐྱོད་རྒྱུར་སྐུལ་ཁྲིད་ཀྱང་ཐུབ་ཡོད།

ཚེ་མཆོག་གླིང་ནས་ཡིན་པའི་གྲོང་མི་ཚེ་རིང་ནི་ཟློས་གར་དེའི་མང་ཚོགས་ཀྱི་འཁྲབ་སྟོན་པ་ཞིག་ཡིན་ཞིང་། ཁོང་གིས་གསར་འགོད་པར་ཉིན་མོ་འཁྲབ་སྟོན་བྱ་ཡུལ་གྱི་ཉེ་འཁོར་དུ་ཞིང་ཁྲིམ་སྒྲུ་སྐྱིད་ཁང་དང་འགྲུལ་ཁང་གཉེར་བ་དང་དགོང་མོ་ཟློས་གར་འཁྲབ་སྟོན་བྱེད་ཀྱི་ཡོད་པས་ཟླ་རེར་ཡོང་འབབ་མང་པོ་ཡོང་གི་འདུག་ཅེས་བཤད།

ཡུས་ཧྲང་མཐུན་མཛེས་རིག་གནས་ཡུལ་སྐོར་མ་ཀང་ཚད་ཡོད་ཀུང་སིའི་དྲིལ་བསྒྲགས་འགན་འཁུར་བ་ཨོའུ་དབྱང་ཙུན་ཙེ་ཡིས་2018ལོའི་ལོ་མཇུག་བར་ཟློས་གར་འཁྲབ་སྟོན་གྱི་དུས་ཚིགས་དྲུག་ཕུན་སུམ་ཚོགས་པོའི་ངང་ལེགས་གྲུབ་བྱུང་སྟེ་འཁྲབ་སྟོན་བྱེད་ཐེངས་སྟོང་ཕྲག་ལྔག་ཙམ་ཟིན་པ་དང་། ལྟད་མོ་བ་མི་ཐེངས་ཁྲི་210ལྷག་ཙམ་ལ་སླེ་ལེན་ཞུས་པས། རིམ་རྩིས་བྱས་ན་ཡོང་འབབ་སྒོར་དུང་ཕྱུར་7.7ཟིན་ནས་ས་གནས་དེ་གའི་ཞིང་འབྲོག་པ་མང་དག་ཅིག་ལས་ཞུགས་ཐུབ་རྒྱུར་སྐུལ་ཁྲིད་ཐུབ་ཡོད་ཅེས་ངོ་སྤྲོད་བྱས།

སྤྲོལ་རྒྱུན་གྲོང་གསེབ་ནས་རིག་གནས་དང་ཡུལ་སྐོར་ཐོན་ལས་ལ་བརྟེན་པའི་ཚོང་གཉེར་སྣ་མང་གི་གྲོང་སྡེ་གསར་པར་འགྱུར་བ་དེས་གྲོང་མིའི་ལས་ཞུགས་ཀྱི་གནད་དོན་ཐག་གཅོད་ཐུབ་པ་མ་ཟད། གྲོང་མིའི་ལྟ་བར་ཡང་རིམ་བཞིན་འགྱུར་ལྡོག་བྱུང་ཡོད།

ཤེས་རྟོགས་བྱུང་བར་གཞིགས་ན། 2019ལོར《ཧུན་ཤིང་ཀོང་ཇོའི་》རྣམ་གྲངས་ཀྱིས་མལ་གྲོ་གུང་དཀར་གྱི་ཡུལ་གཞན་དུ་གནས་སྤོས་དབུལ་སྐྱོར་གྱི་རིག་གནས་བསམ་བཀོད་གླིང་བཀོད་སྒྲིག་ས་ཚོགས་ཀྱི་མང་ཚོགས་དབུལ་པོ་གཙོ་གནད་ཐོག་དང་ལེན་བྱས་ཏེ་ལས་ཞུགས་ལས་གཏོད་ཀྱི་བྱེད་ཐབས་བརྒྱུད་ཡུལ་གཞན་དུ་གནས་སྤོས་དབུལ་སྐྱོར་གྱི་

དུད་ཚང་དབུལ་པོ་གནས་སྤོ་ཐུབ་པ་དང་། གཞིས་ཆགས་ཐུབ་པ། ཕྱུག་པོ་ཆགས་ཐུབ་པ་བཅས་དངོས་སུ་མངོན་འགྱུར་ཐུབ་ཡོད།

ཟླ་8ཚེས་16ཉིན《ཀྲིམ་ཤིང་ཀོང་རྫོའི་》གར་སྟེགས་ཆོས་གར་རིག་གནས་བསམ་བཀོད་གླིང་གི་ཀྲིམ་ཤིང་ཀོང་རྫོ་འཁྲབ་སྟོན་བྱ་ཡུལ་དུ་འཁྲབ་སྟོན་ཐེངས་དང་པོ་ཕུན་སུམ་ཚོགས་པོའི་ངང་ལེགས་གྲུབ་བྱས་པ་དེས《ཝུན་ཤིང་ཀོང་རྫོ་》འཁྲབ་སྟོན་བྱས་རྗེས་བོད་ཀྱི་རིག་གནས་བརྗོད་བྱར་བྱས་པའི་གར་སྟེགས་ཆོས་གར་གཞན་ཞིག་ལྟད་མོ་བའི་མིག་ལམ་དུ་མངོན་རྒྱུ་ཡིན་པ་མཚོན་ཡོད། ངོ་སྤྲོད་བྱས་པར་གཞིགས་ན། 《ཀྲིམ་ཤིང་ཀོང་རྫོའི་》ཆོས་གར་གྲུབ་འབྲས་ཐོབ་པའི་སྒོ་ནས་གསར་རྩོམ་བྱས་པ་དེས《ཝུན་ཤིང་ཀོང་རྫོ་》དང་གཅིན་གཅུང་མཉམ་འགྲུལ་ལྟ་བུའི་རྣམ་པ་མངོན་རྒྱུ་མ་ཟད། ལྷ་སའི་དགུན་དུས་འཁྲབ་སྟོན་གྱི་སྟོང་ཆ་ནུས་ལྡན་དང་བསྐྱངས་ནས་བོད་ལྗོངས་འཕེལ་རྒྱས་ཀྱི་དུས་ཚིགས་ཧྲིལ་པོའི་ཡུལ་སྐོར་ལ་སྐུལ་ཤུགས་གསར་པ་ཞིག་སྟོན་རྒྱུ་རེད།

དེ་སྔའི་རི་གྲོང་ཆུང་དུ་དེ་རིག་གནས་བསམ་བཀོད་ཀྱི་ཐོན་ལས་གཅིག་སྟུད་ཁུལ་དུ་གྱུར་པ།

ལྷ་སར་འཚོ་བ་བསྐྱལ་ནས་ལོ་20ལྷག་ཙམ་སོང་བའི་སྐུ་ཞབས་ཧོང་ལགས་ཀྱི་ངོས་ནས་བརྗོད་ན། དེ་སྔོན་ཚེ་མཆོག་གླིང་གི་ས་ཆ་མང་པོ་ཞིག་ནི་རི་ལྡེབས་དང་ཐང་ཀོད་ཡིན་ལ། དེ་སྔའི་ཞིང་ལས་ཐོན་སྐྱེད་གཅིག་པུས་ས་གནས་དེ་གའི་གྲོང་མིའི་རྒྱུན་ལྡན་འཚོ་བའི་དགོས་མཁོ་སྐོང་ཐུབ་ཀྱི་མེད་པས། དུས་ཡུན་རིང་པོར་ལྷ་སར་ལྟོ་བ་དང་ཙ་ལག་རྙིང་པ་བཙོངས་ནས་འཚོ་བ་སྐྱེལ་གྱི་ཡོད། བསམ་ཡུལ་ལས་འདས་པ་ཞིག་ལ་ལོ་བདུན་གྱི་དུས་ཚོད་རིང་ཡུལ་དེ་འབྲུག་ཆ་དོད་པ་དང་རིག་རྩལ་གྱི་ཁྱད་ཆོས་ལྡན་པའི་གནས་ཤིག་ཏུ་གྱུར་ཡོད།

ངོ་སྤྲོད་བྱས་པར་གཞིགས་ན། གླིང་ཁུལ་གྱིས་བོད་ཀྱི་རྒྱ་ཆེ་གཏིང་ཟབ་ལ་ཐུན་མོང་

མ་ཡིན་པའི་ཁྱད་ཆོས་ལྡན་པའི་སྲོལ་རྒྱུན་རིག་གནས་ཀྱི་ནང་དོན་ལ་བརྟེན་ནས་རྣམ་གྲངས་འཛོམས་པའི་ཤུལ་གཞི་རྟེན་དུ་བྱས་ཏེ་བོད་མི་རིགས་ཀྱི་ཁྱད་ཆོས་ལྡན་པའི་བཟོ་བཀོད་དང་། མི་རིགས་ཀྱི་རོལ་དབྱངས། མི་རིགས་ཀྱི་གླུ་གར། མི་རིགས་ཀྱི་རྒྱན་གོས། དམངས་ཁྲོད་ཀྱི་གཏམ་རྒྱུད་བཅས་ཕྱོགས་ཡོངས་དང་གཅིག་སྡུད་ཐོག་མངོན་པར་བྱས་ཏེ། ཁྱད་ལྡན་རིག་གནས་དང་གཟིགས་སྐྱོང་སྲིད་ཇུས་ལ་བརྟེན་ནས་ཁེ་ལས་དེའི་ནང་ཞུགས་རྒྱུའི་ཡིད་དབང་བཀུག་པ་དང་མཛེས་ལྗོངས་ས་ཚིགས་ལ་བརྟེན་ནས་ཡུལ་སྐོར་བ་གཅིག་སྡུད་བྱས་ཡོད། ལོ་མང་འཕེལ་རྒྱས་བཏང་བ་བརྒྱུད། རིག་གནས་བསམ་བཀོད་གླིང་གིས་རིག་གནས་ཀྱིས་སྣེ་འཁྲིད་རྒྱུ་མཐའ་འཁྱོངས་བྱས་ཏེ་རིག་གནས་དང་ཡུལ་སྐོར་མཉམ་འདྲེས་འཕེལ་རྒྱས་ལ་སྐུལ་འདེད་ཤུགས་ཆེན་བཏང་བ་རེད། 2018ལོར། རིག་གནས་བསམ་བཀོད་གླིང་གི་རིག་གནས་ཡུལ་སྐོར་གྱི་ཡོང་འབབ་སྒོར་དུང་ཕྱུར་2ཟིན་ནས་གླིང་ཁུལ་གྱི་ལོ་རེའི་ཐོན་རྫས་རིན་ཐང་གི་བརྒྱ་ཆ35.09ཟིན་ཡོད་པ་རེད།

ཞིབ་རྟོགས་བྱུང་བར་གཞིགས་ན། རིག་གནས་བསམ་བཀོད་གླིང་གི་འདུ་འགོད་ལས་གནས་དེའི་གྲོང་མིར་ཡུལ་སྐོར་ཡོང་འབབ་ཀྱི་འདུ་འགོད་བྱུང་བ་མ་ཟད། རྣམ་གྲངས་ཡོངས་སུ་སྒྲུབ་ཟིན་རྗེས་ལས་ཞུགས་ཐུབ་པའི་མི་གྲངས་ཁྲི་3ནས་ཁྲི་5བར་ཟིན་རྒྱུ་རེད། དམངས་འཚོ་དང་འབྲེལ་བའི་རིག་གནས་ཡུལ་སྐོར་འདུ་འགོད་དེ་ལ་རྒྱ་ཆེ་ཞིང་གཏིང་ཟབ་པའི་དོན་སྙིང་གལ་ཆེན་ལྡན་ཡོད།

རིག་གནས་བསམ་བཀོད་གླིང་སྐྱུན་པ་ལས་གཞོན་ནུ་ཚོའི་ཕྱུགས་འདུན་མངོན་འགྱུར་བྱུང་བ།

གཞོན་ནུ་མང་པོ་ཞིག་གི་ངོས་ནས་བརྗོད་ན། རིག་གནས་བསམ་བཀོད་གླིང་ནི་ཕྱུགས་འདུན་དོན་གཉེར་དང་། ཕྱུགས་འདུན་མངོན་འགྱུར་བྱེད་པའི་གནས་ཤིག་ཡིན་ཞིང་། གནས་འདི་ནས་གསར་གཏོད་ཀྱི་སྙིང་སྟོབས་ཀྱི་རྩ་བ་ཚུགས་པ་དང་། སྒྱུ་གྲུ་

འབུས་པ། འབྲས་བུ་སྨིན་པ་མ་ཟད། འོས་འཚམ་གྱི་འཚོ་སྐྱོད་བར་མཐོང་ས་ཞིག་ཀྱང་རྙེད་རྒྱུ་རེད།

གླིང་སྙེའི་ཀུན་གཏོད་བར་མཐོང་ས་སུ་གསར་འགོད་པས་རང་ཡུལ་དུ་ལོག་ནས་ལས་གཏོད་བྱེད་མཁན་གྱི་ལོ་རབས་90པའི་ནང་སྐྱེས་པའི་ཕོ་གསར་བསྟན་འཛིན་དངོས་གྲུབ་ཐུག་བྱུང་། ཁོང་2016ལོར་དངོས་གཞིའི་ཚན་ཁག་ནས་ཐོན་རྗེས་ཕྱིར་ལྷ་སར་ལོག་ནས་ལས་གཏོད་བྱ་རྒྱུའི་གདམ་ག་བྱས་པ་རེད།

བསྟན་འཛིན་དངོས་གྲུབ་ཀྱིས་རིག་གནས་བསམ་བཀོད་གླིང་གིས་ང་ཚོར་ལས་ཀ་བྱེད་ས་མཁོ་འདོན་བྱས་པ་དང་། ཆུ་རིན་དང་གློག་རིན་སོགས་འགྲོ་སོང་སྣ་ཚོགས་སྤྲོད་མི་དགོས་པ་མ་ཟད། འབྲེལ་ཡོད་སྲིད་ཇུས་ཀྱང་དུས་ཐོག་ཏུ་ང་ཚོར་བཤད་པ། དུས་རྒྱུན་བྱེད་སྒོ་ཡོད་ཚེ་ང་ཚོར་སྔོན་ལ་བསམ་བློ་གཏོང་གི་འདུག་པས་ང་ཚོར་རོགས་རམ་ཆེན་པོ་བྱས་བྱུང་ཞེས་བརྗོད།

མིག་སྔར་བར་རིག་གནས་བསམ་བཀོད་གླིང་དེས་ལས་གཏོད་གསར་གཏོད་རྟེན་གཞི་གཅིག་དང་། ཀུན་གཏོད་བར་མཐོང་ས་གཉིས། ཚན་རྩལ་སྐྱོང་གསོ་ཁང་གཅིག་བཅས་སྐྲུན་པའི་ནང་། གླིང་སྙེའི་ཀུན་གཏོད་བར་མཐོང་ས་ནི་2018ལོ་ཟླ་6པར་ལྷ་ས་གྲོང་ཁྱེར་གྱི་དཔེ་སྟོན་ཀུན་གཏོད་བར་མཐོང་ས་ལ་གཏན་འཁེལ་བྱས་པ་དང་འབྲེལ་2018ལོ་ཟླ་10ཚེས་31ཉིན་རང་སྐྱོང་ལྗོངས་རིམ་པའི་ཀུན་གཏོད་བར་མཐོང་ས་ཀྱི་ཐོག་མའི་ཞིབ་བཤེར་བྱས་པ་རེད། བོད་ལྗོངས་རིག་གནས་ཡུལ་སྐོར་བསམ་བཀོད་གླིང་ལས་གཏོད་གསར་གཏོད་རྟེན་གཞི་དང་། 3650spaceཀུན་གཏོད་བར་མཐོང་ས། གངས་རིའི་གསར་གཏོད་མ་འཛོམ་གཉེར་སྐྱོང་མཉམ་སྤྱོད་ཀྱི་ཀུན་གཏོད་བར་མཐོང་ས་བཅས་གཞི་རྟེན་གསུམ་2018ལོ་ཟླ་9པར་གླིང་ཁུལ་གྱི་ལས་གཏོད་གསར་གཏོད་ཀྱི་རྟེན་གཞིར་གཏན་འཁེལ་བྱས་ཡོད།

ཁྲིམས་ཚང་མགྲོན་ཁང་སྐྱིད་ལྷང་ལྷང་། ཕྱུག་འགྱུར་ལམ་བཟང་བདེ་སང་སང་།

——བོད་ལྗོངས་སྣང་རྫོང་གི་འབྲུངས་ཁང་གྲོང་ཚོའི་མཐོང་ཐོས་སྙིང་བཀོད་པ།

▶ 2016ལོའི་ཟླ་7པར་སྐྱིད་ལུས་ཀྱིས་གོ་སྐབས་ལ་གཅེས་སྤྲས་བྱས་ནས་འབྲུངས་ཁང་གྲོང་ཚོར་ཞིང་ཁྲིམས་སྲོ་སྐྱིད་ཁང་དང་པོ་སྟེ། འབྲུངས་ཁང་རྣམ་གྲོལ་ཁྲིམས་ཚང་མགྲོན་ཁང་གཉེར་བ།

▶ སྐྱིད་ལུས་ཀྱིས་ཁྲིམས་ཚང་མགྲོན་ཁང་བཙུགས་ཚུན། ལོ་ལྟར་ཡོང་འབབ་སྒོར་ཁྲི་3ཙམ་དང་། སྟར་ཀ་དང་དབྱར་རྩྭ་དགུན་འབུ་བཙོངས་པར་ལོ་ལྟར་སྒོར་ཁྲི་2ལྷག་ཡོད་ཁར། ཁོང་གིས་མཛེས་ལྗོངས་ཁུལ་གྱི་འགྲེལ་བཤད་པ་བྱས་པའི་ཡོང་འབབ་སོགས་ཁྱོན་ལོ་གཅིག་ལ་ཉུང་མཐར་ཡང་ཡོང་འབབ་སྒོར་ཁྲི་བདུན་བརྒྱད་ཡོད་པ།

▶ 2019ལོའི་ཟླ་3པ་ནས་6པའི་བར། འབྲུངས་ཁང་མཛེས་ལྗོངས་ཁུལ་བསྐྲུན་ནས་འབྲུངས་ཁང་གྲོང་ཚོའི་མི་14སྐབས་འཕྲལ་ལས་ཞུགས་གཞན་སྒྱུར་བྱས་པར་ཡོང་འབབ་སྒོར་ཁྲི་19ལྷག་ཙམ་བཏོད་ཡོད།

འབྲུངས་ཁང་གྲོང་ཚོ་ནི་ཉིང་ཁྲི་གྲོང་ཁྱེར་སྣང་རྫོང་གི་གཙང་འགྲམ་དུ་གནས་པའི་གྲོང་སྡེ་ཆུང་ཆུང་ཞིག་རེད། རྒྱབ་ངོས་རི་ལ་བརྟེན་པ་དང་མདུན་དུ་ཆུ་བོ་རྒྱུགས་ནས་ཉམས་དགའ་བ་ཞིག་ཡོད། སྔན་གྲགས་རྒྱས་པའི་ལོ་ངོ་སྟོང་ཕྲག་ལོན་པའི་སྟར་སྡོང་ཚལ་ནི་གྲོང་ཚོའི་མིང་བྱང་མཛེས་ཤོས་ཤིག་རེད། ཉེ་བའི་ལོ་ཤས་རིང་། ལུང་པ་འདི་ཡང་ཡུལ་སྐོར་བས་ཞག་སྡོད་ལྟ་སྐོར་དང་དམངས་སྲོལ་མྱོང་རོལ་བྱ་ཡུལ་ཡག་པོར་གྱུར་ཡོད།

སྟོ་ལྷུང་ལྡོན་པའི་ཚལ་གྱི་གྲོང་ཚོ་ནས་ཆུ་ཡུར་བརྒྱུད་ནུབ་ཕྱོགས་ལ་སྤྱི་200ཙམ་བསྐྱོད་རྗེས་གསར་འགོད་པ་སྐྱིད་ལུས་ཀྱི་ནང་ལ་སླེབས། བོད་ལུགས་ཁང་པ་ཉིས་ཐོག་གི་གང་སར་ཤིང་འབྲས་ཀྱི་དྲི་ཞིམ་འཐུལ་བ་དང་། སྐྱིད་ལུས་ཀྱིས་གུང་ཟས་གྲ་སྒྲིག་བྱེད་བཞིན་མཆིས།

དེ་རིང་ཡུལ་སྐོར་ཚོགས་པ་ཞིག་གིས་ངའི་ཁྱིམ་དུ་ཁ་ལག་ཟ་ཡི་ཡིན་ཟེར་བས། ཚོགས་པ་སྔ་པོ་ནས་ལས་ཀ་བྱས་པ་ཡིན་ཞེས་སྐྱིད་ལུས་ཀྱིས་གདོང་གི་རྔུལ་ཆུ་འཕྱིད་བཞིན་བཤད་བྱུང་།

ལོ་25ལ་ལོན་པའི་སྐྱིད་ལུས་ཀྱིས་2016ལོའི་སྟོན་དུ་ལྷེབས་རིས་འབྲི་སྦྱོང་། སྟོན་དུས་ངས་ཉིང་ཁྲི་དང་སྨན་གླིང་ཉེ་འཁོར་གྱི་ས་ཆ་ཁ་ཤས་སུ་ལྷེབས་རིས་བྲིས་པ་དང་ཉིན་རེར་ཡོང་འབབ་སྒོར་200རག་ཐུབ། མཚམས་རེ་ལང་ཐེངས་རེར་ཆུ་ཚོད་བདུན་བརྒྱད་ཙམ་རེད་ཅེས་ཁོང་གིས་བཤད།

ཉེ་བའི་ལོ་ཤས་རིང་། འབྲུངས་ཁང་གྲོང་ཚོས་ཡུལ་ལྗོངས་ཡག་པོ་དང་ལོ་ངོ་སྟོང་གི་སྟར་སྡོང་ཚལ་ལ་བརྟེན་ནས་གྲོང་གསེབ་ཡུལ་སྐོར་གོང་འཕེལ་གྱི་འགྲོ་ལམ་དུ་བསྐྱོད་ནས་གྲོང་ཚོའི་རྒྱང་གཞིའི་སྒྲིག་བཀོད་སོགས་ཕྱོགས་གང་ཅིའི་ཐད་སྐྱུན་འགོ་ཚུགས། 2016ལོའི་ཟླ་7པར་སྐྱིད་ལུས་ཀྱིས་གོ་སྐབས་དམ་འཛིན་བྱས་ནས་འབྲུངས་ཁང་གྲོང་ཚོར་ཞིང་ཁྱིམ་སྒྲོ་སྐྱིད་ཁང་དང་པོ་སྟེ་འབྲུངས་ཁང་རྣམ་གྲོལ་ཁྱིམ་ཚང་མགྲོན་ཁང་གཉེར་བ་རེད།

སྐྱིད་ལུས་ཀྱིས་ཁང་པར་མཛེས་བཟོ་བྱས་ནས་ཐོག་སོ་གཉིས་པ་མགྲོན་ཁང་བྱས་ཏེ། མི་གཅིག་སྡོད་སའི་ཁང་པ་3དང་། མི་གཉིས་སྡོད་སའི་ཁང་པ་3 མི་གསུམ་སྡོད་སའི་ཁང་པ་2བཅས་ཁྱོན་ཉལ་ཁྲི་15ཡོད་ཅིང་། ཉལ་ཁྲི་རེར་ཞག་མ་རེར་སྒོར་50རེད།

ཁོང་གིས་ཡུལ་སྐོར་བ་མང་བའི་དུས་ཚིགས་སུ་ང་ཚོའི་ཁང་པ་ཡོངས་ལ་ཁེངས་པ་དང་། སྐབས་རེར་ང་དང་པ་ཕ་གཉིས་ལས་བྲེལ་ཤིན་ཏུ་ཆེ། འགྲུལ་པ་སོ་སོས་ཁ་ལག་བཟོ་

ཡི་ཡོད་ལ་དེ་ལྟར་བྱས་ན་ཁོ་ཚོར་སྐྱིད་སྣང་ཆེན་པོ་ཡོང་གི་འདུག་ཅེས་བཤད།

སྐྱིད་ལུས་ཀྱིས་གསར་འགོད་པར་རྩིས་ཅིག་བརྒྱབ་ནས། ཁྱིམ་ཚང་མགྲོན་ཁང་བཙུགས་ཚུན། ལོ་ལྟར་ཡོང་འབབ་སྒོར་ཁྲི་3ཙམ་དང་། སྐར་ཀ་དང་དབྱར་རྩྭ་དགུན་འབུ་བཙོངས་པར་ལོ་ལྟར་སྒོར་ཁྲི་2ལྷག་ཡོད་ཁར། ཁོང་གིས་མཛེས་ལྗོངས་ཁུལ་གྱི་འགྲེལ་བཤད་པ་བྱས་པའི་ཡོང་འབབ་སོགས་ཁྱོན་ལོ་གཅིག་ལ་ཉུང་མཐར་ཡང་ཡོང་འབབ་སྒོར་ཁྲི་བདུན་བརྒྱད་ཡོད་ཅེས་བརྗོད།

སྔོན་ཆད་ངས་ཕྱི་རུ་ལྡེབས་རིས་བྲིས་ན་ལོ་གཅིག་ལ་མང་ཤོས་སུའང་སྒོར་ཁྲི་4ཙམ་ལས་རག་གི་མི་ཐུབ། ད་ཆར་ཐག་རིང་དུ་མ་སོང་ཡང་ཡོང་འབབ་སྔོན་མ་ལས་མང་བ་གསོག་ཐུབ་ཅིང་། ཕ་མ་ལའང་ལྟ་སྐྱོང་བྱེད་ཐུབ་པས་གཅིག་གོ་ཉིས་ཚོད་རེད་འདུག་ཅེས་སྐྱིད་ལུས་ཀྱིས་བརྗོད།

སྐྱིད་ལུས་ཀྱི་ཁྱིམ་ཚང་མགྲོན་ཁང་གི་ཚོང་ཏ་ཅང་ཡག་པོ་ཡོད་པ་མཐོང་སྐབས། གྲོང་མི་ཚོས་ཀྱང་དཔེ་བལྟས་ནས་མགྲོན་ཁང་གཉེར་འགོ་ཚུགས། གྲོང་ཚོར་ཁྱིམ་ཚང་མགྲོན་ཁང་4ཡོད། མཛེས་ལྗོངས་ཁུལ་འཛུགས་སྐྲུན་ཟམ་མི་ཆད་པར་འཐུས་སྒོ་ཚང་དུ་བཏང་བ་དང་སྦྲགས་ད་དུང་ཁྱིམ་ཚང་མི་ཉུང་བ་ཞིག་གིས་འགྲུལ་ཁང་གཉེར་རྩིས་འདུག་ཅེས་གྲོང་སྡོད་ལས་བྱེད་པ་ཁྲིན་ཧྲུན་ཀྲི་ཡིས་བཤད།

སྲིད་གཞུང་གིས་མ་དངུལ་ཟམ་མི་ཆད་པར་བཏང་བ་ལས། དེ་སྔའི་ཆ་རྐྱེན་སྐྱོ་བའི་འབྲུངས་ཁང་གྲོང་ཚོར་སྐྱེ་སྟོབས་ཀྱི་དཔལ་འབར་ནས་ཀླངས་འཕོར་འཛོག་ས་དང་། ཡུལ་སྐོར་ཞབས་ཞུའི་ལྟེ་གནས། ལམ་སྒྲོན་སོགས་སྒྲིག་ཆས་གང་དགོས་ཅི་འཛོམས་ཡོད། འབྲུངས་ཁང་མཛེས་ལྗོངས་ཁུལ་དུ་ད་ཆ་དངོས་གཞིའི་ལས་མི་5དང་སྐབས་འཕྲལ་ལས་མི་3ཡོད། 2019ལོའི་ཟླ་3པ་ནས་6པའི་བར། འབྲུངས་ཁང་མཛེས་ལྗོངས་ཁུལ་བསྐྲུན་ནས་འབྲུངས་ཁང་གྲོང་ཚོའི་མི་14སྐབས་འཕྲལ་ལས་ཞུགས་གཞན་སྒྱུར་བྱས་པར་ཡོང་འབབ་

སྒོར་ཁྲི་19ལྷག་ཙམ་བཏོད་ཡོད་པ་རེད།

2018ལོ་ཟླ་12པར། འབྲུངས་ཁང་གྲོང་ཚོའི་དབུལ་པོར་འགྱུར་ཚད་བརྒྱ་ཆ་0.39བར་ཆག་པ་དང་། མི་རེའི་ཆ་སྙོམས་བགོས་སྤྱོད་ཆོག་པའི་ཡོང་འབབ་སྒོར་14354ཟིན་པ་དང་དངུལ་སྨར་ཡོང་འབབ་སྒོར་9760.7ཟིན་གྱི་ཡོད།

སླད་ཕྱིན། གྲོང་ཚོས་ད་དུང་སྒོ་རྩིས་ཚོང་ཁང་འཛུགས་སྐྲུན་ལ་རྒྱང་གཞིའི་སྒྲིག་བཀོད་འཛུགས་སྐྲུན་ཡང་ཟམ་མི་ཆད་པར་ཞུགས་སུ་གཏོང་སྲིད། ང་ཚོས་འབྱུང་འགྱུར་ལ་ཡིད་ཆེས་དེ་བས་ཆེན་པོ་བྱེད་བཞིན་ཡོད་ཅེས་སྐྱིད་ལུས་ཀྱིས་བཤད།

འདི་ནི་ཉིང་ཁྲི་གྲོང་ཁྱེར་སྨད་རྫོང་འབྲུངས་ཁང་གྲོང་ཚོའི་ཐང་ཆེན་དུ་ཡུལ་དེ་གའི་མང་ཚོགས་ཚོས་འཁྲབ་སྟོན་ལ་ལྟ་བཞིན་པ།

འདི་ནི་ཉིང་ཁྲི་གྲོང་ཁྱེར་སྣང་རྫོང་འབྲུངས་ཁང་གྲོང་ཚོའི་སྐྱིད་ལུས་ཁྱིམ་གྱི་ཁྱིམ་ཚང་མགྲོན་ཁང་གི་ཐོག་སོ་གཉིས་པའི་ཉེ་གཡབ་ཡིན་པ།

འབྲུངས་ཁང་གྲོང་ཚོའི་སྣར་སྡོང་ཞིག་གི་འོག་ནས་གྲོང་མི་སྐྱོད་བཞིན་པ།

བོད་བྱ་གསོ་སྐྱིལ་བྱེད། ཕྱུག་འགྱུར་ལམ་བུ་ཡངས།

ལྷ་རྩེ་རྫོང་ནི་བོད་བྱ་གསོ་སྐྱིལ་ཁུལ་དང་ལྟེ་བའི་ཁུལ་གྱི་གྲས་ཤིག་ཡིན་པའི་དོན་ནས། 2017ལོ་ནས་བཟུང་ལྷ་རྩེ་རྫོང་ཤུད་དང་རྫོང་སྲིད་གཞུང་གིས་བོད་སྐྱོར་མ་དངུལ་སྒོར་ཁྲི་1530དང་ཐོན་ལས་དབུལ་སྐྱོར་མ་དངུལ་སྒོར་ཁྲི་800བཏོན་ལེན་བྱས་ཏེ་བོད་བྱ་གསོ་སྐྱིལ་ཐོན་ལས་འཕེལ་རྒྱས་ཐད་སྤྱད་ཡོད། ཀུང་སི་དེས་དེ་གོང་པེ་ཅིང་དང་ཏྲང་ཏའི་ཏུ་ཚོད་ལྟའི་ཕྱིར་འཚོང་བྱས་པས་ཁྲིམ་རར་བྲིན་ཁ་རྒྱུག་པོ་བྱུང་ཡོད།

ས་གནས་དེ་གའི་མང་ཚོགས་ལ་བོད་བྱ་གསོ་སྐྱིལ་ལ་བརྟེན་ནས་དངོས་ཕན་ཐོབ་མཁན་ཡོད་དམ་ཞེས་གསར་འགོད་པས་དྲིས་པ་ཡིན།

དངོས་ཕན་ཐོབ་མཁན་ཡོད། དཔེར་ན་སྐལ་ལྡན་ལྷུར་རེད། མགྱོགས་པོ་སྐལ་ལྡན་འབོད་ཤོག་ཅེས་པའི་སྐད་ཆ་ཤོད་རིང་དུ་སྐལ་ལྡན་ཡང་དེ་གར་སླེབས།

ཁོང་ནི་ལྷ་རྩེ་རྫོང་གཞིས་ཆེན་ཤར་བོད་བྱ་གསོ་སྐྱིལ་ཡན་ལག་ཁང་གི་འགན་འཁུར་བ་ཡིན་ལ། ལྷ་རྩེ་རྫོང་བོད་བྱ་གསོ་སྐྱིལ་རྟེན་གཞི་ལས་ཕྱུག་པོར་གྱུར་བའི་ཁག་དང་པོའི་གསོ་སྐྱིལ་དུད་ཚང་དང་ཕྱུག་འགྱུར་སྔོན་ཁྲིད་པའང་རེད།

ཕྱུག་འགྱུར་སྒོར་ཁྲུང་ཅམ་གླིང་རྗེས་སྐལ་ལྡན་གྱིས་ཁོང་གི་བྱེས་བསྒྲོད་ཀླངས་འཁོར་བཏང་ནས་ང་ཚོ་བོད་བྱ་གསོ་སྐྱིལ་ཡན་ལག་ཁང་དུ་ཁྲིད་བྱུང་། སྐལ་ལྡན་གྱི་གསོ་སྐྱིལ་ར་བ་ཡར་ཀླུང་གཙང་པོ་དང་བར་ཐག་སྤྱི་ལེ་ཁ་ཤས་ལས་མེད་པའི་རྒྱལ་ལམ་318འགྲམ་དུ་ཡོད་པ་དང་། དེ་གར་སེར་མདོག་ཅན་གྱི་པད་ཁའི་མེ་ཏོག་རབ་ཏུ་བཞད་འདུག པད་ཞིང་འགྲམ་དུ་བོད་བྱ་ཁ་ཤས་ཅི་དགར་རོལ་བ་དང་གསོ་སྐྱིལ་ཁང་གི་རྒྱབ་

མདུན་དུ་བོད་བྱ་མང་པོ་གསོས་ཡོད།

ན་ཉིང་སྐལ་ཁུལ་གྱིས་ལྷ་རྩེ་རྫོང་བོད་བྱ་གསོ་སྐྱེལ་རྟེན་གཞི་ནས་དབུལ་སྒྲོད་མི་དགོས་པར་སྟོང་བྱ་1100ལྷག་ཙམ་བླངས། སྐལ་ཁུལ་སོགས་བོད་བྱ་གསོ་སྐྱེལ་ཡན་ལག་ཁང་གི་འགན་འཁུར་བ་32ཀྱི་ངོས་ནས་བརྗོད་ན། བྱ་དེའི་གཟན་ཆག་འགན་ལེན་དང་བྱ་ཚང་བདག་སྐྱོང་ལས་བྱེད་དགོས་མེད། བྱ་མོས་བཏང་པའི་སྒོ་ང་དག་གཟའ་འཁོར་རེར་ཆེད་བསྐོས་མི་སྣ་ཡོང་ནས་སྒོ་ང་རེར་སྐོར་3ཀྱི་རིན་གོང་གཞིར་བཟུང་ཉོ་སྒྲུབ་བྱེད་ཀྱི་ཡོད། དེར་བརྟེན་གསོ་སྐྱེལ་དུད་ཚང་གིས་སྒོ་ང་ཕྱིར་འཚོང་གི་གནད་དོན་ལ་སེམས་ཁྲལ་བྱེད་མི་དགོས་པར་བློ་གཅིག་སེམས་གཅིག་ངང་བྱ་དེ་གསོས་ན་ཆོག་གི་ཡོད།

ད་ཆ་གསོ་སྐྱེལ་ར་བར་བོད་བྱ་1500ལྷག་ཙམ་ཡོད། འདི་ལོའི་ལོ་སྟོད་དུ་ང་ཚོས་སྒོ་ང་ཉོ་སྒྲུབ་བྱས་ཏེ་བོད་བྱ་གསོ་སྐྱེལ་རྟེན་གཞིར་བཙོངས་པར་ཡོང་འབབ་སྐོར་ཁྲི་13ལྷག་ཙམ་བྱུང་ཞེས་སྐལ་ཁུལ་གྱིས་བཤད། ན་ཉིང་སྐལ་ཁུལ་གྱིས་བོད་བྱ་གསོ་སྐྱེལ་རྟེན་གཞིར་སྒོ་ང་བཙོངས་པར་ཡོང་འབབ་སྐོར་ཁྲི་16ལྷག་ཙམ་བྱུང་བ་རེད།

བསྡོམས་རྩིས་བྱས་པར་གཞིགས་ན། བོད་བྱ་གསོ་སྐྱེལ་རྟེན་གཞིས་རིམ་རྩིས་བྱས་ན་མཉམ་ལས་ཁང་ཁག་ནས་བོད་བྱའི་སྒོ་ང་ཁྲི་50ལྷག་ཉོ་སྒྲུབ་བྱས་པས་གསོ་སྐྱེལ་དུད་ཚང་ལ་ཁེ་བཟང་སྐོར་ཁྲི་150ལྷག་ཙམ་བྱུང་ཡོད། མིག་སྔའི་བར་རྫོང་དང་ཤང་གྲོང་རྣལ་ཡོངས་ཀྱི་གསོ་སྐྱེལ་ཡན་ལག་ཁང་གི་གྲངས་འབོར་ཐོག་མའི་11ནས་ད་ལྟའི་32བར་འཕེལ་རྒྱས་ཕྱིན་པ་དང་གསོ་སྐྱེལ་གཞི་ཁྱོན་བྱ་དེ་ཁྲི་6ཡན་ཟིན་ཁར་དུད་ཚང་དབུལ་པོ་358ཀྱི་མི་གྲངས་1615བོད་བྱ་གསོ་སྐྱེལ་ལ་བརྟེན་ནས་དབུལ་སྒྲོལ་ཕྱུག་འགྱུར་ལ་སྣེ་ཁྲིད་བྱས་པས། བོད་བྱ་གསོ་སྐྱེལ་ཐོན་ལས་ཀྱིས་དབུལ་སྒྲོལ་འགག་སྒྲོལ་གྱི་བྱ་གཞག་ལ་སྐུལ་འདེད་དངོས་འབྲེལ་བཏང་ཡོད།

ལྷ་རྩེ་རྫོང་གིས་བོད་བྱ་གསོ་སྐྱེལ་གྱི་ཐོན་ལས་ལ་སྐུལ་འདེད་གཏོང་བར་ཞིང་དུད་

གྱིས་འཕྲུར་བའི་ཁྲིམ་རའི་ཉེན་ཁ་དམའ་ཤོས་སུ་བཏང་ནས། དུད་ཚང་དབུལ་པོའི་ཁེ་ཕན་འགན་ལེན་ནུས་ལྡན་བྱས་ཏེ་བོད་ལྗོངས་གསོ་སྐྱོང་གྱི་གཞི་ཁྱོན་མགྱོགས་མྱུར་འཕེལ་རྒྱས་འགྲོ་རྒྱུ་འགན་ལེན་བྱས་པ་དང་ཆབས་ཅིག བོད་ལྗོངས་ཟུར་བསྐྱོན་རིན་ཐང་མཐོ་བར་བརྟེན་ནས་མང་ཚོགས་དབུལ་སྒྲོལ་ཕྱུག་འགྱུར་ལ་སྣེ་ཁྲིད་དང་རོགས་རམ་བྱས་ཡོད།

ཕྱུག་འགྱུར་སྣེ་ཁྲིད་པ་ཡིན་པའི་སྐལ་ལྡན་དང་བོད་ལྗོངས་གསོ་སྐྱོང་རྟེན་གཞིའི་དབར་དུད་ཚང་དབུལ་པོའི་དབུལ་སྒྲོལ་ལ་སྣེ་ཁྲིད་བྱེད་པའི་གྲོས་མཐུན་བཞག་པ་དང་། ད་ཆ་སྐལ་ལྡན་གྱི་བོད་ལྗོངས་གསོ་སྐྱོང་ཡན་ལག་ཁང་དུ་ལས་ཀ་བྱེད་མཁན་སྤྱིན་པ་ནི་སྐལ་ལྡན་གྱིས་སྐྱུལ་ཁྲིད་བྱེད་དགོས་པའི་ཆ་སྒྲིག་རོགས་སྐྱོར་དུད་ཚང་དབུལ་པོ་24ཡི་གྲས་ཤིག་རེད།

ད་ཆ། ང་རང་མངའ་རིས་དང་ནག་ཆུ་གྲོང་ཁྱེར་དུ་སླ་པར་འགྲོ་ཡི་ཡོད། ལོ་ལྟར་ཡོང་འབབ་སྒོར་ཁྲི་2ནས་3བར་འདུག ད་ཆ་ལོ་ན་རྒས་པར་བརྟེན་ཕྱིར་སླ་པར་འགྲོ་ཐུབ་ཀྱི་མི་འདུག འོན་ཀྱང་བྱ་དེར་ལྟོ་སྟེར་བའི་ལས་ཀ་དེ་འདྲ་སྣང་དག་མི་འདུག ཉིན་ལྟར་སྒོར་100ཡི་སླ་ཆ་ཡོད་པས་ཕྱིར་སླ་པར་ཕྱིན་པ་ལས་ཡག་པ་འདུག ལོ་ལྟར་སྐལ་ལྡན་ལགས་ཀྱིས་ང་ཚོ་ཆ་སྒྲིག་རོགས་སྐྱོར་གྱི་དུད་ཚང་དབུལ་པོ་24ལ་ཁེ་བཟང་སྒོར་2000རེ་བགོ་ཡི་ཡོད་པས་དངོས་ནས་ཡག་པོ་འདུག ཅེས་སྨྲིན་པས་དགའ་ཚོར་ཆེན་པོས་བཤད།

འདི་ནི་སྐལ་ལྡན(གཡོན་གྱི་དང་པོ)དང་ཚ་སྒྲིག་རོགས་སྐྱོར་དུད་ཚང་དབུལ་པོའི་སྒྲིན་པས་གསོ་སྐྱེལ་ར་བར་བྱ་དེའི་གཟན་ཆག་ལ་ཞིབ་བཤེར་བྱེད་བཞིན་པ།

གྲོང་གསེབ་ཀྱི་རྣམ་པ་མཛེས་སྡུག་ལྡན། མང་ཚོགས་ཀྱི་འཚོ་བ་བདེ་ཞིང་སྐྱིད།

——ཉིང་ཁྲི་གྲོང་ཁྱེར་གྱིས་མཐའ་མཚམས་འབྱོར་འབྲིང་གྲོང་ཚོ་བསྐྲུན་པའི་སྐོར་བཀོད་པ།

ཉེ་བའི་ལོ་ཤས་རིང་། ཉིང་ཁྲི་གྲོང་ཁྱེར་གྱིས་མཐའ་མཚམས་ས་ཁུལ་གྱི་འབྱོར་འབྲིང་གྲོང་ཚོའི་འཛུགས་སྐྲུན་འཆར་འགོད་ལ་སྐུལ་འདེད་ཤུགས་ཆེན་བཏང་བ་དང་། གྲོང་ཁྱེར་ཡོངས་ཀྱི་མཐའ་མཚམས་སྲིད་འཛིན་གྲོང་ཚོ་141ཚང་མ་མཐའ་མཚམས་འབྱོར་འབྲིང་གྲོང་ཚོའི་འཛུགས་སྐྲུན་འཆར་འགོད་ནང་བཅུག་པ་དང་ཁྲོན་མ་དངུལ་སྒོར་དུང་ཕྱུར་37ཙམ་གཏོང་རྒྱུའི་འཆར་གཞི་བཏིང་ཡོད། ས་ཆ་དེ་དག་གི་ལམ་དང་། ཆུ། གློག འཕྲིན་གཏོང་སོགས་རྨང་གཞིའི་སྒྲིག་བཀོད་དང་། དམངས་ཀྱི་སྡོད་ཁང་སྒྱུར་བཀོད། སྒོ་ར་སྒྱུར་བཀོད། གྲོང་ཚོའི་རྣམ་པ་ལེགས་གཏོང་སོགས་བདེ་སྡོད་སྒྲིག་བཀོད་གཙོ་གནད་ཐོག་ལེགས་སུ་གཏོང་རྒྱུ་མ་ཟད། ས་གནས་དེ་གའི་མི་སེར་གྱི་ཐོན་སྐྱེད་དང་འཚོ་བའི་ཆ་རྐྱེན་ལེགས་སུ་བཏང་ནས་རིག་གནས་དང་སྨན་བཅོས་སོགས་སྤྱི་པའི་ཞབས་ཞུའང་ལེགས་སུ་གཏོང་རྒྱུ་རེད། གསུམ་མོ་ཚལ་གྲོང་ཚོ་ནི་མཐའ་མཚམས་འབྱོར་འབྲིང་གྲོང་ཚོ་མང་པོའི་ཁྲོད་ཀྱི་གྲས་ཤིག་རེད། མིག་སྔར་གྲོང་ཚོ་གའི་འཛུགས་སྐྲུན་རྣམ་གྲངས་ཚང་མ་ལེགས་གྲུབ་ཟིན་པ་དང་དུད་ཚང་29ཡི་གྲོང་མི་དགའ་དགའ་སྤྲོ་སྤྲོའི་ངང་སྡོད་ཁང་གསར་པར་སྤོས་ཡོད།

མཐའ་མཚམས་འབྱོར་འབྲིང་གྲོང་ཚོ་འཛུགས་སྐྲུན་བྱེད་རིང་། ཉིང་ཁྲི་གྲོང་ཁྱེར་

གྱིས་ཐོན་ལས་དང་རྩང་གཞིའི་སྒྲིག་བཀོད་འཛུགས་སྐྲུན་གྱི་ཕྱོགས་གཉིས་འཕེལ་རྒྱས་ལ་སྣང་ཆེན་བྱས་ཏེ། མཐའ་མཚམས་མི་སེར་གྱིས་ཐོན་ཁུངས་ཀྱི་ལེགས་ཆར་བརྟེན་ནས་གྲོང་གསེབ་ཀྱི་ཁྱད་ལྡན་ཐོན་ལས་འཕེལ་རྒྱས་ཤུགས་ཆེན་གཏོང་བར་སྐུལ་ལྕག་དྲུར་ཐག་བྱས་པ་རེད།

ཉེ་བའི་ལོ་ཤས་རིང་། མཐའ་མཚམས་གྲོང་ཚོ་ཡིན་པའི་ཆུང་གླིང་གྲོང་ཚོས་གནས་ཡུལ་མཛེས་ལྗོངས་ཁུལ་དུ་མི་རིགས་ཀྱི་ཁྱད་ལྡན་ཡུལ་སྐོར་ཚོང་ཟོག་ཚོང་མཁན་ཚོགས་ཆུང་4བཙུགས་པར་ལོ་རེར་འབབ་འཕར་སྐོར་ཁྲི་50ལྷག་ཙམ་རག་པ་དང་དུད་ཚང་མི་རེ་ངོ་རེའི་ཞིང་འབྲོག་པར་ཡོང་འབབ་སྐོར་ཁྲི་1.8ལྷག་ཙམ་རག་ཡོད། མཛེས་ལྗོངས་ཁུལ་གྱི་ལེགས་ཆར་བརྟེན་ནས་གྲོང་མི་ཡག་ཤག་གིས་ཀྱང་ཆེད་ལས་མཉམ་ལས་ཁང་འཛུགས་རྒྱུའི་བསམ་བློ་བཏང་། 2015ལོར་ས་གནས་དེ་གའི་སྲིད་གཞུང་གི་ཤུགས་ཆེའི་རྒྱབ་སྐྱོར་འོག ཁོ་མོས་གྲོང་ཚོའི་བུད་མེད་22ཀྱི་སྣེ་ཁྲིད་དེ་སྨན་གླིང་རྫོང་གནས་ཡུལ་ལྟོ་པ་ལུང་གཞུང་གི་ལྟོ་པའི་རས་འཐག་ཞིང་པའི་ཆེད་ལས་མཉམ་ལས་ཁང་བཙུགས་པ་རེད།

མཉམ་ལས་ཁང་ཐོག་མར་འཛུགས་སྐབས་རྫོང་གིས་ང་ཚོར་རས་འཐག་འཕྲུལ་ཆས་དང་སྤུན་དོག་དཀོན་པའི་གནད་དོན་ཐག་གཅོད་བྱེད་རོགས་བྱས་བྱུང་ལ། རས་འཐག་ལག་རྩལ་རྒྱུན་འཛིན་པ་རྣམ་གྲས་གདན་དྲངས་ནས་ང་ཚོར་རས་འཐག་ལག་རྩལ་དམར་ཁྲིད་བྱས་བྱུང་བས་ད་ཆ་ང་ཚོའི་མཉམ་ལས་ཁང་གིས་ཁ་དགྲིས་དང་། དཔྱལ་ཁུག སྟོད་ལྷེ། པང་གདན། ཕོ་མོའི་གྱོན་ཆས་སོགས་ཚང་མ་བཟོ་ཡི་ཡོད། དེ་ལས་ང་ཚོར་ཡོང་འབབ་མང་པོ་རག་བྱུང་ལ་འཚོ་བའང་ཡག་པོ་སྐྱིལ་རྒྱུ་བྱུང་ཞེས་ཡག་ཤག་གིས་དགའ་སྤྲོའི་ངང་བཤད།

ཏང་དང་རྒྱལ་ཁབ་ཀྱི་སྲིད་ཇུས་བཟང་པོའི་ཐུགས་ཁུར་འོག མཐའ་མཚམས་གྲོང་ཚོའི་མང་ཚོགས་ཀྱི་འཚོ་བ་ཉིན་རེང་ལས་མ་འདས་པར་ཡག་ཏུ་སོང་བ་དང་མཐའ་

མཚམས་མང་ཚོགས་ཀྱི་མཐུན་སྒྲིལ་རྡོག་རྩ་གཅིག་སྒྲིལ་གྱི་འདུ་ཤེས་སྟར་བས་ཟབ་ཏུ་ཕྱིན་ཡོད། གྲུང་གོ་དང་རྒྱ་གར་གྱི་མཐའ་མཚམས་སུ་གནས་པའི་སྨན་གླིང་རྫོང་བམ་གྲོང་གྲོང་ཚོའི་གྲོང་མི་སྟོབས་རྒྱལ་ནི་རྒྱལ་གཅེས་འདུ་ཤེས་ཟབ་མོ་ལྡན་པའི་མཐའ་མཚམས་ཀྱི་སྐྱར་གཡེང་བ་ཞིག་རེད། ཁོང་གི་ཉིན་རེའི་ལས་འགན་ནི་མཐའ་མཚམས་སུ་སྐྱར་གཡེང་བྱ་རྒྱུ་དེ་རེད། ཁོང་གིས་ང་ཚོའི་ད་ལྟའི་བདེ་སྐྱིད་ལྡན་པའི་འཚོ་བ་ནི་ཏང་དང་རྒྱལ་ཁབ་ཀྱིས་གནང་བ་དང་ང་ཚོའི་ཧང་འོག་གི་ས་ཆ་ནི་ང་ཚོ་ཀྲུང་གོའི་ས་ཆ་ཡིན་པས་ང་ཚོ་ཙམ་མ་ཟད། ང་ཚོའི་མི་རབས་རྗེས་མས་ཀྱང་རྒྱལ་ཁབ་ཀྱི་མངའ་ཁོངས་ས་ཆར་སྲུང་སྐྱོང་དང་གཅེས་སྐྱོང་མཐའ་གཅིག་ཏུ་བྱེད་དགོས་པ་ཤེས་དགོས་ལ། རང་ཉིད་ཀྱི་བྱ་སྤྱོད་དངོས་ལ་བརྟེན་ནས་ཏང་གི་བཀའ་དྲིན་འཇལ་བ་དང་ཁྱིམ་གཞིས་སྲུང་སྐྱོང་བྱེད་དགོས། ད་ཆའི་བམ་གྲོང་གྲོང་ཚོར་གྲོང་མི་ཚང་མས་རང་ཉིད་ནི་རྒྱལ་ཁབ་ཀྱི་ས་ཆ་སྲུང་མཁན་ཞིག་ལ་བརྩིས་ནས་སྐྱར་གཡེང་དང་མཐའ་སྲུང་གི་འགན་འཁྲི་རང་འགུལ་དང་འཁུར་གྱི་ཡོད་ཅེས་བཤད།

ད་ཆ་མཐའ་མཚམས་གྲོང་ཚོའི་སྟོད་ཁང་ལ་འགྱུར་ལྡོག་བྱུང་བ་མ་ཟད། གྲོང་ཚོའི་རྣམ་པ་དང་བསམ་པའི་དཔལ་ཡོན་སོགས་ལའང་འགྱུར་ལྡོག་ཆེན་པོ་བྱུང་ཡོད། ཚང་མས་སེམས་ཤུགས་གཅིག་སྒྲིལ་དང་ཁྱིམ་སྐྱོང་རྒྱལ་སྲུང་བྱས་ཏེ་འཕེལ་རྒྱས་ཀྱི་རྟུས་གཞི་འདིང་བ་དང་མཐའ་མཚམས་གྲོང་ཚོ་དེ་བས་མཛེས་སྡུག་ལྡན་པ་ཞིག་ཏུ་འཛུགས་སྐྲུན་བྱེད་བཞིན་ཡོད་པ་རེད།

ཞིང་པ་ལས་མིའི་ཁེ་དབང་སྲུང་སྐྱོང་ཡག་པོ་བྱས་པ།

——རང་སྐྱོང་ལྗོངས་ཀྱིས་ཞིང་པ་ལས་མིའི་སྒླ་ཆ་གཏོང་སྤྲོད་ལས་དོན་ལ་ནུས་ཤུགས་ཡོད་རྒྱུས་འགན་སྲུང་བྱས་པ།

ལོ་ལྔའི་རིང་། རང་སྐྱོང་ལྗོངས་ཀྱི་རིམ་ཁག་ངལ་རྩོལ་འགན་སྲུང་ལྟ་ཞིབ་ལས་ཁུངས་ཀྱིས་ཞིང་པ་ལས་མིའི་སྒླ་ཆ་གཏོང་སྤྲོད་ལ་འགན་ལེན་བྱེད་པ་དེ་གནས་བབ་གལ་ཆེན་ཐོག་བཞག་ནས་ཞིང་པ་ལས་མིའི་སྒླ་ཆ་འགྱངས་ཆད་ཀྱི་གནད་དོན་བཅོས་སྒྲིག་ལ་ནུས་ཤུགས་ཡོད་རྒྱུས་སྐྱུལ་འདེད་བཏང་བས། ཕན་འབྲས་མངོན་གསལ་དོད་པོ་ཐོན་ཡོད། ལོ་ལྔའི་རིང་རང་སྐྱོང་ལྗོངས་ཀྱི་ངལ་རྩོལ་འགན་སྲུང་ལྟ་ཞིབ་ལས་ཁུངས་ཀྱིས་ཐེར་འདོན་གོང་ཞུའི་གྱོད་གཞི་6000ཙམ་ཐག་གཅོད་བྱས་ནས་ངལ་རྩོལ་པའི་སྒླ་ཆ་སྒོར་དུང་ཕྱུར་11ལྷག་ཙམ་ལེན་རོགས་བྱས་པ་དང་སྤྱི་ཚོགས་འགན་བཅོལ་གྱི་དངུལ་སྒོར་ཁྲི་1300ལྷག་ཙམ་གསབ་འཇལ་བྱས་ཡོད། ལས་དོན་དེ་དག་སྒྲུབ་རིང་། ལྟ་ཞིབ་ལས་བྱེད་པ་ཚོས་ཞིང་པ་ལས་མིའི་སྒླ་ཆ་འགྱངས་ཆད་ཀྱི་གྱོད་གཞི་རེ་རེ་དྲང་སྙོམས་དང་། དྲང་གཞག ཡོངས་བསྡོམས་བཅས་ཀྱིས་ཐག་གཅོད་བྱས་པར་རྒྱ་ཆེའི་མི་སྒྱུད་ཚན་པ་དང་ཞིང་པ་ལས་མིའི་ཁས་ལེན་མགྲིན་གཅིག་ཏུ་ཐོབ་ཡོད།

སྔོན་འགོག་བྱ་ཐབས་ལེགས་པོ་བཟོས་པ།

ལོ་ལྔའི་རིང་། རང་སྐྱོང་ལྗོངས་དང་། ས་ཁུལ(གྲོང་ཁྱེར) རྫོང(ཆུས)བཅས་རིམ་གསུམ་གྱིས་ཁེ་ལས་ཀྱིས་སྒླ་ཆ་འགྱངས་ཆད་བྱེད་པའི་གནད་དོན་ཐག་གཅོད་ཀྱི་མཉམ་ཞུགས་

ཚོགས་འདུ་འཚོགས་ཤིང་། སྲིད་གཞུང་གི་འགོ་ཁྲིད་གཙོ་བོས་སྤྱི་ཁྱབ་ཚོགས་བསྡུ་བའི་བཀའ་ཁུར་ཏེ་ལྗོངས་ཡོངས་ཀྱི་དཔལ་འབྱོར་དང་སྤྱི་ཚོགས་འཕེལ་རྒྱས་ཀྱི་དམིགས་ཚད་ལས་རྗེས་དཔྱད་ཞིབ་གཉེར་འཇོག་དང་། ཕྱོགས་བསྡུས་བཙོས་སྐྱོང་ལས་དོན་གྱི(དུས་བདེ་འཛུགས་སྐྲུན)དཔྱད་གཉེར་མ་ལག་དང་ཞིང་པ་ལས་མིའི་གླ་ཆ་གཏོང་སྒྲིད་བཀག་ལེན་གྱི་ཆེད་དོན་དཔྱད་ཞིབ་སྒྲིག་འཛུགས་ལག་བསྟར་བྱས་ཡོད། ད་དུང་ཆེད་དོན་ལྟ་སྐུལ་ཞིབ་བཤེར་ཐེངས་20ལྷག་ཙམ་བྱས་ཏེ་གཏོགས་ཁོངས་ཀྱི་འགན་འཁྲི་དང་ལས་རིགས་ཀྱི་ལྟ་འདོམས་འགན་འཁྲི་ནན་ཏུ་བཏང་ནས་ཞིང་པ་ལས་མིའི་ཁྲིམས་མཐུན་ཁེ་དབང་གཞི་རྩ་ནས་འགན་སྲུང་བྱས་ཡོད།

དེ་དང་ཆབས་ཅིག་རང་སྐྱོང་ལྗོངས་ཀྱིས་སྔ་རྗེས་སུ་ལམ་ལུགས་དང་བྱ་ཐབས་30ལྷག་ཙམ་བཏོན་ཏེ་ཞིང་པ་ལས་མིའི་གླ་ཆ་གཏོང་སྒྲིད་བཀག་ལེན་བྱས་ནས་གླ་ཆ་འགྲངས་ཆད་ཀྱི་གནད་དོན་སྔོན་འགོག་གི་བྱ་ཐབས་ཏན་ཏིག་བཟོས་ཡོད།

དཀའ་གནད་ཏན་ཏིག་བསལ་བ།

ཉེ་བའི་ལོ་ཤས་རིང་། རང་ལྗོངས་ཀྱི་རིམ་ཁག་ངལ་རྩོལ་འགན་སྲུང་ལྟ་ཞིབ་ལས་ཁུངས་ཀྱིས་ནམ་རྒྱུན་ནས་འགོག་སྲུང་གྲལ་བཤེར་ལ་དམ་འཛིན་བྱས་ཏེ་གཟབ་འཕོར་རེར་བཀོད་གཏོང་བྱེད་པ་དང་ཟླ་མྱུར་ལ་བརྟེ་ཁྱབ་གཏོང་བའི་ལས་དོན་སྤེལ་བ་དང་། དམིགས་བསལ་དུས་སྐབས་སུ་བྱ་ཐབས་དངོས་འདོན་པ་དང་། བྱ་ཐབས་ཏན་ཏིག་འདོན་པ། བྱ་ཐབས་ནན་པོ་འདོན་པ་བཅས་བྱས་ཏེ་ཆེད་དོན་ཁྲིམས་འཛིན་བྱ་སྤྱོད་གཅིག་སྡུད་ཐོག་སྤེལ་ནས་གླ་ཆ་འགྲངས་ཆད་ཀྱི་གནད་དོན་དུས་ཐོག་ཏུ་ཐག་གཅོད་བྱས་ཡོད། ཐེར་འདོན་གོང་ཚུའི་ཁ་པར12333ཤར་གཏོང་བྱས་པ་དང་། རིགས་ཁག་གི་གསར་འགྱུར་སྨྱན་སྦྱོར་དང་གཙོ་ཆེའི་དྲ་ཚོགས་སུ་ལྗོངས་ཡོངས་ཀྱི་ངལ་རྩོལ་འགན་སྲུང་ལྟ་ཞིབ་ལས་དོན་

མི་སྣའི་འབྲེལ་གཏུག་ཁ་པར་ཡོངས་བསྒྲགས་བྱས་ཏེ་སྣ་ཚ་འགྲུངས་ཚད་ཀྱི་ཐེར་འདོན་དང་གོང་ཞུའི་ཀྲོད་གཞི་འཕྲུལ་མར་བདག་སྐྱོད་དང་ཐག་གཅོད་ཐུབ་པར་བྱས་ཡོད། སྔོད་ཁང་འཛུགས་སྐྲུན་པུའུ་དང་མཉམ་དུ་ལས་གྲྭ་འཛུགས་སྐྲུན་ཁྲབ་ཁོངས་ཀྱི་ཁྲོམ་རའི་ཁོར་ཡུག་བཙོས་སྒྲིག་གི་ཆེད་དོན་ཞིབ་བཤེར་བྱེད་སྒོ་སྤེལ་ཏེ་ཁྲིམས་འགལ་དང་འགན་གཙང་སྤྱོད་པ་དང་། ལག་བརྒྱུད་འགན་གཙང་སྤྱོད་པའམ་ཡང་ན་ཁྲིམས་འགལ་དང་འགན་གཙང་ཁག་བགོས་སོགས་ཀྱི་ཁྲིམས་འགལ་སྒྲིག་འགལ་གྱི་བྱེད་སྤྱོད་ལ་ཁྲིམས་བཞིན་ཞིབ་བཤེར་ཐག་གཅོད་བྱས་ནས་ལས་གྲྭ་འཛུགས་སྐྲུན་ཁྲབ་ཁོངས་ཀྱི་ཁྲོམ་རའི་སྒྲིག་ལམ་ཚད་ལྡན་བཟོས་ཡོད།

སྙིང་རགས་བརྟན་པོ་བསྐྱུན་པ།

ལོ་ལྔའི་རིང་། རང་ལྗོངས་ཀྱིས་གྲུང་ཁྲིང་འཛུགས་སྐྲུན་ལས་གྲྭ་ཚད་ཡོད་ཀུང་སི་སོགས་ཁ་དན་ཆོག་ལ་མ་གནས་པའི་ཁེ་ལས་18བོད་རང་སྐྱོང་ལྗོངས་ཨར་སྐྲུན་ཁྲོམ་རའི་ལྟ་འདོམས་དང་ཡིད་རྟོན་ཆ་འཕྲིན་གྱི་ལས་སྡེགས་སུ་བཙུག་པ་དང་། ཡིད་རྟོན་ཆ་འཕྲིན་ཕན་ཚུན་ཁས་ལེན་དང་མཉམ་སྤྱོད་ཐུབ་སྟེ། ཁ་དན་ཆོག་ལ་མ་གནས་པའི་ཁེ་ལས་ལ་ཁྲིམས་འགལ་གཅིག་ཡོད་ན་གང་སར་ཚད་བཀག་ཐོག་པར་བྱས་པས། ངལ་རྩོལ་སྣ་ཚ་མི་སྤྲོད་པའི་ཁྲིམས་འགལ་ཉེས་གསོག་བྱེད་སྤྱོད་ཀྱི་ཧམ་ཤེད་ཟིལ་གྱིས་མནན་ཡོད།

ད་བར་ལྗོངས་ཡོངས་ཀྱི་ལས་རིགས་ཁག་གིས་ངལ་རྩོལ་གན་རྒྱ་འཛོག་ཚད་བརྒྱ་ཆ95ཡན་ཟིན་པ་དང་། སྐྲུན་སྨུས་ཀྱི་ལས་གྲྭ་དང་རྣམ་གྲངས་ཀྱིས་ཁག་ཐེག་དངུལ་འབོར་སྒོར་དུང་ཕྱུར་40.06བསྐྱལ་བ། སྣ་ཚ་འགྲུངས་ཚད་ཀྱི་འཕྲུལ་སྟོམ་འཕོར་རྒྱུག་མ་དངུལ་སྒོར་དུང་ཕྱུར་6.18བཀོད་སྒྲིག་བྱས་པ། ངལ་རྩོལ་པའི་ཁེ་དབང་སྲུང་སྐྱོང་གི་བསྒྲགས་བྱང་8925བསྐར་ཡོད། གཞན་ཡང་ལས་མི་སྤྱོད་མཁན་ཁེ་ལས་ལ་དུས་ཐོག་ཏུ་ཞིང་པ་ལས་

མིའི་སླ་ཆ་གྲངས་ཚང་དང་སྤྱོད་དགོས་པའི་སྐུལ་འདེད་བཏང་བས། སྐུན་ལུས་ཀྱི་ལས་གྲྭ་དང་རྣམ་གྲངས་ཀྱིས་ཟླ་རེར་སླ་ཆ་གྲངས་ཚང་དང་སྤྱོད་ཚད་བརྒྱ་ཆ90ཟིན་ཡོད།

གནད་སྨིན་ཐབས་བཟང་ལྡན། དབུལ་པོ་སྒྱུར་དུ་སྒྲོལ།

——ནག་ཆུ་གྲོང་ཁྱེར་གྱིས་ལས་ཀའི་ལམ་སྲོལ་འཕྲུས་སྐྱོ་ཚང་དུ་བཏང་ནས་ལས་ཀའི་ཕན་འབྲས་ཆེ་རུ་བཏང་བའི་སྐོར་བཀོད་པ།

ལས་ཞུགས་གཞན་སྒྱུར་གྱིས་དབུལ་སྒྲོལ་ལ་སྐུལ་འདེད་གཏོང་བའི་ལས་དོན་སྤེལ་ཚུན། ནག་ཆུ་གྲོང་ཁྱེར་དབུལ་སྒྲོལ་འགག་སྒྲོལ་བཀོད་འདོམས་ཕྱུས་ལས་ཞུགས་གཞན་སྒྱུར་ལས་དོན་དེ་གཙོ་གནད་ལས་དོན་དུ་བརྩིས་ནས་གཅིག་འདོམས་འཆར་འགོད་ཀྱིས་མང་ཚོགས་ཀྱི་དགོས་མཁོ་སྔོན་ཕྱོགས་དང་། རྩལ་ནུས་མཐོ་རུ་གཏོང་བ་རྨང་གཞི། བྱེད་ཐབས་གནད་འཕེལ་སྤྱོད་པ་དམ་འཛིན་བྱ་གཞི། ལས་ཞུགས་གཞན་སྒྱུར་བྱས་ནས་འབབ་འཕར་ལ་སྐུལ་འདེད་གཏོང་བ་དམིགས་ཚད་བཅས་ལ་བཟུང་ནས་རྩལ་ནུས་ཆེ་རུ་གཏོང་བར་ཤུགས་སྣོན་རྒྱག་པ་དང་། ལས་གནས་འབྲེལ་མཐུད་གནད་ལ་འཕེལ་བ། རྗེས་སླེབ་ཞབས་འདེགས་ལེགས་སུ་གཏོང་བ་བཅས་བྱས་པས། མི་སེར་གྱིས་ངལ་རྩོལ་གཏན་ནས་བྱེད་འདོད་མེད་པ་ནས་ངལ་རྩོལ་བྱེད་པའི་བར་གྱི་འགྱུར་ལྡོག་ཆེན་པོ་བྱུང་ཡོད།

དབུལ་སྒྲོལ་ལས་དོན་ལ་ལམ་ལུགས་ཀྱི་འགལ་ལེན་བརྟན་པོ་ཡོང་བ་བྱས་པ།

ནག་ཆུ་གྲོང་ཞུད་དང་གྲོང་ཁྱེར་སྲིད་གཞུང་གིས་ཞིང་འཁྲིག་པའི་ལས་ཞུགས་གཞན་སྒྱུར་གྱི་ལས་དོན་ལ་ཚད་མཐོའི་མཐོང་ཆེན་བྱས་ཏེ《ནག་ཆུ་གྲོང་ཁྱེར་གྱིས་ཡིག་ཚགས་དང་གླ་བཟོས་པའི་དུད་ཚང་དབུལ་པོའི་ངལ་ནུས་ལས་ཞུགས་ལ་སྐུལ་འདེད་གཏོང་བའི་ཞབས་ཞུའི་དོ་དམ་གྱི་མཇུབ་ཁྲིད་བསམ་འཆར（ཚོད་ལྟའི་ལག་བསྟར་）》དང《2019ལོའི་

ནག་ཆུ་གྲོང་ཁྱེར་གྱི་ཞིང་འབྲོག་པའི་འབབ་འཕར་དང་ལས་ཞུགས་གཞན་སྤྱུར་གྱི་ལས་ཀའི་བྱ་སྤྱོད་ཇུས་གཞི（ཚོད་ལྟའི་ལག་བསྟར་）》སོགས་ཞིང་འབྲོག་པའི་ལས་ཞུགས་གཞན་སྤྱུར་ལ་སྐུལ་འདེད་གཏོང་བའི་སྲིད་ཇུས་རབ་དང་རིམ་པ་བཟོས་པ་དང་། དེའི་ནང་ནག་ཆུ་གྲོང་ཁྱེར་གྱི་སྲིད་འཛིན་ཁུལ་ཁོངས་སུ་རྒྱལ་ཁབ་ལས་ཁུངས་སམ་ཡང་ན་ཁེ་ལས་དང་བྱ་གཞག་ཚན་པའི་རྨང་གཞིའི་སྒྲིག་བཀོད་འཛུགས་སྐྲུན་རྣམ་གྲངས་སྐྲུན་འགན་འཁུར་བའི་ཁེ་ལས་སམ་ཡང་ན་མི་སྒེར་གྱིས་སྒོར་ཁྲི་100རེ་མ་འཛུགས་བྱས་ཚེ་གྲོང་ཁྱེར་དེའི་ངལ་ནུས་1རེ་ལས་ཞུགས(ཡིག་ཚགས་དང་གན་བཟོས་པའི་དུད་ཚང་དབུལ་པོའི་ངལ་ནུས་སྟོན་ལ་ལས་ཞུགས་བྱེད་དབང་ལྡན)སུ་བསྒྱུ་བའི་གཏན་འབེབས་གཞིར་བཟུང་། ས་གནས་དེ་གའི་ངལ་ནུས་ལས་ཞུགས་ཐུབ་པ་བྱེད་དགོས་པ་དང་། མ་འཛུགས་སྒོར་དུང་ཕྱུར་1ཡན་གྱི་རྣམ་གྲངས་ཡིན་ཕྱིན། ཡིག་ཚགས་དང་གན་བཟོས་པའི་དུད་ཚང་དབུལ་པོའི་ངལ་ནུས་100རེ་བསྒྱུ་བའམ་ཡང་ན་དེར་རོགས་སྐྱོར་བྱེད་དགོས་པའི་གླང་བྱ་བཏོན་ནས་ལས་ཞུགས་གཞན་སྤྱུར་གྱི་དབུལ་སྒྲོལ་ལས་དོན་ལ་ལམ་ལུགས་ཀྱི་འགན་ལེན་བརྟན་པོ་བྱས་ཡོད།

ནག་ཆུ་གྲོང་ཁྱེར་གྱི་གྲོང་སྡེ་གཞོན་པ་གྲོང་ཁྱེར་དབུལ་སྒྲོལ་འགག་སྒྲོལ་བཀོད་འདོམས་པུའི་ལས་ཞུགས་གཞན་སྤྱུར་ཚོགས་ཆུང་གི་ཙུའུ་ཀྲང་རྒྱལ་རྫོར་གྱིས། འདི་ལོ་ཚུན་དུ་ནག་ཆུས་གོ་སྐབས་དམ་འཛིན་དང་འགྲན་སློང་ལ་ཁ་གཏད་བཅགས་ནས་ལས་ཀའི་ལམ་སྲོལ་ཁག་སྟར་བས་འཕྲུས་སྐོ་ཚང་དུ་བཏང་བ་དང་ཞབས་ཞུ་རིམ་པའི་ལས་དོན་ཁག་གནད་སྨིན་ཡག་པོ་བསྒྲུབས་པས། ལས་ཞུགས་གཞན་སྤྱུར་གྱིས་དབུལ་སྒྲོལ་ལ་སྐུལ་འདེད་གཏོང་བའི་མཉམ་ཤུགས་ཆེན་པོ་ཞིག་ཆགས་ཡོད་ལ། ལས་ཞུགས་ཀྱི་ཁོར་ཡུག་བཟང་པོ་ཞིག་གྲུབ་ནས་རྒྱ་ཆེའི་ཞིང་འབྲོག་མང་ཚོགས་ལ་རྩལ་ནུས་སྤྱོད་རྒྱུ་ཡོད་པ་དང་ལས་ཞུགས་ཐུབ་རྒྱུ་ཡོད་པའི་འགན་ལེན་བྱུང་ཡོད།

གསོ་སྐྱོང་ཞབས་ཞུ་ལེགས་སུ་བཏང་ནས་གསོ་སྐྱོང་གི་སྤུས་ཚད་ལེགས་སུ་བཏང་བ།

བརྟག་དཔྱད་མཐིལ་རྫོགས་བྱས་པ་བརྒྱད། ནག་ཆུ་གྲོང་ཁྱེར་གྱི་ད་ཡོད་དུད་ཚང་དབུལ་པོ་27019ཡི་མི་59017ལས་ཕྱིར་ངལ་རྩོལ་ལ་འགྲོ་ཐུབ་པའི་མི་22529དང་། འགྲོ་མི་ཐུབ་པ་36488 གསོ་སྐྱོང་གི་དགོས་མཁོ་ཡོད་པ་4455བཅས་ཡོད་པ་རེད། ནག་ཆུ་གྲོང་ཁྱེར་གྱིས་མངགས་ཐོའི་རྣམ་པ་དང་ཚལ་ཐོའི་རྣམ་པའི”གསོ་སྐྱོང་བྱེད་སྟངས་སྤྱད་དེ་མི་161ལ་མངགས་ཐོའི་རྣམ་པ་དང་གནས་གཏན་འཁེལ་རྣམ་པའི་གསོ་སྐྱོང་བྱས་པ་དེ་དག་ལས་རིགས་ཆེ་གྲས་བཞི་དང་འབྲེལ་བ་ཡོད། རྩལ་ནུས་ཆེ་རུ་བཏང་བ་བརྒྱད། མང་ཚོགས་100ལྷག་སར་ཁ་ལོ་བའི་ལག་ཁྱེར་Aདང་Bལེན་པར་བཏང་བ་ལས་ཡིག་ཚགས་དང་གྲ་བཟོས་པའི་དུད་ཚང་དབུལ་པོའི་མི་72ཡོད་པ་རེད། དེ་དང་དུས་མཚུངས་རྫོང(ཆུས)ཁག་གིས་རང་བརྟེན་གསོ་སྐྱོང་གི་རྣམ་པ་སྤྱད་ནས་གསོ་སྐྱོང་གི་འཆར་གཞི་བཟོས་པ་དེ་དག་ལས་རིགས་སྣ་ཁ་18དང་འབྲེལ་བ་ཡོད་པ་དང་ད་ཆ་རྩལ་ནུས་ཁག་གི་གསོ་སྐྱོང་ཚ་ཚ་འུར་འུར་ངང་སྤེལ་བཞིན་ཡོད། མིག་སྔའི་བར་རྫོང(ཆུས)ཁག་གིས་མི་2856ལ་རྩལ་ནུས་གསོ་སྐྱོང་བྱས་པ་དང་། མི་160ལ་ད་ལྟ་གསོ་སྐྱོང་བྱེད་བཞིན་ཡོད་པ། མི་2302གསོ་སྐྱོང་བྱས་ནས་ལས་ཞུགས་ཐུབ་པ། གསོ་སྐྱོང་བྱས་རྗེས་ལས་ཞུགས་ཐུབ་ཚད་བརྒྱ་ཆ80.6ཟིན་པ་བཅས་རེད།

2019ལོའི་ལོ་སྟོད་ཚུན་དུ། ནག་ཆུ་གྲོང་ཁྱེར་གྱིས་ཞིང་འབྲོག་པའི་གསོ་སྐྱོང་ལ་མ་དངུལ་སྒོར་ཁྲི་1550བཏང་བ་དང་རིམ་པ་ཁག་དང་རིགས་ཁག་གི་གསོ་སྐྱོང་སློབ་གྲྭ་རིམ་སྤེལ་བྱས་ན་ཞིང་འབྲོག་པ་5161ལ་གསོ་སྐྱོང་བྱས་པ་དེ་དག་མ་བྱན་དང་། ལྷམ་རའི་ལག་རྩལ། ཆྭངས་འཁོར་ཉམས་བཟོ། ཁ་ལོ་བ། ཨར་སྐྲུན་སོགས་ལས་རིགས་སྣ་ཁ་18དང་འབྲེལ་བ་ཡོད་པ་དང་གསོ་སྐྱོང་ལེགས་སྐྱབ་བྱེད་ཚད་བརྒྱ་ཆ115.84ཟིན་ཡོད།

ལས་ཞུགས་ཀྱི་ལས་སྒེགས་བསྐྱུན་ནས་ལས་ཞུགས་ཀྱི་རྩ་ཆད་འགན་ལེན་བྱས་པ།

མང་ཚོགས་ཀྱི་བསམ་བློར་འགྱུར་ལྡོག་གཏོང་དཀའ་བ་དང་། ལས་ཞུགས་ཀྱི་འདུ་ཤེས་རྗེས་ལུས་ཡིན་པ། ལས་ཞུགས་དང་ལས་གཏོད་ཀྱི་འདུ་ཤེས་ཟབ་པོ་མེད་པ་སོགས་ཀྱི་ཞན་ཆར་དམིགས་ཏེ། ནག་ཆུ་གྲོང་ཁྱེར་མི་སྒྱི་སྡེ་ཚན་གྱིས12333སྲིད་ཇུས་དྲིལ་བསྒྲགས་ཉིན་མོ་དང་། གཙོ་ཆེའི་དྲ་ཚོགས། ལག་ཐོགས་ཁ་པར་གྱི་APP སྐད་འཕྲིན་སྒྱི་རྟགས་སོགས་ལ་བརྟེན་ནས་རྒྱལ་ཁབ་དང་རང་སྐྱོང་ལྗོངས་དང་ནག་ཆུ་གྲོང་ཁྱེར་གྱི་ལས་ཞུགས་ལས་གཏོད་ཀྱི་སྲིད་ཇུས་དྲིལ་བསྒྲགས་བྱེད་ཤུགས་ཆེ་རུ་བཏང་ཡོད། དེ་དང་ཆབས་ཅིག་གྲོང་ཁྱེར་དང་རྫོང་མི་སྒྱི་ཝུས་ཀྱིས་མི་སྒྱིའི་ཁྲབ་ཁོངས་ཀྱི་སྲིད་ཇུས་ཁྲིམས་སྲོལ་གྱི་ཆེད་དོན་སློབ་ཚན་ཐེངས་30ཁྲིད་ནས་མི་སྒྱིའི་ཁྲབ་ཁོངས་ཀྱི་ཁྲིམས་སྲོལ་སྲིད་ཇུས་གཞི་རིམ་དུ་སྐྱུར་སྲིང་བྱས་ཏེ་ལས་བྱེད་མང་ཚོགས་ཀྱིས་སྲིད་ཇུས་རྟོགས་ཚད་དང་། ཁོང་དུ་ཆུད་ཚད། བེད་སྤྱོད་བྱེད་ཚད་བཅས་རྒྱུན་ཆད་མེད་པར་ཆེ་རུ་བཏང་ཡོད།

རིམ་རྩིས་ལྟར་ན་འདི་ལོ་ཚུན་དུ་ནག་ཆུ་གྲོང་ཁྱེར་གྱི་ཞིང་འབྲོག་པ་64784ལས་ཞུགས་གཞན་སྐྱུར་ཐུབ་ནས་ལས་འགན་ལེགས་སྒྲུབ་ཐུབ་ཚད་བརྒྱ་ཆ107.97ཟིན་པ་དང་། ལས་ཞུགས་གཞན་སྐྱུར་ལས་ཡོང་འབབ་སྒོར་ཁྲི་68153.76བྱུང་བ། ལས་ཞུགས་གཞན་སྐྱུར་འབབ་འཕར་ལས་འགན་ལེགས་སྒྲུབ་ཐུབ་ཚད་བརྒྱ་ཆ151.45ཟིན་པ་དང་ཆབས་ཅིག ནག་ཆུ་གྲོང་ཁྱེར་དུ་ཞིང་ཆེན་གཞན་དུ་ལས་ཞུགས་བྱེད་མཁན་མེད་པ་ནས་ཡོད་པའི་བར་འགྱུར་ལྡོག་བྱུང་སྟེ་མིང་ངོ་མའི་ལམ་ལུགས་ཀྱི་བསྡོམས་རྩིས་ལ་གཞིགས་ན་ནག་ཆུ་གྲོང་ཁྱེར་དུ་ཞིང་ཆེན་གཞན་དུ་ལས་ཞུགས་ཐུབ་མཁན་187བྱུང་བ་དེ་དག་སི་ཁྲོན་དང་། ཀན་སུའུ། ཆུའུ་ཅན། ནང་སོག ཧྲན་ཏུང་། ཧྲང་ཧའེ། ཤིན་ཅང་། ཁྲུང་ཆིང་། ယུན་ནན་སོགས་སུ་ཡོད་པ་རེད། གྲོང་ཁྱེར་དེ་ཡོངས་ཀྱི་ཞིང་ཆེན་གཞན་དུ་སླ་པར་སྐྱོད་མཁན་ལ་ཆ་སྙོམས་

མི་རེར་ཟླ་རེར་སྒྲ་ཕོགས་སྒོར་2800ཡོད་པ་དང་། གྲོང་ཁྱེར་གཞན་དུ་ལས་ཞུགས་ཐུབ་མཁན་ཀུང་བ་ནས་མང་བའི་བར་མཐོན་འགྱུར་བྱུང་སྟེ། མིག་སྔའི་བར་ནག་ཆུ་གྲོང་ཁྱེར་དུ་ས་ཁུལ (གྲོང་ཁྱེར) གྱི་ལས་གནས་སུ་མི་3160ལས་ཞུགས་ཐུབ་པ་དང་ལས་ཞུགས་གཞན་སྐྱུར་བྱས་པའི་མི་བརྒྱ་ཚ90ཡན་ལྷག་སར་ལས་ཞུགས་ཐུབ་པ་ལས་ཁ་ཡོ་བ་དང་ཞབས་ཞུའི་ལས་རིགས་སུ་ཞུགས་མཁན་མང་ཆེ་བ་ཡིན་པ་དང་ཚ་སྙོམས་མི་རེར་ཟླ་རེར་སྒྲ་ཕོགས་སྒོར་3000ཡོད་པ་རེད།

མཛེས་སྡུག་ལྡན་པའི་མཐའ་མཚམས་བརྟན་པོར་སྲུང་། བདེ་སྐྱིད་ལྡན་པའི་ཁྱིམ་གཞིས་འཛུགས་སྐྲུན་བྱེད།

——ལྷུན་རྩེ་རྫོང་ཡུལ་སྨད་ཤང་གི་མང་ཚོགས་ཚོས་ཡུལ་སྨད་ཀྱི་འགྱུར་ལྡོག་ཆེན་པོའི་སྐོར་ལྷུག་པོར་གླེང་བ།

ཟླ་10ཚེས་28ཉིན་ནི་སྤྱི་ཁྱབ་རྡུའུ་ཅི་ཞི་ཅིན་ཕིང་གིས་བོད་ལྗོངས་ལྷུན་རྩེ་རྫོང་ཡུལ་སྨད་ཤང་གི་འབྲོག་མོ་སྒྲོལ་དཀར་དང་གཡང་འཛོམས་གཅེན་གཅུང་གཉིས་ལ་འཕྲིན་ལན་སྤྲིངས་ནས་ལོ་གཉིས་འཁོར་བའི་ཉིན་མོ་ཡིན་ཞིང་། ཞོགས་པ་སྔ་པོ་ནས་གྲོང་མི་ཚོས་དུས་ཆེན་གྱི་གཟབ་མཚར་ལེགས་པར་སྤྲས་ཏེ་ཤང་སྲིད་གཞུང་གཞུང་དོན་ཁང་གི་མདུན་དུ་རྒྱལ་དར་སྒྲེང་བའི་མཛད་སྒོར་ཞུགས་པ་རེད། ཟམ་བཛིད་ལྡན་པའི་རྒྱལ་སྤྱིའི་ཁྲིད་དམར་མདངས་བཀྲ་བའི་སྐར་ལྔའི་དར་དམར་ཡུལ་སྨད་ཆུ་བོའི་ངོགས་སུ་ལྷབ་ལྷུབ་ཏུ་གཡོ་བཞིན་མཆིས།

དེ་རྗེས་ཚང་མས་མཉམ་དུ་གླུ་ལེན་གར་འཁྲབ་ཀྱིས་མཐའ་མཚམས་གྲོང་ཚོའི་འཕོ་འགྱུར་གླེང་བཞིན། ཁྱིམ་ནི་ཡུལ་སྨད་དང་རྒྱལ་ཁབ་ནི་ཀྲུང་གོ་ཡིན་པས་ཕྱུགས་འཚོ་བཞིན་མཐའ་མཚམས་སྲུང་བ་ནི་འགན་འཁྲི་རེད་ཅེས་གླུ་དབྱངས་སྙན་མོ《སོ་སྲུང་རོགས་རེས་》ཀྱིས་ཡུལ་སྨད་མང་ཚོགས་ཡོངས་ཀྱི་བསམ་འདུན་མཚོན་པར་བྱས་ཡོད།

དུད་ཚང་1དང་མི་3ནས་དུད་ཚང་9དང་མི་32བར་དང་། དེ་ནས་ད་ཆའི་དུད་ཚང་56དང་མི་191བར་དང་། སྐབས་བདེའི་ས་རྫོའི་ཁང་པ་ནས་གྱང་སེར་གྱི་ཐོག་བརྩེགས་ཁང་བཟང་སྟར་པ་རེ་རེའི་བར། འདམ་རྫབ་ཀྱིས་ཁེངས་པའི་ལམ་ཆུང་ནས་རྒྱ་ཆེ་ལ་

གཙང་སྦྲ་དོད་པ་དང་གྲོང་ཚོ་དང་དུད་ཚང་གི་སྒོ་འགྲམ་དུ་ཤར་གཏོང་ཐུབ་པའི་ཨར་འདམ་ལམ་བར་སོགས་འཕོ་འགྱུར་རེ་རེ་ནས་མཐའ་མཚམས་རི་གྲོང་གི་མཛེས་སྡུག་ལྡན་པའི་འགྱུར་ལྡོག་ཆེན་པོ་མཚོན་གྱི་ཡོད།

2017ལོའི་ཟླ་10ཚེས་28ཉིན། སྤྱི་ཁྱབ་རྒྱའུ་ཅི་ཞི་ཅིན་ཕིང་གིས་བོད་ལྗོངས་ལྷུན་རྩེ་རྫོང་ཡུལ་སྨད་ཤང་གི་འབྲོག་མོ་སྒྲོལ་དཀར་དང་གཡང་འཛོམས་གཅེན་གཅུང་གཉིས་ལ་འཕྲིན་ལན་སྤྲིངས་གནང་སྟེ། ཁོ་ཚོར་སྐལ་བཟང་མེ་ཏོག་བཞིན་གངས་ལྗོངས་ཀྱི་མཐའ་མཚམས་སུ་རྩ་བ་ཚུགས་ཏེ་ཕྲ་ན་མེད་པའི་རྒྱལ་ཁབ་ཀྱི་ས་ཆ་སྲུང་མཁན་དང་བདེ་སྐྱིད་ལྡན་པའི་ཁྱིམ་གཞིས་སྐྱོང་མཁན་ཞིག་བྱེད་དགོས་པའི་སྐུལ་ལྕག་གནང་ཡོད། སྤྱི་ཁྱབ་རྒྱའུ་ཅི་ཞི་ཅིན་ཕིང་གིས་སྤྲིངས་གནང་བའི་འཕྲིན་ལན་དེས་ལྗོངས་ཡོངས་ཀྱི་མི་རིགས་ཁག་གི་ལས་བྱེད་པ་དང་མང་ཚོགས་ཚོར་སྐུལ་ལྕག་ཆེན་པོ་ཐེབས་ཡོད།

ལོ་གཉིས་ཀྱི་རིང་། ཡུལ་སྨད་ཤང་གི་ཏང་ཡོན་དང་། ལས་བྱེད་པ། མང་ཚོགས་བཅས་ཀྱིས་འཕྲིན་ལན་གྱི་དགོངས་དོན་མཇུག་ཁྲིད་དུ་བྱས་ཏེ་མཐུན་སྒྲིལ་ཇོག་རྩ་གཅིག་སྒྲིལ་གྱིས་མཐའ་མཚམས་བརྟན་སྲུང་དང་མཛེས་སྡུག་ལྡན་པའི་འཚོ་བ་མཉམ་དུ་བསྐྲུན་ནས་ཕྲ་ན་མེད་པའི་རྒྱལ་ཁབ་ཀྱི་ས་ཆ་སྲུང་མཁན་དང་། བདེ་སྐྱིད་ལྡན་པའི་ཁྱིམ་གཞིས་སྐྱོང་མཁན་ཞིག་བྱ་རྒྱུའི་བརྩོན་ལེན་བྱས་ཡོད།

སྒྲོལ་དཀར་གྱིས་ལོ་གཉིས་ཀྱི་རིང་། ང་ཚོའི་གྲོང་ཚོར་མི་མང་དུ་ཕྱིན་པ་དང་འབྲུག་ཆ་དོད་དུ་སོང་ཡོད་ལ། ཁང་པ་གསར་པར་བསྐྱད་པ་མ་ཟད། དྲ་བ་དང་། གློག་ཆུ་བཅས་ཀྱང་བརྟན་པོ་ཡོད། ད་ཆ་གྲོང་ཚོར་དུད་ཚང་གསར་པ་མང་པོ་ཞིག་སྲོས་ཡོད། རང་ཉིད་ཡུལ་སྨད་བ་རྫིང་པ་ཞིག་གི་ངོས་ནས། ཕྱུགས་འཚོ་བཞིན་མཐའ་མཚམས་སྲུང་བའི་འགན་འཁྲི་ཐོར་བས་བརྟན་སྲུང་གིས་ཁོ་ཚོའི་མིག་དཔེ་བཟང་པོ་ཞིག་བྱས་ཏེ། གྲོང་མི་རེ་རེ་དང་མཉམ་དུ་ཡུལ་སྨད་བརྟན་པོར་སྲུང་བ་དང་འཛུགས་སྐྲུན་ཡག་པོ་བྱེད་ཀྱི་ཡིན་ཞེས་

བརྗོད།

ཡུལ་སྐད་ཤང་དུ་སྡོད་ཡུན་རིང་ཤོས་སློལ་དཀར་དང་གཡང་འཛོམས་གཅེན་གཅུང་གཉིས་ཀྱིས་རྟག་ཏུ་ཁྲིམ་གཞུང་དང་དུད་ཚང་དུ་བསྐྱོད་དེ་གསར་དུ་སྤོས་པའི་མང་ཚོགས་ལ་ངོ་ཁུར་བྱེད་པ་དང་། ཁོ་ཚོར་སྤྱི་ཁྱབ་རྒྱུའུ་ཅི་ཞི་ཅིན་ཕིང་གི་འཕྲིན་ལན་གྱི་དགོངས་དོན་སློག་འགྲེལ་བྱེད་པ་དང་། ཚང་མ་དང་མཐུན་སྒྲིལ་གྱིས་ བླ་ན་མེད་པའི་རྒྱལ་ཁབ་ཀྱི་ས་ཆ་སྲུང་མཁན་དང་། བདེ་སྐྱིད་ལྡན་པའི་ཁྱིམ་གཞིས་སྐྲུན་མཁན་བརྩོན་ལེན་བྱེད་ཀྱི་ཡོད་པ་རེད།

ཚེས་28ཉིན་གྱི་ཕྱི་དྲོར། ཡུལ་སྐད་ཤང་སྲིད་གཞུང་གིས་བཞུགས་མོལ་ཚོགས་འདུ་འཚོགས་ཏེ། གྲོང་མིའི་འཐུས་མི་གདན་དྲངས་ནས་ཡུལ་སྐད་ཀྱི་འཕོ་འགྱུར་ཆེན་པོ་དང་བདེ་སྐྱིད་ལྡན་པའི་འཚོ་བ་ཐུབ་མོང་ཐོག་གླེང་བ་རེད།

ལྷུན་རྩེ་རྫོང་རི་རོང་ཤང་ནས་ཡུལ་སྐད་དུ་སྤོས་པའི་གྲོང་མི་བསོད་ནམས་ཆོས་འཕེལ་གྱིས་འདི་ལོའི་ཟླ་4པར། ང་ཚོ་ནང་མི་ཚོ་རི་རོང་ཤང་ནས་གནས་འདིར་སྤོས་ཏེ་གཟི་བརྗིད་ལྡན་པའི་ཡུལ་སྐད་ཀྱི་མཐའ་སྲུང་བ་ཞིག་ཏུ་གྱུར། གནས་འདིར་ཁོར་ཡུག་ལེགས་ལ། ང་ཚོ་སྡོད་སའི་ཁང་པའང་ཡག་པོ་ཡོད་པ་མ་ཟད། ཨར་ལས་བྱ་ཡུལ་དུ་གླ་པར་བསྐྱོད་དེ་ཡོང་འབབ་ཀྱང་གསོག་ཐུབ་པས་འཚོ་བ་ཧ་ཅང་སྐྱིད་པོ་འདུག ཡུལ་སྐད་དུ་སྤོས་པའི་ཡུལ་མི་ཞིག་གི་ངོས་ནས། ང་ཚོས་ངེས་པར་དུ་མཐའ་མཚམས་ཡག་པོ་བསྲུངས་ཏེ་འབྱོར་ཕྱུག་དང་མཛེས་སྡུག་ལྡན་པའི་ཡུལ་སྐད་གསར་པ་སྐྲུན་གྱི་ཡིན་ཞེས་བརྗོད།

ལྷུན་རྩེ་རྫོང་ཡུལ་སྐད་ཤང་ཏང་ཨུད་ཀྱི་རྒྱུའུ་ཅི་ཟླ་བས་ལོ་གཉིས་ཀྱི་རིང་། ཡུལ་སྐད་ཤང་གི་ཏང་ཡོན་དང་། ལས་བྱེད་པ། མང་ཚོགས་བཅས་ཀྱིས་སྤྱི་ཁྱབ་རྒྱུའུ་ཅི་ཞི་ཅིན་ཕིང་གི་འཕྲིན་ལན་གྱི་དགོངས་དོན་སློབ་སྦྱོང་དང་ལག་བསྟར་གཏིང་ཟབ་བྱས་ཏེ། ནུས་ཤུགས་ཡོད་རྒུས་ཡུལ་སྐད་གསར་པ་འཛུགས་སྐྲུན་བྱས་ཡོད། སྐད་ཕྱིན་ང་ཚོས་བླ་ན་མེད་པའི་

རྒྱལ་ཁབ་ཀྱི་ས་ཆ་སྲུང་མཁན་དང་། བདེ་སྐྱིད་ལྡན་པའི་ཁྱིམ་གཞིས་སྐྲུན་མཁན་ཞིག་བྱེད་པའི་མཐའ་སྲུང་མཐའ་དར་གྱི་སྙིང་སྟོབས་མི་རབས་ནས་མི་རབས་བར་རྒྱུན་འཛིན་བྱས་ནས། དེ་བས་མཛེས་སྡུག་དང་འབྱོར་ཕྱུག་ལྡན་པའི་འབྱོར་འབྲིང་གི་ལེའུ་ཞིག་རྩོམ་གྱི་ཡིན་ཞེས་བརྗོད།

རང་སྐྱོང་ས་ཀྱི་ཐོན་ལས་དབུལ་སྐྱོར་གྲུབ་འབྲས་འགྲེམས་སྟོན་གྱི་མཐོང་ཐོས།

ལྷོ་ཁ་ཤིང་གི་ལོ་མ་རིམ་གྱིས་སེར་པོར་གྱུར་ཅིང་། བསིལ་རླུང་གི་རམ་འདེགས་འོག་སེར་མདོག་གི་ལོ་འདབ་མང་པོ་དལ་བ་དལ་བུར་ས་ལ་ཟགས། རླུང་བུའི་རྒྱུ་ཕྱོགས་དང་བསྟུན་ནས་གང་སར་འཕྱོ་བའི་ལོ་འདབ་སེར་པོ་དག་མིག་ལམ་དུ་འཆར་དུས། ང་ཚོར་ད་ནི་སྟོན་ཁའི་དུས་ཚིགས་ཟོགས་ལ་ཉེ་སོང་ཨང་སྙམ་པའི་སྣང་བ་ཞིག་དང་ངམ་ཤུགས་ཀྱིས་སྐྱེས་འོང་།

དུས་ཚོད་ནི་ཟླ་བཅུ་པའི་ཟླ་མཇུག་ཏུ་སླེབས་ཀྱང་། ལྷ་སའི་ཕྱོགས་བཞི་མཚམས་བརྒྱད་གང་སར་ཀྲུང་ཧྭ་མི་དམངས་སྤྱི་མཐུན་རྒྱལ་ཁབ་དབུ་བརྙེས་ནས་ལོ་ངོ་70འཁོར་བ་དང་། བོད་ལ་དམངས་གཙོའི་བཅོས་སྒྱུར་བྱས་ནས་ལོ་ངོ་60འཁོར་བར་རྟེན་འབྲེལ་ཞུ་བའི་དུས་ཆེན་གྱི་རྣམ་པས་ཁེངས་ཤིང་། ལྷག་པར་དུ་རང་སྐྱོང་ས་ཀྱི་གྲོང་ཁྱེར་དང་ས་གནས་ཁག་གི་ལས་ཁུངས་ཚན་པ་དང་མང་ཚོགས་མང་པོས་རྣམ་པ་མི་འདྲ་ལ་ནང་དོན་ཕུན་སུམ་ཚོགས་པའི་ལེ་ཚན་མང་པོ་འཁྲབ་སྟོན་བྱས་ནས་མེས་རྒྱལ་སྟར་བས་སྟོབས་འབྱོར་མངའ་ཐང་རྒྱས་པ་དང་། མི་རིགས་ཁག་གི་མང་ཚོགས་ཚོས་རྫོག་རྩ་གཅིག་སྒྲིལ་དང་སྤྲ་ཚམ་དབུལ་སྒྲོལ་ཕྱུག་འགྱུར་ཡོང་བར་བྱས་ཏེ། གོམ་ཞེང་ཆེན་པོས་ཐུན་མོང་ཐོག་འབྱོར་འབྱིང་སྤྱི་ཚོགས་སུ་སྐྱོད་ཐུབ་པའི་བཀྲ་ཤིས་ཁ་གཡང་སྒྲོག་བཞིན་མཆིས།

དབུལ་སྒྲོལ་འགག་སྒྲོལ་གྱི་དམག་འཐབ་ལ་རྒྱལ་ཁ་མཐའ་གཅིག་ཏུ་ལེན་པ་ནི་རང་སྐྱོང་ས་ཀྱི་མིག་སྔའི་ལས་དོན་གཙོ་བོ་ཞིག་དང་། ཐོན་ལས་འཕེལ་རྒྱས་གཏོང་བ་

ནི་དབུལ་སྒྲོལ་མངོན་འགྱུར་ཡོང་བའི་རྩ་བའི་ཐབས་ཇུས་ཤིག་རེད། ཐོན་ལས་དབུལ་སྐྱོར་བྱས་ནས་དབུལ་སྒྲོལ་འགག་སྒྲོལ་ཐུབ་ཆེད། རང་ལྗོངས་ཀྱིས་སྔ་རྗེས་སུ་ཐོན་ལས་དབུལ་སྐྱོར་རྣམ་གྲངས་2591ལག་བསྟར་དོན་འགྲོལ་བྱས་ཏེ་ཡིག་ཚགས་དང་གྲྭ་བཟོས་པའི་དུད་ཚང་དབུལ་པོ་མི་གྲངས་ཁྲི་23.6དུས་བཀག་ལྟར་དབུལ་གྲོལ་བྱུང་ཡོད། ཉེ་དུས་འཚོགས་པའི་རང་ལྗོངས་ཀྱི་ཐོན་ལས་དབུལ་སྐྱོར་གྱི་གྲུབ་འབྲས་འགྲེམས་སྟོན་ནི་རང་ལྗོངས་ཀྱིས་རོགས་སྐྱོར་དང་གསོ་སྐྱོང་བྱས་པའི་གྲོང་ཁྱེར་དང་ས་ཁུལ་བདུན་གྱི་ཁེ་ལས་དང་ཞིང་འབྲོག་པའི་མཉམ་ལས་ཁང་གིས་རང་ཡུལ་གྱི་ཁྱད་ལྡན་ལེགས་ཆ་སྟོག་འདོན་བགྱིས་ཏེ། རང་རང་གི་སྤུས་དག་གི་ཐོན་རྫས་མང་པོ་འགྲེམས་སྟོན་དང་ཕྱིར་ཚོང་བྱེད་སའི་གར་སྟེགས་ཤིག་རེད། ཤིང་ཕོར་དང་། ནས་ནག་རྩམ་པ། རིན་སྤུངས་གཡང་ཏེ། མོན་ཡུལ་ལེགས་པོ་རོང་གི་བྱིན་ལྡན་ཛ་ལོ། མི་རིགས་ཀྱི་གོས་ཆས་སོགས་འདི་གར་བསྡུས་པའི་དབུལ་སྐྱོར་གྱི་ཐོན་རྫས་གཅིག་ལས་གཅིག་རྒྱུ་སྤུས་ལེགས་པ་དང་། གཅིག་ལས་གཅིག་བྲིན་ཁ་རྒྱུག་པས། ཁེ་ལས་དང་མཉམ་ལས་ཁང་སོ་སོའི་སྦྱིན་བདག་དང་ལས་མི་རྣམས་ལྟོད་ཤིག་གེར་རྐུབ་སྟེགས་སུ་སྡོད་ཁོམ་མེད་པར་བྲེལ་འཚུབ་ཀྱི་རྣམ་པས་ཁེངས། གནས་འདིར་ཕེབས་པའི་འཛད་སྤྱོད་པ་རྣམས་ནི་དྲི་ལྡན་མེ་ཏོག་རྒྱང་རིང་ཡང་། བུང་བ་སྤྲིན་གྱི་ཚོགས་བཞིན་འཁོར་ཞེས་པའི་དཔེ་ལྟར། ལམ་ཐག་རིང་ཐུང་ལ་མ་བལྟོས་པར་གནས་དེར་ཕེབས་ནས། རང་རང་ལ་མཁོ་བའི་དངོས་ཟོག་ཉོ་སྒྲུབ་བྱེད་བཞིན་འདུག་ཅིང་། རང་བློར་བབ་པའི་ཅ་དངོས་ཤིག་ཡིན་ཕྱིན་སྟོན་ཚད་ལྟར་དངུལ་ལ་ཕངས་སེམས་དེ་འདྲ་མི་བྱེད་ལ། དངུལ་ཁུག་ལུས་ལ་འཁུར་དགོས་མེད་པ་མ་ཟད་དངུལ་གྲངས་ཀྱང་བརྩི་དགོས་མེད་པར། དེ་འཕྲུལ་ཁ་པར་ནས་དངུལ་གཏོང་སྤྲོད་བྱེད་བཞིན་འདུག་པས། སྣང་ཚུལ་འདི་འདྲ་མཐོང་དུས་གསར་འགོད་པར། མང་ཚོགས་ཀྱི་འཚོ་བར་འཕོ་འགྱུར་ཆེན་པོ་བྱུང་འདུག་ཨང་སྙམ་པའི་ཚོར་སྣང་ཞིག་ངང་གིས་སྐྱེས། ཁོང་རྣམ་པས་ཐོན་སྐྱེད་བྱས་པའི་

ཐོན་རྫས་སྣ་ཁ་མང་ལ་སྤུས་ཚད་ལེགས་པ་དང་། རྫས་འགྱུར་གྱི་གཡའ་དང་བྲལ་བས། བྲིན་ཁ་རྒྱུག་པ་མ་ཟད་འཛད་སྤྱོད་པས་གདེང་འཇོག་ཏུ་ཅང་ཡག་པོ་བྱེད་པས། ཐོན་རྫས་མང་པོ་ཞིག་འགྲེམས་སྟོན་མཇུག་མ་འགྲིལ་གོང་ནས་བྲིན་ཚར་ཏེ་རྗེས་སུ་ཉོ་བར་ཕེབས་མཁན་འཛད་སྤྱོད་པའི་གདོང་ནས་ཤིན་ཏུ་ནས་ཕངས་སེམས་ཀྱི་རང་མདངས་ཤིག་འཕྱུར་བཞིན་འདུག

བོད་ལྗོངས་ཨ་མ་ཀྲན་མོ་མི་རིགས་ལག་ཤེས་བཟོ་ལས་འཕེལ་རྒྱས་ཚད་ཡོད་ཀུང་སི་ནི་དེ་སྔོན་གྱི་ལྷ་རྩེ་རྫོང་གཞིས་ཆེན་ཤང་བལ་གྱི་ཐོན་རྫས་ཆེད་ལས་མཉམ་ལས་ཁང་གི་རྨང་གཞིའི་ཐོག་2017ལོའི་ཟླ་3པར་སློབ་ཆེན་ནས་སློབ་མཐར་ཕྱིན་པའི་ལས་གཏོད་པ་ཚེ་གཡང་གིས་བཙུགས་པ་ཞིག་རེད། མིག་སྔར་ཀུང་སི་དེར་ཁྱོན་ལས་མི་110ཡོད་པའི་ནང་། ཡིག་ཚགས་དང་གླ་བཟོས་པའི་དབུལ་པོའི་དུད་ཚང་གི་མི་64དང་། དབང་སྐྱོན་མི་སྣ་15 སློབ་ཆེན་པ་15ཡོད་ཅིང་། ཁྱིམ་ཚང་དབུལ་པོའི་ལས་མིར་ལོ་རེར་ཡོང་འབབ་སྒོར་36000ཟིན་པ་དང་། སློབ་ཆེན་པར་ལོ་རེར་ཡོང་འབབ་སྒོར་42000—66000ཙམ་ཟིན་གྱི་ཡོད། འདི་གར་འགྲེམས་སྟོན་ལ་སླེབས་པའི་ཀུང་སིའི་ལས་མི་ཕུར་བུ་ཚེ་རིང་གིས། ངེད་ཀུང་སི་བཙུགས་ཚུན། རང་སྐྱོང་ལྗོངས་དང་། གཞིས་རྩེ་གྲོང་ཁྱེར། ལྷ་རྩེ་རྫོང་སོགས་རིམ་ཁག་སྲིད་གཞུང་དང་ཚན་པས་རྒྱབ་སྐྱོར་ཆེན་པོ་གནང་བ་དང་། དོན་དངོས་ཀྱི་དཀའ་ངལ་མང་པོ་སེལ་རོགས་གནང་བྱུང་། ལྷག་པར་དུ། 2016ལོར་གནད་སྨིན་དབུལ་སྐྱོར་གྱི་ལས་དོན་སྤེལ་ཚུན། རིམ་ཁག་སྲིད་གཞུང་གིས་དབུལ་སྐྱོར་ཐོན་ལས་རྣམ་གྲངས་འཕེལ་རྒྱས་ལ་མཐོང་ཆེན་གནང་སྟེ། མ་དངུལ་འབོར་ཆེན་ཐོན་ལས་དབུལ་སྐྱོར་ལ་བེད་སྤྱོད་གནང་སྐབས། ངེད་ཚོའི་སྔོན་ཆད་ཀྱི་མཉམ་ལས་ཁང་དེ་གཞི་ནས་ད་ལྟའི་ཀུང་སིར་བསྒྱུར་ཐུབ་སོང་བས། ངེད་ཀུང་སིས་མ་དངུལ་དེ་དག་སྤྱད་ནས་དེ་བས་མང་བའི་དུད་ཚང་དབུལ་པོའི་མི་སྣ་དབུལ་སྒྲོལ་ཕྱུག་འགྱུར་ཡོང་བར་འབད་བརྩོན་ཏུར་ཐག་བྱས་པ

དང་། ཁྲིམ་རའི་དགོས་མཁོར་གཞིགས་ནས་དེ་བས་མང་བའི་ཐོན་རྫས་ཐོན་སྐྱེད་བྱེད་པར་ཕན་པ་ཆེན་པོ་བྱུང་ཞེས་བཤད། ཤེས་རྟོགས་བྱུང་བར་གཞིགས་ན། ལྷ་རྩེ་རྫོང་ཤུད་དང་རྫོང་མི་དམངས་སྲིད་གཞུང་གིས་ཀུང་སི་དེ་གར་ལྷ་རྩེ་རྫོང་གི་སློབ་ཆེན་སློབ་མའི་ལས་ཞུགས་ལས་གཏོད་ཚོད་ལྟའི་དཔེ་སྟོན་རྟེན་གཞི་བཙུགས་ནས། སློབ་ཆེན་སློབ་མར་ལས་གཏོད་ཀྱི་ཁོར་ཡུག་བཟང་པོ་ཞིག་མཁོ་འདོན་གནང་ཡོད་པ་རེད།

གཞན་ཡང་། གཞིས་རྩེའི་འགྲིམས་ཁུལ་དུ་གནས་པའི་རིན་སྤུངས་ཀྱི་གཡང་ཏེའི་ཚོང་སྒྲོམ་གྱི་མདུན་དུ་མི་མང་པོས་འཚང་ཁ་ཤིག་ཤིག་དང་གཡང་ཏེའི་ཐོན་རྫས་ལ་ལྟ་བཞིན། དེའི་བཟོ་རྩལ་ལ་ཧ་ལས་ལས་བྱེད་ཅིང་། ལྷག་པར་དུ་རིན་གོང་འཚམ་ལ་རྒྱུ་སྤུས་དག་པའི་གཡང་ཏེའི་ཇ་ཕོར་ལ་དགའ་པོ་བྱེད་མཁན་ཧ་ཅང་མང་བས། འཛད་སྤྱོད་པ་མང་པོས་རང་གི་དགའ་མོས་ལ་གཞིགས་ནས་བཟོ་ལྟ་སྣ་ཚོགས་དང་ཆེ་ཆུང་སྣ་ཚོགས་ཀྱི་ཇ་ཕོར་ལ་ཞིབ་ལྟ་བྱེད་བཞིན་གོང་ཚད་སྒྲིག་གིན་འདུག རིན་སྤུངས་ལ་གཡང་ཏེའི་ཐོན་ཁུལ། ཁྲད་ལྡན་རྗེ་ཡི་ཕ་ཡུལ་ཅེས་པའི་མཚན་སྙན་ལྡན་ཞིང་། ནམ་རྒྱུན་རིན་སྤུངས་ཀྱི་མིང་ཇི་ལྟར་ཐོགས་ཚུལ་ལ་རིན་ཆེན་སྤུངས་པའམ་ནོར་བུའི་བང་མཛོད་ཅེས་འགྲེལ་བཤད་བྱེད་ཀྱི་ཡོད། ཡུལ་དེར་རིན་ཆེན་ནོར་བུའི་རིགས་ཉི་ཤུ་ལྷག་ཙམ་ཡོད་པའི་ཁྲོད། རིན་སྤུངས་ཀྱི་གཡང་ཏེར་ལོ་རྗེ་སྟོང་ལ་ཉེ་བའི་ལོ་རྒྱུས་ཡོད་པར་སྨྲ། རིན་སྤུངས་ཀྱི་གཡང་ཏེ་ལ་ཚོས་མདོག་དཀར་པོ་དང་། ནག་པོ། སྔོ་ནག དམར་པོའམ་ཇ་ཐང་མདོག་སོགས་སྣ་ཚོགས་ཡོད། གཞིས་རྩེའི་འགྲིམས་ཁུལ་དུ་ཡོད་པའི་རིན་སྤུངས་རྫོང་རིན་གཡུ་མི་རིགས་གཡང་ཏེ་བཀྲོས་དཀྱིལ་འགན་འཁྲི་ཚད་ཡོད་ཀུང་སིའི་སྤྱི་ཁྱབ་ཅིང་ལི་ཉི་མས། གཡང་ཏེས་བཟོས་པའི་སྣོད་ཆས་ཡུན་རིང་བེད་སྤྱོད་བྱས་ན། ལུས་ཁམས་བདེ་སྲུང་གི་ནུས་པ་ཆེན་པོ་ལྡན་པ་དང་། ལྷག་པར་དུ་ཕོ་བ་གསོ་བ་དང་། རྒྱུ་མ་དང་མཁལ་མ་སོགས་ཀྱི་ནད་རིགས་འགོག་པར་ནུས་པ་ཆེན་པོ་ཡོད། ང་ཚོས་ཐོན་སྐྱེད་བྱས་པའི་གཡང

དེའི་ཐོན་རྫས་ཁག་རྒྱུ་སྤུས་དག་ཅིང་། བཟོ་རྩལ་ཁྱད་པར་ཡིན་པས། འཛད་སྤྱོད་པས་ད་ཅང་དགའ་པོ་བྱེད་ཀྱི་འདུག ཉིན་དགུང་མ་ཟིན་གོང་ལ་ཡོང་འབབ་སྒོར་ཁྲི་གཅིག་ལྷག་བྱུང་ཞེས་དགའ་ཚོར་ཆེན་པོས་བཤད།

འབྱོར་འཕྲིན་ལམ་གྱི་ཐོན་ལས་བཀྲག་མདངས་ཆེ།

——རང་སྐྱོང་ལྗོངས་ཀྱི་ཐོན་ལས་གཞན་སྐྱིན་དཔལ་འབྱོར་གྲུབ་འབྲས་འགྲེམས་སྟོན་སྒོར་གྱི་སྒྲིལ་བསྡོམས་བཤད་པ།

བོད་མི་རིགས་ཀྱི་ཁྱད་ཆོས་ལྡན་པའི་རྒྱན་གོས་དང་། ལྗོང་མདོག་གཙོད་མེད་ཀྱི་ཞིང་ཏོག་དང་སྔོ་ཚལ། ཐབ་ཐང་ལག་ཁྱེར་ཡོད་པའི་ཚགས་ཤཱ། བོད་ལུགས་འཁྲུགས་པ་བྱི་རིལ། འབྲོག་ཁུལ་གྱི་དཀར་ཆུའི་ཐོན་རྫས་སྣ་ཚོགས་སོགས། ཟླ་10ཚེས་16ཉིན། རང་སྐྱོང་ལྗོངས་ཀྱི་ཐོན་ལས་གཞན་སྐྱིན་དཔལ་སྐྱོར་གྱི་གྲུབ་འབྲས་འགྲེམས་སྟོན་ལྷ་སར་འགོ་ཚུགས་པ་རེད། ལྗོངས་ཡོངས་ཀྱི་གྲོང་ཁྱེར་དང་ས་ཁུལ་7ཀྱིས་2016ལོ་ནས་བཟུང་རྒྱབ་སྐྱོར་སྐྱེད་སྲིང་བྱས་པའི་ཐོན་ལས་མཉམ་ལས་ཁང་132ཙུད་པའི་ཁེ་ལས་224འགྲེམས་སྟོན་ལ་ཞུགས་ཡོད་པ་རེད།

དཔྱིད་ཀྱི་མེ་ཏོག་ཚུན་པོ་ལ། སྟོན་གྱི་གཡུར་ཟའི་འབྲས་བུ་ཐོགས།

དཔལ་འབྱོར་འཕགག་འབྱོར་ནི་མིག་སྔར་དམངས་འཚོའི་འདུ་འགོད་ཆེ་ཤོས་ཤིག་ཡིན་པས་མི་རྣམས་ཀྱིས་རྒྱ་ཁྱབ་དང་དོ་ཁུར་བྱེད་ཀྱི་ཡོད། འདི་ལོ་ཀྲུང་ཧྭ་མི་དམངས་སྤྱི་མཐུན་རྒྱལ་ཁབ་དབུ་བརྙེས་ནས་ལོ་ངོ་70འཁོར་བ་དང་དཔལ་འབྱོར་དམིགས་ཚད་མངོན་འགྱུར་བྱེད་པའི་འགག་རྩའི་ལོ་ཡིན་ལ་ང་ཚོས་གྲོང་གསེབ་དར་རྒྱས་ཀྱི་འཐབ་རྩུས་ལག་ལེན་བསྟར་བའི་དུས་མཚམས་གལ་ཆེན་ཞིག་ཀྱང་རེད།

ཟླ་10ཚེས་17ཉིན་རྒྱལ་ཡོངས་ཀྱི་དཔལ་སྐྱོར་ཉིན་མོ་ཐེངས་6པ་འཆར་ལ་ཉེ་བའི་

མཚམས་སུ། རང་ལྗོངས་ཀྱི་2016ལོ་ཚུན་གྱི་ཐོན་ལས་དབུལ་སྐྱོར་ལ་ཐོབ་པའི་གྲུབ་འབྲས་ལ་ཕྱོགས་ཡོངས་ནས་ཕྱོགས་སྡོམ་དང་། རང་ལྗོངས་ཀྱི་ཐོན་ལས་དབུལ་སྐྱོར་ལ་ཐོབ་པའི་གྲུབ་འབྲས་གཡུར་ཟ་ངོམ་སྟོན། རང་སྐྱོང་ལྗོངས་ཀྱིས་དབུལ་སྐྱོར་ཐོན་ལས་ཀྱི་གྲུབ་འབྲས་དང་ཁྲིམ་ར་འབྲེལ་མཐུད་ནུས་ལྡན་ལ་སྤར་བས་ཤུགས་སྣོན་རྒྱག་པར་དམིགས་པ། འཛད་སྤྱོད་དབུལ་སྐྱོར་ལ་སྐུལ་འདེད་གཏོང་བ་བཅས་བྱ་ཆེད། འགྲེམས་ཚོང་གཙོ་བོར་བྱས་པའི་གྲུབ་འབྲས་འགྲེམས་སྟོན་གཉེར་ཏེ་སྤྱི་ཚོགས་ཡོངས་ཀྱིས་དབུལ་སྒྲོལ་འགག་སྒྲོལ་ལ་རྒྱུས་མངའ་ལོན་པ་དང་དབུལ་སྒྲོལ་འགག་སྒྲོལ་ལ་ཞུགས་པར་སྤར་བས་སྐུལ་འདེད་བཏང་བ་རེད།

འགྲེམས་ཚོགས་གཉེར་ཡུལ་དུ། ཐའི་ཀྲའོ་གནའ་གྲོང་རྣམ་བུ་ལས་སྣོན་མཉམ་ལས་ཁང་གི་ལས་མི་བློ་བཟང་གིས་འགྲེམས་སྟེགས་ཀྱི་མདུན་དུ་སེམས་ཟུ་འཕོལ་པོས་མགྲོན་པོར་ཁོ་ཚོའི་མཉམ་ལས་ཁང་གི་ཐོན་རྫས་ངོ་སྤྲོད་བྱེད་བཞིན་འདུག ང་ཚོས་བཟོས་པའི་བོད་བཟོའི་སྣ་ཁུག་འདི་ནི་ལག་ཤེད་ཐོན་རྫས་རེད། རྒྱུ་ཆ་ཏ་ཅང་ཡག་པོ་ཡོད་པས་ཁྱེད་ཚོས་ནང་སའི་གྲོགས་པོ་ཚོར་ལག་རྟགས་ལ་སྤྲད་ཆོག ཉོ་སྐྱབ་ཚོགས་པ་ཞིག་འགྲེམས་སྟེགས་མདུན་དུ་ཐུབ་ནས་འཚང་ཁ་ཤིག་ཤིག་དང་སྣ་ཁུག་འདེམས་པ་དང་གོང་ཚད་དྲིས་ཤིང་། སྐར་མ་གཉིས་ཙམ་ཡང་མ་འགོར་བར་ཚོང་བསྒྲིགས་པ་རེད།

ཐོན་ལས་རིམ་པ་སྤར་བ་ཡིས། དབུལ་སྒྲོལ་སྒྱུར་ཚད་མགྱོགས་སུ་སོང་།

ཤེས་རྟོགས་བྱུང་བར་གཞིགས་ན། འདི་ལོའི་ཐོན་ལས་གནད་སྨིན་དབུལ་སྐྱོར་གྲུབ་འབྲས་འགྲེམས་སྟོན་ལ་ནས་ཀྱི་ཁྱད་ལྡན་ཐོན་རྫས་འགྲེམས་ཁུལ་དང་འབྲི་གཡག་གི་ཁྱད་ལྡན་ཐོན་རྫས་འགྲེམས་ཁུལ་དམིགས་སུ་བཙུགས་ཡོད། དུས་མཚུངས་སུ་འགྲེམས་ཁུལ་ནང་ནས་ཀྱི་ཚན་རྩལ་གྲུབ་འབྲས་འགྲེམས་སྟེགས་དང་འབྲི་གཡག་གི་ཚན་རྩལ་གྲུབ་འབྲས་

འགྲིམས་སྟེགས་ཀྱང་བཙུགས་ནས་མང་ཚོགས་ཚོས་ནས་དང་འབྲི་གཡག་འདེབས་གསོའི་ལག་རྩལ་གསར་པར་ཐད་ཀར་རྒྱུས་མངའ་ཡོན་པར་སྐབས་བདེ་བསྐྲུན་ཡོད།

དེ་དང་ཆབས་ཅིག་རང་ལྗོངས་ཀྱིས་ས་མཐོའི་སྤོ་ཚལ་ཐོན་ལས་གོང་འཕེལ་ཧུར་ཐག་བཏང་བར་འདེབས་ཁྱོན་མུའུ་ཁྲི་36ཟིན་པ་དང་། དབྱར་ཁར་སྤོ་ཚལ་མཁོ་སྤྲོད་བྱེད་ཚད་བརྒྱ་ཆ85ཡན་ཟིན་ཏེ་གཞི་རྩའི་ཆར་གཙོ་བོ་ལྗོངས་ཕྱི་རོལ་ནས་དབོར་འདྲེན་བྱེད་པ་དེ་རང་ཁ་རང་སྐྱོད་བྱུང་ཡོད།

མིག་སྔའི་བར། ལྗོངས་ཡོངས་སུ་རིམ་རྩིས་བྱས་ན་ཐོན་ལས་དབུལ་སྐྱོར་རྣམ་གྲངས་2591ཡོད་པ་དང་། ཐོན་ལས་དབུལ་སྐྱོར་མ་དངུལ་སྒོར་དུང་ཕྱུར་347.86ཟིན་ཏེ་ལྗོངས་ཡོངས་ཀྱི་ཡིག་ཚགས་དང་ཐོ་བཟོས་པའི་མི་དམངས་དབུལ་པོ་ཁྲི་23.6དུས་བཀག་ལྟར་དབུལ་སྒྲོལ་གྱི་སྐུལ་ཁྲིད་ཐེབས་པ་དང་། ཞིང་འབྲོག་པ་ཁྲི་40ཙམ་ལ་འབབ་འཕར་ཕྱུག་འགྱུར་ལ་སྐུལ་ཁྲིད་ཐེབས་ཡོད།

སྲིད་ཇུས་བཟང་པོས་སྔེ་ཁྲིད་པས། ཐོན་ལས་གོང་ནས་གོང་དུ་འཕེལ།

ཏང་དང་སྲིད་གཞུང་གིས་ང་ཚོར་སྲིད་ཇུས་ཀྱི་རྒྱབ་སྐྱོར་གནང་བ་མ་ཟད། ད་དུང་ཞིན་ཚོང་དང་ཁྲུབ་གདལ་གྱི་ལས་སྟེགས་བཟང་པོ་འདི་འདྲ་གནང་བར་སྙིང་དབུས་ནས་ཐུགས་རྗེ་ཆེ་ཞུ། སྲིད་ཇུས་ཀྱི་རྒྱབ་སྐྱོར་དང་རང་ཉིད་ཀྱི་འབད་བརྩོན་འོག་མི་དེ་བས་མང་བ་དབུལ་སྒྲོལ་ཕྱུག་འགྱུར་ཐུབ་ངེས་ཡིན་པའི་ཡིད་ཆེས་ཡོད་ཅེས་ནག་ཆུ་གྲོང་ཁྱེར་བྱང་ཐང་འབྲོག་ལས་གསར་སྤེལ་ཚད་ཡོད་ཀུང་སིའི་སྒྲོལ་མས་བཤད།

དབུལ་སྒྲོལ་སྲིད་ཇུས་ལག་ལེན་བསྟར་བ་དེས་གོང་འཕེལ་གཏོང་འདོད་ཡོད་ཀྱང་འཛེམ་ཟོན་བྱེད་པའི་མི་རྣམས་ལ་བསྐྱུར་དུ་ཡིད་ཆེས་འཕེལ་བར་བྱས་ཡོད། རང་ལྗོངས་ཀྱིས་སྔ་རྗེས་སུ་དབུལ་སྒྲོལ་འགག་སྒྲོལ་སྲིད་ཇུས་60ལྷག་ཙམ་བཟོས་ཏེ་ཕྱོགས་ཡོངས་

དང་ཁྱབ་ཁོངས་མང་བའི1+Nཡི་སྲིད་ཇུས་མ་ལག་ཅིག་ཆགས་པ་དང་། རིམ་རྩིས་བྱས་ན་ཞིང་འབྲེལ་མ་དངུལ་སྐོར་དུང་ཕྱུར་500ལྷག་ཙམ་བསྡུ་སྒྲིལ་བྱས་པ། དབུལ་སྒྲོལ་འགག་སྒྲོལ་གྱི་ལས་འགན་དང་འཚམ་པའི་མ་དངུལ་གྱི་འདོམས་བསྡུ་སྒྲིལ་གྱི་ལམ་སྲོལ་བཙུགས་པ་རེད། ཐོན་ལས་དབུལ་སྐྱོར་ལྟེ་བར་བྱས་ནས་བཙུགས་པའི་ཕུགས་ཕན་འབབ་འཕར་ལམ་སྲོལ་གྱིས་ནས་དང་འབྲི་གཡག་གཙོ་བོར་བྱས་པའི་དབུལ་སྐྱོར་ཐོན་ལས་ཆེན་པོ་དྲུག་གི་གོང་འཕེལ་མྱུར་པོར་རྒྱུན་མཐུད་སྐུལ་འདེད་བཏང་ཡོད། མིག་སྔའི་བར། ཐོན་ལས་ཅན་གྱི་སྡེ་འཛིན་ཁེ་ལས་145དང་ཆེད་ལས་མཉམ་ལས་ཁང་ཆིག་ཁྲི་ལྷག་ཙམ་སྐྱེད་སྲིང་བྱས་ཡོད།

བཞད་མཐོང་སྨོན་རྫོང་ཁ་དཀར་གྲོང་ཚོའི་ཆུ་ཚན་ཐོན་ལས་ཀྱིས་དབུལ་སྒྲོལ་ཕྱུག་འགྱུར་ལ་རམ་འདེགས་བྱས་པ།

ཡར་ཀླུང་གཙང་པོའི་བྱང་ངོས་སུ་གནས་པའི་བཞད་མཐོང་སྨོན་རྫོང་དུ་རྩ་ཆུ་བཟང་ལ་དམིགས་བསལ་གྱི་ཆུ་ཚན་གྱི་ཐོན་ཁུངས་ཡོད། རྫོང་གྲོང་ལྷོ་རྒྱུད་ཀྱི་སྤྱི་ལེ་2.5ཙམ་དུ་ཆགས་པའི་ཁ་དཀར་གྲོང་ཚོར་ས་འོག་ཚ་ཆུས་ཐོན་ཁུངས་ཏ་ཅང་ཕུན་སུམ་ཚོགས་པ་མ་ཟད། དེའི་ནང་མིའི་ལུས་པོར་ཕན་པའི་ཟངས་དང་ཧྲི་ཚ་སོགས་ཀྱི་གཏེར་རྒྱུ་མང་པོ་ཡོད་པས། གྲུམ་ནད་དང་ལྷགས་ནད་སོགས་ལ་ཏ་ཅང་ཕན་པོ་ཡོད། ཐུན་མིན་གྱི་ས་འོག་ཚ་ཆུས་ཐོན་ཁུངས་དེ་ས་གནས་དེ་གའི་དབུལ་སྒྲོལ་འགག་སྒྲོལ་གྱི་ཡོ་བྱད་ཅིག་ཏུ་གྱུར་ཞིང་། ཁ་དཀར་གྲོང་ཚོས་བྱེད་ཐབས་སྣ་ཚོགས་སྤྱད་དེ་ཆུ་ཚན་ཐོན་ཁུངས་གསར་སྤེལ་དང་བེད་སྤྱོད་གང་ལེགས་བྱས་ནས། དུད་ཚང་དབུལ་པོ་རྣམས་རང་ཉིད་ཀྱི་ལག་གཉིས་ལ་བརྟེན་ནས་རང་མགོ་རང་ཐོན་དང་དབུལ་སྒྲོལ་ཕྱུག་འགྱུར་ཐུབ་པའི་རོགས་རམ་བྱས་པ་རེད།

ཁ་དཀར་གྲོང་ཚོའི་ས་ཕྱོགས་གང་སར་ཆུ་ཚན་འགྲུལ་ཁང་དང་ཁྱིམ་ཚང་མགྲོན་ཁང་གིས་ཁེངས་པ་དང་། བསྡོམས་རྩིས་བྱས་པར་གཞིགས་ན། གྲོང་ཚོ་ཡོངས་སུ་དུད་ཚང་14ཡིས་ཆུ་ཚན་འགྲུལ་ཁང་གཉེར་བ་དང་དུད་ཚང་15ཡིས་ཁྱིམ་ཚང་མགྲོན་ཁང་གཉེར་ཡོད་པ་རེད།

2019ལོར་གྲོང་ཚོའི་ཆུ་ཚན་འགྲུལ་ཁང་གི་སྤྱིན་བདག་བསོད་ནམས་དབང་འདུས་གཞིས་རྩེ་གྲོང་ཁྱེར་ཡུལ་སྐོར་གསར་སྤེལ་ཙུས་ཀྱིས་སྒྲིག་འཛུགས་བྱས་པའི་རི་པིན་སྤྲུའུ་

ཀང་དུ་ལྷ་སྐོར་དང་རྟོག་ཞིབ་བྱེད་པའི་སྐྱོད་པའི་བྱེད་སྒོའི་ནང་ཞུགས་པ་དང་། རི་པིན་ནས་ཡོག་རྗེས་བསོད་ནམས་དབང་འདུས་ལ་བློ་སྐྱོས་ཆེན་པོ་བྱུང་བ་མ་ཟད། མི་གཞན་གྱི་ཉམས་མྱོང་ཡང་མང་པོ་ཤེས་ཡོད། ཁོང་གིས་རི་པིན་གྱི་ཆུ་ཚན་རྒྱུག་སའི་རྒྱུ་ཆ་ཚང་མ་ཤེང་ཡིན་པས་བདེ་འཛགས་ཆེ་བ་མ་ཟད། བུ་དང་བུ་མོ་ཁག་ཁག་རེད་ལ་རྐང་པ་འབྲུ་ས་དང་གཟུགས་པོ་འབྲུ་ས་ཡང་ཁག་ཁག་ཡིན་པས་གཙང་སྦྲ་དོད་པོ་འདུག་ཅེས་བཤད། གོམ་སྟབས་རྗེས་མར། ཁོང་གིས་བསྐྱར་དུ་མཇོས་བཟོ་བྱས་ནས་གཞི་ཁྲོན་ཆེ་ཏུ་བཏང་སྟེ་ཆུ་ཚན་འགྲུལ་ཁང་གི་རིམ་པ་མཐོ་ཏུ་གཏོང་རྩིས་ཡོད་པ་རེད། མིག་སྔར་བསོད་ནམས་དབང་འདུས་ཀྱིས་གྲོང་ཚོའི་ནང་ཆུ་ཚན་མཉམ་ལས་ཁང་ཞིག་བསྐྲུན་ཏེ། དུད་ཚང་དབུལ་པོ་8རང་ཉིད་ཀྱི་ཆ་རྐྱེན་གཞིར་བཟུང་མ་དངུལ་འཛོག་ཏུ་འཇུག་རྩིས་ཡོད་པ་རེད། བསོད་ནམས་དབང་འདུས་ཀྱིས་རང་ཉིད་ཏང་ཡོན་ཞིག་ཡིན་པ་དང་། སྟོབས་ཤུགས་ཕྲན་ཙམ་བཏོན་ནས་དུད་ཚང་དབུལ་པོ་དབུལ་སྒྲོལ་ཕྱུག་འགྱུར་ཐུབ་རྒྱུར་རོགས་རམ་བྱེད་འདོད་ཡོད་ཅེས་བཤད། མིག་སྔར་ཁོང་ཁྱིམ་གྱི་ཆུ་ཚན་འགྲུལ་ཁང་གི་ལས་མི་ཚང་མ་གྲོང་ཚོའི་དུད་ཚང་དབུལ་པོ་ཡིན་པ་དང་། ཁོང་ཚོར་ཟླ་རེར་སྒླ་ཆ་སྒོར་2500སྤྲོད་ཀྱི་ཡོད་ལ། ལོ་མཇུག་ཏུ་བགོ་འགྲེམ་ཡང་རྒྱག་གི་ཡོད། དེས་མ་ཚད་ལས་མི་རྣམས་དགོང་མོ་ཁྱིམ་ལ་ལོག་ཆོག་པ་དང་ཞོགས་པ་ཆུ་ཚོད་བཅུ་གཅིག་བཅུ་གཉིས་ཙམ་ལ་གཞི་ནས་ལས་ཀར་ཡོང་ན་འགྲིག་གི་ཡོད། གལ་ཏེ་ཁྱིམ་ལ་ལས་ཀ་ཡོད་ཚེ། ག་དུས་ཡིན་ཡང་དགོངས་པ་ཞུ་ཆོག་པས་ཁྱིམ་ལ་ལྷ་རྟོག་དང་ཡོང་འབབ་གསོག་རྒྱུ་གཉིས་ཀར་འཕྲུས་ཤོར་འགྲོ་ཡི་མེད། དེ་ཀར་ལས་ཀ་བྱེད་བཞིན་པའི་དུད་ཚང་དབུལ་པོ་ཚང་མ་འདི་ལོ་དབུལ་གྲོལ་ཐུབ་ཡོད།

སྒོ་རའི་ནང་ལས་ཀ་བྱེད་བཞིན་པའི་ཨ་མ་བཟང་མོ་ད་ལོ་ལོ་60ལ་སླེབས་པ་དང་། ཁྱིམ་ཚང་གི་ཆ་རྐྱེན་ཞན་ནའང་ཁོང་གིས་སྒྲུག་རྟེན་སློང་གསུམ་བྱེད་འདོད་མེད་པར་བསོད་ནམས་དབང་འདུས་ཁྱིམ་གྱི་ཆུ་ཚན་འགྲུལ་ཁང་དུ་ལས་མི་བྱེད་པར་ཡོང་

གི་ཡོད།

གྲོང་ཚོ་ཨུ་ལྷན་གྱི་ཀྲུའུ་རེན་ལྷག་པས་ངོ་སྤྲོད་བྱས་པར། གྲོང་ཚོའི་ནང་ཚུ་ཚན་ཐོན་ལས་ཕུད། ད་དུང་བོད་གྱི་དང་། ཀོ་ཆས། ཐང་ག་ཁྱིམ་ཆས་སོགས་ཀྱི་མཉམ་ལས་ཁང་17ཡོད་པ་དེའི་ནང་3ནི་གྲོང་ཚོའི་མཉམ་སྡེབ་མཉམ་ལས་ཁང་ཡིན་པ་དང་། དེ་བྱིངས་ཀྱི་14ནི་གྲོང་མི་སོ་སོས་བཙུགས་པའི་མཉམ་ལས་ཁང་ཞ་སྟག་རེད། གྲོང་མི་ཚོའི་ཕྱུག་འགྱུར་གྱི་འདུན་པ་ཏ་ཅང་ཆེན་པོ་ཡོད། 2018ལོར་མི་རེའི་ཆ་སྙོམས་ཡོང་འབབ་ཁེ་གཙང་སྒོར་12340ཟིན་ཡོད་པ་རེད། གྲོང་ཚོའི་མཉམ་སྡེབ་དཔལ་འབྱོར་ཡིན་ནའང་འདྲ། ཡང་ན་གྲོང་མི་སོ་སོས་བཙུགས་པའི་མཉམ་ལས་ཁང་ཡིན་ནའང་འདྲ། ཚང་མས་དུད་ཚང་དབུལ་པོ་དེའི་ནང་ཞུགས་སུ་བཅུག་ནས་ཉེ་འགྲམ་གྱི་མིས་ཉེ་འགྲམ་གྱི་མིར་སྐྱུལ་ཁྲིད་བྱེད་ཀྱི་ཡོད། བྱེད་ཐབས་དེ་འདྲ་བརྒྱུད་དུད་ཚང་དབུལ་པོའི་བསམ་བློར་འགྱུར་ལྡོག་བྱུང་བ་དང་། དུད་ཚང་དབུལ་པོའི་ལས་ཞུགས་གནད་དོན་ཐག་གཅོད་ཐུབ་ནས་ཁོང་ཚོ་འབབ་འཕར་ཕྱུག་འགྱུར་བྱུང་ཡོད།

གྲོང་ཚོའི་ཚེ་རིང་གཡང་ལགས་ལོ་40ཙམ་ལ་མ་གཏོགས་སླེབས་མེད་ན་ཡང་གཟུགས་པོ་ཐང་པོ་མེད་ཁར། ཁྱིམ་དུ་ནང་མི་གཞན་དག་མེད་ལ་ས་ཞིང་ཡང་མང་པོ་མེད་པས་འཚོ་བ་ཏ་ཅང་སྐྱོ་པོ་ཡོད། གྲོང་ཚོའི་ཨུ་ལྷན་གཉིས་ཀྱི་ཚན་ཁག་གིས་གྲོང་ཚོའི་ཚུ་ཚན་འགྲུལ་ཁང་གི་སྤྱིན་བདག་ཇོ་ནོར་བཙལ་ཏེ་ཚེ་རིང་གཡང་ལགས་ཀྱི་ཁྱིམ་ཚང་གནས་ཚུལ་ངོ་སྤྲོད་བྱས་ནས་ཚེ་རིང་གཡང་ལགས་ཚུ་ཚན་འགྲུལ་ཁང་དུ་ལས་ཀར་འཛུག་རྒྱུའི་རེ་བ་བཏོན། ཇོ་ནོར་གྱིས་འཕྲལ་མར་ཁས་བླངས་པ་རེད། དེ་ལྟར་ཚེ་རིང་གཡང་ལགས་ལ་ཟླ་རེར་སྒོར་2000ལྷག་ཙམ་ཡོད་པའི་ལས་ཀ་ཞིག་རག ཚེ་རིང་གཡང་ལགས་ཀྱིས་རང་ཉིད་ཀྱི་ལག་གཉིས་ལ་བརྟེན་ནས་ཟླ་རེར་གཏན་འཇགས་སླ་ཆ་ལེན་རྒྱུ་བྱུང་བས་ཁོ་མོའི་སེམས་ནང་དགའ་ཚོར་ཆེན་པོ་བྱུང་ལ་གཟུགས་པོ་ཡང་ཇེ་ཐང་དུ་

འགྲོ་བཞིན་ཡོད།

མི་སེར་གྱི་འཚོ་བ་ཉིན་རེ་ལས་མ་འདས་པར་ལེགས་སུ་ཕྱིན་ནའང་གྲོང་ཚོ་ཨུ་ལྷན་གཉིས་ཀྱི་ཚན་ཁག་གིས་དེར་བློ་ཡིད་ཚིམ་ནས་བསྡད་མེད། ཁ་དཀར་གྲོང་ཚོའི་ཨུ་ལྷན་གྱིས་གཟའ་འཁོར་རེར་ཉུང་མཐར་ཡང་གྲོང་ཚོའི་ནང་གཙང་སྦྲ་དང་། བཟའ་བཅའི་བདེ་འཇགས། མེ་ཟོན་གྱི་མདོན་མེད་རྐྱེན་ངན་གྲལ་བཤེར་བཅས་ཀྱི་འཕྲུལ་སྣུབ་ཞིབ་བཤེར་ཐེངས་རེ་བྱེད་པ་མ་ཟད། ཡུལ་སྐོར་བ་ཉུང་བའི་སྐབས་སུ་གྲོང་མིར་ཞབས་ཞུའི་སྤུས་ཚད་དང་། མེ་ཟོན། བཟའ་བཅའ་ལས་སྣོན་བཅས་ཐད་གསོ་སྦྱོང་བྱས་ནས། གྲོང་ཚོའི་རྒྱུ་ཚན་གྱི་ཞབས་ཞུའི་སྤུས་ཚད་མཐོ་རུ་བཏང་བས། རྒྱུ་ཚན་ཐོན་ལས་དེ་ཁ་དཀར་གྲོང་ཚོར་རྒྱུན་མཐུད་དང་གོང་འཕེལ་ཐུབ་པ་བྱུང་སྟེ་ཐོན་ཁུངས་ཀྱི་ལེགས་ཆ་དེ་བས་ལེགས་པའི་ངང་དཔལ་འབྱོར་གྱི་ལེགས་ཆར་འགྱུར་བ་དང་མི་སེར་ཚང་མ་ཁྱིམ་གྱི་སྒོ་རྩ་ནས་ལས་ཞུགས་དང་དབུལ་སྐྱོལ་ཕྱུག་འགྱུར་ཐུབ་པ་བྱུང་ཡོད་པ་རེད།

འདི་ནི་རྒྱུ་ཚན་མགྲོན་ཁང་དུ་ལས་ཀ་བྱེད་བཞིན་པའི་རྒྱ་བོ་བཟང་མོ་ཡིན་པ།

ནགས་ཁྲོད་ཐོན་ཁུངས་འཛིན། ཞུག་འགྱུར་ཐབས་ལམ་ཡངས།

——ཉིང་ཁྲི་གྲོང་ཁྱེར་གྱིས་ནགས་ཁྲོད་དཔལ་འབྱོར་སྣེ་མང་ཅན་གྱི་འཕེལ་རྒྱས་ལ་སྐུལ་འདེད་བཏང་བའི་སྐོར་བཀོད་པ།

ཉེ་བའི་ལོ་ཤས་རིང་། ནགས་ཁྲོད་ཐོན་ཁུངས་གསར་སྤེལ་དང་བེད་སྤྱོད་སྔར་དུ་གཏོང་ཆེད། ཉིང་ཁྲི་གྲོང་ཁྱེར་གྱིས་ནགས་ལས་འཕེལ་རྒྱས་ཀྱི་འབྲེལ་ཡོད་སྲིད་ཇུས་ཀྱི་མཇུབ་ཁྲིད་འོག ཁྲོམ་རའི་དོ་དམ་ལྷུག་པ་དང་། ཐོན་སྐྱེད་ལག་རྩལ་གྱི་ཚུ་ཚད་ཅུང་དམའ་བ། མ་དངུལ་གྱི་རྒྱབ་སྐྱོར་མི་འདང་བ་སོགས་ཀྱི་ཞན་ཆ་རིམ་པས་ཁྱད་དུ་བསད་དེ་འཕེལ་རྒྱས་སྣེ་མང་ཅན་གྱི་གཉེར་སྐྱོང་ཚོད་ལྟ་བྱས་པ་དང་། ཡུལ་དེ་རང་གི་ཕུན་སུམ་ཚོགས་པའི་ནགས་ཁྲོད་ཐོན་ཁུངས་དང་དགེ་མཚན་ལྡན་པའི་རང་བྱུང་ཆ་རྐྱེན་ལ་བརྟེན་ནས། ནགས་ཁྲོད་ཐོན་ཁུངས་ཀྱི་ཐོན་ལས་འཁོར་སྤྲེལ་འཕེལ་རྒྱས་དང་འཕྲུས་ཚང་ལ་སྐུལ་འདེད་ཧུར་ཐག་བཏང་བས། ཕན་འབྲས་དངོས་སུ་ཐོན་པ་དང་ཡུལ་དེ་གའི་མང་ཚོགས་ལ་ཁེ་ཕན་ཐོབ་ཡོད།

ཁ་སོར་བརྟེན་ནས་འབབ་འཕར་ཞུག་འགྱུར་བྱུང་བ།

ཆར་ཐག་ཆད་མ་ཐག་པའི་ཟླ་དགུ་པའི་ཉིན་ཞིག་ལ། ཁོར་ཡུག་ཀུན་ཏུ་ད་དུང་བཞའ་ཚན་ཆེ་ཙམ་མཆིས། ཉིང་ཁྲི་གྲོང་ཁྱེར་སླུ་ནང་གྲོང་རྡལ་གྱི་བཀྲ་ཤིས་ཀྱིས་ནམ་རྒྱུན་བཞིན་འཁོགས་པ་སྟ་པོ་ནས་ལམ་རྒྱགས་དང་ལག་ཆ་ཁྱེར་ཏེ་སྒྲག་སྒྲག་བཞོན་ནས་རི་སུལ་དུ་ཤ་མོ་སྒྲུག་པར་བསྐྱོད།

བེ་ཤ་ནི་སྤྱིར་ས་བབ་མཐོ་ཚད་སྨི3500ཡན་གྱི་ནགས་ཁྲོད་དང་ལྷག་པར་དུ་བེར་ཤིང་གི་འོག་ཏུ་མང་ཤོས་སྐྱེ་ཡི་ཡོད་ཅེས་བཀྲ་ཤིས་ཀྱིས་ཤ་མོ་འཚོལ་གྱིན་གསར་འགོད་པར་བཤད།

ཁོང་གིས་གསར་འགོད་པར་རང་ཉིད་ཀྱི་ཤ་མོ་བགོག་པའི་ལོ་རྒྱུས་བརྗོད་ཅིང་། ང་ཆུང་དུས་ནས་འདི་གར་འཚོ་བ་སྐྱེལ་གྱི་ཡོད། དེ་སྐབ་བེ་ཤ་བགོག་ནས་གཙོ་བོ་སོ་སོ་ཟ་ཡི་ཡོད། ད་ཆ་ང་ཚོས་བེ་ཤ་བགོག་ནས་ཡོང་འབབ་གསོག་གི་ཡོད་ཅེས་བཤད། ན་ནིང་བཀྲ་ཤིས་ལ་བེ་ཤ་བཙོངས་པའི་ཡོང་འབབ་སྒོར་5000ལྷག་ཙམ་བྱུང་བ་དང་། གཞན་ཡང་། སྤོང་ཕུང་དང་ཉམ་རྩྭ་ཕོ་སྲུལ་སོགས་པའི་ཐོན་ཁུངས་ལས་ཡོང་འབབ་སྒོར་4000ལྷག་ཙམ་བྱུང་ཡོད།

བཀྲ་ཤིས་ཀྱིས་ཞོགས་པ་ཚུར་ལ་བསྡུས་ཤིང་དགོང་མོ་ཕར་ལ་བསྐྱལ་ནས་ནགས་ཁྲོད་ཐོན་ཁུངས་ཀྱི་ཡོང་འབབ་དང་དེ་བཞིན་ལོ་མང་བསགས་པའི་མ་དངུལ་སྤྱད་དེ་གྲོང་ཚེར་ཁྱིམ་ཚང་མགྲོན་ཁང་ཞིག་བཙུགས་པ་རེད།

ནགས་ཁྲོད་ཡུལ་སྐོར་ལ་བརྟེན་ནས་ཡོང་འབབ་བསགས་པ།

ཐག་གསུམ་མཚོ་རྫོགས་ཀྱི་རི་ལམ་ཀྱག་ཀྱོག་བརྒྱུད་ནས་ནགས་ཚལ་སྟུག་པོའི་ཁྲོད་དུ་སྐྱོད་སྐབས། ཕྱོགས་བཞི་མཚམས་བརྒྱུད་ནས་དགོད་སྒྲ་གྲགས་པ་ཐོས་རྒྱུ་འདུག་པས་ཁོར་ཡུག་འཁྲུག་ཆ་ཏ་ཅང་དོད་པོར་སྣང་། དགོད་སྒྲའི་ཕྱོགས་སུ་ལྟ་སྐབས། ཡུལ་དེ་གའི་ཞིང་འབྲོག་པའི་སྡེ་ཁྲིད་འོག ནགས་ཁྲོད་དུ་ཡུལ་སྐོར་བ་ཁག་གཅིག་ཉམ་རྩྭ་ཕོ་སྲུལ་བགོག་ནས་ཕྱི་རོལ་གྱི་སྤྲོ་སྣང་ལ་རོལ་བཞིན་འདུག ཡུལ་སྐོར་བས་ཁྱིམ་ཚང་མགྲོན་ཁང་གི་ཁང་སྒྲ་རྩིས་བརྒྱབ་པ་ཕུད། ཉིན་རེར་ལམ་སྟེ་བར་སྒྲ་ཆ་སྒོར་150ནས་200བར་སྤྲོད་ཀྱི་ཡོད།

ནགས་ཁྲོད་དཔལ་འབྱོར་འཕེལ་རྒྱས་གཏོང་བ་ནི་གོམ་པ་དང་པོ་སྤོས་པ་ཙམ་ཡིན་ཞིང་། ད་ཡོད་ནགས་ཁྲོད་དཔལ་འབྱོར་ལ་བརྟེན་ནས་ཡུལ་སྐོར་འཕེལ་རྒྱས་བཏང་སྟེ་རིམ་བཞིན་བཟའ་བཏུང་དང་། ཞག་སྡོད། འཐུ་བ། ལྟ་སྐོར། སྤྲོ་གསེང་བཅས་གཞི་གཅིག་ཏུ་འདུས་པའི་ཕྱོགས་བསྡུས་ཞིང་པའི་སྤྲོ་སྐྱིད་ཁང་ཞིག་ཆགས་ཚེ། གཞི་ནས་ཉེ་འཁོར་གྱི་མི་སེར་དེ་བས་མང་བའི་ཕྱུག་འགྱུར་ལ་སྐུལ་ཁྲིད་དངོས་སུ་བྱེད་ཐུབ་ཅེས་བྲག་གསུམ་མཚོའི་མཛོས་ལྗོངས་ཁུལ་གྱི་འབྲེལ་ཡོད་འགན་འཁུར་བས་བཤད།

ཚན་རིག་དང་མཐུན་པའི་འདེབས་འཛུགས་ལ་བརྟེན་ནས་འབབ་འཕར་ཐུབ་པ།

འདི་ལོའི་ཧྲམ་རྩ་ཕོ་སུལ་སྐྱེ་འཚར་བཟང་བས་མིག་སྔར་ཐེངས་གཉིས་བགོག་པ་ཡིན། ལྷག་འཐྲོ་ཁག་གཅིག་ཆེན་པོ་འཚར་མི་འདུག་ཅེས་སྤོ་བོ་རྫོང་ཁྲབ་རྒྱ་གྲོང་རྡལ་བག་ཆུང་གྲོང་ཚོའི་གྲོང་མི་སྐལ་བཟང་ནོར་བུས་བཤད་ཅིང་། ཁོང་གི་ཁྲིད་རོགས་འོག་གསར་འགོད་པས་ཁོ་པའི་ དྲོད་ཁང་རྟེན་གཞིར་ལྟ་སྐོར་བྱས་པ་དང་། མུའུ་གཉིས་ཡས་མས་ཀྱི་དྲོད་ཁང་དུ་རྩ་ཆེ་བའི་ཧྲམ་རྩ་ཕོ་སུལ་སྐྱེས་འདུག

ཧྲམ་རྩ་ཕོ་སུལ་གྱི་སྐྱེ་འཚར་ལ་མགོ་བའི་ཁོར་ཡུག་ཡག་པོ་ཞིག་སྐྱུན་ཆེད། སྐལ་བཟང་ནོར་བུས་ད་དུང་དྲོད་ཁང་དུ་འོད་འགོག་དྲ་བ་བཟོས་འདུག དྲོད་ཁང་སྒབས་བདེ་2དང་འོད་འགོག་དྲ་བའི་མ་གནས་ཕུད། མུའུ་གཉིས་ཟིན་པའི་ཧྲམ་རྩ་ཕོ་སུལ་ལ་ལོ་དང་པོར་ཡོང་འབབ་ཁེ་གཙང་སྒོར་ཁྲི་1ལྷག་ཙམ་བྱུང་བ་དང་། ལོ་གཉིས་པར་ཡོང་འབབ་ཁེ་གཙང་སྒོར་ཁྲི་3ནས་4བར་ཟིན་བྱུང་ཞེས་འདི་ལོའི་ཧྲམ་རྩ་ཕོ་སུལ་གྱི་ཡོང་འབབ་སྐོར་གླེང་སྐབས་སྐལ་བཟང་ནོར་བུས་དགའ་ཚོར་ཆེན་པོས་བཤད།

ཧྲམ་རྩ་ཕོ་སུལ་དང་སྔོན་ཕུང་སོགས་ཀྱི་རྩ་ཆེའི་སྐྱེ་དངོས་དེ་རིགས་བཏབ་པ་ལ་བརྟེན་ནས་སྐལ་བཟང་ནོར་བུར་ཡོང་འབབ་མང་དུ་སོང་བ་དང་། ད་དུང་ཉེ་འཁོར་གྱི་

མང་ཚོགས་ཀྱི་འབབ་འཕར་ཕྱུག་འགྱུར་ལ་སྐུལ་འདེད་ཀྱང་ཐེབས་ཡོད་པ་རེད།

ལོ་རེའི་ཟླ་བརྒྱད་པ་དང་དགུ་པ་ནི་ཉིང་ཁྲིའི་བེ་ཤ་དང་རྣམ་རྩ་ཕོ་སུལ་ཐོན་འབབ་ལེགས་པའི་སྐབས་ཡིན་པ་དང་། ཁྲོམ་དུ་བཀོན་པའི་ནགས་ཁྲོད་ཐོན་ཟོག་འཛད་སྤྱོད་ཁྲོམ་རར་ཁྲིན་ཁ་ཧ་ཅང་རྒྱུག་པོ་ཡོད།

འདི་ནི་ཉིང་ཁྲི་གྲོང་ཁྱེར་གྱི་ཞིང་འོར་ཐོན་ཟོག་ཁྲོམ་ར་ཞིག་ཏུ་བེ་ཤ་ཉོ་ཚོང་བྱེད་བཞིན་པ།

མི་རིགས་ལག་ཤེས་རྒྱུན་འཛིན་གྱིས། དབུལ་སྒྲོལ་ཕྱུག་འགྱུར་ཡོང་བར་འབད།

——རྒྱ་ཚ་རྫོང་ཤིང་ཕོར་བཟོ་རྩལ་གྱི་རྒྱུན་འཛིན་པ་བསམ་གྲུབ་ཀྱི་སྐོར་བཀོད་པ།

རྒྱ་ཚ་ནི་བོད་བཙན་པོའི་རྒྱལ་རབས་སྐབས་མི་རིགས་ཁག་སྤེལ་རེས་ཀྱི་བྱེད་སྒོ་ཡང་སེ་སྤེལ་ས་ཞིག་རེད། གླིང་མདའ་ཤང་ནི་རྒྱ་ཚ་རྫོང་གི་ཤར་ལྷོའི་མཚམས་སུ་གནས་པ་དང་བྱང་ངོས་ནི་ཡར་ཀླུང་གཙང་པོའི་ངོགས་སུ་ཆགས་ཡོད། ཤང་སྲིད་གཞུང་གནས་སའི་སྐམ་པོ་བྲེ་ཐང་གྲོང་ཚོ་ནི་ཡར་ཀླུང་གཙང་པོའི་བཞུར་རྒྱུན་འོག་ཉེ་རིང་གང་སར་སྐད་གྲགས་ཆོད་པའི་རིག་གནས་རྒྱུན་འཛིན་གྱི་གྲོང་ཚོ་ཞིག་རེད།

ཤིང་ཕོར་ཆུང་དུ་ལས་ཡོང་འབབ་ཆེན་པོ་བྱུང་བ།

བསམ་གྲུབ་ནི་རྒྱ་ཚ་རྫོང་གླིང་མདའ་ཤང་སྐམ་པོ་བྲེ་ཐང་གྲོང་ཚོ་ནས་ཡིན་པ་དང་། རྒྱ་ཚའི་ཤོང་ཕོར་བཟོ་རྩལ་གྱི་རྒྱུན་འཛིན་པ་ཞིག་རེད།

བསམ་གྲུབ་ཐོག་མར་མཐོང་སྐབས་དམར་སྨུག་ཏུ་གྱུར་པའི་ངོ་གདོང་སྟེང་དུ་མིག་ཁྲ་སྔོར་སྔོར་དེར་བག་ཆགས་ཟབ་མོ་ཞིག་བྱུང་། ཤིང་ཕོར་གྱི་སྐོར་གླེང་སྐབས་བབ་ཆགས་པའི་ཁོང་ལ་བརྗོད་མི་ཚར་བའི་སྐད་ཆ་ཤོད་རྒྱུ་འདུག་ཅིང་། རྒྱ་ཚའི་ཤིང་ཕོར་ལ་རིགས་འདྲ་མིན་དང་བཟོ་ལྟ་སྣ་ཚོགས་ཡོད་པ་དང་། འཁྱེར་སྐབས་སྟབས་བདེ་ལ་ལྷ་སྣང་དོད་པ་དང་ཁྱུངས་མཐུག་པོ་ཡོད། ད་དུང་དེའི་ནང་ཁ་ལག་བཟས་ན་ཟས་ཀྱི་བྲོ་བ་མི་འགྱུར་

བ་དང་ཁ་དང་ལག་པ་མ་འཚོག་པ་སོགས་ཀྱི་ཁྱད་ཆོས་མང་པོ་ལྡན་ཡོད། ཞིང་ཕོར་བཟོ་སྐབས་རྒྱུ་ཆ་འདེམས་པ་དང་། སྐམ་པོ་བཟོ་བ། བཟོ་ལྤ་རགས་ཙམ་འདོན་པ། འཇམ་བཏར་གཏོང་བ། ཐི་བྱུགས་པ་བཅས་གོ་རིམ་ལྔ་བརྒྱུད་དགོས་པ་དང་གོ་རིམ་ཚང་མ་རྫོགས་འཛིང་ཆེ་བས་ཞིང་ཕོར་བཟོ་མཁན་ལ་ལག་རྩལ་རྩེ་གྲ་དགོས་པ་མ་ཟད། ངང་རྒྱུད་རིང་པོ་དང་ཞིབ་ཚགས་པོ་དགོས་ཞེས་ངོ་སྤྲོད་བྱས་བྱུང་།

བསམ་གྲུབ་ཀྱི་ཕ་མེས་རྣམས་རྒྱ་ཚ་རྫོང་དུ་སྐད་གྲགས་ཡོད་པའི་ཞིང་ཕོར་བཟོ་མཁན་ཡིན་པས། ཁོང་ཆེན་པོ་ཆགས་རྗེས་ཕ་ཤུལ་བུ་འཛིན་གྱིས་ཞིང་ཕོར་བཟོ་རྩལ་སྦྱངས། ཁོང་གི་སྡེ་ཁྲིད་འོག་ཁྱིམ་ཚང་རྣམ་པའི་བཟོ་ཁང་སྐབས་བདེ་དེ་རིམ་བཞིན་ཞིང་འགྲོག་པའི་མཉམ་ལས་ཁང་ལ་འཕེལ་རྒྱས་ཕྱིན་པ་མ་ཟད། རིམ་བཞིན་རྒྱ་སྟོབས་ཆེ་རུ་ཕྱིན་ནས་ལག་ཤེས་བཟོ་རྩལ་དང་། ལས་སྟོན། བྲིན་འཚོང་བཅས་གཞི་གཅིག་ཏུ་འདུས་པའི་ཕྱོགས་བསྡུས་རང་བཞིན་གྱི་རིག་གནས་ཁེ་ལས་ཤིག་ཏུ་གྱུར། ད་ཆ་བོད་ལྗོངས་ལྷོ་ཁ་རྒྱ་ཚ་དྭགས་པོ་སྟོལ་རྒྱུན་རིག་གནས་ཐོན་ལས་འཕེལ་རྒྱས་ཚད་ཡོད་འགན་འཁྲི་ཀུང་སི་ལྗོངས་ཕྱི་ནང་གི་ཁྲོམ་རའི་ཐོག་རྐང་པོ་བརྟན་པོ་འཛུགས་ཐུབ་ཡོད།

ཕྱུག་འགྱུར་ལམ་བྲུར་ཇི་ཙམ་བསྐྱོད་པ་དེ་ཙམ་གྱིས་ཡངས་སུ་ཕྱིན་པ།

2000ལོར་བསམ་གྲུབ་ཀྱིས་ཕ་མེས་ཀྱི་ལག་ཤེས་རྒྱུན་འཛིན་བྱས་ནས་སེམས་ནུས་ཡོད་རྒུ་ཞིང་ཕོར་ལས་སྟོན་བྲིན་ཚོང་ལས་རིགས་ལ་བཏོན། ལོ་10ལྷག་ཙམ་འབད་བརྩོན་བྱས་པ་བརྒྱུད་2014ལོར་ཁོང་གིས་སྐམ་པོ་བྱེ་ཐང་གྲོང་ཚོར་ཞིང་ཕོར་བཟོ་རྩལ་ཀུང་སི་བཙུགས་ཏེ་གྲོང་ཚོའི་ངལ་ནུས་ལྷག་མ་དེའི་ཁྲིད་ཞུགས་སུ་བཅུག

དེ་ནས་བཟུང་བོད་ཀྱི་ཁྱད་ལྡན་རིག་གནས་དར་སྤེལ་གཏོང་བའི་འདུ་ཤེས་སེམས་སུ་བཅངས་ཏེ་ཡུལ་སྐོར་ཁྲོམ་རའི་དྲན་གསོའི་དངོས་རྫས་ཁྱད་རྩེར་སོན་ཞིང་ཕོར་གྱིས་

གཙོ་བོར་བྱེད་པ་དང་། ཁྲིན་ཚོང་ཐབས་ལམ་ཐད་བོད་ཀྱི་ཁྲོམ་ར་རྒྱང་གཞིར་བྱེད་པ་དང་ནང་སའི་ཁྲོམ་ར་གང་མགྱོགས་རྒྱ་སྐྱེད་གཏོང་བའི་བྱ་ཐབས་སྤྱོད་ཡོད། བསམ་གྲུབ་ཀྱིས་དཀའ་ངལ་སྐྱོང་རྒྱུན་དབང་གིས་ཁྲིད་ལག་ཤེས་བཟོས་རྫས་གསར་སྤེལ་དང་། རྩིས་འགོད། ལས་སྣོན། ཁྲིན་འཚོང་སོགས་ལ་གཞོལ་ནས་ཐོན་རྫས་ཀྱི་སྣ་ཁ་རིམ་བཞིན་མང་དུ་བཏང་བ་དང་། སྤུས་རྟགས་གཏོད་པ་དང་ཁྲོམ་རའི་ཁྲིན་འཚོང་སོགས་ཀྱི་ཐད་ལ་འགོ་ཡག་པོ་ཞིག་བཙུགས་ཡོད།

བསམ་གྲུབ་ཀྱིས་ང་ཚོར་ཀུང་སི་འདི་ཉིད་བོད་ཀྱི་རིག་གནས་ཁྱད་ཆོས་ཆེ་ཤོས་ལྡན་པའི་ཤེང་ཁོར་བཟོ་རྩལ་ཀུང་སི་ཆེ་ཤོས་ལ་ཧུར་ཐག་གཏོད་བཞིན་ཡོད་ཅེས་བརྗོད་བྱུང་།

2018ལོར་ཀུང་སིའི་ཡོང་འབབ་ཁེ་གཙང་སྒོར་ཁྲི་100ཟིན་པ་དང་གྲོང་ཚོ་ཡོངས་ལ་ལས་ཞུགས་ལས་གནས་50ལྷག་ཙམ་བཏོད་པ་དང་། མི་རེར་ཆ་སྙོམས་ལོར་ཡོང་འབབ་སྒོར་ཁྲི་5ཙམ་བྱུང་ཡོད། བསམ་གྲུབ་ཀྱིས་ད་དུང་དྲ་ཐོག་གི་ཁྲིན་ཚོང་ཐབས་ལམ་བཏོད་པ་དང་། དྲ་ཕྱིར་ལྷ་ས་གྲོང་ཁྱེར་དང་། ཉིང་ཁྲི་གྲོང་ཁྱེར། ལྷོ་ཁ་གྲོང་ཁྱེར་རྒྱ་ཚ་ཛོང་བཅས་སུ་ཚོང་ཁང་བཙུགས་ཡོད་པ་དང་ཚོང་ཁང་གི་ཚོང་རྒྱུགས་པོ་ཡོད།

སེམས་ནུས་ཡོད་རྒྱུས་སྤྱི་ཚོགས་ལ་ལེགས་སྐྱེས་ཕུལ་བ།

ལོ་ཉི་ཤུ་ཙམ་འབད་འཐབ་བྱས་པ་བརྒྱུད། བསམ་གྲུབ་རང་ཉིད་ཀྱི་ཧུར་བརྩོན་དང་སྙིང་རུས་ལ་བརྟེན་ནས་ཕྱུག་པོར་ཆགས་ཟིན། འོན་ཀྱང་ཁོང་གིས་དུས་དང་རྣམ་པ་ཀུན་ཏུ་རང་ཉིད་གྲུང་ཁྲན་ཏང་ཡོན་ཞིག་ཡིན་པ་མ་བརྗེད་པར་ཉེ་འཁོར་གྲོང་མི་ཕྱུག་འགྱུར་ཡོང་བར་སྐུལ་ཁྲིད་ཧུར་ཐག་བྱས་པས། གྲོང་ཚོའི་ཕྱུག་འགྱུར་སྣེ་ཁྲིད་པར་གྱུར་བ་དང་། དམངས་གཉེར་ཁེ་ལས་མཁས་ཅན་གྱི་སྤྱི་ཚོགས་ཀྱི་འགན་འཁྲི་དང་འོས་འགན་ཧུར་ཐག་བསྒྲུབས་ཡོད།

2016ལོར་ཁོང་གིས་ཀུང་སིའི་ལས་མི་15ཡི་སྐྱེ་ཁྲིད་དེ་འབབ་འཕར་སྒོར་ཁྲི་7བཏོད་པ་དང་། 2017ལོར་ལས་མི་14ཡི་སྐྱེ་ཁྲིད་དེ་འབབ་འཕར་སྒོར་ཁྲི་23བཏོད་པ། 2018ལོར་ལས་མི་22ཀྱི་སྐྱེ་ཁྲིད་དེ་འབབ་འཕར་སྒོར་ཁྲི་28བཏོད་པ། 2019ལོར་ལས་མི་31ཀྱི་སྐྱེ་ཁྲིད་དེ་འབབ་འཕར་སྒོར་ཁྲི་35གཏོད་རྩིས་ཡོད་པ་རེད།

བསམ་གྲུབ་ཀྱིས་དུས་དང་རྣམ་པ་ཀུན་ཏུ་ལས་ཞུགས་དབུལ་སྐྱོར་དང་སྤྱི་ཕན་དབུལ་སྐྱོར་གྱི་བྱ་གཞག་ལ་དོ་སྣང་བྱེད་ཀྱི་ཡོད།

2013ལོ་ནས་བཟུང་བསམ་གྲུབ་ཀྱིས་བསྡོམས་སྒོར་ཁྲི་25བཏང་སྟེ་སྤྱི་ཕན་དབུལ་སྐྱོར་བྱ་གཞག་ལ་སྤྲུད་ཡོད། 2016ལོ་ནས་བཟུང་བསམ་གྲུབ་ཀྱིས་ཡིག་ཚགས་དང་གླ་བཟོས་པའི་དུད་ཚང་དབུལ་པོ་དང་། ད་ཕྲུག་དང་དབང་པོ་སྐྱོན་ཅན་གྱི་ཁྱིམ་ཚང་། དཀའ་ངལ་ཡོད་པའི་སློབ་མ། གཙང་སྲུའི་ལས་མི། གནོད་འཚེ་ཐོག་པའི་དུད་ཚང་སོགས་ལ་འཚོ་བའི་མཁོ་ཆས་དང་། སློབ་སྦྱོང་གི་མཁོ་ཆས། ཁྱིམ་ཆས། འཚམས་འདྲིའི་དངུལ་བཅས་བསྡོམས་མི་དམངས་ཤོག་སྒོར་ཁྲི་18ཙམ་བཏང་ཡོད།

བསམ་གྲུབ་ཀྱིས་མུ་མཐུད་རོགས་སྐྱོར་བྱེད་བཞིན་ཡོད་པ་དང་། ཁོང་གིས་ཤིང་ཐོར་གྱི་རིག་གནས་རྒྱུན་འཛིན་བྱེད་བཞིན་ཡོད་ལ། ཀྲུང་ཧྭ་མི་རིགས་མཐུན་སྒྲིལ་རོགས་རེས་ཀྱི་སྲོལ་རྒྱུན་བཟང་པོ་དེ་བས་ཀྱང་རྒྱུན་འཛིན་བྱེད་བཞིན་ཡོད།

འདི་ནི་ལྷོ་ཁ་རྒྱ་ཚ་དྭགས་པོ་སྲོལ་རྒྱུན་རིག་གནས་ཐོན་ལས་འཕེལ་རྒྱས་ཚད་ཡོད་འགན་འཁྲི་ཀུང་སིའི་ཤིང་ཕོར་ཚོང་ཁང་ཡིན་པ།

གྲོང་གསེབ་དར་རྒྱས་བཏང་ནས་མཛེས་སྡུག་ལྡན་པའི་འཚོ་བ་བསྟོད།

——མངའ་རིས་ས་ཁུལ་གྱིས་རང་དོས་དང་ཐོན་ཁུངས་ཀྱི་ཡིགས་ཆར་གཞི་ཚུགས་ནས་མཉམ་སྦྱིབ་དཔལ་འབྱོར་འཕེལ་རྒྱས་ཤུགས་ཆེན་བཏང་བའི་སྐོར་བཀོད་པ།

ཉེ་བའི་ལོ་ཤས་རིང་། མངའ་རིས་ས་ཁུལ་གྱིས་རང་དོས་ཀྱི་ཡིགས་ཆ་དང་ཐོན་ཁུངས་ཀྱི་ཡིགས་ཆར་གཞི་ཚུགས་ནས་དཔལ་འབྱོར་གྱི་ཕན་འབྲས་ཆེ་བ་དང་། ཕྱུག་འགྱུར་སྒོ་ཁྲིད་ཀྱི་ནུས་པ་ཆེ་བ། མང་ཚོགས་ཀྱི་གདེང་འཛོག་ཐོབ་པ་བཅས་ཀྱི་གྲོང་ཚོའི་མཉམ་སྦྱིབ་དཔལ་འབྱོར་རྩ་འཛུགས་ཁག་གཅིག་ལ་རྒྱབ་སྐྱོར་དང་སྐྱིད་སྲིང་བྱས་ནས། ཞིང་འབྲོག་ཁུལ་གྱི་ལས་དོན་ཁག་ཕྱོགས་ཡོངས་ནས་འཕེལ་རྒྱས་འགྲོ་བའི་གྲོང་གསེབ་དར་རྒྱས་ཀྱི་ལས་དོན་དོན་ཐོག་ཏུ་དངོས་འབྲེལ་འཁྱོལ་རྒྱུར་སྐུལ་འདེད་ཧན་ཏིག་བཏང་བ་རེད།

མངའ་རིས་ས་ཁུལ་གྱིས་མང་ཚོགས་དབུལ་པོའི་བསམ་བློར་འགྱུར་ལྡོག་གཏོང་རྒྱུའི་ཁྲིད་སྟོན་ཧུར་ཐག་བྱེད་པ་དང་། སྨུག་བརྟེན་སློང་གསུམ་གྱི་རྗེས་ལུས་ཀྱི་འདུ་ཤེས་འདོར་བ། མཉམ་སྦྱིབ་དཔལ་འབྱོར་ཐོན་ལས་ལ་སྒོ་ཁྲིད་བྱེད་པའི་ཏང་གྲི་ཕུའུ་ཡི་གསོན་ཤུགས་རྒྱུན་ཆད་མེད་པར་ཆེ་རུ་གཏོང་བ་བཅས་བྱས་ནས། གྲོང་ཚོའི་མཉམ་སྦྱིབ་དཔལ་འབྱོར་རྩ་འཛུགས་སྐྱོན་བྲལ་དང་འཕེལ་རྒྱས་འགྲོ་རྒྱུར་ཁྲིད་སྟོན་བྱེད་པའི་དམག་འཐབ་མཁར་རྫོང་གི་ནུས་པ་འདོན་སྤེལ་ཧན་ཏིག་བྱས་ཡོད། མིག་སྔར་ས་ཁུལ་ཡོངས་སུ་གྲོང་ཚོ་རིམ་པའི་དཔལ་འབྱོར་རྩ་འཛུགས་387དང་དཔལ་འབྱོར་མཉམ་ལས་ཁང་

118ཡོད་པ་རེད།

མཉམ་སྡེབ་དཔལ་འབྱོར་རྩ་འཛུགས་གསར་སྐྲུན་གྱི་གཟིགས་སྐྱོང་སྲིད་ཇུས་དྲིལ་བསྒྲགས་དང་ཁྱབ་གདལ་ཤུགས་ཆེན་བཏང་ནས་མཉམ་སྡེབ་དཔལ་འབྱོར་རྩ་འཛུགས་ནང་ཞུགས་པའི་མང་ཚོགས་ཀྱི་ཧུར་བརྩོན་རང་བཞིན་དང་རང་འགུལ་རང་བཞིན་འཕེལ་བར་བྱས་པ་དང་། སྲིད་གཞུང་གིས་ཁྲིད་སྟོན་བྱེད་པ་དང་མང་ཚོགས་ཀྱིས་རང་འགུལ་དང་ཞུགས་པའི་རྩ་དོན་མཐའ་འཁྱོངས་བྱས་པའི་ཁར། ཐོན་འབྲེལ་འབབ་འཕར་དང་། མ་དངུལ་མ་ཆ་ནང་ཞུགས་པ། ཐོན་སྐྱེད་ཀྱུ་ཆ་མ་ཆ་ནང་ཞུགས་པ། ངལ་རྩོལ་ནུས་ཤུགས་མ་ཆ་ནང་ཞུགས་པ་སོགས་ཀྱི་བྱ་ཐབས་སྤྱད་ནས་མང་ཚོགས་ལ་དཔྱང་སྒྲིལ་ངོ་ལེན་བྱ་རྒྱུའི་སྐུལ་མ་བཏང་བ་དང་། ལོ་མཇུག་ཏུ་ཐོབ་པའི་ཁེ་སྤོགས་ལ་བསྟུར་བ་བྱས་ནས་ཞིང་འབྲོག་པ་མང་ཚོགས་ཚོའི་ངལ་རྩོལ་གྱི་སྤྲོ་སེམས་དང་དབུལ་སྒྲོལ་ཕྱུག་འགྱུར་གྱི་ནང་སྐྱེས་སྐུལ་ཤུགས་འཕེལ་བར་ཏན་ཏིག་བྱས་ཡོད།

གཞན་ཡང་། སྡེ་འདྲེན་འདུ་འགོད་ལག་བསྟར་གཏིང་ཟབ་བྱས་ཏེ་གྲོང་ཚོའི(གྲོང་ལྡན)ལས་བྱེད་པའི་བྱང་ཚད་མཐོར་གཏོང་གི་ལས་དོན་ཏན་ཏིག་སྤེལ་ཞིང་། མི་སྣ་གདམ་གསེས་ཐབས་ལམ་རྒྱ་སྐྱེད་བཏང་སྟེ། ཕྱུག་འགྱུར་སྡེ་ཁྲིད་པ་དང་། དམག་ཁོངས་ནས་ཕྱིར་ལོག་པའི་དམག་མི། ཕ་ཡུལ་དུ་ལོག་པའི་སློབ་ཆེན་དང་འབྲིང་རིམ་ཆེད་ལས་སློབ་གྲྭ་ནས་ཐོན་པའི་སློབ་ཐོན་སློབ་མ། གྲོང་ཚོར་ཕྱིར་ལོག་པའི་ལས་བྲལ་དང་རྒན་ཡོལ་ཞུས་པའི་ཕྱུལ་བྱུང་གི་ལས་བྱེད་པ་བཅས་ནས་བྱང་ཚད་མཐོ་བའི་ཏང་གྲི་སྤུའུ་ཡི་རྟུའུ་ཅི་བདམས་པ་དང་། ཏང་གྲི་སྤུའུ་ཡི་རྟུའུ་ཅི་སྒྲིག་འཛུགས་བྱས་ཏེ་ནང་སའི་སྟོན་ཐོན་ཉམས་མྱོང་སློབ་སྦྱོང་བྱེད་པར་བསྐྱོད་དེ། སྤྱངས་པའི་འདུ་ཤེས་གསར་པ་དང་བསམ་བློ་གསར་པར་བརྗེན་ནས་བསམ་རྒྱ་ཆེ་ཉ་དང་མིག་རྒྱང་རིང་དུ་བཏང་ཡོད།

ལས་ཁུངས་ཀྱི་ཏང་ཡོན་ལས་བྱེད་པས་རོགས་སྐྱོར་བྱ་ཡུལ་དུད་ཚང་དབུལ་པོར

འབྲེལ་གཏུག་བྱེད་པའི་ཕྱུགས་ཕན་ལམ་སྲོལ་བཙུགས་ཏེ། 10+1གི་ཆ་སྒྲིག་རྣམ་པའི་ཐོག་ནས་དུད་ཚང་6540ཡི་མི་གྲངས་22561ལ་རོགས་སྐྱོར་བྱས་ཤིང་། ལས་གཏོད་ལ་བརྟེན་ནས་ཕྱུག་འགྱུར་བྱེད་པའི་ཁས་ལེན་ཡི་གེ་བཞག་པ་དང་། མང་ཚོགས་ལ་ཐབས་ཤེས་འཚོལ་རོགས་དང་རྩལ་ནུས་བསླབས་པ་མ་ཟད། ཉང་ཡོན་ལས་བྱེད་པས་ཕྱུག་འགྱུར་རྣམ་གྲངས་གཏོད་རོགས་དང་གཉེར་རོགས་བྱས་པ་དང་། དུད་སྒྲིལ་འབབ་འཕར་དང་ལས་གཏོད་ལ་བརྟེན་ནས་ཕྱུག་འགྱུར་ཐུབ་པའི་དཔེ་སྟོན་རྟེན་གཞི་བཙུགས་པ་བརྒྱད་མང་ཚོགས་2647འབབ་འཕར་ཕྱུག་འགྱུར་ཐུབ་པར་བྱས་ཡོད།

འཕེལ་སྒྱུར་དང་། ཞིང་འབྲོག ཡུལ་སྐོར་སོགས་ཚན་པས་དཔལ་འབྱོར་སློབ་སྟོན་པ་145གནད་སློན་འདེམས་གཏོང་བྱས་པའི་ཁར། ཞིང་འབྲོག་ཁུལ་གྱི་སློབ་ཆེན་ཐོན་པའི་གྲོང་དཔོན་དང་ཚན་རྩལ་ཆེད་མངགས་པ་སོགས་བློ་འདོན་ཚོགས་པའི་ནུས་པ་འདོན་སྤེལ་གང་ལེགས་བྱས་ཏེ་ཞིང་ནང་དང་མུ་ཁ། ལག་ཤེས་བཟོ་ལས་ཁང་། མཉམ་ལས་ཁང་བཅས་ལ་ལག་རྩལ་གྱི་མཇུབ་སྟོན་བྱེད་པར་བསྐྱོད་པ་དང་། གྲོང་ཚོའི(གྲོང་ལྷན)འཕེལ་རྒྱས་འཆར་གཞི་འཐུས་སྒོ་ཚང་དུ་བཏང་བ། མདུན་སྐྱོད་བྱེད་རིང་གི་འགོག་རྐྱེན་བསལ་བ། དཔལ་འབྱོར་གྱི་ཕན་འབྲས་ཆེ་རུ་བཏང་བ་བཅས་མ་ཟད། ད་དུང་ཕྱུག་འགྱུར་འབབ་འཕར་ཡོང་བའི་ཧུས་བཟང་1000ལྷག་ཙམ་བཏོན་པ་རེད།

དབུལ་སྒྲོལ་འགག་སྒྲོལ་གྱི་དུང་བརྡ་ཆེ་རོས་གྲགས།

——ལྷ་ས་རྣམ་སྲས་འཛུགས་སྐྲུན་ཁེ་ལས་ཚད་ཡོད་ཀུང་སིའི་གནད་སྨིན་དབུལ་སྐྱོར་གྱི་སྐོར་བཀོད་པ།

ལོ་སྔུམ་ཅུ་ལྷག་ཙམ་རིང་། ལྷ་ས་རྣམ་སྲས་འཛུགས་སྐྲུན་ཁེ་ལས་ཚད་ཡོད་ཀུང་སིས་ཐོག་མའི་བསམ་འདུན་བརྟན་སྲུང་དང་འགན་འཁྲི་ཁུར་ནས་བྱ་སྤྱོད་དངོས་ལ་བརྟེན་ཏེ་དབུལ་སྐྱོར་དཀའ་སེལ་གྱི་ལས་དོན་ནང་ཞུགས་པ་དང་། སྤྱི་དབང་མིན་པའི་ལམ་ལུགས་ཀྱི་ཁེ་ལས་གནད་སྨིན་དབུལ་སྐྱོར་ནང་ཞུགས་པའི་ཚད་གཞི་བཙུགས་ནས་རང་ལྗོངས་ཀྱི་དབུལ་སྒྲོལ་འགག་སྒྲོལ་གྱི་བྱ་གཞག་ལ་དགེ་མཚན་ལྡན་པའི་སྟོབས་ཤུགས་སྐྱེས་སུ་ཕུལ་ཡོད་པ་རེད།

2019ལོར་ཀུང་སི་དེ་རྒྱལ་ཡོངས་བཟོ་ཚོང་མཉམ་འབྲེལ་ལྷན་ཚོགས་དང་རྒྱལ་སྲིད་སྤྱི་ཁྱབ་ཁང་དབུལ་སྐྱོར་གཞུང་དོན་ཁང་གིས་རྒྱལ་ཡོངས་ཀྱི་ཁེ་ལས་ཁྲི་ཡིས་གྲོང་ཚོ་ཁྲིར་རོགས་རམ་བྱེད་པའི་གནད་སྨིན་དབུལ་སྐྱོར་བྱ་སྤྱོད་ཀྱི་སྔོན་ཐོན་དམངས་གཉེར་ཁེ་ལས་ལ་བདམས་པ་རེད།

ཕྱུག་པོ་ཆགས་དུས་འབྱུང་རྩ་དྲན་པ་དང་། ཕྱུག་པོ་ཆགས་རྗེས་ཡར་བསྐྱོན་བསམས་པ། ཀུང་སིའི་ཏུང་རྫི་ཀྲང་བསོད་ནམས་ཀྱིས་ངོ་སྤྲོད་བྱས་པར་གཞིགས་ན། ཀུང་སི་འཕེལ་རྒྱས་སྟོབས་ཆེར་དང་གཏོང་བ་དང་དུས་མཚུངས་ཁེ་ལས་ཀྱིས་ལེགས་ཆ་འདོན་སྤེལ་ཏུར་ཐག་བྱས་ནས་ཐོན་ལས་དབུལ་སྐྱོར་ལ་དམ་འཛིན་ཡག་པོ་བྱས་པས། མིག་སྔའི་བར་གནད་སྨིན་དབུལ་སྐྱོར་སོགས་སྤྱི་ཚོགས་ཀྱི་སྤྱི་ཕན་བྱ་གཞག་ལ་སྔ་རྗེས་སུ་རོགས་སྐྱོར་

མ་དངུལ་སྒོར་ཁྲི་8780ལྷག་ཙམ་བཏང་ཡོད་པ་རེད།

ཁྲིང་ཀོན་ཆུས་ཀྱི་མ་མཐའི་འཚོ་བའི་འགན་ལེན་དང་མ་མཐའི་འཚོ་བའི་འགན་ལེན་གྱི་མཚམས་སུ་སླེབས་པའི་དུད་ཚང་གི་འཚོ་བའི་ཆ་རྐྱེན་ལེགས་སུ་གཏོང་ཆེད། ཀུང་སིས་2017ལོ་ནས་བཟུང་ལོ་ལྟར་སྒོར་ཁྲི་40བཏང་ནས་ཁྲིང་ཀོན་ཆུས་བར་སྐོར་དོན་གཙོད་ཁྲུའུ་ཡི་དུད་ཚང་200ཡི་མང་ཚོགས་དབུལ་པོར་འཚོ་བའི་རོགས་སྐྱོར་སྤྲོད་ཀྱི་ཡོད་པ་རེད།

བསོད་ནམས་ཀྱིས་ཀུང་སི་འཕེལ་རྒྱས་གཏོང་རིང་ཐོག་མཐའ་བར་གསུམ་དུ་ཤེས་ལྡན་མི་སྣ་གསོ་སྐྱོང་བྱེད་རྒྱུ་མཐའ་འཁྱོངས་བྱས་ནས་དཀའ་ངལ་ཡོད་པའི་མང་ཚོགས་ལ་ལས་ཞུགས་ཀྱི་ལས་གནས་མགོ་འདོན་བྱས་པ་དང་། ཉེ་བའི་ལོ་ཤས་རིང་། ང་ཚོས་ངལ་རྩོལ་ནུས་ཤུགས་280ཡི་ལས་ཞུགས་གནད་དོན་ཐག་གཅོད་བྱས་པའི་ནང་སློབ་ཆེན་གྱི་སློབ་ཐོན་སློབ་མ་16དང་། ལག་རྩལ་ཤེས་ལྡན་མི་སྣ་40 དེ་མིན་གྱི་སྤྱི་ཚོགས་ཀྱི་ལས་སྒྲུག་གཞོན་ནུ་224བཅས་ཚུད་ཡོད་ཅེས་ངོ་སྤྲོད་བྱས་པ་རེད།

སྤྱི་ཚོགས་དང་ཡུན་རིང་བརྟན་ལ་གསར་གཏོད་ཆེན་པོ་བྱས་པ་ལས་དར་དམངས་ཕྱུག་རྒྱུ་བ།

——རང་སྐྱོང་ལྗོངས་ཀྱི་འབྲི་གཡག་ཐོན་ལས་ཀྱི་འཕེལ་རྒྱས་སྐོར་བཀོད་པ།

ཉེ་བའི་ལོ་ཤས་རིང་། རང་སྐྱོང་ལྗོངས་ཀྱིས་འབྲི་གཡག་ཐོན་ལས་འཕེལ་རྒྱས་གཏོང་རྒྱུ་དེ་ཞིང་འབྲོག་མང་ཚོགས་ཀྱི་འཕར་འབབ་ཕྱུག་འགྱུར་གྱི་དམ་འཛིན་བྱ་གཞི་གཙོ་བོར་བཟུང་ནས་རྩེ་རིམ་རྟུས་འགོད་ལ་ཤུགས་སྣོན་དང་། མ་དངུལ་གཏོང་ཤུགས་ཆེ་རུ་གཏོང་བ། སོན་བཟང་དང་ཐབས་ཤེས་བཟང་པོ་ཁྱབ་གདལ་གཏོང་བ། དོ་སྣོམས་དང་ཁྲིམ་རར་འདོན་རྒྱུར་སྐུལ་འདེད་གཏོང་བ་བཅས་བྱས་པས། ལག་ཡོད་འབྲི་གཡག་གི་མགོ་གྲངས་དང་བཤས་གཏོང་ཚད་བརྟན་པོའི་ངང་འཕར་ཏེ་ཐོན་ལས་འཕེལ་རྒྱས་ལ་འཕེལ་ཕྱོགས་ཆེན་པོ་མངོན་ཡོད།

རྩེ་རིམ་རྟུས་འགོད་མངོན་གསལ་དོད་པོ་བྱས་པ།

2017ལོ་ནས་2018ལོའི་བར། རང་སྐྱོང་ལྗོངས་ཀྱིས《འབྲི་གཡག་ཐོན་ལས་ཀྱི་འཕེལ་རྒྱས་ལ་མགྱོགས་མྱུར་སྐུལ་འདེད་གཏོང་རྒྱུའི་སྐོར་གྱི་མཇུབ་ཁྲིད་བསམ་འཆར་》དང་།《གཟན་རྩྭ་དང་གཟན་ཆག་ཐོན་ལས་ཀྱི་འཕེལ་རྒྱས་ལ་མགྱོགས་མྱུར་སྐུལ་འདེད་གཏོང་རྒྱུའི་སྐོར་གྱི་མཇུབ་ཁྲིད་བསམ་འཆར་》《བོད་རང་སྐྱོང་ལྗོངས་འབྲི་གཡག་དུས་ཐུང་རྒྱུགས་གསོའི་དཔེ་སྟོན་རྟེན་གཞིའི་འཛུགས་སྐྲུན་འཆར་གཞི（2017ལོ་ནས་2020ལོ་བར་）》སྤེ་རྗེས་སུ་བཏོན་ནས་འབྲི་གཡག་གི་རྒྱུད་སྤེལ་ར་བ་དང་། རྒྱུགས་གསོ་ར་བ། ལས་སྣོན་བཟོ་གྲྭ་བཅས་མགྱོགས་མྱུར་འཛུགས་སྐྲུན་བྱ་རྒྱུའི་གཏན་འབེབས་བྱས་ཏེ། འབྲི་གཡག་ཐོན་སྐྱེད་དང་

གཉེར་སྐྱོང་ཆེད་ལས་ཅན་དང་། ཚད་ལྡན་ཅན། གཞི་ཁྱོན་ཅན། ལེགས་སྤུད་ཞིབ་གཉེར་ཅན་བཅས་ཀྱི་འཕེལ་རྒྱས་ལ་སྐུལ་འདེད་བཏང་བས་ཞིང་འབྲོག་པར་འབབ་འཕར་རྒྱུན་མཐུད་ཡོང་བར་བྱེད་པའི་དམིགས་ཚད་ཀྱི་སྤྱིའི་བསམ་ཕྱོགས་མངོན་འགྱུར་བྱུང་ཡོད།

འདི་ལོའི་ཟླ་6ཚེས་21ཉིན། རང་ལྗོངས་ཀྱིས《ཚགས་ཤ་དང་དཀར་ཆུའི་ཐོན་ལས་ཀྱི་ སྤུས་ཚད་མཐོ་བའི་འཕེལ་རྒྱས་ལ་སྐུལ་འདེད་གཏོང་རྒྱུའི་སྐོར་གྱི་བོད་རང་སྐྱོང་ལྗོངས་མི་དམངས་སྲིད་གཞུང་གཞུང་དོན་ཁང་གི་བསམ་འཆར་》བཏོན་ནས། ལྗོངས་ཡོངས་ཀྱི་ཚགས་ཤ་དང་དཀར་ཆུའི་ཐོན་ལས་ཀྱི་ཕྱོགས་བསྡུས་ཐོན་སྐྱེད་ནུས་པ་དང་ཁྲོམ་རའི་འགྲན་བསྡོན་ནུས་པ་ཆེ་རུ་བཏང་བ་དང་། ཐོན་ལས་དབུལ་སྐྱོར་གྱི་སྲིད་ཇུས་ཁག་གཅིག་གསལ་པོ་བཟོས་པ་རེད།

ཟླ་6པར་ལྷ་སར་འཚོགས་པའི་ལུང་གཞུང་གི་དཔལ་འབྱོར་འཛུགས་སྐྲུན་དང་། དབུལ་སྐྱོར་ཐོན་ལས་ནས་དང་འབྲི་གཡག་འཕེལ་རྒྱས་ཀྱི་བཞུགས་མོལ་ཚོགས་འདུའི་ཐོག རང་ལྗོངས་ཀྱིས་མ་དངུལ་སྒོར་དུང་ཕྱུར་1200བཏང་ནས་ཡར་ཀླུང་གཙང་པོ་དང་དེའི་ཆུ་མཐའ་རྒྱུག་ཁུལ་གྱི་ལུང་གཞུང་གི་དཔལ་འབྱོར་འཕེལ་རྒྱས་གཏོང་བའི་འཆར་གཞི་བཏིང་པ་རེད། སྔོན་དཔག་ལྟར་ན། འབྲི་གཡག་ཐོན་ལས་འཕེལ་རྒྱས་ཆེན་པོ་འགྲོ་རྒྱུ་དང་། 2020ལོར་ལག་ཡོད་འབྲི་གཡག་མགོ་གྲངས་ཁྲི་500ལས་བརྒལ་རྒྱུ་རེད།

ཕྱོགས་སྒྱུར་རིམ་སྤྲོར་ལ་དམ་འཛིན་ཡག་པོ་བྱས་པ།

འབྲི་གཡག་དུས་ཐུང་རྒྱུགས་གསོ་ནི་རང་ལྗོངས་ཀྱི་འབྲི་གཡག་ཐོན་ལས་ཀྱི་ཕྱོགས་སྒྱུར་རིམ་སྤོར་གྱི་ཞིབ་ཕྲའི་བྱ་ཐབས་ཤིག་ཡིན་ཞིང་། རང་སྐྱོང་ལྗོངས་ཞིང་ལས་གྲོང་གསེབ་ཐིང་གིས་འབྲི་གཡག་དུས་ཐུང་རྒྱུགས་གསོ་གཙོ་བོར་བྱེད་པའི་འབྲོག་ལས་དར་རྒྱས་ཀྱི་ལས་དོན་ཧུར་ཐག་སྤེལ་བ་དང་། 2018ལོར་རྒྱུགས་གསོའི་འབྲི་གཡག་མགོ་གྲངས་48531བཤས་བཏང་བ་དང་ཚགས་ཤ་ཏུན་6673བཙོངས་པར་རྣམ་གྲངས་ཁུལ་

གྱི་འབྲི་གཡག་རྒྱུགས་གསོར་ཡོང་འབབ་ཁེར་གཙང་སྒོར་ཁྲི་9133.29བྱུང་བ་དང་། དུད་ཚང་26858ཀྱི་མི་110416ལ་ཕན་པ་ཐོབ་སྟེ་དུད་ཚང་རེར་ཆ་སྙོམས་འབབ་འཕར་སྒོར་3400དང་མི་རེར་ཆ་སྙོམས་འབབ་འཕར་སྒོར་827བྱུང་ཡོད།

རང་ལྗོངས་ཀྱིས་ད་དུང་རྒྱུད་བཟང་ཕྱུགས་རིགས་འཕེལ་རྒྱས་ལ་སྐུལ་འདེད་ཧུར་ཐག་བཏང་ནས་རྩང་གཞིའི་སྒྲིག་བཀོད་འཛུགས་སྐྲུན་སྲ་བརྟན་དང་འབྲི་གཡག་ཐོན་ལས་འཕེལ་རྒྱས་ལ་སྐུལ་འདེད་ཤུགས་ཆེན་བཏང་ཞིང་། ན་ནིང་རང་ལྗོངས་ཀྱིས་རྒྱལ་ཁབ་ཀྱི་མ་དངུལ་སྒོར་ཁྲི་1000བཙོན་ལེན་བྱས་ནས་རི་བོ་ཆེའི་འབྲི་གཡག་གསོ་ཚགས་དང་། རྒྱུགས་གསོ། ཁྱབ་གདལ་བཅས་གཞི་གཅིག་ཅན་གྱི་རྣམ་གྲངས་ལག་ལེན་བསྟར་བ་དང་། བསྡོམས་རྩིས་རགས་ཙམ་བརྒྱབ་པར་གཞིགས་ན། རྒྱུད་བཟང་འབྲི་གཡག་ཁྲི་85ཟིན་པ་དང་རྒྱུད་བཟང་ཡིན་ཚད་བརྒྱ་ཆ17.6ཙམ་ཟིན་ཡོད།

ཞིང་ཁུལ་དང་ས་མ་འབྲོག་ཁུལ་དུ་མི་ཐབས་གཟན་རྩྭའི་རྟེན་གཞི་འཛུགས་སྐྲུན་ཤུགས་ཆེན་བྱས་ཤིང་། 2018ལོར་མ་དངུལ་སྒོར་དུང་ཕྱུར་21.93དོན་འཁྱོལ་བྱས་ཏེ་མི་ཐབས་རྩྭ་ར་མུའུ་ཁྲི་335.8བཏབ་ཅིང་། མིག་སྔར། ལྗོངས་ཡོངས་སུ་མི་ཐབས་རྩྭ་ར་འདེབས་ཁྱོན་མུའུ་ཁྲི་157རྒྱུན་འཁྱོངས་ཐུབ་ཡོད།

ཐོན་ལས་ཀྱི་ཟུར་སྐོན་རིན་ཐང་མཐོ་རུ་བཏང་བ།

ནག་ཆུ་གྲོང་ཁྱེར་གྱི་འབྲོག་ལས་འཕེལ་རྒྱས་ཀུང་སིས་ཧྲང་ཀྲའུ་ལྷེ་ཤིན་བཟའ་བཅའ་ཚད་ཡོད་ཀུང་སི་དང་། ཁྲིང་ཏུའུ་ཏེ་ཞིང་གནམ་འོག་བཟའ་བཏུང་ཀུང་སི་དབར་ཚགས་ཤ་ཏུན་1450ཡི་མཁོ་འཚོང་གི་གན་རྒྱ་བཞག་པར་གན་འཛོག་དངུལ་འབོར་སྒོར་དུང་ཕྱུར་1.66ཟིན་ཡོད།

འདམ་གཞུང་རྫོང་ས་གཙང་ཀུང་སིས་ཧྲང་ཧའེ་ཅིའུ་ལིས་བཟའ་བཅའ་ཚད་ཡོད་ཀུང་སི་དང་ཚགས་ཤ་ཏུན་300མཁོ་འཚོང་གྲོས་མཐུན་བཞག་པར་གན་འཛོག་དངུལ་འབོར་སྒོར་ཁྲི་5000ཟིན་ཡོད།

རང་ལྗོངས་ཀྱིས་ཚོགས་འགྲེམ་དཔལ་འབྱོར་དང་ཐོན་ཚོང་སྤྲེལ་མཐུད་འཕེལ་རྒྱས་གཏོང་བར་ཤུགས་སྣོན་བརྒྱབ་སྟེ། བོད་ལྗོངས་འགྲེམས་ཚོགས་དང་ཚོང་འདུས་སོགས་ལ་བརྟེན་ནས་ལྗོངས་ཡོངས་ཀྱི་ཕྱུགས་ཟོག་ཐོན་རྫས་ཕྱིར་འཚོང་གི་ཐབས་ལམ་རྒྱ་ཆེར་བཏང་བ་དང་། འབྲོག་ཁུལ་གྱི་རྩ་འཛུགས་ཅན་དང་ཐོན་རྫས་དང་། ལས་སྣོན། ཕྱིར་འཚོང་། གཉེར་སྐྱོང་བཅས་ཀྱི་མཐུན་སྦྱོར་འཕེལ་རྒྱས་ལ་མགྱོགས་མྱུར་སྐུལ་འདེད་བཏང་བ་དང་། སྣེ་འདྲེན་ཁེ་ལས་སྐྱིད་སྲིང་དང་འཕེལ་རྒྱས་ཧུར་ཐག་བཏང་ཐོག་འབྲི་གཡག་གི་ལེགས་ཆའི་ཐོན་ལས་འཕེལ་རྒྱས་བཏང་བས་ལྗོངས་ཡོངས་ཀྱི་ཐོན་ལས་ཅན་གྱི་གཉེར་སྐྱོང་ཆུ་ཚད་མངོན་གསལ་དོད་པོས་མཐོ་རུ་ཕྱིན་ཡོད།

མིག་སྔར། རང་ལྗོངས་སུ་ཚགས་ཤའི་ལས་སྣོན་ཁེ་ལས་7ཡོད་པ་དང་ལས་སྣོན་བྱེད་ཚད་ལོར་ཏུན་2165ཟིན་པ་དང་། ཟས་མཆོག་རྟགས་ཅན་དང་། ཨ་ཅག་རྟགས་ཅན། བྱང་ཐང་རྟགས་ཅན། བོད་ཁྲིམ་རྟགས་ཅན་སོགས་ཚགས་ཤའི་སྤུས་རྟགས་10ལྷག་ཙམ་བཏོད་ཡོད།

འདི་ནི་ནག་ཆུ་གྲོང་ཁྱེར་དེང་རབས་རྩྭ་ཐང་འབྲོག་ལས་དཔེ་སྟོན་རྟེན་གཞིའི་ལས་དོན་མི་སྣས་འབྲི་གཡག་ལ་གཟན་རྩྭ་སྟེར་བཞིན་པ།

ཉུལ་སྲུངས་ཅག་ཅིག་བྱེད་རྒྱུ་སྙིང་བསམ་དུ་གྱུར་བ།

——རང་ལྗོངས་ཀྱི་རིམ་ཁག་སྒྲིག་བཤེར་ལྟ་ཞིབ་ལས་ཁུངས་ཀྱིས་དབུལ་སྐྱོར་ཁྱབ་ཁོངས་ཀྱི་ཉུལ་སྲུངས་དང་སྤྱོད་ཚུལ་གྱི་གནད་དོན་མཐའ་གཅིག་ཏུ་བཅོས་སྒྲིག་བྱས་པའི་སྐོར་བཀོད་པ།

2017ལོ་ནས་བཟུང་། ལྗོངས་ཡོངས་ཀྱི་རིམ་ཁག་སྒྲིག་བཤེར་ལྟ་ཞིབ་ལས་ཁུངས་ཀྱིས་དབུལ་སྐྱོར་ཁྱབ་ཁོངས་ཀྱི་ཉུལ་སྲུངས་དང་སྤྱོད་ཚུལ་གྱི་གནད་དོན་གྱི་ཁུངས་སྣེ་1865བདག་སྤྱོད་བྱས་པ་དང་། གནད་དོན་1236ཐག་བཅད་པ། གནད་དོན་426ཐོར་བཀོད་པ། མི་839ཐག་གཅོད་བྱས་པ་རེད། དེའི་ཁྲོད་ནས་མི་464ལ་ཏང་གི་སྒྲིག་ཁྲིམས་ཀྱི་སྲིད་དོན་ཆད་པ་བཅད་པ་དང་། མི་375ལ་རྩ་འཛུགས་ཀྱི་ཆད་པ་བཅད་པ། མི་9ཁྲིམས་འཛིན་ལས་ཁུངས་ལ་རྩིས་སྤྲོད་པ་རེད། དེའི་ཁྲོད་དུ་རང་སྐྱོང་ལྗོངས་སྒྲིག་ཞུད་ཀྱིས་གནད་དོན་གྱི་ཁུངས་སྣེ་ཁག་བརྒྱད་ཀྱི་གནད་དོན་108ལྟ་སྐུལ་སྒྲུབ་གཉེར་བྱས་པ་དང་། དབུལ་སྐྱོར་ཁྱབ་ཁོངས་ཀྱི་གནད་དོན་གྱི་ཁུངས་སྣེ་72ཐད་ཀར་ཞིབ་བཤེར་ཐག་གཅོད་བྱས་ནས་ལྗོངས་ཡོངས་སུ་དཔེ་མཚོན་གནད་དོན་83ཀྱི་མི་204བརྗོད་ཁྱབ་བཏང་བ་རེད།

མི་དམངས་མང་ཚོགས་ཀྱི་ཁེ་ཕན་སྲུང་སྐྱོང་བྱེད་པའི་བྱ་སྤྱོད་དངོས་ལ་བརྟེན་ནས་གུང་ཁྲན་ཏང་མིའི་ཐོག་མའི་བསམ་འདུན་དང་འགན་འཁྲི་ལག་ལེན་བསྟར་བ།

ཏང་གི་ཚོགས་ཆེན་བཅོ་བརྒྱད་པ་འཚོགས་ཚུན། རང་ལྗོངས་ཀྱི་རིམ་ཁག་སྒྲིག

བཤེར་ལྟ་ཞིབ་ལས་ཁུངས་ཀྱིས་དབུལ་སྐྱོར་ཁྱབ་ཁོངས་ཀྱི་བྱེད་པོའི་འགན་འཁྲི་དོན་འཁྱོལ་དང་ལྟ་སྐུལ་འགན་འཁྲི་ཁུར་ཤུགས་མི་འདང་བའི་གནད་དོན་དང་། དབུལ་སྐྱོར་ཁྱབ་ཁོངས་ཀྱི་རྟུལ་སུངས་གནད་དོན། དབུལ་སྒྲོལ་འགག་སྒྲོལ་གྱི་ལས་དོན་ཁྲིད་དགོས་པའི་ལས་མི་བྱེད་པ་དང་ལས་ཀ་ཧ་རེ་ཧུ་རེ་བྱེད་པ་སོགས་ཀྱི་ཕྱི་ཚུལ་རིང་ལུགས་དང་དཔོན་ཉམས་རིང་ལུགས་ཀྱི་གནད་དོན་བཅས་ལ་དམིགས་ནས། ཆེད་དོན་བཅོས་སྒྲིག་གཏིང་ཟབ་དང་ཏན་ཏིག་བྱེད་རྒྱུར་རྒྱུན་མཐུད་སྐུལ་འདེད་བཏང་ཞིང་། མང་ཚོགས་ལ་བསམ་འཆར་ཆེ་བའི་གནད་དོན་ཚང་མར་ཏན་ཏིག་གཟབ་ནན་གྱི་ལྟ་སྟངས་འཛིན་པ་དང་མང་ཚོགས་ཀྱི་ཁེ་ཕན་ལ་གནོད་འཚེ་གཏོང་བའི་བྱེད་སྤྱོད་ཚང་མ་མཐའ་གཅིག་ཏུ་ཡོ་བསྲང་བྱས་ཏེ་མང་ཚོགས་ཀྱི་བདེ་རྟར་ཐུག་པའི་ཁེ་ཕན་སྲུང་སྐྱོང་བྱེད་པའི་བྱ་སྤྱོད་དངོས་ལ་བརྟེན་ནས་སྒྲིག་བཤེར་ལྟ་ཞིབ་ལས་བྱེད་པའི་ཐོག་མའི་བསམ་འདུན་དང་འགན་འཁྲི་ལག་ལེན་བསྟར་བ་རེད།

ཏང་ཡོན་དང་ལས་བྱེད་པ་ཁག་གཅིག་གིས་ཁེ་བཟང་ཟ་གང་ཐུབ་བྱེད་ཅིང་། ཁེ་ཕན་ཏོག་ཙམ་ཡོད་ན་སྐབས་དང་དུས་ལ་བལྟུན་ནས་ཁེ་བཟང་རག་ཐབས་བྱེད་ཀྱི་ཡོད། ང་ཚོས་གནད་དོན་དེ་རིགས་ཤེས་རྟོགས་ཐུབ་མ་ཐག་ཞིབ་བཤེར་ཐག་གཅོད་བྱས་ནས་ཐར་པར་གཏན་ནས་གཏོང་གི་མེད། གཞིས་རྩེ་གྲོང་ཁྱེར་རྣམ་གླིང་རྫོང་དམངས་སྲིད་ཙུས་ཀྱི་དེ་སྔའི་ཙུས་ཀྲང་གཞོན་པ་སྤྱིན་པ་མཚམས་གཅོད་སྒྲིག་ཁྲིམས་ལས་འགལ་བའི་གནད་དོན་དེར། གཞིས་རྩེ་གྲོང་ཁྱེར་སྒྲིག་ཨུད་ཀྱི་ཧྲུའུ་ཅི་གཞོན་པ་ལྟ་ཞིབ་ཨུ་ལྷན་གྱི་ཀྲུའུ་རེན་གཞོན་པ་སོའུ་ཡིན་གྱིས་ཞེ་འཁོན་ཚད་མེད་བྱེད་པ་མ་ཟད། ཕངས་སེམས་ཀྱང་ཆེན་པོ་བྱེད་ཀྱི་ཡོད། རྣམ་གླིང་རྫོང་དམངས་སྲིད་ཙུས་ཀྱི་དེ་སྔའི་ཙུས་ཀྲང་གཞོན་པ་སྤྱིན་པ་མཚམས་གཅོད་ཀྱིས་གོ་གནས་ཀྱི་སྟོབས་བདེ་སྤྱད་དེ་དབུལ་སྐྱོར་མ་དངུལ་ཀླག་ཟ་ཀླག་ཡིན་བྱས་ཤིང་། སྒྲིག་ཁྲིམས་ལས་འགལ་ནས་རང་གི་གཉེན་ཉེའི་ཁྱིམ་ཚང་4གྲོང་ཁྱེར་

དང་གྲོང་རྫལ་གྱི་མ་མཐའི་འཚོ་བའི་འགན་ལེན་དུད་ཚང་ལ་བཅུག་སྟེ་མ་དངུལ་སྒོར་ཁྲི་12ལྷག་ཙམ་སྤྲད། དེ་མ་ཟད་མ་མཐའི་འཚོ་བའི་འགན་ལེན་དུད་ཚང་གི་རྒྱུ་ནོར་རྙོག་ཟ་རྙོག་ལེན་ཐེངས་མང་བྱས་པ་དང་། གྲོང་ཁྱེར་དང་གྲོང་རྫལ་གྱི་མ་མཐའི་འཚོ་བའི་འགན་ལེན་གྱི་དངུལ་སྒོར་ཁྲི་7ལྷག་ཙམ་འཕྲི་འཐེན་བྱས་པ་རེད། ཐ་ན་ཁ་གདན་ཁ་ཤས་དང་། བོད་སྒོང་སི་ར་ཁ་ཤས། མར་རྒྱ་མ་ཁ་ཤས་ཀྱང་རང་ལ་དབང་འདོད་བྱེད་ཀྱི་ཡོད། དངོས་ཟོག་དེ་དག་ལ་རིན་གོང་མཐོ་པོ་མ་གནས་ཀྱང་། དེ་ཉི་མི་སེར་གྱི་ཤ་ཁྲག་འཇིབ་པ་དང་གཉིས་སུ་མེད། མཐར་སྤྱིན་པ་མཚམས་གཙོད་ཏང་ནང་བཞག་ནས་ལྟ་ཞིབ་བྱེད་པ་དང་སྲིད་འཛིན་གོ་གནས་ལས་ཕྱིར་འཐེན་བྱེད་པའི་གནས་ཚུལ་ས་གནས་དེ་གའི་མང་ཚོགས་ཚོས་ཐོས་རྗེས་སྒྲིག་བཤེར་ལྟ་ཞིབ་ཀྱི་ལས་དོན་ལ་བསྟུགས་བརྗོད་བྱས་ཡོད།

སྒྲིག་ཨུད་ལྟ་ཞིབ་ཀྱི་ལྟ་སྐུལ་འགན་འཁྲི་ཡག་པོ་བསྒྲུབ་རྒྱུ་ཆད་བཏལ་སར་བྱས་ནས་ཆེད་དོན་བཙོས་སྒྲིག་གི་ཕན་འབྲས་ཆེ་རུ་བཏང་བ།

2018ལོ་ནས་2020ལོ་བར་དབུལ་སྐྱོར་ཁྱབ་ཁོངས་ཀྱི་རུལ་སུངས་དང་སྤྱོད་ཚུལ་གྱི་གནད་དོན་ལ་རྒྱུན་མཐུད་ཆེད་དོན་བཅོས་སྒྲིག་བྱེད་རྒྱུའི་སྐོར་གྱི་ཀྲུང་དབྱང་སྒྲིག་ཨུད་དང་རྒྱལ་ཁབ་ལྟ་ཞིབ་ཨུ་ལྷན་གྱི་བཀོད་སྒྲིག་ལྟར་བྱ་གཞིར་བཟུང་། ང་ཚོས་ཆབ་སྲིད་ཀྱི་ལྟ་སྐུལ་སྟར་བས་མངོན་གསལ་དོད་དུ་དང་ཉེན་རེའི་ལྟ་སྐུལ་བྱེད་ཤུགས་ཆེ་རུ་བཏང་སྟེ། སྒྲིག་བཤེར་ལྟ་སྐུལ་དང་། ལྟ་ཞིབ་ལྟ་སྐུལ། ལྟ་སྐུལ་མངགས་གཏོང་། སྐོར་གཟིགས་ལྟ་སྐུལ་སོགས་ཕྱོགས་ཁག་གི་ལྟ་སྐུལ་གྱི་མཉམ་ཤུགས་འདོན་སྤེལ་གང་ལེགས་བྱས་ནས་ལྟ་སྐུལ་ཞིབ་བཤེར་ལ་ཁྱུག་ཆ་མ་ལུས་པ་དང་སྤྱི་ཡོངས་ལ་ཁྱབ་ཐབས་བྱས་པ་མ་ཟད། ལྟ་སྐུལ་གྱི་ཕན་འབྲས་ཆེ་རུ་བཏང་ཡོད་ཅེས་རང་སྐྱོང་ལྗོངས་སྒྲིག་ཨུད་ཀྱི་རྒྱུན་ཨུ་ལྟ་ཞིབ་ཨུ་ལྷན་གྱི་ཨུ་ཡོན་ཏང་དབན་ཚུན་གྱིས་ངོ་སྤྲོད་བྱས་པ་རེད། མིག་སྔར་རང་སྐྱོང་ལྗོངས་

སྒྲིག་ཞུད་ལྟ་ཞིབ་ཨུ་ལྷན་གྱིས་རང་སྐྱོང་ལྗོངས་དབུལ་སྒྲོལ་འགག་སྒྲོལ་བཀོད་འདོམས་པུའི་ཁོངས་ཞུགས་ཚན་པ་དང་ལྷན་དུ་མངོན་བཤེར་ཕྲོག་ཞིབ་ཐེངས་གསུམ་བྱས་ནས་རྫོང（ཆུས）69ལ་ཆེད་དོན་ལྟ་སྐུལ་ཞིབ་བཤེར་བྱས་པས་མངོན་གསལ་དོད་པའི་གནད་དོན་327ཤེས་རྟོགས་ཐུབ་པ་རེད། དབུལ་སྐྱོར་ཁྱབ་ཁོངས་ཀྱི་དངུལ་སྲུངས་དང་སྤྱོད་ཚུལ་གནད་དོན་ཞིབ་བཤེར་ཐག་གཅོད་གཅིག་ཀྱང་མི་ཐུབ་པ་དང་ཐོ་འགོད་གཅིག་ཀྱང་མི་བྱེད་མཁན་གྱི་རྫོང（ཆུས）སྒྲིག་ཞུད་ལྟ་ཞིབ་ཨུ་ལྷན་19མིང་འདོན་བརྡ་ཁྱབ་བཏང་བ་རེད། གྲོང་ཁྱེར་དང་རྫོང་སྒྲིག་ཞུད་ལྟ་ཞིབ་ཨུ་ལྷན་4དང་རང་སྐྱོང་ལྗོངས་སྒྲིག་ཞུད་ལྟ་ཞིབ་ཨུ་ལྷན་གྱི་མངགས་གཏོང་སྒྲིག་བཤེར་ལྟ་ཞིབ་ཚོགས་ཆུང་གི་འགན་འཁུར་བ་གཙོ་བོ་1གིས་དབུལ་སྐྱོར་ཁྱབ་ཁོངས་ཀྱི་གནད་དོན་གྱི་ཁུངས་སྣེ་ཞིབ་བཤེར་ཐག་གཅོད་ཡག་པོ་མི་ཐུབ་པ་དང་། གཙོ་གནད་ལྟ་སྐུལ་སྒྲུབ་གཉེར་གྱི་གྲོད་གཞི་ཐག་གཅོད་ཡག་པོ་མ་བྱས་པ། ཁུངས་སྣེ་བདག་སྤྱོད་ཞུང་བ་སོགས་ཀྱི་མངོན་གསལ་དོད་པའི་གནད་དོན་ལ་རང་སྐྱོན་རང་བརྗོད་བྱེད་དུ་བཅུག་པ་རེད། རིམ་ཁག་སྒྲིག་བཤེར་ལྟ་ཞིབ་ལས་ཁུངས་ཀྱིས་རང་འགུལ་དང་འགན་འཁྲི་འཁུར་བ་དང་ལྷག་བསམ་ཟོལ་མེད་དང་ལས་འགན་བསྒྲུབས་ནས་ལྟ་སྐུལ་དཔྱིས་ཕྱིན་པ་བྱེད་རྒྱུའི་ལྷག་སྐུལ་བྱས་པ་རེད།

ཆེད་དོན་སྐོར་གཟིགས་བྱས་ནས་ཤེས་རྟོགས་ཐུབ་པའི་གནད་དོན་རྣག་ཐོག་གཅིག་འཁེལ་གྱིས་ཐག་གཅོད་བྱས་ཏེ་དབུལ་སྒྲོལ་འགག་སྒྲོལ་གྱི་གྲུབ་འབྲས་སྲ་བརྟན་དུ་བཏང་བ།

སྐོར་གཟིགས་ཀྱི་དམིགས་ཡུལ་ནི་དོན་དམ་དུ་ཉལ་ཐུལ་ཁ་ཕྱེ་བ་དང་རྣག་ཁུག་བརྟོལ་ནས་བཙིར་ཤ་ཡང་དག་གཅོད་པ་དང་དམིགས་ས་ལྷན་པའི་སྒོ་ནས་སྨན་ཐོ་ཡག་པོ་འབྲི་རྒྱུ་དེ་ཡིན་པ་དང་། དེའི་འགག་རྩ་ནི་རྣག་ཐོག་གཅིག་འཁེལ་ལ་ཐུག་པ་དང་། དེ་ནི་གནད་དོན་ཤེས་རྟོགས་བྱེད་རྒྱུ་དེ་རེད་ཅེས་རང་སྐྱོང་ལྗོངས་ཏང་ཨུད་སྐོར་གཟིགས་

གཞུང་ལས་ཁང་གི་ཀྲུའུ་རེན་གཞོན་པ་ཕང་ཤིས་ཕིང་གིས་བརྗོད་པ་དང་། ཁོང་གིས་སྐོར་གཟིགས་བྱས་ནས་ཤེས་རྟོགས་ཐུབ་པའི་གནད་དོན་གནད་ལ་འཕིགས་པོ་བྱུང་ཚེ་ཟིལ་གྱིས་གནོན་པའི་ནུས་པ་སྟར་བས་ཆེ་ཏུ་དང་ཡུན་རིང་རྒྱུན་འཁྱོངས་བྱེད་ཐུབ། སྙིང་དབང་གི་བསམ་བློ་འཆང་མཁན་དང་ཨུ་ཐུག་ཉེན་མཚོང་བྱེད་མཁན་ཚོ་གཞི་ནས་ཞེད་སྣང་སྐྱེས་ཏེ་ཕྱོག་ཟ་ཕྱོག་ལེན་བྱེད་མཚམས་འཛོག་ངེས་རེད་ཅེས་བཤད་པ་རེད།

སྐོར་གཟིགས་བྱས་པ་བརྒྱད། ང་ཚོས་རང་སྐྱོང་ལྗོངས་ཆུ་བེད་ཐིང་ནས་ཐག་གཅོད་འཕྲོར་ལུས་པའི་ཆུ་བེད་ལས་གྲྭའི་གནད་དོན་52ཤེས་བྱུང་། ད་ཆ་གནད་དོན་44ཐག་གཅོད་བྱས་ནས་ཐོ་ཁོངས་ནས་བསུབ་པས། ཤངས་ཆུ་དང་། བཀྲ་ཚང་གག གྲོ་ཡུལ་ཆུ་མཛོད་སོགས་ཆུ་བེད་རྣམ་གྲངས་འཛུགས་སྐྲུན་ལ་སྐྲུལ་འདེད་ནུས་ལྡན་ཐུབ་ནས་མ་དངུལ་སྒོར་དུང་ཕྱུར་1.6དོན་འཁྱོལ་བྱུང་བ་དང་། མི་364ལས་ཞུགས་གཞན་སྒྱུར་ཐུབ་ནས་ཞིང་འབྲོག་མང་ཚོགས་ལ་ཡོང་འབབ་སྒོར་ཁྲི་239བྱུང་ཡོད་ཅེས་ཀྲུའུ་རེན་གཞོན་པ་ཕང་ཤིས་ཕིང་གིས་ངོ་སྤྲོད་བྱས་པ་རེད། ཁོང་གིས་དབུལ་སྒྲོལ་འགག་སྒྲོལ་གྱི་དམག་འཐབ་ལ་རྒྱལ་ཁ་ལེན་པའི་ལོ་གསུམ་གྱི་བྱ་སྤྱོད་སྐོར་གྱི་ཏང་ཀྲུང་དབྱང་གི་བཀོད་སྒྲིག་བླང་བྱ་ལག་བསྟར་དོན་འཁྱོལ་བྱེད་པ་དང་། མང་ཚོགས་ཀྱི་ཁེ་ཕན་ལ་གནོད་འཚེ་གཏོང་བའི་གནད་དོན་ཤེས་རྟོགས་གང་ལེགས་དང་ཐག་གཅོད་ཡག་པོ་བྱ་ཆེད། རང་སྐྱོང་ལྗོངས་ཏང་ཨུད་ཀྱིས་མི་དམངས་ལྟེ་བར་འཛིན་པའི་འཕེལ་རྒྱས་ཀྱི་བསམ་བློ་མཐའ་འཁྱོངས་ཀྱིས་སྐོར་གཟིགས་ཐེངས་བཞི་པའི་ནང་དོན་དེ་དབུལ་སྒྲོལ་འགག་སྒྲོལ་གྱི་ཆེད་དོན་སྐོར་གཟིགས་ལ་གཏན་འཁེལ་བྱས་པ་རེད། སྐོར་གཟིགས་ཚོགས་ཆུང་གིས་དོན་འཁྱོལ་བཞི་ལ་དམ་པོར་དམིགས་ནས། ཐད་གཏོགས་ཚན་པ་8དང་། ས་ཁུལ་1 རྫོང་（ཆུས） 18བཅས་སུ་ལྟ་སྐུལ་ཞིབ་བཤེར་བྱས་པས་གནད་དོན་288ཤེས་རྟོགས་ཐུབ་པ་དང་། ད་ཆ་གནད་དོན་261དག་ཐེར་ཐུབ་ནས་དག་ཐེར་ཐུབ་ཚད་བརྒྱ་ཆ90.6ཟིན་པ་དང་། དག་ཐེར་བྱེད་

ཐབས་དོན་ཚན་1686བཟོས་ནས་དོན་ཚན་1630དོན་འཁྱོལ་བྱས་པ་དང་བྱེད་ཐབས་དོན་འཁྱོལ་བྱེད་ཚད་བརྒྱ་ཆ96.7ཟིན་པ། ལམ་ལུགས་379འཛུགས་པ་དང་འཕྲུས་ཚང་དུ་བཏང་བ། མི་535ལ་འགན་འཁྲི་རྩད་གཅོད་དང་བདའ་འདེད་བཏང་བ། སྒྲིག་འགལ་དངུལ་སྒོར་ཁྲི་2200ལྷག་ཙམ་གཙང་བཤེར་དང་ཕྱིར་སློག་བྱས་པ་རེད་ཅེས་བཤད།

སྤོས་ཀྱི་ཕ་ཡུལ་གྱི་ཕྱུག་འགྱུར་ཐབས་ལམ་གསར་པ།

——སྙེ་མོ་རྫོང་ཐོན་པ་གྲོང་རྡལ་གྱིས་སྤོས་ཀྱི་ཐོན་ལས་རྒྱུན་འཛིན་དང་འཕེལ་རྒྱས་གཏོང་བའི་སྐོར་བཀོད་པ།

རྒྱལ་ལམ་318ནས་ནུབ་ཕྱོགས་སུ་སྐྱོད་སྐབས། ཡར་ཀླུང་གཙང་པོའི་བར་རྒྱུད་ཀྱི་བྱང་ངོགས་སུ་དབེན་པའི་སྐྱིད་ཚལ་ལྟར་དུ་སྣང་བའི་གྲོང་རྡལ་ཆུང་ངུ་ཞིག་མིག་ལམ་དུ་འཆར་འོང་། ཉེ་ཆར། ཡར་ཀླུང་གཙང་པོའི་ངོགས་གཉིས་ནས་བོད་ལྗོངས་ལ་ལྷ་ཞེས་པའི་སྨྱུན་སྦྱོར་གསར་པའི་བཅར་འདྲི་ཚོགས་ཆུང་གིས་ཀླངས་འཁོར་དུ་བསྐྱོད་དེ་བོད་ཡིག་སྲོལ་གཏོད་པ་འབྲུངས་ཡུལ་དང་སྤོས་ཀྱི་འབྱུང་ཁུངས་སུ་གྲགས་པའི་སྙེ་མོ་རྫོང་ཐོན་པ་གྲོང་རྡལ་དུ་འཚམས་འདྲི་བྱེད་པར་བསྐྱོད།

སྤོས་ཀྱི་བཟོ་རྩལ་རྒྱུན་འཛིན་ལེགས་པོ་བྱས་པ།

ཐོན་མདའ་གྲོང་ཚོར་འབྱོར་མ་ཐག གྲལ་སྟར་སྒྲིག་པའི་ཁང་པ་ནམ་མཁའི་སྐར་ཚོགས་ལྟར་བཀྲམ་པ་བཞིན་ལུང་གཤོང་དུ་ཆགས་པ་དང་། རྒྱང་རིང་གི་གངས་རི་ནས་འབབ་པའི་ཆུ་ཕྲན་དག་གྲོང་ཚོའི་གསེབ་ནས་ལྷུང་ལྷུང་དུ་བཞུར། ཆུ་ཕྲན་སྟེང་དུ་ཆེ་ཆུང་མི་འདྲ་བའི་སྤོས་བཟོའི་ཆུ་འཁོར་མང་པོ་འདུག་ལ། ཆུ་འཁོར་དེ་དག་ཆུ་ཤུགས་ལ་བརྟེན་ནས་སྤོས་བཟོའི་རྒྱུ་ཆ་འཐག་སྣང་རེད་འདུག

ལོ་72ལ་སླེབས་པའི་བསོད་ནམས་ནོར་བུས་སྤོས་བཟོའི་རྒྱུ་ཆ་གྲིབ་སྐམ་གཏོང་བཞིན་འདུག་ལ། སྐྱུར་བཙོས་སྒོ་དབྱེ་མ་བྱས་གོང་། ཁོང་ནི་ཐོན་མདའ་གྲོང་ཚོའི་སློབ་ཆུང་

གི་བོད་ཡིག་ཚབ་ཁྲིད་དགེ་རྒན་ཡིན་པ་དང་། 1994ལོ་ནས་བཟུང་། བསོད་ནམས་ནོར་བུས་ཁྲིམ་དུ་ལོག་ནས་སྤོས་ཀྱི་བཟོ་རྩལ་སྦྱངས། ཁོང་གིས་ད་ཆ་སྤོས་བཟོ་བའི་རྒྱུ་ཆ་ཉོ་བ་ཕུད། རང་ཉིད་ལ་ཟླ་རེར་ཁེ་གཙང་ཡོང་འབབ་སྒོར་5000ལྷག་ཙམ་འདུག་ཅེས་བཤད།

བཅར་འདྲི་བྱེད་རིང་། གསར་འགོད་པས་སྤོས་བཟོ་བའི་ཐོག་མའི་བརྒྱུད་རིམ་མཐོང་བྱུང་། སྤོས་བཟོ་མཁན་གྱིས་སྡོན་ལ་ཤུག་པ་སྐམ་པོའི་ཤུན་སྤགས་དུམ་བུར་བཅད་དེ་ཆུ་འཐག་ནང་འཐག་པ་དང་། དེའི་རིང་བཏགས་ཟིན་པའི་ཤིང་སོབ་ក្លུང་གིས་མི་འཁྱིར་བའི་ཆེད་ཆུ་ཡང་སེ་རྒྱག་གི་འདུག

སྐུ་ཞབས་ཡན་ལགས་ལེ་དབར་སྟོང་ཕྲག་གིས་ཚོད་པའི་ཕ་ཡུལ་སི་ཁྲོན་ནས་འདི་གར་སྤོས་ཉོ་བར་སླེབས་འདུག ཁོང་གིས་སླེ་མོའི་སྤོས་ལ་སྲོལ་རྒྱུན་སྤོས་བཟོའི་ལག་རྩལ་གྱི་རྒྱུན་བསྐྱངས་ཡོད་པ་མ་ཟད། སྤོས་བཟོ་བའི་བརྒྱུད་རིམ་ནང་སེམས་ཅན་ལ་མི་གནོད་པ་དང་། མ་བཅོས་རྒྱུ་ཆ་ཁྱད་དུ་འཕགས་ལ། སྤོས་ལ་དྲི་ངན་སེལ་བ་དང་ཆམ་ནད་འགོག་པ་སོགས་ཀྱི་ནུས་པ་དུ་མ་ལྡན་ཡོད་ཅེས་བཤད། ཤེས་རྟོགས་བྱུང་བར་གཞིགས་ན། སྤོས་ཀྱི་ཐོག་མའི་རྒྱུ་ཆ་ཏ་ཅང་ཕུན་སུམ་ཚོགས་པོ་ཡོད་ཅིང་། ཤུག་པ་རྒྱུ་ཆ་གཙོ་བོར་བྱས་པའི་ཐོག་ཁ་ཆེ་ཤ་སྐམ་དང་། ཙཱ་རི། ཙན་དན་དཀར་དམར་སོགས་དྲི་ཞིམ་སྨན་སྣ་རིགས་28ཙམ་ཡོད་པ་དང་། དེ་དག་ཚད་གཞི་ལྟར་བླུགས་ནས་ཆུ་འཐག་གིས་བཟོ་ཡི་ཡོད།

ལག་ཤེས་པོ་ནར་བརྟེན་ནས་སྤོས་བཟོ་བ་ཕུད། མི་རབས་ནས་མི་རབས་བར་ལག་རྩལ་རྒྱུན་མཐུད་པ་དེ་ཡང་བྱེད་ཐབས་གལ་ཆེན་ཞིག་རེད། མ་གཞི་སྤོས་བཟོས་ནས་ལོ་དྲུག་ཙམ་ལས་སོང་མེད་ཀྱང་། བསོད་ནམས་ནོར་བུས་བུ་ཉི་མ་བཀྲ་ཤིས་ལ་སྤོས་བཟོ་རྩལ་བསླབས། བུས་ལོ་12ནས་བཟུང་སྤོས་བཟོའི་ལག་རྩལ་སྦྱངས་པ་མ་ཟད། ད་དུང་ད་ཆ་སྤོས་ད་ཐོག་ནས་ལྡོངས་ཕྱི་ནང་དུ་འཚོང་གི་ཡོད་པ་རེད།

སྤྲོས་ཀྱི་ཐོན་ལས་སྐྱོན་བྲལ་དང་འཕེལ་རྒྱས་བྱུང་བ།

ཐོན་པ་གྲོང་རྡལ་གྱི་དུད་ཚང་ཚང་མས་སྤྲོས་བཟོ་ཡི་ཡོད་ཀྱང་སྤྲོས་ཀྱི་བཟོ་རྩལ་འདྲ་ཡི་མེད། སྔོན་ཆད་འགྲན་རྩོད་ངན་པའང་ཐོན་ཡོད་ཅེས་སྐྱེ་མོ་རྫོང་གི་དྲིལ་བསྒྲགས་པའི་པུའུ་ཀྲང་གཞོན་པ་ལྷུན་པོ་ཡིས་ངོ་སྤྲོད་བྱས། ཁོང་གིས་ཐོན་ཁུངས་སྟར་བས་བརྩི་སྒྲིལ་བྱེད་པ་དང་། ཐོན་ལས་ཚད་ལྡན་ཅན་ལ་སྐྱལ་འདེད་གཏོང་བ། མི་སེར་ལ་ཕྱུག་འགྱུར་འབབ་འཕར་ཡོང་བ་བཅས་བྱ་ཆེད། མང་ཚོགས་མང་པོ་ཐོན་ལས་དབུལ་སྒྲོལ་གྱི་ལམ་བུར་བསྐྱོད་པ་མ་ཟད། ཐོན་པ་གྲོང་རྡལ་གྱིས་2016ལོར་སྤྲོས་བཟོ་ཚོང་དང་བཟོ་རྩལ་འགྲེམས་སྟོན་སོགས་གཞི་གཅིག་ཏུ་འདུས་པའི་ཁེ་ལས་ཏེ། སྐྱེ་མོ་ཐོན་པའི་སྤྲོས་ས་གཙང་ཐོན་ལས་ཚད་ཡོད་ཀུང་སི་བཙུགས་པ་རེད་ཅེས་བཤད།

སྤྲོས་བཟོས་ནས་ལོ་30ལྷག་ཙམ་ཕྱིན་པའི་དངོས་སྦྱུབ་ཀྱིས་ངས་ཆུང་དུས་ནས་ཕ་མེས་ས་ནས་སྤྲོས་ཀྱི་བཟོ་རྩལ་སྦྱངས་བ་ཡིན། སྔོན་ཆད་ཡིན་ན་ཁྱིམ་གྱི་བཟོ་ཁང་དུ་སྤྲོས་བཟོས་ནས་འཚོང་སྐབས་ཚོང་ལམ་ཡངས་པོ་མེད་པས་ཡོང་འབབ་ཀྱང་ཡག་པོ་རག་གི་མི་འདུག་ཅེས་བཤད་པ་དང་། ཁོང་གིས་གྲོང་ཚོའི་ནང་སྐྱེ་མོ་ཐོན་པའི་སྤྲོས་ས་གཙང་ཐོན་ལས་ཚད་ཡོད་ཀུང་སི་བཙུགས་རྗེས་ང་དང་ཡུལ་མི་ཚོ་དེའི་ནང་ཞུགས་པ་ཡིན། ད་ཆ་ང་ཚོ་ཁྱིམ་གྱི་སྒོ་རྩར་ལས་ཞུགས་ཐུབ་པ་མ་ཟད། ཡོང་འབབ་ཀྱང་བརྟན་པོ་ཡོད་པས་དབུལ་སྒྲོལ་ཕྱུག་འགྱུར་ཐུབ་སོང་། དེས་མ་ཟད། ཏང་དང་རྒྱལ་ཁབ་ཀྱི་དབུལ་སྐྱོར་སྲིད་ཇུས་བཟང་བས། རང་ཁ་རང་གསོའི་བློ་སྟོབས་དང་དཀའ་སྤྱད་ལག་ཟུང་ལ་བརྟེན་ནས་སྤྲོས་ཀྱི་ཐོན་ལས་གཉེར་སྐྱོང་ཡག་པོ་བྱས་ན། འཚོ་བ་ཇི་ཡག་ནས་ཇི་ཡག་ཏུ་འགྲོ་ངེས་ཞེས་བཤད།

ལྷུན་པོ་ཡིས་སྐྱེ་མོ་ཐོན་པའི་སྤྲོས་ས་གཙང་ཐོན་ལས་ཚད་ཡོད་ཀུང་སིས་མིག་སྔར་

ཡིག་ཚགས་དང་གྲྭ་བཟོས་པའི་དུད་ཚང་དབུལ་པོ་30ཡི་ལས་མི་བསྡུས་པ་དང་། གཉེར་སྐྱོང་བྱེད་རིང་ཧང་འཛུགས་སྐྱོང་གིས་སྣེ་ཁྲིད་བྱེད་རྒྱུ་མཐའ་འཁྱོངས་བྱས་ནས། ཧང་གྲི་ཕྱུའུ་དང་། ཀྲུང་སི། མཉམ་ལས་ཁང་། ཞིང་དུད་བཅས་མཉམ་འབྲེལ་གྱི་འཕེལ་རྒྱས་གཏོང་སྟངས་བརྒྱུད་ནས་མ་རྐང་ལམ་ལུགས་ཀྱི་རང་བཏེན་གཉེར་སྐྱོང་བྱས་པ་མ་ཟད། ལམ་སྲོལ་ཆེན་པོ་བཞི་བཙུགས་ནས་མང་ཚོགས་སྤྱིས་ཐོན་སྐྱེད་ནང་ཞུགས་རྒྱུར་ཁྲིད་སྟོན་དང་ལྟག་སྐྱུལ་རྟུར་ཐག་བྱས་ཏེ། འབབ་འཕར་ཕྱུག་འགྱུར་ཡོང་ཐབས་བྱས་པ་རེད། ཀྲུང་སིའི་ཁེ་བཟང་བགོ་བཤའ་རྒྱག་པའི་ཐད། 2018ལོར་ཀྲུང་སི་དེས་མི་རེར་ཆ་སྙོམས་སྒོར་ཁྲི་1.8བགོས་པ་རེད། ངོ་སྤྲོད་བྱས་པར་གཞིགས་ན། མིག་སྔར་ཐོན་པ་གྲོང་རྡལ་དུ་སྤྱིས་མཉམ་ལས་ཁང་བཞི་ཡོད་པ་རེད།

བོད་ཀྱི་ཡུལ་སྐོར་རིག་གནས་ཐོན་ལས་ཟམ་མི་ཆད་པར་འཕེལ་རྒྱས་ཕྱིན་པ་དང་བསྟུན་ནས། སློ་མོའི་སྤྱིས་ལ་དུང་ཞེན་ཆེ་བའི་ལས་གཏོད་པ་མང་པོས་སློ་མོའི་སྤྱིས་ལས་གཏོད་ཀྱི་ཐོག་མར་གྱུར་ཡོད། ས་གནས་དེ་གའི་ཞིང་འབྲོག་པའི་མཉམ་ལས་ཁང་གིས་ཀྱང་རིག་གནས་གསར་གཏོད་ཐོན་རྫས་དང་ཉམས་ལེན་ཁྲིམ་རར་དམིགས་ཏེ། སྤྱིས་ཀྱི་རིག་གནས་བརྒྱུད་སྤེལ་བྱེད་སྟངས་གསར་པར་བརྟེན་ནས་ཁྱིམ་ཚང་ཁྲི་སྟོང་མང་པོ་ཤེས་རྟོགས་ཐུབ་པ་བྱེད་བཞིན་ཡོད།

ཤེས་རྟོགས་བྱུང་བར་གཞིགས་ན། ཐོན་པ་ཤང་གི་སྤྱིས་བཟོ་རྩལ་2008ལོར་རྒྱལ་ཁབ་རིམ་པའི་མངོན་མིན་རིག་གནས་ཤུལ་བཞག་ཐྲས་སུ་བཙུག་པ་དང་། ཐོན་པའི་སྤྱིས་2013ལོར་རྒྱལ་ཁབ་ཀྱི་ས་ཁམས་སྲུང་སྐྱོང་གི་མཚོན་རྟགས་ཐོན་རྫས་སུ་རེ་ཞུ་ཐུབ་པ་རེད།

མི་ཆོས་རིག་གནས་ཡུལ་སྐོར་དར་ཞིང་རྒྱས་པ།

སློ་མོའི་ཐོན་པ་མཛེས་ལྗོངས་ཁུལ་གནས་ས་ནི། བོད་ཡིག་གི་སྲོལ་གཏོད་མཁན་ཐོན་

མི་སམ་སྣོ་ཏའི་འབྱུངས་ཡུལ་ཡིན་ཞིང་། མཛེས་ལྗོངས་ཁུལ་དུ་ད་བར་ཐོན་མི་སམ་སྣོ་ཏའི་བཞུགས་གནས་དང་། ལྷ་ཁང་། ཐོན་པ་གཉིས་ཀ་སོགས་གནའ་བོའི་སྐྱུན་དངོས་ཆ་ཚང་བ་ཉར་ཚགས་བྱས་ཡོད།

ཤེས་རྟོགས་བྱུང་བར་གཞིགས་ན། ཐོན་མདའ་གྲོང་ཚོའི་འཆར་འགོད་ཚང་མ་བོད་ཡིག་སྲོལ་གཏོད་མཁན་གྱི་འབྱུངས་ཡུལ་དང་། སློས་ཀྱི་ཕ་ཡུལ། བདེ་སྐྱིད་ཞི་མཐུན་གྱི་གྲོང་ཚོ་བཅས་གཞི་རྟེན་དུ་བྱས་པ་དང་། ཐོན་མི་སམ་སྣོ་ཏས་མཚོན་པའི་བོད་ཡིག་དང་བོད་ཀྱི་ཁྱད་ལྡན་རིག་གནས་ལ་དམིགས་ཏེ། ཆུ་འཐག་སློས་བཟོའི་ལག་ཤེས་མཚོན་བྱེད་དུ་བྱས་པའི་མངོན་མིན་རིག་གནས་ཤུལ་བཞག་རྒྱུན་འཛིན་དང་དར་སྤེལ་བཏང་ནས། ཞིང་ལས་ཐོན་སྐྱེད་དང་གྲོང་གསེབ་ཀྱི་འཚོ་བ་དང་། ལོ་རྒྱུས་སྲུང་སྐྱོང་དང་ཡུལ་སྐོར་གསར་སྤེལ། བཟོ་རྩལ་རྒྱུན་འཛིན་དང་དཔལ་འབྱོར་གོང་འཕེལ་བཅས་མཉམ་འདྲེས་གང་ལེགས་བྱས་ཡོད་པ་རེད།

ཐོན་པའི་ད་ཡོད་ཀྱི་ཐོན་ཁུངས་གཙོ་བོར་དམ་འཛིན་གང་ལེགས་བྱས་ཏེ་རིག་གནས་དང་ཡུལ་སྐོར་གྱི་ཐོན་ཁུངས་ཟུང་འབྲེལ་གཏིང་ཟབ་བྱས་ཤིང་། ལྷུན་པོ་ཡིས་གསར་འགོད་པར་ངོ་སྤྲོད་བྱས་དོན། གཅིག་ནས་བོད་ཡིག་དང་སློས་ཀྱི་རྟེན་རྫས་བཤམས་མཛོད་ཁང་བསྐྲུན་ནས། བོད་ཡིག་དང་སློས་ཀྱིས་བོད་ཀྱི་རིག་གནས་ལ་ཐེབས་པའི་ཤུགས་རྐྱེན་གལ་ཆེན་དྲིལ་བསྒྲགས་བྱས་པ་དང་། ཕྱོགས་གཞན་ཞིག་ནས་ཆུ་འཐག་སློས་བཟོའི་ལག་ཤེས་མཚོན་བྱེད་དུ་བྱས་པའི་མངོན་མིན་རིག་གནས་ཤུལ་བཞག་འགྲེམས་སྟོན་ལ་བརྟེན་ནས་སློས་དང་། བོད་ཤོག ཤིང་བཀོས་སོགས་མི་རིགས་ཀྱི་ཁྱད་ལྡན་ཐོན་རྫས་རྣམས་ཐོན་པའི་མཛེས་ལྗོངས་ཁུལ་དུ་འགྲེམས་སྟོན་བྱས་ཏེ། སྐྱེ་མོ་ཁོ་ནར་གཏོགས་པའི་རིག་གནས་ཁྱམས་རེང་ཞིག་ཏུར་ཐག་སྐྱུན་བཞིན་ཡོད་པ་རེད།

མིག་སྔར་ཐོན་མདའ་གྲོང་ཚོ་འདི་ཉིད་རང་སྐྱོང་ལྗོངས་ཀྱི་ལྷ་ས་ནས་གཉིས་རྩེ་བར་

གྱི་ཡུལ་སྐོར་ལམ་ཐིག་རྩེ་གྲ་དང་ལྷ་སའི་སྐོར་གཅིག་ལམ་གཅིག་གི་ཡུལ་སྐོར་ལམ་ཐིག་རྩེ་གྲའི་གྲས་ཀྱིས་མཛེས་ལྗོངས་ས་ཚིགས་གལ་ཆེན་དུ་གྱུར་པ་མ་ཟད། ལྷ་སའི་སྔོན་ཐོན་འཕེལ་རྒྱས་ཡུལ་སྐོར་ཁུལ་ཆེན་པོ་བདུན་གྱི་གྲས་སུ་ཚུད་པའི་མངོན་མིན་རིག་གནས་ཤུལ་བཞག་གི་ཡུལ་སྐོར་ཁུལ་ཞིག་ཀྱང་རེད། ད་ཆ་གྲོང་ཚོ་ཡོངས་ཀྱི་ཡུལ་མིའི་སྡོད་ཁང་གི་ཕྱིའི་བཀོད་པ་ཚང་མ་སྒྱུར་བཀོད་བྱས་ཟིན་པ་དང་། མཛེས་ལྗོངས་ཁུལ་གྱི་ནུས་པ་ལེགས་སུ་གཏོང་བཞིན་ཡོད་ལ། ལྷ་གཞིས་ལྕགས་ལམ་ཡང་ཐོན་མདའ་གྲོང་ཚོའི་ལྷོ་རྒྱུད་ནས་བརྒྱུད་ཅིང་། སྙེ་མོ་རྫོང་གི་མེ་འཁོར་འབབ་ཚུགས་གཅིག་པུ་དེ་ཡང་ཐོན་མདའ་གྲོང་ཚོའི་མངའ་ཁོངས་སུ་ཡོད་པ་རེད།

ཆུ་འཁོར་ལ་བརྟེན་ནས་ཤུག་པ་འཐག་བཞིན་པ།

མཐའ་མཚམས་རི་གྲོང་གི་ཕྱུག་འགྱུར་སྣེ་ཁྲིད་པ་ལྷེ་ཅུན།

——ཡར་ཀླུང་གཙང་པོའི་སྨད་རྒྱུད་དུ་གནས་པའི་མི་ཏོག་རྫོང་ནི་ལྷེ་ཅུན་གྱི་ཕ་ཡུལ་ཡིན།

དཔུང་ཁག་གི་དཔོན་དམག་གིས་ཁོང་ནི་མཐའ་མཚམས་ཀྱི་འཐབ་ས་མདུན་མའི་མདུན་ཕྱོགས་སོ་ལྟ་བ་ཞིག་དང་སྐོར་བསྐྱོད་ལམ་བུའི་ཐོག་གི་སྐྱུལ་བདེའི་ལམ་སྟོན་ཞིག་རེད་ཅེས་བརྗོད་པ་དང་། མང་ཚོགས་ཀྱིས་ཁོང་ནི་སེམས་པ་བཟང་བའི་དབུལ་བཅོས་ཕྱུག་འགྱུར་སྣེ་ཁྲིད་པ་ཞིག་རེད་ཅེས་བསྔགས་བརྗོད་བྱེད་བཞིན། ས་གནས་དེ་གའི་ལས་བྱེད་པས་ཁོང་ནི་ལྷག་བསམ་རྣམ་དག་གི་རྒྱལ་གཅེས་ཀྱི་ཧང་ཡོན་ཡག་པོ་དང་ལས་བྱེད་པ་ཡག་པོ་ཞིག་རེད་ཅེས་བརྗོད་ཀྱི་ཡོད།

1991ལོར། ལྷེ་ཅུན་དམག་སྐྱུལ་དང་ལེན་གྱི་དུས་ཚོད་ཐིམས་རྫེས། ཕ་ཡུལ་དུ་ལོག་ནས་གཉེར་ཁང་གྲོང་ཚོའི་བུ་མོ་ཏུང་ཏུང་དང་གཉེན་སྒྲིག་བྱས་ནས་གཉེར་ཁང་གྲོང་ཚོར་འཚོ་བ་བསྐྱལ།

མཐའ་མཚམས་སྲུང་བའི་ལམ་བུའི་ཐོག་ཁོང་ནི་གདོང་ལེན་པ་དང་ཞུམ་མེད་ཀྱི་དཔའ་བོ་ཞིག་རེད།

1993ལོ་ཟླ་6ཚེས་19ཉིན་གྱི་སྔ་དྲོ། ལྷེ་ཅུན་དང་གྲོང་མི་ཚོ་སྔར་རྒྱུན་བཞིན་མཐའ་མཚམས་སྲུང་བཞིན་ཡོད། ལ་རྒྱུག་སྐབས་སྐྱེས་པ་ཞིག་དང་གདོང་ཐུག་བརྒྱབ་པ་དང་། སྐྱེས་པ་དེའི་སྐྲ་ཟིང་ཞིང་འཚབ་འཚུབ་ངང་ནགས་ཁྲོད་དུ་བྲོས་ནས་གར་སོང་ཆ་མེད་དུ་

གྱུར། ལྷེ་ཙུན་དང་འཐབ་གྲོགས་ཚོས་མགྱོགས་མྱུར་ནགས་ཁྲོད་དུ་རྗེས་འདེད་གཏོང་བར་སོང་བས་སྐྱེས་པ་དེའི་རྒྱབ་གཟུགས་མཐོང་རྗེས་འཕྲལ་མ་ཉིད་དུ་ལམ་སྐོར་ཏེ་ཁོ་པའི་འགྲོ་ལམ་བཀག སྐབས་དེ་དུས་སྐྱེས་པ་དེས་གདོང་རིས་གཅུམ་པོ་དམར་རྗེན་དུ་བསྟན་ནས་གྱི་ཞིག་སྟོན་ཏེ་ཤི་འདོད་མེད་ན་ང་དེ་ནས་ཐོངས་ཤིག གལ་སྲིད་མ་བཏང་ན་ང་ཚོ་མཉམ་དུ་ཤི་རྒྱུ་རེད་ཅེས་བཤད།

སྐྱེས་པ་དེས་སྐད་ཆ་ཤོད་བཞིན་དུ་ནུས་ཤུགས་ཡོད་རྒྱུས་བྲོས་རྩིས་བྱས་མོད། སྔོན་ནས་གྲ་སྒྲིག་ཡོད་པའི་ལྷེ་ཙུན་གྱིས་འཐབ་གྲོགས་ཧུང་ཐུའི་དང་མཉམ་དུ་ཁོ་པ་བཟུང་བ་རེད། སྐབས་དེ་དུས་སྐྱེས་པ་དེ་མཐའ་མཚམས་སྒྲོལ་རྩིས་ཡོད་པ་དང་སྐོར་བསྐྱོད་དཔུང་ཁག་དང་འཕྲད་སྐབས་དངངས་འཚབ་ལངས་ནས་ད་དུང་ཁོང་ཚོ་དང་འཛིང་རྩིས་བྱས་ཡོད་པ་རེད།

ཧང་སངས་དགོས་པའི་གནས་ཚུལ་དེ་འདྲ་ནི་ལྷེ་ཙུན་ལ་ལོ་30ཡི་སྐོར་བསྐྱོད་ལམ་བུའི་ཐོག་རྒྱུན་དུ་འཕྲད་སྲིད་པའི་གནས་ཚུལ་ཞིག་རེད།

ལྷེ་ཙུན་གྱི་ཤུགས་རྐྱེན་དང་སྣེ་ཁྲིད་འོག་གཏེར་ཀོང་གྲོང་ཚོར་མི་རབས་གསུམ་ཡུལ་དམག་ཡིན་པའི་ཁྱིམ་ཚང་3དང་། ཕ་བུ་ཡུལ་དམག 17 གཅིག་གཅུང་ཡུལ་དམག 27བཅས་ཐོན་ནས་གྲོང་ཚོ་ཡོངས་སུ་དུད་ཁྱིམ་ཚང་མ་མདུན་ཕྱོགས་སོ་ལྟ་བ་ཡིན་པ་དང་། མི་ཚང་མ་སོ་དམག་ཡིན་པའི་སྐོར་སྲུང་དྲ་བ་ཞིག་གྲུབ་ཡོད།

ཕྱུག་འགྱུར་ལམ་བུའི་ཐོག་གོང་ཉི་གསར་འབྱེད་པ་དང་སྣེ་ཁྲིད་པ་ཞིག་རེད།

དྲོད་གཤེར་ལྡན་པའི་གནམ་གཤིས་ཀྱིས་མེ་ཏོག་ཇོང་གི་ཞིང་ལས་འཕེལ་རྒྱས་ཡོང་བར་ཁྱད་འཕགས་ཀྱི་མཐུན་རྐྱེན་ལྡན་ཡོད་པ་དང་། རང་ཁྱིམ་གྱི་ས་ཞིང་མུའུ་རེ་གཉིས་ཡག་པོ་རྫོ་འདེབས་བྱ་རྒྱུ་ནི་སྐབས་དེ་དུས་འགྲིམ་འགྲུལ་ཏ་ཅང་སྟབས་བདེ་མེད་པའི་

མེ་ཏོག་ རྫོང་གི་ཆེས་དངོས་ཡོད་ལྡན་པའི་བྱ་བ་ཞིག་རེད།

དེ་རྗེས། ལྷེ་ཙུན་དང་གཏེར་ཀོན་གྲོང་ཚོའི་ཞུ་ལྷན་གཉིས་ཀྱི་ཚན་ཁག་གིས་གྲོང་ཚོ་ཡོངས་ཀྱི་མང་ཚོགས་ཕྱུག་འགྱུར་ཡོང་རྒྱུའི་སྣེ་ཁྲིད་བྱས་པ་རེད། ས་ཞིང་མང་པོ་མེད་པས་ལྷེ་ཙུན་དང་མང་ཚོགས་ཚོས་དཀའ་སྤྱད་ཀྱི་ལག་གཉིས་ལ་བརྟེན་ནས་རི་རྒོད་དང་ཐང་རྒོད་མུའུ་400ལྷག་ཙམ་ས་སྐྱོལ་བྱས་ནས་ཆུ་འབྲས་དང་མ་རྫོས་ལོ་ཏོག་སོགས་བཏབ་པ་དང་། སླར་ཡང་དཔུང་སྡེའི་ནང་སྦྱངས་པའི་འདེབས་འཛུགས་དང་གསོ་ཚགས་ལག་རྩལ་གྲོང་མི་ཚོར་བསླབ་ནས་ཁོང་ཚོར་ཕག་པ་དང་། བྱ་དེ། ཡ་ཅེ་སོགས་གསོ་རྒྱུའི་སྐྱུལ་ལྦུག་བྱས་པ་རེད།

དུས་ཐུང་ལོ་ཤས་རིང་། ལྷེ་ཙུན་དང་གྲོང་མི་ཚོས་མཉམ་དུ་དཀའ་སྤྱད་ལག་གཉིས་ལ་བརྟེན་ནས་འཚོ་བ་ལེགས་སུ་བཏང་བ་དང་དུས་མཚུངས་ད་དུང་གྲོང་མི་ཚོར་ལོ་རེར་ཡོང་འབབ་སྒོར་200ལྷག་ཙམ་ནས་མགྱོགས་མྱུར་སྒོར་4000བར་འཕར་བ་བྱས་ཡོད།

དམངས་ཀྱི་སེམས་ཁྲལ་སེལ་བའི་ཐད་ཁོང་གིས་དམག་བཀའ་ཁུར་ལེན་གྱི་ཞུ་ཡིག་ཕུལ་བ།

རི་མཐོ་གཡང་གཟར་དང་འགྲོ་སྐྱོད་སྟབས་བདེ་པོ་མེད་པ་ནི་གཏེར་དཀོན་གྲོང་ཚོ་འཕེལ་རྒྱས་འགྲོ་རྒྱུར་ཚོད་འཛིན་བཟོ་བའི་འཕྲུར་མིག་ཆེ་ཤོས་དེ་རེད། གཏེར་ཀོན་གྲོང་ཚོའི་གྲོང་ཚོ་ཞུ་ལྷན་གྱི་ཀྲུའུ་རེན་ལྷེ་ཙུན་གྱིས་སེམས་ཁྲལ་ཆེན་པོ་བྱེད་པ་དང་། ཁོང་གིས་ཏང་ཡོན་གྱི་མིང་ཐོག་ནས་གྲོང་ཚོ་ཞུ་ལྷན་ལ་དམག་བཀའ་ཁུར་ལེན་གྱི་ཞུ་ཡིག་ཕུལ་ནས་གཏེར་དཀོན་གྲོང་ཚོའི་དྲིལ་ལམ་བསྐྱར་བཟོ་མ་བྱས་ཚེ་རང་ཉིད་ཏང་གི་སྐྱིད་སྡུག་ནས་འབུད་རྒྱུའི་དམ་བཅའ་བཞག་པ་རེད།

ལྷེ་ཙུན་གྱིས་ཡུལ་མིའི་སྣེ་ཁྲིད་དེ་སྔ་རྗེས་སུ་ཤང་སྲིད་གཞུང་ནས་གྲོང་ཚོར་འགྲོ་བའི་དྲིལ་ལམ་ཐེངས་བདུན་རྒྱ་ཆེར་བཏང་བ་དང་ཡུལ་མི་མི་ཐེངས་230བཏང་ཡོད། གཏེར་

ཀོན་གྲོང་ཆོ་ནས་ཕྱི་རུ་འགྲོ་བའི་ལམ་ཆེན་དེ་རིམ་པས་བསྐྲུན་ཡོད་པ་རེད།

གཏེར་ཀོན་གྲོང་ཚོར་ཆར་ཆུ་འབེལ་ཡང་ཡུལ་མི་ཚོའི་འཐུང་ཆུ་རི་གཤམ་ནས་ལེན་པར་འགྲོ་དགོས་པས་སྐབས་བདེ་མེད་པའི་ཁར་གཙང་མའང་མེད། ཡུལ་མིའི་འཐུང་ཆུའི་གནད་དོན་ཐག་གཅོད་བྱ་ཆེད། ཕེ་ཙུན་གྱིས་སླར་ཡང་དམ་བཅའ་བཞག་སྟེ་གྲོང་ཚོའི་ནང་གི་དུད་ཁྱིམ་མི་རེ་ངོ་རེ་ནས་སྒོར་200བསྡུས་ཏེ་ཡུལ་མིའི་སྣེ་ཁྲིད་ནས་ངལ་རྩོལ་ནང་ཞུགས་ནས་དུད་ཁྱིམ་ཚང་མར་ཆུ་ཀ་ལ་ཁྲིད་ཡོད།

མང་ཚོགས་ཀྱིས་སེམས་ཁྲལ་བྱེད་སར་སེམས་ཁྲལ་བྱེད་པ་དང་མང་ཚོགས་ཀྱིས་བསམ་བློ་གཏོང་སར་བསམ་བློ་བཏང་སྟེ་མི་སེམས་དྲོས་པ་དང་། མི་སེམས་ལ་དྲོ་སྐྱིད་སྤྲིན་པ། མི་སེམས་བརྟན་པོར་གནས་པའི་བྱ་བཟང་དང་དོན་དངོས་མང་ཙམ་བསྒྲུབས་ཏེ་དམངས་ཀྱི་དཀའ་ངལ་སེལ་བའི་ལམ་བུའི་ཐོག་ཕེ་ཙུན་གྱིས་འབད་འཐབ་ལྷོད་མེད་བྱེད་ཀྱི་ཡོད།

སྒོ་ལྡང་སྲུང་སྐྱོང་བྱས། ཁྱིམ་གཞིས་ལྷག་པར་མཛེས།

——སྨན་གླིང་རྫོང་གིས་ལོ་སྟོད་ཏུ་སྟོད་བཅུད་ནགས་ལས་འཕེལ་རྒྱས་བཏང་བའི་སྐོར་གྱི་སྒྲིལ་གླེང་།

གྲོང་ཁྱེར་མཛེས་སྡུག་ལྡན་དགོས་ན་སྒོ་ལྡང་ནི་འབྱུང་རྩ་རེད་ལ། མི་སེར་ཕྱུག་པོ་ཆགས་དགོས་ན་རང་བྱུང་ནི་རྩ་བ་རེད། ཉེ་བའི་ལོ་ཤས་རིང་། སྨན་གླིང་རྫོང་གིས་ལྡང་མདོག་དང་། སྲུང་སྐྱོང་། འཕེལ་རྒྱས་བཅས་ཀྱི་འདུ་ཤེས་ལ་དམ་པོར་དམིགས་ཏེ། ནགས་ལས་སྟོད་བཅུད་འཛུགས་སྐྱོང་ལས་དོན་ལ་སྐུལ་འདེད་ཤུགས་ཆེན་བཏང་བ་དང་། ནགས་ཚལ་ཐོན་ཁུངས་སྲུང་སྐྱོང་བྱེད་ཤུགས་དང་ནགས་ཚལ་མེ་སྐྱོན་གྱི་མདོན་མེད་རྐྱེན་ངན་གྲལ་བཤེར་བྱེད་ཤུགས་ཆེ་རུ་བཏང་བས། སྨན་གླིང་རྫོང་གི་སྟོད་བཅུད་ཤེས་དཔལ་འཛུགས་སྐྱོང་གི་ཆུ་ཚད་རྒྱུན་ཆད་མེད་པར་མཐོ་རུ་ཕྱིན་པ་དང་། སྟོད་བཅུད་འདུ་འགོད་དང་ནགས་ཚལ་དོ་དམ་སྲུང་སྐྱོང་སོགས་ཐད་དགའ་འོས་པའི་གྲུབ་འབྲས་ཐོབ་ཡོད།

ནུས་ཤུགས་ཡོད་རྒྱས་སྒོ་ལྡང་གྲོང་ཁྱེར་བརྩོད་པ།

སྨན་གླིང་རྫོང་ཉང་ཆུ་གཙང་པོའི་ངོགས་ཀྱི་མཛེས་ལྗོངས་ལམ་ཆེན་དུ་སྐྱོད་སྐབས། མིག་མདུན་དུ་མངོན་པ་དང་རྣ་བར་ཐོས་པ་ནི་སྒོ་ལྡང་གི་རྩི་ཤིང་དང་། བྱིའུ་ཚུང་གི་གསུང་སྐད། མེ་ཏོག་གི་དྲི་ཞིམ་བཅས་རེད། མཛེས་ལྗོངས་ལ་སྐྱོང་རོལ་བྱེད་པ་དང་ཆབས་ཅིག་གསར་འགོད་པས་དེ་གར་ཡོད་མཁན་ཡུལ་སྐོར་བའི་སེམས་གཏིང་གི་ཚོར་སྣང་འདི་གའི་ཡུལ་ལྗོངས་མཛེས་ཤིང་ལྟ་ན་སྡུག་པ་ཞིག་འདུག་པས་ཡོང་ན་བྲལ་མི་འདོད་པའི་

སྣང་བ་ཞིག་སྟེར་གྱི་འདུག་ཅེས་པ་ཡང་ཡང་གོ་ཐུབ།

གྲོང་ཁྱེར་མཛེས་སྡུག་ལྡན་པ་དང་སྤོ་ལྷང་ཅན་གྱི་དམིགས་ཚད་མངོན་འགྱུར་ཡོང་ཆེད། སྨན་གླིང་རྫོང་གིས་ནགས་བཟོ་སྤོ་འགྱུར་གྱི་འདུ་འགོད་ལག་བསྟར་ཧུར་ཐག་བྱས་ཏེ་ཁྱུལ་རྫིལ་པོ་ཡུལ་སྐོར་དམིགས་ཚད་དུ་བྱས་ནས་ནགས་བཟོ་སྤོ་འགྱུར་རིམ་སྤྱོར་ཕྱོགས་ཡོངས་ནས་ལག་བསྟར་བྱས་པ་རེད། 2019ལོའི་ལོ་སྟོད་དུ་སྨན་གླིང་རྫོང་གིས་རྫོང་ཐད་གཙོགས་ཚན་པ་ཁག་དང་སྡེ་ཚན་ཁག་སྒྲིག་འཛུགས་ཀྱིས་དཔྱིད་དུས་འོས་འགན་ཤིང་འཛུགས་མུའུ་2200བྱས་པ་དང་། ཤང་དང་གྲོང་རྩལ་8དང་། གྲོང་ཚོ་48 དུད་ཚང་3487སྒྲིག་འཛུགས་བྱས་ཏེ་སྔོ་རའི་དཔལ་འབྱོར་གྱི་སྡོང་ཕྲུག་ཀང་24386བཏབ་པར་ཀུ་ཤུ་དང་། ལི། སེའུ་དམར་ཆུང་། ཁམ་བུ་སོགས་ཡོད་པར་ཁྱོན་མ་དངུལ་སྒོར་ཁྲི་464བཏང་ཡོད་པ་རེད།

ནགས་བཟོ་བྱས་ཏེ་འབབ་འཕར་ལ་སྐུལ་འདེད་བཏང་བ།

སྟོད་བཙུད་ལེགས་སུ་གཏོང་བ་དང་མང་ཚོགས་ཕྱུག་པོ་ཆགས་པ་བྱ་རྒྱུ་ནི་སྨན་གླིང་རྫོང་གི་གོང་འོག་ཚང་མའི་བསམ་འདུན་ཞིག་ཡིན་ཞིང་། ཉེ་བའི་ལོ་ཤས་རིང་། སྨན་གླིང་རྫོང་གིས་སྤོ་ཞིང་དྭངས་བའི་རི་ཆུ་ནི་གསེར་རི་དངུལ་རི་ཡིན་པའི་འཕེལ་རྒྱས་ཀྱི་འདུ་ཤེས་ལ་དམ་པོར་དམིགས་ཏེ་ཁྲོམ་རའི་དགོས་མཁོ་དང་དབུལ་སྒྲོལ་འགག་སྒྲོལ་གྱི་ལས་དོན་ཟུང་འབྲེལ་གྱིས་ནགས་ལས་ཐོན་ལས་འཕེལ་རྒྱས་ལ་གཞིས་ཚུགས་པ་དང་། ཁྱད་ལྡན་དཔལ་འབྱོར་གླིང་འཕེལ་རྒྱས་ཤུགས་ཆེན་གཏོང་བ། རྫོང་ཡོངས་ཀྱིས་ནགས་བཟོ་སྤོ་འགྱུར་གྱི་གོམ་སྟབས་མགྱོགས་སུ་གཏོང་བར་སྐུལ་འདེད་གཏོང་བ། ནགས་ཁྲོད་ཀྲུང་ལུགས་སྨན་རྩྭ་སྣ་ཚོགས་འདེབས་འཛུགས་བྱེད་པ་སོགས་གསར་དར་ནགས་ལས་ཐོན་ལས་གསར་གཏོད་དང་འཕེལ་རྒྱས་གཏོང་བ། ཕྱོགས་ཡོངས་དང་ཟུར་ཚད་མང་བའི་

འཕེལ་རྒྱས་ཀྱི་ལམ་བུ་ཞིག་རིམ་བཞིན་བཏོད་ནས་སྣ་མང་ཅན་གྱི་ནགས་ལས་ཐོན་ལས་ལ་གསོན་ཤུགས་གསར་པ་ཞིག་བསྣན་ཡོད།

མིག་སྔའི་བར། སྨན་གླིང་རྫོང་གིས་ཁྱོན་བསྡོམས་སྤོ་འགྱུར་ནགས་བཟོ་མུའུ་ཁྲི་1.05བྱས་པ་དང་། དུད་ཚང་219ལ་ལྟོན་ཤིང་ཡོད་པ་བྱས་པ། མ་དངུལ་སྒོར་དུང་ཕྱུར་3.75བཏང་སྟེ་མུའུ་5170གྱི་སྟོད་བཅུད་སོན་བཟང་སྤོང་ཕྲུག་འདེབས་གསོའི་རྟེན་གཞི་བསྐྲུན་པ། ནགས་ཤིང་མུའུ་6000དང་བོད་སྨན་སྨན་རྒྱ་མུའུ་1350འདེབས་འཛུགས་བྱས་པས་ནགས་ལས་དཔལ་འབྱོར་ཐད་བརྟན་ཐོག་ཡར་འཕེལ་དང་། བརྟན་ཐོག་ལེགས་འགྱུར། བརྟན་ཐོག་རྩེར་སོན་བཅས་ཀྱི་འཕེལ་རྒྱས་ཀྱི་རྣམ་པ་མངོན་ཡོད།

ནགས་སྲུང་དོ་དམ་གྱི་ལས་དོན་བརྟན་པོ་སྤེལ་བ།

ཉེ་བའི་ལོ་ཤས་རིང་། སྨན་གླིང་རྫོང་གིས་ནགས་ཚལ་མེ་ཟློན་གྱི་སྲིད་འཛིན་འགོ་ཁྲིད་ཀྱི་འགན་འཁྲིའི་ལམ་ལུགས་དང་ནགས་ཚལ་མེ་ཟློན་གྱི་ཡུག་བགོས་འགན་གཙང་ལམ་ལུགས་དོན་འཁྱོལ་ནན་པོ་བྱས་ཏེ། ནགས་ཚལ་མེ་ཟློན་གྱི་འབྲེལ་ཡོད་འགན་འཁྲི་རི་ཁོངས་དང་ས་ཁོངས་སུ་དོན་འཁྱོལ་བྱས་ནས། ནགས་ཚལ་མེ་ཟློན་ལས་དོན་གྱི་གཙོ་གནད་གཞི་རིམ་གྲོང་ཚོ་དང་ཚོགས་ཆུང་ལ་གཤམ་སྤྲོད་ཀྱིས་རི་ཚང་མར་དོ་དམ་བྱེད་མཁན་ཡོད་པ་དང་། འགན་འཁྲི་འཁུར་མཁན་ཡོད་པ། མེ་ཤོར་ན་གསོད་མཁན་ཡོད་པ་བཅས་བྱས་པ་རེད། དགུན་ཉེ་ལྷོག་དུས་དང་། དཔྱིད་གསར་དུས་ཆེན། བོད་ཀྱི་ལོ་གསར་སོགས་གཙོ་གནད་དུས་ཚིགས་སྐབས་རིམ་བཞིན་རྫོང་དེས་ཚོགས་འདུ་འཚོགས་ཏེ་རྫོང་ཡོངས་ཀྱི་ནགས་ཚལ་མེ་ཟློན་ལས་དོན་བཀོད་སྒྲིག་དང་། ཡུག་བགོས་འགན་འཁུར་གྱི་རྩ་དོན་གཞིར་བཟུང་མི་སྣ་སྒྲིག་འཛུགས་ཀྱིས་ཤང་དང་གྲོང་རྡལ་ཁག་དང་། ཨར་ལས་ཚན་པ། གཙོ་གནད་ལུང་ཤུར་བཅས་སུ་བསྐྱོད་དེ་ནགས་ཚལ་མེ་ཟློན་གྱི་ལས་དོན་ལ་ལྟ་སྐུལ་

ཞིབ་བཤེར་དང་མཇུབ་ཁྲིད་བྱེད་ཀྱི་ཡོད།

ཤེས་རྟོགས་བྱུང་བར་གཞིགས་ན། ཞིབ་བཤེར་བྱས་པའི་བརྒྱུད་རིམ་ནང་། ནགས་ཚལ་སྲུང་བདེ་ཙུས་ཀྱིས་ཁྲིམས་དང་མི་མཐུན་པའི་ངང་ནགས་ཁྲོད་དུ་སྐྱོད་པའི་བྱེད་སྒོ་7རྩད་ཆོད་པ་དང་། ཁྱོན་ནགས་ལས་སྲིད་འཛིན་གྱོད་གཞི་7ཐོ་འགོད་བྱས་པ། འབྲེལ་ཡོད་ཨར་ལས་སྡེ་ཚན་ལ་ཉེས་ཆད་ཁྱོན་སྒོར་ཁྲི་8བཏང་བ་དང་འབྲེལ། འཕྲལ་དུ་ནགས་ཁྲོད་དུ་སྐྱོད་ཆོག་པའི་ལག་ཁྱེར་གསབ་གཉེར་བྱེད་དགོས་པའི་སླད་བྱ་བཏོན་པ་རེད།

སྔོད་བཙུད་ཁོར་ཡུག་བདེ་འཛུགས་འགན་ལེན་བྱ་ཆེད། དབྱར་རྩྭ་དགུན་འབུ་རྐོ་བའི་དུས་ཚོད་སླེབས་རིམ་བཞིན་སྨན་གླིང་རྫོང་གིས་2018ལོའི་རྫོང་ཡོངས་ཀྱི་ནགས་ལས་ལས་དོན་དང་དབྱར་རྩྭ་དགུན་འབུ་རྐོ་བའི་དོ་དམ་ཉམས་སྨྱོང་ཕྱོགས་སྡོམ་བྱས་ཏེ་དབྱར་རྩྭ་དགུན་འབུ་རྐོ་བའི་ལམ་ལུགས་ལག་བསྟར་ནན་ཏན་དང་། དབྱར་རྩྭ་དགུན་འབུ་རྐོ་བའི་ལག་ཁྱེར་ལོག་ཚོང་དང་། ནང་བཤུག་ངོགས་གཏོང་། གཡར་བ་བཅས་ཀྱི་ཁྲིམས་འགལ་བྱེད་སྒོད་ལ་དོ་དམ་ཚོད་འཛིན་ནན་པོ་བྱེད་པ། ལག་ཁྱེར་མེད་པ་དང་། སྒྲིག་ལམ་མེད་པ། དབྱར་རྩྭ་དགུན་འབུ་མཚམས་འགལ་ནས་རྐོ་བ་སོགས་ཀྱི་བྱེད་སྒོད་མཐའ་གཅིག་ཏུ་བཀག་འགོག་བྱས་ནས་དབྱར་རྩྭ་དགུན་འབུ་རྐོ་བའི་དོ་དམ་ལས་དོན་ཏན་ཏིག་དང་ཡག་པོ་བསྒྲུབས་ཡོད། མིག་སྔའི་བར། སྨན་གླིང་རྫོང་གིས་རི་བོར་གཙང་སེལ་ཐེངས་10སྒྲིག་འཛུགས་བྱས་པ་དང་ལག་ཁྱེར་མེད་པའི་དབྱར་རྩྭ་དགུན་འབུ་རྐོ་མཁན་མི་515ཐག་གཅོད་བྱས་པ་རེད།

དཔྱད་གཏམ།

དབྱུལ་སྤྲོལ་འགག་སྤྲོལ་ལ་འགག་རྩའི་ཐག་གཅོད་རང་བཞིན་གྱི་གྲུབ་འབྲས་ཐོབ་པ་བྱེད་དགོས།

འདི་ག་ཚགས་པར་གྱི་དཔྱད་གཏམ་མཁན་གྱིས།

དབྱུལ་སྤྲོལ་འགག་སྤྲོལ་གྱི་དམག་འཐབ་འགག་སྤྲོལ་དཀའ་སེལ་དང་དམག་འཐབ་མཐའ་གཅིག་ཏུ་རྒྱག་པ་དང་རྒྱལ་ཁ་ཕུ་ཐག་གཅོད་པའི་འགག་རྩའི་དུས་སྐབས་སུ་སླེབས་ཡོད་པས་ལྗོངས་ཡོངས་ཀྱི་རིམ་པ་ཁག་དང་སྡེ་ཚན་ཁག་གིས་ཞི་ཅིན་ཕིང་གི་དབྱུལ་སྐྱོར་ལས་དོན་གྱི་རྣམ་བཤད་གལ་ཆེན་སྤྱད་དེ་དབྱུལ་སྤྲོལ་འགག་སྤྲོལ་གྱི་སྤྱི་ཡོངས་ཀྱི་ལས་དོན་ལ་མཛུབ་ཁྲིད་བྱེད་རྒྱུ་མཐའ་འཁྱོངས་བྱེད་པ་དང་། དབྱུལ་སྤྲོལ་འགག་སྤྲོལ་གྱི་དམག་འཐབ་ལ་རྒྱལ་ཁ་ལེན་པའི་ཡིད་ཆེས་དང་ཚོད་སེམས་བརྟན་དུ་གཏོང་བ། དམག་རྟག་མངགས་ནས་དམག་ལ་ཞུགས་པ་དང་ནུས་ཤུགས་ཡོད་རྒུ་འདོན་པ་བཅས་བྱས་ནས་དབྱུལ་སྤྲོལ་འགག་སྤྲོལ་དམག་འཐབ་ལ་འགག་རྩའི་ཐག་གཅོད་རང་བཞིན་གྱི་གྲུབ་འབྲས་ཐོབ་རྒྱུར་སྐུལ་འདེད་གཏོང་དགོས།

མངོན་གསལ་དོད་པའི་གནད་དོན་ཐག་གཅོད་བྱས་ནས་དམག་འཐབ་མཐའ་གཅིག་ཏུ་རྒྱག་པ་དང་རྒྱལ་ཁ་ཕུ་ཐག་གཅོད་པའི་སྲུས་ཚད་མཐོ་རུ་གཏོང་དགོས། བློ་མཐུན་ལྷུའུ་དབྱིང་ཅེས་པན་ཀྲང་གནང་བའི་ལྗོངས་ཏང་ཨུད་ཀྱིས་གནད་སྨིན་རྟུས་འདོན་ལ་ཚད་མཐོའི་མཐོང་ཆེན་གནང་ནས་ཕྱོགས་ཡོངས་ནས་བཀོད་སྒྲིག་ལ་སྐུལ་འདེད་ཤུགས་ཆེན་གཏོང་བ་དང་། བརྟག་ཞིབ་གཏིང་ཟབ་དང་མཛུབ་ཁྲིད་ཞིབ་ཕྲ་བྱེད་པ། ཆེད་དོན་བཞུགས་མོལ་ཚོགས་འདུ་བསྡུད་མར་འཚོགས་པ། ཤིན་ཏུ་དབྱུལ་བའི་འཐབ་ཕྱོགས་དང་པོར་ཐེངས་མང་བསྐྱོད་པ། བྱ་ཐབས་ནུས་ལྡན་མང་པོ་བཏོན་པ། མི་འབོར་

དབུལ་པོའི་འཐུང་ཆུའི་བདེ་འཛུགས་ཀྱི་གནད་དོན་ཐག་གཅོད་མངོན་གསལ་དོད་པོ་བྱས་པ། སློབ་གྲྭར་འགྲོ་མཚམས་མི་ཆད་པ་བྱས་ནས་སློབ་གྲྭར་ཞུགས་ཚད་འགན་སྲུང་གི་ལས་དོན་ལ་འཕེལ་རྒྱས་གསར་པ་ཡོང་བ་བྱས་པ། ཞིང་འབྲོག་ཁུལ་གྱི་སྨན་བཅོས་ལམ་ལུགས་དང་སྲིད་ཇུས་ཁྱབ་ཚད་བརྒྱ་ཆ100ཟིན་པ། ཉེན་ཡོད་སྡོད་ཁང་སྒྱུར་བཀོད་ལས་འགན་ཁྲི་10པའི་ནང་ཡོངས་སུ་ལེགས་སྒྲུབ་ཐུབ་རྒྱུ་བཅས་བྱས་པས། སེམས་ཁྲལ་མེད་པ་གཉིས་དང་འགན་ལེན་གསུམ་གྱི་མངོན་གསལ་དོད་པའི་གནད་དོན་ཐག་གཅོད་ཀྱི་ལས་དོན་ལ་ཕྱོགས་ཡོངས་ནས་ཤུགས་སྣོན་དང་། གཙོ་གནད་ཚད་བཀལ། སྐྱུལ་འདེད་གཏིང་ཟབ་བཅས་ཀྱི་རྣམ་པ་བཟང་པོ་མངོན་ཡོད།

ཤིན་ཏུ་དབུལ་བའི་གནད་དོན་ལ་དམིགས་ནས་དམག་འཐབ་མཐའ་གཅིག་ཏུ་རྒྱག་པ་དང་རྒྱལ་ཁ་ཕུ་ཐག་གཅོད་པའི་རྨང་གཞི་འདིང་དགོས། ཤིན་ཏུ་དབུལ་བའི་ས་ཁུལ་ནི་དབུལ་སྒྲོལ་འགག་སྒྲོལ་གྱི་འགག་སྒྲོལ་ནང་གི་འགག་སྒྲོལ་རེད། དེར་བརྟེན། ལྗོངས་ཡོངས་ཀྱི་གོང་འོག་ཚང་མས་ཞན་ཆ་གསབ་རྒྱུ་ཚད་བཀལ་ཡོང་གཞིར་བྱས་ཏེ་འདེགས་སྐྱོར་འགན་ལེན་གྱི་མ་ལག་ལ་ཤུགས་སྣོན་རྒྱག་པ་དང་། སྲིད་ཇུས་གཟིགས་སྐྱོང་བྱེད་ཤུགས་ཆེ་རུ་གཏོང་བ། སྟོབས་ཤུགས་གཅིག་སྒྲིལ་གྱིས་འགག་སྒྲོལ་བྱེད་པ། གསར་སྣོན་གསུམ་ཤིན་ཏུ་དབུལ་བའི་ས་ཁུལ་དུ་ཕྱོགས་རྒྱུ་དོན་འཁྱོལ་ནན་པོ་བྱེད་པ། ཐོན་ཁུངས་སྣ་ཚོགས་བསྡུ་སྒྲིལ་གྱིས་ཤིན་ཏུ་དབུལ་པོའི་ས་ཁུལ་ལ་ཕྱོགས་པ། ལྗོངས་དང་ཀྲུང་དབྱང་ཐད་གཏོགས་སྡེ་ཚན་གྱི་གྲོང་སྡོད་ལས་དོན་རུ་ཁག་ཡོངས་རྫོགས་དབུལ་སྒྲོལ་འགག་སྒྲོལ་དཀའ་བའི་ཤིན་ཏུ་དབུལ་པོའི་གྲོང་ཚོར་མངགས་གཏོང་བྱེད་པ། ས་ཁུལ་དབུལ་པོའི་སློག་ཤུགས་དང་། གཞུང་ལམ། འཕྲིན་གཏོང་། སློབ་གསོ། འཕྲོད་བསྟེན་བཅས་ཀྱི་རྨང་གཞིའི་སྒྲིག་བཀོད་ཀྱི་ཞན་ཆ་ནུས་ལྡན་གསབ་པ། སྤྱི་པའི་ཞབས་ཞུའི་ཆུ་ཚད་མཐོ་རུ་མངོན་གསལ་དོད་པོ་གཏོང་བ་བཅས་བྱས་ནས་མང་ཚོགས་ཀྱི་ཐོན་སྐྱེད་དང་འཚོ་བའི་

ཆ་རྐྱེན་ལེགས་སུ་ཏན་ཏིག་གཏོང་དགོས།

སྐོར་གཟིགས་དང་དག་ཐེར་ལ་དམ་འཛིན་ནན་པོ་བྱས་ནས་དམག་འཐབ་མཐའ་གཅིག་ཏུ་རྒྱག་པ་དང་རྒྱལ་ཁ་ཕུ་ཐག་གཅོད་པའི་འགོག་སྲུང་འཛིང་རགས་བརྟན་དུ་གཏོང་དགོས། ཀྲུང་དབྱང་གི་སྐོར་གཟིགས་ཚོགས་ཆུང་གསུམ་པའི་ཆེད་དོན་སྐོར་གཟིགས་དང་། ལྟོངས་ཏང་ཨུད་སྐབས་དགུ་པའི་རེས་སྐོར་བཞི་པའི་དབུལ་སྐྲོལ་འགག་སྐྲོལ་གྱི་ཆེད་དོན་སྐོར་གཟིགས། རྒྱལ་ཁབ་རྩིས་བཤེར་ཧྲུའུ་ཡི་ཆེད་དོན་རྩིས་བཤེར། ཞིང་ཆེན་དབར་དཔྱད་ཞིབ་རེས་མོས། 2018ལོའི་དབུལ་སྐྲོལ་འགག་སྐྲོལ་གྱི་གྲུབ་འབྲས་དཔྱད་ཞིབ་སོགས་ཀྱི་སྐོར་གཟིགས་དང་ཞིབ་བཤེར་བྱེད་རིང་ཤེས་པའི་གནད་དོན་ལ་དམིགས་ནས། ང་ཚོས་དག་ཐེར་དོན་འགྱོལ་མི་བྱེད་པ་ནི་མི་དམངས་ལ་འགན་མི་འཁུར་བ་ཞིག་ཡིན་པའི་བསམ་བློ་བརྟན་པོ་བཙངས་ནས། དབུལ་སྐྲོལ་འགག་སྐྲོལ་གྱི་ལས་དོན་ལེགས་པར་སྒྲུབ་པ་ནི་དཔལ་འབྱོར་གྱི་གནད་དོན་དང་མི་རིགས་ཀྱི་གནད་དོན་ཡིན་ལ། ཆབ་སྲིད་ཀྱི་གནད་དོན་དེ་བས་ཡིན་པའི་ངོས་འཛིན་ཟབ་ཏུ་གཏོང་བ་དང་། མི་དམངས་ལྟེ་བར་འཛིན་པའི་བསམ་བློ་མཐའ་འཁྱོངས་བྱེད་པ། ལྟོགས་དུས་ཟས་དང་འཁྱག་དུས་གོས་མང་ཙམ་སྐྱེལ་བ་ལས་ཡང་རྩེའི་སྣང་ལ་ཡལ་སྒྲོན་ཙུང་ཙམ་རྒྱག་པ། སྲིད་ཇུས་མཐོ་འདོན་ལེགས་སུ་གཏོང་བ། ལམ་ལུགས་བྱ་ཐབས་འཐུས་སྒོ་ཚང་དུ་གཏོང་བ། ཕར་ཕྱིན་རྒྱག་པའི་སྙིང་ཊུས་ལ་བརྟེན་པ། ཤིན་ཏུ་དབུལ་པོའི་ས་ཁུལ་དང་དམིགས་བསལ་དཀའ་ངལ་ཡོད་པའི་ཚོགས་སྤྱིར་སྟར་བས་དོ་ཁུར། གནད་དོན་གྱི་གསལ་ཐོ་དང་། ལས་འགན་གྱི་གསལ་ཐོ། འགན་འཁྲིའི་གསལ་ཐོ་བཟོ་བ། གནད་དོན་རེ་རེ་བཞིན་གྱི་དག་ཐེར་ལ་དམ་འཛིན། དོན་དག་རེ་རེ་བཞིན་དོན་འགྱོལ་ལ་དམ་འཛིན་བཅས་བྱས་ནས་སྐོར་གཟིགས་དག་ཐེར་ལས་དོན་ལ་ཕན་འབྲས་མངོན་གསལ་དོད་པོ་ཐོན་རྒྱུར་སྐུལ་འདེད་གཏོང་དགོས།

ཁ་གཏད་བོད་སྐྱོར་བྱེད་རྒྱ་ཆེ་རུ་བཏང་ནས་དམག་འཐབ་མཐའ་གཅིག་ཏུ་རྒྱག་

པ་དང་རྒྱལ་ཁ་ཕུ་ཐག་གཅོད་པའི་མཉམ་ཤུགས་གཅིག་ཏུ་སྒྲིལ་དགོས། ཁ་གཏད་རིགས་སྐྱོར་ནི་སྤྱི་ཚོགས་རིང་ལུགས་ལམ་ལུགས་ཀྱི་ཁྱད་འཕགས་རང་བཞིན་གྱི་མཚོན་ཚུལ་གལ་ཆེན་ཞིག་རེད། རྒྱལ་སྲིད་སྤྱི་ཁྱབ་ཁང་དབུལ་སྐྱོར་གཞུང་ལས་ཁང་སོགས་ཀྲུང་དབྱང་ཕུའུ་ཤུད་དང་བོད་སྐྱོར་ཞིང་ཆེན་དང་གྲོང་ཁྱེར་དང་བོད་སྐྱོར་ཀྲུང་དབྱང་ཁེ་ལས་ཀྱིས་དབུལ་སྐྱོར་བོད་སྐྱོར་ལས་དོན་གྱི་ལམ་སྲོལ་དུ་བཙུག་ནས་སློབ་གསོ་དང་སྨན་བཅོས་དབུལ་སྐྱོར་གྱི་ཆེད་དོན་ཚོགས་སྒྲིག་རྣམ་པའི་བོད་སྐྱོར་ལས་དོན་གཏིང་ཟབ་སྤེལ་ཏེ་དབུལ་སྐྱོར་གྱི་བོད་སྐྱོར་རྣམ་གྲངས་ཐོན་ལས་དབུལ་སྐྱོར་དང་། ལས་ཞུགས་དབུལ་སྐྱོར། འཛད་སྤྱོད་དབུལ་སྐྱོར། སློབ་གསོའི་དབུལ་སྐྱོར། བདེ་ཐང་དབུལ་སྐྱོར་སོགས་ལ་ཁྱབ་པར་བྱེད་པ་དང་། བོད་སྐྱོར་དབུལ་སྐྱོར་གྱི་ལས་དོན་གཏིང་ཟབ་སྤེལ་ནས་བོད་ཀྱི་དབུལ་སྒྲོལ་འགག་སྒྲོལ་གྱི་ལས་དོན་ལ་སྐུལ་འདེད་ཀྱི་ནུས་པ་ཆེན་པོ་བཏོན་ཡོད།

དབུལ་སྒྲོལ་གྱི་གྲུབ་འབྲས་སྲ་བརྟན་དུ་བཏང་ནས་དམག་འཐབ་མཐའ་གཅིག་ཏུ་རྒྱག་པ་དང་རྒྱལ་ཁ་ཕུ་ཐག་གཅོད་པའི་ཕན་འབྲས་འགན་ལེན་བྱེད་དགོས། དབུལ་ཞྭ་ཕུད་ཀྱང་འགན་འཁྲི་མི་འདོར་བ་དང་། དབུལ་ཞྭ་ཕུད་ཀྱང་སྲིད་ཇུས་ལག་བསྟར་བྱེད་མཚམས་མི་འཇོག་པ། དབུལ་ཞྭ་ཕུད་ཀྱང་རོགས་སྐྱོར་བྱེད་མཚམས་མི་འཇོག་པ། དབུལ་ཞྭ་ཕུད་ཀྱང་ལྟ་འདོམས་བྱེད་མཚམས་མི་འཇོག་པ་བཅས་མཐའ་འཁྱོངས་བྱས་ཏེ། སྲིད་ཇུས་ཚད་ལྡན་བཟོས་ནས་གྲུབ་འབྲས་སྲ་བརྟན་དུ་གཏོང་བ་དང་དབུལ་སྒྲོལ་གྱི་ཕན་འབྲས་ལ་ལྟ་ཞིབ་ཚད་ལེན་དང་དབུལ་པོ་རང་ལོག་གི་ཉེན་ཟོན་སྔོན་བརྡ་གཏོང་སྲོལ་འཛུགས་པ་དང་འཕྲུས་སྒོ་ཚང་དུ་གཏོང་བ། གདིང་ཤུགས་འཕེལ་བར་བྱས་ཏེ་གྲུབ་འབྲས་ལ་སྲ་བརྟན་དུ་བཏང་ནས་མང་ཚོགས་དབུལ་པོའི་དབུལ་སྒྲོལ་གྱི་སྤྲོ་སེམས་འཕེལ་བར་བྱེད་པ། ཁྲིམས་སྲོལ་ཚད་ལྡན་བཟོས་ནས་གྲུབ་འབྲས་སྲ་བརྟན་དུ་བཏང་སྟེ་དབུལ་སྒྲོལ་འགག་སྒྲོལ་གྱི་གྲུབ་འབྲས་སྲ་བརྟན་དུ་གཏོང་ཆེད་བཅའ་ཁྲིམས་ནས་འགན་ལེན་བྱེད་

པ། བྱ་ཐབས་ཏན་ཏིག་སྤྱད་ནས་གྲུབ་འབྲས་སུ་བརྟན་དུ་བཏང་སྟེ་ཐོན་ལས་དབྱུལ་སྐྱོར་དང་། ཡུལ་གཞན་དུ་གནས་སྤོས་དབྱུལ་སྐྱོར། སྣོད་བཅུད་ལས་གནས་དོན་འཁྱོལ། ལས་ཞུགས་གསོ་སྐྱོང་སོགས་ལ་མ་དངུལ་གཏོང་ཤུགས་ཆེ་རུ་བཏང་ནས་མ་མཐའི་འཚོ་བ་འགན་ལེན་བྱ་ཡུལ་གནད་སླེབ་གཏན་འཁེལ་གྱི་ལམ་སྲོལ་འཐུས་སྐྱོ་ཚང་དུ་གཏོང་བ་དང་ཡིག་ཚགས་དང་གྲ་བཟོས་པའི་མི་འབོར་དབྱུལ་པོའི་སྨན་བཅོས་འགྲོ་སོང་དུས་ཐོག་ཏུ་རྩིས་ཞུ་བྱས་ཏེ། དབྱུལ་སྒྲོལ་འགག་སྒྲོལ་གྱི་གྲུབ་འབྲས་སུ་མཐུད་བརྟན་དུ་གཏོང་དགོས།

རང་ལྗོངས་ཀྱི་དབྱུལ་སྒྲོལ་འགག་སྒྲོལ་གྱི་ལས་དོན་ལ་ཐག་གཅོད་རང་བཞིན་གྱི་འཕེལ་རྒྱས་ཆེན་པོ་བྱུང་ནས་ལོ་གསུམ་བསྟུད་མར་ཀྲུང་དབྱང་གིས་ཕྱོགས་བསྡུས་གདེང་འཛོག་ལེགས་པར་གཏན་འཁེལ་བྱས་ཡོད། གྲུབ་འབྲས་འདི་དག་ནི་བློ་མཐུན་ཞི་ཅིན་ཕིང་གིས་སྲོག་ཤིང་གནང་བའི་ཏང་ཀྲུང་དབྱང་གིས་བྱམས་བརྩེའི་ཐུགས་ཁུར་དང་། རྒྱལ་ཡོངས་མི་དམངས་ཀྱིས་སྒེར་སེམས་མེད་པར་རོགས་སྐྱོར། ལྗོངས་ཏང་ཨུད་ཀྱི་འགྱུར་མེད་སྟོབས་ལྡན་གྱི་འགོ་ཁྲིད་དང་ལྗོངས་ཡོངས་ཀྱི་གོང་འོག་ཚང་མས་སྤྱི་ཁྱབ་ཧྲུའུ་ཅི་ཞི་ཅིན་ཕིང་གི་དབྱུལ་སྐྱོར་སྐོར་གྱི་རྣམ་བཤད་གལ་ཆེན་ལག་ལེན་བསྟར་ནས་དངོས་འཛིན་དངོས་སྒྲུབ་དང་འབད་འབུངས་ཡར་བརྩོན་བཅས་བྱས་པའི་འབྲས་བུ་རེད། ལོ་སྨད་ཀྱི་དབྱུལ་སྒྲོལ་འགག་སྒྲོལ་གྱི་ལས་དོན་ཡག་པོ་སྒྲུབ་པར། ང་ཚོས་གཡོ་འགུལ་སྤུ་ཙམ་ཡང་མེད་པའི་སྒོ་ནས་སྤྱི་ཁྱབ་ཧྲུའུ་ཅི་ཞི་ཅིན་ཕིང་གི་དབྱུལ་སྐྱོར་ལས་དོན་སྐོར་གྱི་རྣམ་བཤད་གལ་ཆེན་མཛུབ་ཁྲིད་དུ་མཐའ་འཁྱོངས་བྱེད་པ་དང་། འབྲེལ་བ་ཆ་བཅུ་གསུམ་ཐག་གཅོད་ཡང་དག་བྱེད་པ་རྩ་བའི་བྱ་ཐབས་སུ་བརྩི་བ། དམག་ཧྲག་མངགས་ནས་དམག་ལ་ཞུགས་པ། ནུས་ཤུགས་ཡོད་རྒུས་དམག་འཐབ་མཐའ་གཅིག་ཏུ་རྒྱག་པ་དང་རྒྱལ་ཁ་ཕུ་ཐག་གཅོད་པའི་འབད་བརྩོན་བཅས་བྱས་ཏེ། དབྱུལ་པོ་དབྱུལ་རྫོང་གཞི་རྩའི་ཆ་ནས་སེལ་བའི་དམིགས་ཚད་དུས་བཀག་ལྟར་ལེགས་འགྲུབ་ཐུབ་ངེས་རེད།

དབུལ་སྒྲོལ་འགག་སྒྲོལ་གྱི་དམག་འཐབ་ལ་རྒྱལ་ཁ་ལེན་པའི་དོན་སྙིང་གལ་ཆེན་ལ་ངོས་འཛིན་གང་ལེགས་བྱེད་དགོས།

འདི་ག་ཚགས་པར་གྱི་དཔྱད་གཏམ་མཁན་གྱིས།

ཏང་གི་ཚོགས་ཆེན་བཅུ་དགུ་པའི་ཐོག་དབུལ་སྒྲོལ་འགག་སྒྲོལ་གྱི་དམག་འཐབ་ལ་རྒྱལ་ཁ་ལེན་རྒྱུ་དེ་འགག་སྒྲོལ་དམག་འཐབ་ཆེན་པོ་གསུམ་གྱི་གྲས་ཤིག་ལ་བརྩིས་ཏེ། ཏང་ཡོངས་ལ་སྐུལ་སློང་གི་བཀའ་རྒྱ་བཏང་བ་དང་འབྲེལ་ཕྱོགས་ཡོངས་ནས་འབྱོར་འབྲིང་གི་ཚོགས་བསྐྲུན་པའི་དུང་བརྡ་གྲགས་ཡོད། དེ་ནི་ངེས་པར་དུ་སྒྲུབ་དགོས་པའི་ཆབ་སྲིད་ཀྱི་ལས་འགན་ཞིག་རེད།

དབུལ་སྒྲོལ་འགག་སྒྲོལ་དམག་འཐབ་ལ་རྒྱལ་ཁ་ལེན་པ་དེ་ནི། ཕྱོགས་ཡོངས་ནས་འབྱོར་འབྲིང་གི་ཚོགས་བསྐྲུན་པའི་ལྡོག་མེད་ཀྱི་བླང་བྱ་ཞིག་ཡིན། ཕྱོགས་ཡོངས་ནས་འབྱོར་འབྲིང་གི་ཚོགས་བསྐྲུན་པའི་འགག་རྩ་དེ་མང་ཚོགས་དབུལ་པོ་དུས་བཀག་ལྟར་དབུལ་སྒྲོལ་ཐུབ་མིན་དེ་རེད། གྲོང་གསེབ་ཀྱི་འབྱོར་འབྲིང་དང་ལྷག་པར་དུ་ས་ཁུལ་དབུལ་པོའི་འབྱོར་འབྲིང་མེད་ན། ཕྱོགས་ཡོངས་ནས་འབྱོར་འབྲིང་གི་ཚོགས་བསྐྲུན་མི་ཐུབ་པས། མཐའ་ཚད་ཀྱི་ལས་འགན་དེ་ཏན་ཏན་ཏིག་ཏིག་ངང་སྒྲུབ་དགོས། དབུལ་སྒྲོལ་འགག་སྒྲོལ་དམག་འཐབ་ལ་རྒྱལ་ཁ་མཐའ་གཅིག་ཏུ་ལེན་པ་དེ་ནི། སྤྱི་ཁྱབ་རྩུའུ་ཅི་ཞི་ཅིན་ཕིང་དང་ཏང་ཀྲུང་དབྱང་གིས་ང་ཚོར་སྤྲད་པའི་གཞི་བཟོད་དང་བླ་ན་མེད་པའི་ཆབ་སྲིད་ཀྱི་ལས་འགན་གལ་ཆེན་ཞིག་དང་། རྒྱལ་ཡོངས་དང་མཉམ་དུ་ཕྱོགས་ཡོངས་ནས་འབྱོར་འབྲིང་གི་ཚོགས་བསྐྲུན་པའི་དམིགས་ཚད་མངོན་འགྱུར་བྱེད་པའི་འགག་རྩ་

ཞིག་ཡིན་པ་ང་ཚོས་ངེས་འཛིན་གཏིང་ཟབ་ཐུབ་པ་བྱེད་དགོས། འདུ་ཤེས་བཞི་ཟབ་ཏུ་གཏོང་བ་དང་། གདེང་ཚོད་བཞི་བརྟན་དུ་གཏོང་བ། སྲུང་སྐྱོང་གཉིས་ཐུབ་པ་བཅས་ཀྱི་མཐོ་ཚད་ནས་དཔལ་སྒྲོལ་འགག་སྒྲོལ་གྱི་དཀའ་ཚོགས་ལས་འགན་དང་དོན་སྙིང་གལ་ཆེན་ཤེས་རྟོགས་དང་། དཔལ་སྒྲོལ་འགག་སྒྲོལ་གྱི་དོན་ཆེན་དེ་དམ་འཛིན་ལྷོད་མེད། མངོན་གསལ་དོད་པའི་གནད་དོན་ལ་དམིགས་པ། གནད་སྨིན་ཧུར་གཞི་ཆེན་པོ་མཐའ་འཁྱོངས། སེམས་ཤུགས་ཡོད་རྒུས་ལས་དོན་ཁག་ཡག་པོ་སྒྲུབ་པ་བཅས་བྱས་ཚེ། གཞི་ནས་དུས་བཀག་ལྟར་དམིགས་ཚད་ལས་འགན་ཁག་ལེགས་གྲུབ་ཐུབ་པ་དང་གཞི་ནས་བོད་ལྗོངས་འདི་ཉིད་རྒྱལ་ཡོངས་དང་མཉམ་དུ་ཕྱོགས་ཡོངས་ནས་འབྱོར་འབྲིང་སྤྱི་ཚོགས་བསྐྲུན་པའི་ཕྱོགས་སུ་བསྐྱོད་རྒྱུ་འགན་ལེན་བྱེད་ཐུབ།

དཔལ་སྒྲོལ་འགག་སྒྲོལ་གྱི་དམག་འཐབ་ལ་རྒྱལ་ཁ་ལེན་རྒྱུ་དེ་ནི། རང་རེའི་ཏང་གིས་སྲིད་སྐྱོང་དམངས་ཆེད་ཀྱི་ལྟོག་མེད་ཀྱི་ཁྲུང་བྱ་ཞིག་ཡིན། དུས་བཀག་ལྟར་ད་ཡོད་ཚད་གཞིའི་འོག་གི་མི་འབོར་དཔལ་པོ་ཚང་མ་དཔལ་སྒྲོལ་ཐུབ་པ་དང་རྫོང་དཔལ་པོ་ཚང་མའི་དཔལ་ཞྭ་འབུད་རྒྱུ་དེ་ནི། ལྗོངས་ཏང་ཨུད་དང་སྲིད་གཞུང་གིས་ཏང་ཀྲུང་དབྱང་དང་ལྗོངས་ཡོངས་ཀྱི་མི་རིགས་ཁག་གི་མི་དམངས་ལ་ཁས་བླངས་པའི་དམ་བཅའ་ཡིན་པས། ང་ཚོས་ངེས་པར་དུ་དུས་བཀག་ལྟར་སྒྲུབ་དགོས་པ་ལས། གཡོ་ཐབས་གང་ཡང་བྱ་མི་རུང་། བོད་ཀྱི་དཔལ་སྒྲོལ་འགག་སྒྲོལ་གྱི་ལས་དོན་ཡག་པོ་སྒྲུབ་པ་ནི་འཕེལ་རྒྱས་མྱུར་པོ་དང་ཡུན་རིང་བདེ་འཇགས་ཀྱི་ཧུར་ཆེན་དང་འབྲེལ་བ་ཡོད་པར་ངེས་འཛིན་གཏིང་ཟབ་བྱས་ཏེ། ཆབ་སྲིད་ལ་སྣང་ཆེན་དང་། དམངས་འཚོའི་ལས་དོན་སྒྲུབ་པ། སྤྱི་ཡོངས་མངོན་པ། ཏང་གཤིས་མཚོན་པ་བཅས་བྱས་ནས་ངེས་པར་དུ་དམངས་འཚོའི་འདུ་འགོད་ཨང་དང་པོ་སེམས་ལ་འཛུག་པ་དང་དམ་འཛིན་བྱེད་དགོས་ལ། སེམས་ཤུགས་ཡོད་ཚད་འདོན་པ་དང་བྱ་སྤྱོད་དངོས་ལ་བརྟེན་ནས་དམངས་ཆེད་ཀྱི་ཐོག་མའི་བསམ་འདུན་སྲུང་

པ་དང་། བློ་ཁོག་ཆེན་པོས་དུས་རབས་ཀྱི་འགན་འཁྲི་འཁུར་བ། བཟོད་ཆེའི་དམ་བཅའ་སྒྲུབ་པ་བཅས་བྱེད་དགོས།

དབུལ་སྐྱོལ་འགག་སྐྱོལ་གྱི་དམག་འཐབ་ལ་རྒྱལ་ཁ་ལེན་པ་ནི། ང་ཚང་གིས་བོད་དུ་སྲིད་སྐྱོང་བའི་རྣམ་གཞི་བརྟན་དུ་གཏོང་བའི་ཕྱོག་མེད་ཀྱི་བྱ་ཐབས་ཞིག་རེད། མི་དམངས་ཡོངས་བདེ་སྐྱིད་ལྡན་པའི་འཚོ་བ་སྐྱེལ་ཐུབ་ཚེ། གཞི་ནས་ང་ཚང་གི་བོད་ཀྱི་སྲིད་སྐྱོང་རྣམ་གཞི་བརྟན་དུ་གཏོང་ཐུབ། དབུལ་སྐྱོལ་འགག་སྐྱོལ་ནི་ཁྱིམ་ཚང་མང་པོའི་ཁེ་ཕན་དང་འབྲེལ་བ་ཡོད་པས། དེ་ནི་ཏན་ཏིག་གི་དམངས་འཚོའི་དོན་ཆེན་ཞིག་དང་འདོར་མི་རུང་བའི་སྲུས་རྟགས་ཀྱི་འདུ་འགོད་དང་དམངས་སེམས་ཀྱི་འདུ་འགོད་ཅིག་རེད། དབུལ་སྐྱོལ་འགག་སྐྱོལ་གྱི་དམག་འཐབ་ལ་རྒྱལ་ཁ་ལེན་པ་ནི་རྒྱ་ཆེའི་མི་དམངས་མང་ཚོགས་དང་ལྷག་པར་དུ་མང་ཚོགས་དབུལ་པོའི་མཛེས་སྡུག་ལྡན་པའི་འཚོ་བའི་དགོས་མཁོ་སྐོང་བའི་བྱེད་ཐབས་གལ་ཆེན་ཞིག་དང་། རང་རེའི་ཏང་གིས་བློ་གཅིག་སེམས་གཅིག་གིས་མི་དམངས་ཀྱི་བདེ་སྐྱིད་དོན་གཉེར་བྱེད་པའི་ཐད་ཀའི་མཚོན་ཚུལ་ཞིག་ཡིན་པ་ང་ཚོས་ངོས་འཛིན་གཏིང་ཟབ་བྱེད་དགོས། དམངས་འཚོ་ལེགས་བཅོས་དང་མི་སེམས་གཅིག་སྒྲིལ་བྱེད་པ་ནི་བོད་ཀྱི་དཔལ་འབྱོར་དང་སྤྱི་ཚོགས་འཕེལ་རྒྱས་ཀྱི་འགོ་འཛུགས་ས་དང་དོན་ལ་འབབ་སར་བཟུ་བ་དང་། ངེས་པར་དུ་འཕེལ་རྒྱས་གཏོང་བ་ནི་མི་དམངས་ཀྱི་ཆེད་དུ་དང་། མི་དམངས་ལ་བརྟེན་ནས་འཕེལ་རྒྱས་གཏོང་བ། འཕེལ་རྒྱས་ཀྱི་གྲུབ་འབྲས་མི་དམངས་དང་མཉམ་སྤྱོད་བྱེད་པ་བཅས་མཐའ་འཁྱོངས་བྱས་ཏེ། དབུལ་སྐྱོལ་འགག་སྐྱོལ་ཐོག་མའི་བསམ་འདུན་མ་བརྗེད་པར་འགན་འཁྲི་བློ་ལ་བརྟན་པོར་འཆང་བའི་བརྗོད་དོན་གཙོ་བོའི་སློབ་གསོ་དང་ཟུང་འབྲེལ་དང་། བློ་ན་མེད་པའི་རྒྱལ་ཁབ་ཀྱི་ས་ཆ་སྲུང་མཁན་དང་བདེ་སྐྱིད་ལྡན་པའི་ཁྱིམ་གཞིས་སྐྱུན་མཁན་བྱེད་པའི་བརྗོད་དོན་གཙོ་བོའི་གྲོང་གསེབ་དར་རྒྱས་ཀྱི་འཐབ་རྩལ་དང་ཟུང་འབྲེལ་བྱས་ཏེ། དེ་བས་ཆེ་

བའི་ཚོད་སེམས་དང་། དེ་བས་ནུས་ལྡན་གྱི་བྱེད་ཐབས། དེ་བས་ཏག་ཏིག་གི་སྤྱོད་ཚུལ་བཅས་ཀྱི་སྒོ་ནས་ལས་དོན་ལ་དམ་འཛིན་ཡག་པོ་བྱས་ནས། ལྗོངས་ཡོངས་ཀྱི་མི་རིགས་ཁག་གི་མི་དམངས་ཐུན་མོང་ཕྱུག་འགྱུར་གྱི་ཕྱོགས་སུ་གོམ་སྟབས་བརྟན་པོས་མདུན་སྐྱོད་དང་། ཕྱོགས་ཡོངས་ཀྱི་འབྱོར་འབྲིང་སྒྲུབ་རིང་ཁྱིམ་ཚང་དབུལ་པོ་དང་དུད་ཚང་དབུལ་པོ་གཅིག་ཀྱང་མི་ལུས་པར་བྱས་ཏེ། ཏང་གིས་བོད་དུ་སྲིད་སྐྱོང་བའི་བློས་འཁེལ་ཤོས་ཀྱི་མང་ཚོགས་ཀྱི་རྨང་གཞི་རྒྱུན་ཆད་མེད་པར་བརྟན་དུ་གཏོང་དགོས།

དབུལ་སྒྲོལ་འགག་སྒྲོལ་གྱི་དམག་འཐབ་ལ་རྒྱལ་ཁ་ལེན་པ་ནི་བོད་ཡུལ་རིང་བདེ་འཕོད་ཀྱི་ལྡོག་མེད་ཀྱི་བླང་བྱ་ཞིག་རེད། སྒྱུར་བཅོས་སྒོ་དབྱེ་བྱས་ཚུན་དང་ལྷག་པར་དུ་ཏང་གི་ཚོགས་ཆེན་བཅོ་བརྒྱད་པ་འཚོགས་ཚུན། རང་ལྗོངས་ཀྱི་དབུལ་སྒྲོལ་འགག་སྒྲོལ་ལ་མིག་ལྡན་ཀུན་གྱིས་དོ་སྣང་བྱེད་པའི་གྲུབ་འབྲས་ཐོབ་པ་དང་། མང་ཚོགས་དབུལ་པོའི་ཐོན་སྐྱེད་དང་འཚོ་བའི་ཆུ་ཚད་ཆེས་ཆེར་ལེགས་སུ་ཕྱིན་པ། བསམ་པའི་ཉམས་འགྱུར་འཕེལ་བ་བཅས་བྱུང་ནས་སྤྱི་ཚོགས་ཞི་མཐུན་དང་མི་རིགས་མཐུན་སྒྲིལ་ལ་སྐུལ་མ་ནུས་ལྡན་ཐེབས་ཡོད། དབུལ་སྒྲོལ་འགག་སྒྲོལ་གྱི་དམག་འཐབ་ལ་རྒྱལ་ཁ་བླངས་ནས། མི་འབོར་དབུལ་པོ་ཚང་མས་ཕྱོགས་ཡོངས་ནས་འབྱོར་འབྲིང་བསྒྲུབ་པའི་གོམ་སྟབས་ཀྱི་རྗེས་ཟིན་པར་བྱས་ཏེ། ཁོ་ཚོའི་ཐོན་སྐྱེད་དང་འཚོ་བའི་ཆ་རྐྱེན་སྔར་ཡང་སྐས་རིམ་གསར་པར་སླེབས་པ་བྱེད་པ་དང་འབྲེལ་སློབ་གསོ་དང་། སྨན་བཅོས། རིག་གནས་སོགས་ལ་ཁོ་ཚོས་སྤྱི་པའི་ཞབས་འདེགས་དེ་བས་མཉམ་སྤྱོད་ཐུབ་པ་དང་བོད་ཀྱི་མི་དམངས་ཚང་མ་བདེ་སྡོད་ལས་བརྩོན་དང་འཚོ་བ་བདེ་སྐྱིད་ལྡན་པ་ཞིག་ཡོང་བར་བྱས་ནས་བོད་ཡུལ་རིང་བདེ་འཕོད་ཀྱི་ཕྱོགས་སུ་སྐྱོད་དགོས།

དབུལ་སྐྱོལ་འགག་སྐྱོལ་གྱི་དམག་འཐབ་ལ་ཕྱོགས་ཡོངས་ནས་རྒྱལ་ཁ་མཐའ་གཅིག་ཏུ་ལེན་དགོས།

——ཤི་ཁྲབ་ཀྲུའུ་ཅི་ཞི་ཅིན་ཕིང་གིས་དབུལ་སྐྱོལ་འགག་སྐྱོལ་གྱི་རྒྱལ་ཁ་ཐུ་ཐག་གཅོད་པའི་བཞུགས་མོལ་ཚོགས་འདུའི་ཐོག་གནང་བའི་གསུང་བཤད་གལ་ཆེན་སློབ་སྦྱོང་དང་ལག་བསྟར་བྱེད་པའི་སྐོར་སླེང་བ།

མི་དམངས་ཉིན་རེའི་ཚགས་པར་གྱི་དཔྱད་གཏམ་མཁན་གྱིས།

2020ལོར་སླེབས་སྐབས་ད་ལྟ་ལག་ལེན་བསྟར་བཞིན་པའི་ཚད་གཞིའི་འོག་གི་གྲོང་གསེབ་ཀྱི་མི་འབོར་དབུལ་པོ་ཚང་མ་དབུལ་སྐྱོལ་ཐུབ་པ་བྱ་རྒྱུ་ནི་ཏང་ཀྲུང་དབྱང་གིས་རྒྱལ་ཡོངས་མི་དམངས་ལ་ཁྱབ་བསྒྲགས་པའི་ཁས་ལེན་ནན་པོ་ཞིག་ཡིན་པས་ངེས་པར་དུ་དུས་བཀག་ལྟར་མངོན་འགྱུར་ཡོང་བ་བྱེད་དགོས། དེ་ནི་ཀྲུང་ཧྭ་མི་རིགས་དང་མིའི་རིགས་ཚང་མར་དོན་སྙིང་གལ་ཆེན་ལྡན་པའི་ལོ་རྒྱུས་ཀྱི་བྱ་གཞག་ཆེན་པོ་ཆེ་ཞིག་ཡིན་པས་ངེས་པར་དུ་མཐའ་གཅིག་ཏུ་ལེགས་སྒྲུབ་བྱེད་དགོས།

ཟླ་3ཚེས་6ཉིན། དབུལ་སྐྱོལ་འགག་སྐྱོལ་གྱི་རྒྱལ་ཁ་ཐུ་ཐག་གཅོད་པའི་བཞུགས་མོལ་ཚོགས་འདུ་འཚོགས་ཤིང་། དེ་ནི་ཏང་གི་ཚོགས་ཆེན་བཅོ་བརྒྱད་པ་འཚོགས་ཚུན་གྱི་དབུལ་སྐྱོལ་འགག་སྐྱོལ་ཐད་ཀྱི་གཞི་ཁྱོན་ཆེ་ཤོས་ཀྱི་ཚོགས་འདུ་ཞིག་ཡིན་པ་དང་། དམིགས་ཡུལ་ནི་ཏང་ཡོངས་དང་། རྒྱལ་ཡོངས། སྤྱི་ཚོགས་ཡོངས་ཀྱི་སྟོབས་ཤུགས་སྐུལ་སློང་བྱས་ཏེ་ཚོད་སེམས་དེ་བས་ཆེ་བ་དང་ནུས་ཤུགས་དེ་བས་ཆེ་བའི་ཐོག་ནས་དབུལ་སྐྱོལ་འགག་སྐྱོལ་ལ་སྐུལ་འདེད་བཏང་སྟེ་མཐའ་མའི་རྒྱལ་ཁ་ལེན་རྒྱུ་དེ་རེད། ཤི་ཁྲབ་ཀྲུའུ་

ཅི་ཞི་ཅིན་ཕིང་གིས་ཚོགས་འདུའི་ཐོག་གསུང་བཤད་གལ་ཆེན་གནང་ནས་དབུལ་སྒྲོལ་འགག་སྒྲོལ་ལ་ཐག་གཅོད་རང་བཞིན་གྱི་གྲུབ་འབྲས་ཐོབ་པར་ཁས་ལེན་གང་ལེགས་གནང་བ་དང་། དབུལ་སྒྲོལ་འགག་སྒྲོལ་དམག་འཐབ་ལ་རྒྱལ་ཁ་ལེན་པའི་ཐད་འཕྲོད་པའི་དཀའ་ངལ་དང་འགྲན་སློང་ལ་དབྱེ་ཞིབ་གཏིང་ཟབ་གནང་བ། ཏང་གིས་དབུལ་སྒྲོལ་འགག་སྒྲོལ་ལ་འགོ་ཁྲིད་རྒྱུར་ཤུགས་སྣོན་རྒྱག་པ་དང་ཐུས་ཚད་མཐོ་པོའི་སྒོ་ནས་དབུལ་སྒྲོལ་འགག་སྒྲོལ་གྱི་དམིགས་ཚད་ལས་འགན་ལེགས་གྲུབ་བྱ་རྒྱུར་བླང་བྱ་ཁ་གསལ་བཏོན་གནང་སྟེ་ང་ཚོས་དབུལ་སྒྲོལ་འགག་སྒྲོལ་ལ་ཕྱོགས་ཡོངས་ནས་རྒྱལ་ཁ་མཐའ་གཅིག་ཏུ་ལེན་པ་དང་ཕྱོགས་ཡོངས་ནས་འབྱོར་འབྲིང་སྤྱི་ཚོགས་བསྐྲུན་རྒྱུར་འབད་བརྩོན་གྱི་ཁ་ཕྱོགས་གསལ་སྟོན་དང་རྩ་བའི་གཞི་འཛིན་ས་མཁོ་འདོན་གནང་ཡོད།

དབུལ་སྒྲོལ་འགག་སྒྲོལ་ནི་སྤྱི་ཁྱབ་ཧྲུའུ་ཅི་ཞི་ཅིན་ཕིང་གིས་ཐུགས་ཁྲལ་ཆེ་ཤོས་གནང་བའི་དོན་ཆེན་ཞིག་ཡིན་ལ་ཐུགས་ནུས་མང་ཤོས་བཏོན་གནང་བའི་བྱ་བ་ཞིག་ཀྱང་རེད། ཏང་གི་ཚོགས་ཆེན་བཅོ་བརྒྱད་པ་འཚོགས་ཚུན། སྤྱི་ཁྱབ་ཧྲུའུ་ཅི་ཞི་ཅིན་ཕིང་ས་ཆ་གང་ཙང་དུ་བརྟག་ཞིབ་ལ་ཕེབས་རིམ་བཞིན་གྲོང་ཚོ་དབུལ་པོ་དང་དུད་ཚང་དབུལ་པོར་གནས་ཚུལ་མཁྱེན་རྟོགས་གནང་བར་ཕེབས་ཀྱི་ཡོད། ཁོང་ཚོའི་འཚོ་བར་དཀའ་ངལ་ཡོད་པས་ང་བློ་བདེ་པོ་མི་འདུག ཁོང་ཚོའི་འཚོ་བ་ལེགས་སུ་འགྱུར་རིམ་བཞིན་དགའ་ཚོར་སྐྱེ་ཡི་འདུག”2015ལོ་ནས་བཟུང་། སྤྱི་ཁྱབ་ཧྲུའུ་ཅི་ཞི་ཅིན་ཕིང་གིས་དབུལ་སྒྲོལ་འགག་སྒྲོལ་དམག་འཐབ་ལ་རྒྱལ་ཁ་ལེན་པའི་དོན་ཁོ་ནར་ཆེད་དོན་ཚོགས་འདུ་ཐེངས་བདུན་འཚོགས་ཏེ་ཚོགས་ཐེངས་ཚང་མར་བརྗོད་དོན་གཙོ་བོ་གཅིག་ལ་དམིགས་པ་དང་། ལྷག་པའི་མངོན་གསལ་དོད་པའི་གནད་དོན་ལ་དབྱེ་ཞིབ་དང་། ཐག་གཅོད་ཀྱི་ཐབས་ཇུས་ལ་གཅིག་སྒྱུར་ཐོག་ཞིབ་འཇུག ལས་དོན་བཀོད་སྒྲིག་བཅས་གནང་དོན་ནི་ཐབས་བརྒྱ་ཇུས་སྟོང་གིས་མི་སེར་རྣམས་འཚོ་བ་ཡག་པོ་སྐྱེལ་ཐུབ་པ་དང་། ཕྱོགས་ཡོངས་ནས

འཁོར་འཁྱིལ་སྤྱི་ཚོགས་སྒྲུབ་པའི་ལམ་དུ་མི་གཅིག་ཀྱང་མ་ལུས་པ་དང་མི་གཅིག་ཀྱང་རྗེས་ལུས་མ་ཐེབས་པའི་འགན་ལེན་བྱ་རྒྱུ་དེ་རེད།

ཏང་གི་ཚོགས་ཆེན་བཅོ་བརྒྱད་པ་འཚོགས་ཚུན། ཀྲོ་མཐུན་ཞི་ཅིན་ཕིང་གིས་སྟོག་ཤིང་གནང་བའི་ཏང་ཀྲུང་དབྱང་གི་འགྱུར་མེད་སྟོབས་ལྡན་གྱི་འགོ་ཁྲིད་དང་ཏང་ཡོངས་དང་། རྒྱལ་ཡོངས། སྤྱི་ཚོགས་ཡོངས་བཅས་ཀྱི་ཐུན་མོང་འབད་བརྩོན་འོག་རང་རྒྱལ་གྱི་དབུལ་སྒྲོལ་འགག་སྒྲོལ་ལ་ཐག་གཅོད་རང་བཞིན་གྱི་གྲུབ་འབྲས་ཐོབ་ནས་དབུལ་སྒྲོལ་འགག་སྒྲོལ་གྱི་དམིགས་ཚད་ལས་འགན་ལེགས་གྲུབ་ཟིན་ལ་ཉེ་སྟེ། མི་འབོར་དབུལ་པོ་2012ལོའི་ལོ་མཇུག་གི་མི་གྲངས་ཁྲི་9899ནས་2019ལོའི་ལོ་མཇུག་གི་མི་གྲངས་ཁྲི་551བར་ཉུང་དུ་ཕྱིན་པ་དང་། དབུལ་པོ་ཐོན་ཚད་བརྒྱ་ཆ10.2ནས་བརྒྱ་ཆ0.6བར་ཆག་པ། ས་ཁོངས་རང་བཞིན་གྱི་སྤྱི་ཡོངས་ཀྱི་དབུལ་པོ་གཞི་རྩའི་ཆར་དབུལ་སྒྲོལ་ཐུབ་པ། མང་ཚོགས་དབུལ་པོའི་སེམས་ཁྲལ་མེད་པ་གཉིས་ཀྱི་སྲུས་ཚད་དང་ཆུ་ཚད་མངོན་གསལ་དོད་པོས་མཐོ་རུ་སོང་བ། འགན་སྲུང་གསུམ་གྱི་མངོན་གསལ་དོད་པའི་གནད་དོན་གཞི་རྩའི་ཆར་ཐག་གཅོད་བྱུང་བ། མང་ཚོགས་ཕྱིར་སྐྱོད་དཀའ་བ་དང་། སློག་དགོན་པ། སློབ་གྲྭ་འགྲིམ་དཀའ་བ། ནད་ལྡ་དཀའ་བ། འཕྲིན་གཏོང་དཀའ་བ་སོགས་དུས་ཡུན་རིང་པོ་ཐག་གཅོད་མ་ཐུབ་པའི་སྙིང་ཆེ་དཀའ་གསུམ་གྱི་གནད་དོན་ཡོངས་ཁྱབ་ཐོག་ཐག་གཅོད་ཐུབ་པ། འོས་འགན་སློབ་གསོ་དང་། གཞི་རྩའི་སྨན་བཅོས། སྡོད་ཁང་གི་བདེ་འཇགས་བཅས་ལ་འགན་སྲུང་ཡོད་པ། ས་ཁུལ་དབུལ་པོའི་དཔལ་འབྱོར་དང་སྤྱི་ཚོགས་འཕེལ་རྒྱས་མངོན་གསལ་དོད་པོས་མགྱོགས་སུ་སོང་བ་བཅས་རེད། འདི་ལོའི་དབུལ་སྒྲོལ་འགག་སྒྲོལ་གྱིས་ལས་འགན་ལེགས་གྲུབ་ཟིན་རྗེས་རང་རྒྱལ་གྱིས་ལོ་10སྔ་སྐར་དུ་མཉམ་འབྲེལ་རྒྱལ་ཚོགས་ཀྱི་2030ལོའི་རྒྱུན་སྲིང་འཕེལ་རྒྱས་གཏོང་བའི་གྲོས་རིམ་ནང་གི་དབུལ་པོ་ཉུང་གཏོང་གི་དམིགས་ཚད་མངོན་འགྱུར་ཐུབ་རྒྱུ་ཡིན་པ་དང་། འཛམ་གླིང་ཐོག་རྒྱལ་ཁབ་གང་འདྲ་

ཞིག་གིས་ཀྱང་དུས་ཡུན་ཐུང་ངུ་དེ་འདྲའི་ནང་མི་མང་པོ་དེ་འདྲར་དཔལ་འབྱོར་བྱེད་རོགས་མི་ཐུབ་པས་དེ་ནི་ཀྲུང་གོ་དང་འཛམ་གླིང་ཚང་མར་དོན་སྙིང་གལ་ཆེན་ལྡན་ཡོད། གྲུབ་འབྲས་དེ་དག་ཐོབ་པའི་ནང་ཏང་ཡོངས་དང་རྒྱལ་ཡོངས་མི་རིགས་ཁག་མི་དམངས་ཀྱི་བློ་གྲོས་དང་སེམས་ནུས་འདུས་ཡོད་ལ་རྒྱ་ཆེའི་ལས་བྱེད་པ་དང་མང་ཚོགས་ཚོས་ཏན་ཏན་ཏིག་ཏིག་ངང་བསྒྲུབས་པ་ཞིག་ཡིན་པས་ཀྲུང་གོ་གུང་ཁྲན་ཏང་གི་འགོ་ཁྲིད་དང་རང་རྒྱལ་གྱི་སྤྱི་ཚོགས་རིང་ལུགས་ལམ་ལུགས་ཀྱི་ཆབ་སྲིད་ལེགས་ཆ་མངོན་ཡོད།

འདི་ལོ་ནི་དཔལ་འབྱོར་འཕེལ་རྒྱས་དམག་འཐབ་ཀྱི་མཐའ་མའི་ལོ་ཞིག་དང་མཇུག་བསྡུའི་ལོ་ཞིག་ཡིན་ལ་རིམས་ནད་ཀྱི་ཤུགས་རྐྱེན་ཐོག་པར་བརྟེན་ལས་དོན་ཁག་གི་ལས་འགན་དེ་བས་ལྕི་བ་དང་ཁྲབ་བྱ་དེ་བས་མཐོ་བ་ཡོད། དཔལ་འབྱོར་འཕེལ་རྒྱས་དམག་འཐབ་ནི་དམག་འཐབ་དྲག་པོ་ཞིག་ཡིན་པས་བདེ་བདེ་ལྷོད་ལྷོད་ངང་གདོང་མཆོང་ཐེངས་གཅིག་ལ་རྣམ་པར་རྒྱལ་ཐུབ་པ་ཞིག་མིན་པར་དཔལ་འབྱོར་འཕེལ་རྒྱས་ཀྱི་ལས་འགན་ལྷག་མ་དག་དཀའ་ཚོགས་ཆེན་པོ་ཡོད་པ་དང་ཧོག་གསར་གློ་ཚད་རིམས་ནད་ལས་བཟློས་པའི་འགྲན་སློང་གསར་པ་ལས་དཔལ་འབྱོར་གྱི་གྲུབ་འབྲས་སྲུ་བརྟན་དུ་གཏོང་བའི་དཀའ་ཚོགས་ཧ་ཅང་ཆེན་པོ་ཡོད་པ་ངེས་པར་དུ་གསལ་པོ་མཐོང་ཐུབ་པ་བྱེད་དགོས་ཤིང་། མང་ཚོགས་དཔལ་པོ་ཁག་གཅིག་གི་འཕེལ་རྒྱས་ཀྱི་ནང་སྐྱེས་སྟོབས་ཤུགས་མི་འདང་བ་དང་ལྷག་དོན་དུ་ལས་དོན་ལ་ལྷོད་གཡེང་ཤོར་བ་དང་བསམ་བློ་གཞན་དག་གཏོང་རྒྱུ་གཏན་འགོག་བྱེད་དགོས། དཔལ་འབྱོར་འཕེལ་རྒྱས་ལས་དོན་དཀའ་ཚོགས་ཆེན་པོ་ཞིག་ཡིན་པ་དང་ཞིང་ཆེན་དང་། རང་སྐྱོང་ལྗོངས། གྲོང་ཁྱེར་བཅས་ཀྱིས་དམིགས་བཀའ་ཁུར་ལེན་ཞུ་ཡིག་ལ་རིམ་པ་བཞིན་མིང་རྟགས་བཀོད་ནས་དོན་ཐོག་ཏུ་འཁྱོལ་རྒྱུའི་ཁས་ལེན་བྱས་པས་བཤོལ་ལམ་གང་ཡང་མེད་པ་དང་། ཇི་ཙམ་མཇུག་མཐར་སླེབས་ན་དེ་ཙམ་གྱིས་ངོ་ནན་དུ་གཏོང་དགོས། ས་ཁུལ་ཁག་དང་སྡེ་ཚན་ཁག་གིས་བློ་བརྟན་

འགྱུར་མེད་དང་ཏང་ཀྲུང་དབྱང་གི་ཐབས་ཇུས་བཀོད་སྒྲིག་དོན་ཐོག་ཏུ་འཁྱོལ་བ་བྱས་ནས་དབུལ་སྒྲོལ་འགག་སྒྲོལ་གྱི་དམིགས་ཚད་ལས་འགན་དུས་བཅད་ལྟར་ལེགས་འགྲུབ་ཡོང་རྒྱུའི་འགན་ལེན་བྱེད་དགོས།

ཕྱོགས་ཡོངས་ནས་འབྱོར་འབྱིང་སྤྱི་ཚོགས་སྐྲུན་ཐུབ་པ་བྱེད་པ་དང་ལོ་བརྒྱ་དང་པོའི་འབད་འཐབ་དམིགས་ཚད་མངོན་འགྱུར་བྱེད་པར་ལས་འགན་དཀའ་ཚེགས་ཆེ་ཤོས་ནི་དབུལ་སྒྲོལ་འགག་སྒྲོལ་ཡིན་པ་དང་དེ་ནི་ཞན་ཆ་ཆེ་ཤོས་ཤིག་ཡིན་ལ་མཚོན་བྱེད་རང་བཞིན་གྱི་སྟོན་རྟགས་ཤིག་ཀྱང་ཡིན། ད་ཆ་དབུལ་སྒྲོལ་འགག་སྒྲོལ་དམག་འཐབ་ལ་རྒྱལ་ཁ་ཐད་དེ་ལེན་པའི་དུས་སུ་སླེབས་ཡོད། ཀྲུང་ཧྭ་མི་རིགས་ཀྱི་ལོ་ངོ་བརྒྱ་སྟོང་རིང་དབུལ་པོ་དབུལ་རྒྱུད་ཡིན་པའི་གནད་དོན་ལོ་རྒྱུས་རང་བཞིན་དང་མཇུག་འགྲིལ་བའི་དུས་སུ་སླེབས་ཡོད། ང་ཚོས་བློ་མཐུན་ཞི་ཅིན་ཕིང་གིས་སྟོག་ཤིང་གནང་བའི་ཏང་ཀྲུང་དབྱང་གི་མཐའ་འཁོར་དུ་མཐུན་སྒྲིལ་དེ་བས་དམ་ཟབ་བྱས་ཏེ་ཐོག་མའི་བསམ་འདུན་མ་བརྗེད་པར་འགན་འཁྲི་བློ་ལ་བརྟན་པོར་འཆང་བ་དང་གདེང་ཚོད་བརྟན་དུ་བཏང་ནས་ལུས་མེད་འབད་འཐབ་བྱེད་དགོས་པ་དང་ཧོག་གསར་བློ་ཚད་རིམས་ནད་ཀྱི་ཤུགས་རྐྱེན་ཁྱད་བསད་མཐའ་གཅིག་ཏུ་བྱེད་པ་དང་དབུལ་སྒྲོལ་འགག་སྒྲོལ་དམག་འཐབ་ལ་ཕྱོགས་ཡོངས་ནས་རྒྱལ་ཁ་མཐའ་གཅིག་ཏུ་ལྷགས་ཏེ་ལོ་རྒྱུས་དང་མི་དམངས་ལ་ཚད་ལོན་པའི་རྒྱུགས་ལན་ཞིག་འབུལ་དགོས།

རིམས་ནད་སྔོན་འགོག་ཚོད་འཛིན་དང་དབུལ་སྐྱོལ་འགག་སྐྱོལ་ལ་སྤྱི་འདོམས་སྐུལ་འདེད་གཏོང་དགོས།

—— སྤྱི་ཁྱབ་ཧྲུའུ་ཅི་ཞི་ཅིན་ཕིང་གི་དབུལ་སྐྱོལ་འགག་སྐྱོལ་དམག་འཐབ་ཀྱི་རྒྱལ་ཁ་ཕུ་ཐག་གཅོད་པའི་བཞུགས་མོལ་ཚོགས་འདུའི་ཐོག་གི་གསུང་བཤད་གལ་ཆེན་སློབ་སྦྱོང་དང་ལག་ལེན་བསྟར་རྒྱུའི་སྐོར་སླེང་བ།

མི་དམངས་ཉིན་རེའི་ཚགས་པར་གྱི་དཔྱད་གཏམ་མཁན་གྱིས།

དབུལ་སྐྱོལ་འགག་སྐྱོལ་གྱི་དམིགས་ཚད་ལས་འགན་དུས་བཀག་ལྟར་ལེགས་འགྲུབ་བྱེད་པར་མ་གཞི་ནས་མཁྲེགས་ས་མང་པོ་གཏོར་དགོས་པའི་ཐོག ཏོག་གསར་བློ་ཚོད་ཀྱིས་དཀའ་ཚེགས་ཆེ་རུ་བཏང་བས། དབུལ་སྐྱོལ་འགག་སྐྱོལ་དམག་འཐབ་ལ་རྒྱལ་ཁ་ལེན་པར་འཕྲད་པའི་དཀའ་ངལ་དང་འགྲན་སློང་དེ་བས་ཆེ་བས་ན། ངེས་པར་དུ་ཚད་མཐོའི་མཐོང་ཆེན་གྱིས་ལྟོད་གཡེང་དང་སྣང་ཆུང་གཏན་ནས་བྱེད་མི་རུང་།

སྤྱི་ཁྱབ་ཧྲུའུ་ཅི་ཞི་ཅིན་ཕིང་གིས་དབུལ་སྐྱོལ་འགག་སྐྱོལ་དམག་འཐབ་ཀྱི་རྒྱལ་ཁ་ཕུ་ཐག་གཅོད་པའི་བཞུགས་མོལ་ཚོགས་འདུའི་ཐོག་གནང་བའི་གསུང་བཤད་གལ་ཆེན་ནང་དབུལ་སྐྱོལ་འགག་སྐྱོལ་ལ་འཕྲད་པའི་དཀའ་ཚོགས་དང་འགྲན་སློང་ལ་དབྱེ་ཞིབ་གཉིང་ཟབ་གནང་བ་དང་། དབུལ་སྐྱོལ་འགག་སྐྱོལ་དམག་འཐབ་ལ་རྒྱལ་ཁ་ལེན་པར་འཛོམས་པའི་ཕན་ཡོད་ཆ་རྐྱེན་གསལ་འགྲེལ་གཉིང་ཟབ་གནང་བ། རིམས་ནད་སྔོན་འགོག་ཚོད་འཛིན་དང་དབུལ་སྐྱོལ་འགག་སྐྱོལ་གྱི་གཙོ་གནད་ལས་འགན་དང་ཐབས་ཇུས་གལ་ཆེན་ལ་སྤྱི་འདོམས་སྐུལ་འདེད་གཏོང་རྒྱུ་ཁ་གསལ་བཏོན་གནང་བ་བཅས་ཀྱི་ཐོག

ནས་དུས་བཅད་ལྟར་དབུལ་སྒྲོལ་འགག་སྒྲོལ་གྱི་དམིགས་ཚད་ལས་འགན་ལེགས་གྲུབ་ཡོང་བའི་འགན་ལེན་བྱེད་པ་དང་། ཕྱོགས་ཡོངས་ནས་འབྱོར་འབྲིང་སྤྱི་ཚོགས་བསྐྲུན་པར་འགན་ལེན་བྱེད་པར་མཛུབ་ཁྲིད་ཀྱི་དོན་སྙིང་གལ་ཆེན་ལྡན་ཡོད།

ཏང་གི་ཚོགས་ཆེན་བཅོ་བརྒྱད་པ་འཚོགས་ཚུན་དུ་བློ་མཐུན་ཞི་ཅིན་ཕིང་གིས་སྒྲོག་ཤིང་གནང་བའི་ཏང་ཀྲུང་དབྱང་གི་འགྱུར་མེད་སྟོབས་ལྡན་གྱི་འགོ་ཁྲིད་འོག་དང་། ཏང་ཡོངས་དང་རྒྱལ་ཡོངས་སྤྱི་ཚོགས་ཡོངས་ཀྱི་ཐུན་མོང་འབད་བརྩོན་འོག རང་རྒྱལ་གྱི་དབུལ་སྒྲོལ་འགག་སྒྲོལ་ལ་ཐག་གཅོད་རང་བཞིན་གྱི་གྲུབ་འབྲས་ཐོབ་ཡོད། འོན་ཀྱང་ངེས་པར་དུ་རིག་པ་དྭངས་གསལ་གྱིས་མཐོང་དགོས་པར། ལི་དབར་བརྒྱ་ཡི་ལམ་ཐག་ལས། དགུ་བཅུ་བསྐྱོད་ཚེ་ཕྱེད་ཀར་བརྩི་ཞེས་པར་ལྟར། དབུལ་སྒྲོལ་འགག་སྒྲོལ་དམག་འཐབ་ནི་བདེ་བདེ་ལྷོད་ལྷོད་ཀྱིས་གདོང་མཆོང་བྱེད་ཐེངས་གཅིག་ལ་རྣམ་པར་རྒྱལ་ཐུབ་པ་ཞིག་མིན། ཐག་གཅོད་རང་བཞིན་གྱི་གྲུབ་འབྲས་ནས་ཕྱོགས་ཡོངས་ནས་རྒྱལ་ཁ་ཐོབ་པའི་བར་ད་དུང་ཡང་དཀའ་ཚོགས་ཆེ་ཤོས་ཀྱི་ཆེས་མཇུག་མཐའི་ལམ་བུ་ཞིག་བརྒྱུད་དགོས་པ་དང་། ད་དུང་ཡང་གཏོར་ཁག་ཤོས་ཀྱི་མཁྲེགས་ས་གཏོར་དགོས་པས། དབུལ་སྒྲོལ་འགག་སྒྲོལ་ལྷག་མའི་ལས་འགན་ལྷི་ལ། དབུལ་སྒྲོལ་གྲུབ་འབྲས་སྲ་བརྟན་དུ་གཏོང་བར་དཀའ་ཚོགས་ཤིན་ཏུ་ཆེ། ལྷག་པར་དུ། རིམས་ནད་ཀྱིས་རྐྱེན་པས་ས་གནས་འགར་ཕྱིར་སླ་པར་འགྲོ་རྒྱུར་འགོག་རྐྱེན་ཐེབས་པ་དང་། དབུལ་སྐྱོར་ཐོན་རྫས་ཕྱིར་ཚོང་དང་ཐོན་ལས་དབུལ་སྐྱོར་ལ་དཀའ་ངལ་ཆེ་བ་དང་དབུལ་སྐྱོར་རྣམ་གྲངས་ལས་མཚམས་འཇོག་དགོས་འཕེལ་བ་མ་ཟད། རིམས་ནད་ཚབས་ཆེ་བའི་ས་ཁུལ་འགར་རིགས་སྐྱོར་ལས་དོན་ལ་ཤུགས་རྐྱེན་ཐེབས་པ་སོགས་བྱུང་ཡོད། དཀའ་ཚོགས་དང་འགྲན་སློང་དེ་དག་ལ་ཁ་གཏད་གཅིག་སྐབས་ངེས་པར་དུ་རིམས་ནད་སྔོན་འགོག་ཚོད་འཛིན་དང་དབུལ་སྒྲོལ་འགག་སྒྲོལ་ལ་སྤྱི་འདོམས་སྒྲིལ་འདེད་གཏོང་བ་དང་། འགན་འཁྲི་འཁུར་ཐོད་པའི་དཔའ་ངར་དང་།

གཅིག་གྱུར་འཆར་འགོད་དང་སྤྱི་ཡོངས་ལ་ལྟ་རྟོག་བྱེད་པའི་ཐབས་ཇུས། སྒྲིག་འཛུགས་དང་ལག་བསྟར་ནུས་པ་བཅས་ལ་བརྟེན་ནས། ནུས་ཤུགས་དང་སེམས་ཤུགས་གཅིག་སྒྲིལ་གྱིས་དབུལ་སྒྲོལ་འགག་སྒྲོལ་དམག་འཐབ་ལ་རྒྱལ་ཁ་མཐའ་གཅིག་ཏུ་ལེན་དགོས།

རིམས་ནད་སྔོན་འགོག་ཚོད་འཛིན་དང་དབུལ་སྒྲོལ་འགག་སྒྲོལ་ལ་སྤྱི་འདོམས་སྐུལ་འདེད་གཏོང་བར། གདེང་ཚོད་བརྟན་དུ་གཏོང་བ་དང་། རིག་པ་རྩེ་གཅིག་ཏུ་སྒྲིམ་པ། ནུས་ཤུགས་གང་ཡོད་འདོན་པ་བཅས་བྱེད་དགོས། དོན་དངོས་ལ་བལྟས་ན། རིམས་ནད་དམ་གནོད་འཚེས་དབུལ་པོ་ཞུང་གཏོང་གི་འཕེལ་རིམ་ལ་ཤུགས་རྐྱེན་བཟོ་སྲིད་མོད། འོན་ཀྱང་རིམས་ནད་ཀྱི་རབ་རྗེས་ནི་དུས་ཡུན་ཐུང་བ་དང་གཞི་རྩའི་ཆ་ནས་ཚོད་འཛིན་ཐུབ་པ་ཞིག་རེད། མིག་སྔར། རྒྱལ་ཡོངས་གོང་འོག་ཀུན་གྱིས་དཀའ་སྤྱད་འབད་འཐབ་བྱས་པ་བརྒྱུད་རིམས་ནད་སྔོན་འགོག་ཚོད་འཛིན་གྱི་དུས་བབ་ལེགས་ཕྱོགས་སུ་རྒྱུན་བསྲིང་ཐུབ་པ་དང་། ཐོན་སྐྱེད་དང་འཚོ་བའི་སྒྲིག་ལམ་གང་མགྱོགས་སླར་གསོ་བྱེད་བཞིན་ཡོད། ང་ཚོས་འབྲེལ་ཡོད་བྱ་ཐབས་འཐུས་སྐོ་ཚང་དུ་གཏོང་བ་དང་། ལས་སླ་པོར་བྱུང་བ་ཞིག་མིན་པའི་འཕེལ་ཚུལ་བཟང་པོ་སྲ་བརྟན་དང་རྒྱ་སྐྱེད་བཏང་ཐུབ་ཚེ། དབུལ་སྒྲོལ་འགག་སྒྲོལ་དམག་འཐབ་ཀྱི་རྒྱལ་ཁ་ཕུ་ཐག་གཅོད་པར་ཆ་རྐྱེན་གཏོང་ཐུབ། དེ་བས་མཐོང་དགོས་པ་ཞིག་ལ། དབུལ་སྒྲོལ་གྱི་འཕེལ་རིམ་སྔོན་དཔག་དང་མཐུན་ཡོད་པས། ང་ཚོར་ཐོབ་པའི་ཐག་གཅོད་རང་བཞིན་གྱི་གྲུབ་འབྲས་ལས་མཐའ་མའི་རྒྱལ་ཁ་ལེན་པར་སྲ་ཞིང་བརྟན་པའི་རྨང་གཞི་བཏིང་ཡོད། ད་ཆ། དབུལ་སྒྲོལ་འགག་སྒྲོལ་གྱི་སྲིད་ཇུས་ཀྱི་འགན་ལེན་དང་། མ་དངུལ་གྱི་རྒྱབ་སྐྱོར། ལས་ཀའི་སྟོབས་ཤུགས་བཅས་འདང་ངེས་ཡོད་ལ། རིམ་ཁག་ལས་བྱེད་པས་ཉམས་མྱོང་ཕུན་སུམ་ཚོགས་པོ་ཡང་བསགས་ཡོད། འགག་རྩ་ནི་ལྷོད་གཡེང་སྣང་མེད་དང་སེམས་ནུས་ཁ་སྒྱུར་ལ་འགོག་ཟོན་བྱེད་པ་དང་། རིམས་ནད་སྔོན་འགོག་ཚོད་འཛིན་དང་དབུལ་སྒྲོལ་འགག་སྒྲོལ་ལས་དོན་ལ་ཤུགས་སྣོན་རྒྱག་རྒྱུར་

ལྐོག་གཡེང་གཏན་ནས་གཏོང་མི་རུང་། དེ་ནི་དམག་འཐབ་དྲག་པོ་ཞིག་ཡིན་པས། ཇི་ཙམ་མཐའ་མཇུག་ཏུ་སླེབས་ན་དེ་ཙམ་གྱིས་རིག་པ་སྒྲིམ་དགོས་པ་ལས། མཚམས་འཇོག་དང་། སྣང་མེད། ལྐོག་གཡེང་བཅས་བྱེད་མི་རུང་བར་ངོས་འཛིན་གཏིང་ཟབ་བྱེད་དགོས། ང་ཚོས་རྒྱལ་ཁ་ཐོབ་ངེས་པའི་ཡིད་ཆེས་བརྟན་དུ་གཏོང་བ་དང་། བློ་བརྟན་འགྱུར་མེད་དང་ཏང་ཀྲུང་དབྱང་གི་ཐབས་ཇུས་བཀོད་སྒྲིག་དོན་འཁྱོལ་ཡག་པོ་བྱས་ཚེ། དབུལ་སྒྲོལ་འགག་སྒྲོལ་དམག་འཐབ་ལ་ཕྱོགས་ཡོངས་ནས་རྒྱལ་ཁ་ལེན་པའི་ཆ་རྐྱེན་དང་འཛོན་ཐང་ཐད་དེ་ལྡན་ཡོད།

རིམས་ནད་སྔོན་འགོག་ཚོད་འཛིན་དང་དབུལ་སྒྲོལ་འགག་སྒྲོལ་ལ་སྤྱི་འདོམས་སྐྱུལ་འདེད་གཏོང་བར། ཁུལ་དབྱེ་རིམ་དབྱེའི་ཐོག་ནས་སྔོན་འགོག་ཚོད་འཛིན་གྱི་ཐབས་ཇུས་གནད་ལ་འཁེལ་པོ་དོན་འཁྱོལ་བྱས་ཏེ། རིམས་ནད་ཀྱི་ཤུགས་རྐྱེན་ཐེབས་ཚུང་ཤོས་བཟོ་དགོས། རིམས་ནད་སྔོན་འགོག་ཚོད་འཛིན་ལ་ཤུགས་སྣོན་རྒྱག་པར་ངེས་པར་དུ་ཐོག་མཐའ་བར་གསུམ་དུ་གཟབ་ནན་བྱས་ཏེ། ཐུ་མཐུད་དམ་འཛིན་ལྷོད་མེད་དང་། དམ་འཛིན་ཏན་ཏིག དམ་འཛིན་ཞིབ་ཚགས་བཅས་བྱེད་དགོས། རིམས་ནད་ཚབས་ཆེ་བའི་ཁུལ་དུ་གཙོ་གནད་ཐོག་རིམས་ནད་སྔོན་འགོག་ཚོད་འཛིན་ཡག་པོ་བྱེད་པ་དང་ཆབས་ཅིག་ལས་ཀའི་བྱ་ཐབས་གསར་གཏོད་ཀྱིས་རིམས་ནད་སྔོན་འགོག་ཚོད་འཛིན་དང་དབུལ་སྒྲོལ་འགག་སྒྲོལ་ལ་སྤྱི་འདོམས་སྐྱུལ་འདེད་བཏང་ནས། ཕྱོགས་གཉིས་ཀར་དམ་འཛིན་བྱེད་པ་དང་ཕྱོགས་གཉིས་ཀར་འཐུས་ཤོར་མི་འགྲོ་བ་བྱེད་དགོས། རིམས་ནད་མེད་པའམ་རིམས་ནད་ཚབས་ཆུང་ཆུང་བའི་ས་ཁུལ་གྱིས་སེམས་ནུས་གཅིག་སྒྲིལ་གྱིས་དབུལ་སྒྲོལ་འགག་སྒྲོལ་ལ་གང་མགྱོགས་སྐྱུལ་འདེད་གཏོང་བ་དང་། ངལ་ནུས་དབུལ་པོ་སྔོན་ལ་ལས་ཞུགས་ཐུབ་པར་རྒྱབ་སྐྱོར་བྱས་ཏེ། ཐབས་ལམ་སྣ་ཚོགས་སྤྱད་ནས་ཞིང་ལས་ཐོན་རྫས་འཚོང་དཀའ་བའི་གནད་དོན་སེལ་དགོས། དབུལ་སྐྱོར་ཐོན་ལས་ཐོན་སྐྱེད་སླར་གསོ་བྱ་

རྒྱུར་རྒྱབ་སྐྱོར་བྱས་ནས། དབུལ་སྐྱོར་རྣམ་གྲངས་ལས་འགོ་བསྐྱར་འཛུགས་དང་ཐོན་སྐྱེད་སྣར་གསོ་བྱེད་མགྱོགས་སུ་གཏོང་བ་དང་། དབུལ་སྐྱོར་ཐོན་ལས་རྒྱུན་སྲིང་འཕེལ་རྒྱས་ལ་སྐུལ་འདེད་གཏོང་དགོས། རིམས་ནད་རྐྱེན་གྱིས་དབུལ་པོ་ཆགས་པ་དང་དབུལ་པོ་རང་ལོག་ཐེབས་པའི་མི་འབོར་ལ་རོགས་སྐྱོར་ཡག་པོ་བྱས་ནས། ཁོང་ཚོའི་གཞི་རྩའི་འཚོ་བར་ཤུགས་རྐྱེན་མི་ཐེབས་པའི་འགན་ལེན་བྱེད་དགོས། དངོས་ཐོག་བདེན་འཚོལ་དང་ཡོད་ཚད་དོན་དངོས་ནས་འགོ་འཛུགས་རྒྱུ་མཐའ་འཁྱོངས་ཀྱིས་ཕྱི་ཚུལ་རིང་ལུགས་དང་དཔོན་ཉམས་རིང་ལུགས་ལ་འགོག་རྫོན་མཐའ་གཅིག་ཏུ་བྱེད་པ་དང་། གཞི་རིམ་གྱི་ཁུར་པོ་ཡང་དུ་བཏང་ནས། གཞི་རིམ་གྱི་དབུལ་སྐྱོར་ལས་བྱེད་པ་བློ་རྩེ་གཅིག་སྒྲིམ་གྱིས་རིམས་ནད་སྔོན་འགོག་ཚོད་འཛིན་དང་དབུལ་སྐྱོལ་འགག་སྒྲོལ་གྱི་ལས་དོན་ལ་ཞུགས་སུ་འཇུག་དགོས།

དབུལ་སྐྱོལ་འགག་སྒྲོལ་ལས་དོན་ནི་དཀའ་ཚེགས་ཤིན་ཏུ་ཆེ་བ་ཞིག་ཡིན་པའི་ཐོག་མཇུག་བསྡུའི་ལོ་ལ་རིམས་ནད་ཀྱི་ཤུགས་རྐྱེན་ཕོག་པས། ལས་དོན་ཁག་གི་ལས་འགན་དེ་བས་ལྗི་བ་དང་སྣང་བྱ་དེ་བས་མཐོ་བ་ཡོད། ང་ཚོས་ངེས་པར་དུ་གདེང་ཚོད་བརྟན་གཏོང་དང་འབད་འཐབ་ལྷོད་མེད་བྱས་ནས། ཚོད་སེམས་དེ་བས་ཆེ་བ་དང་ནུས་ཤུགས་དེ་བས་ཆེ་བའི་ཐོག་ནས་དབུལ་སྐྱོལ་འགག་སྒྲོལ་ལ་སྐུལ་འདེད་བཏང་སྟེ། དུས་བཅད་ལྟར་དབུལ་སྐྱོལ་འགག་སྒྲོལ་གྱི་དམིགས་ཚད་ལས་འགན་ལེགས་འགྲུབ་བྱེད་པར་འགན་ལེན་བྱེད་པ་དང་། ཕྱོགས་ཡོངས་ནས་འབྱོར་འཕྲིང་སྤྱི་ཚོགས་བསྐྲུན་པའི་ལས་མཇུག་ཡག་པོ་བསྡུ་ཐུབ་པའི་འགན་ལེན་བྱེད་དགོས།

དབུལ་སྒྲོལ་འགག་སྒྲོལ་གྱི་དམིགས་ཚད་ལས་འགན་སྒྲུབ་ཚད་མཐོ་པོས་ལེགས་སྒྲུབ་བྱེད་དགོས།

—— སྤྱི་ཁྱབ་རྩ་འཛུ་ཅི་ཞི་ཅིན་ཕིང་གི་དབུལ་སྒྲོལ་འགག་སྒྲོལ་དམག་འཐབ་ཀྱི་རྒྱལ་ཁ་ཕུད་ཐག་གཅོད་པའི་བཞུགས་མོལ་ཚོགས་འདུའི་ཐོག་གི་གསུང་བཤད་གལ་ཆེན་སློབ་སྦྱོང་དང་ལག་ལེན་བསྟར་རྒྱུའི་སྐོར་གླེང་བ།

མི་དམངས་ཉིན་རེའི་ཚགས་པར་གྱི་དཔྱད་གཏམ་མཁན་གྱིས།

དབུལ་སྒྲོལ་འགག་སྒྲོལ་ཇི་ཙམ་འགག་རྩའི་དུས་སུ་སླེབས་ན་དེ་ཙམ་གྱིས་རྒྱལ་ཁ་ཐོབ་ངེས་ཀྱི་གདེང་ཚོད་བརྟན་དུ་གཏོང་དགོས་ལ། དེ་ཙམ་གྱིས་ངར་ཤུགས་གཅིག་སྒྲིམ་བྱེད་པའི་ཚོད་སེམས་ཡོད་པ་བྱས་ནས། དམག་རྟག་དཔུང་འཇུག་དང་འགག་སྒྲོལ་དཀའ་སེལ་གྱིས་ཕྱོགས་ཡོངས་ནས་རྒྱལ་ཁ་མ་ཐོབ་བར་དམག་མཚམས་གཏན་ནས་འཇོག་རྒྱུ་མེད།

དབུལ་སྒྲོལ་འགག་སྒྲོལ་གྱི་རྒྱལ་ཁ་ཕུད་ཐག་གཅོད་པའི་བཞུགས་མོལ་ཚོགས་འདུའི་ཐོག་སྤྱི་ཁྱབ་རྩ་འཛུ་ཅི་ཞི་ཅིན་ཕིང་གིས་དབུལ་སྒྲོལ་འགག་སྒྲོལ་ལ་འཕྲད་པའི་དུས་བབ་ལ་དཔྱེ་ཞིབ་གཏིང་ཟབ་གནང་ནས། དབུལ་སྒྲོལ་འགག་སྒྲོལ་གྱི་དམིགས་ཚད་ལས་འགན་སྒྲུབ་ཚད་མཐོ་པོས་ལེགས་འགྲུབ་ཡོང་བར་འགན་ལེན་བྱེད་ཕྱིར་བཀོད་སྒྲིག་གལ་ཆེན་གནང་བ་དང་། ཏང་ཡོངས་དང་རྒྱལ་ཡོངས་སྤྱི་ཚོགས་ཡོངས་ཀྱི་སྟོབས་ཤུགས་སྐུལ་སློང་གིས་ཚོད་སེམས་དེ་བས་ཆེ་བ་དང་ནུས་ཤུགས་དེ་བས་ཆེ་བའི་ཐོག་ནས་དབུལ་སྒྲོལ་འགག་སྒྲོལ་ལ་སྐུལ་འདེད་བཏང་སྟེ། མཐའ་མའི་རྒྱལ་ཁ་ཐོབ་རྒྱུར་འགན་ལེན་གནང་ཡོད།

མིག་སྔ་ནས་བལྟས་ན། དབུལ་སྒྲོལ་འགག་སྒྲོལ་གྱི་དམིགས་ཚད་ལས་འགན་ལེགས་གྲུབ་ཟིན་ལ་ཉེ་བ་དང་། དབུལ་སྒྲོལ་གྱི་འཕེལ་རིམ་སྟོན་དཔག་དང་མཐུན་ཡོད། འོན་ཀྱང་ཐག་གཅོད་རང་བཞིན་གྱི་གྲུབ་འབྲས་ཐོབ་པ་ནས་ཕྱོགས་ཡོངས་ནས་རྒྱལ་ཁ་ལེན་པའི་བར་དུ་འཕྲད་པའི་དཀའ་ཚེགས་དང་འགྲན་སློང་སྔར་བཞིན་ཆེན་པོ་ཡོད། རྒྱལ་ཡོངས་སུ་ད་དུང་ཡང་དབུལ་ཞྭ་འཕུད་རྒྱུའི་རྫོང་52ཡོད་པ་དང་། གྲོང་ཚོ་དབུལ་པོ་2707གྲལ་ནས་ཐོན་མེད་པ། ཡིག་ཚགས་དང་གྲ་བཟོས་པའི་མི་འབོར་དབུལ་པོ་ཚང་མ་དབུལ་སྒྲོལ་ཐུབ་མེད། མ་གཞི་འདས་པའི་དུས་དང་བསྡུར་ན་སྤྱི་འབོར་ཕོན་ཆེན་པོ་མེད་ཀྱང་ཚང་མ་དབུལ་པོ་དབུལ་རྐྱང་དང་དཀའ་ངལ་ཆེ་ཤོས་ཡིན་པ་མ་ཟད། གཏོར་ཁག་ཤོས་ཀྱི་མཁྲིགས་ས་ཡང་རེད། དེ་དང་ཆབས་ཅིག ཏོག་གསར་སློ་ཚད་ཀྱིས་བཟོས་པའི་འགྲན་སློང་གསར་པས་ང་ཚོས་དབུལ་སྒྲོལ་འགག་སྒྲོལ་གྱི་དམིགས་ཚད་ལས་འགན་ལེགས་སྒྲུབ་བྱེད་པར་དཀའ་ཚེགས་ཆེན་པོ་བཟོས་ཡོད། ཚད་མཐོའི་ཆབ་སྲིད་ཀྱི་འགན་འཁྲི་འཁུར་སེམས་དང་ལོ་རྒྱུས་ཀྱི་ལས་འགན་སྒྲུབ་སེམས་ལ་བརྟེན་ནས། དཀའ་ངལ་གདོང་གིས་བསུ་བ་དང་གྲོང་རྐོལ་མཁར་གཏོར་གྱིས་དབུལ་སྒྲོལ་འགག་སྒྲོལ་གྱི་དམིགས་ཚད་ལས་འགན་སྤུས་ཚད་མཐོ་པོས་ལེགས་སྒྲུབ་བྱས་ཏེ། གཞི་ནས་ཏང་དང་མི་དམངས་ལ་ཚད་ལྡན་པའི་རྒྱུགས་ལན་ཞིག་འབུལ་ཐུབ་ནས། ང་ཚོའི་ཏང་གི་ཁས་ལེན་ནན་པོ་མངོན་འགྱུར་བྱེད་ཐུབ།

དབུལ་སྒྲོལ་འགག་སྒྲོལ་གྱི་དམིགས་ཚད་ལས་འགན་སྤུས་ཚད་མཐོ་པོས་ལེགས་སྒྲུབ་བྱེད་པར། འགག་སྒྲོལ་དཀའ་སེལ་བྱེད་ཕོད་པ་བྱས་ནས་གཏན་ལ་ཕབ་པའི་ལས་འགན་ལེགས་སྒྲུབ་མཐའ་གཅིག་ཏུ་བྱེད་དགོས། དབུལ་སྒྲོལ་འགག་སྒྲོལ་གྱི་མཐའ་མའི་ལོ་གཅིག་གི་ལས་དོན་སྐོར་ལ《ཞིང་གསུམ་ཁྱབ་ཁོངས་ཀྱི་གཙོ་གནད་ལས་དོན་ལ་དམ་འཛིན་ཡག་པོ་བྱས་ནས་དུས་བཀག་ལྟར་ཕྱོགས་ཡོངས་ནས་འབྱོར་འབྲིང་སྤྱི་ཚོགས་བསྐྲུན་པར་འགན་

ལེན་བྱེད་རྒྱུའི་སྐོར་གྱི་ཀྲུང་གུང་ཀྲུང་དབྱང་དང་རྒྱལ་སྲིད་སྲི་ཁྲབ་ཁང་གི་བསམ་འཆར་》ནང་བཀོད་སྒྲིག་བྱས་ཟིན་པས། ས་ཁུལ་ཁག་དང་སྡེ་ཚན་ཁག་གིས་ལག་བསྟར་དོན་འཁྱོལ་ལ་དམ་འཛིན་ཡག་པོ་བྱེད་པ་དང་། ཁུལ་དབྱེ་རིམ་དབྱེའི་ཐོག་ནས་གནད་སྨིན་གྱི་སྔོན་འགོག་ཚོད་འཛིན་ཐབས་ཇུས་དོན་འཁྱོལ་བྱས་ཏེ། རིམས་ནད་ཀྱི་ཤུགས་རྐྱེན་ཚད་གཞི་དམའ་ཤོས་སུ་ཚོད་འཛིན་བྱེད་དགོས། མུ་མཐུད་ནས་ཁུལ་གསུམ་ཀྲོའུ་གསུམ་སོགས་ཤིན་ཏུ་དབུལ་པོའི་ས་ཁུལ་ལ་དམིགས་ཏེ། དབུལ་སྒྲོལ་འགག་སྒྲོལ་གྱི་ཇུས་གཞི་དོན་འཁྱོལ་བྱེད་པ་དང་། མངོན་གསལ་དོད་པའི་གནད་དོན་དང་ཉམས་ཞན་ལྷུ་ཚིགས་ལ་དམིགས་ནས་སྲིད་ཇུས་དོན་འཁྱོལ་ལ་དམ་འཛིན་ལྷོད་མེད་བྱེད་དགོས། ཡིག་ཚགས་དང་གྲྭ་བཟོས་པའི་མི་འབོར་དབུལ་པོ་ལྷག་མ་དུས་བཀག་ལྟར་དབུལ་སྒྲོལ་ཡོང་བའི་འགན་ལེན་བྱས་ཏེ། དབུལ་ཞྭ་ཕུད་མེད་པའི་རྫོང་52དང་གྲོང་ཚོ་དབུལ་པོ་1113ལ་སྣེ་བྱང་བཀལ་ནས་འགག་སྒྲོལ་དམག་འཐབ་ལ་ལྟ་སྐུལ་བྱེད་པ་དང་། རྒྱལ་སྲིད་སྲི་ཁྲབ་ཁང་དབུལ་སྐྱོར་གསར་སྤེལ་འགོ་ཁྲིད་ཚོགས་ཆུང་གིས་དཀའ་ས་དང་མཁྲིགས་སར་ལྟ་སྐུལ་བྱེད་པ། ཞིང་ཆེན་དང་། རང་སྐྱོང་ལྗོངས། གྲོང་ཁྱེར་བཅས་ཁག་གིས་སེམས་ཐུས་གཅིག་སྒྲིལ་གྱིས་དབུལ་སྒྲོལ་འགག་སྒྲོལ་དམག་འཐབ་བརྒྱབ་སྟེ་མཐའ་མའི་མཁྲིགས་ས་གཏོར་དགོས། སེམས་ཁྲལ་མེད་པ་གཉིས་དང་འགན་ལེན་གསུམ་གྱི་གྲུབ་འབྲས་སྲ་བརྟན་དུ་བཏང་ནས་དབུལ་པོ་རང་ལོག་སྔོན་འགོག་བྱེད་དགོས། ངལ་རྩོལ་ནུས་ཤུགས་མེད་པའི་དམིགས་བསལ་གྱི་མི་འབོར་དབུལ་པོར་སྤྱི་ཚོགས་འགན་ལེན་གྱི་ཐ་སྐྱོང་བྱེད་ཤུགས་ཆེ་རུ་བཏང་ནས་འགན་ལེན་བྱེད་དགོས་རིགས་ཚང་མར་འགན་ལེན་བྱེད་དགོས།

དབུལ་སྒྲོལ་འགག་སྒྲོལ་གྱི་དམིགས་ཚད་ལས་འགན་ཕྱུས་ཚད་མཐོ་པོས་ལེགས་སྒྲུབ་བྱེད་པར། ཐབས་མང་མཉམ་སྦྱོད་ཀྱིས་དབུལ་སྒྲོལ་གྲུབ་འབྲས་སྲ་བརྟན་དུ་གཏོང་དགོས། ལས་ཞུགས་དབུལ་སྐྱོར་བྱེད་ཤུགས་ཆེ་རུ་གཏོང་བ་དང་། ཐོན་ལས་དབུལ་སྐྱོར་

བྱེད་ཤུགས་ཆེ་རུ་གཏོང་བ། ཡུལ་གཞན་དུ་གནས་སྤོས་དབུལ་སྐྱོར་གྱི་རྗེས་མཐུད་རོགས་སྐྱོར་བྱེད་ཤུགས་ཆེ་རུ་གཏོང་བ་བཅས་བྱེད་དགོས། དབུལ་སྒྲོལ་འགག་སྒྲོལ་གྱི་སྲིད་ཇུས་བརྟན་པོ་ཡོང་རྒྱུ་རྒྱུན་འཁྱོངས་བྱེད་པ་དང་། དབུལ་པོ་རང་ཡོག་ལ་འགོག་ཐྲིན་བྱེད་པའི་ལྟ་སྟངས་ཚད་ལེན་དང་རོགས་སྐྱོར་ལམ་སྲོལ་འཛུགས་མགྱོགས་སུ་བཏང་ནས། ཕྱིར་འཐེན་བྱས་པའི་ཇོང་དབུལ་པོ་དང་། གྲོང་ཚོ་དབུལ་པོ། མི་འབོར་དབུལ་པོ་བཅས་ལ་མུ་མཐུད་རོགས་སྐྱོར་བྱས་ཏེ། བར་བརྒྱལ་བྱེད་རིང་དབུལ་ཞྭ་ཕུད་ཀྱང་འགན་འཁྲི་མཚམས་མི་འཇོག་པ་དང་། སྲིད་ཇུས་མཚམས་མི་འཇོག་པ། རོགས་སྐྱོར་མཚམས་མི་འཇོག་པ། ལྟ་འདོམས་མཚམས་མི་འཇོག་པ་བཅས་ནན་པོ་བྱེད་དགོས། དཔྱད་ཞིབ་ནན་པོ་བྱས་ནས་ཡོངས་ཁྱབ་ཞིབ་བཤེར་བྱེད་པ་དང་ཕྱིར་འཐེན་གྱི་འགག་སྒོ་ནན་པོར་བསྲུངས་ཏེ། གྲངས་གཞིའི་དབུལ་སྒྲོལ་དང་དབུལ་སྒྲོལ་རྗེན་མ་གཏན་འགོག་མཐའ་གཅིག་ཏུ་བྱས་ཐོག་དབུལ་སྒྲོལ་ཕན་འབྲས་ཀྱིས་ལོ་རྒྱུས་དང་མི་དམངས་ཀྱི་ཞིབ་བཤེར་ཐེག་ཐུབ་པའི་འགན་ལེན་བྱེད་དགོས། དབུལ་ཞྭ་འཕུད་པ་ནི་མཇུག་གནས་མིན་པར། དེ་ནི་འཚོ་བ་གསར་པ་དང་འབད་འཐབ་གསར་པའི་འགོ་འཛུགས་ས་ཡིན་པས། མུ་མཐུད་ཕྱོགས་ཡོངས་ནས་དབུལ་སྒྲོལ་དང་གྲོང་གསེབ་དར་རྒྱས་འབྲེལ་མཐུད་ནུས་ལྡན་བྱེད་པར་སྐུལ་འདེད་གཏོང་བ་དང་། དབུལ་པོ་ཅུང་གཏོང་གི་འཐབ་ཇུས་དང་ལས་ཀའི་མ་ལག་བརྟན་པོའི་ངང་ཕྱོགས་སྒྱུར་ཡོང་རྒྱུར་སྐུལ་འདེད་གཏོང་བ། གྲོང་གསེབ་དར་རྒྱས་འཐབ་ཇུས་ནང་འཇུག་རྒྱུར་སྐྱིད་འདོམས་བྱེད་པ། རིང་ཐུང་ཟུང་འབྲེལ་དང་རྩ་ལག་མཉམ་བརྩོན་གྱི་སྒྲིག་སྲོལ་ལམ་སྲོལ་འཛུགས་པ། དར་རྒྱས་བྱུང་མེད་པའི་ས་ཁུལ་དང་གྲོང་གསེབ་ཀྱི་ཡོང་འབབ་དམའ་བའི་མི་འབོར་འཕེལ་རྒྱས་གཏོང་བའི་ནང་སྐྱེས་སྟུག་ཤུགས་སྐུལ་སློང་གཏོང་བ་བཅས་བྱས་ཏེ། གནད་སྨིན་རོགས་སྐྱོར་ལག་བསྟར་བྱས་ནས་རིམ་བཞིན་ཐུན་མོང་ཐོག་ཕྱུག་འགྱུར་ཡོང་བ་བྱེད་དགོས།

གྲོང་གསེབ་ཀྱི་མི་འབོར་དབུལ་པོ་དུས་བཅད་ལྟར་དབུལ་སྒྲོལ་ཐུབ་པ་དང་། རྫོང་དབུལ་པོ་ཚང་མའི་དབུལ་ཞྭ་ཕུད་པ། ས་ཁོངས་རང་བཞིན་གྱི་སྤྱིའི་དབུལ་ཡོངས་དབུལ་པོ་སེལ་བ་བཅས་བྱ་རྒྱུ་ནི་ཕྱོགས་ཡོངས་ནས་འབྱོར་འབྲིང་སྤྱི་ཚོགས་བསྐྲུན་པའི་མཐའ་ཚད་ཀྱི་ལས་འགན་རེད། མཐའ་ཚད་ཀྱི་ལས་འགན་དེ་ཡང་དུ་གཏན་ནས་མི་གཏོང་ལ། ང་ཚོའི་ཏང་གིས་མི་དམངས་ལ་ཁས་བླངས་པའི་དམ་བཅའ་དེ་ངེས་པར་དུ་དུས་བཅད་ལྟར་མངོན་འགྱུར་བྱེད་པ་ལས། ཕྱིར་འཐེན་དང་སྣོན་འཕྲི་བྱེད་ས་ཅི་ཡང་མེད། ད་ཆ། གདོང་མཆོང་དུང་བརྗ་བཏང་ཟིན་པས་ང་ཚོས་ཡིད་ཆེས་བརྟན་པོས་གཡོ་འགུལ་མི་གཏོང་བ་དང་དམིགས་ཚད་དམ་པོར་བཟུང་སྟེ་ལྷོད་གཡེང་མི་གཏོང་བར་བློ་སྟོབས་ཆེར་བསྐྱེད་དང་། སྨྲ་སེམས་རབ་ཏུ་འཕོལ་བ། སྙིང་སྟོབས་རབ་ཏུ་འཕེལ་བ་བཅས་ཀྱི་ཐོག་ནས་འགག་སྒྲོལ་གྱི་མཉམ་ཤུགས་གཅིག་སྒྲིལ་དང་དཔའ་མཛངས་རྒྱལ་ཐོད་ཀྱིས་དམག་འཐབ་བརྒྱབ་སྟེ། དབུལ་སྒྲོལ་འགག་སྒྲོལ་གྱི་དམིགས་ཚད་ལས་འགན་སྨུས་ཚད་མཐོན་པོས་ལེགས་གྲུབ་བྱས་ནས་དུས་བཅད་ལྟར་ཕྱོགས་ཡོངས་ནས་འབྱོར་འབྲིང་སྤྱི་ཚོགས་བསྐྲུན་པར་འགན་ལེན་བྱེད་དགོས།

གོམ་ཞེང་ཆེན་པོས་འགྱུར་འབྲིང་ཕྱོགས་སུ་བསྐྱོད།

——བོད་ཀྱི་དབུལ་སྐྱོལ་འགག་སྐྱོལ་གྱི་དངོས་བྲིས།

རྩོམ་སྒྲིག་པ།	«བོད་ལྗོངས་ཉིན་རེའི་ཚགས་པར་»བོད་ཡིག་རྩོམ་སྒྲིག་ཁང་།
གཙོ་སྒྲིག་པ།	ཚེ་རིང་ཆོས་འཕེལ།
རྩོམ་སྒྲིག་འགན་འཁུར་བ།	བསོད་ནམས་སྒྲོལ་མ།
མདུན་ཤོག་མཛེས་འཆོས་པ།	སྐལ་བཟང་ནོར་བུ།
དཔེ་སྐྲུན་འགྲེམས་སྤེལ་ཚན་པ།	བོད་ལྗོངས་མི་དམངས་དཔེ་སྐྲུན་ཁང་། (ལྷ་ས་གླིང་སྐོར་བྱང་ལམ་སྒོ་ཨང་20པ།)
པར་འདེབས་ཚན་པ།	ལྷ་ས་གྲོང་ཁྱེར་མིང་ཤིན་པར་འདེབས་ཚད་ཡོད་ཀུང་སི།
དེབ་ཚད།	787×960 1/16
པར་ཤོག	36.75
ཡིག་གྲངས།	ཁྲི་33
པར་གཞི།	2021ལོའི་ཟླ་7པར་པར་གཞི་1བསྒྲིགས།
པར་ཐེངས།	2021ལོའི་ཟླ་7པར་པར་ཐེངས་1བཏབ།
པར་གྲངས།	01-3,000
དཔེ་རྟགས།	ISBN 978-7-223-06803-1
རིན་གོང་།	སྒོར་92.00